Mit freundlicher Empfehlung

... fair versichert
Ṡ Finanzgruppe

Ein Buch aus dem Verlag

Heinrich Uhde
Das Jagdgebrauchshundewesen

Uhde, Heinrich:
Das Jagdgebrauchshundewesen.
100 Jahre Jagdgebrauchshundverband e.V. (JGHV) /
Heinrich Uhde. – 1. Auflage. – Hannover:
Landbuch-Verlag Hannover, 1999
ISBN 3-7842-0577-1

1. Auflage 1999

© Landbuch Verlagsgesellschaft mbH Hannover,
   Postfach 160, 30001 Hannover
   Kabelkamp 6, 30179 Hannover
   Tel.: 05 11/6 78 06-0
   Fax: 05 11/6 78 06-2 20
   http://www.landbuch.de

All Rights Strictly Reserved. Alle Rechte vorbehalten.
Reproduktionen, Speicherung in Datenverarbeitungsanlagen,
Wiedergabe auf elektronischen, fotomechanischen oder
ähnlichen Wegen, Funk und Vortrag – auch auszugsweise – nur
mit Genehmigung des Verlages.

Hinweis:
Alle in diesem Buch enthaltenen Angaben, Daten, Ergebnisse etc.
wurden vom Autor nach bestem Wissen erstellt und von ihm und
dem Verlag mit größtmöglicher Sorgfalt überprüft. Eine Verantwortung und Haftung für etwaige inhaltliche Unrichtigkeiten
kann jedoch nicht übernommen werden. Der Haftungsausschluss
gilt nicht, soweit nach dem Produkthaftungsgesetz für Personen-
und Sachschäden gehaftet wird. Jeder Leser muss beim Umgang
mit den genannten Stoffen, Materialien, Geräten usw. Vorsicht
walten lassen, Gebrauchsanweisungen und Herstellungshinweise
beachten sowie den Zugang für Unbefugte verhindern.

Stand des Zahlen- und Datenmaterials: Februar 1999.

Projektleitung: Ulrike Clever, Landbuch-Verlag Hannover
Lektorat: Erhard Brütt, Hannover
Korrektorat: Hans-Joachim Dolff, Landbuch-Verlag Hannover
Titelbild: Abdruck des „Sperlingshundes", Signet des Jagd-
gebrauchshundverbandes e.V., von der 1. Ausgabe der Zeitschrift
für das Deutsche Jagdgebrauchshundewesen „Der Jagdhund" von
1954, die damals im Landbuch-Verlag gedruckt wurde.
Fotos des Innenteils: Archiv Jagdgebrauchshundverband (JGHV),
Archiv Erhard Brütt,
Zeichnungen: übernommen aus Oehsen, Das Jäger-Einmaleins,
Landbuch-Verlag Hannover
Gesamtherstellung: Landbuch-Verlag Hannover
Druck: Griebsch & Rochol Druck GmbH

Umschlaggestaltung und Layout:
Leidecker & Schormann; Hannover / Bad Oeynhausen

ISBN 3 7842 0577 1

HEINRICH UHDE

Das Jagdgebrauchshundewesen

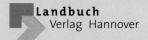

Landbuch
Verlag Hannover

Inhalt

Vorbemerkung

Grußworte

Standortbestimmung des Jagdgebrauchshundverbandes

Kapitel I
Die Geschichte der neuzeitlichen Jagdkynologie

I. **Der Weg zum Dachverband JGHV** 28
Revolution von 1948 und ihre Folge; Neubestimmung des Jagdgebrauchshundewesens durch Diezel, Riesenthal, Oberländer, Hegewald, Hegendorf, ihr Einfluß auf Zucht- und Prüfungswesen; erste Vereine und ihre Prüfungswesen; erste Vereine und ihre Prüfungen, Ausstellungswesen

II. **Der Jagdgebrauchshundverband in 100 Jahren** 43
1899: Gründung des Verbandes in Berlin, seine Entwicklung bis 1934; Beziehungen des Verbandes zum „Kartell" und zu der „DC"; Zeitraum 1933-1945; Neuanfang nach 1945, Wiederaufnahme der Verbandsarbeit 1949 – „Unterschweinsstiege", die Persönlichkeiten des Verbandes bis 1990; die „Wende" und die „Wiedervereinigung" im Jagdgebrauchshundwesen; das Jagdgebrauchshundwesen der ehemaligen DDR; Verbandsgeschichte ab 1990; Mitglieder des Verbandes; die Zuchtforschung; Seminare; die Verbandszeitschrift; Zweitvereine; Öffentlichkeitsarbeit; Verhältnis zum Tierschutz; Wasserarbeit und Bauarbeit; JGHV und Deutscher Jagdschutzverband sowie Verband für das Deutsche Hundewesen

III. **Internationale Vereinigungen** 130
Internationaler Schweißhundverband; Weltverband Deutsch Kurzhaar; Deutsch-Drahthaar Weltverband; Internationaler Verband für Deutsche Jagdterrier; Weltunion Teckel; Internationaler Verband für Deutsche Jagdterrier, Weltunion Teckel; Internationaler Verband für Deutsche Wachtelhunde

Kapitel: II
Die Jagdhunde

I. **Herkunft und Entwicklung** 138
II. **Rassen und Schläge der Jagdhunde und ihre Aufgaben** 142
  1. Vorstehhunde – deutsche, englische, ungarische, französische
  2. Stöberhunde – deutsche, englische
  3. Schweißhunde
  4. Erdhunde – deutsche, englische
  5. Jagende Hunde – deutsche, österreichische, slowakische, englische
  6. Apportierhunde – englische, amerikanische
  7. Laiki – russische Spezialisten.
  Die Jagdhunde der ehemaligen DDR.
III. **Das Äußere und die Sinne der Hunde** .. 206
Beschreibung der körperlichen Merkmale und Organe; Nomenklatur; Behaarung, Zähne; Geruchs-, Geschmacks-, Gesichtssinn, Hörvermögen, Tastsinn und Heimfindevermögen
IV. **Parasiten und Krankheiten** 226
Ekto- und Endoparasiten; Infektionskrankheiten, Hüftgelenksdysplasie, BLUP-Methode
V. **Zucht** 240
Ahnentafel, Stammbaum, Rassezucht, Fremd-, Linien- und Inzucht; Brunstzyklus; das Belgen, künstliche Besamung, Werfen; Scheinträchtigkeit; Töten von Welpen; Welpenaufzucht; Welpenabgabe
VI. **Haltung und Ernährung** 258
Haus- und Zwingerhaltung; Ernährung; Wasser, Energieumsatz, Bedürfnisse, Fütterung je nach Alter und Lebensumständen, Fleisch, Fertigfutter

Kapitel III
Die Ausbildung der Jagdhunde

I. **Theoretische Grundlagen** *273*
   Lehre von den Verhaltensweisen: angeborene und erlernte; Reize, Antrieb, Bereitschaft; Appetenzverhalten und Endhandlung; Konkurrenz der Verhaltensweisen; antriebshemmende Reize; Verhalten im Leerlauf; Intentionsbewegungen; bedingter Reflex; bedingte Appetenz, bedingte Aktion, bedingte Aversion; bedingte Hemmung; Umwelteinflüsse; Prägung und sensible/kritische Phasen; Soziologie des Hundes; abnorme Verhaltensweisen; Wesen; Charakter; Temperament, Führigkeit und Gehorsam; Härte, Schärfe; Lautäußerungen; Spur- und Fährtenwille; Spur- und Fährtentreue; Finder- und Bringwille; Empfindlichkeit und Scheue
II. **Hilfsmittel für die Ausbildung** *329*
   Stimme; Gesten; Halsung; Leinen; Pfeife; „Teletakt"; Apportiergegenstände; Kunstfährten; Reizangel
III. **Praxis der Ausbildung am Beispiel eines Lehrganges** *360*
   Lehrgänge; Leinenführigkeit und Sitzen; Ablegen; Apportieren; Schleppenarbeit; Verlorenbringen; Wasserarbeit; Schweißarbeit; Hetzen und Stellen; Verbellen und Verweisen; Beginn der Ausbildung mit Welpen-Förderung der Anlagen; Wildreinheit- und gehorsam; Arbeit im Revier; Schutzdienst

Kapitel IV
Das Prüfungswesen

I. **Sinn und Aufgaben der Prüfungen** *446*
   Zuchtwertschätzung; Leistungsbeschreibung; Wertbemessungsgrundlage
II. **Prüfungen des JGHV und der Bundesländer** *452*
   Verbandsgebrauchsprüfung; Siegerprüfungen; Verbandsjugendprüfung, Herbstzuchtprüfung, Prüfung am Raubwild, Verlorenbringerprüfung, Verbandsschweißprüfung; Armbruster Haltabzeichen; Stöberprüfung, Bringtreueprüfung; Verbandsprüfung nach dem Schluß;
   Inhalt der Prüfungsordnungen; nach Personen benannte Prüfungen – Hegewald, Schorlemer, Edgar Heyne, vorm Walde, Major Herber, Herbert Lackner, Kleemann; IKP, Derby, Solms; Prüfungen der Zuchtvereine
III. **Verbandsrichterwesen** *484*
IV. **Das Deutsche Gebrauchshundestammbuch und die Ehrengaben des JGHV** *486*
   Entstehung des DGStB; Übernahme durch Verband; Inhalt des DGStB; der „Sperlingshund"; Ehrengaben: Statuette, Plaketten, Ehrennadeln

Kapitel V
Der Hund im Recht
   Rechtliche Einordnung, Haftungsfragen, Sachverständigenwesen *498*

Kapitel VI
Der Jagdhund in der Kunst

   Lyrik; darstellende Kunst; Musik *512*

Vorbemerkung

Heinrich Uhde

Dieses Buch hat mehrere Väter. Der erste unter ihnen ist der ehemalige Chefredakteur des „Niedersächsischen Jägers" Dietrich Gutt, der mich Ende der siebziger Jahre veranlaßte, eine Fortsetzungsserie „Wissen um Jagdhunde" zu verfassen, eine Serie, die Mitte des Jahres 1993 nach etlichen Unterbrechungen endlich zu einem Schluß kam. Ein weiterer „weiblicher Vater" war alsdann die ehemalige geschäftsführende Mitinhaberin des „Landbuch-Verlages", Frau Alice Groß, die mir nahelegte und mich ermutigte, das gesammelte „Wissen" einmal als Buch erscheinen zu lassen. Den Mut dazu faßten wir letztendlich beim Näherrücken des 100. Geburtstages des Jagdgebrauchshundverbandes – wir: Das Verbandspräsidium mit mir. Ein Jubiläum ohne Festschrift – nicht möglich! Warum nicht auf etwas zurückgreifen, was einer Veröffentlichung als Buch harrte? So wurde die „Serie" überarbeitet, bis in die Gegenwart aktualisiert und liegt nun mit mehr als 500 Seiten vor, gleichermaßen Festschrift, Erinnerungswerk und Kompendium des Jagdgebrauchshundwesens, wie der Verlag in einer Vorankündigung vermerkte. Als „Geburtshelfer" nach so langer „Tragezeit" hat mir Wildmeister Erhard Brütt als einer der Lektoren des Verlages sehr geholfen – ich bin ihm dankbar für seine Rolle als „Quälgeist"!

Es ist versucht, das Jagdgebrauchshundwesen von allen Seiten zu beleuchten, wobei seine historische Entwicklung und das Wissen um das Verhalten des Hundes und seine Ausbildung Schwerpunkte bilden. Daneben sind andere Seiten des Themas nicht vergessen, bisweilen jedoch weniger umfassend behandelt, wobei – etwa bei den Bemerkungen zum Jagdhund in der Kunst – dies Anreiz sein mag, mit noch wacheren Augen durch die Welt zu gehen.

Eckpunkte der Darstellung sind die Jahre 1899 und 1999, das zwischen ihnen liegende Jahrhundert umfaßt eine äußerst wechselhafte Geschichte, die auch das Jagdgebrauchshundwesen nicht unbeeindruckt gelassen hat, obwohl es in seinen Wurzeln unbeeinflußbar ist: Das Verhalten von Jagdhunden und Wildtieren ist politischen Überlegungen entzogen. Seit einhundert Jahren bis in die Gegenwart lebt das Jagdgebrauchshundwesen nicht nur in einem gewissen Spannungsverhältnis zur Politik, sondern auch in einem solchen zur Jagd und ihrer Organisation wie auch zu anderen kynologischen Spitzenvereinigungen, auf Bundesebene nach dem Kriege dem Verband für das Deutsche Hundewesen.

Der Jagdgebrauchshundverband kann seine ihm seit einhundert Jahren auferlegte Pflicht nur in verantwortungsbewußter Selbständigkeit wahrnehmen, nur eine auch organisatorische Distanz zu anderen Institutionen und auch zur organisierten Jägerei gewährleistet die Stellung des JGHV als Dachverband für das Jagdgebrauchshundwesen Deutschlands – immer in dem Bewußtsein, daß er nicht Selbstzweck ist, sondern wesentlicher und nicht fortzudenkender und ihm letztlich dienender Teil deutschen Jagdwesens. Die aufmerksame Lektüre der Grußworte des Ministers Funke sowie der Präsidenten Heereman und Fischer läßt diese besondere Verbindungslinie erkennen.

Grußworte

Christoph Frucht

Einhundert Jahre Jagdgebrauchshundverband e.V.!
Darauf sind wir Jagdgebrauchshundeleute alle zusammen mit Recht stolz und voller Freude!
100 Jahre Jagdgebrauchshundverband, das sind 100 Jahre intensive Arbeit für Jagd und Hund! Arbeit als Diener der Jagd!
Unsere Freude ist sicher verständlich, denn trotz all der Schwierigkeiten, die diese Verbandslebenszeit mit sich brachte, haben wir durchgehalten und züchten, erziehen und prüfen Jagdgebrauchshunde für die Jägerschaft! Nach wie vor! Über die Weltkriege, die Inflationen, die Zweiteilung Deutschlands, haben wir, mit der Jägerei zusammen, gearbeitet für geprüfte Hunde für die Jagd!
Mit am schwersten ist die Agrarrevolution zu verkraften. Die stetig wachsende Bevölkerung mit ihrem Raumbedarf und dem wachsenden Freizeitanspruch belastet und verändert die Reviere. Nicht zuletzt auch die Veränderungen der Ansichten und Einsichten unserer Mitbürger zu Jagd und Hund, machen uns unsere Arbeit nicht leichter. Aber unsere Aufgaben sind vorgegeben, wir haben der Jagd mit entsprechend gezüchteten und geprüften Jagdgebrauchshunden zu dienen! Das war über 100 Jahre unsere Aufgabe und wird es weiter bleiben! Denn auch in unserer modernen Kulturlandschaft muß die Jagd ihren Platz behalten und mit der Jagd haben wir unsere Aufgabe! Wie eh und je! Auch im nächsten Jahrtausend!

Wir sind stolz und glücklich, daß es mit dem Buch unseres Ehrenpräsidenten Heinrich Uhde gelungen ist, diese ersten 100 Jahre Jagdgebrauchshundearbeit – auch die des Verbandes – für alle Interessierten zu dokumentieren!
100 Jahre Jagdgebrauchshundverband e.V. ist sicherlich Verpflichtung genug für alle verantwortungsbewußten Jagdgebrauchshundeleute, die Arbeit mit gleicher Verpflichtung und Freude in das nächste Jahrtausend zu übernehmen!
Für Jagd und Hund!

Waidmannsheil und Ho Rüd' ho!

Christoph Frucht
(Präsident des Jagdgebrauchshundverbandes e.V.)

Der Jagdgebrauchshundverband (JGHV) feiert 1999 sein 100jähriges Bestehen und blickt auf eine überaus erfolgreiche Verbandsgeschichte. Er vereinigt heute die wichtigsten Prüfungs- und Zuchtvereine des deutschen Jagdhundewesens unter seinem Dach und vertritt sie geschlossen nach außen.

Karl-Heinz Funke

Besondere Verdienste hat sich der JGHV mit der zeitgemäßen Weiterentwicklung der Prüfungsordnungen erworben. Der Verband hat sich auch stets den Blick für das Wesentliche bewahrt und die Erfordernisse der Zeit erkannt. So muß die Arbeit mit dem Jagdhund heute vor den Augen einer zunehmend kritischer werdenden Öffentlichkeit Bestand haben. Es muß jetzt noch stärker herausgestellt werden, daß das Führen von Jagdhunden, die maßgeblich dazu beitragen, das Wild vor unnötigem Schmerz und Leid zu bewahren.

Dieser Anspruch wird die Arbeit des JGHV in den kommenden Jahren prägen. Dafür wünsche ich den Rüdefrauen und -männern des JGHV von Herzen Erfolg. Ich wünsche Ihnen Freude an der Arbeit mit dem Hund und erfüllte Stunden bei der Jagd.

Karl-Heinz Funke
(Bundesminister für Ernährung, Landwirtschaft und Forsten)

Constantin
Freiherr Heereman

Ich freue mich sehr, dem Jagdgebrauchshundverband zum 100jährigen Bestehen die herzlichen Glückwünsche auch im Namen der deutschen Jägerschaft übermitteln zu können.

Das international anerkannte hohe Leistungsniveau unserer Jagdgebrauchshunde ist das Ergebnis jahrzehntelanger konsequenter Arbeit, auf das Züchter, Ausbilder und Hundeführer mit Recht stolz sein dürfen. Wir Jäger danken Ihnen, daß wir mit hervorragend veranlagten, sorgfältig ausgebildeten, wesensfesten Jagdgebrauchshunden waidgerecht und tierschutzgerecht jagen können. Um dies auch zukünftig sicherzustellen, müssen Jäger und ‚Hundeleute' weiterhin eng zusammenarbeiten, wenn es darum geht, sachlich fundierte Standpunkte in der Öffentlichkeit zu vertreten und bei politischen Entscheidungen Einfluß zu nehmen. „DJV und JGHV verstehen sich als Partner der gemeinsamen Verpflichtung zur Förderung der waidgerechten Ausübung der Jagd", so haben wir es in unserer gemeinsamen Vereinbarung aus dem Jahre 1997 treffend auf den Punkt gebracht.

In der Jagdpraxis ist ein guter Jagdgebrauchshund unerläßlich. Bis der junge Hund jedoch soweit ist, vergehen meist Jahre und wir alle wissen, wieviel Geduld und Einfühlungsvermögen in einer solchen Ausbildung stecken. Nur unter sachgemäßer Führung vermag der junge Hunde zu einem vorbildlich arbeitenden Jagdgefährten heranzureifen. Er muß für die – zum Teil schwierigen Anforderungen – der Jagd geschult sein, damit wir Jäger nach den Grundsätzen der Waidgerechtigkeit unser Handwerk ausüben können.

Ich wünsche dem JGHV und seinen angegliederten Vereinen und Verbänden auch weiterhin viele engagierte Mitglieder, die für eine verantwortungsvolle Gebrauchshundzucht und -ausbildung zusammenstehen. Dann wird die Jagd, wie wir sie lieben, auch im nächsten Jahrtausend Bestand haben.

Für die Zukunft alles Gute, verbunden mit einem kräftigen Waidmannsheil!

Constantin Freiherr Heereman
(Präsident des Deutschen Jagdschutz-Verbandes)

Uwe Fischer

Der JGHV kann ein großartiges Jubiläum feiern, – er wird 100 Jahre alt.

Leicht wurde es dem Verband in diesem Zeitraum nicht gemacht: Zwei verheerende Weltkriege, mit ihren entsetzlichen Folgen und unwirtlichen Lebensbedingungen für Mensch und Tier galt es zu überstehen. Danach mußte mühsam jedes noch so kleine Mosaiksteinchen wieder zusammengesetzt werden, um der Führung des Jagdgebrauchshundverbandes und seinen Mitgliedern die für die Jagd unerläßlichen Aufgaben zu ermöglichen.

Durch veränderte Anforderungen in der Jagdausübung, durch etliche voreilige Maßnahmen und Verbote seitens der Ordnungsbehörden und der Politiker und einer geänderten Grundhaltung in der Bevölkerung zur Jagd allgemein, entstanden und entstehen immer neue Herausforderungen an den Verband, die mit Sicherheit nicht leicht zu bewältigen waren und die auch in Zukunft eine klare Position erfordern.

Der Verband für das Deutsche Hundewesen (VDH) e.V. dankt dem Jagdgebrauchshundverband für dessen erfolgreiche Tätigkeit als Bindeglied zwischen den Jägern und den Züchtern leistungsfähiger, wesensfester und gesunder Jagdhunde. Die für die Jagdausübung unerläßlichen brauchbaren Hunde dem Jäger an die Seite zu geben ist ein Ziel, in dem sich der VDH mit dem Jagdgebrauchshundverband auch künftig verbunden sieht.

In diesem Sinne wünschen Vorstand und Präsidium des Verbandes für das Deutsche Hundewesen dem Jagdgebrauchshundverband alles Gute, viel Erfolg und die notwendige Unterstützung, um seine originären Aufgaben auch weiterhin mit Erfolg erfüllen zu können..

Waidmannsheil

Uwe Fischer
(1. Präsident des Verbandes für das Deutsche Hundewesen
(VDH) e.V.,
Vorstandsmitglied der Fédération Cynologique Internationale
(FCI), zuständig für das Ressort der Arbeit mit Hunden)

Standortbestimmung

Standortbestimmung des Jagdgebrauchshundverbandes

Jubiläen geben Veranlassung, Rückschau zu halten, mit den Gedanken in der Gegenwart zu verweilen und in die Zukunft zu blicken. Das gilt auch für den 100. Geburtstag des Jagdgebrauchshundverbandes (JGHV).

Das Jagdgebrauchshundwesen Deutschlands in seiner ganzen Vielfalt umreißt die Standortbestimmung des JGHV. Sie lässt aber auch erahnen, wie fruchtbar einerseits aber auch beschwerlich andererseits der Weg der bisherigen 100 Jahre war. Diesen Weg zu beschreiben und Gestalten und Geschehnisse auf und neben ihm lebendig werden zu lassen ist Sinn und Aufgabe des nachfolgenden Inhaltes dieser Erinnerungsschrift.

Wie kam es jedoch zunächst zu dieser Standortbestimmung, was sagt sie aus?

Dem Jagdgebrauchshundwesen und dem Jagdgebrauchshundverband ging es lange lange Jahre so wie einem Wanderer, der munter fürbaß schreitet, seines Weges gewiss ist und keine Veranlassung hat, sich über die Richtigkeit seines Weges und die einzuschlagende weitere Richtung größere Gedanken zu machen. In der jüngeren Zeit jedoch haben sich die jagdlichen Verhältnisse erheblich geändert; das Jagdgebrauchshundwesen, eingebettet in die Jagd, blieb davon nicht verschont. Die Öffnung der Grenzen in Europa, ja der ganzen Welt, neue wissenschaftliche Erkenntnisse und der Wandel in den Anschauungen im Bezug auf viele Werte, auch die der Jagd, haben zu einer gewissen Unsicherheit, ja Orientierungslosigkeit geführt. So wie ein Wanderer in einer ihm nicht vertrauten Umgebung an einer Wegekreuzung, die ihm nunmehr verschiedene Möglichkeiten des Fortschreitens eröffnet, war auch das Jagdgebrauchshundwesen gezwungen, seinen Standort zu bestimmen. Das bedeutet – rückwärtsschauend – eine Besinnung auf das „Woher komme ich?" also auf die Wurzeln des Jagdgebrauchshundwesens, das bedeutet eine Bestimmung des gegenwärtigen Standortes inmitten der veränderten Umwelt – und bedeutet auch eine Entscheidung, welcher von vielen möglichen Wegen nun eingeschlagen werden soll.

Die Notwendigkeit einer derartigen Standortbestimmung hatte sich schon seit geraumer Zeit abgezeichnet, jedoch erst das Jagdgebrauchshundwesen unmittelbar bedrängende Ereignisse zwangen zu einem Tätigwerden.

Die Standortbestimmung kann ihrer Intention nach nicht ein formelles Gesetz sein wie beispielsweise die Satzung oder eine Prüfungsordnung, vielmehr soll sie eine „Besinnungshilfe" sein für all diejenigen, die Verantwortung tragen, sie soll jedoch auch der Maßstab sein, an dem sich zukünftige Entscheidungen auszurichten haben. Sie richtet sich nicht nur nach innen, sondern insbesondere auch nach außen, woraus sich nun wiederum die unbedingte Verpflichtung des Jagdgebrauchshundwesens ergibt, sich an einer eigenen Standortbestimmung messen zu lassen, denn Halbherzigkeiten oder Versäumnisse in Bezug auf die selbst gesetzten Handlungsmaximen können gefährlich, ja tödlich für das Jagdgebrauchshundwesen sein.

Eine Besinnung auf das „Woher komme ich?" also auf die Wurzeln des Jagdgebrauchshundwesens

Die Standortbestimmung, angenommen auf dem Verbandstag 1992, hat folgenden Wortlaut:
Standortbestimmung des Jagdgebrauchshundverbandes e.V.
Präambel
Bis in die allerjüngste Zeit seiner Geschichte war die Jagd die Hauptwirtschaftsform des Menschen. Zur Jagd bedienten sich die Menschen je nach den örtlichen Gegebenheiten individueller Jagdpraktiken. Die jeweiligen Bedürfnisse bedingen dabei die angewandten Hilfsmittel. Daraus ergibt sich insofern das Primat der Jagd.

Primat der Jagd

Zu den Hilfsmitteln zählen auch die Jagdhunde, wobei die Rechtfertigung ihres Einsatzes unterschiedlich ist (Tierschutz, Wirtschaftlichkeit, etc.). Die Jagd etwa des letzten Jahrhunderts und insbesondere der Gegenwart versteht sich bei uns als eine vernünftige, nachhaltige Nutzung jagdbaren Wildes, wobei sie bestimmt wird durch den (unbestimmten, nachprüfbaren Rechts-)Begriff der Weidgerechtigkeit. Die Weidgerechtigkeit ist nach gegenwärtigem Verständnis der Sammelbegriff für alle geschriebenen und ungeschriebenen Regeln, die das einwandfreie Beherrschen des „Jagdhandwerkes" und die ethische Einstellung des Jägers zum Mitmenschen und zum Tier betreffen. Der Begriff ist weitgehend von der geschichtlichen Entwicklung des Jagdwesens, dem Zeitgeist, den Ergebnissen der jagdwissenschaftlichen und wildbiologischen Forschung, der Vervollkommnung von Waffen und Munition, dem sich ändernden Verhältnis des Menschen zum Tier, dem Wandel und der Verschiebung sittlicher Auffassung abhängig. Diesem Wandel unterliegt auch der Einsatz brauchbarer Jagdhunde. Diese, verhaltensbiologisch und jagdnah ausgebildet, sind nach entsprechenden Prüfungen und weiterhin in der jagdlichen Praxis geführt, in der Lage, vor und insbesondere nach dem Schuss, den Aufgaben ihres Einsatzgebietes gerecht zu werden.

Weidgerechtigkeit

Das deutsche Jagdgebrauchshundwesen sieht sich gegenwärtig vielfältig von außen in Frage gestellt, so dass es Veranlassung hat, sich hiermit in einer Standortbestimmung zu seinen Zielen zu bekennen.

Der Jagdgebrauchshundverband verfolgt seit seiner Gründung im Jahre 1899 als dem Jagdwesen integrierte Institution, jedoch organisatorisch selbständig, seine Ziele unter Beachtung des umfassenden Begriffes der Weidgerechtigkeit. Er stellt im Rahmen eines gesetzlichen Erfordernisses dem Jagdwesen die für dieses erforderlichen Jagdhunde zur Verfügung. Daraus ergibt sich wiederum die Verpflichtung der gesamten Jägerei, dem Jagdgebrauchshundwesen die dafür erforderlichen Möglichkeiten zu eröffnen.

Verbandssatzung

Die Verbandsverfassung, die Satzung des Verbandes, kann nicht unberührt bleiben von historischen Veränderungen, wie sie der Begriff der Weidgerechtigkeit umschreibt, auch organisatorisch muss sie einer sich ändernden Verbandsstruktur Rechnung tragen. Die Freiheiten der Mitgliedsvereine des Jagdgebrauchshundverbandes müssen dort ihre Grenzen finden, wo die Grundsätze der Weidgerechtigkeit allgemeinverbindliche Normen erfordern.

Das Prüfungswesen dient der Feststellung der Leistungsfähigkeit der Hunde für die Jagd, züchterischen Belangen und es schafft die Grundlagen für die Wertschätzungen. Es ist abhängig von den Erfordernissen der Jagd. Seine Belange müssen unter Berücksichtigung der jeweils neuesten Ergebnisse

Prüfungswesen

jagdwissenschaftlicher und wildbiologischer Forschung in einem ausgeglichenen Verhältnis zu anderen Interessen stehen, die sich auch ergeben aus dem Wandel sittlicher Auffassungen und einem sich ändernden Verhältnis des Menschen zum Tier. Die Beurteilung der Hunde auf den Prüfungen erfordert Richter, die über überdurchschnittliche theoretische Kenntnisse und jagdpraktische Erfahrungen mit Hunden verfügen. Ein Richteramt bedeutet Verantwortung und Auszeichnung zugleich.

Deutsches Gebrauchshund-Stammbuch

Das Deutsche Gebrauchshund-Stammbuch ist seit 100 Jahren die Sammlung der nunmehr lückenlosen Ergebnisse des Prüfungsgeschehens im Wirkungsbereich des Jagdgebrauchshundverbandes. Es dokumentiert gleichzeitig die Entwicklung des Jagdgebrauchshundwesens. Zum besseren Verständnis des Jagdgebrauchshundwesens in der Öffentlichkeit bedarf es einer überzeugenden, umfassenden und kompetenten Darstellung. Voraussetzungen dafür sind nicht zuletzt eine reibungslose Verständigung zwischen den Mitgliedern des Verbandes, ein loyales Verhalten zu den Organen des Verbandes bei diesem Bestreben und somit das Bewusstsein einer gemeinsamen Verantwortung.

Der Jagdgebrauchshundverband sieht seine Aufgabe auch in der Sammlung und Bewahrung jagdkynologischen Kulturgutes und der Ergebnisse jagdkynologischer Forschung.

Die eingehende Beschäftigung mit jagdkynologischen Fragen führt zu einer speziellen Sachkunde, die nützlich sein kann bei der Klärung von Streitfällen. Der Jagdgebrauchshundverband hält sich für verpflichtet, Sachverständige zu benennen für Privatpersonen, Versicherungen, Behörden und Gerichte.

Das Jagdgebrauchshundwesen hat mannigfache Berührungspunkte mit staatlichen und privaten Institutionen, die es zu pflegen und zu seinem Nutzen auszubauen gilt.

Einer Beschreibung der Entwicklung bis in die Gegenwart (und damit einer Bestimmung des Standortes) dienen die nachfolgenden Ausführungen wie sie auch den Weg skizzieren, der zukünftig zu beschreiten ist. Dabei sind die Erfahrungen 40-jähriger gerechter Jagdgebrauchshundearbeit in der ehemaligen DDR einzubeziehen. Aus der „Vereinigung" des Jagdhundeverbandes der ehemaligen DDR mit dem Jagdgebrauchshundverband auf dem Verbandstag 1991 erwachsen dem Jagdgebrauchshundwesen neue Aufgaben und Verpflichtungen.

Die Verbandsverfassung

Die Verbandsverfassung (erste Fassung 1904) schreibt in der Satzung Zweck und Aufgabe des Verbandes und die Kriterien für die verschiedenen Mitgliedschaften fest. Neben der Darstellung der Verbandsorgane und der ihnen übertragenen Aufgaben regelt die Satzung den gesamten Geschäftsablauf, das Prüfungswesen mit all seinen Gliederungen und die Ehrengerichtsbarkeit.

Die Verbandsverfassung trägt dafür Sorge, dass Zweck und Aufgabe des Verbandes jederzeit entsprechend den jagdlichen und gesetzlichen Erfordernissen und somit der Weidgerechtigkeit dienend und in Interessenabwägung zum Tier- und Naturschutz erfüllt werden, und dass somit Zucht,

Ausbildung, Prüfung und Führen der Jagdgebrauchshunde in diesem Rahmen gewährleistet sind.

In der Verbandsverfassung sind Aufnahmekriterien festgeschrieben, nach denen nur die Vereine als Mitglieder im JGHV zusammengeschlossen werden können, die sich durch Vereinsstruktur, Satzung, Zucht- und Prüfungsordnung vorbehaltlos zu den Zielen des Verbandes bekennen. Der JGHV als Dachorganisation des gesamten Jagdgebrauchshundewesens in Deutschland hat in seiner Verfassung dafür Sorge zu tragen, dass die Interessen aller Mitgliedsvereine gleichermaßen Gehör und Berücksichtigung finden. Die in die Verbandsverfassung integrierte Ehrengerichtsbarkeit des Verbandes ist neben der Verbandsgerichtsordnung der Garant, dass die sachlichen und ethischen Ziele des Verbandes bewahrt werden. Die Organisation des Verbandes ist so auszurichten, dass sie den jeweiligen Erfordernissen effektiv Rechnung trägt.

Ehrengerichtsbarkeit

In der Geschäftsstelle des Verbandes bearbeitet ein hauptehrenamtlicher Geschäftsführer das Richterwesen sowie alle anderen Verwaltungsvorgänge.

Das Prüfungswesen

Das Prüfungswesen ist das Fundament aller Jagdgebrauchshundarbeit. Die Zucht von Jagdgebrauchshunden ist ohne Prüfungen nicht möglich.

Die ersten Anfänge des jagdlichen Prüfungswesens sind bereits vor Beginn der offiziellen Kynologie in Deutschland etwa Mitte des vorigen Jahrhunderts zu verzeichnen. Schon damals war das Bestreben nach einem vielseitigen Jagdhund die Triebfeder. Außerdem wurden, vor allem an den Jägerhöfen, Schweißhunde für die Nachsuche auf Schalenwild gezüchtet und geführt.

Hegewald, Oberländer und viele Mitstreiter begründeten gegen mannigfaltigen Widerstand die heutige Jagdkynologie. Diese fordert den vielseitig brauchbaren Hund und weist ihm als wichtigste Aufgabe die Arbeit nach dem Schuss zu.

Das Prüfungswesen war schon frühzeitig und ist heute in Anlage- und Leistungsprüfungen gegliedert. Es hat das Ziel, für die Jagd brauchbare Hunde zur Verfügung zu stellen. Durch sorgfältige Zucht und entsprechende Ausbildung erhält ein Jagdhund die Voraussetzung, eine Prüfung zu bestehen. Der Wunsch nach einem guten Ergebnis ist der Ansporn für eine gründliche Ausbildung. Prüfungsordnungen haben sich nach den Anforderungen der praktischen Jagd zu richten, sie sind Gewähr dafür, dass Zucht und Ausbildung stets auf die Jagd hin ausgerichtet werden.

Zucht und Ausbildung

Gesicherte neue Erkenntnisse, grundlegende Veränderungen der Jagd und sich wandelnde Auffassungen über das Verhältnis zwischen Mensch und Tier müssen nach wie vor in die Prüfungsordnungen eingehen, wobei am Ziel des brauchbaren Jagdhundes kein Abstrich gemacht werden darf. Der Aussagewert der Prüfungen hängt von der Qualität der Durchführung ab. Die eingesetzten Richter übernehmen eine große Verantwortung. Der Jagdgebrauchshundverband und seine Mitgliedsvereine sehen sich verpflichtet, die Kenntnisse aller Richter auf dem neuesten Stand zu halten um eine objektive und richtige Beurteilung der Jagdhunde zu ermöglichen. Die Zahl der Hunde, die zu einer Prüfung angenommen werden, richtet sich nach den

Verbandsrichter

Revierverhältnissen sowie dem Wildvorkommen. Wo die erforderlichen Möglichkeiten nicht vorhanden sind, darf eine Prüfung nicht veranstaltet werden. Diese Grundsätze garantieren den Jagdhundprüfungen auch in Zukunft ihren hohen Wert.

Anlagenprüfungen

Die Anlagenprüfungen liefern wichtige Aussagen über die ererbten Anlagen des jungen Hundes und damit über den Erbwert der Eltern. Da ein Hund bis zum Alter von zwölf bis 14 Monaten wesentliche Entwicklungsphasen durchlaufen hat, ist es unumgänglich, die ersten Anlagenprüfungen bereits in diesem Alter durchzuführen. Diese Prüfungen liefern einen großen Anteil der Daten, die für die Weiterführung einer erfolgreichen Zucht und die Erhaltung des erreichten hohen Anlagenniveaus der Jagdhunde erforderlich sind.

Die meisten Jagdhunde werden im Frühjahr geworfen, daher muss die erste Anlagenprüfung ebenfalls im Frühjahr durchgeführt werden. Gleichzeitig werden die jungen Hunde zum ersten Mal auf Zuchtmängel untersucht, so dass evtl. negative Eigenschaften frühzeitig erkannt werden. Spurarbeit und Suche lassen die Veranlagung zum selbständigen Jagen erkennen, weiterhin werden u. a. Nasenqualität und Kontakt zum Führer geprüft.

Bei einer zeitlichen Begrenzung aller im Frühjahr durchgeführten Prüfungen bis spätestens zum Beginn der Brutzeit und Einführung des Gehorsams am Wild in die Prüfungsordnungen sind denkbare negative Einwirkungen auf wildlebende Tiere weitgehend auszuschalten.

Im Herbst werden Anlage- und Leistungsprüfungen durchgeführt. Bei den Anlageprüfungen wird die Fortentwicklung der Anlagen überprüft, gleichzeitig kommt die Wasserarbeit hinzu. Erstmals werden Anlage- und Ausbildungsfächer geprüft, die Arbeiten nach dem Schuss enthalten. Zum Einsatz lebender Enten ist festzustellen, dass es dazu keine gleichwertige Alternative gibt. Eine juristische Klärung dieses Problems ist auf verschiedenen Ebenen angelaufen, das Ergebnis muss abgewartet werden.

Leistungsprüfungen

Leistungsprüfungen verlangen den einsatzfähigen, schon praxiserfahrenen Hund, der in jeder Situation Gehorsam zeigen muss. Die Prüfungsordnungen der Leistungsprüfungen haben sich in allen Fächern an den praktischen Jagdbetrieb anzupassen. Außer den vielseitigen Prüfungen können Jagdhunde Spezialprüfungen ablegen (vorwiegend Schweißprüfungen) und Leistungsnachweise erwerben.

Staatliche Prüfungen

Die zur Zeit auf Länderebene durchgeführten Brauchbarkeits- oder Jagdeignungsprüfungen enthalten lediglich Minimalforderungen, die der Gesetzgeber für erforderlich hält. Diese Prüfungsordnungen leiten sich von denen des Jagdgebrauchshundverbandes ab und sind nur entsprechend reduziert. In jedem Fall müssen schon Richter aus der Liste des Jagdgebrauchshundverbandes als Prüfer eingesetzt werden, anzustreben ist jedoch eine für die Bundesrepublik einheitliche Prüfungsordnung, die der Kompetenz des Jagdgebrauchshundverbandes unterstellt wird. Damit wäre die Organisation als allein zuständig für das gesamte Jagdgebrauchshundwesen allgemein anerkannt, die wegen der Sachkunde ihrer Mitglieder dafür am besten geeignet ist.

Prüfungen können nur durchgeführt werden, wenn die geeigneten Reviere zur Verfügung gestellt werden. Da die gesamte Jägerschaft Nutzen aus der

Jagdgebrauchshundearbeit zieht, besteht die Verpflichtung, hier Unterstützung zu leisten.

Deutsches Gebrauchshund-Stammbuch

Das „Deutsche Gebrauchshund-Stammbuch" (DGStB) ist als Sammlung der Leistungsnachweise deutscher Jagdhunde von „Hegewald" (Frhr. von Zedlitz und Neukirch) im Jahre 1882 begründet und im Jahre 1887 erstmals öffentlich mit dem Band I (einschließlich der Prüfungsergebnisse seit 1892) als Gratiszugabe zu „Oberländer's Jagdzeitung" erschienen. Diese wurde zur „Darmstädter Jagdzeitung" und 1899 von der illustrierten Jagdzeitung „Weidmann" übernommen. Der JGHV anerkannte das DGStB im Jahre seiner Gründung offiziell, seine Führung wurde zu einer satzungsgemäßen Aufgabe des Verbandes.

Das Bestreben des Verbandes, das DGStB zu erwerben, führte nach Verhandlungen mit dessen Eigentümer im Jahre 1906 zu einer Schenkung an den Verband. Ein Stammbuchführer, begleitet von einer Stammbuchkommission, führt seitdem das DGStB bis in die Gegenwart.

Das im Frühjahr eines jeden Jahres erscheinende DGStB hat sich zu einer in der Welt einzigartigen Sammlung von Leistungsnachweisen einer Tierart entwickelt. Neben der Dokumentation der Verbandsgeschichte und seiner wechselvollen und sich ständig verändernden Verbandsstruktur, lässt das DGStB ebenso die Entwicklung des Jagdgebrauchshundwesens, der Zucht, der Rassenvielfalt und der sich verändernden Einsatzschwerpunkte (Feldjagd-, Nachsucheneinsatz etc.) erkennen.

Sammlung von Leistungsnachweisen

Der Umfang der zu registrierenden Leistungsnachweise und damit zusammenhängenden vielgestaltigen Daten machte es notwendig, ein jetzt mit EDV ausgerüstetes Stammbuchamt einzurichten und einen hauptamtlichen Stammbuchführer zu beschäftigen.

Öffentlichkeitsarbeit

Das Jagdwesen und mit ihm das Jagdgebrauchshundwesen waren für lange Zeit selbstverständlicher Bestandteil gesellschaftlicher Betätigung, es wurde über sie berichtet wie über andere alltägliche Gegenstände auch.

Mit zunehmender Kritik musste sich das Jagdwesen und auch das Jagdgebrauchshundwesen zunächst in Einzelfällen verteidigen bis hin zu einer allgemeinen Rechtfertigung in der Gegenwart.

Die Öffentlichkeitsarbeit gehört zu den satzungsgemäßen Aufgaben des JGHV, das Präsidium konnte ihr ohne besonderen Aufwand bis Ende der sechziger Jahre gerecht werden. Dann zeichnete sich ab, dass eine umfangreichere und professionellere Öffentlichkeitsarbeit unumgänglich wurde, mit der Übertragung dieser Aufgabe auf einzelne Präsidiumsmitglieder konnte man dieser Aufgabe nicht gerecht werden. Im Jahre 1979 wurde der erste Beauftragte für Öffentlichkeitsarbeit berufen, organisatorisch nur dem Präsidium verantwortlich.

Beauftragte für Öffentlichkeitsarbeit

Die Mitglieder des Verbandes sind zeitnah und möglichst umfassend über die Arbeit in den Institutionen des Verbandes zu unterrichten. Diese Informationen erfolgen unmittelbar an die Mitgliedsvereine und über das Verbandsorgan.

Der Beauftragte für Öffentlichkeitsarbeit im JGHV ist der Interpret der Entscheidungen und Beschlüsse der Organe des JGHV. Er wirbt insbesondere auch für die Belange des Jagdgebrauchshundwesens in der Öffentlichkeit.

Die Zeitschrift „Der Jagdgebrauchshund" ist Organ und offizielles Mitteilungsblatt des JGHV. Es erscheint seit 1965 monatlich und wurde zunächst vom Verlag Mayer herausgegeben, nach einem Verlagswechsel nunmehr von der BLV Verlagsgesellschaft in München. Der Schriftleiter wird vom Verlag im Einvernehmen mit dem JGHV berufen. Das Ziel, eine fasettenreiche jagdkynologische Zeitung mit großer Leserschaft herauszugeben, ist noch nicht erreicht, sich ihm weiter zu nähern, bleibt eine vorrangige Aufgabe.

„Der Jagdgebrauchshund"

Sachverständigenwesen

Für die Beurteilung der Hunde bei den jährlich stattfindenden Anlagen- und Leistungsprüfungen sowie Kör- und Zuchtschauen stehen dem Verband besonders geschulte und qualifizierte Richter zur Verfügung. Ihre Fähigkeit zur kritischen und fachlichen Beurteilung des Leistungsvermögens unserer Jagdgebrauchshunde sollte gewährleisten, dass verbindliche Feststellungen zum Leistungsstand, und damit zum Wert eines Hundes zu einem bestimmten Zeitpunkt getroffen werden können. Spezielle Kenntnisse, etwa auf dem Gebiet der Veterinärmedizin und der Verhaltensbiologie, ermöglichen sachverständige Aussagen auch auf diesen Gebieten.

Zur Hilfe bei der Klärung jagdkynologischer Fragen bei Gerichten, Versicherungsgesellschaften, jagdlichen Organisationen oder aber auch für Einzelpersonen, kann der Verband auf eine Auswahl besonders geeigneter und kompetenter Sachverständiger verweisen, die in einer aktuellen Liste „Jagdkynologischer Sachverständiger in Deutschland" aufgeführt sind, welche bei Bedarf über die Geschäftsstelle angefordert werden kann.

Liste Jagdkynologischer Sachverständiger

Der Verband fördert durch regelmäßige Schulungen und Fortbildungsmaßnahmen auf regionalem und überregionalem Gebiet, sein eigenes Sachverständigenwesen.

Kulturelle Belange des Jagdgebrauchshundwesens

Das Jagdgebrauchshundwesen entwickelt sich frühzeitig zu einem Teil der Jagd. Es war in die entstehende Jagdkultur eingebunden. Die Hunde als jagdliches Hilfsmittel wurden gegenüber heute überwiegend spezieller eingesetzt als Hatz-, Spür- oder Leithunde. Gegen Mitte des letzten Jahrhunderts kam man über die gelenkte Zucht zu bestimmten Schlägen der Jagdhunde und begann wenig später für diese ausgewählten Rassen, bestimmte jagdnahe Prüfungen zu schaffen, zur frühzeitigen Erkennung jagdlicher Anlagen und Eignung.

Die Entwicklung ging dabei von den speziell einzusetzenden Hunden, z. B. zum Vorstehen oder Apportieren, auf universell einsetzbare Hunde, eben die Jagdgebrauchshunde, die nahezu allen jagdlichen Anforderungen gerecht werden konnten.

Die Jagd stellt nach wie vor auch ein bedeutsames Kulturgut dar, dessen Erhaltung notwendig ist. Dem Jagdgebrauchshundverband ist es daher Aufgabe und Verpflichtung, jagdkynologisches Kulturgut ebenso zu sammeln und zu bewahren, wie die Ergebnisse jagdkynologischer Forschung.

Im jagdkynologischen Archiv des Verbandes werden alle jagdkynologischen Forschungsergebnisse, Gutachten und andere jagdkynologisch relevante Ausarbeitungen gesammelt, sortiert und katalogisiert, um erhalten zu werden. Es steht jedermann zur Verfügung. Eine Video- und Filmsammlung ist im Aufbau. Neben dieser umfangreichen Sammlung wird eine Bibliothek neuzeitlicher und antiquarischer Literatur unterhalten.

Jagdkynologisches Archiv

Zum jagdkynologischen Kulturgut gehören auch historische Formen des Jagdhundeeinsatzes (z. B. Meutejagd). Vereinen, die sich der Erhaltung der dafür erforderlichen Jagdhunderassen und dieser Jagdformen verschrieben haben, gebührt die Unterstützung des Verbandes.

Aufgabe des Jagdgebrauchshundverbandes ist es daher auch, für alle diese genannten kulturellen Aufgaben, sachliche und finanzielle Mittel, jetzt und in der Zukunft zur Verfügung zu stellen.

Das „Markenzeichen" des Jagdgebrauchshundverbandes, der einen Fuchs apportierende Vorstehhund, ist eine Vignette des Tiermalers Prof. Heinrich Sperling (1844–1874), die Hegewald im Jahre 1897 zum Symbol für die „Gebrauchshundsache" bestimmte. Das Abbild findet sich u. a. auf Ehrengaben des Verbandes und ist seit 1981 beim Deutschen Patentamt für den Verband geschützt. Ein Stempel mit der Vignette auf der Ahnentafel eines Hundes bestätigt die Anerkennung durch den Jagdgebrauchshundverband.

Der Sperlingshund

Außenbeziehungen des JGHV

DJV – Deutscher Jagdschutz-Verband

Der Jagdgebrauchshundverband und der Deutsche Jagdschutz-Verband sind organisatorisch selbständige Institutionen, haben aber naturgemäß viele Berührungspunkte und verfolgen gleiche Ziele wie Weidgerechtigkeit, Tier- und Naturschutz, wirtschaftliche Jagdnutzung sowie jagdethische und kulturelle Belange. JGHV und DJV sind deshalb aufgefordert, selbständig, aber in enger Zusammenarbeit und Übereinstimmung diesen Zielen zu dienen. Die Verbindung JGHV - DJV ist auch organisatorisch durch äußere Zwänge enger geworden (z. B. durch außerordentliche Mitgliedschaften).

VDH – Verband für das Deutsche Hundewesen

Die Beziehungen des JGHV zum Verband für das Deutsche Hundewesen (VDH) als der Institution, die Deutschland bei der FCI vertritt, sind von spezieller Bedeutung.

1879 wurde die Delegierten-Commission (DC) ins Leben gerufen, um Rassekennzeichnungen für Jagd- und später auch andere Hunde aufzustellen und ein Hundestammbuch zu führen. Zentralismus und der Boykott neu entstehender Rassen führten zur Gründung des Verbandes der Vereine zur Prüfung von Gebrauchshunden zur Jagd im Jahre 1899. Kritik am immer mehr wirtschaftlich orientierten Ausstellungswesen der DC führte 1906 zum „Kartell der stammbuchführenden Spezialklubs für Jagd- und Nutzhunde", dessen Hauptaugenmerk den Ausstellungen und Nichtjagdhunden gilt, es änderte 1908 seinen Namen in „Kartell der stammbuchführenden Spezialklubs".

Delegierten-Commission (DC)

Das „Kartell"

Die DC, der Verband und das Kartell lebten nebeneinander her. 1933 gehen die drei Institutionen zwangsweise im „Reichsverband für das Deutsche Hundewesen" (RDH) auf, 1937 wird der Verband aus dem RDH wieder herausgelöst und führt seitdem den Namen „Jagdgebrauchshundverband" (JGHV). 1948 wird eine Arbeitsgemeinschaft ins Leben gerufen, aus der sich 1949 der VDH als Nachfolger des Kartells konstituiert. 1958 schlossen JGHV und VDH eine Vereinbarung, die neben gegenseitiger Anerkennung als jeweilige Spitzenorganisation insbesondere gewährleistete, dass die dem JGHV angeschlossenen Zuchtvereine über den VDH für ihre Hunde eine Auslandsanerkennung erhielten und einen Schutz des Standards bei der FCI. 1984 kündigte der VDH diese Vereinbarung.

„Reichsverband für das Deutsche Hundewesen" (RDH)

Der gegenwärtige Rechtszustand zwischen JGHV und VDH trägt nicht dem besonderen Status des JGHV Rechnung. Es bleibt zukünftigen Verhandlungen vorbehalten, auf Wiedereinräumung ehemaliger Rechtspositionen hinzuwirken, gegebenenfalls auch Grenzen neu zu ziehen zwischen jagdbezogenem und sportlichem Prüfungswesen.

Tierschutz

Zucht, Ausbildung, Prüfung und Einsatz der Jagdhunde dienen der Weidgerechtigkeit und damit dem Tierschutz. Diese Maxime wird unterstrichen durch die gesetzliche Verpflichtung zum Einsatz brauchbarer Jagdhunde.

Jagd und damit auch das Jagdgebrauchshundwesen sowie die Auffassungen vom Tierschutz sind einem ständigen Wandel unterworfen. Dies erfordert einen ständigen Dialog zwischen den einzelnen Institutionen.

Während auf örtlichen und regionalen Ebenen z.T. sehr gute Kontakte zu den verschiedensten Tierschutzvereinigungen bestehen, ist der Dialog und die sachliche Zusammenarbeit mit dem Deutschen Tierschutzbund gegenwärtig leider abgebrochen. Im Interesse des Tierschutzes darf nichts unversucht gelassen werden, die Dialogbereitschaft früherer Jahre wieder herzustellen.

Naturschutz bedingt Beschränkung

Naturschutz

Jagdhundeausbildung und -prüfung sind – von Ausnahmen abgesehen – während der Jagd oder unter jagdnahen Bedingungen in der Natur durchzuführen. Es ist immer das Gebot der Jagdgebrauchshundearbeit gewesen, schonend mit Feld und Flur sowie der freilebenden Tierwelt umzugehen. Naturschutz muss aber nicht nur angemessene Revierruhe während der Schon-, Setz- und Brutzeit bedeuten, sondern ebenso eine Beschränkung der Jagdhundeausbildung und -prüfung und damit auch der Zucht auf das für die jagdlichen und gesetzlichen Notwendigkeiten erforderliche Maß.

Staatliche und private Institutionen

Die Jagdgebrauchshundearbeit berührt in der heutigen Zeit nicht nur das Verbandsgeschehen und die Arbeit der Mitgliedsvereine. Zunehmend wird das Jagdgebrauchshundwesen von gesetzgeberischen Forderungen, jagdkynologischer Forschung, den sich ständig verändernden Verhältnissen und nicht zuletzt von dem Bewusstsein der Öffentlichkeit berührt, beeinflusst und in gewissem Umfang auch bestimmt. All diese Berührungspunkte verlangen die Pflege und den Ausbau der Kontakte zu den öffentlichen und privaten Institutionen.

Die sich aus der Standortbestimmung ergebende Identität des deutschen Jagdgebrauchshundwesens gilt es zu bewahren, wozu das uneingeschränkte Bekenntnis zu der Freude an der Beschäftigung mit und in ihm gehört.

Ausblick

Die zukünftige Entwicklung Europas wird auch das deutsche Jagdgebrauchshundewesen in Auseinandersetzungen mit dem Jagdwesen anderer Länder führen und es zu Stellungnahmen zwingen, die Kompromisse und auch Abstriche von eigenen Positionen erfordern. Die unserem Jagdwesen und damit auch dem Jagdgebrauchshundwesen innewohnende Verpflichtung, im richtig verstandenem Sinne weidgerecht zu handeln, muss jedoch auch über die Jahrtausendwende hinaus Bestand haben.

Die Geschichte der neuzeitlichen Jagdkynologie

I. Der Weg zum Dachverband JGHV

Der Jagdgebrauchshundverband ist Ausdruck einer nun 100 Jahre währenden allumfassenden Organisation des Jagdgebrauchshundwesens in Deutschland, er ist die Organisationsform des 20. Jahrhunderts. In der zweiten Hälfte des 19. Jahrhunderts führten letztendlich Bestrebungen, die Kräfte zu bündeln, bedingt durch die geschichtliche Entwicklung und getrieben von einzelnen hervorragenden Persönlichkeiten zu dem Spitzen- und Dachverband.

Vor 1848

Vor der Revolution des Jahres 1848 wurden die Zucht, die Ausbildung sowie die Haltung der Jagdhunde von den Fürsten betrieben, die zu deren Unterhaltung häufig andere herbeizogen, vielfach an Jägerhöfen, und zwar auch schon in ganz bestimmtem, abgestecktem Rahmen, meist nach dem Prinzip einer Leistungszucht und scharfer Selektion, wobei das nicht Förderungswürdige als „nicht lebenswert" angesehen wurde und nur das Individuum die Chance hatte, sich zu vermehren, das sich in der harten Erprobung bei der praktischen Jagdausübung bewährt hatte. Aus schriftlichen Überlieferungen ist bekannt, dass die Jägerei sich bemühte, die Leistungen der Hunde und ihre Abstammung festzuhalten, um eine Art gezielter Zucht zu ermöglichen.

Folgen der Revolution

Diese kontinuierliche Entwicklung, dieser für das Jagdgebrauchshundwesen segensreiche Zustand wurde unterbrochen durch die französische Revolution, die Kriege Napoleons und letztlich auch bei uns durch die Revolution des Jahres 1848. Das Bürgertum nahm sich der Privilegien der herrschenden Klasse an, die Rechte des Bürgertums erstreckten sich nun auch auf die jagdlichen Regalien, mit einbezogen naturgemäß auch das Jagdhundewesen. Die Pflegestätten der Jagd und des Jagdhundewesens wurden aufgelöst und das versierte Personal verlor nach und nach Brot und Arbeit. Auf dem Gebiete des Jagdwesens und damit auch auf dem Gebiete des Jagdgebrauchshundwesens bereitete sich ein Chaos, ein Vakuum aus, zeitgenössische Autoren sprechen von „Trümmern".

Bei der Suche nach einem Ausweg aus dieser misslichen Lage beschritt man bedauerlicherweise nicht einen eigenen Weg, der den deutschen Revierverhältnissen und jagdlichen Ansprüchen entsprochen hätte; vielmehr orientierte man sich nach den damals in England herrschenden Verhältnissen und versuchte, sie nach Deutschland zu „importieren".

Während die deutschen Jäger sich in vorrevolutionärer Zeit mit ihren Schweißhunden und auch Vorstehhunden beschäftigten, den Vorstehhund nach allen erdenklichen Richtungen hin ausbildeten und gewissermaßen zum „Hund für alles" machten, bemühten sich die Engländer, ihre Vorstehhunde in eine ganz andere Richtung auszubilden. Etwa zur Mitte des 18. Jahrhunderts trat der kurzhaarige Vorstehhund in England auf, und zwar unter dem Namen „Old Spanish Pointer", da er angeblich aus Spanien eingeführt worden sein soll. Dieser Hund wurde als plump, langsam und wenig ausdauernd wie auch bösartig geschildert, jedoch mit einer vortrefflichen Nase. Um die geschilderten Mängel auszugleichen, soll er mit dem Foxhound gekreuzt worden sein, woraus der uns allen bekannte „Pointer" entstanden sein soll mit allen erwünschten Eigenschaften, einer schnellen, energischen

Suche, mit enormer Ausdauer und festem Vorstehen. Diese Eigenschaften wusste man zu fördern durch die einseitige Ausbildung des Pointers, dessen Arbeit sich ausschließlich auf das Suchen und Vorstehen während der Feldarbeit beschränkte, während die Arbeit nach dem Schuss anderen Rassen überlassen wurde.

Eine in der ersten Hälfte des 19. Jahrhunderts vor allen Dingen in Norddeutschland herrschende Anglomanie verdrängte zunächst die einheimischen Hunderassen und -schläge, bald auch die den Revierverhältnissen angepassten besseren alten Stämme der deutschen Vorstehhunde. Am eifrigsten wurde die Einführung englischer Hunde um Hannover betrieben, das seit der Besteigung des englischen Thrones durch Georg I. in unmittelbarer Beziehung zu England stand. Unter der Regierung des Königs Ernst-August wurde im Jahr 1839 in Hannover der „Verein zur Einführung englischer Hunde und Kreuzung derselben mit den hiesigen Rassen" gegründet, auch bekannt unter dem Namen „Hannoverscher Jagdverein". Eine Opposition gegen diese Bestrebungen blieb nicht aus. Der „Hannoversche Jagdverein" setzte indessen seine „veredelnde" Tätigkeit fort; der Führung von Stammbüchern oder Durchführung von Schauen hat man sich jedoch offensichtlich nicht unterzogen. Nach relativ kurzer Zeit zeigten sich jedoch bei diesem Verein Auflösungserscheinungen und im Revolutionsjahr 1848 wurde ein Schlusspunkt hinter die Geschichte dieses Vereins gemacht.

Anglomanie

Es bleibt also hier festzuhalten, dass offenbar die Annahme, dass das Revolutionsjahr 1848 mit seinen Folgen die Ursache für das Verschwinden der deutschen Vorstehhundrassen gewesen sein soll, nicht zutreffend ist, vielmehr waren die besseren Stämme der deutschen Hunde zum damaligen Zeitpunkt bereits weitgehend dezimiert; man begegnete im vermehrten Maß sog. „Halbbluts".

Das Interesse der folgenden Jahre wandte sich der Beseitigung der unhaltbaren jagdlichen Zustände zu, und dem Aufbau eines neuen, zeitgemäßen Jagdgesetzes. Die Jagdhundezucht, für die man wenig Verständnis entgegenbrachte und auch wenig Interesse zeigte, blieb ohne entsprechende Beachtung.

Es war allerdings nicht so, dass überhaupt keine deutschen Vorstehhunde mehr existierten; vielmehr hatten sich verantwortungsvolle Jagdhundefreunde nicht nur um einzelne Exemplare, sondern sogar um kleine Stämme bemüht, beispielsweise in Thüringen, wo deutsche Vorstehhunde in größerer Zahl weiter herangezüchtet wurden. Die einzelnen Idealisten untereinander hatten kaum Kontakt, sie lebten zerstreut und weit voneinander entfernt, es gab keine jagdkynologische Presse und keine Ausstellungen. Den meisten Jägern war überhaupt nicht mehr bewusst, über was für hervorragendes Material man einst verfügte.

Carl Emil Diezel

In dieser Zeit erschien, im Jahr 1849, die erste Auflage von Diezels „Niederjagd". Diezel war neben anderen, beispielsweise Riesenthal, Oberländer und insbesondere Hegewald einer derjenigen Männer, denen es zu verdanken ist, dass das Jagdgebrauchshundwesen sich wieder auf seinen Ursprung besann und zu Organisationsformen fand, die bis in die Gegenwart wirken und Bestand haben.

Der gebürtige Oberfranke Carl Emil Diezel studierte in Jena und

Leipzig Sprach- und Naturwissenschaften und wurde 1806 Dozent für Fechtkunst, Jagdkunde und neuere Sprachen an der Privatforstschule Zillbach in Sachsen. 1809 wurde er würzburgischer und später königlich-bayerischer Forstbeamter. Neben Beiträgen zur Jagdpoesie und Artikeln in der Jagdpresse schrieb er das zweibändige Werk „Fragmente für Jagdliebhaber", „Die Waldschnepfe" und als Hauptwerk „Erfahrungen aus dem Gebiete der Niederjagd", die soeben erwähnte berühmte „Diezel's Niederjagd". Diese erlebte viele Neuauflagen und gilt bis heute als wertvolles, wissenschaftliche Erkenntnisse mit Erfahrungen verknüpfendes Standardwerk für die Niederjagd.

Der 80-jährige Diezel beginnt seinen Lebenslauf in der „Allgemeinen Forst- und Jagdzeitung", deren Mitarbeiter er für vier Jahrzehnte gewesen ist:

Ich bin am 8. Dezember 1779 geboren. Mein Vater war protestantischer Pfarrer zu Irmelshausen im Grabfelde (Unterfranken/Bayern) und ein ungleich besserer Redner als ich, meine Mutter eine Tochter des herzoglich-coburgischen Oberstleutnants von Heldwitt zu Heldwitt. Ich habe sie leider nicht gekannt, da sie in ihrem ersten Wochenbette schon starb. Ich hatte einen Kandidaten der Theologie zum Lehrer, und es ging so ziemlich gut vorwärts, würde aber noch um vieles besser gegangen sein, wenn die lateinischen und griechischen Buchstaben nicht bisweilen eine frappante Ähnlichkeit mit jenen Sperlingen gehabt hätten, die ich nach beendeten Schulstunden bei gutem Wetter mit dem Blasrohre sehr fleißig zu dezimieren pflegte.

Der Jagd auf Spatzen mit dem Blasrohr schloss sich eine reiche, jahrzehntelange praktische Erfahrung als Niederwildjäger mit dem Hunde an. Ohne den brauchbaren Jagdhund konnte sich DIEZEL eine erfolgreiche Jagdausübung überhaupt nicht vorstellen. Eine große Anzahl von Hunden, sowohl gute als auch schlechte, ging durch seine Hand. Er richtete Hunde ab für seinen persönlichen Gebrauch und auch für Dritte.

In der 1. Auflage seines Standardwerkes, das 572 Seiten umfasste, widmete er allein dem Vorstehhund 137 Seiten, in der 2. Auflage 157 Seiten. DIEZEL lehnte schon seinerzeit das sog. „spielende Lernen der Hunde" als Fehlleistung ab, wie er auch der wohl noch zu seiner Zeit gebräuchlichen „barbarischen Dressur" eine Absage erteilte. DIEZEL benutzte den „Zwang" als ein Ausbildungsmittel, das sich nach psychologischen Grundsätzen dem Zögling individuell anzupassen hatte. Von besonderer Bedeutung zu jener Zeit war die Forderung DIEZELS, einen deutschen Vorstehhund für die Feld-, Wasser- und Waldjagd zu schaffen einschließlich des Verlorenbringens und der Nachsuche auf Rehwild. DIEZEL beschreibt den vielseitigen deutschen Vorstehhund wie folgt:

Diezels vielseitiger Jagdgebrauchshund

Bewunderungswürdig sind die Eigenschaften, welche die Natur, gleichsam mit ausgezeichneter Freigebigkeit, diesen Tieren verliehen hat. Sollten jemals die übrigen Rassen sämtlich aussterben, ... man würde sich bald überzeugen, dass er alle anderen Hunde entbehrlich mache ... Denn wie äußerst beschränkt ist das, was selbst die vorzüglichsten unter diesen Hunden leisten, gegen die Klugheit des Hühnerhundes, gegen die Gewandheit, mit welcher er sich in allen Funktionen, die man ihm aufträgt, zu schicken weiß, gegen den bewunderswürdigen Gehorsam, welchen man einen unbedingten nennen kann, und den er selbst in den schwierigsten Fällen mit wahrer

Selbstverleugnung seinem Führer leistet! Bei allen übrigen Hunden, welche bei der Jagdpraxis eine Rolle spielen, kann dieser Gebrauch nur einseitig genannt werden, und im Grunde findet bloß Benützung des natürlichen Instinktes derselben statt, da eigentliche Lenksamkeit und voller Gehorsam im ungefesselten Zustande bei so vielseitiger Verwendung bloß der Vorstehhund zeigt.

Nach seiner Pensionierung im Jahre 1852 zog Diezel, so bald es ihm möglich war, in die Schweinfurter Gegend, die er von seinem ersten Revier her lieb gewonnen hatte. In seinem letzten Wohnsitz Schwebheim verstarb er am 25. August 1860 im Alter von mehr als 80 Jahren, nachdem er acht Tage vorher noch an einer Hühnerjagd teilgenommen hatte.

Diezel lebte in einer Zeit des Aufbruchs und dem Entstehen einer neuen Jagdgesinnung, die von einer neuen Weidgerechtigkeit geprägt war. Stück für Stück fand das Jagdgebrauchshundwesen seinen Platz in diesem Umfeld des jagdlichen Geschehens, bis es eines Tages zu einem zentralen Bestandteil jagdlichen Wirkens überhaupt geworden war.

In diesem Zusammenhang muss ein weiterer Mann genannt werden, der diese neue Gesinnung wesentlich beeinflusste und damit auch dem Jagdgebrauchshundwesen seinen Weg ebnete. Es ist der Forstmann und Jagdschriftsteller Otto von Riesenthal, geboren 1830, gestorben am 22. Januar 1898. In seinem Hauptwerk, „Das Waidwerk" ist als Leitmotiv der allen Jägern auch heute noch bekannte Spruch enthalten:

> *Dies ist des Jägers Ehrenschild,*
> *daß er beschützt und hegt sein Wild,*
> *waidmännisch jagt wie sich's gehört,*
> *den Schöpfer im Geschöpfe ehrt.*

Diesem allbekannten Spruch hat Riesenthal zwei weitere Verse angefügt, im dritten ist das die deutsche Jagdgebrauchshundbewegung bestimmende Leitmotiv enthalten in Bezug auf die Einstellung des Jägers zum Wilde:

> *Behüt's vor Mensch und Tier zumal,*
> *verkürze ihm die Todesqual!*
> *Sei außen rauh, doch innen mild,*
> *– dann bleibet blank Dein Ehrenschild!*

Ein Mann, der die Gedanken von der ethischen Grundeinstellung Riesenthals aufnahm, sie interpretierte und durch seine Bücher vielen nahebrachte, war „OBERLÄNDER". Oberländer ist das Pseudonym des Fabrikanten Carl Rehfuß, eines Fabrikanten aus Kehl, der dort am 25. Oktober 1855 geboren wurde und am 5. Oktober 1926 in seinem Vaterhause starb.

Carl Rehfuß genannt Oberländer

Für das Jagdgebrauchshundwesen war von besonderer Bedeutung sein Erstlingswerk „Die Dressur und Führung des Gebrauchshundes", das in 10 Auflagen erschien. Es ist ein klassisches Buch über die Weidgerechtigkeit und bildet eins der Fundamente, auf dem das deutsche Jagdgebrauchshundwesen bis heute ruht. Der Einfluss Oberländers und seines Buches auf die Jagdgebrauchshundbewegung kann überhaupt nicht unterschätzt werden.

Neben seinen Büchern fand Oberländer auch eine weitere Möglichkeit

„Weidwerk – nicht Sport!"

der Einflussnahme auf die öffentliche Meinung durch seine schon erwähnten Aufsätze und Artikel. Der damalige Schriftleiter der Deutschen Jägerzeitung, Hugo von Sothen, erkannte früh die Bedeutung und Fähigkeit OBERLÄNDERS und ermöglichte ihm den Weg in die Öffentlichkeit. Später schuf sich OBERLÄNDER unter dem Motto „Weidwerk – nicht Sport!" ein eigenes Sprachrohr in „Oberländers Jagd-Zeitung – Organ der praktischen Jägerei". Die erste Ausgabe dieser Zeitung erschien 1896.

Er war maßgeblich beteiligt an der Erschaffung der Prüfungsordnung für die VGP und regte auch – im Gegensatz zum englischen Derby – als Anlageprüfung der Jährlinge die Schaffung einer „verdeutschten Jugendsuche" an. OBERLÄNDER griff Anregungen zur Schaffung eines DGStB (Deutsches Gebrauchshundestammbuch) auf, und förderte dies mit seinen Möglichkeiten.

Kennzeichnend ist beispielsweise sein Verhalten zu Beginn dieses Jahrhunderts, als die obligatorische Einführung der Verlorenbringerprüfung auf natürlicher Wundspur diskutiert wurde. Oberländer lehnte dies angesichts der Masse der zu prüfenden Hunde aus jagdethischen Gründen ab. Sein Ruf war ihm auch zu wertvoll, um den ehrenden Antrag, diese Prüfungen „Oberländer-Verlorenbringerprüfung" zu bezeichnen, anzunehmen. Oberländer plädierte bis zu seinem Ende für künstliche Spuren und Fährten bei Dressur und Prüfung.

Die Ansichten Oberländers, insbesondere auch zu seinen dressurtechnischen Hinweisen, blieben nicht ohne Kritik, und es kam zu Auseinandersetzungen mit Zeitgenossen, auch späteren Autoren. Einer von ihnen war „Hegendorf", Schriftstellername des Ludwig Mérey v. Kapos Mére, geboren am 21. Januar 1872 in Wien und gestorben am 12. Dezember 1938 bei München. Hegendorf war nach forstlicher und jagdlicher Ausbildung jahrzehntelang Verwalter großer Niederwildreviere in der Ostmark, in Österreich und Baden. Seine umfassenden Erfahrungen schlugen sich in der Jagdpresse, in vielen Abhandlungen zur Niederwildhege sowie in Sachbüchern nieder. Seine lebenslange besondere Zuneigung galt dem Jagdgebrauchshund, den er in ungezählten Veröffentlichungen förderte und so das Bewusstsein für die jagdethische Verpflichtung, gute Hunde einzusetzen, schärfte. „Weidwerk – nicht Sport!" Dabei wurde ihm während der Ausbildung von Hunden vieler Rassen schon früh die Fragwürdigkeit der um die Jahrhundertwende propagierten Parforce-Dressur bewusst. In der ersten Auflage seines Buches „Der Gebrauchshund" – jetzt in 14. Auflage vorliegend – schreibt er:

Die Erziehung unserer Hunde ist ein der Pädagogik verwandtes Gebiet; mit pädagogischen Grundsätzen müssen wir durch die Erziehung von Jugend auf eine Grundlage schaffen, die es ermöglicht, den Hund seiner Bestimmung in höchster Vollkommenheit zuzuführen. Wie es unmöglich ist, die Erziehung eines einzelnen Menschen nach irgendeinem Schema vorzunehmen, so ist dies auch bei der Erziehung des Hundes verwerflich; wir werden mit ihm das höchstmögliche Ziel erreichen, wenn wir vom psychischen Standpunkt aus seine Eigenschaften kennengelernt haben …

Bis heute wird die Erinnerung an OBERLÄNDER wachgehalten durch die Existenz des 1893 gegründeten „Jagdgebrauchshundvereins Oberländer" mit dem Sitz in Karlsruhe. Geraume Zeit vor OBERLÄNDER wirkte „Hegewald", der als eigentlicher Schöpfer des Jagdgebrauchshundwesens gilt und auch als solcher von OBERLÄNDER anerkannt und verehrt wurde. HEGEWALD ist das Pseudonym des Sigismund Freiherrn von Zedlitz und Neukirch, als welcher er am 24. Mai 1838 auf Schloß Neukirch am Riesengebirge geboren wurde. Gestorben ist HEGEWALD am 8. Juli 1903 in Halle an der Saale. Seinen Schriftstellernamen hat HEGEWALD einem Teil des Neukircher Forstes entlehnt, der diese Bezeichnung hatte. HEGEWALD leistete seinen Militärdienst ab und befaßte sich gründlich mit den jagdlichen Klassikern, als von Mutterleib und Kindesbeinen an passionierter Jäger wandte er sich nunmehr vorwiegend der Jagdschriftstellerei zu. 1886 wurde HEGEWALD Schriftleiter des „Waidmann" in Leipzig, danach wechselte er in die Redaktion der „Deutschen Jägerzeitung" in Neudamm über. Hier nahmen sich deren Hauptschriftleiter, Hugo von Sothen und der Verleger, Kommerzienrat Neumann, Neudamm, HEGEWALDS an; sie wurden seine großen Förderer. 1891 übertrug Kommerzienrat Neumann HEGEWALD die Schriftleitung und die Herausgabe von „Das Waidwerk in Wort und Bild", das als „Illustrierte jagdliche Unterhaltungsblätter" und Beilage der „Deutschen Jägerzeitung" viele Jahrgänge erlebte. HEGEWALD hatte viel Sinn für die Jagdmalerei und gab 1881 in Leipzig ein sehr gut ausgestattetes Jagdmaleralbum heraus. Im Vordergrund indessen stand jedoch HEGEWALDS Kampf mit der Feder gegen die Missstände seiner Zeit, die er nicht zimperlich anprangerte, angriff und sich mit ihnen auseinandersetzte, womit er sich jedoch nicht begnügte, sondern auch Wege und Möglichkeiten zur Überwindung der Schwierigkeiten aufzeigte. Der Erfolg gab ihm letztlich recht. HEGEWALD Bedeutung liegt darin, dass man ihn, ohne die Verdienste anderer schmälern zu wollen, als Initiator des Jagdgebrauchshundwesens ansehen muss: Er war der Motor für die Schaffung des Deutschen Gebrauchshundestammbuches, er ist der „Erfinder" des Pudelpointers, und auf ihn geht das System der Hundeprüfungen mit zurück.

In zahllosen Veröffentlichungen brachte HEGEWALD seine Gedanken über den Gebrauchshund in Theorie und Praxis zum Ausdruck. 1881 erschien sein grundlegendes Werk „Der Gebrauchshund zur Jagd". 1889 folgte die „Entwicklungsgeschichte der Deutschen Kynologie", weiterhin „Eignet sich der englische Fieldtrialhund als vielseitiger Gebrauchshund für die deutsche Jägerpraxis?" und „Den Hühnerhund (Dachs- und Schweißhund) schnell und sicher auf Schweiß einzuarbeiten". Die Bücher HEGEWALDS sind heute vergriffen; schon um die Jahrhundertwende war das mit den bis dahin erschienenen Aufsätzen der Fall. Daher gab die Redaktion der „Deutschen Jägerzeitung" im Jahre 1911 im Verlag Neumann-Neudamm unter dem Titel „Hegewalds Schriften über den Gebrauchshund – eine Sammlung der grundlegenden Arbeiten des Vaters der deutsehen Gebrauchshund-Bewegung mit erläuternden Bemerkungen und Zusätzen" ein reich bebildertes Sammelwerk heraus, das inzwischen aber auch vergriffen ist.

Nach dem gewonnenen deutsch-französischen Kriege, während der sog. „Gründerzeit", wurden die verschiedensten jagdlichen Vereine gegründet. Von Bedeutung ist, dass am 15. März 1875 zu Dresden der „Allgemeine Deutsche Jagdschutz-Verein" (ADJV) ins Leben gerufen wurde. Franz von Ivernois, Schriftleiter des „Waidmann", hatte zusammen mit dem Herausgeber

Hugo von Sothen

Geh. Kommerzienrat Julius Neumann

Hegewalds Werke

der „Deutschen Jagdzeitung", Graf von Krockow, hauptsächlich die in der Gründung des ADJV mündenden Aktionen der Einzelvereine gefördert. Der ADJV hatte sich die Aufgabe gestellt, den „Einfluss auf die Gesetzgebung und Handhabung der bestehenden Gesetze zu gewinnen und der Verfolgung der Wilddieberei und Verletzung der Schonzeit im ganzen Reich entgegenzutreten, sowie durch ausgesetzte Belohnungen die Jagdpolizei und Forstschutzbeamten in ihrer Pflichterfüllung anzuspornen". In seinem Vorwort des Jahres 1881 zu seinem „Gebrauchshund zur Jagd" rühmt HEGEWALD den ADJV wegen seiner segensreichen Tätigkeit und vergleicht diese mit den beginnenden kynologischen Fortschritten. Es charakterisiert den Zeitgeist von HEGEWALD selbst sowie seine Ideen wohl am besten, wenn man den HEGEWALD des Jahres 1881 mit seinem Vorwort zitiert:

Auf dem Gebiete des Deutschen Jagdwesens hat sich während des letzten Decenniums, wie auf keinem zweiten Felde der National-Oeconomie, ein geradezu beispiellos dastehender Aufschwung kund gegeben. Diese ebenso erfreuliche als interessante Thatsache dürfte zumeist auf das segensreiche Wirken der in allen guten Jägerkreisen mit Recht so beliebten und verbreiteten „Ersten Illustrierten Deutschen Jagdzeitung": „Der Waidmann", officielles Organ des „Allgemeinen Deutschen Jagdschutz-Vereins" und des „Jagdschutz-Vereins der Rheinprovinz", redigirt von R. von Schmiedeberg, Verlag von Paul Wolff in Leipzig, zurückzuführen sein. Durch sachgerechte, Begeisterung einflößende und erweckende Leitung und mit Hilfe geschmackvoller und gediegener Ausstattung seitens eines gleich intelligenten, wie geschickten, thätigen Verlegers, ist es dem „Waidmann" gelungen, die Elite der Jägerei, bestehend aus den tüchtigsten und passioniertesten Jägern der Forstmänner, wie der verschiedenen anderweitigen Berufskreise, zwischen Letzteren in erster Reihe auch alle Deutschen Jagdmaler von Bedeutung, unter seinen Fittigen zum gemeinsamen Wirken und Streben zu vereinen.

Der „Allgemeine Deutsche Jagdschutz-Verein", welcher nunmehr seit Jahren seine segensreiche Thätigkeit über alle Gauen Deutschlands entwickelt, ist das verdienstvollste Werk, dessen Ursprung vom „Waidmann" aus, in Gemeinschaft mit dem bekannten Afrika-Reisenden Herrn Grafen Krockow, ins Leben gerufen wurde.

Nicht minder großartig erscheint der kynologische Fortschritt, welchen zuerst angeregt zu haben, das specielle Verdienst des Herausgebers und Verlegers vom „Waidmann" ist. Herr Paul Wolff war es nämlich, wie Herr R. Jenne und bedeutende Kynologen versichern, der, in uneigennütziger Liebe zur Sache, Herrn J. Jenne, einen zweiten hochgebildeten Leipziger Buchhändler, zu bewegen wusste, vereint mit ihm das vortreffliche Fachblatt „der Hund", Organ für Züchter und Liebhaber reiner Racen, in eleganter Ausstattung erscheinen zu lassen und ins Leben zu rufen, nachdem sich Herr P. Wolff volle sieben Jahre lang mit der Idee getragen, das Material studirt und hierfür vorgearbeitet hatte.

Hannover war die Wiege unseres unter dem Präsidium des Herrn Grafen Waldersee, schnell berühmt gewordenen „Vereins zur Veredelung der Hunderacen in Deutschland" und des „Deutschen Hunde-Stammbuchs", herausgegeben von demselben Verein unter der energischen Leitung und Redaction des Vereins-Sekretärs, Herrn Emil Meyer.

Hannover, die altehrwürdige Deutsche Stadt an der Leine, steht seit alters her im Ruf, das „edle Waidwerk" gerecht und treu gepflegt zu haben. Auch in der Jagdhundfrage leuchte der Name „Hannover" historisch glänzend hervor durch seine altberühmte Hannover'sche Jägerhofrace edler Schweißhunde. Nicht minder ist und war in Bezug auf Vorstehhunde Hannover groß. Führte doch der um die Jagd hochverdiente Deutsche Altmeister, Dr. Ziegler aus Hannover, die besten Deutschen Hühnerhunde, welche je auf Deutschem Boden gearbeitet haben, bei seiner fachgerechten Virtuosität in praktischer Ausübung der Federwildjagd.

Die „hirschgerechte Jägerei Hannovers" ist sprüchwörtlich geworden. Namen wie Dr. Ziegler, Prinz Wilhelm zu Solms, Oberforstmeister Quensell, Graf zu Inn- und Knyphausen, Graf Hardenberg leben in den Herzen aller Deutschen Jäger und noch blutet unsere offne Wunde, hervorgerufen durch den Tod des berühmten Fachmanns, Forstdirektor Dr. Burckhardt.

Dass man also gerade in Hannover innigstes Verständniss für die Bedürfnisse des Deutschen Jägers auch auf kynologischem Gebiete finden würde, darf daher nicht Wunder nehmen.

In der That hat Herr Georg Pohl in Breslau nur Recht, wenn er in seinem Werkchen, „Ueber die Dressur Englischer Vorstehhunde", Leipzig 1880, Verlag von R. Jenne, wörtlich sagt:

„Die letzten vier Jahre weisen einen geradezu kolossalen Fortschritt auf kynologischem Gebiete nach"...

Trotz all dieser großartigen Schöpfungen, Bestrebungen und Erfolge fehlt dem Deutschen Jäger noch ein Gegenstand, nach welchem sein Herz sich täglich heißer sehnt, nach welchem das Bedürfniss von Stunde zu Stunde brennender wird: ein wirklich vielseitig brauchbarer, leistungsfähiger Gebrauchshund im Holz, um den Waldverderbern aller Art für immer den Garaus zu machen, um die leeren Jagdtaschen der Holzjäger zu füllen, um ihnen in allen Lagen ein möglichst treuer, zuverlässiger, brauchbarer Helfer und Begleiter zu sein.

Hegewalds Ziel: Der vielseitige Jagdgebrauchshund

Diesem Zweck zu Liebe und um möglichste Klarheit in die kynologisch-jagdlichen Endziele hineinzubringen, habe ich mich an den Schreibtisch gesetzt. Ich habe daher auch keine Zuflucht zu alten historischen Werken genommen, um durch Compilation der Aufgabe näher zu kommen, ich schreibe einzig und allein aus der eigenen, langjährigen Jäger-Praxis heraus, ohne übrigens dabei meine Erfahrungen wie Meinungen irgendwem aufdrängen zu wollen.

Ausdrücklich voranzuschicken erlaube ich mir, dass der Gebrauchshund nicht von mir ins Leben gerufen werden soll, um die unverdorbenen Hühnerhunde, die Meister der Suchjagd im offnen Terrain, etwa aus dem Felde zu schlagen; ganz im Gegentheil, er soll gerade auf dem entgegengesetzten Wirkungskreis erhalten und nur als periodischer Lückenbüßer auf der Feldjagd Verwendung finden. Der Schwerpunkt der Leistungen des Gebrauchshundes ist daher auch weniger in Pointer- und Setter-Arbeit zu finden, vielmehr im geraden Gegentheil, nämlich in Retriever- (Apportirhund=) und Land- und Water-Spaniel (Land- und Wasser-Stöberer=) Arbeit; ferner soll er Leithund-Arbeit auf den Mann lernen um dadurch auch dem Forstwesen Segen zu bringen, endlich gelegentlicher, aber durchaus ferner Schweißhund und zuverlässigster Gehilfe des Jägers auf der Krähen-hütte sein.

Auf die besondere Rolle HEGEWALDS bei der Begründung des DGStB wird an anderer Stelle noch einzugehen sein. In seinem Vorwort verweist HEGEWALD schon auf die Bedeutung, die er dem „Pudelblut" beimisst, an anderer Stelle verweist er darauf, dass man glücklicherweise einfach folgenden, nach der Praxis gewonnenen Grundsatz akzeptiere: „Der englische Vollbluthund gehört nirgends anders hin, als unverdorben ins Feldrevier und auf die Suchjagd". HEGEWALD findet auch weniger charmante Worte für die englischen Vorstehhunde und die Manie, diese Hunde auch in Deutschland bei jeder nur passenden Gelegenheit einzusetzen. Nach seiner Ansicht drängt sich erdrückend die Gewissheit auf:

„Es muß als täglicher vielseitig nutzbringender Begleiter für den Holzjäger eine besonders geeignete Hunderace gezüchtet werden, weil keine der zur Zeit vorhandenen den Zweck und den Anforderungen nach allen Richtungen hin vollkommen genügt."

Der Pudelpointer

Hierfür empfiehlt HEGEWALD eine Mischung von edelstem Pointerblut schweren Schlages und edelstem Pudelblut vom großen, edel gezüchteten, kraushaarigen deutschen Pudel, wie sie das deutsche Hundestammbuch vorschreibt. Das Experiment HEGEWALDS hat sich bewährt, der Pudelpointer ist auch heute noch ein den anderen deutschen Vorstehhunden nicht nachstehender Gebrauchshund.

Das Prüfungswesen erlangte ein festes System erst unter dem Dach des Jagdgebrauchhundverbandes, worauf noch einzugehen sein wird. Als erste der Prüfungen wurde initiiert durch HEGEWALD und OBERLÄNDER eine Gebrauchsprüfung, eine Prüfung für die Jagdpraxis in allen Fächern eines abgerichteten abgeführten Hundes. Später wurden die deutschen Jugendsuchen eingeführt, um die Veranlagung für den späteren Gebrauch festzustellen und Schlüsse auf züchterische Werte der Eltern ziehen zu können. Als Ergänzung zwischen diesen beiden Prüfungen hielt es HEGEWALD für sinnvoll, eine weitere Prüfung einzuschieben, eine Prüfung des Jagdhundes in seiner Eignung für den vielseitigen Jagdgebrauch, die zwischen den vorhandenen VJP und VGP lag.

Hegewald

HEGEWALD hatte vor seinem Tode noch angeregt, eine entsprechende Eignungsprüfung für Junghunde in den Herbst zu verlegen. Vorbild dafür waren die Gedanken des Prinzen Solms, die ihrerseits von Dr. Paul Kleemann aufgegriffen und für Deutsch-Kurzhaar 1906 eingeführt wurden. Diese Prüfungen nannte man zum Dank und Erinnerung an ihren geistigen Vater „Solms-Prüfungen". Andere Vorstehhund-Zuchtvereine eiferten diesem Beispiel nach und nannten Herbstzuchtprüfungen nach verdienten Männern aus ihrer Mitte beispielsweise „Schorlemer" bei Deutsch-Langhaar, „Edgar-Heyne" bei Pudelpointer, „vorm Walde" bei den Großen Schwarzweißen Münsterländern und schließlich auch „Hegewald" bei Deutsch-Drahthaar.

Die Anregung, unter dem Namen HEGEWALDS eine Zuchtprüfung für rauhaarige Jährlinge im Herbst einzurichten, kam von Dr. Hilbrig nach der Prinz-

Solms-Prüfung des Jahres 1919 bei Rhinow. In bestimmterer Form und mit eingehenderen Vorschlägen kamen die Entwürfe zur Hegewald-Zuchtprüfung 1920; sie wurden im Sommer 1920 veröffentlicht und im Herbst des Jahres 1920 kam es zur ersten Hegewald-Zuchtprüfung in Lübbenau. Ihr schlossen sich bis zum Jahre 1938 jährliche Hegewald-Zuchtprüfungen an. Die 20. Hegewald-Zuchtprüfung ins Auge gefasst für Bingen, musste wegen des Kriegsausbruchs 1939 ausfallen. Im Jahre 1949 wurde alsdann die 20. Hegewald-Zuchtprüfung in Hamm durchgeführt, von da an wieder in stetiger Reihenfolge bis in die Gegenwart alljährlich.

Neben der Hegewald-Zuchtprüfung erinnern auch Gedenksteine an den „Altmeister". Nach der 2. Hegewald-Zuchtprüfung des Jahres 1921 in Dutenhofen versuchten „Hegewald-Jünger", die Grabstätte HEGEWALDS in Halle auf dem Südfriedhof – lediglich nach Auskunft über Gräberreihe und Nummer – zu finden; sie konnten ein ernüchterndes Bild auf sich wirken lassen. Mehrere Anläufe, die Erinnerungsstätte würdevoller zu gestalten, scheiterten zunächst. Zuvor hatte schon der Erste Weltkrieg bereits gefasste Pläne zerschlagen. Erst viel später, am Tage nach der Hegewald-Zuchtprüfung in Grethen im September 1923, trafen sich wieder einige Jäger zu einer Gedenkstunde am Grabe Hegewalds. Eine weitere Feierstunde fand anlässlich der 11. Hegewald-Zuchtprüfung bei Halle an der Saale im Jahre 1930 statt. 1923 war die Grabstelle HEGEWALDS mit einem märkischen Findlingsblock als Gedenkstein gestaltet worden. Nach dem Zweiten Weltkriege ist seine Ruhestätte eingeebnet und der Stein gesprengt worden. Anlässlich der 22. Hegewald-Zuchtprüfung 1951 in Hamm wurde, um die Erinnerung an HEGEWALD aufrecht zu erhalten, in Rhynem ein neuer Gedenkstein gesetzt.

Nach der 43. „Hegewald" in Heiligenhafen wurde ein Gedenkstein unweit Oldenburgs (Holstein) gesetzt. An die Hegewaldtage in Husum 1986 erinnert ein Hegewaldstein in Mildstedt und am 3. Oktober 1991, dem ersten Jahrestag der deutschen Einheit, wurde im Schloßpark von Lübbenau im Spreewald zum Gedenken an Hegewald und der 1920 erstmals nach ihm benannten und in Lübbenau abgehaltenen Prüfung ein von der Gruppe Niederlausitz des VDD gestifteter Gedenkstein enthüllt. Am 23. September 1992 schließlich wurde in Markt Baudenbach ein Gedenkstein eingeweiht, er hält die Erinnerung wach an 90 Jahre Verein Deutsch-Drahthaar, an die 60. Internationale Hegewald-Jubiläumsprüfung und die Gründung des Weltverbandes Deutsch-Drahthaar.

An HEGEWALD erinnert schließlich und nicht zuletzt die sog. „Hegewald-Fanfare", die seit 40 Jahren auf den Hegewald-Prüfungen zu hören ist und auch auf sonstigen jagdlichen Veranstaltungen häufig vorgetragen wird. Sie

Zum Gedenken an Frhr. v. Zedlitz und Neukirch genannt
– Hegewald –
* Neukirch/Schlesien am 24. 5. 1838
† Halle/Saale am 8. 7. 1903

Dem Förderer des Kontinent. Vorstehhundes und der nach ihm benannten Hegewaldzuchtprüfung, die 1920 erstmals in Lübbenau stattfand.

Lübbenau, den 3. 10. 1991, Deutsch-Drahthaar e. V. Gruppe „Niederlausitz" Gelöbnis der Jünger Hegewalds:
Wir wollen allzeit waidgerechte Jäger sein und bleiben. Wir wollen in Liebe und Treue immer zur dt. Heimat stehen. Unseren vierläufigen Freund, den dt. Jagdgebrauchshund, wollen wir in unermüdlicher Arbeit fördern, hegen und pflegen, als unentbehrlichen Helfer waidgerechten Jagens. Wir wollen immer waidwerken im Sinne und Geiste Hegewalds.

wurde von dem Kapellmeister P. Prager komponiert und anlässlich der 23. Hegewald-Zuchtprüfung in Peine aus Anlass des 50. DD-Jubiläums von ihm mit seinen „Bückeburger Jägern" uraufgeführt. Als Text wurde ihr ein Spruch von ALEXANDER LAUFFS zur 2. Hegewald-Zuchtprüfung 1921 in Dutenhofen zugrunde gelegt, der wie folgt lautet:

Hegewaldfanfare

> Das ist der alte Hegewald
> alljährlich jung und neu,
> willkommen seiner Jüngerschaft
> heil Hund und Jägerei!
> Das Weidwerk, alle Jahre von vorn,
> des Jägers ewger Jugendborn!
> Doch ohne guten Hund
> ist's Schweinerei und Schund.

Im Verlaufe von über sechs Jahrzehnten ist aus dem Begriff „Jüngerschaft" in der dritten Zeile im allgemeinen Sprachgebrauch „Jägerschaft" geworden.

Die Zeit um die Mitte des vorigen Jahrhunderts und danach war wie skizziert, eine Zeit des Umbruchs, in der geistig der Weg in das Jagdgebrauchshundwesen der Neuzeit vorbereitet wurde. Wegbereitend für die „offizielle Kynologie" und als Vorbild für bestimmte Organisationsformen waren die entsprechenden Bestrebungen in England, wenn sie auch eine vom Jagdgebrauchshundwesen deutscher Prägung unterschiedliche Zielsetzung hatten.

Um Schwankungen der Rassencharaktere zu begegnen und der Ausartung der Rassen vorzubeugen, wurden in England zu Beginn des 19. Jahrhunderts schon gewisse allgemeingültige Bestimmungen im Hinblick auf die zu unterscheidenden Rassekennzeichen oder „points" aufgestellt, denen ein jeder Hund entsprechen musste, wenn er in das „Stud book" aufgenommen und zu den Preisbewertungen auf den Ausstellungen und bei den Prüfungen zugelassen werden wollte.

Ausstellungen im 19. Jahrhundert

Die erste „internationale Schau von Jagd- und anderen Hunden" fand vom 25.–30. Mai 1863 in Klington statt; es waren 1687 Hunde gemeldet.

Vom 14.–20. Juli 1863 fand in Apolda (Thüringen) der erste Hundemarkt statt, auf dem auch Jagdhunde „gehandelt" wurden.

Im selben Jahre fand in Deutschland die erste Hundeausstellung anlässlich einer großen landwirtschaftlichen Ausstellung in Hamburg statt; zu ihr waren 247 Hunde gemeldet. Es wurde kein Unterschied zwischen englischen und deutschen Rassen gemacht. Insbesondere versuchte man wohl, dem englischen Vorbild nachzueifern.

Eine weitere bemerkenswerte Ausstellung fand 1869 in Altona statt, wiederum angegliedert an eine große landwirtschaftliche Ausstellung, diesmal unter dem Präsidium des damaligen Bundeskanzlers Graf von Bismarck. Auch hier war noch keine Unterscheidung zwischen englischen und deutschen Hunden getroffen.

Nach dem für Deutschland glücklichen Ausgang des Krieges mit Frankreich 1870 wurden die Bestrebungen, deutsche Hunde selbständig herauszustellen, deutlicher. Bei der Hamburger Ausstellung 1876 waren die englischen Rassen zwar noch dominierend und die deutschen im Katalog aufgeführten Hunde tatsächlich kaum erschienen, indessen wurde bei den Gesprächen unter den anwesenden Züchtern und Richtern der Wunsch artikuliert, die deutschen Rassen bei weiteren Ausstellungen mehr in den Vordergrund treten zu lassen. Diese Gedanken wurden auch in der Fachpresse aufgegriffen, und man versprach sich von der „Eliteausstellung" des Vereins „Hector" in Berlin im Mai 1878 einen großen Schritt nach vorn. Es sollte eine möglichst große Anzahl der für Deutschland in Betracht kommenden Rassen ausgestellt werden, um alsdann auch für diese Hunde „Rassezeichen" aufzustellen. Die Ausstellung indessen brachte nicht das erwünschte Ergebnis, denn die dort Anwesenden hatten sich mit den verschiedenen Rassen nicht eingehend genug beschäftigt. Dennoch hatte diese Ausstellung das unschätzbare Ergebnis, daß die für die Kynologie maßgeblichen Persönlichkeiten sich einmal gegenüber standen, es zu einer tatsächlichen Bestandsaufnahme kam und gewisse Weichen für die Zukunft gestellt wurden.

Ende Mai 1878 gelang es anlässlich der Frankfurter Ausstellung von Jagdhunden aller Länder, eine reichere Auswahl deutscher Vorstehhunde zusammenzubringen, jedoch war das Exterieur auch der vorzüglichsten dieser Hunde, wie nicht anders zu erwarten, so unterschiedlich, dass es noch nicht einmal möglich erschien, sie in ein und derselben Klasse oder Rasse unterzubringen. Zur Förderung der Einheitlichkeit fasste man den Beschluss einen „Verein zur Reinzüchtung deutscher Jagdhunderassen" zu stiften, der jedoch nie umgesetzt wurde, da niemand bereit war, den Vorsitz zu übernehmen.

„Verein zur Veredelung der Hunderassen für Deutschland"

Das Jahr 1878 ging jedoch nicht zu Ende, ohne dass die angesprochenen Bestrebungen in das erwünschte Fahrwasser gerieten, denn in Hannover konstituierte sich unter dem Vorsitz des Grafen von Waldersee der „Verein zur Veredelung der Hunderassen für Deutschland".

Zuvor – und insoweit wiederum die deutschen Verhältnisse stimulierend – hatte sich in England 1872 der erste Club, der jemals in England mit dem bestimmten Ziel der Veredelung der dortigen Hunderassen auftrat, konstituiert. Es war der Kennel-Club, der 1874 auch das erste Stammbuch (K. C. Stud book) veröffentlichte. Man gab sich eine Satzung, die auch Bestimmungen über die Einrichtung und Beschickung von Ausstellungen und Prüfungen im Freien (Field trials) enthielt.

Field Trials

Bei den „Field Trial Meetings" wurde zunächst nach dem Heat-System gerichtet, nach dem zwei gute Hunde in einer Suche (Stake) konkurrierten, von denen der unterliegende alsdann ausschied, ohne mit einem Preis bedacht zu werden, den er unter Umständen verdient hätte. Ein anderer Hund konnte bei diesem Prüfungssystem durch eine Anzahl unbedeutender Stakers bis in das Endtrial vordringen, bei dem er dann in aller Regel von dem ersten Sieger ebenfalls geschlagen wurde. Um diesem unfairen Prüfungswesen abzuhelfen und auch den wirklich besten Hunden die Gelegenheit zu geben, im Endtrial mitzumachen, wurde das „Spotting-System" angenommen, bei dem die Richter berechtigt waren, nach der ersten Runde ihre Auswahl zu treffen – unabhängig davon, ob ein Hund gesiegt hatte oder nicht.

Es ist nicht verwunderlich, dass auch in Deutschland zunächst nach dem englischen System Prüfungen abgehalten wurden, beispielsweise Field Trials im Mai 1876 bei Halle an der Saale und im September desselben Jahres bei Leipzig, im Mai 1878 bei Bernburg und im September 1878 schließlich bei Staßfurt, jeweils vom „Hühnerhund-Prüfungsclub" Staßfurt ausgerichtet. Im April 1878 veranstaltete der „Verein zur Veredelung der Hunderassen für Deutschland" bei Hannover ein Field Trial, im August 1879 der Verein „Hector" Berlin ein solches bei Schöneberg und auch im August 1879 der Verein „Nimrod" zu Oppeln ein Trial bei Oppeln. Im April 1881 schließlich veranstaltete der „Deutsche Jagdclub" Berlin seine erste „Preissuche". Weitere „Preissuchen" anderer Vereine schlossen sich an.

Der Erfolg der schon erwähnten Ausstellung von Jagdhunden aller Länder zu Frankfurt am Main war wohl insbesondere dem Engagement des Prinzen Albrecht zu Solms-Braunfels zu verdanken. Dieser hielt in seinem Zwinger „von der Wolfsmühle" nicht nur vorzügliche englische Hunde, sondern auch St.-Bernhards-Hunde und schon einige deutsche Schweiß- und Vorstehhunde, auch Dachshunde.

Die Versuche, die Rassen nach ihrer Nationalität zu unterscheiden und sie im einzelnen zu beschreiben, machten langsam Fortschritte. Am 11. Januar 1879 zeigte der Hannoversche Verein die Errichtung eines „Stammbuches" an, in das Hunde aus ganz Deutschland und auch anderen Ländern eingetragen werden konnten. Auch der Berliner Verein „Hector" entschloss sich, ein Hundestammbuch anzulegen.

Deutsches Hundestammbuch

Vom 23.–25. Mai 1879 wurde vom Hannoverschen Verein die 1. Internationale Ausstellung von Hunden aller Rassen mit 888 Nennungen abgehalten, die bedeutendste Ausstellung bis dahin in Deutschland. Von besonderer Bedeutung für die deutsche Jagdkynologie ist es, dass anlässlich dieser Ausstellung die Rassezeichen der deutschen Jagdhunde in der für diesen Zweck einberufenen Versammlung unter Vorsitz des Generals Graf von Waldersee größtenteils erledigt wurden; die Rassezeichen der nicht zur Jagd verwandten Hunde wurden auf der nächsten Ausstellung des Vereins „Hector" in Berlin festgeschrieben.

Unter dem 27. November 1879 zeigte der Verein zu Hannover an, dass er ab sofort den Namen „Verein zur Veredelung der Hunderassen für Deutschland" führe, und dass das vom Verein herausgegebene „Deutsche Hundestammbuch" außer den Stammbäumen der Hunde auch die offiziell anerkannten Rassezeichen, ferner die Statuten des Vereins, die Reglements für Ausstellungen, Preis- und Prüfungssuchen sowie eine Beschreibung der im Verlaufe eines Jahres abgehaltenen Ausstellungen und Suchen enthalten würde. Die aufgestellten Rassezeichen waren Beurteilungsgrundlage auf den folgenden Ausstellungen, etwa zu Hannover, Berlin, Magdeburg sowie Elberfeld, und wurden von den Preisrichtern konsequent beachtet mit der Folge, dass die Hunde ein immer mehr einheitliches äußeres Erscheinungsbild zeigten.

Die „Delegirten-Commission (DC)"

Folgerichtig schlossen sich nunmehr nach dieser Initiative zunächst fünf Vereine zusammen und gründeten am 26. April 1879 in Hannover in „Kastens Hotel« die „Delegirten-Commission (DC)", nämlich der „Verein zur Veredelung der Hunderassen für Deutschland" (Hannover), der Verein

„Hector" (Berlin), der „Club zur Prüfung für Hühnerhunde" (Staßfurt), der Vorgänger des späteren und heutigen Jagdgebrauchshund-Vereins, der „Norddeutsche Hetzclub" (Hamburg) sowie der Verein „Nimrod" (Oppeln). Diese Vereine und die später hinzu gekommenen entsandten in die Hauptversammlungen der DC jeweils einen Delegierten, woraus sich der Name des Zusammenschlusses erklärt. Erster Vorsitzender war der General und spätere Feldmarschall Graf von Waldersee. Von der DC wurde eine besondere Commission (Stammbuch-Commission) mit dem Sitz in Hannover berufen, womit das General-Secretariat des Hannoverschen Vereins seine Existenzberechtigung verlor. Es wurde das vom Hannoverschen Verein herausgegebene „Deutsche Hunde-Stammbuch" fortgeführt wie auch die anderen Initiativen aufgenommen und weitergetragen. Erwähnenswert erscheint es, daß BECKMANN es schon Ende des vorigen Jahrhunderts als bemerkenswert apostrophiert, dass sowohl die erste in den 30er Jahren entstandene und spurlos verlaufene Bewegung für „Veredelung der einheimischen Rassen" wie auch die zweite, „noch jetzt andauernde und von glänzendem Erfolg begleitete Bewegung für Regeneration unserer deutschen Jagdhundrassen zunächst von Hannover ausgingen und durchgeführt wurden."

In der Folgezeit vermehrten sich die Ausstellungen von Preis- und Prüfungssuchen. Eine merkwürdige Preissuche zwischen englischen Parforce-Hunden fand in Hannover 1881 statt, 1886 die erste Schweißhund-Prüfung in der Göhrde bei Hannover. Dachsschliefen wurden zunächst vom Berliner Jagdclub eingerichtet, später in Hannover wie auch vom Berliner Teckel-Club vervollkommnet.

Es waren Jagdhundvereine, die die DC gründeten. Ihre Gründer und geistigen Väter waren sicher auch von dem Wunsche beseelt, das beste für das Jagdgebrauchshundwesen zu tun, Wege und Methoden jedoch, die in der Folgezeit eingeschlagen wurden, führten nicht zu dem Ziel, das die Jagdgebrauchshundbewegung sich erträumte. Die DC bekämpfte jede Dezentralisierung und Neugründung, die aus dem Blickwinkel der DC als „Zersplitterung" verworfen wurde. Die DC strebte eine Konzentration des gesamten Zuchtwesens in einem Zuchtbuch für Elite-Hunde, dem DHStB, an. Die immer mehr in den Vordergrund tretende sportliche Überbetonung des Ausstellungswesens und der schon angesprochene diktatorische Boykott bei den Jagdhunderassen ließ das Jagdgebrauchshundwesen letztendlich andere Wege gehen. Beispielsweise setzt E. K. KORTHALS den Bestrebungen der DC den 1888 begründeten Griffon-Club und dessen 1889 erschienenes Stammbuch für Drahthaarige Vorstehhunde entgegen. Ähnlich verhielt sich der zweite Spezialclub, der gleichfalls 1888 errichtete Teckel-Club, der 1889 seine ersten Schliefen in Köln abhielt und 1891 den ersten illustrierten Band des TStB mit 391 Eintragungen herausbrachte. Ähnliches galt für Deutsch-Kurzhaar, Pudelpointer und Deutsch-Drahthaar. Der Grundsatz dieser neuen Rassen war, sie den Züchtern anzuvertrauen und auf Familien- und Linienzucht aufzubauen. Die Synthese von Leistung

E. K. Korthals
mit seiner Griffon-Zuchtgruppe, auf der Flora-Ausstellung Berlin 1890 mit der goldenen Kaisermedaille ausgezeichnet.

und Form fand ihren Ausdruck in dem Begriff „Durch Leistungsfähigkeit zum Typus".

In den Deutschland benachbarten Ländern war eine ähnliche Entwicklung zu beobachten.

In Österreich wurde bei einer Versammlung von Delegierten der verschiedenen österreichischen, böhmischen und steirischen Vereine für Jagdschutz und Hundezüchtung zunächst ein „Österreichisches Hunde-Stammbuch" im März 1883 ins Leben gerufen.

In der Schweiz fand die erste Landesausstellung in Zürich im September 1881 statt und bald darauf eine zweite in Bern. Im Jahr 1883 wurde die „Schweizerische kynologische Gesellschaft" gegründet, die den ersten Band des „Schweizerischen Hundestammbuchs" 1884 herausgab.

Organisationen des benachbarten Auslandes

In Frankreich etablierte sich der leitende kynologische Verein unter dem Namen „Société centrale pour l'amelioration des races de chiens en France".

In Holland existierten zwei Hauptvereine.

In Belgien war die „Société royale St. Hubert" insbesondere für die dortigen Ausstellungen verantwortlich.

Auch in Italien gab es einen „Kynologischen Verein in Italien".

Der „Dänische Jagdverein" gab für jenes Land das Stammbuch und auch einen „Standard für Preisrichter" heraus.

In Schweden war dafür der Verein „Kennelclubben" in Stockholm verantwortlich.

Die Entwicklung in Deutschland begründete bei den maßgeblichen Jagdkynologen der damaligen Zeit die Überzeugung, dass ihr Wirken und ihr Werk keinen Bestand haben würde, wenn es nicht gelänge, eine allumfassende Organisation zu schaffen, die das Jagdgebrauchshundwesen jenseits aller sportlichen Nuancen unter einem Dach vereinigte und die auf diese Art geschaffene Kraft nutzen würde, das für richtig erkannte Gedankengut in die Jägerei zu tragen. Ein bedeutsamer Schritt auf dem Wege zu diesem Ziel war die am 23. August 1891 erfolgte Gründung des „Vereins für Prüfung von Gebrauchshunden zur Jagd" in Berlin durch Hegewald, Oberländer, von Sothen, Mählich, Ritz, von Löbenstein u. a. Der Verein schuf eine Prüfungsordnung für Gebrauchsprüfungen und eröffnete in seiner Satzung die Möglichkeit, dass sich Gleichgesinnte an Orten zusammenfinden und „Zweigvereine" gründen könnten.

Der „Verein für Prüfung von Gebrauchshunden zur Jagd" – Berlin

Die Saat ging auf, und alsbald entstanden nach dem Beispiel des Berliner Vereins weitere Vereine, die später zu den tragenden Säulen der angestrebten Organisation werden sollten.

Im Sommer 1897 bemerkt HEGEWALD:

Die Delegiertenkommission, deren Hauptgeschäft bisher im Entdeutschen bestand, weshalb wir sie furcht- und rücksichtslos, der guten Sache zuliebe, bekämpft haben, häutete sich zu unserer aufrichtigen Freude so weit in neuester Zeit, das dieselbe nicht nur jetzt bestrebt ist, faule, sie moralisch bloßstellende Glieder abzuschütteln, sondern man hat sogar aus eigener Initiative daselbst sachlich praktische Neuerungen eingeführt, die den lebhaftesten Beifall aller Praktiker verdienen.

II. Der Jagdgebrauchshundverband in 100 Jahren

Die leichte Änderung in der Marschrichtung der DC vermochte nicht zu verhindern, dass es am 10. Februar 1899 in Berlin zur Gründung des **„Verbandes der Vereine für Prüfung von Gebrauchshunden zur Jagd"** kam. Gründungsmitglieder waren:
- der „Verein für Prüfung von Gebrauchshunden zur Jagd" (Sitz Berlin, gegründet 1891),
- der „Verein der Hundefreunde in Bromberg" (1893),
- der „Südverein für Prüfung von Gebrauchshunden zur Jagd" (Sitz in Heidelberg, 1893),
- der „Kynologische Club für Nordwest-Deutschland – Verein für Prüfung von Gebrauchshunden zur Jagd" (Sitz in Harburg a. E., 1895),
- der „Ostverein für Züchtung und Prüfung von Gebrauchshunden zur Jagd" (Sitz in Königsberg i. Pr., 1896),
- der „Lausitzer Verein für Prüfung von Gebrauchshunden zur Jagd" (Sitz in Kottbus, 1896),
- der „Verein für Prüfung von Gebrauchshunden zur Jagd in der Neumark" (Sitz in Küstrin, 1896),
- der „Verein schlesischer Jäger und für Prüfung von Gebrauchshunden" (1896),
- der „Klub Wodan-Gera" (1896),
- der „Verein der Pudelpointer-Züchter" (Sitz in Darmstadt, 1897)

sowie
- der „Verein Deutsch-Langhaar" (Sitz in Berlin, 1897).

Zum 1. Vorsitzenden des Verbandes wird Baron R. von Löbenstein-Sallgast berufen, zum Stellvertreter Dr. Brösike und zum Schriftleiter Hugo von Sothen.

Im Jahre 1903 wird Dr. Brösike – offenbar wegen einer Erkrankung des bisherigen 1. Vorsitzenden – zum Vorsitzenden berufen – ein Amt, das er bis 1904 innehat. Auf der Verbandsversammlung im Februar jenen Jahres in Berlin gibt sich der Verband eine Satzung die in ihrem Paragraph 1 (Allgemeines) ausführt:

Der „Verband der Vereine für Prüfung von Gebrauchshunden zur Jagd" hat seinen Sitz in Berlin. Er stellt sich die Aufgabe, einen festen Zusammenschluss aller derjenigen Vereine zu bewirken, welche durch die Prüfung von Gebrauchshunden das weidgerechte Jagen fördern wollen.

Seine Ziele sucht er zu erreichen durch:
1. Festsetzung einer gemeinsamen Prüfungsordnung,
2. Führung des „Deutschen Gebrauchshund-Stammbuches" (D. G.-St.-B.).

Baron R.
von Löbenstein-Sallgast

Der Vorstand des Verbandes besteht gem. Paragraph 8 der Satzung aus dem Vorsitzenden, dem stellvertretenden Vorsitzenden, dem Schriftführer, dem stellvertretenden Schriftführer, der zugleich Schatzmeister ist, und fünf Beisitzern.

Der Vorstand des Jahres 1904, auf drei Jahre gewählt, wurde in der Hauptversammlung vom Februar 1907 einstimmig wiedergewählt.

Auch das Jahr 1910 bringt keine Änderung in der Zusammensetzung des Vorstandes mit der Ausnahme, dass an Stelle Dr. Eckerts Regierungsrat Dr. Ströse in den Vorstand berufen wurde. Ende 1910 verstirbt der Beisitzer im Vorstande des Verbandes, Hugo von Sothen, wozu Dr. Matsko in der 13. Verbandssitzung bekannt gibt, dass sich der Vorstand von Sothens durch Dr. Paul Kleemann – Berlin, „kooptiert habe". Die Versammlung stimmt dieser Wahl zu.

In der Verbandsversammlung 1912 legt Dr. Brosicke krankheitsbedingt sein Amt nieder, auf Vorschlag des Vorsitzenden von Löbenstein wird Dr. Paul Kleemann einstimmig zum 2. Vorsitzenden gewählt.

Die Vorstandswahl des Jahres 1913 erfolgt durch Zuruf, der Gesamtvorstand besteht wiederum aus von Löbenstein als Vorsitzendem, Dr. Kleemann als stellvertretendem Vorsitzenden, Dr. Matsko als Schriftführer und Schatzmeister sowie Regierungsrat Dr. Ströse als stellvertretendem Schatzmeister und Schriftführer. Graf von Bernstorff, Rittmeister Bieler, Rittmeister Guradze, Dr. J. Müller-Liebenwalde und Paul Schäfer aus Berlin gehören dem Vorstand als Beisitzer an.

Die 16. Verbandsversammlung am 1. Februar 1914 im Landwehr-Offizierskasino in Berlin sollte die letzte vor einer 4-jährigen Zwangspause sein.

Die 17. Verbandsversammlung fand kriegsbedingt erst wieder am 22. Februar 1920 im „Heidelberger" zu Berlin statt. Aus dem Bericht des Schriftführers Matsko geht hervor, dass in der ersten Kriegszeit die Vereinstätigkeit fast ganz aufgehört hatte, nur einzelne größere Vereine seien vermöge ihrer großen Mitgliederzahl in der Lage gewesen, fast alljährlich Gebrauchshundprüfungen abzuhalten, so der Berliner Gebrauchshundverein, der Club Kurzhaar Dresden, der Verein Pommerscher Jäger, der Verein Westfälischer Jäger und Hessische Jagdclub. Kurz vor Beginn und während des Krieges hätten sich 12 Vereine dem Verbande neu angeschlossen, diesem Zuwachs stehe jedoch leider als Folge des „Schmachfriedens" ein sehr bedauerlicher Verlust gegenüber, dessen Umfang noch nicht genau feststehe. Der Verbandsvorstand wurde auf Vorschlag aus der Versammlung insgesamt einschließlich des für den verzogenen Rittmeister Guradze kooptierten Majoratsbesitzers von Ramin durch Zuruf wiedergewählt.

Im Jahr 1923 steht der langjährige Vorsitzende von Löbenstein nicht mehr zur Wiederwahl. Er schlägt vor, die in der Satzung vorgesehenen fünf Beisitzer künftig wegfallen zu lassen, um eine Erleichterung des Geschäftsbetriebes zu ermöglichen. Die Versammlung beschließt, die Zahl von fünf auf einen zu verringern. Die Neuwahl des Vorstandes ergibt folgendes: Vorsitzer: Rittergutsbesitzer Wilhelm von Armin-Lützlow; stellvertretender Vorsitzender: Sanitätsrat Dr. Paul Kleemann – Berlin; Schriftführer und Schatzmeister: Syndikus Dr. Georg Achilles aus Berlin; stellvertretender Schriftführer und Schatzmeister wiederum Geheimer Regierungsrat Dr. Ströse aus Berlin. Zum nunmehr noch einzigen Beisitzer wird Paul Schäfer aus Berlin berufen.

Im Jahr 1923 verstirbt der langjährige Schriftführer Dr. Matsko.

Die Verbandsversammlung am 26. Januar 1929 im „Bayernhof" in

Wilhelm
von Armin-Lützlow

Berlin ist eine besondere Versammlung, ist sie doch die 25. Verbandsversammlung überhaupt; der Verband ist 30 Jahre alt geworden. Die fällige Vorstandswahl ergibt eine Wiederwahl des Vorstandes mit Ausnahme des stellvertretenden Schriftführers und Schatzmeisters, zu dem Hauptmann a. D. Spaas, Berlin-Charlottenburg, gewählt wird.

Auf dem Verbandstage 1931 wird von Oertzen-Baeblitz zum stellvertretenden Vorsitzenden gewählt, van Dülpen zum stellvertretenden Schriftführer sowie Schatzmeister und Köbsell zum Beisitzer.

Im Jahr 1934 gibt es keinen Vorsitzenden mehr, der Tagesordnungspunkt 8 der 29. Verbandsversammlung am 29. Januar 1934 im „Bayernhof" zu Berlin vermerkt: „Wahl des Führers und der Kassenprüfer". Der bisherige Vorsitzende von Arnim gibt den Vorsitz an von Oertzen ab, worauf auf Vorschlag von Graf Dohna und Hinkel als „Führer" durch Zuruf von Armin gewählt wird. Dem anwesenden Führer des Reichsverbandes für das Deutsche Hundewesen, Glockner, wird die Bitte übermittelt, den gewählten Führer sofort zu bestätigen. Glockner kommt diesem Wunsche nach. Von Armin dankt und nimmt die Wahl an. Zu seinen Mitarbeitern beruft von Armin alsdann die bisherigen Mitglieder des Verbandsvorstandes.

Sanitätsrat
Dr. Paul Kleemann

Die Aktivitäten des Verbandes und seines Vorstandes bis hin zur Machtübernahme erstreckten sich nicht unwesentlich auf die „Außenbeziehungen", d. h. hauptsächlich auf die Spitzenorganisationen, die sich mit dem Hundewesen, insbesondere auch dem Jagdhundewesen neben dem Verband befassten. Einmal war das die schon bekannte Delegiertenkommission (DC), dazu trat ab 1906 das „Kartell" zur Wahrung und Betonung der Interessen der stammbuchführenden Spezialclubs für Jagd- und Nutzhundrassen. Zur Gründung dieses Kartells lud der weit über die Grenzen des Griffon-Clubs hinaus bekannte Baron von Gingins am 16. Juli nach Frankfurt/Main in das Hotel „Kronprinz". Vorausgegangen waren längere persönliche Besprechungen zwischen Baron von Gingins, dem damaligen ersten Vorsitzenden des Griffon-Clubs, und E. von Otto sowie Schriftwechsel mit den Vorsitzenden der führenden Spezialclubs für Jagdhunde und den damals zwei anerkannten zwei Kriegs- und Polizeihundrassen (Schäferhunde und rauhaarige Terrier). Eingefunden hatten sich zur Gründungsversammlung für den Griffon-Club Baron von Gingins, E. von Otto vom Barsoi-Club, Hauptmann Funk vom Teckelclub Robert Schillbach vom Deutschen Setter- und Pointerverein, J. Mummenhof vom Deutschen Foxterrierclub, H. Hülemann vom Club Kurzhaar sowie Dr. Roesebeck vom Verein für Deutsche Schäferhunde und L. F. Diefenbach vom Club für Rauhaarige Terrier. Der Griffon-Club übernahm die Geschäftsstelle und erklärte sich bereit, alle Kosten der Geschäftsführung zu tragen. Hauptziel war offensichtlich damals schon, „Ordnung im Ausstellungswesen" zu schaffen.

Regierungsrat
Dr. Ströse

Dr. G. Matsko

In den Folgejahren erfuhr das Kartell eine nicht unerhebliche Erweiterung.

In das Jahr 1908 fielen die ersten Einigungsbestrebungen zwischen Kartell und Delegiertenkommission. Es wurden zwei Kommissionen gebildet. Auf Seiten des Kartells gehörten der Kommission von Gingins, Sänitätsrat

E. von Otto

Baron von Gingins

Dr. Kleemann und von Otto an. Diese vereinbarten grundlegende Bestimmungen, die zu einem beide Organisationen bindenden Vertrag formuliert werden sollten. Als Inhalt waren vorausgesehen die gegenseitige Anerkennung der Ausstellungen, Schausuchen und Schliefen sowie der Stammbücher, die Übernahme und „strengste Observanz der Listen der wegen unehrenhafter Handlungen ausgeschlossenen Personen", Austausch der Publikationen, Respektierung der Zwingernamen auf Einspruch sowie insbesondere auch kollegiale Rücksichtnahme auf Ausstellungstermine und zweckdienlicher Ausgleich der Derbytermine zwischen DG und Club Kurzhaar.

Am 5. August 1911 verstarb Baron von Gingins.

Zwischen der DC und dem Kartell gab es Meinungsverschiedenheiten wegen der Ausstellungsregeln, was 1908 dazu führte zu fragen, ob das aufrichtige Einvernehmen zwischen DC und Kartell eigentlich noch bestehe. Obwohl bei einem Zusammentreffen der Verhandlungskommissionen im Januar 1912 „herzliches Einvernehmen" bestätigt wird, hören die Querelen zwischen Kartell und DC nicht auf; vielmehr hatte die DC im Januar 1913 beschlossen das Abkommen mit dem Kartell zu kündigen.

Am letzten Karteltag vor dem Ersten Weltkrieg am 16. Juni 1914 gab sich das Kartell den Namen „Kartell der Rassezuchtvereine und allgemeinen Verbände".

Während des Krieges gab es kaum noch Aktivitäten des Kartells. Es wurde lediglich eine Geschäftsstelle zum Betreiben der laufenden Geschäfte unterhalten. Bezeichnend ist eine Bemerkung aus der geschriebenen Geschichte des Kartells zu den Verhältnissen während des Krieges:

Zur Zeit der Futterknappheit wurden zahllose Hunde vergiftet, in Hannover an einem Tage in der tierärztlichen Hochschule allein 700. Zur Zeit der großen Futterknappheit kaufte die Geschäftsstelle Futtermittel an (u. a. 50 Ztr. Fleischkrissel, 50 Ztr. gekochtes Fleisch in Fässern, 30 Ztr. Trockenfleisch, 125 Ztr. Dörrfleisch, 25 Ztr. Grieben, 24 Ztr. Fleischschrot), die zum Selbstkostenpreis an Mitglieder der Kartellvereine und Verbände überlassen wurden.

Die Nachkriegszeit beeinflusste das gesamte Hundewesen, auch die sportliche Seite desselben.

Erst 1920 lebte der Sport wieder allgemein auf; das Kartell mußte nun daran gehen, das Kartellgebäude neu zu errichten. Die erschreckende; Unsicherheit, Diebstahl, Raub und Mord an der Tagesordnung, verlangten Selbstschutz, den in erster Linie gegen Gesindel der zuverlässige, gefürchtete Schutzhund bot. Schiebertum und Wucher traten auf, der Hundehandel und Raubzucht blühten wie nie zuvor. Jetzt galt es, die auch in die Reihen der Vereine neu eingedrungenen Mitglieder zu erziehen oder abzustoßen. Sogleich setzte maßlos die Steuerschraube für die zu Unsummen verkauften Hunde ein.

Im Jahr 1920 zählte das Kartell noch etwa 30.000 Mitglieder. Nicht ohne Einfluss waren die geschichtlichen Verhältnisse auf die DC geblieben. Es wurde nach dem Kriege wieder der Wunsch nach friedlicher Zusammenarbeit laut, und es wurde eine Kommission zur Ausarbeitung von Grundlagen für eine Einigung vorgeschlagen. Die DC und das Kartell sollen nach der Intention der Kommission verschwinden und eine neue, alles umfassende Körperschaft aufgrund der Ausarbeitungen des Rittmeisters von Stephanitz erstehen lassen. Der Kartellvorstand vertrat den Standpunkt, dass die Einigung nicht sein müsse, denn das Kartell sei allein lebensfähig, aber es sollen die Differenzen einzelner Vereine aus der Welt geschaffen werden. In den Debatten über die Einigung wurden insbesondere von Vertretern des Teckel- und des Kurzhaar-Clubs heftige Vorwürfe gegen die DC erhoben. Die DC lehnte die von den Kommissionen erarbeiteten Grundlagen ab. Daraufhin betrachtete der Kartelltag von 1921 die Verhandlungen als aussichtslos und abgebrochen.

Im Jahr 1923, als ein Brief 2 Millionen Mark Porto kostete, trat der Club Kurzhaar, der die Einigungsverhandlungen mit der DC mißbilligte, aus dem Kartell aus. Der Kartelltag referierte über erneute Verhandlungen mit der DC; man hatte die Bildung einer Deutschen Gesellschaft für Hundewesen, gebildet aus Kartell und DC im Auge. Deren Aufgaben sollen die Regelung aller Termine, Richterfragen sowie die gemeinsame Führung einer „schwarzen Liste" sein. Vertreter der DC bremsten erneut; eine Einigung wurde nicht erzielt.

Einigungsbestrebungen der kynologischen Spitzenvereinigungen

1925 gab sich das Kartell wiederum einen neuen Namen – es hieß „Deutsches Kartell für Hundewesen", womit die weitere umfassende Ausgestaltung und Neuorientierung des Kartells für das gesamte deutsche Hundewesen zum Ausdruck kam. Man stellte auf diesem Kartelltag weiterhin fest, dass die Einigungsverhandlungen mit der DC als gescheitert anzusehen seien, insbesondere auch deshalb, weil das Kartell im Gegensatz zur DC das Ein-Platz-Prinzip vertrat. Der vollständige Bruch mit der DC war offenbar.

1926 stimmt der Kartelltag dem Vertragsverhältnis mit der Deutschen Jagdkammer zu, mit der eine „Arbeitsgemeinschaft" gebildet wurde. Den Jagdhundvereinen im Kartell wurde der Beitritt zur Deutschen Jagdkammer nahegelegt, da diese ihre Jagdhunde-Ausstellungen oder -Schauen nach Kartellregeln abhielt. Durch Entgegenkommen des Pudelpointer-Vereins und Griffon-Clubs, deren Reinzuchtgrundsätze von denen des Vereins Deutsch-Drahthaar abwichen, war versuchsweise die Teilnahme von Deutsch-Drahthaar zu Kartellausstellungen zunächst auf ein Jahr zugelassen; nach dem Erfolg der DD-Zucht erfolgte alsdann eine allgemeine Zulassung. Das Kartell beschloss, „Abteilungen" u.a. für das Jagdgebrauchshundwesen, das durch von Otto betreut wurde. Im Jahr des 20. Bestehens des Kartells schreibt E. von Otto dazu:

Um ein kollegiales Verhältnis und Zusammenarbeit, regere Teilnahme von Jagdhunden auf Ausstellungen, auf denen Vorstehhunde immer mehr in der Zahl zurückgingen, also ein recht unvollständiges Bild boten, wieder herbeizuführen, wurde diese neue Arbeitsstelle für Jagdhundeprüfungswesen errichtet, zu deren Aufgabe es auch gehört, über das gesamte Prüfungswesen dem Kartell zu berichten, es auf dem Laufenden über Fortgang, Fortschritte und Organisation zu halten. Wie es aber neben den Rassezuchtvereinen auch Vereine der Hundefreunde gibt, neben speziellen Teckel- und Foxterrierschlief-Clubs allgemeine Schliefenvereine, so existieren auch eine Reihe Vereinigungen der Jagdhundfreunde, die sich aus Liebhabern verschiedenster Jagdhundrassen zusammensetzen, denen durch die Abteilung für Jagdgebrauchshunde Gelegenheit zum Anschluss und Vertretung im

Kartell geschaffen wurde. Zugleich auch eine Auskunftsstelle, die aus sämtlichen Zuchtbüchern für Jagdhunde, allen Bänden des DGStB Aufschluss erteilt, Adressen aller Stammbücher für Jagdhunde und Eintragungsformulare vermittelt, die Monatsblätter für Jagdspaniel, Kurzhaar, Rauhaar, Teckel, Foxterrier, Wachtel hält, sammelt, diesen die Mitteilungen der Pressestelle und Notizen über bevorstehende Kartellausstellungen und Katalogschauen zur Veröffentlichung übermittelt.

Der Verband wird von Seiten des Kartells mit keinem Wort erwähnt!

So, wie sich das Kartell mit der DC „herumärgerte", war auch das Verhältnis des Verbandes zur DC – ein mehr getrübtes denn ein freundschaftliches.

Der Status quo zwischen den drei großen Verbänden bleibt bestehen. Mehr als aus Pflichtbewusstsein denn aus Überzeugung berichtet man, dass weiterhin auf eine Verständigung hin gearbeitet wird. Zum Kartell besteht offenbar ein distanziertes gutes Verhältnis, während die Einigungsverhandlungen mit der Delegiertenkommission 1921 auf einem toten Punkt angelangt sind.

Überraschenderweise kann dann am 1. Februar 1928 der Vorsitzende in seinem Bericht die Vorgänge der durch den Vorstand erfolgten Aufnahme der Delegiertenkommission in den Verband bekanntgeben. Der Vorsitzende der Delegiertenkommission hatte zunächst den Wunsch ausgesprochen, die Delegiertenkommission solle im Verband eine beratende Stimme haben; seitens des Verbandsvorstandes ist ihm jedoch nahe gelegt worden, die Delegiertenkommission zum Verbandsmitglied anzumelden, was auch geschah. Die darauf erfolgten Einsprüche verschiedener Verbandsvereine wurden nach Intervention des Verbandsvorsitzenden zurückgezogen.

Neugliederung des Hundewesens im „Dritten Reich"

Die Ehe zwischen Verband und Delegiertenkommission hielt jedoch nicht lange; 1928 trat die Delegiertenkommission wieder aus dem Verbande aus, ohne ihre finanziellen Verbindlichkeiten erledigt zu haben. Der Verband versuchte, den schuldigen Jahresbeitrag und die Auslagen für die Gebrauchshundstammbücher einzuklagen, verlor jedoch den Prozess.

Nun jedoch wieder zurück zum Verband nach der „Machtergreifung" (1933).

Im Zuge des Reichsjagdgesetzes ergab sich auch eine Neugliederung des Jagdgebrauchshundwesens. Es wurde eine Einheitsorganisation im deutschen Hundewesen unter autoritärer Führung befohlen, nämlich der „Reichsverband für das Deutsche Hundewesen" (RDH). Dieser RDH umfaßte das „Deutsche Kartell für Hundewesen", die Delegiertenkommission (DC) und den „Verband zur Prüfung von Gebrauchsunden zur Jagd", der zur „Fachschaft für das Jagdgebrauchshundwesen im RDH" geworden war.

Die jagdlichen Belange wurden durch das Reichsjagdgesetz vom 3.7.1934 geregelt. Es vereinheitlichte das zuvor zersplitterte deutsche Jagdrecht, es schuf neben anderem mit dem „Reichsbund Deutsche Jägerschaft" eine straffe Einheitsorganisation mit Pflichtmitgliedschaft für alle Jäger, das Reichsgebiet wurde eingeteilt in Jagdgaue und Jagdkreise, eine eigenständige staatliche Jagdverwaltung wurde aufgebaut. Im Paragraph 34 RJG heißt es dazu:

1 Für größere Jagdbezirke kann dem Jagdausübungsberechtigten die Verpflichtung auferlegt werden, Jagdhunde zu halten.

2 In Staatsforsten wird die Hundehaltung durch die Forstverwaltung geregelt.

Die dazu ergangene Ausführungsverordnung lautete:
1 Für jeden Jagdbezirk mit einer Gesamtgröße von 500 ha und darüber muss vom Jagdausübungsberechtigten ein brauchbarer Hund gehalten werden.
2 Für jeden Hochwildjagdbezirk mit einer Gesamtgröße von 2.500 ha und darüber muss vom Jagdausübungsberechtigten ein Schweißhund oder ein auf der Schweißfährte geprüfter Gebrauchshund oder Teckel gehalten werden.
3 Die Gaujägermeister oder die von ihnen Beauftragten können die Anerkennung der Hunde als Jagdhunde von einer Prüfung abhängig machen.

Verpflichtung zur Haltung von Jagdhunden

Bemerkenswert erscheint, dass das Erfordernis weidgerechter Nachsuche von der Jagdbezirksgröße abhängig gemacht worden ist.

Es werden alsdann die Richtlinien für die Durchführung der Brauchbarkeitsprüfungen für Jagdhunde vom 18.1.1936 durch den Reichsjägermeister erlassen, sie befassen sich mit der Zucht und Beschaffung brauchbarer Jagdhunde, mit den verlangten Leistungen und der Organisation der Prüfungen.

Brauchbarkeitsprüfung von 1936

Im Juni 1935 wird von Arnim von der Reichsverbandsführung von seinem Posten abberufen.

In der 31. Verbandsversammlung vom Februar 1936 spricht von Oertzen dem abwesenden von Arnim für seine 12-jährige Leitung „der Fachschaft« seinen „ehrlichen Dank" aus und bringt zum Ausdruck, dass seinem und dem zielbewussten Arbeiten des Geheimrates Ströse zu verdanken sei, dass heute die „Fachschaft Jagdgebrauchshundwesen" wie ehedem der Jagdgebrauchshundverband fest und sicher stehe.

Als oberste Jagdbehörde der damaligen Zeit im Deutschen Reich fungierte der Reichsjägermeister und gleichzeitig Landesjägermeister von Preußen, Generaloberst Hermann Göring. Sein Stellvertreter war der Staatssekretär Generalforstmeister von Keudell, Oberstjägermeister Ulrich Scherping Abteilungsleiter im Reichsforstamt (Reichsjagdamt), in dem auch Oberjägermeister Friedrich Ostermann als Referent diente.

Organisation des Jagdwesens

An der Spitze des Reichsjagdrates stand als „Führer" Reichsjägermeister Generaloberst Hermann Göring, sein Stellvertreter war wiederum von Keudell und Geschäftsführer der Stabsleiter Oberstjägermeister Ulrich Scherping. Zu den Mitgliedern des Reichsjagdrates zählten sämtliche Landes- und Gaujägermeister neben Vertretern des Reichsnährstandes und des Reichsforstamtes Vertreter der Zoologie (Dr. Lutz Heck aus Berlin), der Ornithologie, des Naturschutzes, der Jagdwissenschaft, des Waffen- und Schießwesens, des Jagdrechts, der Jagdkunst, der Waffen- und Munitionsindustrie sowie Vertreter der Berufsjäger und anderer Institutionen; für das Jagdhundewesen gehörte der damalige Forstmeister Rudof Frieß aus Merzalben dem Reichsjagdrat an.

Die Mitgliedsorganisation der Jäger war der „Reichsbund Deutsche Jägerschaft", an dessen Spitze wiederum der Reichsjägermeister stand, vertreten durch Generalforstmeister von Keudell. Leiter des Stabsamtes der

Reichsobmann
H. von Oertzen

Herauslösen des Jagdgebrauchshundwesens aus dem RDH

„Deutschen Jägerschaft" war Oberstjägermeister Ulrich Scherping, sein Stellvertreter Oberjägermeister Friedrich Ostermann, betraut mit der allgemeinen Verwaltung, den Privatjagden und dem Hundewesen. Zu den dem Reichsbund „Deutsche Jägerschaft" angeschlossenen Instituten und Organisationen gehörten die Jagdgebrauchshund- und Züchterfachschaften, unter denen der Jagdgebrauchshundverband mit dem Reichsobmann von Oertzen aufgeführt ist.

Zu dieser zuletzt erwähnten Anschließung an die Deutsche Jägerschaft kam es, nachdem in Vereinbarung mit der Reichssportführung mit Erlaß vom 11. Januar 1937 durch den Reichsjägermeister folgendes verfügt wurde:

Im Interesse einer erfolgreichen Jagdgebrauchshundzucht und der notwendigen engen Zusammenarbeit zwischen dem Reichsbund Deutsche Jägerschaft und den Jagdhundfachschaften ist zwischen dem Herrn Reichssportführer und mir folgende Vereinbarung getroffen worden.

1. Mit Wirkung vom 1.1.1937 werden die „Fachschaft Jagdgebrauchshundewesen" und die Züchterfachschaften der einzelnen Jagdhundrassen von ihrer bisherigen Unterstellung unter den RDH, befreit, an die Deutsche Jägerschaft angeschlossen und meiner Dienstaufsicht unterstellt.
2. Den jagdlichen Gebrauchshund- und Züchterfachschaften wird es freigestellt, sich weiter an den Ausstellungen des RDH, zu beteiligen.
3. Mit vorstehender Regelung wird die im Februar 1935 getroffene Vereinbarung (IV 7206) ungültig.

Ein weiterer Erlass vom nämlichen Tage gab den Jagdhundfachschaften den Rahmen und die Grundlage für die notwendige Gestaltung ihrer Neugliederung:

Anweisung über die Durchführung des Anschlusses der Jagdgebrauchshundfachschaften und der Züchterfachschaften der einzelnen Jagdhundrassen an den Reichsbund Deutsche Jägerschaft

Ohne einen brauchbaren Jagdhund ist eine weidgerechte Jagdausübung nicht möglich.

Die mit Wirkung vom 1.1.1937 dem „Reichsbund Deutsche Jägerschaft" angeschlossenen und meiner Dienstaufsicht unterstellten Jagdhund-Zucht- und -Prüfungsfachschaften haben die Aufgabe, den deutschen Jägern die benötigten, brauchbaren Jagdhunde zu beschaffen. Ich erwarte von den Fachschaften, dass sie sich restlos für die Aufgabe einsetzen.

Die angeschlossenen Fachschaften behalten ihre Selbstständigkeit. Eine Unterstellung ihrer Landes-, Gau- und Ortsgruppen unter die Dienstaufsicht der Landes-, Gau- und Kreisjägermeister findet nicht statt. Von den Mitgliedern des Reichsbundes Deutsche Jägerschaft und den Jagdbehörden erwarte ich, dass sie die Jagdhundfachschaften bei der Durchführung ihrer Aufgaben weitestgehend unterstützen.

Satzungen, Prüfungsverordnungen, Eintragungsbestimmungen, Rassekennzeichen, Festsetzung der Beiträge und Eintragungsgebühren und ihre Änderungen bedürfen meiner Genehmigung. Entsprechende Anträge sind erstmalig bis spätestens 1.4.1937 an das Reichsjagdamt einzureichen.

Über den Ausbau der Leistungsprüfungen und Leistungs- und Zuchtstammbücher erfolgt besondere Anweisung.

Den Jagdhundfachschaften bleibt es freigestellt, sich nach direkter Vereinbarung von Fall zu Fall mit dem RDH, weiter an den Ausstellungen des RDH, zu beteiligen. Die Abhaltung eigener Jagdhundausstellungen ist den angeschlossenen Fachschaften nicht gestattet. Unter das Verbot fallen nicht die zur Formbewertung notwendigen Schauen, die möglichst in Verbindung mit Leistungs- oder Zuchtprüfungen abzuhalten sind.

Ein besonderer Beitrag an den Reichsbund Deutsche Jägerschaft wird von den angeschlossenen Fachschaften nicht erhoben.

In den „Richtlinien für die Durchführung der Brauchbarkeitsprüfungen für Jagdhunde" vom 18. Januar 1936 (R. 248) sind unter „1." die Worte „dem RDH. unterstellten" zu streichen und durch die Worte „dem Reichsbund Deutsche Jägerschaft angeschlossenen" zu ersetzen.

Als zur Jagd verwendete Hunde im Sinne der Anschlussvereinbarung gelten:
alle Arten Vorstehhunde,
alle Arten Schweißhunde,
Stöberhunde (Deutsche Wachtel, Spaniel)
Erdhunde (die deutschen Jagdterrier, Foxterrier, Dachshunde)
Bracken (einschließlich Dachsbracken).

Im Jahrbuch der Deutschen Jägerschaft 1936/37 heißt es dazu:
An der Spitze des vorstehenden Erlasses steht der fundamentale Satz: „Ohne einen brauchbaren Jagdhund ist eine weidgerechte Jagdausübung nicht möglich." Damit sind die Bestimmungen des Reichsjagdgesetzes, die für bestimmte Reviermindestgrößen die Haltung eines, den örtlichen Verhältnissen entsprechenden Jagdhundes vorschreiben, erheblich erweitert worden. Es ist weiter zum Ausdruck gebracht, dass der Jagdhund fortan auf Gedeih und Verderb mit dem Weidwerk verbunden ist.

Seine in den Verhältnissen der Zeit begründete zeitweilige Trennung von der Deutschen Jägerschaft hat, abgesehen von den eingetretenen Rückschlägen in der Entwicklung des Jagdhundewesens, auch sein Gutes gehabt. Die einzelnen Fachschaften haben einsehen gelernt, daß ihre Ehe mit dem Sport keine glückliche war. So wurde die Rückkehr zur Mutter Jagd eine selbst gewünschte und freudige.

Es war notwendig, der Neugliederung eine feste, sachliche Führung zu geben in Gestalt der Dienstaufsicht durch den Herrn Reichsjägermeister, bei ausdrücklicher Zusicherung der Selbständigkeit der Fachschaften. Es ist klar, dass diese „Selbstständigkeit" nicht verwechselt werden darf mit der „Zügellosigkeit". Vielmehr soll mit dieser Zusicherung gesagt sein, dass eine Unterstellung der einzelnen Fachschaften und ihrer Glieder unter die Dienstaufsicht der örtlichen Jagdbehörden nicht stattfindet. Das geschah aus der Erkenntnis heraus, dass die Jagdhundverbände ihre besten Leistungen aus eigener Kraft schufen und diese Kraft sich zum Wohle der Sache weiter frei entfalten müsse. Der Jagdgebrauchshundverband und die größten Züchterfachschaften haben ihre hervorragenden Leistungen nicht nur ohne Hilfe der sogenannten Spitzenverbände vollbracht, sondern in allerschärfstem

„Ohne einen brauchbaren Jagdhund ist eine weidgerechte Jagdausübung nicht möglich."

Kampfe gegen sie und ihre am grünen Tische erklügelten Dogmen. Mit der Unterstellung unter die Dienstaufsicht des Herrn Reichsjägermeister ist aber gleichzeitig gesagt, dass die höchste Spitze und ihre Vertretung die Möglichkeit haben, dort, wo es notwendig ist, helfend, fördernd und ordnend einzugreifen. Die getroffene Regelung schließt eine enge Zusammenarbeit zwischen den örtlichen Jagdbehörden und Fachschaften aber nicht aus. Im Gegenteil! Die unzertrennliche Zusammengehörigkeit von Jagd und Jagdhund erfordert sie gerade, sie ist zur Pflicht gemacht. Ganz im Gegensatz hierzu stand die für die Entwicklung der deutschen Jagdhundzucht abträgliche Vereinbarung zwischen der Deutschen Jägerschaft und dem RDH. (Reichsverband für das deutsche Hundewesen), die der Deutschen Jägerschaft jede Einmischung in die Belange der Jagdhundfachschaften untersagte und es dem sportlich eingestellten Spitzenverband überlassen mußte, die Geschicke der Jagdhundzucht zu bestimmen. Dass eine wesentliche Förderung der jagdlichen Leistungszucht von Männern, die mit der deutschen Jagd nicht verwachsen sind und infolgedessen die Aufgaben der Jagd nicht beurteilen können, nicht ausgehen konnte, ist erklärlich. Die einseitige Bevorzugung der für die Jagd vollkommen belanglosen Ausstellungen stand im Vordergrunde. Und neben der fehlenden fachlichen Führung und Unterstützung versagte auch die materielle. Das ist ersichtlich aus folgender Aufstellung: Die Jagdhundfachschaften zahlten an den RDH. einen Jahresbeitrag von 6.215 RM. Davon floss an die Fachschaften an Barunterstützung die geringe Summe von 950 RM zurück. Die allerwenigsten Jagdhundzüchter waren mit dieser organisatorischen Regelung zufrieden. Eine gewisse Interessenlosigkeit begann, die sich in einem rapiden Mitgliederschwunde äußerte. Der Jagdgebrauchshundverband zählte im Jahre 1934 mit 119 Einzelvereinen 23.000 Mitglieder. 1935 mit 103 Einzelvereinen 10.200 Mitglieder und 1936 mit 103 Einzelvereinen 9.900 Mitglieder.

Ein gewisser Ausgleich zu vorstehenden fachlichen Mängeln wurde geschaffen durch den Erlass des Herrn Reichsjägermeisters, der im Januar 1936 als „Anweisung für die Durchführung der Brauchbarkeitsprüfungen" herauskam. Das Reichsjagdgesetz bestimmt, dass die Gaujägermeister die Anerkennung der Pflichtjagdhunde von einer Prüfung abhängig machen können. Diese Brauchbarkeitsprüfungen können sich, wenn sie fachgemäß durchgeführt werden sehr segensreich auswirken. Auf ihnen sind – möglichst bei der praktischen Jagdausübung – vom Prüfling nur die Leistungen zu verlangen, die sein Revier, für das er bestimmt ist, von ihm fordert. Es wäre unsinnig, den für ein reines Schalenwildrevier bestimmten Hund an Hühnern zu prüfen, ebenso unsinnig wäre es, einen für ein schalenwildfreies Revier bestimmten Hund auf Schweiß zu prüfen. Die Besitzer haben in diesen Fällen gar keine Möglichkeit, ihre Hunde in diesen Fächern vorzubereiten und zu führen. Aufgabe der Brauchbarkeitsprüfungen ist es nicht, nach den Methoden und Prüfungsbestimmungen der Fachschaften zu prüfen. Letztere haben ganz andere Aufgaben; sie haben in der Hauptsache der Zucht zu dienen.

Nach dem vollzogenen Anschluss der Jagdhundfachschaften an den Reichsbund Deutsche Jägerschaft wurden sofort vom Reichsjagdamt die erforderlichen grundlegenden Maßnahmen zu einer vollkommenen Neuord-

Rapider Mitgliederschwund in den Jahren 1934 bis 1936
1934 ...... 23.000
1935 ...... 10.200
1936 ...... 9.900

nung des Jagdhundwesens getroffen. Diese Maßnahmen waren ausschließlich diktiert von den Erfordernissen der Jagdpraxis. Der deutsche Jagdhund ist ein Arbeitshund, kein Sporthund. Seine Zucht hat sich nach der Jagdpraxis zu richten, die
1. vielseitige Vorstehhunde,
2. Schweißhunde,
3. Stöberhunde,
4. Erdhunde und
5. jagende Hunde (Bracken) benötigt.

Entsprechend dieser Aufzählung und einschließlich der Gruppe der englischen Vorstehhunde wurden die Fachschaften in 6 große Leistungsgruppen eingeteilt, wobei es interessant ist, dass die Leistungsgruppe „Erdhunde" die Fachschaft „Dachshunde" und die Fachschaft „Gebrauchsdachshunde" unterscheidet.

Mit dieser Neuordnung sei selbstverständlich mit dem alten Rassenfanatismus, der die Ursache von jahrzehntelangem Hass und Streit im Jagdhundlager gewesen sei, endgültig aufgeräumt worden. Mit der organisatorischen Einigung komme auch eine Vereinheitlichung des Prüfungs- und Stammbuchwesens und eine Angleichung der Prüfungen an die Jagdpraxis. Man gibt der Hoffnung Ausdruck, dass die Zeit nicht mehr fern sei, da man in Deutschland nur noch ein Zuchtbuch und ein Leistungsstammbuch, in die alle Jagdhundformen einzutragen sind, besitzen werde. Mit dem Hundesport hätten die Jagdhundfachschaften nur noch insofern Fühlung, als es ihnen freigestellt sei, ihre Hunde auf Ausstellungen zu zeigen:

Wenn einzelne Mitglieder die Geschmacklosigkeit und Herzlosigkeit besitzen, ihre edlen Arbeitstiere mit fetten Möpsen und degenerierten Hundeclowns auf eine Stufe zu stellen und in quälende Boxen zu sperren, so sollen sie es tun. Mit Leistungszucht, die allein für den Jäger förderswert ist, hat das nichts mehr zu tun.

Die mit dem Erlass des Reichsjägermeisters vom 28. Juli 1937 bestimmte Gliederung erscheint es Wert, festgehalten zu werden, insbesondere auch, weil sie die Namen bedeutender Jagdkynologen enthält, die bis heute bekannt sind und bis in die Gegenwart wirken.

Leistungsgruppe vielseitige deutsche Vorstehhunde

I. **Leistungsgruppe vielseitige deutsche Vorstehhunde**
   1. Jagdgebrauchshundeverband:
      Reichsobmann v. Oertzen, Bäbelitz, Post Gnoien (Mecklenburg)
      Geschäftsstelle: Berlin-Wannsee, Stahnsdorfer Damm
   2. Fachschaft für deutsch-drahthaarige Vorstehhunde:
      Reichsobmann Major a. D. Bruer, Klein-Machnow,
      Post Zehlendorf 4, Wendemark 74
      a) Zuchtgruppe Deutsch-Drahthaar:
         Reichsobmann Major a. D. Bruer, Klein-Machnow,
         Post Zehlendorf 4, Wendemark 74
      b) Zuchtgruppe Pudelpointer:
         Reichsobmann Direktor Edgar Heyne, Bad Homburg.

c) Zuchtgruppe Deutsch-Stichelhaar:
   Reichsobmann Oberingenieur Scheffel, Berlin-Tegel, Veitstraße 2a
d) Zuchtgruppe Griffon:
   Reichsobmann Werlé, Heppenheim a. d. Bergstraße, Kaiserstraße 7
3. Fachschaft Deutsch-Kurzhaar:
   Reichsobmann Jürgen v. Bernuth, Keßburg über Deutsch-Krone
4. Fachschaft Weimaraner:
   Reichsobmann Major a. D. Herber, Kukuk bei Dabel (Mecklenburg).
5. Fachschaft Deutsch-Langhaar:
   Reichsobmann Fabrikant O. Hartenstein, Plauen i. Vogtland, Dobenaustraße 80.
   a) Zuchtgruppe Deutsch-Langhaar:
      Reichsobmann Fabrikant O. Hartenstein, Plauen i. Vogtland, Dobenaustraße 80
   b) Zuchtgruppe Große Münsterländer Vorstehhunde:
      Reichsobmann E. Ruschen, Essen-Bredeney
   c) Zuchtgruppe Kleine Münsterländer Vorstehhunde:
      Reichsobmann F. Corßen, St. Magnus bei Bremen

II. Leistungsgruppe Schweißhunde
   1. Fachschaft Hannoversche Schweißhunde:
      Reichsobmann Forstmeister Steinhoff, Schulenberg (Harz).
   2. Fachschaft Bayerische Gebirgsschweißhunde:
      Reichsobmann Forstoberinspektor Runge, Partenkirchen, Waldweg 1

III. Leistungsgruppe Stöberhunde
   1. Fachschaft Deutsche Wachtelhunde:
      Reichsobmann Erbgraf zu Waldenburg, Waldsee (Württemberg)
   2. Fachschaft Spaniels:
      Reichsobmann Freiherr Rüdt v. Collenberg, Bödigheim (Baden)

IV. Leistungsgruppe Erdhunde
   1. Fachschaft Dachshunde:
      Reichsobmann Forstmeister Marquardt, Neuhaus bei Greifenberg (Uckermark)
   2. Fachschaft Gebrauchshunde:
      Reichsobmann Dr. Schmitt, Köln a. Rh., Mozartstraße 30
   3. Fachschaft Jagdterrier:
      Reichsobmann Dr. Lackner, Königsberg i. Pr., Steindamm 56/57
   4. Fachschaft Foxterrier:
      Reichsobmann Dr. Otto, Wiesbaden, Adelheidstraße 23

V. Leistungsgruppe jagende Hunde
   1. Fachschaft Deutsche Bracken:
      Reichsobmann Dr. Lutz Heck, Berlin W 62, Budapester Straße 9
   2. Fachschaft Dachsbracken:
      Reichsobmann A. Schöneberg, Witten i. W.

VI. Leistungsgruppe Englische Vorstehhunde
   Reichsobmann Fritz v. Döhn, Berlin-Friedenau, Rembrandtstraße 5/6
   Die beiden obigen Dachshundfachschaften werden im kommenden Jagdjahr zu einer Fachschaft zusammengeschlossen.

Oscar Hartenstein, Besitzer des Deutsch-Langhaarzwingers „von Bärenstein"

Es wird unterstrichen und betont, dass die Jagdhundfachschaften die einzigen Organisationen seien, die sich ernsthaft um die Schaffung brauchbarer Jagdhunde bemühten. Wenn man auf dem Standpunkt stehe – und ein anderer sei für einen deutschen Jäger nicht zulässig – dass zur weidgerechten Jagdausübung ein brauchbarer Hund gehöre, dann habe man auch die Pflicht, jene Verbände, die sich um die Schaffung dieser brauchbaren Hunde selbstlos bemühten, durch die Mitgliedschaft zu unterstützen. Vor dem Recht des deutschen Jägers zum Jagen stehe seine Pflicht zur Weidgerechtigkeit, und zu dieser gehöre in erster Linie der brauchbare Jagdhund.

Am 15. Februar 1937 begrüßt von Oertzen als Reichsobmann die Teilnehmer auf dem 1. Verbandstag, der „nach der langersehnten Unterstellung des Jagdgebrauchshundwesens unter die deutsche Jägerschaft stattfindet." Oberjägermeister Ostermann als Vertreter des Reichsjagdamtes ergreift hierzu das Wort und führt aus, dass der Anschluss des gesamten Jagdhundwesens an die deutsche Jägerschaft sich im Laufe der Entwicklung als „notwendig" erwiesen habe. Ostermann führt weiter aus, dass die Verwirklichung der Hegewaldschen Ideen angestrebt werde, nämlich die Zusammenfassung aller Jagdgebrauchshunde in einem Leistungsstammbuch; es solle auch die Führung eines einheitlichen Zuchtbuches mit Abteilungen für die einzelnen Jagdhundrassen erreicht werden.

Auf demselben Verbandstag tritt der seit 27 Jahren im Verbandsvorstand tätige Geheimrat Dr. Ströse von seinem Posten zurück, und an seine Stelle wird Fräulein M. Hundt mit der Schrift- und Kassenführung des Jagdgebrauchshundverbandes – so hieß nun der ehemalige „Verband der Vereine zur Prüfung von Gebrauchshunden zur Jagd" – beauftragt.

Ein Jahr später wird Hermann Eiserhardt zum stellvertretenden Schriftführer und Schatzmeister berufen. Von Oertzen gibt weiter bekannt, dass er den Herren Oberstjägermeister Scherping und Oberjägermeister Ostermann anlässlich der Verbandsprüfung in Mühlenbeck die höchste Auszeichnung des Verbandes, nämlich die Statuette des Sperlingshundes, habe übergeben können.

Der „Jagdgebrauchshundverband"

Im Jahr 1939 wird von Oertzen durch Zuruf als Reichsobmann wiedergewählt, Oberjägermeister Ostermann als Vertreter des Reichsjagdamtes erteilt sofort die für die Wahl nötige Bestätigung.

Der auf den 5. Februar 1940 einberufene nächste Verbandstag muss in letzter Stunde abgesagt werden. Nach einer der Verbandsführung offensichtlich nicht bekannt gewordenen Verfügung des Reichsjägermeisters vom 8. September 1939 waren die Jagdbehörden angewiesen worden, vorläufig keinerlei Versammlungen einzuberufen, worunter auch die Verbandsversammlung fiel. Der Reichsobmann von Oertzen erteilt einen kurzen schriftlichen Bericht, in dem er unter anderem mitteilt, dass der Ehrenvorsitzende von Löbenstein-Sallgast in hohem Alter am 26. Mai 1939 gestorben sei. Schon lange vor Gründung des Verbandes habe er mit seinem „Lausitzer Verein" neben anderen den Grundstein gelegt für „unser heutiges Gebrauchshundwesen, und seit Gründung des Verbandes im Jahre 1899 hat er durch 22 Jahre den Verband geführt, aus kleinen Anfängen die starke Vereinigung geschaffen, die wir heute haben."

Auch im Jahr 1941 kann ein Verbandstag nicht stattfinden. Wiederum berichtet der Reichsobmann schriftlich, so über den Tod des verdienstvollen früheren Obmanns der Fachschaft DK und langjährigen Mitarbeiter im Vorstand des Jagdgebrauchsverbandes Dr. Paul Kleemann. Georg Stockfleth, der 31 Bände des D.G.St.B. bearbeitet hat, gibt – 76-jährig – seine Schriftleitertätigkeit auf. Seiner gedenkt von Oertzen im Band 39 des DGStB:

Mit dem im Frühjahr 1941 erscheinenden Band 39 des D.G.St.B. gibt der langjährige Schriftleiter unseres Deutschen Gebrauchshundstammbuches, Herr Georg Stockfleth, Neudamm, wegen hohen Alters die Stammbuchführung ab. Zu Anfang des Jahres 1906, als das Eigentumsrecht des D.G.St.B. durch Geschenk des Verlages J. Neumann, Neudamm, in den Besitz des Gebrauchshundverbandes überging, übernahm Georg Stockfleth, 42-jährig, die Schriftleitung. 31 Bände des D.G.St.B. (Band 9 bis Band 39) sind durch seine intensive Arbeit entstanden!

Für unser Streben, die Leistungszucht des Jagdgebrauchshundes auf das höchsterreichbare Maß zu steigern, sind in erster Linie zwei Faktoren maßgebend:
1. die strenge Innehaltung der Verbandsvorschriften bei Durchführung der Prüfungen, welche nur durch sauberstes Arbeiten von Suchenleitung und Preisrichtern erreicht wird;
2. die genaue Nachprüfung und gewissenhafte Registrierung durch den Stammbuchführer.

Wesentlich für den Wert des Stammbuches ist neben peinlichster Genauigkeit die Gleichmäßigkeit in der Bearbeitung. Der Verband hat das große Glück gehabt, dass 35 Jahre hindurch derselbe Mann, dessen Gewissenhaftigkeit in Verbandskreisen sprichwörtlich ist, das Stammbuch bearbeitete. Trotz der bekannten, nicht auszurottenden Nachlässigkeit in der Vereinsberichterstattung hat es Georg Stockfleth durch zähe Arbeit verstanden, unser D.G.St.B. von Fehlern nahezu rein zu halten. Was er an intensiver Arbeit in all den Jahren geleistet hat, können die wenigsten von uns beurteilen. Aber wir schätzen und lieben unser D.G.St.B., das uns in allen Fragen der Leistungszucht und des Prüfungswesens ein zuverlässiger, nie versagender Berater ist – dank der Arbeit unseres Stammbuchführers!

Wir danken dem heute 76-jährigen, dass er bis in sein hohes Alter seine ganze Arbeitskraft für den Dienst an unserm vierläufigen Jagdgehilfen zur Verfügung stellte, und wünschen ihm einen sonnigen Lebensabend in der Gewissheit seiner bis zum letzten treu erfüllten Aufgabe.

Georg Stockfleth

Die Kapitulation 1945

Die nun folgenden Jahre waren bestimmt durch das Kriegsgeschehen, das mit der Kapitulation 1945 sein Ende fand. Es machte auch nicht halt vor der Jagd und der Jagdkynologie, wertvolles Zuchtmaterial wurde vernichtet, desgleichen Archive und Unterlagen über Zucht- und Prüfungsgeschehen.

Der letzte Verbandsvorsitzende und Reichsobmann, von Oertzen-Bäblitz, war beim Einmarsch der Russen freiwillig aus dem Leben geschieden, desgleichen die letzte Geschäftsführerin des Verbandes, Fräulein Hundt.

Auch nach der Kapitulation nahmen Hunger und Flüchtlingselend, die Sorge um die Vermissten und der Kampf um das tägliche Brot die Kräfte der Menschen in Anspruch. In den Revieren jagten die Angehörigen der Besatzungsmächte – und dennoch regten sich alsbald Kräfte, die in den letzten Kriegsjahren zum Einhalten ihrer Tätigkeit gezwungen waren.

Bereits im ersten Jahr nach der Kapitulation 1946, wurden 3 Verbandsgebrauchsprüfungen (VGP) abgehalten, nämlich vom JGV „Hubertus Hamm", von der VDD-Gruppe Essen-Ruhr und der VDD-Gruppe Artland.

1947 folgten 3 weitere VGPen, abgehalten vom JGV Bergisch-Land, dem JGV Schleswig-Holstein und der VDD-Gruppe Essen-Ruhr mit der Zuchtgruppe Schwarz-Weiß Großer Münsterländer.

Wiederbelebung des Prüfungswesens

1948 waren es dann schon 10 VGPen, abgehalten wiederum von der VDD-Gruppe Essen-Ruhr, dem JGV Bergisch-Land, vom JGV Schleswig-Holstein, von den JGV Grafschaft Diepholz, Braunschweig, Westmünsterland zusammen mit dem Club Langhaar, von der VDD-Gruppe Sachsen, der VDD-Gruppe Westfalen und schließlich „Hubertus Köln".

Im Jahre 1945 hatte der damalige Kontrollrat die „Deutsche Jägerschaft" aufgelöst. In der amerikanischen und französischen Besatzungszone wurde das Reichsjagdgesetz außer Kraft gesetzt, in der Britischen Zone blieb es zunächst weiterhin gültig. Die Rechtsentwicklung in der sowjetisch besetzten Zone, der späteren DDR, verlief auf undemokratischen Bahnen. Im Bereich des Bundesgebietes wurde durch das Grundgesetz eine einheitliche gesetzliche Ordnung des Jagdwesens alsdann wieder ermöglicht. 1952 wurde das Bundesjagdgesetz als Rahmengesetz verabschiedet; ihm folgten in den einzelnen Bundesländern die Landesjagdgesetze.

Dr. Kiessling

So, wie das Prüfungswesen ein Indiz für die sehr schnelle Regeneration des Jagdgebrauchshundwesens ist, ergriffen auch zahlreiche Gebrauchshundmänner alsbald nach der Kapitulation wieder eine Initiative unter der Führung von Ernst Oskar Ebeling. Es bildete sich ein „Geschäftsführender Arbeitsstab" (G. A.), der den Auftrag hatte, den ersten Verbandstag nach dem Kriege vorzubereiten. Mit tatkräftiger Unterstützung durch Dr. Kießling lud Ebeling nach wohldurchdachter Vorbereitung zum 1. Verbandstag nach dem Kriege zum 15. Januar 1949 in ein Lokal in der Nähe Frankfurts am Main ein, in die mittlerweile legendär gewordene „Unterschweinsstiege".

15. 1. 1949: Die „Unterschweinsstiege"

Eröffnet wurde dieser Verbandstag im 50. Jahre nach der Gründung des Jagdgebrauchshundverbandes durch eine Ansprache des Präsidenten des Landesjagdverbandes Hessen, Dr. Altmann, nachdem E. O. Ebeling als Bevollmächtigter für die Leitung des Verbandstages ebenfalls die 32 Delegierten und eine große Anzahl von Gästen, auch im Namen Dr. Kießlings, aufs herzlichste begrüßt hatte. Ebeling lässt die 50-jährige Geschichte des Verbandes kurz Revue passieren und erinnert daran, dass die Jagdkynologie sich in einer ähnlichen Situation wie vor etwa 50 Jahren befinde: Man müsse gegen Widerstände etwas Neues aufbauen.

Auf Vorschlag Ebelings werden die Satzungen von vor 1933 angenommen und die rein sachlichen und redaktionellen Änderungen dem neuen Vorstand überlassen. Es wird weiterhin beschlossen, die Anzahl der Besitzer wiederum zu erhöhen.

Friedrich Ostermann

In seiner Stellungnahme zur Wahl betont Ebeling, dass der Verbandsvorsitzende in der gegenwärtigen schwierigen Zeit ein junger, tatkräftiger Mann sein müsse, und schlägt der Versammlung Friedrich Ostermann, A. Rommeswinkel und Franz Zillikens als Kandidaten vor.

Ostermann wird mit Mehrheit zum ersten Vorsitzenden gewählt, Dr. Kießling wird zum Ehrenvorsitzenden ernannt. Zum 2. Vorsitzenden wird Rommeswinkel einstimmig gewählt. Geschäftsführer wird Hermann Eiserhardt, der im übrigen als einziger Vertreter der „Ostzone" der Einladung Ebelings folgen konnte. Zum Stammbuchführer wird Ebeling berufen. Als Beisitzer gewählt werden Karl Seidler, Franz Zillikens, Rollenhagen, Bernd Siekmann sowie Granderath als Vertreter der Ostzone, in die Stammbuchkommission Strassmann, E. Ruschen, Konrad Andreas und Spieß.

Der nun wieder voll funktionsfähige Verband nimmt sofort seine Arbeit auf. Es kommt zu einer Aussprache über Vervollständigung und Fortführung des DGStB. Es wird festgestellt, daß ein I.-Preis-Hund den Schärfenachweis erbracht haben muss, und nach einer längeren Debatte einigt sich die Versammlung, dass dieser Nachweis wie bisher gelegentlich der praktischen Jagdausübung zu erbringen und durch zwei zuverlässige anerkannte Richter zu beurkunden ist. Es wird weiterhin beschlossen, dass der JGHV sich dem jagdlichen Spitzenverband der vereinigten Westzonen anschließt, und man ist sich einig darüber, dass ein Eingriffsrecht in die Verbandssatzungen und Verbandsprüfungsordnungen der Spezialvereine nicht besteht.

Der Vorsitzende Friedrich Ostermann schlägt vor, dass neben dem Jagdgebrauchshundverband die Spezialjagdhundvereine ebenfalls einen geschlossenen Block bilden, und dass über diese beiden Säulen eine Dachorganisation geschaffen werde. Zu diesem Zweck soll aus den anwesenden

Die erste Verbandsleitung nach dem Krieg

Vertretern der Spezialjagdhundvereine eine Kommission für den Aufbau dieser Organisation gebildet werden. Indessen kommt es wegen gegenteiliger Ansichten der „Teckelleute" nicht zu dem erstrebten Ziel. Es wird vereinbart, dass vom Jagdgebrauchshundverband an die einzelnen Spezialjagdhundvereine herangetreten und um Namhaftmachung von Vertretern gebeten werden soll, damit bei der kommenden Hauptversammlung Beschlüsse gefaßt werden können. – Der mit den Vorarbeiten betraute Konrad Andreas kann nicht, wie er hofft, alsbald einen beschlussfähigen Konsens zwischen den einzelnen Vereinen herbeiführen, doch wird die Idee nicht aus dem Auge verloren.

Integration der Spezialjagdhundvereine

Auf dem Verbandstag 1951 in Bingen verfolgen die als Ehrengäste geladenen und nahezu vollständig erschienenen Vorstände der Bracken- und Stöberhundvereine mit Aufmerksamkeit des Verbandes Tun und Lassen. Die von allen Seiten gewünschte, taktisch richtige Annäherung der Jagdhundzüchter an die Vertretung der gesetzgebenden Körperschaften wird sich um so leichter und vollständiger vollziehen, je geschlossener unsere Vereine auftreten, vermeldet das Protokoll. Der Zusammenschluß sei wohl nur noch eine Frage der Zeit. Die Erfolge des Verbandes bewiesen, dass es nötig und möglich sei, die Leistungsprüfungen für alle jagdlichen Gebrauchszwecke nach großen Gesichtspunkten unter Wahrung der vollen Selbstständigkeit der Züchtervereine einheitlich zu steuern, ohne den verschiedenen Jäger- und Züchterkreisen durch enge Bestimmungen vorzugreifen.

Ein Jahr darauf kann E. vom Stein im März in Goslar als derjenige, der die Einigungsverhandlungen im Sinne der Verbandsbeschlüsse geleitet hat, unter Beifall verkünden, dass die Vorbereitungen erfreulicherweise erfolgreich abgeschlossen seien. Außer sämtlichen Vorstehhundzuchtvereinen (Deutsch-Kurzhaar, Deutsch-Langhaar, Deutsch-Drahthaar, Pudelpointer, Stichelhaar, Griffon, Große und Kleine Münsterländer, Weimaraner, Pointer und Setter) seien jetzt auch die anderen Fachgruppen, nämlich die für Schweißhunde (Hannoverscher Schweißhund und Bayerischer Gebirgsschweißhund) für Stöberhunde (Deutscher Wachtelhund, Jagdspaniel) und Erdhunde (Jagdterrier, Teckel) im JGHV zusammengeschlossen. Auf freiwilliger Grundlage sei die jagdliche Leistungszucht nunmehr national und international geeint.

Nach einem einstimmigen Beschluss wird das DGStB fortan in zwei Abteilungen geführt, nämlich nach Vorstehhundprüfungen sowie Schweiß-, Stöber- und Erdhundprüfungen.

Auf demselben Verbandstag verkündet der Vorsitzende Friedrich Ostermann, dass vor zwei Tagen, nämlich am 29. März 1952, in Goslar am Harz die Gründung der „Internationalen Föderation für das Jagdgebrauchshundwesen" (Fédération international de la Vénerie Cynologique), der F.I.V.C., vollzogen wäre. Das sei, so betont Ostermann, neben der Ausweitung des Jagdgebrauchshundverbandes auf alle in Deutschland zur praktischen Jagd verwendeten Jagdgebrauchshundschläge ein weiterer Markstein in der Geschichte des seit 1899 bestehenden Verbandes. Für die neue internationale Föderation äußert sich deren Sprecher, der Präsident des Österreichischen Jagdgebrauchshundverbandes Homberg. Der Beitritt des Verbandes zur internationalen Föderation wird einstimmig beschlossen. Sie vertritt vorerst die Verbände der Schweiz, Österreichs, Luxemburgs, des östlichen Frankreichs und Westdeutschlands bei der internationalen Anerkennung ihrer Preisrichter, Leistungsprüfungen, Zuchtschauen, Zuchtbücher und aller amtlichen Abstammungsnachweise. Der geschäftsführende Vorstand der Föderation besteht aus dem Präsidenten Ostermann, Dr. Amann (Schweiz), dem Leistungsbuchführer Ebeling, dem Vizepräsidenten Homberg (Österreich); als deutscher Beisitzer wirkt weiterhin A. Rommeswinkel. – Die Föderation scheint die hoch gesteckten Erwartungen, die man mit ihr verbunden hat, nicht erfüllt zu haben. Nur noch einmal, im März 1953 wird im Rahmen der Verbandstage über die Föderation berichtet, nämlich, dass der Vorsitzende Friedrich Ostermann zusammen mit dem Stammbuchführer an deren Tagung am 14. und 15. Februar in Basel teilgenommen habe. Zur Beratung standen die Festlegung einer Richterordnung, die Fassung von Bestimmungen über die Verleihung von Abzeichen für Meisterführer sowie über die Führung eines internationalen Leistungsstammbuches. Danach scheint die F.I.V.C. irgendwann ihren Geist aufgegeben zu haben.

Zur gleichen Zeit scheitert ein Versuch des JGHV, über den DJV und mit dem DJV die Jagdhundhaltung im Bundesjagdgesetz zu verankern. A. Rommeswinkel muss berichten, dass die Unterstützung durch die Landesjagdverbände generell völlig unzureichend gewesen sei.

Der Verbandsvorsitzende Ostermann wird auf den Verbandstagen 1955

Konrad Andreas

„Internationale Föderation für das Jagdgebrauchshundwesen"

A. Rommeswinkel

Ernst Oskar Ebeling

und 1958 wiedergewählt. A. Rommeswinkel, der aus gesundheitlichen Gründen nicht wieder kandidiert, wird Ehrenvorsitzender; ihm wird die Statuette des Verbandes verliehen.

Im Jahr 1959 übernimmt Wilhelm Wöll von Ernst Oskar Ebeling die Stammbuchführung. Auch Ebeling wird die Statuette verliehen.

Ernst Oskar Ebeling ist einer der bemerkenswertesten Persönlichkeiten im Jagdgebrauchshundwesen der Nachkriegsgeschichte. Er kann als Motor des Wiederbeginns angesehen werden. Um so bedauerlicher ist die offenbar persönliche Verstimmung bei seinem Abschied, wie sich aus seinen „Gedanken bei Niederlegung meines Amtes" ergibt

… Nun sei mir noch ein Hinweis gestattet, der für mich der letzte Anstoß war, mein Amt niederzulegen.

Wenn auch früher schon Diskussionen über Gebrauchshundfragen mit sehr harter Klinge geführt wurden, so handelte es sich doch stets um sachliche Auseinandersetzungen, die mit offenem Visier für unsere Ideale geführt wurden. Dagegen ist heute – wohl infolge Aufkommens eines damals kaum gekannten Rassefanatismus und bedenklichen Rückganges aufrechter und kerniger Persönlichkeiten – häufig üblich, den Meinungsgegner hinterrücks und persönlich diffamierend zu befehden.

Niemals sollten wir vergessen, dass wir eine geschlossene Gemeinschaft bilden, die brüderlich vereint ist, um hohe ethische Ziele zu verwirklichen. Bei unseren Prüfungen geht es einzig und allein um die Förderung der Leistungszucht und nicht um „sportliche Wettkämpfe".

Ähnlich wie die Grundlage der „Olympischen Spiele" nicht mehr die reine Freude an der körperlichen Betätigung ist, sondern die Spiele zu einem nationalen Prestigekampf herabgewürdigt sind, dienen auch für viele unter uns die Prüfungen nur noch der Befriedigung ihres Ehrgeizes bzw. dem Erwerb …

Ernst Oskar Ebeling wurde am 27. Juli 1889 in Hannover geboren und nahm nach Abitur und entsprechender Ausbildung als Offizier mit hohen Auszeichnungen an beiden Weltkriegen teil, zuletzt als Oberst im Generalstab.

Bezeichnend für Ebeling war seine unbändige Liebe zur Natur, die nicht mit dem Streben nach großen Strecken zu vereinbaren war. Er hasste die sportlichen Auswüchse auf dem Gebiet des Jagdgebrauchshundwesens und kämpfte für den Gebrauchshund nach dem Schuss. Ebeling war Schriftsteller und Schriftleiter, Präsident des LJV Hamburg, Vorsitzender des Norddeutschen JGV und später dessen Ehrenvorsitzender, desgleichen der DD-Gruppe Hamburg, er war Präsidialmitglied des DJV und schließlich Stammbuchführer des JGHV. Ebeling verstarb am 24. November 1960; er wurde auf dem Waldfriedhof Olsdorf in Hamburg beigesetzt.

1961 erfolgt wiederum eine Wiederwahl des Vorsitzenden Friedrich Ostermann. Zum stellvertretenden Vorsitzenden wird Karl Seidler berufen, als Beisitzer Konrad Andreas. O. Hartenstein und E. vom Stein,

Dr. H. Summa und Forstmeister H. Ehrgott werden in den geschäftsführenden Vorstand delegiert, um als potentielle jüngere Mitglieder mit dessen Arbeit vertraut zu werden.

Nach dem Tode des stellvertretenden Verbandsvorsitzenden Karl Seidler am 6. Februar, wenige Tage nach Vollendung seines 70. Lebensjahres, wird im März 1963 Ernst vom Stein zum Stellvertreter des Vorsitzenden gewählt.

1964 wird Clemens Nobis-Wicherding einstimmig als Nachfolger des verdienten Stammbuchführers Wilhelm Wöll gewählt. Außer dieser Wahl standen auch die Gesamtwahlen beider Vorstände und aller Sondergremien auf der Tagesordnung. Der Vorsitzende Friedrich Ostermann ist nicht mehr zu einer weiteren Kandidatur zu bewegen. Trotz vieler Versuche, bei ihm einen Gesinnungswandel herbeizuführen, stellt er sein Amt zur Verfügung. Der Verbandstag vermag sich wegen der Bedeutung der Neuwahl des Vorstandes nicht zu entschließen und findet letztlich einen Ausweg im Vorschlag des bisherigen Stammbuchführers Wilhelm Wöll, nach dem der Vorsitzende Friedrich Ostermann als einstimmig zum Ehrenvorsitzender des Verbandes gewählter sich bereit erklärt, den Vorstand ein weiteres Jahr zu leiten.

Die Wahlen des Gesamtvorstandes werden nunmehr beraten und vorbereitet, und auf dem Verbandstag 1965 zu Goslar wird Aloys Schott aus Bad Kreuznach mit großer Mehrheit für die nächsten drei Jahre zum Vorsitzenden gewählt. Ernst vom Stein wird als zweiter Vorsitzender wiederum bestätigt, zu Beisitzern werden H. Barelmann, H. Blodig und Helmuth Ehrgott berufen.

Am 23. Februar 1967 wird unter dem Aktenzeichen „19 VR 3209" der Jagdgebrauchshundverband beim Amtsgericht Bonn als „eingetragener Verein" registriert. Die Vorstände heißen nunmehr „Präsidien", der 1. und 2. Vorsitzende heißen ab nun „Präsident" bzw. „Vizepräsident".

Es wurde die Möglichkeit beschlossen, einen verdienten Präsidenten beim Ausscheiden aus dem Amt zum „Ehrenpräsidenten" zu ernennen, was folgerichtig auf dem Verbandstag 1969 mit dem Ehrenvorsitzenden Friedrich Ostermann geschieht.

1967 wird JGHV-Präsident Aloys Schott mit Stimmenmehrheit wiederum gewählt. Ernst vom Stein, H. Blodig und H. Barelmann kandidieren nicht wieder, an deren Stelle werden neu ins Präsidium gewählt Oberforstrat F. Brahms als Vizepräsident, R. Neddermeyer als Obmann für das Prüfungswesen und als Beisitzer wiederum Oberforstmeister H. Ehrgott, neben ihm neu Joachim Engels. Stammbuchführer Clemens Nobis-Wicherding wird einstimmig in seinem Amt bestätigt, gleichzeitig wird er einstimmig zum neuen Geschäftsführer gewählt.

Etwa vier Jahre später stirbt sein berühmter Vorgänger.

Nach jahrzehntelangen Tagungen in Goslar tagte der Verbandstag 1971 in Fulda, das in der Folgezeit bis in die Gegenwart die Tradition Goslars übernehmen sollte. Der Verbandstag 1971 in Fulda hatte ein neues Präsidium zu wählen. Nachfolger des Präsidenten Aloys Schott wurde der 1937 geborene Heinrich Uhde aus Burgdorf bei Hannover; die übrigen Mitglieder des Präsidiums wurden in ihren Ämtern bestätigt.

Aloys Schott

1965: Aloys Schott Präsident

JGHV wird e. V.

1971: Heinrich Uhde Präsident

Thiel Abel

Dr. Carl Tabel

Die satzungsgemäßen Wahlen des Jahres 1974 ergaben mit einer Ausnahme eine Wiederwahl: Anstelle des Beisitzers Joachim Engels, der nicht mehr kandidierte, wurde W. Küppersbusch berufen.

Joachim Engels hat sich mit dem Schlusspunkt seiner Tätigkeit im Präsidium besondere Verdienste erworben, denn auf seine Anregung hin und unter seiner organisatorischen Leitung feierte der Jagdgebrauchshundverband im März 1974 seinen 75. Geburtstag. Am 23. März fand um 18 Uhr im Dom zu Fulda eine Hubertusmesse statt, zelebriert von Kaplan M. Freiherr von Lüninck aus Homberg und gestaltet vom Kurpfälzer Jagdhornbläserkorps, flankiert von Falknern mit ihren Beizvögeln und Jagdreitern im roten Rock. Die Ansprache hielt Prälat Wüstefeld aus Paderborn, ein Geistlicher der selbst Jäger war und damit die rechten Worte für die aufmerksamen Zuhörer fand. In einem kleinen Festakt im Anschluss an die Hubertusmesse im Großen Saal der Orangerie gedachten der Präsident und ein Anzahl von Gästen des besonderen Tages, die Festansprache hielt Joachim Graf von Schönburg.

Auf dem Verbandstag 1976 muss den Delegierten mitgeteilt werden, dass der ehemalige Präsident Aloys Schott gestorben ist. Der 85-jährige Franz Strasmann gibt nach 26 Jahren Tätigkeit als Vorsitzender der Stammbuchkommission dieses Amt ab; sein Nachfolger wird Edwin Zwick, der es bis in die Gegenwart innehat. Wegen beruflicher Überlastung gibt auch der Obmann für das Prüfungswesen, Fritz Wenkel, sein Amt im Präsidium auf, zum Nachfolger wird Dr. Franz Petermann einstimmig berufen. Wenkel war als Obmann für das Prüfungswesen eingesprungen, als Rudolf Neddermeyer am 21. Juli 1973 gestorben war und man sich zunächst schwer tat, die entstandene Lücke wieder aufzufüllen.

Am 1. Juli 1978 übernimmt Thiel Abel nach gewissenhafter Einarbeitung durch seinen Vorgänger die Geschäftsführung von Clemens Nobis-Wicherding, der jedoch weiterhin als Stammbuchführer tätig bleibt. Die Neuwahlen ergeben eine Wiederwahl des Präsidenten, Oberforstmeister H. Ehrgott wird an Stelle des nicht mehr kandidierenden ehemaligen Vizepräsidenten F. Brahms zum Vizepräsidenten berufen. Wiedergewählt wird auch Dr. Franz Petermann als Obmann für das Prüfungswesen. Zu Beisitzern werden Forstoberrat Christoph Frucht und H. Hasselbring gewählt.

Bei den satzungsgemäß anstehenden Wahlen des Jahres 1982 stehen zwei Kandidaten für das Amt des Präsidenten zur Wahl: Der bisherige Präsident Heinrich Uhde und der bisherige Vizepräsident H. Ehrgott. Der geheime Wahlgang ergibt bei einer ungültigen Stimme und ohne Enthaltungen 152 Stimmen für den Kandidaten Ehrgott und 399 Stimmen für den Kandidaten Uhde, der somit als Präsident wiedergewählt ist. Zum Vizepräsidenten wird Paul van Bracht berufen. Einstimmig werden weiterhin in das Präsidium gewählt Dr. Franz Petermann und Christoph Frucht sowie als „Neuling" Paul Jickeli.

Von besonderer Bedeutung auf diesem Verbandstag ist der Abschied des 85-jährigen Dr. Carl Tabel aus der aktiven Verbandspolitik; er steht nicht wieder als Vertreter der Jagdgebrauchshundvereine im erweiterten Präsidium des Verbandes zur Verfügung. Dr. Carl Tabel ist am 19. Juli 1897 in Schildfeld (Kreis Hagenow in Mecklenburg) geboren, wo er auf dem väterlichen Gut, das über 200 Jahre im Familienbesitz war, aufwuchs. Im Ersten Weltkrieg wurde Tabel schwer verwundet. Nach dem Jurastudium in Rostock wurde er Amtsrichter in Wittenburg. Nach dem Zweiten Weltkrieg und der Flucht in den Westen wurde ihm Annweiler am Trifels eine zweite Heimat, wo er bis 1962, als er in den Ruhestand trat, als Amtsgerichtsrat wirkte. Dr. Carl Tabel war ein bekannter Führer und Abrichter von Jagdgebrauchshunden. Sein enormes Wissen hat seinen Niederschlag in einer Reihe von Büchern sowie in Artikeln und Aufsätzen gefunden. Tabel begründete den DD-Zwinger „vom Kanonenturm", der bis in die Gegenwart von seinem Sohn Uwe mit großem Erfolg fortgeführt wird. Tabel war 12 Jahre lang 2. Vorsitzender des VDD, von 1943 bis 1945 dessen 1. Vorsitzender. Er organisierte die 19. und 28. Hegewald-Zuchtprüfung in Alzey als Prüfungsleiter. Ausgezeichnet wurde er vom VDD mit der goldenen Vereinsnadel, desgleichen mit der DD-Statuette. Der Jagdgebrauchshundverband verlieh ihm seinen pour le mérite, den an die Stelle der Statuette getretenen „Statuettenteller". Im März 1973 hatte der JGHV die Freude und Ehre, Dr. Carl Tabel aus Anlass der Verleihung des Bundesverdienstkreuzes 1. Klasse in Annweiler einen Empfang zu geben. Die 32. Pfälzerwald-Schweißprüfung trug aus Anlass seines 90. Geburtstages seinen Namen. Dr. Carl Tabel nahm höchst interessiert an der Prüfung selbst teil und konnte sich dort wie auch zu Haus eines großen Kreises von Gratulanten erfreuen, dem er sich mit nicht nachlassender Geistesfrische und auch körperlichem „Durchhaltewillen" widmete. Es war die Verehrung und Zuneigung zu spüren, die diesem einmaligen Menschen von so vielen Seiten entgegengebracht wird.

Präsident Heinrich Uhde im Gespräch mit Oberforstrat Brahms

In einer persönlichen Erklärung gibt Präsident Heinrich Uhde auf dem Verbandstag 1984 bekannt, dass er bei den Wahlen 1986 nicht wieder als Präsident kandidieren werde. Er unterstreicht, dass er im Vergleich zu seinen Vorgängern in einem Alter das Amt aufgebe, in dem sie dieses angetreten hatten, dennoch sei sein Entschluss unumstößlich. Uhde möchte sein Ausscheiden aus einer Position der Stärke heraus selbst bestimmen und nicht aufgrund äußerer Einflüsse dazu gezwungen sein, er möchte auch die Zeit und Muße haben, auf anderen jagdkynologischen Gebieten etwas freier wirken zu können. Nach 15 Jahren Präsidentschaft könne die Verbandsarbeit auch durch ein neues Gesicht und durch andere Ideen neue Impulse erhalten. Sein freiwilliger Rücktritt könne auch als Beispiel gesehen werden, dass man nicht an einem Amt bis zum Überdruss kleben müsse.

Präsident Heinrich Uhde gratuliert Dr. Carl Tabel zur Verleihung des Bundesverdienstkreuzes 1. Klasse

Im Jahr darauf (1985) wird Clemens Nobis-Wicherding als langjähriger Stammbuchführer verabschiedet. Er war seit 1964 Stammbuchführer und in den Jahren 1968 bis 1978 gleichzeitig Geschäftsführer des Verbandes. Seinen 70. Geburtstag konnte er am 9. September 1983 feiern. Ihm war der Statuettenteller als höchste Auszeichnung des Verbandes als äußeres Zeichen der Dankbarkeit und Verehrung verliehen worden. Dieser hochverdiente Mann war während des Zweiten Weltkrieges Flugzeugführer und Fluglehrer aus Leidenschaft – eine Passion, die ihn auch in späteren Jahren nicht verließ. Ein weiteres Tätigkeitsfeld war die Fotografie, der er sich auch mit Leib

Cl. Nobis-Wicherding

Clemens Nobis-Wicherding (rechts) neben Dr. Petermann und Dr. Tabel auf dem Verbandstag Fulda 1981, stehend E. Zwick und Frhr. v. Schorlemer

und Seele verschworen hat, eine Passion, der man auch noch fröhnen kann, wenn man nicht mehr (wortwörtlich genommen) „in die Luft gehen kann". Daß er unabhängig davon als Stammbuch- und Geschäftsführer auch hin und wieder im übertragenen Sinn „in die Luft gehen konnte", hat so mancher schludriger Mitmensch erfahren können. Bis in die Gegenwart sind viele Bilder in einschlägigen Zeitschriften und besonders im Stammbuch Zeugnis seines Wirkens. Sorgfältig und verantwortungsbewußt kam Clemens Nobis-Wicherding seiner Pflicht als Stammbuch- und Geschäftsführer des Verbandes nach. Besonders bemerkenswert war und ist wohl noch sein Auge für die Stärken und Schwächen eines Menschen. So hat er mit gutem Instinkt schon weit vor seinem Abschied seinen Nachfolger als Stammbuchführer ins Auge gefasst und ihn eingearbeitet. In Nobis-Wicherdingscher Tradition setzt seitdem Wolfgang Wischmeyer die erfolgreiche Arbeit seines Vorgängers fort.

Clemens Nobis-Wicherding stirbt 80-jährig am 4. Oktober 1993, kurz nach seinem Geburtstag. Dr. Carl Tabel war ihm wenige Tage zuvor, am 10. September 1993 im Alter von 96 Jahren vorausgegangen. Ihr Gedankengut als Vermächtnis hochzuhalten und danach zu leben ist auch heute noch eine Aufgabe des Verbandes, ohne es würde die deutsche Jagdkynologie ein Stück ihrer Identität verlieren.

Stammbuchführer Wolfgang Wischmeyer Nürnberg 1986

Und eine dritte Persönlichkeit verlässt die Bühne der Lebenden in jenen Tagen: Der Ehrenpräsident Ostermann verstirbt im gesegneten Alter von 93 Jahren.

1986 fand die Deutsche Jagd- und Fischerei-Ausstellung, „Wildtier und Umwelt" in Nürnberg statt. Diese große Veranstaltung des DJV war Anlass für den Jagdgebrauchshundverband, den Verbandstag nach Nürnberg zu verlegen. Aus diesem Anlass gab der JGHV seinem scheidenden Präsidenten in der Nürnberger „Frankenhalle" einen Abschiedsempfang. In Anwesenheit vieler Vertreter der Verbandsvereine sowie des vollständigen Präsidiums des Deutschen Jagdschutz-Verbandes verabschiedete sich Heinrich Uhde als Präsident. Am Verbandstage selbst hatte er nochmals Gelegenheit, dies mit einer für seine Verhältnisse ungewöhnlich langen Rede vor der Versammlung selbst zu tun. Der Präsident ließ aus seiner Sicht die Vergangenheit Revue passieren, äußerte Vorstellungen für die Zukunft und skizzierte Entwicklungen, die ein halbes Jahrzehnt später zur Realität werden sollten. Vizepräsident Paul van Bracht zeichnete Uhde im

Abschied in der „Frankenhalle" 1986. In der Mitte Präsident Heinrich Uhde neben DJV-Präsident Dr. G. Frank.

Rahmen einer kleinen Laudatio mit der Statuette des Sperlingshundes aus. Es wurden dem Präsidenten weitere Ehrungen zuteil. Schon im Jahr zuvor war ihm durch den Präsidenten der Landesjägerschaft Niedersachsen Detlev Frhr. von Stietencron das goldene Verdienstabzeichen des DJV verliehen worden. – In der anschließenden Wahl zum Präsidium wurden zum Präsidenten gewählt der Forstdirektor Christoph Frucht aus dem Spessart, zum Vizepräsidenten wiederum Paul van Bracht, Dr. Petermann abermals zum Obmann für das Prüfungswesen und als Beisitzer Paul Jickeli und Dr. Gerhard Strahle. In seiner Antrittsrede nahm der neue Präsident Christoph Frucht den Antrag der Landesjägerschaft Niedersachsen auf, den scheidenden Präsidenten zum Ehrenpräsidenten zu ernennen, dem die Versammlung mit Beifall zustimmte.

Der unerwartete und plötzliche Tod des Vizepräsidenten Paul van Bracht anlässlich einer Verbandsprüfung machte Ergänzungswahlen zum Präsidium erforderlich. Für die Dauer der Wahlperiode wurde Paul Jickeli zum Vizepräsidenten berufen; als Beisitzer rückte der Zuchtwart des Vereins für Deutsche Wachtelhunde, Heinrich Hecker, nach.

Die satzungsgemäße Neuwahl des Jahres 1990 ergibt eine Wiederwahl des Präsidenten Christoph Frucht sowie des Obmannes für das Prüfungswesen. Zum Vizepräsidenten wird Friedrich Mohaupt gewählt. Die Beisitzer Heinrich Hecker und Dr. Gerhard Strahle scheiden aus; neben Paul Jickeli als Beisitzer wird Werner Horstkötter neu ins Präsidium berufen. Eine der Besonderheiten dieses Verbandstages war die Tatsache, dass nach vielen Jahren

Verbandstag 1986 Nürnberg. Das neu gewählte Präsidium von links: Dr. Petermann, P. van Bracht, Präsident Christoph Frucht, Dr. G. Strahle, P. Jickeli erstmals wieder der Präsident Vertreter des Jagdgebrauchshundwesens aus der DDR begrüßen konnte. Vorausgegangen war dem Besuche jener Delegation ein Beschluss vom 28. Januar 1990 in Leipzig zur Gründung eines „Jagdhundverbandes der DDR". Dieser Verband sollte sich verstehen als Dachorganisation aller Vereinigungen, die sich der Zucht und Führung von Jagdgebrauchshunden verschrieben haben und satzungsgemäß eng mit den Jägern koordiniert seien. Als Vertreter dieses Arbeitsausschusses besprachen Prof. Dr. Hans Wunderlich und Dr. Lutz Frank mit dem Präsidenten des Jagdgebrauchshundverbandes allgemein interessierende Fragen und skizzierten den Weg eines allmählichen Zusammenwachsens beider Verbände synchron der staatlichen Einigung.

Die Initiativgruppe zur Gründung des „Jagdhundverbandes der DDR" konnte am 20. Mai 1990 zur Gründungsversammlung in Motzen südlich von Berlin eine Vielzahl von Vertretern der einzelnen Zuchtvereine der DDR begrüßen. Unter den Gästen befanden sich auch JGHV-Präsident Christoph Frucht und dessen Geschäftsführer Thiel Abel. Man erzielte Einigkeit darüber, dass die eigenständige Entwicklung des neu gegründeten Verbandes in Ruhe und Sachlichkeit und ohne Einflussnahme aus dem Westen vor sich gehen müsse. Die Delegierten beschlossen nach demokratischen Spielregeln eine Satzung, worauf die Wahl des Präsidiums folgte. Prof. Dr. Hans Wunderlich wurde Präsident, Dr. Gottfried Gey Vizepräsident. Es wurde weiterhin beschlossen, den „Jagdgebrauchshund" als Fachzeitschrift für die DDR einzuführen.

Die „Wiedervereinigung" auf dem Gebiet des Jagdgebrauchshundwesens nach der Wende.

Am 17. November 1990 trafen sich am Rande des jagdkynologischen Seminars in Springe beide Präsidien und vereinbarten nach einer harmonischen Aussprache den Weg für ein reibungsloses Zusammengehen beider Dachverbände. Beide Präsidenten unterzeichneten eine Vereinbarung:

Zur Beratung gemeinsamen Vorgehens trafen sich am 17. November 1990 in Springe die Präsidien des Jagdgebrauchshundverbandes (JGHV) und des Jagdhundverbandes (JHV) der neuen fünf Bundesländer.

Beide Verbände sind sich in dem Bemühen einig, aus ihrer fachlichen Kompetenz heraus den gesetzlichen Erfordernissen entsprechend dem Jagdwesen brauchbare Hunde zur Verfügung zu stellen.

Der JHV anerkennt für die Zukunft den JGHV als die alleinige Spitzen- und Dachorganisation auf dem Gebiet des gesamten Jagdgebrauchshundwesens der Bundesrepublik. Der JHV wirkt darauf hin, daß seine Mitglieder alsbald eine Entscheidung über ihre Mitgliedschaft im JGHV treffen.

Der JGHV und der JHV streben eine Einheit auf dem Gebiet des Jagdgebrauchshundwesens an, möglichst bis zum März 1991. Zur Vorbereitung der Einheit wird eine Kommission berufen.

Der JGHV wird darauf hinwirken, dass als Übergangslösung bis Ende 1991 die Prüfungen nach der Prüfungsordnung des JHV den Verbandsprüfungen des JGHV gleichgestellt werden.

Der JHV wird seine Richterliste mit Ablauf des Jahres 1990 schließen. Die in erster Liste enthaltenen Richter für Vorstehhunde und Schweißarbeit werden vom JGHV vorbehaltlich eines Verbandstagsbeschlusses anerkannt, wenn die übrigen satzungsgemäßen Voraussetzungen vorliegen.

Der JGHV und der JHV erwarten vom Gesetzgeber in den alten und neuen Bundesländern, dass der JGHV zukünftig als die für das Jagdgebrauchshundwesen allein zuständige Institution anerkannt und das gesamte für die Anerkennung als brauchbarer Jagdhund erforderliche Prüfungswesen in seine alleinige Kompetenz übertragen wird. Die mit einer Verbands-Eignungsprüfung in der bisherigen DDR gemachten positiven Erfahrungen sollen in eine entsprechende Prüfungsordnung einfließen.

Der JGHV und der JHV erwarten vom DJV eine tatkräftige Unterstützung ihrer Anliegen, insbesondere auch bei Gesetzgebungsverfahren in den neuen Bundesländern.

Entsprechend der geäußerten gemeinsamen Absicht kommt es am 1. Februar 1991 auf Schloss Beichlingen in Thüringen zu einer gemeinsamen Präsidiumssitzung, auf der eine weitere Vereinbarung getroffen wird, die den Hauptversammlungen beider Verbände zur Bestätigung vorzulegen ist:

Die die Vereinigung vorbereitende Vereinbarung

1. Die Erklärung beider Präsidien anlässlich des jagdkynologischen Seminars vom 18.11.90 auf dem Jagdschloss Springe (Niedersachsen) wird voll inhaltlich bestätigt und zur Grundlage dieser Vereinbarung gemacht.
2. Im Interesse eines einheitlichen, starken und auf die Schwerpunktaufgaben der Standortbestimmung und -weiterentwicklung gerichteten Jagdgebrauchshundwesens in Deutschland wird eine neue Phase einer effizienten Entwicklung eingeleitet. Hierzu leistet das Jagdgebrauchshundwesen der neuen Bundesländer einen Beitrag durch das Einbringen der positiven Erfahrungen und Erkenntnisse bei der Entwicklung eines leistungsstarken Jagdgebrauchshundwesens in der ehemaligen DDR im Dienste einer weidgerechten Jagddurchführung.
3. Der bereits seit Springe vorgezeichnete Weg der Auflösung des JHV e.V. der neuen Bundesländer von seiner Basis her – den Mitgliedsvereinen – entspricht den Erfordernissen der unter 2. formulierten Zielstellungen und bedarf nunmehr eines Abschlusses. Den Mitgliedsvereinen des JHV e.V. steht die freie Entscheidung darüber offen, auf welchem Wege ihren Zielen und Aufgaben entsprechend, die Vereinigung zu einem einheitlichen Jagdhundwesen in Deutschland vollzogen wird. Empfohlen wird die Vereinigung mit den entsprechenden Zuchtvereinen in den alten Bundesländern oder der Antrag auf vorläufige bzw. Vollmitgliedschaft im JGHV e.V. Andere Wege liegen in der Kompetenz der einzelnen Mitgliedsvereine.
4. Die Präsidien beider Verbände empfehlen ihren Zuchtvereinen, so die Vereinigung/Verschmelzung beschlossen wurde, darüber Vereinbarungen zu treffen, wie positive Erfahrungen und Erkenntnisse zur Zucht und zum Prüfungswesen der Rasse in den neuen Bundesländern im Interesse der weiteren leistungsorientierten Entwicklung des Jagdgebrauchshundwesens im allgemeinen und der Rasse im besonderen zu sichern sind und nicht verlorengehen.
5. Es wird angestrebt, die Ziele und Aufgaben eines an den Grundsätzen der Weidgerechtigkeit, des Tierschutzes und des Jagdwesens orientierten Prüfungswesens auf Verbandsebene und auf der Ebene

der Zuchtvereine zu harmonisieren bzw. neu zu gestalten.
Das betrifft nicht zuletzt die Schaffung einer Verbands-Eignungsprüfung für den Nachweis der jagdlichen Brauchbarkeit und die Nutzung der dabei gewonnenen Erfahrungen und Erkenntnisse in den neuen Bundesländern. Die bereits eingesetzte Kommission wird bestätigt und setzt ihre Arbeit fort.

6. Die Übernahme der Vorstehhundrichter des JHV für die kynologischen Prüfungsgebiete Feld; Wasser, Stöbern, Buschieren und Schweißkunst erfolgt nach Übergabe der Richterliste des JHV an den JGHV, sofern diese Richter Mitglied eines Verbandsvereins des JGHV und im Besitz eines gültigen Jagdscheins sind, durch Verbandstagsbeschluß. Die Zuchtvereine der Abteilung V regeln die Übernahme der Spezialrichter in eigener Kompetenz. Für die Bestätigung als Verbandsschweißrichter gelten die Regelungen des JGHV. Richteranwärter können ihre Ausbildung bei einem Verbandsverein abschließen.

7. Alle nach der Prüfungsordnung der ehemaligen DDR abgelegten Prüfungen werden – soweit dafür der JGHV e.V. kompetent ist – anerkannt. Den Zuchtvereinen des JGHV wird empfohlen, die Abstammungs- und Zuchtunterlagen der Zuchtbuchstelle anzuerkennen.

8. Über die Zukunft der Zuchtbuchstelle wird zu gegebener Zeit verhandelt.

9. Es wird für erforderlich gehalten, kompetente Vertreter des Jagdgebrauchshundwesens der neuen Bundesländer in die Arbeit der Gremien des JGHV einzubeziehen.

10. Beide Seiten haben darüber Einigkeit erzielt, dass mit der Vereinheitlichung des Jagdgebrauchshundwesens in Deutschland eine Reihe inhaltlicher Impulse gegeben werden, die zwar heute noch nicht gelöst werden können, jedoch in der Perspektive im Interesse eines starken Jagdgebrauchshundewesens anzugehen und zu lösen sind. Die Standortbestimmung und -weiterentwicklung des Jagdgebrauchshundwesens ist dazu eine geeignete Gelegenheit. Das betrifft u. a. nach Auffassung beider Seiten die
    – Herstellung der alleinigen Kompetenz für die inhaltliche Ausgestaltung und Anerkennung des Nachweises der Jagdlichen Brauchbarkeit (Eignung) von Jagdhunden der einzelnen Rassen;
    – Vereinfachung der Beurteilungskriterien und ihre strikte Orientierung an der Praxis für alle Prüfungen sowie die Gewährleistung der möglichst einheitlichen Interpretation auch des Einspruchverfahrens.

Wesentliches Anliegen ist die wirksame Einflussnahme des Verbandes auf den Prozess der engen Gestaltung von Jagd und Jagdgebrauchshundwesen in Verbindung mit einem praxisnahen Zusammenwirken von Behörden, DJV und Verband.

gez. Chr. Frucht
gez. H. Wunderlich

Eine Woche vor dem Verbandstag des Jahres 1991 beschließt die Hauptversammlung des Jagdhundeverbandes (JHV) e.V. am 16.3.1991:
1. Auf der Grundlage des Paragraph 16 des Statutes vom 20.5.90 und in Verbindung mit Paragraph 74 (2) BGB beschließt die Hauptversammlung die Auflösung des Jagdhundeverbandes (JHV) e.V. zum 16.3. 91.
2. Die Hauptversammlung bestimmt gemäß Paragraph 77 BGB als Liquidatoren des Verbandes
Herrn Prof. Wunderlich, Präsident des JHV e.V.
Herrn Dr. Gey, Vizepräsident des JHV e.V. und
Frau Dr. Heydeck, Geschäftsführerin des JHV e.V.

Die Liquidatoren führen den Verband bis zur Beendigung der Liquidation als voll rechtsfähigen Verein weiter. Sie werden beauftragt, sich beim zuständigen Registergericht eintragen zu lassen sowie folgende Aufgaben wahrzunehmen.
  a) öffentliche Bekanntmachung der Auflösung und Veranlassung eines entsprechenden Eintrags in das Vereinsregister beim zuständigen Registergericht gemäß Paragraph 77 BGB;
  b) Abwicklung der laufenden Geschäfte bei Klärung evtl. bestehender Forderungen bzw. Verbindlichkeiten sowie Erarbeitung eines Finanzabschlussberichtes und eines Vermögensnachweises.
  Die Hauptversammlung bestimmt, dass evtl. verbleibende Geldmittel nach Einhaltung der gesetzlichen Sperrfrist dem Jagdhundewesen zur Verfügung gestellt werden.
3. Die Hauptversammlung bestimmt, dass die Liquidation spätestens zum Jahresende 1991 abzuschließen ist und dazu eine entsprechende Eintragung im Vereinsregister des zuständigen Registergerichtes erfolgt. Mit dieser Eintragung ist die Auflösung beendet.

An der Hauptversammlung am 16. März 1991 nahmen 55 Delegierte der Mitgliedsvereine des JHV teil. In dem Protokoll heißt es u. a.:
...

Die stimmberechtigten Vertreter der einzelnen Vereine waren:

Deutsch-Kurzhaar, Verband Ost e.V.	Dr. Dagmar Heydeck
Verein Jagdspaniel e.V.	Wolfgang Schmidt
Jagdteckelverband e.V.	Hugo Scheimann
Club Deutsch-Drahthaar e.V.	Dr. Horst Rambusch
Verein für Englische Vorstehhunde e.V.	Dagmar Jahns
Verein Deutsch-Wachtel e.V.	Dr. Dieter Taschenberger
Verein Dachsbracken e.V.	Helmut Hafemann
Verein der Förderer des Hannoverschen Schweißhundes Mecklenburg-Vorpommern und Brandenburg e.V.	Gerhard Schmidt
Laika-Club e.V.	Lothar Benseler
Verein Deutsch-Langhaar	Dr. Lutz Frank
JGV Königs Wusterhausen	Gunter Mlitz
LJHV Mecklenburg-Vorpommern	Hubert Jörss
JGV Chemnitz	Arno Leukefeld
Prüfungsverein Harz-Börde	Günther Hübner
Lausitzer JGV	Hermann Hoffmann

Die Mitglieder des JHV

Nach Annahme der Tages- und Geschäftsordnung legte der Präsident seinen Geschäftsbericht dar. Er betonte die Notwendigkeit der Gründung des JHV mit dem Ziel des Zusammenschlusses mit dem JGHV. Meilensteine in der Arbeit des Verbandes waren die Überführung des Jagdhundwesens aus staatlichen in gesellschaftliche Strukturen, die Übernahme aller Prüfungen als Verbandsprüfungen des JHV, die Wahrung des jagdkynologischen Besitzstandes, insbesondere in Gestalt der Leistungsrichter sowie die Erhaltung der Zuchtbuchstelle als Dienstleistungseinrichtung für die Mitgliedsvereine. Es wurde so möglich, den JHV in den JGHV einzubringen. Die Zuchtvereine des JHV haben die Möglichkeit, sich mit einem Zuchtverein des JGHV zusammenzuschließen oder selbst die Mitgliedschaft im JGHV zu beantragen oder eine vorläufige Mitgliedschaft im JGHV bis zur Klärung noch offener Fragen für die Dauer von 5 Jahren zu erwirken. Die Prüfungsvereine des JHV sollten die Mitgliedschaft im JGHV beantragen. Konkrete Hinweise dazu werden allen Vereinen zugesandt.

Die Vereinbarung zwischen den Präsidien des JHV und JGHV vom 1.2.91 in Beichlingen bedarf der Präzisierung. Es werden dazu folgende Vorschläge unterbreitet:

– Leistungsrichter ohne Jagdschein
  Wer vor dem 31.12.90 Leistungsrichter war, kann es bis zur Erteilung eines Jagdscheins bleiben, der Einsatz erfolgt jedoch nur in den neuen Bundesländern. Den Vereinen der Abteilung V wird empfohlen, ebenso zu verfahren.
– Hundeführer ohne Jagdschein
  Der Prüfungsleiter entscheidet über die Zulassung, wenn es aus züchterischen oder jagdlichen Gründen notwendig ist.
– Verbandsschweißrichter
  Verbandsrichter sind nicht automatisch auch Verbandsschweißrichter. Alle Leistungsrichter, die vor dem 31.12.90 bei einer erschwerten Schweißprüfung gerichtet haben, können bei einer Verbandsschweißprüfung richten.
– Hundeobleute in jagdpolitischen Gremien
  In den neuen Bundesländern gibt es in allen Landesjagdverbänden Hundeobleute, die Mitglieder des Präsidiums sind. Dieser Stand ist auch in den LJV der alten Bundesländer und im DJV zu erreichen.

Als einen weiteren Schwerpunkt der Arbeit sieht der Präsident die Mitwirkung bei der Erarbeitung der Landesjagdgesetze an. Hier muss dem JGHV die alleinige Kompetenz zur Feststellung der jagdlichen Brauchbarkeit von Hunden übertragen werden. Nur Mitgliedsvereine des JGHV richten Prüfungen zur Feststellung der jagdlichen Brauchbarkeit von Hunden aus. In diesem Zusammenhang wird die Übernahme der Eignungsprüfungen des JHV in überarbeiteter Form durch den JGHV angestrebt. Ein entsprechender Antrag an den Verbandstag 1992 wird erarbeitet.

Der Präsident sieht zusammenfassend die Funktion des JHV als erfüllt an. Er verliest den Antrag auf Auflösung des JHV (siehe Anlage).

Als Vertreter in den Gremien des JGHV schlägt er für das Präsidium die Liquidatoren des JHV (Wunderlich, Gey, Heydeck) vor, für die Mitarbeit in der Stammbuchkommission des JGHV wird Herr Konrad genannt.

Die Auflösung des JHV

Prof. Wunderlich schätzt ein, dass die Zusammenarbeit mit dem JGHV harmonisch verlief, störend beim Zusammenfinden von JHV und JGHV wirkte ausschließlich der VDH …

Es wird nochmals festgestellt, dass der JHV als voll rechtsfähiger Verein bis zum Jahresende weitergeführt wird und auch die Verbandsprüfungen des JHV gleichberechtigt durchgeführt werden können. Auch die Zuchtbuchstelle des JHV besteht weiter. Auf eine Anfrage wird empfohlen, Prüfungen im Feld aus Tierschutzgründen nicht nach dem 1.5. und vor dem 1.9. durchzuführen.

Als Redaktionsschluss für die Richterliste des JHV wird der 31.3.91 festgelegt.

Es folgen nun die Abstimmungen über die Vereinbarung zwischen den Präsidien des JHV und JGHV von Beichlingen sowie der Beschluss zur Auflösung des JHV, die jeweils einstimmig angenommen wurden.

Die wiedergewonnene Einheit des Jagdgebrauchshundwesens

Auf dem Verbandstage des JGHV 1991 schließlich wird unter dem Beifall der Delegierten der JHV entsprechend den getroffenen Vereinbarungen „übernommen", und so ist mit dem historischen Datum des 24. März 1991 die Einheit auf dem Gebiet des Jagdgebrauchshundwesens in Deutschland wiederhergestellt.

Entsprechend den ergangenen Empfehlungen konstituierten sich die Zuchtvereine neu und schlossen sich den Zuchtvereinen der alten Bundesländer an.

So wurde am 7. April 1990 in Schönhagen, Kreis Luckenwalde, der „Club Deutsch-Drahthaar" gegründet. Die Gründung erfolgte durch Delegierte einzelner Deutsch-Drahthaar-Gruppen, die sich zuvor in den einzelnen Bezirken konstituiert hatten. Zum Zeitpunkt der Gründung umfasste der Club 14 Bezirke mit 659 Mitgliedern. Zum Vorsitzenden wurde Prof. Birnbaum gewählt, zum Hauptzuchtwart Dr. Rambusch. Eine der Hauptaktivitäten sah der Vorstand des neu gegründeten Clubs im Zusammenwachsen mit dem „Verein Deutsch-Drahthaar" der alten Bundesländer. Dazu kam es auf der Jahreshauptversammlung des VDD am 23.3.1991, als der Vorsitzende Schnepper die Delegierten der neu gegründeten Gruppen aus der ehemaligen DDR begrüßen konnte. Die selbständigen Gruppen Mecklenburg-Vorpommern, Uckermark, Märkische Heide, Niederlausitz, Sachsen-Anhalt, Thüringen sowie Freistaat Sachsen wurden einstimmig aufgenommen. Die ebenfalls schon bestehende Gruppe Potsdam vereinigte sich mit der bisherigen Gruppe Berlin zur neuen Gruppe Berlin-Brandenburg. Dr. Rambusch wurde bis zur Neuwahl des geschäftsführenden Vorstandes im Jahr 1992 als Beisitzer in den Vorstand gewählt.

Zusammenwachsen der Zuchtvereine:

Deutsch-Drahthaar

Auch Deutsch-Kurzhaar konstituierte sich in der ehemaligen DDR neu: Am 21. April 1990 fanden sich Freunde des DK im Flugsport-Zentrum Schönhagen bei Treblin zur Gründungsversammlung eines DK-Verbandes e.V. zusammen. Zum ersten Vorsitzenden wurde Hans-Gert Reich berufen. Nach und nach wurden die einzelnen Vereine jenes Verbandes Mitglieder des Deutsch-Kurzhaar-Verbandes.

Deutsch-Kurzhaar

Auch die „Großen" und „Kleinen Münsterländer" ruhten nicht: Am 22. April 1990 versammelten sich etwa 100 Freunde dieser Rassen zur Gründung ihres Vereins in Belzig, Bezirk Potsdam. Zum ersten Vorsitzenden des

„Münsterländer"

"Vereins Kleine Münsterländer Vorstehhunde, Große Münsterländer Vorstehhunde e.V." in der DDR wurde Klaus Kühne berufen. Es ergab sich überdies die Notwendigkeit, organisatorisch neue Landesgruppen für KlM zu bilden. So konnte mit Zustimmung des Verbandes für „Kleine Münsterländer Vorstehhunde" am 9. Dezember 1990 in Naumburg die erste Mitgliederversammlung der Landesgruppe Anhalt-Sachsen-Thüringen ins Leben gerufen werden.

Deutsch-Langhaar

Für Deutsch-Langhaar war es am 21. April 1990 soweit: Es trafen sich in Bölitz-Ehrenberg bei Leipzig die Deutsch-Langhaar-Freunde der fünf neuen Bundesländer. Vom „Deutsch-Langhaar-Verband" waren vertreten Eike Behrens als Schriftführer des Deutsch-Langhaar-Verbandes und Frau Dr. O. Freitag als Zuchtberaterin der Deutsch-Langhaar-Gruppe Nordwest. Dr. Lutz Frank erläuterte die schon geführten Gespräche mit dem Deutsch-Langhaar-Verband und dem Ziel, die beiden Populationen der Rasse allmählich zusammenzuführen, eine gemeinsame Zuchtbuchführung vorzubereiten und ein einheitliches Mitteilungsblatt herauszugeben. Man war sich einig, dass der zu gründende „Verein Deutsch-Langhaar e.V." sich nicht durch Bildung von Gruppen in den einzelnen Ländern der DDR weiter spaltet, vielmehr erschien es sinnvoll, mit großer Mitgliederzahl und einheitlich den Zusammenschluss durchzuführen. Es wird der VDL (Verein Deutsch-Langhaar e. V.) gegründet, und zum ersten Vorsitzenden wird Dr. Lutz Frank berufen. Der Vorstand wird beauftragt, alles zu tun, damit die Einheit von Jagd und Jagdhunden gewährleistet bleibt. – Im Frühjahr des Jahres 1991 war alsdann eine 5-köpfige Delegation des Deutsch-Langhaar-Verbandes Gast der Jahreshauptversammlung des Vereins Deutsch-Langhaar im Schloss Lübbenau im Spreewald in Brandenburg. Dr. Frank berichtete nochmals über die Entwicklung des Deutsch-Langhaar in den letzten vier Jahrzehnten in der DDR und skizzierte alsdann den zwischen dem „Deutsch-Langhaar-Verband" und dem „Verein Deutsch-Langhaar" entworfenen Einigungsvertrag, der die Aufnahme des „VDL" als zwölfte Landesgruppe in den Deutsch-Langhaar-Verband vorsieht. In diesem Vertrag ist als Fernziel festgeschrieben, in den fünf neuen Bundesländern – sobald die entsprechenden Voraussetzungen vorliegen – eigene Landesgruppen zu bilden, die alsdann für ihre Region die entsprechenden Aufgaben selbstverantwortlich übernehmen können. Nach erfolgter positiver Abstimmung über den Einigungsvertrag wurde Dr. Frank einstimmig nach erfolgter Aufnahme in den Deutsch-Langhaar-Verband in Fulda als Zuchtkommissionär nominiert.

Pudelpointer

Pudelpointer gab es in der DDR offensichtlich bislang recht wenige. In den Jahren 1979 bis 1981 fiel nur je ein Wurf aus dem Zwinger „vom Katzen Luch" des Züchters Heinz Mann. Ab 1984 fanden sog. „Aktivtagungen" der Pudelpointerleute statt und es fielen in der Folgezeit durchschnittlich vier Würfe im Jahr. Man kreuzte zwei DD-Rüden mit Pudelpointerblut ein, ohne Farbfehler und Besonderheiten festzustellen. In der Folgezeit wurden wiederum nur reine Pudelpointer dazugenommen. Alle Ahnentafeln beinhalten eindeutig den Hinweis auf DD. Am 31. März 1990 kam es in Gusow, Kreis Seelow, zu einer Zusammenkunft in der Absicht, einen „Verein Pudelpointer" zu gründen. Unter den Gästen befanden sich auch das Ehepaar Spriewald aus der Bundesrepublik Deutschland (Herr Spriewald ist Ehrenvorsitzender des Vereins Pudelpointer, seine Frau Schriftführerin), des weiteren war anwesend Frau Angelika Jensen aus Heitmühlen. Der Ehrenvorsitzende mahnte in seinem Grußwort eindringlichst zur Rückkehr zur Reinzucht, worüber heftig in aller Offenheit und Ehrlichkeit diskutiert wurde. Das Abstimmungsergebnis ergab bei 36 Anwesenden 23 Stimmen für die Reinzucht, 8 Gegenstimmen und 4 Enthaltungen, womit die „Reinzucht", d.h. sofortiges Beenden jeglicher Weiterzucht von Pudelpointer mit DD-Anteil, Bestandteil der neu beschlossenen Zuchtordnung wurde. Bei einer Enthaltung wurde einstimmig der Beschluss gefaßt, den Verein „PP-DDR e.V." zu gründen; Zum 1. Vorsitzenden wurde Gerd Jahn aus Wettin an der Saale gewählt. Mit dem Beschluss, „zur Reinzucht" zurückzukehren, war die Zuchtbasis in der DDR äußerst schmal geworden, und man war sich einig, dass man auf die Hilfe der Züchter aus dem bisherigen Bundesgebiet angewiesen sei. Organisatorisch gibt es seit dem 1. Januar 1991 eine Klammer zwischen beiden Vereinen, denn am 17. November 1990 wurde anlässlich der Mitgliederversammlung des Vereins „PP-DDR" in Wettin einstimmig der Beschluss gefasst, den Verein als „Landesgruppe Mitteldeutschland" ab 1. Januar 1991 in den „Verein Pudelpointer" (Bundesrepublik Deutschland) zu integrieren. Es gibt also wieder einen gemeinsamen „Verein Pudelpointer".

Weimaraner

Die Weimaraner waren von Kriegsende an bis zum Jahre 1990 in der DDR dem „Verband Kurzhaar" angegliedert, und ihre Geschicke wurden innerhalb dieses Verbandes gelenkt. Am 8. April 1990 konstituierte sich im Zuge der Neuorientierung des Jagdhundewesens in der DDR ein eigener Verein, der sich in Anlehnung an den „Weimaraner Klub" eine Zuchtordnung gab und die Gliederung in je eine Landesgruppe Nord und Süd beschloss. Nach vollzogener Wiedervereinigung löste sich dieser Verein auf und übertrug seine sämtlichen Zuständigkeiten dem „Weimaraner Klub e.V.". Anfang März 1991 konstituierten sich die Landesgruppen Sachsen-Anhalt und Thüringen, deren Vorsitzende Heinz Gräber bzw. Kurt Franke der 1. Vorsitzende des „Weimaraner Klubs", Dr. Werner Petri, erstmals auf einer Vorstandssitzung begrüßen konnte.

Schweißhunde

Bis Mitte der 50er Jahre bestanden zwischen den Schweißhundleuten der DDR und dem „Verein Hirschmann" Kontakte, insbesondere über den damaligen Zuchtwart Konrad Andreas, die den Grundstein für die Zucht des Hannoverschen Schweißhundes in der DDR legten. Nach dem Mauerbau rissen sämtliche Verbindungen ab. Bayerische Gebirgsschweißhunde waren in der DDR bis dahin so gut wie unbekannt; Importe aus der Tschechoslowakei im Jahr 1959 begründeten die Zucht dieser Schweißhundrasse in der DDR. 1961 konstituierte sich in der DDR die „Zuchtgemeinschaft Schweißhunde"; sie wurde 1962 als Zuchtleitung bestätigt. Das Jagdgebrauchshundwesen in der DDR wurde verstaatlicht und insbesondere die der Schweißhundtradition nach wie vor verpflichtete Zuchtleitung hatte es infolge vieler staatlicher Einflussnahmen auf das Zucht- und Prüfungswesen nicht leicht. Seit 1959 wurden im Gebiet der DDR 208 Hannoversche Schweißhundwelpen und seit 1960 246 Bayerische Gebirgsschweißhundwelpen gezogen; der Bestand betrug im Jahr 1990 etwa 80 bzw. 160 Hunde. Die Versuche des „Vereins Hirschmann", bei den zuständigen staatlichen Stellen sowie bei der Zuchtbuchstelle in Halle Brücken zur Schweißhundzucht der DDR zu schlagen, stießen auf Ablehnung; selbst zur Tagung des Internationalen Schweißhundverbandes im Oktober 1989 in Ratzeburg waren Gemeinsamkeiten noch nicht möglich. Nach der Maueröffnung im November 1989 änderte sich auch hier die Lage vollständig. Anlässlich der schon traditionellen Hauptprüfung des „Vereins Hirschmann" im Januar 1990 in Lüsche konnten Schweißhundführer aus der DDR als Gäste teilnehmen.

In der Folgezeit kam es zu einem intensiven Kontakt zwischen dem „Verein Hirschmann", insbesondere durch seinen ersten Vorsitzenden Landesforstmeister Dr. Georg Volquardts, mit der Zuchtleitung für die Hannoverschen Schweißhunde in der DDR. Ganz im Vordergrund stehender Gesprächspartner war der Revierförster Fritz Bode aus dem Vogtland. Auf der Hauptversammlung des „Vereins Hirschmann" am 26. Mai 1990 in Gartow, traditionell verbunden mit einer Vorprüfung, konnten erstmals nach 40 Jahren Trennung offiziell Kontakte zwischen den Schweißhundführern der DDR und denen der Bundesrepublik Deutschland aufgenommen werden. Es kam zu richtungsweisenden Gesprächen zwischen beiden Seiten, als deren Ergebnis festzuhalten bleibt, daß in der DDR ein Zuchtverein für den Hannoverschen Schweißhund gegründet werden sollte, dessen Struktur nach der Wiedervereinigung einen Zusammenschluss beider Vereine leicht machen sollte. Einen „Zuchttourismus" sollte es nicht geben; erst die Zuchtleitungen beider Vereine sollten nach Prüfung der entsprechenden Voraussetzungen „grünes Licht" geben. Gemäß den getroffenen Absprachen versammelten sich die Schweißhundführer der DDR am 28. Juli 1990 in Markkleeberg bei Leipzig, um den „Schweißhundverband der DDR" zu gründen. Anwesend war auch Dr. Georg Volquardts gleichzeitig als Vertreter des „Clubs für Bayerische Gebirgsschweißhunde". Es wurde der vorgelegte Satzungsentwurf verabschiedet und damit die Voraussetzung für eine spätere Vereinigung mit dem „Verein Hirschmann" bzw. mit dem „Club für Bayerische Gebirgsschweißhunde" gelegt; es wurde ein „Verein für 120 Tage" gegründet. Vorsitzender des Vereins wurde der schon genannte Fritz Bode. Es gab fortan ständige Kontakte zwischen Dr. Volquardts und Bode. Am 2. November 1990 wurden anlässlich einer Suche des „Schweißhundverbandes der DDR" im Wald bei Hagenow die weiteren Weichen gestellt: Der Vorstand des „Schweißhundeverbandes der DDR" beschloss die Auflösung seines Verbandes zum 1. Januar 1991 und die Übergabe seiner Zuständigkeiten, soweit sie die Zucht und Führung des Hannoverschen Schweißhundes betreffen, an den „Verein Hirschmann", der auch die Mitglieder aus den neuen Bundesländern übernahm, wenn dies beantragt wurde, womit die Vereinigung für die Hannoverschen Schweißhunde vollzogen war. – Parallel zu den geschilderten Vorgängen liefen auch die Verhandlungen zwischen dem „Schweißhundverband der DDR" und dem „Club für Bayerische Gebirgsschweißhunde". Seit dem 1. Januar 1991 vertritt der „Club für Bayerische Gebirgsschweißhunde" auch die Interessen der organisierten Führer des Bayerischen Gebirgsschweißhundes im gesamten Bundesgebiet. Die Voraussetzungen dafür hatte Fritz Bode nach entsprechenden Gesprächen mit dem Vorsitzenden des „Clubs für Bayerische Gebirgsschweißhunde", Rudolf Aurnhammer, geschaffen.

An diesem Ziel waren alsbald auch die sich selbst als Vertreter der dritten und „anerkannten" Schweißhundrasse verstehenden Liebhaber der Alpenländischen Dachsbracke. Im Gebiet der „alten" Bundesrepublik Deutschland hießen diese Hunde früher „Alpenländisch-Erzgebirgler Dachsbracke". 1976 wurde dieser Hund jedoch von der FCI als österreichischer Hund anerkannt und hieß nach der verbindlichen Beschreibung des Österreichischen Kynologenverbandes aus dem Jahr 1976 nunmehr „Alpenländische Dachsbracke". Im Oktober 1990 kam es anläßlich des 25-jährigen Bestehens der Zuchtleitung für Alpenländisch-Erzgebirgler Dachsbracken im Gebiet der ehemaligen DDR zu einem Treffen der Vorstände der beiden Dachsbracken-Vereine der alten und der neuen Bundesländer. Es wurde ein weiteres Arbeitstreffen für den 17. März 1991 zu Steinwiesen im Frankenwald vereinbart. In Arbeitsgruppen wurden die Bereiche Satzung, Prüfungsordnung mit Leistungsrichter- und Zuchtordnung mit Formwertbestimmungen sowie Formwertrichterordnungen durchgearbeitet. Man kam zu einem Konsens, und am Ende der Sitzung konnten die beiden Vorsitzenden, Forstamtsrat i. R. Josef Stangl für den „Verein Dachsbracke" sowie Lutz Briedermann für den „Verein Dachsbracken e.V." hoffnungsfroh in die Zukunft blicken. Die rechtzeitige Auflösung im September 1991 des im April 1990 in Eberswalde gegründeten „Verein Dachsbracken e.V." bei gleichzeitiger Empfehlung an die Mitglieder, dem „Verein Dachsbracke" in München beizutreten, wurde beschlossen. Auf einer für Oktober 1991 vorgesehenen Versammlung soll den dann aus dem gesamten Bundesgebiet geladenen Mitgliedern vorgeschlagen werden, die in den Arbeitsgruppen erarbeiteten Änderungen von Satzung, Prüfungs-, Zucht- und Richterordnung zu beschließen, außerdem einen neuen geschäftsführenden Vorstand zu wählen, in seiner Zusammensetzung nach Fachgebieten neu gegliedert und erweitert; die Landesgruppen und die jeweiligen Landesobmänner der neuen Bundesländer werden ohne Neuwahlen übernommen. Die Überleitung der Zucht- und Prüfungstätigkeit wird im IV. Quartal des Jahres 1991 durch die entsprechenden Vertreter vorgenommen. Die im bisherigen Arbeitsbereich des „Vereins Dachsbracken" geleisteten Tätigkeiten als Richter, Züchter, Führer usw. werden anerkannt.

Alpenländische Dachsbracke

Auch die Deutschen Wachtelhunde sind in der DDR zentral betreut worden, und zwar von der „Zuchtleitung Deutscher Wachtelhunde". Nach der Öffnung der Grenzen bereitete sie eine Gründungsversammlung für einen „Verein für Deutsche Wachtelhunde in der DDR" vor. Ende Mai 1990 konnten die Freunde des deutschen Stöberhundes in Netzen (Kreis Potsdam) zu dieser Gründungsversammlung begrüßt werden. Zu den Gästen gehörte der Vereinsobmann des „Vereins für Deutsche Wachtelhunde" in der „alten" Bundesrepublik Deutschland, Siegfried Sassenhagen. Es wurde eine Satzung beschlossen, die sich weitgehend an der Satzung des „Vereins für Deutsche Wachtelhunde" ausrichtete, und es wurde der „Verein für Deutsche Wachtelhunde e.V." auf dem Gebiet der noch existierenden DDR ins Leben gerufen, ebenfalls in Landesgruppen gegliedert. Zum Vereinsobmann wurde Dr. D. Taschenberger aus Greifswald gewählt. Man gab sich der Hoffnung hin, daß die von allen Beteiligten geschätzte gute Zusammenarbeit zwischen den Wachtelhundzüchtern und -führern auch weiterhin von Bestand sein möge, und dass die bislang bewährte und praktizierte Gemeinsamkeit auch

Deutsche Wachtelhunde

die Basis der zukünftigen Arbeit auf dem Wege der Vereinigung beider deutscher Vereine sein sollte. Mittlerweile ist es auch dazu gekommen.

Letztendlich fanden auch die Freunde der Erdhundrassen wieder zueinander.

Deutsche Jagdterrier

Am 13. Mai 1990 fand in Werder/Havel die Gründungsversammlung des „Deutschen Jagdterrier-Klubs der DDR e.V." statt. Vorausgegangen waren Gründungen von Landesgruppen in den zukünftigen fünf Ländern der DDR. Bei dieser Gelegenheit waren auch die Delegierten für die Gründungsversammlung gewählt worden. All das geschah in enger Zusammenarbeit mit dem geschäftsführenden Vorstand des „Deutschen Jagdterrier-Klubs e.V." in der „alten" Bundesrepublik Deutschland, dessen stellvertretender Präsident auch an der Gründungsversammlung teilnahm. Den Freunden des Jagdterriers in der DDR wurde die Möglichkeit eröffnet, erstmals seit 1957 wieder an der Dr.-Lackner-Gedächtnisprüfung im Herbst teilzunehmen, wie auch bundesrepublikanischen Jagdterrier-Führern die Möglichkeit eingeräumt wurde, an den DDR-Meisterschaften 1990 teilzunehmen. Im Laufe weiterer Gespräche kam es im Oktober in Waldeck am Edersee zwischen beiden Vereinen zu einer Vereinbarung, nach der die fünf Landesgruppen in den neuen Bundesländern Landesgruppen des Deutschen Jagdterrier-Klubs werden sollten. Diese Vereinbarung wurde auf der Jahreshauptversammlung des Deutschen Jagdterrier-Klubs im Mai in Oppershofen von den 125 Delegierten aus 14 Bundesländern gutgeheißen, so dass der Deutsche Jagdterrier-Klub nunmehr fünf neue Landesgruppen hat, nämlich Brandenburg, Mecklenburg-Vorpommern, Sachsen, Sachsen-Anhalt und Thüringen.

Teckel

Nicht ganz so reibungslos verlief die „Wiedervereinigung" der Teckelfreunde. Durch die Teilung Deutschlands waren die Verbindungen zum Deutschen Teckelklub (DTK) abgerissen. 40 Jahre lang ging die Gebrauchsteckelzucht in der DDR eigene Wege. Die beginnenden Kontakte zwischen dem ins Leben gerufenen „Jagdteckel-Verband" (JTV) mit einzelnen Vertretern des DTK entwickelten sich zunächst – getragen von gegenseitiger Sympathie – offensichtlich positiv. Aus der Sicht des JTV war es nur selbstverständlich, dem DTK die Hand zu reichen, wobei man auf 40 Jahre erfolgreiche Arbeit stolz zurückblickend auch gewisse Forderungen formulierte. Bekannterweise existierten im JGHV nach Aufhebung des Ein-Platz-Prinzips zwei Vereine, die sich der Förderung des Teckels angenommen haben, nämlich neben dem alten DTK der noch junge „Verein für Jagdteckel e.V.", der sich nach seinem Selbstverständnis stärker als der DTK auf die jagdliche Leistungszucht konzentriert. Am 5. Januar 1991 trafen sich die Mitglieder des „Vogtländischen Teckelklubs e.V.", der sich bis dahin als Arbeitsgruppe des Jagdteckelverbandes verstanden hatte. Man beriet über die gescheiterten Verhandlungen zwischen JTV und DTK. In dieser Situation nahm man gern das Angebot des „Vereins für Jagdteckel" zu fairer Zusammenarbeit an. Nach eingehender Diskussion und Aussprache trat der „Vogtländische Teckelklub e.V." dem „Verein für Jagdteckel e.V." bei und setzte damit ein Signal für die neuen Bundesländer, das erkannt wurde: Beauftragte der Vorstände des VJT und des JTV trafen sich Anfang Februar 1991 auf Schloss Beichlingen in Thüringen, und die berufenen Kommissionen widmeten sich der Aufgabe, verschiedene Fragen auf eine mögliche Harmonisierung der Ordnungen beider Partner mit dem Ziel einer Vereinigung zu klären. Von Bedeutung erscheint das Streben nach einer effektiven Prüfungsordnung, die alleine an der jagdlichen Praxis und fern von jeglichem Hundesport orientiert sein sollte. Es wurde eine Absichtserklärung unterzeichnet, wonach die Vereinigung bis zum Ende des Jahres abgeschlossen sein sollte. Beide Partner benannten ihre Vertreter für eine paritätisch besetzte Kommission, die die Grundlage für eine Beschlussfassung der jeweiligen Jahreshauptversammlungen erarbeiten soll. – Schneller als erwartet war es dann so weit: Nachdem beide Vereine auf ihren jeweiligen Mitgliederversammlungen in Berlin und Wulmersreuth im April 1991 die Voraussetzungen geschaffen hatten, erfolgte der offizielle Zusammenschluss als „Verein für Jagdteckel e.V.".

Für Jagdgebrauchshundvereine oder Prüfungsvereine bestand in der DDR überhaupt kein Bedürfnis, denn infolge staatlicher Aufgabenverteilung aufgrund ergangener Gesetze, Verfügungen und Erlasse war das Ausbildungs- und Prüfungswesen einschließlich der dazugehörenden Randgebiete abschließend geregelt. Nach Bildung des „Jagdhundeverbandes der DDR" im Mai 1990 und der sich ihr anschließenden Gründung vieler Zuchtvereine stellten die Jagdbehörden nicht mehr die finanziellen Mittel für die Jagdhundeprüfungen zur Verfügung. Das Jagdhundeprüfungswesen war nunmehr von Privatinitiativen abhängig. Prof. Wunderlich war im Präsidium des Jagdgebrauchshundverbandes besonders damit beauftragt, in dieser Richtung fördernd und unterstützend tätig zu werden. Dennoch gab es hier und da Jagdgebrauchshundmänner, die auch Prüfungsvereine neu gründeten und insbesondere alte Vereine wieder aus ihrem Dornröschenschlaf erweckten. Beispielhaft soll hier der am 4. September 1990 in das Vereinsregister des Kreisgerichtes Cottbus-Stadt eingetragene „Lausitzer Jagdgebrauchshundverein e.V." mit Sitz in Cottbus erwähnt werden. Mit Unterstützung des JGV Bremen und des JGV Wittekindsland gab sich der Verein eine Satzung, in der die Mitglieder des Vereins davon ausgehen, dass eine weidgerechte Jagd nur möglich ist, wenn brauchbare Jagdhunde geführt werden. Sie haben sich deshalb die Förderung der Haltung, Ausbildung, Führung und Prüfung von Jagdgebrauchshunden aller Rassen zum vielseitigen Jagdgebrauch zur Aufgabe gemacht und sehen dies auch vornehmlich vor dem Hintergrund tierschützerischen Wirkens. Besonders bemerkenswert ist es, dass der 1896 gegründete „Lausitzer Verein für Prüfung von Gebrauchshunden zur Jagd" mit dem Sitz in Cottbus zu den 11 Gründungsmitgliedern des „Verbandes der Vereine für Prüfung von Gebrauchshunden zur Jagd" im Jahre 1899 gehörte. Überdies wurde der Vertreter des „Lausitzer Vereins", Baron von Loebenstein-Sallgast, zum 1. Vorsitzenden des Verbandes gewählt. Mit der Neugründung – besser: Wiederbelebung – des Lausitzer Vereins wird also eine alte Tradition fortgesetzt.

Prüfungsvereine der DDR

Nach der kurzen Skizze über die Entwicklung des Jagdgebrauchshundwesens nach der stillen Revolution in der DDR erscheint ein Blick erforderlich auf die bis dahin herrschenden jagdlichen Verhältnisse unter Berücksichtigung des Jagdgebrauchshundwesens.

Am 15. Juni 1984 beschloss die Volkskammer der DDR ein neues Jagdgesetz, zu dem der damalige Minister für Land-, Forst- und Nahrungsgüterwirtschaft und Leiter der Obersten Jagdbehörde, Bruno Lietz, ausführt:

Nach dem Erlass des 1. Jagdgesetzes im Jahre 1953 hat sich unter Führung der Sozialistischen Einheitspartei Deutschlands und der ständigen Förderung durch die Arbeiter- und Bauern-Macht der sozialistische Charakter unseres Jagdwesens ausgeprägt. Durch die vielfältigen Aktivitäten der Mitglieder in den Jagdgesellschaften wurde ein hoher Leistungsstand erreicht. Mit der weiteren Gestaltung der entwickelten sozialistischen Gesellschaft in unserer Republik und den damit erreichten grundlegenden gesellschaftlichen Veränderungen ergaben sich auch qualitativ neue Anforderungen an das Jagdrecht ... Das Jagdwesen unserer Republik hat seine Grundlagen in der von der Arbeiterklasse ausgeübten Macht, die sie im festen Bündnis mit der Klasse der Genossenschaftsbauern und den anderen Werktätigen verwirklicht.

Das Jagdwesen der DDR

Mit dem neuen Jagdgesetz gewährleistet unser sozialistischer Staat den Arbeitern, Genossenschaftsbauern und anderen Werktätigen das Recht und die Bedingungen zur Ausübung der Jagd.

In diesem Gesetz wird das Ziel unseres sozialistischen Jagdwesens neu bestimmt. Es besteht in der einheitlich organisierten und effektiven Bewirtschaftung und Hege des volkseigenen Wildes sowie der Verhütung von Wildschäden in der Land- und Forstwirtschaft. Mit der Verwirklichung dieses Zieles durch die staatlichen Forstwirtschaftsbetriebe und die Jagdgesellschaften wird sogleich ein Beitrag zur Erhaltung und Pflege der natürlichen heimatlichen Umwelt, zur Versorgung der Bevölkerung mit Wildbret, zur Bereitstellung jagdwirtschaftlicher Rohstoffe für die Industrie und zur Erzielung hoher Trophäenqualitäten geleistet ...

Im Gesetz über das Jagdwesen der Deutschen Demokratischen Republik vom 15. Juni 1984 heißt es in der Präambel, dass das Jagdwesen der DDR seine Grundlagen in der von der Arbeiterklasse ausgeübten politischen Macht hat, die sie unter Führung der marxistisch-leninistischen Partei im Bündnis mit der Klasse der Genossenschaftsbauern und den anderen Werktätigen verwirklicht. Paragraph 2 des Gesetzes bestimmt:

Jagdgesellschaften

Das Jagdwesen wird staatlich geleitet. Die Wildbewirtschaftung und die Ausübung der Jagd werden staatlich und gesellschaftlich organisiert. Die Wildbewirtschaftung erfolgt durch die staatlichen Forstwirtschaftsbetriebe.

Zur Ausübung der Jagd und Erfüllung jagd- und volkswirtschaftlicher Aufgaben bestehen in der Deutschen Demokratischen Republik Jagdgesellschaften als einheitliche gesellschaftliche Organisationen der Jäger, Jagdhundeführer und -züchter, Falkner, Frettierer, Raubwildfänger und Jagdhornbläser. Die Jagdgesellschaften erfüllen ihre Aufgabe auf der Grundlage von Rechtsvorschriften und staatlichen Weisungen sowie staatlichen Planauflagen, Wirtschaftsverträgen und Vereinbarungen.

Das Recht der Ausübung der Jagd ist die Befugnis, auf den vom Staat unentgeltlich zur Verfügung gestellten Jagdflächen mit staatlicher Erlaubnis dem Wild nachzustellen, zu erlegen und zu fangen. Es besteht unabhängig von den Eigentums- und Nutzungsrechten an Grund und Boden.

Im Paragraph 3 wird ausgeführt:
Wild ist Volkseigentum. Wild im Sinne dieses Gesetzes sind freilebende Tiere, die in Rechtsvorschriften zu jagdbaren Tieren erklärt sind.

Besonders bemerkenswert ist bisher, dass – im Gegensatz zu uns – das Jagdrecht nicht untrennbar mit dem Eigentum an Grund und Boden verbunden ist, sondern das Jagdrecht unabhängig von den Eigentums- und Nutzungsrechten an Grund und Boden besteht und das Wild Volkseigentum ist, während es bei uns herrenlos ist und erst dann an ihm Eigentum begründet wird, wenn ein Aneignungsberechtigter, nämlich der Jagdausübungsberechtigte, es in Eigenbesitz genommen hat.

Wild ist Volkseigentum

Bei uns im „alten" Bundesgebiet gab und gibt es fünf Arten von Jagdscheinen (Jahresjagdschein, Tagesjagdschein, Jugendjagdschein, Ausländerjagdschein und Falknerjagdschein), die – mit Ausnahme des Falknerjagdscheins – grundsätzlich die gleichen Befugnisse verleihen, wenn man einmal davon absieht, dass ein Jugendlicher bis zur Volljährigkeit bei der Jagdausübung gewissen Einschränkungen unterworfen ist.

Keine Bindung des Jagdrechtes an das Eigentum an Grund und Boden

In der ehemaligen DDR hatte diese Rechtsmaterie eine doch erheblich unterschiedliche Regelung erfahren.

Nach Paragraph 17 des Jagdgesetzes vom Juni 1984 waren Jagdprüfungen für Jäger, die mit der Jagdwaffe die Jagd auszuüben gedachten, für Jagdhundeführer und für Falkner entsprechend der vom Leiter der Obersten Jagdbehörde erlassenen Jagdprüfungsordnung durchzuführen; für Frettierer und Raubwildfänger waren Eignungsgespräche durchzuführen. Nach Paragraph 18 des Gesetzes mußte, wer die Jagd ausüben wollte, im Besitz der entsprechenden Jagderlaubnis sein, die durch die zuständige Jagdbehörde erteilt wurde. Voraussetzung dafür war die persönliche Eignung und eine bestandene Jagdprüfung bzw. das durchgeführte Eignungsgespräch. Zur Erteilung von Jagderlaubnissen konnten Jagdprüfungen, die in anderen Staaten nachweisbar abgelegt worden waren, auf der Grundlage entsprechender Regelungen des Leiters der Obersten Jagdbehörde anerkannt werden.

Jagdprüfungen

Nach Paragraph 19 Abs. 2 des Gesetzes bedurfte die Zucht von Hunden der zugelassenen Jagdhunderassen der staatlichen Genehmigung.

Jagdhundezucht

Gemäß Paragraph 22 Abs. 2 des Gesetzes war der Jagdausübende für die ordnungsgemäße Nachsuche und Versorgung des von ihm beschossenen Wildes verantwortlich. Unter den u. a. in Paragraph 28 ausgesprochenen Verboten war es für den Hundemann von besonderer Bedeutung, dass es verboten war, Hunde oder Katzen auszusetzen oder in Jagdgebieten außerhalb der Einwirkung ihrer Besitzer frei umherlaufen zu lassen oder Hunde in Jagdgebieten ohne Berechtigung auszubilden.

Die Vorbereitung und Durchführung der Jagdprüfungen regelte die Jagdprüfungsordnung vom 15. Juni 1984. Danach waren für die Vorbereitung und Jagdprüfungen für Jäger die mit der Jagdwaffe die Jagd ausüben wollten, für Jagdhundeführer sowie für Wiederholungsprüfungen für Jagdleiter und deren Stellvertreter die Kreisjagdbehörden zuständig. Voraussetzung für die Zulassung zur Prüfung war, dass der Kandidat zum Zeitpunkt der Prüfung das 18. Lebensjahr vollendet hatte, wobei für Jagdhundeführer und Falkner Ausnahmen möglich waren, wenn der Kandidat das 16. Lebensjahr vollendet hatte. U. a. waren weitere Voraussetzungen für die Zulassung zu den Prüfungen auch als Jagdhundeführer eine schriftliche Delegierung mit einer ausführlichen Beurteilung des Delegierten durch eine Jagdgesellschaft oder eine forstliche Bildungseinrichtung oder andere Institutionen, die mit der Vorbereitung und Durchführung von Jagdprüfungen beauftragt waren, ein Nachweis über die beispielsweise praktische Tätigkeit als Mitglied einer Jagdgesellschaft, ein Nachweis über die Teilnahme an einem Lehrgang zur Erwerbung von Kenntnissen in der Ersten Hilfe, ein Gesundheitszeugnis über die körperliche und geistige Eignung des Delegierten zur Führung von Jagdhunden, worüber letztendlich der Leiter der Kreisjagdbehörde zu entscheiden hatte. Im einzelnen ist genau aufgeführt, welche festgelegten Gebiete und Komplexe die Jagdprüfungen mit den einzelnen Kategorien enthalten mußten. Bei der Jagdhundeführerprüfung gehörten beispielsweise dazu Kenntnisse des Jagdwesens in der DDR, der aktuellen Probleme der nationalen und internationalen Politik, der einschlägigen grundsätzlichen Rechtsvorschriften der DDR, der Ordnungsvorschriften über die Sicherheit bei der Jagdausübung und auch veterinär-hygienischer Bestimmungen. Der Jagdhundeführer musste weiterhin Kenntnisse haben in der Wildbiologie, in der Artenkenntnis, in der Bewirtschaftung, Wildschadensverhütung und Wildversorgung sowie der Trophäenbehandlung, aus dem Bereich der Wildkrankheiten und der Jagdbräuche, er musste Kenntnis haben von der Bedeutung und Organisation des Jagdhundewesens, von den einzelnen Jagdhunderassen sowie deren Einsatz und schließlich spezielle Kenntnisse der Haltung, Abrichtung, Führung und Zucht der Jagdgebrauchshunde und ihrer Krankheiten.

In der Verfügung über die Aufgaben im Jagdhundwesen der Deutschen Demokratischen Republik vom 26. September 1984 war festgeschrieben, daß der Obersten Jagdbehörde die Leitung und Planung des Jagdhundwesens in der DDR oblag: sie erließ die Rechtsvorschriften und Bestimmungen auf dem Gebiete des Jagdhundwesens. Bei der Obersten Jagdbehörde bestand eine Zentralstelle für Jagdhundwesen, deren Aufgaben, Arbeitsweise und Befugnisse durch Statut geregelt wurden. Die Zentralstelle richtete ihre Tätigkeit auf die Durchsetzung und Einhaltung der Rechtsvorschriften und der Weisungen des Leiters der Obersten Jagdbehörde und erarbeitete unter Mitarbeit ehrenamtlicher Gremien Entwürfe von Rechtsvorschriften, Bestimmungen und Dokumente auf dem Gebiet des Jagdhundwesens. Die Zentralstelle war für die Bestätigung der Leistungs- und Zuchtrichter im Jagdhundwesen zuständig wie auch für die Erteilung der staatlichen Genehmigung zur Zucht von Hunden der zugelassenen Jagdhundrassen. Die Zentralstelle führte internationale und nationale Prüfungen und Ausstellungen von Jagdhunden durch.

Die Verwaltung des Jagdhundwesens war von oben nach unten weiterhin durchgegliedert. Ihr nachgeordnet waren die Bezirksjagdbehörden, die über die Leitung und Planung des Jagdhundwesens in ihrem Territorium verantwortlich waren. Durch die Bezirksjagdbehörden wurden den Hundeführern die Berechtigungsscheine für den Einsatz ihrer Jagdhunde zur Jagd ausgestellt. Ihre Ausgabe an den Hundeführer erfolgte jeweils durch den Oberrichter der jeweiligen Prüfung. Die Bezirksjagdbehörden waren auch für die Auswahl und Entwicklung von Leistungsrichtern, Zuchtrichtern und Bezirkszuchtwarten verantwortlich; sie setzten auch in Abstimmung mit den Zuchtleitungen für die Jagdhundrassen die Bezirkszuchtwarte für jede Jagdhundrasse ein und benannten die Leistungs- und Zuchtrichter für Prüfungen und Ausstellungen von Jagdhunden auf Bezirksebene. Die Bezirksjagdbehörden waren auch für die Errichtung und Instandhaltung der erforderlichen Anlagen des Jagdhundwesens (Konsultationspunkte, Schliefanlagen, Schwarzwild-Hatzgatter und Raubwildzwinger mit dem erforderlichen Wild) verantwortlich und gewährleisteten in ihrem Verantwortungsbereich auch die finanzielle Absicherung der erforderlichen Maßnahmen des Jagdhundewesens.

Den Bezirksjagdbehörden nachgeordnet waren die Kreisjagdbehörden, die wiederum für die Leitung und Planung des Jagdhundwesens in ihrem Territorium verantwortlich waren. Sie erfüllten ihre Aufgabe durch die Entwicklung einer breiten Initiative der Mitglieder der Jagdgesellschaften, führten regelmäßig Anleitungen und Kontrollen durch und arbeiteten eng mit den staatlichen Forstwirtschaftsbetrieben und den gesellschaftlichen Organisationen auf Kreisebene zusammen. Sie hatten die Haltung eines Mindestbestandes leistungsgeprüfter Jagdhunde entsprechend den jagdlichen Erfordernissen in den Jagdgesellschaften zu sichern und legten zu Beginn eines jeden 5-Jahresplan-Zeitraumes die Anzahl der zu haltenden Jagdhunde für die Jagdgesellschaften fest, wobei diese Festlegungen der Bestätigung durch die Bezirksjagdbehörde bedurften. Dabei war von folgenden Richtwerten auszugehen: In jeder Jagdgesellschaft, in der Schalenwild bejagt wird, sind mindestens zwei auf Schweiß leistungsgeprüfte Jagdhunde zu halten, auf jeweils 50 bis 60 Stück Schalenwild im Abschussplan ein weiterer auf Schweiß leistungsgeprüfter Jagdhund. In jeder Jagdgesellschaft, in der Rot-, Dam-, Schwarz- oder Muffelwild bejagt wird, müssen mindestens zwei Jagdhunde, die die erschwerte Schweißprüfung abgelegt haben, gehalten werden. In jeder Jagdgesellschaft, in der Niederwild bejagt wird, sind mindestens zwei entsprechend leistungsgeprüfte Jagdhunde zu halten und auf jeweils 30 bis 50 Stück Niederwild im Abschussplan ein weiterer entsprechend leistungsgeprüfter Jagdhund. Beträgt der Abschussplan über 600 Stück Niederwild, ist für die über 600 Stück gehende Strecke für jeweils weitere 200 Stück ein entsprechend leistungsgeprüfter Jagdhund zu halten. In jeder Jagdgesellschaft sind darüber hinaus für bestimmte Jagdarten zu haltende Jagdhunde je nach den Erfordernissen durch die Kreisjagdbehörde festzulegen; sie hatte den Einsatz der geforderten Jagdhunde bei der Durchführung von Jagden auf Niederwild und bei Treib- und Drückjagden auf Schalenwild zu kontrollieren.

Jagdhunde in den Jagdgesellschaften

Die Jagdgesellschaften ihrerseits hatten zur Gewährleistung einer ordnungsgemäßen Ausübung der Jagd mindestens so viel leistungsgeprüfte Jagdhunde zu halten, wie durch die Kreisjagdbehörde festgelegt wurde. Die Vorstände der Jagdgesellschaften hatten die ordnungsgemäße Haltung, Ausbildung und Führung der erforderlichen Jagdhunde zu sichern. Für die Gewährleistung des ordnungsgemäßen Einsatzes der Jagdhunde bei Jagden waren die zuständigen Jagdleiter verantwortlich; sie hatten auch zu überprüfen, dass die Hundeführer den entsprechenden Berechtigungsschein besitzen und bei sich hatten.

Bei Kollektivjagden auf Niederwild war jeweils auf drei Jäger ein entsprechend leistungsgeprüfter Jagdhund mitzuführen, bei Einzeljagden auf Niederwild stets ein entsprechend leistungsgeprüfter Jagdhund.

Bei jeder Jagdausübung auf Schalenwild musste für Nachsuchen ein auf Schweiß geprüfter Jagdhund einsatzbereit zur Verfügung stehen. Jede durchgeführte Nachsuche auf Schalenwild, auch wenn das Stück Wild nicht zur Strecke kam, war vom Führer des Jagdhundes in einem Nachsuchenbericht einzutragen und durch Unterschrift des Schützen und des zuständigen Jagdleiters bzw. des Vorsitzenden der Jagdgesellschaft zu bestätigen.

Zum Zwecke der Ausbildung durften Jagdhunde im Jagdgebiet auch während der Jagd mitgeführt werden, jedoch waren sie so zu führen, dass die Jagdausübung nicht beeinträchtigt wurde. Das Mitführen dieser Jagdhunde bedurfte der vorherigen Zustimmung des zuständigen Jagdleiters.

Jagdhunde, die sich nicht in der Ausbildung befanden bzw. bis zu einem Alter von drei Jahren keine jagdliche Leistungsprüfung abgelegt hatten, sowie Hunde, die nicht entsprechend den Rechtsvorschriften und staatlichen Weisungen schutzgeimpft waren, durften auf der Jagd nicht mitgeführt werden. Für diese Jagdhunde durften keine finanziellen und materiellen Unterstützungen gewährt werden.

„Reproduktion des Jagdhundebestandes"

Zur Sicherung einer kontinuierlichen „Reproduktion des Jagdhundebestandes" hatten die Jagdgesellschaften die Züchter von Jagdhunden im Rahmen ihrer Möglichkeiten zu unterstützen. Die Züchter hatten die Welpen vor der Abnahme des Wurfes entsprechend den Festlegungen der Zentralstelle tätowieren lassen.

Die Züchter von Jagdhunden konnten auch durch ihre Jagdgesellschaft beauftragt werden, Welpen oder Jagdhunde zur Erfüllung staatlicher Aufträge bereitzustellen.

Schließlich durften Mitglieder von Jagdgesellschaften Jagdhunde an Bürger, die nicht Mitglieder von Jagdgesellschaften waren, nur nach Zustimmung der zuständigen Zuchtleitung für die jeweilige Jagdhundrasse und ihrer Jagdgesellschaft abgeben, wenn in der Jagdgesellschaft und für die Zucht der jeweiligen Jagdhunderasse kein Bedarf bestand.

Finanzierung

Für die Finanzierung der Aufgaben des Jagdhundewesens waren Mittel der Jagdgesellschaften, Verwahrkonten der Jagdbehörden, planmäßige Haushaltsmittel sowie bei Jagdhundeveranstaltungen erhobene Nenngebühren zu verwenden. Den zu Prüfungen und Ausstellungen von Jagdhunden eingesetzten Richtern, Richterobleuten, Prüfungs- und Ausstellungsleitern, Richterassistenten und Helfern waren je Veranstaltung bestimmte Vergütungen zu zahlen, und zwar bekamen Prüfungs- und Ausstellungsleiter sowie Leistungs- und Zuchtrichter für Veranstaltungen auf Bezirksebene 20 Mark innerhalb der DDR und für internationale Veranstaltungen 25 Mark. Die entsprechenden Vergütungen betrugen für Richterassistenten und Helfer 15 bzw. 20 Mark pro Tag.

In der DDR waren Hunde nachstehend aufgeführter Rassen als Jagdhunde zugelassen:

Alpenländisch-Erzgebirgler Dachsbracke	Kleiner Münsterländer
	Kurzhaarteckel
Bassethound	Laika
Bayerischer Gebirgsschweißhund	Langhaarteckel
	Magyar Viszla
Cocker-Spaniel	Pointer
Deutsch-Drahthaar	Pudelpointer
Deutsch-Kurzhaar	Rauhaarteckel
Deutsch-Langhaar	Russischer Spaniel
Deutscher Jagdterrier	Schottischer Setter
Deutscher Wachtelhund	Slowakische Bracke und
Englischer Setter	Weimaraner sowie
Griffon	Foxterrier und Welsh-Terrier, wenn sie auf die entsprechenden Prüfungen für Deutsche Jagdterrier vorbereitet waren oder diese abgelegt hatten.
Großer Münsterländer	
Hannoverscher Schweißhund	
Irischer Setter	

In der DDR anerkannte Jagdhunderassen als Jagdhunde

Es gab beispielsweise auch eine Anweisung (3/83) über die Durchführung von Schweißprüfungen und die Zuerkennung des Leistungszeichens Schweiß-Natur „N" für Jagdhunde.

Die Ordnung für die Grundprüfung „Schweiß" und die erschwerte Schweißprüfung für Jagdhunde entspricht in vieler Beziehung unserer Verbandsschweißprüfung, sie enthielt jedoch manches, was sich „avantgardistische" Nachsuchenführer für unsere VSwP wünschen, wie Vorsuche, Pirschen, Ablegen und Fährtenschuh.

Jagdhunden, die eine Schweißprüfung abgelegt haben und erfolgreiche Arbeit auf der natürlichen Wundfährte des Schalenwildes leisten, kann durch die Zentrale Zuchtbuchstelle für Hundesport, auf Antrag des Hundeführers, das Leistungszeichen Schweiß-Natur „N" zuerkannt werden.

Der Jagdhundführer erhält von der Zentralen Zuchtbuchstelle für Hundesport eine Bestätigung über die Eintragung des Jagdhundes und der erbrachten Leistung in das Gebrauchsstammbuch für Jagdhunde.

Bemerkenswert war auch die entsprechende Anweisung (14/82) über die Richterordnung im Jagdhundewesen der DDR. Danach war sowohl die Tätigkeit als Leistungsrichter als auch die als Zuchtrichter eine ehrenamtliche gesellschaftliche Funktion.

Richterwesen

Leistungs- und Zuchtrichter im Jagdhundewesen konnte jeder Bürger der DDR werden, der Mitglied einer Jagdgesellschaft war und von ihr für die Ausübung dieser Funktion befürwortet wurde, der über gute Kenntnisse, Erfahrungen und Fertigkeiten in der Führung von Jagdhunden verfügte, gesellschaftlich aktiv war und eine Assistenzzeit als Leistungszüchter erfolgreich absolviert hatte.

Kamen Leistungs- oder Zuchtrichter ihren Verpflichtungen nicht nach oder kamen sie mehrfach zu Beurteilungen, die den Leistungen oder den Form- und Haarwerten der von ihnen beurteilten Jagdhunde nicht gerecht wurden, so konnte nach ihrer Anhörung eine Aberkennung von Leistungsstufen oder Einschränkungen des Richtens von Jagdhunden in einzelnen jagdkynologischen Prüfungsgebieten oder der Entzug der Bestätigung als Leistungsrichter oder Zuchtrichter durch den Leiter der Zentralen Zuchtbuchstelle erfolgen.

Ein Entzug der Bestätigung als Leistungs- oder Zuchtrichter konnte auch erfolgen, wenn Leistungs- oder Zuchtrichter durch ihr Verhalten das Ansehen der Deutschen Demokratischen Republik und des sozialistischen Jagdwesens schädigen.

Nach der „Wiedervereinigung" auch auf jagdlichem und jagdkynologischem Gebiet hatte die Nachkriegsgeschichte beginnend mit der „Unterschweinsstiege" einen gewissen Endpunkt erreicht, indessen sind die Jahre danach auf jagdkynologischem Gebiet, wie im übrigen auch, immer noch erheblich geprägt von den Einflüssen der „neuen 5 Bundesländer".

Die 79. Hauptversammlung des JGHV am 22. März 1992 im Großen Saal des Kolpinghauses zu Fulda ist kennzeichnend für die Bemühungen, das Jagdgebrauchshundwesen der ehemaligen DDR in das bestehende der alten Bundesrepublik zu integrieren.

Wechsel in der Geschäftsführung

Einmal findet das seinen Ausdruck in der Berufung des Tierarztes Dr. Lutz Frank zum Nachfolger des hochverdienten Geschäftsführers Thiel Abel. Dieser schied – er hatte es schon einige Zeit vorher angekündigt – nach 14-jähriger Tätigkeit aus seinem Amt. Kennzeichnend für seine Persönlichkeit waren die Worte, mit denen er sich kritisch Abschied nehmend nochmals an die Hauptversammlung wandte, ähnlich wie vordem im Jahre 1959 Ernst-Oskar Ebeling, als er als Stammbuchführer sein Amt ab- und weitergab an Wilhelm Wöll. Abel skizzierte als eine der Aufgaben zukünftiger Verbandspolitik, die Vereine der ehemaligen „Abt. V" stärker und gleichberechtigter in den Verband einzubinden, unabdingbar, wenn der Verband dem Anspruch gerecht bleiben wolle, Dachorganisation aller Jagdhunde-, Zucht- und Prüfungsvereine zu sein. Abel führte weiter aus: „Zweck und Aufgabe des Jagdgebrauchshundverbandes ist es, der Jägerschaft brauchbare Jagdhunde in ausreichender Zahl zur Verfügung zu stellen. Dies heißt aber nicht, die Jägerschaft mit Jagdhunden zu überschwemmen, die angesichts der heutigen Einsatzmöglichkeiten in dieser Anzahl nicht mehr benötigt werden. Das Verhältnis von jagdbarem Wild zu dem zur Verfügung stehenden Jagdhunden passt nicht mehr zueinander. Bei allem verständlichen Ehrgeiz sollten Züchter und Zuchtvereine darauf bedacht sein, nicht am Bedarf vorbeizuproduzieren. Jagdhunde sollten Jagdhunde bleiben für den jagdlichen Einsatz und nicht aus Mangel an Gelegenheit von Prüfung zu Prüfung geführt werden, der Trophäe ‚Urkunde' wegen oder mit der einzigen jagdlichen Einsatzmöglichkeit des Apportierens der Filzpantoffeln."

Eine weitere Personalentscheidung wird getroffen: Der sehr rührige und seine Ansichten manchmal recht pointiert vertretende Beauftragte für Öffentlichkeitsarbeit, Forstamtsrat Bernd Krewer wird abgelöst von Herrn Jürgen Rottmann aus Aurich.

Der Präsident zeichnet Herrn Thiel Abel im Hinblick auf seine großen Verdienste aus mit dem Zinnteller mit Sperlingshund, Herrn Bernd Krewer wird die Plakette des Verbandes verliehen. Der Präsident hat der Versammlung wieder mitzuteilen, dass der ehemalige Vizepräsident Ferdinand Brahms verstorben ist, er hat sich große Verdienste um die jagdkynologische Grundlagenforschung erworben.

Im Jahr zwischen den Verbandstagen ist die zentrale Zuchtbuchstelle der ehemaligen DDR in Halle aufgelöst worden, es wurde beschlossen, die Leistungsrichterassistenten, die im Leistungsrichterassistenten-Verzeichnis der ehemaligen DDR aufgeführt waren, als Richteranwärter zu übernehmen, sie haben damit die Möglichkeit erhalten, ihre Anwärtertätigkeit beim JGHV nach dessen Richtlinien fortzusetzen und zu beenden. Desweiteren wurde eine Lösung gefunden, in der Richterliste des JGHV ausgewiesene Schweißrichter als Verbandsschweißrichter zu übernehmen.

Übernahme der „DDR-Richter"

Der Landesjagdhundeverband Mecklenburg-Vorpommern hatte einen Antrag gestellt, eine Kommission zur Überarbeitung der Satzung einzusetzen. Nach lebhafter Diskussion wurde letztendlich das Präsidium beauftragt, die Satzung des JGHV im Hinblick auf das Prüfungswesen, das Richterwesen, die Stellung zum DJV und den Landesjagdverbänden sowie einer stärkeren Einbindung der Abteilung V in die Verantwortung zu überarbeiten.

Der Verbandstag des Jahres 1993 findet erstmals im großen Saal des Gemeindezentrums Künzell bei Fulda statt, der Tagungsort bewährt sich und ist bis in die Gegenwart beibehalten worden.

Die auf den entsprechenden Antrag des LJHV Mecklenburg-Vorpommern ergriffene Initiative zur Überarbeitung der Satzung ist im abgelaufenen Jahr verfolgt worden, ein Entwurf soll im nächsten Jahr der Versammlung zur Abstimmung vorgelegt werden. Vor diesem Hintergrund wird die Beschlussfassung über einige der eingegangenen Anträge verschoben, nicht verschoben wird ein Antrag des Landesjagdverbandes Brandenburg, der inhaltlich eine stärkere Verzahnung der Untergliederungen des DJV mit dem JGHV vorsieht. Nach schriftlicher Abstimmung wird die Satzung um einen neuen Paragraph 10 ergänzt: „Gruppen, Clubs oder andere Struktureinheiten von Mitgliedsvereinigungen des JGHV können sich zu Landesvereinigungen zusammenschließen. Es werden ein Obmann und ein Stellvertreter gewählt. Die Kompetenzen des Obmanns werden vom Präsidium des JGHV festgelegt."

„Landesvereinigungen" des JGHV

Diese Vorschrift erfuhr später zweifellos notwendige Korrekturen, der jetzt gültige Paragraph 10 der Satzung lautet unter der Überschrift, „Landesvereinigungen". Die Mitgliedsvereine des JGHV bzw. deren Untergliederungen können sich zu Landesvereinigungen zusammenschließen. Diese sind als Landesvereinigung eines Bundeslandes anzuerkennen, wenn sie mindestens 2/3 aller auf der jeweiligen Landesebene vertretenen Mitglieder des JGHV umschließen". In verschiedenen Bundesländern gibt es Zusammenschlüsse von JGHV-Mitgliedern, von der satzungsgemäßen Möglichkeit, sich zu einer „JGHV-Landesvereinigung" zusammenzuschließen, hat beispielsweise Niedersachsen am 31. Januar 1999 Gebrauch gemacht.

Lebhaft wird über den Begriff „brauchbarer Jagdhund" diskutiert. Der Verband für Kleine Münsterländer Vorstehhunde hatte sich die Ansicht und Auffassung eines seiner Mitglieder zu eigen gemacht, dass dieser Begriff näher definiert umschrieben werden müsse und vor dem Hintergrund dieser Beschreibung für die einzelnen Jagdarten verbindliche Anforderungen definiert werden müssten. Es zeichnete sich zunächst ab, dass auf einen entsprechenden Antrag des Verbandes für Kleine Münsterländer Vorstehhunde eine Kommission berufen werden sollte, letztendlich schloss die Versammlung dieses Thema mit der Feststellung, dass nicht die Jäger, sondern die Jagd bestimme, was der brauchbare Jagdhund sei. In jeder Präambel der Prüfungsordnungen stehe vor dem Hintergrund der jeweiligen Anforderungen der praktischen Jagd, was zu erreichen sei. Das beschreibe letztendlich den brauchbaren Jagdhund. Auch in der Standortbestimmung sei der „brauchbare Jagdhund" schon definiert und es bedürfe nicht mehr der Einsetzung einer Kommission.

Der „brauchbare Jagdhund"

Auf dem 81. Verbandstag 1994 in Künzell legt Vizepräsident Mohaupt den mittlerweile auf den Antrag Mecklenburg-Vorpommerns zurückgehenden Entwurf einer Satzung zur Abstimmung vor. Die Vertreter der drei großen Vorstehhund-Zuchtvereine, nämlich des VDD, des DK-Verbandes und Verbandes für Kleine Münsterländer Vorstehhunde, äußern Bedenken, Initiatoren des Entwurfs und andere kritisieren die immer wieder zu beobachtende Entschlusslosigkeit und Tendenz Entscheidungen zu vertagen und damit in gewisser Beziehung lähmend zu wirken. Zur Enttäuschung des Vizepräsidenten und des Präsidenten wird bei der schriftlichen Abstimmung die erforderliche 2/3-Mehrheit nicht erreicht und damit die Entscheidung vertagt.

Im Herbst 1994 wird erneut ein Satzungsentwurf veröffentlicht, über den 1995 abgestimmt wird. Die nunmehr erfolgten satzungsgemäßen Änderungen einschließlich der „Korrektur" des Jahres 1996 bedeuten einen gewissen Einschnitt in das Gefüge des Verbandes. Bis dahin enthielt nämlich die Abteilung V des DGStB die Aufzählung der Jagdhundrassen, die nicht nach den Prüfungsordnungen des Jagdgebrauchshundverbandes geprüft wurden. Das hatte die Folge, dass jene Zuchtvereine der „Abteilung V" in gewisser Beziehung ein isoliertes Leben innerhalb des JGHV führten. Sie stimmten zwar über die Prüfungsordnungen des Verbandes mit ab, indessen stieß das auf immer größeren Widerstand der Zuchtvereine, deren Rassen im wesentlichen nach den Prüfungsordnungen des Verbandes geprüft wurden, tatsächlich hatten die Vertreter der Hunderassen der „Abteilung V" nur die Möglichkeit, an Verbandsschweißprüfungen teilzunehmen oder teilweise auch Leistungszeichen zu erwerben. Das sollte durch die angestrebte Satzungsänderung geändert werden, die bislang in der Abteilung V vertretenen Hunderassen sollten in das allgemeine Prüfungswesen integriert werden, den Vorstellungen der Vorstehhundzuchtvereine sollte im Hinblick auf „ihre" Prüfungen Rechnung getragen werden und auch die Richter der Hunderassen der „Abteilung V" sollten in das allgemeine Verbandsrichterwesen Integriert werden. Das hatte natürlich auch Folgen für die Stimmverteilung innerhalb des erweiterten Präsidiums und die Beitragszahlung.

„Aufwertung" der Spezialzuchtvereine

Der dem Verbandstag 1995 vorgelegte Satzungsänderungsentwurf und die Diskussionen auf den Verbandstagen 1995/1996 wie auch in der Zwischenzeit strebten einen Konsens zwischen den z.T. ziemlich divergierenden Interessen an.

Der Begriff der „Geschäftsordnung" entfällt und wird durch „Ordnungen des Verbandes" ersetzt, wozu nunmehr gehören das Mitgliedsaufnahmeverfahren, die Beitragsordnung, die Ordnung zur Vergabe von Ehrengaben, die Ordnung für das Verbandsrichterwesen und die Ordnung zur Einteilung und Gestaltung des Deutschen Gebrauchshundestammbuches. Zuständig für Beschlussfassungen zu diesen Ordnungen ist nach wie vor der Verbandstag, indessen bedeutet die Herausnahme der in Ordnungen zusammengefassten Vorschriften einmal, dass diese leichter änderbar und damit den Erfordernissen der Zeit leichter angepasst werden können, da das bei den Satzungsänderungen erforderliche Registerverfahren entfällt und überdies zur Änderung der in den Ordnungen enthaltenen Vorschriften nicht mehr eine $^2/_3$-Mehrheit erforderlich.

Nicht zu verwechseln mit diesen Ordnungen des Verbandes ist die Verbandsgerichtsordnung, die gem. Paragraph 11 der Satzung Bestandteil der Satzung des JGHV ist. Für die der Verbandssatzung unterworfenen Mitglieder besteht ein institutionelles Schiedsgericht, im Verbandsbereich tätige Personen, die nicht Mitglieder des JGHV oder eines Verbandsvereines sind, können die Zuständigkeit des Verbandsgerichts vereinbaren (vertragliches Schiedsgericht).

Verbandsgerichtsbarkeit

Daneben gibt es gem. Paragraph 11 der Satzung den Disziplinarausschuss, der von der Hauptversammlung gewählt wird. Er besteht aus 3 Mitgliedern und je einem Stellvertreter, wobei der Vorsitzende und sein Stellvertreter im Sinne des Deutschen Richtergesetzes zum Richteramt befähigt sein müssen. Das Verfahren vor dem Disziplinarausschuss richtet sich nach der Disziplinarordnung, die Bestandteil der Satzung ist.

Die Interessen des JGHV sowohl vor dem Disziplinarausschuss als auch vor dem Verbandsgericht werden vom Justitiar des Verbandes vertreten. Dieser wird jeweils vom Präsidenten im Einvernehmen mit dem Präsidium bestellt und muß zum Richteramt im Sinne des Deutschen Richtergesetzes befähigt sein. Seit vielen Jahren ist dies der Staatsanwalt Olaf Bruns aus Rosdorf bei Göttingen.

Professor Wunderlich, der letzte und einzige Präsident des JHV der ehemaligen DDR führt vor dem Hintergrund der abzuhaltenden Neuwahlen aus, dass sein Amt als Beauftragter für die jagdkynologische Arbeit in den neuen Bundesländern, 1991 initiiert, nunmehr sein Ende finde. Wunderlich betont, dass der Prozess der Übernahme der Leistungsrichter als Verbandsrichter bzw. Richter der Zuchtvereine und der Schweißrichter zufriedenstellend abgeschlossen worden sei und dass die Jagdgebrauchshundleute der ehemaligen DDR einen „ganzen Teil" an jagdkynologischer Erfahrung und Wissen in den JGHV eingebracht hätten, es sei auch gelungen, die Jagdhundepopulation der ehemaligen DDR in die Gesamtpopulation der Jagdgebrauchshunde so einzubringen, dass in der Zuführung neuen Blutes eine Chance und keine Belastung entstanden sei.

Beschluß der Integrationsbemühungen nach der Wende

Es war auch satzungsgemäß zu wählen. Paul Jickeli als Beisitzer und auch vorübergehender Vizepräsident kandidiert nach 12-jähriger Arbeit im Präsidium nicht wieder. Mit Dankesworten verabschiedet der Präsident seinen „Mitstreiter", ihm wird die Verbandsplakette in Anerkennung seiner Arbeit im Präsidium und seiner Verdienste um den Jagdgebrauchshundverband verliehen. Auch der Vizepräsident Mohaupt kandidiert nicht wieder.

Wechsel im DJV-Präsidium

In geheimer Wahl wird der einzige Kandidat für das Amt des Präsidenten, der bisherige Amtsinhaber Frucht wiedergewählt. Um das Amt des Vizepräsidenten bewirbt sich Herr Werner Horstkötter aus Remscheid, der mit einer eindrucksvollen Mehrheit in das Amt berufen wird. Fast schon routinemäßig wird Dr. Franz Petermann wieder zum Obmann für das Prüfungswesen berufen, für die zwei zu besetzenden Beisitzerposten kandidieren die Herren Wunderlich, Schindel und Wedemeyer sowie Frau Jensen. Mit großem Stimmen-Abstand wird Professor Wunderlich als Beisitzer wiedergewählt, die für die Herren Schindel und Wedemeyer abgegebenen Stimmen liegen dicht beieinander. Herr Rainer Wedemeyer wird mit wenigen Stimmen Mehrheit als zweiter Beisitzer berufen.

Auf den Verbandstagen 1995 und 1996 waren seltene Gäste zu begrüßen: 1995 verabschiedete sich der DJV-Präsident Dr. Frank vom Jagdgebrauchshundverband, 1996 machte sein Nachfolger Heeremann seinen „Antrittsbesuch". Beide Präsidenten gingen in ihren ausführlichen Grußworten neben anderen aktuellen Themen natürlicherweise auf das Verhältnis des Jagdgebrauchshundverbandes zum DJV ein.

Der Ausblick am Ende der Standortbestimmung weist den Weg in eine europäische Zukunft, 1997 konnte der Präsident berichten, dass er im März jenes Jahres erste Gespräche mit der „Intergroup Jagd" der FACE (Vereinigung der Jagdschutzverbände innerhalb der europäischen Gemeinschaft) geführt und man sich auch schon Gedanken über eine Harmonisierung der Jagdkynologie innerhalb der EG gemacht habe.

Der Verbandstag des Jahres 1998 ist ein „Wahltag". Sämtliche Gremien des JGHV sind neu zu besetzen. In geheimer Wahl wurden zunächst Präsident und Vizepräsident gewählt, die alten Amtsinhaber kandidierten ohne Gegenkandidaten erneut, beide wurden mit einem eindrucksvollen Stimmenergebnis in ihren Ämtern bestätigt. Einstimmig wurde Dr. Petermann als Obmann für das Prüfungswesen wiedergewählt. Etwas schwieriger gestaltete sich die Wahl bei den Beisitzern zum Präsidium. Die bisherigen Beisitzer Professor Wunderlich und Wedemeyer kandidierten wieder, daneben die Herren Schlattmann und Schmidt-Körby. Gewählt wurden letztendlich Wunderlich und Schmidt-Körby.

Noch schwieriger als bei den Beisitzern gestaltete sich die Wahl der Mitglieder der Stammbuchkommission. Diese besteht aus 5 Mitgliedern, wobei nach der Satzungsänderung des Jahres 1997 4 Kandidaten von den Vorstehhund-Zuchtvereinen benannt werden, die Benennung des 5. unterliegt keiner Einschränkung. Zur Wahl hatten sich gestellt Herr Eihusen, benannt vom VDD, Herr Janssen, benannt vom Verein Pudelpointer, Herr Behrens vom Deutsch-Langhaar-Verband, Herr Stock

Verbandstag 1996 (von links) LJV-Präsidenten Dr. F. Nentwich (Thüringen), H.-J. Andritter (Schl.-Holstein), DJV-Präsident Frhr. Heereman, JGHV-Ehrenpräsident H. Uhde, JGHV-Präsident Chr. Frucht und LJV-Präsident G. Delhoungne (Bremen)

vom Verband für Kleine Münsterländer Vorstehhunde und Herr Krause vom Deutsch-Kurzhaar-Verband. Von den genannten Kandidaten erreichte Herr Janssen das gesteckte Ziel nicht.

Als „unabhängiges" Mitglied wurde Herr Zwick gewählt, der bisherige Vorsitzende der Stammbuchkommission.

Die weiteren Gremien wurden im wesentlichen mit ihren bisherigen Amtsinhabern besetzt.

Vor einhundert Jahren gründeten 11 Zucht- bzw. Prüfungsvereine den späteren Jagdgebrauchshundverband. Nun sind daraus über 300 geworden: 103 Prüfungsvereine, 112 Zuchtvereine und Verbände für kontinentale Vorstehhunde, 27 Spezialzuchtvereine, 40 Kreisgruppen (Jägerschaften, Jagdvereine) sowie alle Landesjagdverbände und vier ausländische Vereine (Der Schweizerische Vorstehhund-Club e.V., die Centrale du Chien de Chasse, Luxembourg e.V., die VDD Gruppe Canada, die VDDGroup North America). Vereinigungen letzterer Art gab es vor einhundert Jahren noch nicht, neben den Prüfungs- und Zuchtvereinen steht der JGHV nun offen auch für Landesjagdverbände und deren Untergliederungen, Vereinen des Auslandes und außerordentlichen Mitgliedern (gegenwärtig der VDH).

Über 300 JGHV-Mitglieder

Es muss an dieser Stelle ein Blick zurückgeworfen werden auf die für das Jagdgebrauchshundwesen bedeutsamen Grundentscheidungen und Entwicklungen der letzten Jahrzehnte, wie etwa im Bereich der Zuchtforschung sowie der Einführung der Seminare, den letztendlich erfolgreichen Bemühungen, eine Verbandszeitschrift ins Leben zu rufen, auf die Einrichtung eines jagdkynologischen Archives, das Problem der „Zweitvereine", das erhebliche Kopfschmerzen bereitet hat, sowie bestimmte Entwicklungen auf dem Gebiete des Tierschutzes und die Beziehungen zum VDH und DJV.

Die Einführung des 12-Punkte-Systems und der Fortfall der Preisklassen bei den Verbandszuchtprüfungen war ein Ergebnis der wiederbelebten Zuchtforschung. Der JGHV hatte sich – wenn auch kaum viel mehr als theoretisch – schon seit langem mit der Frage beschäftigt, wie allgemein die Jagdgebrauchshundzucht berührende Probleme mit wissenschaftlicher Hilfe zu lösen seien. Ein Zuchtausschuss unter Herrn v. Stein existiere zwar, fassbare Ergebnisse zeitigte er jedoch nicht. An die Verbandsversammlung 1967 richtete der damalige Hauptgeschäftsführer des DJV, Friedrich Karl von Eggeling die Erwartung, „dass die im Verband zusammengeschlossenen Zuchtverbände das Stadium des Experimentierens abschließen und sich für die Zukunft darauf konzentrieren, durch Zuchtforschung und Zucht solche Hunde herauszubringen, die erbmäßig die Veranlagung zum Gebrauchshund nach dem Schuss mitbringen, d.h. frühreife, verknüpfungsbereite, leichtführige Hunde mit Nase, Spurtreue und Wasserpassion, die ohne die äußeren Druckmittel der Dressur auch in der Hand des mäßigen Durchschnittsführers brauchbare Arbeit leisten. So lange von Ihnen die aus dieser Forderung erwachsenden Aufgaben nicht mit allem Nachdruck und äußerster Konsequenz betrieben werden, ist die Erfüllung der Jagdgesetze Stückwerk, so lange diese Forderung von Ihnen nicht konsequent durchgeführt ist, laufen Sie Gefahr, dass man Ihnen vorwirft, den Gewinn über die Sache zu stellen. Eine solche Entwicklung zu verhindern, ist es hohe Zeit. Es liegt in Ihrer Hand, in Ihrem Wollen und Ihrem Idealismus, unter Verzicht auf

Das Zwölf-Punkte-System

Verbandstag 1998
(von links)
Dr. Petermann,
Prof. Wunderlich,
Präsident Chr. Frucht,
Vizepräsident
W. Horstkötter,
W. Schmidt-Körby

eigenen materiellen Gewinn durch strenge Auslese Wandel und Fortschritt zu schaffen".

Nach den Neuwahlen des Jahres 1969 regte vom Stein an, den Zuchtausschuß wieder neu zu beleben und zu einem wissenschaftlichen Ausschuss zu erweitern. Dieser Ausschuss wurde berufen (Dr. Boehne, Dr. Kunert, Hecker) und vom Verbandstag 1970 gebilligt. Zuvor hatte der Verband durch Oberforstrat Brahms Rücksprache mit den Zuchtvereinen und -verbänden gehalten und im Haushaltsvoranschlag 10.000 DM für die Arbeit des wissenschaftlichen Ausschusses berücksichtigt. Der jetzige Prof. Dr. A. Herzog vom Institut für Erbpathologie und Zuchthygiene der Justus-Liebig-Universität hielt sodann ein nicht ganz einfaches Referat über „Grundzüge moderner Züchtungsmethoden und Leistungsprüfverfahren und ihre Anwendung in der Jagdgebrauchshundzucht." Herzog führte u.a. aus:

„Was in der neueren kynologischen Literatur an einschlägigen Beiträgen erschienen ist, reicht von Unkenntnis der Materie über schwärmerisch-romantische Betrachtungsweisen bis zur nüchternen, sachlich-realistisch konstruktiven Stellungnahme. Die Diskussion über ‚angewölft' oder ‚nicht angewölft' reißt nicht ab, wobei die vielfach recht forsche Argumentation meist auf tönernen Füßen steht und an Sach- und Fachkenntnis zu wünschen übrig läßt. Wenn immer wieder GREGOR MENDEL heraufbeschworen wird, vergisst man allzu leichtfertig, dass in der Tierzucht die Gesetze der Mendelgenetik nur selten Gültigkeit haben.

Wir müssen lernen, in Dimensionen der modernen Tierzucht zu denken; wir müssen anfangen, die gesamte Population ins Auge zu fassen, d. h., wir müssen das Genreservoir dieser Population erforschen und zu nützen versuchen. Wie bedenklich es um dieses Genreservoir bestellt sein kann, wird ersichtlich, wenn wir uns vor Augen führen, dass der Ahnenschwund bei einzelnen Rassen nach nur drei Generationen schon bei über 70 % liegt; dies ist schon ein Ergebnis der Untersuchungen.

Des weiteren müssen wir nach dem Stand der Forschungen schon jetzt einsehen, dass es sinnlos ist, die Leistungseigenschaften unserer Hunde, wie sie sich in den Fächern der Anlageprüfungen widerspiegeln, in ihrem Erbgang nach MENDEL erforschen zu wollen. Alle erwünschten Eigenschaften unserer Vorstehhunde sind zunächst Merkmale, die einem poly-hybriden Erbgang folgen, d. h., sie beruhen auf der Wirkung von mehreren Genpaaren."

Herzog wies dann darauf hin, dass es für die praktische Zucht wichtig sei zu wissen, mit welcher Durchschlagskraft sich eine Eigenschaft vererbe, wobei die Frage nach der Heretabilität gestellt werde – mit anderen Worten: wieviel Prozent der Leistungsverwirklichung auf genetischen und wieviel Prozent auf Umweltfaktoren beruhe. Es sei begonnen, das DGStB und die Zuchtbücher, insbesondere des KlM-Verbandes, zu sichten und auszuwerten. Der nächste Schritt sei die Erstellung eines Programmes, mit dem es möglich ist, mehr als tausend verschiedene Einzelfragen bzw. Fragenblöcke zu bearbeiten. Bei der Erstellung und Testung dieses Programmes wäre die Hilfe eines Mathematikers erforderlich gewesen. Es sei schon aufgefallen, dass bei den einzelnen Zuchtprüfungen um bzw. mehr als 50 % der Hunde in allen Fächern sehr gute Noten, d. h. eine 4, hatten; es folge ein sehr hoher Prozentsatz mit guten Noten; schlechte Hunde gäbe es dagegen nur wenige. Daraus ergebe sich, dass bei den einzelnen Prüfungen hinsichtlich der Benotung eine ausgesprochen schiefe Verteilung nach der positiven Seite hin bestehe. So etwas sei jedoch bei biologischem Material, also auch bei Jagdhunden, selten möglich, die Verteilung müsse sich einer Normalverteilung nähern: Es gibt wenige Spitzentiere, mehr gute, mittelmäßige und auch eine Anzahl schlechterer Hunde. Eine genetische Analyse, wie sie zur Durchführung des ins Auge gefassten Forschungsvorhabens erforderlich ist, wäre nur möglich, wenn das gesammelte Datenmaterial eine ausreichende Streuung aufweise, so dass aus diesem Grunde durch das Institut in Zusammenarbeit mit dem wissenschaftlichen Zuchtausschuss ein anderes Benotungssystem vorgeschlagen und bei 49 Hunden verschiedener Rassen auf HZP erprobt worden sei. Über das Ergebnis resümiert Herzog alsdann: „Insgesamt gesehen ergab die Beurteilung durch die Sonderrichter tatsächlich die eingangs erwähnte und erwartete Normalverteilung."

Nach einem weiteren Jahr verzeichnet das Protokoll des 58. Verbandstages in Fulda zum Bericht über die Arbeit des wissenschaftlichen Ausschusses: „Herr Oberforstrat Brahms spricht zur Zuchtforschung, und Herr Dr. Herzog gibt eine Übersicht über den derzeitigen Stand dieser Forschung, für die u. a. die Bereiche Welpentest, Epilepsie und Hüftgelenksdysplasie eingeplant sind. Die Auswertung der Prüfungsergebnisse beim Institut für Erbpathologie und Zuchthygiene der Universität Gießen hat sich als unbefriedigend erwiesen, da das bisherige Notensystem nur wenig Aussagewert gegenüber einem differenzierten 12-Punkte-System hat. Die Vereine werden gebeten, das 12-Punkte-System in besonderen Testrichtergruppen bei den VJP und HZP des Jahres 1971 anzuwenden und die Ergebnisse dann Herrn Dr. Herzog zuzuleiten. Außerdem habe es sich gezeigt, dass das gesteckte Ziel einer wissenschaftlichen Forschung über Leistungsprüfung und Erbwertermittlung nur erreicht werden könne, wenn sich ein Zuchtwissenschaftler hauptamtlich damit beschäftigte. Diese Möglichkeit sei im Augenblick im Institut für Erbpathologie und Zuchthygiene im erforderlichen Umfang wohl personell, aber nicht finanziell gegeben. Wenn der JGHV die Mittel für diese Etatstelle für einen Zeitraum von etwa vier Jahren zur Verfügung stellen würde, hoffe man, dass die Stelle dann etatisiert werden könne. Die Mittel, die der JGHV für diese Zeit aufbringen müsse würden sich auf 35.000 bis 40.000 DM belaufen. – Über diesen Vorschlag wurde diskutiert, eine Abstimmung über den Vorschlag erfolgt nicht."

Zuchtforschung des JGHV

In der Folgezeit wurde die „Zuchtforschung" in den interessierten Vereinen heftig diskutiert, zu einer Entschlussfassung kam es nicht. Die Schwierigkeiten des Problems und seine Vielschichtigkeit veranlassten den Präsidenten Uhde nach der lebhaften Aussprache während des ganzen Jahres im Januar 1972 zu einem Rundschreiben an alle Verbandsmitglieder, in dem er u. a. ausführt:

„Nunmehr ist der Zeitpunkt gekommen, endgültig über die Vergabe eines Forschungsauftrages in der oben skizzierten Form zu entscheiden. Dafür ist die Hauptversammlung 1972 berufen.

An und für sich wird die Vergabe des Auftrages nicht von der Zwecksetzung des JGHV (§ 2 der Satzung) gedeckt, ließe sich jedoch unter Umständen unter dem Gesichtspunkt eines übergeordneten und allgemeinen Interesses rechtfertigen. Ein weiteres Hinausschieben der Entscheidung erscheint im Hinblick auf die geleisteten Vorarbeiten und im Interesse des Gießener Institutes, das nun wissen muss, woran es ist, nicht vertretbar.

Bei dieser Entscheidung werden drei Problemkreise zu beachten sein:
1. Sind die Grundlagen vorhanden, die eine Inangriffnahme weiterer langjähriger Forschungsarbeiten rechtfertigen?
2. Ist die Durchführung des Vorhabens in personeller und finanzieller Hinsicht auf die Dauer gewährleistet?
3. Rechtfertigt ein möglicherweise zu erwartendes positives Ergebnis den zu erbringenden Aufwand?

Die Problemkreise zu 1) und 2) sind im wesentlichen in der Jagdpresse, insbesondere auch im „Jagdgebrauchshund" erörtert worden (vgl. etwa die Ausführungen im letzten Jahr von Brahms, Bruch, Brüll, Eggerts, Greller, Heimrich, Kuhnert, Lötschert, Sieveke, Ohl und Wiedeking). Ein Studium dieser Autoren im „Jagdgebrauchshund" der Jahrgänge 1971 und 1972 schafft hinreichend Material zur eigenen Meinungsbildung.

Zum Problemkreis 2) ist zu bemerken, dass das Institut zugesichert hat, beim Vorhandensein der erforderlichen Mittel sei auch die Berufung eines hauptamtlichen Forschungsbeauftragten sicher. Bei der Vergabe des Auftrages, dessen Laufzeit mit mindestens 15 bis 20 Jahren anzusetzen ist, wird der Auftraggeber (der JGHV) sich dem Institut gegenüber einklagbar verpflichten müssen, für die erforderlichen Mittel aufzukommen, wozu auch gehört, daß bei allgemeinen Teuerungen oder im speziellen Bedarfsfall die Beiträge erhöht werden. Der JGHV selbst ist nicht im entferntesten in der Lage, das Vorhaben aus eigenen Mitteln zu bestreiten, er ist also seinerseits auf Geldgeber angewiesen. Dabei kann er sich nicht mit einmaligen Zuwendungen zufrieden geben, sondern muss darauf bestehen, dass jeder Geldgeber sich – wie der JGHV dem Institut gegenüber – dem JGHV gegenüber einklagbar verpflichtet, bestimmte Beträge, die sich nach der heutigen Wirtschaftslage mit Sicherheit erhöhen werden, zu zahlen. Nach Lage der Dinge kommen als Geldgeber in dieser Form die Mitglieder des Verbandes in Frage, bei Zuwendungen von dritter Seite könnten die Pflichtbeiträge dann jeweils für den Einzelfall gekürzt werden.

Mit einem einfachen Beschluss des Inhalts, dass dem Institut ein entsprechender Auftrag erteilt wird, ist es also nicht getan. Dazu kommen müsste ggf. eine Änderung der VZPO und eine Kostendeckungsregelung, die den JGHV der Gefahr enthebt, den Offenbarungseid leisten zu müssen. Die Beitragsfrage wird im einzelnen auf dem Verbandstag nicht zu lösen sein, so dass eine positive Beschlussfassung nur unter der aufschiebenden Bedingung möglich ist, dass sich genügend Verbandsmitglieder in einer angemessenen Frist nach dem Beschluss in der oben erörterten Form verpflichten …"

Vor dem Verbandstag 1972 konnte Präsident Heinrich Uhde alsdann bekanntgeben, dass zwischenzeitlich vom Institut in Gießen zwei Assistentenstellen beantragt wurden, deren eine der jagdkynologischen Forschung vorbehalten ist. Dazu komme weiter, dass es üblich sei, Forschungsaufträge jeweils nur auf zwei Jahre zu vergeben. Der Präsident wies darauf hin, dass sich eine Diskussion des Forschungsauftrages in seinen Einzelheiten erübrigt, wenn von vornherein feststeht, dass die Mittel auch unter den neuen veränderten Verhältnissen nicht aufzubringen sind. Die Versammlung stimmte daraufhin über eine Finanzierung des Forschungsauftrages mit einem Volumen von etwa 40.000 DM für jedes der zwei folgenden Jahre ab – und:

„Ich darf feststellen, dass die Versammlung mit Mehrheit ablehnt, zur Zeit den Forschungsauftrag zu erteilen, – dass sie nicht bereit ist, die entsprechende Finanzierung vorzunehmen." Daraufhin bestätigte Dr. Herzog, daß vom Gießener Institut das gemeinsame Vorhaben als „beendet" anzusehen sei, was jedoch nicht bedeute, dass Forschung an Jagdgebrauchshunden überhaupt nicht mehr stattfinde.

Auch im Jagdgebrauchshundwesen war und ist die Frage nach „Wesensfestigkeit" der Hunde von ganz besonderer Bedeutung. Dass ihr allein durch „Erbwertforschung" nicht auf die Spur zu kommen sei, hatten Praktiker und Wissenschaftler schon während der Diskussion um den Gießener Forschungsauftrag betont und darauf verwiesen, dass man versuchen müsse, zunächst auf dem Gebiet der Verhaltensforschung Fortschritte zu erzielen. Besonders eindringlich wurde dies den Delegierten des Verbandstages 1973 durch einen Vortrag des bekannten Fachautors Eberhard Trumler von der haustierkundlichen Forschungsstelle Grubmühle über die „Sozialentwicklung des Junghundes" vor Augen geführt. Präsident Uhde hatte den Delegierten 1972 versichert, bei der wissenschaftlich-kynologischen Forschung „weiterhin am Ball" zu bleiben, und getreu diesem Versprechen bat das Präsidium 1973 den Verbandstag zunächst um eine satzungsgemäße Ermächtigungsgrundlage zum weiteren Tätigwerden in dieser Richtung. Nach einer entsprechenden Satzungsänderung erteilte der Verbandstag den Auftrag, zur Weiterführung der kynologischen Forschung Erhebungen anzustellen, inwieweit auf dem Gebiet der Verhaltensforschung für das Jagdgebrauchshundwesen Fortschritte zu erzielen wären. Der Verband wurde ermächtigt, dafür nach entsprechenden wissenschaftlichen Institutionen zu suchen und mit diesen ggf. Konzepte auszuarbeiten, die der Hauptversammlung zur Beschlussfassung vorgelegt werden sollten.

Verhaltensforschung

Vizepräsident Brahms, innerhalb des Präsidiums mit den Fragen der Forschung betraut, lud nach vorherigen, oft nicht einfachen Verhandlungen im November eine kleine Anzahl von Wissenschaftlern und Praktikern nach Freiburg zu einer Sitzung, um mögliche Ziele abzustecken und eine Marschroute zu skizzieren. Fazit dieser Tagung war die Erkenntnis, dass es unabdingbar sei, die breite Öffentlichkeit mit der Problematik vertraut zu machen und soweit wie möglich mit anderen kynologischen Institutionen zusammenzuarbeiten

Es schlossen sich weitere Tagungen an. Der wissenschaftliche Ausschuss wurde neu belebt. Zu den Mitarbeitern gehörten u. a. der Hauptzuchtwart des VDH, Dr. Wirtz, und der Chef des Diensthundwesens der Bundeswehr,

Neubelebung des wissenschaftlichen Ausschusses des JGHV

Dr. Marx. Auch Trumler arbeitete mit. Sein vor dem Verbandstag 1973 gehaltener Vortrag ist wohl aus heutiger Sicht eine der Hauptursachen dafür, dass das Verständnis zur Verhaltensbiologie des Hundes doch erheblich zugenommen hat.

Somit standen auch im Mittelpunkt des Verbandstages 1974 Überlegungen zur weiteren Zuchtforschung. Trumler, der mittlerweile auf dem Gebiete der Jugendentwicklung des Hundes bereits umfangreiche Untersuchungen angestellt hatte, erachtete es für notwendig und auch für den JGHV für finanziell durchführbar, während eines Zeitraumes von etwa zwei Jahren seine bisherigen Untersuchungen an Dingos, Elchhunden und evtl. auch anderen Kreuzungen fortzusetzen und so zu erweitern, dass am Ende genügend abgesichertes Material zur Erfassung der Jugendentwicklung des Hundes zur Verfügung stehe mit der Folge, dass alsdann in einer Art „Anleitung" interessierten Züchtern und Welpenkäufern eine Hilfe gegeben werden könne. Es wurde angeregt, einen Lehrfilm über diese Art „Grundlagenforschung" bei Eberhard Trumler in der Grubmühle zu drehen. Desweiteren erschien es unumgänglich, die wichtigsten und am häufigsten gebrauchten kynologischen Begriffe klar zu definieren und so fest zu umschreiben, dass sie bei jeglicher Diskussion, auch draußen beim „Volk", ankommen und verstanden werden. Jagd- und Fachpresse sowie alle dazu Berufenen müssten mit „missionarischem Eifer" die so festgelegten Begriffe bekannt und die Öffentlichkeit mit ihnen vertraut machen.

Es blieb nicht nur bei den guten Vorsätzen: Als Erfolg der Arbeit konnte ein Jahr später auf dem Verbandstag als „Welturaufführung" eine Arbeitskopie des Trumlerschen Filmes „Geburt und Frühentwicklung des Junghundes" vorgeführt werden; er fand ein sehr positives Echo. Darüber hinaus sind in der Verbandszeitschrift Deutungen und Erläuterungen der jagdkynologischen Begriffe Wesen, Wesensfestigkeit, Wesensschwäche, Temperament und Charakter sowie Nervenkostüm erschienen; sie sind als Beginn eines Weges zu sehen, zunächst einmal mit einer Zunge zu sprechen, wenn es um die Verhaltensweisen des Hundes geht.

Als Ergebnis der Trumlerschen Bemühungen wurde Einigkeit dahin erzielt, mit der Grundlagenforschung in Freigehegen unter seiner Leitung zu beginnen. Einzelne Zuchtverbände hatten sich bereit erklärt, für diesen Zweck kostenlos Welpen zur Verfügung zu stellen. Allerdings war noch ungeklärt, ob Trumler nach seinem Umzug von Grubmühle nach Sulzfeld seine Pläne verwirklichen könne, da es wegen der baulichen Anlagen Differenzen mit den Behörden gab. – Nach einem weiteren Jahr mußte der Verbandstag davon unterrichtet werden, dass Trumler das Forschungsprojekt „Sulzfeld" habe aufgeben müssen und sich eine neue Wirkungsstätte suche. Das Band zwischen Trumler und JGHV mußte als „zerrissen" angesehen werden.

Der am 22. Oktober 1923 in Wien geborene Eberhard Trumler ist am 4. März 1991 im Wolfswinkel in Birken-Honigessen im Westerwald gestorben. Trumler war ein Schüler von Konrad Lorenz, ging später jedoch eigene Wege und arbeitete vorübergehend auch im Opel-Freigehege im Taunus. Nach dem Scheitern seiner Pläne in Sulzfeld war er vorübergehend „heimatlos". 1979 fand die von ihm gegründete „Gesellschaft für Haustierforschung" im Wolfswinkel ein endgültiges Zuhause. Umgeben von Wäldern, lebte Trumler mit seiner Familie und seinen Mitarbeitern inmitten seiner Hunde, die hier nahezu – wie auch schon zuvor in seinen anderen Wirkungsstätten – in freier Wildbahn leben konnten. Er hatte den Hunden diese Umgebung geschaffen, um ihr ursprüngliches Verhalten zu beobachten und studieren zu können. Eberhard Trumler hat insgesamt acht kynologische Bücher hinterlassen, in denen die Erfahrungen mit Hunden und die Ergebnisse seiner Forschungen an ihnen festgehalten und einer breiten Öffentlichkeit zugänglich gemacht worden sind. Seine Bücher sind in hohen Auflagen in insgesamt neun Sprachen erschienen. Sein Wissen um unsere Hunde ist Grundlage zahlreicher aktueller Forschungsprogramme. Lorenz hatte über Trumler geschrieben: „Ich glaube, Hunde ziemlich gut zu kennen, und habe sogar gewagt, ein allgemein verständliches Buch zu schreiben. Trumler aber kennt sie noch unvergleichlich viel besser."

Arbeit mit der „Gesellschaft für Verhaltens- und Zuchtforschung (GVZH)"

Nach dem Scheitern Trumlers in Sulzfeld bildete sich eine Auffanggesellschaft, die es sich zur Aufgabe gestellt hatte, die Arbeiten von Trumler fortzusetzen. Diese Gesellschaft nannte sich „Gesellschaft für Verhaltens- und Zuchtforschung an Hunden (GVZH)". Mitglieder des Zuchtausschusses und des Präsidiums bereisten das Forschungsprojekt Sulzfeld und kamen nach einem Gespräch mit führenden Persönlichkeiten der GVZH überein, zunächst eine Stabilisierung dieser Gesellschaft für ein Jahr abzuwarten, denn es bestehe nicht die Absicht, die Verhaltensforschung ohne weiteres aufzugeben. Überdies hatten Recherchen ergeben, dass es auch an keiner Universität die Möglichkeit gab, Verhaltensforschung an Jagdhunden in großem Umfang durchzuführen, ganz abgesehen davon, daß die Kosten für ein Vorhaben an einer Universität auch die Leistungsfähigkeit des Verbandes übersteigen würden.

Nach einem weiteren Jahr hielt der Diplom-Biologe G. Krämer von der GVZH vor dem Verbandstag einen Vortrag zum Thema „Welpentests für Jagdhunde – Notwendigkeiten und Möglichkeiten", worauf sich die Mehrheit der Delegierten für eine Fortführung der Forschung im Sinne des Krämerschen Vortrages aussprach. Dieses Vorhaben sollte mit freiwilligen Beiträgen finanziert werden. Vor dem Verbandstag 1979 konnte der spätere Präsident Christoph Frucht berichten, daß die GVZH, ermöglicht durch die finanzielle Unterstützung verschiedener Verbandsvereine, Forschungen zu einer „Früherkennung der Wesensfestigkeit bei Jagdgebrauchshundwelpen" betrieben und dazu einen 27 Seiten starken Forschungsbericht vorgelegt hat. Frucht war anstelle des ausgeschiedenen Oberforstrates Brahms federführend mit der Fortführung der Zuchtforschung beauftragt. Der vorgelegte Bericht fand grundsätzlich ein positives Echo, er vermochte jedoch keine weiteren Initiativen zu einer Finanzierung weiterer Forschungsvorhaben zu initiieren. Innerhalb des Verbandes musste festgestellt werden, dass es an Einsicht in das Erfordernis einer weiteren Zuchtforschung fehlt, ohne dass daraus zunächst die erforderlichen Konsequenzen gezogen werden. Der Verband verordnete sich – aus der Rückschau betrachtet wohl mehr aus Verlegenheit – selbst eine Art „Denkpause".

Forschungen zum Wesen von Welpen

Nach einer Tagung in Gießen unter Mitwirkung aller Zuchtvereine blieb festzustellen, dass es am erforderlichen Elan fehle und kaum eine für die Fortführung der Zuchtforschung erforderliche breite Mehrheit zu finden sein wird. Der Präsident erklärte konsequenterweise auf dem Verbandstag 1981 in Fulda, Verhaltensforschung mit einer so geringen Mehrheit und gegen den Widerstand der beiden großen Zuchtvereine zu betreiben, sei von vornherein zum Scheitern verurteilt. Aus diesem Grunde sei das Präsidium zu dem Schluss gekommen, dem Verbandstag den Antrag vorzulegen, das Präsidium von dem 1973 erteilten Auftrag zu entbinden. Nach einer geheimen Abstimmung ergab sich, dass der Verbandstag mit überwältigender Mehrheit dafür ist, zunächst keine weitere Zuchtforschung zu betreiben.

Richterschulung auf dem Seminar in Springe

Zu den im Vordergrund stehenden Aufgaben, denen sich der Verband immer wieder unterziehen muss, gehört die Schulung der Verbandsrichter. Ein wesentliches Instrument bei diesem Bemühen sind die jagdkynologischen Seminare. Das erste seiner Art fand vom 20.–23. November 1969 im Jägerlehrhof „Jagdschloß Springe" statt. Als „Erfinder" kann Rudolf Neddermeyer gelten.

Neben den Veranstaltungen in Springe treten seit geraumer Zeit Seminare im Süden Deutschlands, die sich in ihrer Gesamtheit bis zum heutigen Tage kontinuierlich bewährt haben. Weitere Seminare sind in den neuen Bundesländern institutionalisiert. Sinn dieser Einrichtung war ursprünglich die Unterrichtung von Vereinsvorsitzenden und Prüfungsleitern, um sodann – von Fachleuten unterwiesen – ihrerseits in ihren heimatlichen Vereinen ihr Wissen und das Erlernte an die Richter weiterzugeben. Neben dieser Aufgabe, die letztendlich der „Rechtssicherheit" eines einheitlichen prüfungsordnungsgemäßen Richtens von Nord bis Süd dienen sollte, haben die Seminare bisher gezeigt, daß sie wegen der relativen Beschränkung der Zahl der Teilnehmer und wegen des meist hervorragend vertretenen Sachverstandes eine sehr geeignete Plattform sind, jagdkynologische Zeitfragen zu diskutieren und wertvolle Anregungen zu geben.

Aus jüngerer Zeit sei erinnert an die Seminare zur Fortbildung der jagdkynologischen Sachverständigen in Fulda, Springe und Brandenburg sowie zu Fragen der Elektroreizgeräte („Teletakt"), zum Rutenkupieren oder zu Bewegungsjagden.

„Der Jagdhund"

Ein weiteres Forum zur Fortbildung, Unterrichtung und fachlichen Auseinandersetzung ist die Verbandszeitschrift „Der Jagdgebrauchshund". Ehe sie jedoch einen festen Platz in der Landschaft deutscher Jagdzeitschriften erobern konnte, bedurfte es einiger Anläufe und auch einigen Durchhaltewillens.

Einen ersten erfolglosen Anlauf in dieser Richtung hatte schon der Verbandstag 1954 unternommen. Der Sprecher eines 1953 gewählten Presseausschusses legte eine Denkschrift vor, und nachdem der Landbuch-Verlag GmbH in Hannover, vertreten durch Fritz von Oehsen, ein großzügiges Angebot gemacht hatte und ein sehr gut ausgestattetes Probeheft drucken ließ, empfahl der Sprecher Dr. Meyer namens des Ausschusses, diesen Versuch zu unterstützen. Die Zeitschrift führte den Namen „Der Jagdhund" und sollte alle zwei Monate, zuerst Mitte Mai 1954, erscheinen. Die erste Ausgabe erschien tatsächlich im Mai/Juni 1954. In einem dem ersten Exemplar beigelegten Blatt warb der damalige 1. Vorsitzende des Jagdgebrauchshundverbandes Friedrich Ostermann für die Zeitschrift:

Lieber Weidgeselle, die Verbandsversammlung in Bad Neuenahr hat beschlossen, zunächst probeweise für ein Jahr die Zeitschrift „Der Jagdhund" als Verbandsorgan erscheinen zu lassen. Die Verbandsversammlung war davon überzeugt, dass „Der Jagdhund" von allen Mitgliedern begrüßt werden würde. Die Bedeutung des Jagdgebrauchshundverbandes ist von Jahr zu Jahr gestiegen. Es ist daher notwendig geworden, in einem eigenen und unabhängigen Organ die Belange des Gebrauchshundverbandes zu vertreten.

Es wird nun von den einzelnen Mitgliedern abhängen, ob das große Vorhaben durchgehalten werden kann oder nicht.

Bei dem nächsten Heft wird der Postbote den Halbjahresbetrag von DM 2,64 kassieren. Dieser Betrag setzt sich zusammen aus dreimal DM 0,80 Bezugsgeld = DM 2,40 plus dreimal DM 0,08 Zustellgebühr = DM 0,24, zusammen DM 2,64. Der sehr niedrige Bezugspreis der Zeitschrift ist nur durch dieses vereinfachte Verfahren zu halten. Die Zeitschrift erscheint alle zwei Monate.

Die Hefte in ihrer übersichtlichen Gestaltung werden bald für Sie zur unentbehrlichen Lektüre gehören. Sie erhalten damit für einen geringen Betrag eine wirklich umfassende Lektüre über das gesamte Gebrauchshundwesen, so dass es sich für Sie lohnt, mit den hierfür auszuwerfenden Mitteln das Vorhaben des Verbandes zu unterstützen.

Die Nummer 2 erschien dann auch noch im Juli 1954; alsdann stellte die Zeitschrift jedoch ihr Erscheinen ein. Fritz von Oehsen erklärte auf dem Verbandstag 1955 auf Anfrage, dass er die Weiterführung der Zeitschrift in seinem Verlage nicht übernehmen könne. Das Wiedererscheinen des Blattes wurde bei wenigen Gegenstimmen und Enthaltungen beschlossen und die Geschäftsstelle beauftragt, Verbindungen mit anderen Verlagen aufzunehmen und ggf. nach bestem Wissen und Gewissen einen Vertrag abzuschließen.

Möglicherweise ergriffene Initiativen zeitigten jedoch offensichtlich keinen Erfolg.

1964 schließlich konnte der Vorsitzende Friedrich Ostermann den Verbandstag davon unterrichten, dass der Herausgeber der Jagdzeitschrift „Der Deutsche Jäger", der F. C. Mayer-Verlag in München, ähnlich der früheren Beilage B der „Deutschen Jäger-Zeitung" auf seine Kosten und sein Risiko eine Publikation herausbringen wolle. Aus diesem Vorhaben wurde die ständige Fachzeitschrift „Der Jagdgebrauchshund" als offizielles Organ des Jagdgebrauchshundverbandes, das inzwischen auf mehr als ein Viertel Jahrhundert des Bestehens zurückblicken kann. Seit dem 1. Januar 1973 erscheint die Zeitschrift bei der BLV-Verlagsgesellschaft in München. Zum 10-jährigen Jubiläum der Übernahme bemerkte 1984 der Hauptschriftleiter der Jagdzeitschrift „Die Pirsch – Der Deutsche Jäger", der mittlerweile verstorbene Walter Helemann, im „Jagdgebrauchshund" u. a.:

Als 1973 der traditionsreiche Verlag F. C. Mayer mit der ältesten deutschen Jagdzeitschrift „Der Deutsche Jäger" an die BLV-Verlagsgesellschaft, also den Verlag der „Pirsch", überging, begann „Der Jagdgebrauchshund" seinen 9. Jahrgang. Von seiner nicht leichten „Geburt" 1965 an stand er unter der

„Ihr Jagdgebrauchshund"

bewährten Schriftleitung von Altmeister Dr. Tabel und hatte sich so schon bald von einer zunächst auch innerhalb des JGHV umstrittenen Neuerscheinung zum soliden und unentbehrlichen Verbandsorgan gemausert. Dr. Tabel führte bis dahin auch die jagdkynologische Schriftleitung des „Deutschen Jägers".

„Die Pirsch" hatte Ende 1969 durch den Tod von Konrad Andreas ihren jagdkynologischen Schriftleiter verloren, und so war es speziell auf diesem Fachgebiet ein Glücksfall, mit Dr. Tabel einen ebenfalls hoch erfahrenen und als Fachschriftsteller nicht minder profilierten Experten zu gewinnen.

Dr. Tabel betreute die „Hundeseiten" der „Pirsch" bis heute, und der Hauptschriftleitung sei aus diesem Anlass einmal ein öffentliches Dankeswort für dieses Jahrzehnt stets vertrauensvoll-harmonischer Zusammenarbeit gestattet.

Im September 1978 gab Dr. Tabel die Schriftleitung des „Jagdgebrauchshund" ab, um sich ausschließlich der „Pirsch" zu widmen. Sein Nachfolger für den „Jagdgebrauchshund" wurde Michael Reinartz, der bescheiden in die Fußstapfen des „großen Meisters" trat, und der weiter in konstruktiver Verbindung zur „Pirsch" mit Sorgfalt, Hingabe und Idealismus seine neue Aufgabe in Angriff nahm. Auch ihm, der seine Tätigkeit aus gesundheitlichen und familiären Gründen schon zwei Jahre danach weitergeben musste, ein aufrichtiges Dankeschön.

In Sorge um die Kontinuität des Blattes, die einem kleinen und fachspezifischen Leserkreis doch sehr mit der Person des verantwortlichen Schriftleiters verbunden ist, haben es sich Verband und Verlag nicht leicht gemacht, auf der Suche nach einem geeigneten Nachfolger. Mit Horst Detert wurde einer gefunden, der als langjähriger Schriftleiter der Deutsch-Drahthaar-Blätter etliche Facherfahrung mitbrachte und dazu neben sprudelndem Elan auch die nötige Zeit, um den „Jagdgebrauchshund" schließlich auch von der redaktionstechnischen Hilfe aus München zu emanzipieren und ihm in den zwei Jahren seiner Amtsführung seine persönliche Note aufzuprägen.

Es besteht also Anlass, dem in Fulda geäußerten Optimismus beizustimmen, dass der „Jagdgebrauchshund", der nächstes Jahr seinen 20. Jahrgang beginnt, als Stimme des gesamten Jagdgebrauchshundverbandes nicht nur erhalten bleibt, sondern möglichst noch weiter an Verbreitung und Gewicht gewinnt. Dazu die verstärkte Mitarbeit vieler begeisterter Hundeleute – nicht nur aus den Reihen der Vorstehhundfreunde, sondern aller Verbandsvereine und auch der „einfachen" Züchter und Hundeführer – zu gewinnen, sollte nicht schwerfallen …

Mittlerweile hat auch Horst Detert sein Amt als Schriftleiter aufgegeben. Sein Nachfolger ist Karl Walch, ein junger, passionierter, erfolgreicher Hundeführer, der auch von seinen beruflichen Seiten als Berufsjäger und studierter Forstmann das nötige Rüstzeug zur Schriftleitung mitbrachte.

Mit der jagdkynologischen Fachzeitschrift war gewissermaßen auch seit ihrem Erscheinen das tägliche Geschehen archiviert, indessen drohte und droht historisch Interessantes und Wesentliches aus der davorliegenden Zeit und auch an Verlautbarungen neben dem Tagesgeschehen der Vergessenheit anheim zu fallen, was für den Verband Veranlassung war, 1983 satzungsgemäß zu verankern, dass ihm auch die „Pflege kultureller Belange der Jagd-

Karl Walch

kynologie" obliege. Tatsächlicher Ausgangspunkt war das Bestreben, Schrifttum über den Jagdgebrauchshund und die Jagdgebrauchshundarbeit zu sammeln und zu archivieren, um es für die Zukunft zu erhalten, aber auch Interessierten, etwa Doktoranten, zur Verfügung zu stellen. Mittlerweile hat sich das von den Eheleuten Johanna und Helmut Ortlepp in Cuxhaven geführte jagdkynologische Archiv schon zu einer Fundgrube für die entwickelt, die aus beruflichem oder sonstigem Interesse auf „Nachsuche" in die Vergangenheit zu gehen Veranlassung haben. Durch Nachlässe und Spenden konnten der Sammlung wesentliche Publikationen hinzugefügt werden. Das Archiv wird, wenn auch in zu kleinen Schritten, mit Mitteln ausgestattet, die es ihm erlauben, das eine oder andere an Altem und Neuem hinzuzuerwerben. Der Bereich sollte sich auch auf Filme, Videos usw. erstrecken.

Jagdkynologisches Archiv

Unter Punkt 11 der Tagesordnung der JGHV-Hauptversammlung 1957 ist u. a. vermerkt:

„Antrag des Deutschen Teckelklubs: Bei Paragraph 6 der Satzungen möge ein Absatz eingefügt werden: ‚Für jede Rasse kann nur ein Zuchtverein als Mitglied zugelassen werden.' Der geschäftsführende Vorstand hat diesen Antrag erweitert mit einem Wort, so dass der Antrag jetzt lautet: ‚Für jede Rasse kann nur ein zuchtbuchführender Zuchtverein als Mitglied zugelassen werden.' Wir wollen damit erreichen, dass wilde Stammbücher nicht von uns anerkannt werden. Der Antrag wird einstimmig angenommen."

Für etwa zwei Jahrzehnte erwachsen aus dieser Satzungsbestimmung keine weiteren Probleme, doch dann kamen auf den JGHV Auseinandersetzungen zu, mit denen sich der VDH schon seit geraumer Zeit zu befassen hatte. In zunehmendem Maße konstituierten sich nämlich neben den bestehenden Zuchtvereinen weitere, die dieselbe Rasse betreuten, und im Rahmen des JGHV zu tun, was zu gewährleisten offenbar der „alte" Verein nicht mehr in der Lage sei. Das Problem entzündete sich für den JGHV insbesondere darin, dass neben dem bis dahin allein die Setter- und Pointerschläge vertretenden „Verein für Pointer und Setter" sich für jeweils einen Schlag oder eine Rasse eigene Vereine gründeten.

Die „Zweitvereine"

Daneben konstituierte sich der „Verein für jagdliche Foxterrier (VjF)", der seine Mitgliedschaft in den JGHV betrieb und damit in Konkurrenz zum Deutschen Foxterrier-Verband trat. Wegen der in diesem Zusammenhang auftauchenden höchst diffizilen Rechtsfragen, insbesondere auch im Hinblick auf die zu diesem Problem ergangene Rechtsprechung des Bundesgerichtshofes beauftragte der JGHV den Ordinarius für Zivil- und Wirtschaftsrecht an der Universität Bayreuth, Prof. Dr. Helmut Köhler, mit der Erstellung eines Rechtsgutachtens zu der Frage, ob der Jagdgebrauchshundverband e.V. verpflichtet ist, den „Verein für jagdliche Foxterrier" als Mitglied aufzunehmen sowie auch zu der Frage, ob der JGHV verpflichtet sei, den Gordon-Setter-Club Deutschland e.V. sowie den Deutschen Pointer Club e.V., den Irish-Setter-Club e.V. und den English-Setter-Club e.V. nach Erfüllung der satzungsgemäßen Voraussetzungen als Mitglied aufzunehmen.

In seinem Gutachten vom 29. April 1981 kommt der Sachverständige zu dem Ergebnis, dass der JGHV weder nach zivil- noch nach kartellrechtlichen Vorschriften verpflichtet sei, den Verein für jagdliche Foxterrier als Mitglied

Das „Ein-Platz-Prinzip"

aufzunehmen, noch sei die Kartellbehörde berechtigt, eine Aufnahme des VjF in den JGHV anzuordnen. Dem VjF sei zu empfehlen, seine berechtigten Interessen auf andere Weise als durch die Mitgliedschaft im JGHV wahrzunehmen. Der Sachverständige empfiehlt weiterhin, um das Ein-Platz-Prinzip in der Satzung des JGHV ausdrücklich festzulegen, eine Satzungsänderung bzw. -ergänzung dahingehend, dass „Voraussetzung für die Aufnahme ist, dass die von der Vereinigung betreute Jagdhundrasse noch nicht durch ein anderes Mitglied im JGHV vertreten ist". Die Möglichkeit einer Lösung des Problems sieht der Sachverständige auch darin, dass die Aufnahme einer noch zu gründenden Dachorganisation (Interessengemeinschaft) von DFV und VjF in Betracht komme.

In seinem Gutachten vom 22. Dezember 1981 zu den englischen Vorstehhunden kommt der Sachverständige ebenfalls zu dem Ergebnis, dass der JGHV nicht verpflichtet sei, die vier Bewerber als Mitglieder aufzunehmen, jedoch sei der JGHV verpflichtet, mit den beteiligten Vereinen Gespräche mit dem Ziel zu führen, den vier Bewerbern eine mittelbare Repräsentation im JGHV zu ermöglichen. Falls es zu keiner Verständigung komme, bleibe dem JGHV nur der Weg einer Satzungsänderung, wonach konkurrierende Vereine nur durch eine gemeinschaftliche Dachorganisation im JGHV vertreten sein könnten.

Vor dem Verbandstag 1983 berichtet der Präsident über dieses Problem. Die intensiven Bemühungen, die „Foxterrier unter einen Hut zu bekommen", habe leider zu keinem Erfolg geführt, so dass letztlich die Entscheidung getroffen worden sei, den „Verein für jagdliche Foxterrier" nicht als Mitglied in den Verband aufzunehmen. Bei den englischen Vorstehhunden dagegen wären die unzähligen Beratungen erfolgreich gewesen, und es seien nun durch die neue Institution „Verband der Vereine und Verbände für Englische Vorstehhunde für die Mitgliedschaft im JGHV" sowohl der bisherige Mitgliedsverein, der „Verein für Pointer und Setter e.V.", wie auch die vier weiteren Vereine als „mittelbare Mitglieder" im JGHV vertreten.

Entsprechend der ergangenen Rechtsprechung und mit Rücksicht auf die Äußerungen des Sachverständigen in seinem Gutachten, wird die Satzung des JGHV dahingehend geändert, dass zu den verschiedenen Arten von Mitgliedern auch mittelbare Mitglieder treten – eine Regelung, die dem Ein-Platz-Prinzip Rechnung trägt. Nach der Satzung kann ab sofort eine Jagdhundrasse oder ein Jagdhundschlag nur durch eine Vereinigung im JGHV vertreten sein (Ein-Platz-Prinzip). Sollte eine weitere Vereinigung der gleichen Rasse oder desgleichen Schlages die Aufnahme in den JGHV betreiben, so ist ein nicht unkompliziertes Verfahren vorgesehen, das jedenfalls der Wahrung des Ein-Platz-Prinzipes, wie es nach Ansicht des Verbandes rechtens ist, Rechnung trägt.

Wegen des ablehnenden Bescheides kommt es zu einem Rechtsstreit zwischen dem JGHV und dem VjF, der letztlich nicht zu einer Klärung der Rechtsfrage führt, da der VjF in Konkurs geht. Die existenten Satzungsbestimmungen sowie die erkennbare Haltung des Präsidiums zu dem Problem der Zweitvereine vermag es jedoch nicht zu verhindern, dass andere Vereine weiterhin versuchen, neben schon im JGHV vertretenen Zuchtvereinen ihre Mitgliedschaft in den JGHV zu betreiben. Es zeichnen sich

Bedenken ab, ob mit Rücksicht auf die letztlich im prozessualen Wege erfolgte Eröffnung der Mitgliedschaft auch für Zweitvereine im VDH es möglich sein wird, im Gebiete des JGHV die eingenommene Rechtsposition zu halten. Auch aus Gründen der Praktikabilität sieht man letztendlich davon ab, das Ein-Platz-Prinzip durchzuhalten. So kommt es auf dem Verbandstag vom 20. März 1988 zu einer Satzungsänderung, nach der auch Zweitvereine Mitglied im JGHV werden können. Die einzelnen Satzungsbestimmungen versuchen weitestgehend zu gewährleisten, dass auch beim Eintritt von Zweitvereinen der Satzungszweck erhalten bleibt.

Aufgaben des „Ein-Platz-Prinzips"

Mittlerweile werden beispielsweise die Beagles und Teckel durch zwei Vereine vertreten, die Retrieverrassen bzw. Schläge durch drei, desgleichen die Spaniels, die Pointer und Setter gar durch fünf Vereine.

In „vergangenen" ruhigen Tagen war es ausreichend, dass die Mitglieder des Verbandes über jagdkynologisch wichtige Fragen und Entscheidungen durch die Jagdpresse oder auf den Verbandstagen unterrichtet wurden. In der jüngeren Geschichte hat es sich jedoch gezeigt, dass eine „Öffentlichkeitsarbeit" in all ihren Nuancen auch für das Jagdgebrauchshundwesen zu einer unabdingbaren Aufgabe geworden ist. War es in der Vergangenheit so, dass das eine oder andere Präsidiumsmitglied mit dieser Aufgabe betraut war, so traf man 1979 die Entscheidung, dass ein ausschließlich mit der Öffentlichkeitsarbeit Beauftragter berufen werden sollte.

Der erste „Sonderbeauftragte" dieser Art war Kurt Wernicke aus Ganderkesee, der 1979 diese seine Aufgabe aufnahm. Er begleitete den Präsidenten Uhde bis zu dessen „Abschied" im Jahr 1986.

Beauftragter für Öffentlichkeitsarbeit

Zum Nachfolger berufen wurde der jetzige Forstamtsrat Bernd Krewer, unter dem sich die Beziehungen zu den Medien vertieft und die Aufgabengebiete und Möglichkeiten der Darstellung und Interpretation erweitert haben.

Im Jahr 1994 löste Jürgen Rottmann Herrn Krewer in diesem Amte ab.

Jagd- und Tierschutz

Jagd- und Tierschutz sind Lebensbereiche, die sich notwendigerweise in vielen Punkten berühren. Es kann zu Spannungen kommen, wie Auseinandersetzungen über die „Schärfeprüfungen" vor dem Zweiten Weltkrieg gezeigt haben; es kann bei unsentimentaler und vernünftiger Betrachtungsweise jedoch ein gedeihliches Nebeneinander geben.

Ausgangspunkt für eine derartige Phase eines von gegenseitigem Respekt und gegenseitigem Verständnis getragenen Miteinander war der erste Deutsche Tierschutzkongress am 7./8. Dezember 1957 in der Paulskirche zu Frankfurt am Main. Der damalige Präsident des Deutschen Tierschutzbundes Willi Emrich konnte eine große Anzahl prominenter Vertreter des öffentlichen Lebens des In- und Auslandes, der Kirchen, der Parteien etc. wie auch befreundeter Verbände begrüßen. In ihren Ansprachen und Referaten nahmen viele der Teilnehmer zu Problemen des Tierschutzes im Verhältnis zur Jagd und zur Jagdkynologie Stellung. Oberstaatsanwalt Dr. Jüttner aus Duisburg referierte über den Tierbegriff in der Rechtsordnung und beklagte insbesondere, dass das Tier von der Rechtsordnung als „Sache" angesehen und behandelt werde. Er schlug vor, dem Paragraphen 90 BGB einen Satz hinzuzufügen, so dass dieser nunmehr so laute: „Sachen im Sinne des Gesetzes sind nur körperliche Gegenstände. Auf lebende Tiere finden die für Sachen

1957: Erster Deutscher Tierschutzkongress in der Paulskirche

geltenden Vorschriften entsprechende Anwendung." Damit sei dem zur Zeit bestehenden beklagenswerten Zustand ein Ende gemacht – nämlich dem, dass die Rechtsordnung dem Menschen in seinem Verhältnis zum Tier eine irrige Seinsordnung suggeriert.

Es dauerte mehr als zwei Jahrzehnte, bis sich der Wunsch Jüttners erfüllte. Ab 1.1.1990 lautet der Paragraph 90 a BGB wie folgt:

Tiere nicht mehr Sachen

Tiere sind keine Sachen. Sie werden durch besondere Gesetze geschützt. Auf sie sind die für Sachen geltenden Vorschriften entsprechend anzuwenden, so weit nicht etwas anderes bestimmt ist.

Oberjägermeister a. D. Ulrich Scherping bemängelte, dass seiner Ansicht nach der Tierschutz seine Arbeit und sein Interesse allzusehr auf die domestizierte Tierwelt beschränkt und für den Schutz der freilebenden Tierwelt, die des Schutzes ebenso bedürfe, wenig Interesse gezeigt habe. Tierschutz in dieser Richtung sei von den Jägern schon seit langer Zeit betrieben. So sei beispielsweise der raue Schuss auf Schalenwild, durch das ungeschriebene Gesetz deutscher Weidgerechtigkeit beeinflusst, verboten worden, das Verbot des Teller- sowie des Pfahleisens sei zum Gesetz geworden, desgleichen das Verbot der Selbstschüsse, das Verbot der Verwendung künstlicher Lichtquellen, der Abschuss von Wild in der Notzeit in einem bestimmten Umkreis von Fütterungen, und im Frühjahr 1957 habe das Präsidium des DJV die Anwendung von Gift als „unweidmännisch" verworfen. Auf dieser Ebene des Tierschutzes stehe auch der vom DJV eingenommene Grundsatz, dass eine Jagdausübung ohne einen scharfen Gebrauchshund nicht als „weidgerechte Jagd" angesehen und gewertet werden könne.

Tierschutz und Jagdgebrauchshundwesen

Diesen Standpunkt vertrat auch Rechtsanwalt John Schmidt aus Hamburg, der über den Tierschutz in Beziehung zum deutschen Hundewesen referierte. Er führte u. a. aus: „Der hehrste Weidgeselle des deutschen Jägers aber ist und bleibt der Hund, und mit ihm und um seinetwillen kollidiert er nun tausendfach mit dem Tierschützer, obschon er selbst einer ist, denn die ganzen Bestimmungen der Jagdgesetze über Hege und Pflege des Wildes Schonzeitbestimmungen, Brut- und Setzschutzzeiten für die Wildarten, die keine Schonzeit genießen, Pflicht zur Jagdhundhaltung, die zahllosen Verbote über das Fangen und Erlegen des Wildes in unweidmännischer Art mit Schlingen und Schrot sowie künstlicher Lichtquellen sind doch nichts als reine Tierschutzbestimmungen". Schmidt weist auf die Notwendigkeit scharfer Hunde beim Zusammentreffen mit wildernden Katzen im Rahmen des Jagdschutzes hin und apostrophiert die Berichte über Prüfungen an und mit Katzen als Schauermärchen. Auch auf die Baueignungsprüfungen der Dachshunde mit lebenden Füchsen und Dachsen geht Schmidt ein und verweist darauf, dass der Bundesminister für Ernährung, Landwirtschaft und Forsten diese Baueignungsprüfungen für legal erklärt habe und letztendlich diese Prüfungen auch tierschutzkonform, ja tierschutzerforderlich seien.

Schließlich hatte auch der damalige 1. Vorsitzende des JGHV, Friedrich Ostermann, Gelegenheit zu einem Referat, in dem er im Rahmen der jedem Jagdgebrauchshundmann bekannten Erörterungen zur Notwendigkeit des Jagdgebrauchshundwesens fast seherisch ausführte: „Ein nicht wesensharter Hund wird keine Ente aus dem dichten Schilfwasser holen, wird den Witterungseinflüssen und Anstrengungen der rauen Praxis nicht gewachsen sein und wird bei der schwierigen Hetze eines krankgeschossenen Stückes nicht durchhalten." Es müsse daher durch konsequente Maßnahmen bei der Zucht- und Leistungskontrolle erreicht werden, den noch scharfen Jagdhundstämmen ihre Schärfe zu erhalten und den wenig scharfen die Schärfe wiedereinzuzüchten. Zum Verständnis der Ausdrucksweise sei hier bemerkt und darauf hingewiesen, dass unter dem nach damaligem Verständnis etwas unpräzise verwandten Begriff „Schärfe" insbesondere der unbedingte Wille eines Hundes, Beute zu machen, zu subsumieren ist, wozu nicht, insbesondere bei Niederwildarten, der heutzutage häufig einseitig interpretierte Begriff der „Schärfe" gehört!

Der Deutsche Tierschutzbund selbst kommt resümierend zu dem Ergebnis, dass der erste Deutsche Tierschutzkongress in der Paulskirche nach dem Urteil vieler erfahrener Tierfreunde ein Markstein und der hoffnungsvolle Beginn eines neuen Arbeitsabschnittes in der Geschichte der deutschen Tierschutzbewegung war. Zum ersten Male wären wichtige deutsche Verbände, die der lebendigen Natur verbunden seien, voller Harmonie und mit dem Bestreben, der Kreatur in Wort und Tat zu helfen, zu ernster Beratung zusammengekommen. Es habe wertvolle Anregungen gegeben, deren Verwirklichung den mitarbeitenden Verbänden ein besonderes Anliegen sein werde. Die zwischen dem Deutschen Tierschutzbund und diesen Organisationen angebahnten Beziehungen würden weiter ausgebaut werden.

Vorausgegangen waren dem ersten Deutschen Tierschutzkongress schon Bemühungen des JGHV, mit dem Deutschen Tierschutzbund und anderen Vereinigungen zu einem Konsens über das Töten von Katzen im Rahmen des Jagdschutzes zu kommen. Der JGHV vertrat nach wie vor die Ansicht, dass die Feststellung der Härte nur gelegentlich der Jagdausübung gestattet sei sowie gelegentlich der Ausübung des Jagdschutzes. Mit dem Deutschen Jagdschutz-Verband war eine Vereinbarung dahingehend getroffen, dass auf dieser Grundlage weitergearbeitet werde, und eine entsprechende Zustimmung bekam der JGHV auch vom Präsidenten des Deutschen Naturschutzringes, Prof. Dr. Hans Krieg. Ohne Einschränkung stimmte auch der Deutsche Bund für Vogelschutz zu, Bedenken wurden noch vom Deutschen Tierschutzbund geäußert.

Übereinstimmung zwischen JGHV und Deutschem Tierschutzbund (DTB)

Nach dem denkwürdigen Tierschutzkongress indessen erhellten sich auch hier die Standpunkte:

Auf dem Verbandstag des Jahres 1958 überbrachte Dr. Sauke vom Deutschen Tierschutzbund im Auftrage dessen Präsidenten Wünsche und Grüße und bat, die Erbmasse des guten Gebrauchshundes im Interesse weidgerechter Jagdausübung zu erhalten und zu fördern. Der gute Jagdhund müsse imstande sein, das angeschossene Wild nicht umkommen zu lassen, sondern es dem Jäger zuzuführen und vor allem schnell von seinen Qualen zu befreien. Einstimmig beschloss der Verbandstag die vom Gesamtvorstand vorgeschlagene gegenseitige beitragsfreie Mitgliedschaft zwischen dem Deutschen Tierschutzbund und dem JGHV als äußeres Zeichen enger Zusammenarbeit.

Ein Jahr später war Präsident Kertscher selbst Gast auf dem Verbandstag. Unter teilweise starkem Beifall führte er aus, dass man an einem Strang ziehe, nämlich weidgerechte Jagd, Schutz der freilebenden Natur und keinen Jäger ohne brauchbaren Jagdgebrauchshund. In einer Novelle zum Bundesjagdgesetz müsse verankert werden, dass eine Verwendung des Jagdgebrauchshundes unablässlich sei. Wenn es zwischen den Verbänden kritische Punkte gebe, „dann machen wir die Knoten eben auseinander. Wir werden zu dem Ziel kommen und werden allen Teilen gerecht werden – den Tierschützern hüben und den Jagdhundefreunden auf der anderen Seite!"

Auch in den kommenden Jahren war das Verhältnis ungetrübt. Am 18. März 1962 konnte Ernst vom Stein dem Verbandstag in Goslar über die Zusammenarbeit mit dem Deutschen Jagdschutz-Verband, die den Deutschen Tierschutzbund mit einschloss, berichten. Vom Stein hob lobend die korrekte und sinnvolle Zusammenarbeit mit dem Deutschen Tierschutzbund hervor, insbesondere mit dessen Präsident Kertscher sowie dem Bundesgeschäftsführer Wieprecht. In dem Dreiklang „DJV – DTB – JGHV" wären die gegenseitigen Interessen weitestgehend verbürgt.

Vor der DJV-Hauptversammlung in Kiel 1961 kam durch Vermittlung des Hauptgeschäftsführers Herbert Selle eine erste Besprechung mit dem Geschäftsführenden Präsidium zustande, deren Ergebnis war, dass der damalige Präsident Dr. Tellmann zusagte, Fragen des Jagdgebrauchshundwesens würden in Zukunft unter Hinzuziehung des JGHV erörtert werden. Es gelang vom Stein den Geschäftsführenden DJV-Vorstand in Kiel für seinen Vorschlag einer wichtigen Resolution zu gewinnen. Vom Stein legte noch einen weiteren Vorschlag vor, der eine Übereinkunft zwischen DJV, DTB und JGHV vorsah, der ebenfalls die Zustimmung des Präsidiums des DJV fand. – Nach Abstimmung mit dem Präsidenten Kertscher vom DTB wurden sowohl die Resolution als auch die Übereinkunft angenommen. Die Resolution hat folgenden Wortlaut:

Die „Kieler Entschließung"

„Die Tötung des Raubzeuges auch durch Jagdhunde bei der freien Jagdausübung ist eine Notwendigkeit zum Schutze der freilebenden Tierwelt und ist eine gesetzlich erlaubte, weidgerechte Jagdhandlung und kann keine Tierquälerei im Sinne des Tierschutzgesetzes sein.

Der Schaden, der durch Raubzeug, insbesondere streunende wildernde Katzen verursacht wird, ist nachweislich eine so schwere Rechtsgutverletzung, dass für den Jagdschutz u. a. die obige Bekämpfung in freier Jagdausübung unerlässlich ist. Außerdem ist bei der Jagdausübung nicht zu verhindern, wenn der mit dem Jäger in Feld und Wald freisuchende Hund auf Raubzeug stößt und es tötet."

In der Übereinkunft der drei Verbände wird eine Vorgehensweise vereinbart, aufgrund der man Beschwerden über die Verletzung des Tier- oder Jagdschutzes gerecht werden könne.

Diese „Kieler Entschließung" war über Jahrzehnte Grundlage und Maßstab des weidgerechten Verhaltens des Jägers mit dem Hund, wenn dieser mit wildernden Katzen oder Raubzeug bei der Jagdausübung zusammenstieß. Sie wurde in der Rechtsprechung akzeptiert und bei der Urteilsfindung zugrunde gelegt.

Anläßlich der 75. Hauptversammlung des JGHV im März 1988; berichtete Präsident Christoph Frucht über Gespräche mit dem DJV-Präsidenten und dem Präsidenten des Deutschen Tierschutzbundes, Dr. Grassmüller, nachdem der Deutsche Tierschutzbund die „Kieler Entschließung" aufgekündigt hatte. Der JGHV sieht darin keine Änderung der Rechtslage, da die damalige Resolution nur die Verhaltensweise beschrieben habe, an die sich jeder ordentliche Jäger in der Vergangenheit gehalten habe und in Zukunft auch halten werde.

In jüngster Zeit sind die Angriffe von Seiten des Deutschen Tierschutzbundes auf das Jagdwesen im allgemeinen und auf das Jagdgebrauchshundwesen im besonderen wieder schärfer, anhaltender und auch irrationaler geworden. Insbesondere wird die Einarbeitung und Prüfung des Jagdgebrauchshundes hinter der lebenden Ente als „tierquälerisch" und „nicht mehr zeitgemäß" apostrophiert. Es wird behauptet, das Jagdgebrauchshundwesen drücke sich vor Alternativmethoden. Die Szene hat eine gewisse Ähnlichkeit mit den Auseinandersetzungen, wie sie über die Schärfeprüfung vor dem Zweiten Weltkrieg beschrieben worden sind.

Aufkündigung der „Kieler Entschließung" durch DTB

Die gegenwärtige Rechts- und Sachlage ist fast unüberschaubar geworden. Nachdem im Jahr 1967 ein erstes Amtsgericht die Arbeit hinter der lebenden Ente, wie in den Prüfungsordnungen des JGHV näher beschrieben, für tierschutzgerecht hielt, folgten weitere amtsgerichtliche Urteile, bis im Jahr 1989 ein staatsanwaltliches Ermittlungsverfahren wegen Verbotsirrtums eingestellt wurde. Andere Strafverfahren endeten ebenfalls mit Einstellungen, jedoch mit unterschiedlicher Begründung.

In der juristischen Literatur werden unterschiedliche Ansichten vertreten.

Das alles war für den JGHV zusammen mit dem DJV Veranlassung, ein Gutachten zum Prüfungsfach „Stöbern hinter der Ente" in Auftrag zu geben, erstellt wurde dieses Gutachten von dem bekannten Biologen Dr. Peter Meile aus Wassen in der Schweiz. In dem sehr ausführlichen und überzeugenden Gutachten vom 31. August 1989 kommt der Sachverständige, selbst Jäger und Jagdhundeführer, zu dem Ergebnis, dass in Anbetracht der Besonderheiten des Fluchtverhaltens einer Ente und der Aufgabenstellung an den Hund die Fähigkeit, die an den Hund gestellte Aufgabe zu meistern, nur an lebenden Enten geprüft werden kann. Auch hält Meile das Verfolgen der Ente für wichtig: Ohne das Erlebnis von Wild im Wasser und Röhricht wird jeder Hund schwieriger zur weiten Suche nach Wild aufzufordern sein, ob er eine geflügelte Ente dann wirklich verfolgen wird, sei immer noch ungewiß. Meile verweist jedoch auch darauf, dass in der Vergangenheit tierquälerische Handlungen nicht unwahrscheinlich gewesen seien, da entweder die Enten kein Fluchtverhalten gelernt hätten oder nicht genügend konditioniert gewesen seien, dass die Gewässer nicht groß genug oder nicht mit genügend Deckung versehen gewesen seien oder dass die Prüfungen und das Üben auch zur Unzeit im Hinblick auf Vegetation und freilebende Tierwelt durchgeführt worden sei. Meile hält unter Berücksichtigung seiner skizzierten Bedenken das geübte Verfahren für das einzig mögliche, eine wirkliche Alternative vermag er nicht aufzuzeigen.

„Stöbern hinter der Ente"

Gutachten Meile

Auf Bitten des Jagdgebrauchshundverbandes gibt im Jahr 1990 alsdann der Universitätsprofessor Dr. R. R Hofmann (Justus-Liebig-Universität Gießen) eine gutachterliche Stellungnahme ab zur tierschutzrechtlichen Problematik der Ausbildung bzw. Prüfung und zum tierschutzgerechten Einsatz von Jagdgebrauchshunden auf der Schwimmspur der lebenden Ente. In seinem

Gutachten Hofmann

Gutachten schließt sich Hofmann letztendlich dem Sachverständigen Meile an, auch in seiner Kritik an dem bisherigen Verfahren kommt er wie Meile zu dem Schluss, dass keine grundsätzlichen tierschutzrelevanten Bedenken gegen die Verwendung lebender Enten vorgebracht werden können. Dennoch empfiehlt Hofmann ein längerfristiges Bemühen um die Erforschung und Erprobung praktikabler und effektiver Alternativmethoden dringend. Wie Meile auch, weist Hofmann darauf hin, dass die Übungs- bzw. Prüfgewässer mindestens 1 ha groß sein müssen, versehen mit einem Schilfgürtel von mindestens 10 m Breite und einer Fläche von mindestens 500 qm. Die Prüfungsdauer muss begrenzt werden, desgleichen die Zahl der verwendeten Enten und es sind Wiederholungsprüfungen zu vermeiden.

Verbote der Arbeit hinter der lebenden Ente in verschiedenen Bundesländern

Doch die Politik geht teilweise andere Wege, in Hessen wird das Üben und Prüfen an lebendigen Enten verboten, desgleichen in Niedersachsen durch Erlass des Ministers für Ernährung, Landwirtschaft und Forsten vom 8.10.1990.

Vor diesem Hintergrund wird die Satzung des Jagdgebrauchshundverbandes dahin geändert, dass alle Entscheidungen im Wege schriftlicher Abstimmung getroffen werden können, desweiteren wird für die Länder, in denen die Arbeit hinter der Ente verboten ist, die „Notlösung ohne Ente" beschlossen und jeweils bis in die Gegenwart Jahr um Jahr für diese Länder verlängert.

Unabhängig davon kommt es in Baden-Württemberg 1993 zu einer Art „Gentleman's Agreement" zwischen Politik und Jagdgebrauchshundwesen. Das Ministerium für ländlichen Raum des Landes Baden-Württemberg vertrat die Ansicht, dass nach dem Paragraphen 19 des dort gültigen Landesjagdgesetzes der Einsatz brauchbarer Jagdhunde bei der Jagd auf Wasserwild unabdingbar sei und dass die Ausbildung derartiger Hunde nach überwiegender Meinung in Wissenschaft und Praxis nur an einer lebenden kurzfristig flugunfähig gemachten Ente möglich sei. Eine derartige Ausbildungsmethode sei allerdings nur so lange tolerierbar, als keine anderen adäquaten Methoden zur Verfügung stünden. Vor diesem Hintergrund hat das Ministerium im Juli 1993 mit den dem jagdkynologischen Arbeitskreis vom Landesjagdverband angeschlossenen Mitgliedern Baden-Württembergischer Hundezucht- und Prüfungsvereine eine auf 3 Jahre (bis Ende 1995) befristete Vereinbarung abgeschlossen, die unter dem Begriff „Stuttgarter Vereinbarung" Eingang in die Diskussion gefunden hat. Mit dieser Vereinbarung blieb der Einsatz lebender Enten zunächst gestattet unter Berücksichtigung der maßgeblichen Ausführungen in den erwähnten Gutachten von Meile und Hofmann. Grundsätzlich blieb es bei der bestehenden Prüfungsordnung des JGHV, so weit nicht Besonderheiten mit Rücksicht auf die erwähnten Gutachten vereinbart wurden, welche letztendlich vereinbarungsgemäß der Aufsicht der staatlichen Veterinärverwaltung unterlagen.

Die „Stuttgarter Vereinbarung"

Vor dem Hintergrund des Verbotes der Arbeit hinter der lebenden Ente in Niedersachsen kam es zu einem Strafverfahren gegen den Industriemeister Sauter, der letztendlich vom Schöffengericht Stolzenau am 14. Januar 1993 freigesprochen wurde. Sachverständige in jenem Verfahren waren der Direktor des Instituts für Biogeographie der Universität des Saarlandes, Professor Paul Müller, sowie der Ehrenpräsident des Jagdgebrauchshundverbandes Uhde. Professor Müller hatte ein schriftliches Sachverständigengutachten verfasst, im übrigen erstatteten die Sachverständigen ihre Gutachten in der mündlichen Verhandlung. Müller kam in seinem schriftlichen Sachverständigengutachten letztendlich zu den gleichen Ergebnissen wie die Sachverständigen Meile und Hofmann. Müller entwickelte eine sehr schonende Methode, die Ente vorübergehend in ihrer Fluchtmöglichkeit leicht zu behindern, indem er empfahl, einige Handschwingen des Flügels mit einem Kreppband zu fixieren, das sich im Wasser nach etwa 8–10 Minuten auflöst und der Ente ihre volle Bewegungsfreiheit und damit Fluchtmöglichkeit wiedergibt. Diese Methode hat mittlerweile auch Eingang in das Prüfungswesen gefunden und wird anstelle des früher geübten Ausreißens oder Abschneidens der Handschwingen angewandt.

Auf die von der Staatsanwaltschaft gegen das freisprechende Urteil eingelegte Revision entschied am 12. Oktober 1993 der 2. Strafsenat des Oberlandesgerichtes Celle (2 Ss 147/93): Die Revision wird verworfen. Das OLG stellte fest, dass das Schöffengericht den Angeklagten ohne Rechtsfehler weder wegen einer Ordnungswidrigkeit noch wegen einer strafbaren Handlung nach Tierschutzgesetz verurteilt hatte. Von besonderer Bedeutung ist in diesem Zusammenhang die Feststellung des OLG, dass die Verwendung lebender Enten auch nicht gegen Paragraph 3 Nr. 8 TierSchG verstoßen habe, nach welcher Vorschrift kein Tier auf ein anderes gehetzt werden darf, soweit dies nicht die Grundsätze weidgerechter Jagdausübung erfordern. Das OLG stellte sich auf den Standpunkt, dass die Aufforderung an den Hund, die Ente ohne vorherigen Sichtkontakt im Schilf aufzuspüren und ihre Spur aufzunehmen, um sie auf die freie Wasserfläche zu drücken, ein „Hetzen" i. S. des Tierschutzgesetzes sei, es sei jedoch nicht entgegen den Grundsätzen weidgerechter Jagdausübung geschehen, sondern im Rahmen der Prüfung den Grundsätzen weidgerechter Jagdausübung zuzuordnen.

OLG Celle: Arbeit hinter der Ente nicht strafbar

Danach überschlugen sich nun ein wenig die Geschehnisse in Niedersachsen. Zur Erörterung der Problematik bei der Ausbildung und Prüfung von Jagdhunden hinter der lebenden Ente wurde der Tierschutzbeirat des Landes zu einer Besprechung am 28.4.1994 einberufen, dieser Termin musste abgesagt werden und es kam zu einem neuen Besprechungstermin am 7.6.1994 in Hannover. Es sollte erörtert werden, wie in Niedersachsen künftig die Ausbildung und Prüfung der Jagdhunde im Fach „Wasserarbeit" gestaltet werden könne, nachdem das OLG Celle in dieser Art der Ausbildung und Prüfung von Enten keinen Straftatbestand i. S. des Paragraphen 17 TierSchG gesehen habe. Diskutiert wurde ein vom Niedersächsischen MELF vorgelegter Vereinbarungsentwurf, der nach der Vorstellung des Ministeriums als öffentlich-rechtlicher Vertrag konzipiert werden sollte. Über den Inhalt wurde von sämtlichen Beteiligten, vom Jagdgebrauchshundverband nahm Ehrenpräsident Uhde an der Sitzung teil, ein Konsens erzielt, es sollte festgeschrieben werden, dass von den Veterinärbehörden der Tierschutz unterrichtet werde und es sollte die Führung eines „Übungsbuches" (ähnlich einem Fahrtenbuch) verbindlich gemacht werden: Es wurde erörtert, dass das vor dem Hintergrund divergierender Rechtsprechung erforderliche Ziel, zu einer Übereinkunft zu kommen, erreicht werden könne durch einen öffentlich-rechtlichen Vertrag, durch einen Erlaß oder letztendlich auf Vorschlag Uhdes hin durch eine im Schnellverfahren herbeigeführte Änderung der Prüfungsordnung einschließlich einer verbindlichen Regelung für alle „Nicht-Verbandsprüfungen" zur Wasserarbeit hinter der Ente.

Bei etwa 65 Vereinen unterschiedlichen Charakters in Niedersachsen erschien der Weg eines öffentlich-rechtlichen Vertrages wenig praktikabel, die Angelegenheit im Erlasswege zu regeln begegnete rechtlichen Bedenken, so dass letztendlich eine Einigung dahin erzielt wurde, dass der Weg zur Vereinbarung zunächst weiter beschritten werden soll, das Ministerium jedoch von der Initiative, die Prüfungsordnung zu ändern, unterrichtet werden solle.

Vereinbarung zur Arbeit hinter der Ente in Niedersachsen

Die Chance für das Prüfungswesen des Jagdgebrauchshundverbandes wurde erkannt und durch Vermittlung des Ehrenpräsidenten Uhde kam es zu Kontakten zwischen dem JGHV-Präsidenten Frucht und dem Abteilungsleiter Dr. Lindemann vom Niedersächsischen Ministerium für Ernährung, Landwirtschaft und Forsten, die in sehr kurzer Zeit zu einer Vereinbarung zwischen beiden Institutionen führte. Die Präambel jener Vereinbarung lautet: Die weidgerechte und tierschutzkonforme Durchführung der Jagd auf Wasserfederwild gem. Paragraph 1 Abs. 3 Bundesjagdgesetz; Art. 3 Abs. 3 Nr. 2 Niedersächsisches Jagdgesetz setzt den Einsatz brauchbarer Jagdhunde voraus. Ziel dieser Vereinbarung ist es, die Rahmenbedingungen für die Ausbildung und Prüfung von Hunden zur Wasserjagd festzulegen und kontrollierbar zu gestalten.

Im einzelnen sieht alsdann die Vereinbarung vom August 1994 folgendes vor:

Paragraph 1
Der JGHV verpflichtet sich, ab 1.9.1994, die Vorschriften seiner Prüfungsordnungen, bzw. die der ihm angeschlossenen Vereine und die dazu erlassenen Richtlinien, soweit sie sich auf die Prüfung hinter der Ente beziehen, entsprechend der nachfolgenden Ausführungen zu ändern.
Die Verbindlichkeit der Prüfungsinhalte wird zunächst auf 5 Jahre begrenzt. Sie endet vorzeitig, wenn zwischenzeitlich eine erprobte Alternative zur bisherigen Prüfung entwickelt werden sollte. Sofern durch obergerichtliche Entscheidungen diese Ausbildungsmethode abgelehnt wird, wird die Vereinbarung überprüft.
Den Veterinärämtern der Landkreise / kreisfreien Städte obliegt die Aufsicht über die Einhaltung dieser Vereinbarung. Sie sollen engen Kontakt mit den die Übungen und Prüfungen durchführenden Vereinen halten, um möglichst frühzeitig eingebunden werden zu können.

Paragraph 2
Die Vereine melden dem örtlich zuständigen Veterinäramt spätestens 14 Tage vor Beginn eines sogenannten Wasserübungstages oder einer Prüfung
   1. den genauen Termin und die Örtlichkeit (Gewässer),
   2. die Herkunft der verwendeten Stockenten und
   3. die für die Ausbildung und/oder Prüfung verantwortlichen Personen.

Eine verantwortliche Person ist für jede einzelne organisierte
Übung oder Prüfung im voraus vom Verein zu bestimmen.
Sie hat auf die Einhaltung nachfolgender Bestimmungen
(Paragraph 3 bis 8) zu achten.

Paragraph 3

Die nach Paragraph 2 Sätze 2 und 3 verantwortliche Person hat sicherzustellen, dass
1. regelmäßig nur solche Führer ihre Hunde vorbereiten oder prüfen lassen, die im Besitz eines Jagdscheines sind. Evtl. Ausnahmen sind zu begründen. Sie sind nur zulässig aus besonderen jagdlichen oder züchterischen Gründen,
2. jeder Hund an insgesamt nicht mehr als 3 Enten ausgebildet wird,
3. grundsätzlich nur eine Ente zur Prüfung eines Hundes eingesetzt wird; die Verwendung einer weiteren ist nur dann zulässig, wenn der Hund an der zunächst ausgesetzten Ente nicht geprüft werden konnte (z. B. weil die Ente abgestrichen ist),
4. Hunde, die hinter ausgesetzten Enten arbeiten, zuvor auf ihre Schussfestigkeit und ihren sicheren Apport im Wasser überprüft worden sind,
5. Hunde, deren Schuss- oder Wildscheue bereits vorher festgestellt worden ist, weder zu Übungen noch zu Prüfungen zugelassen werden. Als Nachweise über die nach 1. bis 5. zu fordernden Voraussetzungen ist ein Prüfbuch nach dem Muster der Anlage 1 zu führen und auf Verlangen dem zuständigen Veterinäramt vorzulegen; andere verbandsinterne Nachweise können als gleichwertig anerkannt werden

Paragraph 4

Zur Wasserarbeit dürfen ausschließlich voll ausgewachsene Stockenten verwendet werden, deren Flugfähigkeit nach der Methode Professor Müller (Kreppmanschette über Schwungfedern) für kurze Zeit beschränkt wird.
Die Enten müssen schon während ihrer Aufzucht und/oder Haltung mit Wasser und Deckung vertraut sein (d. h., während ihrer Aufzucht und/oder Haltung Gelegenheit haben, schwimmen, tauchen und sich in einer Deckung drücken zu können) und bis kurz vor der Prüfung oder der Übung Gelegenheit haben, ihr Gefieder zu fetten. Entsprechende Nachweise sind auf Verlangen dem zuständigen Veterinäramt vorzulegen.
Die Gewässer, die für die Übung oder Prüfung genutzt werden, müssen hinsichtlich der Größe (mindestens 0,25 ha Wasserfläche), ihrer Tiefe (Breite) von stellenweise 6 m, ihrer Wassertiefe (die vom Hund nur schwimmend überwunden werden kann) und ihrer Deckung
(ca. 500 m^2) so beschaffen sein, dass die Ente ihre Fluchtmöglichkeit voll ausnutzen kann. Die in Frage kommenden Gewässer werden im Einvernehmen mit dem zuständigen Veterinäramt festgelegt.
Sofern die Enten nicht am Übungs- oder Prüfungsort zumindest vorübergehend zur Eingewöhnung gehalten werden können, dürfen sie erst unmittelbar vor der Übung oder Prüfung an das Übungs- oder

Prüfungsgewässer verbracht werden und sind dort so zu halten, dass sie vom Übungs- oder Prüfungsgeschehen nicht beeinträchtigt werden.

Paragraph 5
Sobald der Hund eine zu beurteilende Leistung gezeigt hat, ist die Ente tierschutzgerecht zu erlegen.
Die Übungs- oder Prüfungszeit an einer Ente darf 15 Minuten nicht übersteigen.
Eine eventuell vom Hund lebend gebrachte Ente ist ebenfalls sofort tierschutzgerecht zu töten.
Getötete Enten sind getrennt von lebenden aufzubewahren.

Paragraph 6
Bei jeder Übung oder Prüfung muß ein geprüfter, jagderfahrener Hund zur Verfügung stehen, der ggf. zur Nachsuche heranzuziehen ist.

Paragraph 7
Hunde, die einmal eine Leistung hinter der Ente erbracht haben, dürfen kein weiteres Mal in diesem Fach geprüft werden. Im Einvernehmen mit dem zuständigen Veterinäramt dürfen Hunde ein weiteres Mal im Rahmen einer Zuchtausleseprüfung an einer lebenden Ente geprüft werden, das Einvernehmenserfordernis gilt nicht für Zuchtauslese- oder internationale Prüfungen.

Paragraph 8
Vorsätzliche oder grob fahrlässige Verstöße gegen diese Vereinbarung ziehen den sofortigen Ausschluss vom weiteren Übungs- oder Prüfungsbetrieb durch die nach Paragraph 2 und 3 bestimmte verantwortliche Person nach sich. Davon unberührt bleibt sowohl die Möglichkeit straf- oder ordnungsrechtlicher Verfolgung als auch verbandsinterner Disziplinarverfahren."

Die „PO Wasser"

Entsprechend der eingegangenen Verpflichtung wird nun satzungsgemäß schriftlich abgestimmt, von 655 möglichen Stimmen wurden 558 abgegeben, davon votierten 432 für eine Änderung der Prüfungsordnung entsprechend der Vereinbarung, 125 waren dagegen, 1 war ungültig und 5 enthielten sich. Mit einigen wenigen Änderungen wurde die PO Wasser auf dem Verbandstag 1995 alsdann einstimmig angenommen.

Mit dem Jahr 1995 lief auch die „Stuttgarter Vereinbarung" aus, das Ministerium für ländlichen Raum ließ den Jagdgebrauchshundverband wissen, dass mit Rücksicht auf die getroffenen Änderungen zur Prüfung am Wasser keine Veranlassung bestehe, die Vereinbarung zu verlängern, da die Prüfungsordnung nunmehr inhaltlich jener Vereinbarung entspreche.

Hessischer VGH: Arbeit hinter der Ente Verstoß

Eine verwaltungsgerichtliche Bestätigung hatte mittlerweile auch die Rechtsprechung des OLG Celle 1994 erfahren, denn das Schleswig-Holsteinische Verwaltungsgericht hatte in einem Urteil vom 20. Juni 1994 mit einer bemerkenswert diffizilen und sorgfältigen Begründung die prüfungsordnungsgemäße Arbeit hinter der lebenden Ente für zulässig erklärt insbesondere auch wie das OLG Celle keinen Verstoß gegen Paragraph 3 Nr. 8 TierSchG gesehen.

Diese rechtliche „Idylle" wurde nachhaltig gestört durch einen Beschluss des Hessischen VGH vom 6. November 1996 (11 TG 44/86/96), nach dem die Ausbildung von Jagdhunden hinter der lebenden Ente gegen Paragraph 3 Nr. 8 TierSchG verstößt, weil das Hetzen eines Jagdhundes auf eine flugunfähig präparierte Ente den Grundsätzen weidgerechter Jagdausübung widerspreche und diese Handlung auch nicht deshalb gerechtfertigt sei, weil sie dem Zweck der Ausbildung brauchbarer Jagdhunde diene. Mittlerweile war auch das Verfahren, das für das Jagdgebrauchshundwesen einen so positiven Abschluss vor dem Schleswig-Holsteinischen Verwaltungsgericht gefunden hatte, in die nächste Instanz gegangen, das Schleswig-Holsteinische Oberverwaltungsgericht befand am 17. März 1998, dass auf die Berufung das Urteil des Schleswig-Holsteinischen Verwaltungsgerichts vom 21. Juni 1994 abzuändern sei, die Klage wurde abgewiesen (4 L 219/94). Zur Begründung nahm das Schleswig-Holsteinische Oberverwaltungsgericht Bezug auf die rechtliche Würdigung des Hessischen Verwaltungsgerichtshofes und zitierte dessen Urteil in seinen wesentlichen Passagen wortwörtlich, es teilte also entgegen der Rechtsauffassung beispielsweise des OLG Celle und des Schleswig-Holsteinischen Verwaltungsgerichtes die Rechtsansicht des Hessischen Verwaltungsgerichtshofes, wonach das geübte Prüfungsverfahren gegen Paragraph 3 Nr. 8 TierSchG verstößt, zu einer weiteren Prüfung bestand aus seiner Sicht auch damit keine Veranlassung mehr.

Gegen das Tierschutzrecht!

Schleswig-Holsteinisches OVG: Arbeit hinter der Ente tierschutzwidrig!

Das Schleswig-Holsteinische Oberverwaltungsgericht hat die Revision zum Bundesverwaltungsgericht zugelassen, die auch verfolgt wurde, allerdings verwarf das Gericht mit Urteil vom 3. November 98 das Rechtsmittel wegen einer Fristversäumung.

Abweichend von den Entscheidungen der Oberverwaltungsgerichte in Hessen und Schleswig-Holstein hat in deren Kenntnis und nach eingehender Auseinandersetzung mit ihnen das Oberverwaltungsgericht für das Land Nordrhein-Westfalen in Münster mit Urteil vom 30. Juli 1998 (20 A 592/96) befunden, dass die gegenwärtige Art mit Enten zu *üben und an diesen zu prüfen,* tierschutzgerecht sei, es unterfalle der „Jagdklausel" des Paragraph 3 Nr. 8 TierSchG und es gebe keine Alternative dazu. Nunmehr ist die „PO Wasser" des JGHV auch hier wieder anwendbar.

OVG für das Land Nordrhein-Westfalen: Arbeit hinter der Ente tierschutzgerecht!

Die große Politik verhält sich bei alledem – wie sollte es auch anders sein? – indifferent. Der Bundesminister für Ernährung, Landwirtschaft und Forsten Jochen Borchert lässt den Präsidenten der LJ Niedersachsen Holsten 1997 wissen: „... Aufgrund der bislang sehr unterschiedlichen Rechtsprechung in dieser Frage kann ich nicht davon ausgehen, dass sich künftig eine bundesweit einheitliche Rechtsauffassung zugunsten der „Arbeit hinter der lebenden Ente" herausbilden wird. Ich halte deshalb die in einigen Bundesländern – und nun auch in Niedersachsen – verfolgten Lösungen auf vertraglicher Basis für erfolgversprechend.

Ich bin zuversichtlich, dass sich hierbei Regelungen finden lassen, mit denen sowohl Belangen des Tierschutzes Rechnung getragen wird, andererseits aber auch die praxisgerechte Ausbildung und Prüfung von Jagdhunden bei der Wasserjagd weiterhin möglich ist ..."

Eine weitere Arbeit mit Hunden an Wild ist immer wieder an tierschutzrechtlichen Maßstäben gemessen worden, nämlich die Einarbeitung der Erdhunde an lebenden Füchsen in künstlichen Bauanlagen. Nach dem Tier-

Arbeit im Kunstbau mit lebenden Füchsen

Trumler: Bauarbeit nicht tierschutzwidrig

Arbeit mit „Drehgitter" und „Pendelgitter"

schutzgesetz vom 24.7.1972 ist es nach dessen Paragraph 3 Nr. 7 verboten, ein Tier an einem anderen Tier auf Schärfe abzurichten oder zu prüfen. In einem Gutachten zur Beurteilung der Frage, ob die „Baueignungsbewertung" des Deutschen Teckelklubs 1888 e.V. mit dem Deutschen Tierschutzgesetz vom 24.7.1972 vereinbar ist, hat sich der bekannte Verhaltensforscher Eberhard Trumler, damals hatte er sein Domizil in der Haustierkundlichen Forschungsstelle Grubmühle bei Apfeldorf in Oberbayern, mit den Fragen auseinandergesetzt, die bis heute Anlass sind, die geübten Verfahren im Hinblick auf ihre Rechtmäßigkeit in Zweifel zu ziehen. Trumler setzt sich mit der biologischen Situation des Raubwildes auseinander, mit der protektiven Anpassung des Fuchses gegenüber Raubfeinden sowie der höheren Gehirnleistung des Fuchses, er befasst sich mit dem Fuchs in „Gefangenschaft" und letztendlich auch mit der Arbeit im Kunstbau. Trumlers Gutachten basiert in erster Linie auf seinen langjährigen Kontakten sowohl zu Wild – wie auch Haushunden als auch zu Füchsen, gelegentlich auch zu Dachsen, die in engem Zusammenleben mit Hunden aufgezogen wurden. Verhaltensstudien an von Hand aufgezogenen wie im Gehege gezüchteten Füchsen, die Trumler aus Vergleichsgründen neben seinen Wild- und Rassehunden hielt, gingen dem Gutachten voraus. Trumler hatte überdies ausreichend Gelegenheit, die Handhabung der Baueignungsprüfung zu studieren. Trumler kommt zu dem Ergebnis, dass aus biologischer und verhaltenskundlicher Sicht die Baueignungsprüfung, wie sie die geltende Prüfungsordnung des Deutschen Teckelklubs vorschreibt, in keinem einzigen Punkt in Widerspruch zum Tierschutzgesetz steht. Die Prüfungsordnung sei in Form und Handhabung als vorbildlich zu bezeichnen und stehe ethisch weit über so manchen in Nachbarländern praktizierten Methoden.

In einer Stellungnahme zu jenem Gutachten äußert sich der damalige Leiter des Institutes für Wildtierforschung Hannover, Professor Dr. Hans Schulze, dahin, dass er sich der verhaltensphysiologischen Meinung Eberhard Trumlers in dessen Gutachten voll inhaltlich anschließt. Auch Schulze sieht bei „lege artis" – betriebener Einarbeitung von Erdhunden an erfahrenen Schliefenfüchsen im Kunstbau die Forderungen des Deutschen Tierschutzgesetzes vom 24.7.1972 als voll erfüllt an.

In der Folgezeit kommt es zu zahlreichen Ermittlungsverfahren, die samt und sonders von den beteiligten Staatsanwaltschaften eingestellt werden, da tierschutzwidrige Verhaltensweisen nicht festgestellt werden können, insbesondere deshalb, weil die Schieber im Kunstbau einen unmittelbaren Kontakt zwischen Fuchs und Hund vermeiden.

Um auch jegliche Möglichkeit des unmittelbaren Kontaktes zwischen Fuchs und Hund auszuschließen entwickelte der Deutsche Jagdterrierklub das sog. „Drehgitter" im Rundkessel und das „Pendelgitter" in der Langröhre, welche gewährleisten, dass bei Prüfungen der Hund einerseits keinen unmittelbaren Kontakt mit dem Raubwild hat, andererseits durch „Drücken" gegen die beweglichen Gitter den Fuchs noch zum „Sprengen" veranlassen kann.

Vor dem Hintergrund immer mehr emporschnellender Fuchsstrecken und der von den Füchsen ausgehenden Gefährlichkeit besteht letztendlich auch kaum mehr Uneinigkeit darüber, dass die für die Baujagd verwandten

Hunde zuvor auch tierschutzgerecht ausgebildet sein müssen. Bei dieser Ausbildung ist jedoch, wie bei der Einarbeitung eines Hundes zur Wasserjagd, auf die Sensibilität der Öffentlichkeit, der Bevölkerung, Rücksicht zu nehmen. So kann beispielsweise unter tierschutzfachlichen Gesichtspunkten die Ausbildung und Prüfung von Bauhunden in Schliefanlagen bis auf weiteres entsprechend einem Erlass vom November 1995 des Niedersächsischen Ministeriums für Ernährung, Landwirtschaft und Forsten toleriert werden, wenn folgende Voraussetzungen erfüllt sind.

Nds. Erlass zur Arbeit von Bauhunden in Schliefanlagen

1. Für die Ausbildung und Prüfung von Bauhunden dürfen nur sog. Rundkessel-Schliefanlagen genutzt werden, die einen direkten Körperkontakt zwischen Hund und Fuchs ausschließen. Die Größe des Kesselteils, in dem der Fuchs sich befindet, hat mindestens den Abmessungen des Kessels im Naturbau zu entsprechen. Am „Aussprung" ist dem Fuchs ebenfalls eine Versteckmöglichkeit anzubieten.
2. Die Gesamtprüfungsdauer im Kessel darf 3 Minuten nicht übersteigen.
3. Es dürfen nur adulte Füchse, die als Jungfüchse an die Arbeit in Schliefanlagen gewöhnt wurden, zur Ausbildung der Hunde eingesetzt werden.
4. Vor dem ersten Einsatz in einer unbekannten Schliefanlage ist dem Fuchs ausreichend Zeit zum „Vertrautmachen" mit der Anlage zu geben.
5. Unterbringung der Füchse:
   Die Größe des Geheges muss mindestens 20 qm pro Paar betragen, empfohlen werden mindestens 40 qm.
   Der Gehegeboden muß überwiegend aus gewachsenem Boden bestehen, Sandplätze für Komfortverhalten sind vorzusehen. Im Gehege ist eine Gliederung in Nischen durch Sichtblenden (Stämme, Felsen, Gebüsch u.a.m. zu schaffen.) Schlafboxen entsprechend der Körpergröße sind ebenso vorzusehen, wie erhöhte Liege- und Sitzflächen und Grabemöglichkeiten.
   Die Umzäunung ist mit Überhang nach innen oder aus glatten Wänden zu errichten, ein Fundament zur Verhinderung des Untergrabens ist erforderlich.
   Sofern das Gehege und eine Schliefanlage sich in räumlicher Nähe befinden, ist darauf zu achten, dass die Tiere in der Gehegeanlage durch den Betrieb der Schliefanlage nicht gestört werden.

Die Landesjägerschaft hat diesem Erlass in allen Punkten zugestimmt.

Im Jahr 1994 hatte sich schließlich das Verwaltungsgericht Köln mit einer Arbeit an einer Schliefanlage zu befassen, da die zuständige Behörde dem Hundeführer untersagte, lebende Füchse zu Schliefübungen in einer Schliefanlage einzusetzen. In seinem Urteil vom 5.9.1996 (20 K 34/94) kommt das Verwaltungsgericht in seiner eingehenden und überzeugenden Begründung zu dem Endergebnis, dass unter Berücksichtigung der tatsächlichen Verhältnisse und auch einer gesetzeskonformen Auslegung des Tierschutzgesetzes in der vom Hundeausbilder unterhaltenen Schliefanlage kein „Abrichten oder Prüfen auf Schärfe" stattfindet. Es bleibt abzuwarten, ob

VG Köln: Arbeit in Schliefanlagen nicht tierschutzwidrig

auch hier es letztendlich zu einer Entscheidung eines Oberverwaltungsgerichtes oder sogar des Bundesverwaltungsgerichtes kommt.

Das Verhältnis des JGHV zum DJV wird bestimmt, wie es sich auch aus der Standortbestimmung des JGHV ergibt, vom Primat der Jagd. Das Jagdgebrauchshundwesen ist nur ein Teil des Jagdwesens, um das sich der DJV in seiner Gesamtheit zu sorgen hat, während der JGHV aus guten Gründen sich insoweit unabhängig vom DJV das Jagdgebrauchshundwesen zur alleinigen Aufgabe gemacht hat. Das alles bedeutet einerseits Unabhängigkeit voneinander, bedingt jedoch eine bestimmte Abhängigkeit, was alles wiederum ein Mindestmaß an Kommunikation zwischen dem DJV und dem JGHV erfordert. Dieses Verhältnis kann wohl kaum besser beschrieben werden als es der damalige Hauptgeschäftsführer des DJV Selle getan hat in seinem Grußwort am Festabend vor dem 50. Verbandstag des JGHV in Goslar:

Verhältnis JGHV/DJV

„Der Pflichtenkreis des Gebrauchshundmannes ist durch die Grundfragen und Grundgesetze der Züchtung, Aufzucht, Ausbildung, Prüfung und Führung der verschiedenen Jagdgebrauchshundrassen so kompliziert und vielschichtig, daß er nur in einer besonderen Fachorganisation behandelt, gepflegt, überwacht und weiterentwickelt werden kann. Diese unbestreitbare Zweckmäßigkeit und Notwendigkeit bedingt nun etwa keineswegs ein Nebeneinander von Jäger und Rüdemann, ja, wir huldigen nicht einmal dem so bekannten und ebenso oft missbrauchten Moltke'schen Losungswort vom „getrennt marschieren und vereint schlagen", das ja nur deshalb einen Sinn hat, weil der gemeinsame Oberbefehl Voraussetzung ist, sondern wir bekennen uns, und das muss, so meine ich, an einem solchen Tage und Abend, wie dem heutigen, mit Nachdruck betont werden, zu einer unauflöslichen Bundesgenossen- und Bruderschaft, in der es unterschiedliche Auffassungen oder gar Gegensätze überhaupt nicht geben kann, weil wir uns einem gemeinsamen hohen sittlichen Ziel verpflichtet wissen."

Die Bundesrepublik Deutschland wurde 1949 errichtet, ihr Grundgesetz stammt vom 23. Mai 1949, seit dem 5.5.1955 ist sie mit dem Inkrafttreten des Deutschlandvertrages wieder ein souveräner Staat. Ebenso früh institutionalisierten sich wieder die Organisationen des Jagdgebrauchshundewesens, zu letzterem sind schon Ausführungen gemacht. Der DJV wurde 1949 ins Leben gerufen, er ist seit 1951 eingetragener Verein.

Verbindungsmann des JGHV zum DJV 1954

Entsprechend dem Beschluss vom 15. Januar 1949 des Verbandes, sich dem jagdlichen Spitzenverband der vereinigten Westzonen anzuschließen, wurde alsbald ein Verbindungsmann zum DJV berufen, der erste war der Güterdirektor Rommeswinkel, Mitglied im Präsidium des JGHV und zugleich des DJV. 1954 forderte Rommeswinkel, dass jeder Landesverband des DJV einen Obmann zur Vertretung des Jagdhundewesens in sein Präsidium berufen möge, institutionalisiert ist derartiges trotz vieler Versuche bis zum heutigen Tage endgültig und überall noch nicht. 1955 wurde Rommeswinkel von Ebeling in der genannten Position abgelöst. Schon damals bildeten besondere Schwerpunkte der Zusammenarbeit die Brauchbarkeits- oder Jagdeignungsprüfungen, die Herausgabe von Merkblättern zum Jagdgebrauchshundwesen oder gemeinsame Bemühungen um sich aus dem Tierschutz ergebende Fragen. Nachfolger von Ebeling wurde beim DJV der spätere

JGHV-Präsident Alois Schott. 1961 wurde, um die Zusammenarbeit offensichtlich zu verstärken, ein Ausschuss zur Bewältigung gemeinsamer Anliegen gebildet, dem die Herren Schott, vom Stein, Strassmann und Dr. Tabel angehörten sowie der Forstmeister Ehrgott, der späterhin bis zu seinem Ausscheiden aus dem Präsidium des JGHV auch die Verbindungen zum DJV aufrechterhielt. Die Versuche des DJV und des JGHV anlässlich von Novellierungen des Bundesjagdgesetzes Bestimmungen über die Erhaltung und Führung brauchbarer Hunde einzubringen, sind bis zum heutigen Tage gescheitert. Entsprechende Bestimmungen enthalten vor dem Hintergrund der entsprechenden Grundentscheidungen des Bundesgesetzes die einzelnen Landesjagdgesetze.

In Zusammenarbeit mit dem DJV, von diesem gefördert, hatte das Jagdgebrauchshundwesen, vertreten durch den JGHV, von Beginn des nach dem Kriege wieder aufblühenden Ausstellungswesens Gelegenheit, der interessierten Öffentlichkeit bei und in diesen Ausstellungen die Jagd mit dem Hund und deren Besonderheiten und Notwendigkeiten nahe zu bringen. Das gilt bis zum heutigen Tage.

Im Jahre 1988 legte der DJV schon im Hinblick auf das Jahr 2000 mit seiner Standortbestimmung „Jagd heute" eine Materialsammlung vor, die auf der Grundlage des geltenden Rechts die Probleme der Gegenwart kennzeichnen sollte. Es konstituierte sich beim DJV eine „Arbeitsgruppe Jagd 2000", die gewissermaßen als aktuelle Fortschreibung der Standortbestimmung des Jahres 1988 im Oktober 1995 einen Bericht vorlegte, der nach ihrem Willen ein „Anstoß zum Weiterdenken" sein sollte. Zum Hundewesen wird in diesem Bericht ausgeführt: „Eine sachgerechte Jagdausübung ist ohne den Einsatz von Jagdgebrauchshunden, die auf ihre jagdliche Bestimmung hin gezüchtet, geprüft und geführt werden, nicht möglich. Dies gilt gleichermaßen für die Jagdausübung vor dem Schuss wie für die Nachsuche, die auch aus Tierschutzgründen unerlässlich ist.

„Arbeitsgruppe Jagd 2000" des DJV zum Jagdgebrauchshund

Der Einsatz im Jagdgebrauch hat zur Voraussetzung, dass nur Hunde zur Zucht verwendet werden, die frei von Wild-, Schuss- und Milieuscheue sind und ihre Anlagen und Leistungen auf entsprechenden jagdlichen Prüfungen bewiesen haben und ständig im Jagdgebrauch stehen. Für eine tierschutzgerechte Wasserjagd muss ein Zucht- und Prüfungsschwerpunkt auch auf diese Aufgabe abzielen. Die Ausbildung und Prüfung auf der Schwimmspur hinter der lebenden Ente sind vorerst nicht zu ersetzen. Alternativen sind bisher nicht bekannt.

Da der Fuchs intensiv bejagt werden muß, kann auf die Baujagd nicht verzichtet werden. Deshalb ist die Arbeit der Bauhunde erforderlich, denen man nicht unvorbereitet solche Aufgaben zumuten darf. Auch hier ist die Ausbildung in einer Schliefanlage nötig, wobei nur Rundkesselanlagen, die einen direkten Kontakt des arbeitenden Hundes mit dem Fuchs ausschließen, aus Tierschutzgründen geeignet sind, da sie die Belastung für den Fuchs erheblich reduzieren. Vorschriften für die korrekte Haltung der Füchse stellen tierschutzgerechte Voraussetzungen sicher.

Im Zuge aussagekräftiger Jagdgebrauchshundezucht sind die Anlageprüfungen der verschiedenen Jagdgebrauchshundrassen und -schläge unerlässlich. Allerdings bedarf die Durchführung von Prüfungen während der

Brut- und Setzzeit großer Sensibilität. Dabei sind auch regionale und saisonale Gesichtspunkte zu bedenken. An den Prüfungen dürfen nur Jagdscheininhaber teilnehmen, und unnötige Prüfungswiederholungen sind zu vermeiden."

Schon zuvor, im Juli 1993, hatte der DJV eine bundeseinheitliche Empfehlung zur Feststellung der Brauchbarkeit bei Jagdhunden „herausgegeben", die dem Ziel dienen sollte, die verschiedenen Brauchbarkeits- und Jagdeignungsprüfungsordnungen der Länder einander näher zu bringen und zumindest, was ihren essentiellen Inhalt angeht, anzugleichen. Die Präambel jener Empfehlung lautet wie folgt:

Empfehlung des DJV zur Feststellung der Brauchbarkeit bei Jagdhunden

„Der zur Jagd brauchbare Hund muss über konstitutionelle, konditionelle und wesensmäßige Eignung verfügen.

Seine Konstitution muss gekennzeichnet sein durch eine robuste Gesundheit und ausgeprägte Sinnesleistungen.

Seine Kondition muss gekennzeichnet sein durch geübte Kraft und Ausdauer.

Das Wesen muss gekennzeichnet sein durch ausgeprägten Finderwillen von Wild, nicht vorhandener Wild- und Milieuscheue, soziale Integrierbarkeit und soll sich durch Ausgeglichenheit und Führigkeit auszeichnen.

Die konstitutionelle und wesensmäßige Eignung muß die Zucht garantieren. Sie wird in der Brauchbarkeitsprüfung der Landesjagdverbände nicht geprüft, sondern vorausgesetzt.

Nur durch das Vorhandensein dieser Eigenschaften ist gewährleistet, dass sich Hunde bei sachgerechter Ausbildung und Führung zu einem leistungsfähigen Jagdgebrauchshund entwickeln."

Die in dieser Präambel gemachten Ausführungen halten streng gesehen einer Überprüfung unter verhaltensbiologischen und tierpsychologischen Gesetzen nicht stand, indessen weiß jeder, was mit ihnen gemeint ist. So haben denn auch die Grundgedanken jener Präambel Eingang gefunden in Vorworte oder Präambeln der entsprechenden Prüfungsordnungen der Bundesländer.

Gemeinsames Positionspapier JGHV/DJV

Zwischen JGHV und DJV wird eine gemeinsame Position zur Arbeit mit Jagdgebrauchshunden erarbeitet, jenes Papier vom 31. Juli 1994 lautet wie folgt:

„Das Jagdgebrauchshundwesen ist für die Jagd unerlässlich. Der Gesetzgeber verlangt die Verwendung brauchbarer Jagdgebrauchshunde. Ein unverzichtbarer Bestandteil für die Zucht und Ausbildung brauchbarer Jagdhunde sind u. a. die Anlageprüfungen.

Der DJV und der JGHV sind sich einig, daß die Jagdgebrauchshundeausbildung, -prüfung und -führung befugte Jagdausübung ist. DJV und JGHV sind bestrebt, dafür auch die gesetzlichen Grundlagen in den Landesjagdgesetzen zu schaffen. Beide Verbände sind sich weiterhin einig, daß das Thema der Prüfung von Jagdgebrauchshunden während der Setz- und Brutzeit mit großer Sensibilität behandelt wird.

Beide Verbände sind sich ferner darüber einig, dass die Anlageprüfungen im Frühjahr unter Berücksichtigung regionaler und saisonaler Gesichtspunkte frühzeitig abgeschlossen sein sollen, möglichst bis zum 30. April. Der Jagdgebrauchshundverband ist bestrebt, durch entsprechende Rahmenbedingungen dazu beizutragen, dass die Inanspruchnahme der Reviere möglichst gering gehalten wird und örtliche und zeitliche Konzentration von Prüfungen vermieden werden."

Diese Arbeitsunterlage ist auch die Plattform, auf der der „Arbeitskreis Jagdhunde beim DJV" arbeitet, es handelt sich dabei um einen der Fachausschüsse, die gem. Art. 11 der Satzung des DJV vom DJV-Präsidium für die Dauer seiner Amtszeit mit beratender Funktion gebildet werden. Vorsitzender dieses Ausschusses ist der Präsident des Landesjagdverbandes Bremen, der Rechtsanwalt Gerhard Delougne, es gehören ihm weiterhin an der Präsident des Landesjagdverbandes Schleswig-Holstein Hans-J. Andritter, sowie weiterhin JGHV-Präsident C. Frucht, der Präsident des Landesjagdverbandes Thüringen Dr. Franz Nentwich, der ehemalige Vorsitzende des VDD Gideon Freiherr von Redwitz sowie der Hauptgeschäftsführer des Landesjagdverbandes Nordrhein-Westfalen Dr. Hugo Schlepper und das Mitglied des JGHV-Präsidiums Professor Dr. Hans Wunderlich.

„Arbeitskreis Jagdhunde"

Dieser Ausschuss erarbeitet Grundsätze der Zusammenarbeit der Bundesverbände „Deutscher Jagdschutz-Verband e.V." (DJV) und Jagdgebrauchshundverband (JGHV), denen das JGHV-Präsidium am 5. Juli 1997 zustimmt und das DJV-Präsidium am 8. September 1997. Diese Grundsätze lauten wie folgt:

Grundsätze zur Zusammenarbeit zwischen DJV und JGHV

1. DJV und JGHV verstehen sich als Partner der gemeinsamen Verpflichtung zur Förderung der weidgerechten Ausübung der Jagd
   (Paragraph 1 Abs. 3 BJG).
2. Der JGHV anerkennt den DJV als Spitzenorganisation der Jägerschaft in Deutschland und lässt sich in seiner Arbeit von den jagdpolitischen Entscheidungen des DJV leiten.
2.1 Der JGHV orientiert seine jagdkynologischen Aktivitäten an den Anforderungen der Jagd für den brauchbaren Hund. („Bundeseinheitliche Empfehlungen zur Feststellung der Brauchbarkeit von Hunden zur Jagd" als Mindestanforderung).
2.2 Die Zuchtvereine des JGHV lassen sich von den Anforderungen der Präambel der o. g. Empfehlung leiten.
2.3 Der JGHV wirkt auf der Grundlage seiner Satzung, soweit noch nicht vorhanden, auf die Bildung jagdkynologischer Vereinigungen in den Ländern hin, um hierdurch für eine Zusammenarbeit mit den Landesjagdverbänden präsent zu sein.
3. Der DJV anerkennt den JGHV als Spitzenorganisation des Jagdhundewesens in Deutschland und stützt sich bei seinen Entscheidungen auf dessen jagdkynologische Kompetenz.
3.1 Der DJV sieht im JGHV und dessen Mitgliedsvereinen die befugte kynologische Organisation in Deutschland, Jagdhundeprüfungen durchzuführen und fordert die Einhaltung der Rahmenbedingungen des JGHV für die Abhaltung der vom JGHV anerkannten Prüfungen.
3.2 Der DJV bewertet die praktische Ausbildung und Prüfung von Jagdhunden in den Revieren rechtlich als „befugte Jagdausübung".
3.3 Der DJV setzt sich bei den Landesjagdverbänden dafür ein, dass

die Prüfungen des JGHV, soweit sie die in den Ländern geltenden Mindestanforderungen erfüllen, als für die jagdliche Brauchbarkeit „anerkannte Prüfungen" ausgewiesen werden. Soweit diese Prüfungen nicht den Mindestanforderungen entsprechen, sind sie mit den erforderlichen Zusatzfächern zu ergänzen.

3.4 Der DJV und die Landesjagdverbände nehmen auf der Grundlage ihrer Satzungen im Benehmen mit dem JGHV grundsätzlich die jagdpolitische Vertretung der Jägerschaft wahr. Die Vertretung jagdkynologischer Anliegen und Vorgänge, z. B. gegenüber Gerichten, Organisationen und Verbänden, erfolgt in Abstimmung zwischen DJV bzw. Landesjagdverbänden und JGHV.

3.5 Unter dem gemeinsamen Primat der Jagd begrüßt der DJV die Bestrebungen des JGHV, eine bestmögliche Stellung des Jagdgebrauchshundwesens national und international zu erreichen."

Der Verband für das Deutsche Hundewesen (VDH) und seine Vorläufer

Bis zum dekretierten Aufgehen der Delegiertenkommission und des Kartells in den RDH bestanden neben dem Jagdgebrauchshundverband zwei weitere große kynologische Dach- und Spitzenorganisationen in Deutschland. Das ist schon dargestellt, wie auch das Wiedererstarken des Jagdgebrauchshundverbandes nach dem Kriege seit der „Unterschweinsstiege" skizziert worden ist. Die Delegiertenkommission und das Kartell entstanden nicht wieder, 1946 wurden jedoch schon in der britischen Besatzungszone erste Bundesverbände für Hundewesen ins Leben gerufen. Schon am 14. September 1947 wurden in Stuttgart im Rahmen einer Aufstellung 2.500 Hunde und 122 Zuchtgruppen der Öffentlichkeit präsentiert. Im März 1948 wurde die „Arbeitsgemeinschaft der Landesverbände für das Hundewesen" unter Mitwirkung fast aller Rassezuchtvereine ins Leben gerufen. Auf der Hauptversammlung dieser Arbeitsgemeinschaft im Juni beschließt man einstimmig die Umbildung in den „Verband für das Deutsche Hundewesen (VDH) e.V.". Zum 1. Januar 1951 wird der VDH in die Fédération Cynologique Internationale (FCI), die Weltorganisation, aufgenommen. In der FCI kann satzungsgemäß jeweils nur eine Spitzenorganisation für das Hundewesen eines jeden Staates oder Landes vertreten sein.

Die FCI – der Weltverband

Das Verhältnis des JGHV zum VDH blieb zunächst, nicht zuletzt wohl wegen der in der Vergangenheit gemachten Erfahrungen, distanziert. Auf der Verbandsversammlung vom 17. März 1957 in Bingen kann schließlich der Vorsitzende Friedrich Ostermann verkünden:

„Wir sind jetzt in der glücklichen Lage, dass als Präsident des Verbandes für das Deutsche Hundewesen ein Mann gewählt worden ist, der auch einer unserer Vorstandsmitglieder und unser enger Mitarbeiter ist: Der Jäger und Teckelmann Dr. Bandel aus Kehl. Diese Wahl hat die Voraussetzung dafür geschaffen, dass wir endlich mit dem VDH, der das Nichtjagdhundewesen spitzenmäßig vertritt, national und international, zu einer für beide Seiten tragbaren Vereinbarung gekommen sind, die das Ziel hat, engstens in Grundsatzfragen und wichtigen Dingen gemeinsam zu arbeiten – miteinander und nicht gegeneinander. Die getroffenen Vereinbarungen muss der Verbandstag heute sanktionieren. Der geschäftsführende und der erweiterte Verbandsvorstand haben schon einstimmig zugestimmt und bitten Sie, diese Vereinbarungen anzunehmen."

Ostermann skizzierte alsdann den Inhalt der getroffenen Vereinbarung und antwortet auf eine Frage, ob auch auf dem Gebiete des Zuchtbuchwesens weiterhin Freiheit bestehe:

„Auch zuchtbuchmäßig, einschließlich Zuchtbuchführung, einschließlich Stammbuchwesen, das ist selbstverständlich auch unsere Angelegenheit für das gesamte Jagdhundwesen. Es dreht sich lediglich darum, dass wir den VDH bei Bescheinigungen von Ahnentafeln von Hunden, die über die Grenze gehen, die nach den Bestimmungen des FCI gestempelt werden müssen, in Anspruch nehmen, dass wir auch vom VDH ab und zu mal Bescheinigungen in Anspruch nehmen, wie kürzlich der Jagdterrier-Club für Kanada, dass der Jagdterrier hier in Deutschland eine anerkannte Jagdhundrasse ist, usw.".

Dr. Bandel

Etwa 16 Monate später wird die Vereinbarung wie folgt wirksam:
Vereinbarung
zwischen dem Verband für das Deutsche Hundewesen (nachfolgend kurz VDH genannt) und dem Deutschen Jagdgebrauchshund-Verband (nachfolgend kurz JGV genannt).
Zwischen den unterzeichneten bevollmächtigten Vertretern der oben genannten beiden Spitzenverbände wurde mit Datum der Unterzeichnung folgende Vereinbarung getroffen:
1. Beide Verbände anerkennen sich gegenseitig auf ihrem Arbeitsgebiet als deutsche Spitzenorganisation mit vollkommener Selbstständigkeit in sachlicher, organisatorischer und vereinsrechtlicher Hinsicht.
2. Beide Verbände erklären ihre gemeinsame Zusammenarbeit in allen grundsätzlichen und die gemeinsamen Interessen berührenden Fragen des Hundewesens und sagen sich dabei gegenseitige Unterstützung zu.
3. Zum Zwecke dieser Zusammenarbeit erwerben beide Verbände die gegenseitige Mitgliedschaft.
4. Eine gegenseitige Beitragszahlung findet nicht statt.
5. Die etwa notwendig werdenden Kosten der organisatorischen Zusammenarbeit (z. B. Reisekosten, Tagegelder usw.) trägt jeder Verband für sich.
6. Jeder der beiden Verbände erhält im Vorstand des anderen durch seinen jeweilig gewählten oder bestimmten Vertreter Sitz und Stimme.
7. a) Der Verband für das Deutsche Hundewesen erkennt den Deutschen Jagdgebrauchshund-Verband als die für das gesamte Prüfungswesen aller Jagdhunde ausschließlich zuständige Spitzenorganisation an.
   b) Der Deutsche Jagdgebrauchshund-Verband erkennt den Verband für das Deutsche Hundewesen als die für das gesamte Hunde-Ausstellungswesen ausschließlich zuständige Spitzenorganisation an. Von dieser Ausschließlichkeit sind die dem JGV und seinen Gliederungen vorbehaltenen Zuchtschauen, Körschauen und anderen Veranstaltungen züchterischer Art ausgenommen.
8. Die gesamte Zuchthoheit und Stammbuchhoheit (das DGStB, das gesamte Zuchtbuch- und Stammbuchwesen einschließlich der Aus-

stellung der Ahnentafeln usw.) bleibt den Jagdhund-Züchtungsverbänden und -vereinen im JGV wie bisher vorbehalten. Der VDH wird im Rahmen des Notwendigen und Möglichen den Mitgliedern der im JGV zusammengeschlossenen Züchtervereine hinsichtlich von Richtigkeitsbescheinigungen für internationale Zwecke (Ahnentafeln, Zwinger usw.) gegen Bezahlung der entsprechenden Gebühren dieselben Rechte zuerkennen wie seinen eigenen Mitgliedern.
9. Der VDH erkennt die von den Züchtervereinen des JGV ihm benannten Ausstellungsrichter an und bei Entzug der Richterqualität durch die zuständigen Vereine ab. Auch die Allgemeinrichter für alle Jagdhunderassen werden in Zukunft vom VDH nur anerkannt, soweit sie ihm durch den JGV benannt werden. Der JGV verpflichtet sich, die Benennung oder Aberkennung dieser Ausstellungsrichter an den VDH von Fall zu Fall laufend mitzuteilen.
10. Die vorstehende Vereinbarung verlängert sich von Jahr zu Jahr laufend, sofern nicht von Seiten der beiden Spitzenorganisationen eine Aufkündigung erfolgt. Eine solche Aufkündigung ist spätestens bis zum 1. Dezember eines jeden Jahres dem betreffenden Verband bekanntzugeben, falls sie für das nächste Jahr Rechtskraft erlangen soll.

Kehl a. Rh., den 7. Juli 1958.	Alsfeld i. H., den 15. Juli 1958.
Dr. Bandel	C. E. Gruenewald
1. Präsident des VDH	Bevollmächtigter des JGV

Fünfundzwanzig Jahre lang hatte sich die Vereinbarung bewährt. Es war eine Zeit ungetrübter Zusammenarbeit, bis Dr. Bandel sein Amt als Präsident des VDH aufgab. Der VDH meinte alsdann, es sei – um die Zusammenarbeit mit den Zuchtvereinen und -verbänden der Jagdhundrassen national und international auf eine fundierte Basis zu stellen – erforderlich, die Vereinbarung von 1958 zu revidieren. Der VDH-Vorstand kündigte unter seinem im Juli 1983 neu gewählten Präsidenten Gendrung die Vereinbarung von 1958, und am 12. September 1984 kam es zu einer Vereinbarung folgenden Inhaltes:

Vereinbarung
zwischen dem Verband für das Deutsche Hundewesen (nachfolgend kurz VDH genannt) und dem Deutschen Jagdgebrauchshundverband (nachfolgend kurz JGH genannt).

Vereinbarung zur Zusammenarbeit zwischen JGHV und VDH

Zwischen den unterzeichneten bevollmächtigten Vertretern der oben genannten beiden Spitzenverbände wird mit dem Datum der Unterzeichnung die nachfolgende Vereinbarung getroffen:
1. Beide Verbände erklären ihre Zusammenarbeit in allen grundsätzlichen und die gemeinsamen Interessen berührenden Fragen des Hundewesens und sagen sich dabei gegenseitige Unterstützung zu.
2. Zum Zwecke dieser Zusammenarbeit erwerben beide Verbände gegenseitig die außerordentliche Mitgliedschaft ohne Stimmrecht. Eine gegenseitige Beitragszahlung findet nicht statt. Die etwa notwen-

dig werdenden Kosten der organisatorischen Zusammenarbeit (z. B. Reisekosten, Tagegelder etc.) trägt jeder Verband für sich. Jeder der beiden Verbände benennt einen Vertreter als Koordinator.
3. Die dem JGHV angeschlossenen Zucht-Verbände und -Vereine entscheiden über ihre unmittelbare Mitgliedschaft im VDH selbständig.
4. Der VDH erkennt die von den Zucht-Vereinen und -Verbänden des JGHV ihm benannten Formwertrichter an, soweit diese Vereine Mitglied im VDH sind. Auf Antrag des entsprechenden Zuchtvereins erkennt der VDH diese Eigenschaft wieder ab. Die Leistungsrichter werden vom VDH nur anerkannt, wenn sie in der Richterliste des JGVH aufgeführt sind.
5. Die vorstehende Vereinbarung verlängert sich von Jahr zu Jahr laufend, sofern nicht von Seiten der beiden Spitzen-Organisationen eine Aufkündigung erfolgt. Eine solche Aufkündigung ist spätestens bis zum 31. Dezember eines jeden Jahres dem betreffenden Verband bekanntzugeben, falls sie für das übernächste Jahr Rechtskraft erlangen soll.
6. Diese Vereinbarung zwischen dem VDH und dem JGHV ist unter der Bedingung abgeschlossen, dass die nachfolgenden Voraussetzungen bis zum 31. Dezember 1986 in den Satzungen des VDH und des JGHV rechtswirksam festgeschrieben werden.
   a) Der JGHV und der VDH schaffen die satzungsgemäßen Möglichkeiten einer der Vereinbarung entsprechenden Mitgliedschaft.
   b) Der JGHV anerkennt den VDH als die für das gesamte Zucht- und Ausstellungswesen, sowie für das Dienstgebrauchshundewesen allein zuständige Spitzenorganisation. In den Zucht-Ordnungen der einzelnen Jagdhund-Zuchtvereine vorgesehene Veranstaltungen sind ausgenommen. Den Zuchtvereinen des JGHV bleibt uneingeschränkt die Zuchthoheit vorbehalten.
   c) Der VDH anerkennt den JGHV als die für das gesamte Jagdgebrauchshundwesen allein zuständige Spitzenorganisation. Das umfasst insbesondere auch die Anerkennung der Stammbuchhoheit des JGHV und die damit verbundene Zuständigkeit für das Prüfungswesen einschließlich der angeschlossenen Zuchtvereine.

Willich 3, den 12. September 1984
1. Präsident VDH   Vizepräsident JGHV
(gez.: Gendrung)   (gez. van Bracht)

In einem Zusatzprotokoll vom 12. September 1984 wurde vereinbart, satzungsgemäß festzuschreiben, dass die getroffene Vereinbarung Bestandteil der jeweiligen Satzung sei; sie wurde durch eine Zusatzvereinbarung vom 22. März 1987 ergänzt:

In Ergänzung des Vertrages vom 12.9.1984 wird von den unterzeichnenden bevollmächtigten Vertretern beider Verbände die nachfolgende Vereinbarung getroffen:

Mitgliedsvereine und -verbände des Jagdgebrauchshundverbandes e.V., die vor dem 4. Oktober 1986 einen Antrag auf Aufnahme in den Verband für das Deutsche Hundewesen e.V. gestellt und damit das Aufnahmeverfahren in Gang gesetzt haben, sind von der Zahlung der Bearbeitungs- und Aufnahmegebühr befreit.

Fulda, den 22. März 1987

(gez. Dr. Peper) (gez. Frucht)

Irritationen zwischen JGHV und VDH

Die Zusammenarbeit mit dem VDH unter dessen Präsidenten Dr. Peper, dem Nachfolger Gendrungs, gestaltet sich atmosphärisch erheblich angenehmer. Nachdem er vom derzeitigen Präsidenten Uwe Fischer abgelöst worden war, kam es erneut zu Irritationen über die Auslegung der getroffenen Vereinbarung. Nach Ansicht des VDH stehen die getroffenen Vereinbarungen im Widerspruch zur Rechtslage, wie sie sich aus dem Umstand ergibt, dass der VDH Mitglied der FCI ist.

Der VDH strebt eine Neuordnung des Verhältnisses an mit der Begründung, dass mit der außerordentlichen VDH-Mitgliedschaft der JGHV sogleich die mittelbare FCI-Mitgliedschaft erworben habe; Rassehundezuchtvereine könnten jedoch nur dann mittelbares FCI-Mitglied sein, wenn sie sich den strengen Regeln der FCI durch ihre Mitgliedschaft in einem FCI-Mitgliedsverband unterwürfen, und dieses sei nur durch die Mitgliedschaft im VDH möglich. Hieraus verbiete sich die Mitgliedschaft eines Rassehundezuchtvereins im JGHV, wenn dieser Rassehundzuchtverein nicht zugleich Mitglied des VDH sei. Nur auf dem Umweg über den Grundsatz der Besitzstandswahrung lasse sich überhaupt rechtfertigen, dass Rassehundezuchtvereine JGHV-Mitglieder wären und bleiben, die nicht gleichzeitig VDH-Mitglieder seien. Für die Zukunft müsse dies jedoch – um die FCI-Mitgliedschaft nicht zu gefährden – ausgeschlossen werden. Die Verpflichtung des JGHV, den Eindruck „vom JGHV anerkannt" auf Ahnentafeln von Vereinen zu verweigern, die nicht gleichzeitig VDH-Mitglieder seien, ergäbe sich ebenfalls daraus, dass dessen mittelbare FCI-Mitgliedschaft nicht denjenigen zugute kommen dürfe, die sich der Jurisdiktion der FCI entziehen oder entzogen haben. – Ausgangspunkt für die Differenzen war der Umstand, dass verschiedene neue Zuchtvereine dem JGHV beitraten und mit Rücksicht auf ihr ausschließlich jagdliches Betätigungsfeld keine Lust verspürten, dem VDH beizutreten.

Der VDH versuchte über verschiedene Wege, den JGHV zum Einschwenken auf seine Linie zu veranlassen. Er legte den Entwurf einer „Protokollnotiz" vor sowie auch den Entwurf einer umfangreichen Zusatzvereinbarung. Die Fronten zwischen JGHV und VDH verhärteten sich, die Differenzen zwischen JGHV und VDH führten zu Irritationen zwischen einzelnen Zuchtvereinen und Verbandsspitze. Ein Versuch der beiden Justitiare Bruns vom JGHV und Ennulat vom VDH, „den Knoten durchzuhauen", schien zunächst Erfolg zu haben, denn sie einigten sich über eine neue Vereinbarung, die jegliche Mitgliedschaft aufhob und nur noch mehr oder weniger deklaratorischen Charakter hatte. Präsident Frucht war bereit, die Vereinbarung zu unterzeichnen. Unter dem 25.6.1991 ließ der Justitiar Ennulat seinen „Kollegen" Bruns vom JGHV wissen, daß der VDH-Vorstand sich nicht in der Lage sehe, „das von den Justitiaren der beiden Verbände ausgehandelte Kompromisspapier zu akzeptieren und zu unterzeichnen." Im selben Schreiben wird darauf hingewiesen, dass die FCI dem VDH ein „Moratorium bis zum 24.8.91 gewährt" habe, um die anstehenden Probleme zu klären. Zu einer entsprechenden Klärung kommt es jedoch nicht, vielmehr teilt der Präsident des VDH unter dem 27.8.1991 dem Präsidenten des JGHV folgenden VDH-Vorstandsbeschluss vom 23./24. August 1991 mit:

„Sofern der JGHV bis Mittwoch kommender Woche, also bis 28.8.1991, erklärt, den vorliegenden Entwurf für eine Vereinbarung, der dem Präsidenten des JGHV am 21.8.1991 durch Herrn Fischer überreicht worden ist, nicht abzulehnen, soll eine Verhandlungskommission gebildet werden, der auf jeder Seite höchstens 5 Mitglieder angehören sollen, die Jagdhundezuchtvereine sollen maßgeblich vertreten sein. Im anderen Falle soll die fristgerechte Kündigung der bestehenden Vereinbarung zum 31.12.1991 ausgesprochen werden."

Der JGHV sieht sich nicht in der Lage, den Vorstellungen des VDH nachzukommen. Es ergeben sich keine weiteren konstruktiven Gespräche, so dass unter dem 6. November 1991 der Präsident Fischer dem Präsidenten Frucht mitteilt, „für den von mir vertretenen Verband für das Deutsche Hundewesen (VDH) kündige ich hiermit die zwischen dem JGHV e.V. bestehenden Vereinbarungen vom 12. September 1984 und 22. März 1987. Damit entfällt auch die gegenseitige außerordentliche Mitgliedschaft, die wesentlicher Inhalt der Vereinbarung ist."

Kündigung bestehender Vereinbarungen durch den VDH

Damit bestand noch kein rechtsfreier Raum zwischen den Verbänden, denn es galten, da keine fristlose Kündigung ausgesprochen war, die bestehenden Vereinbarungen noch bis Ende 1992.

Der im Jahr 1984 noch amtierende Präsident Uhde hatte es bewusst abgelehnt, die Vereinbarung vom 12. September 1984 zu unterzeichnen, sie trug nach seinem Empfinden nicht der Bedeutung des JGHV genügend Rechnung. Ungeachtet der nicht zu leugnenden Differenzen zwischen JGHV und VDH erschien es dem Ehrenpräsidenten des Jahres 1992 indessen erforderlich, offizielle Gespräche wieder aufleben zu lassen. Informell wurden daher Kontakte zwischen Uhde und Fischer angeknüpft, die letztendlich dazu führten, dass Uhde ein Mandat zu offiziellen Weiterverhandlungen vom JGHV erhielt. Der VDH-Justitiar Ennulat und Uhde führten nun miteinander Gespräche, mit dem Ziel, einen gemeinsamen Entwurf einer Vereinbarung zu skizzieren, um ihn dann in den jeweiligen Gremien diskutieren zu lassen. Ungeachtet dieser bekannten Marschrichtung lud Präsident Fischer im August 1992 die im JGHV vertretenen Zuchtvereine zu einer Besprechung, am JGHV vorbei und ohne dessen Wissen, im Anschluss an diese Sitzung vom 29. August 1992 in Dortmund wurden vom VDH neue Forderungen laut, offensichtlich hielt er sich für originär zuständig für das jagdliche Prüfungswesen, ein vom VDH entworfener „Partnerschaftsvertrag" war für den JGHV inakzeptabel.

In der Folgezeit wird heftig zwischen den Verbänden korrespondiert, es kommt auch nochmals zu einer vom VDH initiierten Besprechung mit den Zuchtvereinen am 20. Dezember 1992 in Dortmund, als allgemeine Sprachlosigkeit wiederum die Szene zu beherrschen droht, beauftragt das erweiterte Präsidium des JGHV am 24. Januar 1993 seinen Präsidenten Frucht

Wiederaufnahme der Beziehungen

erneut mit dem VDH-Präsidenten zu verhandeln, um baldmöglichst wieder ein Instrumentarium zur Bewältigung der gemeinsamen Aufgaben zu haben.

Kurz vor dem Verbandstag des Jahres 1993 gelingt es den Verbänden das fast nicht mehr für möglich Gehaltene: Unter dem 13. März 1993 schließen sie eine „Vereinbarung" die ergänzt wird durch eine Protokollnotiz und einen Anhang zur Vereinbarung, jeweils auch vom 13. März 1993.

Die Vereinbarung, die Protokollnotiz und der Anhang haben den folgenden Wortlaut:

Vereinbarung
zwischen
dem Jagdgebrauchshundverband e.V. (JGHV),
vertreten durch seinen Präsidenten Christoph Frucht, Forstamt, Brachetalstraße 2, 8781 Mittelsinn,
und
dem Verband für das Deutsche Hundewesen (VDH) e.V.,
vertreten durch seinen 1. Präsidenten Uwe Fischer, Lindenallee 13, 3057 Neustadt 1,
wird in Würdigung der Eigenständigkeit der Verbände folgendes vereinbart:

1. In Wahrung der bisherigen Aufteilung der Verbandszuständigkeiten ist der JGHV im satzungsgemäßen Zusammenwirken mit den Rassehunde-Zuchtvereinen für das Jagdgebrauchshundewesen, insbesondere das jagdliche Prüfungswesen zuständig. Das Recht der Mitgliedsvereine des VDH, ihre Zuchtausleseverfahren eigenverantwortlich unter Beachtung der Rahmenbedingungen des JGHV zu regeln, bleibt unberührt.

Zuständigkeitsvereinbarung

2. Die Zuständigkeit des VDH für alle Bereiche der Rassehundezucht schließt die derzeit alleinige und ausschließliche Mitgliedschaft in der F.C.I. ein. Der JGHV anerkennt die Vertretung seiner Interessen innerhalb der F.C.I. durch den VDH.

3. Für die Dauer der Vereinbarung ist jeder der beiden Verbände außerordentliches Mitglied im jeweils anderen Verband ohne Beitragsverpflichtung.

4. Beide Verbände erklären ihre Bereitschaft zur Zusammenarbeit bei allen grundsätzlichen, die gemeinsamen Interessen berührenden Fragen des Hundewesens und sichern sich dabei gegenseitige Unterstützung zu.
   Desweiteren stimmen sie ihre Presse- und Öffentlichkeitsarbeit in allen gemeinsam bestehenden Fragen miteinander ab.

VDH-Obmann für das Jagdgebrauchshundwesen

5. Die Anliegen beider Verbände werden durch den VDH-Obmann für das Jagdgebrauchshundwesen koordiniert, der Mitglied eines VDH-Rassehunde-Zuchtvereins sein muss, der dem JGHV angehört und der dem Präsidium des JGHV angehören sollte.

6. Um den Verpflichtungen gerecht zu werden, die der VDH gegenüber der F.C.I. einzuhalten hat, wird der JGHV Rassehunde-Zuchtvereine als vorläufige Mitglieder nur unter der (auflösenden) Bedingung aufneh-

men, dass diese binnen drei Monaten nachweisen, dass sie mindestens auch die vorläufige Mitgliedschaft im VDH beantragt haben.

Die besonderen Übergangsregeln für die Rassehunde-Zuchtvereine, die nach 1985 die Mitgliedschaft im JGHV erworben, jedoch noch keinen Antrag auf Mitgliedschaft im VDH gestellt haben, werden im Anhang zu dieser Vereinbarung geregelt, dieser ist Bestandteil der Vereinbarung.

Aufnahme von Mitgliedern

7. Der Ausschluss eines Rassehunde-Zuchtvereins aus einem der beiden Verbände verpflichtet den jeweils anderen Verband zur Prüfung des Sachverhalts unter Berücksichtigung der eigenen satzungsgemäßen Ausschlussgründe.

8. Der JGHV verpflichtet sich, die Benutzung des Bildzeichens „Sperlingshund" durch vorläufige Mitglieder nach außen hin deutlich zu machen.

    Um eine missbräuchliche Benutzung auszuschließen, wird der JGHV regeln, dass Jagdgebrauchshund-Zuchtvereinen, die nicht zugleich VDH-Mitglied sind, die Verwendung dieses Emblems nicht erlaubt ist oder auf andere Weise durch dauernden Aufdruck auf den Ahnentafeln kenntlich machen, dass die von diesen Vereinen verwendeten Ahnentafeln von der F.C.I. nicht anerkennungsfähig sind.

9. Die im Prüfungswesen des JGHV-Bereiches tätigen Verbandsrichter (Leistungsrichter im Sinne der F.C.I.) sind nicht berechtigt Formwertbeurteilungen durchzuführen und/oder Formwertnoten zu vergeben.

    Diese Richter sind berechtigt, Noten und Preise auf Prüfungen zu vergeben; darüberhinaus sind sie nur berechtigt, im Zusammenhang mit einer Prüfung als körperliche Mängel Hoden-, Augen- und Gebissfehler festzustellen und entsprechend zu vermerken.

Richterwesen

10. Diese Vereinbarung ist auf unbestimmte Zeit geschlossen. Sie kann von jedem der beiden Verbände mit einer Frist von 12 Monaten zum Ende eines Jahres gekündigt werden.

    Soweit die Erfüllung dieses Vertrages eine Änderung von Satzungs- und/oder Ordnungsbestimmungen eines Vertragspartners bedingt, verpflichtet sich jeder Vertragspartner, die erforderlichen Änderungen binnen 18 Monaten herbeizuführen und die Wirksamkeit dem anderen Vertragspartner anzuzeigen.

    Unabhängig hiervon verliert dieser Vertrag seine Wirksamkeit, wenn die erforderlichen Handlungen und Erklärungen der Vertragspartner nicht binnen 18 Monaten vollzogen und angezeigt sind.

    Diese Vereinbarung tritt mit Unterzeichnung durch die nach Paragraph 26 BGB Vertretungsberechtigten der beiden Verbände in Kraft.

Göttingen, den 13. März 1993

...

Protokollnotiz
zur Vereinbarung zwischen VDH und JGHV
Die Vereinbarung zwischen dem Verband für das Deutsche Hundewesen e.V. (VDH) und dem Jagdgebrauchshundverband e.V. (JGHV) wird geschlossen in Würdigung der umfassenden Aufgabenstellung der Fédération Cynologi-

que Internationale (F.C.I.) auf allen Gebieten der Zucht, des Gebrauchs und der Verwendung von Rassehunden und deren für die ihr angeschlossenen Landesverbände verpflichtenden Bestimmungen der Statuten;
und

in Anerkennung der besonderen Bedeutung des 1899 - gegründeten Jagdgebrauchshundverbands e.V. (JGHV), der seither das Jagdgebrauchshundewesen Deutschlands betreut und welcher ideell in die Jägerschaft integriert ist. Sein Bemühen gilt ausschließlich und allein der Erfüllung des auch gesetzlichen Auftrages, weidgerecht nur mit brauchbaren Jagdhunden zu jagen. Insofern entspricht dessen jagdliches Ausbildungswesen den Anforderungen des Gesetzgebers an zum Jagdgebrauch einzusetzende Hunde und ist dafür anerkannt.

Die Vereinbarung beachtet die dem Verband für das Deutsche Hundewesen (VDH) e.V. auf dem Gebiet der Rassehunde-Zucht zukommende Bedeutung als einziger deutschen Vereinigung von Rassehundezucht- und Gebrauchsvereinen sowie Hundesportverbänden im Rahmen der F.C.I..

Rassehunde-Zucht umfasst alle Aspekte einer gewissenhaft betriebenen Zucht. Hierzu gehört die Auswahl des Zuchtpotentials nach genetischen, phänotypischen und den Gesichtspunkten, die für die spätere Verwendung von Bedeutung sind. Die Durchführung von Prüfungen und Zuchtschauen sind daher unerlässlich.

Die Vereinbarung sichert den Fortbestand der seit dem Jahr 1958 bestehenden engen, vertrauensvollen und freundschaftlichen Zusammenarbeit der beiden Verbände und wird der seitherigen tatsächlichen Entwicklung gerecht. Daher erkennt der JGHV an, dass alle seine Mitgliedsvereine, welche die Zucht einer oder mehrerer Rassen betreiben, Mitglied im VDH sein müssen. Der VDH seinerseits erkennt an, dass der JGHV für seine Mitglieder, die gleichzeitig Rassehunde-Zuchtverein sind, einen besonderen Nachweis der Zucht von jagdlich geeigneten Hunden verlangen muss.

Die Benutzung des Bildzeichens „Sperlingshund" ist durch die dazu beim Patentamt in München hinterlegte Satzung geregelt.

Gebrauch des „Sperlingshundes"

Da dieses Bildzeichen auf den Ahnentafeln von Rassehunde-Zuchtvereinen aufgedruckt wird, die Mitglied des JGHV sind, wird dies von den meisten F.C.I.-Landesverbänden als Nachweis der VDH-Zugehörigkeit des die Ahnentafel ausstellenden Rassehunde-Zuchtvereins angesehen und wird daher überwiegend als Nachweis der mittelbaren F.C.I.-Zugehörigkeit gewertet. Durch die Vereinbarung soll die missbräuchliche Benutzung vermieden werden.

Sofern sich im Zusammenwirken der beiden Verbände Fragen ergeben, über die man sich nicht schriftlich oder fernmündlich einigen kann, werden diese in einer gemeinsamen Präsidiumssitzung endgültig geklärt. Zwingen politische oder gesellschaftliche Vorgaben einen der beiden Verbände, einschränkende Bestimmungen zu erlassen, empfiehlt der andere seinen Mitgliedern, diese zu beachten.

Beide Verbände laden die jeweiligen Präsidenten des Partnerverbandes zu ihren Mitgliederversammlungen und andere besonderen Veranstaltungen als Ehrengast ein.

Göttingen, den 13. März 1993

...
Anhang
zur Vereinbarung
vom 13. März 1993
zwischen
dem Jagdgebrauchshundverband e.V. (JGHV),
vertreten durch seinen Präsidenten Christoph Frucht, Forstamt,
Brachetalstraße 2, 8781 Mittelsinn,
und dem Verband für das Deutsche Hundewesen (VDH) e.V.,
vertreten durch seinen 1. Präsidenten Uwe Fischer, Lindenallee 13,
3057 Neustadt 1,

1. Rassehunde-Zuchtvereine, die vor Inkrafttreten dieses Vertrages ohne gleichzeitige Mitgliedschaft im VDH die Mitgliedschaft im JGHV erworben haben, sind verpflichtet, diese innerhalb von neun Monaten nach Inkrafttreten dieses Vertrages nachzuweisen. Der Nachweis ist durch die Vorlage der vom VDH ausgestellten Urkunde, dass der Bewerber für die Dauer des Aufnahmeverfahrens als nicht dem VDH entgegenstehend gilt, zu führen. Sie können die VDH-Mitgliedschaft zu den Gebührensätzen erwerben, die in dem Zeitpunkt Geltung hatten, als diese Vereine erstmals Antrag auf Mitgliedschaft im VDH hätten stellen können.
2. Für die Übernahme von Zuchtrichtern durch den VDH bei Jagdgebrauchshund-Zuchtvereinen, die vor einer Mitgliedschaft im VDH Zuchtrichter ausgebildet und zugelassen haben, gelten die Bestimmungen der VDH-Zuchtrichter-Ordnung.
3. Um die Gleichstellung in allen Fällen zu gewährleisten, wird ausdrücklich darauf hingewiesen, dass für die Anerkennung des Zuchtpotentials bei Jagdgebrauchshund-Zuchtvereinen durch den VDH die Bestimmungen der VDH-Zucht-Ordnung Anwendung finden.

    Hunde, deren Abstammung in drei F.C.I.-anerkannten Zuchtbuch-Generationen nicht lückenlos nachweisbar ist oder solche mit im Rahmen der F.C.I.-Bestimmungen nicht anerkennungsfähigen Ahnentafeln, deren phänotypisches Erscheinungsbild und Wesen jedoch nach vorhergehender Überprüfung durch mindestens einen VDH-Zuchtrichter, der für diese Rasse zugelassen ist, aber den vorgegebenen Rassekennzeichen (Standard) entsprechen, können in ein Sonderregister als Anhang des Zuchtbuchs (livre-d'attend) eingetragen werden.

    In einem Register eingetragene Hunde können uneingeschränkt an Prüfungen und Zuchtschauen teilnehmen. Der Titel eines Internationalen Champions kann ihnen allerdings nicht zuerkannt werden.

    Als im Rahmen der F.C.I.-Bestimmungen anerkennungsfähige Ahnentafeln von Hunden werden solche angesehen, bei welchen beide Elterntiere F.C.I.-anerkannte Ahnentafeln besitzen.

    Die bereits vorhandene und weitere Nachzucht aus diesen Tieren muss weiter in diesem Sonderregister geführt werden, bis insgesamt drei Ahnengenerationen vollständig in diesem Sonderregister erfasst sind. Danach kann weitere Nachzucht Aufnahme im Zuchtbuch finden.

4. Rassehunde-Zuchtvereinen, die zum Zeitpunkt der vorgenannten Vereinbarung und nach 1985 die Mitgliedschaft im JGHV erworben haben und noch nicht Mitglied des VDH sind, wird hinsichtlich der Zuchtverwendung der Hunde der Besitzstand zugesichert, d. h., Hunde, die in solchen Vereinen bereits eine Zuchterlaubnis nach den jagdlichen Zuchtausleseverfahren der jeweiligen Vereine erhalten haben, werden seitens des VDH als „uneingeschränkt zuchttauglich" anerkannt und bedürfen weder einer erneuten Überprüfung ihrer Zuchttauglichkeit, noch einer Vorstellung zum Zwecke der Registrierung.

Diesen Vereinen wird auch die Führung eines Sonderregisters für die zu registrierenden Hunde seitens des VDH eingeräumt. Hierunter ist zu verstehen, dass auf Auszügen aus dieser Sonder-Registrierbescheinigung die angegebenen Vorfahren einschließlich ihrer Leistungskennzeichen aufgeführt werden können, wobei diese Auflistung allerdings mit einem Vermerk kenntlich gemacht werden muss, dass diese Registrierbescheinigung nicht als Abstammungsnachweis im Sinne der F.C.I.-Bestimmungen gilt.

Über die Gestaltung dieses Sonderregisters, sowie Form und Inhalt der vorgenannten Sonder-Registrierbescheinigung werden die betroffenen Vereine von dem Obmann für Zucht- und Zuchtbuchwesen des VDH, Herrn J. Eberhardt verständigt.

5. Die Benutzung des Bildzeichens „Sperlingshund", welches auf den Ahnentafeln von Rassehunde-Zuchtvereinen, bei denen es sich um vorläufige Mitglieder gemäß Nr. 6 der Vereinbarung handelt, werden die Ahnentafeln dieser Mitglieder ausschließlich mit einem entsprechenden Aufdruck versehen, der die vorläufige JGHV-Mitgliedschaft verdeutlicht, um unnötige Rückfragen der Prüfungsleiter zu vermeiden.

Diese vorstehenden Übergangsregelungen erlöschen neun Monate nach Unterzeichnung der Vereinbarung zwischen JGHV und VDH.

Göttingen, den 13. März 1993

Uwe Fischer	Christoph Frucht
1. Präsident des Verbandes für das Deutsche Hundewesen e.V.	Präsident des Jagdgebrauchshundverbandes e.V.

Die getroffene Vereinbarung hatte nicht die erhoffte Ruhe und Entspannung zur Folge. Es gab nach wie vor Nebenkriegsschauplätze wie auch ernsthafte Probleme, die einer Lösung zugeführt werden müssen.

Zu den ersteren gehört beispielsweise das Schreiben des VDH-Präsidenten Fischer an den DJV-Präsidenten Heereman vom 23. Mai 1997, in dem Fischer eingehend auf eine zwischen den beiden Präsidenten geführte Korrespondenz das Jagdgebrauchshundprüfungswesen betreffend ausführt:

„Ich fürchte, Sie machen sich die Aufgabe zu leicht, wenn Sie sagen, dass Ihr Ansprechpartner ausschließlich der JGHV und dessen Präsident sei. Ich hatte versucht, Sie aufzuklären, und möchte dies nochmals tun.

Der JGHV ist ausschließlich für das Prüfungswesen der jagdlichen Prü-

Fortbestehende Irritationen

fungen zuständig und verantwortlich. Gemäß Vereinbarung zwischen den beiden Verbänden obliegt es dem VDH, in Zuchtfragen – soweit auch in Zuchtprüfungsfragen – Ansprechpartner zu sein. Die Jagdgebrauchshund-Zuchtvereine sind samt und sonders Mitglied des Verbandes für das Deutsche Hundewesen und insofern unterstehen diese Vereine in ihrer Zuchthoheit dem Verband. Dies gilt insbesondere auch für die Anlagen- und Zuchtprüfungen der Zuchtvereine. Insofern kann der JGHV nicht Ansprechpartner für sie sein ..."

Mit dieser kaum einer Interpretation zugängigen Feststellung, konnte sich der JGHV selbstverständlich nicht anfreunden. Die entsprechenden Proteste veranlassen Fischer zu einem jedenfalls verbalen Einlenken. Fischer betont, dass die Rahmenbedingungen des JGHV für das gesamte Prüfungswesen vom VDH nicht angetastet werden und unabhängig davon seine Aussage gegenüber Heereman lediglich so zu verstehen sei, dass bei Verstößen gegen Zuchtausleseverfahren im Rahmen des Prüfungsgeschehens der VDH sehr wohl als Dachverband bestimmte Zuchtvereine dahingehend beeinflussen könne, dass bestimmte unsinnige Verfahren eingestellt werden. Der JGHV habe hier wenig Durchgriffsmöglichkeiten. In einem Gespräch auf „Präsidentenebene" am 29.8.1997 kommt man zu dem Ergebnis, dass der Text der Vereinbarung scheinbar nicht ausreicht, die Zuständigkeitsbereiche für Zuchtprüfungen abzugrenzen, es kommt immerhin zu der Feststellung, dass der VDH keine jagdlichen Prüfungen veranstaltet und auch nicht die Absicht hat, dies zu tun.

Ende März 1998 wird eine umfassende Novellierung des Tierschutzgesetzes verabschiedet. Während des Gesetzgebungsverfahrens haben in einer Reihe von Anhörungen sowohl der JGHV wie auch der VHD Gelegenheit gehabt, zu ihren Interessen berührenden Fragen Stellung zu nehmen, beispielsweise zu der des Rutenkupierens oder des Einsatzes von Reizstromgeräten (das bekannteste unter ihnen ist das „Teletaktgerät").

Tierschutznovelle von 1998

Elektroreizgeräte

Zu letzterem hat der VDH für die Gesamtheit der Hundeausbildung sprechend die Ansicht vertreten, dass diese Geräte tierschutzwidrig seien und nicht angewandt werden dürfen. Späterhin hat er sich dahin verstanden, dass er diese Absicht nicht für den Bereich der Jagdhundeausbildung vertreten habe, ungeachtet dieser Einstellung wird alsdann im Jahr 1998 von der Vorsitzenden des wissenschaftlichen Beirates des VDH, Dr. Helga Eichelberg, ohne die genannte Einschränkung folgende Ansicht publiziert:

„Fachkompetente Ausbilder können ohne den Verlust von Lernerfolgen auf elektrische Hilfsmittel verzichten, da ihnen aus der klassischen Hundeausbildung zahlreiche Einwirkungsmöglichkeiten zur Verfügung stehen, die vom Hund verstanden werden. Hunde aus dem Dienst- und Jagdhundebereich, deren Ausbildung ohne elektrische Hilfsmittel nicht möglich scheint, sind für ihre Aufgabe ohnehin nicht geeignet."

Nach dem nun geltenden Tierschutzrecht ist es verboten, ein Gerät zu verwenden, das durch direkte Stromeinwirkung das artgemäße Verhalten eines Tieres, insbesondere seine Bewegung erheblich einschränkt oder es zur Bewegung zwingt und dem Tier dadurch nicht unerhebliche Schmerzen, Leiden und Schaden zufügt, soweit dies nicht nach bundes- oder landesrechtlichen Vorschriften zulässig ist.

Rutenkupieren

Das Rutenkupieren ist im übrigen nur noch erlaubt, wenn der Eingriff im Einzelfall nach tierärztlicher Indikation geboten ist oder bei jagdlich zu führenden Hunden für die vorgesehene Nutzung des Tieres unerlässlich ist und tierärztliche Bedenken nicht entgegenstehen.

Bedeutsamer als diese „Geplänkel" ist es, dass dem JGHV fünf Zuchtvereine angehören, die zwar ihre Aufnahme in den VDH betrieben haben, jedoch aus den unterschiedlichsten Gründen bislang gescheitert sind. Es handelt sich dabei um den Verein Jagdbeagle, den Verein Jagdspaniel, den Laika-Klub, den Verein Jagdretriever und den Verein Jagdteckel.

Nach Entscheidung des JGHV-Präsidiums ist die vorläufige Mitgliedschaft des Laika-Klubs zunächst bis Januar 1999 verlängert worden, die des Vereins Jagdretriever bleibt bestehen, die Vereine Jagdbeagle, Jagdteckel und Jagdspaniel sind letztendlich Vollmitglieder des Jagdgebrauchshundverbandes.

Hier stoßen sich die Interessen der beiden Spitzenverbände, aus der Sicht des VDH begegnet die Mitgliedschaft der fünf genannten Vereine im JGHV, ohne dass diese Mitglieder auch im VDH sind, auch gewissen rechtlichen Bedenken insofern, als die durch die Mitgliedschaft im VDH bedingte mittelbare FCI-Mitgliedschaft des JGHV verlangt, dass alle seine Mitglieder auch Mitglieder des VDH seien. Diese Überlegungen waren, wie schon ausgeführt, auch Anlass der Kündigung der Vereinbarung von 1987.

JGHV in die FCI?

Eine Möglichkeit zur Lösung aller Probleme wäre, wenn neben dem VDH der JGHV Mitglied in der FCI wäre, indessen vertritt die FCI in ihren Statuten das Einplatzprinzip, was für den VDH und den JGHV nach der Rechtsprechung des BGH, da sie Monopolverbände sind, nicht haltbar war. Ähnliches könnte auch nach Einführung des europäischen Binnenmarktes am 1.1.1993 für die FCI gelten mit der Folge, dass sie unter Umständen auch den JGHV aufnehmen müsste. Selbst wenn das Ein-Landprinzip jedoch gegen das Gemeinschaftsrecht verstieße, müsste der JGHV den Aufnahmeanspruch am Sitz der FCI gerichtlich geltend machen, d. h. in Belgien und nach Maßgabe des belgischen Rechts. Erst nach Abschluss des Verfahrens könnte dann der Europäische Gerichtshof angerufen werden. Diesen Weg letztendlich einzuschlagen muss sich der JGHV offenhalten, Veranlassung dazu besteht gegenwärtig nicht.

III. Internationale Vereinigungen

Das gesamte Jagdgebrauchshundwesen steht zwar unter dem Primat der Jagd mit der Folge, dass sich das spezielle „Berufsleben" eines Jagdhundes nach den besonderen jagdlichen Gegebenheiten eines Landes oder einer Region auszurichten hat. Indessen gibt es jedoch auch „grenzüberschreitende" züchterische Interessen, die Kontakte über Landes- oder Staatsgrenzen hinaus wünschenswert, ja erforderlich erscheinen lassen, man denke beispielsweise daran, dass ein deutscher Zuchtverein, der für den Standard einer ganz bestimmten Rasse zuständig ist, Wert darauf legen muss, dass diesem Standard entsprechend die Hunde der von ihm vertretenen Rasse dem Standard entsprechend auch gezüchtet werden. Oder die Bejagung bestimmter Wildarten nach den gleichen Grundsätzen erfordert auch einen Hund, der möglichst nach den gleichen Grundsätzen ausgebildet und eingesetzt wird, insbesondere ist es geradezu ein Postulat der Weidgerechtigkeit, gemeinsam nach den besten Wegen zu suchen, um einer bestimmten Aufgabe gerecht zu werden. Auch bedeutet Gemeinsamkeit über die Grenzen eines Landes oder Staates hinweg, züchterischen Belangen gerecht zu werden, insbesondere wenn die eigene Zuchtbasis etwas eng zu werden droht. Diese und andere Überlegungen haben in der Vergangenheit und in der Gegenwart dazu geführt, dass einige der im JGHV vertretenen Zuchtvereine oder -verbände sich international zusammengeschlossen haben.

Die älteste dieser internationalen Vereinigungen ist wohl der Internationale Schweißhundverband (ISHV). Auf der 33. Hauptversammlung des Vereins Hirschmann am 21./22. Juni 1930 unterrichtet Landrat a. D. Dr. von Asseburg die Mitglieder des Vereins von Verhandlungen in Nürnberg vom 23. Mai zwecks Gründung eines Schweißhundverbandes für die Staaten Ungarn, Österreich und Deutschland. Er ist zum Vorsitzenden dieses Verbandes gewählt worden. Satzungen sollen ausgearbeitet werden und die Vorsitzenden der vier Vereine werden demnächst in Leipzig zwecks Beratung derselben und der gemeinsamen Prüfungsordnung u.a. mehr zusammentreten. Auf entsprechenden Antrag beschließt der Verein Hirschmann einstimmig dem Schweißhundverband beizutreten. Zu einer ersten Sitzung des neu gegründeten Schweißhundverbandes trifft man sich am 19. und 20. Juli 1930 im Parkhotel zu Leipzig, eine Satzung wird beraten und Ungarn stellt in Aussicht, die erste Schweißhundverbandssuche 1932 auszurichten. Zur Zweckbestimmung des Verbandes heißt es in der Satzung. „Der Schweißhundverband erstrebt in erster Linie das Zusammenwirken auf dem Gebiete der Reinzucht, Erziehung und Leistung, wie auch Verbreitung der anerkannten zwei Schweißhundrassen, also des Hannoverschen Schweißhundes und des Bayerischen Gebirgsschweißhundes." Seit der Gründung des ISHV wurden nun laufend internationale Hundeausstellungen mit sehr erfreulichen Erfolgen beschickt, die jeweiligen ISHV-Suchen wurden mit zahlreichen wertvollen Preisen ausgestattet. Großzügige Gastgeber verwöhnten die Teilnehmer vor allem die in Ungarn bekannte Gastfreundschaft, die Verbandssuchen waren gesellschaftliche Ereignisse.

Mit dem Zweiten Weltkrieg 1939 wurde gesellschaftlichen Ereignissen dieser Art die Grundlage entzogen, der ISHV hatte keine Möglichkeit mehr, Verbandssuchen durchzuführen. Ohne offiziellen Auflösungsbeschluss hörte er allmählich auf, zu bestehen.

Auf der Hauptversammlung des Vereins Hirschmann im Mai 1952 in Marburg wurde trotz noch bestehender Grenzschwierigkeiten die „Rekonstituierung des Internationalen Schweißhundverbandes" angeregt, Gussone, Steinhoff und Clito Hödicke wurden mit den Vorbereitungen beauftragt. Auch der ehemalige Präsident des ISHV, der österreichische Forstdirektor Grafinger ergriff eine Initiative und lud den Verein Hirschmann und den Club für Bayerische Gebirgsschweißhunde zur 4. Hauptversammlung des ISHV am 30. Oktober 1955 nach Grünau ein. Oberforstmeister Walter Frevert wurde zum neuen 1. Vorsitzenden gewählt, Ernst-August von Hannover übernahm die Schirmherrschaft als Ehrenpräsident über den ISHV.

Internationaler Schweißhundverband

Clito Hödicke

Dr. Volquardts

Weltverband Deutsch-Kurzhaar

Die 16. Hauptprüfung des ISHV findet im Oktober 1979 im Reinhardswald in Hessen statt, 1. Vorsitzender ist damals Forstoberrat Helmut Ehrgott. Es wird eine neue Satzung beschlossen, nach der der Vorsitz des Verbandes alle zwei Jahre wechseln soll, den neuen Vorsitzenden stellt jeweils derjenige Verein, der jeweils die nächste internationale Verbandsprüfung durchführt, den stellvertretenden Vorsitzenden der Verein, der die letzte Prüfung durchgeführt hat. Entsprechend dieser Regelung gibt Ehrgott sein Amt an den 1. Vorsitzenden des Österreichischen Schweißhundvereins Oberforstmeister Hofrat Astegher ab, Stellvertreter wird der seit 1975 als Vorsitzender des Vereins Hirschmann wirkende schleswig-holsteinische Landesforstmeister Dr. Georg Volquardts.

Im Oktober 1997 fand die 25. internationale Schweißhundverbandssuche in der Schweiz statt, wegen der besonderen Verhältnisse in der Schweiz konnte nicht auf natürlicher Wundfährte geführt werden, für die Hunde der teilnehmenden Vereine wurden deswegen je zwei rd. 1000 m lange künstliche Übernachtfährten mit dem Fährtenstock vorbereitet. Neben den Gründungsvereinen, dem Verein Hirschmann, dem Club für Bayerische Gebirgsschweißhunde und dem Österreichischen Schweißhundverein sowie dem Ungarischen Schweißhundverein konnte der schweizerische Präsident Abordnungen aus Polen, Tschechien, der Slowakei und Frankreich begrüßen. Aufgrund einer beschlossenen Satzungsänderung wurden neue Mitglieder im ISHV Frankreich, Tschechien, die Slowakei und Polen, vorläufige Mitglieder sind nunmehr Belgien, Dänemark, Italien, Norwegen, Schweden und Slowenien.

Die Hauptversammlung 1999 mit der 26. internationalen Schweißhundverbandssuche wird in der Lüneburger Heide in Niedersachsen stattfinden, Vorsitzender des ISHV ist daher gegenwärtig der Vorsitzende des Vereins Hirschmann, Dr. Volquardts.

Am 15. Juni 1991 tagte der DK-Verband im Rahmen einer außerordentlichen Hauptversammlung in Berlin, einziger Tagesordnungspunkt war die Aufnahme der ostdeutschen DK-Clubs, die nach der Wende Aufnahmeantrag gestellt hatten. Nach der Wende hatte sich der DK-Club Ost konstituiert, von vornherein mit der Absicht, mit dem DK-Verband einen einheitlichen starken Verband in ganz Deutschland zu bilden. Am 26. Mai 1991 hat der DK-Club Ost auf einer außerordentlichen Hauptversammlung seine Auflösung zum 15. Juni 1991 beschlossen. Absichts- und antragsgemäß wurde en bloc über die Aufnahme der Clubs Oderland, Mecklenburg-Vorpommern, Havelland, Sachsen, Sachsen-Anhalt und Thüringen zustimmend befunden.

In dieser denkwürdigen Sitzung wurde auch die Frage nach dem Stand der Verhandlungen zur Gründung eines internationalen Zusammenschlusses aufgeworfen. Vorgespräche dazu sind geführt worden, u. a. mit den in Berlin anwesenden Vertretern der Länder Belgien, CSFR, Frankreich, Italien, Jugoslawien, Niederlande, Österreich, Ungarn und USA. Von allen wurde akzeptiert, dass den Vorsitz in einer internationalen Vereinigung ein Vertreter Deutschlands führen müsse, weil Deutschland das Mutterland der Rasse sei.

Am 16. Juni 1991 kam es alsdann zu einer Sitzung zur Gründung eines internationalen DK-Zusammenschlusses, vertreten waren die Länder CSFR,

Jugoslawien, Österreich, Ungarn, Belgien, Frankreich, Italien, die Niederlande und Deutschland. Ihr Einverständnis mit der Gründung eines internationalen Zusammenschlusses signalisiert hatten die Länder Dänemark, Australien und Spanien.
Es kam alsdann zu einem Gründungsakt mit folgendem Wortlaut:
> Die versammelten Vertreter von Deutsch-Kurzhaar stehen der Idee eines internationalen Zusammenschlusses alle aufgeschlossen und zustimmend gegenüber.
> Die Probleme, die in den einzelnen Ländern durch die sehr intensive Einbindung in die Dachverbände bestehen, müssen in dem einen oder anderen Fall noch abgeklärt werden.
> Folgende Nationen erklären heute vorbehaltlos ihren Eintritt in den **Internationalen Zusammenschluss Deutsch-Kurzhaar**
> Tschechoslowakei, Jugoslawien, Österreich, Ungarn, Deutschland.
> Die Vertreter von Belgien, Frankreich, den Niederlanden, Italien, erklären ihren Beitritt vorbehaltlich der Zustimmung ihres Dachverbandes.
> Die endgültige Erklärung wird persönlich oder schriftlich bei der IKP in Ungarn vom 22. – 24. September 1991 erfolgen.
> Berlin, den 16. Juni 1991.

Dieser Gründungsakt wurde von den anwesenden Vertretern unterzeichnet.
Der erste Absatz der Satzung des Weltverbandes lautet wie folgt:
> „Der Weltverband Deutsch-Kurzhaar ist ein freiwilliger Zusammenschluss von Vereinen und Clubs, die Deutsch-Kurzhaar züchten und führen, zum Zwecke der Angleichung ihrer Bestimmungen auf den die Zucht, Ausbildung und Haltung betreffenden Gebieten, auch von Absprachen in Veranstaltungs- und Organisationsfragen sowie engere Kontaktnahme und Austausch von Erfahrungen. Der Sitz des Weltverbandes ist der Ort in der BRD, an dem sich die Geschäftsstelle befindet.

Deutsch-Drahthaar Weltverband

Ein Jahr später wurde der Deutsch-Drahthaar-Weltverband ins Leben gerufen, Einzelheiten ergeben sich dazu aus dem entsprechenden Gründungsprotokoll und der Satzung des Verbandes.
In der Präambel heißt es: „In dem Bestreben, die Zucht, Führung und Verbreitung der deutschen Jagdhundrasse Deutsch-Drahthaar in allen Ländern zu fördern, in der Absicht, zu Erhaltung des hohen Standards dieser Rasse die Zucht-, Ausbildungs- und Haltungsbedingungen zu harmonisieren und in dem Bewußtsein, die durch den Fortfall der politischen Hemmnisse und die Wiedergewinnung der Freizügigkeit im Verkehr für eine konstruktive und produktive Zusammenarbeit zwischen den Deutsch-Drahthaar-Vereinigungen der Welt zu nutzen und auszuweiten, sind aus Anlass der 60. Internationalen Hegewald-Zuchtprüfung im Jahr des 90-jährigen Bestehens des Vereins Deutsch-Drahthaar e.V. am 24. September 1992 in Oberroßbach bei Neustadt (Aisch) Vertreter der Deutsch-Drahthaar-Vereinigungen aus aller Welt zusammengekommen und haben zum Zwecke der Gründung des „Deutsch-Drahthaar-Weltverbandes" folgende Satzung beschlossen:

Paragraph 1
Name – Sitz
Der Verein führt den Namen „Deutsch-Drahthaar-Weltverband", in Abkürzung „DDWV". Er soll in das Vereinsregister des Amtsgerichts Rosenheim eingetragen werden. Nach Eintragung führt er den Zusatz „e.V.".

Nach seiner Zweckbestimmung versteht sich der DDWV als internationaler freiwilliger Zusammenschluss von nationalen Rassehund-Zuchtvereinen der deutschen Jagdhundrasse „Deutsch-Drahthaar". Demgemäß fördert der Verein alle Bestrebungen die der Erfüllung dieses Zweckes dienen. Dabei ist Grundlage die Erhaltung und Festigung dieser Jagdhundrasse auf der Grundlage des bei der FCI hinterlegten gültigen Standards in ihrer Rassereinheit, ihrem Wesen, ihrer Konstitution und ihrem jagdlichen Verwendungszweck. Der Vorstand besteht satzungsgemäß aus dem 1. Vorsitzenden des Gründervereins der Rasse als Präsident sowie einem Geschäftsführer, der vom Präsidenten bestellt wird, sowie zwei Vizepräsidenten, die nicht aus dem Mutterland der Rasse kommen sollen und die jeweils für die Dauer von 2 Jahren auf einer turnusmäßigen Mitgliederversammlung gewählt werden."

Unterschrieben haben das Gründungsprotokoll und die Satzung die Vertreter Finnlands, Frankreichs, Italiens, Kroatiens, Norwegens, Österreichs, Rußlands, Schwedens, Sloweniens, Südamerikas sowie der Niederlande und als Vertreter Deutschlands der damalige Vorsitzende des VDD und 1. Präsident des Weltverbandes, Theodor Schnepper.

Als Nachfolger des Präsidenten Schnepper war für die Dauer einer Wahlperiode Präsident des Weltverbandes Gideon von Redwitz, nunmehr ist es der 1. Vorsitzende des VDD, Professor Dieter Birnbaum.

Internationaler Verband für Deutsche Jagdterrier

Die nach dem Zweiten Weltkrieg aufgenommenen Kontakte zwischen den Ländern Europas, in denen der Deutsche Jagdterrier geführt wurde, wurden zu Beginn der 80er Jahre verstärkt und führten letztendlich auf Anregung der österreichischen Jagdterrierfreunde im Juni 1989 in Fürth-Weschnitz/Odenwald zu einer ersten internationalen Tagung der europäischen Verbände für Deutsche Jagdterrier. Vertreter aus Dänemark, Frankreich, Luxemburg, Österreich, der Schweiz und Deutschland berieten eingehend über Wege und Möglichkeiten einer internationalen Zusammenarbeit. Im Juni 1990 fand in Österreich eine erste Spezialzuchtschau für Deutsche Jagdterrier statt, im Juni 1991 schloss sich eine zweite Internationale Arbeitstagung in Frankreich an und in der Schweiz eine zweite Spezialzuchtschau für Deutsche Jagdterrier. Auf der 3. Internationalen Arbeitstagung am 11. Juni 1993 in Rust/Neusiedlersee (Österreich) sprachen sich die anwesenden Vertreter aus Dänemark, Frankreich, Italien, Luxemburg, Österreich, der Slowakischen und der Tschechischen Republik, aus Schweden, der Schweiz und Deutschland einstimmig für die Gründung eines internationalen Verbandes für Deutsche Jagdterrier aus und gaben dem Verband folgende Präambel:

„Die Verbände für Deutsche Jagdterrier beehren sich, einen Internationalen Verband zu gründen.

Der Internationale Verband für Deutsche Jagdterrier dient der Förderung und Fortentwicklung dieser Rasse, insbesondere im Prüfungs- und Zuchtwesen. Die Mitgliedsländer verpflichten sich, durch konsequente Auslese auf jagdliche Leistung die Vielseitigkeit und Führigkeit dieser Rasse zu erhalten und weiterzuentwickeln. Die Verbreitung dieser Rasse als Jagdhund für den anspruchsvollen Wald- und Bodenjäger wird hiermit vorausgesetzt."

Anlässlich der 3. Spezial-Zuchtschau für Deutsche Jagdterrier am 9. Juli 1994 in Deutschland wurde von dem Präsidium des Internationalen Verbandes die Prüfungsordnung für die Arbeit nach dem Schuß verabschiedet.

Die erste Delegiertenversammlung des Internationalen Verbandes für Deutsche Jagdterrier wurde zum 1. März 1997 nach München einberufen. Nach vorausgegangener Diskussion wurde eine Satzung angenommen und das Präsidium gewählt, zum Präsidenten wurde der gegenwärtige Präsident des Deutschen Jagdterrier-Clubs, Hans Schindl, berufen.

Auch die Teckelfreunde fanden sich zu einer Weltunion Teckel zusammen, deren erste Sitzung Anfang Juni 1995 unter der Leitung des derzeitigen ersten Vorsitzenden des Deutschen Teckelclubs, Wolfgang Ransleben, stattfand. Mitglieder der Weltunion Teckel sind Deutschland als Ursprungsland, des weiteren Dänemark, Italien, Niederlande, Schweiz, Slowakei, Belgien, Frankreich, Luxemburg, Österreich, Schweden und Tschechien. Es bestehen Kontakte nach Großbritannien, Polen und Ungarn. Die Weltunion Teckel vertritt über 70.000 Mitglieder.

Weltunion Teckel

Schließlich hat sich am 7. Juni 1996 in Bärenfels der Internationale Verband für Deutsche Wachtelhunde (IVDW) konstituiert. Nach der Satzung des Verbandes ist sein Sitz der der Mitgliedervereinigung, deren Vorsitzender den Verband leitet.

Internationaler Verband für Deutsche Wachtelhunde

Zweck des Verbandes ist die internationale Zusammenarbeit aller Vereinigungen zur Zucht, jagdlichen Führung und Prüfung Deutscher Wachtelhunde. Ziel ist die gemeinsame Förderung der rassetypischen Anlagen und des artgerechten Einsatzes der Hunde bei der Jagd. Grundlage der Zusammenarbeit ist der vom Stammverein (VDW) bei der FCI hinterlegte Standard der Rasse „Deutscher Wachtelhund".

Mitglied des Verbandes sollen alle Vereinigungen werden, deren Zuchtbestimmungen die Einhaltung dieses Standards gewährleisten und die regelmäßig die für die Rasse wichtigsten jagdlichen Anlagen bei der Arbeit auf der Hasenspur überprüfen, sowie weitere jagdliche Leistungsprüfungen durchführen. Die Leitung des Verbandes wechselt im 4-jährigen Rhythmus zwischen den Mitgliedern in der Reihenfolge der Mitgliederliste und wird von dem jeweiligen Vorsitzenden wahrgenommen. Die Satzung ist vom langjährigen Vorsitzenden des Vereins für Deutsche Wachtelhunde, Siegfried Sassenhagen, unterzeichnet, der auch der gegenwärtige Vorsitzende des IVDW ist. Mitglied im Verband sind Deutschland als Ursprungsland des Deutschen Wachtelhundes sowie Österreich, die Schweiz, Schweden und Ungarn. Slowenien und Tschechien sympathisieren mit dem Verband, mit ihrem Beitritt ist zu rechnen. In anderen Ländern, in denen der Deutsche Wachtelhund geführt wird, gibt es keine eigenständigen Vereine.

Die Jagdhunde

I. Herkunft und Entwicklung

Theorien der Herkunft des Hundes

Die Herkunft des Hundes, sein Ursprung, war lange Zeit umstritten. Man war sich über seine Abstammung nicht klar, und erst in jüngster Zeit scheint sich eine herrschende Meinung herausgebildet zu haben. So hielt ein Forscher die Schäferhunde, Wolfshunde, Spitze, Nordlandhunde und die Sibirischen Hunde für den „eigentlichen Stamm des ganzen Baumes". Ein anderer erklärte die verschiedenen Rassen als wahrscheinliche Kreuzungsprodukte der Hyäne, des Wolfes und des wilden Hundes Afrikas mit dem Schakal. Anfang des 19. Jahrhunderts wurde in Indien ein wilder Hund entdeckt, den man für den Stammvater des Haushundes erklärte. Wieder ein anderer nahm eine größere Anzahl ausgestorbener Stammarten an. Es wurde auch die Ansicht vertreten, dass mehrere Wolfsarten, der Schakal und einige demselben mehr verwandte Formen, vielleicht auch ausgestorbene Hunderassen als Vorfahren unseres Hundes zu gelten hätten. Es wurde auch die Behauptung aufgestellt, dass zwei historische Urformen anzunehmen seien, nämlich erstens der Torfhund, der auf den Schakal zurückzuführen sei, und von dem die Spitze, Pinscher, Dachshunde und Wachtelhunde abstammen sollen, und zweitens der Bronzehund, über dessen Abstammung man sich noch nicht ganz klar war, aber der der Stammvater unserer größten Hunderassen, auch der Jagdhunde, sei.

Auch nach dem Zweiten Weltkrieg fand die Diskussion noch kein Ende. KONRAD LORENZ, der Begründer der Ethologie als eigener Disziplin, ging noch von aureusblütigen und lupusblütigen Hunden aus. Danach sollten die ihrer menschlichen Umwelt gegenüber im allgemeinen liebenswürdiger eingestellten Hunde vom Schakal (canis aureus) abstammen, während die anderen nur einem Herrn ergebenen Hunde ihren Ursprung im Wolfe (canis lupus) hätten. Diese Ansicht erschien erschüttert, als man glaubte festgestellt zu haben, dass Haushunde 39 und Schakale 37 Chromosomen haben. Dieser Befund stellte sich jedoch als falsch heraus. Es besteht jetzt vielmehr kein Zweifel, dass übereinstimmend mit den Hunden die Wölfe, Schakale und Kojoten in der Zahl und im Bau der Chromosomen übereinstimmen. Bereits gröbere anatomische Untersuchungen an Haushunden und Wildhunden, besonders Schädeluntersuchungen, schließen eindeutig aus, dass andere Arten als die genannten, nämlich der Wolf, der Kojote und die Goldschakale, überhaupt als Ahnherren des Hundes in Frage kommen können, die sich alle drei in der Gefangenschaft mit Haushunden kreuzen lassen. Die Nachkommen von Wolf X Haushund sind lebensfähig und unbegrenzt fruchtbar. Das gleiche gilt für Haushund X Schakal-Nachkommen. Auch Kojoten X Haushunde bringen offensichtlich fruchtbare und vitale Nachkommen hervor.

Gegen den Schakal als Ahnherrn unserer Hunde sprechen verschiedene Befunde. Beim Vergleich von Haushunden und Schakalen gleicher Größe ergibt sich, dass die Schakale die geringeren Hirngewichte und auch die geringeren Herzgewichte haben. Nach allen bisher gemachten Erfahrungen haben domestizierte Säugetiere geringere Hirn- und Herzgewichte als ihre wilden Artgenossen. Demgegenüber zeigen Haushunde im Vergleich zu Wölfen um durchschnittlich 30 % verringerte Hirngewichte, was allerdings nicht zu einer Minderung der „Intelligenz" bei Haushunden führt. Auch vergleichende Untersuchungen über das Verhalten des Wolfes und des Schakals als in Betracht kommende Ausgangsarten für unsere Hunde zeigen, dass der Hund jedenfalls nicht vom Schakal abstammen kann, vielmehr muss der Hund, auch nach zytologischen und genetischen Untersuchungen, vom Wolf abstammen.

Die Frage einer eventuellen Domestikation des Kojoten spielt natürlicherweise vor allem in Nordamerika eine Rolle. Grundsätzlich ist offensichtlich die Frage nach seiner Mitbeteiligung schwer zu beantworten. Falls Kojoten jedoch tatsächlich domestiziert worden sein sollten, könnte das nur in Nordamerika geschehen sein. Die altweltlichen Hunde, insbesondere unsere Jagdgebrauchshunde, um die es hier geht, stammen sicherlich nicht von ihnen ab.

Nach dem heutigen Stand der Wissenschaft kann also davon ausgegangen werden, dass alle Haushunde vom Wolf abstammen. Dabei ist jedoch von Bedeutung und wichtig zu wissen, dass die Wölfe individuell und geographisch stark variieren; mit von untereinander unabhängigen Domestikationen des Wolfes ist zu rechnen. Wahrscheinlich sind in vorgeschichtlicher Zeit vom Menschen Wolfswelpen aufgezogen worden. Mit der beginnenden Domestikation hat vermutlich eine unbewusste Selektion stattgefunden, und nachdem der Hund eine Symbiose mit dem Menschen eingegangen war, wurde die natürliche Auslese weitgehend ausgeschaltet, wie später auch die spezifische Nutzung des Hundes und bestimmte Neigungen der Menschen zu der letztlich heute so großen Zahl unterschiedlicher Hunde führte.

Der Wolf ist Stammvater aller Hunde

Für lange Zeit galt der Hund als das älteste Haustier des Menschen. Das ist jedoch nach den heutigen Erkenntnissen nicht sicher. Während in Mitteleuropa und im Norden der alten Welt etwa der Hund wohl als das älteste Haustier angesehen werden kann, wurden in Kleinasien Schafe, Ziegen und Rinder früher domestiziert als der Hund. Wann letztlich die Domestikation des Wolfes zeitlich einzuordnen ist, wird wohl umstritten bleiben. Es gibt Autoren, die diesen Zeitpunkt auf etwa 10.000 v. Chr. legen. Der älteste Fund eines Haushundes aus Nordamerika datiert aus dem Jahre 8.420 vor unserer Zeitrechnung. Für Hundereste aus England wird ein Alter von etwa 7.500 Jahren v. Chr. angegeben. Die ältesten zweifelsfrei von Haushunden stammenden Reste aus Dänemark stammen etwa aus dem Jahre 6.800 v. Chr. Geburt.

Den Vorgang der Domestikation hat man sich wahrscheinlich in etwa so vorzustellen, dass zufällig gefundene Wolfswelpen von Menschen aufgezogen wurden. Ursprünglich mag mit dieser Aufzucht auch noch gar keine bestimmte Zielvorstellung verbunden gewesen sein. Erst im Laufe der Zeit dürften sich bestimmte Domestikationsziele ergeben haben, etwa in Mittel- und Nordeuropa neben anderem die Eignung des Hundes zum Jagdgehilfen des Menschen. In Kleinasien dagegen wurden Hunde als Fleischtiere domestiziert. Auch in Dänemark gefundene Skelettreste weisen aus, dass dort Hunde gegessen wurden. Die Neigung des Hundes, sich als Wächter oder Abfallbeseitiger zu betätigen, mag auch seiner Haltung oder Duldung durch den Menschen förderlich gewesen sein.

Domestikation

So wie nach alledem die Domestikation des Wolfes zum Haushund in einer gewissen geschichtlichen Dämmerung liegt, so gilt dies auch für die weitere Entwicklung des Hundes zu den Hunden der Gegenwart, insbesondere auch zu unseren heutigen Jagdgebrauchshunden. Mit diesem Begriff ist schon eine gewisse Klassifikation angesprochen, so dass an dieser Stelle ein Wort zur Einteilung der Hunde überhaupt und insbesondere zu der Frage zu verlieren ist, was unter „Jagdgebrauchshunden" in dieser Darstellung zu verstehen ist.

Schon früh versuchte man, unter den verschiedenen Hunderassen Ordnung zu schaffen. Dabei ging man von bestimmten Vorstellungen aus, die sich insbesondere an den Eigenschaften und auch an der Verwendung einer jeden Rasse ausrichtete.

Ordnungskriterien

- So existiert aus der Römerzeit eine Aufstellung, die die damaligen Hunde aufzählt: Wachhunde, Hütehunde und Jagdhunde; die letzteren unterschied man wieder nach solchen, die die Spur verfolgen, nach solchen, welche die Beute verfolgen, und nach solchen, die die Beute angreifen.
- Aus dem 16. Jahrhundert existiert eine Aufstellung der Hunde Britanniens, in der die im einzelnen aufgezählten Niederwild-Jagdhunde und Vogel-Jagdhunde unter dem Oberbegriff „Sporthunde1" erscheinen.
- Im 19. Jahrhundert wurden als Merkmale der Klassifikation die Beschaffenheit und Besonderheiten des Schädels, die Haltung der Ohren und die Art der Behaarung gewählt.
- Ein anderer Naturforscher klassifizierte seinerseits die Hunde nach dem Kopfprofil und der Charakteristik der Läufe.
- Ausgehend von Vergleichen der Anatomie wurden Ende des 19. Jahrhunderts die damals bekannten Rassen in vier Gruppen unterteilt, nämlich den Wolfstyp, den Brackentyp, den Molossertyp und den Greyhoundtyp.

Diese Ordnungskriterien haben auch heute noch eine Bedeutung, wenn es um die wissenschaftliche Einordnung der Rassen geht und bei offiziellen Beschreibungen die typischen Rassemerkmale aufgestellt werden. Nach dem Reglement der Internationalen Kynologen-Vereinigung (FCI = Fédération Cynologique Internationale) mit Sitz in Thuin (Belgien) sind die insgesamt gegenwärtig über 340 Rassen in 10 Gruppen unterteilt, diese wiederum in verschiedene Sektionen und dann nach Ursprungsländern.

Heute wird im Jagdgebrauchshundwesen bei uns nach den Aufgabengebieten unterschieden zwischen

Einteilung der Jagdgebrauchshunde

- Vorstehhunden,
- Stöberhunden,
- Schweißhunden,
- Erdhunden und
- jagenden Hunden,
- Apportierhunden.

Berücksichtigung finden innerhalb dieser Gruppen auch nur die vom Deutschen Jagdgebrauchshundverband anerkannten Rassen und Schläge.

Im Grunde kann die Geschichte vieler Rassen – auch die unserer Jagdgebrauchshunde – nur so weit zurückverfolgt werden, wie die Zuchtbuchführung reicht. Es ist indessen ganz lehrreich und auch in gewissen Grenzen für das Wissen um unsere Jagdgebrauchshunde wichtig, ihre Wurzeln etwas in die Vergangenheit zurückzuverfolgen. Dabei ist es jedoch gefährlich, sich zu sehr auf Werke der darstellenden Kunst zu verlassen. Es gibt sicherlich schon eine Vielzahl von Hundetypen, die nach Beschreibungen und bildlichen Darstellungen gewisse äußere Vergleiche mit heutigen Jagdhunderassen zulassen; indessen muss dabei berücksichtigt werden, dass die Abrichtung und Verwendung gegenüber den heutigen Verhältnissen völlig anders geartet war, da die Schnelligkeit, die Stärke und der Mut der Hunde der damaligen Zeit den Mangel der Jagdwaffen auszugleichen hatten.

Aus Ägypten sind schon aus der Zeit bald nach 3.000 v. Chr. Darstellungen von Jagdhunden und Jagden bekannt. Ähnliche Wiedergaben fehlen im europäischen Raum. Hier ist der Forscher auf Skelettfunde angewiesen, die den Schluss zulassen, dass der europäische Jagdhund der Zeit von etwa 1.000 v. Chr. ein mittelgroßer, brackenähnlicher Hund war. Schon vor Beginn des 4. Jahrhunderts v. Chr. läßt sich in Griechenland die Reinzucht von Hunden nachweisen. Hundeführung war in Griechenland gleichbedeutend mit Jagd, und der Jäger war Hundeführer. Auch die Römer unterhielten Jagdhundmeuten und folgten bei der Züchtung und Verwendung der Jagdhunde im wesentlichen den Griechen, aber den Römern galt das Schauspiel in der Arena mehr als die Jagd.

Die jagdfrohen indogermanischen Kelten zogen seit dem 8. Jahrhundert vom heutigen Frankreich aus kommend in den folgenden Jahrhunderten nach Spanien, Britannien, Italien, über Deutschland nach Südrußland in den Balkan und in die Türkei. Mit sich führten sie eine Art brackenartiger Spürhunde, die berühmten „Segusier". Der Keltenstamm der Segusier, nach dem diese Hunde genannt wurden, hieß so nach der Stadt Segusium oder Segusio im heutigen Piemont. Das Wort „Segusius" hat alle möglichen Wandlungen durchgemacht und wurde später ganz allgemein für „Bracke" gebraucht. Es steckt auch noch im italienischen „Segugio". Wahrscheinlich unrichtig wurde es auch vom lateinischen Wort für „folgen" (sequere) oder dem germanischen Wort für „suchen" (seuken) abgeleitet. Neben dem Segusier, einem für eine bedächtige Such- und Spürarbeit hervorragend geeigneten Hunde, führten die Kelten einen Windhund, der wegen seines Jagdeifers und seiner Ausdauer „Draufgänger" genannt wurde, keltisch „Vertragi". Die Vertragi und die Segusier wurden als verschiedene Zuchtrichtungen nebeneinander gehalten und gezüchtet, wobei allerdings nicht auszuschließen ist, dass es auch zu Kreuzungen kam.

Umstritten ist, wie es letztlich dazu kommen konnte, dass das Blut des Segusiers wohl in allen unseren heutigen hängeohrigen Jagdhunderassen fließt. Es ist wohl davon auszugehen, dass diese späteren Bracken sich im gesamten keltischen Bereich fanden und von dort aus ihren Weg nach Germanien nahmen, sei es, dass mit dem Schwinden der Wälder in Griechenland und in Italien die dort lebenden Völker gezwungen waren, sich mit ihrer Forst- und Jagdwissenschaft und damit auch mit ihren Hunden nach Frankreich und später nach Deutschland zu wenden, sei es, dass sie schon,

Entwicklung der Jagdhunde: Ägypten, Griechenland, Rom

„Segusier"

Verbreitung des Segusiers

ehe Griechen und Römer diese Hunde kennenlernten, in Germanien vorhanden waren. Eine andere Ansicht besagt, dass die Segusier vom Mittelmeerraum nach Mitteleuropa eingeströmt wären, wobei der Weg über den Balkan oder das spätere Marseille geführt haben könnte. Im übrigen mag ein reger Handelsverkehr auch zu seiner Verbreitung beigetragen haben.

Über die Jagdhunde der germanischen Völkerstämme geben zunächst andeutungsweise und später genaue Auskunft erst deren Gesetze. Nach ihnen jagten die Germanen auch mit auf der Fährte jagenden und mit dem Auge hetzenden Hunden. Für die Ersteren findet man die Sammelbezeichnung „Seusier" und auch „canis segutius", woraus sich ergeben dürfte, dass diese Hunde auf die schon erwähnten Segusier der Kelten zurückzuführen sind.

Unter Karl dem Großen erlebte die Jägerei eine hohe Blüte, was nicht ohne Einfluss auf die Jagdhundehaltung blieb. Es wurden Unmengen von Jagdhunden benötigt, und wie es Spezialisten unter den Jägern gab, spezialisierten sich auch die Hunde im Bereich der neuen Jagdmethoden.

Noch mehr Bedeutung erfuhr das Jagdhundewesen in der folgenden Zeit. Unmengen von Hunden wurden an den einzelnen Fürstenhöfen gehalten. Herzog Julius von Braunschweig wurde beispielsweise im Jahre 1592 zur Sauhatz an der Oberweser von 600 Rüden begleitet.

Entwicklung der Haararten, der Vorstehhunde, der Spezialisten

Während sich schon aus dieser Zeit und weiter vorliegend die Züchtung eines Leithundes, des späteren Schweißhundes, verfolgen lässt, ergibt sich eine systematische Differenzierung und planmäßige Züchtung der verschiedenen Vorstehhundrassen erst etwa im 18. Jahrhundert. Bracken wurden mit rauhaarigen oder langhaarigen anderen Hunden gekreuzt, wie etwa dem Jagdpudel oder dem langhaarigen Vogelhund. Andererseits wurden Vorstehhunde aus der Masse der Bracken selektiert. Die Anlage oder Gabe des Vorstehens wurde schon bei den Hunden des Altertums beobachtet, indessen bestand noch keine Veranlassung, sie sich nutzbar zu machen. Sicheres Vorstehen wurde erst wichtig, als man Federwild mit dem Netz, dem Tyras, jagte. Der vorstehende Hund musste es sich gefallen lassen, mit dem Wild zugedeckt zu werden. Wirkliche Bedeutung gewann der Vorstehhund, als es möglich wurde, mit einem führigen Gewehr auf sich bewegende Ziele zu schießen. Während in England und in den romanischen Ländern Spezialisten für das Vorstehen gezüchtet wurden und daneben Hunde, die nach dem Schuss apportierten, wie auch Spezialisten für die Feld- und Wasserjagd, entwickelte sich im Laufe der Zeit in Deutschland eine Rasse mit vielseitigen Anlagen für alle Gebiete der Jagdausübung. Daneben gab es natürlich auch Spezialisten, die jedoch nie die Bedeutung des vielseitigen deutschen Gebrauchshundes für die Arbeit vor und nach dem Schuss gewonnen haben.

II. Rassen und Schläge der Jagdhunde und ihre Aufgaben

Nach der kurzen Skizze der Entwicklung, die die Jagdhunde im allgemeinen vom Wolf bis heute genommen haben, soll nun auf die bei uns geführten Jagdhunde und ihre Aufgaben eingegangen werden. Es sei dabei nochmals daran erinnert, dass hier nicht all die Hunde besprochen werden können, die nach dem Reglement der FCI als „Jagdhunde" gelten, denn viele von ihnen werden überhaupt nicht mehr als solche geführt und sind auch in Deutschland berufslos geworden. Wir beschränken uns bewusst auf die Jagdhunde, deren zuchtbuchführende Vereinigung dem Jagdgebrauchshundverband angehört und mithin von ihm anerkannt ist. Eingruppiert werden diese Hunde nach ihren Aufgabengebieten in die schon erwähnten Kategorien.

Zu unterscheiden ist bei diesen Hunden zwischen solchen, als deren Ursprungsland Deutschland gilt, d. h. für deren Standard und seine Festlegung Deutschland bei der FCI zuständig ist, und denen, für deren Standard ein nichtdeutsches Land im Rahmen der FCI federführend ist.

Ursprungsland einer Rasse

Zu unterscheiden ist weiterhin unter Umständen nach der Haarart, und zwar zwischen rauhaarigen, kurzhaarigen und langhaarigen Hunden. Wenn es manchmal auch schwerfällt, einen Hund nach seiner Körperbehaarung anzusprechen, so gibt die Behaarung des Hauptes eine untrügliche Auskunft:

Haararten

- Ein Hund, dessen Kopf kurz behaart und lediglich mit Augenbrauen und Bart versehen ist, ist ein rauhaariger Hund;
- ein Hund, dessen gesamtes Haupt kurz behaart ist, dessen Behänge indessen mit langen Haaren (Fransen) versehen sind, ist ein Vertreter der langhaarigen Hunde, und
- ein Hund schließlich, an dessen Haupt und Behängen sich kein einziges längeres Haar befindet, ist zu den kurzhaarigen Hunden zu zählen.

Es ist weiterhin zu unterscheiden zwischen Rassen und Schlägen. Haustierrassen sind vom Menschen in sexueller Isolation gehaltene Untereinheiten von Haustieren einer Art, die sich in mehreren Merkmalen voneinander unterscheiden. Wo dies nicht zutrifft, d.h., wo lediglich beispielsweise Haarfarbe oder Haarbeschaffenheit ein Unterscheidungskriterium sind, spricht man von Schlägen innerhalb einer Rasse.

Rassen und Schläge

Dies vorausgeschickt sollen zunächst die deutschen Vorstehhunde näher betrachtet werden.

II. 1. Vorstehhunde
Zu den deutschen Vorstehhunden gehören
- der Deutsch-Drahthaar, der Griffon, der Pudelpointer und der Deutsch-Stichelhaar als rauhaarige Vertreter,
- der Deutsch-Kurzhaar und der Weimaraner als Vertreter der kurzhaarigen und
- der Deutsch-Langhaar, der Große schwarzweiße Münsterländer und der Kleine Münsterländer Vorstehhund als Vertreter der langhaarigen Hunde.

All diese Hunde zeigen im wesentlichen die gleichen Arbeitsleistungen und Anlagen und unterscheiden sich lediglich in Äußerlichkeiten, wie Haar, Form und Farbe – und – in engen Grenzen – Größe. Dazu kommt, dass sie

Deutsch-Drahthaar (DD)

alle letztlich auf die gleichen Ahnen zurückblicken, so dass es erscheint, von der Rasse „Vorstehhund" zu sprechen und innerhalb dieser Rasse die im einzelnen Aufgezählten als Vertreter bestimmter Schläge anzusehen.

Der Deutsch-Drahthaar (DD)

Der **Deutsch-Drahthaar (DD)** ist der am meisten hierzulande geführte Vorstehhund. Ins Zuchtbuch des „Vereins Deutsch-Drahthaar" werden jährlich etwa 4.000 Welpen eingetragen. Seine Ahnen sind – wie wohl die auch der anderen rauhaarigen Schläge – der rau-zotthaarige Hirtenhund (canis pastoralis), auf den wohl auch die Pudelformen zurückzuführen sind. Daneben fließt mit Sicherheit auch Brackenblut im Deutsch-Drahthaar. Der zuchtbuchführende Verein, der „Verein Deutsch-Drahthaar", wurde im Jahre 1902 als „Verein Drahthaar" aus der Taufe gehoben. Er ist heute der mitgliedsstärkste Vorstehhund-Zuchtverein der Bundesrepublik Deutschland. Seinem Standard nach handelt es sich bei dem Deutsch-Drahthaar um einen Vorstehhund von edler Erscheinung, harter, die Haut vollkommen schützender Behaarung, aufmerksamem und energischem Gesichtsausdruck. Die Farbe ist dunkel- bis mittelbraun, es gibt Braun- und Hellschimmel, auch Schwarzschimmel mit und ohne Platten. Das drahtige Haar soll gut mit Unterwolle versehen sein und durch seine Härte und Dichte guten Schutz gegen Witterungseinflüsse und Verletzungen bieten.

Der Deutsch-Drahthaar soll betonte Augenbrauen haben sowie einen kräftigen, jedoch nicht zu langen und möglichst harten Bart. Die Rumpflänge und die Schulterhöhe sollen beim Deutsch-Drahthaar möglichst gleich sein; das Stockmaß für Rüden beträgt 61 bis 68 cm, für Hündinnen 57 bis 64 cm.

Griffons (Gr)

Älter als der Verein Deutsch-Drahthaar ist der Griffon-Club; er wurde im Juli 1888 unter dem Vorsitz des 1851 in Amsterdam geborenen E. K. Korthals gegründet. Die Zucht des **Griffons (Gr)** wurde offiziell mit Erscheinen des Griffon-Stammbuches im Jahr 1889. Der Holländer Korthals fand beim Beginn seiner züchterischen Bemühungen sehr uneinheitliche rauhaarige Vorstehhunde vor; er sah als Zuchtziel einen rauhaarigen, überall brauchbaren, unerschrockenen, schnellen, feinnasigen und wasserfreudigen wie spurfesten Vollgebrauchshund. Der Griffon sollte mittelschwer sein, von blau-

Griffon (GR)

grauer Farbe, grau mit blauen Platten, blau mit grauen Haaren gestichelt oder einfarbig braun; die Behaarung sollte zwar rau und harsch sein, jedoch nicht kraus oder wollig. Schwergewicht legte Korthals beim Aufbau seiner Zucht auf Leistung, nicht so sehr auf das Äußere. Auch heute wird noch an diesen Rassemerkmalen festgehalten und nach noch verschärften Zuchtgrundsätzen gezüchtet. Der Korthals-Griffon wird auch jenseits der Grenzen Deutschlands geführt, er ist jedoch relativ selten anzutreffen. Die Größe soll sich zwischen 55 und 60 cm bei den Rüden bewegen und um 5 cm weniger bei den Hündinnen.

Deutsch-Stichelhaar (DSt.).

Schwerpunktmäßig in Ostfriesland wird ein weiterer Vertreter des rauhaarigen Schlages gezüchtet, der **Deutsch-Stichelhaar (DSt.)**. 1892 erfolgte die Gründung des zuchtbuchführenden Vereins, des „Klubs Stichelhaar". Vorausgegangen waren Überlegungen, woher dieser Hund stamme, und was er darstelle. Man vertrat die Ansicht, dass der stichelhaarige deutsche Vorstehhund die rauhaarige Form des deutschen Hühnerhundes sei, jedoch keineswegs eine klimatische Varietät desselben. Die von Korthals gezüchteten und schon erwähnten Hunde wurden als ein künstlich neu geschaffener Stamm angesehen, der eine Kunstrasse vorstelle, und von dem sich die stichelhaarig-deutschen Hunde unterschieden. Deutsch-Stichelhaar ist heutzutage bisweilen vom Deutsch-Drahthaar nicht zu unterscheiden. Im Stockmaß entsprechen sie sich etwa, und auch im übrigen Äußeren weisen die Standards keine wesentlichen Unterschiede auf. Das regelmäßig braun und weiße Haar auf dem Körper des stichelhaarigen Vorstehhundes soll auf dem Rumpf etwa 4 cm lang, lose anliegend und in der-

Deutsch-Stichelhaar (DSt.).

selben Richtung von vorne nach hinten bzw. von oben nach unten gerichtet straff, hart, borstenartig sein. Unmittelbar über den Schultern wie an der Unterseite des Körpers verlängert es sich von der Kehle abwärts über die Mittellinie der Brust und des Bauches um eine Kleinigkeit, so dass die gerade abwärts stehenden längeren Haare eine kurze, leichte Franse oder Feder bilden. Am ganzen Körper befindet sich oftmals kaum sichtbare Unterwolle, die im Winter stärker, im Sommer nur schwach ist bzw. ganz verschwindet. Es entscheidet die Gesamterscheinung, nicht der Maßstock. Dieser allgemeinen Beschreibung der Behaarung folgt unter den Rassekennzeichen eine noch weit umfangreichere spezielle Beschreibung des Haares, woraus zu ersehen ist, dass der typische Stichelhaar doch an seinem Kleide zu erken-

Pudelpointer (PP)

nen sein sollte. Wegen seiner relativ wenig großen Verbreitung wird dies dem Laien jedoch in aller Regel schwerfallen.

Pudelpointer (PP)

Um einen besonders tüchtigen Gebrauchshund zu bekommen, wiederholte man Ende des vorigen Jahrhunderts bewusst das, was in früherer Zeit bewusst oder unbewusst zu den rauhaarigen Vorstehhundschlägen geführt hatte: Man kreuzte den englischen Vollblutpointer schweren Schlages mit dem harthaarigen schweren Königspudel, um einen vielseitigen Gebrauchshund zu schaffen. An die Stelle des alten Schafpudels trat also der Königspudel, und der mittelalterliche Jagdhund wurde durch den Pointer ersetzt. Nach den Vorstellungen des Freiherrn von Zedlitz (HEGEWALD) und später auch Karl Rehfuß (OBERLÄNDER) sollte das äußere Erscheinungsbild der Neuzüchtung das eines typischen Pointers sein, jedoch mit dürrlaubbraunem rauem Kleide. Der ursprünglichen Verbindung von Pudel und Pointer wurde später vermehrt Pointerblut zugeführt, und alsbald machte die Neuschöpfung durch gute Leistungen in der Praxis und auf Prüfungen auf sich aufmerksam. HEGEWALD und OBERLÄNDER gründeten den „Verein Pudelpointer" im Jahre 1897: heute hat sich der **Pudelpointer (PP)** zu einem universellen Jagdhund entwickelt. Wenn man sich vor Augen hält, daß die Ausgangsformen des Pudelpointers ihrerseits wieder auf die Ausgangsformen der anderen rauhaarigen Schläge zurückgehen, so erscheint es vertretbar, auch den Pudelpointer als einen Schlag des deutschen Vorstehhundes anzusehen. Das wird indessen teilweise bestritten und vielmehr die Ansicht vertreten, dass der Pudelpointer eine selbständige Rasse bilde, die genetisch nichts mit den anderen rauhaarigen Hunden zu tun habe. An dieser Stelle erscheint es müßig, den Theoriestreit weiter zu verfolgen.

Deutsch-Kurzhaar (DK)

Nach dem Deutsch-Drahthaar wird als deutscher Vorstehhund bei uns am meisten der Deutsch-Kurzhaar (DK) geführt. In das Zuchtbuch des Vereins werden jährlich etwa 2.000 Welpen eingetragen. Wie auch schon bei den besprochenen rauhaarigen deutschen Vorstehhunden, sind die Ahnen des Deutsch-Kurzhaars einerseits Bracken deutschen Ursprungs, jedoch fließt außer diesem Blut im Deutsch-Kurzhaar das Blut schwererer Pointer aus Spanien und leichterer aus England; sie vermittelten dem Deutsch-Kurzhaar den ihm eigenen Suchenstil und die elegante Form. Im Jahre 1889 rief man zur Gründung eines Zusammenschlusses der Züchter dieses Hundes auf, im Jahre 1890 kam es zur Gründung des Brauntiger-Klubs und 1891 wurde der Klub dann zum „Klub Deutsch-Kurzhaar"

Deutsch-Kurzhaar (DK)

erweitert. – Die Gesamterscheinung des Deutsch-Kurzhaars soll die eines edlen harmonischen Hundes sein; dessen Form Ausdauer, Schnelligkeit und Kraft gewährleistet. Er soll weder klein noch auffallend groß sein, sondern mittlere Größe haben, wobei als erstrebenswerte Höhe beim Rüden 62 bis 66 cm gelten; Hündinnen dürfen etwas kleiner sein, jedoch nicht unter 58 cm. Der Deutsch-Kurzhaar hat sich nicht nur bei uns in Deutschland als „Mädchen für alles", als vielseitiger Gebrauchshund, erwiesen, sondern auch in den übrigen europäischen Ländern erfreut er sich größter Beliebtheit. Als „German-Shorthaired-Pointer" ist er auch in Übersee bekannt.

Weimaraner (W).

Ein weiterer deutscher kurzhaariger Vorstehhund, vom Deutsch-Kurzhaar jedoch auch äußerlich recht unterschieden, ist der **Weimaraner (W)**. Er ist größer als der Deutsch-Kurzhaar; das Stockmaß für Rüden beträgt 50 bis 70 cm und für Hündinnen 57 bis 65 cm. Besonders auffallend ist jedoch seine Farbe. Der Weimaraner ist silber-, reh- oder mausgrau, doch gibt es auch Übergänge zwischen diesen Farbtönen. Der Kopf und die Behänge sind meist etwas heller. Weiße Abzeichen sind nur in geringem Maße an Brust und Zehen zulässig. Die Augen sind bernsteinfarben dunkel bis hell, im Welpenalter himmelblau. Bei dem Weimaraner handelt es sich nicht um einen schon seit besonders langer Zeit rein gezüchteten Hund, wie oft zu hören ist, vielmehr wird als ältester Reinzüchter der Amtsrat Pitzschke, Sandersleben, bezeichnet, dessen Vater auch schon ausschließlich Weimaraner geführt haben soll. Pitzschke züchtete seit 1881 Weimaraner in Reinzucht. Woher der Weimaraner indessen im ein-

Weimaraner (W).

zelnen stammt, ist sehr umstritten, wird vermutlich nie gänzlich geklärt werden können. Es gibt zwar ein Gemälde von van Dyck aus dem Jahre 1631, das den Prinzen Ruprecht von der Pfalz mit einem sitzenden grauen, kurzhaarigen Vorstehhund darstellt, indessen ist – wie schon früher betont – bei historischen Darstellungen Vorsicht geboten, und überdies sagt das Bild auch nichts über die Herkunft des Hundes und seine Ahnen aus. Als Abstammungsmöglichkeiten des Weimaraners wurden erörtert die Möglichkeiten Württemberger X Pointer, Deutsch-Kurzhaar X Pointer, Hirtenpudel, Importe aus Rußland, der Böhmische Vorstehhund, der ursprünglich weißgelb war, der Leithund alter Art wie auch Deutsche Dogge und Bracken. Schwierigkeiten bereitet insbesondere die Erklärung der merkwürdigen Farbe. So soll das Silbergrau ein verblasstes Braun sein, die Farbe soll von den grauen Jagdhunden der französischen Könige herstammen, oder es soll auch ein grauer Rüde aus der Verbindung einer deutsch-kurzhaarigen Hündin mit einem Pointer entsprungen sein, der dann zum Vater des Weimaraner-Stammes wurde. Nach einer weiteren stark verbreiteten Ansicht soll sich der Hund mit der auffallenden Farbe aus den Keltenbracken über die Leit- und Schweißhundschläge zum heutigen Weimaraner entwickelt haben. Beweise für die weit verbreitete Annahme, der Weimaraner sei am Hof von Weimar gezüchtet worden, gibt es nicht. Richtig ist allerdings, dass der Weimaraner um die Mitte des vorigen Jahrhunderts und später um Weimar, Halle und Eisenach weit verbreitet war. Aus den zwanziger Jahren des 19. Jahrhunderts liegen noch keine Berichte über den Weimaraner vor. Die Anerkennung des Weimaraners erfolgte im Jahre 1896, der Weimaraner-Zuchtverein wurde im Juni 1897 nach einem Vorschlag HEGEWALDS gegründet. Neu gegründet wurde der „Verein zur Züchtung des Weimaraner Vorstehhundes" im Jahre 1951 in Nienburg/Weser. Wenn auch jährlich verhältnismäßig wenig Welpen im Zuchtbuch des Weimaraner-Klubs eingetragen werden, so ist dieser Hund doch weltweit beliebt. Weimaraner-Klubs existieren auch in Großbritannien, in den Niederlanden, in Österreich, in der Tschechoslowakei und in Frankreich. Auch in skandinavischen Ländern ist der Hund beliebt, und in Übersee wird er auch als Polizei- und Schutzhund geschätzt. Neben dem kurzhaarigen Weimaraner findet man bisweilen auch eine langhaarige Variante dieses Vorstehhundes.

Deutsch-Langhaar (DL).

Deutsch-Langhaar (DL)

Am bekanntesten unter den deutschen langhaarigen Vorstehhunden ist jedoch der „alte deutsche Försterhund", der **Deutsch-Langhaar (DL)**. Wie bei den anderen Schlägen, liegen die Einzelheiten der Frühgeschichte dieses Hundes auch sehr im Nebel. Im Jahre 1582 erscheint das Bild eines langhaarigen Jagdhundes, dessen Haar etwas lockig erscheint, die lange Behaarung an Behängen und Läufen sowie Rute ist jedoch deutlich erkennbar. Das Bild eines langhaarigen Hühnerhundes erscheint auch in einer Abhandlung aus dem Jahre 1699. Im Jahr 1817 ist die Rede von einem sanfthaarigen Schlage des Vorstehhundes, dessen Haare „weich wie Seide" sind. Die Vorfahren des heutigen deutschen langhaarigen Vorstehhundes waren sicherlich die „Hapicht-Hunde" des Mittelalters, die langhaarigen Vogel- und Stöberhunde. Auch die ursprünglich schweren und langsamen deutschen langhaarigen Vorstehhunde wurden durch die Einkreuzung englischer Vorstehhunde schneller und ausdauernder gemacht, wobei allerdings sich alsbald die Erkenntnis durchsetzte, dass die den Hund besonders auszeichnenden Eigenschaften, die Apportierfreudigkeit, Härte und Schärfe, Ruhe und Konzentration bei der Arbeit sowie Wasserfreudigkeit, litten. Im Jahre 1879 wurden in Hannover die Rassekennzeichen für den Deutsch-Langhaar aufgestellt, 1902 wurden sie verbessert. War zunächst auch Schwarzfärbung erlaubt, wurde diese im Jahre 1908 verboten. Die Farbe des Deutsch-Langhaar ist heute einfarbig braun, braun mit weißem oder geschimmeltem Brustfleck, braun-weiß, Dunkelschimmel, Hellschimmel oder auch Forellenschimmel; letzterer ist ein Hund mit vielen kleinen braunen Flecken auf weißem Untergrund. Der älteste Klub, der sich der Reinzucht dieses Hundes verschrieben hat, ist der im Jahr 1879 gegründete „Klub Langhaar-Oberhausen", während der Deutsch-Langhaar-Verband im Jahr 1926 ins Leben gerufen wurde. In das Zuchtbuch des Deutsch-Langhaar-Verbandes werden jährlich etwa 700 bis 800 Welpen eingetragen. Der mittelgroße (Rüden 60 bis 70 cm, Hündinnen 58 bis 66 cm) Vorstehhund soll auch heute noch nach dem Zuchtziel des Deutsch-Langhaar-Verbandes der treue, unbestechliche Begleiter bei allen Jagdarten sein mit den Charaktereigenschaften, die ihm einmal den oben eingangs erwähnten Namen „alter deutscher Försterhund" eingetragen haben.

Großer schwarzweißer Münsterländer (GM)

Als Bruder des Deutsch-Langhaar wird vielfach der **Große schwarzweiße Münsterländer (GM)** bezeichnet. Während beim Deutsch-Langhaar die schwarze Farbe verboten ist, ist das Schwarz am Großen schwarzweißen Münsterländer „Markenzeichen". Er ist weiß mit schwarzen Platten und Tupfen, es gibt ihn aber auch als Schwarzschimmel. Es wird bestritten, dass die schwarz-weiße Farbe des Hundes auf Kreuzungen des Deutsch-Langhaar mit Neufundländern, Irish- oder Gordon-Settern zurückzuführen sei; vielmehr habe man die in der Mitte des vorigen Jahrhunderts einsetzende Kreuzung mit Importhunden in der Heimat des Großen schwarzweißen Münsterländers, nämlich des westfälischen Münsterlandes, bewusst nicht mitgemacht. Überdies beweisen die Angaben von Jagdklassikern seit der Mitte des 18. Jahrhunderts, dass es schon vor der Einfuhr englischer Hunde schwarzweiße Vorstehhunde gegeben hat. 1919 wurde der „Verein für die Reinzucht der Großen schwarzweißen langhaarigen Münsterländer Vorstehhunde" gegründet, im Jahre 1922 erfolgte die Anerkennung durch die Delegiertenkommission, und seit 1923 wird das Zuchtbuch geführt. Als besonders verdienstvoller Förderer dieses Schlages des deutschen Vorstehhundes ist in den zwanziger und dreißiger Jahren dieses Jahrhunderts der Lehrer Westmark aus Recklinghausen zu nennen. Die Größe bewegt sich zwischen 63/65 und 58/60 cm.

Großer schwarzweißer Münsterländer (GM)

Kleiner Münsterländer Vorstehhund (KIM)

Nicht zu verwechseln ist der Große schwarzweiße Münsterländer mit dem **Kleinen Münsterländer Vorstehhund (KIM)**. Dieser kleinste der Vorstehhunde ist im Jahre 1911 durch Edmund Löns, den Bruder des bekannten Heidedichters, unter dem Namen „Heidewachtel" herausgestellt worden. Zum Teil wird dieser Hund für identisch gehalten mit dem Epagneul français, während JUNGKLAUS ihn mit niedersächsischen und niederländischen Wachtelhunden in Verbindung bringt. Es wird auch angenommen, dass in ihm das Blut englischer Spaniels oder deutscher langhaariger Vorstehhunde fließt. Der Name „Heide-

Kleiner Münsterländer Vorstehhund (KIM)

wachtel" führte zu Verwechslungen mit dem deutschen Stöberhund, dem Deutschen Wachtel, der eine ganz andere jagdliche Verwendung findet als ein Vorstehhund. Diese Bezeichnung wurde jedoch bewusst fallen gelassen, um eben dieser Verwechslung vorzubeugen. Der Hund heißt jetzt entsprechend seinem Verwendungszweck „Kleiner Münsterländer Vorstehhund". Er soll den Gesamteindruck eines eleganten mittelgroßen Hundes vermitteln, der die erforderliche körperliche Substanz aufweisen muss, um allen jagdlichen Anforderungen zu genügen. Die Rüden sollen eine Schulterhöhe von 52 bis 56 cm haben, die Hündinnen 50 bis 54 cm. Er ist von weiß-brauner Farbe mit Platten oder einem Mantel, es gibt Braunschimmel, und bisweilen zeichnen ihn lohfarbene Abzeichen am Fang, über den Augen und am Weidloch aus (Jungklaus'sche Abzeichen). Der „Verein für kleine Münsterländer Vorstehhunde (Heidewachtel)" wurde im Jahr 1912 in Osnabrück gegründet. Nach einer Zwangspause während des Zweiten Weltkrieges wurde er im Jahre 1946 als „Verband für Kleine Münsterländer Vorstehhunde e.V." ins Leben gerufen. Historisch interessant sind die Bestrebungen, den „Heidewachtel" zu fördern. Sie führten 1930 zu einer Abspaltung und Gründung des Deutschen Heidewachtel Clubs, der, nachdem er 1933 mit dem KlM-Verein in der „Fachschaft für kleine Münsterländer Vorstehhunde" verschmolzen war, auch 1946 wieder „erwachte" und letztlich im März 1961 mit dem „Verband" wieder zusammengeführt wurde.

Bei den englischen Vorstehhunden unterscheiden wir zwei Rassen: Einmal den Pointer und zum anderen die Setter in drei Schlägen.

Pointer (P).

Zunächst zum kurzhaarigen Pointer (P). Die Ahnen dieses Feldspezialisten stammen aus Spanien, der vorstehende „Braco de punta" soll schon um das Jahr 1200 reinerbig gezüchtet worden sein. Während des spanischen Erbfolgekrieges lernten die Engländer diesen altspanischen Vorstehhund kennen und schätzen; nach dem Utrechter Frieden im Jahr 1713 soll der Graf von Peterborough ihn aus Spanien nach England gebracht haben. Um 1800 findet man ihn auf fast allen englischen und schottischen Gütern. Den Engländern war der Hund etwas zu schwer und zu wenig schnell. Sie kreuzten daher wohl Foxhound und auch Greyhoundblut ein. Nach unvermeidbaren Rückschlägen entstand dann alsbald der Pointer, wie wir ihn heute kennen. Über seinen Namen gibt es die verschiedensten Deutungen. Einmal soll es sich um eine Verunstaltung der ursprünglichen spanischen Bezeichnung handeln, zum anderen bedeutet im Englischen das Verb „to point" auch „Vorstehen für den Hund". Pointer bedeutet infolgedessen nichts anderes als Vorsteher oder Anzeiger. Eine andere Version schließlich leitet den Namen Pointer ab vom Englischen „point" (Punkt), denn der das Feld flächig durchstreifende Hund wirke bei plötzlichem Vorstehen wie ein Punkt in der Umgebung. Im Jahre 1887

Jungklaus'sche Abzeichen

Pointer (P)

wurde in London ein Pointerclub gegründet. Auch in Deutschland erfreut sich der Pointer schon seit vielen Jahrzehnten großer Beliebtheit. Der „Verein für Pointer und Setter e.V." konnte im Juni 1978 sein 75-jähriges Bestehen feiern. Der heutige Pointer ist ein bei starker Bemuskelung geballte Kraft ausstrahlender Hund, dennoch voller Eleganz in Ruhe und Bewegung. Die Schulterhöhe für Rüden beträgt 63 bis 69 cm, für Hündinnen 61 bis 66 cm. Die Behaarung ist glänzend, kurz und glatt, fest anliegend. Die durchweg weiße Grundfärbung ist mit gelben, orangen, schwarzen oder braunen Platten und Flecken versehen; selten ist der Hund dunkel einfarbig.

Nun zu den drei Schlägen des langhaarigen britischen Vorstehhundes, den Settern. Alle drei Setterschläge gehen wohl zurück auf die langhaarigen Stöberhunde Englands, die sich, sobald sie Federwild witterten, niederlegten oder stehenblieben, jedenfalls ruhig verhielten, bis die sie begleitenden Jäger mit dem schon erwähnten Tyras das angezeigte Wild fangen konnten. Von diesen „Setting Dogs", „Sitting Dogs" oder „Sitting Spaniels" stammen alle drei Setterschläge ab, wie sie auch von diesen Hunden ihre Namen herleiten. Ursprünglich bildeten die Setter alle ein Durcheinander in sämtlichen möglichen Farben; die Trennung in die drei bekannten Schläge soll erst im vorigen Jahrhundert erfolgt sein. In der Folgezeit züchteten die drei Länder England, Schottland und Irland ihre jeweiligen bodenständigen Setter rein; Kreuzungen untereinander sind nicht mehr erlaubt.

English Setter (ES)

Nun zunächst zum **English Setter (ES)**. Als eigentlicher Schöpfer dieses herrlichen Hundes gilt Edward Laverack (1797–1877), was häufig zu der unzutreffenden Bezeichnung des English Setters als Laverack-Setter geführt hat. Interessant ist es, wie es zum Laverack-Setter kam. Laverack war ein Schusterlehrling aus Westmooreland, der durch eine frühe Erbschaft Wohlstand und Unabhängigkeit erhielt. Mit einem durch Zufall bei Zigeunern aufgetriebenen Hund und einem dazu erworbenen soll er seine berühmte Zucht begründet haben. Fünf Jahrzehnte lang etwa befasste sich Laverack mit der Setterzucht und züchtete sowohl schöne wie auch gute Hunde. Die Hunde Laveracks sollen sich durch einen gewissen Mangel an Führigkeit ausge-

English Setter (ES)

zeichnet haben, Laverack soll einmal auf eine entsprechende Frage geantwortet haben, wenn er einen seiner Hunde wiederhaben wolle, müsse er warten, bis er vorstehe, dann könne er ihm die Halsung überwerfen. Im Alter legte Laverack offensichtlich mehr Wert auf das Äußere seiner Hunde, und so kam es, dass die viel gerühmte Leistung nachließ. Neben dem Laverack-Stamm ist der Llewellyn-Stamm zu nennen, der neben Laverack-Setterblut auch das Blut anderer Setter führte. Die Betreuung des English Setters erfolgt in Deutschland, wie beim Pointer, durch den „Verein für Pointer und Setter". Der English Setter ist ein mittelgroßer Hund mit klarer Linienführung, elegantem Aussehen und ebensolcher Bewegung. Als charakteristische Eigenschaft wird seine freundliche und ruhige Natur erwähnt. Die Grundfarbe des English Setters ist Weiß; sie ist versehen mit schwarzen, orangefarbenen, zitronenfarbenen und leberbraunen Tupfen (blue-, orange-, lemon- und liverbelton). – „Belton" ist eine Kennzeichnung der Farbe durch Laverack nach einem Dorf in Northumberland). Eine Plattenfärbung ist nicht erwünscht. Die Rüden sollen bei einem Gewicht von ca. 30 kg ein Stockmaß um 68 cm haben, die Hündinnen bei ca. 28 kg eine Widerristhöhe bis zu 65 cm.

Irish Setter (IS)

Wenden wir uns nun dem Setter Irlands zu, dem **Irish Setter (IS)**. Heute ist dieser Hund nur in seinem prachtvollen, mahagonifarbenen Kleid bekannt. Ursprünglich war er jedoch weiß-rot; auf Einfarbigkeit wurde er erst in der zweiten Hälfte des 19. Jahrhunderts gezüchtet. Zu seinen Ahnen zählt nämlich der weiß-rote Welsh-Springer-Spaniel, der dann späterhin mit dem schon erwähnten altspanischen Pointer gekreuzt wurde. Der Standard ist vom irischen Kennelclub aufgestellt, danach soll es sich beim Irish Setter in seiner Gesamterscheinung um einen rassigen, eleganten und harmonisch gebauten Hund großen Schlages handeln. Die Rüden sollen eine Schulterhöhe von 65 bis 70 cm haben, Hündinnen weniger. Die Schulterhöhe deutscher Züchtungen liegt meist über diesem genannten Standard.

Der rote Irische Setter begann seinen „Siegeszug", nachdem der Irish Red Setter Club 1882 in Dublin gegründet worden war, die Zahl der Irischen rot-weißen Setter nahm ständig ab. Seit etwa Mitte dieses Jahrhunderts erlebt er eine gewisse Renaissance, er hat einen eigenen FCI-Standard als Irish Red and White-Setter. Seine Grundfarbe ist Weiß mit gut abgesetzten roten „Inseln", eine Tüpfelung im Gesicht und an den Pfoten und unteren Läufen ist zulässig. Dieser Hund ist vom JGHV (gegenwärtig noch) nicht anerkannt.

Gordon Setter (GS).

Nun schließlich noch zum Setter Schottlands, dem **Gordon Setter (GS)**. Er ist die schwerste Form unter den Setterschlägen und soll nach dem Standard des englischen Kennelclubs von 1950

Irish Setter (IS)

stilvoll in Galopp-Linie gebaut sein, mit vollblutmäßigem Aussehen übereinstimmend mit seinem Bau, der mit dem eines Jagdpferdes für Schwergewicht vergleichbar ist. Die Farbe ist ein tiefglänzendes Kohlschwarz ohne das geringste Zeichen eines Rotschimmers, mit sattem kastanienfarbenem Brand; zwei deutlichen Markierungen über den Augen, an den Seiten des Fanges nicht über den Nasenrücken hinwegreichend, weiterhin entsprechend gefärbte und deutlich abgegrenzte Flecke an Kehle und Brust, an den Innenseiten der Hinterläufe und Oberschenkel sowie ein weißer Brustfleck sind erlaubt, je kleiner desto besser. Als Richtlinie für Rüden gilt eine Schulterhöhe von 66 cm, für Hündinnen von etwa 62 cm. Über die Herkunft gibt es drei Versionen, von denen jedoch keine gesichert ist.

Gordon Setter (GR)

Die bekanntesten Züchter, Liebhaber und Förderer des schottischen Setters waren die Herzöge von Gordon, die Anfang des 19. Jahrhunderts große Zwinger schwarz-weiß-lohfarbener Setter besaßen. Eine dieser Hündinnen soll von einem schwarz-roten Collie aus der Nachbarschaft belegt worden sein. Eine weitere Version geht dahin, ein schwarzer Springerspanielrüde habe eine der Setterhündinnen gedeckt. Schließlich wird die Entstehung des typischen Gordon Setters der Kreuzung eines Irish Setters mit dem seinerzeit für Schottland typischen schwarzen Pointer zugeschrieben. Jedenfalls entstand ein Hund, der in seiner schottischen Heimat als *der* Hund der Berufsjägerei galt. Bei uns wird er, wie schon erwähnt, auch vom „Verein für Pointer und Setter e.V." betreut.

Neben dem Verein für Pointer und Setter e.V. werden die Pointer und die der anerkannten Setterschläge jeweils durch einen eigenen Zuchtverein betreut, dem Deutschen Pointerclub sowie dem English-Setter-Club Deutschland, dem Irish-Setter-Club Deutschland und dem Gordon-Setter-Club Deutschland.

Der Ungarische Vorstehhund

Seit gut zwanzig Jahren ist ein weiterer ausländischer Vorstehhund vom JGHV anerkannt: Der **Ungarische Vorstehhund (UV)** (Magyar Vizsla). Eine Standard-Beschreibung der FCI besagt über den Ursprung dieses Hundes folgendes:

„**Der Vizsla** (sprich: Wizsla) hat sich aus mehreren Hunderassen herausgebildet. Im IX. Jahrhundert brachten die Ungarn eine Spürhundrasse östlichen Charakters ins Karpatenbecken. Diese Spürhunderasse kreuzte sich mit den hier urheimischen Jagdhundrassen. Aus der so entwickelten Jagdhundrasse züchteten die ungarischen Jäger die bei der Falkenjagd verwendeten sogenannten Spür-Vorstehhunde. Diese kreuzten sich dann im XV.–XVI. Jahrhundert (in der Zeit der türkischen Besetzung eines Teiles Ungarns) mit den gelbfarbigen Jagdhunden östlichen Charakters der Türken. Die ungarische Familie Zay begann im XVIII. Jahrhundert in Zayugroc die im heutigen Sinne bestehenden Vizsla zu züchten, und zwar aus einem aus-

Ungarischer Vorstehhund (UV)

erwählten Stock, der sich laut obigem entwickelt hat und die gewünschten Jagdeigenschaften besitzt. Der Vizsla wurde noch in diesem Jahrhundert der im Karpatenbecken meist verbreitete Jagdhund. In der zweiten Hälfte des XIX. Jahrhunderts gelangte in einige Vizslastämme zur Aufbesserung der Jagdeigenschaften Jagdhundblut von Pointer, Deutscher Vorstehhund, Hannover Bluthund und hie und da English Setter und dergleichen Balkanischer Herkunft. Die Auffrischung der Vizsla begann 1917 in Kaposvar, und er wird seither reinblütig gezüchtet. Heute ist er seiner vorzüglichen Jagdeigenschaft wegen auch außerhalb seines Vaterlandes ein beliebter Jagdhund." Wenn vom „Hannover Bluthund" die Rede ist, so ist wohl damit unser Hannoverscher Schweißhund gemeint. Der Ungarische Vorstehhund ist von Haus aus kurzhaarig. Bei einem Körpergewicht von 22 bis 30 kg haben die Rüden eine Widerristhöhe von 56 bis 61 cm und die Hündinnen von 52 bis 57 cm. Das ganze Tier ist mittelmäßig in gelblichbrauner Farbe pigmentiert. Die Farbe des Nasenspiegels, des Augenlidrandes, des Maulrandes, der Regenbogenhaut und des Sohlenballens sowie der Nägel ist eine dunklere Variation dieser semmelgelben Farbe; nie ist sie schwarz oder schiefergrau.

Es gibt auch eine rauhaarige Variante dieses ungarischen Vorstehhundes, **den drahthaarigen Ungarischen Vorstehhund [UV(D)]**. Als spontane Mutation des kurzhaarigen Ungarischen Vorstehhundes und dann durch Einkreuzung von deutschen drahthaarigen Vorstehhunden entstand dieser Schlag in den dreißiger Jahren des 20. Jahrhunderts.

Der Ungarische Vorstehhund wird in der Bundesrepublik Deutschland von dem „Verein Ungarischer Vorstehhunde" betreut, der am 16. November 1977 gegründet worden ist.

Épagneul Breton, Epagneul Français, Epagneul Picard, Braque du Bourbonnais,

Neben dem „Ungarn" wird eine Reihe französischer Vorstehhunde in Deutschland geführt, von denen die meisten einem deutschen Jäger kaum einmal begegnen werden. Die Franzosen unterscheiden wie wir ihre Hunde auch nach der Haarart, wobei mit „Braque" die kurzhaarigen bezeichnet werden, mit „Griffon" (Barbet) die rauhaarigen und mit „Epagneul" die langhaarigen.

Am bekanntesten von den französischen Vorstehhunden ist in Deutschland noch der Épagneul Breton, der „Bretone", wie er kurzerhand bei uns genannt wird und dessen Zuchtverein hier am 23.2.1979 gegründet wurde und im selben Jahre dem JGHV beitrat. Der „Bretone" spielt in Frankreich etwa die Rolle, die der DD bei uns innehat. In Frankreich werden etwa jährlich 8.000 Bretonen in ihrem Zuchtbuch eingetragen. Man kann den Épagneul Breton als die autochthone Rasse der Bretagne bezeichnen, deren Herkunft möglicherweise auf die antiken „agasse" zurückzuführen ist. So schreibt etwa 200 n. Chr. Geburt der griechische Dichter Oppianus von Apamea: „Die wilden Völker der Bretagne,

Épagneul Breton

welche sich den Körper mit bunten Farben bemalten, züchteten mit Sorgfalt Tiere, die sie in ihrer Sprache ‚agasse' nannten. Dieser Hund ist schlank und dicht behaart. Vor allem übertrifft sein Geruchssinn den aller anderen Hunde ..." Der Bretone spielte als Vogelhund in seiner Heimat ursprünglich etwa die Rolle, die die Spaniels in England und die Ahnen des Deutschen Wachtelhundes bei uns hatten. Die Bezeichnung „Épagneul" dürfte dieser Hund auch bekommen haben, als er bei der auch für unsere Verhältnisse typischen Jagd mit dem Tyras, dem Wurfnetz, eingesetzt wurde: Die Hunde duckten sich bei und vor dieser Arbeit, und „Ducken" heißt auf französisch „s'épagnir". Während des vorigen Jahrhunderts soll es zu Einkreuzungen mit dem Englischen Setter gekommen sein, was dazu führte, dass den von Haus aus robusten, ausdauernden, zähen und passionierten Hund auch noch eine für seine Größe unglaubliche Schnelligkeit auszeichnete und eine für ihn typische Eleganz und Ausdrucksstärke beim Vorstehen. Der Epagneul Breton ist also ein typischer Vorstehhund und seiner Gesamterscheinung nach stämmig, gedrungen, kraftvoll mit energischen Bewegungen und intelligentem Gesichtsausdruck. Die Idealgröße für Rüden liegt bei 48 bis 60 cm, bei Hündinnen zwischen 47 und 49 cm. Das Haar dieser Hunde ist halblang, eher glatt als leicht gewellt und von weiß-roter bis kastanienbrauner Farbe, auch geschimmelt. Unbedeutend sind die Farbschläge weiß-schwarz und weiß-braun. Der Bretone hat eine ca. 10 cm lange Rute, die gerade oder senkrecht getragen wird, und an deren Ende eine kleine charakteristische Haarlocke den Hund ziert. Je nach Stamm werden bei diesen Hunden – und das ist eine Besonderheit – viele Welpen rutenlos geworfen. – Der Club für Bretonische Vorstehhunde hat sich die Reinzucht und Führung des Bretonen nach den Prüfungsordnungen des Jagdgebrauchshundverbandes als Ziel gesetzt; er ist also ein „Mädchen für alles", wie unsere schon beschriebenen deutschen Vorstehhunde. Allerdings sei darauf hingewiesen, dass wohl die Stärke der Bretonen nicht unbedingt im Walde oder bei der Arbeit am Raubzeug liegt, sondern mehr im Felde, und seine größte Leistung entfaltet er wohl im Wasser. Kenner der Rasse weisen auf die besondere Sensibilität der Hunde hin, die manchmal schon zu einer gewissen Wehleidigkeit neigt, was wiederum vom Führer ein besonderes Einfühlungsvermögen und eine glückliche Hand verlangt. Der Epagneul Breton ist ein Jagdhund, der sich in seiner Heimat seit Jahrhunderten bewährt hat und heute auch ganz offensichtlich in größtem Maße und Umfang den Anforderungen der französischen Jäger zu genügen in der Lage ist. Nach seinen Anlagen entspricht der Hund mehr den deutschen Vorstehhunden als den englischen, und der Umstand, dass es sich um einen nicht allzu großen und darüber hinaus auch noch sehr hübschen Hund handelt, dürfte dazu führen, dass sich der noch recht geringe Kreis seiner Freunde bei uns in Deutschland alsbald schnell erweitert. Den Bretonen dürfte auch der gegenwärtig zu beachtende Trend entgegenkommen, etwas kleinere Hunde zu halten, die man auch leichter mit dem Auto über größere Strecken mitnehmen und sogar im Urlaub um sich haben kann. Dieser Trend ist insbesondere – wie schon erwähnt – beim

Epagneul Français

Epagneul Picard

Braque du Bourbonnais,

Kleinen Münsterländer Vorstehhund zu registrieren und könnte auch zu einer Schwäche für diesen Hund bei manchem Jäger führen. Daraus resultiert jedoch auch für den zuchtbuchführenden Verein eine nicht zu unterschätzende Verantwortung – dahingehend nämlich, aus dem Jagdhund nicht einen Modehund werden zu lassen, was noch nie einer Jagdhundrasse genützt hat!

Die anderen französischen Vorstehhunde werden vom Verein für französische Vorstehhunde e.V. betreut, der am 7. Mai 1985 im Augustinerbräu zu München gegründet wurde, seit 1986 ist dieser „VBBFL e.V." Mitglied im JGHV. Die französischen Vorstehhunde, les chiens d'arrêt, haben eine lange Tradition, wenn ihre Standards von der FCI häufig auch erst in jüngerer Zeit anerkannt und dort hinterlegt sind. Wie die kurze geschichtliche Betrachtung zum Bretonen beispielhaft zeigen sollte, entwickelten sich auch die anderen Rassen französischer Hunde unter unterschiedlichen Einflüssen, insbesondere auch, wie die Namensgebung zeigt, unter landschaftlichen.

Wie auch in Deutschland hatten die gesellschaftlichen Veränderungen der letzten Jahrhunderte großen Einfluss auf das Jagdhundewesen und die Annäherung Deutschlands und Frankreichs blieb auch nicht ohne Einfluss auf das Ausbildungs- und Prüfungswesen in Frankreich.

Im einzelnen handelt es sich bei den „anerkannten" französischen Vorstehhunden neben dem Bretonen um den **Epagneul Français**, den **Epagneul Picard**, den Epagneul bleu de Picardie und den Epagneul du Pont-Audemère. Kurzhaarig sind jeweils die **Braque du Bourbonnais**, d'Arriège, d'Auvergne, Dupuy, Français und Saint Germain. Rauhaarig sind schließlich der Griffon à poil laineux Boulet und der Barbet. Dieser letzere zählt zwar zu den rauhaarigen Vorstehhunden, gilt jedoch auch nach französischer Lesart als reiner Wasserspezialist, als „canis aquaticus". Er erinnert an die Wasserpudel, die Ahnen unserer rauhaarigen Vorstehhunde.

Aufgabengebiete der Vorstehhunde

Nach der Vorstellung der bei uns in Deutschland gebräuchlichen Vorstehhunde sollen nun die Aufgabengebiete umrissen werden. Bei dieser Betrachtung nun dürfen die deutschen Vorstehhunde und Vorstehhunde ungarische Vorstehhund einerseits nicht mit den englischen Vorstehhunden andererseits in einen Topf geworfen werden. Wie schon in der kurzen entwicklungsgeschichtlichen Darstellung angedeutet, sind unsere deutschen Vorstehhunde „Mädchen für alles", während der Pointer und die Setterschläge reine Feldspezialisten sind. Der ungarische Vorstehhund indessen soll auch ein für alle Jagdarten brauchbarer Jagdhund sein; er ist kein Spezialist. Das gilt auch grundsätzlich für die „Franzosen", wenn auch herkunftsbedingt gewisse Eigenarten zu beachten sind.

Bei allen Jagdarten, bei denen wir uns der Hilfe unserer Hunde bedienen, müssen wir uns vor Augen halten, dass es die Aufgabe des Hundes ist, uns dort zu helfen, wo unsere körperlichen Eigenschaften oder Sinne nicht mehr ausreichen, und wir auf die Partnerschaft der Hunde angewiesen sind. Eine

Vergewaltigung und Degradierung eines Jagdhundes bedeutet es, wenn er zum Knecht herabgewürdigt wird, also ihm Arbeiten zu erledigen aufgetragen werden, die ein Mensch auch ohne weiteres ausführen könnte. Als typisches Beispiel sei hier nur darauf verwiesen, wie die Hunde bei den herbstlichen und winterlichen Treibjagden die in Sichtweite verendeten Hasen auf 40 oder 50 m heranschleppen müssen. Das ist keine Gebrauchshundarbeit, das ist Arbeit, die vom Treiber oder vom Jäger selbst erledigt werden kann! Man wende nicht ein, dass man damit dem Hunde eine Freude mache; derartige Arbeiten verderben den Hund vielmehr. Schon nach kurzer Zeit wird er nur noch darauf aus sein, schwer kranke oder verendete Hasen zu schnappen und zu beuteln und heranzutragen; er wird vergessen, dass er eine Nase hat, er wird verlernen, diese zu gebrauchen. Überdies verliert ein solcher Hund alsbald seine Besonnenheit und Ruhe; er wird schusshitzig und zu einem unangenehmen Begleiter, was dazu führt, dass der brave Jägersmann ihn alsbald einem Treiber überlässt, um bei der Jagdausübung nicht mehr gestört zu werden. Das alles hat jedoch dann mit Hundeführung nichts mehr zu tun, vielmehr ist ein solcher Hund austauschbar gegen jeden x-beliebigen unerzogenen Straßenköter.

Gebrauchshundearbeit keine Sklavenarbeit

Dies vor Augen, wollen wir uns zunächst mit den Arbeits- und Aufgabengebieten der deutschen Vorstehhunde und des ungarischen Vorstehhundes beschäftigen.

Der Begriff Vorstehhunde besagt schon, dass ein Teil ihrer Aufgabengebiete im Felde liegt, wo sie **vor dem Schuss** zu suchen und vorzustehen haben. Ein guter **Feldhund** zeichnet sich dadurch aus, dass er seine Suche dem Winde und dem Gelände anpasst sowie auch der Wildart, auf die im speziellen Falle gejagt wird. Es macht einen Unterschied, ob man – heute leider nur noch sehr sehr selten – auf großem Stoppelacker Rebhühner bejagt oder in schmalen Rübenschlägen den Fasan.

„Mitstehen" – zwei DK

Feldarbeit

- Im ersteren Fall muss der Hund in einer weiträumigen, windausnutzenden, ausdauernden Suche die Hühner zu finden trachten und dann fest vorstehen, bis der Jäger ohne Übereilung herangekommen ist und ohne Hast zu Schuß kommen kann. Nach dem Schuss hat der Hund sich ruhig zu verhalten und nicht nachzuprellen. Es bleibt nicht aus, dass erfahrene Hunde das fortstreichende Federwild mit dem Auge verfolgen und sich merken, wo ein getroffenes Stück Wild heruntergefallen ist. Bei der Abführung von Apportierhunden nach englischer Methode wird diese die Nachsuche erleichternde Merkarbeit sogar eingeübt und anerzogen.

Arbeit an Hühnern

- Im Gegensatz zur weiten Suche auf Hühner muss die Suche auf Fasanen notwendigerweise unter Umständen weniger raumgreifend und langsamer sein, damit nichts überlaufen wird und liegen bleibt. **Mit hoher Nase** prüft der Hund bei der Suche im Felde die ihm zugetragenen Gerüche und steht bei der Wahrnehmung von Wild alsbald vor. Während der junge Hund noch Lerchenwitterung markiert oder

Arbeit am Fasan

auch Lerchen vorsteht, darf dies beim alten, erfahrenen Hunde nicht mehr vorkommen. Der erfahrene Feldhund weiß auch, dass er mit dem Jäger zusammen und für diesen jagt und sucht und richtet sich bei seiner Arbeit infolgedessen auch nach dem Verhalten des ihn begleitenden Jägers. Diese Bereitschaft, sich auf das Verhalten des Jägers einzustellen und mit ihm zusammen zu jagen, bezeichnet man als „Führigkeit".

Führigkeit und Gehorsam

Im Gegensatz dazu ist der Gehorsam die Reaktion eines Hundes auf einen vom Jäger ausgehenden Befehl. Gehorsam muss ein Feldhund selbstverständlich auch sein. Man stelle sich nur vor, dass ein Hund sich alsbald hinter dem ersten Hasen bis hinter den Horizont entfernt und nach 20 Minuten ermattet zurückkommt, um nur noch müde hinter seinem Herrn herzutraben. Hasengehorsam oder Wildgehorsam ist nicht zu verwechseln mit Hasenreinheit oder Wildreinheit! Hasenreinheit verlangen wir nicht von unserem Gebrauchshund, denn er soll ja später die Wundspur des krankgeschossenen Hasen arbeiten. Er soll allerdings auf unser entsprechendes Kommando von jedem aufstehenden Hasen oder von jedem Reh, das in den Rüben sitzt, sofort ablassen. Der absolute Gehorsam ist heute aus noch einem anderen Grunde wichtiger denn je. Es gibt kaum noch ein Revier, das nicht von, Schnellstraßen oder Eisenbahnen durchzogen ist. Viele Hunde sterben auf diesen Verkehrswegen, weil sie sich nicht in der Hand ihres Führers befunden und bei der Verfolgung eines Stückes Wild sich blindlings in die ihnen natürlicherweise unbewusste Gefahr begeben haben. Hier liegt eine große Verantwortung für den mit Hunden jagenden Jäger. Nicht nur um das Leben des Hundes geht es hier, sondern auch um hohe Sachwerte und letztlich auch um Menschenleben. Diese Gefahren werden jedoch nicht nur heraufbeschworen, wenn sich ein Hund wider den Willen seines Herrn aus dessen Einwirkungsbereich begeben hat, sondern auch, wenn sich ein Hund beispielsweise anlässlich einer Verlorenbringerarbeit weit von seinem Herrn entfernen muß. Es ist daher unter den heutigen Verhältnissen immer zu prüfen, ob ein geschnallter Hund, der einen Hasen verfolgen soll, bei seiner Arbeit nicht unter Umständen eine vielbefahrene Straße überqueren muss. In diesem Fall ist es besser, den Hund erst jenseits der Straße zu schnallen, wenn man gesehen hat, wo der Hase sie gekreuzt hat oder – was allerdings selten praktiziert wird – den Hund am langen Riemen die Hasenspur ausarbeiten zu lassen bis man ihn gefahrlos schnallen kann.

Diese Bemerkungen über den Gehorsam haben schon übergeleitet zu der Arbeit des Gebrauchshundes im Felde **nach dem Schuss**. Ist das Wild in Sichtweite verendet, so hat der Jäger in aller Ruhe sich des Wildes selbst zu bemächtigen; der Hund muss lernen, dass dieses Wild für ihn tabu ist. Nur auf diese Art und Weise wird man sich einen Gehilfen erhalten, der in der Lage ist, mit der Nase zu suchen und zu finden. Ist ein Huhn oder ein Fasan geflügelt oder ein Hase krankgeschossen, so setzt man den Hund auf das Geläuf oder die Spur und läßt ihn hier in aller Ruhe unter Beachtung der oben erwähnten Sicherheitsvorschriften seiner Aufgabe nachgehen. Bisweilen fallen auch Fasanen oder Hühner tot in hohe Deckung. In diesem Fall wird der Hund bei günstigem Winde geschnallt und in die Deckung geschickt, wo er

Verlorensuchen

hoffentlich alsbald das Wild ausmacht und findet. Häufig geschieht es allerdings, insbesondere bei Hühnern, dass der Hund trotz intensivster Suche das Huhn offensichtlich nicht zu finden vermag. In diesem Falle empfiehlt es sich, etwa eine halbe Stunde später nochmals den Platz aufzusuchen, und man wird sich wundern, wie schnell und problemlos der Hund das Stück Wild jetzt findet. Kurz nach dem Schuss hatte sich noch nicht die Wolke von Wittrung um das Huhn herum gebildet, die dem Hund eine halbe Stunde später das Finden so leicht gemacht hat. Es ist falsch dem Hund hier einen Vorwurf zu machen.

Wasserarbeit

Wie im Felde, soll der Gebrauchshund auch im Führigkeit vor und nach dem Schuss des Jägers Gehilfe sein. Für die **Arbeit vor dem Schuss** bedeutet dies, dass der Hund das zu bejagende Wasserwild aus der Deckung, auch aus tiefem Schilfwasser, aufstöbern muss. Das ist eine Arbeit, die vom Hund hohe körperliche und geistige Gaben verlangt. Schwimmend im tiefen Schilf gegen Seerosen, Binsen und dicke Entengrütze anzukämpfen, während scharfrandige Blätter Nase und Behänge zerschneiden und unter der Wasseroberfläche abgestorbene Äste das Vorwärtskommen erschweren, verlangt schon einen ganzen Kerl von Gebrauchshund im Wasser. Härte, Ausdauer und große Wasserpassion müssen ihn auszeichnen. Dazu gehört weiterhin, dass er – wie im Felde auch – mit der Nase arbeitend versuchen muss, das sich drückende Wassergeflügel ausfindig zu machen und zum Aufstehen oder Verlassen der Deckung zu veranlassen. Hat der Jäger am Ufer eine Ente oder ein Bläßhuhn getroffen, so ist es Aufgabe des Hundes, dieses zu apportieren. Eine schwierige Aufgabe hat er zu erfüllen, wenn das Stück Wild nur geflügelt und nun bestrebt ist, sich vor dem ihm folgenden Hunde in Sicherheit zu bringen. Konzentrierte Nasenarbeit ist nun erforderlich, um der Schwimmspur zu folgen. Für Laien ist es oft unverständlich und unerklärlich, dass ein Hund überhaupt dazu in der Lage ist. Indessen sind Fälle bekannt, wo Hunde sogar der Spur einer getauchten Ente zu folgen in der Lage waren. Geruchspartikelchen, die sich aus dem Federkleide der Ente während des Tauchens lösen und durch das Wasser an die Oberfläche steigen, ermöglichen ihm dies. Hat der Hund die Ente im Schilf gegriffen oder hat er sie aus der Deckung auf das freie Wasser getrieben, und ist es dort dem

Arbeit nach dem Schuss

Jäger gelungen, die Ente zu erlegen, so hat der Hund sie einwandfrei zu apportieren und abzuliefern. Das ist am Wasser von besonders großer Bedeutung, denn wenn der Hund der Versuchung nicht widerstehen kann und sich zunächst schüttelt und die Ente dabei ablegt, wird sie – so sie noch nicht verendet ist – sofort das Wasser wieder annehmen und nun im Bewusstsein der Gefahr, in der sie schwebt, sich so verhalten, dass sie nur in den seltensten Fällen wieder vom Hunde gefunden werden kann. – Es kommt auch vor, dass der Hund seinen Herrn auf dem abendlichen Entenstrich begleitet. Dort hat er sich korrekt und ruhig neben seinem Herrn aufzuhalten, während dieser sich den an- und abstreichenden Enten widmet. Nach Ende der Jagd beginnt nun die Arbeit des Hundes; er hat die ins Wasser und ins Schilf gefallenen Enten zu apportieren. Auch hat er beispielsweise die Enten zu holen, die ein Nachbar, der nicht im Besitz eines Hundes ist, geschossen hat. Selbst bei dieser Arbeit ist es erforderlich, dass der Hund sowohl gehorsam wie auch führig ist, um in Zusammenarbeit mit seinem Herrn – der ja weiß, wieviel Enten noch zu holen sind, und wo diese etwa liegen – möglichst schnell zum sicheren Erfolg zu kommen. – Es ist zwar eine Selbstverständlichkeit, es sei jedoch in diesem Zusammenhang erwähnt: Nach einer Wasserarbeit, die unter Umständen einem Hund körperlich das Letzte abverlangt und dazu noch an einem kalten Herbstabend stattgefunden hat, muss der Hund unbedingt trockengerieben und vor Erkältung geschützt werden. Es ist kein Zeichen von Verweichlichung, wenn ein alter Bademantel oder ein großes Frotteehandtuch mitgeführt werden, die immer dann zur Hand sind, wenn der Hund sich verausgabt hat und nass und frierend vor uns steht.

Waldarbeit

Vor dem Schuss

Neben Feld- und Wasserarbeit hat der Hund auch Erhebliches im Walde zu leisten. Arbeiten vor dem Schuss im Walde sind insbesondere das Stöbern und das Buschieren; letzteres entspricht der Suche im Felde, mit einem großen Unterschied:

Während die Sichtverbindung zwischen Hund und Jäger im Felde mehrere 100 m betragen kann, ist sie im Walde nur auf sehr kurze Entfernung beschränkt. Dies und der Umstand, dass beim **Buschieren** auch Wild herausgestoßen werden kann, das der Hund nicht in dem Maße – wie im Felde – vorher in der Nase gehabt und vorgestanden hat, bedeutet, dass beim Buschieren vom Hunde eine Suche „unter der Flinte" verlangt wird. Diese Suche unter der Flinte bedeutet, dass der Hund jeweils nur soweit suchen darf, wie der Jäger imstande ist, unter Berücksichtigung der örtlichen Gegebenheiten auch vor dem Hund aufstehendes oder abstreichendes Wild noch schießen zu können. Während der Hund also im Felde raumgreifend und flott in großen Schlägen unter Umständen vor dem Jäger suchen darf, muss er sich im Walde beim Buschieren in kupiertem Gelände in einer Entfernung von 25 bis 30 m in Trabsuche bewegen. Wild, das er in die Nase bekommt, muss er vorstehen; von allein aufstehendes Wild muss er respektieren, d. h. nicht hetzen. Anderenfalls käme der Jäger überhaupt nicht zu Schuss; ehe er seinen Hund zur Ordnung gerufen hat, wäre das Wild schon seinen Blicken entschwunden. Es ist sehr schwer, einen flotten und temperamentvollen Feldhund zu bedächtiger und gezielter Buschierarbeit abzuführen. Viel Praxis und Erfahrung lassen jedoch auch hier einen Hund alsbald den Unterschied der Arbeiten erkennen und ihn entsprechend arbeiten.

Ganz anders wieder das **Stöbern**. Während man das Buschieren als die Arbeit „im Hellen" bezeichnet, wird das Stöbern auch die Arbeit „im Dunklen" genannt. Bei letzterer muss sich der Hund ohne seinen Herrn in die „dunkle Dickung" begeben und das sich dort befindende Wild heraus und möglichst einem der angestellten Jäger oder seinem Herrn zutreiben. Der große Unterschied zur Buschierarbeit besteht darin, dass der Hund nun völlig auf sich allein gestellt ohne Verbindung zu seinem Herrn weit von diesem entfernt selbstständig eine ihm zugewiesene Parzelle Waldes absuchen muss, während der Jäger „draußen" abwartet. Auch bei der Feldarbeit nimmt der Hund häufig viel Boden unter die Hufe, jedoch besteht immer noch Sichtkontakt, und der Hund ist gehalten, sich beim Ablauf der Jagd nach seinem Herrn zu richten. Bei der Stöberarbeit indessen besteht kein Sichtkontakt mehr, und der Hund hat die ihm gestellte Aufgabe allein zu bewältigen. Diese besteht nun einerseits darin, alles sich im Treiben aufhaltende Wild zu finden und vor die Schützen zu bringen. Unabdingbar ist dabei, dass der Hund mindestens sichtlaut jagt; ein stummer Hund ist für die Waldjagd absolut unbrauchbar. Während beim Buschieren und bei der Feldarbeit der Jäger die Jagd des Hundes mit dem Auge verfolgen kann, ist er hier auf das Ohr angewiesen. Ein Hund, der nicht wenigstens sichtlaut jagt, lässt den oder die draußen wartenden Jäger völlig im Ungewissen über das, was sich in der Dickung abspielt. Voraussetzung für einen Erfolg der Stöberjagd ist jedoch, dass die wartenden Jäger draußen genau wissen, wie sich die Jagd innerhalb der Dickung abspielt, und wohin sie sich wendet. Nur so kann man sich entsprechend vorbereiten oder auch die erforderlichen Maßnahmen treffen, wie beispielsweise andere Hunde zu schnallen oder das Treiben noch nicht abzublasen. Aus dem Laut der Hunde ist nämlich nicht nur zu entnehmen, ob sie einer Spur oder einer Fährte folgen oder ein Stück Wild sichtlaut hetzen, sondern aus der Art des Lautes vermag der kundige Jäger auch zu erkennen, welcher Art das Wild ist, das vom Hunde verfolgt oder gestellt wird. Weiterhin ist sehr wesentlich, dass der Hund nicht überjagt, d. h., dass er nur in dem von den Schützen umstellten und zur Bejagung vorgesehenen Gebiet jagt und dieses nicht verlässt, um möglicherweise in angrenzenden Dickungen, die noch bejagt werden sollen, weiterzujagen, was durchaus den Erfolg eines ganzen Jagdtages in Frage stellen kann. Die Eigenschaft, nur in dem von den Schützen umstellten Dickungskomplex zu jagen, die „Bogenreinheit", lernt ein Hund eigentlich nur in der Praxis. Nur die häufig gemachte Erfahrung, dass es lohnend ist, in der von den Meutegenossen Jägern umstellten Dickung zu jagen, hält den Hund letztlich davon ab, über das abgestellte Treiben hinaus eine „Privatjagd" zu veranstalten. Nach Abblasen des Treibens sucht der gute Stöberer alsbald seinen Herrn auf und lässt sich anleinen. Bei der großen Zahl der Hunde gibt es nur wenig gute Stöberer, was darauf zurückzuführen ist, dass nur wenige Hundeführer Gelegenheit haben, ihre Hunde entsprechend in der Praxis zu führen; Ein Hund, der sich nur wenige Meter von seinem Herrn entfernt und am Rande der Dickung hin- und herbewegt, „rändelt", sollte man bei einer Jagd im Walde nicht schnallen. Eine Jagd im Walde ist keine Übung, und überdies verdirbt ein wenige Meter vor dem Schützen herumlungernder Hund den ganzen Ablauf. Der ausbildende Jäger sollte lieber mit dem Hunde zunächst allein im Walde entsprechend üben, bis er den inneren Zwang überwunden hat und nicht mehr „klebt". Dann sollte man diese Hunde auch schnallen und sie die für das Stöbern erforderlichen Erfahrungen in der Praxis machen lassen. Ein Hund, der nicht zum Stöbern geschnallt ist, sondern sich bei seinem Herrn aufhält, hat sich absolut ruhig zu verhalten. Der neben seinem Herrn auf dem Stand abgelegte Hund darf nicht aufstehen, geschweige denn sich vom Platze entfernen. Er darf nicht winseln und auch nicht Laut geben. All diese Verhaltensweisen würden dazu führen, dass ein anwechselnder Hase, ein heranschnürender Fuchs frühzeitig gewarnt und alsdann einen anderen Weg nehmen würden. Der Jäger hätte das Nachsehen. Ebenso wie bei der Treibjagd im Felde hat der Hund sich auch bei Schüssen seines Führers oder anderer Jäger, bei Schüssen in der Dickung oder bei Treiberlärm ruhig zu verhalten und darf nicht aus Überpassion und Unerzogenheit außer Rand und Band geraten. Vielfach ist zu beobachten, dass solche Hunde im Walde – wie

Wichtig:
Lautes Jagen

Bogenreinheit

schon bei der Feldarbeit erwähnt – einem Treiber in die Hand gedrückt werden. Ein solches Verhalten spricht jedoch nur gegen den Jäger. Zum „Gassigehen" hätte er seinen Hund nicht mit zur Jagd zu bringen brauchen. Was will er denn tun, wenn er einen Hasen oder einen Fuchs angeflickt hat und nun dieses Stück Wild nachgesucht werden müßte?

Drückjagd
Stöberjagd

Reh- und Rotwild wird in aller Regel nicht bei der Stöberjagd vor den Hunden geschossen. Bei einer Drückjagd auf Rotwild hat der Hund sich – wie schon skizziert – ruhig bei seinem Herrn zu verhalten. Bei der Stöberjagd auf Sauen sind große Hunde leichter als kleinere, beispielsweise Terrier oder Wachtel, der Gefahr ausgesetzt, geschlagen zu werden; dennoch kann ein großer Vorstehhund sich auch hervorragend auf Sauen spezialisieren und eine Stöber- oder Drückjagd auf sie zum Erfolg werden lassen.

Bewegungs- und
Anrührjagden

In neuerer Zeit spielen bei der Bejagung des Rot-, Schwarz- und Rehwildes die sogenannten „Bewegungsjagden" oder „Anrührjagden" eine stark diskutierte Rolle, wobei beileibe keine Einigkeit besteht über den Einsatz der Hunde bei diesen Jagden.

Richtigerweise wird darauf hingewiesen, dass Bewegungsjagden alle die Jagdarten sind, bei denen auf mobilisiertes Wild gejagt wird und etwa Anrührjagden, Drück-, Riegel- und Stöberjagden unter diesen Begriff zu subsumieren sind.

Von Bedeutung erscheint, dass die Jagd mit Hunden auf Schalenwild heute vielfach unter dem Druck steht, das Wild „effektiv" zu bejagen, d. h. nur zu dezimieren, wobei Tierschutz und Weidgerechtigkeit im weitesten Sinne häufig auf der Strecke bleiben. Eine weidgerechte Jagd mit Hunden auf Schalenwild setzt voraus, dass man unter Berücksichtigung der jeweiligen verhaltensbiologischen Eigenarten der zu bejagenden Wildart die Jagd einfühlsam plant (Größe der zu bejagenden Fläche, Auswahl der Stände, Jahreszeit, Dauer der Jagd etc.), die Hunde und ihre Führer für die Jagd sorgfältig auswählt und diese Sorgfalt möglichst auch bei der Auswahl der Jäger walten lässt. Letzteres scheint nicht so einfach zu sein, denn zu häufig kommt es noch vor, dass aus Unkenntnis oder Unbeherrschtheit Leittiere, führende Alttiere von den Kälbern und Ricken von den Kitzen geschossen werden und mit starken Sauen auch Leitbachen. Der entstandene Schaden wird oft totgeschwiegen weil die gesellschaftliche oder wirtschaftliche „Bedeutung" des Schützen jede Bemerkung über seine Heldentat verbietet.

„Öffentlicher" ist es dann schon, wenn Hunde, die sich zusammengerudelt haben oder große Hunde, die mehr hetzen als jagen, vor Spaziergängern Wild zermetzeln oder überjagen in fremde Reviere, womit sich die Gerichte auch schon mehrfach beschäftigen mussten.

Eignung für die
Bewegungsjagd

Ein Hund muss bei einer Bewegungsjagd auf Schalenwild für die bestimmte Jagdart geeignet sein und seinen Beruf beherrschen, eine Beschäftigungstherapie für berufslose Stadthunde sind derartige Jagden nicht. Eignung und Berufserfahrung lassen sich nicht generell von Rassen her definieren, wenn es auch Rassen gibt, die von Zucht und Ausbildung her geeigneter erscheinen als andere, deren Metier nicht in erster Linie die Jagd im Walde ist.

Die Pirsch

Eine Jagdart, bei der es ganz besonders auf eine feine Abrichtung des Hundes ankommt, ist die Pirsch. Der pirschende Jäger hat in aller Regel seine Aufmerksamkeit seiner Umwelt zu widmen und muss sich darauf verlassen können, dass sein Hund ihn nicht störend begleitet, ggf. aber auf das hinweist, was er als Mensch mit seinen stumpfen Sinnen nicht wahrzunehmen in der Lage ist. Der den pirschenden Jäger begleitende Hund muss also von sich aus – auch unangeleint – in engem Kontakt zum Jäger bleiben und darf sich auch bei der größten Versuchung nicht übermannen lassen und entfernen. Er muss auf gezischelte Kommandos oder sparsame Handzeichen reagieren und sich absolut sicher ablegen lassen, wenn beispielsweise der Jäger ohne den Hund ein Stück Wild anpirschen möchte. Hund und Jäger müssen hier – mehr als bei allen anderen Jagdarten – zu einer Gemeinsamkeit zusammengewachsen sein; jeder muss vom anderen aus Erfahrung wissen, was dieser vorhat, oder sogar vorausahnen, was alsbald geschehen wird. Nur dieses selbstverständliche Miteinander und Füreinander ist die Grundlage, auf der bei der Pirsch gemeinsam der erstrebte Erfolg zu erzielen ist.

Wichtiger als bei der Pirsch das zur Selbstverständlichkeit gewordene gegenseitige Verstehen ist dieses vielleicht noch bei der Arbeit am langen Riemen, der Schweißarbeit, bei der nur dann letzten Endes Erfolge zu erzielen sind, wenn wirklich Teamwork, Gemeinschaftsarbeit, von Hund und Führer geleistet wird. Bei allen anderen jagdlichen Betätigungen mit dem Hund spielt dieser im wesentlichen die erste Rolle; der Mensch tritt mehr oder weniger in den Hintergrund. Bei der Schweißarbeit kommt es jedoch darauf an, dass Hund und Führer sich ergänzen. Ersterer muss mit den nötigen geistigen und körperlichen Anlagen versehen sein, während Letzterer ebenso körperlich in bester Kondition sein, darüber hinaus jedoch über ein großes Maß an Wissen und praktischer Erfahrung verfügen muss. Gilt es für den Hund – ausgerüstet mit einer möglichst feinen Nase, beseelt von dem unbedingten Willen, zum Ziel zu kommen – mit Konzentration und großer Ruhe der einmal aufgenommenen Fährte zu folgen, dabei sich auch von Bogen und Widergängen nicht beirren zu lassen und gefundene Pirschzeichen zu verweisen, so muss der Führer körperlich in der Lage sein, bei großer Hitze oder Kälte bergauf und bergab, manchmal auf dem Bauche dem Hund unter Umständen über Kilometer am langen Riemen zu folgen. Außerdem muss er in der Lage sein, aus den ihm übermittelten Schusszeichen und den von ihm vorgefundenen oder vom Hund verwiesenen Pirschzeichen den Sitz der Kugel möglichst genau zu bestimmen. Dies ist von wesentlicher Bedeutung für den weiteren Ablauf der Nachsuche. Weiterhin muss der Schweißhundführer aus dem Verhalten seines Hundes zu erkennen in der Lage sein, ob dieser noch der ursprünglichen Fährte folgt oder aber einer Versuchung erlegen ist, d. h. einer Verleitung nachhängt. Gerade das ist besonders von Wichtigkeit, da hier die Hilfe des Führers einsetzen muss, um Fehlsuchen zu verhindern. Schließlich muss neben anderen Fähigkeiten der Führer auch über ein Minimum an Kenntnissen von den körperlichen Eigenschaften und den Verhaltensweisen des verfolgten Wildes verfügen, um vorausschauend unter Umständen in der Lage zu sein zu sagen, wie sich das Wild verhalten wird, um danach die weitere Nachsuche einzurichten. – Es scheint einleuchtend, dass der Durchschnitt der Jäger mit seinen Hunden kaum in der Lage sein wird, bei der Schweißarbeit den eben skizzierten Anforderungen

Schweißarbeit

Ergänzung von Hund und Mensch

zu genügen. Das ist auch nicht schlimm, wenn sich der Hundeführer und der Schütze, der sich um einen Nachsuchenhund bemüht, sich dieses Umstandes bewusst sind. Der durchschnittliche Hundeführer mit einem großen Gebrauchshund sollte allerdings imstande sein zu erkennen, ob es sich um eine von ihm und seinem Hund zu meisternde Nachsuche handelt oder nicht. Im letzteren Falle sollte er die Nachsuche einem Spezialisten, nämlich dem Schweißhundführer mit seinem Schweißhunde, überlassen.

So wenig man über das durchschnittliche Maß hinaus Spitzenleistungen auf dem Gebiete der Schweißarbeit vom normalen Gebrauchshund erwarten kann, so wenig kann man auch auf anderen Gebieten grundsätzlich Überdurchschnittliches vom auf allen Gebieten firmen Jagdgebrauchshund verlangen. Das gilt gleichermaßen beispielsweise für die Stöberarbeit oder die Feldarbeit. Hier haben etwa der Deutsche Wachtel oder die englischen Feldspezialisten ihre Domäne. Das alles bedeutet nicht, dass man nicht auch die großen Vorstehhunde zu Spitzenleistungen – denen der Spezialisten vergleichbar – führen könnte. Indessen bedeutet das in aller Regel Beschränkung der Jagdeignung auf anderen Gebieten.

Die Beschreibung der Aufgaben der großen Vorstehhunde wäre unvollständig, würde man nicht das Totverbellen und das Totverweisen im Rahmen der Nachsuche erwähnen. Das Totverweisen und Totverbellen findet man zwar häufiger auf den Prüfungen als in der Praxis, es sind jedoch Fälle denkbar, in denen ein Totverbeller oder Totverweiser große Hilfe sein kann. Dabei ist jedoch nie zu vergessen, dass Grundlage jeder erfolgreichen Nachsuche die Riemenarbeit ist, so dass dieser die allergrößte Bedeutung zuzumessen ist.

Ein Totverbeller ist ein Hund, der – aus was für Gründen auch immer – geschnallt beim gefundenen verendeten Stück Wild verharrt, bis sein Herr aufgrund seines anhaltenden Lautgebens den Weg zum Stück gefunden hat.

Im Gegensatz davon verbleibt der **Verweiser** nicht beim Stück, sondern sucht seinen Herrn wiederum auf und gibt ihm durch eine ganz bestimmte, seinem Herrn verständliche Verhaltensweise zu erkennen, dass er das Stück gefunden hat, und führt ihn nun zum Stück hin.

Der bekannteste Verweiser ist wohl der **Bringselverweiser**. An dessen Halsung ist ein Holz- oder Lederknebel von etwa 15 cm Länge dergestalt befestigt, dass der Hund in der Lage ist, ihn bei gesenktem Kopf vom Boden aufzunehmen oder ihn – nach einiger Übung – mit einer Schleuderbewegung in den Fang zu bekommen. Hat ein solcher Hund nun zum Stück gefunden, so nimmt er das Bringsel in den Fang und begibt sich zurück zu seinem Herrn. Dieser vermag nun zu erkennen, dass der Hund das Stück gefunden hat, und lässt sich vom Hund zum Stück führen. Das geschieht in der Weise, dass der Hund entweder immer wieder zum Stück läuft und von dort aus wieder zurück zum Herrn, der ihm bereits folgt, oder der Hund läuft langsam seinem Herrn voraus und führt ihn so zum Stück.

Manche Verweiser geben ihrem Herrn durch Lautgeben zu erkennen, dass sie das Stück gefunden haben (**laute Verweiser**), andere wiederum springen am Herrn hoch, erfassen dessen Lodenmantel oder auch ein Ende des Schweißriemens und führen nun ihren Herrn und Meister zum Stück.

Über die Nützlichkeit des Verweisens und Verbellens und über die Frage,

Totverbeller und Verweiser

ob das Totverweisen dem Verbellen vorzuziehen sei oder umgekehrt, ist viel geschrieben und auch schon gestritten worden. Diese Diskussion soll hier nicht wieder aufgewärmt werden, es sei nur so viel festgestellt, als viele Hunde, die auf den Prüfungen sich als sehr gute Verweiser oder Verbeller erwiesen haben, dies noch nicht in der Praxis sein müssen. Hat sich ein solcher Hund in der Praxis bewährt, und besteht beim Totverbeller nicht die Gefahr, dass er schon nach wenig mehr als zehn Minuten verschweigt oder das Stück verlässt, und besteht auch beim Verweiser nicht die Gefahr, dass er seinen Herrn und Meister „anlügt", so kann ein Hund – wie schon gesagt – als Verweiser oder Verbeller bisweilen von großem Wert sein.

Nun noch ein Wort zum Einsatz und zum Aufgabenbereich der englischen Vorstehhunde. Pointer und Setter sind von Haus aus mehr oder minder Feldspezialisten, der Federwildhund ist wohl der Pointer.

In seiner englischen Heimat wird der Pointer einzig und allein als Hund auf Federwild vor dem Schuss geführt. Zum Apportieren und Nachsuchen nach dem Schuss bedienen sich die Engländer weiterer Apportierhunde, der Spaniels und der Retriever. Dem Pointer ist nicht gestattet, die Nase herunterzunehmen, um etwa ein Geläuf oder eine Spur zu arbeiten. Der Pointer soll nur mit der sog. „Primärwitterung" arbeiten und nicht mit der Sekundärwitterung, d. h. indirekter oder mittelbarer Witterung, die ihrerseits vom Boden oder vom Bewuchs aufgenommen wird. Die Witterung muß dem Hund primär und unmittelbar vom Stück Wild über den Wind zugetragen werden. Eine andere Arbeitsweise würde nach Ansicht der Engländer den feinen Stil seiner Hochwind-Suche verderben. Er hat also nur mit hoher Nase im Wind zu suchen, zu finden und alsdann vorzustehen, er hat – und das ist hier von Bedeutung – hasenrein zu sein. Die Arbeit auf Feldhühner oder das Schottische Moorhuhn (Grouse) erfordert zähe und unermüdliche Hunde mit rascher Suche und entsprechend weiter Nase. Durch diese von dem englischen Sportjäger an die Pointer gestellten Anforderungen hat sich der Pointer als der beste und zäheste Vorstehhund wohl in der Welt entwickelt und bewährt. Auch von ihm wird, wie von den Settern, **Mitstehen** und **Sekundieren** verlangt. Ersteres bedeutet, dass ein zweiter oder dritter Hund das Wild, das der erste Hund in der Nase hat, ebenfalls in die Nase bekommt und, wie der andere Hund schon, auch vorsteht. Sekundieren indessen bedeutet, dass der zweite oder weitere Hund in Vorstehhaltung verharrt, wenn er einen anderen Hund in eben dieser Haltung erblickt. Der Sekundant steht nicht mit der Nase vor, sondern auf ein optisches Signal. Die beim Sekundieren eingenommene Vorstehhaltung muss so lange erhalten bleiben, bis der Hund, der das Wild ursprünglich gefunden hat, seine Arbeit am Wild beendet hat. Dieses Sekundieren hat auch wesentliche jagdpraktische Bedeutung insofern, als ein sekundierender Hund den am Wild arbeitenden Hund nicht stört und somit den erwünschten Jagderfolg nicht beeinträchtigt. Der erfahrene vom englischen Jäger geführte Pointer sucht weiträumig, sticht mit seiner Nase in den Wind und erstarrt bisweilen in den unmöglichsten Stellungen, sobald er Wildwitterung empfangen hat. Das alles prägt den besonderen Stil der Arbeit eines englischen Pointers. Anders ist der Arbeitsstil der Setter, wobei allerdings wiederum jeder der drei Schläge seine Besonderheiten aufweist. Als reizvollster wird der des English Setters beschrieben, der beim Abfangen von

Feldspezialisten

Mitstehen und Sekundieren

Federwildwitterung plötzlich weich und elegant vorsteht, vorliegt oder katzenhaft geschmeidig nachzieht. Der Gordon Setter ist vermutlich der von den drei Setterschlägen am wenigsten spezialisierteste, denn als Hund der schottischen Berufsjäger, die kaum für jede Jagdart einen besonderen Spezialisten zur Verfügung gehabt haben dürften, wird er auch anderweitig eingesetzt worden sein.

Sind die Pointer und Setter auch von Haus aus Feldspezialisten, so bedeutet das nicht, dass sie auch bei uns in Deutschland nur als solche geführt werden. Das verbietet allein schon der Umstand, dass hier Reviere, in denen ein reiner Feldspezialist auf Federwild genügend Arbeit hätte, sozusagen überhaupt nicht mehr vorhanden sind; überdies ist es wohl in Deutschland kaum möglich, einen Setter oder Pointer wie in England dergestalt zu führen, dass er lediglich Arbeit vor dem Schuss zu leisten habe, da für die Arbeit nach dem Schuss andere Spezialisten zur Verfügung stehen. So werden Pointer und Setter in Deutschland auch als „Mehrzweckhunde" geführt, teilweise auch als Vollgebrauchshunde wie die deutschen Vorstehhunde und der Magyar Vizsla. Es hat sich gezeigt, dass Pointer und Setter in Einzelfällen durchaus in der vielschichtigen Leistungsfähigkeit mit deutschen Vorstehhunden konkurrieren können; indessen dürfte das immer die Ausnahme von der Regel sein, da Pointer und Setter eben doch Spezialisten sind. Einmal dürfte es in vielen Fällen an der notwendigen Härte und Schärfe mangeln, die für den allgemeinen Gebrauch eines Hundes im Wald und im Wasser erforderlich sind; darüber hinaus aber hat der Umstand, dass insbesondere die Setter sehr „schöne" Hunde sind, dazu geführt, dass es nur noch wenige Arbeitszuchten in Deutschland gibt. Die Zucht auf das Äußere ist ungleich leichter als die eines leistungsstarken Hundes. Es darf auch ruhig erwähnt werden, dass Schönheitszucht wohl einträglicher ist als Leistungszucht. Dieses Schicksal teilen Pointer und Setter mit anderen, den allgemeinen Schönheitssinn ansprechenden Hunden, wie beispielsweise Spaniels oder auch Teckeln. Dennoch wird der interessierte Liebhaber mit der nötigen Beharrlichkeit Züchter in Deutschland ausfindig machen, die mit Konsequenz auf Leistung züchten, und deren Zwinger regelmäßig auf Prüfungen und in der Praxis bewährte Pointer und Setter hervorbringen. Nur von einem sollten sich diese Züchter hüten: Sie sollten auf die Dauer nicht auf Kosten der die besondere Eigenart des Pointers oder Setters ausmachenden Feldeigenschaften ein „Mädchen für alles" züchten wollen, denn das würde eine Vergewaltigung der Individualität und der besonderen Eigenart dieser herrlichen Hunde bedeuten.

Beizjagd

In der Falknerei ist für die Beize mit dem hoch anwartenden Falken ein entsprechend abgeführter Vorstehhund sozusagen „unabdingbare Voraussetzung". Unerbittlicher Gehorsam ist dabei vonnöten, und so muss für die Ausbildung des Hundes viel Sorgfalt verwendet werden, insbesondere im ersten Jahr. Es lohnen sich jedoch Zeit und Mühe, falls man bedenkt, dass man ihn dann eine lange Zeit unter dem Beizvogel führen kann. Wenn dabei vor allem gute Suche und festes Vorstehen verlangt werden, so sollte man den Hund dennoch zum vielseitigen Gebrauchshund machen. Einen Hund unter der Flinte zu führen, ist übrigens leichter als unter dem Falken; man hat ihn weit besser in der Hand, da man bei der Beizjagd vor allem den Vogel im Auge behalten muss. Und: Der Hund darf keinesfalls versuchen, gebeiztes Wild zu apportieren, sondern muss es bis zum Herankommen seines Herrn ganz dem Jagdkumpanen überlassen.

II. 2. Stöberhunde

Wenden wir uns zunächst dem einzigen deutschen Stöberhund zu, dem **Deutschen Wachtelhund (DW)**. Im vorletzten Jahrzehnt des letzten Jahrhunderts ist in der Literatur vom Deutschen Wachtelhund noch nirgends die Rede, wohl aber zeigen deutlich Abbildungen langhaariger Vorstehhunde deren Verwandtschaft auch zum heutigen Deutschen Wachtel.

Deutscher Wachtelhund (DW)

Freiherr von Schorlemer-Sonderhaus beispielsweise verweist auf die damals herrschenden Bestrebungen, „die Langhaarigen in zwei Arten zu teilen: Wald-, Epagneul- oder Stöbertypen und Feldtypen". Daraus ergibt sich, – wie auch aus anderen Darstellungen und der jahrhundertealten Beschreibung des deutschen „Stöbers", dass der nachmalige „Wachtel" schon lange existierte, nur bedurfte es seiner „Wiederfindung" und planmäßigen Zucht. Im Jahre 1897 veröffentlichte Friedrich Roberth aus Weißwasser in der Lausitz einen Aufruf in der Jagdzeitschrift „Zwinger und Feld" zur Regeneration des „Wachtelhundes". Er hatte beim Jagen in den Donauauen Hunde kennengelernt, die laut stöberten und nach dem Schuss ausgezeichnete Arbeiten leisteten. Der Aufruf führte zu einer Sammelbewegung und führte 1903 zur Gründung des Deutschen Wachtelhund-Clubs in München. Der junge Verein hatte mit Schwierigkeiten mannigfacher Art zu kämpfen und drohte alsbald auseinanderzufallen. Im Jahre 1906 wurde der berühmte Rudolf Fries auf den Wachtelhund aufmerksam und widmete sich ihm mit größter Energie. Rudolf Fries war neues Lebenselexier für den Wachtelhund-Club; ohne ihn gäbe es heute wohl keine Wachtelhunde mehr. Heute umfasst der „Verein für Deutsche Wachtelhunde" – nach dem Kriege 1946 wieder „belebt" und 1951 dem JGHV beigetreten, – in Landesgruppen unterteilt über 3.500 Mitglieder.

„Wiederfindung" des DW

Der Deutsche Wachtelhund ähnelt dem Deutsch-Langhaar-Vorstehhund, ist aber nicht so hochläufig, sondern ein Hund von ausgesprochen gestreckter Figur. Bei dem kleineren Hund ist – um beim Tragen von Hase oder Fuchs das Gleichgewicht zu halten – eine gewisse Länge und Massigkeit der Figur erforderlich. Der Deutsche Wachtelhund soll bei edler Gesamterscheinung gute Knochen und Muskeln haben und darf weder hochbeinig und windig noch schwerfällig und niedrig, sondern muss ein trockener, derbknochiger und muskulöser Hund von ausgesprochen langen Linien sein, d. h. er ist lang im Widerrist und in der Kruppe, sehr kurz im eigentlichen Rücken und mit breiter, kräftiger Lendenpartie. Ein Rüde soll etwa zwischen 48 und 54 cm groß sein, eine Hündin entsprechend kleiner, jedoch nicht unter 45 cm. Die Hunde haben ein kräftiges, dichtes, leicht gewelltes Langhaar, an Hals, Nacken und Rücken auch lockig, Läufe, Keulen und Rute befedert. Gezüchtet wird in zwei Farbschlägen, entweder einfarbig dunkelbraun, mit vielfach weißen Abzeichen an Brust und Zehen, auch rotem und gelbem Brand an Augen, Fang, Läufen und Weidloch, sowie fuchs- und hirschrote oder Braunschimmel; letztere haben eine geschimmelte Grundfarbe und dabei einen braunen Kopf, braune Platten, auch einen braunen Mantel über dem gesamten Rücken. Dazu gehören auch die braun-weißen Schecken mit weißer Grundfarbe und Tiger mit weißer gesprenkelter und getupfter Grundfarbe und braunen Platten sowie dreifarbige. – Am Rande sei erwähnt der sog. „Chiemgau-Wachtel", ein kleiner schwarzweißer Wachtelhund-Schlag, der nach Rudolf Frieß die schwarze Farbe vom Spaniel oder einem Haushund (etwa schwarzer Spitz) erhalten haben dürfte.

„Chiemgau-Wachtel"

Neben diesem einzigen deutschen Stöberhund werden in Deutschland als weitere Stöberhunde die Spaniels geführt. Es interessieren uns hier der Cocker Spaniel und der Springer Spaniel; daneben gibt es noch eine große Anzahl weiterer Spaniels, etwa den Welsh Springer, Field Spaniel, Clumber Spaniel, Sussex Spaniel, English Water-Spaniel, Irish Water Spaniel, American Water-Spaniel, King Charles Spaniel, Cavalierspaniel, Marlborough-Spaniel, Zwergspaniel etc. Der Cocker und der Springer Spaniel stammen ihrerseits von den kontinentalen „kleinen Vogelhunden" ab, mit denen in ganz Europa gejagt wurde. Der Name „Spaniel" mag mit der keltischen Bezeichnung für Kaninchen „span" zusammenhängen wie auch sich von Spanien ableiten, von wo das Kaninchen aus sich über Europa verbreitete. An der Namensgebung könnte jedoch auch der französische Epagneul beteiligt sein, dessen Blut mit großer Wahrscheinlichkeit in den Spaniels fließt. Die Spaniels werden bei uns vom Jagdspaniel-Klub e.V. betreut und zwei weiteren Vereinen.

Cocker Spaniel (CSp)

Der „Jagdspaniel-Klub" wurde am 26. Mai 1907 in Hannover gegründet. Fundament waren die teilweise ergänzten Statuten des „Deutschen Jagdspaniel-Klubs", dessen Mitglieder zusammen mit denen des „Kontinentalen Jagdspaniel-Klubs" den Stamm des neuen Vereins bildeten.

Wie bei anderen Vereinen auch fanden sich nach dem Kriege die Liebhaber des Spaniels erneut, zunächst 1948 als bizonale Arbeitsgemeinschaft, 1951 trat der Klub dem JGHV bei.

Daneben widmen sich dem Spaniel im JGHV der Verein Jagdgebrauchsspaniel e.V. (seit 1988) und der Verein Jagdspaniel e.V. (seit 1992).

Von der Mitgliedsstärke entsprechen die beiden jungen Vereine zusammen etwa 5 % des Vereins von 1907.

Cocker Spaniel (CSp)

Der Cocker Spaniel (CSp) hat seinen speziellen Namen wohl von seiner ursprünglichen jagdlichen Aufgabe her, nämlich dem Stöbern nach Federwild (cocks). Er soll seiner allgemeinen Erscheinung nach ein kleiner, kräftiger, emsiger Jagdhund sein, ausgewogen, kompakt und dieselben Maße vom Widerrist zum Boden wie vom Widerrist zum Rutenansatz haben. Das lange Haar soll anliegend sein, seidig beschaffen, niemals drahtig oder wellig, die Läufe befedert. Cocker sind ein-, zwei- oder dreifarbig; bei Einfarbigen ist ausgenommen an der Vorderbrust kein Weiß erlaubt. Die Größe beträgt bei einer Hündin 38 bis 40 cm, beim Rüden etwa 1 cm mehr.

Der Springer Spaniel (SSp)

Der **Springer Spaniel (SSp)** ist etwas größer als der Cocker; seine Schulterhöhe beträgt ca. 51 cm, in Ausnahmefällen bis 53 cm, die Hündinnen etwas weniger. Er ist der hochläufigste und schlankste von allen Erd-Spaniels.

Wollte man das Arbeits- und Aufgabengebiet des Deutschen Wachtelhundes ganz kurz umreißen, so müßte man ihn als *den* Hund des Waldjägers bezeichnen. Ihn zu einem solchen zu machen, war auch die Intention seiner frühen Züchter. Auch heute noch liegt das Schwergewicht der Arbeit und des Einsatzes dieses Hundes im Walde. Er soll jedoch nicht nur einwandfrei spurlauter Stöberer sein, insbesondere auf Hase, Fuchs oder Sau, sondern soll auch nach dem Schuss als sicherer, williger und lauter Verlorenbringer des Niederwildes eingesetzt werden können. Auch als sicherer Schweißhund für alles Schalenwild muss er dem Waldjäger zur Verfügung stehen. Daneben muss er auch Buschierarbeit leisten und als leidenschaftlicher Wasserhund im nassen Element Arbeit vor und nach dem Schuss leisten. Es gilt also für den Deutschen Wachtelhund all das, was für die Wasser- und Waldarbeit der deutschen Vorstehhunde ausgeführt worden ist.

Springer Spaniel (SSp)

Führung des DW

Das Feld ist grundsätzlich nicht das Arbeits- und Einsatzgebiet des Deutschen Wachtels, was allerdings nicht bedeutet, dass man mit einem gut in der Hand seines Herrn befindlichen Wachtel nicht auch auf Hühner und Fasanen jagen könnte. Insbesondere nach dem Schuss kann der Hund hier Hervorragendes leisten wie auch anlässlich von Feldjagden bei der Nachsuche auf Hase und Fuchs. Es gibt auch Deutsche Wachtel, die vorstehen; indessen hat die Zucht bewusst auf angewölftes Vorstehen und Feldeignung verzichtet, da zu viele und sich widersprechende Zuchtziele die erbreine Herausarbeitung der wichtigsten jagdlichen Anlagen für den Spezialisten im Walde nach Ansicht der Wachtelzüchter unmöglich machen müssen.

Früher unterschied man auch nach der Farbe unterschiedliche Arbeitsstämme: Die braunen grobzelligen kurz jagenden Hunde und die braunschimmeligen feinzelligen Weitjager – eine Unterscheidung, die heutzutage keine Gültigkeit mehr hat.

Der **Deutsche Wachtel** wird vielfach als „Solojäger" geführt, d. h. als Einzeltreiber und ohne Unterstützung weiterer Hunde. Diese Eigenschaft hat erfahrene Waldjäger aus dem Lager der Wachtelhundfreunde veranlasst, sich Gedanken darüber zu machen, wie weit der Deutsche Wachtel auch als „Solojäger" auf Drück- und Riegeljagden auf Rotwild eingesetzt werden kann. Seinem Ursprung nach handelt es sich ja um einen Hund, der auf Niederwild jagte und auch heute im wesentlichen auf diese Wildarten eingesetzt wird. Indessen gebieten die Schwierigkeiten der Jagd auf Rotwild unter den gegenwärtigen Umständen, sich auch Gedanken zu machen, in welcher Form der Stöberspezialist hier ein neues und ihm adäquates Arbeitsgebiet erhält.

Arbeit des Spaniels

Der in seiner Größe etwa dem Deutschen Wachtelhund entsprechende Springer Spaniel wird bei uns nur sehr selten geführt und hat im praktischen Jagdbetrieb nie eine wesentliche Rolle gespielt. Ausschlaggebend dafür dürfte wohl in erster Linie sein, dass er kaum laut jagt – ein Umstand, der den Einsatz eines solchen Hundes beim Stöbern verbietet. – Der Cocker Spaniel indessen ist ein Jagdhund, bei dem auf Spurlaut größter Wert gelegt wird. So bietet er sich auch als typischer Stöberer an, indessen machen sich beide Hunde im praktischen Jagdbetrieb kaum untereinander „Konkurrenz". Der Cocker Spaniel ist weniger ein sehr weit stöbernder Hund als mehr ein Kurzjäger und geeignet für niederwildreiche Reviere. Im übrigen ist er – wie auch der Deutsche Wachtelhund – in der Lage, alle Arbeiten im Feld und Wald zu verrichten wie ein großer Vorstehhund, auch mit Ausnahme des Schwerapportierens, also des Bringens von Hase und Fuchs. – Bei den außerordentlich „hübschen" und ansprechenden Spaniels muss an dieser Stelle, wie auch bei den Pointern und Settern schon, erwähnt werden, dass dieses ästhetische Moment zu einer Gefahr für die jagdliche Eignung werden kann. Unter der relativ großen Anzahl jährlich gezüchteter Spaniels findet sich nur eine verhältnismäßig kleine Zahl wirklich jagdlich brauchbarer Hunde. Aber auch hier gelingt es dem an einem guten Spaniel interessierten Jäger durchaus, Züchter ausfindig zu machen, aus deren Zwinger schon seit Generationen hervorragende Jagdhunde hervorgegangen sind und hervorgehen.

Am Ende der Bemerkungen über die Herkunft und Entwicklung der Jagdhunde ist schon darauf hingewiesen worden, dass eine planmäßige Züchtung von Jagdhunden erst in relativ jüngster Zeit festzustellen ist. Von den Vogelhunden war in diesem Zusammenhang auch schon die Rede, als beim Deutsch-Langhaar von dessen Vorfahren, den „Habicht-Hunden" gesprochen worden ist. Hier muss nun erwähnt werden, dass es sich wohl bei den alten Vogelhunden nicht um ganz bestimmte Rassen gehandelt hat, sondern eine Gruppe von Hunden unterschiedlichen Types und unterschiedlicher Haarart, die bei der Beizjagd ganz bestimmte Aufgaben zu erfüllen hatten.

Vogelhunde

Ursprünglich hatten die Vogelhunde reine Stöberaufgaben zu erfüllen; wie sich ihr Aufgabenbereich beim Aufkommen der Netz- und der Schießjagd veränderte, ist schon dargetan.

Es hat vor noch gar nicht allzu langer Zeit Überlegungen gegeben, Vogelhunde dieser Art als eine „neue Rasse" wiederum „zu züchten". Von berufener Seite ist jedoch darauf hingewiesen worden, dass dies ein absolut sinnloses Unterfangen wäre, denn herausspringen würde bestenfalls das, was die deutsche Jägerei heute schon besitzt, nämlich die Vorstehhunde sowie die gerade beschriebenen Stöberhunde, den Deutschen Wachtel und die Englischen Spaniels.

Man könnte geneigt sein, auch noch an verschiedene Vertreter der Bracken zu denken. Diese waren bei uns jedoch in erster Linie einzusetzen bei der Beize auf Hasen. Bei der Beize auf Hasen, Füchse und Wölfe mit dem Adler wurden und werden wohl auch noch teilweise außerhalb Deutschlands große Bracken eingesetzt, indessen ist das für unsere Erörterung ohne Belang.

Ganz gleich, welcher Rasse oder welchen Schlages nun der den Falkner oder Habichtler begleitende Hund ist – auszeichnen muss ihn neben seinen typischen rasseeigentümlichen Eigenschaften ein ganz besonderer Gehorsam und auch ein gewisses Vertrautsein mit dem Vogel, mit dem er ja gewissermaßen in Arbeitsteilung jagt. Während zur Beize mit dem Falken – wie bereits ausgeführt – der Vorstehhund der richtige Partner ist, stellt zur Beize mit dem Habicht ein guter Spaniel die wohl richtige Ergänzung dar. Dieser ist, wie schon betont, im Gegensatz zum Deutschen Wachtel ein kurzsuchender Hund und hat auch nicht von Haus aus die Neigung, das Wild, das er gefunden hat, sehr weit zu verfolgen; er wechselt lieber auf andere Spuren über oder sucht sich neues Wild. Da die Hauptbeute des Beizhabichts das Kaninchen ist, bietet sich für diese Jagd der Spaniel geradezu an.

Beizjagd

„Ein reiner Spezialist"

II. 3. Schweißhunde

Wenn auch Jagdhunde jeglicher Rasse und jeglichen Schlages auf Schweiß geführt werden können, so soll unsere Aufmerksamkeit hier den beiden reinen Spezialisten gelten, dem Hannoverschen Schweißhund und dem Bayerischen Gebirgsschweißhund.

Bei der Erörterung der Herkunft und Entwicklung unserer Jagdhunde wurde schon auf den Segusier hingewiesen, die spätere Bracke und den Um-

Leithunde

stand, dass sich schon sehr früh die Züchtung eines Leithundes, des späteren Schweißhundes, nachweisen lässt. Es ist zu vermuten, dass dieser Leithund bald nach der Zeit Karls des Großen sich von den übrigen Bracken durch systematische Züchtung derart unterschied, dass von einer besonderen Rasse gesprochen werden kann. Aufgabe der Leithunde war es, im Wege der Vorsuche das von den Fürstlichkeiten zu bejagende Hochwild zu bestätigen, einzelne Stücke unter Umständen auch zu lancieren. Ziel des fürstlich-jagdlichen Tatendranges waren insbesondere das Rotwild, z. T. das Schwarzwild, aber auch Damwild, Elche, Bären und Wölfe. Die Art, einen Leithund zu führen, entwickelte sich im Laufe der Jahrhunderte immer mehr, und wie der Leithund zu einem Spezialisten und zum wertvollsten Jagdhund seiner Zeit wurde, spezialisierten sich auch seine Führer, die im höchsten Maße fährtenkundig sein mussten. In dieser Zeit entwickelte sich die Lehre von den „hirschgerechten Zeichen".

Vom Leithund zum Schweißhund

Wie auch schon bei den Vorstehhunden festgestellt, bedeutete die Entwicklung der Schießjagd auch eine Änderung im Bereich der Aufgaben des Leithundes. Lag bis dahin die Aufgabe des Leithundes ohne Ausnahme vor dem Schuss, fanden die Leithunde in zunehmendem Maße immer mehr Verwendung als Hunde der Nachsuche nach dem Schuss, sie entwickelten sich zu Spezialisten für die Schweißarbeit, da sie mit ihrer speziellen Abführungsmethode sich am leistungsfähigsten für die schwierige Arbeit auf der Fährte des kranken Wildes erwiesen hatten.

Der Hannoversche Jägerhof

Um 1600 waren an vielen europäischen Fürstenhöfen Stätten hirschgerechten Jagens entstanden, die neben der übrigen Tradition jahrhundertealten jagdlichen Brauchtums auch die jahrhunderte alte Art der Führung des Leithundes und des späteren Schweißhundes kultivierten. Nach der Revolution des Jahres 1848 erlaubten es die Umstände nicht mehr, gewissenhafte Zucht und Haltung der Schweißhunde zu betreiben; lediglich eine Oase blieb erhalten: der Hannoversche Jägerhof. Ausgangspunkte dieses berühmten Königlich-Hannoverschen Jägerhofes waren der Herzoglich-Calenbergische „Jägerhof zu Hannover auf dem Stapel" und der Herzoglich-Celle-Lüneburgische Jägerhof in Celle. Die direkt dem Jägerhof in Hannover zustehenden Schweißhunde standen bei den in den einzelnen Revieren tätigen Hofjägern, insbesondere im Harz, im Solling und in der Lüneburger Heide. Das bedingte auch, dass sich drei deutlich unterscheidbare Lokalschläge bilden konnten, nämlich die sog. Harz-, Solling- und Heiderasse. Auch nach dem Jahre 1848 wurde die hohe Schule der Schweißhundführung in Hannover weiterhin gefördert, wobei für die weitere Entwicklung wohl von Bedeutung war, dass zu Beginn des 19. Jahrhunderts viele Bestätigungsjagden eingerichtet und zur Hofjägerlaufbahn infolgedessen nur gut veranlagte Hundeführer zugelassen wurden. Jetzt wurden die Schweißhunde sowohl für die Arbeit vor dem Schuss wie auch nach dem Schuss verwendet, d. h. zum Vorsuchen, Bestätigen und Lancieren des Rotwildes wie auch zum Nachsuchen und zum Hetzen nach dem Schuss.

Als Preußen im Jahre 1866 Hannover annektierte, kam auch mit dem Ende der Hannoverschen Monarchie das Ende des Jägerhofes in Hannover in seiner bisherigen Form. Indessen war es das Bestreben der preußischen Forstverwaltung, die Schweißhundzucht und Arbeit nach alter hannoverscher

Tradition aufrecht zu erhalten, wofür in den Anfangsjahren der preußischen Verwaltung die in den preußischen Forstdienst übernommenen ehemaligen königlichen Hofjäger garantierten.

Zu dieser Zeit hatte der Schweißhund schon eine so allgemeine Anerkennung gefunden, dass man unter „Schweißhund" ohne weiteres den Hannoverschen verstand. Als jedoch im Mai 1884 die Rassekennzeichen des Bayerischen Gebirgsschweißhundes festgelegt wurden, musste für den Hannoverschen ein Zuname gefunden werden, und es verwundert nicht, dass Anfang 1885 offiziell für diesen Hund die Bezeichnung **Hannoverscher Schweißhund (HS)** beschlossen wurde. Schon 1884 hatte sich herausgestellt, dass die Rassekennzeichen des Hannoverschen Schweißhundes neu beschrieben werden mussten. Auf einer Spezialschau im Januar 1885 in Hannover wurden die Hannoverschen Schweißhunde in solche nach Leit- und Schweißhundform unterschieden. Der Leithundform entsprachen damals die Schweißhunde schweren Schlages, während der Schweißhundform die des leichteren Types untergeordnet wurden.

„Am Hirsch"

Hannoverscher Schweißhund (HS)

Im Juni 1894 erschien in der Deutschen Jäger-Zeitung ein Aufruf zur Gründung des „Klubs zur Züchtung und Veredelung des Schweißhundes", was am 17. Juni 1894 zur Gründung des „Vereins Hirschmann" in Erfurt führte. In der Folgezeit kam man in dem Verein zu der Überzeugung, dass die Unterscheidung zwischen Leithundform und Schweißhundform nicht zweckmäßig sei und ging wieder von einem Einheitstypus aus, in dem Unterschiede in Stärke und Farbe zulässig waren. Auch heute noch ist eine verhältnismäßig große Streuung der Körpermaße festzustellen, was für unterschiedliche Konstitutionstypen spricht. Besonders bemerkenswert und auch für den Laien auffällig ist der ernste, bisweilen tragische Gesichtsausdruck vieler Schweißhunde. Das ist durch die sog. hubertoiden Gesichtsfalten bedingt, die ihre Bezeichnung nach dem französischen „St. Hubert" haben. Diese Hunde wurden über Jahrhunderte hinweg in dem Ardennenkloster St. Hubert gezüchtet und wurden als Leithunde verwandt. Ihr Blut fließt in

1894:
„Verein Hirschmann"

den Adern der englischen Bloodhounds, die ihrerseits wiederum die Hannoversche Schweißhundzucht beeinflusst haben sollen.

Nach den heute den Typ bestimmenden Merkmalen handelt es sich bei den Hannoverschen Schweißhunden um mittelgroße, kräftige, verhältnismäßig niedrig gestellte, langgestreckte Hunde mit einem übermittellangen breiten Behang, mit kurzem, dichtem, derbem bis harschem Haar, das am hinteren Keulenrand und an der Unterseite der Rute etwas länger und gröber ist. Die Rüden sind 50 bis 55 cm hoch, die Hündinnen 48 bis 53 cm, wobei Abweichungen bis zu 2 cm nach oben und unten toleriert werden. Die Farbe ist hell- bis dunkelhirschrot, zum Teil mehr oder weniger gestromt, mit und ohne Maske.

Gegen Ende des vorigen Jahrhunderts setzte im bayerischen und österreichischen Hochgebirge wieder eine intensivere Rotwildhege ein und es wurden bessere, weitreichendere Waffen entwickelt; die gesamte Art und Weise der Bejagung änderte sich. Damit wurde auch ein zuverlässiger Schweißhund immer nötiger.

Entwicklung des BGSH

Dazu bediente man sich zunächst des leichteren Schlages des Hannoverschen Schweißhundes; letztlich konnte jedoch dieser den schwierigen Hochgebirgsverhältnissen nicht voll gerecht werden. Der Hochgebirgsjäger bedurfte eines Hundes, der nicht nur Riemenarbeit gewöhnt war, sondern auch frei langsam vor dem Führer herarbeitet und auf Anrüden laut jagend hetzt und totverbellt. Die Schwere und Kraft des Hannoverschen Schweißhundes war bei der Hochgebirgsjagd bisweilen nicht nur hinderlich, sondern für Jäger und Hund auch lebensgefährlich. Schon vor der Revolution bis zum Ende der achtziger Jahre gab es noch einen guten Stamm leichter Schweißhunde vom Typ des heutigen Gebirgsschweißhundes im Benediktinerstift Admont. Der Fürst Thurn und Taxis versuchte mit Wildbodenhunden die Reste des alten Schlages zu einem erbfesten Stamm zu gestalten, aber erst Josef Freiherr von Karg-Babenburg schuf in den Jahren 1868 bis 1899 zusammen mit Otto Grashey eine einheitliche Rasse, die auf den erwähnten Thurn-Taxisschen Hunden und den Hunden der Jägerfamilie Hohenadl und Krembs fußte. Zur Blutauffrischung wurde Anfang der siebziger Jahre ein Hannoveraner Rüde verwandt; auch später floss noch mehrfach Hannoversches Blut in die Bayern. Im Mai 1883 wurden die Rasse von der Delegiertenkommission anerkannt und die Rassekennzeichen ein Jahr später aufgestellt. Den Namen erhielt sie auf Vorschlag des Grafen von Waldersee. Im Jahre 1912 wurde der heutige „Club für Bayerische Gebirgsschweißhunde e. V." gegründet.

Beide Schweißhundvereine sind Mitglied des JGHV seit 1952.

Der Bayerische Gebirgsschweißhund (BGS)

Der **Bayerische Gebirgsschweißhund (BGS)** bietet die allgemeine Erscheinung eines leichteren, sehr beweglichen und muskulösen, mittelgroßen Hundes. Die Rüden sollen nicht über 52 cm Schultermaß haben, die Hündinnen nicht über 48 cm. Der Körper wirkt etwas langgestreckt und hinten leicht überhöht. Das Haar ist mäßig rau und soll wenig Glanz haben, dicht und glatt anliegend sein, feiner an Kopf und Behängen, rauer und länger an Bauch und Schlegeln. Die Bayerischen Gebirgsschweißhunde sind von tiefrot über ockergelb bis semmelfarben gefärbt, auch geflammt oder dunkel gestichelt. Häufig haben sie eine Zeichnung am Behang, auf dem Rücken und an der Rute.

Auf die Anforderungen, die an einen auf Schweiß geführten Hund zu stellen sind, und die Kenntnisse und Fähigkeiten, über die ein Schweißhundführer verfügen muss, ist schon kurz eingegangen. Für die Führung der soeben beschriebenen Schweißhundrassen gilt jedoch darüber hinaus Besonderes.

Ganz allgemein wird davon ausgegangen, dass die Schweißhunde die Spezialisten für die Nachsuche krank geschossenen Schalenwildes seien. In Vergessenheit geraten ist heute schon vielfach, dass die Ahnen der Schweißhunde, insbesondere des Hannoverschen Schweißhundes, früher auch wesentliche Arbeit vor dem Schuss zu leisten hatten, und auch heute noch kann man Schweißhunde für die Arbeit vor dem Schuss einsetzen, nämlich zum Bestätigen und Lancieren.

Der Bayerische Gebirgsschweißhund (BGS)

Das Bestätigen war der „Hauptberuf" des alten Leithundes. Unter „Bestätigen" in diesem Sinne versteht man das Feststellen eines Stück Hochwildes und – unter Umständen – seiner Lebensgewohnheiten. Beim Bestätigen wurde der Leithund auf der kalten Fährte etwa eines Hirsches gearbeitet, und auf diese Art und Weise stellte man dessen Einstand fest, die Orte, an denen er zur Äsung zog, und wo er wieder in die Dickung einwechselte. Auch heute noch kann das Bestätigen von Bedeutung sein, denn man kann beispielsweise mit dem Schweißhund auf der kalten Gesundfährte arbeitend feststellen, in welcher Dickung der Hirsch seinen Tageseinstand genommen hat.

Arbeiten des Leithundes

Beim Lancieren hingegen muss der Hund oft lange auf der frischen warmen Fährte eines Stückes Hochwild arbeiten, es galt in der Vergangenheit als die Krone der gesamten Jagdausübung. Lanciert wird ein Hirsch, nachdem er im oben dargestellten Sinne bestätigt worden ist, auf die Weise, dass der Jäger, der den Hirsch schießen soll, am Hauptwechsel vorgestellt wird. Mit dem Hund folgt man nunmehr der Fährte des vor dem Hund herziehenden Hirsches, bis dieser vertraut ziehend die Dickung verlässt und erlegt werden kann. Sollte der Hirsch nicht den vermuteten Wechsel einschlagen, muss sich der Schütze anderswo vorstellen, um zu dem erwünschten Erfolg zu kommen.

All das setzt bei sämtlichen Beteiligten genaueste Kenntnis des Revieres und des zu bejagenden Wildes voraus. Da – wie schon ausgeführt – auf der warmen, frischen Fährte lanciert wird, bedeutet dies für die Hunde – insbesondere für junge, unerfahrene – eine große Gefahr. Die Schweißhunde sollen grundsätzlich nur die kalte Fährte eines Stück Wildes arbeiten, wie es beim Bestätigen üblich ist. Daher wird heutzutage so gut wie gar nicht mehr lanciert, während das Bestätigen durchaus noch seinen Sinn haben und nützlich sein kann.

Was für die Arbeit auf der Wundfährte bei den Vorstehhunden ausgeführt ist, gilt im besonderen Maße auch für den Schweißhund und seinen Herrn. Hier soll ein Gespann von zwei Lebewesen, verbunden durch den Schweißriemen, sich mit seinen Gaben und Erfahrungen gegenseitig ergänzend und vervollkommnend, in der Lage sein, als ebenbürtiger Partner des krankgeschossenen Wildes dieses zu erlösen und zur Strecke zu bringen. Die Verpflichtung des Schweißhundführers ist in allererster Linie vor dem Hintergrund humaner Jagdausübung zu sehen; er hat es selbstlos übernommen, die Scharten auszuwetzen, die es aus Gründen meist menschlichen Versagens zu beseitigen gilt. Wirtschaftliche Gesichtspunkte spielen insbesondere auch beim Hochwild eine nicht unwesentliche Rolle, haben jedoch vor den Überlegungen tierschützerischer und humanitärer Art in den Hintergrund zu treten.

Seit mehr als einem Jahrtausend werden die am langen Riemen arbeitenden Hunde im Prinzip nach der gleichen Methode geführt, und all das, was einen Hund für die Nachsuche auszeichnen soll, ist bei ihnen durch die entsprechende Zuchtauswahl weitgehend genetisch verankert. Allein mit genetischen Vorgegebenheiten, mit dem entsprechenden Erbgut, lässt sich jedoch der Nachsuchenspezialist nicht „produzieren". Der Schweißhund muss – das gilt aber auch für die Ausbildung aller Hunde – seinen ererbten Anlagen und für seinen zukünftigen Einsatz entsprechend ausgebildet, geführt werden, wobei der Individualität des einzelnen Hundes zu jeder Sekunde Rechnung zu tragen ist.

Grundlage jeder Nachsuche: Riemenarbeit

Grundlage einer jeden Nachsuche ist die Arbeit am langen Riemen, dem Schweißriemen. Wenn auch etwa in der Praxis der Hannoverschen Schweißhunde bei Nachsuchen unter erschwerten Umständen etwa 40 % der Arbeiten erst nach einer Hetze zum Erfolg führen, so bedeutet das nicht, dass die unbedingt sichere Arbeit am langen Riemen nicht die Grundlage jeden Erfolges ist.

Richtiges Verhalten des Schützen

Ob das zu schießende Stück Wild auch wirklich zur Strecke kommt, liegt schon im wesentlichen in der Hand des Schützen. Dieser muss bemüßigt sein, seinen persönlichen Fähigkeiten und den Umständen zum Zeitpunkt der Abgabe des Schusses entsprechend sich so zu verhalten, dass ein möglichst tötender Schuss auch das Ziel erreicht. Niemand kann sich hundertprozentig der Wirkung seiner Kugel sicher sein; er sollte sich jedoch bemühen, es möglichst nicht zu einer Nachsuche kommen zu lassen. Indessen – da dies ja nicht voraussehbar ist – hat der Schütze die Pflicht, sich vor der Schussabgabe seinen eigenen Standort und den des Wildes genau zu merken. Darüber hinaus muss der Schütze das Verhalten des Wildes nach dem abgegebenen Schuss genau beobachten und in der Erinnerung behalten, um durch seine Hinweise dem Schweißhundführer späterhin die erforderlichen Hilfen zu geben. Diese Schusszeichen sind wesentliche Indizien bei der späteren „kriminalistischen" Arbeit des Schweißhundführers. Weiterhin ist es von Bedeutung, dass der Schütze nun nicht unmittelbar nach der Schussabgabe sich unter Getöse zum Anschuss oder in dessen Nähe begibt, um nach irgendwelchen Pirschzeichen zu suchen. So lange das Wild nicht weiß, dass der Schuss mit dem Menschen in Verbindung zu bringen ist, wird es bestrebt sein, alsbald sich irgendwo einzuschieben oder im Wundbett niederzutun. Das unsachgemäße Verhalten des Schützen nach dem Schuss kann dazu führen, dass das Wild erst gar nicht sich in der Nähe des Anschusses niedertut oder aufgemüdet wird und nun lange zieht. Allein das unsachgemäße Verhalten des Schützen kann schon den Erfolg einer Nachsuche vereiteln.

Nichts sind unangebrachter bei einer Nachsuche als Eile und überstürztes Handeln. Daher sollte der Schütze – nachdem er sich nach geraumer Zeit, wenn er es überhaupt kann, sich einen Eindruck vom möglichen Sitz der Kugel verschafft hat – nach Hause gehen und die Nachsuche in die Wege leiten. Ist das Stück in den Abendstunden beschossen worden, so darf die Nachsuche nicht in der Nacht aufgenommen werden; der nächste Morgen ist unbedingt abzuwarten. Ist das Stück in den Morgenstunden oder am Tage beschossen, so sind mindestens vier, besser noch mehr Stunden abzuwarten. Das Stück muss Gelegenheit haben, möglichst unweit vom Anschuss krank zu werden und unter Umständen zu verenden.

Auch die immer wieder zitierte Ausnahme von der Regel, dass bei einem Laufschuss ein Hund sofort geschnallt und angehetzt werden soll, scheint ein Beispiel dafür zu sein, wie etwas Falsches, das einmal geschrieben worden ist, immer wieder aufgenommen und weitergetragen wird. Erfahrene Schweißhundführer haben immer wieder die Erfahrung gemacht, dass ein Stück Wild sich nicht erst lange an den Umstand gewöhnen muss, nur noch auf drei Läufen flüchten zu können; vielmehr ist es von Anbeginn an in der Lage, sehr schnell flüchtig zu werden. Der Hinweis, der Hund habe eine größere Chance, so lange das Wild noch unbeholfen sei, scheint also auf falscher Überlieferung zu beruhen. Überdies geht auch ein Stück mit einem Laufschuss alsbald in ein Wundbett und wird dort krank. Das Sitzen im Bett hat zur Folge, dass eine gewisse Lahmheit oder Steifheit eintritt, die nun eine erforderlich werdende Hetze erfolgversprechender erscheinen lässt.

Auch bei Laufschüssen: krank werden lassen!

Aber auch hier gilt, wie überall, dass es auf die jeweiligen Umstände des Falles ankommt. Ist sofort ein flüchtiger großer Gebrauchshund zur Stelle, so kann unter Umständen, falls ein Laufschuss sofort einwandfrei festgestellt worden ist, eine unmittelbar anschließende Hetze durchaus den erwünschten Erfolg haben.

Ist nun nach den entsprechenden Feststellungen der Schweißhundführer erschienen, so geht sämtliche Kommandogewalt für die weitere Nachsuche auf ihn über. Es ist so, als wenn ein Lotse an Bord kommt, dessen speziellen Fachkenntnissen sich jeder zu fügen hat. Der Schweißhundführer wird nun seinen Schweißhund über Wind in der Nähe des Anschusses ablegen und zunächst den Anschuss gründlichst untersuchen. Dabei handelt es sich um keinen eng umgrenzten kleinen Raum, vielmehr können sich die Pirschzeichen unter Umständen recht weit – je nach dem Sitz der Kugel – von der Stelle entfernt befinden, an der sich das Stück zur Zeit des Schusses befand.

Weisungsbefugnis des Schweißhundführers

Das wichtigste Pirschzeichen für den Schweißhundführer ist das **Schnitthaar**. Ist ein Stück Wild von einer Kugel getroffen worden, so muss theoretisch unter allen Umständen auf dem Anschuss Schnitthaar zu finden sein; in der Praxis sieht es jedoch häufig anders aus. Indessen sagt dem versierten Schweißhundführer schon ein einziges gefundenes Schnitthaar viel aus, mindestens, dass das Stück die Kugel hat. Im übrigen bedarf es großer Erfahrung,

Pirschzeichen

um aus dem Schnitthaar den Sitz der Kugel bestimmen zu können. Je nachdem, ob das Stück im Winter- oder Sommerhaar ist, und an welcher Stelle des Körpers die Kugel gefasst hat, bietet sich ein anderes Bild. Als äußerst hilfreich haben sich sogenannte „Schnitthaarbücher" erwiesen, die vom Schweißhundführer selbst angelegt und bei den Nachsuchen auch mitgeführt werden. Von zur Strecke gekommenen Stücken werden dafür von den einzelnen Körperteilen Haare entnommen und mit entsprechender Beschreibung in das Büchlein eingeklebt, so dass an Ort und Stelle Vergleichsmöglichkeiten bestehen.

Ausser dem Schnitthaar ist eventuell gefundener **Schweiß** ein äußerst wichtiges Pirschzeichen. Häufig ist er neben Schnitthaar auf dem Anschuss zu finden; es ist jedoch nicht selten, dass zunächst auf dem Anschuss oder beim Beginn der Fluchtfährte auch noch überhaupt kein Schweiß festzustellen ist. Indessen ist der Schweiß wohl das wichtigste Pirschzeichen, das unter Umständen neben der beim Anschuss identifizierten Fährte des getroffenen Stück Wildes dem Schweißhundführer die Gewissheit gibt, bei der Nachsuche noch der richtigen Fährte nachzuhängen. Die Farbe des Schweißes, seine Beschaffenheit, sein Geruch und unter Umständen auch sein Geschmack können dem Schweißhundführer mit ziemlicher Gewissheit helfen, den Sitz der Kugel festzustellen.

Sammeln von „Indizien"

Auch **andere Körperflüssigkeiten** können aussagekräftig sein, so etwa Speichel oder Knochenmark. Insbesondere sagen **Knochensplitter** aufgrund ihrer verschiedenartigen Form und ihrer Struktur etwas über den Sitz der Kugel aus. Schließlich können auch Zahnstücke zu finden sein, Panseninhalt, Darmstücke, Leberfetzen, Wildbretstücke usw., usw.

Nachdem der Schweißhundführer nicht nur flüchtig den Anschuss untersucht und sich eingehend informiert hat – bisweilen mit weißem Papier-Taschentuch, Lupe und Pinzette –, vergleicht er seine Feststellungen mit den vom Schützen beobachteten Schusszeichen und plant danach zunächst den Ablauf der Nachsuche. Weisen die Indizien mit hoher Wahrscheinlichkeit auf eine Totsuche hin, genügt es, wenn der Schütze oder ein Revierkundiger den Schweißhundführer begleitet; sprechen die Anzeichen jedoch mit hoher Wahrscheinlichkeit dafür, dass es zu einer Hetze kommen wird, werden noch weitere Schützen benachrichtigt werden müssen, um mit ihnen den betreffenden Revierteil abzustellen.

„Verbrechen" von Pirschzeichen

Nunmehr endlich begibt sich der Hundeführer mit seinem Hund in die Nähe des Anschusses und läßt sich ihn von ihm zeigen, wobei der Hund unter Umständen noch Pirschzeichen verweist, die der Aufmerksamkeit des Schweißhundführers entgangen waren. Bei der nun folgenden Arbeit kommt es auf das Zusammenspiel zwischen Hund und Führer an, wobei letzterer – was gar nicht genug betont und wiederholt werden kann – mit der Psyche seines Hundes ganz vertraut und dessen Verhalten richtig zu deuten in der Lage sein muss. Es kommt sehr darauf an, die vom Hund verwiesenen Pirschzeichen zu erkennen, richtig zu identifizieren und auch kenntlich zu machen, um unter Umständen auf sie zurückgreifen zu können. Dies muss nicht unbedingt in der überlieferten und konservativen Weise mit Brüchen gerechter Holzarten geschehen, vielmehr haben sich auch andere Hilfsmittel bewährt, so etwa das Anschalmen von Bäumen, das Hinlegen von Vliespapier oder das schnelle Abstreifen von Watte an rauer Borke. Hat der Schweißhundführer den ihn begleitenden revierkundigen Jäger hinter sich gelassen oder sich sonst irgendwie verlaufen, ist er in der Lage, mit dem mitgeführten Horn alsbald wieder Verbindung aufzunehmen. Das Horn hat hier also eine wesentliche Bedeutung und ist nicht – wie häufig leider heute so oft – Instrument für jagdliche Konzerte!

Vliespapier und Horn haben sich in jüngerer Zeit auch der „Modernisierung" unterwerfen müssen. Zur Kennzeichnung markanter Punkte hat sich das im Forstbetrieb gebräuchliche Trassierband bewährt, das in vielen Farben verfügbar überall gut sichtbar angebracht werden kann, leicht zu handhaben ist und von allein verrottet. Zur Kommunikation werden jetzt Funkgeräte verwandt, mit denen man sich doch mehr „erzählen" kann.

War die Nachsuche keine Totsuche, sondern führte der Hund seinen Herrn an ein warmes Wundbett, oder hörte man gar das Stück noch vor dem Hunde fortpoltern, so ist der Zeitpunkt gekommen, den Schweißhund zu einer Hetze zu schnallen. Nur Hunde in bester körperlicher Kondition und beseelt von entsprechendem Willen sind in der Lage, lange Hetzen durchzustehen. Aufgabe des Hundes ist es nun, das verfolgte Stück Wild zu stellen, damit ihm der Schweißhundführer – und nur dieser – den Fangschuss antragen kann. Darauf hat der Schweißhundführer vor Beginn jeder Nachsuche nochmals eindringlichst hinzuweisen, denn ein anderes Verhalten führt zu großen Gefahren für den Schweißhundführer und andere Jäger, die sich unter Umständen dem stellenden Hund nähern mit der Absicht, ihrerseits das Stück zu erlösen. – Der Schweißhund soll grundsätzlich nicht das gestellte Stück fassen, geschweige denn niederziehen. Die Gefahren, von einem attackierenden Hirsch geforkelt oder von einem Alttier oder einer Sau geschlagen zu werden, sind zu groß.

Hetze

Stellen

Nach erfolgreicher Beendigung einer Arbeit wird den Schweißhundführer immer und in jedem Fall Genugtuung erfüllen, was bei dem Schützen nicht unbedingt der Fall sein muss. Gar nicht so selten liegt am Ende der Fluchtfährte ein Stück, das – aus was für Gründen auch immer – nicht hätte geschossen werden dürfen. Es ist auch kein Märchen, dass Schweißhundführer zur Nachsuche auf Rotwild gerufen werden, und schließlich feststellen, dass eine Sau geschossen worden ist oder umgekehrt. In diesen Fällen ist es nicht Sache des Schweißhundführers, Kritik an dem Erleger des Stückes zu üben; vielmehr ist seine Aufgabe erledigt und zu Ende. Was auch immer an jagdlichen Sünden während einer Nachsuche für den Schweißhundführer offenbar werden mag, er hat ein „Berufsgeheimnis" zu wahren wie ein Pfarrer die Beichte. Ein indiskreter Schweißhundführer würde sich auch kaum darüber zu beklagen haben, dass er zu zu vielen Nachsuchen gerufen wird.

Der Hannoversche Schweißhund und der Bayerische Gebirgsschweißhund sind Spezialisten, deren Aufgabe es einzig und allein ist, Schalenwild nachzusuchen. Indessen sind die Aufgaben und der Einsatz des Hannoverschen Schweißhundes in noch engeren Grenzen gehalten als die des Bayerischen Gebirgsschweißhundes. Eingedenk der Tatsache, dass Höchstleistungen nur vom Spezialisten erbracht werden können, führen die „Hirschmänner" ihre Hunde grundsätzlich nur auf der Fährte des Hochwil-

Das „Beichtgeheimnis" des Schweißhundführers

des, und zwar auf Rot-, Schwarz-, Dam- und Muffelwild. Wo Sikawild vorkommt, wird der Hannoveraner auch auf dieses Wild geführt. Wenn er theoretisch selbst dazu in der Lage ist, auf jede kranke Wildart – beispielsweise auf das Geläuf von Federwild – angesetzt zu werden, so ginge dies jedoch zu Lasten des schon zitierten und auch unbedingt erforderlichen Spezialistentums. Aus diesem Grunde wird auch grundsätzlich darauf verzichtet, einen Hannoverschen Schweißhund auf Rehwild zu führen. Die Erfahrungen haben gezeigt, dass bei einer Hetze der Hannoversche Schweißhund leicht in der Lage ist, ein krankes Stück Rehwild niederzuziehen. Das würde bei einem jungen unerfahrenen Hund beispielsweise dazu führen, dass er es dem wehrhaften Rot- oder Schwarzwild gegenüber am nötigen Respekt fehlen ließe, und ihm dies zum Verhängnis gereichen könnte. Außerdem sprachen schon die Alten davon, dass das Rehwild eine besonders „süße" Fährte habe. Das scheint darauf zurückzuführen zu sein, dass das Rehwild im Gegensatz zu den anderen Schalenwildarten weitere und besondere Duftdrüsen an den Läufen hat, die für den Hund von besonderem Reiz sind. Ist der Hannoveraner nun auf Rehwild geführt, so können insbesondere den noch jungen Hund Rehwildfährten leicht zum Changieren verleiten. Das bedeutet jedoch nicht, dass auch alte und erfahrene Hannoveraner nicht auf Rehwild eingesetzt werden können und auch eingesetzt werden. Solche Fälle sind jedoch immer als die Ausnahme von der Regel anzusehen. – Am Rande zu erwähnen ist vielleicht in diesem Zusammenhang, dass Hannoversche Schweißhunde auch mit großem Erfolg auf Wildarten geführt werden, mit denen sie von Haus aus überhaupt nichts zu tun haben oder haben können. So werden beispielsweise schon seit längerer Zeit Hannoversche Schweißhunde in Ostafrika auf Nachsuchen auf dort beheimatete wehrhafte Wildarten geführt, vom alten Pavian bis hin zum Büffel.

Auch der Bayerische Gebirgsschweißhund ist ein absoluter Spezialist; indessen wird er neben den vier beim Hannoverschen Schweißhund genannten Hochwildarten auch auf Rehwild und Gamswild geführt. Die Heimat des Bayerischen Gebirgsschweißhundes ist das Hochgebirge, und die dortigen Verhältnisse machen es unumgänglich, ihn auch auf Gams- und Rehwild einzusetzen. Darüber hinaus erfordern es häufig die schwierigen Geländeverhältnisse, dass der Gebirgsschweißhund häufiger ohne Riemen arbeiten muss als der Hannoveraner. Das heißt jedoch nicht eine Art Frei-Verloren-Suche; vielmehr hat sich der Hund auch bei dieser Arbeit in Verbindung zum Führer vor diesem zu bewegen und darf nur hetzen, wenn er den entsprechenden Befehl dazu erhält. Das bedeutet notwendigerweise ein beherrschtes Temperament und großen Gehorsam. Die örtlichen Verhältnisse bringen es auch mit sich, dass beim Bayerischen Gebirgsschweißhund mehr Wert als beim Hannoveraner darauf gelegt wird, dass er totverbellt oder -verweist.

II. 4. Erdhunde

Bei den Forschungen nach dem Ursprung des bei uns bekanntesten Erdhundes, des Teckels, glaubte man, diesen schon in weit zurückliegender Zeit entdeckt zu haben. Aus der Inschrift auf dem Grabmal Tothmess III. deutete man seinen Namen „Tekal" oder „Tekar"; es stellte sich jedoch später heraus, dass die Hieroglyphen falsch gedeutet waren. Das gefundene Wort

„Tekuou" bedeutet „Feuriger" und findet sich auch neben anderen Hunderassen. Den Namen **„Teckel"** hat er wohl als Ableitung aus dem Wort „Dackel" erhalten, das wiederum zurückzuführen ist auf seine Bezeichnung „Dachsel, Dachskriecher, Tachsschliefer", wie er auch in Schriften des 16. Jahrhunderts als „Erdhündle, Lochhündlein oder Schliefer" bezeichnet wird. Heute besteht wohl eine einigermaßen Übereinstimmung dahingehend, dass die Ursprünge des Teckels einerseits in der schon häufig erwähnten Keltenbracke zu finden sind und andererseits im Bibarhunt oder Biberhund, von dem es in der Lex Baiuvarorum heißt: „Was die Hunde betrifft, welche seie Biberhund, der unter der Erde jagt, nennen, muß der, welcher einen tötet, einen anderen gleicher Art zurückgeben und wird außerdem mit sechs Solidi bestraft". Diese Hunde werden späterhin so beschrieben, dass man ihrem Äußeren nach eher an einen Pinscher denken könnte. Im 13. Jahrhundert wird ein krummbeiniger Hund zum Jagen unter Tage beschrieben, der „bibracco", der im 15. Jahrhundert wieder als „canis bersarius bibracco" erscheint. Das alles müssen aber nicht unbedingt Vorfahren unseres heutigen Teckels gewesen sein, denn sowohl in den Grabkammern Ägyptens hat man teckelähnliche Hunde gefunden, wie auch altmexikanische Tonhunde entsprechende Ähnlichkeiten aufwiesen. Dem Teckel wird es wohl so gegangen sein, dass er – ähnlich den krummläufigen Bassets Frankreichs – durch Defektmutation aus unter Umständen kleineren Arten der alten Bracke entstanden ist, wonach mit an Sicherheit grenzender Wahrscheinlichkeit eine Kreuzung mit Nachkommen des Biberhundes erfolgte. Holzschnitte aus den erwähnten Schriften des 16. Jahrhunderts lassen diesen Schluss zu, denn sie zeigen Hunde mit Terrierköpfen auf Teckelkörpern. Ende des 17. Jahrhunderts wird der Dachskriecher neben den Biber- und Fischotterhunden als eine „sonderliche und niedrige schlimmbeinige Art" bezeichnet. Im 18. Jahrhundert sind sie den zeitgenössischen Schriftstellern allgemein bekannt. Die Urform des Teckels ist somit der schwarz-rote **Kurzhaarteckel**, wie er bis zum Ersten Weltkrieg jede kynologische Veranstaltung beherrschte.

Kurzhaarteckel

Rauhaarteckel

Neben dem kurzhaarigen Schlag kennen wir den rauhaarigen und den langhaarigen. Ersterer ist ein Ergebnis des Bemühens, den kurzhaarigen Teckel mit einer den jagdlichen Verhältnissen besser angepaßten wetterfesten Decke zu versehen und ihn schärfer zu machen. Als sicher erwiesen kann heute angenommen werden, dass zu diesem Zweck der Kurzhaarteckel mit dem englischen Dandy-Dinmont-Terrier und dem deutschen rauhaarigen Pinscher, dem Schnauzer, gekreuzt worden ist; es sollen auch schottische Terrier und Skye-Terrier an der Entstehung des rauhaarigen Dachshundes be-

Langhaarteckel

„Miniaturteckel"

teiligt gewesen sein. Diese züchterischen Bemühungen hatten zur Folge, dass der Dachshund die enorme Schärfe der Terrier und Pinscher erhielt, und dass sein Haar harsch und hart und damit widerstandsfähiger gegen die Umwelt wurde. Indessen ist bei vielen rauhaarigen Dachshunden heute als nicht erwünschte Folge der Einkreuzung festzustellen, dass das Haar bisweilen etwas zu lang und zu weich ist, insbesondere rauhaarige Dachshunde häufig ein viel zu weiches und zu langes Schopfhaar haben. Dazu kam, dass der lockere Hals des Kurzhaarteckels unter der Einkreuzung litt, denn englische Hunde jagen meistens stumm.

Der langhaarige Dachshund ist auch keine brandneue Entwicklung. Eine Abbildung dieses Teckelschlages ist bei Ridinger bereits zu finden; indessen kann hier auch nicht mit letzter Sicherheit gesagt und ermittelt werden, wie er entstanden ist. Vermutlich verdankt der langhaarige Schlag seine Entstehung der Kreuzung des kurzhaarigen Urschlages mit den alten deutschen langhaarigen Stöberhunden, den Vorgängern und Ahnen des Deutschen Wachtelhundes. Ende des 18. Jahrhunderts wurde beispielsweise am Anhalt-Dessaueschen Jägerhofe ein Stamm durchgezüchteter schwarz-roter Langhaarteckel gehalten, die sich durch unfehlbaren Spurlaut, Feinnasigkeit und Schärfe auszeichneten. Heute sind die schwarz-roten Langhaar recht selten geworden. Am beliebtesten ist der setterrote Langhaar, der jedoch erst um die Jahrhundertwende bei einer Verbindung mit rotem Kurzhaar aufgetaucht ist.

Neben den Teckeln in bekannter Größe gibt es auch Miniaturausgaben der Teckel in allen drei Haararten. Ende des vorigen Jahrhunderts kamen ostdeutsche Jäger auf die Idee, einen Kleinstteckel zu züchten, der Frettchen bei der Kaninchenjagd ersetzen sollte. Zunächst wurden – um die Größe des Teckels zu vermindern – Zwergexemplare von Pinschern und Terriern eingekreuzt, wobei sich allerdings der Teckeltypus verlor. Die Folge war dann auch, dass der erste Verein zur Züchtung von Kaninchenhunden sich wieder auflöste. Andere Züchter gingen den richtigen Weg der Teckelreinzucht. Durch entsprechende Selektion entstanden reine Zwergteckelstämme, auf denen vom Jahre 1905 ab vom „Kaninchenteckelklub" aufgebaut wurde.

Die ersten Rassekennzeichen für den Dachshund wurden im Jahre 1879 aufgestellt. Im Jahre 1888 gründeten Klaus Graf Hahn und Emil Ilgner den Deutschen Teckelklub, und im Jahre 1890 erschien der erste Band des von Ernst von Otto eingerichteten Teckelstammbuches. Im Jahre 1935 wurde aus dem Deutschen Teckelklub die „Fachschaft Dachshunde", die nach dem Zweiten Weltkrieg wieder vom „Deutschen Teckelklub, gegründet 1888" abgelöst wurde. Dieser Zuchtverein ist heute der größte im Jagdgebrauchshundlager und trägt jährlich an die 20 000 Welpen in seinem Zuchtbuch ein.

Er ist Mitglied im JGHV seit 1952

Ein zweiter Verein hat sich der Teckel angenommen: Der Verein Jagd-Teckel e.V.. Er grenzt sich bewusst vom „alten" Teckelklub ab und ist nach seinem Selbstverständnis ein Zuchtverein ausschließlich für Jäger. Gegründet wurde der VJT am 16. September 1989 und ist seit 1993 Vollmitglied im JGHV.

Die allgemeine Erscheinung des Teckels soll die eines Hundes mit niedriger, kurzläufiger, langgestreckter, aber auch strammer Gestalt sein, mit derber Muskulatur, keck herausfordernder Haltung des Kopfes und klugem Gesichtsausdruck. Trotz der – im Verhältnis zum langen Körper – kurzen Gliedmaßen darf er weder krüppelhaft, plump oder in der Bewegungsfähigkeit beschränkt noch wieselartig-schmächtig erscheinen. Die Behaarung des kurzhaarigen Teckels soll kurz, dicht, glänzend, glatt anliegend sein. Man unterscheidet einfarbige (rote, rot-gelbe, gelbe, alles mit oder ohne schwarzer Stichelung), zweifarbige (tiefschwarz oder braun oder grau oder weiß, je mit rostbraunen oder gelben Abzeichen an bestimmten Körperpartien) und gefleckte (getigerte, gestromte) Teckel, deren Farbe ein heller, bräunlicher, grauer bis sogar weißer Grund mit dunklen unregelmäßigen Flecken von dunkelgrauer, brauner, rotgelber oder schwarzer Farbe ist. Es gibt schließlich auch noch andersfarbige Teckel, wobei allerdings schwarze Farbe ohne Brand ebenso fehlerhaft ist wie weiße Farbe ohne jeden Brand.

Der rauhaarige Teckel ist von der gleichen allgemeinen Erscheinung wie der kurzhaarige Teckel. Mit Ausnahme von Fang, Augenbrauen und Behang ist er am ganzen Körper vollkommen ausgeglichen mit von Unterwolle durchsetztem, anliegendem, dichtem, drahtigem Haar bedeckt. Am Fang bildet sich ein Bart, die Augenbrauen sind buschig und am Behang ist die Behaarung fast glatt.

Kurzhaar,- Rauhaar- und Langhaarteckel

Unterscheidendes Merkmal des langhaarigen Teckels gegen den kurzhaarigen ist allein die längere seidige Behaarung. Das weiche, schlichte, glänzende Haar verlängert sich unter dem Halse, der ganzen Unterseite des Körpers, insbesondere aber am Behang und an der Hinterseite der Läufe, und erreicht seine größte Länge an der Unterseite der Rute.

Der Teckel muß eine gewisse Mindestgröße haben, um auch die Konstitution bei schwerer jagdlicher Arbeit mitzubringen; indessen gelten als Fehler ein zu geringer Bodenabstand und ein Gewicht, das 9 kg überschreitet. Als Zwergteckel gelten solche, deren Brustumfang im Alter von 15 Monaten nicht mehr als 35 cm beträgt, während bei Kaninchenteckeln der Brustumfang im gleichen Alter nicht mehr als 30 cm messen darf.

Neben den Teckeln zählen bei uns zu den Erdhunden die **Terrier**, deren Name ja (von lat. terra = die Erde) schon auf ihr ursprünglichstes Aufgabengebiet hinweist. Es gibt weit mehr als 20 Terrierrassen und Schläge, von denen uns in diesem Zusammenhang jedoch nur zwei interessieren, nämlich der Foxterrier und der Deutsche Jagdterrier. Letzterer ist eine deutsche Züchtung, ersterer ist – wie alle übrigen Terrierrassen und -schläge – ein Produkt englischer Züchterkunst.

Terrier

Die Urform aller Terrier ist mithin in England zu suchen und wird wohl in einem Hunde zu sehen sein, der „Old-Englishterrier" und später „Black-and-tan-Terrier" hieß. Er sah einem vierschrotigen schwarz-roten Rauhaar-Foxterrier ohne Weiß ähnlich. Diese Hunde dienten ursprünglich – wie auch heute noch ihr wohl unmittelbarer Nachfahre, der schwarz-rote Welshterrier – der Jagd auf Otter und anderes Raubwild an Bergflüssen und unzugänglichen Felsbauen. Man bediente sich wohl auch Terrier dieser Art, um bei der Meutejagd zu Pferde hinter dem Fuchs eine möglichst lange sportliche Jagd zu haben, die nicht ihr Ende finden sollte, wenn der Fuchs eine Deckung angenommen hatte. Man führte dabei den Foxterrier in einer Satteltasche oder in einem Korb mit und entließ ihn, damit er den Fuchs wieder sprengte. Wenn der Hund mit der Meute lief, geschah es nämlich, dass er in seiner unauffälligen Farbe überritten wurde, und häufig konnte er auch die Geschwindigkeit der Foxhounds nicht mithalten. Man kreuzte daher Beagleblut ein mit dem Erfolg, dass aus dem schwarz-roten Hund ein dreifarbiger wurde, der auch infolge größerer Schnelligkeit dazu in der Lage war, der Meute und der Jagd besser zu folgen. Von England aus unternahm der Foxterrier eine Art Siegeszug auf den Kontinent und fand bald viele Freunde auch in Deutschland. Gegen Ende des Jahrhunderts begannen sich die Freunde des Foxterriers zusammenzuschließen.

Begleiter der Foxhoundmeute

Der Deutsche Foxterrier-Verband wurde im September 1889 in Leipzig gegründet als „Deutscher Foxterrier Klub", seinen heutigen Namen erhielt er 1906 unter Beibehaltung des bestehenden Zuchtbuches. JGHV-Mitglied ist er seit 1952.

Foxterrier (FT)

Der Foxterrier (FT) soll ein aktiver, lebhafter Hund sein, mit Knochenstärke und Kraft in kleinem Rahmen, weder hoch noch zu niedrig auf den Läufen stehend, er sollte wie ein gut gebautes Jagdpferd mit kurzem Rücken im Stand viel Boden decken. Das Haar des glatthaarigen Foxterriers soll gerade sein, flach anliegend, glatt, hart, dicht und füllig, das des drahthaarigen dicht, von sehr drahtiger Textur. Die Farbe ist vorherrschend Weiß, einfarbig oder mit schwarzen oder lohfarbenen Abzeichen, gestromte, rote oder leberbraune sind unerwünscht. Die Rüden sollen bei einem Idealgewicht von etwas über 8 kg nicht mehr als 39 cm messen, Hündinnen etwas weniger.

Drahthaariger Foxterrierer (FT)

Des Foxterriers nahm sich alsbald nach seinem Erscheinen auf dem Kontinent der Ausstellungssport an. Das führte dazu, dass man weitgehend die jagdlichen Anlagen des Foxterriers vernachlässigte und sich die Beschäftigung mit ihm in seiner Formzucht und dem „Herrichten" – wie Trimmen, Pudern und Herausstellen der Augen-, Ohren- und Pfotenlinien – erschöpfte. Wenige Jägerzüchter bemühten sich dann, einen „Jagd-Foxterrier" neben dem rein auf Form gezüchteten Ausstellungstier zur Geltung zu bringen und ihre an reiner Leistung orientierten Zuchten unverwässert zu erhalten. Das führte zu ständigen Querelen im Foxterrierlager und schließlich dazu, dass einige Jäger dem Foxterrier den Rücken zukehrten und sich entschlossen, einen für den deutschen Jagdgebrauch zugeschnittenen Terrier zu züchten. Am Anfang dieser Bemühungen stand ein Zufall: Aus einer Verbindung ahnentafelreiner Foxterrier fielen vier Geschwister in schwarz-roter Farbe, die bessere Nasen hatten als die Masse der Foxterrier und auch spurlaut waren – eine Anlage, die bei den Foxterriern der damaligen Zeit weitestgehend verloren war. Die auf diesen sog. „Patriarchen" aufbauende Inzucht mendelte jedoch mehr und mehr das in ihrer Erbmasse befindliche nervöse, hysterische Wesen heraus. Da kam der Jagdterrierzucht ein weiterer Zufall zugute: Nach dem Ersten Weltkrieg gelang es, von einem Offizier der Besatzungsarmee einen Old-Englishterrier zu erwerben, also einen nach krasser Leistung durchgezüchteten Welshterrier-Rüden; schließlich gelang es noch eine ebensolche Hündin zu bekommen, woraus im Laufe der Jahre ein reiner Arbeitsterrier entstand.

Deutscher Jagdterrier (DJT)

1924 wurde der Deutsche Jagdterrierklub mit Sitz in München gegründet und 1926 als Deutscher Jagdterrier-Club e.V. ins Vereinsregister eingetragen. Der erste Vorstand weist die Namen schon damals und in der Folgezeit berühmter Jagdkynologen auf: 1. Vorsitzender Rudolf Frieß („RF"), 2. Vorsitzender Walter Zangenberg und 1. Schriftführer Carl-Erich Grünewald. Anschluss an diese Gruppe fand alsbald Dr. Lackner aus Königsberg, der im Verein mit den Genannten sich der Idee, die neue Rasse zu schaffen, annahm mit dem bekannten Erfolg bis zum heutigen Tag. Das allgemeine Erscheinungsbild des Deutschen Jagdterriers (DJT) ist das eines kleinen, kompakten, gut proportionierten Jagdgebrauchshundes mit einer Widerristhöhe von 30 bis 40 cm bei beiden Geschlechtern. Der Brustumfang – wichtig für einen Erdhund! - ist 10 bis 12 cm größer als die Widerristhöhe, das dichte, harte Rauhaar oder derbe Glatthaar ist schwarz, dunkelbraun oder schwarzgrau meliert mit rotgelben scharf abgegrenzten sauberen Abzeichen an Augenbrauen, Fang und Brust, Läufen und Weidloch, helle und dunkle Masken sind erlaubt, toleriert werden auch kleine weiße Abzeichen an Brust und Läufen.

Deutscher Jagdterrier

Parson Jack Russell Terrier (JRT)

Ein weiterer englischer Terrier ist zunehmend in den vergangenen Jahren bei uns in Reiter- und Jägerhand zu beobachten: der **Parson Jack Russell Terrier (JRT)**, Begründer dieser Rasse ist der 1795 in Dartmouth geborene Pfarrer Parson John (Jack) Russell, der unter Zuhilfenahme verschiedener Terrierrassen und -schläge weniger auf Schönheit als auf einen arbeitstauglichen Terrier hinzüchtete. So war und ist das Erscheinungsbild dieses Terriers recht unterschiedlich. Es gibt glatthaarige und rauhaarige Hunde. Letztendlich wurde die Rasse am 22.1.1990 vom Englischen Kennel-Club anerkannt, ein offizieller Interimsstandard wurde unter dem Namen „Parson Jack Russell Terrier" publiziert, die FCI hat am 2. Juli 1990 die vorläufige Anerkennung der Rasse beschlossen. Damit war der Weg offen auch für eine Anerkennung beim VDH und insbesondere beim JGHV. Die Rasse wird von verschiedenen Clubs vertreten. Der erste

Foto: Sabine Beck, Friedrichshafen

Parson Jack Russell Terrier (JRT)

1986 in Göttingen gegründete und gegenwärtig alleinige Vertreter der Rasse seit April 1992 im JGHV ist der Jack Russell Terrier Club Deutschland (JRTCD).

Der Jack Russell soll nach seinem Standard, und das hat er in der Praxis auch schon erwiesen, im wesentlichen ein Gebrauchsterrier sein, der sowohl für die Arbeit unter der Erde als auch über ihr geeignet ist. Er soll kleine V-förmige Ohren haben, eine kupierte Rute, der Farbe nach vollständig weiß oder mit lohfarbigen, gelben oder schwarzen Abzeichen vorzugsweise beschränkt auf Kopf oder Ansatz der Rute bei einer Größe der Rüden von etwa 35 cm und der Hündinnen 33 cm.

Arbeitsgebiete der Terrier

Neben der Arbeit unter der Erde, auch heutzutage bedeutsam wegen der starken Vermehrung des Fuchses, leisten Teckel und Terrier Erstaunliches über der Erde.

Die Bauarbeit setzt gleichermaßen bei Hunden wie bei den Jägern Erfahrung und bei den ersteren auch ganz bestimmte körperliche und geistig-seelische Eigenschaften voraus. Die zur Baujagd verwendeten Hunde dürfen einerseits nicht zu klein sein, damit sie beim Zusammentreffen mit Fuchs und Dachs in der Lage sind, mindestens bis zu einem gewissen Grade Widerstand zu bieten. Andererseits dürfen sie nicht zu groß sein, damit sie dem Gegner durch das Labyrinth der unterirdischen Gänge auch folgen können. Größe bedeutet hier nicht Bodenabstand, es kommt vielmehr auf die Form und Tiefe der Brust des Hundes an. Eine zu tiefe Brust macht es dem Hunde schwer, durch die häufig nicht sehr hohen Röhren zu schliefen; er ist unter Umständen gezwungen, sich auf der Seite liegend durch Röhren, die bisweilen breiter als hoch sind, vorwärts zu bewegen, was seine Kräfte über Gebühr in Anspruch nimmt und ihn überdies in den Verteidigungs- und Angriffsmöglichkeiten hemmt. Auch ein Hund, der von Haus aus nach seiner körperlichen Beschaffenheit in der Lage wäre, gut zu schliefen, kann diese Eigenschaft verlieren, wenn sein Herr und Meister es zu gut mit ihm meint und ihn am Wohlstandsleben allzu sehr teilhaben lässt. Was für alle Jagdhunde ohne weiteres gilt, hat beim Bauhund also eine besondere Bedeutung. Daneben müssen den Hund Schneid und Wesensfestigkeit sowie auch das Vermögen auszeichnen, anhaltend laut vorzuliegen. Ein Hund, der aus Überpassion oder Ängstlichkeit laut keifend durch einen leeren Bau fegt, also „baulaut" ist – dem „weidlaut" über der Erde vergleichbar – ist für die Baujagd untauglich. Er läßt die draußen wartenden Schützen in Hab-acht-Stellung gehen und wird auch im übrigen im Ernstfall nicht die für eine erfolgreiche Jagd erforderliche Standhaftigkeit mitbringen.

Laut unter der Erde

Arbeitsweisen im Bau

Nach ihren Verhaltensweisen bei der Baujagd unterscheidet man einerseits sog. „**Flieger**" oder „**Sprenger**", andererseits „**Packer**" oder auch „Steher" genannt. Bei den ersteren handelt es sich um Hunde, die in eine Röhre hineinschliefen, sich kurz im Bau orientieren, aus einer anderen Röhre wieder heraus ans Tageslicht kommen, um sich zu überzeugen und zu orientieren, wo der helfende Mensch steht, wieder einschliefen – kurz: den gefundenen Gegner lauthals bedrängen, sich zurückziehen und versuchen, ihn durch eine andere Röhre zu bekriegen und auf diese Art und Weise eine große Unruhe in den Bau bringen, das Raubwild nervös machen, es den Überblick verlieren lassen und es schließlich nach mehr oder weniger kurzer Zeit dazu bringen, den Bau zu verlassen und zu flüchten, womit der erwünschte Erfolg erzielt ist: Der Fuchs ist gesprengt!

Anders ist die Arbeitsweise der Steher oder Packer. Diese sind bestrebt, ihre Feinde zu packen und zu würgen. Sie bedrängen den Fuchs oder den Dachs und zwingen ihn häufig, ein Endrohr aufzusuchen und sich zu verklüften. Sitzt nun der Fuchs in solch einem Endkessel oder einer Sackröhre, und ist er nicht geneigt zu springen, so wird der Sprenger mit seinem Latein bald am Ende sein. Ihm gelingt es nämlich nicht, das Raubwild zum Verlassen des Baues zu bringen; andererseits fehlt ihm das Stehvermögen, vorliegend stunden-, unter Umständen tagelange Grabarbeit abzuwarten und auszuharren, bis der Einschlag gemacht ist.

Zwischen dem typischen Sprenger und dem typischen Steher gibt es natürlicherweise alle Übergänge, wie auch ein Hund, je nach Tagesform, an einem Tage mehr zum Sprengen neigen wird und am anderen Tage besser und länger anhaltend vorliegt. Der Erfolg einer Bauarbeit hängt also einerseits davon ab, welche Arbeitsweise der Hund hat, und wie sie unter den speziellen Verhältnissen am erfolgversprechendsten ist. Einmal kommt es dabei etwa auf die Art und Weise des Baues an. In einem Felsbau wird ein wüster Packer nicht am Platz sein, denn ein Graben ist hier unmöglich. Nur der Sprenger wird das Wild zum Ausfahren veranlassen. Dazu gehört natürlich auch, dass sich die draußen wartenden Jäger entsprechend korrekt verhalten, d. h. es dürfen einerseits nicht zu viele sein, die den Bau abstellen, andererseits müssen sie so stehen, dass der zum Springen entschlossene Fuchs keinen Wind von ihnen bekommt und insbesondere auch vorher noch nicht Lunte gerochen hat. Das bedeutet, dass sich die Jäger auf leisen Sohlen dem Bau nähern und sich dann, wenn sie den Stand eingenommen haben, stocksteif und unbeweglich verhalten müssen. Dass auf gutes Schussfeld zu achten ist, ist selbstverständlich.

Richtiges Verhalten der Jäger

Von Bedeutung ist weiterhin, auf welches Wild gejagt werden soll. Fuchs und Dachs haben nämlich ganz verschiedenartige Kampfesweisen. Der bedrängte Fuchs wird seinem Gegner den weit geöffneten Fang entgegenhalten, ihm „die Zähne zeigen" und dabei häufig laut keckern. Anders der Dachs: Er hält dem Hund nicht den Fang entgegen, sondern schützt sich mit einer Art Schild, nämlich seinem Nacken, den er – indem er den Kopf zwischen die Vorderläufe nimmt – dem Hund entgegenhält. Greift nun ein Hund den Fuchs an, so wird er ihn aus seiner Position heraus meistens am Oberkopf oder Oberfang schlagen, indem er ihn schnell fasst, aber auch ebenso schnell wieder loslässt. Der Dachs hingegen wartet die Angriffe des Hundes ab und schlägt im passenden Moment – bisweilen auch erst, wenn der Hund ihn am Nacken gefaßt hat – von unten nach oben und bringt dem Hund daher – im Gegensatz zum Fuchs – meistens Verletzungen an Brust, Hals, Kehle und Unterfang bei. Darüber hinaus lässt der Dachs seinen gefassten Gegner auch nicht sofort wieder los, sondern versucht, ihn gleichsam ringend zur Kampfaufgabe zu veranlassen. Das hat häufig schwere Verletzungen des Hundes zur Folge.

Unterschied Fuchs/Dachs

Aus diesen verschiedenen Verteidigungstechniken ergibt sich, dass auch die Hunde, mit denen Fuchs oder Dachs bejagt werden, unterschiedlichen Typs sein müssen. Während der Dachs in den seltensten Fällen geneigt sein wird zu springen, muss ihn ein Steher oder Packer bedrängen, der einerseits die nötige Ausdauer mitbringt, so lange Laut gebend vorzuliegen, bis ein Einschlag gemacht ist; andererseits muss er auch so viel körperliche Substanz mitbringen, dass er nicht einfach vom Dachs in die Flucht geschlagen wird. Beim Fuchs hingegen, der bei der nötigen Vorsicht des Jägers geneigt sein wird zu springen, genügt ein relativ leichter Hund, der in der geschilderten Art des Sprengers oder Fliegers den Fuchs nervös macht und den Jäger alsbald zum Schuss kommen lässt.

Gefahren unter der Erde

Neben den Gefahren, die unmittelbar vom Fuchs oder Dachs für den Bauhund ausgehen, beschwört der Erdhund unter Umständen selbst große Gefahren für sich selbst herauf. Wenn er – beseelt von dem Drang, seinem Gegner auf den Leib zu rücken – diesen immer weiter verfolgt, kann er ihn in eine Endröhre drücken, in der er keinen anderen Fluchtweg mehr weiß, als sich zu verklüften. Das hat zur Folge, dass der Fuchs und insbesondere der Dachs hinter sich Erdwälle auftürmen, durch die der Hund nun seinerseits sich auch hindurchwühlen muss. Der Hund, für den in aller Regel die Röhre enger ist als für den verfolgten Feind, verschaufelt sich nun seinen eigenen Rückweg. Bisweilen gelingt es dem Hund noch, den Gegner zu fassen und unter Umständen abzuwürgen, manchmal gelingt es diesem jedoch – und hier wieder insbesondere dem Dachs – sich absolut zu verklüften. In dieser Situation hat sich nun der Hund durch seine Arbeit und unter Umständen durch sein Gefecht absolut verausgabt, infolge der Enge der Röhre ist er in seiner Bewegungsfreiheit absolut beschränkt, er kann sich nicht mehr wenden, und hinter sich hat er Rückweg und Luftzufuhr abgeschnitten. In dieser Situation ist der Bauhund auf die Hilfe des Menschen angewiesen. Für diesen wiederum ist es sehr schwer, den Ort ausfindig zu machen, wo der Hund steckt. Kann er den laut jagenden und vorliegenden Hund noch mit dem Ohr verfolgen, wenn er dies auf die Erde presst, so muss

Verklüften

der Jäger bei dem Hund, der sich verklüftet hat einen Einschlag machen und dann versuchen herauszufinden in welcher Röhre des häufig sehr verzweigten Systems der Hund steckt. Bisweilen hört man das Winseln des Hundes, oft jedoch überhaupt nichts mehr. Dann muss man versuchen festzustellen, wo lockeres Erdreich ist – z. B. durch Stochern mit langen Gerten – und den Hund orten. Oft kommt jedoch jede Hilfe zu spät, und der Jäger kann nur noch seinen verendet vierläufigen Gefährten bergen.

Elektronische Hilfen

Eine große Hilfe, diesen Mißgeschicken vorzubeugen, sind seit einigen Jahren kleine Sender, die die Erdhunde bei der Arbeit unter der Erde am Halse tragen. Sie sind so zu orten und ein Einschlag kann recht gezielt vorgenommen werden.

Einschlag

Ist jedoch der Fuchs oder der Dachs in eine Endröhre gedrückt, und der Hund liegt vor, so dass nach dessen Laut ein Einschlag gemacht werden kann, wird der Hund häufig, wenn er durch die unmittelbare Nähe seines Herrn unterstützt wird, in seinen Ausfällen kühner werden und unter Umständen den Fuchs würgen oder auch den Dachs halten. Hält der Hund das Raubwild, ohne es abzuwürgen, muss der Jäger mit der Pistole oder dem Revolver den Fangschuss geben, oder er kann auch mit der Zange das Raubwild packen, den Hund trennen und es so lebend in seinen Besitz bringen.

Aus dieser kurzen Skizze ergibt sich, dass zur Baujagd von Seiten des Jägers viel Erfahrung und von Seiten des Hundes viel Schneid, Ausdauer und Passion gehören. Welcher nun von den Erdhunden besonders prädestiniert ist, lässt sich nicht sagen. Unter den beschriebenen Teckeln und Terriern gibt es für die Baujagd sehr gute Hunde; festgehalten werden muss jedoch, dass im Verhältnis zu den eingetragenen Welpen der Deutsche Jagdterrier ganz zweifellos an der Spitze der brauchbaren Bauhunde steht. Die sehr leichten Teckelschläge sind bestenfalls in entsprechend geeigneten Bauen als Flieger oder Sprenger zum Füchsesprengen geeignet; einem Zweikampf mit einem Dachs sind sie nicht gewachsen, auch wenn sie der Todesmut eines Prinz Eisenherz auszeichnen sollte. Es gehört schon eine Portion an Substanz für die Baujagd dazu, auch wenn man mit einem Teckel auf den Fuchs jagt. Jagdterrier und insbesondere Foxterrier werden bisweilen zu groß sein, um einem Fuchs in alle Röhren folgen zu können. Es gibt daher eine ganze Reihe von Baujägern, die die kleineren unter den Deutschen Jagdterriern wählen, um mit ihnen Fuchs und Dachs unter der Erde zu bejagen. Es ist hervorgehoben, dass Schärfe, Schneid und Passion einen guten Bauhund auszeichnen müssen – psychische Eigenschaften, die im übrigen auch bei der Jagd über der Erde von großer Bedeutung sind, insbesondere beim Jagdterrier, dem der Ruf eines „Kampfhundes" vorausgeht. Karikierend hat man oft den Jagdterrier als einen Hund bezeichnet, dessen Eigentümer oder Besitzer einen Waffenschein benötigt. Richtig ist es, dass diese Hunde im Vergleich zu anderen eine erhebliche Wild- und Raubzeugschärfe kennzeichnet, die jedoch – damit man mit dem Hund ordentlich jagen kann – mit entsprechender Wesensfestigkeit gekoppelt sein muss. Es gibt Terrier, die vor Überpassion in keiner Lage sich ruhig verhalten können, vielmehr ob sie nun im Fahrzeug, an der Leine oder frei bei der Jagd sind – schrille Töne von sich geben, die bisweilen überhaupt nicht ins Repertoire passen, in das man nach alten Gepflogenheiten die Lautäußerungen der Hunde einzuordnen pflegt. Wenn sie aus ihrer Perspektive nur das Dach eines Pkw sich am Horizont fortbewegen sehen, geraten sie aus dem Häuschen; ohne Überlegung stürzen sie auf alles, was sich bewegt, sei es Fried- oder Raubwild, oder seien es auch Gegenstände, die sich aus irgendwelchen Gründen bewegen oder bewegt werden, dass bei diesen Hunden, die ein großer Mangel an Wesensfestigkeit und eine niedrige Reizschwelle ganz spezifischer Art auszeichnet, nicht ordentlich gejagt werden kann, dürfte klar sein, ebenso, dass man mit ihnen nicht züchten darf. Hunde der geschilderten Art sind jedoch auch heute bei den Jagdterriern die Ausnahme von der Regel, dass es sich bei dem Jagdterrier um einen insbesondere nach Leistung durchgezüchteten Hund handelt, der nicht nur auf vielen Gebieten ein hervorragender Jagdhund ist, sondern auch bei entsprechender Erziehung ein angenehmer Zeitgenosse und lieber Begleiter.

Aber nicht nur unter der Erde stehen die beschriebenen Erdhunde ihren Mann, auch über der Erde leisten sie Erstaunliches. Im Walde sind die Teckel zur Schweißarbeit sowie zur Stöber- und Buschierarbeit hervorragend einzusetzen. Insbesondere die Schweißarbeit ist eine Art Domäne der Teckel, denn als „Zwergbracke" erblich belastet, ist der Teckel mit seinem niedrigen Bodenabstand – wenn ihn noch die entsprechende Konzentration und ent-

Schärfe mit Wesensfestigkeit!

sprechender Finderwille auszeichnen – prädestiniert für die Arbeit am langen Riemen. Dabei ist jedoch wiederum zu betonen, dass nur Teckel mit entsprechender Substanz in der Praxis Nachsuchenarbeit leisten können. Insbesondere bei den Prüfungen sind häufig Teckel zu beobachten, die den Zwerg- oder Kaninchenteckeln nahekommen oder sogar solche sind. Diese Hunde sind natürlich in der Lage, eine Rotfährte zu arbeiten, wenn Witterung und Gelände ihnen keine Schwierigkeiten bereiten. Ein auf Schweiß geführter Hund sollte jedoch 365 Tage im Jahr unter allen Bedingungen einsatzfähig sein – eine Forderung, der alle „Teckelchen" wohl kaum genügen dürften. – Auch der Deutsche Jagdterrier und die Foxterrier sind bei entsprechender Veranlagung und entsprechend konsequenter Führung imstande, Hervorragendes auf der Rotfährte zu leisten. Sind sie einmal in der Lage, eine auch schwierige Fährte über größere Distanz zu halten, zeichnet die beiden Terrierrassen gegenüber dem Teckel ein Vorteil aus: Mit ihnen ist ein Stück leichter zu Stande zu hetzen als mit einem Teckel, und schwächeres Wild ziehen die Terrier auch ohne weiteres nieder, was bei einem Teckel nur in Ausnahmefällen möglich sein wird, wenn es sich nämlich in der Tat um schwaches Rehwild handelt, der Teckel von entsprechender Substanz ist und ihm die speziellen Voraussetzungen bei der Hetze oder beim Stellen des Wildes zur Hilfe kommen. So lange das gehetzte Stück Wild nicht weiß, dass sich sein Todfeind „Mensch" hinter dem Hunde befindet, wird es sich auch einem Teckel stellen; wenn jedoch das Wild die Zusammenhänge erkannt hat, hilft nur noch ein scharf stellender Hund, das Stück am Platz zu halten, damit der Mensch sich nähern und dem Stück Wild den Fangschuss geben kann. Hier werden häufig die Kräfte des Teckels versagen müssen. Anders ist es, wenn die Terrier mit Schneid und Intelligenz das Stück so beschäftigen und seine Aufmerksamkeit fesseln, dass es nicht flüchtet und unter Umständen auch nicht den herannahenden Menschen wahrnimmt.

Ein weiteres Aufgabengebiet, auf dem sowohl die Terrier als auch die Teckel – ohne sich jedoch Konkurrenz zu machen – hervorragend einzusetzen sind, ist die Stöberarbeit. Oft findet man leider Teckel, die zwar anscheinend mit großer Passion in der Dickung verschwinden – der Erfolg des Stöberns bleibt jedoch trotz langen Wartens aus. Dann handelt es sich um Teckel, die nicht weit genug in die Dickung hineingehen, sei es, dass sie falsch erzogen sind, oder dass ihnen die Arbeit in der Dickung körperlich zu viel abverlangt. Auch hier kommt es wieder darauf an, dass der Teckel einen gewissen Bodenabstand mitbringt und auch eine ganze Portion Kraft hat, damit er mit den Hindernissen fertig wird, die hochläufige Hunde und auch Terrier leicht überwinden. Ein richtig geführter Teckel mit der nötigen Praxis ist ein hervorragender Stöberhund. Vor ihm kommt das Wild nicht verstört und hoch flüchtig, sondern wohl wissend, wo sich der selbstverständlich einwandfrei spur- und fährtenlaute Hund befindet, zieht es vor ihm her und verlässt langsam die schützende Dickung, wobei es vom wartenden Jäger ruhig angesprochen und beschossen werden kann. Das gilt gleichermaßen für Hochwild außer Sauen wie für Niederwild. – Die flüchtigen Terrier indessen sind viel zu schnell, als dass das Wild langsam vor ihnen herziehen könnte. Die Terrier bringen es vielmehr sehr schnell in Schwung, und es kommt dem draußen wartenden Schützen hochflüchtig, was bei Nie-

Erdhunde auf der Rotfährte

Grenzen der Arbeit mit dem Teckel

derwild noch angehen mag, einen verantwortungsvollen Schuss auf Schalenwild jedoch kaum zulässt.

Anders verhält es sich jedoch bei der Drückjagd auf Sauen, die es heutzutage in Gegenden gibt, wo früher nie ein Stück Schwarzwild seine Fährte gezogen hat, überdies nicht nur im Walde, sondern auch in Feldgehölzen, Schilfpartien und Maisschlägen bejagt. Vom Ansitz aus wird ihnen meistens bei Mondschein nachgestellt; am Tage versprechen Jagden nur Erfolg, wenn entsprechende Hunde zur Stelle sind. Die Möglichkeiten wie früher, mit Wachteln oder Bracken als Findern und dazu zentnerschweren Hunden als Packern zu jagen, bestehen heute nicht mehr. Eine erfolgreiche Jagd auf Schwarzwild ist jedoch auch heute nur möglich, wenn im Rahmen einer Arbeitsteilung ganz bestimmte Hunde die Rotte oder auch ein Einzelstück finden und dann andere die Rotte sprengen und ihre einzelnen Mitglieder an möglichst vielen Stellen den verschiedenen Schützen kommen lassen. Man kann sich im Rahmen einer aus Erdhunden bestehenden Saumeute eine gute Arbeitsteilung dergestalt vorstellen, dass der hochläufige, kräftige, schneidige Teckel die Rolle des Finders übernimmt und die Terrier alsdann als „zweite Welle" in einen Kessel „hineinexplodieren", sich hinter die einzelnen Stücke klemmen und sie dann nicht mehr auslassen. Es hat sich bewährt, dass ein Rüdemann mit der Meute in das Treiben, die Dickung, hineingeht, um den Einsatz der Hunde zu ordnen, ihnen unter Umständen Hilfe zu leisten oder – falls ein Stück steckt – es dazu zu bringen, seinen Kessel zu verlassen. Es kann auch vorkommen, dass die Hunde ein Stück nach alter Packermanier halten, das dann abgefangen werden muss. Auch krankes Wild kann sich in der Dickung befinden und in einem Zweikampf mit der Meute verwickelt sein. Auch hier muss der Rüdemann eingreifen und das Wild erlösen. Es ist also sinnlos, den Rüdemann unbewaffnet mit seinen Hunden durch die Dickung gehen zu lassen, vielmehr muss er in der Lage sein, mit Gewehr und kalter Waffe seinen Hunden beizustehen oder das Wild abzufangen. Hier gilt in abgewandelter Form das, was schon beim Schweißhundführer gesagt ist: Innerhalb der Dickung hat sich keiner der Schützen zu bewegen und auf Wild zu schießen, das die Hunde decken, oder das von ihnen gestellt wird; das ist ausschließlich Sache des Rüdemannes. – Wo nicht aus Teckeln und Terriern bestehende Meuten auf Sauen eingesetzt werden, behilft man sich auch mit großen Hunden. Hier ist jedoch die Gefahr für die Hunde, geschlagen und unter Umständen lebensgefährlich verletzt zu werden, ungleich größer als bei den leichten Teckeln und Terriern, die im dichten Bewuchs leichter der attackierenden Sau ausweichen können und – wenn es einmal zur „Feindberührung" gekommen ist – der Sau nicht so viel Widerstand entgegensetzen, dass ihnen gleich ihr ganzer Leib aufgerissen wird.

Dem Teckel wird es in aller Regel wegen seines geringen Bodenabstandes nur möglich sein, sehr kleines und leichtes Wild – unter Umständen bis zum Kaninchen – zu apportieren, während die Terrier bei genügender Einarbeitung und entsprechendem Bodenabstand auch imstande sind, einen Hasen zu bringen. Mit Ausnahme des Fuchses ist der Terrier also in der Lage, wie ein großer Vorstehhund oder ein Stöberhund alles Niederwild – selbst unter schwierigen Verhältnissen – zu apportieren. Hier muss ein Teckel

Mit Erdhunden an Schwarzwild

Bewaffnung des Rüdemannes

kapitulieren, so dass er seinem Herrn durch Verweisen oder Verbellen anzeigen muss, dass er ein Stück Wild gefunden hat.

Schließlich leisten die Terrier ohne jeden Abstrich im Wasser den bislang beschriebenen Hunden Vergleichbares. – Auch die Teckel sind in der Lage – wenn das Wasser nicht allzu schwierig ist – in ihm etwas zu stöbern; ihre Kräfte lassen jedoch unverhältnismäßig nach, was bei ihrer Größe und ihrem Körperbau verständlich ist. Selbst eine Ente an das Ufer zu bringen, ist ein Teckel durchaus imstande, wenn man sich nur die nötige Mühe mit ihm macht.

Erdhunde im Wasser

Im Felde ist es für einen mit seinem gehorsamen Terrier vertrauten Jäger auch möglich, in gewissen, naturbedingten Grenzen zu jagen, im übrigen mit Teckel und Terrier auch in allen anderen schon beschriebenen Jagdarten im Walde.

Teckel und Terrier sind Hunde, die sich auch der revierlose Jäger im Hause halten kann – vorausgesetzt er lässt sie nicht körperlich versauern! Der Deutsche Jagdterrier ist für den „normalen" Spaziergänger – glücklicherweise – wenig ansprechend, so dass seine jagdlichen Anlagen nicht durch Schönheits- und Sportzucht gelitten haben. Das gilt leider nicht für die Foxe und Teckel, deren ansprechendes Äußeres – wie schon bei ihrer Entwicklungsgeschichte angedeutet – zu einer teilweisen Vernachlässigung der Leistung und einer Bevorzugung des Exterieurs geführt haben. Der Liebhaber eines solchen Hundes muss sich den Zwinger, aus dem sein zukünftiger Jagdgefährte stammt, genauestens ansehen; ein Unerfahrener holt sich am besten bei einem erfahrenen Rüdemann Rat.

II. 5. Jagende Hunde

Vom Nibelungenlied bis Löns wird eine Art von Hunden besungen, bei deren Nennung heute viele Jäger abweisend die Hand heben, weil sie nicht wissen, worum es sich handelt – eine Art von Hunden, deren Weise zu jagen und deren Geläut in Gedichten und Balladen beschrieben wird, und die sich auf Miniaturen, Wandteppichen und großen Gemälden dargestellt finden: die Bracken, die jagenden Hunde.

Über sie ist schon bei der Entstehungsgeschichte der Hunde gesprochen worden, sich mit ihnen befassende Jagdgesetze finden sich schon zu den Zeiten der salischen Franken und Alemannen, im 6. Jahrhundert n. Chr. Geburt wurden schon Parforcejagden abgehalten. Mit den Bracken wurde alles Wild gejagt; sie fielen die Spur oder Fährte an und verfolgten lauthals das Stück, bis es zur Strecke kam.

Die besondere Art der Bracken zu jagen

Diese Art des Jagens hat nichts mit Hetzen zu tun, denn während der jagende Hund mit tiefer Nase dem nicht sichtigen Wilde folgt, hetzt ein Hund das sichtige Wild. Allein der Spur- und Fährtenlaut nimmt so viel Kraft und Atem in Anspruch, dass ein Verfolgen des Wildes unter Beibehaltung dessen Fluchtgeschwindigkeit ausgeschlossen erscheint. Der jagende Hund ist nicht so schnell wie das verfolgte Wild, indessen viel ausdauernder; der hetzende Hund muss, um Erfolg zu haben, schneller als sein Opfer sein.

Zeitweise wurde mit Meuten gejagt, die aus laut jagenden Hunden, die das Wild suchten, fanden und verfolgten, sowie Windhunden, die es hetzten und rissen, wenn es aufgestöbert war, bestanden. Diese Art des Jagens galt jedoch nicht als weidgerecht und erlangte offensichtlich auch keine große Verbreitung. Gerecht war es vielmehr, die Jagd der lauten Hunde mit dem Ohr zu verfolgen und das von den Hunden endlich gestellte Wild mit der blanken Waffe abzufangen.

Der Erfolg dieser Jagden wie auch des Brackierens heute noch beruht auf der Eigenart des gejagten Wildes, sich nicht aus seinem sozialen Raum zu entfernen, sondern zu versuchen, alsbald wieder an den Ausgangsort der Jagd und in seine vertraute Umgebung zurückzukehren. Wie lange es dauert, bis die anhaltend jagende Bracke oder die Meute das Wild zum Ausgangspunkt zurückbringt, hängt davon ab, welche Wildart bejagt wird, insbesondere auch, wie alt das Stück ist, dem man nachstellt. Je älter die Stücke sind, um so größer ist vermutlich ihr sozialer Lebensraum und damit auch ihre „Ortskenntnis", was zu längeren Jagden, Brackaden, führt.

Parforcejagden

Viel von ihrer Eigenart verloren die Parforcejagden schon, als man mit dem Aufkommen der handlichen Feuerwaffen das Wild, sobald es von der Meute aufgestöbert war, mit diesen Gewehren erlegte. Parforcejagden auf großes Schalenwild erfordern einen großen Aufwand an Hunden, Pferden und Reitern; sie setzen voraus, dass – ohne auf Jagdgrenzen zu achten – der Hirsch verfolgt werden kann, bis er sich stellt und abgefangen wird. Diese und andere Gründe mögen dafür maßgebend gewesen sein, dass in Deutschland die Parforcejagden dieser Art alsbald in Verfall gerieten, während sie in Frankreich und England bis zum heutigen Tage ausgeübt werden.

Es ist nur natürlich, dass eine große Anzahl von verschiedenen Brackenrassen und Schlägen sich in den verschiedenen Ländern entwickelten und bis heute glücklicherweise zum Teil erhalten sind. Auf all diese ältesten und von vielen auch als edelste von allen angesehenen Jagdhunde einzugehen, verbietet die für diese Betrachtung selbst gezogene Grenze, obwohl es höchst verlockend ist, auch einen Blick auf die Wildboden- und Laufhunde der Berge zu werfen, die chien courants Frankreichs, die stövare des Nordens oder auf die Meutehunde Englands. Bleiben wir also im Lande, und wenden wir uns zunächst der **Deutschen Bracke** zu, unter der man im engeren Sinne die meist dreifarbige Westfälische Bracke versteht, auch „Sauerländer Bracke" oder nach ihrem Hauptzuchtort „Olper Bracke" geheißen.

Deutsche Bracke

Es gab eine ganze Reihe von anderen Brackenrassen und Schlägen in Deutschland, wie beispielsweise Ruhrsteinbracken, Siegerländer, Plettenberger Steinbracken. Als einzige hochläufige deutsche Bracke wird jedoch heute nur eben diese gezüchtet und anerkannt. Im Jahre 1896 wurde der Deutsche Bracken-Club anläßlich der Internationalen Hundeausstellung in Berlin-Treptow ins Leben gerufen, nachdem dieser Gründung heftige Fehden der Gegner und Befürworter der uralten

Brackenjagd in der Jagdpresse vorangegangen waren. Seit 1911 hat der Deutsche Bracken-Club seinen Sitz in Olpe und sich der Aufgabe gestellt, die von den Vorfahren überkommene uralte Brackenjagd nebst den überlieferten Hornrufen auf dem kupfernen „Sauerländer Halbmond" zu erhalten und die älteste überhaupt bekannte Jagdhundrasse vor dem Untergang zu bewahren. Im Jahre 1900 sind die Rassekennzeichen der Deutschen Bracke festgelegt worden. 1934 wurde der Deutsche Bracken-Club in eine „Fachschaft Deutsche Bracken" überführt, die alsbald einen denkwürdigen Tag erlebte: Erstmals wurden bei einer Staatsjagd im Saupark Springe am 14. Dezember 1934 Deutsche Bracken als Saufinder eingesetzt, die ihre Bewährungsprobe vor dem Reichsjägermeister Hermann Göring glänzend bestanden. Nachdem vor dem Jagdschloss abends 70 Stück Wild zur Strecke gelegt worden waren, wovon der Reichsjägermeister allein 24 Stück Schwarzwild geschossen hatte, traten sämtliche Schützen abends beim Schüsseltreiben der neu entstandenen „Fachschaft Deutsche Bracken" bei, als Mitglied Nr. 1 Reichsjägermeister Hermann Göring, dann Dr. K. Herrmann, Stabschef Lutze, Staatssekretärs Grauert, Generallandforstmeister von Keudell, Oberstjägermeister Ulrich Scherping, Oberjägermeister Menthe, Gaujägermeister Heinze, Flieger Udet, Regierungspräsident Stapenhorst. Nachdem die „Fachschaft Deutsche Bracken" kraft Kontrollratsgesetz 1945 aufgelöst war, wurde der Deutsche Bracken-Club im Januar 1955 unter seinem Präsidenten, Professor Dr. Lutz Heck aus Wiesbaden, wieder begründet. Im selben Jahre, wurde der Deutsche Bracken-Club Mitglied des Jagdgebrauchshundverbandes. – Die Deutsche Bracke ist nach ihrer Gesamterscheinung ein leichter, eleganter, hochstehender, doch kräftig und muskulös gebauter Jagdhund mit edlem, trocknem, verhältnismäßig leichtem Kopf und langem Behang. Die nach unten gebogene, dicke, etwas buschige Rute hat eine weiße Spitze. Mit dem leicht aufgezogenen Leib bildet der Hund eine edle, schöne Erscheinung. Die Rute wird hängend oder im sanften Bogen nach oben fast waagerecht getragen. Für einen kurzhaarigen Hund hat die Deutsche Bracke langes, sehr dichtes, hartes Haar, auch der Bauch ist dicht und gut behaart. An der Unterseite der Rute ist das Haar meist länger, eine geringe Bürste bildend. Die Keulen sind gut behost. Die Grundfarbe des Hundes ist Weiß; gewöhnlich als durchgehende Blesse, als Halsring, an der Brust, an Läufen und Rutenspitze, oft auch weiter, ist sie über den ganzen Körper verbreitet. Als Hals-, Kopf-, Mantel- und Rutenfarbe gibt es Rotgelb, Gelb, Grau, Schwarz, Schwarz- oder Dunkelgrau mit Gelb gemischt, rehfarbig, goldgestromt, jedoch niemals Braun. Bei dunkelsatteligen Hunden sind Kopf, Läufe und Bauch im allgemeinen gelb, soweit das Weiß es nicht überdeckt. Die Deutsche Bracke hat eine Schulterhöhe von 45 bis 53 cm.

Der Deutschen Bracke ähnlich bis auf die niederen Läufe und damit geringere Schulterhöhe bei relativ längerem Rücken ist die **Sauerländer Dachsbracke**. Sie gleicht der Deutschen Bracke in Farbe, Schädelform und allen übrigen Merkmalen, und ihr zuchtbuchführender Verein ist auch der Deutsche Bracken-Club. Die Sauerländer Dachsbracke hat eine Risthöhe von 35 cm bis 38 cm.

Sauerländer Dachsbracke

Nicht zu verwechseln ist diese Sauerländer Dachsbracke mit der **Roten Dachsbracke** des Erzgebirges und der **Alpenländer**. Diesen Hund in einheitlicher Form gibt es erst seit jüngerer Zeit, wenn auch die Bracken, aus denen er sich entwickelt hat, zu den ältesten Jagdhunden überhaupt gehören. Die Vorfahren der heutigen Dachsbracke wurden ursprünglich vorwiegend im böhmisch-sächsischen Erzgebirge gezüchtet und vor allem als Hasenhund verwandt. Sie verbreiteten sich über ganz Böhmen und Mähren, über die Steiermark und Kärnten und erfreuten sich – insbesondere auch als „kleiner Schweißhund" – bei vielen Bergjägern der größten Beliebtheit. Der Name „Dachsbracke" wurde erstmals im Jahre 1886 unter anderem durch den schon erwähnten Otto Grashey festgelegt. In den folgenden Jahren wurde sie häufiger in der jagdlichen Literatur erwähnt, und im Jahr 1895 bezeichnete sie Otto Grashey als Übergangsform zwischen Schweiß- und Dachshund ohne einheitliche Form. Am 15. März 1896 wurde ein Internationaler Dachsbracken-Club gegründet; indessen war der Rassenwirrwarr anfangs doch recht groß. In der Folgezeit eroberte die Dachsbracke weiterhin die Sudeten, die Karpaten und auch die deutschen Alpen.

Rote Alpenländische Dachsbracke

Noch ehe das geplante Spezialstammbuch für die „Alpenländisch-Erzgebirgler-Dachsbracke" (so benannt nach ihrem vornehmlichen Verbreitungs- und Zuchtgebiet) angelegt werden konnte, löste sich 1908 der Club auf.

Anlässlich der Wiener Jagdausstellung 1910 wurde alsdann der „Klub Dachsbracke" gegründet und die Rassekennzeichen, Prüfungsordnungen etc. beschlossen.

Auf den 1931 gestellten Antrag beschloss 1932 der Österreichische Kynologenverband (Ö.K.V.) die „Anerkennung" als Schweißhundrasse. 1975 wird der Hund auf Antrag des Ö.K.V. von der FCI unter dem Namen **„Alpenländische Dachsbracke"** von der FCI anerkannt. Seit 1991 ist die Bracke von der FCI (auf Betreiben des Klubs) in die Gruppe 6, Sektion 2 (Schweißhunde) neben HS und BGSH eingeordnet. Diese Tatsache ändert nichts an der bei uns letztlich historisch zur Normalität gewordenen Einordnung, wonach nur der Hannoversche Schweißhund und der Bayerische Gebirgsschweißhund zu den Schweißhunden zählen (vgl. etwa auch die Erlasse des Reichsjägermeisters!). Der JGHV hat darauf keinen Einfluss und es gibt auch keinen Grund, daran etwas zu ändern.

Alpenländische Dachsbracke

In Deutschland wurde am 26. April 1961 in Hann. Münden der „Verein Dachsbracke" gegründet, seit 1962 ist er Mitglied im JGHV. Erster Vorsitzender war der Springer Forstdirektor Dr. Friedrich Türcke.

Von ihrer Gesamterscheinung her soll die **Alpenländische Dachsbracke** mittelgroß sein, sehr agil, kräftig und edel. Sie soll starke Knochen haben mit entsprechend guter und fester Muskulatur, grobe Behaarung. Der Gesichtsausdruck soll klug und freundlich sein. Die Schulterhöhe der Hunde soll mindestens 34 cm betragen, höchstens 42 cm, wobei als ideal für Rüden 37 und 38 cm gelten und für Hündinnen 36 und 37 cm. Das Haar soll derb, hart, gut anliegend, kurz, aber nicht glatt sein; am besten ist es, wenn es dem Otterfell ähnelt. Als ideale Farbe gilt „tief hirschrot", ohne jedes weiße Abzeichen. Auch schwarz mit rostrot gebrannten Abzeichen an Kopf, Brust, Pfoten, Läufen, Rute und der Seite ohne jedes weiße Abzeichen ist zulässig; schwarze Farbe ohne braune Abzeichen ist fehlerhaft. Die häufigsten Farben

Brandlbracke

sind Rot, Lichtrot, Gelb, Hirschrot mit schwarzer Stichelung, schwarzem Sattel und dunkler Gesichtsmaske.

In diesem Zusammenhang bedarf es weiterhin der Erwähnung der drei österreichischen Bracken, die bis 1990 gemeinsam in einem vom JGHV anerkannten Verein betreut wurden, für die Tiroler Bracke hat sich im Jahr 1990 ein eigener Verein etabliert.

Die Bracke Kärntens ist wie die übrigen Brackenschläge Österreichs hervorgegangen aus den bodenständigen Wildbodenhunden, den alten Bracken. Diese besaßen weiße Abzeichen mit einem weißen Brustlatz oder einem weißen Brustkern, dazu weiße Pfoten und auch den für die Bracken typischen weißen Halsring. Aus ihnen entwickelte sich die **Brandlbracke**, die nach dem Beschluss der „Delegiertenkommission" des Jahres 1883 keine weißen Abzeichen haben durfte. Einer ihrer berühmtesten Züchter war Karel Barbolani, nach dem diese Hunde auch zeitweise „Barbolani-Bracken" hießen. Wegen der gelben oder roten Tupfen über den Augen wurden und werden sie von der Jägerei auch „Vieräugl" genannt. Die Brandlbracke ist ein mittelgroßer, langliniger Hund mit breitem Oberkopf, jedoch schmalem Fang. Das fest anliegende, dichte und elastische Haar wird nach zwei Grundfarben unterschieden. Einmal gibt es schwarze Hunde mit kleinem scharf abgegrenztem Brand oder rötlichbraune oder rotgestichelte, die weiße Abzeichen an den Pfoten haben, einen Bruststern und – seltener – einen weißen, schmalen Halsring. Die Schulterhöhe dieser Hunde beträgt 46 bis 58 cm. Für den Standard dieses österreichischen Hundes ist sein Ursprungsland federführend. Betreut wird diese Bracke in Deutschland vom Deutschen Brackenverein, der im Jahre 1968 gegründet wurde und ein Jahr später dem JGHV beitrat.

Während bei dem Bestreben, bei der Brandlbracke möglichst die alten, weißen Brackenzeichen auszumerzen, viel gutes Blut verlorenging, erhielt man sich in Tirol eine größere Zuchtbasis der bodenständischen Bracken, indem man hier nicht lediglich nach der Farbe selektierte. Die **Tiroler Bracke** ist ein unmittelbarer Nachkomme der Hunde, mit denen wohl unter Kaiser Maximilian in Tirol gejagt wurde. Anlässlich der internationalen Rassehunde-Ausstellung in Innsbruck im Mai 1908 wurden die Rassenmerkmale der Tiroler Bracke festgelegt. Es handelt sich bei ihrer allgemeinen Erscheinung nach um eine mittelgroße Bracke mit einer Schulterhöhe von 40 bis 48 cm von leichter, aber doch kräftiger, sehr beweglicher Erscheinung mit viel Adel. Das Haar ist derb, dicht, kurz, aber nicht glatt und mit dichter Unterwolle. Man unterscheidet einen rotschwarzen Schlag, dessen Grundfarbe tief hirschrot bis tief rehrot ist mit schwarzem Mantel oder Sattel, und einen roten Schlag, der tief hirschrot bzw. tief rehrot ist, versehen mit kleinen, weißen Abzeichen an der Brust. Die Tiroler Bracke wurde bis 1990, wie schon angedeutet, auch vom Deutschen Brackenverein betreut. Im April 1990 wurde in Innsbruck vom Österreichischen Klub Tirolerbracke die Landesgruppe Deutschland ins Leben gerufen, die seitdem als Verein des Auslandes den Hund unter dem Dach des JGHV bei uns vertrat, seit 1998 als deutscher Zuchtverein.

Der dritte im Bunde der österreichischen Bracken ist die **Rauhaarige Steirische Hochgebirgsbracke**, die allerdings ein Kreuzungsprodukt nicht nur bodenständiger Hunde ist. Die Grundlagen zu dieser Rasse wurden um 1880 durch Kreuzung einer Hannoverschen Schweißhündin mit „Kärntner Hunden", also Brandlbracken, geschaffen, wonach weiterhin der erste Züchter dieses Hundes rauhaarige Istrianer Bracken einkreuzte. Damit hatte eben dieser Züchter, Peintinger, einen „Rauhaarigen Roten Gebirgsschweißhund" geschaffen, der oft als „Peintinger Bracke" bekannt wurde. In der Folgezeit wurde nochmals eine Hannoversche Schweißhündin eingekreuzt, und im Jahr 1886 wurden diese Hunde erstmals auf der Hundeausstellung in Wien vorgeführt. Nach weiteren Generationen erhielten sie unter der amtlichen Bezeichnung „Rauhaarige Steirische Hochgebirgsbracke" die Anerkennung der österreichischen Kynologie sowie die Eintragungsberechtigung ins österreichische Hundestammbuch. In der äußeren Form entspricht die Rauhaarige Steirische Hochgebirgsbracke in etwa der Brandlbracke oder dem bekannteren Bayerischen Gebirgsschweißhund, indessen sind diese Konturen wegen des Rauhaares nicht so gut zu erkennen. Das Haar ist hart und grob, jedoch nicht zottelig. Die Farbe ist Rot- bis Fahlgelb. Bis zum Jahre 1973 sollte die Schulterhöhe im Höchstfall 52 cm betragen, jetzt ist die Höchstgrenze bei 58 cm gezogen.

Rauhaarige Steirische Hochgebirgsbracke

Mit der Brandlbracke recht verwandt ist die aus der Slowakei stammende **Schwarzwildbracke – „Slovensky Kopov"**. Ihr Ursprung ist letztendlich der gleiche wie der der anderen Bracken, farblich entspricht sie völlig der Brandlbracke, ihr Stockmaß ist indessen geringer (45 bis 50 cm bei Rüden, 40 bis 45 cm bei Hündinnen). Der Unterschied im Arbeitsbereich ist wohl historisch begründet, denn die siedelnden Slawen setzten die etwas kleinere Bracke im Flachland mehr zur Sauhatz ein – daher auch der Name.

Vor der Wende wurden diese Hunde in der ehemaligen DDR nicht selten geführt, danach trafen sich die Liebhaber dieses Hundes, dessen Standard seit 1963 von der FCI anerkannt ist, im Mai 1991 bei Eisenach und gründeten den Schwarzwildbrackenverein, der 1994 dem JGHV beitrat. Vor der Wende hatten die Freunde dieser Bracke in den alten Bundesländern zeitweise auch eine Heimat im Deutschen Brackenverein gefunden.

Zu dem vom Jagdgebrauchshundverband anerkannten jagenden Hunden gehören schließlich noch die Beagles wie die Foxhounds. Deren Aufgaben liegen jedoch auf ganz anderem Gebiete als der bislang beschriebenen Bracken, so dass zunächst auf die Aufgabengebiete letzterer eingegangen werden soll.

Für sämtliche Bracken gilt grundsätzlich, dass sie Solojäger sind. Während die Hochgebirgsbracken nie in Meuten verwendet wurden oder werden, jagen die deutschen Bracken unter Umständen auch in der Meute. Ungern sollen die deutschen Bracken mit großen Jagdhunden zusammen jagen, da diese schnelleren ihre Fährte überspringen und die Bracken in ihrer feinen Nasenarbeit stören. Heute dienen die Bracken in erster Linie als Schweißhunde und auch zur Nachsuche auf Niederwild, sodann zum Solojagen auf den Schnee- und Feldhasen sowie auf den Fuchs. Als Einzeljager müssen sie daher selbständig und ausdauernd jagen. Unabdingbar ist für sämtliche Bracken lockerster Spurlaut, für den insbesondere der Schneehase der schärfste Prüfstein ist. Da kein Hund am Hasen wirklich locker spurlaut jagen kann, wo nicht feinste Spurnase, größte Spursicherheit und eiserner Spurwille zusammenkommen, sind diese Eigenschaften, die auch die Eignung des Hundes nach dem Schuss bestimmen, unabdingbare Voraussetzungen für diese Solojäger an Hasen, aber auch für den Nachsuchenhund. Die Bracken sind je nach Größe auch in der Lage, Niederwild zu apportieren. Noch lebendes Niederwild sollen sie abtun, beispielsweise einen Fuchs würgen, krankes Rehwild niederziehen, dagegen Rot- und Schwarzwild scharf und hartnäckig stellen. Neben diesen grundsätzlichen Anforderungen zeichnen die einzelnen Schläge auch gewisse Spezialitäten aus.

Jagd am Hasen

So hat sich beispielsweise der Deutsche Brackenclub zur Aufgabe gemacht, die alte Kultur der Brackenjagd zu retten und zu erhalten in einer Zeit, da zum Teil schon Mangel an Wild, von Straßen- und Bahnen durchschnittene Reviere, mitunter sogar mangelndes Verständnis der Jägerschaft und auch des Gesetzgebers mit der Vorschrift, dass Brackaden in Revieren unter 1.000 ha Größe unzulässig sind, diese Art des Jagens als Relikt vergangener feudaler Zeiten erscheinen lassen. Indessen gehört diese besondere Jagd auf Hase und Fuchs mit den Deutschen Bracken, untermalt von den für die Brackenjagd besonderen Hornsignalen, geblasen auf dem Sauerländer Halbmond, zu dem schönsten, was „Jagd" überhaupt beinhaltet. Hier kommt es nicht auf die Größe der Strecke an, sondern auf den Genuss, den das Jagen mit edlen Hunden vermittelt. Rehrein sollen die Deutschen Bracken sein; ihr Wild ist Hase und Fuchs.

Brachaden

Schweißarbeit

Selbstverständlich ist auch die Dachsbracke zum Brackieren zu verwenden, indessen liegt wohl ihre Domäne heutzutage auf dem Gebiete der Schweißarbeit. Sie gilt für die Vergabe von Schweißhundführerabzeichen durch den Jagdgebrauchshundverband neben dem Hannoverschen Schweißhund und dem Bayerischen Gebirgsschweißhund als dritte anerkannte Schweißhundrasse.

Die drei hochläufigen österreichischen Bracken werden bei uns in der Bundesrepublik Deutschland bevorzugt als Schweißhunde verwandt und dementsprechend auch geführt. Zu den Arbeiten, zu denen sie in ihrem Heimatland verwendet werden, bedient sich der deutsche Jäger wohl mehr seiner Hunde, so zum Apportieren der großen Vorstehhunde und zum Stöbern des Deutschen Wachtels. Das besagt jedoch nicht, dass auf die Jagd am Hasen ganz verzichtet wird! Mindestens zur Prüfung der den Hunden innewohnenden Anlagen muss der Hund sein Können auf der Hasenspur zeigen, lockersten Spurlaut inbegriffen.

Zu den vom Jagdgebrauchshundverband anerkannten Laufhunden gehören weiterhin der Foxhound und der Beagle, die zwar bei der praktischen

Jagdausübung keine oder bislang eine nur sehr unwesentliche Rolle spielen, jedoch der Vollständigkeit halber hier erwähnt werden müssen.

Mit dem **Foxhound** wird bei uns im herkömmlichen und gebräuchlichen Sinne überhaupt nicht mehr gejagt, vielmehr ist er der Hund, mit dem die Reiter ihre bekannten Schleppjagden abhalten. Die Vereinigung der Meutehalter im Deutschen Reiter- und Fahrerverband e.V. ist aus traditionellen Gründen Mitglied des Deutschen Jagdgebrauchshundverbandes, und die Prüfungen der von ihnen in den Meuten gehaltenen Hunde finden auch ihren Niederschlag im Deutschen Gebrauchshundstammbuch (DGStB).

Die Vereinigung ist seit 1966 Mitglied im JGHV, viel länger ist die Geschichte des Jagens zu Pferde hinter der Meute in Deutschland. Nachdem um die Mitte des vorigen Jahrhunderts der höfische Jagdbetrieb in Deutschland sein Ende gefunden hatte, setzten das Militär-Reit-Institut und viele Kavallerieregimenter die Tradition fort, bis 1934 wurde sogar bisweilen auf freigelassene Keiler gejagt oder am Ende der künstlichen Fährte der Schleppjagd wurde einem „Kastenfuchs" die Freiheit gegeben.

1881 war in Hannover eine internationale Preissuche für Hasen- und Fuchsmeuten ausgeschrieben. Das Jahrbuch 1929/30 des Deutschen Jagdreiter-Bundes e.V. weist 28 Meuten auf, deren Zwinger den Standorten der berittenen oder bespannten Truppe entsprachen.

Nach dem Kriege etablierten sich alsbald neue Meuten, ab 1949 die des traditionsreichen Hamburger Schleppjagdvereins, 1952 folgte der Rheinisch-Westfälische Schleppjagdverein und im nämlichen Jahr baute der aus Schlesien geflüchtete Christian v. Loesch seine bis in die Gegenwart bekannte Niedersachsenmeute auf. 1957 traf man sich bei Dorfmark in der Heide zu einer ersten „Meutevergleichsschau", vertreten waren die Foxhounds durch die drei erwähnten Packs und die Beagles durch die Beagle-Meute Lübeck, Privat Pack der Familie Dr. Martens.

Anfang der 60er Jahre hatte sich die Zahl der Meuten vergrößert und für die reiterlichen Erfordernisse der Schleppjagd wurde der Anschluss an den „Deutschen Reiter-und-Fahrer-Verband" in eine feste Form gebracht.

Seit Jahrzehnten finden nun alljährlich die Junghundschauen in Schwarzenstein/Wesel statt, und es richten den Nachwuchs eines Jahres jeweils ein englischer und ein deutscher Richter, vom JGHV hatten lange Jahre diese reizvolle Aufgabe etwa die ehemaligen Präsidenten Ostermann und Uhde und die Stammbuchführer Nobis-Wicherding und Wischmeyer. Von Ostermann stammt der Hinweis, dass in diesen Meuten auch ein für die Jagdhundzucht nicht zu unterschätzendes Genreservoir zu sehen sei.

Der englische Foxhound, der zwar Ahne auch des heutigen amerikanischen Foxhounds ist, indessen heute von diesem unterschieden wird, stammt wohl aus Kreuzungen des alten Normannenhundes und den verschiedenen bodenständigen Bracken Großbritanniens. Nach der Eroberung ganz Britanniens im 11. Jahrhundert durch Wilhelm den Eroberer wurde die

Foxhound

Herkunft des Foxhound

Jagd zu Pferde mit der Hundemeute im Lande eingeführt und regelmäßig abgehalten. Die Normannenhunde bekamen in England den Namen „Talbot". Der reine Talbot existierte weiter, während die Kreuzungen zwischen ihm und den anderen englischen Hunden je nach den individuellen Bedürfnissen verschiedene Ergebnisse zeitigten. Unterschiedlich nach Farbe und Schnelligkeit gab es etwa die Hunde von Lancashire, Cheshire, Staffordshire, Worcestershire, Berkshire, Bedfordshire, Yorkshire oder Northumberland. In der späteren Zeit wurden diese Hunde noch schneller gemacht, wobei man davon spricht, dass es wiederholt und gut dosierte Kreuzungen mit dem Greyhound gewesen seien oder auch französische „Chiens courants" zugeführt wurden. – Der englische Foxhound ist ein idealer Meutehund mit dafür ausgezeichneten Qualitäten. Er ist in der Lage, viele Kilometer lange Jagden durchzuhalten, und zwar immer im Galopp. Mehrmals wöchentlich während einer Saison von acht Monaten übersteht sie der Hund dank seiner ausgezeichneten Konstitution. Der englische Foxhound soll nie unter 56 cm groß sein und nie über 63 cm. Kennzeichnend für den Foxhound ist sein gerader, rechteckiger Fang von guter Länge mit mäßig ausgeprägtem Stop. Auch beim Foxhound kommt es nur darauf an, dass er die Farbe der jagenden Hunde (hounds) und das kurze, dichte, derbe, glänzende Haar dieser Hunde hat. Farben für jagende Hunde sind Schwarz, Weiß, Rot, Stichelungen von Weiß mit Hasengraubraun, ferner Gelb oder lohfarbig, auch Blau, d. h. Schwarz mit Weiß gemischt.

Der Beagle ist der kleinste englische Laufhund. Nach alter Tradition wird er an englischen Oberschulen und Kadettenanstalten gehalten, damit die Schüler den Umgang mit Tieren lernen. Diese Spielgefährten der Beagle reiten dann als erwachsene Männer ihre Jagden hinter den Foxhounds. Hinter dem Beagle werden in England keine Jagden geritten; er ist dort der Meutehund, mit dem man zu Fuß auf Hasen und Wildkaninchen jagt. In Amerika wird er jedoch auf anderes Wild, in Skandinavien sogar auf Elche eingesetzt.

Der Name „Beagle" soll sich von „Piccolo" ableiten. Der Beagle kann als die Zwergform der größeren Schläge aufgefasst werden. Er ist kurzbeinig und zeigt auch am Haupt die einer Verzwergung typischen Merkmale. Der Hirnschädel ist gewölbter, der Stirnabsatz schärfer, der Fang kürzer und runder, die Belefzung geringer. Die Kopfform ist fast birnenförmig, das Auge rund. Die Behänge erinnern an den Dachshund; sie sind jedoch noch länger. Die wünschenswerte Größe des Beagles liegt zwischen 33 und 40 cm.

Beagle

Für die Reiter auf dem Kontinent war der englische Beagle nicht schnell genug; sie züchteten daher diesen Hund harrierartig. (Der Harrier ist ein weiterer englischer Laufhund mit einer Größe von ca. 55 cm.) – Im Gegensatz zur Vereinigung der Meutehalter im deutschen Reiter- und Fahrerverband hat es sich der Beagle-Club Deutschland e.V. zur Aufgabe gemacht, die im Beagle schlummernden jagdlichen Eigenschaften auch für die Jagd mit ihm als Solohund zu wecken und zu fördern. Der Beagle-Club Deutschland e.V. ist ein noch recht junger Verein und erst 1976 dem Jagdgebrauchshundverband beigetreten. Die im Beagle-Club vereinigten Liebhaber dieses Hundes sind nicht ausschließlich Jäger, vielmehr dürfte die Mehrzahl dem Ausstellungssport huldigen. Weiterhin ist zu berücksichtigen, dass der Beagle von Haus aus ein Meutehund ist, und dass einige bei unseren geläufigen Jagdhunden mehr oder weniger fest verankerten Eigenschaften beim Beagle wenig ausgeprägt sind, beispielsweise die Raubzeugschärfe. Das Haupteinsatzgebiet des Beagles liegt – wie bei den jagenden, den Laufhunden überhaupt – bei der Arbeit mit tiefer Nase. Mit dem Beagle sollte es also möglich sein zu brackieren, wie auch eine gewisse Stärke die Schweißarbeit, besonders die Riemenarbeit, sein dürfte. Eine besondere Marktlücke für den Beagle bestand bei seiner Aufnahme in den Jagdgebrauchshundverband sicherlich nicht; indessen wird ein jagdlich interessierter Mensch, der einen Gehilfen fürs Stöbern und Buschieren braucht, der ihm leichtes Wild apportiert und ihm für leichtere Nachsuchen zur Verfügung steht, im Beagle einen freundlichen und in der Familie willkommenen Gefährten finden.

Der Beagle als Solohund

Jagdliche Leistungszucht mit diesem Hund betreibt ein dritter Verein, der Verein Jagd-Beagle e.V., 1988 gegründet und dem JGHV beigetreten.

II. 6. Apportierhunde

Die Apportierhunde sind in einer für deutsche Verhältnisse untypischen Weise spezialisiert, sie finden in der überkommenen Aufteilung der Hunde nach Aufgabengebieten keinen Platz. Sie sind von Engländern und Amerikanern gezüchtet worden aus der Erkenntnis heraus, dass die Forderung nach Vielseitigkeit im praktischen Jagdgebrauch dem Erreichen von Höchstleistungen in einzelnen Disziplinen entgegensteht. Am bekanntesten von diesen Retrievern (retrieve = zurückbringen) sind wohl der Labrador Retriever und der Golden Retriever.

Die Geschichte der Vorläufer der Retriever ist ineinander verwoben, und es ist schwer feststellbar, wie und wann die einzelnen Schläge herangezüchtet worden sind. Ursprünglich sind wohl von der kanadischen Halbinsel Labrador, deren Ostküste zu Neufundland gehört, Hunde eingeführt und im 19. Jahrhundert in England zunächst in der Grafschaft Dorset als Apportierhunde geführt und gezüchtet worden. In ihrem äußeren Erscheinungsbild drückt sich bei den Labrador Retrievern das Klima ihrer Heimat aus: Sie stammen aus einem Land mit kaltem und rauem Klima, mit viel Wind und großem Fischreichtum, wobei die Haupterwerbszweige der Einwohner Fischfang und Pelztierjagd waren. Seiner Gesamterscheinung nach ist der **Labrador Retriever** ein kräftiggebildeter, kurzer Hund mit breitem Schädel und breitem tiefem Brustkorb. Der Hund hat eine kurze, anliegende Behaarung mit sehr dichter Unterwolle und ohne Fransen. Die Höhe für Rüden ist

Labrador Retriever

ideal von 55 bis 57cm, für Hündinnen von 54 bis 56 cm. Eine Besonderheit der Rasse ist die Rute: sie ist sehr dick am Ansatz verfeinert sich allmählich gegen die Spitze, ist von mittlerer Länge und praktisch ohne Fahne, jedoch vollständig kurz, dicht und robust behaart. Dieses gibt der Rute die charakteristische Rundung der sog. „Fischotterrute". Das Haar mit der wasserabstoßenden Unterwolle ist im allgemeinen schwarz, rotbraun oder gelb. Gelb, variiert von roten zu cremefarbenen Schattierungen, weiße Flecke sind verwerflich, jedoch ist ein kleiner weißer Fleck an der Vorderbrust zulässig.

Der Golden Retriever soll von einer einzigen kleinen Hündin abstammen, die in den sechziger Jahren des 19. Jahrhunderts in einem Wurf schwarzer schlichthaariger Retriever lag, und einer weiteren Hündin, die später in Border Country auftauchte. Diese cremefarbenen und weiß-gelben Hunde wurden später mit Bloodhounds gekreuzt, so dass die Farbe dunkler, der Kopf stärker wurde und die Größe zunahm. 1911 wurde in England der Golden-Retriever-Club gegründet. Die allgemeine Erscheinung des Golden Retrievers soll die eines ebenmäßigen lebhaften kraftvollen Hundes mit regelmäßigem Gangwerk sein mit glattem Haar, versehen mit wasserabweisender Unterwolle und einer glatten oder gewellten Rute, die gut mit einer Fahne versehen ist. Jede Schattierung von Goldgelb bis Creme ist erlaubt, jedoch nicht Rot oder Mahagonibraun. Die Risthöhe bei Rüden soll 56 bis 61 cm betragen, bei Hündinnen 52 bis 56 cm.

Der Golden Retriever

Der Curly coated Retriever entstammt wahrscheinlich einer Kreuzung zwischen dem Labrador und dem Irish Waterspaniel, von dem er sein krauses Haar hat. Nicht auszuschließen ist, dass auch Setter- und Pudelschläge bei der Bildung dieser Rasse beteiligt gewesen sind. Der Curly coated Retriever ist mit einem am ganzen Körper gelockten Haar bedeckt; die Löckchen sollen nicht seidig sein, ganz kurz und nicht glänzend. Die Farbe ist Schwarz mit blauer Spiegelung oder Rotbraun (leberfarbig). Die Höhe der Hunde soll sich um 66 cm bewegen. Als Gewicht wird ein solches von 31,5 bis 36,2 kg angegeben.

Schließlich muss noch der Lang- oder Wellhaarige Retriever, der **Flat or wavy coated Retriever**, erwähnt werden. Er gleicht weder dem einen noch dem anderen seiner Ahnen, sondern stellt eine recht gelungene Mischung dar. Der Wunsch, einen verlässlichen Apporteur zu haben, der in Verbindung mit dem Pointer oder Setter arbeiten konnte, führte zu Kreuzungen mit Neufundländern, Pudeln, Old English Sheepdogs, Settern, Collies, Pointern und Spaniels, der letztere war manchen Jägern zu langsam und zu schwach. Die meisten der Kreuzungsergebnisse waren unbefriedigend, denn es mangelte diesen Hunden häufig an „understanding brain" (Verständnis, Einfühlungsvermögen). Der Neufundländer selbst besaß zwar eine gute Nase, ein weiches Maul, eine gesunde Konstitution, Klugheit, Willigkeit und Gelehrigkeit, war indessen für die Arbeit im Felde zu schwer. Es scheint, dass die Neufundländer X Setter-Kreuzungen am besten dem gesteckten Ziel entsprachen und im wesentlichen der Schaffung des heutigen Flat coated Retrievern dienten. Um die Größe etwas zu reduzieren und das vom Setter stammende seidige Haar wegzubekommen, führte man in den fünfziger Jahren des 19. Jahrhunderts noch Labradorblut zu. Als Schöpfer des Wavy coated oder Flat coated Retrievers gelten Thorp-Bartram und S. E. Shirley. – Der Hund soll den Eindruck eines lebhaften aktiven Wesens machen, von mittlerer Größe mit intelligentem Ausdruck und kräftig, ohne übertriebene Schwere sein, schlank, ohne schwach zu wirken. Der langhaarige Hund, dessen Gewicht sich zwischen 27 und 31,5 kg bewegen soll, soll dicht, fein und so schlicht wie möglich behaart sein. Die Farbe des Hundes ist Schwarz oder Leberbraun. Das Stockmaß der Rüden soll sich zwischen 58 und 61 cm bewegen, das der Hündinnen zwischen 56 und 59 cm.

Neben den vier englischen Retrievern gibt es noch einen amerikanischen, den **Chesapeake Bay Retriever,** dessen Namensgebung auf ein Schiffsunglück zurückzuführen ist. Im Jahre 1807 strandete in der Chesapeake Bay ein britisches Segelschiff, aus dessen Wrack zwei für England bestimmte Neufundländer gerettet wurden. Der eine erhielt den Namen „Sailer", der andere, eine Hündin, den Namen „Canton" nach dem Namen des amerikanischen Schiffes, das die Schiffbrüchigen aufgenommen hatte. Die beiden Hunde wurden den Leuten überlassen, die die Schiffbrüchigen beherbergt hatten, und zeigten große Anlagen zum Apportieren. Eine ganze Reihe der modernen Retriever wurden eingekreuzt; und es entwickelte sich etwa bis zum Jahre 1885 ein klarer Typ. Nach dem Standard – handelt sich um einen amerikanischen Hund – ist besonders wichtig die Struktur des Haares, da der Hund für die Jagd gebraucht wird, wie das Wetter auch immer sein mag. Die Öligkeit des harten Haares und der dichten Unterwolle ist äußerst wichtig, um zu verhindern, dass kaltes Wasser bis zur Haut vordringt, sie erleichtert zudem ein rasches Trocknen. Das Haar des Chesapeake muss so sehr dem Wasser widerstehen wie die Feder der Ente. Wenn der Hund aus dem Wasser kommt und sich schüttelt, darf das Haar absolut kein Wasser zurückbehalten, sondern nur feucht erscheinen. Das Haar muss also dicht und kurz sein, nicht mehr als knapp 4 cm lang. Es ist leicht gewellt an den Schultern, am Hals und am Rücken; gelocktes oder fast gelocktes ist unzulässig. Als Farbe sind in allen Tönungen von Dunkelbraun bis Blaßrot erlaubt, eingeschlossen die Farbe trockenen Grases. Rüden sind von 58 bis 66 cm groß, Hündinnen von 53 bis 61 cm.

Ein amerikanischer Retriever

Das Aufgabengebiet der Retriever ist von Haus aus – wie schon erwähnt und betont – allein das Apportieren im Rahmen der Arbeitsteilung mit den Vorstehhunden. Es gehört dazu, dass er sich ruhig, auch unangeleint, neben seinem Herrn aufhält und dabei auch beobachtet, wo das getroffene Wild hinfällt. Auch bei mehreren Stücken muss der Hund in der Lage sein, sich zu merken wo er zu suchen hat. Nicht nur zu Lande sind es vorzügliche Apportierhunde, sondern auch zu Wasser, wofür sie ihre Herkunft und auch ihr Haarkleid prädestinieren.

Ein berühmter englischer Berufsabrichter sagt über die Retriever: „Von den Retrievern ist fraglos der Labrador Retriever der populärste Schlag; sie haben sich die Achtung der Jäger durch ihre überragende Veranlagung, sich abrichten zu lassen, erworben. Vom Labrador kann man behaupten, er ist schnell und elegant in der Bewegung, unübertroffen im Wasser, weit leichter abzurichten als alle anderen Schläge und von einer Treue dem Herrn gegenüber, die ihn zu einem idealen Begleiter macht. Die glatte, kurze Behaarung weist viele Vorteile auf. Hunde aus Gebrauchszuchten führen sich jagdlich fast von allein ab. – Der Golden Retriever kommt dem Labrador fast gleich und ist meine zweite Wahl für einen Retriever als Jagdhund. Golden Retriever aus den richtige Blutlinien sind leicht abzurichten und zu führen; sie haben außergewöhnlich gute Nasen und arbeiten vorzüglich im Wasser. Äußerlich wirken sie sehr anziehend, besonders auf Frauen. Ihre Behaarung verlangt mehr Pflege als die des Labradors. Sie sind im Gebäude auch meist stärker als dieser und beanspruchen deshalb mehr Platz und mehr Futter."

Grenzen beim Einsatz der Retriever

Bei uns in Deutschland werden die Retriever meist vielseitiger als in ihren Heimatländern geführt; sie sollen hierzulande auch unter der Flinte suchen und stöbern sowie auf der Wundfährte arbeiten. Beim Einsatz der Retriever ist zu berücksichtigen, dass sie generell nicht über die Schärfe verfügen, die unsere Hunde befähigen, noch lebendes verletztes Wild zur Strecke zu bringen und sie „von Haus aus" stumm jagen. Die Einsatzmöglichkeiten, insbesondere bei der Nachsuche, finden hier ihre natürlichen Grenzen.

II. 7 Laiki

Laiki – die Jagdhunde des Ostens

Bis zur Wiedervereinigung waren die Laiki in den alten Bundesländern relativ unbekannte Jagdhunde. Wegen der politischen Nähe der neuen Bundesländer zur ehemaligen Sowjetunion waren sie indessen dort schon gebräuchlich und gehörten zu den anerkannten Jagdgebrauchshunden. Die Laiki sind nämlich in Rußland die traditionelle Jagdgebrauchshundrasse des Nordens und Ostens. Sie sind von der Aufgabenstellung her vielleicht noch am ehesten mit unseren Stöberhunden vergleichbar. Laika bedeutet übersetzt: Steller oder Verbeller. Die Laiki werden als vielseitige Jagdhunde beschrieben und eingesetzt, beispielsweise bei der Jagd auf Elchwild, Schwarzwild, Waldhühner und Zobel, wobei ihre Vielseitigkeit damit noch nicht erschöpft und beschrieben ist. Festgehalten werden muss jedoch, dass die Laiki grundsätzlich stumm jagen, so dass für hiesige Verhältnisse Grenzen bei ihrem Einsatz gezogen werden müssen.

Von den Rassen der Laiki, besser gesagt wohl Schlägen, ist der Finnisch-Karelische Laika die seltenste, der Westsibirische Laika der populärste und am universellsten einsetzbare. Ihm folgt der Russisch-Europäische Laika, ebenfalls sehr verbreitet ist der Ostsibirische Laika. Der Rein- und Leistungszucht sowie der Verbreitung der Rassegruppe Laika in Jägerkreisen hat sich der Laika-Club e.V. in Deutschland verschrieben, 1990 gegründet und seit 1992 Mitglied im JGHV.

Einen FCI-Standard haben seit 1980 der Ost- und der Westsibirische sowie der Russisch-Europäische Laika, sie sind als russische Hunde eingeordnet in die Gruppe 5 (Spitze und Hunde vom Urtyp), Sektion 2 (Nordische Jagdhunde).

Die Laiki sind, abgesehen von spezifischen Besonderheiten der Schläge, quadratische, mittelgroße Hunde mit einer Schulterhöhe von 50 bis 60 cm und uns ungewohnten Stehohren. Das insgesamt kurze Haarkleid ist hart mit gut entwickelter Unterwolle, wobei die Farbe je nach Schlag unterschiedlich ist. Es gibt die Farben Schwarz, Grau, Weiß, „Pfeffer und Salz", dunkelhaarig mit weißen Flecken oder umgekehrt.

Am Ende dieses Abschnittes über die anerkannten Jagdhunde erscheint aus historischer Sicht in diesem Zusammenhang ein Blick auf die Verhältnisse in der ehemaligen DDR angezeigt.

Der Minister für Land-, Forst-, und Nahrungsgüterwirtschaft der DDR hat mit Verfügung über die Aufgaben im Jagdhundewesen der DDR vom 30. August 1979, in Kraft getreten am 1. Januar 1980, „im Einvernehmen mit den Leitern der zuständigen Staatsorgane" die entsprechende Verfügung erlassen, „um die Aufgaben im Jagdhundewesen der DDR durch die Zucht, Ausbildung und Führung leistungsstarker Jagdhunde zu gewährleisten, die Effektivität der Jagdausübung zu erhöhen, Wildbretverluste zu vermeiden und eine weidgerechte Jagdausübung zu sichern." Von Interesse ist in diesem Zusammenhang, dass das Ministerium die für den jagdlichen Einsatz in der DDR zugelassenen Jagdhunderassen festlegt. Die Anlage 1 zur genannten Verfügung lautet:

„In der DDR zugelassene Jagdhunderassen

1. **Vorstehhunde**
   1.1. Kontinentale Vorstehhunde
   Deutsch-Drahthaar
   Deutsch-Kurzhaar
   Deutsch-Langhaar
   Weimaraner (Kurz- und Langhaar)
   Pudelpointer (einschl. Griffon)
   Kleiner Münsterländer
   Großer Münsterländer
   Magyar Vizsla (Kurz- und Rauhaar)

   1.2. **Englische Vorstehhunde**
   Pointer
   Irish-Setter
   English-Setter
   Gordon-Setter

2. **Stöberhunde**
   Deutscher Wachtelhund
   Cocker Spaniel
   Russischer Spaniel

3. **Erdhunde**
   Rauhaarteckel
   Langhaarteckel
   Kurzhaarteckel
   Zwergteckel
   Deutscher Jagdterrier
   Foxterrier und Welshterrier,
   sofern sie die Prüfung für Deutsche Jagdterrier abgelegt haben

„Verordnete" Jagdhunderassen in der DDR

4. **Laufhunde (Bracken)**
Alpenländisch-Erzgebirgler Dachsbracke
Schwarzwildbracke

5. **Schweißhunde**
Hannoverscher Schweißhund
Bayrischer Gebirgsschweißhund

6. **Sonstige Jagdhunderassen**
Russisch-Europäische Laika
Basset"

III. Das Äußere und die Sinne des Hundes

Über das Äußere eines Hundes gibt der Standard Auskunft, von Bedeutung sind jedoch darüber hinaus auch Kenntnisse über Körperfunktionen und etwa auch Fehler.

Der „Standard"

Unter „Standard" im hier gebrauchten Sinne versteht man die verbindliche Beschreibung einer ganz bestimmten Rasse oder eines Schlages, wobei es wissenswert ist, wie die Verbindlichkeit der Beschreibung zustande kommt. Die meisten europäischen und viele außereuropäischen Länder sind jeweils mit einen kynologischen Spitzenverband in der Fédération Cynologique Internationale (FCI) vertreten. Dieser Zusammenschluss ist das Forum, dem die von einem Landesverband ausgearbeiteten Beschreibungen vorgelegt werden. Diese Vorschläge werden mit den Vertretern der anderen Länder erörtert; unter Umständen nach Änderungen kann dann die offizielle Anerkennung der Beschreibung als „Standard" ausgesprochen werden, wobei auch das Ursprungsland der betreffenden Rasse oder des betreffenden Schlages festgelegt wird. Allein dieses Ursprungsland hat späterhin die Befugnis, Änderungen und Ergänzungen des Standards vorzunehmen. Die Standards werden nach der Regel des Weltkynologenkongresses 1934 von München aufgestellt, wobei jedoch nicht alle Standards in ihrer Beschreibung gleichermaßen sorgfältig sind. Grundsätzlich wird beim Standard der Gesamteindruck und die Eignung des Hundes beschrieben. Es wird dann im einzelnen eingegangen auf die Größe und das Gewicht des Hundes, der Kopf wird beschrieben, die Augen, Ohren, Hals und Läufe werden im einzelnen dargestellt, es wird der Rumpf geschildert, desgleichen die Rute, die Behaarung und die Art der Fortbewegung des Hundes, weiterhin werden typische Fehler hervorgehoben, und es schließt sich unter Umständen eine Punktebewertung mit Maßangaben an. Letzteres deutet schon darauf hin, dass hier etwas betrieben wird, was dem Jagdhundewesen fremd ist. Sarkastisch und pointiert hat der große Hundefreund TRUMLER geschrieben, dass es vielleicht einmal in einem Konversationslexikon unter dem Stichwort „Rassehund" heißen wird:

„Rassehunde waren der mißlungene Versuch, körperbaulich und wesensmäßig unterschiedliche Domestikationsformen des Wolfes mit Hilfe sog. ‚Standards' und Schönheitswettbewerben oder einseitiger Leistungsprüfungen über längere Zeiträume am Leben zu erhalten. Trotz guter Ansätze im Altertum und im Mittelalter scheiterten diese Versuche an mangelnden biologischen Grundkenntnissen sowie an der Kommerzialisierung dieser Bestrebungen."

Ein Jäger der in seinem körperlich wohl ausgebildeten, leistungsstarken und wesensmäßig ausgeglichenen Jagdkumpan seinen treuesten Helfer bei der Jagd sieht, aber auch nicht mehr und nicht weniger, wird diese Formulierung für weit überspitzt halten und über sie den Kopf schütteln. Überspitzt ist sie in der Tat, indessen wird man heutzutage schon auf Hundeausstellungen das Kopfschütteln nicht los, wenn man Herr oder auch Frauchen im Ring beobachtet, wie sie dort ihr bestes Stück präsentieren, nachdem sie es vorher entsprechend zubereitet haben und es danach, je nach Erfolg, entsprechend behandeln.

Ausstellungen

All das hat mit den Zucht- und Pfostenschauen unserer Jagdhunde nichts zu tun, denn hier wird in der Tat nur darauf geachtet, ob der Hund in seinem Äußeren den Vorstellungen von einem seiner speziellen Aufgabe auch gewachsenen Individuum entspricht, und ob ihm nicht grobe körperliche Mängel anhaften, die es unter Umständen angezeigt erscheinen lassen, ihn von der Zucht auszuschließen. Dabei bemüht man sich, immer auf dem Stande der neuesten wissenschaftlichen Ergebnisse zu bleiben, wobei nicht ausbleibt, dass man hier auch Irrwege einschlägt, die man jedoch – so man den Irrtum erkannt hat – in aller Regel wieder zu korrigieren versucht. Auch um diesen Schauen das nötige Verständnis entgegenzubringen und der Beurteilung der Formwertrichter bis zu einem gewissen Maße folgen zu können, erscheint es wichtig, über den Körper und seine Funktionen etwas zu wissen.

Zucht- und Pfostenschauen

Fangen wir also an, uns den Hund einmal von außen anzusehen, und wandern, an der Nase beginnend, über den Kopf, den Rücken und die Läufe wieder zum Ausgangspunkt zurück.

Unter **„Nase"** verstehen wir zweierlei: Einmal das Riechorgan, und zum anderen wird in der jagdkynologischen Umgangssprache mit „Nase" auch das Riechvermögen des Hundes bezeichnet; man spricht also in diesem Zusammenhang von guter oder schlechter, von weiter oder kurzer Nase. Das Sinnesorgan „Nase" ist das beim Hund wie bei allen Caniden am besten ausgeprägteste; es wird im Zusammenhang mit den anderen Sinnesorganen noch besonders darauf eingegangen werden. Man hat ermittelt, dass das Riechorgan der Hunde über eine etwa 15mal größere Fläche verfügt als das Riechorgan des Menschen, und dass die Riechschleimhaut selbst mehr als 100mal größer und dicker ist. Die Riechschleimhaut verfügt über zahlreiche Poren, die ihrerseits aus einer großen Zahl zusammengepresster Häutchen bestehen. Um was für eine „zusammengefaltete" Fläche es sich dabei handelt, wird erkennbar, wenn man sich vorstellt, dass – ausgebreitet – die Riechschleimhaut eine Fläche bedecken könnte, die etwa dem Umfange des Hundekörpers gleichkommt. Die Aufnahme des Geruches selbst geschieht durch Nervenenden, die in je einer Pore münden. Äußerlich bildet die Nase

Das Riechorgan des Hundes

Skelettbild

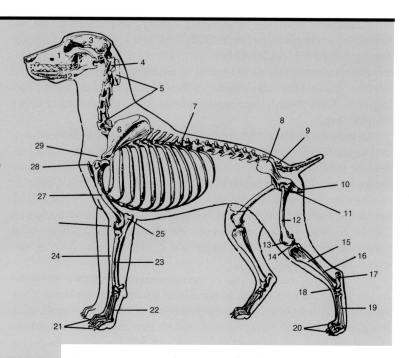

1. Oberkiefer
2. Unterkiefer
3. Scheitelbein
4. Atlas (= 1. Halswirbel)
5. Übrige Halswirbel
6. Schulterblatt mit Schulterblattgräte
7. 10. Brustwirbel
8. Hüftbein
9. Kreuzbein
10. Sitzbeinhöcker
11. Hüftgelenk
12. Oberschenkel
13. Kniescheibe
14. Kniegelenk
15. Schienbein ⎫ Unterschenkel
16. Wadenbein ⎭
17. Fersenbein
18. Sprunggelenk
19. Hintermittelfußknochen
20. Knochen der Zehen (der Beckengliedmaße)
21. Knochen der Zehen (der Schultergliedmaße)
22. Vordermittelfußknochen
23. Elle ⎫ Unterarm
24. Speiche ⎭
25. Ellbogen
26. Ellbogengelenk
27. Oberarm
28. Brustbeinspitze
29. Schultergelenk

zwei Verdickungen, die muldenförmig einsinken. Die äußeren Teile sind meistens glänzend schwarz, bisweilen auch rasseeigentümlich braun oder rot. Die sichtbaren Nasenlöcher sind die äußeren Öffnungen zweier durch eine Scheidewand getrennter Röhren, die in den Rachen führen. Das für die Geruchsempfindungen „zuständige" Organ im Gehirn ist der sog. „Riechlappen", von dem die Nerven in die besagten Röhren führen.

Der Nasenrücken führt vom Nasenschwamm zum Stirnabsatz. Der Nasenrücken ist in aller Regel gerade, bisweilen jedoch auch konvex oder konkav; im letzteren Falle spricht man von einer **„Sattelnase"**, im ersten von einer **„Ramsnase"**. Rams- oder Sattelnasen gehören bisweilen als typische Rassemerkmale in die Beschreibung des Standards. Rasseeigentümlich ist auch der Winkel, den der Stirnabsatz (**Stop**) bildet. Beispielsweise hat der Pointer einen ganz ausgeprägten Stop, während beim Jagdterrier der Nasenrücken fast ohne Übergang oder nur in einem ganz stumpfen Winkel zum Oberkopf überführt. Es entsteht dann beim Jagdterrier etwa die typische Silhouette eines Hechtkopfes.

Über den Oberkopf, das Genick und die Nackengegend des Halses verfolgen wir unseren eingeschlagenen Weg nun weiter bis dort hin, wo letztere aufhört und der Widerrist beginnt. Dieser Punkt, über dem Schulterblatt gelegen, ist der Messpunkt, bis zu dem – ausgehend von dem Erdboden – die Wideristhöhe, die Schulterhöhe oder das **Stockmaß** gemessen werden.

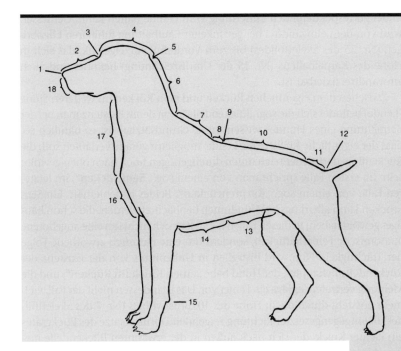

Umrisszeichnung

1. Nase (Nasenspiegel, Nasenschwamm)
2. Nasenrücken
3. Stirnabsatz (Stop)
4. Oberkopf
5. Genick
6. Nackengegend des Halses
7. Widerrist
8. Eigentlicher Rücken
9. Rückendelle
10. Rücken im weiteren Sinne (Lende)
11. Kruppe
12. Rutenansatz
13. Unterbauch
14. Unterbrust
15. Karpalballen
16. Vorderbrust
17. Kehlrand des Halses
18. Fang

Herkömmlicherweise geschieht das, indem entweder großzügig mit dem Auge abgeschätzt wird, ob das Individuum die richtige Größe hat, oder es wird mit einem Zollstock, bisweilen mit einem Metermaß oder mit einem anderen Meßinstrument versucht, die Höhe exakt in Zentimetern zu ermitteln. Die richtige Messung ist schon von Bedeutung, denn die einzelnen Zuchtvereine haben in ihren Zuchtordnungen verankerte Größenwerte, nach denen ein Hund nicht mehr zur Zucht zugelassen werden darf, wenn er nach unten oder oben von einer bestimmten Maßgröße abweicht. Die exakte Messung hängt nun von einer ganzen Reihe von Unwägsamkeiten ab. Beispielsweise ist es bisweilen schwierig, den Ristbereichsansatz zu finden, die Standruhe der Hunde ist unterschiedlich, der Boden ist vielleicht nicht ganz eben, ansteigend oder abfallend, äußere Einflüsse, wie Zuschauer, Lärm oder auch andere Hunde, veranlassen das zu messende Individuum, eine bestimmte Stellung einzunehmen, und schließlich gestatten manche Hunde auch aus einem Wesensmangel heraus überhaupt nicht eine Annäherung Dritter. Um zu dem für die Zucht nun exakten Maß zu kommen, bietet – jedenfalls für die normal gestellten Hunde – sich eine andere Meßmethode an: Es hat sich erwiesen, dass eine Beziehung zwischen Ellenmaß und Größe des Hundes besteht, und zwar Ellenmaß X 2,6. Die Elle (Nr. 23 des Skelettbildes) ist nunmehr einfach zu messen, und zwar auch vom Hundeführer selbst unter Beisein eines Richters, wobei sich dieser beobachtend

Messen des Hundes

in der zu respektierenden Entfernung vom Hunde halten kann. Gemessen wird von dem einwandfrei bei gewinkelter Laufhaltung fühlbaren Ellenbogen (Nr. 25 des Skelettbildes) bis zum Vorderfußwurzelgelenk, das sich in Höhe des Karpalballens (Nr. 15 der Umrißzeichnung) befindet und auch einwandfrei fixierbar ist.

Fehler im Rücken

Zwischen dem eigentlichen Rücken und dem Rücken im weiteren Sinne (Lende) befindet sich die sog. „Rückendelle", von deren Existenz man bei der Betrachtung eines Hundes wissen muss. Grundsätzlich ist es nämlich so, dass der eigentliche Rücken, die Lende, möglichst gerade verlaufen soll; die Rückenlinie darf weder nach unten durchgebogen noch nach oben gewölbt sein. Im ersten Falle spricht man von einem sog. **„Senkrücken"**, im letzteren Falle von einem sog. **„Karpfenrücken"**. Beides ist fehlerhaft. Ein Senkrücken kann allerdings bei Hündinnen beobachtet werden, die schon häufiger gewölft haben; in diesen Fällen handelt es sich nicht um eine angeborene anatomische Fehlerhaftigkeit, sondern um eine natürlich erworbene Folge der Trächtigkeit. Nun wird bisweilen in Unkenntnis von der Existenz der Rückendelle behauptet, der Hund habe **„einen Knick im Rücken"**, und die Meinung vertreten, es läge ein Fehler vor. Das ist indessen nicht der Fall, vielmehr entsteht durch die in Höhe des 10. Brustwirbels (Nr. 7 des Skelettbildes) in entgegengesetzter Richtung zeigenden Dornfortsätze des Rückgrates ein kleiner Knick, der sich nach außen in der erwähnten Rückendelle niederschlägt. Sie ist also etwas ganz Normales.

Die Kruppe ist wiederum je nach Rasse unterschiedlich steil oder abfallend. An ihrem Ende befindet sich der Rutenansatz.

Die Rute selbst wird wiederum je nach Rasse unterschiedlich getragen, wobei – wenn man sich die Beschreibung eines Standards in dieser Richtung vor Augen hält – der Hund in ausgeglichener Stimmung sein muss. Ein im Angriff begriffener oder sein Imponiergehabe ausdrückender Hund wird seine Rute immer steiler als gewöhnlich tragen, ein Demutsverhalten zeigender oder sich auf der Flucht befindender dagegen tief, sogar bisweilen zwischen den Oberschenkeln versteckt. Die Ruten unserer Jagdhunde sind auch zum Teil kupiert, zum Teil nicht kupiert. Es handelt sich bei der Maßnahme des Kupierens nicht um eine kosmetische Verunstaltung unserer Hunde, sondern um eine sich aus der jagdlichen Praxis ergebende Notwendigkeit. Es werden alle Hunde kupiert, deren Ruten kurzhaarig sind, und deren Aufgabengebiet mit im Walde liegt – also Hunde, die stöbern und buschieren. Bei diesen Hunden besteht die große Gefahr, dass sie sich ihre ungeschützten Ruten im dichten Unterholz wund schlagen, im Extremfall sogar die Rutenwirbel brechen. Bei langhaarigen Wunden besteht die Gefahr nicht, bei Hunden, die nur im Felde geführt werden, ebenfalls nicht.

Kupierte Ruten ...

und Tierschutz

Nach dem ab 1. Juni 1998 geltenden Tierschutzrecht ist das Kupieren von Ruten generell verboten. Es sind nur noch Ausnahmen möglich in Form von Einzelfallentscheidungen bei jagdlicher Verwendung von Welpen. Da der Eingriff nur vom Tierarzt vorgenommen werden darf, trifft diesen letztendlich die Verantwortung. Da einem wenige Tage alten Welpen nicht anzusehen ist, ob er einmal ein tüchtiger Jagdhund zu werden verspricht, soll dem Tierarzt eine Entscheidungshilfe durch ein Attest des Inhaltes gegeben werden, dass die Welpen einer Verbindung jagdlich geprüfter Eltern entstammen.

Es folgen dann mit den Ziffern 13 und 14 der Beschreibung des Äußeren unseres Hundes die Unterteilungen „Unterbauch" und „Unterbrust". An dieser Stelle ist es vielleicht wichtig darauf hinzuweisen, dass häufig bei den Pfosten- oder Körschauen auch unsere Jagdhunde an den Vorderläufen hochgehoben werden und von den Richtern geprüft wird, wie die Behaarung insbesondere am Unterbauch beschaffen ist. Die Behaarung soll nicht nur rassespezifisch am ganzen Körper sein, vielmehr soll der Unterbauch dicht behaart sein, um den Hund vor den Unbilden des Wetters und auch vor äußeren unmittelbaren Einwirkungen, etwa von Zweigen oder Sträuchern, bei der Jagd zu schützen.

Wenn wir hier schon von der Behaarung sprechen, sei es erlaubt, noch ein weiteres Wort darüber zu verlieren. Über die Unterscheidung der rauhaarigen, langhaarigen und kurzhaarigen Hunde nur aufgrund der Behaarung des Hauptes haben wir schon eingangs zu Beginn der Erörterung der Rassen und Schläge der heutigen Jagdhunde und ihrer Aufgaben gesprochen. Die von der übrigen Körperbehaarung abweichende längere Behaarung an bestimmten Körperstellen hat auch ganz bestimmte Bezeichnungen. So heißen die langen Haare an den Ohren „**Fransen**", an den Vorderläufen „**Federn**", an den Oberschenkeln der Hinterläufe „**Hosen**", und schließlich hat die langbehaarte Rute eine „**Fahne**".

„Fransen" und andere lange Behaarung

Ohren und Augen sind je nach Rasse und Schlag vom äußeren Ansehen her auch unterschiedlich. Auf den Gesichtssinn und das Gehör soll im Zusammenhang mit den übrigen Sinnesorganen eingegangen werden; hier ist jedoch zu bemerken, dass insbesondere die Augenfarbe bei den Hunden variiert. Mit einer Ausnahme wird bei den Hunderassen ein möglichst dunkles Auge angestrebt; ein helles Auge ist in aller Regel verpönt, mittlere Augen werden bisweilen toleriert. Die erwähnte Ausnahme ist der Weimaraner Vorstehhund, den rasseeigentümlich ein bernsteinfarbenes Auge auszeichnet. Aber auch bei ihm sind die Augen im Welpenalter – wie bei anderen Jagdhunderassen auch – himmelblau. Die Ohren heißen bei allen Jagdhunderassen „**Behänge**" – mit einer Ausnahme: Die Terrier haben (Kipp-)**Ohren**. Die Behänge sind unterschiedlich groß und auch unterschiedlich geformt, wie auch ihr Ansatz höher oder tiefer am Oberkopf liegen kann.

Behänge und Ohren

Auch bei den Laiki ist es wohl angebracht, von „Ohren" zu sprechen.

Das äußere Ohr besteht aus der Ohrmuschel und dem Gehörgang bis zum Trommelfell, einer Art „Membran", die die von außen empfangenen Schwingungen mechanisch auf Gehörknöchel weiterleitet, die sie wiederum ihrerseits in das Innenohr übertragen. Die Ohrmuschel ist bei allen Jagdhunden – mit Ausnahme der Terrier und Laiki, wie schon erwähnt – immer hängend, ein Erbe des Ahns aller Jagdhundrassen und -schläge, der Keltenbracke. Das Ohr hat Muskeln, die es dem Hunde ermöglichen, es der jeweiligen Geräuschquelle entgegenzustellen. Deutlich ist das zu sehen bei Rassen mit stehenden Ohren, aber auch bei unseren Jagdhunden ist beim aufmerksamen Beobachten deutlich festzustellen, wie die Behänge in entsprechenden Situationen vom Kopf noch abstehen. Reichlich sind in der Ohrmuschel Drüsen vorhanden, die Ohrenschmalz absondern. Es gibt außer den Jagdhunden auch andere Rassen und Schläge, die Hängeohren haben, die jedoch häufig kupiert, gestutzt werden. Das machen die Jagdhundeleute nicht mit, denn bei dieser Operation handelt es sich um eine durch keine Notwendigkeit bedingte Verstümmelung. Die Begründungen, die dafür angeführt werden – beispielsweise, dass auf diese Art und Weise Ohrmuscheln und Gehörgang gerettet werden, falls die Hunde miteinander raufen, oder dass Hunde mit kupierten Ohren in diesem Bereich des Körpers weniger krankheitsanfällig seien – sind als Märchen anzusehen. Und noch eine „kriminalistische" Bemerkung zur Nase: Auf ihr befinden sich Hautfalten, die man in ihrer Einmaligkeit und Unverwechselbarkeit mit denen auf den Fingerkuppen des Menschen vergleichen kann. Es bestünde also theoretisch die Möglichkeit, wenn man einmal den „Nasenabdruck" eines Hundes hat, ihn für alle Zeit unverwechselbar zu identifizieren.

Geschlechtsorgane

Der Erwähnung bedürfen in diesem Zusammenhang auch die Geschlechtsorgane der Hunde. Sie und die Harnorgane gehen auf einen gemeinsamen Ursprung zurück und vereinigen sich. Hündinnen geben ihren Harn in Hockstellung ab, während geschlechtsreife Rüden ein Bein dabei heben; man nennt es „nässen". Das Nässen ist auch ein Teil des Sozialverhaltens der Hunde, denn mit bisweilen wenigen Tropfen werden bestimmte Stellen markiert. Das weibliche Geschlechtsorgan, die **„Schnalle"**, unterscheidet sich kaum in seiner Struktur von der anderer weiblicher Saugetiere. Es gibt aber kein echtes Hymen, so daß selbst durch eine anatomische Untersuchung nicht festgestellt werden kann, ob eine erste Paarung stattgefunden hat oder nicht. Der Penis des Rüden, **„Feuchtglied"** geheißen, ist mit einem Knochen versehen. Dieser Knochen erstreckt sich, einer Röhre vergleichbar, von der Basis bis zur Spitze des Organs und ist mit einem Kanal ausgestattet, durch den das Sperma ausgeschieden wird. Die Hoden (**„Geschröte"** oder **„Kurzwildbret"**) werden beim Welpen im Leib zurückgehalten und wandern erst nach der Geburt in den Hodensack. Bleibt diese Entwicklung aus, spricht man von „Kryptorchismus"; wandert nur ein Hoden und verbleibt der andere in der Leibeshöhle, spricht man von „Monorchismus".

Die Haut, das größte Organ des Hundes

Wir können die äußere Beschreibung des Hundes nicht beenden, ohne uns etwas mit dem größten Organ, der Haut, befasst zu haben. Sie bedeckt den ganzen Hundekörper und geht mit den äußeren Schleimhäuten in die verschiedenen Körperentfernungen über. Die Haut und die unter ihr liegende Bindehaut ist mit den verschiedenen Muskeln verbunden, ohne ihre Beweglichkeit zu verlieren. Ihre Farbe erhält sie von Pigmenten, die in den tieferen Schichten der Haut eingelagert sind, und deren Ausbildung u. a. von den Nebennieren gesteuert wird. In der Haut enden verschiedene Drüsen, in ihr sitzen Haar und Krallen. Die Haare sind fadenförmige Horngebilde von unterschiedlicher Struktur, je nach dem, ob es sich um die Behaarung eines Welpen oder eines erwachsenen Hundes handelt, um Deckhaar oder Unterhaar, um Winter- oder Sommerhaar.

Zu den Drüsen zählen die Talg-, Schweiß- und Milchdrüsen. Echte Schweißdrüsen sind beim Hund nur an den Pfoten zu finden; die Talgdrüsen sorgen in großer Anzahl beim gesunden Hund für das glänzende Haar. Typisch für den Hund sind die Analdrüsen, die die Größe einer Erbse oder einer Haselnuss haben und sich links und rechts an der Innenseite des Weidloches befinden. Diese Drüsen werden normalerweise entleert, wenn der

Hund sich löst. Es kann aber auch vorkommen, dass sich die Absonderungen verdicken oder die Ausführungsgänge verlegt werden. Dann versuchen die Hunde auf mancherlei Art und Weise, die Analdrüsen zu entleeren. Sie lecken sich oder es ist bei ihnen das typische „Schlittenfahren" zu beobachten, in dem sie sich, auf dem Weidloch sitzend, mit den Vorderläufen voranziehen. Durch Ausdrücken kann man dem Hunde hier helfen. Als vorbeugendes Mittel hat sich auch als praktikabel erwiesen, dem Hund etwa einmal im Monat reichlich Knochen zu geben. Knochen im Übermaß führen bekanntlich zu einem harten Stuhlgang und so zu Verdauungsstörungen. Muss der Hund jedoch einmal im Monat etwa mit kräftigem Pressen seinen Darm entleeren, so führt dies in der Regel dazu, dass auch die Analdrüsen entleert werden.

Analdrüsen

Die **Krallen** sind besondere Hautorgane und bestehen aus Hornhülsen, die sich aus Zellen am Nagelbett ständig erneuern. In aller Regel haben die Hunde vier Zehen und fünf Pfotenballen; es kann jedoch vorkommen, dass die Welpen mit einer für sich sitzenden fünften Zehe oberhalb des Ballens am inneren Teil des Hinterlaufes geboren werden. Bei dieser verkümmerten Zehe spricht man von „**Wolfskralle**" oder „**Afterklaue**". Sie muss in den ersten Lebenstagen entfernt werden, denn dann handelt es sich um einen komplikationslosen kleinen Eingriff. Bleibt die Wolfsklaue am Hunde, kann dies späterhin zu Verletzungen führen. Einmal kann die recht lose sitzende Zehe ab- oder nur zum Teil losgerissen werden oder da sie sich nicht abnutzt – die Kralle kann einwachsen, zumindest den Hund reizen. – Eine bemerkenswerte Ausnahme gibt es von der Regel, dass die Hunde vier brauchbare Zehen haben: den Lundehund. Es ist ein spitzartiger Hund in einer Größe von 30 bis 36 cm und einem Gewicht von ungefähr 6 kg. Er wird seit Jahrhunderten im Norden Norwegens gehalten und für die Vogeljagd auf den Brutfelsen verwandt; insbesondere für die Jagd auf Papageientaucher (Lund = Papageientaucher). Dieser Hund hat fünf Zehen, eine sechste verkümmerte und dazu sieben bis acht Pfotenballen. Insbesondere wegen dieser „Ausrüstung" ist er ein gewandter Kletterer; er entnimmt den Nestern in den Felsritzen die jungen Vögel und trägt sie seinem Herrn zu. Auch das Ohr dieser merkwürdigen Rasse weist eine Besonderheit auf: Es ist verschließbar, wodurch der Hund einen erhöhten Schutz in seinem feuchten Jagdgebiet hat.

Krallen

Nun zum **Skelett** des Hundes; Es ist dem des Menschen sehr ähnlich. Es besteht aus der Wirbelsäule, dem Brustkorb mit seinen Rippen, die sich am Brustbein vereinen, dem Schädel, den vier Gliedmaßen und der Rute. Die stärker entwickelten Hintergliedmaßen sind durch die Beckenknochen mit der Wirbelsäule verbunden, während die vorderen Gliedmaßen lediglich mit Muskeln am Rumpf befestigt sind; ein Schlüsselbein fehlt dem Hund. erscheint wichtig, dass man sich an Hand des Skelettbildes genau einprägt, wo sich die dem Menschen vergleichbaren Knochen und Gelenke befinden, um insbesondere die Funktion des Gangwerkes zu verstehen. Der Hund läuft nicht auf Sohlen, wie wir, sondern sozusagen auf Zehen- und Fingerspitzen. Ist man sich darüber erst einmal klar, dann kann man auch leicht die Gliedmaßen des Hundes ein- und zuordnen und verfällt nicht in den

Das Skelett des Hundes

Fehler, den Ellenbogen für die Schulter oder das Fersenbein für das Kniegelenk zu halten.

Von besonderer Bedeutung und einer näheren Betrachtung wert sind Gangwerk und Gebiss.

Wenden wir uns zunächst dem Bewegungsapparat zu. Die Läufe sollen von vorn und hinten gesehen möglichst parallel zueinander stehen, was auch für Teckel gilt. Sind die Hinterläufe so gestellt, dass die Pfoten nach außen weisen und die Fersenbeine nach innen, spricht man von „**Kuhhessigkeit**". Hat der Hund im Gegensatz zu diesen „X-Beinen" „O-Beine", so spricht man von „**Fassbeinigkeit**". Je nach dem, ob die Pfoten nach außen gedreht sind oder nach innen stehen, spricht man von „**zehenweit**" oder von „**zeheneng**". Nach der Form der Pfote spricht man von „**Katzenpfote**" oder „**Hasenpfote**", was je nach Rasse verschieden sein kann. Fehlerhaft ist

Läufe

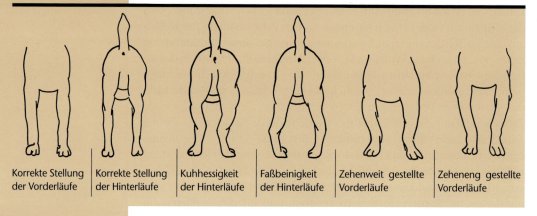

| Korrekte Stellung der Vorderläufe | Korrekte Stellung der Hinterläufe | Kuhhessigkeit der Hinterläufe | Faßbeinigkeit der Hinterläufe | Zehenweit gestellte Vorderläufe | Zeheneng gestellte Vorderläufe |

es jedoch, wenn die Zehen gespreizt sind, so dass Dreck, Krautsamen, Kletten und Eis sich in ihnen festsetzen können; man spricht dann von „offener Pfote".

Ganz besondere Bedeutung wird einer „korrekten Winkelung" zugemessen. Damit sind die Winkel gemeint, die beim Vorderlauf Schulterblatt und Oberarm sowie Oberarm und Unterarm bilden, am Hinterlauf Oberschenkel und Unterschenkel, letzterer mit dem Hintermittelfußknochen. Um sich die Bedeutung der Winkelung bei unseren Jagdhunden klarzumachen, ist es tunlich, sich deren physikalische Aufgabe für die Fortbewegung überhaupt vor Augen zu führen.

Winkelung der Gliedmaßen

Viele Erfindungen sind gemacht worden von Leuten, die mit großer Geduld und Einfühlungsvermögen die Natur beobachtet haben. Ein Erbauer von Flugobjekten beispielsweise kann nichts besseres tun, als sich anzusehen, wie die Vögel und Insekten je nach ihrem spezifischen Aufgabenbereich ausgerüstet worden sind. Der Wasserbauer kann etwas vom Biber lernen, der Konstrukteur eines Unterseebootes von den Fischen oder im Wasser lebenden Säugern, und ein Architekt vielleicht etwas von den Termiten. So liegt es nahe, sich einmal davon zu überzeugen, mit was für einer „Winkelung" die wild lebenden Caniden ausgestattet sind, die sich ja unter den verschiedensten äußeren Bedingungen ihren Lebensunterhalt verdienen müssen. So hat TRUMLER beispielsweise reine australische Dingos bei ihren Bewegungen beobachtet. Diese Dingos – zu unterscheiden von den Dingos aus Neuguinea – müssen auf ihrer Nahrungssuche weite Strecken zurücklegen und dabei unermüdlich von morgens bis abends im Trab dahinziehen. Haben sie bei ihren Beutezügen die Chance, zu etwas Fressbarem zu kommen, so sind sie beim Hetzen auf große Schnelligkeit angewiesen, und es ist festgestellt worden, daß 50 km/h bei derartigen Hetzen nicht unmöglich sein dürften. Für den Afghanen dagegen gelten als Rekord an Schnelligkeit beispielsweise 47,7 km/h. Sieht man sich nun mit den Augen eines herkömmlichen Kynologen einen solch australischen Dingo an, so werden alle üblichen Erwartungen über den Haufen geworfen. Die Winkel zwischen Schulterblatt und Oberarm sowie zwischen Oberarm und Unterarm sind beide offen und ergeben eine Steilstellung, die nach TRUMLERS Ansicht nicht nur zu einer schlechten Bewertung, sondern gleich zu einer Disqualifikation führen würde. Wenn TRUMLER seine Dingos jedoch beobachtete, so wurde ihm klar, was die „schlechte Winkelung" wert war: Die zwischen den Knochen weit offenen Winkel bedingen eine viel weichere Federung, als dies bei engen Winkeln möglich wäre. Der Vorteil ist einmal, dass durch die steile Winkelung der Schritt erheblich raumgreifender ist und mehr Leichtigkeit dabei erhalten bleibt, da bei einer derartigen Stellung der Läufe das Abfedern nicht auf Kosten des Raumgewinnes geht. Dagegen ist der Dingo Neuguineas ein Hund, der sein Leben in den dichtbewaldeten Bergländern seiner Heimat fristen muss. Dieser Dingo hat eine ähnliche Winkelung wie der Fuchs, und es ist eigentlich überzeugend, wenn dazu die Feststellung getroffen wird, daß ein Tier, das tagtäglich gezwungen ist, dichten Busch zu überwinden und hier

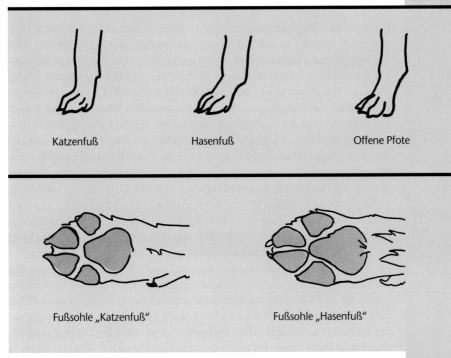

Füße und Pfoten

Katzenfuß   Hasenfuß   Offene Pfote

Fußsohle „Katzenfuß"   Fußsohle „Hasenfuß"

seine Beute beschleichen und nicht hetzen muss, weder lange Läufe noch einen schmalen Brustkorb braucht, sondern es seiner „Arbeitsweise" besser entspricht, wenn die Winkel zwischen den Knochen der Läufe klein sind.

Trumler berichtet in diesem Zusammenhang über ein Erlebnis, das er als Teilnehmer am Kynologischen Weltkongress 1973 in Dortmund gehabt hat: „Da wurde ein Film aus der Veterinärmedizinischen Fakultät der Universität Zürich uraufgeführt, den Eugen Seiferle, Horst Wissdorf und Albert Mahler über den Hund – ‚Unser Freund und Helfer. Sein Bau und sein Gangwerk' lautete der Titel – hergestellt haben. Mit einer High-Speed-Kamera wurden unter anderem Schritt, Trab und Galopp von fünf verschiedenen Hunderassen gefilmt. Schäferhund, Bernhardiner, Boxer, Greyhound – und Dackel: Bewegungsanalysen, wie man sie bislang noch nicht gesehen hat. Rund dreihundert Menschen verfolgten diese enorm verlangsamten Bewegungsabläufe mit großer Spannung. Als aber der Dackel seinen Überzeitlupengalopp vorführte, ging ein Raunen durch die Menge. Was wohl niemand bislang geahnt hatte, war hier überaus eindrucksvoll zu sehen – der kleine Dackel verfügt im Galopp über eine Bewegungsfähigkeit, die doch tatsächlich die der anderen Rassen übertrifft! Sein langer Rücken, der sich bog und streckte wie der von Meisterhand geführte Bogen, versetzt ihn in die Lage, das in unvorstellbar großartiger Geschicklichkeit wettzumachen, was ihm die Umzüchtung an Beinlänge versagt hat. Von dieser Warte aus gesehen ist er unter all den gezeigten Hunderassen der beste Läufer. Wenn mir das jemand vorher erzählt hätte, würde ich als höflicher Mensch nur nachsichtig gelächelt haben, aber mein Denken wäre weniger freundliche Bahnen gegangen."

Beinstellung und Aufgabengebiet

Die Lehre, die aus diesem Beobachten zu ziehen ist, kann doch wohl nur die sein, dass man nicht von vornherein mit einem starren Dogma an die Beinstellung unserer Hunde herangehen kann, sondern man sich jeweils fragen muss, was der Teckel, der Terrier, der Wachtel, der Schweißhund oder der Vorstehhund leisten sollen. Die Ausgestaltung von Vorder- und Hinterhand müssen miteinander harmonisieren und mit der Beweglichkeit des Rückens übereinstimmen, und zwar im Hinblick auf die typische Aufgabenstellung der Hunderasse. Da beim erwachsenen Hund die Hinterbeine viel länger sind als die Vorderbeine, und die Muskulatur der ersteren viel stärker als die der letzteren, und schließlich die Vorderläufe mit dem Rumpf nur durch Muskeln verbunden, während die Hinterbeine mit einem Kugelgelenk in das Becken eingelassen sind, ergibt sich, dass die Hinterläufe die Aufgabe haben, den Hund vom Boden abzuheben und ihn nach vorn zu schnellen, während der sich mit den Vorderläufen lediglich auf- und abfängt. Es kommt also bei der Betrachtung eines Hundes im Hinblick auf seine Funktionsfähigkeit nicht nur auf die Winkelung, sondern auch auf die Bemuskelung, insbesondere der Hinterhand einschließlich der Wirbelsäule, an.

Gangarten

Betrachten wir nun die Gangart unserer Hunde. Die normale Gangart der im offenen Gelände lebenden wilden Caniden ist der Trab; nur in Ausnahmesituationen während des Beutemachens wird der Galopp verwandt. Im Gegenteil dazu ist eine Trabsuche etwa des Vorstehhundes bei uns verpönt, die Suche soll raumgreifend und schnell sein; sie erfordert bei den Vorstehhunden in erster Linie den ausdauernden Galoppsprung. Ähnlich kann es keinem am Dickungsrand wartenden Schützen zugemutet werden, bis ein Terrier oder ein Wachtel oder ein Spaniel im Trab eine Dickung abgesucht hat, vielmehr wird auch hier ein flotter Galopp erwartet. Galoppleistungen erfordern nun eine lange, gut gewinkelte Hinterhand, und es ist daher verständlich, dass bei den Hunderassen und -schlägen – vor allem diejenigen, die im Galopp laufen müssen – Wert auf eine entsprechende Winkelung gelegt wird; eine zu steile Hinterhand könnte hier in der Tat hinderlich sein. Man darf bei der Zuchtauswahl und der Formbewertung diese Überlegungen sicherlich nicht in den Hintergrund treten lassen, indessen – und das muss hier betont werden – kommt es auch auf den „Geist" an, der in dem Hunde steckt. Man kann Hunde beobachten, die den herkömmlichen, überlieferten Vorstellungen von dem, wie ein Hund aussehen sollte, geradezu entgegenstehen, und diese Hunde legen eine Ausdauer und einen Fleiß an den Tag, die einen Form-Champion vor Neid erblassen lassen müssen. Es ist hier auch in aller Regel nicht der falsche Weg beschritten, vom Äußeren eine entsprechende Arbeitsleistung zu erwarten, sondern vielmehr mit Recht nach Leistung gezüchtet und versucht worden, auch durch ein entsprechendes Exterieur die Leistungsfähigkeit zu erhalten oder zu erhöhen.

Wir kennen vier Gangarten beim Hund: den Schritt, den Trab, den Halbtrab oder Passgang und schließlich den Galopp. Häufig wird behauptet, der Schritt sei die normale Gangart des Hundes, was allerdings bezweifelt werden muss, wenn man einen Hund, der unbehelligt die Möglichkeit hat, sich im Gelände zu bewegen, beobachtet hat. Nur wenn ihn etwas besonders interessiert oder besondere äußere Einflüsse – wie ein anderer Hund, eine besonders interessierende Wittrung etwa – ihn dazu veranlassen, geht der Hund im Schritt; im übrigen wird er sich meistens mehr oder weniger schnell im Trab bewegen, was auch die am meisten ausgeübte Gangart seines Ahns, des Wolfes, ist. Beim Schritt setzt der Hund in vier Bewegungsfolgen die Läufe ein, beispielsweise mit dem rechten Vorderlauf beginnend wird anschließend der linke Hinterlauf bewegt, dann das linke Vorderbein und schließlich der rechte Hinterlauf. Wenn ein Hund trabt, setzt er bei dieser mittelschnellen diagonalen Gangart den Vorderfuß und den entgegengesetzten Hinterfuß gleichzeitig oder – anders als Pferde – auch nicht gleichzeitig auf. Verschiedene Autoren unterscheiden verschiedene Arten des Trabes; wichtig bleibt für uns hier festzuhalten, dass bei einem „Traber" eine andere Beinstellung erforderlich ist als bei einem „Galoppierer". Von „Halbtrab" oder „Passgang" spricht man, wenn die beiden Füße derselben Seite gleichzeitig oder fast gleichzeitig bewegt werden. Beim Sprunggalopp schließlich „springt das Tier gewissermaßen von der Nachhand auf die Vorhand, d. h. die Hintergliedmaßen schleudern die Rumpfbrücke mit großer Wucht nach vorne, wo sie von den Vorextremitäten aufgefangen wird". Diese nach

Gangarten

Schritt

Trab

Paßgang

Galopp

TRUMLER treffendste Beschreibung des Galopps durch NICKEL-SCHUMMER-SEIFERLE unterstreicht die für diese Gangart besonders wichtige „Konstruktion" der Hinterhand. Man unterscheidet wiederum verschiedene Arten des Galopps. So kann der Hund sich in einer mit dem Pferd identischen Art des Galopps fortbewegen, bei einem Renngalopp hingegen kann man im Rahmen eines Bewegungsablaufes bei Hunden zwei Schwebephasen feststellen.

Von besonderer Bedeutung und auch in gewisser Beziehung von Einfluss auf die Formwertbeurteilung ist das Gebiss des Hundes. Das Gebiss ist die einzige Waffe des Hundes und bei einem Jagdhund für eine ordnungsgemäße „Berufsausübung" nicht fortzudenken. Die Zahnformel für das fertige Gebiss lautet:

3 1 4 2
3 1 4 3

wobei diese Formel für das Zahnsystem die Anzahl der Zähne in je einer Ober- und Unterkieferhälfte angibt. Die Zahlen besagen, dass bei den Hunden in Ober- und Unterkiefer jederseits 3 Schneidezähne (Incisivi), 1 Eckzahn (Caninus), 4 Vorbackenzähne (Praemolares) und 2 bzw. 3 Backenzähne (Molares) vorhanden sind. Dieser Zahnformel entsprechend werden in der Gebissdarstellung die Schneidezähne mit „S" abgekürzt, die Eckzähne mit

Gebiss des Hundes

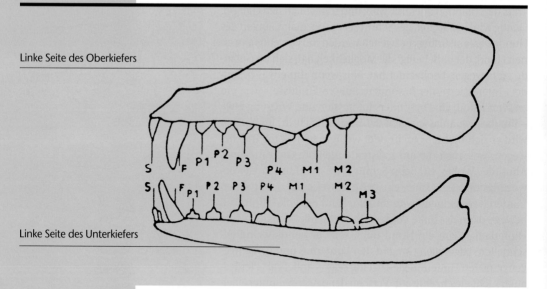

Linke Seite des Oberkiefers

Linke Seite des Unterkiefers

Milchgebiss

„F" (Fangzahn), die Prämolaren mit „P" und die Molaren mit „M". Während das somit skizzierte Gebiss des erwachsenen Hundes aus 42 Zähnen besteht, besteht das Milchgebiss des Hundes aus 28 Zähnen, nämlich 6 Schneidezähnen, je 2 Fangzähnen und je 6 Backenzähnen, und zwar jeweils der zweite bis vierte Prämolar. Der Durchbruch der Milchzähne erfolgt im Alter von 3 bis 4 Wochen und ist mit 5 bis 6 Wochen abgeschlossen. Alsbald, schon etwa gegen Ende des vierten Lebensmonats, werden die Milchzähne gewechselt. Im Alter von 6 bis 7 Monaten ist dann das Ersatzgebiss vollständig ausgebildet. Zunächst werden die Schneidezähne gewechselt, alsdann die Eckzähne, die neben der Bezeichnung „Fangzahn" auch „Hunds-" oder „Hakenzähne" heißen. Der P1, der im Milchgebiss noch nicht vorhanden ist, erscheint etwa zusammen mit dem ersten Molaren, der M3, nur im Unterkiefer vorhanden, ziemlich zuletzt. Die Bedeutung der verschiedenen Zähne beim Hund ergibt sich aus ihrer Funktion, und sich diese für die einzelnen Zähne vor Augen zu halten ist einmal ganz lehrreich, um zu erkennen, dass man ihnen bei der standardmäßigen Beschreibung und Zuordnung vielleicht nicht immer ganz gerecht wird. Am meisten ins Auge fallen bei einem Hund die gewaltigen, dolchartigen Eckzähne, die Fangzähne, die häufig fälschlicherweise „Reißzähne" genannt werden. Ihre Aufgabe ist auch dem Laien von vornherein klar: Sie dienen zum Festhalten der Beute, wenn diese überwältigt wird, und auch zum Töten der Beute. Sie sind auch gefährliche Waffen im Kampfe mit dem Gegner.

Aufgaben der Zähne

Um sich der Bedeutung und Funktion der anderen Zähne ganz bewusst zu werden, ist es wichtig, sich vor Augen zu halten, dass einmal der Oberkiefer ja fest mit dem Schädelknochen verbunden ist, und nur der Unterkiefer bewegt werden kann, und zwar nur in einer Richtung, nämlich wegen der schon beschriebenen Fangzähne von oben nach unten, jedoch nicht mahlend, wie bei uns, von links nach rechts und umgekehrt. Wenn wir nun einen Hund beim Fressen beobachten, so beißt er nicht von einem Stück Fleisch oder einem Knochen etwa Stücke mit den Schneidezähnen ab, wie wir es mit einer Schnitte Brot zu tun pflegen, sondern er reißt sich seitlich schneidend bei weit geöffnetem Mundwinkel die einzelnen Happen ab. Daraus ergibt sich schon bei flüchtiger Beobachtung, dass die Schneidezähne nicht zum Abreißen mundgerechter Portionen dienen, sondern andere Aufgaben haben müssen. So beobachten wir beispielsweise den satten oder müßig daliegenden Hund, wie er mit den Schneidezähnen an einem Knochen herumnagt, oder auch sich selbst am Körper beknabbert, „Fellpflege" betreibt. Es leuchtet ein, dass das Beknabbern von Nägeln, Zehen, Läufen und übrigen Körperpartien am besten mit einem Werkzeug geschieht, bei dem die Kanten wie bei einer Zange aufeinanderpassen und nicht, wie bei einer Schere, aneinander vorbeigleiten. Mit einer Schere könnten wir Menschen beispielsweise Hautfetzen oder Sehnen noch von einem Knochen abschneiden, jedoch nicht wie mit einer kleinen Zange ganz und gar abschaben. Daher haben auch alle Wildhunde ein sog. „Zangengebiss" und nicht das bei den Jagdhunden erwünschte Scherengebiss.

Fehlerhaft sind die Gebissformen des Vor- oder Rückbeißers, wobei die Schneidezähne des Unterkiefers wegen Verkürzung des Oberkiefers vor jenen stehen oder im umgekehrten Fall, bei Verkürzung des Unterkiefers, hinter diesen. Eine derartige Stellung der Zähne beeinträchtigt mit Sicherheit unsere Jagdhunde in ihrem Beruf, und sie werden auch mit Recht als Zuchtmangel gebrandmarkt. Indessen ist nicht recht einzusehen, warum das Scherengebiss ideal sein soll, und ein Hund mit Zangengebiss schon mit warnenden Ausrufungszeichen versehen wird. Anzumerken bleibt in diesem Zusammenhang, dass – da sich nur der Unterkiefer bewegt – die alt hergebrachten Begriffe des Über- oder Unterbeißers aus dem Sprachgebrauch verschwinden sollten!

Fehlerhafte Gebissformen

Es gab Zeiten, da herrschte bei manchen Zuchtvereinen der sog. „Prämolarenrummel". Es war in Streit darüber, ob das Fehlen eines oder beider P1 ein zuchtausschließender Mangel sei oder nicht. Um hier Stellung beziehen zu können, ist es wichtig zu wissen – und darauf soll kurz hingewiesen werden –, dass in den sog. „Miacinen" nach dem heutigen Stande der Wissenschaft die Vorfahren der heute lebenden Hunde, Katzen, Frettkatzen, Schleichkatzen, Erdwölfe, Hyänen, Marder, Kleinbären, Pandas und Bären zu sehen sind. Die Miacinen, die vor etwa fünfzig bis sechzig Millionen Jahren lebten, hatten schon im Ober- und Unterkiefer jeweils sechs Schneidezähne, zwei Eckzähne, acht Vorbackenzähne und sechs Backenzähne. Bemerkenswert ist nun für unsere Betrachtung, dass diese Urahnen aller fleischfressenden Tiere und ihre Nachfahren eine Brechschere hatten, die aus den spezialisierten P4 und M1 gebildet wurde. Diese Zähne werden heute auch „Reißzähne" genannt, ihre Funktion wird jedoch damit nicht treffend wiedergegeben. Die Backenzähne des Ober- und Unterkiefers stehen auf Lücke, und beim Schließen der Kiefer gleitet der M1 mit seinen Zacken scharf schneidend an der Innenseite des P4 vorbei, wodurch die fleischfressenden Säuger in die Lage versetzt wurden, sich mundgerechte Stücke von der Beute nicht abzureißen, sondern abzuschneiden. Neben den Brechscherenzähnen haben die vor ihnen sitzenden Prämolaren eine Aufgabe beim Festhalten der Nahrung und die dahinter sitzenden Molaren eine solche beim weiteren Zerkleinern der Nahrung. Seine Aufgabe kann ein Zahn jedoch nur erfüllen, wenn er im anderen Kiefer einen „Gegenspieler" hat, was für den M3 nicht zutrifft; er ist also überflüssig. – Ähnliches gilt für den P1, der hinter den Fangzähnen sitzt. Seine Bedeutung tritt im Verhältnis zu den anderen Zähnen völlig zurück, so dass es im Laufe der Zeit zu einer Zurückbildung gekommen ist. Der Hund befindet sich hier offensichtlich auf einem Wege, den andere aus derselben Wurzel stammende, weitläufige Verwandte schon längst abgeschlossen haben. Bei ihnen ist schon nicht mehr die Anzahl von Zähnen zu finden, die bei den Miacinae gezählt wurde. Das Fehlen von Prämolaren ist daher ganz offensichtlich ein natürliches entwicklungsgeschichtliches Phänomen, wie es auch Beobachtungen an wild lebenden Caniden gezeigt haben oder Befunde an Hundeunterkiefern, die bei Ausgrabungen etwa 2500 Jahre alter Siedlungen gefunden wurden.

Zum Schluss der Bemerkungen über die Zähne des Hundes sei noch darauf verwiesen, dass auch beim Hund am Gebiss eine Altersbestimmung vorgenommen werden kann. Ähnlich, wie wir es beim Wild kennen, können wir beim Welpen je nach dem Durchbruch und der Abnutzung des Milchgebisses und Zahnwechsels für eine Altersbestimmung unterstützende Anhaltspunkte bekommen. Weiterhin ist je nach Abnutzung der bleibenden Schneide- und Fangzähne und auch schließlich nach dem Ausfallen der Zähne eine Bestimmung des Alters möglich, die jedoch von der Rasse, der Abnutzung je nach der Lebensweise des Hundes, von seiner Ernährung usw. abhängig ist. Einer Altersbestimmung nach den Zähnen, zu der auch tabellarische Aufstellungen entwickelt worden sind, ist deshalb mit gewissen Vorbehalten zu begegnen; sie sind im Jagdgebrauchshundwesen auch relativ unbedeutend, denn bei unseren eingetragenen Hunden ist das Alter urkundlich feststellbar. Fälle, in denen das Alter eines Hundes urkundlich nicht feststellbar ist, werden immer die Regel von der Ausnahme sein und müssen dann, wenn es darauf ankommt, Sachverständigen vorbehalten bleiben.

Nachdem wir uns im wesentlichen den Körperaufbau eines Hundes vor Augen geführt haben, sollen uns nun die Sinne des Hundes beschäftigen. Dabei ist in erster Linie an die fünf Sinne gedacht, mit denen die Natur auch uns ausgestattet hat; darüber hinaus sind jedoch auch beim Hund weitere Betrachtungen angebracht, beispielsweise über das uns immer wieder Rätsel aufgebende Heimfindevermögen der Hunde.

Sinne des Hundes

Wenden wir uns zunächst dem Geruchssinn zu. Wenn wir das tun, begeben wir uns schon fast aufs Glatteis und in den Bereich der Spekulationen. Es war noch möglich, wie oben geschehen, das Riechorgan zu beschreiben – wobei an dieser Stelle noch hinzugefügt sei, dass der Hund mit einem vomeronasalen Organ ausgestattet ist, das der Mensch nicht besitzt, und das sich im Gaumen hinter den Schneidezähnen befindet. Der Mensch bedarf kaum noch seines Geruchssinnes, um sich in seiner Welt zurechtzufinden; er bedient sich zur Kommunikation im wesentlichen der Sprache, weniger der Gestik, und findet sich in seiner Umwelt durch Sehen und Hören zurecht. Ein blinder oder tauber Mensch ist schwer behindert, während ein Mangel in der Riechfähigkeit kaum als störend oder behindernd empfunden wird; manchmal mag dieser Mangel sogar eine Wohltat sein. Es gibt Wissenschaftler, die behaupten, die Geruchsempfindlichkeit eines Hundes sei hundertmillionenmal größer als die des Menschen, aber was besagt das schon? Wir können nur immer wieder feststellen, dass ein Hund fortwährend seine Umwelt „erschnüffelt"; er bedarf der Nase, um sich in allen denkbaren Lebenslagen zurechtfinden zu können und überhaupt zu überleben.

Geruchssinn

Wir Menschen können uns in diese Geruchswelt der Hunde überhaupt nicht hineinversetzen, da es uns einfach an dem Vorstellungsvermögen mangelt, wie eine solche Welt wohl „riechen" mag. Da wir sie in ihrer Farbenpracht, ihren Lichtern und Schatten wahrnehmen, mag vielleicht – um uns die Duftwelt des Hundes erahnen zu lassen – ein Vergleich behilflich sein. Man stelle sich zunächst einmal vor, dass jeder Geruch eine andere Farbe hat. Dann halte man sich weiterhin vor Augen, dass die Geruchsexperten unter den Menschen schon eigentlich ungeheuer viel Gerüche unterscheiden können. So soll es Weinkoster geben, die etwa 400 Gerüche unterscheiden können, und Parfümeure sollen es sogar fertig bringen, 30.000 verschiedene Gerüche zu unterscheiden. Da indessen das Riechvermögen des Hundes ungeheuer viel größer ist als das des Menschen, muss die zu erriechende Umwelt für den Hund auch ebenso ungeheuer bunter sein, als wir Menschen es uns vorstellen können. Würden wir nun sehend durch die Geruchswelt des Hundes marschieren, so täte sich für uns eine unwahrscheinlich bunte Welt auf, und jedem Gegenstand, der auch nur geringste Geruchspartikelchen abgibt, würden mehr oder weniger große Farbströme entweichen und je nach Luftbewegung in den wunderlichsten Figuren uns begegnen.

Dass der Hund nun durch diese zauberhafte Welt hindurchfindet, ist zwei Umständen zu verdanken: Einmal verfügt er – wie schon ausgeführt – über das besonders scharfe Wahrnehmungsvermögen; hinzutreten muss jedoch die Fähigkeit, zwischen sehr ähnlichen Gerüchen zu unterscheiden. Diese phantastischen Leistungen sind wiederum darauf zurückzuführen, dass die Feinheit des Geruchssinnes von der Zahl der Geruchszellen abhängt, wobei ein einziger dieser Rezeptoren nur zwei Wahrnehmungsmöglichkeiten erlaubt, nämlich das Vorhandensein oder das Nichtvorhandensein des Geruches, indessen zwei dieser Sinneszellen schon vier Wahrnehmungsmöglichkeiten erlauben, bei drei erhöht sich diese Kombination auf acht, und zwanzig Rezeptoren würden theoretisch schon weit über eine Million Geruchswahrnehmungen ermöglichen.

„Wunder" Hundenase

Die Geruchsreize selbst werden hervorgerufen durch flüchtige Substanzen, die in mehr oder weniger starker Konzentration in der Luft oder auf Gegenständen vorhanden sind, die z.T. im Wasser löslich sind, und die durch ihre chemische Zusammensetzung die Sinneszellen erregen. So wird verständlich, dass der Hund je nach den verschiedenen äußeren Bedingungen mit hoher oder tiefer Nase suchen muss, dass sich sein übriges Verhalten den Umständen, wie Wind, Trockenheit oder Feuchtigkeit, anpassen muss, wie auch dem Umstand, dass diese Substanzen leichter oder schwerer sind als die Luft und folgedessen verschiedenartig „erschnüffelt" werden müssen. Darauf wird bei der Beschreibung der einzelnen Arbeiten des Hundes mit der Nase noch einzugehen sein.

Abschließend soll in diesem Zusammenhang nur festgestellt werden, dass der Mensch, da es ihm einfach an entsprechender Vorstellungskraft mangelt – das Wunder „Hundenase" bislang auch noch nicht andeutungsweise erforscht hat. Die Erfahrungen und die daraus zu ziehenden Konsequenzen beruhen auf Empirie; das gilt gleichermaßen für unsere Jagdhunde wie für andere Hunde, die einen „Beruf" haben. Gerade auf dem Gebiet der Schweißarbeit hat in den letzten zwei Jahrzehnten die Praxis gezeigt, dass wir der Hundenase allzu wenig zuzutrauen geneigt sind, und auch bei den übrigen Arbeiten unserer Hunde, im Felde oder am Wasser, ereignen sich zuweilen Dinge, die wir nur als „Wunder" ansehen können. Auch außerhalb des jagdlichen Geschehens stößt man immer wieder auf derartige Phänomene, wie Hunde es beispielsweise vermögen, am Geruch eineiige Zwillinge auseinanderzuhalten.

Geschmackssinn

Eng verbunden mit dem Geruchssinn ist der Geschmackssinn, und wir sollten uns auch hier hüten, nach menschlichen Vorstellungen die Hunde zu beurteilen. Was für uns eine Delikatesse ist, muss einem Hunde noch lange nicht schmecken. Der Hund ist mit seinem Geschmackssinn im wesentlichen darauf ausgerichtet, das zu fressen, was er zu seiner Erhaltung bedarf. Die Geschmackssinnesorgane, die sog. „Geschmacksknospen", befinden sich innerhalb des Maules, insbesondere der Zunge, auch am Gaumen, der hinteren Rachenwand, dem Schlundkopf und dem Kehldeckel. Die dort empfangenen Reize werden auf Nervenzellen zum Gehirn weitergeleitet. Der aufmerksame Beobachter seines Hundes wird allerdings feststellen, dass der Hund vor der Aufnahme der Nahrung diese intensiv beschnuppert, so dass davon ausgegangen werden kann, dass das Riechorgan eine ganz wesentliche Bedeutung bei der Prüfung der Nahrungsmittel hat. Dass das, was ein Hund besonders gern frisst, nicht auch immer für ihn am zuträglichsten sein muss, wird jeder Hundehalter wissen. Er bekommt allerdings im Zusammenleben mit dem Menschen auch viele Nahrungsmittel vorgesetzt, oder sie sind für ihn erreichbar, die ihm nicht unbedingt zuträglich sind. So fällt dem Menschen hier eine besondere Rolle zu, den Hund artgerecht zu ernähren und auch lenkend einzugreifen. Es liegt also am Menschen, den Hund nicht zu verwöhnen, sondern darauf zu bestehen, dass der Hund das frisst, was ihm zuträglich ist und gesund erhält.

So wie wir Menschen unsere Riechfähigkeit in keinster Weise mit der des Hundes vergleichen können, verfügt der Hund auch über ein weitaus feineres Gehör als wir. Das Gehör des Hundes kann doppelt so hohe Frequenzen wahrnehmen wie der Mensch, worauf beispielsweise auch der Umstand beruht, dass wir die Hunde mit für uns nicht wahrnehmbaren Pfeiftönen lenken können, mit den sog. – tatsächlich jedoch gar nicht – „lautlosen Hundepfeifen". Überdies nimmt der Hund Geräusche, die sich auch im Rahmen des menschlichen Wahrnehmungsbereiches befinden, über erheblich größere Distanzen wahr, als der Mensch dies zu tun in der Lage ist. Diese ungemein feinen Sinnesleistungen kann jeder aufmerksame Hundebesitzer täglich bei seinem vierläufigen Gefährten beobachten, sei es zu Hause, sei es aber auch besonders im Walde, insbesondere bei der Pirsch oder bei dem Ansitz. Schon nach relativ kurzer Zeit hat der Hund heraus, welche artspezifischen Geräusche beispielsweise der Pkw seines Chefs abgibt, und es können hundert VW-Käfer am Tage auf den Hof fahren – den Hund rührt das nicht, während er schon von weitem das Herannahen des Käfers seines Herrn wahrnimmt und ihm entgegenspringt.

Gehör

Dem Bedürfnis und der Notwendigkeit, fein zu vernehmen, kommt auch die Beweglichkeit des Hundeohrs entgegen. Es ist insbesondere bei stehohrigen Hunden zu beobachten, wie sie ihre Ohrmuscheln der Geräuschquelle entgegenstellen, jedoch auch kippohrige oder mit langen Behängen versehene, wie unsere Jagdhunde, sind noch in der Lage, mit den entsprechenden Muskeln ihren Ohren eine bestimmte Stellung zu geben. – Dass die Hunde mit offenen Ohrmuscheln besser hören als diejenigen, deren Gehörgänge durch die Behänge bedeckt sind, ist nicht erwiesen. Unsere Jagdhunde vernehmen äußerst fein.

Beweglichkeit des Hundeohres

Dass man mit einem so feinen Hörorgan ausgestatteten Tieren in einer entsprechenden Lautstärke verkehrt, sollte eigentlich selbstverständlich sein. Indessen muss man immer wieder mit Erstaunen und Erschrecken ansehen und -hören, wie die Herrchen mit ihren Hunden in einer Lautstärke verkehren, als seien sie Feldwebel, die eine Gruppe fauler Rekruten zu bewegen hätten. Man sollte sich mit seinem Hunde grundsätzlich nur flüsternd, zischelnd, schnalzend oder ähnlich unterhalten, was nicht nur biologisch sinnvoll ist, sondern auch für die jagdliche Praxis notwendig und für die allgemeine Abführung eines Hundes von besonderer Bedeutung ist.

Lautstärke der Kommunikation

Etwas schlechter als beim Menschen scheint allerdings die Lokalisierungsfähigkeit von Geräuschen beim Hund ausgebildet zu sein, insbesondere bei den Hunderassen mit hängenden Ohren. Üblicherweise nimmt der Hund einen Laut mit dem Gehör wahr und lokalisiert dann dessen Quelle mit dem Auge, was häufig auch bei unseren Jagdhunden zu beobachten ist,

Lokalisierungsfähigkeit

wenn wir ihnen im Wald etwa pfeifen; dann werfen sie sofort auf und äugen herum, bis sie uns ausgemacht haben.

Sehvermögen, kaum Farbsehen

Dieses Herumäugen bedeutet nun aber nicht, dass die Hunde auch noch besser sehen können als wir, obgleich sie mit Sicherheit besser riechen und hören können. Mit dem Sehen ist es schlechter als mit dem Riechen und dem Hören bestellt, was zunächst einmal damit zusammenhängt, dass die Hunde mit an Sicherheit grenzender Wahrscheinlichkeit nicht wie wir Farben wahrzunehmen in der Lage sind, sondern lediglich unterschiedliche Grautöne registrieren; sie sehen also ihre Umwelt etwa so wie wir das Schwarzweiß-Fernsehen oder einen Schwarzweiß-Film.

Ein wesentlicher Unterschied zwischen den Augen der Caniden und denen der Menschen besteht darin, dass durch die seitliche Augenstellung beim Hunde deren Gesichtswinkel um 30° bis 50° größer ist. Der Winkel ist – wie schon die Betrachtung der einzelnen Hundeschädel ergibt – je nach der Augenstellung unterschiedlich groß. So haben Schäferhunde beispielsweise ein größeres Sehfeld als Windhunde. Der Umstand, dass das Blickfeld weiter nach hinten reicht, so dass alle Bewegungen besser erfasst und verfolgt werden können, hat andererseits den Nachteil, dass die Augen für das plastische Sehen weniger günstig gestellt sind. Auch in die Entfernung vermag ein Hund nicht so weit zu äugen wie ein Mensch. Seinen Herrn soll ein Hund auf etwas 150 m erkennen können, sich bewegende Objekte nimmt der Hund erheblich besser wahr und vermag sie auch besser zu identifizieren als unbewegliche. Dass das Auge im Vergleich zur Nase und zum Gehör

Sehen im Dunkeln

nicht so besonders ausgeprägt ist, wird auf die Tatsache zurückgeführt, dass die Hunde ursprünglich mehr „Dämmerungstiere" gewesen sind, wofür auch spricht, dass sie im Dunkeln wiederum besser zu sehen vermögen als der Mensch.

Tastsinn

Als fünfter der üblicherweise genannten Sinne ist der zu erwähnen, mit dem man aktiv oder passiv etwas erfüllt. Auch der Hund ist mit einem derartigen Sinnesorgan ausgerüstet oder – besser gesagt – er hat die verschiedensten Organe, um mit ihnen unterschiedliche Empfindungen wahrnehmen zu können. So gibt es Tastsinnesorgane für Temperatur, Schmerz und Körperkontakt, die auf der Haut oder belspielsweise auch in den Muskeln oder Eingeweiden sich befinden. Sie bestehen aus feinsten Nervenendungen, und in ihrer Gesamtheit bilden sie ein dichtes Netz. Das Wärme- und Kältegefühl ist an bestimmte Wärme- und Kältepunkte gebunden, die nah beieinander liegen; die Kältepunkte sind zahlreicher. Von der Norm abweichende Temperaturen äußern sich auf der Haut und gewissen Schleimhäuten als Schmerz, der wiederum bestimmte Abwehrmechanismen des Körpers in Gang; setzt. So wie die Vögel bei Kälte sich aufplustern, sträubt sich auch beim Hund durch Aufrichten der Haare bei Kälte das Fell, wodurch sich ein Luftpolster bildet, und infolge der schlechteren Wärmeleitung wird nunmehr einer Auskühlung vorgebeugt.

Noch mehr als mit Kälte- oder Wärmepunkten ist der Hundekörper mit sog. Tastpunkten ausgerüstet, beispielsweise stellt jedes Haar einen Tastpunkt dar. Bekanntermaßen sind äußerst empfindlich die Haare, die wie Borsten von der Oberlippe abstehen, und mit denen der Hund besonders sensibel reagiert.

Zum Sinn des „körperlichen Gefühles" sind wohl auch die Organsinne, wie die Schmerzempfindung, der Gleichgewichtssinn oder etwa die Gemeingefühle, zu verstehen.

Die Schmerzempfindlichkeit hängt von der Art der Nerven ab, die sich an vielen Stellen des Körpers, jedoch nicht überall, befinden. Sie ist unterschiedlich stark, und die Schmerzen können von den verschiedensten Reizen ausgelöst werden, so durch solche mechanischer und chemischer Art, Kälte, Wärme oder auch Elektrizität.

Der Gleichgewichtssinn vermittelt dem Tier das Gefühl, in welcher Lage es sich befindet, und unter den Begriff der Gemeingefühle fallen solche wie Hunger und Durst, das geschlechtliche Empfinden oder etwa das Bedürfnis, sich zu lösen oder zu nässen.

Sind uns Menschen die bislang skizzierten Sinne deshalb in gewisser Beziehung vertraut, da wir auch über sie verfügen, wenn auch – wie beispielsweise beim Riechvermögen – nicht in der gleichen Qualität, fehlt uns jedoch in aller Regel ein sechster Sinn, über den die Hunde mehr oder weniger verfügen, der bei unseren Jagdhunden bis zu einem gewissen Grade jedoch unabdingbar ist: das Heimfindevermögen. Dies hat nichts mit dem Vermögen des Hundes zu tun, nach einer Jagd wieder an deren Ausgangspunkt zurückzukommen und dort auf seinen Herrn und Meister zu warten oder zum bekannten Abstellplatz des Kraftfahrzeugs oder zu der bekannten Jagdhütte zu laufen. Hier hat der Hund einen Faden, an dem er sich zum Ausgangspunkt der Jagd zurückspulen kann, nämlich seine eigene Spur. Manche Rassen oder Individuen neigen zum Überjagen und zum langen Verfolgen eines Stück Wildes; auch im Rahmen einer Nachsuche kann es bei einer Hetze zu großen Entfernungen kommen, die der Hund zwischen seinen Herrn und sich bringt. Es ist eine alte Erfahrungstatsache, dass ein instinktsicherer Hund immer wieder zum Ausgangspunkt der Jagd zurückfindet, so dass es ausreichend ist, einen Rucksack, eine Liegedecke oder einen anderen persönlichen Gegenstand zu hinterlassen, um den Hund dort ein paar Stunden später wieder abholen zu können.

Das Heimfindevermögen ist etwas anderes. Seine Beschreibung ergibt sich aus vielen, bisweilen sogar wundersamen Begebenheiten, die für uns Menschen einfach nicht fassbar sind. So wie die Zugvögel ihren Weg finden oder die Lachse vom offenen Meer wieder in ihr heimatliches Bächlein zurückfinden oder wohl auch die im Sargassomeer geborenen Aale in die Süßwasserheimat ihrer Eltern zurückkehren, leitet ein unerklärlicher Sinn die Hunde bei ihrer Suche nach der Heimat, wenn sie sie einmal verlassen haben. Es sind Fälle bekannt, in denen Hunde verkauft und per Bahn oder Luftfracht versandt worden sind, und die über Hunderte von Kilometern wieder zurückfanden. Kürzlich (1980) wurde mir von einem Fall berichtet, in dem ein Welpe von dem einen Ende Münchens mit dem Auto zu dem anderen Ende der großen Stadt transportiert worden war und durch dieselbe zu Fuß wieder nach Hause fand. In der Jagdpresse war unlängst von einem Foxterrier zu lesen, der nach einem augenscheinlichen Schock bei einer Jagd sich mehrere Wochen herumtrieb, bis er offensichtlich wieder „zu sich fand". Zu jenem Zeitpunkt war er 35 km vom Heimatort entfernt, und er fand ohne weiteres wieder zurück.

Gleichgewichtssinn

Heimfindevermögen

Theorien zum Heimfinden

Eine befriedigende Erklärung dieses Phänomens ist meines Wissens bislang noch nicht erfolgt. Man hat das Vermögen des Hundes, heimzufinden, mit einem ganz bestimmten akustischen Bild zu erklären versucht, das sich der Hund von seiner Heimat macht. Es ist ausgeführt, dass der Hund viel höhere Frequenzen als der Mensch wahrzunehmen in der Lage ist, und ganz bestimmte wiederkehrende Geräusche, deren es wegen des größeren Wahrnehmungsbereiches natürlicherweise viel mehr sind, als wir Menschen zu registrieren vermögen, formen für den Hund akustisch das Bild seiner Heimat. Man muss sich nun vorstellen, dass der Hund im Zentrum vieler konzentrischer Kreise „wohnt", wobei jeder der Kreise ein ganz bestimmtes, vom Hunde registriertes Geräusch darstellt, das je nach seiner Intensität verschieden weit vom Mittelpunkt aus wahrnehmbar ist. So ist es durchaus vorstellbar; dass Flughafengeräusche und die von den an- und abfliegenden verschiedensten Flugzeugen herrührenden Geräusche noch viele Kilometer vom Wohnort des Hundes von diesem registriert und eingeordnet werden können. Wenn sich der Hund nun dem diesem sozusagen größten aller seiner Wohnbereiche umgebenden Kreise genähert hat und sich innerhalb dieses Kreises befindet, nimmt er andere Geräusche wahr und tastet sich nun so vorwärts, bis er wiederum am Mittelpunkt all dieser Geräuschkreise sich befindet: Er hat heimgefunden. Ob damit jedoch all die wundersamen Begebenheiten, von denen man auf diesem Gebiete hört und liest, erklärt werden können, erscheint mir fraglich. Zum anderen bleibt festzustellen, dass manche Hunde überhaupt keinen Drang haben, wieder nach Hause zurückzufinden, während es für andere wieder offensichtlich kaum ein Hindernis gibt, das auf dem Wege nach Hause nicht zu überwinden wäre. Forschungen in dieser Richtung haben ergeben, dass es besonders solchen Hunden häufig gelingt, über weite Entfernungen in ihre Heimat zurückzufinden, die eine – worauf noch im einzelnen einzugehen sein wird – ungestörte Jugendentwicklung durchgemacht haben, und deren sozialer Rang in der „Heimatfamilie" ein sehr hoher ist. Wir kennen Hunde, die sich gleich mit jedem Menschen anbiedern und mit diesem mitlaufen, diesem gut Freund sind. Bei derartigen Hunden ist weder zu erwarten noch ist beobachtet worden, dass sie einen großen Drang entwickeln, wieder nach Hause zurückzufinden.

IV. Parasiten und Krankheiten

Schön und ihrem Standard entsprechend können nur gesunde Hunde aussehen, und auch nur gesunde Hunde, die nicht von inneren oder äußeren Quälgeistern befallen sind, sind in der Lage, unter vollem Einsatz ihrer Kräfte mit uns zu jagen. Es ist daher für den Jäger wichtig, über die wesentlichen Plagegeister unserer Hunde unterrichtet zu sein, wie auch über die wesentlichsten Krankheiten und das, was im Falle einer Erkrankung oder einer Verseuchung mit Parasiten zunächst zu tun oder zu lassen ist.

Beschäftigen wir uns zunächst mit den Parasiten, die unserem Hund von außen und von innen zusetzen. Wir unterscheiden hier, je nach dem, ob es sich um äußere oder innere Parasiten handelt, zwischen **Ektoparasiten** und **Endoparasiten**.

Ektoparasiten sind solche, die auf der Körperoberfläche leben, auf der Haut unseres Hundes oder auch in derselben. Es kann sich dabei um pflanzliche oder um die bekannteren tierischen Parasiten handeln.

Zu den **pflanzlichen Parasiten** zählen die Schlauchpilze, deren verschiedene Gattungen sich auf unserem Hunde auch von toten Organismen ernähren, Grint und Flechten verursachen und Entzündungen herbeiführen können. Sie setzen sich im Fell fest und vermehren sich an den Haaren von deren Wurzeln bis zur Spitze. Das Haar wird zunächst brüchig, fällt dann aus, und es entstehen kahle Flecken, die später ineinander übergehen. Es entsteht ein Schorf, in dem die abgestorbenen Haare zum Teil noch sitzen. Ein Juckreiz ist selten zu beobachten. Die Diagnose durch den Tierarzt ist leicht, eine Behandlung erfolgt nach dessen Anweisung mit antimykotischen Salben oder Spülungen. Vorbeugend und auch bei Befall ist größte Sauberkeit und Hygiene erforderlich.

Bekannter sind die **tierischen Parasiten,** von denen uns hier die Milben, Zecken, Läuse und Flöhe beschäftigen sollen.

Die **Milben** sind die Erreger der verschiedenen Arten der Räude. Es sind weniger als einen Millimeter große Parasiten, die nur unter einer Lupe sichtbar sind. Die Männchen sind erheblich kleiner als die Weibchen und treten nicht so häufig auf. Ein Weibchen kann bis zu 100 Eier legen, aus denen nach wenigen Tagen die Larven schlüpfen, die nach etwa zehn Tagen das Erwachsenenstadium erreichen.

Milben (Räude)

Am bekanntesten ist beim Hund die von Milben hervorgerufene Sarcoptesräude, die durch die Sarcoptesmilbe hervorgerufen wird. Sie entspricht in etwa der Krätzmilbe beim Menschen. Die Milben graben Gänge in die Haut, insbesondere am Kopf, am Unterleib, am Schwanzansatz und an den Innenseiten der Oberschenkel. Es entstehen mückenstichähnliche Blasen, die eine Flüssigkeit absondern, was zum Zusammenkleben von Fell und Schuppen führt und schließlich gelbliche Krusten bildet. Die Ablagerungen auf der Haut zersetzen sich und strömen unter Umstanden einen unangenehmen Geruch aus. Der Befall ist für den Hund mit starkem Juckreiz verbunden, und ein Unterlassen der Behandlung führt zur Abmagerung und schließlich einem Eingehen der Hunde an Erschöpfung.

Durch ziemlich große Milben, zuweilen mit bloßen Augen als weißliche Pünktchen erkennbar, wird die Ohrräude hervorgerufen. Die für sie verantwortlichen Milben setzen sich mit Vorliebe im Gehörgang fest und rufen Gehörgangsentzündungen hervor, die ebenfalls mit starkem Juckreiz verbunden sind. Die Hunde schütteln den Kopf und kratzen in einem fort an den Behängen und jammern auch häufig dabei. Die Folgen sind letztlich die gleichen wie bei dem Befall durch die Sarcoptesmilbe.

Schließlich setzt sich eine Milbenart vorzugsweise bei Tieren mit kurzem Fell insbesondere in der Zone der Augenlider, des Kopfes, der Stirn- oder Schläfengegend, in den Talgdrüsen und Haarfollikeln fest. Auch bei dieser Räude ist eine Behandlung durch den Tierarzt zu empfehlen; ein eigenes Experimentieren ist – wie bei allen Krankheiten im übrigen – nicht anzuraten.

Bekannter als die Milben sind jedem Jäger die **Zecken.** Diese beschränken sich, wenn sie auf Raub ausgehen, nämlich nicht nur auf die Hunde, sondern befallen auch uns Menschen und wandern dann häufig an Stellen, de-

Zecken

ren Untersuchung man lieber unter Ausschluss der Öffentlichkeit vornimmt. Die Zecken sind auch für das menschliche Auge deutlich sichtbare Parasiten von 2 mm bis 2 cm Größe, die sich von gesaugtem Blut ernähren. Am bekanntesten ist der Ixodes ricinus, der **Holzbock**. Das Weibchen ist größer als das Männchen und hat hinter dem Vorderschild einen weichen, mit Falten versehenen Hinterleib. Die Zecken halten sich auf Sträuchern und kleineren Bäumen auf und lassen sich von dort auf ihre Wirtstiere fallen. Sie haben für Wärmestrahlungen empfindliche Organe, die ihnen die Nähe eines Säugetieres verraten. Nach der Paarung auf dem Wirt stirbt das Männchen, während das befruchtete Weibchen voller reifer Eier sich löst und mit dem nach dem Blutsaugen übermäßig vorgrößerten Unterleib am Boden Tausende von Eiern ablegt, um alsdann auch den Weg alles Irdischen zu gehen. Aus dem Ei schlüpft eine Larve, die nach Aufenthalt auf verschiedenen Wirten zu einem erwachsenen Tier wird. Wenn sich die Zecke in die Haut eingebohrt hat, verursacht das einen Juckreiz, der uns Menschen das Vorhandensein dieser Quälgeister meldet und auch den Hund zum Kratzen veranlaßt. Zecken sind leicht zu entfernen. Sie atmen, wie alle Insekten, durch Tracheen – kleine Körperöffnungen, die man leicht verstopfen kann, wenn man irgendein Öl auf die Zecke reibt. Nach einigem Zuwarten kann man sie dann durch leichtes Drehen mit der Fingerkuppe entfernen. Es ist jedoch von jeder Gewaltanwendung abzuraten, denn der beim Herausreißen häufig steckenbleibende Kopf kann zu bösen Entzündungen führen. Heute empfiehlt es sich, die Quälgeister mit einer Zeckenzange zu erfassen und herauszudrehen und danach – auf jeden Fall, wenn man einen Menschen auf diese Art behandelt hat – die Bissstelle zu desinfizieren.

Zecken: Gefahren für Menschen

Zwei durch Zecken übertragbare Krankheiten sind für die Menschen gefährlich: die **FSME (Frühsommer-Meningoenzephalitis)** und die **Borreliose**. Die erstere wird durch ein Virus übertragen, die letztere durch ein Bakterium.

Die FSME beginnt häufig wie eine „Sommergrippe", bei der Borreliose kann eine Rötung der Haut um die Einstichstelle oder auch an anderen Körperstellen ein Anzeichen für sie sein. Beide Infektionen können zu Entzündungen der Hirnhaut, des Gehirns, der Nerven und des Rückenmarks führen, in schweren Fällen auch zur Lähmung des ganzen Körpers, die FSME auch zum Tode. Gegen die FSME – sie ist nicht therapierbar – kann man sich durch eine Impfung schützen, eine Schutzimpfung gegen die Borreliose gibt es nicht, sie ist jedoch mit Antibiotika behandelbar je früher, desto wirksamer.

Läuse

Läuse sollten bei unseren Jagdhunden eigentlich überhaupt nicht vorkommen. Befallen werden von ihnen nämlich vornehmlich schlecht gepflegte Hunde, langhaarige wieder schneller als kurzhaarige. Läuse sind flügellose Insekten von etwa 2 mm Länge. Bevorzugt werden von ihnen der Kopf, die Ohren, der Hals und der Rücken. Läuse rufen nicht immer Juckreiz hervor; Hautentzündungen sind möglich.

Flöhe

Schließlich handeln sich die Jagdhunde auch ab und zu einmal **Flöhe** ein. Flöhe sind flügellose, etwa 2 bis 3 mm lange Insekten, rotbraun, mit seitlich zusammengedrücktem Körper. Sie haben saugend-stechende Mundwerkzeuge, um damit ihre Wirte anzuzapfen. Bei vielen Floharten – auch beim

Hundefloh – ist das letzte Beinpaar zu Sprungbeinen entwickelt. Bei jungen oder unterernährten Hunden kann eine lang anhaltende Flohplage zu Blutarmut und Abmagerung führen, ganz abgesehen davon, dass der Juckreiz die Hunde überhaupt nicht zur Ruhe kommen lässt und im Extremfall auch starke Erschöpfungen zur Folge hat. Der Hundefloh ist der Übertrager (Zwischenwirt) des **Hundebandwurms,** dessen reife Glieder kürbiskernähnliches Aussehen haben. Die Ansteckung des Hundes erfolgt durch das Aufnehmen und Hinunterschlucken infizierter Flöhe.

Die beste Bekämpfungsmaßnahme gegen den Befall mit Ektoparasiten liegt auch hier in der Vorbeugung, und zwar dergestalt, dass man penibel darauf achtet, dass der Hund ordentlich ernährt und sauber ist, was gleichermaßen für Lager- und Ruhestätte gilt. Ein solcher Hund wird von pflanzlichen Parasiten, Milben und Läusen wohl kaum befallen werden. Sollte einmal eine Infektion stattgefunden haben, wird eine vom Tierarzt empfohlene Behandlung alsbaldigen Erfolg haben. In den Sommermonaten ist eine Beobachtung des Hundes – insbesondere nach Waldgängen gerade im Hinblick auf die Zecken – von besonderer Bedeutung. Bei kurzhaarigen Hunden sind Zecken relativ leicht zu finden, bei langhaarigen erheblich schwerer. Hier muss man sich ab und an schon die Mühe machen, das Fell mit den Händen durchzutasten und abzufühlen, um den Hund von seinen Plagegeistern zu erlösen. Auch Flöhe wird der Hund ab und an bekommen, wenn er Kontakt mit anderen Hunden hat. Es ist auch kein furchtbarer Grund zur Aufregung, denn die in Apotheken, Drogerien und Tierhandlungen gehandelten Mittel versprechen – ordnungsgemäß angewandt – meistens durchschlagenden Erfolg. Es gibt auch Halsbänder die – vom Hunde immer getragen – einen Befall mit Ektoparasiten überhaupt verhindern sollen. Diese Halsbänder wirken auf verschiedene Art und Weise. Es gibt solche, die Gase entwickeln, die sich wiederum über den ganzen Hundekörper verteilen und einen Befall verhindern. Andere Halsbänder wieder lösen sich langsam in Staub auf, der sich ebenfalls über den gesamten Hundekörper verteilt und so als Kontaktgift ebenfalls einen Befall verhindert. Schließlich gibt es Halsbänder, deren Oberfläche sich immer mehr in der mit dem Hundekörper zusammenkommenden Flüssigkeit auflöst und – ebenfalls als Kontaktgift – so gegen den Befall von Parasiten wirkt. Inwieweit neben diesen durchaus erwünschten positiven Wirkungen auch solche negativer Art für den Hund mit dem dauernden Tragen der Halsbänder verbunden sind, ist noch umstritten. Negative Wirkungen sind nicht ausgeschlossen, wie auch unter Umständen ein Einfluss auf die Nasenleistung nicht ausgeschlossen werden kann.

So wie es auf dem Hunde krabbeln kann, und der Hund durch Ektoparasiten gequält wird, kann es in seinem Inneren wimmeln, wo ihm die **Endoparasiten** erheblich zusetzen können; überdies können sie unangenehm bis höchst gefährlich dem Menschen gegenüber sein.

Von den Endoparasiten sind die **Würmer** die bekanntesten; nur sie sollen uns auch hier beschäftigen. Allgemein vom Menschen am gefürchtesten sind die **Bandwürmer** (Cestoden). Es sind fast immer zweigeschlechtliche, flache Würmer, die verschieden lang sind, und deren Körper auch aus verschieden vielen Abschnitten bestehen, die sich vom Kopf aus allmählich immer mehr vergrößern. Die Bandwürmer leben im Dünndarm des Hundes,

Bekämpfung

Bandwürmer

und deren Eier erscheinen – mit einer Ausnahme – nicht frei im Kot, sondern es lösen sich jeweils am Ende der Würmer die reifen Glieder ab, die dann durch das Weidloch den Hund verlassen und häufig sich bewegend auf dem Kot zu beobachten sind oder auch angetrocknet am Hund oder auf deren Lager. Falls nun eine weitere Übertragung des Bandwurmes auf einen Hund stattfinden soll, müssen die Eier bzw. reifen Glieder zunächst von einem sog. „Zwischenwirt" aufgenommen werden. Je nach Art des Bandwurmes gibt es verschiedene Zwischenwirte, in deren verschiedenen Organen dann blasenartige **Bandwurmfinnen** entstehen. Nimmt ein Hund nun solche Finnen mit der Nahrung auf, bilden sich in seinem Darme wiederum die entsprechenden Bandwürmer aus.

Der größte der Hundebandwürmer ist der Diphyllobothrium latum, der 2 bis 9 m lang werden kann. Zwischenwirte für diesen Bandwurm sind Krebse und Fische; er kann auch bei Fuchs und Katze wie beim Menschen vorkommen.

Ebenfalls bei Katze, Fuchs und Mensch kann der Dipylidium caninum vorkommen, der 10 bis 40 cm lang wird, und dessen Zwischenwirte Ektoparasiten sind, insbesondere der Hundefloh. Wenn der Hund die Flöhe mit den Zähnen zerquetscht, infiziert er sich erneut mit dieser Art von Bandwürmern.

Hunde, die häufig mit dem Gescheide von Kaninchen und Hase gefüttert werden, sind von Teania pisiformis verseucht. Diese Bandwurmart wird 60 bis 100 cm lang, Zwischenwirt sind Hase und Kaninchen.

Hunde, die viel Schlachtabfälle fressen, können mit dem bis zu 3 m langen Taenia hydatigena befallen sein, dessen Zwischenwirte Schwein und Schaf sind.

Weniger bei Jagdhunden, als insbesondere bei Hütehunden ist Taenia multiceps zu finden, ein Bandwurm, der etwa 40 cm lang wird, und dessen Zwischenwirte Schaf und Rind sind.

Gefahr für Menschen

Schließlich muss der Echinococcus granulosus erwähnt werden, der der kleinste aller Bandwürmer, aber der für den Menschen allergefährlichste ist. Er wird lediglich 2,5 bis 5 mm lang und hat nur sehr wenige Glieder, meist nur drei. Das erste ist noch unreif, das zweite ist mit gut entwickelten Genitalien versehen, und das dritte bereits in Eiermasse verwandelt. Beim Spiel oder Streicheln der Hunde kann sich nun der Mensch infizieren, indem er die Eier auf irgendeine Art und Weise aufnimmt. Der verschluckte Wurmembryo, der nach Auflösung der Eischale durch die Magensäfte freigesetzt ist, durchquert den Darm und das Bauchteil und erreicht mit dem Blute schwimmend die verschiedenen Organe des Menschen, wo er im Laufe seiner Entwicklung zu großen Echinococcenblasen auswachsen kann, die bis Kinderkopfgröße erreichen. Die Blasen rufen Druckerscheinungen und Zerstörungen hervor und können je nach Sitz zum Tode führen.

Spulwürmer

Im Gegensatz zu den beschriebenen Bandwürmern haben die **Spulwürmer** – auch Rundwürmer, Schlauchwürmer – (Askariden) eine zylindrische Form mit nicht unterteiltem Körper. Sie haben eine Art Mund und eine Art After, womit die Bandwürmer auch nicht ausgerüstet sind. Weiterhin sind die Geschlechtsmerkmale getrennt; die Männchen sind gewöhnlich kleiner als die Weibchen. Wir kennen hier den Kleinen Spulwurm und den Großen

Spulwurm wie auch die Peitschen- und Hakenwürmer. Die Eier wandern je nach Art mit dem Kot nach außen oder werden von den trächtigen Weibchen auch außerhalb des Weidloches oder an diesem selbst abgelegt. An ihnen zusagenden Stellen, je nach Art unterschiedlich, entwickeln sich die Embryonen im Ei, wo sie auch eingeschlossen mehrere Jahre unter Umständen leben können. Die Eischale ist auffällig dick und außerordentlich widerstandsfähig. Die Ansteckung erfolgt dann durch die Aufnahme der Eier, aus denen, nachdem die Haut des Eies durch die Verdauungssäfte aufgelöst ist, der freigesetzte Embryo – wie bei den Bandwürmern auch – im Körper herumwandert und nach verschiedenen Entwicklungsstadien sich als Wurm wieder festsetzt. Folgen des Wurmbefalles mit Askariden, die häufig in großen Mengen auftreten, können bei Welpen Darmverschluss sein oder auch Darmentzündung; sie können sich in großen Mengen im Darm aufhalten und Erbrechen herbeiführen oder auch von der Speiseröhre in die Luftröhre gelangen.

Vorbeugende Maßnahmen sind – wie bei den Ektoparasiten auch – Sauberkeit und Hygiene. So wird durch die Vermeidung des Befalls mit Endoparasiten einer Infektion mit dem körbiskernartigen Bandwurm entgegengewirkt. Sauberkeit auf dem Lager und im Zwinger – insbesondere auch im Hinblick auf das Lösen – wirken einer Infektion oder Selbstinfektion mit Askariden entgegen. Darüber hinaus sollte man vorsichtig sein mit dem Verfüttern von Schlachtabfällen oder auch dem Gescheide von Hasen und Kaninchen, was eine Infektion mit bestimmten Bandwurmarten auslösen kann, deren Zwischenwirte eben bestimmte Haustier- oder Wildtierarten sind.

Prophylaxe gegen Würmer und Bekämpfung

Aber auch bei größtem Bemühen und größter Sauberkeit und Hygiene wird es sich nicht vermeiden lassen, dass ein Jagdhund, der Kontakt mit anderen Hunden hat und sich frei bewegt, sich einmal mit Bandwürmern oder Spulwürmern infiziert. Es gehört daher zu den Aufgaben des hundeführenden Jägers, nicht nur den Hund selbst und seine Verhaltensweisen immer im Auge zu behalten, sondern auch ab und zu einmal einen Blick auf die Exkremente zu werfen und sich auch nicht zu scheuen, mit einem Stock sie einmal näher zu untersuchen; man wird dann hin und wieder schon die sich bisweilen recht lebhaft bewegenden Spulwürmer oder Bandwurmglieder finden.

Es ist aber nicht ausgeschlossen, dass ein Wurmbefall auch einmal unbeobachtet bleibt. Früher musste man die Art der Würmer, mit denen der Hund befallen war, genau bestimmen oder bestimmen lassen, um die Infektion ganz gezielt bekämpfen zu können. Heute gibt es Wurmmittel mit einer generellen Wirkung gegen alle oder mindestens die meisten beim Hund vorkommenden Wurmarten, so dass sich die spezifische Bestimmung erübrigt.

Aber auch wenn unser Hund wurmfrei zu sein scheint, sollte man im Abstand von 6 bis 8 Monaten prophylaktisch mit dem Hund eine Wurmkur machen. War früher unter Umständen Behutsamkeit bei der Dosierung angebracht, weil eine zu geringe Dosierung die Würmer bestenfalls erheiterte, und eine zu starke Dosierung dem Hunde zum Nachteil gereichte, gibt es heute Wurmmittel, die auch in einer Überdosierung dem Hunde nicht schaden. Es empfiehlt sich jedoch auf jeden Fall, die Anweisungen des Tierarztes oder des Waschzettels in der Packung genau zu beachten. Da die Eier der Spulwürmer sehr widerstandsfähig sind, wird empfohlen, den Zwinger und das Lager mit kochendheißen Reinigungsmittellösungen zu desinfizieren oder – wenn die Bauart es erlaubt – mit einer Lötlampe auszubrennen.

Neben äußeren und inneren Quälgeistern leidet unser Hund natürlicherweise auch unter einer großen Anzahl von **Infektionskrankheiten.** Diese alle zu kennen, braucht sich ein Hundeführer nicht zu befleißigen; die wichtigsten sollten ihm jedoch grob geläufig sein, zumal sie z. T. auch gefährlich für den Menschen sein können.

Tollwut

Das gilt in ganz besonderem Maße für die **Tollwut,** die als höchst gefährliche Krankheit unserer Hunde wie auch des Wildes von großer Bedeutung und von ebensolchem Interesse für die Jäger überhaupt ist. Die Tollwut ist eine Seuche, die von einem außerordentlich widerstandsfähigen Virus (Rhabdovirus) hervorgerufen wird. Verendete Tiere können noch wochenlang infizieren; auch ein Einfrieren – beispielsweise eines Fuchses – tötet das Virus nicht, vielmehr wirkt die Kälte erhaltend. Lediglich höhere Temperaturen ab etwa 60 °C vermögen das Virus in kurzer Zeit zu zerstören. Das Virus wird in erster Linie durch den Speichel eines kranken Tieres übertragen, der mit einer offenen Wunde in Berührung kommt, d. h. meistens durch Bisse. Von Bedeutung ist dabei, dass der Speichel schon einige Tage virulent ist, ehe die Tollwuterkrankung überhaupt erkennbar wird.

Seuchenzüge

Beim Tollwutgeschehen wird unterschieden zwischen einer sylvatischen (sylva = lat. der Wald) und einer urbanen (urbs = lat. die Stadt) Erscheinungsform, je nachdem, ob bei den Seuchenzügen vornehmlich Wildtiere oder Haustiere die Hauptvirusträger sind. Die Tollwut ist seit etwa 2 1/2 Jahrtausenden bekannt, und immer wieder überzogen verheerende Seuchenzüge die verschiedenen Teile Europas. Die Seuchenzüge der urbanen Form verlaufen meist in sich geschlossen, während der sylvatische Kreislauf immer wieder auf Haustiere übergreift. Das Tollwutgeschehen in Deutschland hat gezeigt, dass auch der umgekehrte Weg möglich ist. In den Jahren 1915 bis 1924 hat es einen urbanen Tollwutzug gegeben, bei dem der Hund neben Katzen und landwirtschaftlichen Nutztieren fast 3/4 der infizierten Tiere stellte. Die Seuche konnte durch veterinärpolizeiliche Maßnahmen zum Erliegen gebracht werden; es blieben jedoch einige Restseuchenherde übrig, von denen offensichtlich die Verlagerung auf den Fuchs erfolgte. Heute haben wir es mit der sylvatischen Form der Seuche zu tun. Jetzt liegt der Anteil des Fuchses bei 75 % der Tollwutstatistik.

Infektion

Nachdem das Tollwutvirus – meistens also durch Biss – in den Körper eingedrungen ist, wandert es entlang der Nervenbahnen zum Gehirn. Erst wenn es dort angelangt ist, werden die Krankheitserscheinungen sichtbar. Die Zeit, die vom Biss bis dahin vergeht, nennt man die „Inkubationszeit", die abhängig von der Menge der in den Körper eingedrungenen Viren ist und auch vom Ort der Infektion. Erfolgt der Biss an einer Stelle, die mit Nervenenden besonders angereichert ist, wird die Inkubationszeit kürzer sein; gleiches gilt, wenn die Wunde tief und viel Speichel eingedrungen ist. Am Hund beträgt die Inkubationszeit 20 bis 60 Tage, beim Menschen in aller Regel 2 bis 3 Wochen; sie kann aber auch bis zu 9 Monaten dauern.

Der Ablauf der „klassischen" Form der Tollwut kann bei den Hunden wie bei anderen Tieren auch in drei Phasen eingeteilt werden. Im ersten etwa eineinhalb bis drei Tage anhaltenden Stadium treten Verhaltensänderungen in den Vordergrund. Reize der Außenwelt, die den Hund üblicherweise überhaupt nicht berühren, können zu hochgradigen Erregungszuständen führen. Auch die Sinne sind offensichtlich gestört; ins Auge fällt das Fressen beispielsweise ungenießbarer Gegenstände. – Im dann folgenden auch bis zu drei Tagen anhaltenden Stadium der Raserei sind starke Verhaltensänderungen zu beobachten; dazu kommen Schluckbeschwerden, Speichelfluss, Krampf- und Lähmungserscheinungen. Die Hunde bewegen sich weit herum und zeigen bisweilen Angriffs- und Beißlust, wobei sie nicht mehr zwischen vertrauten und nicht vertrauten Personen unterscheiden. – Im letzten Stadium der Krankheit, dem etwa 3 bis 4 Tage anhaltenden Lähmungsstadium, dehnen sich Lähmungserscheinungen vom Kopf über den Rumpf bis in die Gliedmaßen aus. Die Tiere sind apathisch, nicht mehr ansprechbar und ohne Reaktion. Die Körperfunktionen brechen völlig zusammen, bis der Hund schließlich verendet.

Verlauf der Krankheit

Neben diesem „klassischen" Verlauf der Tollwut ist in jüngerer Zeit häufig die sog. „stille Wut" beobachtet worden. Bei dieser Form des Verlaufes sind die Symptome nicht so augenscheinlich wie bei der üblichen Form; vielmehr sind lediglich relativ unbedeutende Verhaltensstörungen zu beobachten, und erst gegen Ende des Krankheitsverlaufes treten die beschriebenen Lähmungserscheinungen auf, die unmittelbar zum Tode führen. Da dieser Krankheitsverlauf dem nicht ganz intensiv beobachtenden Menschen häufig zunächst verborgen bleibt, sind damit für den Menschen schlimme Gefahren verbunden – ein Grund mehr, das Verhalten des Hundes, insbesondere unserer Jagdhunde, die sich auch einmal unbeobachtet von uns infizieren können, immer sorgfältig im Auge zu behalten.

Beim Hunde führt die Tollwuterkrankung, wenn eine prophylaktische Impfung nicht durchgeführt worden ist, zum Tode. Erst seit etwa 30 Jahren ist bei uns die prophylaktische Schutzimpfung gestattet, nachdem eine Reihe von Gründen, die lange Zeit der Schutzimpfung von Hunden entgegenstanden, als nicht stichhaltig ausgeräumt werden konnten. Beim Kauf eines Welpen wird man in aller Regel noch keinen tollwutschutzgeimpften Hund erwerben, da eine Schutzimpfung möglichst erst nach der 12. Lebenswoche erfolgen soll. Es gibt Tierärzte, die junge Hunde erstmals mit 6 Monaten impfen. Die Hunde müssen dann in ganz bestimmten Abständen, je nach Impfstoff, zur Aufrechterhaltung der Abwehrkraft gegen die Tollwut wiederum geimpft werden, wobei jedoch zu beachten ist, dass trotz erheblich länger anhaltender Wirksamkeit eine Wiederholungsimpfung im Abstand von jeweils einem Jahr zu empfehlen ist, da beim grenzüberschreitenden Reiseverkehr und auch bei Hundeprüfungen Schutzimpfungen, die älter als ein Jahr sind, als „nicht ausreichend" angesehen werden.

Prophylaxe

Hat sich ein Mensch infiziert, oder besteht nur der Verdacht einer Infektion, so muss er sich ebenfalls einer Impfung unterziehen, die in der Vergangenheit eine Tortur bedeutete, heute jedoch häufig ohne Nebenerscheinungen oder Nachwirkungen vertragen wird. Darüber hinaus besteht seit einiger Zeit die Möglichkeit einer prophylaktischen Impfung auch für den

Menschen, die insbesondere denen anzuempfehlen ist, die in von Tollwut beherrschten Gegenden mit Wildtieren in Berührung kommen. Die prophylaktische Impfung beim Menschen ist nicht ganz billig; unter Umständen wird sie jedoch auch beim Vorliegen gewisser Voraussetzungen vom Versicherungsträger erstattet.

Staupe

Die verbreitetste Hundekrankheit ist wohl die **Staupe**. Seit Mitte des 17. Jahrhunderts ist sie in Europa bekannt; sie scheint aus Asien und Südamerika „importiert" worden zu sein. Man führte früher die Erkrankung an Staupe auf den Genuss von Knochen oder rohem Fleisch zurück; weiterhin war man der Überzeugung, dass die Staupe durch Kälte, Schreck oder ähnliches hervorgerufen wurde. Jetzt weiß man jedoch, dass derartige Umstände lediglich die Erkrankung an Staupe erleichtern, sozusagen ihre Wegbereiter sind.

Das die Staupe auslösende Virus wurde 1905 entdeckt, dennoch blieb sie jahrzehntelang danach noch der Schrecken der Züchter und Freunde von Hunden; die Staupe dezimierte ganze Bestände.

Das Staupevirus kann sich überall befinden, wo sich der Hund auch bewegt. Es dringt durch den Darmtrakt oder auch durch die Atmungsorgane in den Körper ein. Nach einer Inkubationszeit von etwa 4 bis 7 Tagen verbreitet sich das Virus über das Blut im gesamten Organismus. Typisch sind für den weiteren Verlauf der Krankheit zwei kurz anhaltende Fieberperioden. In den folgenden etwa zwei Wochen sind relativ unbestimmte Krankheitserscheinungen, wie mangelnde Fresslust, Interessenlosigkeit und Niedergeschlagenheit, zu beobachten. Nicht zu übersehen ist jedoch ein Nasen- sowie ein Tränenausfluss bei geröteten und entzündeten Bindehäuten. Der weitere Verlauf der Krankheit hängt davon ab, wo sich das Virus endgültig im Körper festsetzt, und je nachdem sind verschiedene Formen der Staupe zu beobachten.

Erscheinungsbilder

So wird je nach dem Erscheinungsbild unterschieden zwischen einer katarrhalischen Staupe, einer Lungenstaupe, einer Darmstaupe sowie auch einer Hautform der Staupe, die relativ harmlos ist und ohne Fieber und akute Erscheinungen verläuft, aber an den wenig oder dünn behaarten Flächen des Körpers Hautausschläge auftreten läßt, die später kleine weißliche Hautflecken zurücklassen. Des weiteren tritt die nervöse (Gehirn-)Staupe auf, insbesondere bei älteren Hunden. Daneben ist eine weitere chronische Form der Staupe festgestellt worden, die sog. Hartballenkrankheit. Hier sind die charakteristischen starken Verhornungen an den Zehenballen und am Nasenspiegel zu beobachten, sowie die bei der Gehirnstaupe festzustellenden Erscheinungen, wie rhythmische Zuckungen an Kopf- und Gliedmaßen, späterhin krampfartige Anfälle und schließlich vollständige Lähmung.

Prophylaxe

Die beiden letztgenannten Erscheinungsformen der Staupe sind praktisch unheilbar. Im übrigen gibt es nur eine einzige sichere Prophylaxe gegen die Staupe, nämlich die immunisierende Impfung. Ein Hund, der eine Staupe überstanden hat, ist immun, da in seinem Blut schon die Abwehrstoffe gegen eine neue Infektion vorhanden sind. Eine derartige Immunisierung abzuwarten, ist jedoch für den Hund lebensgefährlich; vielmehr sollte der Hund mit den handelsüblichen Seren zu ganz bestimmten Zeiten prophylaktisch geimpft werden, worauf im Zusammenhang mit anderen Infektionskrankheiten noch eingegangen werden wird.

Nicht richtig ist es, wie vielerorts behauptet wird, dass es sich bei der Staupe um eine „Kinderkrankheit" der Hunde handelt, vielmehr kann jeder Hund, der keine Immunität besitzt, an Staupe erkranken, allerdings sind Welpen und Junghunde im Alter bis zu etwa 12 Monaten am meisten gefährdet, weil ihr Organismus infolge des Wachstums und der körperlichen Umstellungen die wenigsten Widerstandskräfte einer Infektion entgegensetzen kann. Ist die Hündin immun, sind die Welpen in aller Regel durch den Genuss der Muttermilch auch bis zur 6. oder 8. Lebenswoche immunisiert, danach bedarf es jedoch eines immunisierenden Impfschutzes.

Bisweilen in ihrem Erscheinungsbild ähnlich der Staupe ist eine weitere für den Hund höchst gefährliche Viruserkrankung: Die **ansteckende Leberentzündung (Hepatitis contagiosa canis)**. Das mag auch der Grund dafür sein, dass man sie früher für eine Art der Staupe gehalten hat und ihrem Erreger erst 1930 auf die Spur gekommen ist. Die Erkrankung kann gleichzeitig mit der Staupe ausbrechen, allein ist sie jedoch ziemlich sicher diagnostizierbar.

Leberentzündung

Das Virus kommt im Speichel, im Kot und im Urin der Hunde vor, desgleichen in den aus Nase und Augen sowie aus der Schnalle der Hündin austretenden Flüssigkeiten. Die Ansteckung erfolgt nun unmittelbar, wenn andere Hunde mit diesen Ausscheidungen in Berührung kommen, am häufigsten also beim Beschnüffeln oder auch Belecken des Urins. Dabei ist es ganz besonders gefährlich, dass sich das Virus auch bei geheilten Hunden noch über mehrere Monate lang in den Nieren aufhält und über den Harn ausgeschieden wird. Das Krankheitsbild nach einer solchen Infektion äußert sich nach etwa 3 bis 9 Tagen darin, dass die Hunde das Futter verweigern, die Schleimhäute im Nasen-, Mund- und Rachenraum hoch gerötet und entzündet sind, ebenfalls die Lidbindehaut. Damit einhergehen können sehr starker Durst wie auch Erbrechen. Hohes Fieber begleitet die Erkrankung, und insbesondere die Leber ist stark entzündet. Im weiteren Verlauf der Krankheit wird der Hund zunehmend schwächer und magert stark ab. Etwa 1/5 der befallenen Hunde geht ein.

Krankheitsbild

Ein anderes Krankheitsbild zeigen Welpen, die sich schon vor der Geburt bei einer nicht immunen Mutter infiziert haben. Bei ihnen ist eine allgemein verminderte Vitalität festzustellen, wie auch die typischen Verhaltensweisen bei Welpen fehlen. Nach zunächst hin und wieder auftauchenden, später anhaltenden Krämpfen geht meist der ganze Wurf ein.

Wie bei der Staupe auch, ist hier eine vorbeugende Immunisierung durch Impfung erforderlich. Ist ein Hund einmal erkrankt, und hat er diese Krankheit überstanden, so ist er für lange Zeit immun. Darauf sollte man sich jedoch nie verlassen. Die Welpen sind durch den Genuss der Milch der immunen Mutter für eine gewisse Dauer gegen die Krankheit gefeit, nach 10 bis 12 Wochen erlischt jedoch dieser Schutz, so dass auch hier eine Impfung angebracht ist. Der Grundimmunisierung müssen in bestimmten Abständen immer wieder auffrischende Immunisierungen folgen.

Während Staupe und **ansteckende Leberentzündungen** für den Menschen nicht gefährlich sind, ist es eine weitere wichtige Infektionskrankheit:

die **Leptospirose**. Erreger dieser Krankheit sind winzige, fadenförmige Bakterien, die Leptospiren. Sie sind in allen Gewässern anzutreffen, in Pfützen, Teichen, Seen, Bachläufen sowie toten Flußarmen halten sie sich mit Vorliebe auf; sie werden häufig über kleine Nagetiere, wie Mäuse und insbesondere Ratten, übertragen. In den genannten stehenden oder langsam fließenden Gewässern können sie sich – je nach Art – über mehrere Jahre am Leben halten. Die zahlreichen Vertreter der Leptospiren rufen bei Tieren und Menschen unterschiedliche Krankheitsbilder hervor:

Leptospirose

Die **Weilsche Krankheit** – im Jahre 1886 entdeckte sie der Internist Adolf Weil – äußert sich etwa 4 Tage nach der Infektion mit hohem Fieber und Gelbsuchtserscheinungen als Folge einer Leberstörung. Einhergehen damit Magen-Darm-Entzündungen mit Durchfall und starkes Abmagern, was schließlich ohne Hilfe nach 1 bis 2 Wochen zum Tode führt.

Krankheitsbilder

Bei der **Stuttgarter Hundeseuche** – sie trat erstmals im Jahre 1899 während einer Hundeausstellung in Stuttgart auf – erfolgt nach einer Nierenentzündung eine Vergiftung des Blutes mit Harnstoff. Die Hunde erbrechen sich heftig, haben Durchfall, sind in ihrem Bewußtsein gestört, und ihrem Fang entströmt ein ekelhafter Geruch. Später gesellen sich Entzündungen der Mundschleimhäute und der Zunge hinzu.

Die Leptospirose in ihren verschiedenen Formen ist besonders für unsere Jagdgebrauchshunde gefährlich, da sie häufig bei der Jagd aus stehenden oder langsam fließenden, schmutzigen Gewässern trinken oder auch Ratten und insbesondere Mäuse fangen. Nach der Infektion über die Verdauungs- oder Atmungsorgane oder auch über die Haut erreichen sie über das Blut ganz bestimmte Organe, von denen aus die Krankheit alsdann ihren Verlauf nimmt. Die Hunde wiederum scheiden die Leptospiren über Urin und Speichel aus, und auf diesem Wege können sie vom Hund auf den Menschen übertragen werden. Auch der umgekehrte Weg ist beobachtet worden.

Infektionsweise

Einen sicheren vorbeugenden Schutz gegen die überall vorkommenden Leptospiren bietet auch hier allein eine vorbeugende Immunisierung, und zwar durch Impfung.

Prophylaxe

Beim Kampf mit dem Infektionserreger bilden sich in dem befallenen Lebewesen Abwehrstoffe, die nach überstandener Krankheit eine Immunität hinterlassen. Diese Immunität bedeutet einen Schutz vor der erneuten Infektion, der allerdings nur gegen den Erreger wirksam ist, gegen den er ausgebildet wurde. Ausgehend von dieser Erkenntnis wird auf künstlichem Wege durch Impfung, d. h. durch Einführung von Antikörpern in den Tier- oder Menschenkörper – eine Immunisierung hervorgerufen. So sind entsprechende Antikörper auch gegen die beschriebenen Krankheiten, nämlich die Tollwut, die Staupe, die Hepatitis und die Leptospirose, entwickelt worden. Die Schutzwirkung dieser Heilseren ist jedoch nur auf wenige Wochen begrenzt; sie werden unter Umständen auch bei einer akuten Krankheit eingesetzt. Ein besserer und länger wirksamer Schutz ist mit vorbeugenden Schutzimpfungen zu erzielen, die abgetötete oder abgeschwächte ursprüngliche Erreger der jeweiligen Krankheit enthalten, so dass es zu einer Ausbildung der Antikörper im tierischen oder menschlichen Körper kommt, jedoch keine Erkrankung ausgelöst wird. Voraussetzung für einen

Schutzimpfungen

anhaltenden, über das ganze Leben reichenden Schutz ist eine Grundimmunisierung, der in bestimmten Abständen Wiederholungsimpfungen folgen müssen.

Beim Besuch von Hundeausstellungen oder Hundeprüfungen oder auch beim grenzüberschreitenden Reiseverkehr ist es häufig außerordentlich wichtig nachzuweisen, dass der Hund gegen bestimmte Infektionskrankheiten vorbeugend immunisiert wurde. Als Nachweis dient der sog. dreisprachige Internationale Impfpass, der den Vorschriften des Internationalen Tierseuchenamtes und den von Expertenkommitees der Weltgesundheitsorganisation und der Welt-Ernährungs- und Landwirtschaftsorganisation der Vereinten Nationen festgelegten Richtlinien entspricht. In diesem Pass ist der Hund im einzelnen beschrieben sowie dessen Züchter und Eigentümer festgehalten. Er enthält weiterhin Rubriken über die Schutzimpfungen gegen Tollwut, Staupe, infektiöse Leberentzündung und Leptospirose. Desweiteren sind in ihm Formblätter für die amtliche tierärztliche Gesundheitsbescheinigung für die Ein- oder Durchfuhr von Hunden enthalten, wie auch Hinweise für die Grundimmunisierung und für die Wiederholungsimpfungen. Danach ist zur Erzielung eines möglichst optimalen Impfschutzes gegen Tollwut die Impfung je nach Impfstoff auf über 7 Wochen oder über 3 Monate alte Hunde beschränkt. Bei Staupe, Hepatitis und Leptospirose sollte für die Grundimmunisierung die erste Impfung im Alter von 7 bis 9 Wochen erfolgen, die zweite Impfung im Alter von 12 bis 14 Wochen.

WHO-Impfpass

Das gleiche gilt für die **Parvovirose.** Das diese Krankheit hervorrufende Virus ist eng verwandt mit dem Erreger der Katzenseuche (Panleukopenie). Diese Infektion ist erst seit 1978 bekannt und wurde zunächst auch mit dem für Katzen bestimmten Impfstoff bekämpft. Das Parvo-Virus ist äußerst resistent, es wird von den Hunden mit dem Kot ausgeschieden und seine direkte Verbreitung wird begünstigt durch die Neigung der Hunde, sich und auch Menschen und Gegenstände zu belecken und zu beschnuppern. Zu beobachten sind beim Ausbruch der Krankheit Apathie, Fieber, Erbrechen und Durchfall, die Sterblichkeit bei Welpen ist groß, befallen werden jedoch Hunde jeden Alters.

Parvovirose

Auch gegen den **Zwingerhusten** (wie die Parvovirose auch im Impfpass aufgeführt) sollte der Welpe im Alter von etwa 12 bis 14 Wochen geimpft werden. Der Zwingerhusten ist eine infektiöse Erkrankung der Luftwege des Hundes, Ursache ist eine Mischinfektion mit mehreren Erregern, meist verschiedenen Viren und Bakterien. Sie tritt häufig dort auf, wo viele Hunde versammelt sind, denn die Erreger werden mit dem Husten ausgeschieden und dann über die Luft übertragen. Nach einer Inkubationszeit von zwei bis sieben Tagen ist Husten zu beobachten, Augen- und Nasenausfluss, mit tierärztlicher Hilfe ist nach ein bis zwei Wochen alles überstanden. Nach der Grundimmunisierung, die teilweise beim Welpen vor der Abgabe erfolgt sein muss, sind jährliche Wiederholungsimpfungen anzuraten mit einem Impfstoff, der für alle beschriebenen Infektionen wirksam ist. Vor Auslandsreisen empfiehlt es sich, die die einzelnen Länder betreffenden Impfvorschriften nachzufragen, etwa beim ADAC.

Keine Prophylaxe gibt es gegen die **Aujeszkysche Krankheit,** auch Pseudorabies genannt.

Aujeszkysche Krankheit

Seit Beginn des Jahres 1980 schienen sich die Fälle der Aujeszkysche Erkrankung beim Hunde zu mehren, sogar die Tagespresse beschäftigte sich mit ihr. Was hat es mit dieser Krankheit auf sich? Der Krankheit wurde bislang wenig Bedeutung beigemessen, weil sie beispielsweise zuletzt 1952 in Berlin aufgetreten ist. Seit 1953 bis 1980 wurden an der Freien Universität Berlin 44 Fälle bei Hunden und 31 Fälle bei Katzen festgestellt, wobei jedoch davon auszugehen ist, dass wohl mehr Erkrankungen vorlagen, indessen bei dem seltenen Krankheitsbild nicht richtig diagnostiziert wurden. Die Krankheit wird auf die fleischfressenden Haustiere durch das Verfüttern rohen Schweinefleisches übertragen. Als 1980 in den Schweinebeständen Norddeutschlands und der angrenzenden Länder einschließlich der DDR die Aujeszkysche Krankheit vermehrt auftrat, ging man mit Recht von einer wachsenden Gefährdung für Hund und Katze aus. Hauptwirt dieses Virus ist – wie gesagt – das Schwein. Es gilt als sicher, dass sich die Hunde durch die Aufnahme des Fleisches infizieren, wonach es zur ersten Vermehrung der Viren im Mund- und Rachenraum kommt. Von dort aus gelangt das Virus auf verschiedenen Wegen in die verschiedenen Organe des Körpers. Die Hunde zeigen Freßunlust und erbrechen und würgen stattdessen; sie können apathisch oder auch auffallend ruhelos sein, geifern stark und geben klagende Laute von sich. Die Hunde empfinden offensichtlich auch – manchmal auch nur für kurze Zeit – starken Juckreiz an einem Ohr oder an der Nase. Innerhalb von 2 bis 3 Tagen nach Krankheitsbeginn verenden die Hunde. Insbesondere führt die starke Vermehrung der Viren im Gehirn zu einem verhältnismäßig kurzen Krankheitsverlauf mit tödlichem Ausgang. Eine Heilung der Krankheit beim Hund ist bislang nicht bekannt.

Diagnose von Erkrankungen

Für einen Laien ist es sicherlich sehr schwierig, beim Auftreten der ersten Symptome der beschriebenen Krankheit zu erkennen, worum es sich bei seinem Hunde handelt. Es wäre auch falsch, vom Tierhalter selbst eine Diagnose zu erwarten; das ist unbedingt Sache des Tierarztes. Dennoch kann auch der Besitzer eines geimpften Hundes plötzlich von Besorgnis erregenden Krankheitsbildern überrascht werden. Es kann sich dann häufig um **Vergiftungen** handeln, denn in unserer Zivilisationswelt hat ein Hund vielfach Gelegenheit, sich zu vergiften. Man denke nur daran, dass die Hunde oft geneigt sind, an Gegenständen zu knabbern oder sie auch zu zerbeißen, die für den Hundeorganismus schädliche Stoffe enthalten, wie etwa Blei; man denke an die Gifte gegen Schädlinge in Haus und Garten, an die ein Hund gelangen kann; man beachte, dass ein Hund sich mit Unkrautvertilgungsmitteln vergiften oder auch durch einen dummen Zufall einmal Medikamente der Humanmedizin zu sich nehmen kann. In all diesen Fällen kann eine anhaltende Schädigung oder auch sein Tod die Folge sein. Es ist also immer ratsam, alsbald den Tierarzt aufzusuchen, wenn wir plötzliche und starke Veränderungen im Verhalten unseres Hundes beobachten. Gesünder für den Hund und schonender für die Kasse seines Herrn ist es jedoch, von vornherein darauf zu achten, dass der Hund möglichst nicht mit irgendwelchen schädlichen Stoffen in Berührung kommt, und auch darauf zu achten, dass er möglichst nicht unbeobachtet etwas zu sich nehmen kann.

Ehe wir nun das Kapitel über die Krankheiten des Hundes verlassen, muss noch kurz auf eine tückische Hundekrankheit eingegangen werden, die vielen Zuchtvereinen und -verbänden zu schaffen macht: Die **Hüftgelenksdysplasie, „HD"** genannt.

Die Hüftgelenksdysplasie ist eine Fehlentwicklung der Hüftgelenke. Normalerweise sitzen die Oberschenkelköpfe in genau passenden Gelenkpfannen des Beckenknochens. Von einer leichten Abflachung der Gelenkpfanne und einer leichten Lockerung der Oberschenkelköpfe in den Pfannen bis hin zu einer vollständigen Verlagerung des Oberschenkelkopfes aus der Hüftgelenkpfanne sind nun Fehlentwicklungen möglich; es liegt eine Hüftgelenksdysplasie vor.

„HD"

Diese Deformation ist erst relativ spät feststellbar. Es soll nach amerikanischen Autoren eine Methode geben, nach der durch Abtasten eine frühe Diagnose bereits im Alter von 8 Wochen möglich sein soll. Endgültig und zuverlässig feststellbar ist die Dysplasie jedoch nur durch eine Röntgenaufnahme, die in Deutschland bei Rückenlage des Hundes mit gestreckten Hintergliedmaßen angefertigt werden sollte. Sie muss das gesamte Becken wie auch die Oberschenkel möglichst symmetrisch zeigen.

An der Vererbbarkeit der Hüftgelenksdysplasie scheinen heute keine Zweifel mehr zu bestehen, wobei jedoch umweltbedingten Einflüssen, wie Wachstumsgeschwindigkeit, Fütterung, Bewegung und im übrigen körperliche Beanspruchung der Tiere, wesentliche Bedeutung beigemessen wird. Dazu kommt, dass an der Ausprägung der Hüftgelenksdysplasie mehrere Gene beteiligt sind: man spricht von einer „polygenen Vererbung". Theoretisch bedeutet das, dass der Ausschluss aller Merkmalsträger von der Zuchtverwendung mit großer Sicherheit zur weitgehenden Ausmerzung der Dysplasie führen würde.

Vererbbarkeit der HD

Seit Mitte der 60er Jahre ist in vermehrtem Maße die Dysplasie bei den nicht zu den Jagdhunden gehörenden Gebrauchshunden festgestellt worden. Forschungsobjekte waren insbesondere die Deutschen Schäferhunde und die Rottweiler. Zunehmend stellte man die Erkrankung jedoch auch bei unseren Jagdhunden fest und die Zuchtvereine bemühen sich unter Berücksichtigung der oben skizzierten medizinischen Kenntnisse, der Erkrankung Herr zu werden oder doch mindestens den Schaden möglichst gering zu halten. Wenn eine Ausmerzung theoretisch auch relativ schnell möglich erscheint, stehen einer bedingungslosen Anwendung dieser Theorie doch mehrere Gründe entgegen. Einmal kann bei weniger stark vertretenen Rassen oder Schlägen eine zu krasse Ausschaltung aller HD-behafteten Hunde zu einer für die Rasse selbst höchst gefährlichen Einengung der Zuchtbasis führen; zum anderen sind gute Hüftgelenke ja, wie von der Wissenschaft betont wird, sicher nicht das ausschließliche Zuchtziel einer Rasse, so dass auch auf andere wesentliche und erwünschte körperliche oder auch geistig-seelische Merkmale eines Individuums Rücksicht genommen werden muss. Daher, und da die Ausprägung der HD unterschiedlich stark ist, bemüht man sich in den verschiedenen Zuchtvereinen und -verbänden, einen möglichst erfolgversprechenden Mittelweg zu gehen:

HD in der Hundezucht

Grundsätzlich müssen die Hunde, die unter Umständen einmal züchterisch verwandt werden sollen, von einem in dieser Richtung möglichst erfahrenen Tierarzt geröntgt werden. Die Auswertung geschieht dann an zentralen Stellen, meistens Universitätsinstituten. Die weiteren Folgerungen sind stufenweise unterschiedlich, je nachdem, ob es sich um einen Zuchtverein oder -verband handelt, der eine sehr weit verbreitete oder relativ seltene Rasse betreut. Da in aller Regel die Hunde als „frei von HD" klassifiziert werden, als „verdächtig für HD", als „mit leichter, mittlerer oder schwerer HD behaftet", ist es möglich, in den Zuchtordnungen zu bestimmen, in welchem Rahmen die Elterntiere beide oder einzeln frei von HD sein müssen, oder bis zu welchem Grade sie damit behaftet sein dürfen.

HD nicht heilbar

Diese züchterische Praxis ist das eine; das andere ist die bedrückende Erkenntnis sowohl für den Hundebesitzer als auch den Tierarzt, dass die HD nicht heilbar ist. In leichteren Fällen ist es möglich, durch Schonung des Hundes und durch Medikamente die Schmerzen des Hundes zu lindern. Häufig hilft nur eine Operation. Dabei wird der verkrampfte Muskel durchtrennt oder entfernt; in krassen Fällen müssen sogar die Oberschenkelköpfe fortgenommen werden. Da unsere Jagdhunde ja nicht nur des gemächlichen Schrittes daherkommende Herrchen zu begleiten haben, sondern Schwerstarbeit leisten müssen, ist es wichtig für den Hundehalter die Umweltfaktoren, die eine HD zum Nachteil des Hundes beeinflussen können, möglichst auszuschalten, d. h. und bedeutet für den Hundehalter eine artgemäße, gesunde Aufzucht und auch später eine artgemäße Haltung des Hundes mit entsprechender Fütterung. Für die Zuchtvereine und -verbände bedeutet dies, auf den eingeschlagenen Wegen beharrlich zu versuchen, das Ziel nicht aus dem Auge zu verlieren und sich neueren wissenschaftlichen Erkenntnissen nicht zu verschließen!

Bekämpfung der HD

Dazu gehört, dass sich Statistiker und Genetiker zur Zuchtwertschätzung in jüngerer Zeit der BLUP-Methode bedienen und diese bei entsprechender Ernsthaftigkeit bei den einzelnen Zuchtvereinen ein Weg zur Bekämpfung der HD sein kann. BLUP ist die Abkürzung für Best linear unibased Prediction, auf deutsch: bestmögliche, lineare, unverfälschte Vorhersage. Sie sammelt Daten über Vorfahren, alle gegenwärtigen Verwandten und die Nachkommen eines einzelnen Hundes und bedient sich dabei statistischer Methoden und leistungsfähiger Computer. Das hat den Vorteil, dass keine, auch zunächst unbedeutsam erscheinende Neuinformation verlorengeht und statistische Fehler oder auch Beurteilungsfehler kontrolliert und berücksichtigt werden. Gerade weil bei der HD Phänotyp und Genotyp sehr weit auseinanderfallen können, bietet sich die BLUP-Methode hier als bedeutendes Instrument geradezu an.

Ahnentafel nicht gleich Stammbaum

V. Zucht

Wenn jemand Jagdhunde züchten will, sollte er dies nur tun mit Hunden, die beide eine **Ahnentafel** besitzen. An dieser Stelle muß nun schon auf den häufigen Irrtum hingewiesen werden, dass Ahnentafel = Stammbaum ist. Das ist nicht der Fall. Einen Stammbaum oder eine Stammlaterne haben die meisten Rüden unweit ihres Hauses, ein Stammbaum hängt auch in den Hallen oder großen Dielen altehrwürdiger Bauernhöfe. Auf einem solchen Stammbaum, meistens einer Eiche, kann man erkennen, wie sich aus dem Stamm der Urahnen das Geschlecht bis in seine jüngsten Verästelungen entwickelt hat, wobei die zartesten Blättchen am Baume die Ururenkel sind.

Anders herum gibt eine Ahnentafel rückwärtsgehend Auskunft über ein Individuum, wer dessen Eltern, Großeltern, Urgroßeltern etc. sind. Meistens enthält die Ahnentafel die Aufzählung bis zu den Urgroßeltern; wer an den weiteren Ahnen interessiert ist, sollte in den Zuchtbüchern des zuchtbuchführenden Vereins nachschauen.

In der Ahnentafel selbst ist der Hund mit seinem Namen aufgeführt, der Nummer, unter der er im Zuchtbuch des zuchtbuchführenden Vereins eingetragen ist; das Geschlecht sowie Farbe und Abzeichen sind beschrieben. Des weiteren gibt die Ahnentafel Auskunft über den Wurftag und den Züchter. Unterschrieben ist die Ahnentafel vom Zuchtbuchführer als dem Verantwortlichen. Die einzelnen Ahnen sind ebenfalls mit ihren Namen aufgeführt sowie immer mit der jeweiligen Zuchtbuchnummer. Dazu kommen meistens die erworbenen Leistungszeichen, unter Umständen auch Prädikate bezüglich des Formwertes. Im übrigen ist auf den Ahnentafeln Platz, um auf ihnen den Besitzerwechsel eintragen zu können.

Inhalt der Ahnentafel

Weiterer Platz ist vorgesehen für Eintragungen von Prämiierungen auf Zuchtschauen, Ausstellungen und Prüfungen. Auf diese Weise stellt die Ahnentafel auch eine „Biographie" des betreffenden Hundes dar.

Grundsätzlich bleibt die Ahnentafel Eigentum des zuchtbuchführenden Vereins und ist nach dem Tode oder dem Verlust des Hundes an den Verein zurückzugeben. Im übrigen begleitet sie den Hund von Eigentümer zu Eigentümer und ist in dieser ihrer Eigenschaft etwa einem Kraftfahrzeugbrief vergleichbar.

Bei dem Vergleich mit dem Kfz-Brief muss ein weiterer Vergleich gezogen werden. Jedes Auto ist mit einer im Brief angegebenen Fahrgestellnummer versehen, die es jederzeit ermöglichen soll, die Identität des im Brief beschriebenen Wagens mit dem Fahrzeug selbst zu überprüfen und festzustellen. Eine solche „Fahrgestell-Nummer" haben nun schon viele Zuchtvereine für ihre Hunde eingeführt: die Tätowierung der Zuchtbuch-Nummer im Behang eines jeden Individuums. Es gibt viele Fälle, in denen es auf den Nachweis der Identität des Tieres ankommt; man denke nur etwa an die Verwendung von Zuchttieren (ist es auch d e r Deckrüde?), an die Vorführung im Äußeren gleicher Hunde auf Prüfungen, Schauen etc. (hier sind den Richtern schon die dollsten Bären aufgebunden worden) oder an gefundene Hunde, deren Eigentümer einerseits schnell an Hand der eintätowierten Nummer ausfindig gemacht werden können, und deren Identität andererseits schnell nachweisbar und daher Ansprüche auf sie entsprechend leicht durchsetzbar sind. Die Tätowierung der Welpen wird vom Zuchtwart vorgenommen.

Tätowierte Zuchtbuch-Nr.

Es gibt auch schon die Möglichkeit, dem Hund einen Chip einzupflanzen, der Angaben zur Identifizierung enthält, man benötigt zu seiner Ablesbarkeit allerdings auch ein entsprechendes Gerät.

Es gibt nun jedoch bei den Ahnentafeln auch eine unterschiedliche „Qualität", die sich auch im Marktwert des Hundes ausdrückt, wobei es jeweils darauf ankommt, ob es sich um einen Hund handelt, der einem der hier erwähnten und vom Jagdgebrauchshundverband anerkannten Zuchtvereine angehört oder nicht. Die vom Jagdgebrauchshundverband in seiner Gesamtheit angestrebten Ziele lassen sich nämlich nur mit Hunden verwirklichen, deren Zucht nicht nach merkantilistisch gefärbten Auslesekriterien, sondern nach den jeweils neuesten Erkenntnissen der Wissenschaft betrieben wird. Die im Jagdgebrauchshundverband (JGHV) zusammengeschlossenen Zuchtvereine- und -verbände züchten Jagdhunde nach diesen Maximen im Rahmen ihrer vom JGHV im übrigen nicht tangierten züchterischen Freiheit.

Nicht „eingetragene" Hunde

Gegenüber diesem nach den Umständen erreichbaren Höchstmaß an positiver Zuchtauslese stellen die nicht eingetragenen Jagdhunde in aller Regel eine ausgesprochen negative Auslese dar. Unbestritten ist zwar, dass Hybriden besonders gute Zuchtprodukte sein können; das setzt indessen voraus, dass die Elterntiere sorgfältig ausgewählt sind. In der Praxis stammen nicht eingetragene Hunde fast ausnahmslos aus Zufallsverbindungen, von eingetragenen Eltern, die jedoch zuchtuntauglich sind bzw. ihre Zuchttauglichkeit nicht nachgewiesen haben, aus der Hand von unseriösen Jägern, deren wilde Zuchten ein Geschäft bedeuten oder von ebensolchen Züchtern, die Welpen verkaufen, denen aus irgendwelchen Gründen Ahnentafeln nicht erteilt worden sind. Nicht selten sind die Fälle, in denen mit solchen Produkten weitergezüchtet wird, was außer Geld nichts an Gutem einbringt.

„Dissidenzvereine"

Soweit es sich um vom JGHV nicht anerkannte, aber dennoch in einem Zuchtbuch eingetragene Hunde handelt, also Hunde, für die auch eine Ahnentafel ausgestellt ist, stammen diese entweder aus abenteuerlichen Neuzüchtungsversuchen, aus den Zuchten sog. „Dissidenzvereine" (das sind Abspaltungen und Neugründungen aus meist persönlichen und merkantilen Überlegungen), oder es sind Jagdhunde, deren Rasse zwar vom Verband für das Deutsche Hundewesen anerkannt ist, deren Verbindung zur Jagd jedoch meist lediglich in Ahnen zu suchen ist, die vor Jahrhunderten oder Jahrtausenden als wirkliche Jagdhunde zur Jagd benutzt worden sind. Leidtragende beim Erwerb solcher nicht anerkannter Hunde sind immer die Käufer und der Hund. Ersterer bekommt für sein gutes Geld einen Hund, der in aller Regel den Anforderungen der Jagdpraxis nicht zu entsprechen in der Lage ist, letzterer wird als reines Geschäftsobjekt behandelt und hat oft, da er als Jagdhund nichts taugt, ein kümmerliches Leben zu fristen.

HORST STERN hat in seinen „Bemerkungen über den Hund als Ware" am 27. Januar 1976 in eindrucksvoller und zutreffender Weise auf das Schicksal des zur Ware degradierten Hundes hingewiesen. Vom Jagdhund ist in diesem Bericht nicht ausdrücklich die Rede gewesen, es hieße jedoch die Augen vor der Wirklichkeit zu verschließen, wollte man behaupten, dass es auf dem Gebiet der Jagdhundezucht – insbesondere außerhalb des JGHV – nichts Vergleichbares gäbe. Hier den Anfängen zu wehren und es auf dem Gebiet des Jagdgebrauchshundwesens auch nicht nur andeutungsweise zu den von STERN geschilderten Verhältnissen kommen zu lassen, dienen die Bestrebungen des JGHV, und jeder einzelne Züchter kann dabei mithelfen, indem er grundsätzlich nur mit Hunden züchtet, die eine Ahnentafel der vom JGHV anerkannten Zuchtvereine haben.

Eine weitere Selbstverständlichkeit sollte es sein, dass beispielsweise der Eigentümer einer Hündin, mit der er zu züchten gedenkt, sich dem zuchtbuchführenden Verein anschließt und sich vom Zuchtwart beraten lässt. Dieser wird dem Zuchtbeflissenen mit Rat und Tat beiseite stehen, um einmal zu prüfen, ob die Hündin die entsprechende Zuchtqualifikation besitzt, d. h. nicht mit zuchtausschließenden Mängeln behaftet ist und im übrigen auch die nach der Zuchtordnung erforderlichen Prüfungen erfüllt hat. Des weiteren wird der Zuchtwart bei der Auswahl des entsprechenden Rüden behilflich sein, wobei jedoch hier schon zu bemerken ist, dass es – noch – kein durchschlagendes Rezept für die Hundezucht gibt, wie es beispielsweise möglich ist, in relativ kurzer Zeit Schweine oder Rinder den marktwirtschaftlichen Verhältnissen entsprechend umzuzüchten. Während es beispielsweise in der Schweinezucht – vereinfacht ausgedrückt – darauf ankommt, in möglichst kurzer Zeit mit möglichst wenig Mitteln möglichst viel Fleisch zu produzieren, kommt es bei der Hundezucht ganz wesentlich auf die geistig-seelischen Qualitäten des Jagdhundes an. Bei dem zitierten Beispiel der Schweinezucht ist lediglich darauf zu achten, drei exakt messbare Faktoren zu berücksichtigen und ganz wenige Erbanlagen zu beeinflussen. Bei der Hundezucht dagegen, insbesondere bei der Jagdhundezucht, ist zwar das äußere Erscheinungsbild bis zu einem gewissen Grade messbar, indessen nicht, was einen Jagdhund auszeichnet, wie etwa Schärfe, Härte, Wasserpassion, Finderwille, Nase und vieles andere mehr. Darüber hinaus weiß man bis heute kaum, inwieweit die Eigenschaften, die wir beim Hunde anstreben, genetisch bedingt oder von der Umwelt beeinflusst oder beeinflussbar sind, und inwieweit erwünschte Eigenschaften untereinander oder auch mit unerwünschten genetisch gekoppelt sind. All das lässt zur Zeit die Jagdhundezucht noch als ein Unternehmen erscheinen, zu dem mehr züchterisches Fingerspitzengefühl gehört, als ganz exakte wissenschaftliche Überlegungen. Dennoch kann der Zuchtwart bei der Auswahl der Elterntiere von unschätzbarer Hilfe sein, kommt es doch darauf an, aus der züchterischen Empirie heraus mindestens bestimmte Fehler zu vermeiden.

Derjenige, der sich nicht nur mit einem Wurf „nur mal so" begnügen will, sondern ernsthaft und auf Dauer hin sich der Jagdhundezucht verschreibt, kommt nicht umhin, sich mit drei wesentlichen Zuchtmaximen auseinanderzusetzen, die in diesem Zusammenhang zwar nicht bis in ihre Einzelheiten verfolgt werden können, indessen jedoch mindestens skizziert werden müssen. Es handelt sich dabei um die **Fremd-, Linien- und Inzucht.**

Ehe jedoch kurz auf diese Zuchtmethoden eingegangen wird, sei noch folgendes vorausgeschickt: Träger der Erbanlagen sind die sog. „Gene", die ihrerseits auf den länglich geformten Chromosomen aufgereiht sind, wie die Perlen auf einer Schnur. Jedes Lebewesen, pflanzlicher oder tierischer Natur, hat eine arteigene unveränderliche Chromosomenzahl, die immer paarweise vorhanden ist. Bei der dem Wachstum zugrundeliegenden Zellteilung spalten sich die Chromosomen in Längsrichtung, und jede der neu entstehenden Zellen ist wiederum mit der gleichen Chromosomenzahl versehen. Indessen ist es bei der Befruchtung, wenn sich die Keimzelle des Vaters mit der Keimzelle der Mutter vereinigt, etwas anderes, denn die Keimzelle geht aus einer Mutterzelle hervor, in der die Chromosomen genau nur zur Hälfte vorhanden sind, so dass bei der Vereinigung der weiblichen und der männlichen Keimzelle der arttypische volle Chromosomensatz wieder entsteht. Daraus ergibt sich – und das ist in diesem Zusammenhang wichtig – dass vom Rüden und der Hündin Erbanlagen im gleichen Gewicht beigesteuert

---

Beratung durch Zuchtwart

Schwierigkeiten einer Zuchtplanung

Zuchtmethoden

Träger der Erbanlagen: Gene

werden und nicht das eine oder das andere der Elterntiere bestimmte Merkmale allein oder in verstärktem Maße vererbt.

Fremdzucht

Bei der Fremdzucht nun kommt es darauf an, genau zu überprüfen, welche Anlagen und Eigenschaften erwünschter und unerwünschter Natur die Zuchthündin hat, wobei man sich richtigerweise nicht nur auf das Individuum beschränkt, sondern auch die Ahnen überprüft und ganz besonders auch die Geschwister. Die Einschätzung dieser Werte (**Zuchtwertschätzung**) ist heutzutage noch recht schwierig und muss sich notwendigerweise häufig auf das Lesen von Zucht- und Stammbüchern beschränken. Indessen ist man dabei, Verfahren zu entwickeln, die unter Zuhilfe der elektronischen Datenverarbeitung ermöglichen, exaktere Daten zu liefern. Wenn man heutzutage schon bezüglich der feststellbaren Leistungen – mit allen Vorbehalten – in dieser Richtung im Begriff ist, erste Schritte zu tun, so erscheint dies im Hinblick auf die geistig-psychischen Eigenschaften – im allgemeinen im Hinblick auf das, was man das „Wesen des Hundes" bezeichnet – noch kaum möglich. Aber auch hier ist man dabei, ein System zu entwickeln, aufgrund dessen hoffentlich in nicht allzu ferner Zukunft Feststellungen zu treffen sind, aufgrund derer wiederum auch bezüglich dieser für die Jagd ganz wesentlichen Merkmale Zucht- und Erbwertforschung betrieben werden kann.

Es sei hier insbesondere auf die im Zusammenhang mit der HD erwähnte BLUP-Methode hingewiesen.

Hat man nun mit den vorhandenen Mitteln und nach den gegebenen Möglichkeiten den Zuchtwert der Hündin einigermaßen eingeschätzt, so wählt man nach denselben Gesichtspunkten einen Rüden aus, der bezüglich der Eigenschaften zu der Hündin passt, und dann hofft man, dass das Experiment gut geht. Bisweilen ist dies nicht der Fall; dann sollte man einen anderen Rüden nehmen. Bisweilen tritt der erhoffte Erfolg jedoch ein, oder die gehegten Hoffnungen werden sogar noch übertroffen; dann gibt es für den Züchter eigentlich nur eins: So lange es irgendwie geht, und so lange es die Zuchtordnungen erlauben, diese Paarung zu wiederholen, denn diese Art der Züchtung gibt die heute einzige und größtmögliche Garantie dafür, dass die zu erwartenden Welpen auch den gehegten Hoffnungen entsprechen.

Linienzucht

Bei der Linienzucht geht es darum, ganz bestimmte Merkmale hervorzuheben und in einem Stamm zu manifestieren, dabei bedient man sich bei der Auswahl der Zuchtpartner solcher, die aus der weiteren Verwandtschaft stammen, was den Vorteil hat, dass fehlerhafte und unerwünschte Eigenschaften eher in Erscheinung treten als bei der Fremdzucht, die in den nachfolgenden Generationen zu bösen Überraschungen führen kann. Da aber auch bei der Linienzucht bei den heute gegebenen Möglichkeiten der Erbwert der ausgewählten Zuchtpartner nur grob geschätzt werden kann, ist auch die Linienzucht häufig vom Zufall abhängig und kann zu Rückschlägen führen.

Inzucht

Inzucht betreibt man, wenn die Mutterhündin mit einem Sohn oder der Rüde mit einer Tochter gepaart wird, oder wenn man Geschwister untereinander paart. Dieses Vorgehen hat den Vorteil, dass die erwünschten und unerwünschten Eigenschaften schon in der ersten Generation voll sichtbar werden und infolgedessen die weitere Zuchtplanung beeinflusst werden kann, ohne dass die Gefahr besteht – wie beispielsweise bei der Fremdzucht – dass in den folgenden Generationen plötzlich Eigenschaften auftauchen, von deren erbmäßigem Vorhandensein man keine Ahnung gehabt hat. Eine Zuchtplanung nach diesen Erkenntnissen setzt allerdings voraus, dass die Welpen möglichst genau beobachtet und hinsichtlich der in ihnen verkörperten Eigenschaften genaue Feststellungen getroffen werden. Bei dem weiteren Zuchtgeschehen muss der Züchter äußerst selbstkritisch und ehrlich vorgehen und sich mit der Vererbbarkeit der erwünschten und unerwünschten Anlagen so weit wie möglich vertraut machen und die entsprechenden Erkenntnisse ehrlich berücksichtigen.

Den Ahnen unseres Hundes, den Wölfen, ist es nur einmal im Jahr gegeben, sich fortzupflanzen; die Wölfin ist nur einmal im Jahr während einer bestimmten kurzen Frist paarungsbereit. Die Segnungen der Zivilisation haben es offensichtlich mit sich gebracht, dass der Lebenskampf der Hunde um ein vielfaches weniger hart ist als der der Wölfe, und dass die Natur daher zulässt, dass die Hündinnen regelmäßig zweimal im Jahr paarungsbereit und in der Lage sind, sich fortzupflanzen. So haben Domestikation und Zucht nicht nur das Äußere unseres Wolfes verändert, sondern auch seinen biologischen Fortpflanzungsrhythmus verändert.

Fortpflanzungsrhythmus

Die Haushunde werden auch früher geschlechtsreif als die Wölfe; bei den Rüden ist das etwa im 8 bis 9 Lebensmonat der Fall, bei den Hündinnen früher. Das hängt von der Rasse und auch von den Umwelteinflüssen ab. Beim Rüden ist die Geschlechtsreife regelmäßig am Verhalten beim Nässen festzustellen; er hebt dann in der typischen Art und Weise seinen Hinterlauf. Die Hündinnen kommen erstmals in die „Hitze". Dieser Begriff ist darauf zurückzuführen, dass während der Brunst die Körpertemperatur der Hündin im Genitalbereich ansteigt. Man nennt diesen Zustand auch „Läufigkeit" oder „Färben". Der erste Begriff hängt damit zusammen, dass die Hündinnen ein von ihren sonstigen Lebensgewohnheiten abweichendes Verhalten an den Tag legen; sie laufen den Rüden nach. Und der Begriff des Färbens ist darauf zurückzuführen, dass die Hündinnen einen z. T. farbigen Ausfluss haben – meistens sehr zum Leidwesen der Hausfrauen. Mit der ersten Hitze ist die Hündin jedoch körperlich noch nicht so ausgereift, dass man sie be-

Geschlechtsreife

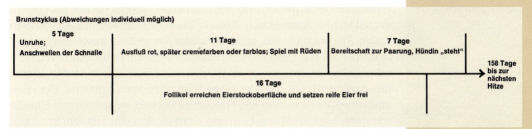

Die Hitze der Hündin

legen sollte; vielmehr darf man dies in ihrem und der Welpen Interesse erst tun, wenn sie körperlich völlig erwachsen ist. Das ist je nach Rasse unterschiedlich, und die Zuchtordnungen der einzelnen Vereine und Verbände statuieren genau, wann die Hündin erstmals belegt werden darf. Auch Rüden dürfen nicht sofort nach der Geschlechtsreife eingesetzt werden; sie müssen zunächst – auch in den Zuchtordnungen näher festgeschrieben – den Nachweis ihrer grundsätzlichen Zuchttauglichkeit erbringen.

Die **Hitze der Hündin** dauert insgesamt etwa 3 Wochen bis 25 Tage. Man kann verschiedene Abschnitte unterscheiden.

Das erste Stadium wird bisweilen noch nicht zur Läufigkeit gerechnet. In ihm sind vom üblichen Verhalten abweichende Erscheinungen, wie Unruhe und unter Umständen vermehrter Appetit, festzustellen; auch schwillt die Schnalle langsam an.

Verlauf der Hitze

Nach diesem 3 bis 5 Tage etwa dauernden Vorbereitungsstadium ist bei der Hündin ein rötlicher Ausfluss zu beobachten, der später cremefarben oder farblos wird.

Mit dem Abnehmen oder Aufhören des Ausflusses ist der Höhepunkt der Läufigkeit erreicht. Die Ausscheidungen enthalten für die Rüden höchst interessante Riechstoffe, die diese magisch anziehen und bisweilen das Heim des Hundehalters in einen Belagerungszustand durch sich ein amouröses Abenteuer erhoffende Rüden versetzen. In zunehmendem Maße beginnt die Hündin, sich in dieser Zeit für Rüden zu interessieren, und auch die Bindung zu „ihrer Familie", auch zum Herrn, wird lockerer. Die Hündin ist unruhig, reizbar, zum Teil ausgesprochen ungehorsam und ändert bisweilen auch ihre Fressgewohnheiten.

Paarungsbereitschaft

Während die Hündin etwa bis zum 10. bis 11. Tage in zunehmendem Maße eine Neigung gezeigt hat, mit Rüden zu spielen, zeigt sie etwa vom 11. Tage an eine unbedingte Paarungsbereitschaft, die für den Menschen auch zweifelsfrei dadurch erkennbar wird, dass die Hündin die Rute beiseite dreht und unter Zusammenziehen der Rumpfmuskulatur eine typische Paarungsstellung einnimmt.

Die normale Eireife tritt etwa vom 10. bis 14. Tage nach Beginn der Hitze ein, bei manchen Hündinnen auch später. Das bedeutet, dass der Hündinnenbesitzer diese Zeit für den Deckakt wahrnimmt, denn von der Zahl der befruchtungsfähigen Eier hängt die Stärke des späteren Wurfes ab. Der Hündinnenbesitzer sollte es auch nicht bei einem einmaligen Deckakt belassen. Ideal ist es, wenn die Hündin an zwei oder drei aufeinanderfolgenden Tagen dem Rüden zugeführt werden kann.

Superfekundation

Einer besonderen Erwähnung bedarf in diesem Zusammenhang das Phänomen der **Superfekundation**. Da bei der Hündin die Eier nacheinander reif werden, kann es sein, dass ein Teil der Eier an einem Tage von dem Rüden A befruchtet wird, während später ein weiterer inzwischen reif gewordener Teil von Eiern von dem Rüden B befruchtet wird. Das hat zum Ergebnis, dass im späteren Wurf Welpen nach zwei verschiedenen Vätern liegen mit der Folge, dass der ganze Wurf nicht anerkannt wird. Der Hündinnenbesitzer muss also nach erfolgtem Deckakt weiterhin seine Hündin wie einen Augapfel hüten. Es ist also nicht so, dass eine Hündin, ist sie einmal belegt, nicht nochmals erfolgreich gedeckt werden kann.

Von einem Märchen muss in diesem Zusammenhang auch die Rede sein, nämlich dass eine rassereine Hündin, die einmal von einem Bastard gedeckt worden ist, in Zukunft nie mehr rassereine Hunde zur Welt bringen kann. Das ist biologisch so unhaltbar, wie verwunderlich ist, dass es heute noch ernstzunehmende Menschen gibt, die das bisweilen behaupten. Auch wenn keine Eier mehr reif werden, kann die Hündin weiterhin belegt werden. Das Ende dieses Stadiums zeigt sich darin, daß die Hündin nicht mehr paarungsbereit ist und deckwillige Rüden abbeißt. Bald darauf kann der Brunstzyklus als beendet angesehen werden.

Sollte es einmal zu einem unerwünschten Deckakt kommen, kann der Tierarzt durch Spritzen dem Ergebnis entgegenwirken, wobei jedoch zu beachten ist, dass diese Art der Schwangerschaftsunterbrechung für die Hündin mit gewissen Risiken verbunden ist.

Ehe die Hündin nun dem Rüden endlich zugeführt wird, bedarf es noch eines Blickes auf den damit verbundenen Papierkrieg. Wenn es vom menschlichen Leben heißt: „Von der Wiege bis zur Bahre, Formulare, Formulare", so hat dies für die Hundezucht eine noch umfassendere Bedeutung. Was bei uns Menschen – glücklicherweise noch – nicht erfasst ist, bedarf bei unseren Hunden schon einer akten- und formblattmäßigen Erledigung: Der Zeugungsakt selbst. Die Zuchtordnungen der einzelnen Zuchtvereine enthalten im wesentlichen in dieser Richtung übereinstimmende Vorschriften.

Formalitäten

So hat der Besitzer des Deckrüden nach dem Deckakt eine Deckbescheinigung auszufüllen, die er so lange in seinem Besitz behalten kann, bis ihm der Züchter von dem gefallenen Wurf Mitteilung macht. Diese Deckbescheinigung genießt wie die Ahnentafel selbst auch urkundlichen Schutz.

Ist der Wurf einmal gefallen, so ist eine Wurfmeldung auszufüllen, die Angaben über die zur Welt gebrachten Rüden und Hündinnen enthält und binnen einer bestimmten Frist nach dem Wurftag zusammen mit der Deckbescheinigung dem Zuchtwart des Zuchtvereins einzureichen ist.

Hat der Züchter für seinen Zwinger noch keinen Namen und genießt noch keinen Zwingerschutz, so ist dieses spätestens zusammen mit der Anmeldung des ersten Wurfes zu beantragen. Des weiteren müssen in der Regel den Wurfunterlagen die Ahnentafel der Mutterhündin und auch bei erstmaliger Verwendung des Deckrüden dessen Ahnentafel beigefügt werden. Bei vollständiger Vorlage der Wurfunterlagen werden alsdann die Ahnentafeln vom Zuchtbuchamt des zuchtbuchführenden Vereins ausgestellt und begleiten nun den Hund, wie schon ausgeführt, bis „zu seiner Bahre".

Die dem Welpen erteilte Zuchtbuch-Nummer wird von einem Beauftragten des Zuchtvereins in einen bestimmten Behang des Welpen noch während der Zeit eintätowiert, zu der er sich bei dem Züchter befindet und noch nicht an den späteren Erwerber und Führer abgegeben worden ist.

Bei dem Deckakt nun selbst ist von Bedeutung, dass die Ahnherren unserer Hunde, die Wölfe, praktisch monogam leben, d. h. dass sie eine ganz bestimmte Partnerbeziehung haben. Bei den Hunden dagegen nehmen die Tiere nach den bislang gemachten Beobachtungen im allgemeinen die ihnen zugeführten Partner an; das gilt gleichermaßen für Rüden und Hündinnen. Indessen gibt es Beobachtungen, dass männliche Tiere ganz bestimmte weibliche, weibliche auch ganz bestimmte männliche Tiere bevorzugen.

Der Deckakt

So wie diese augenscheinlichen Sympathien zu beobachten sind, sind auch offenbare Antipathien zu beobachten mit der Folge, dass es zu dem erwünschten Deckakt augenscheinlich überhaupt nicht kommen kann. Derartige Beobachtungen liegen vermehrt für Hündinnen als für Rüden vor, wenn es auch beispielsweise bei viel eingesetzten Zuchtrüden vorkommen kann, dass sie Hündinnen selbst auf der Höhe ihrer Läufigkeit einfach ablehnen. Das zu wissen, ist auch von einigem praktischen Wert, denn man darf sich nicht mit seiner Hündin über mehrere 100 km zu dem ausgewählten Rüden begeben in der Hoffnung, dass nach 27 Minuten die ganze Hochzeit erfolgreich beendet ist; vielmehr geht dem eigentlichen Deckakt ein je nach der Individualität der Hunde mehr oder weniger ausgedehntes Begrüßungszeremoniell und Werbeverhalten voraus, bei dem sie sich in ganz bestimmter Art und Weise beschnüffeln, untersuchen und belecken, zusammen spielen, urinieren und versuchsweise aufreiten. Die empfängnisbereite Hündin bleibt schließlich ruhig stehen, damit der Rüde aufspringen und das Feuchtglied in die Schnalle einführen kann. Danach schwillt das Geschlechtsorgan des Rüden innerhalb der Hündin schnell so stark an, dass sein Umfang alsbald größer als die Öffnung der Schnalle ist und auf diese Art und Weise ein „Kopplungseffekt" eintritt: Die Hunde hängen. Nach kurzer Zeit springt der Rüde von der Hündin ab, wendet sich um 180° und steht alsbald mit seinem Kopf entgegengesetzt zur Richtung der Hündin.

Das „Hängen"

Dieses Hängen hält etwa 10 bis 30 Minuten an. Während dieser Zeit verharren die Partner jedoch nicht starr, sondern es kann auch zu Fluchtbewegungen von der einen oder anderen Seite kommen bis hin zu heftigen Auseinandersetzungen, sogar Beißereien zwischen den Partnern. Sinn des Hängens ist wohl, vor dem Hintergrund der Arterhaltung eine höchstmögliche Garantie für eine Befruchtung zu geben; indessen scheint das Hängen nicht unbedingt für eine Befruchtung erforderlich zu sein, wie die Ergebnisse bei der künstlichen Besamung zeigen. Nach dem Hängen, wenn es dem Rüden also nach Abschwellen des Gliedes gelungen ist, es wieder aus der Schnalle zu ziehen, kommt es bisweilen zwischen den Partnern noch zu einer kurzen Spielerei.

Künstliche Befruchtung

Die künstliche Befruchtung ist im Bereich der Tierzucht, man denke etwa an Pferde, Rinder oder Schweine, seit langem nichts Außergewöhnliches mehr, im Bereich der Hundezucht indessen ein wenig benutztes Instrument, obwohl der Hund die erste Säugetierart ist, bei der – damals, 1780 in Italien – aus experimentellem Interesse eine erfolgreiche Samenübertragung vorgenommen worden ist. Es ist eine Reihe von Gründen denkbar, auch beim Hund zu einer künstlichen Besamung zurückzugreifen, zu beachten sind dabei der richtige Zeitpunkt der Samengewinnung wie auch der der Besamung selbst, es ist auf die Qualität des Spermas zu achten wie auch die richtige Technik bei der Besamung selbst anzuwenden. Es ist zwischen einer Frischsamenübertragung und der Verwendung konservierten Spermas zu unterscheiden. Konserviert werden kann Sperma, indem es bei −196 °C eingefroren wird, bei uns offenbar z. Zt. nur möglich an den Universitätstierkliniken Hannover und München, in Frankreich ist offiziell eine Samenbank für Hunde eingerichtet an der Ecole Nationale Vétérinaire d'Alfort.

Die Trächtigkeit

der Hündin dauert durchschnittlich etwa 63 Tage. Es ist jedoch nicht außergewöhnlich, dass die Welpen auch schon einige Tage vorher zur Welt kommen oder erst nach diesem Termin geworfen werden. Indessen sollte man, um es nicht zu Komplikationen kommen zu lassen, den Tierarzt aufsuchen, wenn der errechnete Geburtstermin um einige Tage überschritten ist. Es kann dann festgestellt werden, ob mit der Geburt alsbald gerechnet werden kann, oder ob unter Umständen andere Ursachen für die Verzögerung maßgebend sind. Der Tierarzt wird nach entsprechender Diagnose die erforderlichen Maßnahmen treffen, unter Umständen die Geburt künstlich einleiten.

Während der Trächtigkeit ist an der Hündin zunächst nichts Auffälliges, von ihrem üblichen Erscheinungsbild oder Verhalten Abweichendes festzustellen. Erst mit der Zeit wird die Hündin offensichtlich etwas träger, schwerfälliger, „fauler". Dabei muss man sich vor Augen halten, dass es sich eine Wölfin ja auch nicht leisten kann, untätig herumzusitzen und sich von Verwandten und Bekannten verhätscheln lassen kann. Sie muss bis kurz vor dem Geburtstermin körperlich in der Lage sein, sich ihren Lebensunterhalt zu verdienen, d. h. Beute zu machen, und sie muss auch in der Lage sein, sich eine entsprechende Geburtshöhle zu graben oder zu suchen. Es wäre auch falsch, die Hündin während der Trächtigkeit besonders gut zu füttern, denn der durch zu gute Fütterung bedingte vermehrte Leibesumfang bedeutet nur ein vermeidbares Erschwernis bei der Geburt. Das bedeutet nicht, dass auf eine auf den Zustand der Hündin abgestellte Fütterung verzichtet werden könnte; dies wird jedoch Thema einer späteren Betrachtung sein. Der Hündinnenbesitzer tut also gut daran, die Hündin nach wie vor zu bewegen, vielleicht sogar mehr als zuvor, wenn er ihr allzuviel Ruhe bislang gegönnt hatte. Wichtig ist es auch, sie alsbald zu Beginn der Trächtigkeit zu entwurmen, was allerdings nicht bedeutet, dass die Welpen wurmfrei zur Welt kommen. Eine Feststellung, ob die Hündin überhaupt aufgenommen hat, d. h. trächtig ist, ist sehr schwierig. Wie schon ausgeführt, ist bei der Hündin zunächst überhaupt nichts festzustellen. Erst in den letzten Wochen oder Tagen der Trächtigkeit bleiben dem aufmerksamen Beobachter eine Reihe von Anzeichen nicht verborgen. So wird die Hündin um die Lendengegend herum gegen Ende der Trächtigkeit voller. Häufiges Nässen kann auf eine Trächtigkeit hinweisen. Bei jungen Hündinnen ist ein Anschwellen der Zitzen zu beobachten und auch eine Steigerung des Appetites.

Behandlung der Hündin

Wichtig ist es auch, dass der Hündin spätestens eine Woche vor dem Werfen das „Wochenbett" zugewiesen wird. Es besteht nun nicht aus einem daunenweichen Wonnelager; vielmehr ist zu berücksichtigen, dass die Hündin bei und nach der Geburt ihren „biologischen Pflichten" voll nachkommen können muss. Das bedeutet, dass die Wurfkiste in ihren Ausmaßen so groß sein muss, dass die Hündin, wenn sie ausgestreckt liegt, immer mit ihren Gliedmaßen an die Begrenzungen der Kiste reicht, um sich während der Wehen abstützen und damit selbst unterstützen zu können. Des weiteren sollte die Kiste, falls sie oben nicht offen ist, mindestens so hoch sein, dass die Hündin aufrecht darin stehen kann, wenn es auch nicht erforderlich ist, dass sie dies hocherhobenen Hauptes tun können muss. Der Boden selbst sollte aus gehobelten blanken Brettern bestehen. wobei es ideal ist, wenn zwischen den Brettern kleine, schmale Öffnungen sind, so dass insgesamt der Boden einem Lattenrost gleicht. Der Raum unter diesem Lattenrost sollte leicht zu

Die Wurfkiste

reinigen sein, was zusammen mit dem Bestreben der Hündin, die Wurfkiste peinlich sauber zu halten, zu größtmöglicher Hygiene führt.

Das Werfen

selbst kündigt sich mit einem Sinken der Körpertemperatur an. Etwa 10 bis 24 Stunden vor dem Werfen sinkt sie um etwa 1,5 bis 2 °C, im Regelfall nicht tiefer als auf 36 °C. Ist der Hündin eine Wurfkiste zugewiesen, und haben sowohl der Platz als auch die Kiste selbst ihren Beifall gefunden, so sucht sie dieses Lager auf, dennoch beginnt sie – insbesondere, wenn ihr der ihr zugewiesene Platz nicht zusagt – bei jeder Gelegenheit, eine Wurfhöhle zu graben. Die Trägheit der Hündin nimmt ganz auffallend zu; sie hat wenig Lust, sich draußen zu bewegen, und auch das Bedürfnis, Nahrung zu sich zu nehmen, läßt nach; es wird z.T. als „normal" bezeichnet, wenn die Hündin am Tage vor der Geburt überhaupt nichts mehr frisst. Weiterhin kann beobachtet werden, dass Milch in die Zitzen schiesst, und dass die Hündin die Behaarung am Bauch verliert.

Je mehr sich der Zeitpunkt des Werfens nähert, um so unruhiger werden die Hündinnen. Sie hecheln bisweilen sehr stark und scharren am Boden, sie geben Schmerzen oder Unruhe verratende Lautäußerungen, wie Winseln und Stöhnen, von sich, suchen verschiedene Orte auf und lassen in ihrem Verhalten eine gewisse Ratlosigkeit erkennen.

Besondere Bindung an den Menschen

Besonders interessant erscheinen in diesem Zusammenhang Beobachtungen, die man im Verhalten der vor dem Werfen stehenden Hündinnen im Verhältnis zum Menschen gemacht hat. In aller Regel pflegen gezähmte Wild- und auch Haustiere bei entsprechenden Möglichkeiten, vor dem Menschen zu fliehen, wenn sie vor der Geburt stehen oder gebären. Indessen sucht die werfende oder kurz vor dem Werfen stehende Hündin geradezu die Gegenwart des Menschen oder – besser gesagt – ihres ihr besonders verbundenen Herrn. In dessen Gegenwart sollen die geburtsbedingten, oben beschriebenen Verhaltensweisen zusehends verschwinden – ja, es ist sogar beobachtet worden, dass Hündinnen mit dem Werfen so lange warten oder innehalten, bis ihr Herr endlich erscheint. Dieses Verhalten kann offensichtlich auch nicht mit dem Meuteverhalten erklärt werden, dass der Hund gleichartig dem Menschen wie auch seinesgleichen gegenüber entgegenbringt, denn gerade ihre hündischen Meutegenossen pflegt eine Hündin zu fliehen oder wehrt sie vom Wurfplatz ab. Die Deutung, dass der Mensch im Dasein des Hundes durch dessen hohen Grad von Domestikation einen besonderen Platz einnimmt, und dies beispielsweise in der für die Hündin so kritischen Situation ganz augenscheinlich zu Tage tritt, scheint nicht von der Hand zu weisen zu sein.

Die eigentliche Geburt beginnt alsdann mit den Eröffnungswehen, die unter Umständen mehrere Stunden dauern können. Ihnen schließen sich die deutlicher wahrnehmbaren Presswehen an, denen die erste Austreibung, die Geburt des ersten Welpen, folgt. Die Hündin kann dabei die verschiedensten Haltungen einnehmen, sie kann sitzen wie beim Blässen, sie kann stehen, sie kann auf der Seite liegen oder teilweise aufgerichtet sein; es kommt auch vor, dass eine Hündin während des Gehens einen Welpen verliert.

Der ungeborene Welpe befindet sich in einer Art ihn völlig umgebenden Wassersack, der Fruchtblase, in der etwa auch die Hälfte aller Welpen noch zur Welt kommt. Die Hündin zerreißt alsdann die Fruchtblase, worauf der Welpe frei wird. Die Hündin schleckt das Fruchtwasser auf und frisst dabei auch die dünne Haut auf. Der Welpe ist nun noch mit dem Nabel mit der Mutter verbunden, die schließlich auch den Nabel abreißt und auffrisst ebenso wie die nach der Geburt des Welpen erscheinende Nachgeburt.

Bei jungen, noch unerfahrenen Hündinnen ist zu beobachten, dass sie zunächst nicht wissen, wie eine Fruchtblase zu öffnen ist, und auch nicht den Welpen abzunabeln imstande sind. Es kann auch sein, dass Zahnanomalien, wie Vorbiss, es der Mutter unmöglich machen, die Fruchtblase aufzubeißen. In diesen Fällen muss der den Geburtsvorgang beobachtende Züchter eingreifen und der Hündin helfen.

Bis zur nächsten Presswehe, bis zur nächsten Austreibung, leckt die Hündin alsdann den neugeborenen Welpen zunächst einmal sauber und legt ihn an das Gesäuge. Die ihr alsdann bleibende Zeit nutzt sie zum Ruhen.

Die Dauer der vollständigen Geburt ist einmal abhängig von der Größe des Wurfes, d.h. von der Anzahl der zur Welt gebrachten Welpen, und zum anderen auch von den Intervallen zwischen den einzelnen Geburten, die lediglich 5 bis 10 Minuten, bisweilen aber auch 60 Minuten betragen können. In der Regel betragen die Intervalle offensichtlich 25 bis 30 Minuten, was auch am natürlichsten sein dürfte. Einerseits kann es sich nämlich ein wildes Tier nicht leisten, sich während der bei der Geburt herrschenden besonderen Wehrlosigkeit über Gebühr den Zugriffen seiner Feinde auszusetzen, andererseits würde eine zu schnelle Folge der Austreibungen der Hündin die Zeit nehmen, sich um ihre Kinder zu kümmern und auch neue Kräfte zu sammeln.

Verantwortung des Züchters bei der Geburt

Der Züchter sollte streng darauf achten, ob die Hündin in der Lage ist, von sich aus ihren Mutterpflichten gerecht zu werden, und ob die Geburt im übrigen auch nicht abnorm verläuft. Abnormitäten im Instinktverhalten der Hündin wie im Ablauf der Geburt können außerdem darauf hindeuten, dass auch im übrigen Verhaltensrepertoire des Hundes irgend etwas nicht stimmt. Bei unseren Jagdhunden ist das von besonderer Bedeutung, denn sie sind gezwungen, einen Beruf auszuüben. Weniger Bedeutung wird diesen Umständen offensichtlich den Modehunden beigemessen, von denen manche Rassen fast überhaupt nicht mehr in der Lage sind, auf natürlichem Wege zu gebären.

Scheinträchtigkeit

Unter „Scheinträchtigkeit" verstehen wir das Phänomen, dass bei einer Hündin alle typischen körperlichen und geistig-seelischen Anzeichen einer Trächtigkeit zu beobachten sind bis hin zum Termin des Werfens und auch darüber hinaus, indem die Hündin alsdann ihr Brutpflegeverhalten an toten Gegenständen und Lebewesen zeigt.

Bei der Scheinträchtigkeit müssen wir allerdings offensichtlich zwei verschiedene Tatbestände unterscheiden.

Einmal hat TRUMLER bei seinen Dingos und Dingo-Mischlingen beobachtet, dass nach einem Deckakt und entsprechender Tragezeit die Hündin keine Jungen zur Welt brachte, indessen alle üblichen Anzeichen einer echten Trächtigkeit aufwies. Am Tage, an dem die Geburt erfolgen sollte, hörten allerdings diese Erscheinungen auf, und danach war alsbald nichts mehr zu beobachten. TRUMLER hält es für möglich, dass eine derartige Scheinträchtigkeit biologische Ursachen hat. Eine Scheinträchtigkeit dieser Art lasse physiologische Vorgänge, die durch die möglicherweise sogar mit einer Konzeption verbundenen Bedeckung ausgelöst wurden, ablaufen, wobei wahrscheinlich die Keime im Mutterleib wieder aufgelöst werden. Der Geburtsakt scheine dann für diesen Vorgang nicht mehr notwendig zu sein; sein Ausbleiben bringe ebensowenig eine Störung mit sich wie der Umstand, dass es keine Welpen gäbe, die saugen. Die Milchdrüsen bildeten sich nämlich sehr schnell wieder zurück. TRUMLER hält diesen Vorgang für eine Art „biologischer Geburtenregelung".

Ähnlich ist bei unseren Haushunden zu beobachten, dass es auch nach einem Deckakt, von dem man annehmen müsste, dass er erfolgreich war, nicht zu einer Geburt kommt. Hier ist nicht auszuschließen, dass es auch zu unbeobachteten Aborten kommt. In diesen Fällen ist allerdings häufig festzustellen, dass nach dem Zeitpunkt der Geburt die Hündin sich weiterhin benimmt, als ob sie tatsächlich Welpen habe. Sie hat sich zunächst ein Nest gebaut oder sich in ihre Wurfkiste zurückgezogen, in das bzw. in die sie nunmehr nach dem Zeitpunkt der Geburt tote Gegenstände oder auch junge Tiere anderer Arten schleppt, um dort ihren Pflegetrieb zu kompensieren. Dabei kann es vorkommen, dass die Hündin auch Junge solcher Tierarten zu sich nimmt, die sie sonst bekämpft, oder die zu ihren Beutetieren gehören.

„eingebildete Schwangerschaft"

Ist bei diesen beschriebenen Arten der Scheinträchtigkeit immerhin ein Zeugungsakt vorausgegangen, ist eine andere Art von Scheinträchtigkeit wohl mehr als „eingebildete Schwangerschaft" zu den Nervenerkrankungen zu rechnen. Nach veterinär-medizinischen Beobachtungen tritt diese Art der Scheinträchtigkeit meist bei überernährten oder nervösen Hündinnen auf, häufig jedoch auch ohne jeglichen Zusammenhang. Nach Beobachtungen in jüngster Zeit sind es nicht immer besonders nervöse oder auch überfütterte Hündinnen, bei denen Scheinträchtigkeit auftritt, sondern sie ist auch bei durchaus „im Berufsleben" stehenden Jagdhunden zu beobachten, und zwar jeweils nach einer Hitze oder auch nach Hormonbehandlungen gegen die Läufigkeit durch den Tierarzt. In diesen Fällen zeigen die Hündinnen auch körperlich im Endstadium der „Tragezeit" die typischen körperlichen Merkmale der Trächtigkeit, wie Dickerwerden und Einschießen von Milch in das Gesäuge, aber auch die schon beschriebenen geistig-seelischen Verhaltensweisen. Danach sind sie auch um eine Abreaktion ihres Brutpflegeverhaltens bemüht. Der Umstand, dass in diesem Stadium die Hündin sehr bereit und geneigt ist, sich um andere Jungtiere zu bemühen, prädestiniert sie dafür, als Amme verwandt zu werden.

Therapie

Insgesamt ist das Verhalten jedoch häufig recht lästig, so dass das Bestreben des Besitzers dahin geht, den Zustand möglichst schnell überwinden zu lassen. Als Therapie empfiehlt sich, die Hündin möglichst abzulenken und mir ihr möglichst mehr als gewöhnlich zu unternehmen. Sie muss beansprucht und gefordert werden; man kann mit ihr vielleicht die gewohnten und eventuell vernachlässigten Übungen unternehmen und sie auch – soweit es Jahreszeit und körperlicher Zustand der Hündin zulassen – eifrig zur

Jagd einsetzen. Im übrigen sollte das Futter leichter und auch weniger umfangreich sein als sonst. Man kann auch das Gesäuge mit Essigwasser oder entsprechend ähnlichen Lösungen einreiben. Die Hündin wird in diesem Zustand das Bestreben haben, sich die Milch selbst abzusaugen, was nach Möglichkeit vermieden werden sollte. Ein Absaugen der Milch führt natürlicherweise immer zu neuer Produktion und verlängert den von uns nicht gerade begrüßten Zustand. Sollte nach wenigen Tagen keine „Besserung" eingetreten sein, kann ein Tierarzt mit Hormonbehandlungen weiterhelfen.

Nun wieder zurück zu unseren Welpen.

In den ersten Lebenstagen muss der Züchter sämtliche Welpen untersuchen, ob sie mit Wolfskrallen versehen sind und sie gegebenenfalls kupieren; ebenfalls muss in den ersten Lebenstagen bei den Rassen und Schlägen, bei denen die Rute kupiert wird, dies geschehen.

Auf die hierzu seit dem 1. Juli 1998 geltenden tierschutzrechtlichen Vorschriften ist im Zusammenhang mit der Beschreibung des Hundes schon hingewiesen.

Die Wolfskrallen oder Afterklauen sind ohne Zusammenhang mit den übrigen Zehen an der Innenseite der Hinterläufe sitzende fünfte Zehen, die keine Aufgabe mehr haben. Da überflüssige Körperteile – an den Zähnen haben wir das beispielsweise schon gesehen – sich im Laufe der Zeit zurückbilden und verschwinden, werden auch längst nicht alle Hunde mit Afterklauen geboren. Indessen können die überflüssigen Krallen dem Hunde sehr gefährlich werden. Sie sitzen relativ lose, und der Hund könnte sie sich beim Spielen und insbesondere auch bei der Jagd ab- oder mit ihnen den Lauf einreißen, was zu schmerzhaften, üblen Verletzungen führen kann. Werden sie jedoch in den ersten Lebenstagen entfernt, ist dies komplikationslos, und das Problem ist ein für alle Mal gelöst. Verabsäumt man den kleinen ungefährlichen Eingriff in den ersten Lebenstagen, dann könnte nur noch ein Tierarzt mit einer etwas umfangreicheren Operation helfen.

Weiterhin ist der ordentliche Züchter dazu verpflichtet, schon mit seinen Welpen eine Wurmkur zu machen und sie mit den erforderlichen Impfungen versehen erst abzugeben. Kein Züchter kann auch bei größter Hygiene und Aufmerksamkeit ganz sicher sein, dass seine Welpen keine Spulwürmer haben; meistens werden sie bei entsprechender Beobachtung doch festgestellt werden. Mit einem entsprechenden, für Welpen bestimmten Mittel, werden sie erstmals behandelt; über die weitere Behandlung anderer Würmer haben wir uns schon unterhalten. So wie der Hund entwurmt sein sollte, wenn er vom Züchter abgegeben wird, sollte er auch mindestens schon gegen Staupe, Hepatitis, Leptospirose geimpft sein.

Afterklauen

Magyr Vizsla-Wagen

Wurmkur

Impfungen

Welpenzahl

Ein Problem, mit dem sich viele Züchter herumgeschlagen haben, wenn sie plötzlich vor einem Wurf stehen, der aus 8, 10, 12 oder noch mehr Welpen besteht, ist das, ob er sich und unter Umständen auf welche Weise eine Amme besorgen soll, ob er alle Welpen bei der Mutter belassen kann und darf, oder ob und wie er welchen Welpen ausmerzen sollte. Bis Mitte der 70er Jahre war es gang und gäbe, dass in den Zuchtbestimmungen sowohl der jagdkynologischen Vereinigungen als auch anderer eine Vorschrift enthalten war, nach der nur eine begrenzte Anzahl von Welpen aufgezogen werden dürfe. Meistens war die Welpenanzahl auf 6 beschränkt; für den Fall, dass Ammen bereitstanden, konnten unter bestimmten Voraussetzungen mehr oder auch der ganze Wurf großgezogen werden. Dieser Übung wurde von der Rechtssprechung ein Ende gesetzt durch das Urteil des Oberlandesgerichtes Frankfurt vom 29. Januar 1975 (Az. 19 U 97/74). Es ist lohnenswert für jeden Züchter, sich mit den tragenden Gründen dieses Urteils auseinanderzusetzen. Einmal wird ihm in diesem Urteil vor Augen geführt, was für eine Verantwortung er als Züchter hat, und zum anderen werden ihm im Urteil auch Hinweise erteilt, in welchem Rahmen er auch in Zukunft das Recht und die Möglichkeit hat, Welpen auszumerzen.

Mit 11 bis 14 Tagen öffnen die kleinen Welpen ihre Augen. Bei allen Hunden sind sie verwaschen bläulich, und sie bekommen erst später ihre typische Farbe.

Hygiene in der Wurfkiste

So lange die Welpen ausschließlich von der Muttermilch leben, ist die Hündin mit Sorgfalt bestrebt, die Wurfkiste absolut sauber zu halten. Mit 3 bis 4 Wochen beginnen die Welpen herumzukrabbeln und ihre Welt zu erkunden. Das ist der Zeitpunkt, da mit einer gewissen Zufütterung begonnen werden kann. Bekommen die Welpen erst einmal anderes Futter als die Muttermilch, so hört die Hündin auch auf, die Exkremente der Welpen zu beseitigen, und es ist nun Aufgabe des Züchters, den Zwinger peinlichst sauberzuhalten.

Sobald die Welpen beginnen, sich in der Wurfkiste und aus ihr herauszubewegen, beginnt eine weitere wesentliche Aufgabe des Züchters: Er muss nun den Welpen die Möglichkeit geben, sich nach eigenem Gutdünken auszutollen. Das kann mit Sicherheit nicht in einem engen Zwinger geschehen; vielmehr müssen die Welpen die Möglichkeit haben, in einem Garten herumzulaufen und zu spielen, wobei nicht der Mensch die Dauer des Spieles bestimmt, sondern die Welpen selbst, denn sobald sie müde sind, werden sie von sich aus davon ablassen, und es ist so die Gewähr gegeben, dass sie sich nicht überanstrengen. Lange Spaziergänge in diesem Alter sind nicht angebracht.

Ausgang unter Aufsicht

Aber nicht nur um der körperlichen Ertüchtigung willen ist es wichtig, dass der Züchter den Welpen die Möglichkeit gibt, sich auszutollen; vielmehr ist es auch aus Gründen einer gesunden Sozialentwicklung – insbesondere auch im Hinblick auf die spätere Jagdkumpanei mit den Menschen – unabdingbar, dass sich gerade im Alter von 3 bis 8 Wochen der Mensch sehr intensiv mit den Welpen beschäftigt, mit ihnen spielt und tollt. Während dieser Prägungszeit wird der Grundstein für ein vertrauensvolles Miteinander zwischen Hund und Mensch für die Zukunft gelegt.

Mit 7 bis 8 Wochen ist der Zeitpunkt gekommen, da die Welpen abgegeben werden sollten und zu ihrem neuen Herrn in ihr zukünftiges Heim umziehen. Früher wurde die Ansicht vertreten, dass man vor 8 Wochen die Welpen nicht abgeben sollte, und jeder Tag, den sie länger bei der Mutter die Gelegenheit haben zu bleiben, von großem Nutzen wäre. Das ist nicht mehr unumstritten. Aus zwei Gründen erscheint es richtig, die Welpen im Alter von 7 bis 8 Wochen abzugeben. Einmal ist zu diesem Zeitpunkt in aller Regel der Lebensquell bei der Mutter versiegt, und die mittlerweile sehr spitzen Zähne machen ihr am Gesäuge zu schaffen, so dass die Hündin es ihnen verwehrt. Darüber hinaus beginnt auch die während der Prägungsphase spezifische Mutter-Kind-Beziehung locker zu werden, und an ihre Stelle treten Bindungen anderer Art. Mit etwa der 8. Lebenswoche beginnt nämlich bei unseren Hunden eine Phase, innerhalb derer für die Zukunft das spätere Lernvermögen begründet wird. In diesem Zeitraum ist es von besonderer Bedeutung, dass der junge Hund mit seinem späteren Herrn und Meister, Mitjäger und Meuteführer zusammen ist und Gelegenheit hat, Erfahrungen zu machen. Auch aus diesem Grunde ist es richtig und wichtig, dass jetzt ein Besitzerwechsel eintritt, und der junge Hund in die Hände seines zukünftigen Herrn kommt, um bei ihm die für die Zukunft so wesentliche Entwicklung zu beginnen.

Abgabe der Welpen

Der Augenblick des Verkaufs der Welpen auferlegt dem Züchter wiederum ein gehöriges Maß an Verantwortung, bestimmt er doch durch die Auswahl des Käufers ganz wesentlich die Zukunft des jungen Hundes. Bei den Jagdhunden sollte es eigentlich selbstverständlich sein, dass sie nur in Hände abgegeben werden, die später einmal auch den Hund als „Jagdhund" führen und behandeln, die „Produktion" von Begleit-, Haus- und Hofhunden sollte anderen Züchterorganisationen überlassen bleiben. Bei der Betrachtung der verschiedenen Rassen und Schläge haben wir indessen festgestellt, dass bei manchen nur noch ein geringer Prozentsatz auf jagdliche Leistung gezüchtet wird, und die Mehrzahl der Hunde ihr Leben abseits des ursprünglichen Berufes verbringt. In diesen Vereinen haben sich mehr oder weniger Züchter oder auch Züchtergemeinschaften herauskristallisiert, die Wert auf jagdliche Leistung und jagdliche Zucht legen. Gerade bei diesen solchermaßen gezüchteten Exemplaren ist besonders darauf zu achten, dass sie auch in Jägerhände kommen, bedeutet doch der Verlust eines auf jagdliche Leistung gezüchteten Hundes für die Jagd auch gleichermaßen den Verlust für das nicht allzu große jagdliche Zuchtpotential dieser Rasse. Aber auch im übrigen sollte sich der Züchter seine Käufer genau ansehen und den Hund erst abgeben, wenn er annähernd die Überzeugung gewonnen hat, dass der Hund auch sein Lebenlang artgerecht bei der Familie untergebracht, gepflegt und geführt wird und nicht das Schicksal eines Wegwerf-Geschenkes teilt.

Auswahl des Erwerbers

Andererseits hat der Erwerber eines Jagdhundewelpen hoffentlich auch die entsprechenden Überlegungen angestellt, ehe er sich zum Kauf entschlossen hat. Auf gar keinen Fall darf der Entschluss, sich einen Jagdhund

Überlegungen vor der Anschaffung eines Jagdhundes

anzuschaffen, aus einer augenblicklichen Laune heraus geboren sein! Man hat sich immer vor Augen zu halten, dass man mit dem Hunde ein Hundeleben lang zusammen zu leben verpflichtet ist, d. h. 12 bis 13 Jahre, bisweilen auch noch länger. Es ist zu berücksichtigen, dass auch die Familienmitglieder, Frau und Kinder, mit dem Hunde auszukommen haben und es muss die eigene berufliche Entwicklung dabei berücksichtigt werden. Das alles gilt nicht nur für Jagdhunde, sondern auch für die Anschaffung eines anderen Hundes. Beim Jagdhund ist jedoch insbesondere zu berücksichtigen, dass er auch den Beruf, für den er geboren ist, ausüben können muß. Hier allerdings ist bei den Hunden eine zunehmende „Arbeitslosigkeit" zu beobachten. Der Hund hat – wie wir schon gesehen und beschrieben haben – Aufgaben sowohl vor als auch nach dem Schuss, wobei nach der bei uns herrschenden Auffassung vor dem Hintergrund der humanen Jagdausübung der Aufgabe nach dem Schuss die weitaus größere Bedeutung zukommt. Die Zerstörung des Lebensraumes des Wildes durch den Menschen auf vielerlei Art bringt es notwendigerweise mit sich, dass das zu bejagende Wild immer weniger wird und folgedessen auch die Möglichkeiten eines Einsatzes des Hundes immer geringer werden. Das gilt insbesondere für die Hunde, die auf der Niederwildjagd geführt werden.

Insbesondere Huhn, Fasan und Hase haben unter Witterungseinflüssen, landwirtschaftlichen Rationalisierungs- und Flurbereinigungsnaßnahmen sowie unter einem z.T. von der Politik unterstützten Ungleichgewicht zwischen ihnen und ihren „Feinden" gelitten. Die jungen Jagdhunde haben daher kaum noch die Möglichkeit, das vielleicht mit viel Fleiß in der Theorie Erlernte auch in der Praxis umzusetzen und zu vervollkommnen. Ein Jagdhund wird nämlich nicht zum Jagdhund durch Dressur in der Stube oder im Park, sondern er muss vielmehr lernen, mit den Gewohnheiten des von ihm zu bejagenden Wildes vertraut zu werden. Das gilt gleichermaßen für den Schweißhund wie für den Vorstehhund, der die Spur des Kaninchens oder des Hasen oder das Geläuf des Huhnes und des Fasans arbeiten muss. Das Wild jeglicher Art hat das Bestreben, sich vor dem folgenden Feind in Sicherheit zu bringen und sein Leben zu retten, wobei es nicht nur flieht, sondern auf vielerlei Art und Weise den Verfolger zu überlisten versucht; man denke nur an Widergänge, Absprünge etc. Zu einem perfekten Jagdhund gehört nun bei diesem auch die Kenntnis von diesen „Rezepten". Wo soll er jedoch diese heute noch erlernen?

Viele Hunde auf einer Jagd bedeuten noch nicht, dass hier besonders waidgerecht gejagt wird; vielmehr kann eine große Anzahl unerfahrener, unerzogener Jagdhunde auf einer Jagd ein Malheur bedeuten und sie empfindlich stören und behindern. Weniger auf diesem Gebiete wäre häufig mehr.

Unser Jäger, der sich nun mit dem Gedanken trägt, einen Welpen zu erstehen, muß sich somit klar darüber werden, wo und auf welche Art und Weise er seinen Jagdhund in der Zukunft überhaupt einzusetzen in der Lage ist, wo sein Hund auch beispielsweise die eben beschriebenen „Rezepte" erlernen kann – und er muss auch die Gewissheit haben, dass sein Hund ständig die Möglichkeit hat, sich in der Praxis zu vervollkommnen und zu bewähren. Auch hier gilt: Wer rastet, der rostet!

Es ist nun wiederum aber auch nicht damit getan, dass unser Jäger nur Jagdgelegenheit hat, sondern er muss auch die Zeit haben, diese auszunutzen, und zwar mit seinem Hunde. Vielfach ist es heute doch so, dass ein gehetzter Jäger nur am Wochenende Zeit hat, sich seiner Passion zu widmen. Er fährt dann mit dem Auto ins Revier, möglichst nah an die Kanzel heran, besteigt diese, schießt zuweilen auch ein Stück und transportiert es gegebenenfalls, mit dem Pkw nach Hause. Wenn der Hund Glück hat, wird er mitgenommen und darf im Revier ein oder zwei Kilometer hinter dem Gefährt seines Chefs hinterherrennen, später hat er vielleicht auch Gelegenheit, einige Nasen voll Wittrung vom gestreckten Stück aufzufangen – und dann wieder für eine Woche zu Hause Ruhe, um das Erlebte in Träumen zu verarbeiten.

Wenn ein Jäger seinem Hund nur solche oder ähnliche Perspektiven zu bieten in der Lage ist, sollte er sich den Ruck geben und davon Abstand nehmen, sich überhaupt einen Jagdhund anzuschaffen. Falls er dann einmal ein Stück Schalenwild geschossen haben sollte, so ist Eile in diesen Fällen nicht vonnöten; er wird sich in wenigen Stunden einen erfahrenen Rüdemann mit seinem Hund holen können, von dem er allerdings vorher mit Sicherheit wissen muss, dass er zur Verfügung steht. Sollte unser Jäger auf den wenigen herbstlichen Treib- oder Stokerjagden, zu denen er gebeten wird, einmal ein Stück krankgeschossen haben, so wird sich sicherlich ein anderer Hund finden, der das Stück nachsucht. Dem Wilde ist damit mehr geholfen und auch dem Hunde, der wieder einmal Gelegenheit hatte, zum Wohle anderen kranken Wildes sich zu vervollkommnen.

Entwicklung der Jagdhundeführung zum Sport

Allerdings gibt es auch eine ganze Reihe von Jägern, die zwar die Zeit hätten, sich der Jagdausübung zu widmen, indessen aus Mangel an Gelegenheit nach einer „Ersatzbefriedigung" suchen. Es nimmt heute niemand mehr Anstoß daran, dass das jagdliche Blasen und das jagdliche Schießen auch außerhalb der praktischen Jagdausübung gepflogen werden, und so ein Großteil der früher der eigentlichen Jagdausübung zur Verfügung stehenden Zeit auf diese Ebene der Beschäftigung verlagert wird. Dagegen ist auch überhaupt nichts einzuwenden, wenn man sich nur immer bewusst bleibt, dass derartige Beschäftigungen eine Zeiterscheinung sind und nicht unmittelbar etwas mit der Jagd zu tun haben.

Ähnliches beginnt sich jetzt auch in vermehrtem Maße auf dem Gebiete der Jagdkynologie abzuzeichnen. Von Jahr zu Jahr ist festzustellen, dass mehr Hunde auf jagdlichen Prüfungen geführt werden, und die Zuchtvereine vermelden, dass ihr Material immer besser wird, da es auf den verschiedenen Prüfungen immer besser abschneidet. Es gibt Hundeführer, die ihre Hunde mit großem Erfolg auf den verschiedensten Prüfungen führen, und auch Spezialisten unter ihnen, die beispielsweise auf Verbandsschweißprüfungen vielfach laufen. Würden sich die Ergebnisse der Prüfungen nicht nur in Form von Urkunden, sondern auch in Orden niederschlagen, so sähe mancher Hund – würde er damit behängt – aus wie ein Generalissimus in der Paradeuniform.

Solcher Art Hunde zu führen hat nun mit Jagd sicherlich überhaupt nicht mehr das Geringste zu tun; es ist eine Betätigung um ihrer selbst willen, schlicht: Sport. Es gab einmal eine Zeit, da versuchten die Verantwortlichen, dieser Entwicklung entgegenzuwirken und -zuarbeiten. Heute hieße es, die Augen vor der Wirklichkeit zu verschließen, wollte man noch versuchen, Ähnliches zu verhindern. Man muss mit derartigen Erscheinungen auf dem Gebiete der Jagdkynologie ebenso fertig werden, wie mit dem jagdlichen Schießen und dem gesellschaftlichen Jagdhornblasen – nur gehört dazu die manchem Jagdkynologen oder auch ordentlichen Jägern nicht ganz einfache Erkenntnis, dass man mit unwandelbaren Gegebenheiten fertig werden und das Beste aus ihnen zu machen sich bemühen muss. Das bedeutet in unserem speziellen Falle, dass das Anerkennen einer sportlichen Note bei der Führung von Jagdhunden durchaus etwas Positives haben kann, allerdings auch verbunden mit der Einsicht, dass derartige „Prüfungshunde" eben (noch) keine Jagdhunde im althergebrachten und richtig verstandenen Sinne sind. Zum Jagdhund gehört eben mehr: Es gehört als Fundament dazu eine möglichst gründliche Ausbildung, auf dem aufbauend dann die für die tägliche Jagdpraxis erforderlichen Fertigkeiten unmittelbar bei der Jagdausübung erlernt und verstärkt werden. – Positives ist in der skizzierten Entwicklung durchaus darin zu sehen, dass auch Prüfungsergebnisse Rückschlüsse auf tatsächliche jagdliche Eignung zu geben vermögen, und – wenn eine Linie auch über Generationen nur Prüfungshunde hervorgebracht hat – sie doch ein für die Zucht ganz wesentliches Potential bedeutet, auf das – auch im Hinblick auf die Züchtung wirklicher Jagdhunde – zurückgegriffen werden kann.

„Arbeitslosigkeit" ein Problem

Ob nun allerdings ein Welpe eine Zukunft als glücklicher Jagdhund vor sich hat oder „nur" eine Laufbahn als „Prüfungshund", lässt sich häufig noch nicht von vornherein sagen. Oftmals erwirbt ein junger Jäger einen Jagdhund in der Hoffnung, mit ihm Zugang in die grüne Gilde und damit Gelegenheit zum wirklichen Jagen zu bekommen. Häufig klappt es, bisweilen werden jedoch auch derartige Hoffnungen enttäuscht. Dennoch kann die Beschäftigung mit einem Hunde ohne tagtägliche Bewährung im Revier fruchtbar und beglückend sein.

VI. Haltung und Ernährung

Welche Einsatzmöglichkeiten für einen Jagdhund auch immer bestehen, er bedarf einer artgerechten Haltung und Ernährung.

Es gibt Jäger, die davon überzeugt sind, dass die ausschließliche Haltung im Hause innerhalb der Familie das Richtige für den Hund sei; andere wiederum vertreten die Ansicht, dass unsere Jagdhunde Gehilfen für die jagdliche raue Praxis sind und sein sollen, und ihr ausschließliches Heim daher der Hundezwinger sei. Wie so oft, wird das Richtige wohl auch hier zwischen den beiden Extremen liegen. Bei der Frage danach müssen wir uns an den Aufgaben und Bedürfnissen eines Jagdhundes ausrichten.

Ein Jagdhund soll in enger Bindung zu seinem Meutegenossen „Jäger" dessen immerfort einsatzbereiter, williger und widerstandsfähiger Gehilfe sein. Das setzt einmal voraus, dass Hund und Herr eine wirkliche Meute, eine Gemeinsamkeit, bilden – ein Ziel, das mit Sicherheit nicht erreicht wird, wenn ein Hund von Anbeginn an allein und isoliert im Zwinger gehalten und nur zu bestimmten Übungen oder Ausflügen herausgeholt wird. Es ist unmöglich, den Hund von klein auf in einem Zwinger zu halten, andererseits von ihm jedoch zu erwarten, dass er die Seelenregungen seines Herrn versteht, ehe diese einen Ausdruck in Form einer Aufforderung oder eines Befehls erhalten haben, und dass er darüber hinaus sich auch als in die Familie integriertes Haustier benimmt, wenn einmal gemeinsam etwas unternommen wird, man spazierengeht, einen Ausflug macht oder auch eine öffentliche Veranstaltung, ein Lokal besucht. Andererseits können wir unsere Hunde auf der Jagd auch nicht je nach Witterung mit Gummistiefeln, Regenmantel oder Lodenjoppe versehen; vielmehr muss der Hund so abgehärtet sein, dass er auch bei Kälte und Nässe diesen widersteht und freudig mit uns jagt. Die dafür erforderliche Unempfindlichkeit und auch das dafür erforderliche Haarkleid bringt ein Hund sicherlich nicht mit, der ausschließlich in der Wohnung gehalten wird und nur wenig Gelegenheit hat, sich im Freien zu tummeln. – Aus dem Gesagten ergibt sich nun, dass sowohl dem Hund ein möglichst enger und häufiger Kontakt zum Herrn und auch zur Familie ermöglicht werden, andererseits er aber auch im Freien die Widerstandskräfte gegen die Witterung in den rauen Jahreszeiten sammeln muss. Für die Haus- und Zwingerhaltung gilt also ein „sowohl als auch", wobei je nach Geschmack und Möglichkeit der Aufenthalt in der Familie und im Zwinger unterschiedlich gestaltet werden kann.

Haltung in Zwinger und Haus

Ein Hund, der es gewöhnt ist, sich im Haus zu bewegen, wird alsbald mit dessen Eigenarten und Besonderheiten vertraut sein und sich einen oder mehrere Plätze ausgesucht haben, an denen er sich besonders gern aufhält. Dort sollte man dem Hund ein Lager bereiten, eine Kiste oder einen Korb aufstellen, in der er sich dann nach Bedarf zurückziehen kann. Unter Umständen muss er sich auch dorthin zurückziehen, wenn dies aus bestimmten Gründen erforderlich erscheint, vielleicht weil Kinder zu Besuch sind, der Hund noch schmutzig ist oder zu gewisser Zeit irgendwie stören könnte.

Soweit ein Hund im Freien gehalten wird, sollte man meinen, dass es beim Jäger hier keine Probleme gibt. Indessen sind auch bei Jägern bisweilen erschreckende Unkenntnisse über die artgerechte Haltung eines Jagdhundes im Freien zu beobachten, wie auch Gleichgültigkeit gegenüber dem vierläufigen Jagdgefährten, die manchmal Unverständnis erwecken muss. Mit der Haltung von Hunden im Freien hat sich der Bundesgesetzgeber in der **„Verordnung über das Halten von Hunden im Freien"** vom 6. Juni 1974 (Bundesgesetzblatt I Seite 1265) befasst. Die Verordnung geht auf die Anbindehaltung ein, auf die Zwingerhaltung und die sonstige Haltung; letzteres bedeutet die Haltung von Hunden auf Freianlagen oder in Schuppen, Scheunen, nicht benutzten Stallungen, Lagerhallen oder ähnlichen Räumen. Der Gesetzgeber äußert sich weiterhin zur Wartung und Pflege der Tiere und sanktioniert auch Verstöße gegen die in der Verordnung enthaltenen Grundsätze zur Haltung der Hunde im Freien, indem er schuldhaftes Zuwiderhandeln gegen sie als Ordnungswidrigkeiten im Sinne des Tierschutzgesetzes ansieht.

Gesetzliche Vorschriften zur Haltung

Ein Jäger, der seinen Hund angebunden halten muss, scheint mir ausgeschlossen. Wenn er nicht in der Lage ist, seinem Hund ein Zuhause in der Wohnung oder in einem Zwinger zu geben, so darf er sich überhaupt keinen Hund halten; Meerschweinchen oder Goldfische wären hier angebrachter.

Nach der erwähnten Verordnung dürfen Hunde nur dann in offenen oder teilweise offenen Zwingern gehalten werden, wenn ihnen innerhalb ihres Zwingers oder unmittelbar mit dem Zwinger verbunden ein Schutzraum zur Verfügung steht, der allseitig aus wärmedämmendem, gesundheitsunschädlichem Material hergestellt, und dessen Material so verarbeitet sein muss, dass der Hund sich daran nicht verletzen kann. Der Schutzraum muss gegen nachteilige Witterungseinflüsse Schutz bieten; insbesondere darf Feuchtigkeit nicht eindringen. Er muss so bemessen sein, dass der Hund sich in ihm verhaltensgerecht bewegen und den Raum durch seine Körperwärme warmhalten kann. Das Innere des Schutzraumes muss sauber, trocken und von Ungeziefer frei gehalten werden. Die Öffnung des Schutzraumes muss der Größe des Hundes entsprechen; sie darf nur so groß sein, dass der Hund ungehindert hindurch gelangen kann; sie muss der Wetterseite abgewandt und gegen Wind und Niederschlag abgeschirmt sein. Bei starker Sonneneinstrahlung und hohen Außentemperaturen muss dem Hund außerhalb des Schutzraumes ein schattiger Platz zur Verfügung stehen.

Der Zwinger

Die Grundfläche des Zwingers muss der Zahl und der Art der auf ihr gehaltenen Hunde angepasst sein. Die Mindestbreite des Zwingers muss der Körperlänge des Hundes entsprechen. Für einen mittelgroßen, über 20 kg schweren Hund ist eine Grundfläche ohne Schutzraum von mindestens 6 m² erforderlich, für jeden weiteren in demselben Zwinger gehaltenen Hund – ausgenommen Welpen beim Muttertier – sind der Grundfläche 3 m² hinzuzurechnen. Der Boden, die Einfriedung und die Einrichtung des Zwingers müssen aus gesundheitsunschädlichem Material hergestellt und so verarbeitet sein, dass die Hunde sich nicht verletzen können. Die Einfriedung muss zusätzlich so beschaffen sein, dass sie von den Hunden nicht überwunden werden kann. Mindestens eine Seite des Zwingers muss den Hunden Sicht nach außen ermöglichen. Besteht der Boden des Zwingers nicht aus wärmedämmendem Material muss außerhalb des Schutzraumes eine wärmedämmende Liegefläche vorhanden sein. Der Boden muss so beschaffen oder angelegt sein, dass Flüssigkeit versickern oder abfließen kann. Das Innere des Zwingers muss sauber, trocken und ungezieferfrei gehalten werden.

Die Hunde dürfen in einem Zwinger nicht angebunden gehalten werden. Gleichgeschlechtliche geschlechtsreife Hunde, die noch keinen Kontakt miteinander hatten, dürfen im selben Zwinger nur unter Kontrolle zusammengebracht werden.

Bei der schon erwähnten „sonstigen Haltung" der Hunde gelten diese Ausführungen entsprechend.

Weiterhin muss nach der Verordnung der Besitzer oder der mit der Wartung und Pflege des Hundes Beauftragte sich mindestens einmal täglich von dem Befinden des Hundes und der Beschaffenheit der Unterkunft überzeugen und Mängel unverzüglich abstellen. Futter- und Tränkebehälter sind sauber zu halten, müssen aus gesundheitsunschädlichem Material bestehen und so beschaffen sein, dass der Hund sich nicht verletzen kann.

Frisches Wasser muss dem Hund jederzeit in ausreichender Menge zur Verfügung stehen.

Wenn die Produkte der Gesetzgebung beim „normalen" Mitmenschen auch bisweilen Unverständnis oder Heiterkeit erwecken, so hat der Gesetzgeber in der Verordnung über das Halten von Hunden im Freien zutreffend die Mindestanforderungen statuiert, die für einen Hundehalter zu beachten sind, und die zu befolgen für einen verantwortungsvollen Jäger eigentlich eine Selbstverständlichkeit sein sollten.

Hundehütten der beschriebenen Art und Weise kann man sich selbst bauen – auch ohne ausgeprägte handwerkliche Fertigkeiten. Sie sind aber auch im Fachhandel zu erhalten. Die Preise scheinen sich hier manchmal den Baupreisen angeglichen zu haben.

Auch im übrigen beschreibt die Verordnung hinsichtlich des Zwingers und der Wartung nur das Mindeste dessen, was erwartet werden muss. Einige Bemerkungen sind noch hinzuzufügen:

Unsere Hunde sind bei aller Abhärtung heute nicht mehr in der Lage, den Unbilden des Wetters so zu trotzen, wie es ehemals ihre Ahnen, die Wölfe, waren und auch heute noch sind. Das bedeutet, dass wir ihnen in den entsprechenden Fällen beistehen müssen. Beispielsweise bedeutet es keine übertriebene Sorgfalt oder Vorsicht, wenn der Hund im Winter oder im Herbst nach der Wasserarbeit mit einem alten Frotteetuch oder Bademantel trockengerieben wird. Es ist auch richtig, den müden und ausgepumpten Hund nach einer winterlichen Jagd in die Gaststätte zu nehmen und nicht im Auto zu lassen, in dem es unter Umständen in kurzer Zeit sehr schnell kalt werden kann. Das Auto ist viel zu groß, als dass der Hund mit seiner Eigenwärme es auf eine angemessene Temperatur erwärmen könnte. So bedeutet es auch in meinen Augen keine Verweichlichung des Hundes, wenn dafür Sorge getragen wird, dass bei sehr niedrigen Außentemperaturen unter Umstanden die Hütte mit einer Heizung auf eine über dem Gefrierpunkt liegende Temperatur gebracht wird. Das muss nicht eine Rotlichtlampe sein, die Wärme wie für ein Baby erzeugt; es gibt jedoch speziell für Hundehütten konstruierte Heizplatten, die unmittelbar oder auch eingebaut in den Hüttenboden eingebracht werden können, so dass der müde und ruhebedürftige Hund eine für eine Erholung angemessene Temperatur vorfindet. Auch wenn unsere Hunde im wesentlichen nur vor Nässe und Zug geschützt werden müssen, bedeutet zu große Kälte für den Hund eine gesundheitliche Gefahr.

Rücksichtnahme auf Witterungseinflüsse

Viel und verschiedenes ist auch schon ausgeführt worden über die Materialien, mit denen eine Hundehütte „ausstaffiert" sein sollte. Es bewegen sich hier die Vorschläge von Torf über Stroh und Farnkraut hin bis zu Wolldecken oder der Ansicht, dass der kahle Bretterboden ausreichend sei. Wichtig erscheint mir, dass das Lager selbst möglichst sauber und ungezieferfrei zu halten ist, d. h. relativ leicht auszuwechseln sein muss, und im übrigen den Hund auch sauber hält. Bei Torf besteht die Gefahr, dass durch Staubpartikelchen die Augen in Mitleidenschaft gezogen werden; außerdem setzt sich der Staub im Haarkleid fest. Bei Stroh ist ähnliches, wenn auch nicht in diesem Ausmaß, zu beobachten. Ganz auf Unterlagen zu verzichten, erscheint mir nicht angebracht, denn die Hunde haben das Bestreben, sich ihr

Lager jeweils selbst durch Kratzen und Drehen einzurichten. Besteht der Belag nur aus den Brettern, so laufen diese instinktiven Handlungen ins Leere. Wir kommen den natürlichen Verhaltensweisen des Hundes schon näher, wenn wir dem Hund die Gelegenheit geben, sein Lager selbst zu formen und es sich zurechtzukratzen und zurechtzudrehen. Bewährt haben sich m. E. auch alte, vom Hundeführer ehemals getragene und abgelegte Kleidungsstücke, die allerdings von Reißverschlüssen, Knöpfen, Haken etc. befreit sein müssen; sie haben den Vorteil, dass sie einmal dem Hunde angenehm sind, weil sie die Witterung des Meutegenossen „Mensch" ausströmen und im übrigen auch leicht zu reinigen oder auszuwechseln sind.

In diesem Zusammenhang noch ein kurzes Wort zur Hygiene der Unterkunft unseres Hundes.

Hygiene der Unterbringung

Wenn die Hunde beginnen, anhaltend zu stinken, dann sind sie entweder krank, oder ihre Pflege ist zu sehr vernachlässigt worden, so dass sie und ihr Schlafgemach beispielsweise zu schmutzig sind. In beiden Fällen besteht für den Menschen Veranlassung einzuschreiten. Insbesondere üble Gerüche aus dem Maul können Hinweise für verschiedene Krankheiten sein; es empfiehlt sich, den Tierarzt aufzusuchen.

Ein gewisser arteigener Duft ist auch nicht zu vermeiden, wenn der Hund einen Zwinger als Toilette benutzen muss. Dann stinkt er unvermeidbar auch. Es sollte eigentlich möglich sein, den Hund auch zur absoluten Zwingerreinheit zu erziehen, was allerdings ein Ding der Unmöglichkeit ist, wenn der Hund nicht Gelegenheit hat, sich in bestimmten Zeitabständen auszulaufen. Wenn ein Jäger jedoch nicht die Zeit hat, sich in dieser Weise seinem Hunde zu widmen, dann ist das ein Indiz dafür, dass der Hund auch im übrigen viel zu kurz kommen wird; sein Besitzer sollte sich lieber keinen Jagdhund angeschafft haben. In ganz großen Zwingeranlagen, deren Auslauf einen halben oder ganzen Garten mit umschließt, ist das natürlich anders. Dann werden sich die Hunde zum Lösen und Nässen Stellen aussuchen, die nicht in ihrem unmittelbaren „Wohnbereich" liegen.

Fütterung

Nun jedoch wieder zurück zu unserem Jäger, der seinen zukünftigen Jagdgefährten, den Welpen, von dem Züchter abgeholt und ihm zu Hause nun seinen zukünftigen Platz zugewiesen hat. Er wird sich, wie über die Unterkunft des Hundes, schon vor dessen Aufnahme in den Haushalt darüber Gedanken gemacht haben, was er wohl an ihn verfüttert. Zunächst hat es der frisch gebackene Hundebesitzer leicht, denn er wird sich beim Züchter erkundigen, mit was der Welpe gefüttert worden ist, und wird dieses Futter zunächst ihm auch zu denselben Zeiten und in derselben Form in seiner neuen Heimat verabreichen.

Mit der Ernährung der Tiere hat sich selbst der Gesetzgeber befasst. Nach Paragraph 2 des Tierschutzgesetzes hat derjenige, der ein Tier hält, betreut oder zu betreuen hat, dem Tier angemessene, artgemäße Nahrung und Pflege sowie eine verhaltensgerechte Unterbringung zu gewähren. Dieses Postulat gilt natürlich auch für unsere Hunde.

Was ist jedoch „artgemäße Ernährung"?

Das Thema „Hundeernährung" erscheint unerschöpflich. Immer wieder tauchen in den verschiedensten Veröffentlichungen Äußerungen allgemeiner Art über die Ernährung des Hundes auf, oder man befasst sich auch mit ganz speziellen Problemen. Jeder Hundehalter oder Züchter hat hier auch seine eigenen Erfahrungen und Rezepte, und das ist, wie wir noch sehen werden, vielleicht gar nicht so falsch. Völlig artgemäß – d. h. den jeweiligen, momentanen Bedürfnissen eines Individuums entsprechend – sind wir mit Sicherheit nicht in der Lage, Hunde zu ernähren. Das ergibt sich schon aus Beobachtungen, die in Freigehegen mit ganzen Hundefamilien gemacht worden sind. In diesen Gehegen sind, wie gesagt, ganze Hundefamilien – d. h. Elterntiere zusammen mit Junghunden und Welpen – gehalten worden, und diesen wurden nun jeweils ganze, verendete Tiere dargeboten. Je nach Jahreszeit, Witterung, Geschlecht und Alter sowie auch abhängig von speziellen Zuständen – wie etwa Läufigkeit, Trächtigkeit oder im Stadium des Säugens – hatten die Hunde voneinander abweichende Bedürfnisse. Sprachen die einen dem Muskelfleisch zu, so begannen andere zunächst die Eingeweide zu fressen, dritte wiederum beschäftigten sich etwa mit den Klauen des Kalbes, und wiederum andere begannen, am Maul zu fressen. Die in dieser Richtung gemachten Beobachtungen sind meines Wissens nicht streng wissenschaftlich erfasst und festgehalten, um ins einzelne gehende Feststellungen zu treffen und Schlüsse daraus ziehen zu können; indessen reichen auch schon die rein empirisch gemachten Beobachtungen aus zu der Feststellung, dass es eine Einheitsmahlzeit für Hunde nicht geben kann, vielmehr, soweit möglich, auf ihre individuellen Bedürfnisse Rücksicht zu nehmen ist. Das gilt sowohl für die Zusammensetzung des Futters, als auch für die Menge.

„Artgemäße" Nahrung

Neben der Nahrung braucht der Hund auch Wasser. Wasser ist unter bestimmten Umständen wichtiger fürs Überleben als die energiespendende Ernährung. Ein Hund ohne Wasser bleibt nur wenige Tage am Leben; der Hungertod tritt dagegen erst nach Verlust von einem Viertel bis zur Hälfte des Körpergewichts ein. In einer Notiz vom 6. Januar 1981 in der „Frankfurter Allgemeinen Zeitung" heißt es:

Wasser

„In der weitgehend vom Erdbeben zerstörten süditalienischen Stadt Affelino ist am Dienstag aus den Trümmern ein Hund gerettet worden. Seine Herrin, die zu ihrem eingestürzten Haus gegangen war, hatte ihn jaulen hören. Kurz danach konnte man das zum Skelett abgemagerte Tier bergen. Es wurde einem Veterinär übergeben. Der Hund hatte während der 48 Tage seiner Gefangenschaft zwar nichts fressen können, jedoch hatte er zum Trinken Wasser zur Verfügung gehabt, das mit dem vielen Regen hereingekommen war. Seine Besitzerin, ein 19jähriges Mädchen, war seinerzeit fortgegangen und erst jetzt nach Affelino zurückgekehrt."

Es wird sogar die Ansicht vertreten, dass ein Hund ohne dauernde Schäden rund 60 Tage Hunger ertragen kann, das Wasser indessen als Träger der Lebensvorgänge im Körper ist unverzichtbar. Das Wasser ist das Lösungs- und Transportmittel für die Nährstoffe, Abwehrstoffe, Hormone und für die Abfallstoffe im Körper. In ihm spielen sich nicht nur die vielen, zum Leben erforderlichen chemischen Vorgänge ab, auch in den Körperzellen selbst ist das Wasser vorhanden. Beim Hund macht das Gesamtwasser 63 % des Körpergewichts aus, beim erwachsenen Menschen sind es etwa 60 %.

Aus alledem ergibt sich, dass ein Hund immer frisches, sauberes Wasser zu seiner Verfügung haben muss. Es geht nicht an, dass man dem Hund, wie man ihn an bestimmte Fresszeiten gewöhnen kann und muss auch nur zu bestimmten Zeiten Wasser darbietet; er muss vielmehr die Möglichkeit haben, jederzeit Flüssigkeit zu sich nehmen zu können. Dabei besteht nicht die Gefahr, dass er sich „übersäuft", denn ein Steuerungsmechanismus im Zwischenhirn veranlasst den Hund, jeweils nur so viel Wasser aufzunehmen, wie es die Umstände erforderlich machen. Bekommt der Hund nur Trockenfutter, hat er sich körperlich stark betätigt oder ist es heißes Wetter, so wird der Flüssigkeitsbedarf größer sein als zu Zeiten, da der Bedarf an Flüssigkeit durch feuchtes Futter gedeckt wird oder etwa die Verdunstung weniger groß ist. Der Gesamtwasserwert wird vom Hunde jedenfalls immer annähernd konstant gehalten.

Definition der Bedürfnisse des Hundes

Befassen wir uns nun weiterhin mit der neben dem Wasser erforderlichen Ernährung des Hundes. Dabei ist es nicht falsch zu wissen, dass die Wissenschaft bei der Ernährung einmal unterscheidet zwischen **„Energieversorgung"** und der **„Deckung des stofflichen Bedarfes"**. Des weiteren wird unterschieden zwischen dem **„Grundumsatz"** und dem **„Erhaltungsumsatz"**.

Unter ersterem versteht man den Energieumsatz eines Organismus unter Nüchtern-Ruhebedingungen, der letztere wird definiert als derjenige, der unter normalen Bedingungen alle Lebensfunktionen einschließlich der üblichen Bewegung, der Nahrungsaufnahme etc. sowie die Erhaltung der Leistungsbereitschaft in optimaler Weise gewährleistet. Für den Hund kann etwa der doppelte Grundumsatz als Erhaltungsumsatz angesetzt werden. Mit Zunahme des Körpergewichtes mindert sich der Energieumsatz pro Kilo Körpergewicht, woraus sich beispielsweise ergibt, dass bei kleinen Rassen pro Kilo Körpergewicht der Grundumsatz 2,0 bis 2,5 mal größer ist als bei großen Rassen. Für die Energieversorgung sind die drei Hauptnährstoffe Kohlehydrate, Fett und Eiweiß von besonderer Bedeutung.

Milch als Futter

Es ist noch nicht geklärt, ob beim Hund ein bestimmter Minimalbedarf an Kohlehydraten besteht – eine Frage, die jedoch für die Praxis offensichtlich bedeutungslos ist, da im allgemeinen im Futter stets genügend Kohlehydrate vorhanden sind. Kohlehydrate werden im allgemeinen auch gut resorbiert, wobei allerdings eine Ausnahme bezüglich der Milch besteht, die von vielen Hundehaltern als besonderes Zu- oder Beifutter angesehen wird. Im allgemeinen kann man beobachten, dass beim Verfüttern von viel Milch es zu Durchfallerkrankungen kommt. Das hat seinen Grund wohl darin, dass beim Hund, wie bei anderen Säugetieren auch, im Darmsaft ein bestimmtes Ferment, die Laktase, fehlt, das die Milch im Verdauungstrakt spaltet und zur Resorption erforderlich ist. Die Welpen nehmen in den ersten Lebenswochen die Milch als alleinige Nahrung zu sich und vermehrfachen dabei ihr Gewicht in kurzer Zeit. Die Zusammensetzung der Muttermilch ist also den Bedürfnissen der jeweiligen Säuglinge optimal angepasst. Das bedeutet, dass bei den verschiedenen Arten von Milch auch eine unterschiedliche Zusammensetzung festgestellt ist, woraus wiederum der Schluss zu ziehen ist, dass beispielsweise der Einsatz von Kuhmilch in der Ernährung den Fleischfressern nicht unkritisch empfohlen werden kann. Beispielsweise enthält die Milch der säugenden Hündin 33,3 % der Trockensubstanz an Proteinen, die der Kuh nur 28 %. An Fett lauten die entsprechenden Werte beim Hund 48 %, bei der Kuh nur 30,8 %. Die Milch enthält als Kohlehydrat Laktose, und zwar beim Hund 13,5 %, bei der Kuh indessen 36,2 %. Sind die Welpen nun abgesetzt, so geht mit der Futterumstellung Hand in Hand auch ein Aufhören der Laktase-Aktivität, und die Milch kann nicht mehr wie im Säuglingsalter „ausgenutzt" werden. Indessen erscheint es offensichtlich möglich, die Laktase-Aktivität wieder zu beleben, indem man den Hund wieder langsam, jedoch ganz konstant an Milch oder Milchprodukte gewöhnt. Ist das geschehen, so muss die Milch als äußerst wertvolles Futtermittel gelten.

Fett

Das Fett hat neben seiner Bedeutung als Energieträger auch eine besondere Bedeutung für die Deckung des stofflichen Bedarfes. Fette sind im allgemeinen gut verwertbar und werden zu einem sehr hohen Prozentsatz ausgenutzt. Indessen muss die Güte des Fettes gewährleistet sein, da bei altem, ranzigen Fett die in diesem enthaltenen, für den Hund wichtigen Vitamine zerstört sein können.

Eiweiß

Der Bedarf an Eiweiß ist insbesondere begründet in dessen Gehalt an essentiellen Aminosäuren. Am besten verdaut und resorbiert wird rohes Fleisch: allerdings kann der Bedarf an den erwähnten Säuren auch bei einem Fleischfresser durch pflanzliche Nahrung gedeckt werden.

Vitamine

Für die Ernährung sind weiterhin von großer Bedeutung die Mineralstoffe, Spurenelemente und Vitamine. Wie bei den Aminosäuren kennt auch hier die Wissenschaft eine große und für den Laien nicht überschaubare Anzahl. Im allgemeinen braucht das Augenmerk auch nicht so stark bei der Fütterung auf die Mineralstoffe und Spurenelemente gerichtet zu werden, denn sie werden im allgemeinen bei der üblichen Fütterung in genügender Menge zugeführt.

Als „Vitamine" werden organische Nährstoffe bezeichnet, die das Tier oder der Mensch nicht oder nicht ausreichend synthetisieren kann, die in kleinen Mengen jedoch lebensnotwendig sind und daher zugeführt werden müssen. Manche Vitamine können in bestimmten Organen gespeichert werden, so dass eine dauernde Zufütterung nicht erforderlich ist. Andere können kaum gespeichert werden; hier ist eine regelmäßige Zufuhr lebensnotwendig.

Unterschiedliche Nahrungsbedürfnisse

Wie groß der Vitaminbedarf bei einem einzelnen Individuum ist, ist kaum zu sagen; über den Bedarf im einzelnen liegen genaue gesicherte wissenschaftliche Erkenntnisse offensichtlich noch nicht vor. Der Vitaminbedarf ist abhängig vom Wachstum, vom Alter, von Umständen wie Trächtigkeit oder Säugeperiode, andererseits können auch Krankheiten den Vitaminbedarf wesentlich beeinflussen.

Betrachten wir nun einige typische Stadien in der Entwicklung eines Hundes, die besondere Rücksicht auf die Fütterung erfordern.

Während der Trächtigkeit braucht eine Hündin kaum mehr oder andere Nahrung als sonst üblich, wenn sie bislang den Bedürfnissen eines erwachsenen Hundes entsprechend gefüttert worden ist. Als bestes Indiz für eine solche richtige Ernährung kann und muss das rundum gesunde äußere Erscheinungsbild angesehen werden und ein dem Individuum entsprechendes, temperamentvolles Verhalten.

Erst nach der Geburt steigt der Nahrungsbedarf der Hündin. Zunächst ist mit dem doppelten Erhaltungsbedarf zu rechnen, der sich nach und nach bis auf den dreifachen Erhaltungsbedarf und auch mehr in der fünften

Woche nach dem Wölfen erhöht. Der Grund dafür liegt in der Zusammensetzung der Milch, auf die schon eingegangen ist. Beginnt man die Welpen zu füttern, etwa mit der fünften bis sechsten Lebenswoche, so muss die Nährstoffkonzentration im Futter der Hündin entsprechend dem Rückgang der Milchleistung bis einschließlich wieder zum Erhaltungsbedarf reduziert werden.

Zufutter für Welpen

An das Zufutter gewöhnt man die Welpen am besten über das Trinken. Aus einer kleinen, flachen Schüssel lässt man sie zunächst flüssige Nahrung zu sich nehmen. Falls sie es von allein nicht tun, kann man sie hineinstupsen, um sie mit der neuen Nahrungsquelle vertraut zu machen. Es wird nicht lange dauern, und sie haben begriffen, um was es geht. Schritt für Schritt kann man dann in diese Flüssigkeiten feste Nahrungsstoffe einbringen, bis schließlich der Hund halbfeste und feste Nahrung aufzunehmen imstande ist. Futterumstellungen sollten vorsichtig und langsam vorgenommen werden, um nicht den kleinen Organismus zu sehr zu belasten, und um etwa plötzlichen Durchfall zu vermeiden. Wichtig ist es schon in diesem Stadium, den Welpen das dargereichte Futter nach relativ kurzer Zeit, etwa 10 bis 25 Minuten, fortzunehmen, sollte es einmal nicht ganz aufgefressen worden sein. Man gewöhnt auf diese Art und Weise den Welpen jetzt schon an einen gewissen Rhythmus und daran, dass er seine Nahrung zügig aufzunehmen hat. Im allgemeinen bleibt jedoch bei Welpen – insbesondere, wenn mehrere aus einem Napf fressen – nichts übrig. Infolge des schnellen Wachsens des Welpen und später des Junghundes soll der Welpe zunächst etwa fünfmal am Tage, immer zu den gleichen Zeiten, gefüttert werden. Nach und nach kann die Anzahl der Fütterungen bis zum Ende des ersten Lebensjahres auf etwa eine Fütterung, vermindert werden. Wann man jeweils eine Fütterung „einsparen" kann, merkt man als aufmerksamer Beobachter seiner Welpen oder seines Hundekindes schon allein, nämlich dann, wenn eine der Mahlzeiten nicht mehr mit der bislang gekannten Schnelligkeit verzehrt wird. Dann lässt man eine und später immer mehr Mahlzeiten ausfallen und entsprechend die Zwischenräume zwischen den einzelnen Fütterungen auch länger werden.

Fresserziehung

Diese beim Welpen schon beginnende Fresserziehung ist von großer Bedeutung für den erwachsenen Hund, der grundsätzlich nur einmal am Tag gefüttert werden sollte, wobei die Ansichten, wann dies zu geschehen hat, auseinandergehen. Am günstigsten scheint dies zumindest bei einem Jagdhund zu einer ganz bestimmten Stunde am Abend zu sein. „Ein voller Bauch studiert nicht gern" gilt nämlich für den Menschen und für den Hund. Auslösendes Moment für die Aktivitäten eines Jagdhundes ist ja letztlich und in den meisten Fällen das Bestreben, irgendwie Beute zu machen und sich zu sättigen. Ist der Hund jedoch einmal satt, so hat er das Bestreben zu ruhen, zu verdauen; die Triebfeder für ein von uns erwünschtes Jagdverhalten spielt nicht mehr oder nur noch kaum die von uns erstrebte Rolle. Dazu kommt, dass das Riechvermögen eines satten, gefütterten Hundes herabgesetzt ist. Stellt man sich beispielsweise einen Schweißhundführer vor, der stündlich damit rechnen muss, zu einem Einsatz geholt zu werden, dann kann es sich dieser nicht leisten, morgens oder mittags seinen Hund zu füttern, um unter Umständen einem Anrufer gegen 10 oder 15 Uhr sagen zu müssen: „Es tut mit leid, mein Hund hat gefressen, er hat zur Zeit keine Lust zu arbeiten." Ist der Hund jedoch abends gefüttert worden, hat er während der Nacht die Möglichkeit gehabt zu verdauen, so ist er vom anderen Morgen an bis in die Abendstunden voll einsatzbereit.

Wichtig ist es weiterhin, streng darauf zu achten, dass der erwachsene Hund tagsüber möglichst keine Gelegenheit hat, sich weiteres Futter zu erbetteln, solches zu stehlen oder irgendwie ihm zusagende Abfälle zu suchen und zu fressen. Dem ratlosen Hundebesitzer geht es dann unter Umständen ebenso wie der Hausfrau, die sich darauf beruft, zu den normalen Mahlzeiten kaum etwas zu sich zu nehmen, dennoch ihre stetig wachsene Leibesfülle beklagt. Sie lässt dabei unberücksichtigt, dass sie während des Kochens häufig „probiert", nachmittags mit Kuchen und Sahne nicht spart und sich den abendlichen Krimigenuss mit Weinbrandkirschen oder Ähnlichem versüßt. Hat ein Hund Gelegenheit, unkontrolliert während des ganzen Tages Nahrung aufzunehmen, so nutzt es nichts, ihm die Rationen zu kürzen; er wird sich das ihm Fehlende schon woanders besorgen. Auch aus diesem Grunde ist es gut, den Hund – wenn man keine Gelegenheit hat, ihn zu beaufsichtigen – in einen Zwinger sperren zu können.

Wie viel an Nahrung ein Hund nun generell benötigt, ist – wie angedeutet – unmöglich zu sagen. Der Mensch sollte hier ähnlich vorgehen wie bei sich selbst, d. h. er sollte das äußere Erscheinungsbild seines Hundes im Auge behalten und ihn auch ab und zu wiegen. Wenn sein Hund im Alter von 1 bis 1 1/2 Jahren einmal seine Idealfigur hat, sollte er gewogen und dann von Zeit zu Zeit das Gewicht mit jenem Gewicht verglichen werden. Sollten sich Abweichungen ergeben, die überdies auch ins Auge fallen, so muss entweder zugefüttert werden – was bei unseren Wohlstandshunden nur selten der Fall sein wird – oder die Rationen müssen gekürzt und dem Hund erheblich mehr Bewegung verschafft werden.

Verfettung vorbeugen!

Fettsucht beim Hunde ist eine immer mehr zu beobachtende Erscheinung. Auch unsere Jagdhunde bleiben davon nicht verschont. Die Zeiten, da der Jagdhund wirklich nur seinem Beruf lebte und wie ein hart arbeitender Bergmann abends todmüde aufs Lager fiel, sind vorbei. In anderem Zusammenhang ist schon aufgezeigt worden, dass viele Jagdhunde überhaupt nicht mehr die Möglichkeit haben, ihren „Beruf" auszuüben, sondern vielmehr eine Rolle in Bezug auf die ganze Familie spielen. Ganz abgesehen davon, dass ein fetter Hund unästhetisch wirkt und auch bei der Jagdausübung behindert ist, kann die Fettsucht beim Hund auch die Folge von Gleichgewichtsstörungen im Stoffwechsel des Hundes sein, sie kann zum frühen Ausfall wichtiger Körperfunktionen, ja zum frühen Tod des Hundes führen.

Wichtig für die gesunde Ernährung unseres Hundes ist neben der richtigen Menge auch schon – wie ausgeführt – die richtige Zusammensetzung des Futters. In Theorie haben wir schon anklingen lassen, was für die Ernährung wichtig ist, wie sieht es jedoch in der Praxis aus?

Mit Sicherheit wird man den Bedürfnissen des Hundes nicht gerecht, wenn man ihn teilhaben lässt an den Mahlzeiten, die wir Menschen zu uns nehmen. Ganz abgesehen davon, dass viele Geschmackstoffe, die uns Menschen häufig das Essen erst essenswert machen, etwa Gewürze, für den Hund mit seinen feinen Sinnesorganen geradezu Reizstoffe sind, entspricht die

Zusammensetzung des Futters

Zusammensetzung unserer Speise nicht den Bedürfnissen eines Caniden. Wichtig ist die ausreichende Versorgung mit Mineralstoffen und Vitaminen sowie eine angemessene Zufuhr von Kalorien. In welchem Umfang das Futter diesen Anforderungen gerecht wird, ist für Menschen nur zu ersehen, wenn er die auf dem Markt üblichen Fertigfutter verfüttert. Füttert er jedoch Fleisch, was häufig als das beste aller Futter propagiert wird, so ist schon Vorsicht am Platze. Beispielsweise wurden Beaglewelpen im Alter von 7 Wochen für die Dauer von 12 Wochen ausschließlich mit einer Fleischdiät gefüttert. Vergleichsweise wurden anderen gleichaltrigen Welpen daneben andere Futtermittel gereicht. Bei den nur mit Fleisch ernährten Tieren zeigten sich ein dunkler, übelriechender und schlecht geformter Kot, ein mattes Fell und eine Verformung des Knochengerüstes. Die nachgewiesenen Veränderungen der Knochen zeugten von einem Mangel an Mineralien, und das Angewiesensein auf Protein als Energiequelle und der Mangel an Kohlehydraten wirkte sich ebenfalls negativ aus. Die eingangs der Erörterung über die Ernährung des Hundes erwähnten Beobachtungen zeigen ja auch, dass ein Hund, wenn er Gelegenheit hat, sich nicht allein vom reinen Fleisch eines Tieres ernährt, sondern vielmehr seinen Bedarf an lebensnotwendigen Stoffen durch den Genuss der verschiedensten Körperteile eines Tieres deckt. Hat man Gelegenheit, dem Hund in Form von Schlachtabfällen Ähnliches zu bieten und ihm eine gewisse Auswahl zu lassen, so hat man sicherlich eine optimale Ernährung, wobei allerdings gewisse Gefahren dabei beachtet werden müssen. Das gilt auch für die Verfütterung von Aufbrüchen oder Wildbret. Bei letzterem besteht insbesondere die Gefahr, dass sich der Hund mit Bandwürmern infiziert. Vorbeugen kann man dieser Gefahr, indem man das Wildbret und die Innereien grundsätzlich nicht frisch, sondern gekocht oder einige Tage in der Tiefkühltruhe durchgefroren verfüttert. Eine weitere Gefahr beim Verfüttern rohen Fleisches kann darin bestehen, dass sich der Hund an Salmonellen infiziert. Hin und wieder sind Schlachttiere – nach außen hin für den Veterinär nicht erkennbar – mit Salmonellen befallen, was insbesondere für junge Hunde gefährlich sein kann. Ältere Tiere überstehen die Infektion häufig unbemerkt, die Übertragung auf den Menschen ist jedoch nicht ausgeschlossen. – Auf die Gefahren, sich mit der Aujeszkyschen Krankheit zu infizieren, ist schon in anderem Zusammenhang hingewiesen worden.

Gefahr rohen Fleisches

Fertigfutter

Eine den heutigen Verhältnissen sehr entgegenkommende Art der Ernährung unserer Hunde besteht in der Fütterung mit Fertigfuttern. Häufig werden auch Jagdhundehalter nicht in der Lage sein, sich ausreichend mit Schlachtabfällen zu versorgen. Hinzu kommt, dass in heißen Sommermonaten eine Vorratshaltung – insbesondere, wenn man große oder mehrere Hunde hält – nicht immer ganz einfach ist. Das Verfüttern von Fertigfutter dagegen bringt keine Lagerprobleme mit sich und hat den Vorteil, auch auf Reisen immer das dem Hund gewöhnte Futter parat zu haben. Überdies treten auch keine Verluste auf, denn wenn man die Reste einer Mahlzeit dem Hunde wieder wegnehmen muss; sie bleiben – wenn es sich um Trockenfutter handelt – weiterhin verfügbar und müssen nicht weggeworfen oder vernichtet werden. Auf den Verpackungen des Fertigfutters sind in aller Regel Tabellen enthalten, aus denen der Hundehalter ersehen kann, inwieweit das Fertigfutter mit für den Hund wichtigen Mineralien, Vitaminen etc. versehen ist, und wie hoch jeweils die Anteile – etwa an Protein oder Kohlehydraten – sind. Langzeitversuche haben überdies erwiesen, dass die Fütterung mit Fertigfutter die Bedürfnisse eines Hundes stillt und keine Mangelerscheinungen auftreten. Das muss allerdings nicht für alle Fertigfutter zutreffen. Es empfiehlt sich daher, auch bei der Fütterung von Fertigfutter den Hund immer genau zu beobachten und – falls einmal im Verhalten oder im äußeren Erscheinungsbild Abweichungen von der Norm auftreten sollten – das Futter zu wechseln, falls nicht andere Ursachen vom Tierarzt festgestellt werden sollten. Man kann auch verschiedene Fertigfutter nebeneinander füttern. Vielleicht freut sich unser Hund auch darüber; wir mögen ja auch nicht jeden Tag unser Leibgericht.

Eins sollte jedoch bei der Verfütterung von Fertigfuttern noch bedacht werden: Die angebotenen Futtermittel geben den Zähnen kaum etwas zu arbeiten, so dass die Gefahr besteht, dass das Haupthandwerkszeug unserer Jagdhunde nicht genügend gepflegt wird. Um dem Mangel abzuhelfen, empfiehlt es sich, in bestimmten Abständen dem Hund auch Knochen zu fressen zu geben oder getrockneten Stockfisch zu verfüttern. Letzteres ist zwar nicht gerade billig, jedoch nach meinen Erfahrungen – abgesehen davon, dass es offensichtlich ein hervorragendes Futter ist – auch dazu angetan, den Kiefern der Hunde die nötige Arbeit zu verschaffen und überdies einer Zahnsteinbildung vorzubeugen. Der Fisch ist knochenhart, und die Hunde müssen schon gewaltig zubeißen, um ihn zu zerkleinern. Es wird bei derart gefütterten Hunden kaum eine Zahnsteinbildung zu beobachten sein, wie bei Hunden, die nur weiche Nahrung zu sich nehmen. – Ein ähnlicher Effekt ist natürlich auch mit Knochen zu erzielen, nur sollte man dem Hund nicht kleine Knochen geben, die er ganz oder fast unzerkaut herunterzuschlucken in der Lage ist, sondern es müssen Knochen sein, die er benagen muss, oder von denen er sich in der erwünschten Mühe in Kleinarbeit Stücke abraspelt.

Hunde wollen Futter auch „beissen"!

Wir haben nach alledem gesehen, dass die Ernährungsprobleme unserer so sehr zivilisierten Hunde kaum anders sind als die eigenen und unserer zivilisierten Mitmenschen. Die Ernährungsprobleme sind ähnlich, nur sind wir Menschen bei uns selbst häufig nicht in der Lage, den schon richtigen Erkenntnissen entsprechend zu handeln, d. h. etwas anderes oder weniger zu essen. Lassen wir unseren Hunden zu deren Nutzen also das zuteil werden, was wir bei uns häufig selbst nicht zu tun in der Lage sind: Richtig ernähren und ausreichend bewegen und im Notfall auch die Rationen kürzen: Unser Appetit wird ja dadurch nicht verdorben.

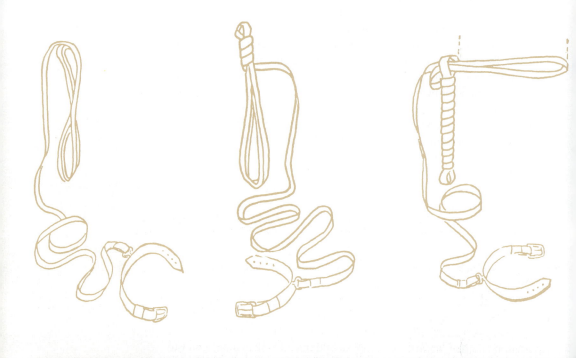

Die Ausbildung der Jagdhunde

Nimmt man beim Jagdhund den Begriff „Ausbildung" in den Mund, stoppt schon der Gedankenfluss: Es wird häufig auch von der Dressur eines Jagdhundes gesprochen, von seiner Führung und seiner Abführung, schließlich auch von seiner Ausbildung. Bestehen hier Unterschiede? Welcher Begriff ist richtig, und welche Ausdrucksweise sollte man verwenden?

Zu den Klassikern der deutschen jagdkynologischen Literatur gehört OBERLÄNDERS Werk „Dressur und Führung des Gebrauchshundes". In seiner Vorrede zur ersten Auflage zu Johanni 1894 führt OBERLÄNDER u. a. aus: „Es besteht jedoch ein wesentlicher Unterschied zwischen der Kunst, einen Hund regelrecht zu dressieren und derjenigen, ihn auf der Jagd, wenn die Leidenschaft für Wild ins Spiel kommt, richtig zu führen!" Es wird also schon unterschieden zwischen der Kunst, einen Hund auf die spätere Jagdpraxis vorzubereiten und ihn später im Jagdbetrieb auch zu gebrauchen, zu führen.

„Parforce-Dressur"

Bei dem aus dem Französischen stammenden Wort „Dressur" fällt manchem gleich auch der Begriff der „Parforce-Dressur" ein, und er verbindet damit die Gedanken an eine widernatürliche, den Hund vergewaltigende Behandlung. Zur Dressur nun sagt OBERLÄNDER vor über 100 Jahren: „Die Zwangs-Dressur, auch Dressur im geschlossenen Raume, gemeinhin Stubendressur genannt, hat den Zweck, einerseits den Hund zu bestimmten, rein mechanischen Leistungen anzuleiten, andererseits ihn die ganze Überlegenheit und unbegrenzte Macht seines Herrn zum Bewusstsein zu bringen, ihn zu bedingungslosem Gehorsam zu erziehen. Die Stuben-Dressur ist deshalb eine Aufgabe, welche nicht schablonenmäßig, allein mittels der Hände Arbeit, gelöst zu werden vermag, sondern sehr wohl Anforderungen an das Verständnis und die Urteilskraft des Dresseur, stellt. Ich widerspreche deshalb ganz entschieden unserem Altmeister DIEZEL, wenn er sagt: ‚Die Stuben-Dressur beschäftigt nur die Hände, die Feldarbeit aber den Kopf', denn wahrlich, der Dresseur, welcher hier ohne Kopf zu Werk geht, und alles mit den Händen zu bewältigen oder mit der Peitsche ‚zurechtklopfen' zu können wähnt, der wird sich erst am Schluss überzeugen, dass, wo rohe Kräfte sinnlos walten', kein Gebilde entstehen kann."

Dressur

Diese wenigen Worte und der Sinnspruch, den OBERLÄNDER überhaupt vor sein Werk gestellt hat („nicht durch die Gewalt der Faust, sondern vermöge seiner Vernunft ist der Mensch Herr der Schöpfung geworden."), lassen erkennen, dass der Begriff der „Dressur" in diesem Jahrhundert nichts mehr mit Vergewaltigung zu tun hat, sondern das Bemühen, den Hund artgerecht und seinem Wesen entsprechend zu behandeln umschließt, wobei die Erkenntnisse um dieses Wesen selbstverständlich seit OBERLÄNDER auch gewaltige Fortschritte gemacht haben.

Führen und Abführen

Versteht OBERLÄNDER nun unter „Führen" das Arbeiten des Hundes in der jagdlichen Praxis, so kann man unter „Abführen" das Bemühen verstehen, den Hund auf diese jagdliche Praxis vorzubereiten, „Abführen" bedeutet also das gleiche wie „Dressur".

Ausbildung

Der Begriff der „Ausbildung" wird in der Jagdkynologie weniger verwandt; er hat mehr Bedeutung im Bereich des Diensthundewesens, etwa bei der Polizei oder beim Zoll, gefunden. Dabei umschreibt dieser Begriff meines Erachtens auch sehr gut, um was es geht. „Ausbilden" stellt wohl begrifflich das Bemühen dar, aus etwas Rohem etwas nach bestimmten Vorstellungen zu gestalten, wobei man von bestimmten Gegebenheiten auszugehen hat, es jedoch nun dem Können des Ausbilders obliegt, das Beste aus diesen Möglichkeiten zu machen. Ein von der Mutter entwöhnter Welpe ist nun in gewisser Beziehung so ein roher Gegenstand, ein rohes Wesen, das es gilt, unseren Vorstellungen entsprechend zu gestalten, wobei es Rücksicht zu nehmen gilt auf das, was der Hund von Natur aus mitbringt und unserer Gestaltungsmöglichkeit unterliegt.

„Dressur", „Abführung" und „Ausbildung" sind also nach alledem synonym zu gebrauchen. „Führung" allerdings ist etwas anderes; es bedeutet den Gebrauch des dressierten, des abgeführten, ausgebildeten Hundes.

Das Vermögen, einen Hund auszubilden oder auch zu führen, ist nun nicht jedem Jäger gegeben. Neben rein sachlichen, schon erwähnten, Voraussetzungen sind auch andere Eigenschaften erforderlich. Es gibt Abrichter, die man als „geborene Hundemänner" bezeichnen kann, die von Anbeginn an in jeder Situation mit ihrem Hund das richtige anstellen, ohne in der Lage zu sein, erklären zu können, warum sie nun dies eine tun und das andere lassen. Neben diesen, Menschen, die neben ihrer menschlichen offensichtlich auch noch eine „Hundeseele" im Leibe haben, steht die Mehrzahl derer, die mehr oder weniger sich die Kunst der Ausbildung und Führung aneignen müssen.

Der „geborene Ausbilder"

Will man ein kleines Gedankenspiel treiben, so ist auch ein Mensch vorstellbar, der überhaupt kein Empfinden für einen Hund hat, indessen jedoch vermöge seiner hohen Intelligenz sich auf dem Wege des Lernens all das anzueignen vermag, was der „Hundemann", das andere Extrem, instinktiv beherrscht. – In Reinkultur gibt es diese beiden Extreme natürlich nicht: sie sind zwei gedankliche Eckpfeiler, zwischen denen allerdings sich all die bewegen, die mit mehr oder weniger Erfolg sich dem Hunde widmen. Ganz ohne ein fast „animalisches Empfinden" für den Hund wird man diesen nicht auszubilden in der Lage sein, wie es auch keinen Menschen geben kann, der ohne Einschränkung wie ein Wolf denkt oder fühlt.

I. Theoretische Grundlagen

Das Bemühen, die Verhaltensweisen des Hundes bis zu einem gewissen Grade zu verstehen und richtig zu deuten, kann unter Umständen auch etwas mühselig werden, denn etwas Gehirnschmalz muss für dieses Verständnis schon aufgewandt werden. Andererseits sollten diese Schwierigkeiten kein Hindernis für den ernsthaften Hundemann sein, denn mit sog. „Rezepten", Kniffen und Tricks ist es unmöglich, auf die Dauer Hunde artgerecht auszubilden und zu führen. Das ist nur möglich, wenn man während des ständigen Dialoges zwischen Hund und Herrn als Ausbilder auch möglichst ausnahmslos und schnell Antworten auf die vielen Fragen parat hat, die der Hund stellt. Falsche Antworten, d. h. falsche Reaktionen von Seiten des Menschen, können zu schweren Rückschlägen auf dem Wege der Ausbildung führen, schon Erreichtes in Frage stellen und vielleicht ein nicht mehr wegzuräumendes Hindernis auf dem Wege zum Erfolg sein. Die Antworten auf die vielen Fragen, die der Hund stellt, wird derjenige leichter geben können, der sich mit dem Verhalten seines Zöglings von dessen Babyalter an beschäftigt hat. Nur der sollte sich eigentlich „Hundeführer" nennen dürfen, der das ihm anvertraute Lebewesen nicht nur oberflächlich zurechtknetet, sondern der wirklich bis ins Innerste hinein artgerecht gestalten kann.

Und noch ein begrüßenswertes Nebenprodukt hat die Beschäftigung mit den Verhaltensweisen des Hundes: Der Hund ist wie der Mensch ein Mitglied der lebenden Natur, und die Verwandtschaft zwischen den Lebensvorgängen im menschlichen Körper und denen der Tiere ist sehr eng. Für die biologisch bedingten Verhaltensweisen der Lebewesen, also auch für Mensch und Hund, gelten bestimmte, gleichlautende Gesetze. Allerdings ist der Mensch kein Tier, denn über die biologisch bedingten Verhaltensweisen hinaus ist der Mensch aufgrund seiner Vernunft in der Lage, die natürlich bedingten Verhaltensweisen zeitweise zu steuern. Dennoch oder gerade deshalb führen auch viele Betrachtungen über die Verhaltensbiologie des Menschen zunächst über eine Betrachtung der Verhaltensweisen bei Tieren. Eine Beschäftigung mit den Verhaltensweisen kann also bei einem sich ernsthaft mit dieser Materie Befassenden dazu führen, dass er auch seine Mitmenschen besser versteht.

Mensch und Tier

Durch die hervorragenden und auch für den normalen Mitbürger verständlichen Veröffentlichungen TRUMLERS ist bei vielen Hundehaltern hier schon eine Bresche geschlagen. Viele haben sich mit der „Verhaltensforschung" auf eine Art und Weise mindestens am Rande befasst oder befassen können.

Verhaltensforschung bedarf jedoch einer näheren Definition. Man spricht hier wohl besser von „vergleichender objektiver Verhaltensforschung", die von N. TINBERGEN als „Ethologie" bezeichnet wurde. Diese Ethologie – hervorgegangen aus der Zoologie – beschäftigt sich vorerst nur mit den Verhaltensweisen, die für eine bestimmte Tierart typisch sind; sie bemüht sich um die Regelhaftigkeit dieses arttypischen Verhaltens, betreibt also Instinktforschung, denn Instinkte sind nach einer Definition von RENSCH „Verhaltensweisen, deren wichtigste Teilabläufe erblich festgelegt und für die Erhaltung des Individuums oder für den Fortbestand der Art durchschnittlich vorteilhaft sind". Da dieses Bestreben der Ethologie den Grundlagen der modernen Biologie entspricht, kann man hier wohl auch von „Verhaltensbiologie" sprechen.

Ethologie

Instinkte

Verhaltensbiologie

Daneben gibt es jedoch noch eine andere Richtung, nämlich die Lerntheorie (Behaviorismus). Für die Lerntheorie steht das Lernen im Mittelpunkt des Bemühens. Sie erforscht den Reiz und die darauffolgende Reaktion. Die Ethologie verzichtet jedoch bewusst auf die Erforschung aller individuellen Verhaltensweisen; sie kümmert sich nicht um die für ein ganz bestimmtes Einzeltier typischen Verhaltensweisen. Das tut jedoch die Tierpsychologie, denn diese interessiert sich sowohl für das arttypische Verhalten als auch für das des einzelnen Individuums. Tierpsychologie in diesem Sinne ist für den Hundeführer wohl die richtige Ausgangsposition, denn bei ihm kommt es ja darauf an, das Einzelwesen „Hund" artgerecht zu erziehen und auszubilden – sowohl was die allgemeinen Verhaltens-

Tierpsychologie

weisen angeht, als auch gerade die des Hundes, der ihm anvertraut ist.

In der Praxis ist es jedoch ziemlich unbedeutend, wie das wissenschaftlich umschrieben wird, was man mit seinem Hund treibt; vielmehr kommt es darauf an, die allgemeinen speziellen Verhaltensweisen des einzelnen Hundes zu erfassen, richtig zu deuten und entsprechend zu reagieren.

Einen Hund zeichnen nun angeborene und erfahrungsbedingte also erlernte Verhaltensweisen – aus. Auf die ersteren hat bis zu einem gewissen Grad bestenfalls der Züchter Einfluss; die letzteren jedoch geben dem Abrichter und Führer die Möglichkeit, seinen Jagdhund so zu formen und auszubilden, wie es der „Beruf" des Hundes erfordert, und wie es ihm selbst vorschwebt. Die Embryonalentwicklung des Hundes wird wie die aller Lebewesen letztlich von den Genen gesteuert. So ist der Welpe sofort nach der Geburt in der Lage, lebenserhaltend zu atmen. Andererseits hängt das erfahrungsbedingte Verhalten davon ab, was der Hund höchstpersönlich erlebt und dadurch lernt. Das genetisch bedingte Verhalten braucht jedoch bei der Geburt noch nicht fertig ausgebildet zu sein; beispielsweise reifen die angeborenen Verhaltensweisen auf dem Gebiet des Sexualverhaltens erst später.

Angeborene und erlernte Verhaltensweisen

Befassen wir uns zunächst mit den angeborenen Verhaltensweisen.

Wer hat nicht schon beobachtet, wie sein Hund von einem Floh gezwickt wird, der Hund dann nach dem Störenfried beißt und ihn zu erjagen trachtet! Diese Verhaltensweise ist eine Antwort auf den unerwarteten Biss des kleinen Insektes. Man spricht von einer „Reaktion".

Reaktion

Eine Verhaltensweise kann jedoch auch ohne äußeren Anlass erfolgen; sie kann lediglich von inneren Bedingungen gesteuert einsetzen. Als Beispiel dafür wird das Erwachen aus dem Schlaf genannt. Würde man einen ermüdeten Hund in einer schalldichten Kammer ohne Licht bei gleichbleibender Temperatur schlafen lassen, so würde er nach einiger Zeit von selbst erwachen und herumzulaufen beginnen. Dieses Verhalten erfolgt also, ohne dass der schlafende Hund von außen geweckt worden wäre; vielmehr ist das Erwachen auf eine innere Bedingung zurückzuführen. Man spricht in diesen Fällen von einer spontanen „Aktion".

Aktion

Die Unterscheidung „Reaktion" und „Aktion" bezieht sich also auf die unmittelbar auslösende Ursache: Kommt diese von außen spricht man von einer Reaktion, kommt sie von innen, von einer Aktion.

Rufen wir uns nun ein Bild in Erinnerung, das viele Hundeführer kennen. Mit dem jungen, noch unerfahrenen Vorstehhund begibt man sich ins Feld und lässt ihn dort laufen. Irgendwann einmal kommt er mit einem geladenen Weidedraht in Berührung und bringt sich sofort in Sicherheit. Man spricht in diesen Fällen von „schnellen Schutzreflexen", die ihre typische Bedeutung darin haben, dass bei Wahrnehmung einer Gefahr der gefährdete Körperteil sofort der Gefahr entzogen wird. Diese schnellen Schutzreflexe sind normalerweise stets funktionsbereit. Ihr Eintreten hängt allein von dem auslösenden Reiz ab. Nach den Ausführungen zur Aktion und Reaktion wird der aufmerksame Leser sofort merken, dass es sich bei den schnellen Reflexen auch um eine Reaktion handelt. Indessen werden als „Reflexe", die in der Tat als Unterbegriff der Reaktion betrachtet werden, einfache und schnell ablaufende Reaktionen bezeichnet.

schnelle Schutzreflexe

Die schnellen Schutzreflexe dienen im allgemeinen der Arterhaltung und im speziellen dem Schutz des Individuums: sie sind daher grundsätzlich immer betriebsbereit. Viele andere Reaktionen werden jedoch von den zugehörigen äußeren Sinneswahrnehmungen nicht immer ausgelöst.

Wenn der Hund nach anstrengender Suche nach Fasanen oder Hühnern an eine Wasserpfütze kommt, beginnt er sofort, gierig zu schöpfen; wenn wir jedoch daheim dem ruhig in seiner Kiste oder im Zwinger liegenden Hund frisches Wasser hinstellen, so nimmt er dies häufig wahr, ohne sich weiter darum zu kümmern. Dieses Beispiel lehrt uns, dass für das Trinken zwei Bedingungen gegeben sein müssen: Einmal die Wahrnehmung des Wassers in der Pfütze, im Graben oder im Trinknapf; dazu kommen muss jedoch der Durst des Hundes, eine „innere Bereitschaft", Wasser zu sich nehmen zu wollen. Das gilt für die meisten aller Reaktionen. Sie benötigen für ihre Auslösung bestimmte äußere Reize, hinzu kommen muss eine innere Bedingung. Diese äußeren Reize und die inneren Bedingungen bestimmen auch die Stärke, mit der ein Tier, ein Hund, reagiert.

Äußerer Reiz und innere Bedingung

Wenn wir hungrig nach Hause kommen, und schon an der Haustür steigt uns der Duft unseres Leibgerichtes in die Nase, so werden wir uns mit Heißhunger über die Mahlzeit hermachen und vermutlich mehr verdrücken, als wir brauchen, um unseren Kalorienbedarf zu decken. Bekommen wir jedoch etwas vorgesetzt, was unserem Geschmack nun wirklich nicht entspricht, so werden wir bestenfalls gerade so viel zu uns nehmen, dass der erste Hunger gestillt ist. Sind wir eigentlich satt, so kann uns unser Leibgericht noch verführen, doch noch etwas zu essen. Gleiches gilt natürlich auch für unseren Hund. Hat dieser längere Zeit nichts gefressen, und ist er daher besonders hungrig, zeichnet ihn also eine hohe Bereitschaft aus, so frisst er vermutlich auch den sonst ungeliebten Hundekuchen, der für ihn einen geringen Reizwert hat. Ist er jedoch gesättigt (geringe Bereitschaft), so fällt der Hundekuchen seiner Verachtung anheim; ein ordentliches Stück Rotwurst würde er jedoch nicht verschmähen.

Verspürt ein Hund Hunger, so möchte er diesen Reiz befriedigen. Findet er eine Schüssel voll Futter vor, so fängt er als Folge einer inneren Bedingung zu fressen an: es liegt eine Aktion vor. Findet er jedoch nichts zu fressen, so begibt er sich auf die Suche nach etwas Fressbarem. Der Hunger bewirkt also zweierlei: Die Bereitschaft, Nahrung aufzunehmen und – falls er solche nicht sofort findet den „Antrieb", sich Nahrung, Beute, zu verschaffen. Bereitschaft und Antrieb sind also zwei Ausdrucksformen der inneren Bedingungen, ihr Verständnis ist – wie wir noch sehen werden – für die Ausbildung eines Hundes äußerst wichtig.

Bereitschaft und Antrieb

Die Art der Reize, die angeborene Verhaltensweisen auslösen, kann sehr einfach oder auch sehr kompliziert sein. Beispielsweise sondert eine läufige Hündin bestimmte chemische Stoffe ab, die für die Rüden als Lockduft und als Orientierungsmerkmal zum Auffinden der Hündin dienen. Allein die Wahrnehmung dieses spezifischen Riechstoffes veranlasst den Rüden, sich auf die Suche nach der Hündin zu machen.

In anderen Fällen sind die auslösenden Reize weniger einfach. Jedem Jäger ist bekannt, dass junge Singvögel mit aufgesperrtem Schnabel betteln, wenn ein Elternteil mit Futter angeflogen kommt. Was die Jungen nun zu der Reaktion auf diesen äußeren Reiz der herankommenden Eltern veranlasst, kann man feststellen, indem man einen Attrappenversuch macht. Die jungen Singvögel reagieren auch auf eine Pappscheibe, die man in ihr Gesichtsfeld hält: Sie betteln auch diese Scheibe an.

Durch derartige Attrappenversuche, bei denen man im Verhaltensversuch immer wieder abgeänderte Formen anbietet, kann man herausfinden, welche Reize in der Gesamtwahrnehmung die eigentlichen „Schlüsselreize", die auslösenden Reize sind. So reagierten die im Nest sitzenden jungen Vögel zwar nicht auf Merkmale die der Mensch erkennen kann, es waren jedoch auch nicht wie im Fall eines einzigen Duftstoffes – nur elementare Einzelreize, sondern bestimmte Kombinationen von Einzelreizen, wie etwa die dunkle Fläche der Attrappe vor hellem Hintergrund. Wenn also Tiere auf bestimmte Reizkonstellationen reagieren und auf andere nicht dann muss im Nervensystem des Tieres eine Stelle sein, die die Meldungen analysiert und nur im Falle einer ganz bestimmten Reizkombination das Verhalten in Gang setzt. Dieses Phänomen nennt man den „angeborenen auslösenden Mechanismus" (AAM).

Schlüsselreize

Angeborener auslösender Mechanismus (AAM)

Bedeutsamer für unsere Beschäftigung mit dem Hund sind jedoch das „Appetenzverhalten" und die anschließende „Endhandlung".

Appetenzverhalten und Endhandlung

Wir haben schon gesehen, dass etwa eine längere Zeit des Hungerns beim Hund die Bereitschaft, auf Nahrung zu reagieren, steigert. Stellen wir uns nun einen Hund vor, der die Möglichkeit hat, sich frei zu bewegen, oder einen Wolf, der Hunger verspürt, und nun nicht gleich eine gefüllte Schüssel oder ein Beutetier findet. Sie werden nun unruhig und begeben sich auf die Suche nach etwas Fressbarem. Unser Hund wird das Grundstück, den Hof oder den Garten durchsuchen und wird sich, wenn er keinen Erfolg hat, ins Dorf, ins Feld oder in den Wald begeben. Der Wolf wird sein Jagdrevier durchstreifen. Sowohl das Suchen des Hundes als auch das des Wolfes führt dazu, dass die Chancen, etwas zu ergattern, größer werden. Findet nun ein Wolf eine Beute und ein Hund irgend etwas zum Fressen, so beginnt der Wolf mit der Jagd, und der Hund versucht an das Fressbare zu gelangen. Das Unruhigwerden bei Wolf und Hund ist durch den Hunger bedingt, also nicht durch den Außenreiz ausgelöst; es ist vielmehr von einer inneren Bedingung abhängig. Hat schließlich der Wolf eine Beute erjagt und unser Hund aus einem Papierkorb endlich das von einem Schulkind weggeworfene Schulbrot herausgeangelt, wird gefressen.

Es sind bei genauer Betrachtung drei Verhaltensphasen festzustellen die nacheinander abfolgen:

Die ersten beiden Phasen – das zunächst ziellose Herumsuchen und die dann gezielte Annäherung an die Beute, das Butterbrot – nennt man „Appetenzhandlung"; das Auffressen des Gefundenen. die abschließende Reaktion, bezeichnet man als „Endhandlung". Nicht immer muss jedoch die erste Phase des Appetenzverhaltens in einem aktiven Tun bestehen. Lauernde Räuber beispielsweise durchstreifen nicht ihr Jagdgebiet, sondern begeben sich gleichermaßen auf Ansitz. Das Gemeinsame der ersten spontan beginnenden Phase des Appetenzverhaltens besteht jedoch immer darin, dass ein Lebewesen durch sein Verhalten – je nach seiner Individualität – die Begegnung mit den Objekten sucht, auf die sich der jeweils betreffende Antrieb bezieht.

Die zweite Phase des Appetenzverhaltens besteht im allgemeinen in der gezielten Annäherung an das Objekt, das gesucht wurde und gefunden ist Die Endhandlung schließlich wird dadurch ausgelöst, dass das Tier mit dem Objekt in Berührung kommt. Unser Hund wird also, wie wir schon gesehen haben, das gefundene Butterbrot fressen. Hat er sich auf Partnersuche begeben, so befindet sich der Rüde damit schon in der ersten Phase des Appetenzverhaltens. Begegnet er dann der Hündin, beginnt er gezielt, um die Hündin zu werben. Der Werbung folgt schließlich die Endhandlung, die Paarung.

Erbkoordination

Manche Endhandlungen bestehen auch aus einer sofort programmierten Folge von Einzelbewegungen (Erbkoordination). Als eine typisch instinktive Endhandlung, die man häufig beobachten kann, wird das Scharren der Hunde mit den Hinterbeinen beschrieben, nachdem sie sich gelöst haben. Das Scharren wird auch auf Straßen, Pflaster oder auch auf anderem festen Untergrund durchgeführt, wo es keinerlei Wirkung zeigt und damit anschaulich macht, wie starr eine Erbkoordination festgelegt sein kann.

An dieser Stelle wird nochmals klar, dass der Hund, der sich sattgefressen hat, dass der Hund, der sich sattgesoffen hat, dass der Rüde, der sich gerade gepaart hat, vorübergehend für einen mehr oder weniger langen Zeitraum kaum oder keine Bereitschaft zum Reagieren zeigen. Damit sinkt aber auch der Antrieb zur ersten Phase des Appetenzverhaltens. Antrieb und Bereitschaft erweisen sich somit als zwei Ausdrucksformen derselben biologischen Funktion.

Nicht immer gehören jedoch zu jedem Instinktverhalten alle drei beschriebenen Phasen. Wenn ein Hund nach anstrengendem Jagdtag gesättigt und müde seinen Schlafplatz aufsucht, so bedeutet diese Suche das Appetenzverhalten, dem jedoch nun nicht eine instinktive Endhandlung im beschriebenen Sinne folgt; er fällt vielmehr in Schlaf, also in einen ganz bestimmten „Zustand". Auch das Flüchten als angeborene Reaktion wird als ein Appetenzverhalten mit negativen Vorzeichen beschrieben, das auf einen Zustand und nicht auf eine Endhandlung zielt. Während im Normalfall das Appetenzverhalten auf ein bestimmtes Objekt gerichtet ist, bedeutet die Flucht ein Sich-Entfernen und das Erreichen der Sicherheit den angestrebten Zustand.

Abhängigkeit vom „Versorgungszustand"

Fressen, Schöpfen und Atmen versorgen den Hund – wie alle anderen Lebewesen auch – mit lebensnotwendigen Stoffen. Die Bereitschaft zum Essen, zum Trinken und zum Atmen hängt jeweils vom derzeitigen Versorgungszustand ab. Bei der Hühnerjagd im September ist der Antrieb, die Bereitschaft zu trinken und damit den Flüssigkeitsverlust auszugleichen, größer, als wenn ein Hund, ohne sich viel zu bewegen, in der Stube liegt. – Auch bei anderen Tierarten kann der naturverbundene Jäger Zeichen gesteigerten Antriebes beobachten. Beispielsweise pflegen sich Turmfalken in erster Linie von größeren Insekten und Mäusen zu ernähren. Bei hoher Schneelage konnte jedoch beobachtet werden, dass sich der zierliche Turmfalke auch an die für seine Verhältnisse eigentlich viel zu großen Drosseln heranwagte und schlug.

Können die Verhaltensweisen Essen, Trinken und Atmen ohne Störung vor sich gehen, so werden die jeweiligen Bedürfnisse immer wieder gestillt und der Versorgungszustand wieder hergestellt. Ist das der Fall, dann ist der Antrieb, die Bereitschaft zur Nahrungsaufnahme etwa gleich Null. Der nach Stunden oder unter Umständen nach Tagen wieder schlechter werdende Versorgungszustand bedingt alsdann wieder eine immer stärker werdende Reaktionsbereitschaft und fördert den Ablauf des spezifischen Verhaltens, das, wenn es zur Endhandlung kommt – wiederum den Versorgungszustand verbessert.

Wenn nach einer instinktiven Endhandlung die Bereitschaft, dieses Instinktverhalten erneut auszuführen für mehr oder weniger lange Zeit nicht besteht oder geringer geworden ist, so muss dies allerdings nicht immer damit zusammenhängen, dass ein Versorgungsmangel ausgeglichen ist. Auch der Akt der Endhandlung allein kann einen abschwächenden Einfluss auf die Bereitschaft haben. Als bekanntestes Beispiel wird dabei das Abnehmen sexueller Bereitschaft durch die Paarung selbst beschrieben. Nach dem Deckakt ist beim Rüden der Drang zu erneutem Sexualverhalten auf kürzere oder längere Zeit abgesunken.

Wir haben gesehen, dass der Hund, der sich satt gefressen und satt getrunken hat, vorübergehend keine Bereitschaft mehr zeigt, Nahrung oder Wasser aufzunehmen. Es hängt mit Sicherheit – wie festgestellt – damit zusammen, dass das Versorgungssoll erreicht ist. Die Frage ist, ob die Fresshandlung als solche auch noch Einfluss auf die Antriebsverminderung hat.

Diese Frage ist nach den berühmten Pawlowschen Versuchen eindeutig zu bejahen: „Bei Versuchstieren (Hunden) wurde die Speiseröhre am Hals chirurgisch mit einer Öffnung nach außen versehen, so dass alles, was der Hund aufnahm, dort wieder herauskam und nicht in den Magen gelangte. Durch die Öffnung konnten aber auch Nahrung und Wasser unmittelbar in den Magen gebracht werden. Fraß oder trank der Hund, so hatte dies somit keinerlei Einfluss auf den Versorgungszustand seines Körpers mit Nährstoffen und Wasser. Trotzdem fraßen und tranken die so operierten Hunde nicht unaufhörlich; sondern sie hörten jeweils zu dem Zeitpunkt mit der Mahlzeit auf, zu welchem das derzeitige Defizit an Nährstoffen und Wasser ausgeglichen gewesen wäre, falls das Aufgenommene den Magen hätte erreichen können. Daraus folgt, dass die Nahrungsaufnahme schon als Vorgang (als Verhalten) und nicht erst durch die zugeführte Nahrung auf den Antrieb einwirkt und ihn vermindert... Pawlows Hunde wurden natürlich nach ihrer Scheinmahlzeit viel schneller wieder hungrig und durstig als nach einer normalen Fütterung (nach HASSENSTEIN)".

Die Pawlowschen Versuche

Pawlow (russischer Physiologe, 1849–1936, 1904 Nobelpreis für Medizin) hat mit seinem bekannten Versuch also den Nachweis für zwei Wege der Antriebsminderung erbracht. Worin liegt nun die biologische Bedeutung dieser „Zweigleisigkeit"?

Wenn die Nahrung den Magen erreicht und diesen gefüllt hat, so ist sie noch nicht blitzartig verdaut. Das dauert unterschiedlich lange, jedoch eine geraume Zeit. Die Meldung über den Ausgleich des Stoffwechsels würde also zu spät kommen, um das Fressen rechtzeitig zu beenden. Da jedoch mit der Nahrungaufnahme der Bedarf an erforderlicher Nahrung ausgeglichen werden soll, käme die antriebsmindernde Nachricht zu spät. Es ist also gleichsam eine „Vorwegmeldung" erforderlich, die die Bereitschaft rechtzeitig herabsetzt. Deren Wirksamkeit hält zwar nicht lange an, ist jedoch in aller Regel ausreichend, um den Zeitraum bis zur Meldung aus dem Magen zu überbrücken.

Wenn wir mit unserem Hund auf die Straße oder ins Revier gehen, so stürzt eine Menge von Eindrücken auf den Hund ein, die ihn zu den verschiedensten Verhaltensweisen veranlassen können. Beispielsweise kann er auf der Straße eine Katze sehen; da er lange in der Stube gesessen hat, möchte er sich lösen; ein Floh kratzt ihn, was ihn unter Umständen verlassen könnte, sich zu kratzen; Nachbars Rüde oder Hündin begegnet ihm, was ihm je nach Mentalität Angst oder Freude einflößt – dennoch befriedigt er kaum jemals zwei Antriebe zugleich, vielmehr laufen die verschiedensten Verhaltensweisen nacheinander getrennt ab. Das hat seinen Grund darin, dass alle Verhaltenstendenzen zueinander **im Verhältnis der gegenseitigen Hemmung** stehen, d. h., dass die jeweils am stärksten aktivierte Verhaltenstendenz alle schwächeren unterdrückt.

Gegenseitige Hemmung der Verhaltensweisen

Besonders eindrucksvoll ist das an Untersuchungen mit der Springspinne demonstriert worden. Fliegen, die zu den Beutetieren der Springspinne gehören, sind an Größe und Form nicht besonders verschieden von den Weibchen der Springspinne. Es wurden daher Attrappen hergestellt, die in Größe und Form etwa zwischen Beute- und Weibchenschema standen, und den Männchen angeboten. Je nach dem inneren Zustand der Männchen lösten die Attrappen nun entweder ein Balzverhalten oder ein Beutefangverhalten aus. War das Männchen besonders hungrig, war das Beutefangverhalten zu beobachten, weniger häufig das Balzverhalten; hatte das Männchen für längere Zeit nicht die Möglichkeit, zu hochzeiten, so stand die Balz im Vordergrund, und das Beuteverhalten trat in den Hintergrund. Es war auch möglich, je nach künstlich manipulierter Abstinenz vom Weibchen oder von der Beute die Antriebsstärken zu vergrößern oder zu verkleinern und somit eine ganz bestimmte Reaktion zu veranlassen. Wenn beide Bereitschaften gleichermaßen aktiviert waren, so veranlasste die Attrappe manchmal Beutefang oder manchmal Balzverhalten, nie jedoch ein aus beiden Verhaltenselementen gemischtes Vorgehen des Spinnenmännchens.

So etwas finden wir auch in der Prüfungspraxis des Jagdhundewesens. Aus gutem Grund ist es beispielsweise versagt, läufige Hündinnen auf Prüfungen zu führen, oder es ist in den Prüfungsordnungen bestimmt, dass sie von den Rüden fernzuhalten sind. Würde ein Rüde nämlich mit einer läufigen Hündin Kontakt bekommen oder auch nur etwa einen „Liebesbrief" in Form einer Nase voll Wind von der Stelle erhalten, an der die Hündin genässt hat, so würden alle anderen Verhaltensweisen vermutlich zurückgedrängt, und der Rüde hätte nur die Hochzeit im Kopfe. An Suche, Vorstehen, Buschieren etc. wäre nicht mehr zu denken.

Auf den Prüfungen ist weiterhin zu beobachten, dass vernünftige Richter die Führer veranlassen, ihre Hunde zunächst einmal auslaufen zu lassen, damit sie sich lösen und auch nässen können. Eigentlich sollte man mit einem ausgelaufenen Hund zur Prüfung kommen, aber die Erfahrung zeigt, dass dies nicht immer der Fall ist. Warum das so richtig und wichtig ist, zeigt folgende weitere in diesem Zusammenhang gehörende Überlegung:

Wir haben gesehen, dass gewährleistet ist, dass jeweils die am stärksten aktivierte aller Verhaltensmöglichkeiten zum Zuge kommt und dabei die übrigen unterdrückt. Dabei werden jedoch nicht die Bereitschaften selbst unterdrückt, sondern die von Antrieb und Reiz abhängigen Verhaltenstendenzen. So ist es erklärlich, dass der nächste in Bereitschaft stehende Antrieb die Führung des Verhaltens übernimmt, wenn ein stärkerer befriedigt ist. Eine ganze Reihe von Verhaltenstendenzen werden nach und nach stärker, bis sie die Überhand über alle anderen gewinnen und sich dann vorübergehend absolut durchsetzen.

Konkurrenz der Verhaltenstendenzen

Ebenso ist es beispielsweise auch bei der Harn- und Kotabgabe. Wenn ein Hund über Nacht zu Hause oder im Zwinger gelegen hat und dann ins Freie gelassen wird, wird er sich zunächst lösen und nässen, bis er weitere und andere Verhaltensweisen zeigt. Er lässt sich davon um so weniger abbringen, je länger er gezwungen war, „sich zurückzuhalten". Und so ist es nun auch mit unserem Jagdhund, der unter Umständen aus dem Zwinger sofort ins Auto gebracht worden ist, der eine mehr oder weniger lange Reise zum Prüfungsort gemacht hat und nun unter Umständen gleich eine Arbeit erledigen muss, also ein vom Hundeführer erwünschtes Verhalten zeigen soll. Wenn er nun nicht die Möglichkeit hatte, sich vorher zu lösen oder zu nässen, wird diese Verhaltenstendenz übermächtig und verdrängt alle anderen, also auch die vom Hundeführer erwünschten, und das würde zunächst zumindest zu einer nicht erwünschten Unterbrechung des Prüfungsgeschehens führen.

So erklärt sich also wissenschaftlich, was man aus der Erfahrung schon lange weiß.

Jeder Hundezüchter oder der Erwerber eines Welpen weiß, dass die kleinen Kerle, wenn sie über einen gewissen Zeitraum von einem Meutegenossen (Hund oder Mensch) getrennt sind, zu jammern beginnen, erst schwach und dann immer stärker werdend. Nimmt nun der vermisste Meutegenosse Kontakt mit dem Kleinen auf – sei es, dass die Mutterhündin ihn mit der Nase anstupst, oder das neue Herrchen klopft oder beruhigend auf ihn einredet – so hört das Gejammer alsbald wieder auf.

Es ist also festzuhalten, dass ganz bestimmte Reize von außen auch einen Antrieb senken können.

Neben diesen **antriebssenkenden** Reizen sind auch **antriebssteigernde Reize** zu beobachten. Besonders augenfällig ist dies im Bereich des Feinverhaltens. Ist etwa ein Hund in einen Kampf mit einem Rivalen verwickelt, und trennt man ihn von diesem Rivalen, ohne dass dieser schon Zeichen irgendeiner Bereitschaft zur Kapitulation gezeigt hat, oder trennen wir einen Hund von einer Katze, die er peinlicherweise vor der Haustür des Nachbarn geschnappt hat, so ist immer wieder zu beobachten, dass unser getrennter Stratege uns oder einen Helfer von uns unmotiviert beißt. Das findet seine Erklärung darin, dass während der Auseinandersetzung auch die Bereitschaft zur Auseinandersetzung sich erhöht hat, und diese nach der Trennung immer noch vorhandene Bereitschaft zur Auseinandersetzung sich nun auf einen Kontrahenten richtet, mit dem man eigentlich gar nichts auszufechten hat.

Antriebssenkende und steigernde Reize

Es sind schließlich auch noch einige Sonderformen angeborenen Verhaltens beobachtet und beschrieben: Das Verhalten im Leerlauf, die Intentionsbewegungen, umorientiertes Verhalten und das Übersprungverhalten.

Verhalten im Leerlauf

Wir haben schon gesehen, dass, je größer eine Bereitschaft wird, desto geringer der Reiz zum Auslösen einer bestimmten Reaktion sein muss. Nun ist es vorstellbar, dass bei extrem hoher Bereitschaft der zur Auslösung der Reaktion erforderliche Reiz gleich Null oder nicht mehr wahrnehmbar geringfügig werden kann, so dass eine Reaktion auch bei Abwesenheit des Reizes stattfinden kann, also ein **Verhalten im Leerlauf abläuft.** So ist als typisches Leerlaufverhalten beschrieben worden, wie ein Graugansmännchen, zu dessen Balzgehabe es gehört, vor den Augen seines Weibchens Angriffe auf andere Wasservögel durchzuführen, diese zu verjagen und dann mit „Triumphgeschrei" zum Weibchen zurückzukehren, diese Angriffshandlungen auch ohne Gegner durchführt und auch mit Triumphgeschrei zum Weibchen zurückkehrt.

Bei unseren Hunden ist zu beobachten, dass sie manchmal, wenn sie für längere Zeit keine Möglichkeit hatten, zu stöbern oder zu suchen, sogleich nach dem Verlassen des Pkws lauthals herumtoben und so tun, als ob sie spur-, fährten- oder auch sichtlaut ein Stück Wild verfolgen. Wir sprechen dann von „Weidlaut", der uns aus bestimmten Gründen unerwünscht ist. Der Hund jagt hier offensichtlich im Leerlauf: Die Bereitschaft, beispielsweise zu stöbern, ist durch eine längere Ruhepause oder durch andere Umstände so groß geworden, dass allein die Möglichkeit, sich zu bewegen, ausreicht, die Reaktion des lauten Jagens ohne den dazugehörigen Reiz (Spur, Fährte oder sichtiges Wild) ablaufen zu lassen.

Intentionsbewegungen

Wir kennen das Verhalten von Spatzen, die auf Pferdeäpfeln sitzen, oder Singvögeln, die im Winter als Gast unser Vogelfutterhäuschen besuchen, wenn wir uns ihnen nähern: Haben wir eine bestimmte Distanz unterschritten, so ducken sie sich zunächst, ohne jedoch sofort wegzufliegen: das tun sie erst, wenn wir uns weiter nähern oder aufregende Bewegungen machen. Ziehen wir uns jedoch zurück, so bleiben sie, wo sie waren. Die Vögel haben gleichsam ihre Absicht, fortzufliegen, gezeigt, sie haben die Intention zu einer Reaktion gezeigt. Intentionsbewegungen sind demnach beginnende Verhaltensweisen, die in ihren Ansätzen stecken bleiben.

Bei unseren Hunden sind derartige Intentionsbewegungen beispielsweise zu beobachten, wenn wir einen Gegenstand fortwerfen, ohne dem Hund die Erlaubnis gegeben zu haben, ihn schon zu apportieren, oder wenn ein gehorsamer Hund bei Ansichtigwerden eines Hasen bei der Treibjagd einen kurzen Satz macht, jedoch dann von der Verfolgung ablässt, innehält. Auch hier ist eine Verhaltensweise, das Apportieren, das Verfolgen, in ihrem Ansatz steckengeblieben.

Umorientiertes Verhalten

Als **umorientiertes Verhalten** wird eine Reaktion bezeichnet, die ihre ursprüngliche Richtung nicht beibehält, sondern auf ein anderes, ein Ersatzobjekt umgelenkt wird. Das wird deutlich an einem Experiment, das man mit jungen Hunden durchgeführt hat:

Aus einem Wurf mit sechs Welpen wurden zwei ausschließlich von der Mutterhündin ernährt, zwei andere wurden mit einer Flasche mit kleinem

Loch gefüttert und die letzten beiden schließlich erhielten ihre Nahrung aus einer Flasche mit einem großen Loch im Sauger. Zwischen den Mahlzeiten zeigten nunmehr die drei Gruppen ganz verschiedenartige Verhaltensweisen; Die von der Mutter ernährten Welpen beschäftigten sich überhaupt nicht saugend mit ihrer Umwelt, die aus der Flasche mit dem kleinen Loch ernährten saugten bisweilen an eigenen Körperteilen oder denen ihrer Geschwister, während sich die letzte Gruppe fast ausschließlich zwischen den Pausen darauf konzentrierte, wahllos an den Körpern der Geschwister oder an dem eigenen zu saugen. Dies lehrt uns, dass neben dem Ausgleich des Energiebedarfes auch ein Ausgleich an „Saugbedarf" im Rahmen der Ernährung erfolgen muss. Wird bei der Nahrungsaufnahme der Saugtrieb nicht hinreichend befriedigt, so wird das entsprechende Verhalten auf Ersatzobjekte umorientiert.

Das **Übersprungverhalten** kann als Verlegenheitsgeste angesehen werden. Es ist immer dann zu beobachten, wenn zwei Verhaltenstendenzen gleich stark sind, und jeder der aktivierten Antriebe den anderen somit hemmt. Es besteht dann die Möglichkeit, dass ein geringerer Antrieb im Verhalten sich durchsetzt, der mit der konkreten Situation eigentlich in gar keinem Zusammenhang steht. So ist das Scheinäsen der Rehe jedem Jäger geläufig. Durch irgend etwas ist der Bock auf den Jäger aufmerksam geworden, sei es durch ein Geräusch, sei es durch eine unvorsichtige Bewegung; er konnte ihn jedoch noch nicht ausmachen. Die Bereitschaft, sich davon zu überzeugen, was es wohl ist, vielleicht ein Rivale oder – etwa in der Blattzeit – ein begehrenswertes Schmalreh, steht im Widerstreit zu der Bereitschaft, bei Gefahr im Verzuge die Flucht zu ergreifen. Er senkt nun den Kopf und fährt für den oberflächlich beobachtenden Jäger wieder fort, zu äsen. Tatsächlich senkt er jedoch nur den Kopf und führt kauende Bewegungen aus, ohne Nahrung aufzunehmen. Er zeigt das sog. „Scheinäsen" als Übersprungverhalten. Jedem Jäger ist klar, dass er in einer solchen Situation peinlichst jede Bewegung oder jedes Geräusch vermeiden muss, denn bei Erkennen der Gefahr wird sich sofort der Antrieb zur Flucht durchsetzen – und die begehrte Beute ist zunächst verschwunden.

Ein ähnliches Übersprungverhalten könnte auch das häufig zu beobachtende Verhalten von Hunden beim Apportieren des Fuchses über das Hindernis im Rahmen der Verbandsgebrauchsprüfung sein. Welchem Führer oder Richter ist nicht folgende Situation geläufig: Der Fuchs wird über das Hindernis geworfen, und nun bekommt der Hund den Befehl, den Fuchs zu apportieren. Bei nicht durchgearbeiteten Hunden stehen nun im Widerstreit der Antrieb, dem Befehl zu gehorchen und den Fuchs zu apportieren, und der Antrieb, sich auf irgend eine Weise dem Kontakt mit dem Stinker zu entziehen. In diesem Konflikt fängt der Hund nun an, plötzlich ganz intensiv etwas zu untersuchen, sich mit einer nicht vorhandenen Maus zu beschäftigen, oder er nässt oder löst sich auch. Auch hier haben wir es wohl mit einem Übersprungverhalten, einer Verlegenheitsreaktion zu tun. – Nicht zu verwechseln ist das allerdings mit dem Nässen der Rüden an Stellen, an denen vorher Rüden schon genässt oder sich gelöst haben. Hier ist wohl der Reiz, seine persönliche Visitenkarte zu hinterlassen, stärker als die anderen Reize, und die Reaktion auf diesen Reiz setzt sich durch. Danach erledigt der

Übersprungverhalten

Hund seine Arbeit, denn jetzt ist wieder Raum für den vom Führer gewünschten Ablauf der Verhaltensweise „Apportieren des Fuchses".

Wäre unser Hund nun nur mit den bislang beschriebenen genetisch bedingten Verhaltensweisen ausgestattet, so wären wir gezwungen, ihn zu nehmen, wie er ist; wir hätten keine Möglichkeit, ihn nach unseren Wünschen zu formen und aus ihm einen unseren Ansprüchen entsprechenden Jagdhelfer zu machen. Es ist also für die Beschäftigung und die Ausbildung des Hundes von großem Interesse, auf welche Art und Weise ein Hund zu lernen imstande ist, also erfahrungsbedingtes Verhalten zeigt, und in diesem Zusammenhang sei gleich darauf verwiesen, dass immer dann, wenn von bedingten Verhalten, Reaktionen, Reflexen etc. die Rede ist, dieses „bedingt" gleichzusetzen ist mit *erfahrungsbedingt*.

*„bedingte" Verhaltensweisen sind **erfahrungsbedingt**.*

Desweiteren muss auf folgendes hingewiesen werden: Es wird davon gesprochen, dass junge Vögel das Fliegen lernen, ein junger Hund es lernt, das Bein zu heben, vorher zu laufen, zu springen, zu schwimmen usw. Dieses Lernen bezeichnet das Reifen ganz bestimmter Verhaltensweisen, die von äußeren Bedingungen – wie das Lernen, mit dem wir uns beschäftigen wollen – nicht abhängig sind. Es ist klar, dass ein neugeborener Welpe weder laufen noch springen kann, auch nicht schwimmen; das Bein zu heben lernt der junge Rüde erst, wenn er die Pubertät durchlaufen hat. Es ist also hier die Verhaltensweise abhängig von einer organischen Entwicklung, jedoch nicht erfahrungsbedingt.

Kriterien für das Speichern von Erfahrungen

Ein Hund macht wie jedes andere Lebewesen eine Unzahl von Erfahrungen und legt auch viele verschiedene Verhaltensweisen an den Tag. Jede dieser Verhaltensweisen und Erfahrungen zu speichern, würde eine unnütze Belastung bedeuten und vielfach auch sinnlos sein. Es muss also ein Kriterium geben, nach dem die zu speichernden, zu „lernenden" Erfahrungen und Verhaltensweisen ausgewählt werden. Dieses Kriterium wird wohl das der Arterhaltung sein. Jede Erfahrung und Verhaltensweise, die im allgemeinen der Arterhaltung und im speziellen unter Umständen auch dem einzelnen Individuum dient, ist wert, gespeichert zu werden. Welche Prinzipien des Lernens zum Überleben in der Umwelt und zur Arterhaltung geeignet sind, soll uns nun beschäftigen.

Wir erinnern uns der Bemerkung über die schnellen Schutzreflexe, wobei uns die Berührung des Hundes mit dem elektrisch geladenen Weidezaun als Beispiel gedient hat. Diese Schutzreflexe – um es zu wiederholen – entfernen das gefährdete Organ aus dem Gefahrenbereich oder schützen es auf andere Weise. Werden nun Reize, die einen Schutzreflex auslösen, wiederholt durch andere bestimmte Wahrnehmungen angekündigt, so erscheint es sinnvoll, schon auf diese Ankündigungen mit dem Reflex zu antworten, denn auf diese Weise bleibt dem Individuum mehr Zeit, sich oder den gefährdeten Körperteil in Sicherheit zu bringen. An einem Beispiel aus der Jagdhundedressur mag das erläutert werden:

Es ist versucht worden, Jagdhunde zu einer ganz konsequenten und sicheren Schleppenarbeit dadurch zu erziehen, indem man ihnen mit dem Tele-Takt-Gerät – auf dieses Dressurhilfsmittel wird im einzelnen noch eingegangen werden – jeweils dann einen elektrischen Schlag versetzte, wenn sie auch nur um ein geringes die Schleppe verließen. Schon nach wenigen

Übungen klebten die Hunde an der gezogenen Witterung und wichen auch nicht nur um ein geringes ab, indessen konnte es vorkommen, dass bei entsprechendem Tempo ein Haken überschossen wurde und der unmittelbare Kontakt zur Witterung verloren ging. Es konnte dann sehr schön beobachtet werden, wie die Hunde aufjaulten und mit denselben Zeichen des Erschreckens den Kontakt zur Spur wieder herzustellen versuchten. Es erfolgte also beim Verlassen der Schleppenspur genau die gleiche Reaktion wie bei einem Stromimpuls – der Reflex ist ja eine Unterart der Reaktion – so dass der Hund sich vor der zu erwartenden Stromeinwirkung reflexartig – was durch die Lautäußerung unterstrichen wird – „in Sicherheit" brachte.

Das Verlieren des Kontaktes zur Schleppspur war also die Wahrnehmung, die den Reiz, der den Schutzreflex auslöst, ankündigte. Das Verlieren einer Witterung ist im übrigen neutral und hat keine Beziehungen zu einem Reflex; im speziellen Falle im Zusammenhang mit der Arbeit auf der Schleppe gewinnt dies jedoch eine besondere Bedeutung. Daraus lässt sich das allgemeine Prinzip eines **bedingten Reflexes** (nach HASSENSTEIN) wie folgt formulieren: Geht dem auslösenden Reiz für einen Reflex, insbesondere einen Schutzreflex, mehrfach ein sonst neutraler Reiz unmittelbar voraus, so kann dies einen Lernvorgang verursachen mit dem Ergebnis, dass fortan auch der zunächst nur ankündigende Reiz die Reaktion auslöst.

Prinzip des bedingten Reflexes

Erinnern wir uns weiter, was wir über das Appetenzverhalten gehört haben. Wenn ein hungriger Hund in einer ganz bestimmten Situation ein- oder mehrmals satt geworden ist, er also in einer bestimmten Reizsituation ein oder mehrmals eine Antriebsbefriedigung erlebt hat, so erscheint es sinnvoll, den Platz wieder aufzusuchen, an dem er bei Hunger satt geworden ist, also diese Reiz-Situation erneut zu suchen, sobald der Antrieb erneuter Befriedigung bedarf. Es erscheint also angebracht, dies im Gedächtnis zu behalten und bei Hunger etwa den Schweinestall oder die Mülltonnen aufzusuchen, weil man dort immer etwas Fressbares findet. An zwei Beispielen aus der Verhaltensforschung sei dies nochmals demonstriert.

Ratten in einem Laboratoriumsversuch wurden hungrig oder durstig gehalten. Sie hatten nun die Möglichkeit, von ihrem Käfig aus durch einen Gang zum Futter und durch einen anderen Gang zum Wasser zu gelangen, wobei es sich jeweils um einen ganz bestimmten Gang handelte. Das Ergebnis des Versuches war, dass die Ratten jeweils den Gang bevorzugten, der ihnen eine Befriedigung des jeweiligen Antriebes versprach, je nach dem, ob sie hungrig oder durstig waren. Leichter lernten sie noch die Unterscheidung der Gänge, wenn sie nicht nur zwischen links oder rechts zu unterscheiden hatten, sondern wenn die Gänge auch noch beispielsweise farblich unterschiedlich waren.

Prinzip der bedingten Appetanz

Desweiteren wird von Karl von Frisch berichtet, der einen Zwergwels im Aquarium hielt. Der Fisch wohnte in einer kleinen Röhre auf dem Grunde. Er wurde gefüttert, indem man ihm das Futter unmittelbar vors Maul hielt, und eines Tages begann sein Eigentümer, diese Fütterung mit einem Pfiff zu begleiten. Zuvor hatte der Wels auf diese Pfiffe überhaupt nicht reagiert. Fünf Tage nach Beginn des Versuches wurde jedoch gepfiffen, ehe das Futter dargereicht wurde. Der kleine Wels verließ blitzartig sein Röhrchen und suchte im freien Wasser des Aquariums nach Futter.

Es lässt sich somit ein allgemeines Prinzip der bedingten Appetenz wie folgt formulieren (nach HASSENSTEIN);

Nimmt ein Lebewesen vor oder während einer Antriebsbefriedigung eine ursprünglich neutrale Reizsituation wahr, so kann das einen Lernprozess mit dem Ergebnis hervorrufen, dass diese Reizsituation künftig zum Anlass oder auch zum Ziel für das zugehörige Appetenzverhalten wird. Dadurch gewinnt also ein Appetenzverhalten neue erfahrungsbedingte auslösende und richtende Reize.

In diesem Zusammenhang muss nochmals auf Pawlows Hundeversuche eingegangen werden. Wenn ein hungriger Hund Nahrung wahrnimmt, so zieht er bekanntermaßen „Geschmacksfäden", seine Speicheldrüsen sondern Speichel ab, desgleichen seine Magendrüsen Magensaft. Pawlow beobachtete das durch eine chirurgisch hergestellte Verbindung vom Magen des Hundes nach außen. Diese Absonderungen sind genetisch bedingte Reaktionen, die normalerweise durch nichts anderes hervorgerufen werden können, als durch die Wahrnehmung von Futter. Nun ließ Pawlow jeweils kurz vor einer Futtergabe ein Glockenzeichen ertönen, was dazu führte, dass nach einer gewissen Zeit das Glockenzeichen allein die Speichel- und Magensaftsekretion auslöste. Diese von Pawlow entdeckten erfahrungsabhängigen vegetativen Reaktionen galten ursprünglich als Prototyp des bedingten Reflexes. Der bedingte Reflex in der hier beschriebenen Weise setzt jedoch keine antriebsbedingte bestimmte Situation voraus, sondern ist eine Reaktion ohne Belohnung, etwa Futtergabe. So hat sich denn auch gezeigt, dass die Absonderung des Magensaftes eine physiologische Begleitfunktion von bedingtem Appetenzverhalten war, denn der im Pawlowschen Versuch zunächst festgehaltene Hund begab sich auf Futtersuche, wenn er das Glockenzeichen gehört hatte, und zwar in Richtung der Glocke, die in den vorhergehenden Versuchen das Futter angekündigt hatte. Er zeigte also typisch bedingtes Appetenzverhalten.

Jedem Menschen, der sich mit Hunden abgibt, ist schon aufgefallen, dass das „Pfötchengeben" die staunende Umwelt in höchstes Entzücken versetzt, weil bei den Menschen offensichtlich eine Assoziation zum durchaus menschlichen Handschlag besteht. Was hat es nun damit auf sich?

Prinzip der bedingten Aktion

Saugwelpen pflegen die Quelle der köstlichen Milch, also die Zitzen der Mutterhündin, mit den Vorderläufen zu bekneten. Die Geste bleibt beim erwachsenen Hund auch später noch erhalten. Als „Milchtritt" hat sie allerdings keine Bedeutung mehr, sie dient vielmehr der Kontaktaufnahme im sozialen Bereich. Wenn nun ein Hund häufig die Erfahrung macht, dass das Erheben einer Pfote oder auch das Berühren eines Menschen mit einer Pfote mit einem für ihn positiven Ergebnis verbunden ist, sei es, dass er mit einem Happen belohnt wird oder auch nur durch Streicheln oder durch gute Worte, so erscheint es aus der Sicht des Hundes sinnvoll, das Verhaltenselement, das zu einer Triebbefriedigung führt, zu wiederholen. Aufgrund dieser gemachten Erfahrung können Hunde wie alle lernfähigen Tiere es lernen, ein neues Verhaltenselement (= Aktion) zum Erreichen eines Antriebszieles zu verwenden. Es gibt dafür viele Beispiele.

Ein Experiment sei noch erwähnt: Man gab einem Hund sein Futter stets erst dann, wenn er nach einem schwachen elektrischen Reiz unmittelbar vorher ein Bein gehoben hatte. Der Lernerfolg bestand nun darin, dass der Hund sofort spontan das betreffende Bein hob, sobald er Hunger verspürte.

Es lässt sich aus alledem das Lernprinzip der **bedingten Aktion** ableiten (HASSENSTEIN): Folgen auf ein Verhaltenselement ein- oder mehrmals Erfahrungen, die eine Belohnung für das Lebewesen darstellen, so verknüpft sich der durch die Belohnung befriedigte Antrieb mit dem Verhaltenselement und stellt es in seinen Dienst. Antriebe können auf diese Weise neue ausführende Verhaltensweisen gewinnen.

Manchem Reiter, der ein von mehreren anderen Reitern gerittenes Pferd bewegt, wird es unter Umständen schon geschehen sein, dass sein Pferd plötzlich unterwegs an einer ganz bestimmten Stelle scheute, obwohl für den Reiter überhaupt keine Ursache erkenntlich war. Das kann sich immer wiederholen, auch wenn andere Reiter auf dem Pferd sitzen. Die Ursache liegt darin, dass das Pferd bei einem Austritt an einer ganz bestimmten Stelle des Weges einmal einen Schreck bekommen hat und es beim nächsten Mal an derselben Stelle wiederum scheut, auch wenn die Ursache der Störung nicht mehr existiert.

Aus der Einarbeitung eines Hundes am Wasser ist ein anderer Fall bekannt. Ein Hund pflegte sowohl ohne wie auch hinter der Ente hervorragend im Schilf zu stöbern. Eines Tages lag der stromführende Draht eines Weidezaunes über der Wasseroberfläche und der hinter der Ente stöbernde Hund – er verfolgte sie sichtig – kam mit dem elektrisch geladenen Draht in Berührung, worauf er abrupt umdrehte und von Stund an nicht mehr geneigt war, einer sichtigen Ente im Wasser zu folgen. Ohne Ente stöberte der Hund nach wie vor passioniert im Wasser. Die Ente selbst mied er jedoch peinlichst.

Prinzip der bedingten Aversion

Sowohl am Pferde- wie auch am Hundebeispiel sehen wir, dass die Wahrnehmung einer Reizsituation mit abschreckenden Erfahrungen einhergegangen ist, und es erscheint auch aus der Sicht des Tieres sinnvoll diese Reizsituation hinfort zu meiden oder zu fliehen. Daraus lässt sich wiederum ein allgemeines Prinzip ableiten, nämlich das der **bedingten Aversion** (nach HASSENSTEIN): folgt auf die Wahrnehmung einer neutralen oder zuvor angestrebten Reizsituation ein- oder mehrmals eine schmerzhafte oder ängstigende Erfahrung, so verknüpft sich die Reizsituation mit der Verhaltenstendenz des Vermeidens, die je nach den Umständen zur Flucht oder zur Hemmung der Annäherung führt.

Ein Jäger sollte seine Hunde ja möglichst nicht an einer Kette hatten. Indessen ist das Halten von Hunden an Ketten jedoch auch nicht verboten, und die Beobachtung des Verhaltens eines Kettenhundes bringt uns auf ein weiteres Lernprinzip.

Wenn der Kettenhund auf dem Hof an einer längeren Kette angebracht ist oder auch die Kette an einem über einen Teil des Hofes gespannten Draht läuft, so ist zu beobachten, dass der Hund – betritt man das Grundstück – sich mit höchster Wut auf den Eindringling stürzen will. Die Kette hemmt jedoch seinen Aktionsradius. Würde der Hund nun ohne „Rücksicht auf Verluste" versuchen, den Eindringling zu schnappen, würde er alsbald mit einem gewaltigen Ruck zurückgerissen werden. Das geschieht jedoch nicht: Vielmehr bremst der Hund seinen Angriff genau in dem Augenblick ab, wo ihn die nun gleich stramme Kette schmerzhaft an einer weiteren Attacke hindern würde. Zuvor hat der Hund sicherlich die Erfahrung gemacht, dass ein unkontrolliertes Losstürzen an einer ganz bestimmten Stelle zur schmerzhaften Unterbrechung des Angriffs führt. Ursache für das Losstürzen muss natürlich nicht immer ein Mensch gewesen sein, sondern es kann auch eine Katze oder ein Rivale den Hund ursprünglich zum Losstürzen veranlasst haben. Jedenfalls hat das – wie auch immer motivierte Verhalten – bei unserem Kettenhund ein- oder mehrmals eine unangenehme Erfahrung nach sich gezogen, so dass es für den Hund sinnvoll erscheint, dieses Verhalten zukünftig unter Hemmung zu setzen und nicht mehr auszuführen.

Prinzip der bedingten Hemmung

Diesem Prinzip entspricht ein als **erfahrungsbedingter Hemmung** bezeichneter Lernvorgang: Folgt einem Verhalten ein- oder mehrmals eine Erfahrung mit negativer Valenz wie Schmerz oder Schreck, so erfolgt ein Lernvorgang mit dem Ergebnis, dass das Verhalten hinfort selten oder gar nicht mehr ausgeführt wird. Allerdings kann auch bei der bedingten Aversion ein Verhalten gehemmt werden, indessen wirkt bei der bedingten Aversion ein Reiz aufgrund von Erfahrungen abstoßend, während bei der bedingten Hemmung in erster Linie die Ausübung des Verhaltens gehemmt ist, unabhängig davon, von welchem Reiz das Verhalten gerade ausgelöst wird.

Kombination der Lernprinzipien

Die vier elementaren Lernprozesse, mit denen wir uns beschäftigt haben – nämlich die bedingte Appetenz, die bedingte Aktion, die bedingte Aversion und die bedingte Hemmung – stehen nun nicht in einem Verhältnis der Ausschließlichkeit nebeneinander oder zueinander, sondern kombinieren sich häufig miteinander. Einige dieser Kombinationen haben eigenen Charakter und auch zum Teil eigene Bezeichnungen. Das soll an zwei Beispielen erläutert werden.

Wenn wir einen Hund auf der Rotfährte einarbeiten, so lassen wir ihn die Erfahrung machen, dass das Halten einer dem Hund von uns gezeigten Witterung letztlich zu einer Antriebsbefriedigung führt. Das Halten der von uns gelegten künstlichen Rotfährte führt dazu, dass der Hund beispielsweise an ihrem Ende seinen gefüllten Futternapf findet oder – falls er ein schlechter Fresser ist – etwas zum Verbellen oder auch zum Spielen. Unser Hund nimmt also jeweils vor der Antriebsbefriedigung (Fressen, Spielen) die ursprünglich neutrale Reizsituation „Fährte" wahr mit dem Ergebnis, dass diese Reizsituation künftig zum Anlass oder zum Ziel des dazugehörigen Appetenzverhaltens wird.

Nun geschieht es ja während der Einarbeitung, dass andere Reize den Hund veranlassen, vom Halten der Rotfährte abzugehen und beispielsweise eine wärmere Verleitungsfährte anzufallen oder auch dem Eichkater, der an der Eiche hochgeht, nachzusetzen. In diesen Fällen veranlassen wir nun den Hund, mit einer auf seinen individuellen Charakter zugeschnittenen Maßnahme, davon abzulassen und wieder auf die Fährte zurückzukehren. In der konkreten Situation – nämlich der Arbeit auf der Rotfährte – macht der Hund nun die schlechte Erfahrung, dass dem Nachgeben anderer Verhaltenselemente etwas Negatives folgt und er sie – was von uns angestrebt wird – in Zukunft unterdrückt. Es liegt also insoweit eine bedingte Hemmung vor. Ein Einarbeiten auf der Rotfährte auf diese Art und Weise veranlasst einen Lernprozess nach dem Prinzip der bedingten Appetenz und der bedingten Hemmung.

Ähnlich und vielleicht einleuchtender ist es, wenn wir uns vor Augen halten, wie wir uns bemühen, den Hund ordentlich leinenführig zu machen. Wie begrüßen es natürlich sehr, wenn ein Hund während des Stöberns, des Buschierens oder auch während der Arbeit im Felde sich den verschiedensten Witterungen zuwendet oder auch Fährten, Spuren und Geläufe anfällt und sie verfolgt. Allerdings ist dies grundsätzlich unerwünscht, wenn wir ihn an der Leine führen. Dann geht es nicht an, dass er versucht, mit Vehemenz dem uns anlaufenden Hasen nachzusetzen oder auch uns beim Pirschen stört, indem er lieber den Eichkater verfolgt oder auch überall dort „Zeitung liest", wo andere Hunde ihre Visitenkarten hinterlassen haben. Wenn der Hund an der Leine ist, lernt er durch entsprechende Maßnahmen von unserer Seite, dass dieses Verhalten künftig möglichst nicht mehr ausgeführt wird; er lernt, ruhig an der Leine zu laufen nach dem Lernprinzip der bedingten Hemmung. Andererseits weisen wir mit Recht darauf hin, dass der ordnungsgemäß links von uns uns begleitende Hund mit lobenden Worten bedacht wird, abgeliebelt wird oder unter Umständen auch bei Beginn der Übungen hin und wieder ein Häppchen erhält. Das bedeutet, dass der Hund unsere Nähe – und zwar links von uns, auch während der Bewegung – sucht, um zu einer Antriebsbefriedigung zu gelangen. Er lernt also auch Leinenführigkeit in Kombination mit dem Prinzip der bedingten Hemmung nach dem Prinzip der bedingten Appetenz.

Nun weiß jedoch jeder Hundeführer, dass, wenn man mit seinem Hund etwas „vorführen" will, dies meistens nicht so klappt wie bei den Übungen, die man mit dem Hund bislang durchgeführt hat. Ob das Produzieren der Leistungen des Hundes nun bei einer Prüfung geschieht oder unter anderen Verhältnissen, ist unbedeutend. Von Bedeutung ist in diesem Zusammenhang, dass es meistens dann nicht klappt, wenn andere Verhältnisse herrschen als die, die maßgebend waren, als unser Hund seine Übungen zu unserer Zufriedenheit absolvierte. Der Lernerfolg nach guten und schlechten Erfahrungen hängt also von etlichen weiteren Bedingungen ab.

Um das Formsehen der Hunde beurteilen zu können, dressierte man sie auf unterschiedliche Muster, die auf die Deckel von Futterschüsseln gemalt waren. Einige der Muster zeigten an, dass die Schüsseln Futter enthielten; in anders gekennzeichneten Schüsseln befand sich dagegen nichts. Die Ergebnisse waren sehr schlecht. Das lag daran, dass es für die Hunde sehr einfach war, kurzerhand alle Schüsseln schnell abzudecken, weil auf diese Weise auch das Futter ohne weitere geistige Anstrengung gefunden werden konnte.

Umwelteinflüsse beim Lernen

Daraufhin wurde die Versuchsanordnung geändert. Die Hunde mussten über eine grabenartige Vertiefung zunächst gegen Türen springen, die die schon erwähnten Muster trugen. Sprangen die Hunde nun gegen eine Tür, hinter der sich Futter befand, öffnete sich die Tür, und der Hund gelangte an das Ziel seiner Wünsche. Im anderen Fall blieb die Tür verschlossen, der anspringende Hund prallte zurück und fiel in den Graben. Letzteres war für die Hunde schmerzhaft, zumindest höchst unangenehm mit der Folge, dass sie alsbald die Muster aufs allerfeinste unterschieden.

Die Folgerung daraus ist, dass der Valenzunterschied zwischen den verschiedenen von den Hunden zu beachtenden Merkmalen nun groß genug war, um den Hund zur Wahrung eigener Interessen zu deren Beachtung zu veranlassen. Für uns bedeutet das, bei der praktischen Abrichtung darauf zu achten, dass wir die Hunde auch immer richtig „motivieren". Es kommt sehr darauf an, welche Mittel wir ganz individuell bei jedem Hund anwenden.

Von Bedeutung für ein von uns angestrebtes Lernergebnis ist auch die jeweilige Antriebslage des Tieres, wie an einem Experiment nachgewiesen wurde: Einigen Goldammern wurden in ihrem Beobachtungskäfig Pfauenaugen als Beuteinsekten vorgesetzt. Diese Schmetterlinge haben gegenüber ihren Feinden eine besondere Schreckreaktion: Sie öffnen – von einem zischenden Laut begleitet – ihre Flügel und bieten so dem Feind ihre großen, bunten Augenflecke dar. Dieser Anblick erschreckt Singvögel häufig und lässt sie die Flucht ergreifen. Einige der Goldammern kümmerten sich alsbald nicht mehr um die Reaktionen der Pfauenaugen und fingen und fraßen sie ohne jedes Zögern. Bei anderen Goldammern wiederum verstärkte sich die Furcht vor ihnen von Mal zu Mal, und sie mieden sie schon auf ihren bloßen Anblick hin, ohne dass die Schmetterlinge mit ihren Flügeln „klapperten". Bei einigen der Goldammern hatte also der Hunger sie in der ersten Erfahrungssituation ihre Furcht vergessen und sie die Erfahrung machen lassen, dass trotz des erschreckenden Bildes ein Pfauenauge ein guter Happen ist. Bei den anderen satten Goldammern war in der ersten Erfahrungssituation die Furcht stärker aktiviert, so dass bei ihnen die schlechten Erfahrungen zunehmend dominierten und ein anderes Lernergebnis die Folge war.

Ähnlich kann man bei der Einarbeitung eines Hundes auf Schweiß hier wieder große Fehler machen. Stellen wir uns einmal vor, dass ein Abrichter mit seinem hungrigen Hund bei den ersten Übungen diesen die Erfahrung machen lässt, dass immer eine gefüllte Schüssel am Ende der Arbeit auf ihn wartet. Es wird sich in diesen ersten so sehr wichtigen Erfahrungssituationen in dem Hunde festigen, dass ein Verfolgen und Halten der Fährte immer zu einem guten Ergebnis führt, nämlich zu einer Antriebsbefriedigung. Er wird „lernen", unseren Vorstellungen entsprechend zu arbeiten. – Es kann aber auch folgendes geschehen: Ohne viel zu überlegen, legt der Abrichter für seinen Zögling eine diesem absolut unbekannte Schwarte eines Winterkeilers an das Ende der Fährte. Wenn unser Zögling an das Ende der Rotfährte kommt, findet er nun dieses alle seine Sinne erschreckende Monstrum vor, und er wird sich sagen: „Bloß nie wieder eine solche Fährte arbeiten, das ist ja schrecklich!"

Wenn in unseren beiden Fällen nun beispielsweise der Hund nicht hungrig, sondern immer satt und vollgefressen zur Fährte gelegt wird, so wird ihn die Futterschüssel am Ende überhaupt nicht mehr interessieren. Er kommt in den ersten wesentlichen Erfahrungssituationen zu dem Schluss, dass es sich nicht „lohnt", der Fährte zu folgen. Hat in unserem zweiten Fall der Abrichter jedoch den Hund mit der Sauwitterung vertraut gemacht,

Die Antriebslage beim Lernen und Lehren

hat er ihm Gelegenheit gegeben einmal tüchtig an der Sauschwarte zu spielen, so wird der dermaßen vorbereitete Hund begeistert sein, wenn er am Ende der Fährte das von ihm so geliebte Angriffsobjekt findet und er damit „raufen" darf – so zu einer Antriebsbefriedigung kommt.

Gleichartige Tiere können also in gleichartigen Erfahrungssituationen völlig Gegenteiliges lernen: Für die einen dominierten mehr die guten und für die anderen die schlechten Erfahrungen. Daraus ergibt sich – und das muss betont werden – für uns die Weisheit, dass Antriebslage und Lernergebnisse sehr wesentlich voneinander abhängen.

Wie wichtig es ist, sich in den für den Hund ersten Erfahrungssituationen richtig zu verhalten, ergibt sich auch daraus, dass die Chancen für ein Umlernen relativ gering sind. Bei Lernprozessen aufgrund schlechter Erfahrungen besteht nur eine kleine Chance, dass sie durch neuere Erfahrungen korrigiert werden können. Der Grund dafür ist einfach: Weil ja eine Lernsituation nach schlechten Erfahrungen forthin gemieden wird, kommt das Tier mit ihr auch späterhin kaum wieder in Berührung. Wollen wir unseren Hund, der einmal schlechte Erfahrungen auf der Rotfährte gemacht hat, dennoch zu einem freudigen Arbeiter auf der Schweißfährte erziehen, bedarf es großer Mühe und Anstrengung.

Lernprozess nach schlechten Erfahrungen

Etwas weiteres ist von großer Bedeutung. Bei höheren Tieren – also auch bei unseren Hunden – ist es offenbar so, dass sie zugleich viele Merkmale einer Situation miteinander verknüpfen und im Gedächtnis speichern. Das ist den Hundeführern aus der täglichen Arbeit mit ihren Zöglingen allzu gut bekannt.

Ablegen wird meistens mit dem Hundekind im Garten oder auf einem Platz geübt, der nicht allzu weit vom Hause entfernt ist. Diese Orte werden in der Regel immer wieder aufgesucht, und dort erledigt der vierbeinige Lehrling alsbald seine Übungen zu unserer vollsten Zufriedenheit. Versuchen wir jedoch, ihn in einer anderen Umgebung abzulegen, so stehen wir plötzlich vor einem offenbaren Rätsel: Der Hund verhält sich so, als ob er das Ablegen überhaupt noch nicht gelernt habe. Der Grund dafür ist, dass bei den Ablegeübungen zunächst die Situation mit zahlreichen Einzelheiten – wie Ort, Tageszeit etc. – in das Lernen eingeht. Wenn unser Hund das Ablegen im Hausgarten gelernt hat, beherrscht er es für unsere Zwecke noch nicht. Es ist vielmehr notwendig, alle unwesentlichen Züge nachträglich wieder „abzudressieren", indem die Übung an den verschiedensten Orten und auch zu verschiedenen Tageszeiten durchgeführt wird.

Die Umwelt im Lernprozess

So hat wohl auch jeder Hundeabrichter, der eine Schweißarbeit mehrmals auf der gleichen abgesteckten Strecke mit seinem Hund absolviert hat, die Erfahrung gemacht, dass der Hund diese Strecke alsbald auch läuft, ohne dass eine Fährte gelegt ist. Hier haben sich äußere Umstände dem Hund eingeprägt und sind in den Lernprozess mit einbezogen worden. Es ist also äußerst wichtig, bei allen Übungen zu versuchen, die für den Lernprozess gefährliche Gewöhnung an andere Umstände zu vermeiden.

Wie sehr viele Einzelerfahrungen bei der Verhaltenssteuerung zusammenwirken können, sei hier abschließend an einem Futtermarkenversuch mit Schimpansen demonstriert (nach HASSENSTEIN):

„Den Schimpansen standen bunte runde Scheiben von 3 cm Durchmesser zur Verfügung, sowie Automaten, die im Tausch gegen die Scheiben Futter spendeten. Die Methode, auf diese Weise Nahrung zu erlangen, erfassten die Tiere sehr schnell. Danach lernten sie, verschiedene Marken für Futter, für Wasser, für Spiel mit dem Wärter, für ‚Öffnen einer Tür' usw. zu unterscheiden und richtig zu verwenden. Eine typische Situation war die folgende: Blaue Marken dienten dazu, die Tür zum Nachbarkäfig zu öffnen. Ein Tier war gerade dabei, sich mit all seinen Marken zu beschäftigen. Plötzlich hörte es den Ruf eines bekannten Tieres im Nachbarkäfig. Daraufhin nahm es zielsicher eine blaue Marke aus dem gesammelten Vorrat, ging zur Tür und öffnete sie damit. Später mussten die Schimpansen zum Erlangen von Futtermarken anstrengende Arbeit leisten (einen Hebelapparat bedienen), und das Eintauschen der Marken gegen Futter war erst nach einem bestimmten Zeitraum möglich. Trotzdem erarbeiteten sich die Schimpansen einen Vorrat an Marken. Sie behandelten die Marken, als hätten sie den Wert von Futter bzw. ‚Sozialkontakt'. So gewannen die Schimpansen durch ein Zusammenspiel elementarer Lernvorgänge schon die Verfügung über den Gebrauch von Symbolen."

Lernen in bestimmten Lebensphasen

Für manche angeborenen Verhaltensweisen oder Verhaltenstendenzen müssen die auslösenden Reizsituationen in einer bestimmten Lebensphase erlernt werden. Am Menschen wurden Lernvorgänge, deren Ergebnis unwiderruflich festliegt, schon früh durch Sigmund Freud gefunden, der diese Lernform „Fixierung" nannte. Bei Tieren spricht man von „Prägung". Zu diesem Problem hat der Ausschuss für Verhaltensforschung des Jagdgebrauchshundverbandes in einer Publikation des Jagdgebrauchshundverbandes Ausführungen gemacht. Es erscheint sinnvoll, an dieser Stelle auf jene Arbeiten Bezug zu nehmen.

Die Prägung

„Der Ausdruck ‚Prägung' ist eine Wortfindung der wissenschaftlichen Verhaltensforschung. Nun ist die Verhaltensforschung eine noch junge Wissenschaft, die eigentlich erst durch die Verleihung des Nobelpreises an Prof. Dr. Konrad Lorenz, Professor Karl von Frisch und Professor Niko Tinbergen ihre wissenschaftliche Anerkennung fand und dadurch zugleich in breiteren Bevölkerungsschichten bekannt wurde. Konrad Lorenz ist der Vater des Begriffs ‚Prägung'. Er bezog allerdings diesen Ausdruck, wenigstens anfangs, nicht auf Säugetiere, sondern auf Vögel. Heute ist der Begriff ‚Prägung' fast schon zu einem Schlagwort, wenigstens in der Kynologie, geworden. Um diesen Begriff vor diesem Makel zu schützen und den Ausdruck ‚Prägung' allgemeinverständlich zu machen, ist es dringend erforderlich, zu erläutern, was die wissenschaftliche Verhaltensforschung darunter versteht.

‚Prägung' ist auf einen bestimmten, sehr kurzen Zeitraum begrenztes Lernvermögen. Deshalb spricht man auch im Zusammenhang mit Prägung von einer Phase (Prägungsphase). Wie kam es nun zu dieser Erkenntnis? Dem Zoodirektor Heinroth fiel auf, dass sich künstlich erbrütete Wasservögel, die er mit Artgenossen vergesellschaften wollte, von diesen abwandten und mit allen Mitteln wieder zum Menschen – denn diesen hatten sie nach dem Schlupf zuerst gesehen – gelangen wollten. Die Erklärung für dieses Verhalten fand als erster Konrad Lorenz, der sich eingehend mit diesen Reaktionen befasst hat. Bei der Aufzucht von Gösseln stellte er, wie Heinroth, fest, dass diese den Menschen nachlaufen, wenn sie jene als erste Lebewesen sehen. Sie waren auf das Lebewesen Mensch ‚geprägt', und zwar in ihrer Nachfolgereaktion.

Er fand nun aber weiter, dass vom Menschen aufgezogene Dohlen sich beim Flüggewerden anders verhielten. Sie schlossen sich nämlich ohne weiteres einem Dohlenschwarm an. Im nächsten Frühjahr jedoch balzten sie den Menschen als Sexualpartner an. Diese Dohlen waren wohl auf den Menschen geprägt, aber nicht in ihrer Nachfolgereaktion, sondern in ihrer geschlechtlichen Reaktion. Die Aussage, ein Tier ist geprägt, bezieht sich also nur auf eine bestimmte Reaktion.

Prägung auf bestimmte Reaktion

Die untersuchten Vögel hatten sich aber etwas eingeprägt, das sie – und das ist entscheidend – zeitlebens nicht mehr vergessen konnten, das zeitlebens nicht mehr rückgängig gemacht werden kann. Man spricht daher auch von der ‚Irreversibilität', der ‚Nichtumkehrbarkeit' dieses Verhaltens. Diesen Vorgang nannte Lorenz als erster ‚Prägung'.

Weitere Untersuchungen ergaben nun, dass Prägungsvorgänge nur in ganz bestimmten Zeiträumen erfolgen können. Wir nennen sie Phasen. Einen solchen Zeitraum, in dem etwas geprägt werden kann, nennt man kritische oder sensible Phase. In diesen Phasen erfolgen in der Regel Prägungen auf Artgenossen, aber auch auf Beutetiere. Durch Manipulationen durch den Menschen können Fehlprägungen entstehen, z. B. die Prägung der Nachfolgereaktion der Gössel auf den Menschen anstatt auf die Muttergans. Wird die sensible Phase für einen Prägungsvorgang übergangen oder wird sie nur unvollkommen genutzt, so findet keine oder nur eine unvollkommene Prägung statt."

kritische, sensible Phasen

Dieser Lernvorgang ähnelt der bedingten Appetenz; es wird der Anblick der Mutter, des Artgenossen gelernt. Alle erforderlichen Bestandteile sind gegeben: Ein angeborenes Bedürfnis (nach Kontakt), eine Reizsituation (Anblick der Mutter) und die Befriedigung des Bedürfnisses (durch Erreichen des Kontaktes). Dadurch wird die Reizsituation zum erlernten Orientierungsziel des Appetenzverhaltens. Der Unterschied zur bedingten Appetenz liegt jedoch darin, dass
- die Lernfähigkeit auf eine sensible Phase beschränkt ist,
- das Lernergebnis unwiderruflich ist und
- Verhaltensstörungen die Folge sind, falls die kritische Phase ohne Prägungserfolg vergeht.

Wir haben bis jetzt nur Prägungsvorgänge bei Vögeln behandelt. Es ergibt sich danach die Frage: Gibt es bei Säugetieren etwas Ähnliches oder Gleiches? Hierüber lassen wir am besten Eberhard Trumler, einen Schüler von Lorenz, zu Worte kommen. Trumler war ein hervorragender Mitarbeiter im wissenschaftlichen Ausschuss für Verhaltensforschung bei Hunden des JGHV.

Eberhard Trumler sagt: „Bei Säugetieren freilich schienen ähnliche Verhältnisse, die man zunächst beobachtete, nicht den eigentlichen an Vögeln und Fischen gewonnenen Befunden einer Prägung zu entsprechen. Man stellte immer wieder fest, dass sich die anfängliche prägungsgleiche Bindung handaufgezogener Jungtiere an den Menschen später leicht verlor, wenn dieses Tier mit Artgenossen engeren Kontakt aufnehmen konnte. Man glaubte sich daher verpflichtet, nur von ‚prägungsähnlichen Lernvorgängen' zu sprechen.

Lorenz fand auch hier den Schlüssel zum Verständnis: Augentiere, wie Vögel, Fische, prägen sich das optische Bild des echten oder vermeintlichen Artgenossen ein. Säugetiere haben aber weit weniger ein optisches Bild von Artgenossen, sondern weit mehr ein geruchliches Bild. Sie sind vorwiegend Nasentiere, die von vornherein auch ein weit besseres Gedächtnis für Gerüche als für Augenwahrnehmungen haben.

Das versetzt Säugetiere – und eben auch den Hund – in eine ganz andere Lage. Wir können bei ihm keine optische Prägung erwarten, sondern weit mehr eine geruchliche. Hierzu ein klarer Befund an Junghunden (Chiuahuas), die einzeln säugenden Katzen zur Aufzucht übergeben worden sind.

Diese Welpen kamen im Alter von 25 Tagen zu den Katzenmüttern und lebten bis zur 16. Lebenswoche mit den Jungkätzchen zusammen. Sie lernten bis dahin nie einen anderen Hund kennen. Brachte man sie nun einzeln in ein leeres Zimmer mit einem Spiegel, so beachteten sie dieses Spiegelbild überhaupt nicht –, das Bild eines Hundes war ihnen offensichtlich unbekannt, und Hundegeruch hatte das Spiegelbild natürlich nicht. Brachte man diese Welpen in eine aus Jungkatzen und Junghunden gebildete Gesellschaft, so spielten sie mit den Katzen.

Lebten sie allein unter Hunden, dann freilich tauten sie diesen gegenüber bald auf und schienen ihre Katzenprägung zu verlieren. Zu diesem Versuch ist einschränkend zu sagen, dass nach eigenen Beobachtungen die kritische Phase der Prägung beim Junghund schon vor dem 25. Lebenstag beginnt, wahrscheinlich schon um den 17. oder 18. Lebenstag einsetzt. Hier könnte also eine Fehlerquelle vorhanden sein. Sie kann aber übergangen werden, denn wir müssen folgendes berücksichtigen: Ein Hund kann sich selbst beschnuppern und so seinen Eigengeruch feststellen. Er ist in der Lage, den Geruch eines anderen Hundes aufzunehmen und mit seinem eigenen zu vergleichen. Mit anderen Worten: Wenn er auf Katzengeruch geprägt ist, kann er später bei Berührung mit anderen Hunden über solche Vergleiche feststellen, dass diese ihm viel ähnlicher sind als Katzen. Er wird dahinterkommen, dass deren Geruch ihm „vertrauter" ist als die Lebewesen, die er bislang als Artgenossen betrachten musste.

Prägung unumkehrbar?

Nicht bewiesen ist bisher, ob es nun wirklich zu einer totalen Umkehrung kommt, oder ob nicht doch die Prägung auf Katzen daneben – wenigstens bis zu einem gewissen Grade – erhalten bleibt. Jedenfalls hat LORENZ längst geklärt, warum die Prägung beim Säugetier nicht „irreversibel" (nicht umkehrbar) erscheint, sondern dieses – im Gegensatz zu Vögeln und Fischen – den echten Artgenossen dann doch erkennen kann. Es ist also zunächst ein akademischer Streit, ob man bei Säugetieren nun von „Prägung" oder von „prägungsähnlichen Vorgängen" sprechen kann. Für den Umgang mit Hunden hat dieser Streit jedenfalls keine Bedeutung.

Jedenfalls lässt sich bis heute klarstellen:

Für den Praktiker ist es wichtig zu wissen, was der persönliche Kontakt in dieser frühen Jugendentwicklung für das spätere Verhalten des Hundes bedeutet. Seine Kontaktfreudigkeit wird in dieser Prägungsphase festgelegt, und zwar in Abhängigkeit von Zahl und Dauer der Berührungskontakte, die der Welpe in der Prägungsphase mit dem Menschen hat. Umgekehrt muss sich jeder Züchter darüber im klaren sein, was es bedeutet, wenn die Mutterhündin verunglückt, und er einen Einzelwelpen im sonst hundefreien Haushalt künstlich aufzieht. Er erreicht eine vollkommene Prägung auf den Menschen, die später – falls der Welpe in der Prägungsphase keine andere Möglichkeit hat, andere Hunde kennenzulernen – zu gewissen, wenn auch nicht unüberbrückbaren Schwierigkeiten führen wird, sobald der ältere Jagdhund erstmals in seinem Leben mit einem anderen Hund in Berührung kommt.

Wie bereits mehrfach angedeutet, ist noch manches Verhalten nicht genügend er- bzw. durchforscht, und es wird eine vordringliche Aufgabe der Verhaltensforschung sein, hier für mehr Licht in das noch Dunkle zu sorgen. Wir werden uns daher hierüber noch oft unterhalten müssen. Hier ist noch alles im Fluss! Erwähnt seien hier nur Versuche mit Frühtesten und Welpentesten auf verhaltenswissenschaftlicher Grundlage.

Für den Praktiker jedenfalls mag jener akademische Streit, ob es sich nach der klassischen, an Vögeln und Fischen gewonnenen Definition der Prägung wirklich um eine solche oder nur um einen ‚prägungsähnlichen Vorgang' handelt, keine Rolle spielen.

Für den Praktiker ergibt sich nur das Ergebnis etwa in der Form: ‚Dieser Hund ist nicht ausreichend – oder gar nicht – geprägt'. Er wird anhand der weiter oben geschilderten Versuche auch ein klares Bild davon haben, wie subtil diese Einwirkungen in der Prägungsphase beim erwachsenen Hund dessen ‚Wesen' beeinflussen können. Ich setze die Begriffe ‚Wesen' und ‚Wesensschwäche' bewusst unter Anführungszeichen, weil es wohl einleuchtet, wie sehr das diesbezügliche Verhalten eines Hundes in der Jugendentwicklung beeinflusst ist. Wir sollten daran denken, dass ein nur mangelhaft geprägter Hund, der auf der Prüfung naturgemäß eine gewisse Unsicherheit und Scheu zeigt, keinesfalls aus der Zucht ausgeschlossen werden darf, wenn man die schlechte Prägung nachweisen kann: es liegt ja nicht an seinem Erbgut, sondern es lag allein an seiner unbefriedigenden Umwelt. Vorgeblich ‚wesensschwache Hunde' können u. U. von Züchtern stammen, deren Familie zur Zeit der Prägungsphase mit Grippe im Bett lag – ich kenne solch ein Beispiel –, und grundsätzlich allerbestes Erbgut mitbringen. Man darf es sich aber heute bei der starken Einengung des Genbestandes (der ‚Allele', wie der Vererbungsforscher sagt) nicht mehr leisten, Hunde von der Zucht auszuschließen, deren Mängel allein auf Aufzuchtfehlern beruhen. So wird es Aufgabe der Zuchtwarte sein, die Kontaktfreudigkeit der Welpen zu einem bestimmten Zeitpunkt – etwa in der fünften Lebenswoche – zu beurteilen und mit dem Züchter abzuklären, wieviel Zeit für Direktkontakte der Welpen mit Menschen zu veranschlagen ist. Dann besteht für den Zuchtwart die Möglichkeit, bereits zu dieser Zeit klar festzulegen, was am ‚Wesen' dieser Hunde dran ist.

Einfluss der Prägung auf das Wesen

In der Praxis: Der Zuchtwart findet scheue, kaum kontaktbereite Welpen von fünf Wochen vor. Wird der Züchter nun sagen, dass weder er noch seine Familie die Zeit für die Welpen haben? Wie kommt er um eine solche Klippe? Umgekehrt: Die Welpen sind maximal kontaktfreudig, aber der eine oder andere von ihnen wird als erwachsener Hund Ängstlichkeit, Gedrücktheit, Scheu zeigen – dann kann man mit ziemlicher Sicherheit auf eine sekundär zum Vorschein gekommene Veranlagungsschwäche schließen, es sei denn, der Hundeführer hat nachträglich aus dem gut geprägten Welpen einen Neurotiker gemacht.

Es sei betont, dass die Kontaktfreudigkeit – eine Grundlage für alle Zusammenarbeit mit dem Hund – wahrscheinlich nur *ein* Aspekt dieser Prägungsphase ist, aber es geht ja an dieser Stelle allein um den Begriff der Prägung."

Soweit zunächst der JGHV-Ausschuss.

Durch die Prägung erfährt der Welpe und wird für ihn festgelegt, wer in Zukunft zu „seinesgleichen" zählt.

Nun sind mit Abschluss der sensiblen Phase, in der dies geschehen ist, die Verhältnisse zu seinesgleichen noch nicht geordnet; es muss auch eine Zeit geben, innerhalb derer unser Hundekind lernt, wie es mit seinesgleichen und der Umwelt auszukommen hat. Je höher eine Tierart entwickelt ist, um so deutlicher ist ein andersartiger Lebensabschnitt in der Entwicklung des Tierjungen festzustellen – ein Abschnitt, in der **Erkunden, Neugierverhalten, Spielen und Nachahmen** wesentlicher Lebensinhalt sind.

Elternbindung wichtig für spielerische Aktivitäten

Auch beim Menschen ist ein ganzer Lebensabschnitt vorwiegend diesen Verhaltensweisen gewidmet, nämlich die Entwicklungsphase zwischen der frühen Kindheit und dem Erreichen des Erwachsenenalters.

Eine ganz wesentliche Rolle spielen in diesem Entwicklungsstadium die Elterntiere. Wenn die körperliche Entwicklung es den Jungen erlaubt, sich von der Mutter oder auch vom Vater, wenn dieser beim Familienverband bleibt, zu lösen, bleibt die Bindung an die Elterntiere erhalten. Das Junge geht immer wieder zu den Eltern zurück. Trennt man es in unbekannter Umgebung von ihnen, so kommen die oben erwähnten Verhaltensweisen überhaupt nicht mehr zum Ausdruck; das Junge hat nichts anderes im Sinn, als die Mutter oder die Eltern wiederzufinden. Sie geben dem Tierjungen also die Sicherheit, die für die erwähnten wesentlichen Verhaltensweisen nötig sind. Das Spielen usw. setzt die Abwesenheit anderer stark aktivierter Triebe voraus, beispielsweise auch die Abwesenheit von Unsicherheit oder Angst; es kann sich daher das Erkundungs- und Spielverhalten bei dem elternlosen Tierkind nicht normal entwickeln.

Die Elterntiere sind für die Jungen auch Vorbilder für das Nachahmen. Damit sammelt das Junge vermutlich Erfahrungen, die es im Erwachsenenalter verwerten kann.

Tradieren von Verhaltensweisen

Die spielerischen Aktivitäten umfassen auch ein soziales Erkunden dergestalt, dass sich das Junge an die anderen Gruppenmitglieder wendet und bei ihnen Verhaltensweisen auszulösen versucht. Je nachdem, ob diese nun ermunternd oder abweisend sind, entwickelt das Jungtier seinerseits weitere Aktivitäten und macht neue Erfahrungen. Auf diese Art und Weise stimmt es das eigene Rollenverhalten auf die Traditionen der bestimmten Tierarten und die seiner speziellen Familie ab.

Erkunden, Neugierverhalten und Spielen stehen zueinander in einem ähnlichen Verhältnis wie das unregelmäßige Suchen, die zielgerichtete Annäherung und die Endhandlung. Das Erkunden ist das Herumstreifen und

Wahrnehmen dessen, was dem Jungtier begegnet, beim Neugierverhalten sucht das Tier bewusst Gegebenheiten auf, die auffällig ihm unbekannt sind, und das Spielen schließlich ist ein Verhalten in Wechselwirkung mit Gegenständen oder Partnern.

Wir haben schon gesehen, dass unregelmäßiges Suchen als erster Teil des Appetenzverhaltens festzustellen ist; es gibt jedoch auch ein Erkunden aus eigenem Antrieb. Dieses Erkunden geht meist auf eine besondere artspezifische Weise vor sich. So wie Eichhörnchen die Gegenstände ihrer Umgebung benagen, Menschenaffen neue Gegenstände bevorzugt mit den Händen berühren und an die Lippen führen, beschnuppern unsere Hunde diese. Ist nun etwas Neues gefunden, so löst es – falls es nicht abschreckend wirkt – ein gezieltes Erkunden aus, das in Anlehnung zu dem menschlichen Antrieb „Neugierverhalten" genannt wird. So bekam ein junger, von Menschenhand aufgezogener Wolf an jedem Morgen eine Schale mit Trinkwasser hingestellt. Eines Tages fand er erstmals in seinem Napf Eis vor, und er betastete es mit seiner Pfote. Kurz darauf wurde Wasser zum Trinken darübergeschüttet. Der junge Wolf begann aber nicht, wie sonst üblich, sofort zu trinken; er steckte zunächst erst wieder die Pfote hinein und untersuchte die Geschichte nochmals. Hier hat sich also die Neugierde gegen eine andere Verhaltenstendenz durchgesetzt. Wenn nun ein solchermaßen die Neugierde erregender Gegenstand oder ein Partner irgend etwas mit sich machen lässt, oder wenn auf eigene Verhaltensweise irgendwelche Reaktionen aus der Umwelt erfolgen, so geht das Verhalten ins Spielen über. Dabei ist ein ganz speziell auf das Spielen gerichtetes Appetenzverhalten zu beobachten.

Neugierverhalten

Jeder, der schon Hunde gehalten hat, kennt von seinem Hund die Aufforderung zum Spielen. Beim Spielen sind auch angeborene Verhaltenselemente zu beobachten, die schon vor dem Reifen der zugehörigen Bereitschaft vorhanden sind. Es sind bei jungen Hunden Teilhandlungen, beispielsweise aus den Verhaltensbereichen des Beutefang- und Sexualverhaltens, zu erkennen; die inneren Bedingungen dafür reifen erst im Erwachsenenalter voll aus. Angeborene Verhaltensweisen sind bisweilen auch in abgewandelter Form zu beobachten. Angriffs- und Kampfverhalten sind so abgewandelt, dass der Spielpartner nicht verletzt wird. Beispiel dafür sind die Beißhemmung des spielenden Hundes oder auch die eingezogenen Krallen bei spielenden Löwenkindern.

Angeborene Verhaltensweisen

Wie andere Verhaltensweisen auch, haben die Verhaltenstendenzen, mit denen wir hier zu tun haben, auch die Eigenschaft, sich gegen andere Verhaltenstendenzen durchzusetzen; indessen ist die Durchsetzungsfähigkeit dieser Verhaltenstendenzen schwach im Vergleich zu anderen Bereitschaften, die im allgemeinen gegenwärtigen Bedürfnissen dienen. Als Beispiel mag das Verhalten eines beobachteten jungen Wolfes dienen: Der junge Wolf trat zufällig auf einen stäubenden Bovist, worauf er zunächst erschreckt zurücksprang, sich alsbald jedoch vorsichtig dem Pilz wieder näherte und mit der Pfote darauf schlug.

Wenn stärkere Furcht aufkommt, so wird jedoch alles Erkunden, Spielen etc. unterdrückt.

Schließlich ist es im Rahmen des Spielverhaltens von großer Bedeutung, dass bei höheren Säugetieren, so auch bei unseren Hunden, die Tendenz besteht, mit den Ohren und Augen Wahrgenommenes nachzuahmen, insbesondere natürlicherweise das Verhalten der Eltern. Wir haben gesehen, dass ganz bestimmte Verhaltensweisen über eine genetische Information weitergegeben werden, dazu tritt nun damit die Grundlage für das Weitergeben erworbener Kenntnisse.

Wir haben uns bei der bisherigen Betrachtung immer davon leiten lassen, dass die einzelnen Verhaltensweisen letztlich der Arterhaltung dienen, denn die Erhaltung des Individuums dient letztlich auch der Erhaltung der Art. Wollte man dies nun eingrenzend dahin verstehen, dass alle Verhaltensweisen unmittelbar biologischen Notwendigkeiten dienen, so würden dem die gemachten Feststellungen bezüglich des Spielverhaltens widersprechen. Wir haben gesehen, dass Hunger, Angst oder beispielsweise auch das Bedürfnis, sich zu lösen, das Spielverhalten unterbrechen. Darüber hinaus wird beim Spielen Energie verbraucht, ohne dass ein unmittelbarer Nutzen daraus erwächst, und Spielen als solches dürfte auch für das Individuum und die Art gefährlicher sein als ruhiges Abwarten. Dennoch bedeutet das Spielen bei hochstehenden Säugetieren wie auch letztlich beim Menschen einen wesentlichen Inhalt einer ganzen Entwicklungsphase, und es erhebt sich die Frage, welcher biologische Sinn dahintersteht.

Biologischer Sinn des Spielens

Die zunächst als zusammenhanglos erscheinende Vielfältigkeit der Aktionen beim Spielen bekommt jedoch einen Inhalt, wenn man sie als naturgegebenes Aktionsprogramm zum Kennenlernen der Umwelt, zum Entwickeln und Unterhalten körperlicher Geschicklichkeit und zum Übernehmen von Fähigkeiten älterer Artgenossen auffasst. Auf diese Weise werden von einem Lebewesen aktiv Informationen gewonnen und gespeichert. Es geht natürlich letztlich darum, für die Art und das Individuum nützliche Informationen zu erhalten, und dies geschieht am besten darin, möglichst unbeschränkt Informationen aufzunehmen. Da mit Ausnahme des vernunftbegabten Menschen kein Lebewesen sein Verhalten zum aktiven Erfahrungsgewinn im Hinblick auf möglichen und zukünftigen Nutzen steuern kann, bedürfen sie eines eigenen Antriebes, der von sich aus aktiv werden muss. Die Verhaltensweisen im Bereich des Spielens sind also wohl auf einen **potentiellen zukünftigen Nutzen** zugeschnitten, ihr biologischer Wert liegt nicht in der Gegenwart, sondern in der Zukunft. Daraus erklärt es sich auch, dass das zukunftbezogene Spielverhalten allen anderen Verhaltenstendenzen, die der aktuellen Lebensbewältigung dienen, nachsteht.

Ein Großteil dessen, was das Spielen ausmacht, ist speziell für den Hund Lebensinhalt während der sog. „Sozialisierungsphase", die sich der schon beschriebenen Prägungsphase anschließt. Zur Sozialisierungsphase soll hier sinnvollerweise wieder der JGHV-Ausschuss zu Wort kommen:

„Unter ‚Sozialisierung' verstehen wir ein auf einen bestimmten Zeitraum begrenztes Lernvermögen zur Gemeinschaftsbildung. Dies will sagen, dass sich ein Lebewesen in einem bestimmten, begrenzten Zeitraum in eine bestehende oder aufzubauende Gemeinschaft allmählich eingliedert.

Sozialisierungsphase

Aus dem Nebeneinander wird ein Füreinander. Ein Lebewesen ist dann sozialisiert, wenn dieser Eingliederungsprozess das für die jeweilige Sozialstruktur einer Gemeinschaft (Sozietät) höchstmögliche Ziel erreicht hat.

Beim Hund – bzw. Wolf – gibt es einen eigenen Entwicklungsabschnitt, nämlich die Sozialisierungsphase, die die entscheidenden Grundlagen für die Eingliederung in die Rudelgemeinschaft enthält. Diese Sozialisierungsphase liegt etwa in einem Zeitraum von Beginn der achten bis zu Ende der zwölften Lebenswoche des Welpen.

Während bislang – in der Prägungsphase – alles Spiel darauf bezogen war, den Artgenossen (inkl. Mensch) und seine Reaktionen kennenzulernen (Beiß-Spiele, Ziehen an den Ohren, Schwanz, Pfoten etc.), entwickeln sich nun Spiele, die mit gemeinsamen Aktionen verbunden sind. Es beginnen Gruppenspiele, an denen sich in der natürlichen, ungestörten Hundefamilie in zunehmendem Maß der Rüde beteiligt. Schwerpunkt wird das ‚Beutefangspiel', bei dem der Rüde das Beutetier markiert, das von den Welpen gemeinsam gejagt und überwältigt wird. Das gemeinsame Hinterherjagen, das Agieren in der Welpenmeute wird zum Lusterlebnis. Ebenso wird das gemeinsame Beutezerreißen – ob es sich nun um einen Stofflumpen oder einen Fleischfetzen handelt – zum positiv getönten Erleben. So prägt sich in dieser Zeit die Erfahrung ein, dass gemeinsames Handeln erfolgreicher und damit lustvoller (Belohnungs-Prinzip) ist.

Beutefangspiele

Welpen, die in dieser Entwicklungsphase ausschließlich mit ihresgleichen, aber nie mit einem Menschen spielen können, sind nach der zwölften Lebenswoche nicht mehr in der Lage, auf Spielaufforderungen seitens des Menschen einzugehen. Sind sie gut geprägt, werden sie auf solche Aufforderungen mit kriecherischer Unterwürfigkeit reagieren.

Hat umgekehrt ein Welpe in der Sozialisierungsphase ausschließlich nur Gelegenheit, mit Menschen, nicht aber mit anderen Hunden zu spielen, wird er nach der zwölften Lebenswoche nicht mehr in der Lage sein, Spielaufforderungen anderer Hunde entsprechend zu beantworten.

Werden dem Welpen in dieser Phase Artgenossen und Mensch entzogen, so wird hier der Grundstein für asoziales Verhalten gelegt.

Selbstverständlich sind alle drei Beispiele als Extremfälle aufzufassen.

Zunächst liegen die zeitlichen Grenzen von Hund zu Hund etwas anders; dann muss man bedenken, dass alle angeborenen Eigenschaften – hier die sensible Phase für Sozialisierung – in der Domestikation mehr oder weniger weitgehende Abschwächungen aufweisen können (aber nicht müssen); schließlich ist der Hund außerdem ein zum Lernen befähigtes Lebewesen, das manches wenn auch sicher bei weitem nicht alles! – durch Lernen nachholen kann.

Im Falle der Prägung ist ein späteres ‚Nachlernen' nahezu ausgeschlossen. Bei der Sozialisierung kann einiges später noch kompensiert werden. Diese Kompensation ist aber nur als ein Ersatz anzusehen, der weit hinter dem zurückbleibt, was bei einer voll ausgelebten Sozialisierungsphase normalerweise aufgebaut wird.

Für die Praxis bedeutet das gemeinsame Agieren von Mensch und Welpe, dass jetzt für alle Zeit die Lernfreudigkeit unverbrüchlich im Hund festgelegt wird. Das gemeinsame Spiel ist lustbetont, alles, was man gemeinsam tut, bringt mehr, als was der Welpe bislang im Spiel der Prägungsphase erlebt hat. Der sich im Welpen entwickelnde Drang zum gemeinschaftlichen Handeln kann in jeder Richtung spielerisch ausgenutzt werden, um künftige

Grundlage für Lernfreudigkeit

Arbeitsleistungen vorzubereiten. Der Welpe sucht in dieser Zeit z. B. von sich aus seinen Herrn, da er ein großes Kontaktbedürfnis hat. Sieht er ihn nicht, wird er von sich aus seine Nase einsetzen. Jeder normale Welpe apportiert in dieser Zeit ganz von sich aus, weil er mit dem betreffenden Gegenstand gemeinsam mit dem Rudelführer spielen will. Er bringt auch die Maus, die er gegen Ende dieser Phase bereits mit ziemlicher Übung erbeutet. Auch graben Rudelführer und Welpen gemeinsam nach Mäusen. Gegen Ende dieser Phase entwickeln Welpen auch eine ausgeprägte Begabung, das vom Rudelführer erbeutete Wild auf der Schleppe zu suchen, da nun die Beute gern auf einem vom Lager entfernteren Platz abgelegt wird. Letzteres steht im Dienst der Feindvermeidung, da z. B. Bären gern der Witterung einer Wolfsbeute nachziehen.

Zur Sozialisierung gehört aber auch die Unterordnung, d. h. die Anerkennung der Führungsrolle der Alttiere bzw. des diese ersetzenden Menschen. Das gemeinsame Spiel gibt die Möglichkeit des Disziplinierens: Beginn und Ende werden vom Rudelführer bestimmt. Die Intensität des Zubeißens bei gemeinsamen Kampfspielen lässt sich jetzt steuern. Erwünschte Leistungen, die im Spiel vorgebracht werden, können leicht durch Lob und Belohnung begreiflich gemacht werden, unerwünschte Handlungen durch Strafe unterbunden werden. In diesem Alter ist der Welpe für beides – Lob und Strafe – besonders aufgeschlossen, da es sich ja um entscheidende Regulative des Gemeinschaftslebens handelt. Auch das ist also in diesem wichtigen Lebensabschnitt vorgegeben.

Zusammenfassend kann gesagt werden: Während der Sozialisierungsphase hat das Spiel zunächst gruppenbindende Funktion. Ferner vermittelt es die Erfahrung, dass gemeinsames Handeln effektiver und lustbetonter ist. Schließlich dient es dem Sammeln von Erfahrungen, die in der Jagdgemeinschaft des Wolfsrudels oder eben in der Mensch-Hund-Gemeinschaft – nützlich sind. Lob und Strafe funktionieren dabei als Regulativ.

Aus Vorstehendem kann der Hundehalter, der einen Welpen im Alter von 8 bis 10 Wochen erwirbt, vieles lernen, vor allem das, dass er sich mit seinem Welpen viel und konsequent beschäftigen muss. Hand aufs Herz, wer tut oder hat dies bisher in dieser Konsequenz getan? Müssen wir darin nicht auch die Gründe für so manche, oft für uns unerklärliche Verhaltensweisen suchen und uns selbst an die Brust schlagen, wenn wir bislang dieses oder jenes dem Hund angelastet haben, ohne uns im geringsten bewusst geworden zu sein, dass die Schuld für das Fehlverhalten unseres Hundes ganz allein oder doch zum großen Teil bei uns selbst zu suchen ist?

Reden wir uns nicht mit ‚Zeitmangel' heraus! Wer wirklich keine Zeit hat, der sollte sich keinen Welpen kaufen, besser vielleicht gar keinen Hund, denn auch der ausgewachsene, abgerichtete, selbst hochveranlagte Hund braucht in der menschlichen Gesellschaft seinen Meuteführer, eben seinen Herrn!"

An dieser Stelle nun erscheinen einige Bemerkungen zur Soziologie des Hundes angebracht, nämlich den Verhaltensbeziehungen zwischen den Artgenossen. Sie hatten schon eine Rolle bei den bislang besprochenen Entwicklungsphasen gespielt; eine noch größere Bedeutung haben sie vielleicht in den weiteren, sich anschließenden Entwicklungsphasen, der Rang- und

Rudelordnungsphase. Diese Erörterungen haben nicht nur theoretische Bedeutung, vielmehr kommen unsere Jagdhunde ja beispielsweise auf der Jagd und auch im übrigen Leben häufig mit Artgenossen zusammen, und es ist wichtig für uns, etwas von den Verhaltensweisen und der Bedeutung sowie der Art der Verständigung zwischen ihnen zu wissen. So können wir vielleicht manch unangenehmen Vorfällen vorbeugen, oder wir finden Erklärungen für ein uns sonst unverständliches Verhalten unseres Begleiters. Dazu kommt, dass der Mensch vom Hund ja in vieler Beziehung als seinesgleichen angesehen wird, und sich der Hund in seiner Sprache an den Menschen wendet. Um den Hund nun artgerecht zu behandeln, um artgerecht auf entsprechende Fragen des Hundes zu „antworten" und für den Hund verständlich zu reagieren, müssen wir ihn verstehen können.

Soziologie

Fast alle höher organisierten Lebewesen, natürlich auch Menschen und Hunde, treten während ihres Lebens mehr oder weniger intensiv mit Artgenossen in Beziehung, als Geschlechtspartner, als Rivalen, im Familienverband während der Aufzucht der Jungen oder später in Meuten, Rudeln, Herden oder ähnlichem. Die bislang besprochenen Verhaltensweisen erscheinen dabei vielfach in besonderer Ausprägung und in neuen Zusammenhängen. Ein soziales Zusammenwirken zwischen einzelnen Individuen setzt voraus, dass sie sich gegenseitig wahrnehmen und meist auch Signale untereinander austauschen. Für diese Art von Signalen ist der Begriff „sozialer Auslöser" oder auch einfach „Auslöser" gebräuchlich; zu ihnen gehören Rufe und Laute, bestimmte Stellungen, Gebärden etc.

Soziale Auslöser

Eine ganze Reihe der als Auslöser zu beobachtenden Verhaltensweisen tragen Merkmale ihrer stammesgeschichtlichen Herkunft; sie erscheinen als abgeänderte Verhaltensweisen ursprünglich anderer Funktionen. Dieser als „Ritualisierung" definierte Vorgang mag an zwei Beispielen, die jedem, der Hunde beobachtet hat, bekannt sind, erläutert werden: Beim Wolf und auch bei unserem Hund leiten sich die Unterlegenheitsgebärden vom Verhalten des Jungtieres gegenüber den Eltern ab, weiterhin ist als Demonstration der Überlegenheit das Aufreiten zu beobachten, also ein Bestandteil des männlichen Sexualverhaltens. Bezüglich der vielen und höchst interessanten Beobachtungen der sozialen Auslöser, der Signale beim Hund, sei an dieser Stelle auf die Bücher EBERHARD TRUMLERS verwiesen, die mit eindrucksvollen Illustrationen die Verhaltensweisen mit Signalcharakter veranschaulichen.

Im Rahmen des Sozialverhaltens spielt die Aggression eine bedeutende Rolle. Der Ausdruck „Aggression" wird in der Verhaltensbiologie für gegnerische Auseinandersetzungen zwischen Artgenossen oder auch zwischen Vertretern verschiedener Tierarten verwandt. Aggressivität heißt „Bereitschaft zur gegnerischen Auseinandersetzung", wobei dieses Verhalten Ausdruck ganz unterschiedlicher innerer Bedingungen bzw. Verhaltensbereitschaften sein kann.

Aggression

Wenn ein Hund Schmerz oder Schreck verspürt, so wird er häufig zunächst in die Richtung beißen, in der er den Verursacher vermutet. Es ist hier also eine Aggression aus Gründen der Selbstverteidigung.

Wenn Wölfe Beutetiere angreifen, so wagen sie sich an um so größere und stärke Tiere, je hungriger sie sind. Das Angriffsverhalten der Wölfe wie anderer Raubtiere ist ein Appetenzverhalten für die Nahrungsaufnahme und mithin von der Ernährungsbereitschaft, vom Hunger abhängig.

Wer hat nicht schon beobachtet, dass ein Hund, der bei einer Verfolgung weniger schnell als sein Verfolger ist, sich plötzlich umwendet, um seinen Gegner zu attackieren, oder dass ein Hund, der bewusst oder unbewusst in eine Enge gedrängt wird, plötzlich zuschnappt. In diesen Fällen schlägt die Verhaltenstendenz „Flucht" in Aggression um, sobald vom Gegner eine „kritische Distanz" unterschritten wird. Beim Hund spricht man hier vom „Angstbeißer".

Angstbeißer

Im übrigen ganz friedliche Rüden können zu einem höchst aggressiven Don Juan werden, wenn sie mit anderen Liebhabern gemeinsam vor der Haustür der Angebeteten warten. Hier wird zugleich mit der sexuellen Appetenz – hormonell gesteuert – die Aggressivität gegen andere Nebenbuhler erhöht.

Viele Hunde werden als „mannscharf" beschrieben, wenn sie sich im Auto oder auf dem Hof als Wüteriche gebärden, während sie auf neutralem Gelände ruhig und angenehm sind. Hier ist die Aggressivität an einen ganz bestimmten, den Hunden bekannten Raum gebunden, und je näher sie dem Mittelpunkt ihres Revieres sind, das sie als solches kennengelernt und in den Besitz genommen haben, mit desto größerer Energie greifen sie an.

Wir werden noch sehen – im übrigen ist das auch bekannt – dass die meisten in Gruppen lebenden Säugetiere ja in einer sozialen Rangordnung leben, die das Ergebnis von Auseinandersetzungen zwischen den einzelnen Tieren ist. Dieser Rangstufenkampf ist ein normaler Bestandteil des in der Gruppe herrschenden Sozialverhaltens, und hier hat die Aggressionsform den Charakter einer aggressiven sozialen Entwicklung.

Jedem ist bekannt, dass man fressende Hunde nicht stören soll, geschweige ihnen das Futter wegnehmen darf. Ein solches menschliches Verhalten hindert beim Hund die Verwirklichung der Verhaltenstendenz „Nahrungsaufnahme", was zu einer Aggression aus Frustration führt.

Wir haben auch schon gesehen, dass das Spielen der Hunde Angriffs- und Kampfhandlungen enthält, die allerdings so beschaffen sind, dass der Kontrahent nicht verletzt wird. Hier ist die Spielbereitschaft der Motor für die Aggression.

Wir haben bislang gesehen, dass die Aggression ein Sammelbegriff für verschieden motivierte Verhaltensweisen ist; festzuhalten bleibt jedoch auch, dass der Verlauf der kämpferischen Auseinandersetzung unterschiedlich sein kann. Bei der Selbstverteidigung soll der Angreifer verletzt werden; bei der Auseinandersetzung mit dem Rivalen soll es Sieger und Besiegte geben, es muss jedoch nicht unbedingt Blut fließen; beim spielerischen Kampf wird indessen kein endgültiger Sieg angestrebt, sondern vielmehr die Auseinandersetzung, das Kämpfen selbst.

Auf den Rangstufenkampf wird noch im einzelnen eingegangen werden. Er ist zu unterscheiden von der Gruppenaggression. Beide spielen sich zwischen Artgenossen ab; beim ersteren jedoch gehören diese zum selben Sozialverband – z. B. zum Wolfsrudel – beim letzteren spielt sich die Auseinandersetzung zwischen verschiedenen Verbänden ab. Der Rangstufenkampf ist letztlich unblutig und wird durch Unterlegenheitssignale beendet; beim Kampf gegen Gruppenfeinde wird dieser nicht durch soziale Signale beendet, sondern durch das Vertreiben oder das Töten des Unterlegenen.

Es erhebt sich hier natürlich die Frage, ob es einen allgemeinen Aggressionstrieb gibt, dessen Stärke von selbst ansteigt, und der von Zeit zu Zeit zu einer Entladung durch Kämpfen drängt. Einen solchen gibt es wohl bei einigen der erwähnten Aggressionsformen; er äußert sich in Attacken gegen Artgenossen, auch wenn diese den Angriff durch kein eigenes aggressives Verhalten provoziert haben. Das gilt beispielsweise bei der Auseinandersetzung an Reviergrenzen, beim Kampf um eine höhere Rangstufe oder beim spielerischen Angriff. Nach dem derzeitigen Stand der Verhaltensforschung kann man jedoch kaum von einem allgemeinen Aggressionstrieb, einer allgemein unabhängigen Bereitschaft zu kämpfen, sprechen.

Allgemeiner Aggressionstrieb?

Wir kennen schließlich, dass sich begegnende Hunde sich, ehe es zu einer Auseinandersetzung kommt, bedrohen; der Mundwinkel, die Ohren, die Rückenhaare und der Schwanz nehmen eine ganz bestimmte Haltung ein, der ganze Körper wird aufgerichtet und gestreckt, und vielfach kapituliert dann schon einer der beiden Kontrahenten, ehe es überhaupt zu einer kämpferischen Auseinandersetzung tatsächlicher Art gekommen ist. Andererseits sind Hunde zu beobachten, die von vornherein eine Demutshaltung einnehmen, die – grob gesehen – das entgegengesetzte Bild des Imponiergehabes darstellt. Das Imponiergehabe ist also eine Vorstufe der tatsächlichen Aggression; sie führt dazu, dass es bei einem entsprechenden schwachen Gegner sofort zur Flucht oder zur Demutshaltung kommt, und infolgedessen der mit der Drohgebärde erreichte Zweck auch ohne Kampf eintritt. Andererseits entgeht der demütige Hund den tatsächlichen Angriffen seines offensichtlich überlegenen Gegners und vermeidet auf diese Art und Weise stärkere Einwirkungen auf sich selbst. Es hat hier also eine Art „ritualisierter Kampf" auf einer gewissermaßen vorgezogenen Ebene stattgefunden.

Gegenseitiges „Abtasten"

Die Bemerkungen über die verschiedenen Wurzeln der Aggression mögen überleiten zu einem weiteren Abschnitt im Leben unseres jungen Hundes, nämlich der sogenannten Rangordnungsphase.

Ganz allgemein lässt sich feststellen, dass beim Zusammenleben mehrerer Vögel oder auch Säugetiere sich zwischen je zweien ein Verhältnis der Über- und Unterordnung entwickelt. Diese Über- und Unterordnung ist das Ergebnis eines Lernprozesses, der sich nach den Prinzipien der bedingten Aversion, wie wir sie besprochen haben, richtet.

Demutshaltung

Rangordnungsphase

Wir erinnern uns: Wenn in einer bestimmten Reizsituation eine oder mehrmals negative Erfahrungen gemacht worden sind oder sich angekündigt haben, so erscheint es sinnvoll, diese Situation hinfort zu meiden. Wenn zwei Tiere also wegen eines gemeinsam angestrebten Zieles in Streit geraten – beispielsweise um den Futternapf, um den Trinknapf, um einen Schlafplatz oder ein Spielzeug –, so bleibt eines der beiden Tiere Sieger mit dem Ergebnis, dass das unterlegene Tier den Sieger nun für lange Zeit respektiert und nicht mehr bekämpft, ihn also als Überlegenen anerkennt. Alle Tiere innerhalb einer Gruppe machen untereinander ähnliche Erfahrungen, und es entsteht auf diese Weise innerhalb der Gruppe eine Rangordnung. Das stärkste Tier nennt man das Alpha-Tier, das schwächste das Omega-Tier.

Uns interessiert hier insbesondere wiederum, in welcher vielleicht besonderen Form sich die Rangordnung bei den Hunden entwickelt, und es sollen daher wiederum die diesbezüglichen Ausführungen des JGHV-Ausschusses zitiert werden:

„Der Begriff ‚Rangordnung' besagt zunächst, dass es innerhalb einer Gruppe rangmäßig höherstehende und tieferstehende Individuen gibt, wobei sich aus der jeweiligen Ranghöhe des einzelnen eine gewisse Ordnung ergibt. Der einfachste Fall wäre ein lineares System, wobei man dem Ranghöchsten die Ziffer 1, dem Rangniedersten die letzte Nummer der Individuenzahl geben könnte. Ein derartiges System gibt es zumindest bei Hunden aber nicht. Hier liegen die Verhältnisse viel komplizierter, wenn man auch in einer Gruppe mühelos den Rudelführer als die Nummer 1 und den Rangniedersten als letzte Nummer wird erkennen können.

Aber schon die Stellung des Rangniedersten wird in vielen Fällen unterschiedlich bewertbar: Sie reicht vom durchaus akzeptierten Kumpan, dessen Rechte kaum geschmälert erscheinen, bis hinab zum Prügelknaben, der rechtlos ist, gleichsam als ‚vogelfrei' für jedes Rudelmitglied zum Aggressionsableiter geworden ist und dem auch in der Regel kein langes Leben beschieden sein wird.

Wir müssen uns dabei aber auch im klaren sein, dass derartige Extreme in der Regel nur da auftreten, wo eindeutig gestörte Situationen vorliegen; das ist z. B. der Fall, wenn wir in eine integrierte Gruppe älterer Hunde einen jüngeren Hund einsetzen, der sich den vorgegebenen Rangordnungsverhältnissen nicht anzupassen in der Lage ist. Bei einem derartigen Versuch mit Dingos durfte dieser Hund nur ganz im Zwingerhintergrund leben, wurde aber auch oft da noch gejagt und verprügelt, wenn es einem anderen gerade einfiel. An das Futter wurde er überhaupt nicht herangelassen, und es war zu beobachten, dass er sich von den Fäkalien der anderen zu ernähren versuchte; er magerte dementsprechend stark ab und wäre mit Sicherheit verhungert, wenn wir diesem Zustand kein Ende gesetzt hätten.

Sehr ausgeprägt war hier natürlich auch die Körperhaltung dieses Prügelknaben (der in dem Fall übrigens eine Hündin war). Der Kopf blieb stets ergeben gesenkt, der Rücken hochgekrümmt, die Rute ganz eingezogen und unter den Bauch geschlagen, die seitlichen Rutenhaare abgespreizt, und der Gang schließlich war mit eingeknickten Beinen vorsichtig schleichend. Außerdem schwollen die Drüsen im Bereich des Afters sehr stark an, was bedeutet, dass das Tier, das unter diesem Stress stand, es nicht mehr wagte, seine individualen Duftstoffe freizusetzen.

Alle diese Erscheinungen verschwanden binnen einer Woche von selber, nachdem diese Hündin zu einem passenden Rüden gesetzt worden war. Und als sie später, von diesem gedeckt, tragend geworden war, da prügelte sie als Alpha-Tier, wie man die Nummer 1 auch nennt, den Rüden, und er zog die Rute ein.

Dies zeigt damit auch, dass Rangordnungen zeitmäßige Verschiebungen aufweisen können, sowie sie eben von jeweils vorgegebenen Umweltsituationen abhängig sein können. Wie kompliziert derartige Systeme sein können, hat übrigens ERIK ZIMEN in seinen Wolfstudien ausführlich dargelegt.

Es ist aber auch ein sehr großer Unterschied, ob man die Rangordnung in einer Gruppe beobachtet, die man künstlich zusammengestellt hat, oder in einer, die natürlich gewachsen ist, wie das etwa der Fall ist, wenn man die Welpen bei den Elterntieren aufwachsen lässt. Hier ergeben sich ganz andere Rangordnungsmodelle, die letztlich denen auf freier Wildbahn gleichen. Wir verfügen heute schon über so viele Freilandbeobachtungen an Wölfen, die das erhärten, dass Gefangenschaftsbeobachtungen an zusammengewürfelten Gruppen als Sonderfälle betrachtet werden müssen.

Wobei zu sagen ist, dass Rangordnungsstudien an einer zusammengewürfelten Beagle-Gruppe ganz andere Ergebnisse bringen müssen, als solche, die man an einer solchen Gruppe von Terriern anstellen könnte (falls man ein solches Experiment wagen wollte, was wohl niemanden einfallen wird – denn da gibt es noch mehr Mord und Totschlag als etwa bei Wölfen).

Rangordnung und Aggression

So ist daher auch stets zu bedenken, dass es auch nicht genau dasselbe sein kann, wenn ich eine Beagle-Familie oder eine Terrier-Familie oder eine Dingo-Familie beobachte. Rangordnung hat etwas mit Aggression zu tun, und bekanntermaßen ist die Aggressionsschwelle bei unseren Rassehunden verschieden hoch gelegen, und eben das führt zu abweichenden Bildern.

Es muss aber auch betont werden, dass Rangordnung nun wieder nicht so viel mit Aggression zu tun hat, wie man das so allgemein anzunehmen pflegt. Vielfach besteht nämlich die Vorstellung, genährt von gewissen Tiergartenbeobachtungen, dass das Zusammenleben in der Gruppe allein von Aggressionsbereitschaften gesteuert wird. Und man meint dann, dass es in der Gruppe einen ständigen, wenn vielleicht auch nur unterschwelligen ‚Kampf' um den besseren Rangordnungsplatz gäbe.

Die Absurdität einer derartigen Vorstellung wird sofort offenbar, wenn man die Situation eines Wolfsrudels überdenkt, das in freier Wildbahn sein bekanntermaßen überaus schwieriges Dasein zu fristen hat. Wenn hier das Rudelleben darin bestehen würde, stets bereit zu sein, mit blanken Zähnen die eigene Rangstellung zu verbessern, dann würde eine solche Gruppe in kürzester Zeit verhungert sein. Wie auch die Freilandbeobachtungen erweisen, herrschen im Wolfsrudel weitaus friedlichere Verhältnisse, und es denkt keiner daran, durch Aggressionen gegenüber einem Rudelgenossen das Zusammenleben der Gruppe zu stören. Und wenn z. B. einem verletzten Tier, das sich nicht an der Jagd beteiligen kann, die Nahrung im Fang zum Lager gebracht wird, dann mag das Beweis genug sein, dass man dort nicht einmal daran denkt, solche ‚günstigen Situationen' auszunutzen, die eigene Rangstellung zu verbessern.

Es ließe sich hier ein sorgenvoller Seitenblick auf den Menschen anknüpfen, aber wir wollen uns zweckmäßigerweise mit jenem Zeitabschnitt im Leben des Junghundes befassen, in dem diese Rangordnung im wahrsten Sinne des Wortes ‚eingespielt' wird, und den man daher die ‚Rangordnungsphase' nennen kann, wenn natürlich auch andere Reifungs- und Lernprozesse in dieser Zeit vonstatten gehen. Diese Zeit umfasst, ganz grob gesprochen, den vierten Lebensmonat.

„Rangordnung" bei Saugwelpen

Hier sei zunächst vorausgeschickt, dass man natürlich bei der Welpengruppe schon früher eine Rangordnung finden kann. Schon in der Zeit, in der die Welpen noch mit verschlossenen Augen und Ohren am Gesäuge der Mutterhündin hängen, lässt sich erkennen, das es da stärkere und schwächere Welpen gibt, und bisweilen scheint es, als ob die Hündin gewisse Welpen bevorzugen würde. Die schwächsten, die gewöhnlich auch am wenigsten aktiv saugen, wirft sie ohnehin aus dem Lager, auch dann, wenn wir sie mehrfach hintereinander zurücklegen. Eine Hündin, die das nicht macht, ist instinktgeschwächt.

Wenn die Welpen um den 17., 18. Lebenstag herum selbständig zu fressen beginnen (von den Alttieren vorgewürgtes, später eingetragenes Futter), kommt es tatsächlich zu Streitigkeiten; jeder versucht, die besten Stücke zu erlangen, sie zur Seite zu bringen oder hastig hinabzuwürgen, um sie später an einem ruhigen Ort nochmals hervorzuwürgen und richtig aufzufressen. Hier sieht man auch bald schon sehr deutlich, welcher von den nunmehr etwa Zweimonatigen am meisten erwischt, und welcher am wenigsten und wie es zu wütenden Knurrszenen kommt. Viele Züchter füttern daher jeden Welpen getrennt, damit's ein gesunder Hund wird. Wodurch der Zucht wieder viel an notwendiger Auslese verlorengeht.

Da aber, wo der Wurf durchwegs aus kräftigen Welpen mit einwandfreiem Erbgut besteht, verlaufen die Dinge gar nicht so wild. Es wird zwar auch hier immer einen Stärksten und einen Schwächsten geben, aber dies innerhalb sehr enger Grenzen und praktisch nur bei sorgfältigem Vergleich erkennbar. Klar bleibt zunächst dabei, dass es hier am Futter allein um die Kraft geht.

Wir müssen uns aber vor Augen halten, dass der Hund ein Lernwesen ist, dass das Lernen für ihn eine noch viel größere Bedeutung hat als das angeborene Können, je älter er wird. Es wäre demnach ein verkehrtes Ausleseprinzip innerhalb einer solchen gesunden Gruppe von Welpen, wenn auch weiterhin allein die körperliche Kraft über das weitere Lebensschicksal bestimmen würde. Um es ganz extrem auszudrücken: Ein dummer Riese hat weniger Überlebenschancen als ein kluger Zwerg. Freilich wird es im allgemeinen schon so sein, dass die Kräftigsten auch nervlich gut entwickelt sind und damit eine entsprechende Lernfähigkeit oder Intelligenz aufweisen. Aber es kann genausogut sein, dass der zweit- oder drittstärkste Welpe später einmal eindeutig zum Ranghöchsten in der Gruppe wird. Zwar fehlt es hier noch sehr an überzeugenden Versuchen, aber zumindest zeichnet es sich klar aus, dass es in der Rangordnungsphase nun nicht mehr um die körperliche Kraft geht, sondern um etwas, für das der Ausdruck ‚Wesensfestigkeit' durchaus geeignet erscheint.

Ein Beispiel hierfür:

Vier Welpen einer Fünfergruppe haben den fünften in eine Ecke gedrängt, nachdem sie ihn herumgejagt hatten. Er sitzt nun hier mit Rückendeckung und wird unter lautem Geschrei von den übrigen angegriffen. Aber sie beschränken sich auf Drohschnappen in die Luft, auf Scheinangriffe aller Art, zwicken ihn mitunter auch ein wenig, wenn es ihnen gelingt heranzukommen. Der Angegriffene aber ist bestrebt, alle diese Scheinangriffe abzuwehren, und zwar so lange, bis einer nach dem anderen aufgibt und abzieht. Oder aber – er ‚verliert die Nerven' und gibt selber auf! Hier erweist er seine seelische Unterlegenheit, und man kann sich an den Fingern abzählen, dass er niemals der Anführer der kleinen Horde wird. Er läuft Gefahr, dass er sogar der Prügelknabe wird – was freilich vom Vaterrüden, der hier auch eine gewisse Rolle spielt, in Zukunft verhindert wird. Er sorgt nämlich dafür, dass diese Dinge nicht zu weit getrieben werden, und zwar aus gutem Grund: Auf der künftigen Gemeinschaftsjagd wird jeder Kopf mit Zähnen gebraucht, auch wenn er um ein geringes schwächer als seine Geschwister ist. Für den Artbestand hat dieser geringe ‚Leistungsabfall' keine Bedeutung, denn ein solches Tier wird niemals zur Fortpflanzung kommen, sondern für gewöhnlich bei seinen Eltern bleiben (die anderen Jungwölfe ziehen normalerweise vor Beginn des Frühjahrs fort) und dort die Funktion eines Jagdgehilfen behalten und die Aufgabe eines ‚Babysitters' übernehmen, wenn die Altwölfin nach der ersten Säugezeit wieder in der Lage ist, mit dem Altrüden gemeinsam jagen zu gehen.

Die oben geschilderten Scheingefechte werden in dieser Zeit natürlich stets mit vertauschten Rollen geliefert; jeder kommt einmal oder mehrfach dran. So spielt sich dabei eine Rangordnung ein, die auf einer psychischen Überlegenheit aufgebaut wurde. Ganz genauso wird in dieser Zeit auch die psychische Überlegenheit des Vaterrüden deutlicher in den Vordergrund treten. Während er früher viel öfter seine disziplinierenden Maßnahmen durch seine körperliche Überlegenheit vollzog, so genügen jetzt Blicke und Gesten, die von den Junghunden verstanden und sinngemäß befolgt werden. Deren Verhalten gegenüber dem Altrüden ist nicht von Furcht vor seiner Stärke geprägt, sondern von der Anerkennung seiner absoluten Autorität im Sinne von Lebenserfahrung. Die Junghunde fühlen sich im Schutz der Elterntiere sicher. Sie haben erfahren, dass deren Maßnahmen – so unverständlich sie vielleicht früher für sie noch gewesen sein mögen – stets positive Auswirkungen haben. Hier bahnt sich der erste Ansatz zu dem an, was KONRAD LORENZ beim Hund die ‚Gefolgschaftstreue' nennt – ein Begriff, der seine eigentliche Anwendung im folgenden Lebensabschnitt klar rechtfertigen wird.

In der Rangordnungsphase beobachten wir nun auch sehr ausgeprägte Jagdspiele, die sowohl vom Vaterrüden angeleitet werden, als auch schon vom ranghöchsten Junghund. Er übt sich nämlich bereits als künftiger Rudelführer, der er einmal mit Sicherheit sein wird, wenn er sich im Alter von 1 1/2 Jahren, von seinen Geschwistern getrennt, von einer Wölfin

„Wesensfestigkeit" vor körperlicher Kraft

Autorität der Eltern

‚einfangen' lässt, mit der er dann, selber 20 Monate alt geworden, eine neue Generation zeugen wird. Eine, die er zu brauchbaren Rudeln wird erziehen müssen."

Für die Ausbildung des jungen Hundes ist es von Bedeutung zu wissen, dass sich der Rangordnungsphase schließlich noch eine weitere Phase anschließt, die Rudelordnungsphase.

Zu dieser soll nun noch einmal der JGHV-Ausschuss zu Wort kommen, denn Eigenausführungen vermögen diese vorzüglichen Bemerkungen nicht zu ersetzen:

Rudelordnungsphase

„Im fünften und sechsten Lebensmonat beginnt für die freilebenden Jungwölfe so ganz allmählich der Ernst des Lebens, denn gegen Ende dieser Zeit müssen sie bereits für die gezielte Rudeljagd einsatzfähig sein. Die Ausbildung im Lagerbereich wird abgelöst von der Ausbildung im Jagdrevier.

Diese Ausbildung beginnt zunächst damit, dass die Jungen Gelegenheit erhalten, die Alten bei der Jagd zu beobachten. Ein Hund dieses Alters kann also durch Zusehen, durch eigenes Beobachten, lernen! Das wussten erfahrene Jäger schon vor Jahrhunderten, und so kann man wohl wirklich nichts besseres tun, als den Junghund, je nach Reifegrad, im fünften oder sechsten Monat, mit erfahrenen Jagdhunden mitgehen zu lassen. Es gibt Fotodokumente, die zeigen, wie eine wolfsblütige Schlittenhündin vor den wie auf der Schulbank dasitzenden Jungwölfen, bei denen sie Mutterstelle vertrat, einem Karibu an die Drossel fährt, um es zu töten.

Lernen an Beispielen

Das sind nämlich Dinge, die im Lagerleben nicht gelernt und geübt werden können. Hierzu müssen die Halbjährigen hinaus in die Jagdgründe geführt werden, damit sie es dort sehen können. Das Töten von größeren Beutetieren ist dem Hund nicht angeboren, das wird gelernt. Es wird überhaupt erst gelernt, dass man größere Tiere erbeuten kann, denn von Natur aus waren die Hundeartigen zunächst Kleintierjäger, gegebenenfalls auch Aasfresser, wie heute noch der Fuchs. Das Erbeuten von Großtieren ist demnach eine Frage der Tradition, des Lernens von den Alten. Hierfür also das ganze System einer abgestuften Jugendentwicklung, das auf diesen letzten Schritt vorbereiten soll. Der Fuchs macht das alles instinktmäßig, er lernt durch eigene Übung dazu; so braucht er auch kein so kompliziertes Erziehungsprogramm, kein so stark gebundenes Familienleben, außerdem lebt es sich von der Kleintierjagd allein besser. Man kann nur große Beute teilen – also braucht man auch weit weniger Sozialverhalten.

In dieser Zeit lernen die Junghunde auch ein gruppenbindendes Zeremoniell, das das Rudel zur Gemeinschaftsjagd verbindet. Freilandbeobachtungen an Wölfen haben gezeigt, dass der Rudelführer zunächst beginnt, die ruhenden Rudelangehörigen zum Spiel aufzufordern. Es entwickelt sich sodann ein lebhaftes Verfolgungsspiel, das wohl auch die Aufgabe hat, die Jagdleidenschaft zu wecken. Nun geht es auf den Marsch zu den Jagdgründen. Dort wartet das Rudel zunächst im Anblick der Großtierherde auf die Auswahl des geeigneten Beutetieres, die vom Rudelführer, meist gemeinsam mit der Mutterwölfin, vorgenommen wird. Sorgfältige Untersuchungen haben ergeben, dass es sich dabei stets um ein lebensschwaches Tier der Herde handelt. Die suchenden Altwölfe laufen dabei mitten durch die Rentierherde, die kaum Notiz von ihnen nimmt. Ist das betreffende Stück gefunden, kehren die Altwölfe zu den Jungwölfen zurück, falls sie schon alt genug sind, um sich direkt an der Jagd zu beteiligen. Abermals wird das ‚Jagdzeremoniell' praktiziert und dann das Stück von der Herde abgedrängt, gestellt und gerissen. Jungwölfe, die in Gefangenschaft aufgezogen werden, um dann in freier Wildbahn ihr Glück zu versuchen, sind zumeist recht erfolglos auf der Jagd, da ihnen die erfahrene Anleitung von Altwölfen fehlt.

Bei unseren Haushunden erwacht das Bestreben, weiter vom Hause wegzulaufen, naturgemäß um diese Zeit. Gewiss versuchen auch Halbjährige ihr Glück im Revier, aber ohne Erfolg. Sollten sie tatsächlich ein Stück Wild erwischen, dann haben sie wohl nur Glück gehabt, oder ein schwerkrankes Stück lief ihnen vor die Zähne. Viele Hunde wissen auch mit dem größeren Wild nichts anzufangen, da ihnen die Anleitung zum Jagen eben fehlt.

Die meisten Hunde wollen auch gar nicht so gern allein ihre ersten Jagdausflüge unternehmen. Sie suchen nach Kumpanen, und dann werden auch Althunde, die bislang gar nicht an das Wildern dachten, von so einem Halbjährigen verleitet, ins Revier zu streunen. Nun – das leidige Wildern ist ein Kapitel für sich, das zwar in dieser Zeit der Rudelordnungsphase wurzelt, aber vom Thema doch zu weit wegführt.

Wir kommen nochmals auf die im vorigen Kapitel erwähnte Gefolgschaftstreue zurück. Das Wort „Rudelordnung" soll ja nichts anderes besagen, als dass sich in dieser Zeit des Lernens in der Praxis das über das simulierende Spiel also hinausgegangen ist, die Ordnung des Jagdrudels festigt. Genau, wie die Rangordnung für alle künftigen Zeiten im vierten Lebensmonat gefestigt worden ist, so wird jetzt auch für alle Zeiten eine Art von Arbeitsteilung im Rudel herausgebildet. Diese Arbeitsteilung ist zwar gelegentlich bestritten worden, ist aber ohne weiteres experimentell jederzeit in größeren Freianlagen nachzuprüfen. Die große Individualität der Wölfe oder Dingos kommt nicht von ungefähr, sondern ist entschieden ein Lebensvorteil, der in Anpassung an die Rudeljagd stammesgeschichtlich – ähnlich wie beim Menschen – entwickelt worden ist. Zusammenarbeit erfordert individuelle Begabungsschwerpunkte. Sie kommen weniger deutlich zum Ausdruck, wenn es gilt, ein Karibu aus der Herde herauszudrücken und zu reißen. Sie kommen aber sicher dem Jagderfolg sehr zustatten, wenn es gilt, einen einzelnen ziehenden Elch zu erbeuten.

Arbeitsteilung im Rudel

Eben diese Individualitäten mögen es gewesen sein, die zu der Vielfalt unterschiedlichen Zwecken dienender Jagdhunde geführt hat – aus der Beobachtung heraus, dass sich der eine besser für Federwild, der andere besser für Fährtenarbeit, der dritte wieder für die Hetzjagd im offenen Gelände eignet.

Jedenfalls führen solche Begabungsschwerpunkte zu einer gewissen Rudelordnung auf der Jagd, die unabhängig von der Rangordnung sein muss – was wiederum die schon erwähnte Tatsache erweist, dass Rangordnung nur etwas Eingespieltes sein kann und darf, aber nicht etwas, das beständig von unterschwelliger oder offener Aggression begleitet sein kann.

Damit ist auch die Gefolgschaftstreue zum Rudeloberhaupt verständlich. Wir dürfen nicht vergessen, dass sich die Jungwölfe spätestens im Februar – also zur Paarungszeit – von den Alttieren absetzen müssen; sie werden von der Wölfin gewöhnlich vertrieben. Nur einzelne, ganz selten alle, bleiben in der Nähe der Alten. Aber sie kommen im folgenden Herbst wieder zurück, sie sind immer noch an den Rudelführer gebunden. Das bleibt zeitlebens erhalten, auch späterhin noch, wenn der eine oder andere seine Familie aufbaut. Nach allen Beobachtungen ist es wohl so, dass die Nachbarreviere stets von engeren Verwandten besetzt sind. Es werden zwar Reviergrenzen eingehalten, notfalls einmal verteidigt (was mit „einfachem, unblutigen Vertreiben" übersetzt werden muss), aber man ist auch bereit, sich wieder unter dem alten Oberhaupt zu vereinigen, wenn es die besonderen Umstände erfordern. Bei der hohen Welpensterblichkeit der Wölfe auch eine Einrichtung, die das Überleben absichern kann; wenn einmal ein Jungwolfpaar mit eigenem Revier keine Welpen hat aufziehen können, so vermag es dann, sich zur eigenen Sicherheit dem Elternpaar wieder anzuschließen. Mag sein, dass das bekannte Chorheulen benachbarter Wolfsrudel dieser Kontakterhaltung dient. Es ist ja auch bekannt geworden, dass eine Altwölfin, die selber Welpen im Lager hatte, eine ihrer Töchter besuchte, um deren Nachwuchs kennenzulernen und über das Spiel mit ihrer Tochter den Kontakt zu erhalten.

„Gefolgschaftstreue"

Jedenfalls ergibt sich für uns, dass die Aufgabenverteilung in diesem Alter grundlegend ausgebaut und gefestigt werden kann, wenn die jetzt gegebenen Lernfähigkeiten – die auf den Ernstfall abgestimmt sind – gerecht ausgenutzt werden.

Gewiss können wir berücksichtigen, dass sich beim Hund in der Hand des Menschen insofern eine Verschiebung gewisser Verhältnisse ergeben hat, die nicht mehr so ganz in Einklang zum Leben der Hundeahnen steht. Es gibt bei Haustieren ganz allgemein Erscheinungen der Verjugendlichung, auch da, wo sie nicht so krass wie bei gewissen Schoßhunden zum Ausdruck kommen. Auch die Tatsache, dass es bei der Bindung an den Rudelführer zu weit engeren Beziehungen kommt, gehört hierher, denn der Hund bleibt in unserer Hand und kann nicht losziehen um eigene Erfahrungen zu sammeln oder als Zweijähriger eine eigene Familie aufbauen, bei der er dann Rudelführer wird. In der Hand des Menschen kann – und darf! – er nie Rudelführer werden. So wird man zweckmäßigerweise gerade in der Rudelordnungsphase streng und genau darauf achten müssen, dass der Hund Gefolgschaftstreue und Unterordnung als normalen Lebenszuschnitt begreifen lernt."

Gegen Ende unserer theoretischen Überlegungen zu der Frage, wie ein Hund überhaupt lernt, sollten auch einige Bemerkungen stehen zu krankhaften Verhaltensweisen, die einem Führer von Jagdhunden oft genug Kopfschmerzen bereiten können. Eine Definition dessen, was krank und was gesund bzw. was anormal oder was normal ist, ist nicht einfach. Bei unserer bisherigen Betrachtung sind wir davon ausgegangen, dass Maxime für das Verhalten des Hundes immer der Nutzen ist, der aus dem Verhalten für das Individuum oder die Art überhaupt gezogen werden kann. Umgekehrt definiert man nun richtigerweise krankhaftes oder anormales Verhalten als solches, das für das Einzeltier, seinen Sozialverband oder die Arterhaltung schädlich ist.

Krankes und anormales Verhalten

Die Ursachen für derartige abnorme Verhaltensweisen sind sicher bisweilen überhaupt nicht zu finden. Im allgemeinen wird es jedenfalls schwer sein, ihnen auf die Spur zu kommen. Es kann sein, dass die Verhaltensentwicklung des jungen Hundes beeinträchtigt ist, bestimmte Lernprozesse können sich auf das Verhalten des Hundes nachteilig ausgewirkt haben, ebenso können Umwelteinflüsse das Antriebsgeschehen nachteilig beeinflusst haben, und schließlich können auch gestörte Verhaltensbeziehungen zwischen Artgenossen der Grund für anormale Verhaltensweisen sein.

Im Rahmen der Verhaltensentwicklung haben wir die Bedeutung einer richtigen Prägung schon den Ausführungen des JGHV-Ausschusses dazu entnommen. Wir haben gesehen, dass innerhalb der Prägungsphase der junge Hund lernt, wer als Elternkumpan und als Geschlechtskumpan angenommen wird, und welche Folgen eine Fehlprägung haben kann. Es sei in diesem Zusammenhang vielleicht noch auf die insbesondere Jägern bekannten Rehböcke hingewiesen, die in der Brunftzeit Menschen angreifen und sie dabei nicht unerheblich verletzen können. Es wird sich dabei häufig um handaufgezogene Kitze handeln, die als junge Böcke in die Freiheit entlassen wurden. Sie sind sexuell fehlgeprägt und sehen zur Blattzeit im Menschen einen sexuellen Rivalen, den sie nach ihrer Art attackieren. Bei Gatterböcken ist diese Verhaltensweise während des ganzen Jahres zu beobachten, und es tritt hier wohl hinzu, dass der Mensch auch als Konkurrent im angestammten Revier angesehen wird.

Fehlprägungen

Es gibt auch Bedingungen, unter denen sich die Verhaltensentwicklung eines Tieres verlangsamt (**Retardation**), zum Stillstand kommt oder sogar rückwärts verläuft (**Regression**). Kindliches Verhalten kann bei bestimmten Bedingungen länger erhalten bleiben, als es lebensnotwendig ist. Beispielsweise hatte ein im Zoo gehaltener Häher durch einen Unfall seinen Schnabel verloren und war auf die Fütterung durch andere Vögel angewiesen. Dieser Vogel behielt über lange Zeit hindurch das Betteln – ein Ernährungsverhalten des Jungvogels – bei und wurde von Käfiggenossen, auch artfremden gefüttert.

Störungen der Verhaltensentwicklung

Es gibt auch eine verzögerte Verhaltensentwicklung durch verlängertes Auslösen von Jugendverhalten. In einem Experiment wurden zwei Gruppen von Staren gebildet, die fortwährend Gelegenheit hatten, bereitstehendes Futter aufzunehmen. Die eine Gruppe wurde in einem bestimmten Alter nur noch einmal täglich gefüttert, im übrigen sich selbst überlassen. Die anderen wurden in den geöffneten Schnabel alle zwei Stunden gefüttert. Bei der ersten Gruppe erlosch das Betteln früher als bei der zweiten, deren Mitglieder über mehrere Wochen hinweg „sperrten".

Rückschritte in der Verhaltensentwicklung bei Säugetieren hat man beispielsweise bei Affen festgestellt, die für wenige Tage von der Mutter getrennt wurden. Es erfolgte nach dem Zusammenführen von Mutter und Kind ein Rückfall in eine frühkindliche Phase, und der Prozess des Selbständigwerdens wurde verzögert.

Es besteht keine Veranlassung anzunehmen, dass derartige Beeinträchtigungen in der Verhaltensentwicklung nicht auch bei den Hunden möglich sind. Indessen werden Jagdhunde vernünftigerweise in aller Regel noch unter gesunden, artgerechten Umständen aufgezogen. Ein Züchter, der jedoch in seinem Welpen nicht den zukünftigen Jagdkumpan eines Mitjägers sieht, sondern ein Wirtschaftsobjekt, wird geneigt sein, ihn auch irgendwie bei krankhaften Erscheinungen aufzupäppeln, was alsdann die Verhaltensentwicklung eben beeinträchtigen kann. Das gilt wohl auch für Hunde, deren Mütter gestorben sind, und die dann nicht bei einer Amme großgezogen werden, oder insbesondere bei mutterlosen „Einzelkindern". Solche Tiere kommen vielleicht später dem Pflegebedürfnis vereinsamter Herzen entgegen; als Jäger sollte man sich einen solchen Welpen jedoch nicht kaufen.

Wir haben schon gehört, dass das Lernvermögen davon abhängt, in welcher Weise man sich mit dem Hund beschäftigt. Ein Alleinlassen des Hundes während des Aufwachsens kann schwere Folgen haben. Eine häufige Folge isolierter Aufzucht besteht darin, dass die Tiere kaum oder gar nicht mehr fähig sind, aufgrund von Erfahrungen ihre Verhaltensweisen zu ändern.

Gefahren isolierter Aufzucht

In einem Experiment vermieden vom ersten bis achten Lebensmonat isoliert gehaltene junge Hunde im Durchschnitt erst nach 25 schlechten Erfahrungen ein Spielauto, bei dessen Berührung sie einen elektrischen Schock erhielten, während normal aufgewachsene Hunde dazu nur sechs Erfahrungen brauchten. Der Grund dafür ist darin zu sehen, dass die zuvor isoliert gehaltenen Tiere nach dem elektrischen Schlag in panische Angst gerieten, orientierungslos herumliefen und dabei das Auto wieder berührten. Die anderen Tiere waren in der Situation nicht aufgeregt und reagierten daher viel sinnvoller.

Isolierte Aufzucht hat also eine so große Angst bewirkt, dass sich überhaupt keine Lernbereitschaft einstellte, oder dass das Erlernte keinen Einfluss auf das Verhalten nehmen konnte. Das ist insbesondere wichtig für den Jäger, der seinen Hund ausbilden will. Für den Züchter mag wichtig sein, dass auch als Spätfolgen isolierter Aufzucht ein gestörtes Sexualverhalten nicht auszuschließen ist, wie auch späterhin eine Unfähigkeit zum normalen Umgang mit Jungen möglich sein kann.

Wir haben gesehen, dass das Antriebsgeschehen ganz wesentlich von den Umwelteinflüssen abhängt. Es soll nun ein Blick auf nachteilige Umwelteinflüsse geworfen werden.

Nachteilige Umwelteinflüsse

Im Leben der verschiedenen Tierarten hat die aktive Fortbewegung eine unterschiedliche Bedeutung. Eine Katze beispielsweise sitzt lange lauernd vor einem Mauseloch oder sucht schleichend im Vorgarten oder im Felde nach einem Beuteobjekt. Sie verfolgt aber ein flüchtendes Tier nur mit wenigen Sätzen und lässt alsbald davon wieder ab. Der Wolf und auch sein Nachkomme, der Hund, verfolgen andererseits ein Beutetier über lange Strecken, um es zu ermüden und seiner schließlich habhaft zu werden. Ähnlich wie eine Katze verhält sich auch beispielsweise ein Löwe. Beobachtet man nun Löwen und Wölfe im Zoo, wo der Bewegungsspielraum notwendigerweise eingeschränkt ist, so stellt man fest, dass die Löwen meistens irgendwo ruhen, während die Wölfe zu bestimmten Zeiten unentwegt hin- und herlaufen. Bewohnen sie ein Gehege schon über einen längeren Zeitraum, so sind die Wechsel ausgetreten und bilden auf dem Boden ein deutliches Muster.

Noch deutlicher wird dies, wenn bewegungsbedürftige Tiere eine weitgehende Einschränkung ihrer Möglichkeiten, sich zu bewegen, erfahren. Wenn zum Beispiel Elefanten mit Fußfesseln angekettet werden, oder

Pferde in zu engen Boxen gehalten werden, treten häufig monotone, wiederkehrende Ersatzbewegungen bei ihnen auf, sog. Stereotypien. Der Kopf wird unaufhörlich hin- und herbewegt, die Tiere treten von einem Bein auf das andere. Besteht eine Möglichkeit, sich im engen Käfig zu bewegen, entsteht eine Bewegung, die bis in die kleinste Einzelheit genau (stereotyp) festgelegt ist. Weil die einzelnen Bewegungen immer wiederkehren, wird ein derartiges Verhalten im Volksmund als „Weben" bezeichnet.

Stereotypien

Bei Pferden, die früher viel arbeiten mussten und alltäglich einen „Feierabend" hatten, waren derartige Stereotypien nicht zu beobachten. Heutzutage ist das Pferd jedoch weitgehend zu einem Objekt der Freizeitgestaltung geworden, und da die Tiere mithin die meiste Zeit im Stall stehen müssen, sind Stereotypien bei ihnen häufiger festzustellen. Verschafft man ihnen Abwechslung oder die Möglichkeit, sich mehr zu bewegen, so vermindert sich das „Weben" oder verschwindet ganz und gar.

Den Jagdhunden ergeht es heutzutage in gewisser Weise ähnlich wie den Pferden. Früher hatten sie die Möglichkeit, „ihren" Jäger allzeit zu begleiten. Sie gingen mit ihm zur Jagd und waren auch sonst bei ihm; sie hielten sich auf dem Hofe auf, fuhren mit aufs Feld, und der Zwinger war für sie nur eine vorübergehende Behausung.

Anders heute: Es gibt viel mehr Jäger als früher, und viele meinen, sich mit einem Jagdhund „dekorieren" zu müssen. Wenn diese Hunde dann noch in der Familie leben, und sich während der geschäftsbedingten Abwesenheit des Chefs die übrigen Familienmitglieder um den Hund kümmern, so ist es insoweit gut. Es kommt jedoch auch vor, dass die Hunde in einen Zwinger gesteckt und nur ab und zu Gassi geführt werden, was leider häufig auch nicht in ausreichendem Maße geschieht. Dann sind auch heute (früher natürlich auch!) Stereotypien bei unseren Jagdhunden zu beobachten. Sie laufen am Gitter auf und ab, drehen auf eine ganz bestimmte Art und Weise an einem ganz bestimmten Fleck, beziehen in ihren Bewegungsablauf manchmal auch die Hütte mit ein, springen periodisch auf die Hütte und wieder herunter. Bisweilen sind auch ganz stereotype periodische Bellereien zu beobachten.

Wenn ein Hundehalter bei seinem Hund derartiges „Weben" feststellt, kann mit Sicherheit von einer artgemäßen Haltung nicht mehr die Rede sein. Er sollte mit sich zu Rate gehen, wie dem unwürdigen Zustand abzuhelfen ist!

Auch Hunde „weben"

Wir haben in anderem Zusammenhang auch schon von Aktionen am Ersatzobjekt gesprochen. Wir hatten uns mit den sechs jungen Hunden beschäftigt, von denen zwei vom Muttertier gesäugt, zwei aus einer Flasche mit kleinem Loch und zwei weitere aus einer Flasche mit großem Loch im Sauger ernährt wurden, so dass das Trinken unterschiedlich viel Anstrengung kostete. Für die letzte Gruppe bestand ein Bedürfnis, sich abzureagieren, da eine bestimmte Quantität an Sauganstrengung nicht befriedigt wurde. Das hatte zur Folge, dass sich die Welpen anderen Objekten zuwandten, um dort zu saugen. Ähnliches ist bei Kälbern beobachtet worden, die aus dem Eimer getränkt wurden. Sie saugten an den Ohren oder am Nabel ihrer Stallgenossen sowie an allen möglichen Gegenständen im Stall, an denen man überhaupt saugen kann. Es ist auch bekannt, dass Hündinnen, denen bald nach der Geburt auf irgendeine Weise die Jungen abhanden kommen, sich

Ersatzbefriedigung

ein „Ersatzobjekt" – ein anderes Tier – „besorgen", um an ihnen ihre Jungenfürsorge abzureagieren. Auch hier wird das Antriebsgeschehen in anormale Bahnen gelenkt.

Es kann auch sein, dass die Ersatzbefriedigung sich nicht auf andere Objekte richtet, sondern dass sie am eigenen Körper gesucht wird. So saugten zum Beispiel beim Saugen nicht befriedigte junge Hunde an den eigenen Pfoten. Ähnliche Aktionen am Ersatzobjekt oder am eigenen Körper sind auch aus anderen Gebieten – beispielsweise der Aggression oder dem Sexualverhalten – bekannt.

Nach diesem etwas theoretischen Ausflug noch eine praktisch bedeutsamere Feststellung zu nachteiligen Umwelteinflüssen auf das Antriebsgeschehen. Wir haben festgestellt und gesehen, dass eine über einen gewissen Zeitraum bestehende Bereitschaft ansteigt, wenn das zugehörige Verhalten nicht ausgelöst wird. Wenn nun eine Bereitschaft über einen lang andauernden Zeitraum nicht zur Entfaltung kommt, so kann sie versiegen. Das mag an zwei Beispielen an anderen Tierarten verdeutlicht werden:

- Eine aus Afrika stammende Buntbarschart bekämpft sich im Erwachsenenstadium, sobald sie einander wahrnehmen. Hält man nun derartige Buntbarsche über viele Wochen lang isoliert und gibt ihnen keine Möglichkeit zur Auseinandersetzung, so schwindet die Kampfbereitschaft. Bringt man zwei derartig „behandelte" Tiere zusammen, so schwimmen sie achtlos aneinander vorbei. Bei manchen Tieren ist es gelungen, die Kampfbereitschaft bis hin zur normalen Bereitschaft wieder zu intensivieren; bei manchen ist während der Versuchsdauer eine Kampfbereitschaft nicht wieder zu erwecken gewesen.
- Eine Rhesusaffenmutter, die ihr Neugeborenes verloren hatte, nahm sich eines jungen Kätzchens an, das man ihr gab. Junge Rhesusaffen können sich im Fell ihrer Mutter festhalten, was dem jungen Kätzchen jedoch nicht gelang; es fiel jeweils auf den Boden, wenn die Mutter es los ließ. Über ein paar Tage lang holte die Mutter das Kätzchen zurück. Dann verlor sie jedoch jegliches Interesse an ihm.

Daraus ergibt sich deutlich, dass eine Verhaltensbereitschaft abnimmt oder versiegt, wenn das zugehörige Verhalten lange Zeit unzureichend oder gar nicht ausgelöst wird. Der Unterschied zum Ansteigen der Bereitschaft bei Nichtauslösung des zugehörigen Verhaltens liegt darin, dass die Zunahme der Aktivierung eines Antriebs weniger Stunden oder Tage bedarf, dass danach jedoch ein Versiegen erfolgt und sich langsamer über Wochen und Monate hinweg erstreckt.

Für die Ausbildung der Hunde ist diese Erkenntnis nicht ganz unwichtig. Es dürfte bisher schon klar geworden sein, dass wir uns ganz bestimmte Bereitschaften unserer Jagdhunde zunutze machen, um die Antriebsbefriedigung alsdann in unseren Dienst zu stellen. Es wird nun zwar kaum dazu kommen, dass wegen mangelnder Betätigung eine Bereitschaft überhaupt versiegt. Es ist jedoch eine bekannte Tatsache, dass ein immerwährendes Üben erforderlich ist, um den Hund „in Form" zu halten. Das wird sicherlich mit dem soeben Ausgeführten zusammenhängen. Eine Bereitschaft muss sich näm-

*Üben macht und **erhält** den Meister!*

lich in bestimmten Abschnitten immer wieder bestätigen, damit sie letztlich nicht in einer Form schwächer wird oder so nachlässt, dass wir den Hund praktisch nicht mehr einsetzen können. Stetes Üben macht also nicht nur den Meister, sondern erhält ihn auch!

So, wie mangelndes Üben und Vernachlässigen eines Hundes offensichtlich negative Folgen haben kann, so können auch Lernprozesse nachteilige Auswirkungen haben, insbesondere kann ein Hund – wie andere Tiere natürlich auch – überfordert werden.

Bekannt ist in diesem Zusammenhang wieder ein Pawlowsches Experiment: Einem Hund war gelehrt worden, dass ein Kreis „Futter" anzeigte, während eine Ellipse für ihn bedeutete, dass kein Futter vorhanden war. Einem so vorbereiteten hungrigen Hund wurde alsdann eine kreisähnliche Ellipse dargeboten, die in ihrer Ausgestaltung zwischen dem Kreis und der erlernten Ellipse lag. Das löste bei dem Hund nun ein nie zuvor beobachtetes Verhalten aus: Er jaulte und winselte, biss in Gegenstände und versuchte, zu entwischen. Als er am nächsten Tag in den Versuchsraum geführt wurde, bellte er erregt und war nicht mehr in der Lage, das früher Erlernte auszuführen. Ein Elefant geriet in einer Versuchsanordnung, die ihn überforderte, in Wut; der Konflikt löste eine Aggression aus. Bei Schafen waren die Folgen einer Überforderung Blöken und die Abgabe von Kot und Urin.

Gefahren einer Überforderung

Für den Hundeabrichter ergibt sich daraus die Warnung, seinen Hund im Rahmen von Lehr- und Lernprozessen nicht zu überfordern. Er muss streng darauf achten, dass die Bedingungen, unter denen der Hund lernen soll, ihn nicht überfordern. Das kann insbesondere dann geschehen, wenn beim Lernen auf ein ganz bestimmtes Erfolgsziel hin nicht in ganz kleinen Schritten vorgegangen wird.

Beim Apportieren zum Beispiel steht als Endziel, dass uns der Hund auch noch am Abend eines langen Treibjagdtages den vielleicht nach längerer Hetze gefangenen und abgetanen Hasen zuträgt.

Am Beginn steht, dass der Hund zunächst auf ein ganz bestimmtes Kommando hin einen Gegenstand, der mit Wild überhaupt noch nichts zu tun hat, im Fang duldet. Dazwischen liegt eine weite Wegstrecke, die in kleinen Schritten begangen werden muss. Dabei ist der nächste Schritt erst dann zulässig, wenn der davorliegende wirklich fest sitzt. Überspringt man nun einige Schritte auf diesem Wege, so kann es vorkommen, dass es zu ähnlichen wie den geschilderten „experimentellen Neurosen" kommt.

Ähnlich wichtig ist es, die Hunde vor chronischen Konfliktsituationen zu bewahren. Beispielsweise wurden Hunde darauf dressiert durch einen Knopfdruck Nahrung zu erhalten. Nachdem sie über mehrere Monate hinweg daran gewöhnt waren, wurde mit dem erstrebten Erfolg ein wenig gefährlicher, jedoch störender Reiz verbunden. Es wurde zum Beispiel plötzlich ein Luftstrahl gegen den Fang gerichtet oder über die Füße ein schwacher elektrischer Schlag ausgeübt. Das Tier sprang zurück, näherte sich jedoch zögernd wieder der Nahrungsquelle. Dann wurde es einige Male wieder nicht gestört, dann jedoch wieder. Nach ein paar Tagen wurden daraufhin allgemeine Fehlverhaltensweisen beobachtet wie Furcht vor Gegenständen, die mit der Angstsituation überhaupt nichts zu tun hatten und Erschrecken bei harmlosen Reizen. Bei einem Hund entwickelte sich ein ganz bestimmtes Ritual:

Konfliktsituationen vermeiden

Er steuerte sein Fressen nie mehr an, ohne sich zuvor dreimal links herumzudrehen und den Kopf zu beugen.

Die Lehre, die für den Jagdhundeführer aus diesen Beobachtungen zu ziehen ist, geht dahin, dass bei der Abführung auch aus diesem Grunde Konsequenz ein unabdingbares Erfordernis ist.

Inkonsequenz als Ursache für Fehlreaktionen

Es gibt sicherlich eine ganze Reihe von Verhaltensweisen eines Hundes, die uns unerwünscht sind. Gestatten wir dem Hund nun, wenn wir aufmerksam und „in Erziehungslaune" sind, diese Verhaltensweisen nicht und reagieren in einer für den Hund unangenehmen Art und Weise, so müssen wir von uns aus dieses Verhalten auch immer und immer in ähnlichen Situationen anwenden. Nun sind wir Menschen ja häufig träge und auch nicht immer in der Laune, auf unseren Hund einzuwirken, und lassen dann in Feiertagsstimmung vielleicht das eine oder andere durchgehen. Das kann in mehr oder minder ausgeprägter Form zu ähnlichen wie den geschilderten Fehlreaktionen führen. Wer aufmerksam die Hunde anderer – und vielleicht auch seinen eigenen – beobachtet, kann feststellen, dass derartiges gar nicht so selten ist.

Bisweilen kann auch die Wirkung eines einzelnen Erlebnisses im Leben eines Tieres so schwerwiegend sein, dass sich die Spuren davon bis zum Tode nicht mehr ganz verwischen. Es ist ein Foxterrier bekannt, der von einem weißen Sportwagen überfahren worden war, jedoch mit dem Leben davon kam. Nach seiner Genesung warf er sich *hinter* alle weißen Sportwagen, die er sah, und jaulte dabei, als sei er wieder überfahren worden. Ein anderer Hund war auf der Jagd einmal angeschossen worden und zog seitdem, sobald er einen Schuss hörte, einen seiner Läufe an den Körper und lief dann eine Zeitlang auf drei Läufen. Derartige Verhaltensweisen sind bei unseren Hunden sicherlich häufiger zu beobachten als man im allgemeinen annimmt. Wie oft werden sie jedoch falsch gedeutet, und es werden dann falsche Schlussfolgerungen gezogen.

Man kann von keinem Jäger oder auch Richter auf jagdkynologischen Veranstaltungen erwarten, dass er über die Vielfalt von Verhaltensstörungen bei Tieren und insbesondere bei Hunden Bescheid weiß. Wichtig erscheint mir jedoch, dass man sich darüber bewusst ist, dass Verhaltensstörungen nicht nur genetisch bedingt, sondern in der Mehrzahl der Fälle auf andere Einflüsse zurückzuführen sind. Allein dieses Bewusstsein sollte bei der Beurteilung von Verhaltensweisen unserer Hunde Anlass zu besonderer Vorsicht und Sorgfalt sein.

Bezeichnung erwünschter und unerwünschter Verhaltensweisen

Bezeichnet werden positive Verhaltensweisen häufig mit Begriffen wie „Wesensfestigkeit" oder „guter Charakter"; Hunde mit nicht erwünschten Eigenschaften werden als „temperamentlos", „wesensschwach", „furchtsam" oder ähnlich abgetan. Derartige Kennzeichnungen sind meistens der Ausdruck von individuellen Bewertungen, wobei den Bezeichnungen die verschiedensten Inhalte gegeben werden, und sie – da sich ihr Benutzer über ihren generellen Aussagewert keine Gedanken gemacht hat – von persönlichen, häufig menschlich gefärbten, Anschauungen geprägt sind. Das ist jedoch höchst gefährlich, denn die Verwendung von Begriffen, wie „Wesen", „Wesensstärke" oder „Wesensschwäche" etwa, ist vergleichbar mit der Handhabung eines Werkzeuges, das bei unrichtiger Handhabung einem Hund

und seinem Führer Schaden zufügen kann, wie es selbst auch den Besitzer „verletzt", indem es ihn bloßstellt. Es ist also nicht nur angebracht, sondern unbedingt notwendig, sich mit diesen Begriffen, die häufig unbedacht im Munde geführt werden, auseinanderzusetzen, sich zu bemühen, ihnen einen allgemein gültigen und von allen gleich benutzten und gleich verstandenen Inhalt zu geben.

Bei der Suche nach einer Lösung dieses Problems stößt man auf BODINGBAUERS Büchelchen „Wesensanalyse für Welpen und Junghunde".

In einem Abschnitt über die Nomenklatur führt BODINGBAUER zu den Begriffen „Wesen" und „Temperament" aus: „Die mit diesen und ähnlichen Ausdrücken bezeichneten Charaktereigenschaften beruhen nach Drs. MENZEL im Grunde genommen auf Leistungen der „Höheren Nerventätigkeit", worunter PAWLOW die Art versteht, wie ein Lebewesen auf Erscheinungen der Umwelt reagiert und zu anderen Wesen der Umwelt in Beziehung tritt."

Spätestens wenn man hier mit seiner Lektüre angekommen ist, beginnt man zu stocken, denn das Wesen wird als Bestandteil des Charakters definiert, und letzterer ist für eine Definition des Wesens im jagdkynologischen Sinne, wie wir noch sehen werden unbrauchbar. Mit BODINGBAUER kommen wir also dem von uns erwünschten Ziele nicht näher.

Mit dem Begriff des „Wesens" hat sich auch der schon mehrfach erwähnte Ausschuss für Verhaltensforschung des JGHV beschäftigt. Das Ergebnis der Bemühungen des JGHV in dieser Richtung darf wohl als das angesehen werden, was heute im Rahmen der Jagdkynologie als maßgeblich zugrunde zu legen ist.

Er hat kurz und bündig das **„Wesen"** wie folgt definiert: „Wesen ist die Gesamtheit der angeborenen (Erbkoordinationen) und erworbenen (Erwerbskoordinationen) Verhaltensweisen eines Hundes."
Es ist versucht worden, im einzelnen aufzuzeigen, was unter genetisch bedingten Anlagen zu verstehen ist, und unter was für Abhängigkeiten und Einflüssen ein Hund bestimmte Verhaltensweisen lernt. Es ist nützlich, sich an dieser Stelle das Ergebnis dieser Erörterungen kurz in Erinnerung zu rufen und an einem vom Ausschuss für Verhaltensforschung gebrauchten Beispiel nochmals in seiner Problematik aufzuzeigen, und zwar an einem erwachsenen Hund, der als „Angstbeißer" gilt.
„Dieser Hund zeigt wie ein Wildtier eine kritische Distanz gegenüber einem fremden Menschen. Wird diese Distanz unterschritten, beißt der Hund. Dieses Verhalten kann, aber muss nicht genetisch bedingt, also ererbt sein; es kann auch durch Dressurfehler oder als Folge mangelnder Sozialisierung erworben sein."

Wir sehen also, dass es ungemein schwer ist festzustellen, ob erwünschte und unerwünschte Verhaltensweisen ererbt oder erworben sind. Eine solche Feststellung ist aber hinsichtlich der Verwendung eines Hundes zur Zucht unbedingt erforderlich, wollen wir nicht Gefahr laufen, Hunde mit erworbenen Wesensmängeln von der Zucht auszuschließen, was bei sonst guten Veranlagungen ein großer Fehler wäre. Heute jedenfalls, nach dem Stande

„Wesen"

unserer jetzigen Erkenntnisse hierüber, haben wir nur in seltenen Fällen Gelegenheit und Möglichkeit, eine einwandfreie Diagnose zu stellen. ... Vorläufig heißt es daher, in der Anwendung der so viel gebrauchten Ausdrücke wie ‚Wesensschwäche' und ‚Wesensmängel' vorsichtig zu sein, um keine falschen bzw. voreiligen Schlüsse zu ziehen.

Bei seinen Bemerkungen zur **„Wesensfestigkeit"** und zur **„Wesensschwäche"** knüpft der JGHV an seine Definition des **„Wesen"** an und ergänzt die eingangs erwähnte knappe Definition dahin, dass „Wesen", richtig verstanden, der Verhaltenszustand eines Hundes ist, in dem er sich zum jeweiligen Zeitpunkt der Begegnung zeigt. Erwünscht sei eine innere Ausgewogenheit, eine Art „Gelassenheit", die selbst bei Eintreten außergewöhnlicher Umwelteinflüsse bestehen bleibe oder aber sich schnell wieder einstelle. Wie ein Hund auf Umweltreize reagiere, hänge in erster Linie von seinen Nerven ab. Hunde, die sich selbst außergewöhnlichen Umwelteinflüssen gegenüber, sei es im dichtesten Straßenverkehr mit all seinem Lärm oder in Feld und Wald auf der Jagd unbeeinflusst, ausgeglichen und ruhig verhielten, seien bestimmt wesensfest. Ihr Verhalten allen Einflüssen gegenüber sei durchaus immer positiv. Es wird alsdann auf KONRAD ANDREAS verwiesen, der vielleicht diesen Zustand am treffendsten charakterisiert habe, indem er geschrieben hat: „Die Nerven eines solchen Hundes sind intakt, sie sichern ihm die Ruhe, die ihn im Umgang so sympathisch macht. Diese Ruhe darf daher mit Phlegma nicht verwechselt werden, mit Trägheit hat sie nichts zu tun. Sie ist vielmehr als seelische Balance der Ausdruck jener prachtvollen Beharrlichkeit, die auch der Arbeit ihren Stempel aufzudrücken pflegt. Auf solche Hunde, wenn sie auch jagdlich gut veranlagt, richtig vorbereitet und geführt sind, ist Verlass."

Im Gegensatz dazu definiert der JGHV die **„Wesensschwäche"** als einen Zustand angeborener und erworbener oder auch nur erworbener, nervöser Reizbarkeit oder überempfindliche Reaktion auf alles Ungewöhnliche.

Die Definition des Wesens und damit die Umschreibung der Wesensfestigkeit und Wesensschwäche gehen von einem bestimmten Zustand der Nerven aus. Dabei kommt einem sofort der Begriff „Nervenkostüm" in den Sinn, dem man häufig auch bei der Umschreibung der Verhaltensweisen von Hunden begegnet. RICKERT sagt dazu: „Ich möchte Herrn Trumler beipflichten, der unter Nervenkostüm das Gehirn und das übrige Nervensystem eines Lebewesens verstanden haben will. Für uns ist also dieser Begriff entbehrlich." MARX versteht unter Nervenkostüm den Sammelbegriff für alle nervlich bedingten Reaktionen des Hundes auf die verschiedensten Umweltreize; er sieht ihn also als einen Grad der Empfindsamkeit an. Seiner Ansicht nach mag der Begriff im Jagdgebrauchshundewesen entbehrlich sein, im Diensthundewesen spiele er jedoch noch eine Rolle. So sei ein „festes oder gutes Nervenkostüm" für einen Diensthund ein positives Kriterium und bezeichne die gute nervliche Belastbarkeit. Der JGHV hält diesen Begriff im „Wesen" mit umfasst und für entbehrlich.

Ähnlich verhält es sich mit dem **„Charakter"**. Der JGHV steht auch auf dem Standpunkt, dass der Begriff „Charakter" im menschlichen Bereich immer sittlich wertend gebraucht werde und seine Anwendung eine

Vermenschlichung des Tieres nach sich ziehe. Er ist für einen Verzicht auf den Gebrauch dieses Begriffes.

Nicht entbehrlich scheint allerdings der Begriff **„Temperament"**, dass der JGHV wie folgt definiert: „Ansprechbarkeit, Stärke und Geschwindigkeit der Reaktionen auf äußere und innere Reize (Appetenz und Reaktionsintensität)." Das Temperament – so fügt der JGHV hinzu – wie auch das Wesen werden sowohl von verschieden hohen Reizschwellen als auch von rassetypischen Hemmungen und Enthemmungen beeinflusst. Die erwünschten Temperamente seien in den Leistungsstandards der verschiedenen Hunderassen festgelegt und fänden in Begriffen wie der Art der Suche, Arbeitsfreude, Jagdpassion und ähnlichen Bezeichnungen des Temperaments ihren Niederschlag und ihre Bewertung.

„Temperament"

Nach diesem Ausflug in die Diskussion um das „Wesen" des Hundes bleibt festzustellen, dass mit den Begriffen „Wesen"; und „Temperament" in ihren jeweiligen Ausprägungen auszukommen ist, wobei für uns Jäger ein wesensfester Hund mit rassespezifischem Temperament erwünscht ist.

Da bei der Beschäftigung mit praktischen Fragen der Abführung weitere Begriffe verwandt werden und auch schon bei den theoretischen Überlegungen und bei der Beschreibung der Hunde benutzt worden sind, ist es erforderlich, ihren Inhalt zu erörtern, sie zu definieren. Nur so ist ein Verstehen und eine Verständigung möglich. Begriffe dieser Art tauchen auch häufig in den Prüfungsordnungen auf und werden in den einzelnen Prüfungen als bestimmte erwünschte oder unerwünschte Eigenschaft festgehalten oder sogar mit Punkten oder Prädikaten zensiert. Auch aus diesem Grunde ist eine Klärung, eine Umschreibung der Begriffe erforderlich.

Erwünschte und unerwünschte Eigenschaften

Es geht hierbei insbesondere um die Begriffe Führigkeit und Gehorsam – und damit im Zusammenhang auch um die Unterordnung – sowie um die sehr unterschiedlichen Eigenschaften Härte und Schärfe, die verschiedenen Lautäußerungen sowie schließlich um die Begriffe Empfindlichkeit und Scheue. Mit diesen Begriffen hat sich auch der JGHV-Ausschuss eingehend beschäftigt, und die nachfolgende Erörterung soll sich daher aus guten Gründen wiederum eng an das Ergebnis dieser Arbeiten anlehnen.

Beginnen wir zunächst mit den Begriffen **Führigkeit und Gehorsam** und nähern uns ihnen, indem wir uns fragen, was **Unterordnung** bedeutet. Der Begriff der Unterordnung gehört nicht zu den gebräuchlichsten Fachausdrücken der Jagdkynologie; er wird jedoch im Diensthundewesen häufig gebraucht. In der Unterordnung sieht der Diensthundeführer das Fundament der Ausbildung. Wir haben uns mit der Unterordnung schon im Rahmen der sensiblen und kritischen Phasen und bei der kurzen tiersoziologischen Erörterung befasst. Unterordnung ist, wie wir uns erinnern, eine angeborene Verhaltensweise, die das Zusammenleben aller sozial lebenden Tiere erst ermöglicht und somit für diese die wichtigste Verhaltensweise schlechthin. Sie bestimmt die Rangordnungen im Sozialverband und ist für gemeinsam lebende und jagende Tiere unabdingbar und daher besonders bei diesen ausgeprägt

Unterordnung

Für unseren Hund als Wolfsabkömmling ist das Sichunterordnen ein angeborenes Bedürfnis, dessen Nichtbefriedigung Verhaltensstörungen hervorruft. So ist mithin das Zusammenleben mit den Menschen im „Meuteverband" überhaupt erst durch die Bereitschaft der Unterordnung möglich. Sie ist die Voraussetzung für jegliche Ausbildung des Hundes. Ein hohes Maß an Unterordnung zeigt der Hund, welcher auf Arbeitsgebieten, die ihm von der Veranlagung her weniger liegen, dennoch bereit ist, ein von ihm verlangtes Verhalten zu zeigen. Als Beispiel möge hier das Stöbern in Dornen auf einen Wink des Führers dienen, obwohl dies dem Hund gar nicht angenehm ist, oder das Annehmen kalten Wassers auf leise Aufforderung, obwohl das Wasser nicht zu seinen beliebtesten Elementen gehört. Hier sind schon Übergänge zur Führigkeit zu erkennen.

Führigkeit

Führigkeit ist die Bereitschaft eines Hundes, dem von ihm anerkannten Meuteführer Mensch ohne Zwangseinwirkung dienstbar zu sein. Die Führigkeit zeigt sich ausschließlich in der Zusammenarbeit mit dem Führer. Ein führiger Hund geht bereitwillig auf jeden Wunsch seines Führers ein. Ein führiger Hund lässt sich bereitwilligst lenken und ist immer bedacht, den Kontakt zu seinem Meutechef nicht zu verlieren und sucht die Verbindung zu ihm, um sich lenken zu lassen. Besonders gut zu beobachten ist dies beispielsweise bei der Feld- oder bei der Wasserarbeit. Führigkeit ist nicht zu verwechseln mit Weichheit oder Ängstlichkeit und ist scharf zu trennen vom Gehorsam.

Gehorsam

Während die Führigkeit eine Eigenschaft des Hundes ist, die von diesem dem Menschen entgegengebracht wird, versteht man unter Gehorsam die ständige Bereitschaft des Hundes, sich in jeder Situation eines Führer schnell und sicher zu unterwerfen. Der Gehorsam ist also eine anerzogene Bereitschaft zur Reaktion, die Führigkeit eine genetisch bedingte Verhaltensqualität. Allerdings spielen beim Gehorsam Unterordnung und Führigkeit eine nicht geringe Rolle. Einem unterordnungswilligen, führigen Hund ist leichter Gehorsam beizubringen als einem schwerführigen. Festen Gehorsam erreicht man durch konsequente und individuelle Ausbildung nach den erörterten Grundsätzen.

Härte und Schärfe

Wenden wir uns nun den Begriffen Härte und Schärfe zu. Die Begriffe „Härte" und „Schärfe" wurden und werden z.T. auch noch in der Gegenwart widersprüchlich angewandt und ausgelegt. Hier hat sich der JGHV-Ausschuss Verdienste erworben und hat zu einer praktikablen Klärung und Unterscheidung geführt. Bezüglich der Härte hat man sich der Definition Seiferles angeschlossen: **„Härte"** ist die Fähigkeit, unlustvolle Empfindungen und Erlebnisse, wie Schmerz, Strafe, Niederlage im Kampf, ohne sich im Augenblick oder auf Dauer wesentlich beeindrucken zu lassen, hinzunehmen. Daraus erhellt schon, dass ein harter Hund nicht unbedingt auch ein scharfer Hund zu sein braucht, was auch im umgekehrten Sinne gilt.

Für die spätere Verwendung der Hunde für den Jagdgebrauch ist ein möglichst frühes Erkennen größerer oder geringerer Härte von wesentlicher Bedeutung. Schon sehr früh lassen sich hier Erkenntnisse sammeln. Beim Spiel der Welpen um eine Zitze gibt es schon Beißereien, und die Reaktion der Welpen darauf lässt schon Schlüsse auf die spätere Härte zu. Das gleiche gilt, wenn wir mit den Welpen spielen und ein Welpe dabei einmal mehr oder weniger schmerzhafte Erfahrungen macht. Diese Feststellungen sind deshalb so wichtig, weil sich bei der späteren Ausbildung des Hundes unangenehme Einwirkungen für den Hund nicht vermeiden lassen, sondern unter Umständen sogar herbeigeführt werden müssen. Besitzt ein Hund die erwünschte Härte, so wird er schnell damit fertig. Er gerät nicht in einen die Ausbildung hindernden Zustand mehr oder weniger anhaltender Depression. Eine gewisse angewölfte Härte ist also für eine erfolgreiche Ausbildung erforderlich

Erst recht wird klar, dass eine Härte bei der späteren Arbeit in der Praxis unabdingbar ist. Stöbern in Dornen und in Dickungen, im scharfen Schilf, ja Jagen bei einem Wetter, bei dem man keinen Hund vor die Tür jagen möchte, dürfen einen Jagdhund nicht nachhaltig beeindrucken. Härte ist auch die Voraussetzung für schwierige und lange Hetzen, für das Stellen und Abtun von krankem Wild oder Raubzeug. Natürlicherweise müssen Temperament und körperliche Konstitution wie auch der Beutetrieb dazukommen. Es wird jedoch in diesem Zusammenhang auch schon klar, wie viele Eigenschaften einen erfolgreichen Jagdhund ausmachen.

Es ist durch Versuche festgestellt worden, dass Welpen und Junghunde, die nie unlustvollen Einwirkungen ausgesetzt wurden, später diese auch nicht ertragen haben, d. h., keine Härte mehr zeigten. Ein Hund, der sich nicht schon im Welpenalter mit der Umwelt vertraut gemacht hat, in der er später arbeiten soll – also auch mit ihren rauen Seiten –, wird die erwünschte Härte nie zeigen. Er hat die ganz natürliche Auseinandersetzung mit seiner Umwelt nie kennengelernt und keine Möglichkeit gehabt, seine natürlichen Anlagen auszubilden.

„Härtetraining" in der Jugend

Das Gegenteil von Härte ist „**Weichheit**". Diese ist nach SEIFERLES die Eigenschaft, sich von unlustvollen Empfindungen oder beängstigenden Erlebnissen stark und nachhaltig beeinflussen zu lassen. Aus dieser Begriffsbestimmung geht klar hervor, dass solche Hunde – je nach dem Grad der Weichheit – als Jagdhunde oder Schutzhunde nur bedingt brauchbar bzw. ganz unbrauchbar sind. Als Familien- oder Begleithunde dürften sie bei entsprechendem Geschmack beliebt sein.

„Weichheit"

Ausgehend davon, dass Härte an sich angewölft, jedoch durch die Umwelt stark beeinflussbar ist, ist es wichtig, mit nicht ausgesprochen weichen Hunden zu züchten. Eine gewisse Führigkeit ist erwünscht. Dieser Wunsch darf jedoch nicht dazu führen, mit weichen Hunden zu züchten, denn Führigkeit hat nichts mit Weichheit zu tun.

Generell gesehen ist die Schärfe die stets gegenwärtige Bereitschaft zur kämpferischen Auseinandersetzung, wobei je nach Kampfobjekt unterschieden wird zwischen der **Wildschärfe**, der **Raubwild**- oder **Raubzeugschärfe** und der **Mannschärfe**. Unter Wildschärfe versteht man die Fähigkeit des Hundes, krankes Niederwild zur Strecke zu bringen, Schalenwild je nach Stärke zu stellen, ggf. auch niederzuziehen und abzutun. Raubwild- und Raubzeugschärfe ist die Eigenart des Hundes, Raubwild und Raubzeug bei der Jagdausübung schnell und sicher zur Strecke zu bringen, zumindest aber dieses Wild durch Verbellen sicher zu stellen, damit es der Jäger erlegen kann. Mannschärfe schließlich ist die Bereitschaft des Hundes zur kämpferischen Auseinandersetzung speziell mit dem Menschen, oder auch die Eigenschaft eines Hundes, jeder scheinbaren oder tatsächlichen Bedrohung durch den Menschen aktiv entgegenzutreten.

Schärfe

Raubzeugschärfe

Wildschärfe

Mannschärfe

Während die Wildschärfe dem Punkt Beutefunktionskreis zuzuordnen ist, gehört die Mannschärfe zum Verhalten im sozialen Bereich. Beim Schutzhund oder beim Dienstgebrauchshund allgemein ist Mannschärfe normalerweise erwünscht, gänzlich unerwünscht sind dabei jedoch Wild- oder Raubzeugschärfe. Diese würden den Hund von seinen eigentlichen Aufgaben ablenken. Bei den meisten Jagdgebrauchshunden ist dagegen neben der Wild-, Raubwild- und Raubzeugschärfe die Mannschärfe nicht in besonderem Maße ausgeprägt, wenn es auch bei entsprechender Ausbildung von frühester Jugend an durchaus möglich ist, den Hund für den Jagdschutz auszubilden. Nach dem heutigen Stand der wissenschaftlichen Erkenntnis und den Erfahrungen aus der Praxis muss festgehalten werden, dass Schärfe ausschließlich angewölft ist, dass aber das Ausmaß durch entsprechende Abrichtung gefördert oder gebremst werden kann. Hunde ohne angewölfte Schärfe werden nie Schärfe zeigen.

Je nach Art und Intensität des Schlüsselreizes kommt es zu einer mehr oder weniger starken Kampfesstimmung, die ihren Ausdruck in Haaresträuben, Zähnefletschen, Knurren etc. findet. Ist die Kampfsituation vorüber, so stellt sich beim wesensfesten Hund die Harmonie, die von uns erwünscht ist, nach kurzer Zeit wieder ein.

Bei einem wesensschwachen Hund dagegen kann die Kampfstimmung zur blindwütigen Raserei ausarten, die zu einer Gefahr für Mensch und Haustier werden kann. Diese Schärfe darf nicht mit „Überschärfe" bezeichnet oder verwechselt werden. Unerwünschte Überschärfe kommt nur bei wesensfesten Hunden vor. Sie ist meistens anerzogen, selten angewölft. Unerwünscht ist sie deshalb, weil der Hund sich bei kämpferischen Auseinandersetzungen, etwa beim Schwarzwild oder im Bau, selbst zu großen Gefahren aussetzt. Gesunde, angewölfte, im Wesen verankerter Schärfe kann aber auch durch entsprechende Erziehung gebremst und in entsprechende Bahnen gelenkt werden. Als Beispiel dafür kann das einträchtige Zusammenleben von Hund und Katze in einem Haus dienen, während im Felde oder im Walde der Hund mit Katzen kurzen Prozess macht.

Scheinschärfe

Unerwünscht ist auch die Scheinschärfe des Angstbeißers. Angstbeißen hat mit Schärfe überhaupt nichts zu tun. Es handelt sich dabei um eine Aggressionshandlung aus Angst, auf die schon früher (vergleiche Tiersoziologie) eingegangen wurde.

Lautäußerungen

Jeder Hundebesitzer kennt bei seinem Hund eine große Anzahl der verschiedensten Lautäußerungen und je länger er mit ihm zusammenlebt, um so mehr weiß er die Sprache seines vierbeinigen Gefährten zu deuten. Er hat das kontaktheischende Winseln des neu eingezogenen Welpen kennengelernt, dann die freudigen Lautäußerungen beim Spielen, die ersten Knurr- und zornigen Bellaute, wenn der junge Hund sein Eigentum verteidigte, später die sehnsüchtigen Töne des liebeskranken Rüden oder der läufigen Hündin, das zornige Verbellen der Katze, das Langeweile und Unwillen ausdrückende Bellen des Hundes im Zwinger. den Spurlaut, den Fährtenlaut, den Hetzlaut, den Standlaut und noch einiges mehr.

Von diesen vielen Lautäußerungen interessieren in diesem Zusammenhang nur die, die für die jagdliche Praxis – und vor deren Hintergrund in den Prüfungsordnungen – von Bedeutung sind. Erwünscht sind der Sichtlaut, der Spurlaut und der Fährtenlaut, der Standlaut und – ihm entsprechend – der Laut beim Vorliegen der Erdhunde. Unerwünscht sind stummes Jagen, der Weidlaut und der Baulaut. Zur Bedeutung des Lautes sind teilweise schon Bemerkungen gemacht worden bei der Beschreibung der Arbeiten, die die einzelnen Hunde zu erfüllen haben.

Es sei hier wiederholt:

Bedeutung der Laute

- Wichtig ist der Laut der Hunde für uns immer dann, wenn wir durch ihn erfahren, wo sich der Hund gerade befindet und was er tut

Beispielsweise können wir beim Stöbern, wenn der Hund spurlaut oder fährtenlaut ist, feststellen, ob er sich auf der Spur oder Fährte eines Stück Wildes befindet, und wir können dann auch aus dem Sicht-, dem Hetzlaut, erkennen, dass er an das Stück herangekommen ist. So wird es möglich, die Jagd auf das Verhalten des Hundes einzustellen, und die sich außerhalb der zu durchstöbernden Dickung befindlichen Schützen können sich einrichten und fertigmachen.

Entsprechend wichtig ist der Laut bei der Baujagd. Am Laut des Hundes vermögen wir zu erkennen, ob der Hund ein gefundenes Stück Raubwild treibt oder ob er vorliegt. Auch das ist wichtig für den Ablauf der Jagd. Entweder bleiben die Schützen draußen abwartend stehen, oder es muss ein Einschlag gemacht werden.

Weiterhin ist der Laut bei der Nachsuche von Bedeutung. Wenn der Hund auf der warmen Fährte des nachgesuchten Stück Wildes geschnallt ist, können wir hören, wohin die Hatz geht. Wir vermögen auch zu erkennen, ob der Hund an das Stück herangekommen ist, ob er nun sichtlaut hetzt, und schließlich vermögen wir mit dem Ohr zu erkennen, wenn er stellt. Ein stummer Hund würde den Erfolg der besten Riemenarbeit unter Umständen in Frage stellen.

Die entsprechende Lautfeststellung auf Prüfungen ist in zweierlei Hinsicht von Bedeutung. Einmal ist es wichtig festzustellen, ob der Hund stumm jagt, ob er spur- oder fährtenlaut oder nur sichtlaut ist, um ihn entsprechend bei der Jagd einsetzen zu können und unter Umständen auch einem Käufer ein Attest über ein bestimmtes erwünschtes Verhalten des zu erwerbenden Hundes zu vermitteln.

Weiterhin ist es jedoch wichtig, spurlaute, mindestens sichtlaute Hunde zu züchten, was nur möglich ist, wenn diese Eigenschaft genetisch verankert ist. Hier ist also wieder der Rückschluss von den Kindern auf die Eltern das wichtige Ergebnis einer Prüfung; im Zusammenhang mit den Prüfungsergebnissen seiner Geschwister sagt natürlich die Feststellung auf einer Prüfung auch etwas über den Erbwert des Individuums aus.

Das Lautgeben selbst ist genetisch bedingt, wobei die verschiedensten Lautäußerungen zum Erreichen der verschiedensten Ziele eingesetzt werden. Wir kennen Lautäußerungen – wie schon erwähnt – aus dem Bereich des Sexualverhaltens, aus dem Sozialverhalten und etwa im Bereich der Aggressionen in verschiedenster Ausprägung. Die Lautäußerungen begleiten unterschiedlich die erste oder zweite Phase des Appetenzverhaltens oder auch die Endhandlung. Wir können also sagen, dass die Bereitschaft, Laut zu äußern, zu bellen, genetisch bedingt ist, und dass diese Bereitschaft durch bestimmte Reize ausgelöst wird.

Genetische Bedingtheit der Bereitschaft, Laut zu geben

Züchterische Beeinflussung des Lautes

Nunmehr wissen wir weiterhin, dass wir ganz bestimmte Verhaltenweisen durch Zucht beeinflussen können und auch dadurch, dass wir den Hund Erfahrungen machen lassen, ihn also etwas lehren. Wir können einen Hund lehren einen gefundenen Verbrecher zu verbellen, wir können ihn zum Totverbeller erziehen. Wir können ihn jedoch nicht lehren, sichtlaut, spurlaut, fährtenlaut zu sein oder ein Stück Wild laut verbellen. Hier handelt es sich um züchterisch beeinflussbare Begleiterscheinungen ganz bestimmter Verhaltensweisen unserer Jagdhunde.

Der lockere Hals als hoher Bereitschaftsgrad zum Bellen ist mithin angewölft; er war in der vom Jagdhund gewohnten Form bei seinen Ahnen nicht vorhanden. Ein beutemachender Wolf soll stumm jagen, denn nur wenn er lautlos das Beutetier aufspürt und ihm folgt, hat er eine Chance, seiner habhaft zu werden. Spur- oder Fährtenlaut würde das Stück Wild warnen und es frühzeitig zur Flucht veranlassen. Darüber hinaus bedeutet anhaltendes Bellen auf der Spur oder Fährte natürlich einen Kräfteverschleiß, den sich ein Wolf, der zur Arterhaltung und zur Erhaltung des eigenen Lebens auf das Beutemachen angewiesen ist, nicht leisten kann.

Ausgangspunkt für die Erzüchtung der erwünschten Bellaute werden wohl die Bell- oder Heullaute gewesen sein, wie sie im Wolfsrudel zur gegenseitigen Verständigung üblich sind. Für übersichtliches Jagdgelände, wie Steppen und Wüsten, waren zum Hetzen und Fangen des Wildes schnelle Hunde erforderlich, und alles, was der Schnelligkeit nicht diente – also auch der unnötige Kraftverbrauch durch Lautgeben – wurde zuchtmäßig herausselektiert, so dass es auf diese Weise zum stummen Windhund kam. Andererseits förderte man für die Jagd in unübersichtlichem Gelände alles, was dem Jäger die Möglichkeit gab, den Hund beim Folgen der Spur oder der Fährte des nicht mehr sichtigen Wildes nicht aus den Ohren zu verlieren".

Die Antwort des Hundes auf einen ganz bestimmten Reiz, nämlich das Bellen, ist messbar nach dem Zeitabstand zwischen dem Auftritt des Reizes und dem Laut als Antwort, nach seiner Intensität, seiner Häufigkeit und Dauer. So macht die Feststellung oder Beschreibung des Lautes wie bei allen anlagebedingten Fähigkeiten der Hunde Schwierigkeiten.

Der Spurlaut der Brackenschläge scheint eindeutig einzuordnen zu sein. Bei den Stöberhunden, bei denen der Spurlaut unbedingt gefordert werden muss, werden im Interesse von züchterischen Maßstäben Bewertungsunterschiede von „ungenügend" bis „sehr gut" gemacht. Schwer einzuordnen ist insbesondere der Laut, der erst durch zusätzliche optische oder akustische Reize – wie Wegbrechen eines Stück Schalenwildes aus dem Lager oder das Herausfahren eines Hasen aus der Sasse – geweckt wird, aber dann immerhin hinter dem nicht sichtigen Wild eine kurze Zeit also ausreichend für die abgestellten Schützen – fortgesetzt wird. Dieser im Jagdbetrieb wegen der zuverlässigen Ankündigung anlaufenden Wildes geschätzte, nach Prüfungsmaßstäben jedoch als „mangelhaft" einzuordnende Spurlaut erweist sich tatsächlich eben doch nur als lockerer Sichtlaut. Der Spurlaut selbst ist nämlich das regelmäßige, möglichst anhaltende Lautgeben des Hundes auf der Spur, ohne dass das Wild zuvor geäugt ist. Dieses Lautgeben kann auch im Wind in unmittelbarem Zusammenhang an die Spur erfolgen.

Verliert der Hund jedoch die nasenmäßige Verbindung zur Spurwittrung, verstummt er, um wieder einzusetzen, wenn die Spur wieder gefunden ist. Entsprechendes gilt für den Fährtenlaut beim Schalenwild. Der spurlaute Hund jagt immer auch fährtenlaut; umgekehrt trifft dies oft nicht zu. Das lässt den Schluss zu, dass der Spurlaut am Hasen eine höhere Bereitschaft zum Lautgeben voraussetzt als das laute Verfolgen einer Fährte, so dass der Spurlaut bei allen Hunderassen – mit Ausnahme der Schweißhunde – am erwünschtesten ist.

Sichtlaut, Hetzlaut, Standlaut

Sichtlaut jagt nach dem Vorhergesagten ein Hund dann, wenn er Augenkontakt mit dem von ihm verfolgten Wild hat, wobei es nicht darauf ankommt, dass vorübergehend dieser Kontakt unterbrochen wird.

Die Begriffe Hetzlaut und Standlaut werden richtigerweise bei der Nachsuche auf Schalenwild verwandt. Wir haben schon gehört, dass der Hund nach dem Schnallen das kranke Stück so lange hetzen soll, bis es sich stellt und er es gegebenenfalls niederziehen und abwürgen kann. Wegen der damit verbundenen Gefahren, insbesondere bei Rotwild und Schwarzwild, soll ein Schweißhund stärkere Stücke jedoch nur stellen, dann aber mit der nötigen Schärfe das Stück, wenn es flüchten will, immer wieder attackieren und dabei durch anhaltendes Lautgeben an den Platz bannen; das – bezeichnet man als „Standlaut".

Spur- und Fährtenlaut

So erwünscht Spur- und Fährtenlaut sind, so bedenklich ist der Weidlaut. Nicht nur das kurze Wahrnehmen eines Stück Wildes mit dem Auge, dem Ohr oder der Nase lösen diesen Laut aus, sondern oft genügt schon das Schnallen des Hundes im Revier, dass sich die angestaute Passion im Lautgeben entlädt. Verhaltensbiologisch ist dies offensichtlich ein Verhalten im Leerlauf. Wenn wir uns an die Definition des Wesens erinnern, dann wird uns klar, dass ein solcher Hund nicht die erforderliche innere Ausgewogenheit hat, die einen wesenstarken Jagdhund auszeichnen muss. Für den Jagdbetrieb ist dieser überaus lockere Hals häufig irreführend und damit zweckfremd. Es soll aber Jagdherren geben, die ihren Gästen in einem nicht besonders gut besetzten Revier doch etwas bieten wollen. Sie laden dann gern einen Führer mit einem weidlauten Hund ein, und dieser sorgt dann wenigstens zunächst einmal für etwas Spannung. Da der weidlaute Hund meist auch spurlaut jagt, wenn zu der entsprechenden Nase etwas Konzentrationsvermögen kommt, macht er vor allem den Richtern eine Beurteilung besonders schwer.

Weidlaut

Was für den Weidlaut ausgeführt ist, gilt entsprechend für den Baulaut. Man versteht darunter das Lautgeben eines Teckels oder Terriers im Bau, obwohl der Hund ein Stück Raubwild überhaupt noch nicht wahrgenommen hat. Auch hier kann der Laut zu etwas Spannung verhelfen, sonst ist er jedoch zu nichts nütze, vielmehr schädlich.

Baulaut

Nach dieser Beschäftigung mit dem Spur- und Fährtenlaut erscheint es richtig, auf weitere wesentliche Voraussetzungen einzugehen, die ein erfolgreiches Arbeiten auf einer Spur gewährleisten, aber auch bei der Beurteilung eines Hundes und insbesondere nach den Prüfungsordnungen eine wesentliche Rolle spielen.

Beim Arbeiten auf Spuren und Fährten, die allerdings für einen Hund überhaupt noch wahrnehmbar sein müssen, hängt der Erfolg ausschließlich vom Willen des Hundes und seiner Fähigkeit ab, die Spur bzw. Fährte zu halten. **Der Spur- bzw. der Fährtenwille** ist die Eigenschaft, die dem Wolf das Überleben sichert, und er ist die Grundeigenschaft aller jagenden Hunde. Ein ausgeprägter Folgewille ist also lebensnotwendig. Bei vielen domestizierten Hunden hat der Fährtenwille bis zur Bedeutungslosigkeit verloren, da die Hunde nicht mehr Selbstversorger sind. Um so mehr muss diese Eigenschaft genetisch immer wieder verfestigt und in der Ausbildung gefördert werden, denn sie allein ist neben einer ausreichenden Nase natürlich die Voraussetzung für die erfolgreiche Arbeit nach dem Schuss.

Spur- und Fährtenwille

Es ist offensichtlich möglich, den Spurwillen züchterisch nach wenigen Generationen zu verdrängen, und es ist sehr wohl möglich, einem sehr spur- und fährtenwilligen Hund diesen Willen zu nehmen. Umgekehrt ist es jedoch unmöglich, einen Hund ohne angewölften Spurwillen zu einem sicheren Verlorenbringer oder erfolgreichen Nachsuchenhund zu erziehen.

Spur- und Fährtentreue

Unter „**Fährtentreue**" und „**Spurtreue**" versteht man die Fähigkeit des Hundes, sich auf der Ansatzfährte oder -spur so zu versammeln, dass die Versuchungen links und rechts davon – die Verleitungen und Witterungen all der anderen Wildarten – ohne wesentlichen Einfluss auf die Arbeit des Hundes bleiben.

Fährtentreu sind Schweißhunde auf der Wundfährte: Der Hund lässt sich durch andere Fährten, selbst wenn sie frischer und verlockender sind, nicht verleiten.

Spurtreue beweist etwa eine Bracke, ein Spaniel, ein Wachtel oder ein Terrier beim Jagen an Hase oder Fuchs, wenn der Hund die Spur trotz der Absprünge und der Widergänge des Verfolgten beharrlich ausarbeitet, anderes Wild, das häufig sichtig vor dem Hund fortflüchtet, nicht beachtet und schließlich den Verfolgten in die Nähe des Ausgangspunktes der Jagd zurückbringt. Darüber wurde schon bei den Bemerkungen zu den jagenden Hunden berichtet.

Daraus ergibt sich, dass Spur- und Fährtentreue ohne gleichzeitiges Vorhandensein von Spur- und Fährtenwille nicht möglich sind; beide Eigenschaften sind also eng miteinander gekoppelt. Dabei ist ein genetisch bedingter, stark ausgeprägter Spur- bzw. Fährtenwille die Voraussetzung für die Erziehung zur Fährtentreue.

Wenn wir uns mit dem Spur- und Fährtenwillen beschäftigt haben, so müssen wir uns darüber klar sein, dass allein das Halten einer Spur oder einer Fährte nicht der Endzweck unseres Bemühens sein kann; vielmehr kommt es darauf an, dass ein Hund, der eine gesunde Spur oder Fährte arbeitet, das Stück Wild auch hoch macht und uns zutreibt, oder dass wir zumindest mittelbar durch die Arbeit des Hundes des Stückes habhaft werden, oder dass sich die Chancen dafür vergrößern. Ganz besonders gilt das bei der Arbeit auf der Wundspur oder der Fährte wie auch auf den Prüfungen auf künstlicher Rotfährte und Schleppe. Allein der Spurwille führt uns bei einer Wundspur oder einer Schleppe jedoch nicht zum Erfolg; es müssen **Finde- und Bringwille** dazukommen.

Finderwillen

Ehe der Hund seinen Bringwillen zeigen kann, muss er – begabt mit Spurwillen und getrieben von seinem Finderwillen – zum Stück kommen.

Unter „Finderwillen" versteht man die angewölfte Fähigkeit, auch unter erschwerten Umständen zum Erfolg zu kommen; hier zeigt sich die enge Verbindung zum Spurwillen. Darüber hinaus versteht man darunter jedoch auch die unabhängig von Spur oder Fährte bestehende Fähigkeit, Wild zu finden. Es wird daher gern von „Wildfindigkeit" solcher Hunde gesprochen. Insbesondere gilt das, wenn es um das Finden ganz speziellen Wildes geht, beispielsweise eines Waldhasen im Schalenwildrevier oder beim Suchen und Finden gesunden oder kranken Wildes, ohne dass unmittelbar eine Spur oder ein Geläuf zu ihm führt.

Wildfindigkeit

Hat ein Hund ein Stück Wild gefunden, so muss er, beseelt vom Bringwillen, das Stück seinem Führer auch zutragen, den Führer in den Besitz des Wildes bringen. Bringwille kann als die Eigenschaft des arbeitsfreudigen Hundes angesehen werden, der darauf eingestellt ist, seinem Führer Wild zu bringen, um in den Genuss weiterer Annehmlichkeiten zu gelangen. Ein gewisser Bringwille ist unseren Hunden sicherlich angewölft; man denke beispielsweise an das Zutragen von Wild durch die Eltern, wenn ein Welpe zu versorgen ist. Hinzutreten muss jedoch eine entsprechende Ausbildung mit dem Ziel, dass der Hund immer und unter allen Umständen gefundenes Wild seinem Führer zuträgt, wenn auch aus seiner Sicht dazu gar keine Veranlassung besteht.

Bringwillen

Es bleibt uns in diesem Zusammenhang nur noch übrig, uns mit den Begriffen **„Empfindlichkeit"** und **„Scheue"** zu befassen. Wer mit offenen Augen durch die Welt geht und die ihm begegnenden Hunde beobachtet – sei es auf der Straße, in Gaststätten, auf Spazierwegen im Walde, auf Hundeübungsplätzen oder auch bei Hundeprüfungen oder bei der praktischen Jagdausübung – kann feststellen, dass häufig Situationen auftreten, in denen die Hunde empfindlich und scheu reagieren, was bei dem einen Hund lediglich für seinen Besitzer unangenehm oder lästig ist, bei einem anderen Hund aber dessen Gebrauchswert teilweise herabsetzen oder ganz in Frage stellen kann. Es scheint daher zum Wohle aller Hunde richtig zu sein, sich einmal mit dieser Frage zu beschäftigen, insbesondere auch im Interesse unserer Jagdgebrauchshunde.

Beginnen wir zunächst mit dem Versuch einer Definition.

Unter „Empfindlichkeit" sollte man die Eigenschaft eines Hundes verstehen, auf bestimmte, zum Teil eng begrenzte Umweltreize zu reagieren. Dabei kann der auslösende Reiz akustischer, optischer oder olfaktorischer (geruchlicher) Art sein.

Empfindlichkeit

„Scheue" ist das unerwünschte Fluchtverhalten eines Hundes (schussscheu, milieuscheu, gewitterscheu, handscheu).

Scheue

Hunde reagieren auf Geräusche der verschiedensten Art unterschiedlich und verschieden stark. Von uns unerwünschte Reaktionen stellen sich meistens erst dann ein, wenn die Geräusche sehr laut, plötzlich, schrill oder anhaltend sind. Man denke an Fehlzündungen beim Auto, plötzliches Anwerfen von Maschinen, das Einsetzen von Presslufthämmern, Fluglärm, Kirchenglocken, Jagdhornblasen, Knallen beim Herunterlassen der Jalousien usw. Inwieweit die zu beobachtenden Reaktionen genetisch bedingt, also im Erbgut verankert sind, ist bis heute kaum geklärt. Bis zu einem gewissen Grade sind die Reaktionen mit Sicherheit durch Haltung und Ausbildung beeinflussbar. Es empfiehlt sich daher, den jungen Hund möglichst früh mit den Geräuschen vertraut zu machen, denen er später „berufsbedingt" begegnet. Zeigen sich beim jungen Hund trotz aller Behutsamkeit und Vorsicht bleibende unerwünschte Reaktionen, so kann angenommen werden, dass dieses Verhalten auch in Zukunft bei ihm zu beobachten sein wird und es erbmäßig verankert ist.

Negative Reaktionen auf Schüsse

Besonders das Schießen ist für den Jagdgebrauchshund ein Prüfstein im Hinblick auf seine spätere Verwendung. Hier finden wir ineinander übergehende Verhaltensweisen von leichter Empfindlichkeit bis hin zur ausgesprochenen Scheue, worauf die Prüfungsordnungen auch Rücksicht nehmen. So wird unterschieden zwischen „leichter Schussempfindlichkeit", „Schussempfindlichkeit", „starker Schussempfindlichkeit" und „Schussscheue". Erwünscht ist ein schussfester Hund, der bei der Suche auf einen Schuss überhaupt keine Reaktion zeigt. – Andererseits ergreift ein schussscheuer Hund bei der Abgabe eines Schusses sofort die Flucht; er sucht entweder seinen Führer und ist durch nichts zu bewegen, ihn wieder zu verlassen, oder er entfernt sich von seinem Führer und sucht das Auto oder eine andere Zufluchtstätte. Andere wieder verlassen in panischer Angst zunächst den Ort des Geschehens und irren ziellos herum, bis sie sich gesammelt haben und sich bemühen, den Kontakt zum Führer oder dessen Haus und Auto wieder aufzunehmen. Inwieweit es möglich oder auch vertretbar ist, derartige Hunde zu korrigieren, soll an dieser Stelle nicht weiter verfolgt werden.

Bisweilen ist bei Hunden auch bei aufziehenden Gewittern – oder auch schon vorher, ohne dass wir etwas von ihm bemerkt haben – zu beobachten, dass sie ein abnormes Verhalten zeigen. Sie beginnen, am ganzen Körper zu zittern, sie speicheln, suchen sehr engen Kontakt zum Führer oder verkriechen sich in irgendeine Ecke. Hier spricht man von „Gewitterscheue", und manchen Hunden wird dieses Verhalten vorschnell als schwerer Fehler angekreidet. Tatsächlich ist die Brauchbarkeit solcher Hunde in der Regel jedoch nur wenig beeinträchtigt, und die Hunde zeigen im übrigen Verhalten nicht die geringsten Zeichen einer irgendwie gearteten Empfindlichkeit oder Scheue. In verschiedenartiger Ausprägung ist eine solche Wetterempfindlichkeit oder Gewitterscheue auch bei anderen Tieren zu beobachten und ein Phänomen, das nicht auf unsere Hunde beschränkt ist.

Begibt man sich mit Hunden in eine für sie fremde Umgebung – insbesondere ein Grundstück, ein Haus, einen Garten –, so zeigen sie in aller Regel ein von ihren normalen Verhaltensweisen abweichendes Gehabe. Sie sind mehr oder weniger beeindruckt, vorsichtig, neugierig oder auch mehr oder weniger ängstlich, scheu, bisweilen auch mehr oder weniger aggressiv. Zeigt ein Hund unter diesen Umständen deutliche Anzeichen von Angst- oder Fluchtverhalten – versucht er, sich in sich selbst zu verkriechen, zerrt er an der Leine und will Reißaus nehmen –, so spricht man von „Milieuscheue". Es gibt Hunde, die generell diese Scheue zeigen. Andere Hunde zeigen diese Verhaltensweisen, wenn sie Örtlichkeiten betreten, mit denen sie unangenehme Erfahrungen verbinden. Insbesondere ist das bei wiederholten Tierarztbesuchen zu beobachten; dann zeigen auch sonst ruhige und ausgeglichene Hunde bisweilen Anzeichen einer gewissen Empfindlichkeit oder

Scheue im Wartezimmer, erst recht in den Praxisräumen selbst. – Wir haben schon verschiedentlich gehört, dass sich ein ordentlicher Jagdhund bei seiner Arbeit von Umwelteinflüssen möglichst wenig beeindrucken lassen darf; das gilt für die angenehmen Versuchungen ebenso wie natürlich auch für die ihn unangenehm berührenden Umwelteinflüsse. Ein milieuscheuer Hund wird daher unter Umständen in der Praxis versagen, insbesondere wohl auch auf Prüfungen. Sein Gebrauchswert ist mit Sicherheit tangiert.

Milieuscheue

Zusammenfassend sei festgehalten, dass es naheliegend ist, Anzeichen von Empfindlichkeit bis hin zur Scheue auf ein labiles Nervensystem zurückzuführen. Die geschilderten Verhaltensweisen können durch einfühlsame Ausbildung bis zu einer gewissen Grenze abgebaut werden, sie können jedoch auch die Unbrauchbarkeit eines Hundes bedingen. Ein wesensfester Hund wird diese Schwäche nicht zeigen oder wird jedenfalls sehr schnell die schon im Rahmen der Wesensfestigkeit angesprochene Balance wiederfinden. Ihm ist in jedem Fall der Vorzug zu geben.

II. Hilfsmittel für die Ausbildung

Die menschliche Stimme

Das vielleicht wesentlichste Hilfsmittel – das Instrument, mit dem wir unseren Hund am meisten beeinflussen und dem merkwürdigerweise und bedauerlicherweise viel zu wenig Beachtung geschenkt wird – ist die menschliche Stimme. Wir Menschen verständigen uns mit den Hunden unter Zuhilfenahme der Verhaltensweisen, die auch einem Hund verständlich sind, also mit Gesten und Stimme. Hunde untereinander verständigen sich ebenso mit Lautäußerungen und ganz bestimmten optisch wahrnehmbaren Verhaltensweisen, wozu allerdings auch noch geruchliche Reize kommen. Letztere scheiden bei der Verständigung zwischen Mensch und Hund aus; sie sind auch nicht von so ausschlaggebender Bedeutung, da die geruchlichen Reize insbesondere die „zwischenhundlichen Beziehungen" im Rahmen des Familienverbandes und beispielsweise das Sexualverhalten betreffen.

„Verbale Kommunikation"

Wenn wir Hunde bei der Verständigung untereinander beobachten, so stellen wir fest, dass die Gesten sehr sparsam sind, ja einem oberflächlich beobachtenden Menschen überhaupt nicht bewusst werden. Ähnliches gilt für die Lautäußerungen. Leises Winseln, leises Brummen, leises Knurren, leises Miefen – grundsätzlich kein lautes Gekläff oder Gebelle. Ein Hund erhebt nur dann seine Stimme, wenn er auch entsprechenden Eindruck machen will, sei es, dass er sich über eine große Distanz hinaus verständlich zu machen versucht, oder dass er einen Gegner beeindrucken oder ihm auch überdeutlich klarmachen will, dass er kapituliert, beispielsweise mit großem Schmerzensgeschrei.

Wie anders aber verhalten wir Menschen uns: Beobachtet man einen Spaziergänger oder auch einen wenig einfühlsamen sonstigen Hundeführer mit seinem Hund, so meint man, ein Unteroffizier befinde sich in der Spezial-Formal-Ausbildung mit einem einzelnen Rekruten. Wer sich so verhält, disqualifiziert sich von vornherein als Ausbilder eines Hundes.

Zwei die sich verstehen …
Rüdemeister H. Bansen mit seinem berühmten DK-Rüden „Duro von Bramautal."

Das Gehör eines Hundes ist ungleich feiner als das eines Menschen. Darauf haben wir schon hingewiesen, als wir uns mit den Sinnen unseres vierläufigen Begleiters beschäftigten. Wenn bislang von der Stimme als Instrument gesprochen worden ist, so muss dieser Begriff eigentlich auch noch weiter gefasst werden. Es ist nicht nur die Stimme, mit der wir unseren Hund beeinflussen, sondern es sind auch andere Laute, wie Zischen, Schnalzen, den Hundelaut nachahmende Töne und ähnliches. Teilweise werden wir ganz bewusst, besonders beim Beginn der Ausbildung, die Töne heraussuchen und sie dem Hund wie einem Vokabeln lernenden Kind verständlich machen. Später wird sich daraus eine über diese Grenzen hinaus gezogene Palette von akustischen Verständigungsmöglichkeiten entwickeln.

Wenn wir uns mit unserem Hund nun „unterhalten", dann bemühen wir uns grundsätzlich, so leise wie möglich zu sprechen. Das hat zwei Gründe: Einmal wäre es falsch, sich im Revier mit dem Hund in der Lautstärke zu unterhalten, die vielleicht zu Hause mit den Kindern angebracht ist, denn dann würden wir kein Stück Wild in Anblick bekommen, geschweige denn schießen können. Zum anderen würden wir uns, wenn wir von vornherein laut oder schreiend mit dem Hund umgehen, eines der wichtigsten Instrumente begeben mit dem wir Eindruck auf den Hund machen können: ein Hund, der es gewohnt ist, dass sein Herr sich nur flüsternd oder murmelnd mit ihm unterhält, wird zusammenfahren und erschrocken, beeindruckt sein, wenn sein Chef ihm plötzlich in einer bestimmten Situation mit erhobener energischer, ja vielleicht im Extremfall lauter, „donnernder" Stimme etwas befiehlt oder einem Befehl Nachdruck verleiht.

Vom leisen Flüstern bis hin zum ganz lauten „Anschiss" steht dem Ausbilder eine große Palette abgestufter Möglichkeiten zur Verfügung, um dem Hund je nach Situation und Persönlichkeit klarzumachen wie er sich zu verhalten hat. Dazu kommt, dass man – abgesehen von der Tonhöhe und der Lautstärke – auch im übrigen seine Stimme modellieren und mit ihr Lob und Tadel, Freude und Unwillen zum Ausdruck bringen kann. Bei der Nachsuche beispielsweise ist es unmöglich, dem Hund laute Kommandos zu geben oder ihn sogar anzuschreien. Hier muss alles möglichst leise vor sich gehen. Dennoch muss man die Möglichkeit haben, dem Hund zum Beispiel energisch klarzumachen, dass er von der Verleitung abgehen und die Ursprungsfährte wieder suchen und anfallen möge. Man kann es sich also nicht leisten, ein donnerndes „zur Fährte" in den Wald zu brüllen; vielmehr muss das entsprechende Kommando bei gleicher Lautstärke schärfer als das beruhigende „Such verwundt!" oder das lobende „So recht!", „So brav!" ertönen.

Beobachtet man Hund und Jäger bei der Ausbildung, bei Prüfungen und auch in der Praxis, so kann man schon hier haarsträubende Fehler und Versäumnisse feststellen. Es ist leicht, auf das Vorgesagte hinzuweisen, und es dürfte eigentlich auch nicht schwerfallen, den Sinn und die Richtigkeit dessen zu verstehen – in der Praxis diese Grundsätze anzuwenden, fällt jedoch ganz offensichtlich äußerst schwer. Es ist eine Frage des Temperaments und der Selbstzucht eines Ausbilders, sich immer wieder daran zu erinnern, mit seinem Hund leise und ruhig zu verkehren und nur, wenn die konkrete Situation es verlangt, entsprechend mit der Stimme zu reagieren.

Wenn es dem Ausbilder vom Temperament her schwerfällt, sich entsprechend zu verhalten, so muss er sich eben selbst üben, sich immer beobachten und sich selbst korrigieren. Fehler und Nachlässigkeiten, die sich bei ihm selbst einschleichen, finden ihren Niederschlag im Ergebnis der Ausbildungsbemühungen beim Hund. Ein Hund kann – ungeachtet seiner Anlagen – nur so gut oder so schlecht sein wie sein Ausbilder. Ein zu lautes Kommando an der falschen Stelle, eine häufige Vergesslichkeit bezüglich, des Tonfalles lassen unter Umständen das angestrebte Ausbildungsziel nur schwierig oder – im Extremfall – auch überhaupt nicht erreichen.

Selbstkontrolle des Ausbilders!

Es sei in diesem Zusammenhang betont: Es wurde nur von den Lautäußerungen gesprochen, noch nicht von dem ihnen inne- oder beiwohnenden Sinngehalt, von dem später noch die Rede sein wird: allerdings sind Sinngehalt und Ausdrucksart nicht voneinander zu trennen.

Die Gesten

Im Zusammenhang mit der Stimme ist auch schon von den Gesten die Rede gewesen. Auch hier ist äußerste Sparsamkeit am Platze. Die im Zirkus oder im zoologischen Garten häufig bewunderten geistigen Fähigkeiten eines Tieres beruhen letztlich auf seiner ungemein scharfen Beobachtungsgabe. Die zählenden, rechnenden Wundertiere, die über die Temperatur, ihr Alter oder das des Bundeskanzlers oder des Papstes Bescheid wissen, sind keine potentiellen tierischen Nobelpreisträger; sie sind vielmehr ausgebildet, ganz bestimmte Verhaltensweisen – wie beispielsweise Scharren, Nicken, Bellen oder ähnliches – auf ein bestimmtes Zeichen hin zu beginnen und wieder abzubrechen. Diese Zeichen müssen notwendigerweise ausgesprochen sparsam und für die Umwelt kaum wahrnehmbar sein, denn sonst wäre der verblüffende Effekt verpufft.

Feinste Beobachtungsgabe der Hunde

Ebenso ist es auch mit unseren Hunden. Sie beobachten – wie alle sozialen Lebewesen – ihren Sozialpartner immer genau, und es dauert nicht lange, bis sie ganz bestimmte ankündigende Gesten mit bestimmten Verhaltensweisen beantworten. – Wir haben uns damit schon im Rahmen der theoretischen Überlegungen befasst.

So begleiten wir unbewusst unsere Befehle, dass ein Hund sich beispielsweise setzen, hinlegen oder auch kommen möge, mit Gesten, die der Hund alsbald mit dem nachfolgenden Befehl verbindet, und wir wundern uns, dass er fast „Gedanken lesen" kann. Das machen wir uns aber auch bewusst zunutze, indem wir von Beginn an die entsprechenden akustischen Aufforderungen mit entsprechenden optischen Signalen begleiten, zum Beispiel mit einem nur minimal erhobenen Zeigefinger für das Sitzen, mit einer entsprechenden Handbewegung für das Hereinkommen oder mit einer entsprechenden Armbewegung für das Hinlegen. Dann können wir uns nach einer gewissen Zeit die akustischen Aufforderungen ersparen, und der uns beobachtende Hund wird alsbald nur noch mit Gesten lenkbar sein.

Es erscheint richtig, aus dem bisher Gesagten ein gewisses allgemeines Prinzip für die Ausbildung abzuleiten, nämlich das des geringsten Mittels. Das bedeutet, dass sich ein Ausbilder in allen Situationen der Abführung seines Hundes bemühen muss, zunächst das denkbar geringste Mittel zur Einflussnahme auf den Hund auszuwählen. Das bedeutet bei der Stimme und der Gestik, dass er sich auf die leiseste Tonart beschränkt und die knappesten, dem Hund verständlichen Gesten ausführt. Nur so bleibt ihm die Möglichkeit erhalten, auf den Hund intensiver einzuwirken, wenn es erforderlich sein sollte. Besonders augenscheinlich wird die Bedeutung dieses Prinzips, wenn wir uns nun mit dem nächsten Hilfsmittel bei der Abführung beschäftigen, nämlich mit der Halsung.

Prinzip des geringsten Mittels bei der Ausbildung

Die Halsung

Die Halsung ist neben der geistig-seelischen Bindung zum Hund ein Stückchen des Hilfsmittels, mit dem wir unseren Hund unmittelbar führen. An der Halsung werden die verschiedensten Leinen und Riemen befestigt, wie beispielsweise der Schweißriemen, die Feldleine, Führerleine und anderes. Die Halsung selbst umschließt – wie ihr Name schon sagt – mehr oder weniger fest den Hals des Hundes, und ihr Zweck ist es, als Bindeglied zum Chef zu dienen und als Ausbildungsmittel hilfreich zur Verfügung zu stehen.

Dem aufmerksamen Beobachter wird nicht entgehen, dass auch die Mode nicht spurlos an einem Hundehalsband vorübergeht; von der Halsung als einem „Kleidungsstück für Jagdhunde" kann man in diesem Zusammenhang aber nicht sprechen. Eine Halsung sollte immer aus gutem, weichem Leder bestehen und möglichst solide gearbeitet sein. Jeglicher modischer Firlefanz und Schnickschnack, jedes Metall, soweit es für den Gebrauchszweck nicht unbedingt erforderlich ist, sind überflüssig. Man achte darauf, dass die Halsung nicht zu schmal ist und dass sämtliche Metallteile nicht nur zusammengebogen, sondern auch miteinander fest verschweißt sind. Unser Jagdhund benötigt auch keine besonderen Halsungen für die jagdliche Praxis und für das Flanieren sonntags im Park.

Kein Schmuckstück!

Abgesehen davon, dass ein Jagdhund ja kein modisches Accessoire ist, sollen dem Hund Halsung und Leine möglichst vertraut sein und zur Selbstverständlichkeit werden. Das naturfarbene Leder ist für alle Arten von Halsungen angebracht. Es ist sinnvoll, für den allgemeinen täglichen Gebrauch eine Halsung zu wählen, die mit einem Griff auf Würgen und Nichtwürgen gestellt werden kann. Unabhängig davon kann sie je nach der Größe des Hundes in der Weite verstellt werden, was auch – wie wir noch sehen werden – von Bedeutung ist.

Würgehalsung

Daneben gibt es Halsungen, die spezielle Aufgaben in der Praxis und auch bei der Abführung haben. Unter Umständen kann es erforderlich sein, bei der Ausbildung des Hundes diesen auch mit der Halsung unseren Willen und unsere Vorstellungen etwas fühlbar zu machen. Wenn dann normales Leinenrucken und Würgen nicht mehr ausreicht, muss unter Umständen zur Koralle gegriffen werden. Eine Koralle ist ein breites Lederhalsband, in dessen einer Seite spitze Nägel eingearbeitet sind, die den Hund bei entsprechendem Leinendruck in den Hals „beißen". Die mit den Stacheln versehene Hälfte der Koralle kann mit einem Griff umgedreht werden, so dass die

Koralle

Stacheln nach außen weisen und der Hund keinen schmerzhaften Empfindungen mehr ausgesetzt ist. Dieser Teil der Halsung ist mit Wirbeln mit dem übrigen Teil der Halsung verbunden, so dass es auch keine „Verwicklungen" geben kann.

Es gibt auch Stachelhalsbänder, die man besonders auf den Übungsplätzen der Polizei- und Sporthundvereine oft sieht. Derartige Stachelhalsbänder erscheinen mir für unseren Ausbildungszweck ungeeignet. Einmal rosten sie sehr leicht, und die einzelnen Glieder lösen sich voneinander; die unter Umständen in alle Einzelteile aufgelöste Halsung ist nicht mehr zusammensetzbar, und überdies verbiegen sich die einzelnen Glieder auch. Außerdem macht das Wenden der Stacheln nach außen oder nach innen ungleich größere Schwierigkeiten als bei der schon beschriebenen Koralle. Dieser ist also aus vielerlei Gründen der Vorzug zu geben, auch wenn sie um ein Vielfaches teurer ist als ein Stachelhalsband. Dafür hält sie bei entsprechender Pflege aber auch ein Leben lang.

Stachelhalsbänder

Ein Spezialhalsband ist die Schweißhalsung. Hier handelt es sich um eine sehr breite Halsung, die dem Hals des suchenden Hundes großflächig anliegt und ihn, der unter Umständen viele Stunden lang mit tiefer Nase heftig sucht, nicht über Gebühr einschneidend belästigt. Diese Halsung ist mit einem Wirbel für die Schnalle des Schweißriemens versehen. Ein derartiger Wirbel ist bei anderen Halsungen nicht erforderlich, da sich die Wirbel an der Leine befinden und auf diese Art ein Verheddern und Verdrehen vermieden werden. Am Schweißriemen selbst jedoch – wie noch auszuführen sein wird – befindet sich kein Haken, so dass der Wirbel an der Schweißhalsung selbst angebracht sein muss.

Schweißhalsung

Bei der Auswahl der einzelnen Halsungen achte man darauf, dass diese der Größe des Hundes entsprechen. Abgesehen davon, dass es albern aussieht, wenn ein großer Hund am Hals eingeschnürt ist oder ein kleiner Hund mit einer Riesenkrawatte einherläuft, muss die Halsung ja zweckentsprechend sein. Das bedeutet, dass sie zwar anliegt, sie jedoch – ohne dass man die Schnalle lösen muss – über das Haupt gestreift werden kann; das ist für die praktische Führung wichtig.

Wichtig ist weiterhin, dass Halsungen mit einer Würgeeinrichtung richtig umgelegt werden. Der Jagdhund wird in aller Regel auf der linken Seite geführt. Die Würgehalsung muss daher dem Hund so umgelegt werden, dass der später mit der Führer- und Ausbildungsleine verbundene Teil der Halsung auf der rechten Körperseite des Hundes nach unten zeigt, denn auf diese Weise löst sich – wenn man die Halsung würgend zugezogen hat – der Druck sofort beim Nachlassen der Spannung, während anderenfalls dieser Effekt nicht oder nicht sofort, wie erwünscht, eintritt. Das sollte ein Hundeführer immer bedenken und bei der Anlegung der Halsung von vornherein beachten.

Anlegen der Halsung

Damit sind wir schon bei der Anwendung der Halsung. Auch hier gilt das Prinzip des geringsten Mittels. Wenn wir unseren Welpen bald, nachdem er Einzug in unser Haus gehalten hat, mit einer Halsung versehen – sie kann zunächst ein kleines, nicht würgendes Halsbändchen sein – hat sich der Winzling in kurzer Zeit an das Tragen gewöhnt, und wir haben nun die Möglichkeit, ihn mit leichtem Rucken zu beeinflussen, im Zusammenhang mit der richtigen Anwendung der Stimme, haben wir jetzt schon große Einflussmöglichkeiten auf die Ausbildung des Hundekindes. Es ist völlig sinnlos und verfehlt, jetzt oder später von vornherein und sofort mit Würgen und Koralle zu arbeiten. Im einzelnen wird darauf noch einzugehen sein.

Wichtig ist es weiterhin, darauf zu achten, dass der Hund die Halsung nur dann trägt, wenn sie als Bindeglied oder aus anderen Gründen notwendig ist, jedoch darf die Halsung nie zu einer latenten Gefahr für unseren Hund werden. Das gilt besonders dann, wenn der Hund selbständig in unübersichtlichem Gelände für uns unerreichbar jagt und die Gefahr besteht, dass er sich mit der Halsung irgendwo festhakt – im wenigsten schlimmen Fall nun vorübergehend festhängt, schlimmstenfalls sich selbst abwürgend irgendwo aufhängt.

Arbeit und Halsung

Bei der Wasserarbeit und der Bauarbeit ist es allgemein üblich, dass ein Hund von seiner Halsung befreit wird, häufig sieht man jedoch Hunde auch beim Stöbern mit der Halsung in der Dickung jagen. Bei der Feldarbeit und beim Buschieren hat man den Hund noch einigermaßen unter Kontrolle und kann bei Gefahr eingreifen. Beim Stöbern jedoch kann sich der Hund sehr weit vom Herrn entfernen – beispielsweise, wenn er ein Stück Wild nicht bogenrein weit hetzt – und kann irgendwo hängenbleiben. Aus diesem Grunde werden die Schweißhunde auch immer und ohne Ausnahme bei der Hetze von der Halsung befreit. Ein Teckel oder ein Terrier kann leicht beim Stöbern in einen Bau einschliefen und dort festhängen. Sein wartender menschlicher Kumpan weiß nicht, wo er geblieben ist; er weiß nicht, wo er suchen soll: Die Nachlässigkeit und Unüberlegtheit des Menschen hat unter Umständen den Tod des Hundes zur Folge. Man sollte es sich daher in Fleisch und Blut übergehen lassen, den Hund bei jeder Wasserarbeit, bei jeder Arbeit zum Stöbern, bei jeder Bauarbeit und bei jeder Hetze von der Halsung zu befreien.

Signalhalsungen

Nicht gelten kann der Einwand, dass – falls der Hund sich verlaufen hat – der Finder ja an der Halsung Name und Anschrift des Eigentümers finden könnte. Hier kann man den Hund mit einer Halsung versehen, die die entsprechenden Mitteilungen enthält, andererseits aber im Falle der Not oder der Gefahr auch reißt. Für Schweißhunde sind derartige Signalhalsbänder schon seit geraumer Zeit bekannt: bei ihnen haben sie noch eine andere Aufgabe. Die Halsbänder bestehen aus einem Material, dass einerseits fest genug ist, um normalen Einwirkungen und Widerständen zu trotzen, und darüber hinaus sind sie von einer Farbe, die grell und auffällig die Aufmerksamkeit des Beobachters sofort auf dessen Hund lenkt. Es ist sehr bedauerlich, aber wahr, dass viele Jäger einen Schweißhund nicht ansprechen können und meinen, es handele sich um einen wildernden Mischling. Es sind nicht wenige Schweißhunde, die ihr Leben durch die Unkenntnis und Schießwut von Jagdscheininhabern verloren haben. Mit derartigen Halsbändern, die auch leicht selbst herzustellen sind, kann jeder Hund ausgerüstet werden.

Jagdhunde werden jedoch nicht nur bei oder nach langen Hetzen im Anschluss an eine Riemenarbeit sinnloserweise erschossen. Es geschieht leider noch häufiger auf Treibjagden, dass Jagdhunde – besonders die Vertreter der kleineren Rassen – die sich dicht hinter einem Stück Wild befinden, angeschossen oder erschossen werden. Diesen Gefahren versucht man vorzubeugen, indem man an der Halsung des Hundes Glöckchen oder Bellen befestigt, die einen nicht ganz schwerhörigen Jägersmann darauf hinweisen, dass sich hinter dem Hasen noch ein Hund befindet. Hier kann man anstelle der üblichen Halsung, besonders bei Teckeln und Terriern, auch einfach ein Gummiband nehmen, das sich abstreift oder das zerreißt, wenn der Hund einmal in einen Bau einschliefen sollte.

Halsungen mit Glöckchen

Dass die Halsung gepflegt werden muss, sollte eigentlich eine Selbstverständlichkeit sein. Trotzdem sieht man Halsungen – das trifft auch auf die anderen Lederausrüstungsgegenstände zu –, die brüchig, schadhaft und überhaupt nicht mehr geschmeidig sind. So sollte eine Lederhalsung nicht aussehen! Abgesehen von dem wenig schönen Anblick, kann sie auch plötzlich im entscheidenden Augenblick reißen und einen Jagderfolg vereiteln. Die Halsung muss regelmäßig eingefettet und geölt werden, die Metallteile werden dabei mit einbezogen. Wenn sich einmal eine Naht zu lösen beginnt, sollte man nicht warten, bis die ganze Halsung aufgeribbelt ist; vielmehr sollte man möglichst schnell zum Sattler oder Schuster gehen, der mit ein, zwei Stichen den Schaden beheben kann. Eine solide gefertigte Halsung hält bei der entsprechenden Pflege viele Hundegenerationen und wird für den Jäger über ihren Gebrauchswert hinaus auch immer wertvoller – als ein Ausrüstungsgegenstand, der ihn schon lange begleitet und vielleicht an viele gute Hunde erinnert.

Pflege der Halsung

Die Verbindung zwischen den verschiedenen Halsungen zur Hand des Führers stellen die **Leinen und Riemen** dar, die nach ihrer Aufgabe verschieden konstruiert, verschieden lang und aus verschiedenen Materialien sind.

Ehe uns der Hund als fertiger Jagdkumpan auf die Jagd begleitet, muss er etwas lernen. Es kommt also zunächst darauf an, dass wir eine Verbindung zum Hunde haben, die es uns ermöglicht, ihn dicht bei uns zu halten, ohne ihn so zu beschränken, dass er nicht in der Lage wäre, Fehler zu machen. Andererseits müssen wir uns intensivst mit dem Hunde unmittelbar befassen, die Leine darf uns also dabei nicht stören.

Am praktikabelsten dabei hat sich eine etwa 1 m lange, einfache Lederleine erwiesen, an deren einem Ende ein Befestigungshaken für die Halsung ist, und an deren anderem Ende sich eine Schlaufe befindet. Ob nun die Leine an der Halsung mit einem Scherenhaken oder einem Karabinerhaken befestigt wird, ist unerheblich. Wichtig ist, dass hier auch das Material stabil ist und die Verbindungsteile zwischen Haken und Leine nicht offen, sondern verlötet sind. Es wird nicht ausbleiben, dass der Hund sich einmal unserer Einwirkung entziehen möchte, oder dass wir ihn körperlich ermahnen müssen; dann darf die Leine nicht nachgeben oder sich in ihren Metallteilen lösen, denn das Ausbildungsergebnis wäre mit Sicherheit negativ. – Als Material für die Leine empfiehlt sich wiederum Leder, denn wenn es einmal „Verwicklungen" geben sollten, so sind sie für Führer und Hund schmerzhaft, und für den Hund unerklärliche Schmerzen müssen vermieden werden. – Die Stärke der Leine richtet sich im übrigen nach der Größe und Stärke des Hundes.

Lediglich dann, wenn wir einen Hund haben, der noch nicht gelernt hat, dass die Versuche, einen Riemen durchzuschneiden, nutzlos sind, oder der noch dazu neigt, muss mit einer Kette in diesem Stadium der Ausbildung geführt werden.

Wir werden noch sehen, dass der unterschiedlich lange Weg auf ein ganz bestimmtes Ausbildungsziel hin mit kleinen, konsequenten Schritten begangen werden muss. Das bedeutet in diesem Zusammenhang, dass wir uns eines schönen Tages von unserem Hunde entfernen müssen, oder der Hund sich auf unsere Veranlassung hin von uns entfernt, ohne dass der unmittelbare Kontakt abreißen darf, denn wir müssen immer in bestimmten Stadien der Ausbildung die Möglichkeit haben, unsere Anordnungen zu sanktionieren, und der Hund andererseits darf nicht die Möglichkeit haben, sich gegen unseren Willen von uns zu entfernen. Als Hilfsmittel dafür bei einer Entfernung bis zu 20 oder 30 Metern dient die sog. „Feldleine". Man denke beispielsweise daran, dass der Hund abgelegt wird, und wir uns entfernen, dass er lernen muss, über eine gewisse Distanz zu apportieren, oder dass ihm beigebracht werden soll, mit tiefer Nase auf der Schleppe zu arbeiten, um das gefundene Wild uns alsbald wieder zuzutragen. Die Feldleine muss also ihrer Zweckbestimmung nach – wie die kurze Ausbildungsleine auch – fest genug sein, um jeglichen Ausbruchsversuchen eines Hundes zu widerstehen. Das Material muss jedoch nicht nur reiß- und zugfest sein, es muss auch Witterungseinflüssen, insbesondere Feuchtigkeit, widerstehen, und die Leine muss sich immer gut auslegen lassen und ihre Elastizität behalten. Dass man dafür keinen Riemen verwenden kann, versteht sich eigentlich von selbst, denn er würde viel zu schwer sein, zu unhandlich, würde die Arbeit des Hundes beeinträchtigen und uns selbst auch behindern. Als hervorragend geeignet haben sich eigentlich Nylon- oder Perlonschnüre erwiesen, die möglichst geflochten sein sollten, denn sie sind leicht, widerstandsfähig, feuchtigkeitsunempfindlich, und sie behalten auch im nassen Zustand ihre Elastizität. – Abzuraten ist von den Plastikleinen, die man leider häufig sieht, wie sie beispielsweise zum Wäscheaufhängen benutzt werden. Diese Leinen verlieren nur selten die Form, die sie durch ihr ursprüngliches Aufwickeln erhalten haben. Während der Arbeit mit dem Hund entwickeln sie bisweilen ein skurriles Eigenleben, sie verwickeln sich mit Herr und Hund, und das Ergebnis ist eine moderne Karikatur der Laokoongruppe.

Neben den beiden beschriebenen typischen Ausbildungsleinen kennen wir weiterhin für die Praxis die Führerleine und den Schweißriemen.

Die erstere dient dem Führen des Hundes bei der praktischen Jagdausübung, überall dort, wo wir einen Jagdhund mitnehmen. Dabei muss der Jäger selbstverständlich seine beiden Hände im übrigen frei haben; er kann sie nicht, auch nicht eine, immer dem Hunde widmen. Daher sind derartige Führerleinen so konstruiert, dass der Jäger sie sich über Schulter und Oberkörner hängen kann und an ihnen die Halsung des Hundes befestigt ist. Das kann einmal dadurch geschehen, dass unmittelbar von der großen Körperschlaufe ein kürzerer Riemen zur Halsung des Hundes führt, oder dass ein längerer Riemen durch die Halsung des Hundes gezogen und wieder an der großen Körperschlaufe befestigt wird. Derartige Führerleinen sind in den verschiedensten Ausstattungen und Qualitäten im einschlägigen Handel erhältlich. Es kommt hier auf den Geschmack des einzelnen Jägers an, was für eine Konstruktion und Ausführung er im einzelnen wählt. Diese Leinen sind jedoch nur in Nuancen unterschiedlich, wie beispielsweise in der Auswahl der Haken oder in der Auswahl der Mechanismen, mit denen man mit einem Griff den Hund freilassen kann. Wesentlich ist es auch hier, darauf zu achten, dass das Material in Ordnung ist, dass das Leder gut vernäht und die Metallteile nicht offen, sondern verlötet sind. Wenn ein Jäger viel im Walde pirscht, wird unter Umständen auch das leise metallische Geräusch, das bei solchen Leinen unausbleiblich ist, stören. In solchen Fällen können anstelle der Haken Schnallen treten, denn wenn es erforderlich sein sollte, kann auch eine solche Schnalle schnell gelöst werden, oder der Hund wird befreit, indem man ihm die Halsung über den Kopf zieht. Im Laufe der Zeit wird jeder Jäger das eine oder andere an einer solchen Leine ändern und durch eigene Konstruktionen ersetzen. Dann hat er ein Stück, das seinem Hund und ihm auf den Leib zugeschnitten ist.

Während die bislang beschriebenen Riemen und Leinen eigentlich im wesentlichen den Zweck hatten, den Hund bei uns zu halten und uns die Möglichkeit zu geben, auf ihn immer in unserem Sinne einwirken zu können, tritt bei dem Schweißriemen etwas anderes hinzu. Der Schweißriemen dient selbstverständlich dazu, den Hund bei seiner Arbeit unter unserer Kontrolle zu halten; er gibt uns die Möglichkeit, auf den Hund gegebenenfalls einwirken zu können. Andererseits teilt der Hund über den Schweißriemen jedoch dem Führer auch in vielen Fällen mit, was es nun mit der Arbeit auf der roten Fährte auf sich hat. Das geschieht nicht so sehr in übersichtlichem Gelände, wie beispielsweise Althölzern, sondern dort, wo der Hund vor uns weggetaucht ist, und wir ihn nicht mehr sehen können. Im Getreide, im Farnkraut, in Dickungen hören und sehen wir von unserem vor uns suchenden Hunde häufig überhaupt nichts mehr, lediglich am Riemen spüren wir, wo er ist, und was er gerade macht. Wir spüren, ob er ruhig sucht, ob er heftig wird, oder ob er verhält, um etwas zu überprüfen; wir können unsere Reaktionen darauf einstellen, wir können zur Ruhe ermahnen, wir können ihn unter Umständen veranlassen, zu halten, damit wir Pirschzeichen untersuchen, oder wir merken an einem plötzlichen Ruck, dass er eingesprungen ist, weil entweder ein krankes oder gesundes Stück Wild vor ihm hoch wurde. Der Schweißriemen ist also nicht nur ein bloßes Hilfsmittel, um den Hund zu führen, er ist ein Mittel zur Verständigung zwischen Hund und Herr und umgekehrt. Am Schweißriemen selbst dürfen sich überhaupt keine metallenen Haken befinden. Das eine Ende des Riemens wird mit einer Schnalle mit dem Wirbel der Schweißhalsung verbunden. Eigentlich könnte ein Schweißriemen sogar an der Schweißhalsung angenäht sein, denn der Hund wird immer frei gelassen, indem man ihm die Schweißhalsung über den Kopf zieht: eine jagdliche Notwendigkeit, die Halsung einmal vom Riemen zu trennen, besteht überhaupt nicht. Die andere Seite des Schweißriemens darf nicht mit einer Schlaufe versehen sein, sondern muss frei auslaufen. Die Arbeit am langen Riemen bringt es mit sich, dass man nicht immer das Ende des Riemens in der Hand hat, sondern dass vielfach das Ende hinter dem Führer auf dem Erdboden nachgezogen wird. Eine Schlaufe würde nun bedeuten, dass sich das Ende in Gezweig oder Fallholz verfängt und die

Schweißriemen

Länge des Schweißriemens

Arbeit behindert. – Nach den gängigen Prüfungsordnungen muss der Schweißriemen mindestens auf 6 m Länge abgedockt sein. d. h., er muss diese Mindestlänge haben. Diese Länge erscheint mir für die praktische Jagdausübung zu kurz. Es reicht zwar häufig hin, dass der Hund sich suchend 6 m vor dem Führer befindet, der Führer muss jedoch die Möglichkeit haben, dem Hund erheblich mehr Riemen zu geben. Einmal ist das erforderlich, wenn der Hund in übersichtlichem Gelände die Fährte verloren hat und sich nun beispielsweise durch Bogenschlagen oder durch Vorsuchen bemüht, den Anschluss wiederzufinden. Dann empfiehlt es sich, dem Hund größtmögliche Bewegungsfreiheit zu geben. 6 m sind dafür zu wenig. – Etwas anderes erfordert jedoch auch noch eine längere Riemenlänge: So weit das Gelände einigermaßen übersichtlich ist, wird der Führer bemüht sein, seinen Hund immer scharf zu beobachten, um jegliches Verweisen oder Reisern zu bemerken.

In einem solchen Falle wäre es nicht immer richtig, den Hund sofort abzulegen, um zu untersuchen, was der Hund verwiesen hat. Hier ist es richtig, die Kontinuität der Arbeit nicht zu unterbrechen, sondern sich zunächst flüchtig davon zu überzeugen, was das Interesse des Hundes geweckt hatte. Dazu kniet man sich an dem betreffenden Punkt hin, währenddessen der Hund weitersucht, und man nun den Teil des Riemens, den man zunächst hinter sich hergezogen hat, durch die Hände gleiten lässt. Sollte man etwas Interessantes gefunden haben, das einer weiteren Untersuchung wert ist, kann man den Hund immer noch halten lassen. Aus diesen Gründen

Aufdocken des Schweißriemens

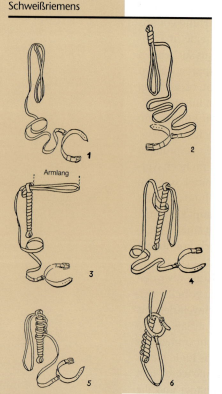

erscheint es richtig, einen Schweißriemen zu führen, der eine Länge von 10 bis 12 m hat. – Die Führung eines solchen Riemens erfordert natürlich eine gewisse Übung, die man eigentlich nur in der Praxis erlernt. Mit dieser Übung allein kommt man jedoch nicht aus, der Riemen muss auch geschmeidig wie eine Schlange sein, um nicht hängenzubleiben und alle Bewegungen des Hundes mitzumachen. Das setzt das richtige Material voraus. Die meisten Schweißriemen bestehen noch aus Leder, einige Schweißhundführer haben sich Schweißriemen aus anderem Material, wie beispielsweise synthetischen Treibriemen, gefertigt. Diese Riemen haben den Vorteil, dass sie nicht so pflegebedürftig sind wie ein Schweißriemen aus Leder und überdies aus einem Stück bestehen. Gerade letzteres ist besonders wichtig, denn ein zwei- oder dreifach gestückelter Schweißriemen wird nach relativ wenigen Nachsuchen sein Leben aufgeben, oder er muss häufig geflickt werden. Des ungeachtet treibt man jedoch auch heute noch bei entsprechendem Finderwillen durchaus Schweißriemen mit einer Länge von 10, 12 oder noch mehr Metern auf, die aus einem Stück geschnitten sind. Ein solcher Riemen mit Liebe und ausreichend Lederfett gepflegt, hält nun aber auch manche Nachsuche im Sommer und im Winter und auch durch Moor und taunasse Wiesen aus. – Der Schweißriemen wird nun – im Gegensatz zu den anderen

Riemen und Leinen – auf eine ganz bestimmte Art und Weise zusammengelegt und getragen. Wie das sog. „Aufdocken" vor sich geht ist am besten aus der zeichnerischen Darstellung dieses Vorganges zu ersehen. So wie man auf Prüfungen der beiden Schweißhundzuchtvereine kaum einen Führer sieht, der nicht einen aufgedockten Schweißriemen bei sich hat, so ist ein aufgedockter Schweißriemen im übrigen, auch auf Verbandsschweißprüfungen, doch eine Seltenheit. Dabei bedeutet das Auf- und Abdocken nicht nur eine historische Reminiszenz, sondern hat auch heute noch daraus praktischen Wert. Mit „Docken" bezeichnet man die kleinen Schlaufen, die – ohne dass man den Schweißriemen von der Schulter nimmt – gelöst werden können, um damit dem Hund immer etwas mehr Bewegungsfreiheit zu geben. Verwies nun ein Hund beim Pirschen eine ganz bestimmte Fährte, so konnte man durch einfaches, teilweises Abdocken dem Hund die Möglichkeit geben, sich freier zu bewegen, was wiederum dazu führte, dass der Schweißhundführer die Möglichkeit hatte festzustellen, um was für ein Stück Wild es sich handelt, das sein Hund gerade bestätigt hatte. Das alles ist für einen „normalen" Hundeführer uninteressant; von Bedeutung ist jedoch für jeden Jäger, der seinen Hund auf einer Übungsfährte oder einer natürlichen Fährte führt, die richtige Einstellung des Hundes auf die Arbeit. Wenn der Hund von der ersten Fährte an die Zeremonie des Abdockens kennengelernt hat, so hat er das in den Lernprozess mit einbezogen, und der Hund wird mit der richtigen psychischen Einstellung sich der vor ihm liegenden Arbeit widmen – ganz anders, als wenn er am Anschuss einfach von der Führerleine gelöst und ihm die Schweißhalsung übergestülpt wird.

Man könnte natürlich einwenden, dass das Auseinandernehmen eines auf eine andere Art und Weise zusammengelegten Schweißriemens den gleichen Zweck erfüllt, wenn es immer auf die gleiche Art und Weise geschieht. Das ist richtig und vielleicht auch bei jemanden, der häufig zu Nachsuchen gerufen wird, durchaus praktikabel; dennoch sollte man als gerechter Jäger und Schweißhundführer sich einmal der Mühe unterziehen, das Auf- und Abdocken zu lernen und auch bisweilen diese Fertigkeit auf Prüfungen und in der Praxis einsetzen. Das erscheint wichtiger, als dass man bei „Weidmannsheil" das Schnapsglas nur mit der linken Hand erheben darf.

Ein weiteres Hilfsmittel, das eigentlich im Zusammenhang mit der Stimme beschrieben hätte werden müssen, ist die **Hundepfeife**. Sie dient – wie die Stimme – der Verständigung zwischen Hund und Herr, allerdings wird sie erst dann eingesetzt, wenn die Stimme entweder nicht mehr ausreicht, eine gewisse Distanz zu überbrücken ist oder wegen der Größe der Entfernung der Befehl eines Menschen zum unästhetischen Gebrüll werden würde. Während wir uns mit dem Hund, wenn er sich dicht bei uns befindet, über vieles „unterhalten" können und müssen, so ist der „Themenkreis" relativ eingeschränkt, wenn unser Hund weit entfernt ist. Es kommt dann eigentlich nur darauf an, ihn zu veranlassen zurückzukommen, sich hinzulegen, oder wir wollen durch ein bestimmtes Signal seine Aufmerksamkeit erregen, um ihm dann mit Gesten verständlich zu machen, was wir von ihm wünschen.

Herbei pfeifen wir unseren Hund, wenn er eine ganz bestimmte Arbeit beenden soll, wenn wir die Jagd abbrechen, wenn wir überhaupt unseren

„Aufdocken"

Hundepfeife

Hund wieder bei uns haben wollen. Das mit der Pfeife gegebene Signal, sich hinzulegen – d. h., der Befehl zu „Down!" oder „Platz!" – wird dann angewandt, wenn der Hund im Begriff ist, etwas Unerwünschtes zu tun, und wir ihn auf jeden Fall davon abhalten wollen. Am bekanntesten ist es, dass ein Hund einen Hasen oder ein Reh hetzt, dass er sich auf unerwünschte Weise einem für ihn interessanten Objekt nähert – vielleicht einem anderen Hund oder herumlaufenden Hühnern -, oder dass wir ihn abrupt davon abhalten müssen, eine Straße zu überqueren, auf der sich gerade ein Auto nähert. Schließlich kann es vorkommen, dass ein Hund im Felde sucht, und wir wünschen, dass er eine andere Richtung einnimmt. Dann pfeifen wir, worauf der Hund sich hoffentlich uns zuwendet, und wir vermögen dann durch einen Wink die Suche in eine andere Richtung zu lenken. Oder der Hund erscheint während eines Treibens im Walde, nachdem er zum Stöbern geschnallt worden ist, auf einer Schneise und schaut sich suchend um – eine Situation, die häufig zu beobachten ist. Dann können wir mit einem leisen Pfiff die Aufmerksamkeit erregen, so dass der Hund weiß, dass sein Chef draußen auf ihn wartet; er kennt wieder dessen Standplatz, er hat sich orientiert und wird auf einen entsprechenden Wink wieder freudig zum Stöbern in der Dickung verschwinden.

Gebrauch der Pfeife

Es ist verständlich, dass die akustischen Signale je nach Zielrichtung unterschiedlich sein müssen. Es besteht die Möglichkeit, in verschiedenen Tonhöhen zu pfeifen, in verschiedenen Rhythmen in gleicher Tonhöhe zu pfeifen oder auch zwischen „laut" und „leise" zu wählen oder einen Triller mit einzubeziehen.

Doppelpfeife

Bewährt und gebräuchlich ist die sog. „Doppelpfeife", auf deren einem Ende man einen Pfeifton erzeugen kann, auf dem anderen einen Triller wie ein Schiedsrichter oder Schaffner auf dem Bahnhof. Der Trillerpfiff dient herkömmlicherweise dazu, den Hund in der oben beschriebenen Weise in den entsprechenden oder ähnlichen Situationen sofort anzuhalten und auf den Platz zu bannen.

Der normale kurze Pfiff soll die Aufmerksamkeit des Hundes erregen; ein Doppelpfiff bedeutet: „Komm' sofort her zu mir!" Je nach Geschmack kann man alles andere wählen, nur muss man sich strikt an das einmal gewählte auch halten!

„lautlose" Hundepfeife

Bekannt ist auch die sog. „lautlose Hundepfeife", die natürlich nicht lautlos ist. Die von ihr ausgehenden Töne bewegen sich in einem Frequenzbereich, der für das menschliche Ohr kaum oder überhaupt nicht mehr hörbar ist, vom feinen Hundeohr jedoch auch noch auf größere Distanz wahrgenommen wird. Sie findet bei der Ausbildung und Führung unserer Jagdhunde kaum Verwendung. Ein Sinn könnte höchstens darin gesehen werden, dass die menschliche Umwelt nicht auf Pfeifkommandos aufmerksam wird. Das Wild, das auch feiner vernimmt als wir, würde diese Pfeiftöne genauso hören wie der Hund.

Wir haben gesehen, dass die Hundepfeife ein Instrument ist, das unsere Befehle auf größere Entfernung übermittelt. Bei der Ausbildung und Führung eines Hundes ist es nicht anders als im menschlichen Leben, wo häufig Anordnungen nur befolgt werden, wenn der Adressat sich nicht sicher sein kann, ob nicht auch eine Sanktion möglich ist, er möglicherweise schon üble

Erfahrungen gemacht hat. Der Mensch muss also auch eine Möglichkeit haben, über eine größere Distanz – d. h., die Möglichkeit, über die Leine auf den Hund einzuwirken, nicht mehr besteht – den Hund fühlen zu lassen, dass man noch Gewalt über ihn hat.

Ein Hilfsmittel, das heute gottlob kaum noch angewandt wird, und das in der modernen Literatur auch nicht mehr empfohlen wird, ist der sog. „Strafschuss". Insbesondere, wenn der Hund sich bei den Hühnerjagden hinter einen Hasen klemmte oder Rehwild hetzte, und er trotz großen Geschreis nicht davon abließ, brannte man ihm in vergangenen Zeiten eines auf die Keulen, wobei der Schütze von Glück sagen konnte, wenn nur diese getroffen wurden und nicht andere Körperteile, der Hund infolgedessen schwer verwundet, mitunter sogar verendet war. Empfohlen wurde früher, Spezialpatronen mit schwacher Ladung zu nehmen oder die Schrote durch Erbsen, Wicken oder ähnliches zu ersetzen. Es kam jedoch auch häufig vor, dass einfach der dem Hasen, Rebhuhn oder Fasan zugedachte Schuss auf den Hund abgefeuert wurde mit entsprechend üblen Konsequenzen. Derartige Methoden, auf seinen Hund einzuwirken, disqualifizieren jeden, der es tut. Abgesehen davon, dass die Wirkungen kaum dosierbar – also tierschutzgesetzwidrig – sind, kann es auch zu tierpsychologisch nicht erwünschten Fehlverknüpfungen kommen; der Hund kann für die Zukunft jagdlich völlig untauglich sein. Wer es nicht fertig bringt, mit Fleiß und Konsequenz und unter Zuhilfenahme der verschiedensten Hilfsmittel seinen Hund gehorsam zu machen, verdient eigentlich gar keinen Jagdhund. Ein Strafschuss ist unter diesen Umständen eine einzige Anklage gegen den Schützen selbst. Früher, als es beispielsweise ein Tele-Takt-Gerät noch nicht gab, als der Strafschuss als Hilfs- und Dressurmittel propagiert wurde und diese Übung durchaus üblich war, mag ein moralischer Vorwurf gegen den Schützen nicht so am Platze gewesen sein wie heute. In der Gegenwart hat sich das Bild vom Jäger, seiner Einstellung zur Tierwelt und – hoffentlich – auch zum Hund gewandelt und sollte von Humanität geprägt sein. Ein Jagdgewehr ist ein Gerät zum Töten, zum möglichst schnellen schmerzlosen humanitären Töten, jedoch nicht zum Verwunden oder zum unkontrollierten Zufügen von Schmerzen. Man sollte von jedem Jäger, der einen Jagdhund führt, annehmen, dass er in dem Hund mehr als ein seelenloses Jagdgerät sieht, vielmehr ein Lebewesen, das von ihm absolut abhängig gemeinsam mit ihm und für ihn auf die Jagd geht. Leit- und Schweißhunde wurden seit alter Zeit her in Lobsprüchen als „Weidgeselle" oder ähnlich apostrophiert; die enge Verbindung ergibt sich beispielsweise auch aus dem Hundenamen „Gesellmann". Eine ähnliche tiefe Verbindung sollte auch jeder andere Hundeführer eines jeglichen Jagdhundes fühlen. Gegen diesen ergebensten aller Jagdkumpane sollte das Gewehr erhoben werden?

Strafschuss

Es gibt viel humanere Hilfsmittel, mit denen man auch den erwünschten Erfolg haben kann, nämlich dem Hunde klar zu machen, dass ein Befehl auch über weitere Distanz hin vom Führer sanktioniert werden kann.

Einmal ist es eine Hand voll Kies, mit der man auch noch als ungeübter Werfer auf 12 bis 15 m den Hund trifft. Der Hund empfindet keinen Schmerz, jedoch einen Schreck, was völlig ausreichend ist, um ihn zur gewünschten Reaktion zu veranlassen.

Dann hat sich auch die sog. „Wurfkette" bewährt – eine Kette, die je nach Größe des Hundes verschieden schwer ist und auch verschieden lang, jedoch nur immer nur so schwer und lang, dass sie einen Hund nicht ernsthaft verletzen kann. Mit dieser Kette trifft man einen Hund auch leichter als mit einer Kastanie oder einem kleinen Stein, wozu auch das Klirren einen weiteren zu begrüßenden Nebeneffekt hat. Wir haben gesehen, dass ein schmerzhaftes Ereignis ankündigendes Geräusch schon an die Stelle des späteren Reizes trifft und die Reaktion auslöst („bedingter Reflex"); wir brauchen also späterhin nur noch mit der Kette zu rasseln und mit dem Schlüsselbund zu klirren, um den Hund zu beeindrucken.

Wurfkette

Entfernt sich ein Hund weiter, als wir mit Kette oder Kies werfen können, dann können geübte Schützen auch noch mit einer Zwille einen kleinen Stein oder eine kleine Kugel dem Hund auf die Keulen schießen. Ist man sich jedoch hier seines „Schusses" nicht ganz sicher, so sollte man die Finger davon lassen.

Zwille

Bei Einwirkung über größere Entfernungen – also von mehreren hundert Metern – haben sich Geräte bewährt, mit denen man mittels Funkimpuls dem Hund einen dosierbaren Stromschlag versetzen und damit gegebene und richtig verstandene Befehle sanktionieren kann. Das bekannteste ist das sog. „Tele-Takt-Gerät". Dieser Name hat sich für alle anderen ähnlichen Geräte eingebürgert, heute spricht man generalisierend von Reizstromgeräten.

Reizstromgeräte (Tele-Takt)

Zu Beginn der 80er Jahre, als in der Hundeausbildung, auch der Jagdhunde, man sich des Funkimpulses immer mehr bediente, bezog der Deutsche Tierschutzbund vehement dagegen Stellung und erstattete in ihm bekannt gewordenen Fällen auch Anzeige, ohne dass es jedoch jemals zu einer Verurteilung kam. Anlass für eines dieser Verfahren aus jener Zeit war ein Gutachten des Lehrstuhlinhabers für Innere Krankheiten der Pferde und kleinen Haustiere und für gerichtliche Tiermedizin der I. Medizinischen Tierklinik der Universität München, Prof. Dr. Helmut Kraft. Dieses Gutachten setzt sich mit dem „Tele-Takt-Gerät" und dessen Anwendung auseinander und kommt letztendlich zu Schlüssen und Ergebnissen, die unzutreffend sind. Da dieses Gutachten die technische Wirkungsweise zutreffend beschreibt und auf die psychologischen Grundlagen und seine Anwendung eingeht, erscheint es lehrreich, das Für und Wider der Anwendung eines solchen Gerätes anhand des Gutachtens zu erörtern. In ihm wird ausgeführt:

Ein wissenschaftliches Gutachten und die Auseinandersetzung mit ihm

„Das Prinzip der Anwendung von sog. Tele-Takt-Geräten bei der Hundeabrichtung besteht darin, den Hund auf der Basis der Telemetrie mittels ‚Elektroschock' aus einer instinktgebundenen Verhaltensweise herauszureißen. Der Hundeführer versetzt über einen Sender durch den am Hund befestigten Empfänger dem Tier einen Stromstoß. Der Hund verspürt einen Schmerz und wird daran ‚erinnert', dass er nicht dem betreffenden Beutetier nachhetzen darf, sondern dem Hundeführer gehorchen muss, der andere Vorstellungen vom Handeln des Hundes hat als die Instinkte dem Hund ‚vorschreiben'."

Zu diesen einleitenden Worten sei bemerkt, dass die Prämisse des ganzen Gutachtens schon falsch sein muss, wie sich andeutungsweise ergibt. Der Sachverständige geht davon aus, dass der Hund aus einem Instinktablauf herausgerissen wird, was nicht zutreffend ist. Andeutungsweise lässt der Sachverständige den richtigen Ausgangspunkt erkennen, dass nämlich der Hund einem Befehl nachkommen muss, und es nicht Sinn des Einsatzes eines „Tele-Takt-Gerätes" ist, generell den Ablauf einer bestimmten Instinkthandlung zu unterbinden. Alsdann beschreibt der Sachverständige den Stein des Anstoßes:

„Die im Handel befindlichen Geräte sind unterschiedlicher Art. Manche können in ihrer Stromstärke variiert werden, bei anderen ist dies nicht möglich. Auch die Reichweite der Sender ist bei funktionierendem Gerät je nach Bauart unterschiedlich. ... Leider ist die Funktionstüchtigkeit der Geräte nicht immer leicht erkennbar und wird oft erst dann bemerkt, wenn der Hund ‚falsch' auf die ‚Befehle' des Senders reagiert. So benutzen viele Hunde die Funktionslosigkeit des Gerätes vor dem Schmerz und Schreck des Stromstoßes zu fliehen, d. h., sich dem Einwirkungsbereich ihres Hundeführers zu entziehen."

Der Stromimpuls reißt den Hund nicht aus einem Instinktablauf!

Wieder klingt der falsche Ausgangspunkt an, nämlich, dass mit dem Gerät ein Befehl gegeben wird, was ja – wie schon hinlänglich angedeutet – nicht zutreffend ist.

Der Impuls ist kein Befehl!

Der Sachverständige akzeptiert alsdann die Notwendigkeit einer Abrichtung von Jagdgebrauchs- oder Schutzhunden. Er weist alsdann auch richtigerweise darauf hin, dass nicht jeder Hund zu seinem Berufe taugt, und dass die Abrichtung nach den Erkenntnissen der modernen Verhaltensforschung erfolgen müsse.

Der Sachverständige geht dann nochmals im einzelnen auf das Prinzip der Anwendung des „Tele-Takt-Gerätes" ein, das darin bestehe, „den Hund durch Schmerz und Schreck ‚in die Wirklichkeit seines Abrichters zurückzuführen', während der Hund gerade dabei ist, eine Instinkthandlung – Beuteverfolgung – ablaufen zu lassen. Diese Unterbrechung seiner Instinkthandlung muss so lange und so oft durchgeführt werden, bis das Tier sich merkt, dass bei dieser Instinkthandlung von irgendwoher Schmerzen verursacht werden und es besser ist, zurück zum Hundeführer zu gehen oder sich hinzulegen – down zu machen. Gegebenenfalls wird der Hundeführer dann allerdings in einer anderen Situation vom Hund verlangen, dass er diese selbe Instinkthandlung ausführt. Wird diese Abrichtemethode zu intensiv oder sehr oft angewandt, so wird der Hund schließlich verdorben, er wird neurotisch! Es wird immer eine Frage der Einzelveranlagung des Hundes und der Qualität des Abrichters sein. Und schließlich ist es – wie schon oben erwähnt – abhängig vom Funktionszustand des Gerätes. In diesem Zusammenhang erfolgt also ein Eingriff in das Verhalten des Hundes, der zu erheblichen Leiden führen kann. Da sehr viele Einzelkomponenten zur sinnvollen oder sinnlosen Einwirkung des Gerätes auf das Verhalten des Hundes im Einzelfalle beitragen, ist grundsätzlich aus tierschützerischen Gründen die Anwendung eines Tele-Takt-Gerätes zur Abrichtung eines Hundes abzulehnen."

Zum Verständnis dieser Ausführungen müssen die Bemerkungen über das „Prinzip des bedingten Reflexes" und das „Prinzip der bedingten Aversion" in Erinnerung gerufen werden. Wir bringen einem Hund das „Down"-machen nach dem Prinzip des bedingten Reflexes bei. Wir wirken auf den

Der Einsatz des Gerätes macht nicht neurotisch!

Verhaltensbiologische Wirkung der elektrischen Impulse

Hund ein. Dem Herrschaftsanspruch des Menschen begegnet er, indem er sich hinlegt – und zwar nicht langsam, sondern reflexartig – und so der Bedrohung oder sogar dem Schmerz entgeht. Anstelle des Reizes, der den Reflex auslöst, tritt während der Ausbildung ein sonst neutraler Reiz, nämlich das Kommando, dass nach dem erwähnten Prinzip den erwünschten Reflex zur Folge hat. Wir haben gehört, dass man auf weite Distanz dem Hund mit dem Trillerpfiff den Befehl geben kann, sich sofort hinzulegen. Er hat nach dem „Prinzip des bedingten Reflexes" gelernt, den ursprünglich neutralen akustischen Reiz mit dem Reflex zu beantworten. Es kommt also auf das Kommando (Reiz) an, das unabhängig von der konkreten Situation, in der sich der Hund befindet, befolgt werden muss. – Dass mit der Befolgung des Kommandos der Ablauf von Erbkoordinationen unterbrochen werden muss und sogar soll, ist eine selbstverständliche Folge, jedoch soll nicht der Hund grundsätzlich nach dem „Prinzip der bedingten Aversion" von sich aus überhaupt nicht mehr eine Erbkoordination ablaufen lassen. Wenn wir uns gewärtigen, dass wir mit dem „Tele-Takt-Gerät" einerseits erreichen wollen, dass Befehle beim Hasen- und Rehehetzen befolgt werden, andererseits jedoch der Gebrauchshund krankes Wild nachsuchen und unter Umständen auch hetzen soll, so wird ganz klar, dass es nicht darauf ankommt, mit dem „Tele-Takt-Gerät" eine Instinkthandlung zu unterbinden, sondern je nach Situation zu erreichen, dass ein Befehl sofort ausgeführt wird. Eine derartige Ausbildung eines Hundes ist keinesfalls tierquälerisch, sondern artgerecht. Aber auch, wenn im Ausnahmefall eine Erbkoordination nach dem „Prinzip der bedingten Aversion" aus bestimmten Gründen für alle Zukunft unterbunden werden soll, so bedeutet dies keine Tierquälerei, sondern ist auch artgerecht. Man denke nur daran, dass viele Beutetiere sich gegenüber ihren Fressfeinden mit Stacheln, Gift, Signalen etc. schützen. Wenn sich nun ein Fressfeind seiner Beute im Rahmen des Appetenzverhaltens nähert und dabei gestochen wird, mit schmerzenden Sekreten besprizt oder erschreckt wird, so wird auch der Ablauf einer Erbkoordination unterbrochen. Vielleicht ist der Eindruck so stark, dass der Fressfeind diese spezielle Art von Beute für alle Zukunft meidet. Hier ist in der Natur genau das geschehen – und sogar von ihr vorgesehen – was vom Sachverständigen als „tierquälerisch" apostrophiert wird.

Auch andere Bedenken führt der Sachverständige noch ins Feld:

„Als weiterer Betrachtungspunkt bei der Anwendung von Tele-Takt-Geräten ist Schmerz und Schaden zu nennen. Es steht außer Zweifel, dass ein Stromstoß Schmerzen verursacht. Der Grad der Schmerzen hängt von vielen Faktoren ab, u. a. auch von der Stromstärke. Der Grad der Schmerzempfindlichkeit aber ist individuell. Das ist vom Menschen her bekannt und wir wissen es von Untersuchungen beim Tier zum Zwecke der elektrischen Betäubung oder Tötung von Tieren. Es ist inzwischen festgestellt, dass die Anwendung von Strom am Tier zu erheblichen Schmerzen, ja sogar zum Tode beim Tier führen kann ... Deshalb wurde ja auch die elektrische Tötung von Hunden verboten, da sie nicht immer schmerzlos verläuft. Die Anwendung des Tele-Takt-Gerätes ist aber aufgebaut auf der Verursachung von Schmerzen, um den Hund für seine instinktgebundene Tat zu bestrafen. Je nach Empfindlichkeit des Hundes und Gegebenheiten der Umwelt wie

Ablenkung, Nässe des Felles, Erregungszustand usw. sowie Funktionszustand des Gerätes, ist der Schmerz mehr oder weniger erheblich, ist die Schmerzempfindung mehr oder weniger erheblich. Dies kann man sehr deutlich machen, wenn man Hunden verschiedener Rassen, verschiedener Konstitution, verschiedenen Alters und Geschlechts elektrische Stromstöße verabreicht. Der eine Hund zuckt nur zusammen, wie bei einem Mückenstich, der andere wird herumgerissen, der dritte bricht zusammen. Auch hier besteht eine individualspezifische Reaktionslage und es gibt eine Menge von anderen Faktoren, die eine Vorausberechnung der Wirkung unmöglich machen. In der Mehrzahl der Fälle entstehen erhebliche Schmerzen. Unerhebliche Schmerzen würden auch gar keinen Effekt auf den ungehorsamen Hund haben. – Schließlich weiß man, aus vielen Untersuchungen, dass selbst harmlos erscheinende Stromstöße bei Tieren erhebliche Gewebsveränderungen in der Muskulatur – insbesondere Herzmuskulatur – und im Gehirn verursachen können. Diese reichen von kleinen Blutungen bis zu Gewebszerstörungen. Diese Defekte kann man besonders häufig bei der unsachgemäßen Verwendung von elektrischen Viehtreibern beobachten. Beim Pferd ist dieses Gerät wegen seiner Gefährlichkeit sogar verboten. Es ist also geradezu paradox, wenn man Hunde mit einer Methode abrichten will, die eventuell Schäden verursacht, weil dann die Leistungsfähigkeit dieser Tiere erheblich herabgesetzt werden kann. Weder die Zerstörung gewünschter instinktgebundener Handlungen, noch die Verursachung von Schmerzen und Schäden kann aber bei einer sachgerechten Abrichtung von Hunden das Ziel sein. Die moderne Hunde-Abrichtung will heute den gehorsamen, mitdenkenden Erfüllungsgehilfen, nicht den stumpfen Gehorsams-Idioten, der nur auf bestimmte Kommandos reagiert und down macht, wenn er nicht gebraucht wird."

Zweifellos ist es wesentlich, die richtige individuelle Stromstärke für den betreffenden Hund zu wählen, um unnötige Qualen zu vermeiden. Heutzutage sind die Geräte jedoch so ausgereift – soweit sie jedenfalls im Fachhandel angeboten werden –, dass derartige Bedenken unbegründet sind. Auch die Kinderkrankheiten, wie etwa das Auslösen des Stromstoßes durch nicht beEinflussbare Impulse, sind behoben. Die Intensität des Stromstoßes ist dosierbar, und es ist selbstverständlich, dass man mit der geringsten Dosierung beginnt. Es ist mir kein Fall bekannt, wo die Anwendung des „Tele-Takt-Gerätes" zu den vom Sachverständigen beschriebenen pathologischen Befunden geführt hätte. Der Sachverständige weist wiederum darauf hin, dass das „Tele-Takt-Gerät" angewandt wird, um den Hund für seine instinktgebundene Tat zu bestrafen. Das gerade ist ja, wie ausgeführt, nicht der Fall. Es ist nicht zu bestreiten, dass das „Tele-Takt-Gerät" in der Hand eines Ungeübten „wie das Rasiermesser in der Hand eines Affen" ist; allein der Umstand, dass man mit dem Gerät bei unsachgemäßer Verwendung gegen das Tierschutzgesetz verstoßen könnte, ist jedoch kein Grund, es generell zu verbieten. Wer käme schon auf die Idee, alle Autos zu verbieten, weil man damit alljährlich Tausende von Menschen tötet und Tausende und Abertausende verletzt? Die tierschutzgerechte Anwendung des „Tele-Takt-Gerätes" setzt allerdings die Kenntnis von der psychologischen Wirkungsweise und den mit den Stromstößen verbundenen Gefahren, auf die der

Stromstärke für Impulse ist individuell dosierbar

Sachverständige richtigerweise hingewiesen hat, voraus. Man sollte also grundsätzlich nur sich eines der im Handel befindlichen bewährten, hochentwickelten Geräte bedienen. Darüber hinaus muss der Hund auf den Einsatz entsprechend vorbereitet sein, d. h., dass er einmal wirklich durchgearbeitet ist, im speziellen Fall genau weiß, was der Trillerpfiff bedeutet, und er ihn nach dem Lernprinzip des „bedingten Reflexes" eingeordnet hat. Überdies muss gewährleistet sein, dass der Hund die Halsung, an der sich ja Empfängerantenne und Stromaggregat befinden, nicht mit dem späteren Impuls in Verbindung bringt. Daher muss er zuvor mehrere Wochen lang eine Attrappe tragen, so dass er später die von der Norm abweichende Halsung nicht mit in den Lernprozess einbezieht. Die Attrappen entsprechen dem späteren Original-Halsband. Die auf der breiten Halsung befestigten Empfänger sind etwa 4x4 cm groß; dazu kommt das Aggregat für die Stromimpulse. Am Empfänger ist eine flexible Antenne gefestigt, die den Hund bei der Arbeit nicht stört. Derartige Geräte sind auch bei der Arbeit mit kleineren Hunden – wie beispielsweise Terriern – einzusetzen. Früher waren die Geräte erheblich größer und schwerer. In der Hand des Führers befindet sich das sendende Gerät; Fremdstörungen sind heutzutage zuverlässig ausgeschlossen. Die Akkus in Sender und Empfänger sind an Steckdosen nachladbar, unter Umständen auch im Auto.

Festzuhalten bleibt nach alledem, dass am Beginn der Entwicklung der „Tele-Takt-Geräte" Fremdstörungen nicht auszuschließen waren, und die vom Sachverständigen erwähnten weiteren Imponderabilien durchaus keine Ausnahme darstellten. Heuzutage jedoch hat die fortgeschrittene Technologie das Ihrige dazu getan, dass die vom Sachverständigen heraufbeschworenen Gefahren für den Hund nicht mehr bestehen, wenn man mit einem technisch einwandfreien Gerät arbeitet. Dazu muss selbstverständlich die psychologisch richtige Vorbereitung des Hundes kommen. Er muss den Befehl, den es zu sanktionieren gilt, einwandfrei verstanden haben, und es muss gewährleistet sein, dass eine Verbindung zwischen Halsung und Empfänger und Sanktion auch nicht möglich ist.

In der Folgezeit beruhigte sich die „Front" etwas, bis zu Beginn der 90er Jahre vor dem Hintergrund einer erneuten Novellierung des Tierschutzgesetzes die Diskussion neu entflammte.

Widerstände gegen Reizstromgeräte

In einem Gutachten vom März 1991, erstellt in einem Ermittlungsverfahren, kommt der Hannoversche Prof. Dr. Stephan in Anlehnung an das erörterte Gutachten Kraft zu dem Ergebnis, dass das Tele-Takt-Gerät tierschutzwidrig ist, räumt jedoch immerhin am Ende seiner Ausführungen ein, dass seine Anwendung unter bestimmten Umständen in besonderen Fällen sinnvoll sein könnte. In den folgenden Jahren sprechen sich Tierschutzbeiräte verschiedener Länder gegen das Gerät aus, desgleichen etwa 1996 die Bundestierärztekammer, 1997 der VDH, der Hundesportverband, der Bund gegen Missbrauch der Tiere, der Bundesverband praktischer Tierärzte e.V., Dr. Dorit Feddersen-Petersen.

Unter engen Voraussetzungen halten andere Autoren, etwa Dr. Mennerich-Bunge, Dr. Petri, Dr. Schwizgebel den Einsatz für vertretbar, unter Umständen für sinnvoll.

Insgesamt hat die wieder aufgeflammte Diskussion nichts an neuen Argumenten über die Erörterung aus dem Jahr 1984 hinaus erbracht.

Das Landgericht München II hat in einer Berufungsentscheidung vom Februar 1995 den Einsatz des Gerätes nach den Umständen des Einzelfalles als Verstoß gegen das Tierschutzgesetz erachtet, indessen – so im konkreten Fall – eine „maßvolle Anwendung" des Gerätes im Ausnahmefall zur Beseitigung „schwerer Verhaltensmängel" des Hundes für erlaubt gehalten.

In seiner Stellungnahme vom 13. Mai 1993 zum Gesetzentwurf des Bundesrates zur Änderung des Tierschutzgesetzes bringt der Deutsche Jagdschutz-Verband zum Ausdruck, dass er die Tele-Takt-Geräte für die Ausbildung der Jagdgebrauchshunde für absolut unverzichtbar hält. Nur mit einem solchen Gerät könne auf den frei laufenden Hund eingewirkt werden, um seinen Gehorsam auch bei großer Entfernung zwischen Hund und Führer zu festigen. Damit liege die Verwendung des Tele-Takt-Gerätes im Interesse des Hundes und damit letztlich des Tierschutzes. Damit ein sachgemäßer Gebrauch in allen Fällen gewährleistet sei, könne bestimmt werden, dass Voraussetzung für die Benutzung des Tele-Takt-Gerätes die Teilnahme an einem Hundeführerlehrgang sei, wo die notwendigen Kenntnisse vermittelt würden. Derartige Lehrgänge würden vom Jagdgebrauchshundverband e.V. bundesweit angeboten.

Stellung des DJV zum „Tele-Takt-Gerät"

Der Jagdgebrauchshundverband seinerseits hat während des Gesetzgebungsverfahrens nicht nur reagiert, sondern auch agiert. Auf Initiative und unter Leitung des im Präsidium des JGHV mit Tierschutzfragen beauftragten Prof. Wunderlich hat sich ein Arbeitskreis „Hundeausbildung und Tierschutzrecht" gebildet, dem namhafte Kynologen aus allen Gebrauchshundlagern angehören. Dieser Arbeitskreis hat sich auch gründlich mit der Tele-Takt-Problematik in der Hundeausbildung auseinandergesetzt und seinen Standpunkt letztendlich in 10 Thesen zusammengefasst:

Thesen zur Tele-Takt-Problematik

1. Die Entwicklung der elektrischen Reizgeräte vom Tele-Takt-Prinzip hat für die Ausbildung von Hunden neue Möglichkeiten eröffnet. Gleichzeitig besteht wie bei anderen technischen Hilfsmitteln die Gefahr tierquälerischen Missbrauchs.
2. Diese Geräte geben die Möglichkeit, dosiert auf den Hund über Distanz einzuwirken. Bei sachgerechter Anwendung ist es das mildeste unter den möglichen Mitteln und hat einen nachhaltigen Lerneffekt.
3. Bei sachkundiger Anwendung erfolgt der elektrische Reiz im Moment des Fehlverhaltens, er kann durch im Sinne der Ausbildung richtiges Verhalten vom Hund vermieden werden.
4. Die Anwendung elektrischer Reizgeräte setzt eine einfühlsame, auf das Wesen des Hundes abgestellte Erziehung in natürlichen Konfliktsituationen voraus, kann ergänzt und die Korrektur von Fehlverhalten ermöglicht werden.
5. Für Hunde, die sich der positiven Einwirkung entziehen, und für die Triebreize größer sind als mögliche Belobigung, können existenzielle Ergebnisse erzielt werden.
6. Ursachen für Fehlverhalten müssen ermittelt und beseitigt werden, sie dürfen nicht durch eine Daueranwendung elektrischer Reize kompensiert werden.

7. Die gezielte, sachkundige Anwendung ist oft die einzige Möglichkeit, die Integration von Hunden in die Zivilisation dauerhaft zu erreichen und ein lebenslängliches Eingesperrtsein oder drohende Euthanasie abzuwenden.
8. Unsachgemäßer Umgang hat nachteilige Auswirkungen auf den Hund. Anwender müssen über die erforderliche Sachkunde sowie über persönliche Eignung verfügen und diese bei einer staatlichen Behörde nachweisen.
9. Anwendungsbereiche können sein:
Ausbildung von Diensthunden
Ausbildung von Jagdgebrauchshunden
Ausbildung anderer Gebrauchsunde
Umerziehung von Begleit-und Familienhunden.
Für die einzelnen Anwendungsbereiche sind die Anwendungen zu präzisieren
10. An die Geräte müssen standardisierte technische Anforderungen gestellt werden. Geräte, die die Bedingungen nicht erfüllen, sollten auf dem Markt nicht zugelassen werden.

Der JGHV hat in den Anhörungsverfahren seine Vorstellungen und Ansichten vorgetragen und der Bundesrat hat die Bundesregierung gebeten, für die Anwendung elektrischer Geräte insbesondere sog. Tele-Takt-Geräte folgende Regelung vorzusehen:

- Elektrische Geräte zur Ausbildung von Hunden dürfen nur durch sachkundige Personen angewendet werden;
- die erforderlichen Kenntnisse und Fähigkeiten sind durch Teilnahme an einem Lehrgang sowie durch ein Fachgespräch zu erwerben bzw. nachzuweisen,
- die zuständige Behörde oder die sonst zuständige Stelle hat auf Antrag eine Bescheinigung über die Sachkunde auszustellen;
- Elektrische Geräte dürfen nur zur Ausbildung von Schutzhunden für den polizeilichen Einsatz oder den Katastrophenschutz sowie zur Ausbildung von Jagdhunden und anderen Gebrauchshunden eingesetzt werden.

Seminar zur Anwendung

Der JGHV hat um dem eigenen Postulat der erforderlichen Sachkunde zu genügen und auch insoweit in Übereinstimmung mit dem Bundesrat am 14. und 15. Februar 1998 ein Seminar zur „Anwendung von elektrischem Strom in der Hundeausbildung" unter Teilnahme bekannter Wissenschaftler und Kynologen durchgeführt, Teilnehmer waren Jagdkynologen aus sämtlichen 16 Bundesländern.

Das Tierschutzgesetz

Überraschend schnell wurde alsdann das neue, nunmehr geltende Tierschutzgesetz beschlossen, wonach es verboten ist, „ein Gerät zu verwenden, das durch direkte Stromeinwirkung das artgemäße Verhalten eines Tieres, insbesondere seine Bewegung erheblich einschränkt oder es zur Bewegung zwingt und dem Tier dadurch nicht unerhebliche Schmerzen, Leiden und Schäden zufügt, soweit dies nicht nach bundes- und landesrechtlichen Vorschriften zulässig ist."

Diese Vorschrift entspricht nicht den Erwartungen des JGHV und ist interpretationsbedürftig. Es bleibt abzuwarten, ob und wie im Verordnungswege die Unsicherheiten beseitigt werden.

Apportiergegenstände

Eine ganz wesentliche Aufgabe, die der Hund für den Jäger zu erfüllen hat, ist das Herantragen toten Wildes. Ehe jedoch ein Hund gelernt hat, beispielsweise nach langer Treibjagd den letzten krankgeschossenen Hasen zu verfolgen, ihn unter Umständen zu stechen, abzutun und in der Abenddämmerung vielleicht kilometerweit heranzutragen, ist ein langer, manchmal dornenvoller Weg zu beschreiten. Bevor der Hund gelernt hat, mit einem kranken Hasen, vielleicht sogar mit einem kranken Fuchs, fertig zu werden und ihn zu bringen, muss er an vielen Gegenständen geübt haben, unbedingt korrekt zu apportieren. Auch beim Apportieren gilt, dass nicht der vierte oder fünfte Schritt getan werden kann, ehe die ersten drei Schritte wirklich fest sitzen.

Wichtig dabei ist die Wahl der richtigen Hilfsmittel, hier der Apportiergegenstände. Zunächst muss der Hund lernen, einen ihm nicht unangenehmen Gegenstand überhaupt erst einmal in den geöffneten Fang aufzunehmen und festzuhalten. Dieses Ding sollte leicht, angenehm und so beschaffen sein, dass es dem Hund nicht schmerzt, ihm keine unangenehmen Gefühle bereitet. Richtigerweise beginnt man ja mit dem Apportieren schon in einem Alter, da der Hund noch nicht seine zweiten Zähne hat, und es können in diesem Stadium der Ausbildung schon schwere Fehler gemacht werden, wenn man einen Apportiergegenstand wählt, der dem Hund das Aufnehmen unangenehm macht, weil es mit Schmerzen verbunden ist. Daher nehme man einen Apportierbock, der nach Größe und Gewicht dem Hund angemessen ist, und umwickele ihn mit irgendetwas Weichem, das dem Hund sympathisch ist. Ob man dazu einen vom Jäger selbst getragenen Socken nimmt, ein benutztes Taschentuch oder auch schon ein Stückchen Balg, ist in diesem Stadium unerheblich. Wichtig ist, dass das Apportierholz so beschaffen ist, dass der Hund von vornherein lernt, den Apportiergegenstand in der Mitte zu fassen. Das erreichen wir dadurch, dass wir Balg, Taschentuch oder ähnliches um die Mitte des Apportiergegenstandes wickeln und links und rechts die Verdickungen nicht mit einbeziehen. Wenn der Hund erst einmal das Halten lernt, haben diese Verdickungen die Aufgabe, dem Hund klarzumachen, wo er das Apportierholz zu halten hat. Später erleichtern sie dem Hund das Aufnehmen von der Erde, da das zwischen den beiden Verdickungen befindliche Griffstück nicht unmittelbar auf den Boden aufliegt, sondern dem Hund die Möglichkeit gibt, seinen Fang darüberzuschieben. – Die kleinen, leichten Apportierhölzer sind überall im Handel zu erhalten, sie sind aber auch leicht selbst herzustellen. Ein handwerklich geschickter Jäger sägt aus einem dicken Ast in der Mitte das Griffstück aus. Es ist auch möglich, links und rechts an einen Stab eine Scheibe zu nageln.

Im weiteren Verlauf der Ausbildung muss der Hund nun lernen, schwerere Apportiergegenstände zu halten, aufzunehmen, zu tragen und über größere Entfernung auch herbeizubringen, er muss mit den verschiedensten Witterungen vertraut werden, und er muss auch die Fähigkeit entwickeln, mit einem Stück Wild, das ja nicht starr und ausbalanciert ist wie ein Apportierholz, fertig zu werden. Die größeren Hunde lernen das Schwerapportieren mit dem speziell dafür entwickelten sog. „Oberländer-Apportierbock",

„Oberländer-Apportierbock",

durch dessen gesamte Längsachse ein mit einem Gewinde versehener Metallstab verläuft, so dass jeweils links und rechts des Griffstückes Holz- oder Metallscheiben aufgesetzt und mit einer Flügelmutter angeschraubt werden können. Auf diese Weise kann der Apportierbock nach und nach bis auf etwa 18 Pfund beschwert werden.

Übergang zum Tragen von Wild

Um dem Hund den Übergang vom starren Apportierbock zum späteren Wildkörper leichter zu machen, werden dann mit Stroh ausgestopfte Wildbälge verwandt. Die Industrie hat auch aufpumpbare Bälge entwickelt. Man kann mit Sand gefüllte Säcke mit einem Hasen- oder Kaninchenbalg überziehen, um den Hund an schweres Wild zu gewöhnen und überdies damit vertraut zu machen, dass ein späterer Wildkörper beim Zupacken nachgibt. Bewährt hat sich auch eine Plastikflasche, die – halb mit Wasser gefüllt – mit Lumpen überzogen und dann schließlich in einen Wildbalg gesteckt wird. Auf diese Art und Weise lernt der Hund einmal, dass ein Stück Wild ein gewisses Gewicht hat, beim Zupacken nachgibt und – was auch wesentlich erscheint – der Hund wird damit vertraut, dass, wie beim späteren frisch geschossenen Stück Wild dieses sich noch in gewisser Weise „bewegt". Der Hund lernt also, mit richtigem Griff zuzufassen und zu tragen und wird mit der typischen Eigenbewegung eines noch warmen Wildkörpers vertraut.

Tragen von Wild

Ist das Bringen dieser Hilfsmittel und Gegenstände zur Selbstverständlichkeit geworden, darf man auch nicht sofort warmes Wild bringen lassen. Der Schritt dazwischen liegt im Bringen von kaltem und schon starrem Wild. Erst wenn hier keine Schwierigkeiten auftauchen, kann man zur letzten Lektion übergehen. Während des Apportierens wird man bisweilen feststellen, dass der Hund nicht den gewünschten festen Griff hat, oder es ist das andere Extrem zu beobachten, dass er nämlich knautscht oder so fest zupackt, dass gebrachtes Wild für die Küche fast unverwertbar ist. Einem Hund, der nicht den richtigen, gewünschten festen Griff hat, muss man klarmachen, dass ein Verlieren des Apportiergegenstandes für ihn unerwünschte Folgen hat. Wir müssen also unter Umständen entsprechende Situationen herbeiführen. So kann man an dem Apportiergegenstand einen dünnen Bindfaden befestigen und daran bisweilen ziehen, damit der Hund lernt, fester festzuhalten. Ein Hund mit einem zu starken Griff, ein Knautscher, muss hingegen lernen, dass zu festes Zupacken auch unerwünschte Folgen hat. Dazu sind von der Industrie bestimmte Schutzdecken entwickelt worden, in die ein Stück Wild eingeschnallt oder eingeschnürt werden kann.

Knautscher

Beim zu festen Zufassen stechen dann die auf der Schutzdecke sitzenden Stacheln den Hund. Manchmal hilft es auch, einen Hasen, ein Kaninchen oder auch ein Stück Federwild ein-, zweimal mit Stacheldraht zu umwickeln, was den gleichen Erfolg hat.

„Teleboc"

In jüngster Zeit ist ein weiteres Hilfsmittel von der Industrie entwickelt und auf den Markt gebracht worden, das beim Üben des Apportierens gute Dienste tut. Es handelt sich dabei um den sog. „Teleboc". Das Gerät besteht aus zwei Teilen, nämlich einem Spezial-Apportierbock, und einem Abschussgerät, das etwa 35 cm lang ist, gut 1 kg wiegt, aus einem Stahlschaft, einer Abzugsvorrichtung und einer Einrichtung, auf die der Apportierbock aufgeschoben wird, besteht. Dieser ist aus schwimmfähigem Kunststoff gefertigt und hat ein Gewicht von 180 g. Er kann bei einem günstigen Neigungswinkel etwa 70 bis 80 m weit fortgeschossen werden. Die Treibladung, in Form einer Patrone, muss jeweils neu eingefüllt werden. Der Apportierbock selbst kann um etwa 50 g mit Federn, Schwingen, Haarbälgen oder ähnlichem beschwert werden, um aus ihm eine Wildattrappe zu machen. Beim Abschießen des Apportierbockes ertönt ein gewehrähnlicher Knall. – Dieses Gerät schließt eine wesentliche Lücke in der Palette der Ausbildungshilfsmittel.

Die hier beschriebenen Gerätschaften reichen aus, um dem Hund das ordentliche Apportieren in einer gewissen abstinenten Entfernung von der tatsächlichen Jagdausübung beizubringen.

Wir vermochten dem Hund auch das Bringen von Wild auf größere Entfernung zu lehren; er musste jedoch einer Schleppe mit tiefer Nase folgen. Nun wird aber auch Flugwild beschossen, das dann durch die Luft wirbelt und nun vom Hund gebracht werden soll. Hier setzt eine Ausbildung ein, die bei uns bislang recht vernachlässigt worden ist, die jedoch „die Führung von Jagdhunden nach englischer Methode" – so der Titel eines Buches von P. R. A. MOXON – schon lange kennt: das Merken. Dazu schreibt der Autor: „Der letzte Punkt der Bringübungen zielt darauf ab, im Hunde die Fähigkeit des genauen Merkens zu entwickeln. Der Junghund soll dazu angehalten werden, bei der Verlorensuche weit hinaus zu revieren. Er bleibt also zunächst auf Befehl sitzen. Der Führer geht gute 20 m fort und wirft den Balg – später natürlich ein Stück Wild, Taube, Kanin, Huhn – so weit gegen den Wind, wie er irgend kann. Anfänglich wirft man in leichte, später in dichtere Deckung. Man kehre zum Hund zurück und schicke ihn zum Apportieren weg. Entsprechend dem erzielten Fortschritt dehne man die Entfernung aus, die man zwischen Hund und Wurfstelle zurücklegt, bevor der Balg geworfen wird. Je größer diese Entfernung zum Beispiel bei Retrievern ist, desto besser. Es lohnt sich jetzt, ein besonderes Kommando zu erfinden, um den Hund ‚viel Feld' nehmen zu lassen. Ich benutze immer das Wort ‚voran' und bringe es dem Hund im Zusammenhang mit der ‚Geh-zurück-Lektion' bei."

Das „Merken" nach englischer Methode

MOXON weist dann darauf hin, dass ein Helfer den Wurfgegenstand fortzuschleudern hat. Er fährt alsdann in diesem Zusammenhang fort: „Einige Hundeführer benutzen als zusätzliches Gerät beim Abführen eine ‚Wurfmaschine' mit Feder. Sie ist wie eine einfache Wurfmaschine für Tontauben konstruiert und soll den Balg auf weite Entfernung werfen. Sie wird durch Zug an einer Leine ausgelöst, deren Länge nach Bedarf variiert werden kann.

Diese Vorrichtung ist sehr wertvoll, um einem Hund das ‚Merken' beizubringen, d. h. sich dessen zu erinnern, wohin ein bzw. mehrere bei einem Treiben tödlich getroffene Stücke Flugwild gefallen sind. Die Maschine erspart dem Führer eine Menge Lauferei. Um die beabsichtigte Wirkung voll zu erzielen, müsste man aber mehrere Wurfmaschinen haben, die überall auf dem Übungsgelände verborgen sind. – Es ist eine gute Methode, dem Hund Ruhe während eines Treibens beizubringen. Der Führer kann den Hund neben sich sitzen lassen, die Maschine auslösen und den Balg auf jede gewünschte Entfernung in die Luft katapultieren. Damit kann er die wirklichen Verhältnisse beim Treiben ziemlich echt vortäuschen. Die Verwendung dieser Maschine hat jedoch verschiedene Nachteile. Einer besteht darin, dass eine Anzahl Junghunde durch das Geräusch, das die freigegebene Feder verursacht, verängstigt wird. Eine geräuschlose Maschine habe ich persönlich noch nie erlebt. Als weiterer Nachteil kommt hinzu, dass häufig der Platz gewechselt werden muss, um ihre Wirkung voll zu erfüllen, weil der Junghund sonst zu sehr an die Maschine gewöhnt und unlustig wird. Obwohl ich gelegentlich eine dieser Maschinen verwende, halte ich sie für entbehrlich."

Im Prinzip ist also der „Teleboc" eine technische Fortentwicklung des von MOXON beschriebenen mechanischen „Helfers", wobei jedoch positiverweise der Knall die praktische Jagdausübung besser simuliert. Natürlich können beim Knall auch die von MOXON beschriebenen negativen Auswirkungen zu beobachten sein, indessen sollte man mit dem „Teleboc" erst arbeiten, wenn der Hund mit Knall sowie Apportiergegenständen vertraut ist und auch gelernt hat, sich ablegen zu lassen, sich ruhig zu verhalten und auch auf größere Entfernung auf Befehl sich hinzulegen. Nun haben wir nämlich die Möglichkeit, den „Teleboc" von dritten bedienen zu lassen oder selbst mit ihm „auf Jagd" zu gehen. Wir haben immer die Möglichkeit, auf den Hund einzuwirken, wenn er sich nicht unseren Vorstellungen entsprechend verhält, er verbindet Knall und spätere Aufgabe und lernt gleichzeitig, seine Passion zu unterdrücken.

Fährtelegen – Gerätschaften

Auch bei der Schweißarbeit kommen wir nicht ohne Hilfsmittel aus, d. h. das Herstellen der künstlichen Fährten, um den Ernstfall vorzubereiten, ist nur mit Hilfsmitteln möglich. In diesem Zusammenhang erscheint es ganz lehrreich und interessant, einmal etwas zurückzugreifen und die Entwicklung der Hilfsmittel zum Herstellen künstlicher Schweißfährten bis zum heutigen Tage zu skizzieren. Das Bestreben war von Anfang an darauf gerichtet, den Hund möglichst nur Wildwitterung bei Schweiß und Blut arbeiten zu lassen, ohne ihm die Möglichkeit zu geben, sich dabei an der Spur eines Fährtenlegers zu orientieren.

„Historische" Hilfsmittel

Vor weit mehr als 200 Jahren empfahl DÖBEL, das Gescheide eines Bockes in einem Netz 100 m zu schleppen und es alsdann zu verstecken. Sicherlich arbeitete bei einer derartigen Schleifspur ein Hund nicht mehr die Fährte des Menschen, aber von einer „Vorbereitung für eine gerechte Schweißarbeit" kann man bei einer derartigen Schleppe nicht sprechen. Es mag vielleicht so gewesen sein, als ob wir Menschen mit dem Auge die Spur eines Panzers durch ein Getreidefeld verfolgen sollten.

Andere Versuche wurden gemacht: Im Blut oder Schweiß getränkte Holzstückchen wurden parallel zum vom Fährtenleger beschrittenen Wege ins Gelände geworfen, der Fährtenleger ging auf Stelzen, die Fährte wurde an langen Stangen gezogen oder getupft, die Schuhe des Fährtenlegers wurden mit Mist beschmiert, es wurde versucht, vom Pferde aus die Fährten zu legen – ja, man dachte sogar daran, vom Flugzeug aus eine Kunstfährte herzustellen. Aus klar ersichtlichen Gründen mussten alle diese Versuche zum Scheitern verurteilt sein.

Ein erstes brauchbares Gerät war offensichtlich um die Jahrhundertwende eine von OBERLÄNDER entwickelte Schweißtrommel, die aus einer Drahtwalze und einem Schweißbehälter bestand, durch deren Mitte jeweils eine Achse verlief, an der wiederum ein Bügel zum Ziehen angebracht war. In die offene Drahttrommel kam Gescheide hinein, in den anderen Behälter Schweiß, der durch verstellbare Löcher austrat.

In Österreich machte man Versuche mit einem Fährtenrad, das an einer Drahtseilbahn angebracht war. Auf dem Rad waren Schuhe befestigt, die mit Schweiß versehen waren – ein nutzloser Versuch. Ebenso wertlos wie witzig war das an eine Drahtseilbahn in einer Tasche hängende Kaninchen, das in bestimmten Abständen den Boden berührte.

Etwas ernster zu nehmen war das Schweißrad vom Oberförster MERREM, das der Fährtenleger hinter sich herzog. Das zwischen Deichsel und Rad befindliche Behältnis ist mit einem schweißgetränkten Schwamm gefüllt, an dem die Läufe beim Ziehen des Rades durch die beiden angebrachten sichtbaren Öffnungen vorbeistreichen.

In seiner Wirkung ähnlich ist das MÜHESCHE Schweißfährtenrad, bei dem sich der Schweiß in dem zwischen der Gabel befindlichen Behälter befindet. Dieses Rad kann sowohl geschoben wie gezogen werden. *„Schweißräder"*

Am einfachsten in der Konstruktion ist offensichtlich das Schweißfährtenrad nach ZEITZ, das aus irgendeinem kleinen Rad besteht. Als Schweißbehälter dient eine Konservenbüchse.

Von den Schweißrädern ist man heutzutage völlig abgekommen. Gebräuchlich, insbesondere beim Club für Bayerische Gebirgsschweißhunde, sind die sog. „Fährtenschuhe". Allen Fährtenschuhen ist gemeinsam, dass es eine die künstliche Fährte begleitende Führerfährte nicht mehr gibt. Die Fährtenschuhe bestehen im wesentlichen aus sehr dicken Holz-„Sohlen", in die die verschiedensten Konstruktionen eingearbeitet sind sowie Befestigungen, die einen möglichst sicheren Stand auf und in diesen Schuhen gewährleisten sollen. *„Fährtenschuhe"*

Bei den Fährtenschuhen nach DÖRFLER war in den einen Schuh ein Zinkkasten mit Hahn eingebaut, der den Schweiß enthielt; der andere Schuh hatte eine Aussparung, die zum Boden hin mit einem Drahtgitter versehen und oben mit einer Klappe verschlossen war. Da hinein kam Gescheide, Abwechselnd wurde nun beim Laufen Gescheide auf den Boden gedrückt und etwas Schweiß auf den Untergrund gespritzt.

Beim Fährtenschuh nach HALLER war der eine Schuh so konstruiert, dass in ihn zwei Schalen eingeschraubt werden konnten. Der andere hatte ein Behältnis für den Schweiß, der kontinuierlich herausspritzte.

Ein weiterer Fährtenschuh war der nach Revierförster RUTKEN unter dessen Sohle eine Metallplatte befestigt war, an der sich wiederum ein Rohr zur Aufnahme der Wildläufe befand. Schweiß musste eventuell gesondert verspritzt werden.

Die heute gebräuchlichen Fährtenschuhe haben keine Einrichtung mehr für die Aufnahme von Schweiß, Gescheide oder ähnlichem; sie sind lediglich zur Aufnahme von Wildläufen konstruiert – sei es, dass in jeden der Schuhe ein Wildlauf eingeschraubt werden kann, oder dass in einem Schuh zwei Wildläufe befestigt werden, während der andere nur „mitläuft".

Fährtenstäbe und Tupfstöcke

Neben den Fährtenschuhen hat sich der Erfindergeist auch der Fährtenstäbe oder Tupfstöcke angenommen.

Die Fährtenstäbe, beispielsweise der nach GRAFF, bestanden zunächst aus Stäben oder Spazierstöcken, an denen ein Wildlauf und ein Schweißbehälter angebracht werden konnten. Durch entsprechende Konstruktion trat gleichzeitig beim Aufdrücken des Fährtenlaufes in oder auf dem Boden Schweiß mit aus. Während ursprünglich außerhalb der Stöcke Schweißbehälter angebracht wurden, waren alsbald die Stöcke hohl und nahmen den Schweiß in sich auf.

Auch heutzutage gibt es immer wieder neue „Erfindungen" auf diesem Gebiet, die insbesondere gewährleisten sollen, dass kontinuierlich und sparsam der Schweiß auf der Fährte verteilt werden kann. Das gerade scheint mir jedoch nicht der Zweck der Übung zu sein, denn bei einer natürlichen Fährte – und zur Vorbereitung der Arbeit auf ihr sollte ja alle Arbeit auf der Kunstfährte dienen – ist der Schweiß sehr unterschiedlich verteilt, und es finden sich bisweilen Tropfbetten, daneben Teile vom Gescheide, Panseninhalt etc., etc. All dies kann nicht mit einem Tupfstock simuliert werden. Wohl ist es aber möglich nach der simplen und herkömmlichen und gebräuchlichsten Methode des Tupfens, nämlich mit einem einfachen Stock, der unten mit einem fünfmarkstückgroßen Schwämmchen versehen ist. Der Schweiß befindet sich in einem offenen Behälter, den der Fährtenleger mit sich führt, und in dem sich all das befinden kann, was man in der Wildbahn auch in einer Fährte findet. Wenn der am Tupfstock befindliche Schwamm in den Schweißbehälter getaucht ist, kann man zunächst einige Schritte gehen und eine Fährte tropfen. Später, wenn das Tropfen aufgehört hat, kann man durch zunächst leichtere, später etwas drückende Bewegungen den Schweiß auf den Boden bringen. Bei etwas Übung kann man mit wenig Schweiß unglaublich lange Fährten legen. Daneben hat man die Möglichkeit, Wundbetten anzulegen, an bestimmten markanten Stellen Verweiserpunkte zu erstellen und auch den Anschuss ohne Mühe mit den entsprechenden Pirschzeichen zu versehen. Mit diesem Tupfstock werden herkömmlicherweise heutzutage die Kunstfährten gelegt, sowohl zum Einüben wie auch auf den Prüfungen.

Tropfen einer Fährte

Will man eine Fährte tropfen, so kann man jede beliebige Flasche nehmen und sie mit Phantasie zu einem Tropfgerät umformen. Entweder kann man einen Korken hineinstecken, in den eine Kerbe geschnitten ist, oder einen Schraubverschluss mit zwei Löchern versehen und dann durch Schütteln das Tropfen veranlassen; man kann auch Grashalme in die Öffnung stecken, so dass kontinuierlich nun Schweißtropfen herausrinnen, oder mit kleinen Düsen versehene Flaschen benutzen und den Schweiß herausspritzen. All das erfordert jedoch Schweiß, der nicht geronnen ist und die notwendigerweise kleinen Öffnungen nicht verschließen kann. Wer sich vor etwas Schweiß oder Blut nicht scheut – und das dürfte eigentlich gar kein Jäger –, hält am zweckmäßigsten den Daumen auf die Flaschenöffnung und hat nun die Möglichkeit auch die heraustretende Schweißmenge ganz individuell zu steuern. Sollte einmal ein Stück geronnenes Blut oder ähnliches sich mit in der Flasche befinden, so bringt das unter diesen Umständen gar keine Schwierigkeiten. Manche Hundeführer legen auch Gescheideteile oder

Wildbretfetzen in Haustierblut, um die ganze Angelegenheit für ihren Hund interessanter zu machen. Diese Ingredienzien braucht man auch nicht herauszunehmen, wenn man den Daumen auf die Flasche hält.

Viele erfahrene Praktiker schwören noch auf eine andere Methode: Sie empfehlen, einfach ein kleines Stückchen Gescheide oder Lunge an einem Bindfaden zu schleppen und diese „Schleppe" alsdann vom Hund arbeiten zu lassen. Allerdings handelt es sich hierbei nicht um eine Schleppe, wie sie eingangs dieser Bemerkungen geschildert wurde, nämlich um das Schleppen mit einem ganzen Sack voll Gescheide. Hier ist das geschleppte Stück vielmehr lediglich handtellergroß oder noch viel kleiner. – Der Fährtenleger zieht das Stück nun einfach hinter sich her, es berührt dabei zeitweise kontinuierlich den Boden, dann hüpft es wieder, springt zuweilen auch einmal einen Meter oder mehr und hinterlässt auf diese Art und Weise nicht eine wirklichkeitsfremde Schleppspur, sondern eine Spur, deren Intensität verschieden groß ist, und die den Hund zu intensiver und konzentrierter Fährtenarbeit veranlasst. Ein Vorteil dieser Methode ist auch, dass der Hund bei der Arbeit auf einer derartigen Schleppe nicht überall Schweiß findet. Man kann mit etwas mitgenommenem Schweiß Wundbetten oder Verweiserpunkte anlegen, und dann wird der Hund geneigt sein, diese „Besonderheiten" auf der Fährte auch anzuzeigen, zu „verweisen", was – wie an anderer Stelle schon ausgeführt und betont ist – für die praktische Arbeit von großer Bedeutung ist. Überdies kann man, wenn man ein Stück Schalenwild geschossen hat, den Pansen in kleine handliche Portionen schneiden und einfrieren und hat so immer Material zur Hand, um bei Bedarf entsprechende Schleppen zu legen.

Schleppen

Es wird auch empfohlen und angeraten, den Pansen einfach zu trocknen und bei Bedarf in Wasser aufzuweichen. Der Erfolg soll auch hier gut sein. Diese Art von Schleppen sind sicherlich nicht sehr leicht zu arbeiten, für einen fortgeschrittenen Hund sind sie jedoch eine gute Methode, sein Leistungsvermögen zu steigern oder sein Leistungsniveau zu erhalten.

Bei einem Anfänger kann man schließlich DÖBELS Gedanken aufgreifen und eines der kleinen, heute im Handel für Murmeln oder ähnliches gebräuchlichen, halbfaustgroßen Netze benutzen, sie mit Gescheide füllen und über den Boden schleppen. Auch eine derartige Schleppspur – nach entsprechender Stehzeit selbstverständlich – erregt das Interesse eines Hundes und wird seine Lust zur Arbeit mit tiefer Nase fördern, wenn die Fährte letztendlich zu einem den Hund befriedigenden Ergebnis führt.

Ein weiteres Ausbildungshilfsmittel ist ein Gerät, das unter dem Namen „Dressurangel" bekannt geworden ist – besser erscheint mir die Bezeichnung

Reizangel

Es handelt sich dabei um einen etwa 1,5 bis 2,0 m langen, nicht zu biegsamen Stock oder Stab, etwa aus Bambus, an dessen Spitze eine möglichst belastbare Schnur fest angeknüpft ist. An das andere Ende dieser Schnur können nun je nach Belieben die verschiedensten Gegenstände befestigt werden, so z. B. Deckenfetzen, Bälge oder auch Attrappen vom Federwild. Diese Gegenstände können dann vom Ausbilder oder einem Dritten auf die verschiedenste Art und Weise bewegt werden: Man kann sie langsam über den Boden fortbewegen, man kann sie dort verhalten lassen, man kann sie hüpfend über den Boden ziehen oder sie sich mit großen Sätzen fortbewegen lassen – ja, man kann sie auch zeitweise durch die Luft „fliegen" lassen, bis sie dann wieder den Boden erreichen und dort ihre Flucht mit großen oder kleineren Sätzen fortsetzen. Der Jagdhundzögling wird nun mit allen ihm zur Verfügung stehenden Mitteln versuchen, dieser „Beute" habhaft zu werden, denn der von der „Beute" ausgehende Reiz veranlasst den Hund, sein Verhalten dem der Beute anzupassen, sich ihr zu nähern, um sie letztendlich ergreifen zu können. Hieraus ergibt sich schon, dass der Begriff „Reizangel" wohl zutreffender sein dürfte, als die Bezeichnung „Dressurangel", denn wir nutzen die von der bewegten Attrappe ausgehenden Reize zu vielfältigen Zwecken aus.

Einsatzmöglichkeiten der Reizangel

Um die Bedeutung dieses hervorragenden Ausbildungsmittels ganz erfassen zu können, sollte man sich mit seiner psychologischen Wirkung auf den Hund vertraut machen. Der am Ende der Schnur befindliche Gegenstand simuliert ein Tier, das sich flüchtend vom Hunde fortbewegt, vom Hund als Beute erkannt und begriffen und letztlich mit dem Ziel verfolgt wird, seiner habhaft zu werden. Der Hund hat also die Möglichkeit, die wesentlichen Elemente des Beutefangverhaltens auszuleben, dabei Erfahrungen zu machen und somit den für die spätere Praxis unabdingbar erforderlichen Schatz an Erfahrungen zu sammeln. Ein junger Hund, der erstmals mit der Reizangel in Berührung kommt, wird normalerweise wüst darauf losstürzen, sie fast blind attackieren; seine Aktionen sind bisweilen noch recht unkontrolliert. Uns wiederum fällt es leicht, den Hund nicht zum Erfolg kommen zu lassen, wir können ihn noch leicht „austricksen".

Sehr bald merken wir jedoch schon, dass der lernende Hund ganz bestimmte Taktiken anwendet: Bewegt sich das „Beutetier" langsam, so bewegt er sich auch mit langsamen Schritten auf es zu, um im passenden Moment zu versuchen, es mit einem großen Satz zu ergreifen. Bewegt sich die Wildattrappe überhaupt nicht oder nicht mehr, verharren die Hunde, vorzugsweise die Vorstehhunde, häufig in einer typischen Vorstehpose – nicht anders, als wir sie aus dem Felde vor Hühnern, Fasanen oder Hasen gewöhnt sind. Beginnt das Beutetier dann heftig zu „flüchten", so verfolgt es der Hund ebenso heftig, wendet jedoch Taktiken an, indem er beispielsweise versucht, ihm den Weg abzuschneiden oder auch ihm entgegenzulaufen, wenn dessen Fluchtrichtung ihm erkennbar erscheint. Wir selbst merken, wie von Mal zu Mal der Hund uns „ebenbürtiger" wird; es fällt uns schwieriger, den Hund zu überlisten, und wir werden erstaunt sein, wie schnell und oft der Hund für uns unerwartet seine Beute fängt.

Danach können wir beobachten, wie der Hund mit den typischen Bewegungen versucht, das von ihm gefangene „Tier" zu „töten", es abzutun: Er schüttelt es mit den spezifischen Bewegungen und wird alsdann geneigt sein, es davonzutragen. Auch hier können wir noch auf das Verhalten einwirken. Manche Hunde lassen die Beute fallen, um sie zu belecken oder zu beobachten, weil sie „meinen", die Beute sei nun tot. Hier können wir die Beute nun alsbald wieder flüchten lassen mit der Folge, dass der Hund sie erneut jagt und in Zukunft vorsichtig sein wird, dieser allzu schnell die Möglichkeit zu weiterer Flucht zu geben.

Wenn der Hund die Beute ergriffen hat, ist jedoch die Übung nicht zu Ende. Absicht des Hundes war es ja nicht nur, die Beute zu fangen, sondern sie letztlich auch zu fressen oder – falls sie, aus welchen Gründen auch immer, derzeit in dieser Richtung uninteressant sein sollte – sie beiseite zu schaffen, d. h., sie zu verstecken oder zu vergraben. Das ist aus der Sicht des Hundes ganz natürlich. Für uns als Ausbilder ist es jedoch wesentlich, dass der Hund – insbesondere auch schon der junge Hund, der das Apportieren noch nicht gelernt hat – in diesem Stadium seiner Ausbildung und Entwicklung lernt, dass hier die Endhandlung der abgelaufenen Erbkoordination nicht ganz nach seinen Vorstellungen vonstatten gehen darf. Da sich die Wildattrappe ja an der Reizangel befindet und hoffentlich auch die Schnur hält, haben wir die Möglichkeit, den Hund an uns heranzuziehen und so in unseren unmittelbaren Einwirkungsbereich zu bringen. Der Hund, der das Apportieren noch nicht gelernt hat, wird nicht geneigt sein, so ganz freiwillig die Beute herauszugeben. Hier müssen wir ihm klar machen, dass das Herankommen und das Abgeben der Beute mit höchst angenehmen Folgen verknüpft ist. Eigentlich wird ja auch das Leben eines Hundes von dem Grundsatz „selber fressen macht fett" bestimmt, und nur in ganz bestimmten seltenen Ausnahmesituationen ist ein Hund bereit, einem Meutegenossen Beute zuzutragen. Wenn wir aber dem im Apportieren noch nicht fertig ausgebildeten Hund hier das Abgeben und letztlich vielleicht auch schon das Bringen der Beute zu einem „angenehmen Tausch" werden lassen, so sind auch schon in diesem Stadium der Entwicklung nach dem Prinzip der bedingten Aktion einige Steine in das Fundament zu setzen, auf dem später der zuverlässige Verlorenbringer erzogen wird. Falls der junge Hund also zunächst etwas widerstrebend an der Schnur der Reizangel zu uns herangezogen ist, so nehmen wir ihm den erbeuteten Gegenstand ab, loben ihn dafür zunächst überschwenglich und bieten ihm als Tausch dafür auch einige Häppchen an.

Vorbereitung des Verlorenbringens

Wenn wir uns nun die Bedeutung der Arbeit an der Reizangel für den Hund aus tierpsychologischer Sicht vor Augen geführt haben, so sollte man jetzt der Frage nachgehen, wo denn eigentlich der Nutzen insgesamt für die Ausbildung des Hundes liegt.

Einmal ist es ganz augenscheinlich, dass ein Hund, der Gelegenheit hat, 10 oder 15 Minuten an der Angel zu arbeiten, sich körperlich austoben kann, was ganz zweifellos der allgemeinen Konstitution zugute kommt. Man kann und sollte einen Hund auch im übrigen viel bewegen, nicht nur beim Spazierengehen, sondern auch am Fahrrad; die Arbeit an der Reizangel gibt jedoch dem Führer die Möglichkeit, unmittelbar im Garten oder am Haus auch körperlich zu „trainieren". Dazu kommt, dass die Arbeit an diesem Gerät nicht ein bloßes Laufen bedingt, sondern vielmehr dem Hund auch körperliche Geschicklichkeit und Gewandtheit in hohem Grad abverlangt. Der Hund muss lernen, den Haken der Beute zu folgen, sie im Sprung zu erreichen, sich auf sie zu stürzen und seine Geschwindigkeit der ihren anzupassen oder sich auch ihr vorsichtig schleichend zu nähern. All das fördert über die normale körperliche Beanspruchung hinaus auch die Technik der körperlichen Bewegung und die Beherrschung des eigenen Körpers.

Beschäftigungstherapie mit der Reizangel

Wir haben schon mehrmals erörtert, dass man heutzutage kaum noch die Möglichkeit wie in der Vergangenheit hat, möglichst tagtäglich mit dem Hund auf die Jagd zu gehen und mit ihm zu arbeiten. Die Hunde leiden also unter einer gewissen Langeweile, der abzuhelfen mit der Reizangel eine sehr gute Möglichkeit gegeben ist. Auf die Gefahren von Stereotypien bei den Jagdhunden ist schon an anderer Stelle verwiesen worden. In einem Gutachten zur Vereinbarkeit der „Baueignungsbewertung" des Teckels im Kunstbau mit dem Tierschutzgesetz geht EBERHARD TRUMLER auch dieser Frage nach. Er verweist darauf, dass es auch bei bester körperlicher Pflege eine große Gefahrenquelle für das Wohlbefinden von Tieren in Menschenhand gibt, die vor allem bei nicht domestizierten Wildtieren eminent groß ist: Das ist die Beschäftigungslosigkeit. Nach TRUMLER führt sie nicht nur zu schweren Zwangsneurosen, sondern auch zu körperlichem Siechtum. Alle modernen Tiergärten sind daher heute dazu übergegangen, ihren Tieren Beschäftigung in irgendeiner ihnen entsprechenden Form zu bieten. Es werden dabei Tierlehrer eingesetzt, die etwa Elefanten oder Großraubkatzen wie im Zirkus Kunststücke beibringen, die tatsächlich als „Beschäftigungstherapie" einen sichtbaren Einfluss auf das Wohlbefinden jener Tiere ausüben. Ein Stückchen eben dieser Beschäftigungstherapie ist auch die Arbeit des Hundes an der Reizangel.

Es ist schon darauf hingewiesen worden, dass das Verfolgen der Beute durch den Hund auch die Bereitschaft zur kämpferischen Auseinandersetzung mit eben dieser Beute mit sich bringt. Diese Bereitschaft haben wir als „Aggression" bezeichnet, die in vielerlei Verhaltensebenen des Hundes ihre Ursache haben kann. Wenn es sich um eine Bereitschaft zur gegnerischen Auseinandersetzung mit einem Beutetier handelt, so gehört diese spezifische Art der Aggression zum Appetenzverhalten für die Nahrungsaufnahme, und es ist klar, dass ein Tier, das ganz wesentlich in seinem natürlichen Zustand von anderen Beutetieren lebt, mit einer gehörigen Portion dieses Verhaltenselementes ausgestattet sein muss. Das gilt auch noch für den domestizierten Hund, insbesondere für unsere Jagdhunde.

Wenn nun irgendein Tier nicht die Möglichkeit hat, ganz bestimmte Verhaltenselemente, die es im natürlichen Zustand regelmäßig abzureagieren in der Lage ist, nicht abreagieren kann, so kann dies zu Schäden führen. TRUMLER weist in dem erwähnten Gutachten darauf hin, dass viele Antilopenformen in noch so großräumigen Tiergehegen plötzlich aus unerklärbaren Gründen mit solcher Intensität flüchten, dass sie blindlings an die Umzäunung prallen und sich hier häufig genug verletzen. Die Erklärung liegt darin, dass zum „normalen Leben" solcher wehrloser Steppentiere das gelegentliche Flüchten gehört. Die Natur hat sie daher mit einem entsprechend starken Fluchttrieb ausgestattet. Die von entsprechenden Nervenzentren erzeugten Impulse hierzu stauen sich bald übermächtig an, wenn lange kein Schlüsselreiz ihre Blockade aufhebt. Tritt – wie im Tiergarten – ein solcher Auslöser nicht auf, dann kann dieser Erregungsstau so groß werden, dass er plötzlich die Blockade durchbricht und die entsprechenden Verhaltensweisen mit großer Energie ablaufen. Wenn ein Hund nun kaum oder nie die Möglichkeit hat, seine Aggression aus dem Funktionskreis des Beutefangverhaltens abzureagieren, so kann dies auch zu einem Triebstau führen, der sich in einer für uns Menschen unerklärlichen Weise abreagiert. Ich bin sicher, dass manche neurotischen Verhaltensweisen von Haus- oder auch beschäftigungslos gehaltenen Jagdhunden darauf zurückzuführen sind, dass manche unerklärliche Beißerei bei Tieren und auch Menschen ihre Ursache darin haben. Dem kann man begegnen, indem man den Hund an der Reizangel ganz natürlich sich aggressiv ausleben lässt.

Ausleben von Aggressionen an der Reizangel

Eine weitere nicht zu unterschätzende Ausbildungsmöglichkeit gibt uns die Arbeit mit der Reizangel. Wir haben schon gesehen, dass eine weidgerechte und unter den heutigen Umständen auch für den Hund möglichst gefahrlose Führung in der jagdlichen Praxis voraussetzt – der Hund absolut gehorsam ist, insbesondere unter allen Umständen unserem Befehl, sich hinzulegen, also „down" oder „Platz" zu machen, befolgt.

Dem Hund wird es um so schwerer fallen, unserem entsprechenden Befehl nachzukommen, je größer der Reiz ist, dem er gerade ausgesetzt ist. In einer für ihn völlig reizlosen Situation hat der Hund kaum Veranlassung, einen entsprechenden Befehl seines Herrn nicht zu respektieren; im Rahmen des Ablaufes einer Erbkoordination, die ihn sehr beansprucht, wird ein Hund in aller Regel jedoch zuförderst kaum geneigt sein, einem entsprechenden Befehl Folge zu leisten. Das ist jedoch unabdingbar; denken wir nur daran, wie leicht ein Hund, der wahllos ungehorsam Hasen hetzt, auf einer Straße totgefahren werden kann. Unabhängig von dem Verlust des Hundes treffen den Halter meistens auch noch erhebliche Schadensersatzansprüche von geschädigten Verkehrsteilnehmern, die nicht immer von einer Versicherung getragen werden. Wir haben schon im Rahmen der Erörterung der psychologischen Bedeutung des Tele-Takt-Gerätes erfahren, dass es nicht darauf ankommt, eine Instinkthandlung zu unterbinden, sondern dass ein Befehl sofort ausgeführt wird. Wenn wir nun die Möglichkeit haben, mit der Reizangel ohne große Schwierigkeiten zu jeder Zeit das Beutefangverhalten des Hundes zu stimulieren, so haben wir gleichzeitig damit die Möglichkeit, unter starker Ablenkung den Gehorsam zu erproben, und – da der Hund sich nahe bei uns befindet – haben wir auch Gelegenheit, die Nichtbefolgung eines Befehles artgerecht und schnell zu sanktionieren.

Gehorsam an der Reizangel

Ein weiterer Vorzug der Arbeit mit der Reizangel liegt darin, mühelos den Hund mit verschiedenen Wildwitterungen, mit denen er später zu tun hat, vertraut zu machen. Ein Hund wird kaum große Scheu vor einem Kaninchen oder einem Hasenbalg zeigen, eine Taube wird er schon manchmal verschmähen, weil ihm die losen Federn unangenehm sind, doch bei einer Krähe oder bei einem Fuchs erregt sich bei manchem Hund schon der Widerwille. All das können wir dem Hund zu vertrauten Begegnungen des täglichen Lebens werden lassen, wenn wir ihn an entsprechenden Attrappen an der Reizangel arbeiten. In den meisten Fällen wird der Reiz, Beute zu machen, sie zu fangen, so groß sein, dass ein eventuell bestehender Widerwille überlagert wird; die unangenehme Triebbefriedigung wird vielmehr dazu führen, dass die ursprünglich unangenehme Witterung als „angenehm", mindestens nicht mehr als „abstoßend" empfunden wird.

Vertrautwerden mit Witterungen

Auch ein Hund, der vielleicht eine gewisse Scheu vor dem nassen Element hat, kann mittels der Reizangel mit diesem vertraut gemacht werden. Der

Trieb, Beute zu machen, ist meistens – insbesondere, wenn der Hund schon die entsprechenden Erfahrungen auf dem Lande gemacht hat – größer als die Scheu vor dem Wasser: sie wird überwunden, wenn wir mit der Reizangel zunächst das flache Wasser mit in unser Spiel einbeziehen und immer langsam weiter das tiefe Wasser gewinnen, bis der Hund endlich einmal schwimmen muss und auch im tiefen Wasser letztendlich seine Beute ergreift. Hat der Hund im Zusammenhang mit dieser Art der Arbeit an der Reizangel die Erfahrung gemacht, dass auch das feuchte Element keine Gefahren in sich birgt, vielmehr man auch in ihm zu ganz bestimmten Triebbefriedigungen kommen kann, so wird aus manchem wasserscheuen Hund ein wasserfreundlicher werden können.

Gefahren bei der Arbeit mit der Reizangel

Bei all dem Positiven darf man die Augen vor einer Gefahr nicht verschließen: Ein allzu häufiges Arbeiten an der Reizangel verleitet den Hund, sich allzu sehr auf seine Augen zu verlassen. Der Hund ist ein Nasentier und muss natürlicherweise seine Erfahrungen auch mit der Nase machen. Vernachlässigt man völlig diese Tatsache, so lernt der Hund, dass allein das Arbeiten mit dem Auge auch zur erwünschten Triebbefriedigung führt; er wird kaum mehr geneigt sein, die Nase zur Triebbefriedigung einzusetzen – insbesondere, wenn es um Beute geht – sondern vielmehr versuchen, sie mit dem Auge zu erreichen. Als typisches Beispiel dafür kennt man aus der Praxis die Hunde, die einen Hasen lediglich so lange verfolgen, wie sie ihm mit dem Auge folgen können; ist der Hase aus dem Sichtkreis verschwunden, wird die Nase nicht heruntergenommen und zur weiteren Verfolgung genutzt, vielmehr dreht der Hund um, um zum Führer zurückzukehren oder sich den nächsten Hasen herauszupicken, den er auf Sicht hetzen kann. Es ist also wichtig, dass neben der Arbeit an der Reizangel auch darauf geachtet wird, dass der Hund ausreichend Gelegenheit hat, mit der Nase zu arbeiten, die entsprechenden Erfahrungen zu machen und auch die ruhige konsequente Arbeit mit tiefer Nase in den Dienst seiner Triebbefriedigung stellt.

Als Fazit bleibt festzuhalten, dass die Reizangel ein hervorragendes Instrument ist, schon beim jungen Hund die körperliche Konstitution zu fördern und zu erhalten, schon beim jungen Hund die für die spätere Jagdpraxis erforderlichen körperlichen Verhaltensweisen zu festigen und auch die für die geistig-seelische Entwicklung wesentlichen Verhaltensweisen aus dem Bereich des Beutefunktionskreises zu erlernen und abzureagieren. Ebenso nützlich ist die Reizangel, um den Gehorsam zu festigen und Abneigungen oder Ängste in bestimmten Situationen abzubauen. Die Arbeit an der Reizangel muss jedoch wohl ausgewogen dastehen neben der Arbeit des Hundes mit der Nase, damit er sie zu gebrauchen nicht verlernt oder gar nicht erst erlernt.

III. Die Praxis der Ausbildung

Die Darstellung Ausbildung ist natürlicherweise subjektiv; sie basiert auf gemachten guten und schlechten Erfahrungen. Andere Ausbilder mögen die Sache anders anpacken, in den verschiedenen schriftlichen Darstellungen,

Artikeln und Büchern mag eine andere Position eingenommen werden; es führen sicher viele Wege nach Rom, und jeder beschreitet den ihm am zusagendsten.

Notwendigerweise muss bei der Beschreibung der Ausbildung vieles hintereinander dargelegt werden, was in der Praxis nebeneinander geschieht. Neben der zunächst praxisfremden Ausbildung darf beispielsweise die Führung im Revier nicht vernachlässigt werden, und im fortgeschrittenen Stadium werden die verschiedenen Arbeiten fast zur gleichen Zeit vom Hund verlangt. Indessen dürfte es nach dem bisher Ausgeführten einleuchtend sein, dass mit der Ausbildung des schon ganz jungen Hundes begonnen und man sich dem Endziel, nämlich dem firmen Gebrauchshund, in kleinen Schritten nähern muss. Der Einführung in die Revierpraxis muss eine Grundausbildung vorausgehen; nach deren Abschluss darf allerdings das Revier, das spätere Arbeitsfeld des Hundes, diesem nicht mehr fremd sein. Würde man den Hund erst nach der Grundausbildung mit ins Revier nehmen, würden die auf ihn einstürmenden Eindrücke ihn nicht mehr die Leistungen vollbringen lassen, die wir mittlerweile schon von ihm während der Grundausbildung gewohnt waren. Es ist daher einleuchtend, dass der junge Hund auch frühzeitig mit seinem späteren „Arbeitsplatz" vertraut gemacht wird. – Auf diese Arbeit soll später eingegangen werden.

Meistens wird ein Hund von einem Führer allein unter zeitweiser Unterstützung eines Helfers abgeführt. Besonders glücklich erscheint es jedoch, wenn die Ausbildung im Rahmen eines Abrichte- und Führerlehrganges durchgeführt werden kann, was gegenüber der auf sich ganz allein gestellten Ausbildung durch den Führer mancherlei Vorteile hat – selbst wenn der Führer ein versierter Ausbilder ist. Daher soll hier die Ausbildung im Rahmen eines bewährten Lehrgangskonzeptes erörtert werden, wobei mit dieser Art der Darstellung gleichzeitig den Leitern oder Ausrichtern entsprechender Lehrgänge vielleicht die eine oder andere Hilfe gegeben werden kann; ein jeder mag nach eigenen Erfahrungen sich das eine zu eigen machen oder das andere lassen.

Abrichter- und Führerlehrgänge

Ziel eines jeden Lehrgangs ist das Bestehen von Prüfungen aus den verschiedensten Gründen und die Heranbildung eines Hundes, der seinen „Mann" in der späteren Jagdpraxis stellt. Dabei empfiehlt es sich, getrennte Lehrgänge abzuhalten für junge und fortgeschrittene Hunde, wobei unter „jungen Hunden" diejenigen zu verstehen sind, die sich noch im Welpen- oder Junghundalter befinden und im nächsten Jahr erst das Alter haben, um auf einer Anlageprüfung zu laufen, während die fortgeschrittenen Hunde schon ein gewisses Fundament haben, sich nun in der Jagdpraxis bewähren und auf Leistungsprüfungen hingearbeitet werden sollen.

Ziel der Lehrgänge

Die Vorteile der Ausbildung im Rahmen eines Lehrganges gegenüber der alleinigen Ausbildung sind mannigfach, insbesondere für den Anfänger. Einmal ist ein Anfänger bei der Ausbildung seines ersten oder zweiten Hundes in aller Regel auf die Fachkenntnisse Dritter angewiesen, die er sich in Gesprächen oder aus der Literatur erarbeiten muss. Bei einem Lehrgang wird der Lehrgangsleiter, ein möglichst pädagogisch geschickter und jagdkynologisch erfahrener Mann, mit seinen Fachkenntnissen das Gespann „Hund und Herr" immer beobachten – sei es, dass er von sich aus Hilfen gibt, auf

Vorteile von Lehrgängen

Fehler hinweist, Unterlassungen rügt oder auch gute Arbeiten lobt. Nicht unterschätzt werden darf auch die pädagogische Wirkung, die von den Arbeiten anderer Teilnehmer eines Lehrganges auf den einzelnen ausgeht. Der Lehrgangsteilnehmer wird sich nicht nur mit seinem Hund befassen, er wird auch die anderen „Pärchen" beobachten und aus deren Fehlern oder auch richtigen Verhaltensweisen lernen; er wird beobachten, wie der Lehrgangsleiter mit anderen Probleme zu lösen versucht. Der nicht unmittelbar beteiligte Lehrgangsteilnehmer wird daraus mindestens sein theoretisches Wissen vergrößern; unter Umständen kann er schon am nächsten Tag in einer entsprechenden Situation damit etwas anfangen. Auch wird ein gesunder Ehrgeiz bei jedem Teilnehmer in der Gemeinschaft eines Lehrganges geweckt.

Pädagogisches Konzept

Man trifft sich in aller Regel einmal wöchentlich, und es wird festgestellt, welche Fortschritte mittlerweile gemacht worden sind. Es ist erstaunlich, wie die guten Beispiele mancher fleißiger „Schüler" andere motivieren, es ebenso zu halten, und wie sie sich bemühen, mit ihren Hunden auch ähnliche Fortschritte zu erzielen. Immer wieder ist auch zu beobachten, dass es zwischen den einzelnen Lehrgangsteilnehmern zu „Arbeitsgemeinschaften" kommt, die späterhin noch ihre Früchte tragen. Der Lehrgangsleiter kann nur begleitend tätig werden, die Arbeit selbst muss vom Führer fleißig, konsequent und ausdauernd geleistet werden. Nicht immer ist er in der Lage, allein seinen Hund auszubilden, dann steht ihm jedoch bei entsprechender Aufgeschlossenheit für die Zukunft ein anderer Lehrgangsteilnehmer zur Verfügung, dem er dessen Hilfe mit der eigenen Bereitschaft zur Unterstützung entgelten kann.

Schließlich werden über die Lehrgänge auch die Hundeführer als Mitglieder für die verschiedenen jagdkynologischen Organisationen gewonnen. Mancher junger Jäger schafft sich nämlich einen Hund an, ohne zu wissen, dass es Prüfungs- und Zuchtvereine gibt, die sich ganz bestimmten Aufgaben in der Jagdkynologie widmen, und bei denen Mitglied zu sein mit mancherlei Vorteilen verbunden ist. Der Lehrgangsteilnehmer wird vom Lehrgangsleiter unterrichtet werden, welche jagdkynologischen Vereine in dem betreffenden Einzugsgebiet ihren Sitz haben, und wird vermittelnd tätig sein.

Ein ganz wesentlicher Vorteil gegenüber der isolierten Ausbildung liegt auch in der Möglichkeit, die psychische Entwicklung des Hundes positiv beeinflussen zu können – etwas, was auch erfahrene Abrichter und Führer immer wieder als Positivum derartiger Lehrgänge in Anspruch nehmen.

Spielmöglichkeiten im Lehrgang

Wir haben gehört, dass das Spielen der Hunde, insbesondere der jungen Hunde, für deren gesunde geistige Entwicklung von unschätzbarem Wert ist. Wenn ein junger Hund erst einmal verkauft ist, hat er vielleicht ab und zu einmal die Möglichkeit, durch den Zaun oder den Gitterdraht seines Zwingers einen anderen Hund zu sehen; viel Möglichkeiten zum Austoben, zum Spielen mit all den beschriebenen Vorzügen hat er kaum noch. In einem Lehrgang mit vielen jungen Hunden besteht jedoch die Möglichkeit, mindestens einmal in der Woche ausgiebig zu spielen, ohne dass der Hund aus was für Gründen auch immer – daran gehindert wird. Die vielen Hunde auf dem Übungsplatz, dazu die vielen Menschen, werden für den Hund eine Selbstverständlichkeit. Schon nach kurzer Zeit bewegt er sich zwischen den vielen menschlichen und hundlichen „Artgenossen", ohne aus dem Häuschen zu geraten – ja, nach relativ kurzer Zeit kann er sich bei der Arbeit ganz auf seinen Führer konzentrieren, ohne überhaupt noch abgelenkt zu werden. Ein derartig erzogener Hund wird später, wenn er plötzlich bei einer Jagdgesellschaft mit vielen Menschen und Hunden zusammenkommt, auch nicht aus dem Häuschen geraten und zur Last für seinen Herrn werden, wie das leider häufig zu beobachten ist.

Sinnvollerweise werden die Lehrgänge vom Frühjahr bis in den Herbst abgehalten, da zu dieser Zeit Wetter und Vegetation es erlauben, mit den Hunden entsprechend zu arbeiten. Überdies ist es bei den langen Abenden möglich, sich in der Woche an einem demokratisch bestimmten Wochentag zu treffen, so dass die Familie nicht auch noch darunter zu leiden hat, dass Herrchen oder Frauchen unter Umständen am Sonntagmorgen unterwegs ist. Wichtig ist es auch, dass nach einer gewissen Zeit die Orte der Ausbildung gewechselt werden. Es ist schon im einzelnen darauf hingewiesen worden, dass zahlreiche äußere Umstände – wie Ort, Jageszeit etc. – in das Lernen mit eingehen, was in diesem Zusammenhang unerwünscht ist, und dem man nur entgehen oder vorbeugen kann, indem man immer wieder den Ausbildungsplatz und die äußeren Bedingungen wechselt.

Lehrgänge vom Frühjahr bis in den Herbst

Oben ist erwähnt, dass der ganz im Vordergrund stehende Zweck eines Abrichte- und Führerlehrganges die „Berufsausbildung" eines Hundes ist. Daneben darf jedoch ein anderes wesentliches Ziel nicht aus dem Auge gelassen werden: Aus verschiedensten Gründen kann es vorkommen, dass ein Hund nicht das Leistungsniveau erreicht, das sein Herr sich erwünscht hat. Sinn- und nutzlos ist ein solcher Lehrgang jedoch auch in einem solchen Falle nicht, denn der Führer weiß, woran das gelegen hat. In manchen Fällen kann es am Hunde liegen – sei es, dass er nicht über genetisch bedingte Anlagen verfügt, ein ordentlicher Jagdhund zu werden; es kann auch sein, dass durch falsche Behandlung seitens des Züchters die Entwicklung ganz bestimmter Verhaltensweisen in falsche Bahnen gelenkt worden sind – ja, dass ein Hund schon neurotisch erworben wurde. Auch andere vom Führer unverschuldete Umstände können den Ausbildungserfolg beeinflussen. Allerdings liegt es in der Mehrzahl der Fälle am Führer selbst, wenn der erwünschte Leistungserfolg beim Hunde nicht eintritt. Es ist nur allzu menschlich, wenn ein solcher Führer geneigt ist, die „Schuld" dafür dem Hunde zu geben oder dem Lehrgangsleiter in die Schuhe zu schieben. Um dem vorzubeugen, und um den Lehrgang für den Hundeführer insofern noch zu einem Erfolg werden zu lassen, als er für die zukünftige Ausbildung eines Hundes wichtige Erkenntnisse geschöpft hat, kommt es darauf an, einen Führer nicht nur oberflächlich anzuweisen oder ihm zu zeigen, wie etwas gemacht wird. Viel wichtiger ist es zu lehren, warum etwas in einer ganz bestimmten Art und Weise angepackt werden muss. Daher ist eine theoretische Unterweisung der Lehrgangsteilnehmer unabdingbar. Das Wesentliche dessen, was wir über die Lehr- und Lernprinzipien dargelegt haben, muss auch dem angehenden Hundeführer vorgetragen werden – zunächst notwendigerweise abstrakt, theoretisch, später bei der praktischen Ausbildung immer wieder unter Hinweis auf die einzelnen

„Unterrichtung" des Ausbilders

Prinzipien. So wechseln sich innerhalb des Lehrgangsbetriebes theoretische und praktische Arbeit ab.

Einen breiten Raum sollte auch das Frage- und Antwortspiel zwischen Lehrgangsleiter und Führern einnehmen. Wenn diese Kommunikation fruchtbar sein soll, so darf die Teilnehmerzahl an einem Lehrgang allerdings nicht über ein bestimmtes Maß hinausgehen; etwa ein Dutzend scheint mir die richtige Anzahl zu sein. Bisweilen melden sich zu einem Lehrgang viel, viel mehr, und der Lehrgangsleiter ist mehr oder weniger gezwungen, ein vielfaches an Führern zu betreuen. Das führt notwendigerweise dazu, dass der eine oder andere Führer zu kurz kommt. Der Lehrgangsleiter steht in solchen Fällen vor dem Dilemma, jeden interessierten Hundemann der nach der zwölften Meldung erscheint, zurückzuweisen und ihn und seinen Hund einem ungewissen Schicksal zu überlassen – ja vielleicht sogar eine Absage in der Gewissheit zu erteilen, dass Hund und Herr allein auf sich gestellt eine unglückliche „Ehe" führen werden, weil sie nicht zueinander finden. Lassen sich nicht weitere geeignete Ausbilder finden, so scheint es mir das kleinere Übel zu sein, den einen oder anderen Führer innerhalb des Lehrganges etwas zu kurz kommen zu lassen, als unter Umständen eine erkleckliche Anzahl wirklich interessierter Führer „im Regen stehen zu lassen", was insbesondere der nachzufühlen vermag, der einmal empfunden hat, wie beruhigend und hilfreich es ist, einen Kundigen an seiner Seite zu wissen.

Praktischer Beginn eines Lehrganges

Nachdem nun an einem Abend in einem Referat die Grundlagen, nach denen ein Hund lernt, erörtert worden sind, treffen sich die Lehrgangsteilnehmer erstmals an einem Frühlingstage zur ersten Übung. Hier ist es nun, als ob Kinder ihren ersten Schultag erleben. Die Hundeführer selbst kennen sich zwar zum Teil; manchmal sind sie sich aber auch noch fremd und natürlicherweise befangen. Ähnliches ist bei den jungen Hunden zu beobachten. Es gibt hier draufgängerische Rowdys, die gleich mit jedem anbändeln wollen; andere sind schüchtern und ängstlich und beobachten zwischen den Beinen ihrer Herren eingeklemmt erst einmal, was sich an Ungewissem um sie herum abspielt. In einer solchen Situation gleich mit Üben anzufangen, wäre grundfalsch. In diesem Stadium des ersten Zusammentreffens sind Triebe aktiviert, die ein Arbeiten unmöglich machen. Daher sollte der Abend im wesentlichen zunächst einmal dem allgemeinen Kennenlernen dienen, sowohl der Menschen untereinander als auch der Hunde.

Örtlichkeiten für Lehrgang

Für die ersten Übungsabende ist sinnvollerweise ein umzäuntes Gelände ausgesucht worden. Besonders glücklich ist derjenige dran, der einen Übungsplatz eines Schäferhundvereins oder eines ähnlichen Klubs zur Verfügung hat. Auf diesem Gelände, das allen jungen Hunden gleich fremd ist, werden sie von den Leinen gelöst und zunächst sich selbst überlassen, wobei der Lehrgangsleiter die ganze Horde zunächst scharf im Auge behalten muss. Aufgrund seiner Erfahrung vermag er schon schnell zu erkennen, ob unter den Hunden irgendein Raufer ist, vielleicht sogar ein älterer Hund oder ein in gewisser Beziehung verhaltensgestörter. Diesen muss man besonders beobachten; unter Umständen muss er, wenn er den im allgemeinen wider Erwarten herrschenden himmlischen Frieden stören will, ihn anleinen lassen. Es ist nämlich immer wieder erstaunlich, wie ruhig und freundlich die jungen Hunde, die sich ja zum großen Teil überhaupt nicht kennen, miteinander umgehen. Sie begegnen sich, wenn sie instinktsicher sind, alle freundlich, und es dauert nicht lange, dann haben sich schon gewisse Sympathien und Antipathien herauskristallisiert.

Es ist auch immer wieder interessant zu beobachten, wie ganz bestimmte Rassen und Schläge zueinander finden und miteinander spielen: Die Teckel gehen in eine Ecke und spielen dort miteinander, die Stöberhunde freunden sich miteinander an, und man sieht einen Kurzhaar einen Kurzhaar jagen oder einen Deutsch-Drahthaar vor einem ebenfalls drahthaarigen Kollegen spielerisch flüchten. Ab und zu gibt es auch einmal Gekneife, Gebrumme oder Geknurre – eine ernsthafte Auseinandersetzung ist jedoch eine absolute Ausnahme. Achten muss der Ausbildungsleiter allerdings darauf, dass nicht unter Umständen zwei körperlich sehr unterschiedlich ausgestattete Hunde miteinander spielen und im Rahmen dieser Spielerei der Schwächere das gar nicht ernst gemeinte Verhalten des Stärkeren als äußerst schmerzhaft empfindet und nun ein nicht spielerisches, sondern tatsächlich von Angst bedingtes Fluchtverhalten an den Tag legt! In solchen Momenten können sich andere Hunde der Jagd anschließen und den flüchtenden Kollegen sogar ernsthaft verletzen. – All das ist am ersten Tag besonders zu beobachten. Haben sich die Spielereien nach zwei, drei, vier Abenden eingependelt, dann besteht kaum noch Veranlassung, die spielenden Hunde überhaupt nicht mehr aus dem Auge zu lassen, dann kann sich in der Pause der Lehrgangsleiter ruhig einmal einer Flasche Bier und einer Zigarre zuwenden.

Erstes Kennenlernen

Am ersten Abend werden nach einer gewissen Zeit die Hunde sich müde gespielt haben und sich nunmehr leicht und kaum noch widerstrebend anleinen lassen. Jetzt wird der Lehrgangsleiter erst einmal das Handwerkszeug überprüfen und den Lehrgangsteilnehmern das Gefühl vermitteln, dass auch auf Kleinigkeiten geachtet wird. Er wird darauf achten, dass kurze Führerleinen geführt werden. die Halsung richtig umgelegt und auch im übrigen eine für die Ausbildung gerechte Kleidung getragen wird. Es ist zwar äußerst charmant, wenn eine Dame in einem glockenhaft schwingenden Lodenmantel einherkommt. Wenn sie einen Hund ausbildet, dann wird dieser wegen des vor seiner Nase und seinen Augen herumflatternden Saumes jedoch kaum geneigt sein, schön bei Fuß zu gehen; er wird vielmehr dem flatternden Ding zu entweichen versuchen und an der Leine zerren. Zweckmäßige Kleidung ist also auch bei der Ausbildung erforderlich; darauf sollte der Lehrgangsleiter achten und hinweisen. Stachelhalsbänder, Korallen und auch Würgehalsungen sollten grundsätzlich nicht angewandt werden, sondern nur auf Empfehlung des Lehrgangsleiters. Ist alles mehr oder weniger für „in Ordnung" empfunden, und hat der Lehrgangsleiter in der einen oder anderen Richtung eine Empfehlung ausgesprochen, entlässt er die Lernpaare für eine erste Grundübung auf den Platz, das ist die Leinenführigkeit mit dem Hinsetzen.

Bei dieser Übung, der gar nicht genug Aufmerksamkeit gewidmet werden kann, kann sich ein Hundeführer schon sehr bewähren. Damit der Hund seinem Herrn ein immer angenehmer Begleiter wird, anderseits der Hund für sein Leben lang nicht ewig dem Gezerre, den Ermahnungen oder

Beginn der Übungen

auch Strafen seines Herrn ausgesetzt ist, muss jener mit Einfühlungsvermögen, Ausdauer und Konsequenz das Richtige tun und das Falsche lassen.

Leinenführigkeit

Das Richtige in diesem Fall ist, dass der Hund an einer durchhängenden Leine immer auf der linken Seite geführt und penibel darauf geachtet wird, dass diese Leine auch immer durchhängt. Die Leine wird straff, wenn der Hund zurückbleibt, wenn er nach der Seite ausbrechen will oder nach vorne wegstrebt. Das muss der Führer nun in jedem Fall unterbinden, indem er dem Hund körperlich zu verstehen gibt, dass sein Verhalten unerwünscht ist, und dies auch mit einem akustischen Befehl begleiten. Das bedeutet jedoch nicht, dass man dem Hund wortreich die Leviten liest, sondern es wird immer und immer wieder nur das eine Kommando „Fuß" benutzt, alles andere schmückende Beiwerk unterbleibt. Der Führer hat die Möglichkeit, seine Stimme zu modellieren und in dem einen Kommando durchaus seinen Unwillen kundzutun, wie es schon beschrieben ist. Wichtig ist, dass der Hund immer an durchhängender Leine geführt wird, damit er auch die Möglichkeit hat, Fehler zu machen. Nur wenn er solche begeht, haben wir die Möglichkeit, dem Hunde klarzumachen, was erwünscht und was unerwünscht ist. Wird er an der kurzen Leine gehalten, haben wir überhaupt nicht die Möglichkeit, das angestrebte Lernziel zu erreichen.

Sitzen

Unmittelbar im Zusammenhang mit der Leinenführigkeit muss der Hund das Setzen lernen und zwar zunächst auf den einfachen Befehl „Sitz!". Später muss er sich setzen, wenn man stehen bleibt oder auch den Zeigefinger erhebt. Wenn wir also mit dem Hunde marschieren, wird zunächst jedes Stehenbleiben sofort mit dem Kommando „Sitz" begleitet; dabei erheben wir auch den Zeigefinger – ein optisches Signal, ein Befehl, der später für das Apportieren wichtig ist.

Das Sitzen ist überhaupt schon eine überaus wichtige Vorbereitung für das spätere Apportieren, muss der Hund doch dann zunächst einmal lernen, überhaupt einen Gegenstand im Fang zu dulden und ihn so lange zu halten, bis sein Herr ihn sich ausgeben lässt. Wenn man in jenem Stadium noch Schwierigkeiten hat dem Hund das Sitzen beizubringen und in dieser Richtung immer wieder korrigierend eingreifen muss, unterbricht man die Kontinuität der neuen Übung, und es wird offenbar, dass das Fundament nicht tragfähig genug sein dürfte.

Zunächst wird der Hundeführer also mit seinem Zögling im normalen Schrittempo geradeaus gehen und hin und wieder eine Links- oder eine Kehrtwendung machen. Dabei wird der Hund jeweils mit „Fuß" und Leinenruck korrigiert. Befindet er sich mit seinem Kopf auf der Höhe des linken Oberschenkels, wird er gelobt, vielleicht auch gekrault oder geklopft; man kann ihm auch ruhig einmal einen Happen zustecken. Wir lehren den Hund also die Leinenführigkeit nach den Prinzipien der bedingten Hemmung und dem der bedingten Appetenz.

Zur Praxis der Übung selbst sei noch zu bemerken, dass es für den Hund in aller Regel wenig eindrucksvoll ist, wenn er an der strammen Leine zurückgezogen wird. Man muss dem Hund aus der lockeren Leine heraus einen seiner Individualität entsprechend scharfen Ruck versetzen, dabei energisch das Kommando „Fuß" aussprechen und sofort, wenn er sich an der linken Seite ordnungsgemäß befindet, ihn abliebeln.

Beim Hinsetzen halten wir zweckmäßigerweise mit der rechten Hand den Hund an der Halsung fest und drücken mit der linken Hand die Kruppe hinunter, bis er sitzt, indem wir immer, so lange der Hund noch nicht weiß, was er soll – relativ sanft und fordernd das Kommando „Sitz!" geben. Sitzt der Hund alsdann, wird er wieder gelobt und gestreichelt.

Der Hund wird sich nun alsbald wieder erheben wollen. Wir müssen das unterdrücken, indem wir ihn an der Halsung festhalten; ggf. müssen wir wieder den Hund an der Kruppe hinunterdrücken. Dabei achten wir auch streng darauf, dass der Hund immer parallel mit seiner Körperachse zu der unseren sitzt. Wir dulden es nicht, dass der Hund einmal weiter vor oder weiter nach hinten versetzt sitzt, oder dass sich seine Körperachse einmal nicht parallel zu der unseren befindet. Für die spätere Jagdausübung ist es sicherlich unbedeutend und unwichtig, wie der Hund sitzt – sei es, dass er seinen Herrn beim Pirschen begleitet, oder dass er ein gefundenes Stück Niederwild bringt; im Stadium des Lernens und Lehrens ist es jedoch wichtig, dass Hund und Herr sich an Konsequenz gewöhnen, der Hund die Überzeugung gewinnt, dass sein Herr nichts durchgehen lässt und dieser sich selbst um Konsequenz und Disziplin bemüht. Später, wenn der Hund das Kommando zum Setzen verstanden hat – und das wird schon nach wenigen Tagen der Fall sein – kann man das nicht sofortige Ausführen des Befehls etwas schärfer sanktionieren. Während man die Führerleine in der linken Hand hält, kann man mit der rechten hinter dem Rücken eine Rute führen und damit dem Hund einen leichten Schlag auf die Kruppe versetzen; das wirkt Wunder. Bei größeren Hunden kann man auch mit einiger Übung den Hund mit dem Spann des rechten Fußes, indem man diesen hinter dem linken bis zur Höhe der Kruppe des Hundes erhebt, hinunterdrücken; das ist auch ein sehr probates Mittel, denn man hat die Hände frei, um den Hund zu dirigieren und ihn, wenn er sitzt, sofort zu loben, zu streicheln oder zu kraulen.

Hat der Hund – vielleicht nach einer Woche – einigermaßen gelernt, im normalen Tempo seinen Herrn zu begleiten, wird das Tempo gewechselt; Der Herr pirscht einmal ganz langsam, auch in gebückter Haltung, später trabt er oder bewegt sich auch einmal in recht schnellem Laufschritt. Dabei werden auch die Richtung gewechselt und dann und wann einmal „kehrt" gemacht. – Diese Übung ist eigentlich für die Jagdpraxis überflüssig; sie gehört zum Unterordnungsrepertoire der Schutzhunde. Von der Ausbildung der Schutzhunde können wir allerdings allerhand lernen, was die Pingeligkeit bei der Ausführung angeht. Bei der „Kehrt"-Übung dreht sich nun während und in der Bewegung der Führer nach links um 180° – also zum Hunde hin – und befindet sich danach entgegengesetzt zur ursprünglichen Marschrichtung. Der Hund wechselt dabei hinter dem Rücken des Führers wiederum auf dessen linke Seite. Die Leine wechselt, während der Führer sich zum Hunde um 180° dreht, von der linken in die rechte Hand und von dieser wieder in die linke. Das hört sich einigermaßen kompliziert an und scheint es zunächst auch in der Praxis zu sein, nach einigen Übungen haben Hund und Herr jedoch verstanden, worum es geht. Sinn dieser

Änderung der Gangart

„Kehrt"-Übung

Übung ist es, die Aufmerksamkeit des Hundes in diesem Stadium der Ausbildung schon ganz auf den Herrn zu konzentrieren. Wenn er nämlich ohne schmerzhafte Empfindungen seinen Herrn begleiten will, muss er immer dessen Bewegungen mitmachen – ja, im späteren Stadium sogar schon „vorausahnen".

Üben in „kleinen Dosen"

Gerade bei der Leinenführigkeit ist es nun äußerst wichtig, dass nicht nur auf dem Übungsplatz geübt wird, sondern zu jeder Zeit und überall, wo sich Gelegenheit dazu bietet. Allerdings sollte der junge Hund auch hier noch nicht überfordert werden; er sollte die Möglichkeit haben zu spielen, selbständig seine Umgebung zu erforschen und die für sein späteres Leben wichtigen Erfahrungen zu sammeln. Das kann er kaum an der kurzen Leine tun. Wenn unser junger Hund also morgens „Gassi" geführt worden ist und sein „Geschäftchen" gemacht hat, kommt er kurz an die Leine, und es wird 2 bis 3 Minuten Leinenführigkeit geübt – so, wie man es als Schularbeit mit auf den Weg bekommen hat. Das gleiche kann man dann am späten Vormittag, unter Mittag, während des Spazierganges am Nachmittag oder abends tun, wenn man noch einen Brief zum Postkasten bringt.

Konsequenz bei der Leinenführigkeit

Wichtig ist es jedoch, dass der Herr, wenn er seinen Hund an der Leine hat, sich mit aller Konsequenz und Aufmerksamkeit dem Hunde widmet und nicht nun plötzlich etwas durchgehen lässt, was er sonst nicht erlaubt hätte. Wenn der junge Jäger mit seiner Freundin unterwegs ist oder der Ehemann mit seiner ihn sehr beanspruchenden Schwiegermutter, sollte man nicht den Hund an der Leine führen, denn es müssen sich dann Nachlässigkeiten einschleichen, die den Lernerfolg bis zu einem gewissen Grade in Zweifel stellen. So, wie ein Hund lernt, dass sein Herr in jeder Situation aufpasst und jede Nachlässigkeit geahndet wird, wird der Hund alsbald wissen, dass es Gelegenheiten gibt, bei denen er sich allerhand herausnehmen kann. Um diesen natürlichen, aber nicht erwünschten Lernerfolg gar nicht erst eintreten zu lassen, sollte man den Hund bei solchen und ähnlichen Gelegenheiten, bei denen man sich ihm nicht mit der erforderlichen Aufmerksamkeit widmen kann, überhaupt zu Hause lassen oder nicht an der Leine führen. Nachlässigkeiten schon bei diesen ersten Schritten in der Ausbildung rächen sich später mit Sicherheit.

Vorbereitung fürs Apportieren

Wir haben schon gesehen, dass das ordnungsgemäße und selbstverständliche Sitzen eine Vorübung für das Apportieren ist. Dabei müssen wir uns um den Hund herumbewegen und an seinem Fang manipulieren. Auch das muss jetzt schon vorbereitet werden. Wenn unser Hund also gelernt hat, beim Stehenbleiben oder auf leises Kommando oder auf das optische Signal mit dem erhobenen Zeigefinger sich hinzusetzen, beginnen wir, uns langsam auf der Stelle zu bewegen. Wir trippeln also auf der Stelle hin und her, machen einen Schritt nach vorne, einen nach hinten und beginnen dann, den Hund erst im Halbkreis und später ganz zu umrunden, wenn er den vorherigen Ablenkungen widerstanden hat. Dabei streicheln wir den Hund am Fang, heben die Lefzen hoch, kontrollieren seine Zähne und achten dabei immer darauf, dass er brav sitzen bleibt. Dann bewegen wir uns auch einmal einige Schritte vom Hund hinweg, zunächst in die Richtung, in die er blicken kann, später auch zur Seite und nach hinten weg. Dabei achten wir darauf, dass der Hund sich nicht vom Platze rührt. Das wird mit Sicherheit irgendwann einmal geschehen; dann bringen wir ihn auf dieselbe Stelle zurück, auf der er ursprünglich gesessen hat.

Bei all diesen Übungen achten wir darauf, dass wir den Hund immer an der Leine behalten. Zunächst haben wir den Hund noch an der kurzen Führerleine umrunden können, später nehmen wir eine längere Leine, vielleicht sogar die Feldleine.

Wenn keine Ablenkungen vorhanden sind, wird unser Hund in aller Regel ruhig sitzen bleiben, insbesondere zu Hause im Hof oder im Garten. Wenn aber andere Hunde spielen, vielleicht auch irgendwo Enten auf einem Teich das Interesse des Hundes erwecken, wird es schon schwieriger sein. Diese Gelegenheiten müssen wir suchen und ausnutzen, um dem Hund auch unter schwierigen Verhältnissen Ruhe beizubringen und ihn sich versammelt sitzen zu lassen. Was nützt uns ein Hund, der im sterilen Park brav neben uns sitzt, auf der Treibjagd oder auf dem Stand im Walde jedoch jedes anlaufende Stück Wild auf den Hinterläufen stehend jubelnd begrüßt, so dass wir unsere Mühe haben, ihn zu bändigen? An ein Schießen ist in einer solchen Situation überhaupt nicht zu denken.

Nach etwa 10 bis 14 Tagen hat der junge Hund zuverlässig begriffen, worum es geht. Häufig bleibt er schon von allein sitzen, wenn man – aus welcher Gangart auch immer – plötzlich stehen bleibt. Er hat auch begriffen, dass er sich nach seinem Herrn zu richten hat, und dieser nicht geneigt ist, ihm dort hin zu folgen, wo er gerade Lust hat, etwas zu untersuchen. Zuverlässig leinenführig ist der Hund zwar noch nicht, jedoch ist jetzt der Zeitpunkt gekommen, mit der nächsten Übung zu beginnen: Wir müssen dem Hund beibringen, sich auf unseren Befehl hin, wann und wo auch immer, sofort hinzulegen und dort zu bleiben, bis er von uns wieder „erlöst" wird. Ehe wir mit der Übung beginnen, ist es wiederum wichtig, sich für ein ganz bestimmtes Kommando zu entscheiden. Es bieten sich hier Befehle an wie „Platz", „Halt", „Down" oder „Ablegen".

Auswahl von Befehlen

Welches dieser Kommandos man letztlich auswählt, oder ob man überhaupt ein anderes wählt, ist Geschmackssache; wesentlich ist jedoch, dass man in der Ausbildungsphase strikt bei diesem Kommando bleibt.

Nun wird man mir einwenden, dass mit den verschiedenen Befehlen auch verschiedenes gemeint ist, sie verschiedene Inhalte haben und infolgedessen man doch sehr wohl unterscheiden müsse. Ich habe das nie einzusehen vermocht. Ebensowenig vermag ich einzusehen, dass ein Hund sich beim Kommando „Down!" platt hinlegen muss, möglichst schön gerade ausgestreckt, den Kopf zwischen den Vorderläufen auf die Erde gepresst, während er bei den übrigen Befehlen sich mehr oder weniger lässig hinlegen darf und dabei erhobenen Hauptes die Umwelt im Auge behält. Wesentlich für die jetzt ins Auge gefasste Übung ist doch die Überlegung, was wir psychologisch gesehen von unserem Hund verlangen, und aus dieser Einsicht heraus müssen wir uns bemühen, uns richtig zu verhalten.

Das Ablegen verhaltensbiologisch gesehen

Ein Wolf, ein Wildhund, nimmt die „Platzlage" – wenn wir sie einmal so nennen wollen – bei den verschiedensten Gelegenheiten ein. Am selbstverständlichsten erscheint es uns, dass er sich hinlegt, um zu schlafen. Wir können aber auch beobachten, dass ein Wolf, ein Fuchs oder ein anderer Wildcanide – wie unsere Hunde auch – sich beim Spielen hinlegen, und zwar, wenn sie aus irgendwelchen Gründen eine Lauerstellung einnehmen. Sie legen sich hin, um den Kumpanen zum Spielen aufzufordern, liegen sich gegenüber, beobachten sich, schätzen sich ab, um dann plötzlich wieder wild tobend davonzurennen. Oder auch während des Spielens nimmt plötzlich einer dem anderen gegenüber eine „Platzlage" ein – ja, er wirft sich sogar auf den Rücken.

Die ersterwähnte Verhaltensweise, das „lauernde" Platzmachen, ist auch zu beobachten, wenn ein Wolf, ein Fuchs oder ein Hund ein Stück Wild beschleicht und die bestmögliche Chance für einen Angriff abwartet. Die letzte beschriebene Geste hat damit nichts zu tun; sie ist vielmehr eine Unterwerfungsgeste.

Ablegen als Kapitulationsgeste

Diese Unterwerfungsgeste ist auch bei älteren Hunden zu beobachten, nur erscheint sie nicht mehr in so ausgeprägter Art und Weise, wie bei Welpen oder Junghunden. Diese werfen sich gegenüber dem stärkeren, dominanten Meutegenossen auf den Rücken, der Welpe bietet dem älteren Hund das nackte Babybäuchlein dar und auch noch der Junghund wirft sich auf die Seite oder auf den Rücken. Bei älteren Hunden kann man das in dieser ausgeprägten Weise nicht mehr beobachten, vielmehr wird sich ein älterer Hund nur noch in Ausnahmefällen auf die Seite oder auf den Rücken werfen. In den meisten Fällen nimmt er eine geduckte Haltung ein, der Schwanz ist eingeklemmt, die Rückenhaare sind in einer typischen Art und Weise gesträubt, die Ohren in einer bestimmten Art und Weise angelegt, und auch die Lefzenhaltung ist eine ganz bestimmte. Dabei ist der Kopf beiseite gedreht, so dass andeutungsweise, mehr rituell, dem dominanten, dem stärkeren Tier die Möglichkeit gegeben ist, das schwächere mindestens zu verwunden. Dieser Ritus ist auch zu beobachten, wenn sich zwei fremde Hunde begegnen, die noch nicht Gelegenheit hatten, ihre Kräfte zu messen. Es muss nicht immer zu einer handfesten Auseinandersetzung kommen, vielmehr wird man zunächst im Rahmen eines „geistigen" Kräftemessens die Rangordnung versuchen festzulegen. Dominiert in diesem Stadium der Auseinandersetzung einer der Hunde, so wird der schwächere den Herrschaftsanspruch des stärkeren durch die eben geschilderten und skizzierten Verhaltensweisen zum Ausdruck bringen.

Dies vor Augen, stellen wir uns einmal vor, wie unsere Welpen oder Junghunde reagieren, wenn wir sie einmal heftig anpacken oder auch auf frischer Tat, bei einem Streich erwischt, anschnauzen. Dann wird sich der Hund nicht hinlegen, als ob er schlafen wolle; er wird sich also nicht einrollen und die Schnauze hinter der Keule verstecken, er wird auch nicht eine Lauerstellung einnehmen, er wird vielmehr mit allen Zeichen der Demut und der Kapitulation sich auf den Rücken oder auf die Seite werfen und sparsam wedelnd mit den Augen „um Verzeihung bitten". Er zeigt genau die Verhaltensweisen, als wenn ihn ein älterer Meutegenosse, Vater oder Mutter, zur Räson gerufen hätte.

Allen Hundehaltern ist auch die Reaktion bekannt, die nunmehr erfolgt, wenn wir uns wieder von unserer freundlichen Seite zeigen, mit dem Hund in liebevollem Ton sprechen, ihn streicheln und klopfen: Da wird er, wie von einer Feder geschnellt, emporspringen, an uns hochspringen, er wird uns zu lecken versuchen, er umtanzt uns und ist außer Rand und Band voller Glück, dass die unangenehme Situation wieder vorbei ist.

In unserem Lehrgang ist dieser junge Hund nun etwa im Alter von 10 bis 12 oder auch 14 Wochen – in einem Alter also, da er, wie wir schon erfahren haben, im Rudelverband ausprobiert, wie weit er seinen Herrschaftsanspruch ausdehnen kann. Er ist auch darauf „eingerichtet", Autorität zu erfahren und sich mit ihr abzufinden.

Der junge Hund ist also auch im richtigen Alter, nunmehr das „Hinlegen" auf Befehl zu erlernen. Wenn wir es richtig anfangen wollen, so meine ich, spielt es in diesem Stadium der Ausbildung überhaupt keine Rolle, wie der Hund liegt. Später, nach sehr kurzer Zeit sogar, wird er die von uns letztlich gewünschte Haltung – nämlich auf dem Bauche liegend mit erhobenem Haupt – einnehmen. Es kommt darauf an, den Hund zunächst auf ein ganz bestimmtes und unabänderlich feststehendes Kommando zu veranlassen sich hinzulegen, und zwar im Rahmen der geschilderten Kapitulation.

Um zu wiederholen: Mit dem Kommando „Platz!" oder ähnlich melden wir unseren Herrschaftsanspruch an, den der Hund blitzartig kapitulierend anerkennen muss. Daraus ergibt sich noch zweierlei: Einmal muss dieses Kommando kurz, knapp, fordernd und bestimmt ausgesprochen werden; hier gibt es auch in der Modulation der Sprache keine Kompromissbereitschaft zu erkennen, vielmehr muss der unabdingbare Wille des Führers zum Ausdruck kommen, auf der bestimmten Verhaltensweise – nämlich dem Hinlegen – zu bestehen. Zum anderen dürfte es einleuchtend sein, dass der Hund, der die von uns erwünschte Verhaltensweise zeigt – sich also hinlegt – nun nicht dafür auch belobigt werden darf. Wir haben gelernt, dass bei den meisten Übungen die verschiedenen Lern- und Lehrgesetzlichkeiten nebeneinander und ineinandergreifend angewandt werden. So wird auch bei der Leinenführigkeit zu letztendlich von uns erwünschtem Verhalten veranlasst, indem wir belohnen, das unerwünschte hingegen bestrafen. Bei unserer jetzigen Übung jedoch befindet sich der Hund, wenn er sich hingelegt hat, in einer ganz bestimmten psychischen Lage und Stimmung, die aufgehoben werden würde, wenn wir ihn lobten, denn das würde aus der Sicht des Hundes bedeuten, dass der Herr und Meister nicht mehr „böse" ist, er zur Zeit seinen Herrschaftsanspruch aufgehört hat anzumelden und durchzusetzen –, dass man also aufhören darf, in der dazugehörigen Art und Weise zu antworten.

Natürlich ist das blitzartige Hinlegen auch ein Lernerfolg nach dem allgemeinen Prinzip des bedingten Reflexes, denn wenn sich ein Hund bei uns auf ein entsprechendes Kommando nicht sofort hinlegt, wird er durch eine möglichst schnelle und blitzartige körperliche Einwirkung dazu veranlasst. Der Hund lernt, dass er mit dem sofortigen Hinlegen der körperlich unangenehmen Einwirkung entgeht, und nach kurzer Zeit erfolgt die entsprechende Reaktion auch auf den zunächst neutralen Reiz des entsprechenden Kommandos. Diese Art des Lernens erscheint mir jedoch – insbesondere beim jungen Hund – nicht die gerade bei dieser Übung ausschlaggebende Rolle zu spielen, vielmehr ist es nach meinem Dafürhalten wirksamer und für das gesamte Hundeleben prägender, die Bereitschaft zur Kapitulation, zur Anerkennung des Stärkeren, auszunutzen.

Abgelegten Hund nie loben!

Praxis der Übung „Ablegen"

In der Praxis sieht dies nun so aus, dass wir anfänglich die Platzübungen nicht im Zusammenhang mit den Sitzübungen vornehmen. Je jünger der Hund ist, um so eindrucksvoller wird auch sein schon beschriebenes Verhalten sein, und um so schneller wird er auch das von uns erwünschte Verhalten zeigen, also der Lernerfolg wird sehr schnell eintreten. D. h., dass wir den Hund an die Leine nehmen, mit ihm einige Schritte gehen und dann ihn mit dem kurz und knapp ausgesprochen gewählten Kommando „hinwerfen". Das geschieht, indem wir mit der rechten Hand den Hund an der nahe an der Halsung gefassten kurzen Leine nach unten drücken und einfach mit der linken Hand die Kruppe umwerfen. Dann erheben wir uns wieder zu voller Größe, treten mit dem Fuß auf die Leine und bleiben stehen. Der junge Hund wird nun versuchen aufzustehen, er wird sich herumwälzen, jaulen und miefen. Unsere Reaktion darf nun nicht von Mitleid oder Nachsichtigkeit geprägt sein, vielmehr müssen wir konsequent und immer wieder unter Wiederholung des scharf ausgesprochenen, jedoch nicht geschrieenen oder gebrüllten Kommandos den Hund sich hinlegen lassen, wobei es völlig unerheblich ist, ob der Hund auf der Seite liegt, auf dem Rücken oder sonstwie. Nach wenigen Sekunden oder Minuten wird der Hund schon bei der ersten Übung aufgehört haben sich zu wehren, was wir jedoch nicht sofort zum Anlass nehmen weiterzumarschieren, sondern wir warten nun eine kurze Zeit, bis wir mit dem Kommando „Fuß!" uns fortbewegen. Nach 10 bis 12 Schritten beugen wir uns nun zum Hund herunter, klopfen ihn, loben ihn und lösen ihn aus der kleinen seelischen Depression, wenn er sich überhaupt in einer solchen befunden haben sollte. Ich habe bei den jungen Hunden kaum einen beobachtet, bei dem nicht schon nach wenigen Schritten das Stummelschwänzchen wiederfröhlich gewedelt hätte.

Diese Übung machen wir mit dem jungen Hund zwei-, dreimal, um ihm dann etwas Freiheit zu gönnen. Wenn wir dann Zeit haben, können wir noch etwas Leinenführigkeit und „Sitz!" üben.

Nach fünf, sechs Tagen wird der junge Hund in aller Regel auf das leise, aber immer energisch gesprochene Kommando zusammensinken und nicht nur auf dem Rücken liegen, sondern bestenfalls auf der Seite. Nach einer Woche wird er auch diese Lage aufgegeben haben und sich so hinlegen, wie wir es wünschen, nämlich auf die Brust und auf den Bauch mit erhobenem Kopf. Weitere Konzessionen machen wir jedoch nicht. Wenn der Hund sich jetzt noch weiter erheben, überhaupt den Platz verlassen will oder auch versucht fortzurobben, dann werden wir ihn mit einem energischen Leinenruck wieder auf den Boden zwingen. Wenn der Hund schon etwas größer ist, hat es sich als praktikabel erwiesen einfach mit einem Fuß ganz energisch auf die kurz gehaltene Leine zu treten und den Hund auf den Boden zu „werfen". Es kann nicht genug betont werden, dass man sich nie in einer solchen Situation verleiten lassen darf, auch nur ein gutes Wort an den Hund zu verschwenden oder ihn für sein Verhalten zu belobigen!

Nach einer weiteren Woche kann man auch beginnen, Leinenführigkeit und „Sitz!" und „Platz!" miteinander zu verbinden. Wenn der Hund einmal gelegen hat, marschiert man weiter und lässt ihn zwei, dreimal „Sitz!"

machen, um die Platzübung zu wiederholen, jedoch darf eine solche Übung nie länger als 5 bis 10 Minuten dauern.

Der Hundeführer hat immer darauf zu achten, dass während des Marschierens die mehr oder weniger lange Rute seines Zöglings fröhlich wedelt. Wenn der Hund einmal über einen längeren Zeitraum deprimiert sein sollte, dann hat der Jäger irgend etwas falsch gemacht.

Die weiteren Schritte ergeben sich eigentlich schon aus dem bislang auch zur Leinenführigkeit Ausgeführten: Wenn unser Hund liegen bleibt, ohne dass wir mit dem Fuß auf der Leine stehen, beginnen wir, uns auf der Stelle zu bewegen. Wir umkreisen den liegenden Hund alsdann erst halb, dann ganz und treten auch über ihn hinweg. Später umtanzen wir den Hund und beginnen langsam damit, ihn auch zu verlassen. Das bedeutet jedoch nicht, dass wir ihn von der Leine befreien, und wir uns sofort außer Sicht begeben: vielmehr müssen wir auch hier Schritt für Schritt vorgehen und dürfen erst den vierten oder fünften Schritt tun, wenn der dritte und vierte sitzen. Reicht unsere kurze Führerleine nicht mehr aus, dann nehmen wir die Feldleine zur Hand. Wir bewegen uns immer weiter vom Hund fort und achten streng darauf, dass der Hund sich von dem ihm zugewiesenen Platz nicht entfernt. Wenn wir den Hund irgendwo haben sich hinlegen lassen, so müssen wir uns merken, wo das gewesen ist – sei es, dass wir uns eine fortgeworfene Zigarettenschachtel merken, einen Maulwurfshaufen, eine charakteristische Pflanze oder etwas ähnliches. Wir müssen jedenfalls immer in der Lage sein, den Hund sofort und unerbittlich dort hin zurückzubringen, wo er unter Umständen aufgestanden sein sollte. Einen großen Hund führen wir, wenn er aufgestanden ist, kommentarlos zu dem Platz zurück und „schmettern" ihn mit einem entsprechenden energischen Kommando wieder dort hin, wo er aufgestanden war; bei einem Welpen oder Junghund oder einem Vertreter einer kleineren Rasse, etwa Terrier oder Teckel, können wir dem Hund auch ins Nackenfell fassen, ihn energisch schütteln und auf den ursprünglichen Platz wieder hinlegen.

Es dürfte einleuchtend sein, dass in diesem Stadium der Ausbildung der Hund auch nie von seinem Platz abgerufen werden darf. Es könnte sein, dass der Hund in der Erwartung des Abrufes diesem zuvorzukommen trachtet und sich schon erhebt, aufsteht, zu laufen beginnt oder mindestens den Platz robbend zu verlassen versucht. Das können wir unterbinden, indem wir den Hund unter gar keinen Umständen abpfeifen oder abrufen; das wird sich in der späteren jagdlichen Praxis von ganz allein ergeben.

Hund nicht abrufen!

Nun werden wir im Laufe der Übung auch die Erfahrung machen, dass unser Hund alsbald, wenn keine Ablenkungen da sind, liegen bleibt, insbesondere werden wir – wenn wir zu Hause fleißig geübt haben – dem Lehrgangsleiter voller Entzücken melden können, dass unser Hund sich hervorragend ablegen lässt. Wenn wir dies nun auf dem Hundeübungsplatz versuchen, auf dem die Ablenkung durch andere Hunde groß ist, dann ist der Führer plötzlich enttäuscht, obwohl das Verhalten des Hundes nun ganz natürlich ist. Wir müssen ihn also auch immer und immer wieder in Versuchung führen aufzustehen, und wir dürfen keine Gelegenheit versäumen und unsere Phantasie möglichst strapazieren, um für die Praxis gewappnet zu sein. Das bedeutet, dass wir Ort und Zeit bei unseren Übungen wechseln und unseren Hund allen Versuchungen die wir finden können, aussetzen. Auf dem Übungsplatz besteht dazu auch eine Vielzahl von Möglichkeiten. Während der Einzelübungen laufen andere Lehrgangsteilnehmer mit ihren Hunden am abgelegten Hund vorüber, der eine Führer schimpft mit seinem Hund, der andere spielt mit diesem; ein junger Hund, der hier liegen bleibt, hat schon eine ganz gehörige Portion gelernt. In der Gruppe bestehen dann auch viele Möglichkeiten, den Hund abzulenken, indem man die anderen Teilnehmer nahe beim abgelegten Hund vorübermarschieren lässt, der Führer selbst hingegen sich in ruhiger Gangart um den Hund herum bewegt. Letztendlich ist die Reizangel ein hervorragendes Mittel, den Hund in Versuchung zu führen.

Ablenkungen und Versuchungen suchen!

Von vornherein haben wir unser gewähltes Kommando mit der erhobenen Hand begleitet, so wie wir beim „Sitz!" von Anfang an den Zeigefinger erhoben haben. Es währt nur eine erstaunlich kurze Zeit, bis der Hund auch ohne akustisches Kommando auf den nur erhobenen Arm hin sich hinlegt, zusammenklappt.

Wenn der Hund in diesem Stadium der Ausbildung ist, verbinden wir das Handzeichen mit dem Trillerpfiff, und nach wiederum erstaunlich kurzer Zeit reagiert der Hund auch darauf mit der erwünschten Verhaltensweise, ohne dass die Hand noch gehoben werden muss.

Trillerpfiff

Wenn wir dem Hund ein „Platz!" zuzischeln, dann muss er sich dicht bei uns befinden; auf große Distanz können wir ihn nur noch mit Trillerpfiff oder Handzeichen beeinflussen. Der Trillerpfiff insbesondere ist die einzige Kommunikationsmöglichkeit, wenn der Hund sich auf größere Entfernung vor uns befindet, im Begriff ist zu hetzen oder sich schon kräftig dabei befindet. Auch hier dient die Reizangel als hervorragendes Instrument zur Vorübung. Wir haben die Möglichkeit, den Hund, der sich immer in allerkürzester Entfernung von uns befindet, sofort zu beeinflussen, wenn er auf ein entsprechendes Kommando aus dem Hetzen an dem Hasenbalg etwa nicht sofort zusammenklappt, was äußerst wichtig ist. Wir müssen uns gerade auch bei dieser Übung davor hüten, dem Hund einen Befehl zu erteilen, wenn wir nicht in der Lage sind, die Nichtbefolgung dieses Befehls sofort zu sanktionieren. Viele ungehorsame Hetzer haben gelernt, dass außerhalb eines ganz bestimmten Bereiches ihr Herr keine Möglichkeit mehr hat, auf sie einzuwirken. Etwa 20 Meter weit ist der Hund gehorsam und brav, darüber hinaus würde er sich ausschütten vor Lachen über seinen Chef, wenn er es könnte. Wenn der Hund jedoch an der Reizangel schon gelernt hat, dass auch beim Hetzen kompromisslos der Befehl des Herrn zu befolgen ist, haben wir es in der Praxis später leichter, den Hund auch in der Hand zu behalten. Als letztes Korrekturmittel bleibt dann bisweilen nur noch das Tele-Takt-Gerät, auf das bereits an anderer Stelle eingegangen wurde.

Ein Hund, der zuverlässig gelernt hat, sich hinzulegen, in welcher Situation und wo auch immer er sich befindet, ist eigentlich in einer glücklichen Lage, denn ihm kann sein Herr viel mehr Freiheiten gönnen als einem Hund, der ungehorsam ist. Je ungehorsamer ein Hund ist, um so weniger Freiheiten darf man ihm erlauben; der Hund, der sich fest in der Hand seines Herrn befindet, kann hingegen weitestgehend frei gearbeitet werden. Das ist nicht nur ein Genuss auf der Jagd überhaupt, sondern die Winzigkeit der Reviere und der starke Verkehr auf den sie durchschneidenden Straßen zwingt gerade dazu, dem Gehorsam der Hunde immer mehr Aufmerksamkeit zu schenken. Ein Jäger, der möglichst lange etwas von seinem Hund haben will und auch mit ihm jagen möchte, ist gezwungen, dem Gehorsam und insbesondere der Platzdressur größtmögliche kompromisslose Aufmerksamkeit zu schenken.

Der Beobachter eines fertigen Hundes wird sicherlich nunmehr die Frage aufwerfen, wie es denn bei dieser Art der Ausbildung dazu kommen kann, dass in den verschiedensten Situationen ein Hund sich auf verschiedene Hinweise, Kommandos, ja Bitten hinlegt und sich dann auch unterschiedlich benimmt. Man denke nur daran, dass ein Hund mit dem Kommando „Platz!" zu Hause in seinen Korb geschickt wird, – dass er nach der Treibjagd, während des Schüsseltreibens in der Gastwirtschaft mit dem gleichen Kommando veranlasst wird, an der Heizung in einer Ecke Platz zu nehmen –, dass er sich im Walde am Stück oder am Rucksack ablegen lässt, dass er sich unten am Hochsitz auf ein entsprechendes Kommando hin aufhält, während wir oben in luftiger Höhe ansitzen, – dass der Hund schließlich zusammenklappt, wenn ihn der Trillerpfiff beim Hetzen eines Stückes Rehwild erreicht. In manchen Situationen steht der Hund nach einer gewissen Zeit wieder auf, verlässt den Platz; in anderen Situationen bleibt er an der ihm zugewiesenen Stelle, erhebt sich jedoch hin und wieder, dreht sich, reckt sich, beobachtet, während er, wenn er beim Hetzen „zusammengeklappt" ist, sich nicht rührt und regt, bis er vom Herrn abgeholt wird. Diese verschiedenen Verhaltensweisen sind letztendlich auch die Ergebnisse verschiedener Lernprozesse. Ausgehen muss man jedoch immer davon, dass der Hund erst einmal grundsätzlich und kompromisslos lernt, sich auf das von uns erwählte Kommando hinzulegen und sich nicht rühren und regen darf.

Das Ablegen in verschiedenen Lebenssituationen

Wir haben gehört und gelesen, dass in den Lernprozess – abgesehen von unserer persönlichen Einflussnahme – zahlreiche andere Einzelheiten, wie Ort, Tageszeit etc., mit einfließen und die Verhaltensweise bestimmen. So wird ein Hund alsbald lernen, dass er sich – wenn er am Rucksack oder am Stück abgelegt ist – durchaus einmal erheben und ein paar Schritte laufen darf, und es nur wesentlich ist, dass er den Gegenstand nicht verlässt. Er wird ebenso lernen, dass er auf einen entsprechenden Hinweis ganz bestimmte Plätze zu Hause aufzusuchen hat, und dass er in der Gaststätte – wenn Herrchen sich an die Suppenschüssel setzt und der Hund hoffentlich auch schon seinen Teil bekommen hat – er sich in der ihm zugewiesenen Ecke zusammenzurollen hat und dort schlafen kann. In all diesen Fällen ist von unserer Seite aus eine gewisse Nachlässigkeit gegenüber bestimmten Verhaltensweisen des Hundes geübt worden, die den Hund zu den nunmehr skizzierten und letztlich auch in diesem Zusammenhang nicht unerwünschten Verhaltensweisen veranlassen. Wir haben jedoch nie Entsprechendes erlaubt und durchgehen lassen, wenn der Hund hinter einem Stück Wild niedergetrillert worden ist. Entsprechend wird der Hund auch diese spezifischen Einzelheiten mit in den Lernprozess einbeziehen und sich – wenn wir nur konsequent genug sind – auch nicht die Nachlässigkeiten erlauben, die er sich – von uns geduldet – erlaubt, wenn er sich unter dem Hochsitz befindet oder an einem Busch abgelegt wurde, während wir im Walde frühstücken. Fundament für all diese, den späteren tatsächlichen Gegebenheiten und Bedürfnissen angepassten Verhaltensweisen ist jedoch und bleibt die eingangs geschilderte konsequente Übung, sich hinzulegen. Eines Tages hat unser junger Hund begriffen, was er zu tun und zu lassen hat, wenn das entsprechende Kommando, sich hinzulegen, ertönt, und er hat auch den Unterschied zu der Aufforderung, sich hinzusetzen, begriffen. Insbesondere hat er begriffen, dass er auch sitzen bleiben muss, so lange sein Herr es von ihm verlangt, und dass er auch die verschiedensten Bewegungen des Herrn um ihn herum und an ihm selbst erdulden muss. Das ist eine unabdingbare Voraussetzung, um mit dem Apportieren zu beginnen, dem wir uns jetzt zuwenden wollen.

Von manchen Abrichtern oder Ausbildern liest oder hört man, dass man damit beginnen soll, dem Hund die Hand des Führers in den Fang zu legen. Mir ist eigentlich nie klar geworden, wozu das dienen soll. Endziel aller Apportierübungen ist doch, dass der Hund ein Stück Wild, das unter Umständen erst noch von ihm abgetan ist oder noch lebt, seinem Herrn ordnungsgemäß zuträgt und diesem abgibt. Bis dahin sind es viele Schritte auf einem langen Weg.

Beginn der Apportierübungen

Die ersten beiden Schritte, die notwendigerweise zusammenhängen, sind, dass der Hund lernt, einen Gegenstand zu halten, und zwar so lange, bis sein Herr ihm gestattet oder auch verlangt, ihn auszugeben. Warum soll dieser erste „Gegenstand" nun ausgerechnet die Hand des Führers sein? Es ist doch vielmehr sinnvoll, dem Hund gleich von Beginn an zu lehren, mit Gegenständen umzugehen, wie er es schon als Welpe und Junghund mit den verschiedensten Dingen – wie Knochen, Stöcken, Fellfetzen oder ähnlichem – getan hat. Wenn ein Hund einen Körperteil eines Spielgefährten in den Fang genommen hat, so doch beim Raufen oder Spielen, nicht jedoch, um ihn zu halten oder zu tragen. Der Mensch, der Führer mindestens, ist jedoch „vorgesetztes" Meutemitglied, und ich weiß mir keine sinnvolle psychologische Erklärung dafür, warum am Beginn der Ausbildung zum Apportieren das ruhige Halten einer Extremität ausgerechnet dieses „Vorgesetzten" stehen soll.

Allein richtig erscheint es daher, sofort mit einem Gegenstand das Apportierenlernen zu beginnen, wobei jedoch dieser Gegenstand sorgfältig ausgewählt sein sollte. Es erscheint mir wenig sinnvoll, mit dem rohen, beim Waffenhändler gekauften Apportierbock zu beginnen, den später der erwachsene Hund einmal tragen soll. Zweierlei ist in diesem Stadium der Ausbildung zu berücksichtigen: In aller Regel hat der Hund noch nicht sein fertiges Gebiss, sondern wird vielmehr dabei sein, sei-

Der Hund muß lernen einen Gegenstand zu halten.

ne Milchzähne gegen die Zähne des zweiten Gebisses einzutauschen. Das bedeutet, dass die Zähne und das Zahnfleisch empfindlich sind. Ein harter Apportiergegenstand könnte diesem Hund Schmerzen zufügen, die den Lernerfolg in Frage stellen könnten, da ja das ruhige, selbstverständliche Halten für den Hund angenehm und nicht schmerzhaft sein soll. Zum anderen geht es in diesem Stadium der Ausbildung noch nicht darum, dass der Hund, nur weil wir es wollen, auch etwas apportiert, das ihm vielleicht nicht gefällt; vielmehr geht es zunächst nur um das korrekte Halten und Ausgeben und um das Verstehen und Lernen der entsprechenden Befehle. Aus alledem ergibt sich, dass der Apportiergegenstand der Größe des Hundes angepasst sein muss. Ein junger Vorstehhund darf noch nicht einen Apportiergegenstand bekommen, den er im Erwachsenenalter tragen kann; entsprechende Größen müssen auch für Teckel oder Terrier ausgewählt werden. Darüber hinaus hat es sich als besonders praktikabel erwiesen, das Griffstück mit irgendeinem Textil zu umwickeln, das die Witterung des Führers trägt, also mit einem gebrauchten, alten Taschentuch, mit einem Stückchen Socken, einem Hemdzipfel oder ähnlichem. Man wickelt einfach das Stück Tuch oder Stoff um das Griffstück, danach Bindfaden herum, der festgeknüpft wird.

Der Apportiergegenstand muß der Größe des Hundes angepasst sein.

Häufig hört man von beglückten Führern, dass ihr Welpe oder Junghund es ihnen ja besonders leicht machen werde, da er schon ein hervorragender Apporteur sei; man könne wegwerfen, was man wolle – der Hund bringe alles und finde es auch. Ein Hundeführer, der sich auf seinen in dieser Weise „apportierenden" Hund verlässt, dürfte nicht erst in der praktischen Jagdausübung, sondern alsbald vorher „verlassen" sein. Der Hund wird nämlich nur so lange „apportieren", wie es ihm Spaß macht, und nicht einen Deut länger. Wir wollen uns jedoch einen Hund erziehen, der verlässlich apportiert, auch schweres Wild – auch Wild, dem nicht seine Sympathie gilt, und das alles am Ende eines langen Treibjagdtages. Das wird jedoch der Hund, von dem unser Anfänger uns glücklich berichtet, nie tun.

Wir müssen uns nämlich vor Augen halten, dass ein gesunder Canide einem gesunden, ausgewachsenen Artgenossen in aller Regel Beute nicht zuträgt, sondern vielmehr nach der Maxime handelt: „Selber fressen macht fett!" Lediglich die alte Wölfin trägt ihren Welpen Futter zu, während der beschriebenen Jagdspiele „apportieren" die Welpen und jungen Hunde die verschiedensten Gegenstände und tragen sie auch einmal einem Meutegenossen zu – jedoch nicht, um ihn zu beschenken oder ihn zu beglücken, sondern vielmehr, um ihn zu reizen und zum Spielen aufzufordern. Schließlich kann es in Ausnahmesituationen wohl vorkommen, dass erwachsene Wölfe einem kranken erwachsenen Meutegenossen vorübergehend Futter zutragen – eine Verhaltensweise, die bei unseren Jagdhunden jedoch nicht mehr stark ausgeprägt sein dürfte und überdies nicht die Brücke ist, die zu dem von uns angestrebten verlässlichen Apportieren führt. Aus alledem ergibt sich, dass wir nicht umhin kommen, dem Hund nach allen Regeln der Kunst das Apportieren Schritt für Schritt beizubringen, wobei die ersten beiden Schritte – wie schon erwähnt – das Halten und das Ausgeben sind – zwei Schritte, die notwendigerweise zusammenhängen und nicht getrennt werden können; sie müssen gemeinsam ausgeführt werden.

Das Kommando lautet „Apport"

Theoretisch bringen wir unserem Hund dies nach den Prinzipien der bedingten Aktion und der bedingten Hemmung bei, d. h., mit dem ausgewählten Kommando „Apport!" – und nur mit diesem – veranlassen wir den Hund, den Fang zu öffnen und den Apportiergegenstand zu halten, was zur Folge hat, dass wir den Hund streicheln, ihn leise loben, ihn also Erfahrungen machen lassen, die für ihn eine Belohnung darstellen. Auf diese Weise verknüpft sich mit dem Verhaltenselement „Halten" das Bedürfnis nach Kontakt und Belobigung, und der Hund stellt es somit in seinen Dienst. Fällt es schwer, den Hund überhaupt zum Halten zu veranlassen, so müssen wir die von uns nicht erwünschte Verhaltenstendenz für den Hund mit einer Erfahrung mit negativer Valenz verbinden, so dass ein Lernvorgang mit dem Ergebnis erfolgt, dass das Hinauswerfen des Apportierholzes in Zukunft nicht mehr geschieht. Schließlich müssen wir den Hund wiederum veranlassen, auf unser Kommando „Aus!" den Apportiergegenstand wieder herauszugeben, was er wiederum nach dem Prinzip der bedingten Aktion lernt, denn er macht auf das Verhaltenselement „Herausgeben" nach entsprechendem Befehl die Erfahrung, dass er wiederum belobigt wird, möglichst auch einen Brocken erhält. Der Hund verknüpft das Verhaltenselement „Herausgeben" wiederum mit dem befriedigten Antrieb und stellt es in seinen Dienst.

Praxis der ersten Übungen

Praktisch sieht das so aus: Der Hund sitzt ruhig vor uns und schaut uns erwartungsvoll an, denn er hat gelernt, sich durch unser Benehmen um ihn herum nicht mehr aus der Ruhe bringen zu lassen. Wir nehmen nun den Apportiergegenstand und versuchen, ihn sanft von vorn zwischen die Zähne zu schieben. Manchmal gelingt es, und dann können wir uns glücklich schätzen. Bei dieser Prozedur knien wir vor dem Hund oder stehen gebückt vor ihm und halten sinnvollerweise mit der linken Hand die Halsung des Hundes fest, während wir mit der rechten Hand den Apportiergegenstand in den Fang hinein zu manipulieren versuchen. Mit der linken Hand können wir jetzt den Hund dirigieren und festhalten, wenn er sich uns entziehen oder aufstehen will. Hat der Hund nun den Gegenstand zwischen den Zähnen, stützen wir den Unterkiefer mit der rechten Hand, wobei wir die Kehle und den Unterkiefer kraulen, dem Hund freundlich und belobigend zureden und dabei immer wieder leise und eindringlich das erwählte Kommando „Apport!" sprechen. Wenn der Hund all das sich gefallen lässt, können wir auch die linke Hand zum Loben, Streicheln, Klopfen und Kraulen benutzen. Hält der Hund den Gegenstand ruhig, dann fassen wir ihn nach 10 bis 15 Sekunden an einem der beiden aus dem Fang herausragenden Enden und versuchen, ihn mit dem Kommando „Aus!" aus dem Fang zu nehmen. Hat der Hund den Gegenstand dann herausgegeben, sparen wir nicht mit Lob und gönnen dem Hund auch ein Häppchen. Dann laufen wir einige Schritte, lassen den Hund zwischendurch einmal sich setzen und wiederholen die Übung. Wenn diese ersten Anfangsschritte in der Praxis so leicht gehen, wie beschrieben, kann sich der Ausbilder glücklich schätzen. In vielen Fällen ist es jedoch nicht von vornherein möglich, den Apportiergegenstand leicht zwischen die Kiefer des Hundes zu schieben; vielmehr gibt es Hunde, die die Kiefer fest aufeinandergepresst halten. Nun kommt es sehr auf die Geschicklichkeit des Hundeführers an: Er muss versuchen, mit einem Druck auf die Lefzen des Oberfanges den Hund durch die dadurch entstehende schmerzliche Empfindung zu veranlassen, den Fang zu öffnen. Dazu braucht er beide Hände, denn mit der linken Hand übt er den Druck aus, mit der rechten muss er sofort, wenn der Hund den Fang öffnet, den Apportiergegenstand zwischen dessen Zähne schieben. Da der Führer nicht über drei Hände verfügt, muss er – wenn der Hund nun aufstehen will – blitzschnell reagieren und den Hund an der Halsung entsprechend dirigieren und festhalten. Während dieser Manipulation muss der Führer ganz ruhig bleiben und immerfort das fordernde Kommando „Apport!" wiederholen. Befindet sich dann endlich der Apportiergegenstand im Fang, muss der Führer sofort umschalten und den Hund beruhigend loben und ihn – wie schon beschrieben – streicheln. – Nun gibt es aber auch Hunde, die sich diesem Zwang entziehen wollen und sich auf den Boden werfen, fortlaufen wollen und nicht nur eine drohende Haltung gegenüber ihrem Führer einnehmen, sondern sogar versuchen wollen, ihn zu beißen. In diesen Situationen nun zu kapitulieren, wäre genau so falsch, wie durch Brachialgewalt zu versuchen, dem Hunde unseren Willen aufzuzwingen. Besonders wichtig ist, dass wir in dieser Situation unsere eigene Selbstbeherrschung behalten und uns nicht zu unüberlegten Reaktionen hinreißen lassen, was gerade in diesem Stadium der Ausbildung häufig zu beobachten ist. Es gehört unter Umständen jetzt schon eine gewisse Körperkraft dazu, den Hund festzuhalten und so zu dirigieren, dass er trotz Widerstandes den Apportiergegenstand in den Fang bekommt. Bei einer solchen „Widerspenstigen Zähmung" ist zunächst nicht großer Wert darauf zu legen, dass der Hund ordnungsgemäß sitzt; vielmehr kann es auch vorkommen, dass es uns erst gelingt, den Apportiergegenstand in den Fang zu bringen, wenn der Hund auf der Erde liegt. Das ist jedoch unbedeutend; ausschlaggebend ist, dass wir den Apportiergegenstand im Fang haben und den Hund veranlassen, ihn dort – wenn auch zunächst nur für einige Augenblicke – zu dulden. Im einzelnen lässt sich schlecht beschreiben, wie man in einer derartigen Situation in einer für den Hund verständlichen Weise vorgeht. Daher ist es besonders glücklich, wenn sich ein Führer nun in einem Lehrgang befindet und ein erfahrener Hundemann Beistand und Hilfestellung leisten kann. Ist es uns erst einmal gelungen, den Apportiergegenstand auch bei unserem sich sträubenden Schüler in den Fang zu manipulieren, und duldet er ihn für einige Augenblicke, so haben wir eigentlich schon eine große Klippe überwunden. Wenn er den Gegenstand herausgegeben hat, loben wir ihn überschwenglich, gehen einige Schritte mit ihm, spielen auch mit ihm und geben ihm einen Happen. Dann wiederholen wir die ganze Übung, und das vielleicht noch ein- oder zweimal, um dann die Stunde abzubrechen. Wichtig ist jedoch, dass wir – wenn es zu einer solchen Auseinandersetzung kommt – immer erster Sieger bleiben! Ein alter, erfahrener Hundemann hat einmal die Problematik derartiger Situationen wie folgt umschrieben: „Entweder macht es der Hund, oder er geht dabei drauf oder ich; bislang haben wir noch immer beide lebend den Platz verlassen." Das skizziert zwar sehr pointiert die Problematik, indessen müssen wir unbedingt den Hund die von uns erwünschten Erfahrungen machen lassen, denn sonst können wir den Lernerfolg nicht erzielen.

Widerstrebendes Verhalten des Hundes

Irgendwann einmal – und hier kommt es sehr auf die Konsequenz, auf die Ruhe und auf das Durchhaltevermögen des Führers an – wird auch der sich zunächst sehr sträubende Hund damit abfinden, das Apportierholz im Fang zu behalten. Dann ist es für uns Zeit, den Hund – wenn er sich immer noch dabei hinlegen sollte – langsam wieder aufzurichten, bis er ordnungsgemäß sitzt. Bei dieser Übung wie auch bei den Hunden, die diese Anfangsschwierigkeiten nicht bereitet haben, wird zu beobachten sein, dass sie nach einer gewissen Zeit das Apportierholz aus dem Fang herausmanipulieren wollen oder einfach den Fang öffnen und es herausrollen lassen. Hier muss nun der Ausbilder aufpassen wie ein Luchs, um immer richtig zu reagieren, d. h., um blitzartig wechselnd die skizzierten Prinzipien anzuwenden, also erwünschtes Verhalten zu „verannehmlichen" und unerwünschtes Verhalten zu „verunannehmlichen". Wir stehen also gebeugt oder kniend vor unserem Hund, haben die linke Hand in der Halsung und streicheln mit der rechten Hand den Fang, die Brust und klopfen den Hund etwas. Meistens wird es im Anfangsstadium der Übung so sein, dass wir – wenn wir die Hand vom Fang entfernen – der Hund das Apportierholz fallen lässt. Das ist nicht schlimm, sondern vielmehr sogar erwünscht, denn nun haben wir die Möglichkeit, unserem Hunde klarzumachen, um was es geht. Einem Hund, der nie Fehler macht, haben wir keine Möglichkeit, dies zu veranschaulichen. Ganz flink nehmen wir das Apportierholz, manipulieren es wieder in den Fang, wobei wir fordernd „Apport, Apport!" sagen, und loben den Hund sofort wieder in der gewohnten Weise, wenn er das Apportierholz hält. Zuvor haben wir das Herausfallen des Apportierholzes je nach Individualität des Hundes sanktioniert, indem wir mehr oder weniger stark an der Halsung geruckt und den Hund mit knappen, leisen, aber deutlichen Worten ermahnt haben. Diese „drohende Stimmungslage" bleibt so lange bestehen, bis der Hund das Apportierholz wieder im Fang hat, worauf wir sofort und blitzartig umschwenken und liebenswürdig und freundlich sind, was auch in unserer Stimme, in Gesten und Haltung zum Ausdruck kommen muss. Nun beobachten wir den Hund ganz scharf weiterhin, und bald sind wir in der Lage, schon vorauszusehen oder zu ahnen, wann der Hund sich anschickt, das Apportierholz herauszumanipulieren. In diesem Augenblick lassen wir einen drohenden Unterton in unser Kommando „Apport!" einfließen und erinnern ihn mit einem leichten Ruck an der Halsung an seine Pflichten. In aller Regel wird dies nach einigen Übungstagen genügen, um den Hund zu weiterem Halten zu veranlassen.

Schon in diesem Stadium der Ausbildung werden die Nerven mancher Führer bereits arg strapaziert. Leinenführigkeit, Sitzen und auch Ablegen lernen die meisten Hunde gleichermaßen schnell und korrekt, und innerhalb eines Lehrganges sind hier noch nicht große Unterschiede festzustellen. Sobald jedoch das Apportieren beginnt, ergeben sich doch recht große Unterschiede im Leistungsniveau. Dabei muss jedoch gesagt werden, dass in aller Regel irgendwann einmal beim Apportieren bei jedem Hund Klippen auftauchen, deren Überwindung gewisse Anforderungen auch an die menschlichen Qualitäten des Führers stellt. Wenn man das weiß, sind gewisse Rückschläge leichter zu ertragen, und es fördert auch die Einsicht, dass man ein Stagnieren in der Ausbildung überbrücken kann.

Apportieren bei Teckeln und Terriern

Insbesondere sind Schwierigkeiten zu beobachten bei Lernpaaren, deren einer Teil ein kleiner Hund, ein Teckel oder ein Terrier ist. Beim letzteren gehört das Apportieren allerdings zum selbstverständlichen Handwerkszeug, so dass ein Führer hier nicht geneigt sein sollte, irgendwelche Konzessionen zu machen. Die einzige Schwierigkeit bei der Abführung eines Terriers liegt darin, dass man sich mehr bücken muss als bei einem großen Hund. Das gilt noch mehr bei einem Teckel, der jedoch genauso in der Lage ist, das Apportieren zu lernen wie ein anderer Jagdhund: es gehört jedoch auch ein ausdauernder Führer dazu. Ehe man sich den Strapazen, einem Teckel das Apportieren zu lehren hingibt, sollte man sich überlegen, ob es überhaupt notwendig ist. Ein Teckel ist bei entsprechenden guten Geländeverhältnissen durchaus in der Lage, ein Rebhuhn, eine Taube zu apportieren oder eine Ente im Wasser bis an das Ufer zu bringen; auch ein kleines Kaninchen wird er noch in der Lage sein, bei richtigem Griff heranzutragen. Bei allen anderen Wildarten sind ihm jedoch durch seine Größe Grenzen gesetzt. Nun ist es sicherlich sehr angenehm, bei der Kaninchenjagd einen Hund dabei zu haben, der das Kaninchen aus dem Gestrüpp holt, der bei der Entenjagd aus einem ruhigen Gewässer die Ente mindestens ans Ufer zieht oder auch eine Taube nachsucht. Bei werden Hund und Führer allerdings – wenn sie alleine jagen – gemeinsam große Freude erleben. Eine vom Teckel letztendlich zur Strecke gebrachte Ente, ein Kaninchen, schon verloren geglaubt, letztendlich vom Teckel gefunden und gebracht, machen dann größere Freude als ein halbes Dutzend Hasen auf einer Treibjagd geschossen. Ein Teckel „muss" also das Apportieren nicht lernen, er kann es jedoch!

Ein Teckel muß nicht apportieren

Zurück zu unserem Hund, der im Begriff ist, sich zu einem zuverlässigen Verlorenbringer ausbilden zu lassen.

Nach mehr oder weniger langer Zeit und großer Mühe des Ausbilders haben wir unseren Zögling soweit, dass er den Apportiergegenstand ohne unmittelbare Unterstützung hält und in aller Regel auch erst wieder ausgibt, wenn wir ihn dazu veranlassen. Zunächst werden wir immer noch in gespannter Haltung neben dem Hunde stehen – vielleicht gebückt, um sofort eingreifen zu können, wenn der Hund etwas Unerwünschtes tut. Alsdann müssen wir jedoch auch beginnen, uns wieder gerade hinzustellen.

Wenn das klappt, bewegen wir uns auf der Stelle, bewegen uns dann um den Hund herum, streicheln ihn am ganzen Körper, kraulen ihn am Kopf und am Fang, bewegen uns von ihm fort und führen ihn auch auf die verschiedenste Art und Weise in Versuchung – immer darauf bedacht, sofort eingreifen zu können, falls der Hund sich nicht korrekt verhält. Eines schönen Tages wird er jedoch auch sitzen bleiben, wenn wir uns bewegen, und dann ist es Zeit, mit dem Hunde selbst sich zu bewegen zu beginnen. Manche Hunde stehen bereitwilligst auf und laufen und traben mit ihrem Herrn mit, wie sie es von der Leinenführigkeit gewöhnt sind; andere – die meisten – bleiben jedoch zunächst sitzen und müssen wiederum schrittweise veranlasst werden, mit dem Apportierholz sich zu bewegen. Zu diesem Zweck knien wir uns wieder vor den Hund hin, halten die Führerleine etwa 1 m vom Hund entfernt und ziehen den Hund – wenn er nicht freudig und von sich aus uns zu folgen bereit ist – mit der Leine auf uns zu, wobei wir ihm ruhig zureden, ihn loben und unser Gespräch immer wieder leise mit „Apport, Apport!" untermalen. Ist der Hund nun einige Schritte – vielleicht zunächst nur zwei oder drei – auf uns zugegangen, so halten wir mit unserer Bewegung inne; der Hund wird sich allein wieder hinsetzen. Wir stellen uns vor den Hund, warten einige Sekunden und lassen das Apportierholz ausgeben – wie geübt und gewohnt. Nun wird es nicht mehr lan-

Gehen mit dem apportierenden Hund

Apportierholz mit
Bindfadenhilfe

Aufnehmen vom Boden

Apportieren von kleinen
Steinhürden

ge dauern, bis der Hund uns folgt; wir können uns dann wieder gerade hinstellen und brauchen dem Hund auch nicht mehr unsere Front zuzudrehen.

Nach fünf, sechs, sieben oder acht Tagen wird der Hund, wie sein Kollege schon von vornherein, auch neben uns marschieren. Hier müssen wir nun den Hund immer scharf im Auge behalten, denn wenn es vorher auch einwandfrei geklappt haben sollte – hier wird der eine oder andere doch das Apportierholz wieder fallen lassen. Dann müssen wir wieder blitzartig und schnell – wie schon mehrfach beschrieben – reagieren, das Apportierholz dem Hund in den Fang geben, alsdann weitermarschieren und die Übung ordnungsgemäß beschließen.

Läuft der Hund langsam neben uns, dann beginnen wir, auch geschwinder zu marschieren – ja, wir laufen und überwinden dabei Hindernisse, wie Gräben, kleine Balken oder Bäume. Wenn der Hund auch diese Schwierigkeiten meistert und das Apportierholz nicht mehr fallen lässt, ist der Zeitpunkt gekommen, dass wir mit dem Aufnehmen beginnen können.

Das einwandfreie Halten und Ausgeben ist die erste Klippe, die der Ausbilder beim Apportieren zu überwinden hat, die zweite ist in aller Regel das selbständige Aufnehmen des Apportierholzes vom Erdboden.

Manche Hunde haben im Stadium der Ausbildung bis hierher Verhaltensweisen entwickelt, die das Aufnehmen problemlos machen. Es sind dies die Hunde, die ihrem Herrn von sich aus das Apportierholz aus der Hand nehmen. Diese Hunde sind in aller Regel geneigt, das auf den Erdboden gelegte oder fortgeworfene Holz auch freudig aufzunehmen und es zu halten, zu tragen und ordnungsgemäß abzugeben.

Andere Hunde sind leicht zum Aufnehmen vom Boden aus zu veranlassen, indem man ihnen das Apportierholz, das sie ja freiwillig aus der Hand des Führers nehmen, immer mehr in Bodennähe anbietet, bis die Hand letztendlich auf dem Rasen liegt und dann auch das Apportierholz nicht mehr festhält, so dass der erwünschte Erfolg in dieser Ausbildungsphase schnell erreicht ist.

Es gibt auch Hunde, die aus einer gewissen Höhe das Apportierholz selbständig aufnehmen, weil sie dies aus dem Vorhergehenden in den Lernprozess mit einbezogen haben. Diese Hunde kann man auch auf einem anderen Weg dazu veranlassen, vom Erdboden aufzunehmen: Entweder nimmt man ein Apportierholz, das an seinen beiden Enden an zwei dünnen Fäden befestigt ist, und hält es dem Hund vor den Fang, und wenn es sich noch etwas bewegt, angenehm riecht und ihm vertraut ist, wird der Hund dieses Apportierholz auch fassen, halten, tragen und ordentlich ausgeben. Dieses Apportierholz können wir nun am Bindfaden langsam bis auf die Erde bringen. – Eine dieser Methode ähnliche ist das Apportieren von kleinen Steinhürden, die wir durch Wegnehmen von Steinen immer mehr verkleinern, bis das Apportierholz letztendlich auch auf dem Erdboden liegt.

Nicht immer werden jedoch die Hunde das Aufnehmen von der Erdoberfläche so leicht und glatt und einfach lernen, wie bisher beschrieben. Es sind dies meistens die Hunde, die auch beim Halten und Tragen schon gewisse Schwierigkeiten bereitet haben und dem Ausbilder mit einer gewissen „Sturheit" begegnet sind, die dessen Nerven schon arg strapaziert haben. Nun gilt es noch einmal, mit aller Geduld und Durchhaltewillen auch diese Schwierigkeit zu überwinden. Entweder bauen wir uns ein kleines Steinpodest, wie schon beschrieben, oder wir legen das Apportierholz unmittelbar auf den Erdboden, um den Hund nun zu veranlassen, es aufzunehmen.

Der Hund kennt bereits das Kommando „Apport!", verbindet mit ihm jedoch bislang nur die Aufforderung, zu halten und zu tragen, bis ihn das Kommando „Aus!" erlöst. Nun müssen wir dem Hund beibringen, dass das Kommando „Apport!" auch das selbständige Aufnehmen des Apportiergegenstandes mit umschließt. Da wir es hier nun meistens mit etwas störrischen Kandidaten zu tun haben, muss der Hund wiederum lernen, dass das Nichtbefolgen des Befehls unangenehm ist, jedoch sofort eine angenehme Atmosphäre herbeigeführt wird, wenn der Gegenstand aufgenommen worden ist.

Je nach Individualität des Hundes müssen wir nun dem Hund gewisse Unannehmlichkeiten bereiten. Wir greifen dem Hund wiederum mit der linken Hand in die Halsung und dirigieren den Fang über das Griffstück des Apportierholzes. Wenn wir den Fang auf das Griffstück drücken, wird mancher Hund schon geneigt sein, ihn zu öffnen und das Apportierholz schnappen, wenn wir den Hund unsere körperliche Überlegerheit – wenn auch sanft – fühlen und in unserer Stimme unseren „Unwillen" anklingen lassen.

Andere Hunde muss man nun zum Öffnen des Fanges veranlassen, und zwar grundsätzlich auf die gleiche Weise wie bei den schon geschilderten, ersten Schritten des Apportierenlernens. Wir drücken also auf die Lefzen des Oberfanges, worauf der Hund seinen Fang mehr oder weniger weit öffnet, schieben dann mit der linken Hand, mit der wir ja den Hund dirigieren, den Fang über das Griffstück, unterstützen nun – wie schon vorher geübt – den Unterkiefer und richten den Hund auf. Befindet sich das Apportierholz nun im Fang, dann loben wir den Hund, streicheln ihn und sprechen ihm gut zu. Wir lassen ihn sich setzen, und nach angemessener Zeit lassen wir uns das Apportierholz herausgeben.

Es gibt nun jedoch auch Hunde, die den Fang selbst in diesem Stadium der Ausbildung nicht öffnen wollen oder das Apportierholz alsbald herausfallen lassen. Geschieht letzteres, so müssen wir so reagieren wie schon zuvor, wenn der Hund das Apportierholz hat fallen lassen. Öffnet der Hund den Fang überhaupt nicht, müssen wir ihm einen irgendwie stärker gearteten Schmerz zufügen, der ihn veranlasst, den Fang zu öffnen. Dazu können wir ihm mit den Fingernägeln in den Behang kneifen, oder wir können auch – falls unsere Fingernägel zu kurz sind oder die Behaarung auf dem Behang zu dick sein sollte – mit einer Reißzwecke ihn etwas pieken. Diese Manipulation hat mit Tierquälerei überhaupt nichts zu tun, denn ein Stöberhund wird in den Brombeeren und im Unterholz ungleich stärkeren Schmerzempfindungen ausgesetzt sein, als bei der beschriebenen Mani-

„Tricks" beim Aufnehmen

pulation. Die Mittel-/ Zweckrelation rechtfertigt überdies allemal diesen kleinen Trick.

Es ist in diesem Stadium der Ausbildung auch möglich, dass der Hund sich auf den Rücken wirft oder auch absolut passiven Widerstand leistet. Hier kommt es wiederum sehr auf die Einzelsituation an: Lösungsmöglichkeiten können hier nicht verbindlich skizziert werden. Unabdingbar ist es jedoch, dass der Hund – auf welche Weise auch immer – lernt, dass sein gezeigtes Verhalten für ihn „persönlich" unangenehmere Auswirkungen hat, als wenn er dem gegebenen Befehle nachkommt. Hier kann oft nur der erfahrene Ausbilder, der das „unglückliche Paar" kennt, helfen.

Irgendwann einmal wird nun aber auch dieser störrische Hund gelernt haben, das Apportierholz aufzunehmen, zu halten und zu tragen. Dabei wird er meistens einen ausgesprochen unglücklichen, wenig passionierten Eindruck machen: Er trottet mit etwas eingezogener Rute, angelegten Behängen und krummen Rücken daher und entspricht gar nicht dem Bild eines freudig apportierenden Jagdhundes, wie man es kennt und es sich erwünscht. Das ändert sich jedoch bald, wenn man nunmehr dazu übergeht, den vielleicht mittlerweile etwas ungeliebten Apportiergegenstand durch andere Gegenstände zu ersetzen, denn Endziel ist es ja, dass unser Hund den warmen Hasen, das warme Kaninchen, den frisch geschossenen Fasan und das Huhn apportiert. Wir versehen nun den Apportiergegenstand mit den verschiedensten Bälgen und Federn, die wir auftreiben können. Dabei spielt es keine Rolle, wie groß das Balgstückchen ist, oder ob nun der eine Balg neben einem anderen sitzt; vielmehr kommt es darauf an, den Hund immer neugieriger und mit den verschiedensten Wildwitterungen vertraut zu machen.

Übergang zum Apportieren von Wild

Wir nehmen also ein Stückchen Kaninchenbalg und wickeln es um das Griffstück. Wenn wir einen Jungfuchs geschossen haben, brauchen wir nicht den ganzen Fuchs zu streifen; es genügt, wenn wir die Lunte an das Apportierholz binden. Das gleiche gilt für Fittiche von Krähe, Elster, Taube, Ente oder auch von überfahrenen Fasanen oder Rebhühnern. Wenn wir dieses Wunderding an Aussehen und Wildwitterung nun auch noch fortwerfen und den Hund zunächst schon einmal zum Bringen losschicken, so lange dieser Apportiergegenstand noch über den Rasen „hüpft", dann sprechen wir die Passion an, und der Hund wird sich alsbald wieder aus seiner depressiven Stimmungslage lösen.

Bei allem ist es jedoch wichtig, dass wir den Hund noch nicht von der Leine lösen, sondern diese Übungen zunächst an der langen Feldleine durchführen. Gerade, wenn der Hund mit verschiedenen Wildwitterungen in Berührung kommt, insbesondere auch mit Federn, wird der eine oder andere geneigt sein, seine Beute zu schütteln und mit ihr zu spielen. Das müssen wir unterbinden, indem wir den Hund mehr oder weniger streng auf seine Pflichten hinweisen. Befindet sich der Hund jedoch außerhalb unseres Einwirkungsbereiches, d. h. umtanzt er uns ohne Leine, wird er sich uns alsbald entziehen und lernen, dass wir doch einen relativ kurzen Arm haben. Haben wir den Hund jedoch an der langen Feldleine, können wir ihn zu uns heranziehen und entsprechend auf ihn einwirken. Auch wenn es in diesem Stadium einmal zu ernsteren Auseinandersetzungen kommen sollte, wird der Hund nicht handscheu, denn er lernt nicht, dass ein Herankommen auf nur 3 m ihn vor schmerzhaften Sanktionen schützt.

In diesem Stadium der Ausbildung spielt auch die Reizangel eine große Rolle. denn mit ihr können wir den Hund wieder „freudig" stimmen und motivieren und ihn auf leichte Weise veranlassen, auch einen vielleicht mit einem Fuchsbalg versehenen Apportiergegenstand zu greifen, vor dem er zunächst vielleicht einigen Widerwillen hatte. Im übrigen sei hier noch einmal auf die Bemerkungen zur Reizangel verwiesen.

Es ist nun auch an der Zeit, den Hund damit vertraut zu machen, dass er in Zukunft auch schweres Wild zu apportieren hat, und dass ein Wildkörper nicht so ausbalanciert und gut zu fassen ist, wie ein Apportiergegenstand aus Holz. Zu diesem Zweck bedienen wir uns der Apportiergegenstände, wie sie schon beschrieben sind.

Apportieren von schweren Gegenständen und Wild

Eines schönen Tages ist es auch so weit, dass der Hund den Sandsack, die halb mit Wasser gefüllte Plastikflasche, überzogen mit Hasen-, Kaninchen- oder Fuchsbalg, einwandfrei und freudig apportiert. Wir können den Balg weit fortwerfen, auch über einen Graben – der Hund greift und fasst einwandfrei, trägt zügig zu und liefert uns den Apportiergegenstand ohne Spielerei ab.

Nun ist es an der Zeit, den Hund auch einmal Wild apportieren zu lassen. Hier nehmen wir jedoch noch nicht ein frisch geschossenes, warmes Stück Wild, sondern ein Kaninchen, das über Nacht an einer kühlen Stelle gehangen hat und folgedessen kalt und steif ist. Wir nehmen den Hund wieder an unsere lange Feldleine und lassen ihn das Stück Wild, wie gewohnt, apportieren. Macht er das einwandfrei, bestehen keine Bedenken, den Hund auch von der Leine zu lösen und ihn das Stück wie die anderen Apportiergegenstände apportieren zu lassen.

Ehe wir mit den Schleppen beginnen, sollten wir noch andere Möglichkeiten ausnutzen, um sicher zu sein, dass der Hund sicher, schnell und zuverlässig – auch auf größere Distanz, jedoch immer noch unter unserer Einwirkung – Wild aufnimmt. Dabei können wir, den Hund an der Leine führend, im Revier ein Stück Wild auf irgendeinen Weg hinlegen und dann den Hund, den wir auf das Stück aufmerksam gemacht haben, dann – nachdem wir 50 oder 100 m gegangen sind – zurückschicken, um ihn das Wild holen zu lassen. Auf diese Weise können wir den Hund auch sehr leicht auf der sog. „Führer-Rückfährte" einüben, denn wenn wir einmal um eine Ecke gehen, wird der Hund auch mit der Nase versuchen, den Gegenstand zu finden und so das Suchen lernen. So können wir den Hund auch anlässlich eines Spazierganges ein Schlüsselbund oder etwas ähnliches leicht auf unserer eigenen Rückfährte apportieren lassen, haben so die Möglichkeit, auch wenn wir wenig Zeit haben, mit dem Hunde zu arbeiten.

Üben des sicheren Aufnehmens

Ein weiteres Mittel, den Hund zu schnellem Aufnehmen und Zutragen zu veranlassen, ist auch, mit ihm sich mit dem Fahrrad im Felde zu bewegen, wobei der Hund frei läuft. Wir werfen nun vom fahrenden Rad aus einen Apportiergegenstand oder ein Kaninchen oder eine Taube neben den Weg, vielleicht auf ein Feld oder auf eine Wiese, fordern den Hund, der dies beobachtet hat, zum Apportieren auf und bewegen uns weiterhin mit dem Fahrrad fort. Der Hund wird sich nun bemühen, schnell zu suchen und zu finden und wird sich, wenn er das Stück gefunden hat, nicht damit aufhalten, mit ihm zu spielen, sondern wird das Stück möglichst schnell hinter uns hertragen. Diese Art der Ausbildung hat sich als recht praktikabel und nutzbringend erwiesen.

Ausbildung auf der Schleppe

Die Arbeit des Hundes auf der Schleppe selbst stellt kaum Anforderungen an die Nase des Hundes. Das sollte sich jeder Hundeabführer vor Augen halten, denn häufig erlebt man, wie mit der „guten Nase" eines Hundes renommiert wird, der zuverlässig auf der Schleppe arbeitet. Wir haben schon über das ungemein feine Geruchsempfinden des Hundes gesprochen und haben uns – um überhaupt uns eine Vorstellung machen zu können – mit einem Vergleich beholfen. Wir haben uns vorgestellt, dass die Gerüche die verschiedensten Farben haben, und der Hund nunmehr mit der Nase seine Umwelt „sieht".

Schleppe keine Nasenarbeit

Bei einer Schleppe würde das für uns „Augentiere" bedeuten, dass wir eine rosarote oder irgendwie anders gefärbte dicke Wolke zu verfolgen hätten. Der Boden wird von den Stiefeln des Schleppenziehers verwundet, was allein schon eine für den Hund keine Schwierigkeiten bereitende Duftspur hinterlässt. Dazu kommt der spezifische Geruch des geschleppten Stück Wildes, ebenfalls eine für den Hund „unübersehbare" starke Wolke von Düften. Wenn wir dies wissen, vermögen wir auch zu erkennen, dass nach dem Legen besondere Eile für das Arbeiten nicht erforderlich, ja nicht angebracht ist.

Wir haben auch schon gelernt, dass man der Nase eines Hundes nicht allzu leichte Aufgaben stellen soll, und in der jagdlichen Praxis gibt es kaum von der Intensität des Geruches her vergleichbare Spuren oder Fährten. Man kann also eine Schleppe legen und sich mit der anschließenden Arbeit getrost Stunden Zeit lassen. Bei der Schleppe kommt es – das ist hoffentlich nun deutlich geworden – nicht auf die Feststellung irgendeiner Nasengüte an, sondern um den Nachweis, dass der Hund auch in der Lage ist, ohne Einwirkung durch seinen Herrn und ohne Kontakt zu ihm auf größere oder große Entfernung ein Stück Wild zu finden und seinem Meutegenossen zuzutragen. Das Üben dieser Fertigkeit und die entsprechenden Feststellungen auf Prüfungen sind unabdingbare Voraussetzungen für einen Gebrauchshund, der in einem Niederwildrevier geführt wird, wo es zu apportieren gilt.

Zunächst ein Wort zur Herstellung:

Herstellen der Schleppen

Schleppen werden überall dort und in jedem Gelände hergestellt, in dem auch Niederwild bejagt wird, und in dem ein Gebrauchshund seinem Berufe nachgeht, d. h. im Felde und auch im Walde. Aus Gründen der Praktikabilität wird man eine Schleppe nicht in den Rüben oder im Mais legen, auch nicht im hohen Getreide, wenngleich auch ein Hund hier mit tiefer Nase später unter Umständen gezwungen sein wird, die Spur des kranken Hasen oder das Geläuf auf des geflügelten Fasans zu arbeiten. Unterzieht sich ein Hundeführer der Mühe, ohne großen Flurschaden anzurichten, auch einmal eine Schleppe im Mais oder in den Rüben zu legen, so ist dagegen nichts einzuwenden, sondern das Bemühen um möglichst praxisnahe Ausbildung des Hundes vielmehr zu begrüßen. Indessen kommt es im Felde mehr darauf an, die Arbeit des Hundes durch Dritte unter Umständen beobachten zu lassen; dass er auch in der Deckung befähigt ist zu arbeiten, kann der Hund im Walde beweisen.

Wir wählen weiterhin möglichst ein Gelände aus, bei dem das Schleppwild nicht allzu sehr in Mitleidenschaft gezogen wird, was beispielsweise beim Schleppen in den Rüben geschehen kann. Auch im Walde erscheint es wenig sinnvoll, eine Schleppe durch einen Windbruch zu ziehen, wo Äste und Zweige aus dem Schleppwild einen unansehnlichen, zerfetzten Kadaver machen können.

Am Beginn der Schleppe wird ein künstlicher Anschuss hergestellt. Damit man diesen Anschuss später auch wiederfindet, ist er auf irgendeine Weise kenntlich zu machen: durch einen Spazierstock, einen Zweig, einen Stein oder ähnliches. Dann wird dort das zur Schleppe benutzte Stück Niederwild hingelegt, und aus dem Balg oder aus dem Gefieder werden einige auffallende Haare bzw. Federn herausgerissen oder gerupft. Beim Hasen oder Kaninchen, beim Fuchs rupfen wir die helle Bauchwolle heraus; das dunklere Haar des übrigen Balges ist weniger auffällig. Ähnlich verfahren wir beim Federwild, wo wir aus dem Brustgefieder einige Federn herauszupfen. Das Stück Wild selbst ist mit einem Bindfaden von etwa 2 m Länge am Kopfe dergestalt angebunden, dass er auch leicht wieder gelöst werden kann. Am besten zieht man eine Schlinge über den Kopf. Falsch wäre es, das Schleppwild an den Ständern oder etwa Hinterläufen zu befestigen, denn dann würde man das Stück „gegen den Strich" ziehen, und auch bei sauberem, trockenem Untergrund wäre am Ende das Stück unansehnlich, wenn nicht gar aufgerissen. All das lässt sich weitgehend vermeiden, wenn man das Stück mit dem Kopf nach vorn schleppt.

Der **Schleppenzieher** bewegt sich nun vom Anschuss fort und „schleppt" das Stück Niederwild hinter sich her, bis er die dem Ausbildungsstand des Hundes entsprechende Strecke mit mehr oder weniger schwierigen Haken hinter sich gebracht hat. Am Ende der Schleppe legt er dann möglichst ein zweites Stück Wild, das der geschleppten Wildart entspricht und sauber und ansehnlich ist, nieder und entfernt sich mit dem geschleppten Stück, das er nun hoch gehoben mit sich führt, so dass es den Boden nicht mehr berührt. Der **Schleppenleger** entfernt sich alsdann in der Richtung, in der er zuletzt das Stück Wild geschleppt hat, und sucht ein Versteck, in dem ihn der später suchende Hund möglichst nicht eräugen, und von wo der Hund möglichst auch keinen Wind bekommen kann. Das setzt voraus, dass die Schleppe mindestens im Verlauf des letzten Abschnittes – mit Nackenwind gelegt worden ist. Unmittelbar vor seinem Versteck legt der Schleppenleger, das geschleppte Stück nieder, das unbedingt von der Schleppleine befreit sein muss. Dieses Stück liegt – ebenso wie das am Ende der Schleppe liegende Stück – nicht in einem Versteck, d. h. hinter einem Stein, in einer Mulde oder hinter einem Baum, sondern frei, so dass der Hund uneingeschränkt Wind von ihm bekommen kann. Das geschleppte Stück wird vor das Versteck des Schleppenlegers hingelegt, damit der Hund, falls er das am Ende der Schleppe ausgelegte Stück überschießt und die Führerfährte weiterhin arbeitet, auch an deren Ende etwas zum Apportieren findet.

Schleppenzieher

Schleppenleger

Wir haben gehört, dass von dem Hund keine besondere Nasenleistung erwartet und verlangt wird, sondern dass die Schleppe vielmehr nur dazu dient, den Hund zu einem weit entfernt liegenden Stück zu bringen, das er alsdann selbständig und unbeeinflusst bringen soll. Der flüchtige Hund, der die Spur des geschleppten Wildes und die des Schleppenlegers als eine Einheit ansieht, wird – wenn er das geschleppte Stück Wild überschossen und von ihm keinen Wind bekommen haben sollte – die Spur des Schleppenlegers weiter ausarbeiten, und es ist sinnvoll und psychologisch richtig, wenn an deren Ende alsdann auch etwas liegt, an dem der Hund sich seiner Aufgabe entsprechend benehmen kann. Es ist selbstverständlich, dass der Schleppenleger – sollte der Hund sich ihm nähern – sich völlig still und neutral verhält, jegliche Beeinflussung in irgendeiner Richtung wäre verantwortungslos.

Bei der Einarbeitung auf der Schleppe ist es wohl richtig, sich auch wieder der psychologischen Grundlagen zu erinnern. Wir möchten zunächst, dass der Hund auf einer Wittrung, die wir ihm zeigen, selbständig sucht, bis er zu einem bestimmten Objekt kommt, das er nach unserem Willen aufnimmt und zuträgt und ordnungsgemäß abgibt. Es sind also drei streng voneinander zu unterscheidende Verhaltensbereiche festzustellen, die in ihrer Gesamtheit den zuverlässigen Apporteur ausmachen:

Verhaltensebenen bei der Schlepparbeit

- Einmal muss der Hund – getrieben von dem unbedingten Willen, zum Stück zu kommen – selbständig unter Meidung eventueller Versuchungen und Ablenkungen zum Stück hinzufinden trachten.
- Dann muss er weiterhin – beflügelt von dem Willen, uns das gefundene Objekt zuzutragen – dies auch aufnehmen und in unseren Herrschaftsbereich bringen.
- Letztendlich muss er auch „technisch" einwandfrei arbeiten, d. h. er muss das Stück Wild sicher, schonend und zuverlässig aufnehmen, tragen und abliefern.

Den ersten Abschnitt der Arbeit – d. h. die Arbeit vom Anschuss zum Stück – wird getragen vom „Findewillen", der den Hund auch in vielen anderen Situationen seines Lebens auszeichnet und ihn ganz wesentlich mit zum guten Jagdhund werden lässt. Bei der Einarbeitung auf der Schleppe müssen wir uns nun darüber klar sein, dass wir dem Hund plausibel machen müssen, wie lohnend es ist, einer von uns gezeigten Wittrung zu folgen. Wir nutzen dabei bei der ersten und bei wenigen dann folgenden Arbeiten vielleicht noch das Neugierverhalten des Hundes aus, das ja für die Berührung mit einer vielfältigen Umwelt die Triebfeder ist, um viel Erfahrungen zu machen. Die Spur – insbesondere die des geschleppten Wildes – wird für den Hund reizvoll sein, und er ist meistens von vornherein begierig zu sehen, wohin und zu was sie führt. Am Ende der Spur kommt der Hund alsdann zu einem Bringobjekt, das er aus den vorangegangenen beschriebenen Übungen kennt. Folgt nun das Kommando „Apport!", wird – wenn der Hund richtig durchgearbeitet ist – er sich so verhalten, wie wir es von ihm von den vorausgegangenen Übungen her gewohnt sind, wenn er allein auf das Auge hin zum Bringobjekt gefunden hatte. Wir arbeiten hier also auch einmal nach dem Prinzip der bedingten Appetenz – nämlich insofern, als der Hund die Arbeit auf der Spur benutzt, um über das Apportieren zu einer Befriedigung eines bestimmten Triebes zu kommen. Dass daneben auch ein Lernen nach dem Prinzip der bedingten Hemmung erfolgen muss, dürfte einleuchtend sein, denn wir müssen dem Hunde auch beibringen, dass er die Schleppe nicht zu verlassen hat.

Unabhängig von diesen Verhaltensweisen ist die reine Technik des Bringens zu berücksichtigen, die unmittelbar mit den Arbeiten auf der Schleppe nichts zu tun hat. Dem tragen auch die Prüfungsordnungen in aller Regel Rechnung, indem sie für die geschilderten Arbeiten zwei Zensuren vorsehen, nämlich einmal für das Fach „Schleppe" und dann für das weitere Fach „Bringen". Bei dem ersteren wird lediglich bewertet, wie und mit welcher trieblichen Ausprägung der Hund sucht, findet und zurückträgt (Arbeit: Anschuss – Stück – Führer), während beim „Bringen" die rein technische Ausführung ihren Niederschlag in einem Prädikat findet, also ob der Hund das Stück ohne Zögern, Knautschen und Spielen aufnimmt, ob er es richtig am Schwerpunkt fasst und trägt, sich ohne weiteres Kommando vor seinen Führer hinsetzt und wartet, bis ihm das Stück aus dem Fang genommen wird.

Wenn wir nun in der Praxis beginnen, den Hund auszubilden, müssen wir ein Stück Wild haben, das sich zum Schleppenlegen für unseren Zögling eignet, und wir müssen eine Feldleine haben.

Das Stück Wild sollte dem Hund vertraut, sauber und nicht beschädigt sein, es sollte sich jedoch nicht um ein frisch geschossenes, noch warmes Stück handeln. Es ist auch sinnvoll, die ersten Schleppen mit Wildarten zu legen, die der Hund schon freudig apportiert hat.

Schwierigkeiten tauchen häufig auf, wenn ein junger Hund mit einer Ringeltaube in Berührung kommt. Der Hund mag schon Kaninchen, Fasanen und Hühner ordnungsgemäß apportiert haben – bei einer Taube wird man häufig erleben, dass er sie fasst, wieder ausspuckt und alsdann nur noch mit Schwierigkeiten geneigt ist, eine Taube wieder anzufassen. Woran liegt das? Wenn ein Hund eine Ringeltaube fasst, wird er meistens auch das Brustgefieder mit ergreifen, wobei sich die vielen lockeren Federn lösen, die dem Hund unangenehm auf Zunge und Gaumen kleben, mitunter auch die Nase verstopfen und ihn zum Niesen reizen. Das hat ein Hund genausowenig gern wie wir, wenn wir in einem Daunenregen stehen sollten. Hier empfiehlt es sich, die ersten Ringeltauben mit einem dünnen Bindfaden zu einem handlichen Paket zusammenzuschnüren, so dass die Schwingen eng anliegen und der Hund apportieren kann, ohne mit den ihn reizenden Daunenfedern sofort in Berührung zu kommen. Dann kann man erst eine Schwinge lösen, später die zweite, und die geschilderten Anfangsschwierigkeiten werden nicht auftreten oder überwunden sein.

Vertrautsein mit dem geschleppten Wild

Noch besser ist vielleicht ein Stück Damenstrumpf, das über die Taube gezogen wird: Der Hund lernt die Wittrung kennen und wird in dem Maß mit der Taube vertraut, wie sich der Strumpf „auflöst".

Nehmen wir also an, unser Hund kennt das gebräuchlichste Haarfriedwild, mit dem man Schleppen zu ziehen pflegt: das Kaninchen. Dann nehmen wir ein sauberes, nicht zu großes und nicht zu kleines Kaninchen und legen zunächst eine Schleppe in der geschilderten Weise von etwa 100 m Länge. Hier brauchen wir noch keinen Helfer; wir können die Schleppe selber legen, und es bedarf auch noch nicht eines zweiten Stückes.

Dann holen wir uns unseren Zögling, befestigen die Feldleine an der Halsung und legen sie lang aus. Auch wenn es in der späteren Praxis und bei der Prüfung nicht so gehandhabt wird, empfiehlt es sich, den jungen Hund – wie bei der Schweißarbeit – zunächst einige Meter vom „Anschuss" entfernt abzulegen. Der Führer untersucht nun den Anschuss, erregt auf diese Art und Weise schon die Aufmerksamkeit des jungen Hundes und lenkt dessen Konzentration auf die zu erwartende Arbeit, an der ja das „Herrchen" offenbar auch großes Interesse hat.

Dann fassen wir die Feldleine kurz an, lassen das weitere ausgelegte Ende hinter uns schleifen und begeben uns zum Anschuss. Wenn wir ihn zuvor einigermaßen theatralisch untersucht haben, wird der Hund auch sein Augenmerk und sein Interesse sofort auf den Anschuss richten und nun – getrieben von dem Neugierverhalten – die Schleppspur aufnehmen. Sollte das nicht der Fall sein, dann weisen wir den Hund mit der Hand auf die ausgerupfte Bauchwolle und animieren ihn leise mit dem Kommando „Such' verloren, apport!"

Zunächst arbeiten an der Feldleine

Der Hund wird nun alsbald die Spur aufnehmen – vielleicht, nachdem er sich noch einmal links und rechts orientiert hat – und wird dann mehr oder minder schnell beginnen, die Spur auszuarbeiten.

Wir bleiben zunächst am Anschuss stehen, bis wir vielleicht 5 bis 6 m der Feldleine durch unsere Finger haben gleiten lassen und bewegen uns dann langsam hinter dem Hunde her, wobei wir – wenn das Tempo des Hundes schneller sein sollte als das unsere – noch etwas Feldleine durch unsere Finger gleiten lassen können.

Sollte der Hund von der uns bekannten Schleppspur abweichen, dann bleiben wir sofort stehen und ermahnen den Hund wieder mit „Such' verloren, apport!", wobei das Kommando hier ruhig etwas schärfer und ermahnender ausfallen kann. Wir bleiben so lange stehen, bis der Hund von sich aus die Schleppe allein wiedergefunden und begonnen hat, sie weiter zu arbeiten. Sollte der Hund das von sich aus nicht tun, so ziehen wir ihn an der Feldleine zu uns und weisen mit dem Finger wieder auf die uns bekannte Spur, in deren Nähe wir uns ja befinden. Unter Umständen begeben wir uns zurück zum Anschuss und weisen den Hund erneut auf die ausgerupfte Bauchwolle.

Mit etwas Glück werden wir nach relativ kurzer Zeit zum ausgelegten Stück gefunden haben, und der gut durchgearbeitete Hund wird das ihm bekannte Stück ohne Zögern greifen und damit beginnen, es uns zuzutragen.

Nun dürfen wir nicht stehenbleiben, sondern wir müssen uns zum Anschuss zurückbewegen, denn wir erwarten ja später, dass der Hund auch dorthin zurückkommt. Dabei lassen wir die Feldleine nicht aus der Hand, sondern halten den Kontakt zum Hunde weiterhin aufrecht, damit wir sofort – wenn der Hund sich mit seiner „Beute" entfernen oder aber beginnen sollte, mit ihr zu spielen oder etwas anderes Unerwünschtes zu tun – eingreifen können.

Viele Hundeführer meinen, in diesem Stadium der Ausbildung dem Hund schon erheblich mehr Freiheiten gewähren zu können. Das wäre jedoch grundfalsch. Die größere Distanz zum Herrn wird manchen Hund veranlassen zu versuchen, sich mit dem Stück beiseite zu drücken, mit ihm zu spielen oder auch – im Extremfall es anzuschneiden oder zu vergraben. Wenn wir nun nicht die Möglichkeit haben, den Hund sofort und ohne Zögern wieder in die Hand zu bekommen, um auf ihn einzuwirken, so lassen wir den Hund nun plötzlich die Erfahrung machen, dass unserer Macht Grenzen gesetzt sind, was sofort in den Lernprozess einfließt. Wenn wir dann noch anfangen würden zu schreien oder auf den Hund mit Steinen oder ähnlichem einzuwirken, dann haben wir uns im Nu einen handscheuen Hund erzogen, und das Ergebnis wären später in der Praxis und auf Prüfungen die hässlichen Bilder, mit denen ein Hund sich auf mehr oder weniger viele Meter seinem Herrn nähert und ihn umtanzt, jedoch nicht geneigt ist, ihm das Stück Wild ordnungsgemäß abzugeben. Benimmt sich der Hund nicht unseren Wünschen entsprechend, dann erfolgt an der Feldleine ein scharfer Ruck mit dem Kommando „Apport!", und unter Umständen wird er zu uns heran – und zum Anschuss zurückgezogen werden müssen.

Gefahr der Handscheue bei Fehlern der Ausbildung

Wenn der Hund unterwegs das Stück verliert und nicht mehr geneigt ist, es wiederaufzunehmen, müssen wir so verfahren, wie wir es zuvor getan haben, wenn der Hund das Stück verloren hat. Sollte infolge dieser Meinungsverschiedenheiten der Hund dann nicht mehr geneigt sein, das Stück so selbstverständlich aufzunehmen wie zuvor, müssen wir die Schleppenarbeit für einige Tage wieder vergessen und einige Schritte zurück in die Apportierdressur tun, um „etwas nachzuarbeiten". Auch hier gilt es, dass wir schrittweise vorgehen müssen, dass wir keine Schritte überlaufen dürfen, und dass das Fundament, auf dem wir aufbauen, möglichst fest sein muss.

Im Laufe der Zeit wird unser Hund auf der Schleppe immer freudiger und selbstverständlicher arbeiten, und wir vergessen nie, jede positive und gute Leistung mit Freundlichkeiten zu bedenken, mit entsprechenden Worten und Gesten und ab und zu auch mit einem Happen.

Allmählich – der Zeitraum ist individuell unterschiedlich – werden die Schleppen auch länger, und es werden auch leichte Bogen und Haken eingearbeitet.

Der Schwierigkeitsgrad der Schleppen

Und allmählich merken wir auch, dass der Hund begriffen hat, um was es geht, und in uns wächst die Sicherheit, dass der Hund das Stück Wild, das er gefunden hat, auch nicht für sich „verwenden", sondern uns in dessen Besitz bringen will.

Wenn wir diese Überzeugung gewonnen haben, ist es soweit, dem Hund immer mehr und mehr Freiheit zu geben und zu gönnen. Das beginnt damit, dass wir – wenn wir uns dem ausgelegten Stück einmal auf 20 oder 30 m genähert haben – die Schleppleine loslassen und den Hund somit fast frei das letzte Stück der Schleppe arbeiten lassen. Hat der Hund dann das Stück Wild gefunden, loben wir ihn und zeigen ihm, dass wir uns freuen, und laufen sofort schnell zum Anschuss zurück.

Die Strecke, die der Hund alsdann frei arbeitet, wird immer länger, bis er kaum noch der führenden Hand des Jägers auf der Schleppe bedarf.

Die freie Arbeit auf der Schleppe

Nun ist der Zeitpunkt gekommen, die Schleppleine ganz zu entfernen. Es kommt jedoch immer darauf an, den Hund erst selbständig arbeiten zu lassen, wenn wir sicher sind, dass er begriffen hat, worum es geht, und dass er die von uns gewünschte Witterung als die für ihn ab sofort maßgebliche erkannt hat. Dazu bedienen wir uns einer weiteren Leine, die es uns ermöglicht, den Hund für diesen unmerkbar zur freien Arbeit auf der Schleppe zu entlassen. Wir nehmen eine gut gleitende Leine von etwa 4 m Länge, binden uns ein Ende mit einer Schlinge um das Handgelenk der linken Hand, während im übrigen das andere Ende – nachdem es lose durch die Halsung gezogen ist – von uns in der linken Hand gehalten wird. Mit dem so „angeleinten" Hund begeben wir uns zum Anschuss, zeigen ihm – wie es der Hund nun schon gewohnt ist – den Anschuss und lassen ihn an dieser Leine die ersten Meter auf der Schleppe arbeiten. Liegt der Hund nun fest in der Leine, und sind wir dessen gewiss, dass der Hund begriffen hat, welche Wittrung er arbeiten soll, so lassen wir einfach das in der linken Hand gehaltene lose Ende der Leine los, und der Hund beginnt, selbständig zu arbeiten, ohne dass die Kontinuität der Arbeit vom Anschuss an unterbrochen wird. – Leider machen viel zuwenig Führer von diesem hervorragenden Hilfsmittel Gebrauch. Vielfach erlebt man, dass der Hund an der Führerleine an dem Anschuss angesetzt wird, nach eifriger Arbeit von 10 bis 15 Metern dann angehalten, der Karabinerhaken rausgepruckelt und der Hund dann wieder fortgeschickt wird. Das führt häufig dazu, dass der Hund sich fragend umsieht, in der Arbeit verhält und die Kontinuität unterbrochen wird. Dass dies wenig sinnvoll ist, wird jeder einsehen.

Im weiteren Verlauf der Arbeit auf der Schleppe wird sie – wie geschildert – stetig länger, und die Schwierigkeiten werden immer größer. D. h., dass die Haken und Winkel, die eingearbeitet werden, auch ruhig einmal bei der Übung spitzwinklig sein können, auch die Stehzeit immer länger wird, und wir die Schleppe immer mehr dort legen, wo Ablenkungen zu erwarten sind, also über Wege hinweg und an Dickungen vorbei, sie auch einmal an einem Wasser vorbeiführen, auf dem erfahrungsgemäß Enten liegen.

Da wir den Hund ja später auch auf der Spur des kranken Hasen schnallen, wenn die Jagd noch im Gange ist, ist es notwendig, dass wir – wenn es auf den Prüfungen im allgemeinen auch noch nicht verlangt wird – ruhig einmal schießen oder auch Dritte schießen lassen, während der Hund arbeitet.

Versagen des Hundes

Sollte unser Hund auf den Schleppen versagen, müssen wir wieder zurückgreifen. Das bedeutet meistens, dass wir ab und an den Hund wieder einmal an der langen Feldleine eine Schleppe arbeiten lassen müssen, um ihn zu ermahnen, was er zu tun hat beispielsweise, wenn er von der Schleppe abweicht und ins Wasser zu den Enten will oder es vorzieht, einen Stöberspaziergang in der Dickung zu machen. Hier hat es sich auch als praktikabel erwiesen, einen Helfer – vielleicht auf einem Hochsitz oder auf einer Leiter – an einer solchen neuralgischen Stelle zu postieren, um – für den Hund völlig unerwartet – auf ihn einzuwirken und ihn an seine Aufgaben zu erinnern.

Ein Hund, der seinem Führer auf einer Schleppe nie Kummer bereitet, wird es kaum geben.

Es gibt allerdings auch Hunde, die in ihrer Zuverlässigkeit fast einmalig sind. Da ein Hund nur aus Erfahrungen lernt und möglichst schlechten aus dem Wege geht, provozieren manche Führer bei jenen Hunden einen Fall des Versagens, indem sie von einem Helfer die Schleppe bis zu einem Hochsitz führen lassen, und der Schleppenleger das geschleppte Stück mit auf den

Hochsitz nimmt. Der Hund wird nun an das Ende der Schleppe kommen und dort kein Wild finden, er wird suchen und irgendwann einmal ohne Stück zum Führer zurückkommen, der ihn entsprechend empfangen und wieder zurückschicken wird. Mittlerweile hat der sich auf dem Hochsitz befundene Schleppenleger das Stück am Ende der Schleppe deponiert, so dass der Hund das Stück finden wird. Das lässt auch einen Hund, der wegen seiner Zuverlässigkeit dem Führer nie die Möglichkeit gegeben hat, ihn zu rügen, die Erfahrung machen, dass er mit einem Stück zurückkommen muss.

Die Arbeit auf der Schleppe von der ersten hundert Meter langen bis hin zu einer vielleicht einen Kilometer langen durch Feld und Wald ist – je nach Individualität des Hundes – unterschiedlich lang. Sie ist ein hervorragendes Hilfsmittel, den Hund in der jagdarmen Zeit „fit zu halten" und ihn nicht vergessen zu lassen, dass er die Nase einzusetzen hat, um zu einem Erfolg zu kommen. Darüber hinaus ist die Arbeit auf der Schleppe auch für viele Hunde die ihrem Beruf ihrem Leistungsvermögen nicht mehr entsprechend nachgehen können, eine gute Beschäftigungstherapie, die vermeiden hilft, dass aus unserem Jagdkumpan ein neurotischer, lästiger Zeitgenosse wird.

Diese Schleppenarbeit lernt der Hund, und daran erinnern wir uns im ersten Jahr seines Lebens im Lehrgang, den er mit 8 bis 12 Wochen begonnen hat. Am Ende des Lehrganges nach etwa 5 bis 6 Monaten arbeitet der junge Hund in aller Regel noch nicht Schleppen von vielen hundert Metern; das „Klassenziel" ist erreicht, wenn er leichtere Schleppen von 200 bis 300 Metern arbeitet, er also in der Lage wäre, die Jagdeignungs- oder Brauchbarkeitsprüfung zu bestehen.

Schleppenarbeit auch eine Beschäftigungstherapie

Neben der Schleppenarbeit üben wir noch ein weiteres:

Wir wissen, dass wir einen Hund nicht schnallen, um ein in Sichtweite verendetes Stück Wild bringen zu lassen. Die Arbeit auf der Schleppe ist eine Vorbereitung der Arbeit auf der Wundspur oder dem Geläuf des geflügelten Stück Federwildes, insbesondere im Hinblick auf das selbständige Bringen auf große Distanz.

Nun kann es jedoch auch geschehen, dass ein Stück Federwild glücklich getroffen in die Deckung fällt, in hohe Rüben, in Mais oder Gründüngung. In diesen Fällen haben wir keinen Anschuss, keinen Ausgangspunkt, von dem aus der Hund arbeiten kann; vielmehr müssen wir den Hund für diese Fälle lehren, selbständig in einer bestimmten, angegebenen Richtung das Wild zu suchen. Wir werden also, wenn unser Hund sicher apportiert, Wild in derartige Deckungen werfen und den Hund alsdann veranlassen, zu suchen und zu bringen.

Verlorenbringen aus der Deckung

Zunächst soll der Hund ruhig beobachten, wie wir Wild in die Deckung werfen; später, auf etwas größere Distanz, muss dies ein Helfer für uns tun. Mit dem ihm vertrauten Kommando zu apportieren und der Aufforderung zu suchen – beispielsweise „Voran!" wird der Hund nun in die Deckung geschickt, wo er, – da wir die Geschichte zu Beginn nicht allzu schwer gestalten – das Stück Wild alsbald gefunden haben wird. Er wird dann sofort belobigt und zum Herankommen und Ausgeben veranlasst.

Später werfen oder legen wir ein Stück Wild aus, ohne dass es der Hund zunächst beobachtet hat, und schicken ihn dann mit dem entsprechenden

Kommando los. Wenn der Befehl zum Suchen mit der Aufforderung zum Apportieren verbunden wird, begreift der Hund sehr schnell, dass er eine andere Arbeit auszuführen hat, als beispielsweise im Felde zu suchen oder im Walde zu stöbern. Der Hund wird sich nicht mehr schnell vom Führer entfernen mit dem Ziel, Wild zu finden; vielmehr wird er – da er alsbald die Erfahrung gemacht hat, dass der Erfolg schneller kommt, wenn man in der vom Führer angegebenen Richtung sucht – sich auch in diese Richtung bewegen, und zwar langsam suchend mit meist tiefer Nase. Da bei diesen von uns initiierten Übungen der Erfolg nie ausbleibt, lernt der Hund dieses für die Praxis recht wichtige Fach auch bald.

Auch aus dem Wasser muss der Hund am Ende des Lehrganges einwandfrei zu apportieren gelernt haben. Mit dem einfachen Bringen aus

Der Hund arbeitet an der Ente – dabei muß er ein sicherer Apporteur sein.

Apportieren aus dem Wasser

dem Wasser ist zwar die Arbeit eines Hundes am und im Wasser nicht erschöpft, das einwandfreie Apportieren aus dem tiefen Wasser ist jedoch als Lernziel für den jungen Hund innerhalb der Ausbildung während des ersten Sommers ausreichend. Es gibt Hunde, bei denen diese Übung nicht die geringsten Schwierigkeiten bereitet; sie bringen mit der gleichen Selbstverständlichkeit, wie sie zu Lande apportieren auch Apportierbock und Wild aus tiefem Wasser und lernen, auch aus der Deckung im Wasser, aus dem Schilf die Ente so schnell und sicher zu bringen wie auf dem Lande den in die Rüben gefallenen Fasanenhahn.

Nicht selten hat sich jedoch auch ein Hundeführer mit Schwierigkeiten auseinanderzusetzen, die mit mehr oder weniger Arbeit und Fantasie zu überwinden sind.

Voraussetzung für das Apportieren aus dem Wasser ist ein einwandfreies Apportieren zu Lande, und zwar muss insbesondere die Technik des Aufnehmens, des Tragens und des Abgebens vom Hunde einwandfrei beherrscht werden. Zum anderen hat der Führer, während der Hund zu Lande das Apportieren lernte, ausreichend Gelegenheit gehabt, in der warmen Jahreszeit an den verschiedensten Gewässern seinen Hund mit dem feuchten Element vertraut zu machen. Der Hund sollte also in diesem Stadium der Ausbildung gern und freudig das Wasser annehmen und in ihm sich selbstverständlich und sicher bewegen können. Aus Faulheit oder eigener Wasserscheu unterlassen jedoch manche Führer erstaunlicherweise es, ihren Hund in dieser Hinsicht vorzubereiten, und dann ist es eigentlich kein Wunder, wenn gewisse Schwierigkeiten auftauchen.

Bei manchen Hunden ist jedoch auch eine ausgesprochene Wasserscheu zu beobachten oder auch eine mangelnde Fähigkeit, ordentlich zu schwimmen. Normalerweise bewegt ein schwimmender Hund im Wasser alle vier Läufe; er planscht beim Schwimmen nicht, gleitet vielmehr lang ausgestreckt durch das nasse Element, lediglich der Kopf und ein Teil des Halses sind zu sehen. dann wieder etwas von der Rückenlinie und die steuernde Rute. Es gibt jedoch auch Hunde, bei denen man meint, sie stünden fast auf den Hinterläufen im Wasser, die also mit den Vorderläufen wie wild die Wasseroberfläche schlagen, während der Körper bis zu den Schulterblättern aus dem Wasser ragt. Dass diese Fortbewegungsart im Wasser äußerst unglücklich ist, bedarf keiner Erläuterung. Der Hund nimmt sich einmal selbst die Sicht durch den Wasservorhang, den er sich selbst bereitet: überdies ist die Nase voller Wasser, so dass er keine Witterung nehmen kann, und im übrigen kann er auch die Nase nicht einsetzen, da er nicht in aller Ruhe wie ein im Wasser gleitender Hund die Geruchspartikelchen einfangen und aus dem Wind heraussieben kann, sondern er sich selbst in eine Position begibt, aus der heraus das überhaupt nicht möglich ist. Überdies ist es für einen solchen Hund äußerst schwer, den Apportiergegenstand zu greifen, denn er bemüht sich ständig und krampfhaft, den Kopf möglichst weit aus dem Wasser herauszuhalten; er ist nicht in der Lage, den gesamten Oberkörper im Wasser gleiten zu lassen.

Bei manchen Hunden verschwindet diese unangenehme Verhaltensweise sehr schnell; sie lernen alsbald, sich normal im Wasser zu bewegen und zu schwimmen. Bei anderen Hunden bedarf es einer gewissen Nachhilfe. Wenige schließlich lernen das Schwimmen nie richtig, wie es zur erfolgreichen Jagdausübung im Wasser erforderlich ist. Ein Hund, der einen schweren Apportiergegenstand im Wasser gefasst hat und nun zum Ufer bringen will, kann sich nicht mehr „erhobenen Hauptes" im Wasser bewegen; er ist vielmehr gezwungen, den Gegenstand vor sich herzuschieben und zum Ufer zu transportieren. Hat ein schlecht schwimmender Hund – wie beschrieben – einen solchen Gegenstand erfasst, muss auch er sich normal im Wasser bewegen. Bei manchen Hunden hilft das Üben mit nicht allzu leichten Apportiergegenständen, um sie recht schnell die erwünschte Lage beim Schwimmen finden zu lassen. Andere Hunde planschten so lange im Wasser herum, wie sie keine besondere Aufgabe hatten; als sie jedoch Gelegenheit bekamen, eine Ente im Wasser zu verfolgen, überwogen offensichtlich der Reiz, der von der Ente ausging, und der Trieb, der den Hund zur Verfolgung veranlasste, die „Angst", sich langgestreckt dem Wasser anzuvertrauen, und die Hunde verfolgten plötzlich, tief im Wasser liegend, mit kräftigen Schwimmstößen das flüchtige Federwild. Von Stund' an waren sie zu normalen, tüchtigen Schwimmern geworden.

Mangelnde Fähigkeit des Hundes zu schwimmen

Bei Hunden, denen auch nach den verschiedensten Übungen und nach Einsatz in der jagdlichen Praxis ein normales Schwimmen nicht selbstverständlich geworden ist, können auch erblich oder krankhaft bedingte Gleichgewichtsstörungen vorliegen. Hier wäre für den Züchter Veranlassung achtzugeben.

Wenn unser Hund also ordentlich schwimmt und zu Lande korrekt zu apportieren gelernt hat, bestehen keine Schwierigkeiten, auch korrekt aus dem Wasser zu apportieren. Allerdings muss auch bei diesen Hunden darauf geachtet werden, dass sie sich nach dem Aussteigen aus dem Wasser ordnungsgemäß verhalten und nicht erst „Toilette machen", d. h. sich schütteln und dabei vorübergehend ihre Aufgabe vergessen. Eine geflügelte Ente, der es gelingt, am Ufer dem Hunde zu entkommen, wird ungleich schwieriger nunmehr noch zur Strecke zu bringen sein als vorher. Die Ente weiß, was der sie verfolgende Hund bedeutet; sie wird sich drücken, vielleicht lange im Schilf sitzen – lediglich den breiten Schnabel an der Oberfläche des Wassers, um atmen zu können – und sich nicht rühren: sie wird überdies tauchen und es dem Hund schwerer machen als vorher. Das kann nicht in unserem Sinne sein: vielmehr muss der Hund erst ordnungsgemäß die Ente abgeliefert haben, und dann darf er sich frei und ungezwungen von dem im Haar befindlichen Wasser befreien. Das Bedürfnis, sich sofort nach dem Verlassen des Wassers zu schütteln – wobei natürlicherweise ein Gegenstand im Fang hinderlich ist, muss unterdrückt werden, bis die von uns verlangte und erwartete Arbeit korrekt ausgeführt wurde.

Ablegen der Ente vermeiden!

Wir müssen dem Hund also verständlich machen, dass die Verhaltensweise „Schütteln ohne Apportiergegenstand" in der konkreten Situation negative, für ihn unangenehme Folgerungen nach sich zieht. Das können wir jedoch nur, wenn wir die Nichtbeachtung unseres Befehls, ordnungsgemäß zu apportieren, gegebenenfalls auch sofort sanktionieren können. Hier werden nun leider häufig trotz besseren Wissens immer wieder Fehler gemacht. Der Hund sollte eigentlich nie die Erfahrung machen, dass ein Schütteln und Ablegen ohne Sanktion überhaupt möglich ist. Wenn er das einmal begriffen hat, haben wir eigentlich gewonnen. Das bedeutet, dass wir den Hund zunächst auch an der langen Leine apportieren lassen, um ihn sofort körperlich daran zu erinnern, was er zu tun und auch zu unterlassen hat, wenn er das Stück ablegen sollte, um sich zu schütteln. Wenn wir den Hund frei und ohne lange Leine apportieren lassen, wird er mit an Sicherheit grenzender Wahrscheinlichkeit zu Beginn der Übung das Stück ablegen und sich schütteln. Wir werden anfangen zu schreien und auf ihn zulaufen. Wenn wir Glück haben, nimmt der Hund das Stück auf, und wir werden seiner habhaft. Meistens läuft er jedoch ein paar Schritte weiter, schüttelt sich wieder, und wir versuchen erneut, ihn durch Gestikulieren und weiteres Geschrei zu veranlassen, die nasse Ente aufzunehmen, was er vielleicht tut, um dann mit ihr spielend um uns herumzutanzen. Wenn wir nun in dieser Situation verständlicherweise auch noch etwas wütend werden, erziehen wir uns unter Umständen auch noch sehr schnell einen am Wasser handscheuen Hund.

All das vermeiden wir, wenn wir den Hund an der langen Leine haben: Wir haben die Möglichkeit, ihn sofort „körperlich zu ermahnen", er kann sich unserer Einwirkung nicht entziehen, er lernt nicht, dass unserer Einwirkungsmöglichkeit Grenzen gesetzt sind und er es sich unter bestimmten Umständen leisten kann, einen Befehl nicht zu befolgen. Bei dieser Übung kommt es nicht darauf an, dass der Hund die Ente oder das Apportierholz sehr weit aus dem Wasser apportiert; vielmehr kommt es nur darauf an, dass der Hund von Anbeginn an lernt, dem Drang, sich zu schütteln und das Stück abzulegen, zu widerstehen bis die Übung korrekt beendet ist. Hier werden leider viele Fehler gemacht; sie sind vermeidbar.

Bisweilen ist auch zu beobachten, dass ein Hund zunächst Widerwillen hat „in das Wasser zu beißen", um den Gegenstand aufzunehmen – auch Schwierigkeiten, dies aus dem Schwimmen heraus zu tun. Hier erinnern wir uns daran, dass wir unser Ziel mit ganz kleinen Schritten erreichen wollen und müssen.

Wir suchen mit unserem Hund also zunächst ein flaches Gewässer auf oder einen Teich, dessen Boden ganz langsam und sacht abfällt. Hier bewegen wir uns barfuß oder mit Gummistiefeln ausgerüstet in das Wasser hinein, den Hund an der kurzen Leine, und veranlassen ihn zunächst, das Apportierholz aufzunehmen, ohne dass der Hund selbst schwimmen muss. Nun gehen wir schrittweise weiter bis der Hund eines schönen Tages mit den Vorderläufen den Boden unter den Füßen verliert und dann ganz schwimmen muss. Wenn man hier überlegt und langsam vorgeht, erreicht man mit Sicherheit auch das erwünschte Ziel.

Gewöhnung des Hundes an das Wasser

Eine andere Möglichkeit ist es, den Hund an der Dressurangel zu arbeiten. Hunde, die zunächst ohne weiteren Reiz eine gewisse Scheu haben, den sicheren Boden unter den Füßen zu verlieren, überwinden sie, wenn sie in ihrer Passion an der Reizangel plötzlich schwimmen müssen. Wenn sie dann schwimmend im tiefen Wasser „Beute gemacht haben", ist auch hier der Knoten gerissen.

Eine weitere Möglichkeit, die sich bei manchen Hunden als probat erwiesen hat, ist die, einen Gegenstand, den ein Hund zu Lande gern apportiert, in Gegenwart des wasserscheuen Hundes von einem anderen Hund apportieren zu lassen. Das macht unseren Kandidaten hoffentlich „eifersüchtig", und wenn wir Glück haben, überwindet er seine Angst vor dem Schwimmen und bringt das Stück, nachdem ein anderer Hund es einmal apportiert hatte, selbständig.

Eine andere Chance besteht darin, einen sicheren Wasserhund zum Apportieren loszuschicken, gleichzeitig unseren unsicheren Kantonisten und – wenn beide das tiefe Wasser gewonnen haben – den sicheren Hund, der sich für diesen Fall an der langen Leine befindet, zurückzuholen, damit unser Schüler zum Erfolg kommt.

Ein viel beschriebenes Mittel einen Hund auch zum Schwimmen im tiefen Wasser und zum Apportieren aus ihm zu veranlassen, ist auch die sog. „endlose Leine" – eine an ihren beiden Enden fest zusammengeknotete Feldleine von unterschiedlicher Länge, die nun endlos durch die Hand gezogen werden kann. Zum Üben am Wasser suchen wir mit unserem Kandidaten einen kleinen Flusslauf oder auch ein Gewässer, das eine Insel hat. Sowohl auf dem einen als auch auf dem anderen Ufer stehen nun der Führer sowie ein Helfer und haben die Leine in der Hand, um sie endlos durch die Finger gleiten zu lassen. An einer Stelle ist diese Leine mit einem Karabinerhaken mit der Halsung des Hundes verbunden, wobei streng darauf zu achten ist, dass der Hund sich nicht aus der Halsung befreien kann. Wir wissen zwar, dass grundsätzlich ein Hund nur ohne Halsung ins Wasser gelassen werden darf. In diesem Ausnahmefall müssen wir auch sicher sein, dass sich nicht irgendwelche Zweige oder Pflanzen in der Halsung verfangen können. Abgesehen von den damit verbundenen Gefahren, kann der erstrebte Ausbildungserfolg dann in Frage gestellt werden. Zu Beginn der Übung befindet sich der Hund nun neben seinem Ausbilder, die Leine in der Hand, am Ufer

Die „endlose" Leine

des Gewässers. Auf der anderen Seite befindet sich der Helfer, bereit, an der Leine ziehend den Hund gegen dessen Widerstand in das Wasser zu bekommen. Währenddessen hält der Ausbilder die Leine ebenfalls fest und lässt das eine Ende in Richtung „Hund" durch die Finger gleiten, während er gleichzeitig das andere Ende vom Helfer zu sich heranzieht. Der Ausbilder wirft nun einen dem Hund vertrauten Apportiergegenstand einige Meter weit ins Wasser, worauf dieser erwartungsgemäß dem Befehl, den Gegenstand zu apportieren, nicht Folge leisten wird. Nunmehr beginnt der Helfer des Ausbilders, den Hund an der endlosen Leine ruhig, jedoch bestimmt, auf den Apportiergegenstand zuzuziehen, während der Ausbilder dem Hund ermunternd zuspricht und ihn zum Apportieren auffordert. In aller Regel hilft das Sträuben des Hundes nichts, und er wird, ob er will oder nicht, sich in Richtung des Apportiergegenstandes bewegen müssen. Dort angekommen, wird der Hund in aller Regel auch zufassen. Nunmehr zieht der Ausbilder den Hund zu sich, während umgekehrt – der Helfer – seinerseits dem Hunde jetzt Leine lässt. Auf diese Weise lernt der Hund sofort nach Greifen des Gegenstandes zu seinem Ausbilder zurückzukommen und nicht in irgendeine andere Richtung davonzuschwimmen. Wieder am Ufer, hat der Ausbilder dann auch die Möglichkeit, den Hund weiter zu sich zu dirigieren und ein unerwünschtes Schütteln und Ablegen des Apportiergegenstandes zu unterbinden. Auf diese Weise kann der Hund über recht große Entfernungen im Wasser dirigiert, in den meisten Fällen auf diese Art auch der erwünschte Erfolg erzielt werden. Hat der Hund erst einmal die Sicherheit, sich im tiefen Wasser zu bewegen, erworben und Selbstvertrauen gewonnen, wird er auch in Zukunft frei und ohne Halsung zur Zufriedenheit apportieren.

Neben dem Beherrschen leichter Schleppenarbeit und einem sicheren Apportieren aus dem Wasser gehört auch die Fähigkeit, eine leichte Übernachtführte zu arbeiten, zu dem Ausbildungsziel des sommerlichen Lehrganges für junge Hunde. Die verhaltensbiologischen und psychologischen Grundlagen der Arbeit eines Hundes auf Schweiß sind schon erörtert worden; es sei darauf verwiesen, hier jedoch nochmals festgehalten, dass der Hund zunächst nach dem Lernprinzip der „bedingten Appetenz" eingearbeitet wird, verbunden mit dem sehr moderat angewandten Prinzip der „bedingten Hemmung".

Die Arbeit auf der Rotfährte

Auch über die verschiedenen Möglichkeiten, eine künstliche Fährte herzustellen und über die dafür erforderlichen oder möglichen Hilfsmittel ist bereits berichtet worden. Ein Wort soll jedoch hier noch verloren werden zum Schweiß oder zum Blut, das bei der Herstellung der künstlichen Fährten Verwendung findet. Wir bemühen uns, die Fährten so natürlich wie nur möglich herzustellen wozu selbstverständlich auch gehört, dass die Schweißoder Blutwitterung möglichst der entspricht, die der Hund wahrnimmt, wenn er ein krankes Stück verfolgt. Der Schweiß tritt aus dem Wildkörper heraus und liegt nun frisch auf dem Boden oder haftet an Gräsern, Sträuchern etc. Er wird sich in aller Regel nicht in solchen Massen irgendwo ansammeln, dass er in Fäulnis übergeht. Überdies wird eine Nachsuche nach einer so langen Zeit auch kaum mehr stattfinden; vielmehr wird der Schweiß – je nach Witterung – sich mehr oder weniger lange frisch und flüssig erhalten oder auch alsbald antrocknen. Wir müssen also für unsere Kunstfährte dafür Sorge tragen, dass möglichst frischer Schweiß oder frisches Blut auf den Boden kommt.

Die Anziehungskraft, die von den verschiedenen Schweiß- oder Blutarten ausgeht, scheint unterschiedlich groß zu sein. Erfahrungsgemäß arbeiten Hunde auf Wildschweiß besser als auf Haustierblut, wobei das Blut vom Hammel offenbar von den Hunden wieder gegenüber den anderen Blutarten bevorzugt wird.

Anziehungskraft von Blut und Schweiß

Nicht erforderlich ist es, dass Schweiß bzw. Blut völlig sauber und mit keinen anderen Körpersäften oder Flüssigkeiten gemischt sein dürfen: vielmehr ist es ja auch häufig so, dass der Schweiß schon mit den verschiedensten anderen Körperflüssigkeiten vermischt aus dem Wildkörper austritt und eine ganz bestimmte Individualwittrung entfaltet. So ist es also nicht schlimm, wenn der Schweiß aus einem Wildkörper eingefangen wird und in ihm andere Körperflüssigkeiten oder auch kleinere Körperteile – wie beispielsweise Milz, Leber oder Panseninhalt – enthalten sind. Mit diesem Schweiß kann man hervorragende Fährten legen, die der Wildwittrung in der Praxis doch wohl recht nahe kommen dürften. Das ist allerdings nicht möglich mit technischem Gerät wie Tupfstöcken: sinnvoller und richtigerweise wird dabei die schon beschriebene und sehr bewährte Tupfmethode angewandt.

Um den Schweiß in dieser Frische zu erhalten, darf man ihn allerdings nach Gewinnung nicht mehr lange unbehandelt aufbewahren, da er sonst gerinnen und bei entsprechender Witterung auch bald in Fäulnis übergehen wird. Es empfiehlt sich – und das ist das allerbeste – den Schweiß möglichst schnell einzufrieren, und zwar in Portionsplastikflaschen, damit man einerseits gleich die erwünschte Menge hat und nicht zu viel Schweiß auftauen muss, zum anderen eine Flasche, die beim Gefrierprozess nicht platzt. Das gleiche gilt selbstverständlich auch für gewonnenes Blut. Hier spielt es überhaupt keine Rolle, von was für einem Haustier es stammt, es kann Schwein, Rind, Schaf oder vielleicht auch einmal Ziege sein.

Konservierung von Blut und Schweiß

Eine andere Möglichkeit der Konservierung besteht auch darin, dass das Blut oder der Schweiß sofort nach der Gewinnung mit Salz absolut gesättigt wird. So kann der Schweiß oder das Blut auch über eine gewisse Zeit kühl aufbewahrt werden; er behält noch eine geraume Zeit seine Frische.

Andere Möglichkeiten der Konservierung sind nicht zu empfehlen, nach den Prüfungsordnungen auch verboten.

Bei der Herstellung der künstlichen Fährten zur Vorbereitung der Nachsuchenarbeit am langen Riemen wird man sich – jedenfalls im Anfangsstadium der Ausbildung – nicht mit Fährtenschuhen oder den beschriebenen Schleppen befassen, sondern eine wirkliche Schweißfährte legen. Dabei kommt es darauf an, richtig zu beginnen und den Schwierigkeitsgrad der Fährten nach dem Ausbildungsstand und der Individualität des Hundes entsprechend zu steigern. Die Schwierigkeiten bei der Arbeit auf der künstlichen Fährte sind letztendlich die gleichen, wie in der Natur.

Im Vordergrund der Überlegung steht meistens die Frage, ob der Hund überhaupt in der Lage ist, die Fährte nasenmäßig zu bewältigen. Hier besteht nach meinem Dafürhalten generell kein Anlass zu Bedenken, denn vom Riechvermögen her sind unsere Jagdhunde generell dazu in der Lage, eine Schweißfährte zu halten, wenn nicht außergewöhnliche Umstände – wie sehr lange Stehzeit, starker Platzregen oder starker Frost oder auch besondere Bodenverhältnisse – bisweilen unüberwindliche Hindernisse auftürmen. Allerdings steht eng im Zusammenhang mit diesem Problem die Art und Weise, wie der Hund von seinem Vermögen, Witterung aufzunehmen, überhaupt Gebrauch macht. Hier müssen wir allerdings von Schritt zu Schritt die Anforderungen steigern. Eine besondere Schwierigkeit bei der Nachsuchenarbeit liegt jedoch darin, dass nur der Hund zum Erfolg kommt, der sich wirklich auf sie konzentriert, auch bei Schwierigkeiten nicht nachlässt in dem Bemühen, sie zu meistern und sich vor allen Dingen auch gegenüber den Versuchungen links und rechts der Fährte während der Arbeit als absolut widerstandsfähig und nicht anfechtbar erweist.

Schwierigkeiten bei der Arbeit auf der Schweißfährte

Die Fährte muss also von vornherein so gelegt werden, dass Verleitungen da sind, und der Hund von der ersten Fährte an lernt, dass es sinnvoll ist, diesen Verleitungen zu widerstehen. Das erreicht man nur, indem man von Anfang an eine längere Stehzeit wählt und die anderen Erschwernisse erst Schritt für Schritt einführt, was bedeutet, dass man die erste und vielleicht auch noch die zweite und dritte Fährte nur wenige Stunden stehen lässt und sie am selben Tage arbeitet, an dem sie gelegt sind. Die späteren müssen jedoch über Nacht stehen, damit irgendwelche Verleitungen vorhanden sind, wenn sich der Hund alsdann auf der Fährte bemüht. Diese Verleitungen können mannigfach sein: Es können alle Fährten, Spuren und Geläufe der Wildtiere sein, es können Katzen und andere Hunde sein, es können Menschen sein wie auch Gegenstände, die sich irgendwie in die Nähe der Fährte verirrt haben und nun das Interesse des Hundes erwecken, wie beispielsweise ein fortgeworfenes Frühstücksbrot oder auch die Losung anderer Hunde oder deren beim Nässen hinterlassene Visitenkarten. Diese Verleitungen können jedoch nur plaziert werden, wenn – wie schon ausgeführt – ausreichend Zeit dafür besteht, also möglichst über Nacht. Um die Palette der Verleitungen zu variieren, ist es auch erforderlich, dass das Gelände häufig gewechselt wird, und der Hund sich immer wieder neuen Versuchungen und Ablenkungen gegenübersieht.

Verleitungen erkennen!

Wir sind jedoch nicht darauf angewiesen, darauf zu warten, dass uns Verleitungen von außen her beschert werden: vielmehr haben wir es auch in der Hand, sie selbst herzustellen. Das hat den Vorteil, dass wir genau wissen, wann der Hund unter Umständen in eine kritische Situation kommt, und wir können uns selbst genau darauf einstellen. Zweck dieser ganzen Übung ist es doch, dass wir späterhin in der Praxis aus dem Benehmen des Hundes erkennen, ob er sich noch auf der Ansatzfährte befindet oder nicht. Bei manchen Hunden ist das sehr leicht zu erkennen: Ihre Arbeitsweise ändert sich schlagartig, ihre Körperhaltung wird eine andere, der Kopf wird plötzlich hoch getragen, und die Rute fängt an, lustig zu wedeln. Bei anderen Hunden sind diese Anzeichen viel weniger stark ausgeprägt, bei wenigen Hunden schließlich meint man, überhaupt keinen Unterschied feststellen zu können. Aus den Verhaltensweisen seines Hundes die entsprechenden Schlüsse zu ziehen, gehört jedoch mit zur

Kunst der Schweißhundführung, und hier kann sich insbesondere der Führer selbst gar nicht genug üben.

Über die – wie schon beschrieben – gelegte Fährte legen wir also nun Schleppen mit verschiedenen Wildarten – Federwild und Haarfriedwild – zu verschiedenen Zeiten. Wir können auch einen Freund veranlassen, mit seinem Hund über die Schleppe zu marschieren oder schicken unsere Kinder darüber hinweg. Die Stehzeit dieser Verleitungen ist auch unterschiedlich lang, so dass wir hier unter Umständen auch unsere Schlüsse aus dem Benehmen des Hundes ziehen können.

Wenn unser Zögling nun an einer der uns bekannten Verleitungsstellen vom Pfade der Tugend abweicht, so lassen wir ihn zunächst gewähren. Es kann ja durchaus sein, dass der Hund nur prüft, um was für eine neue Witterung es sich handelt, um alsdann auf die Ansatzfährte zurückzukehren. Das ist nicht außergewöhnlich, vielmehr üblich – auch in der Praxis. Wenn wir jedoch den Eindruck haben, dass unser Hund nun nicht mehr prüft, sondern tatsächlich der neuen Fährte zu folgen geneigt ist, müssen wir reagieren. Mit einem sehr individuell dosierten Ruck am Schweißriemen geben wir dem Hund zu erkennen, dass wir jetzt mit ihm nicht mehr einverstanden sind. Diese „körperliche Ermahnung" wird begleitet von einem wiederum sehr individuell dosierten, aber immer leise gesprochenen „Zur Fährte!". Wir, die wir uns ja noch auf oder in unmittelbarer Nähe der Fährte befinden, bleiben nun stehen und warten ab, was der Hund tut. In aller Regel wird er auf unsere Ermahnung hin ablassen und sich die alte Fährte wieder suchen. Er kreist entweder um uns herum, oder er kehrt – da er den Verlauf der alten Fährte noch kennt – sofort zu ihr zurück. Nun wird unsere gesamte Stimmungslage wieder freundlich. Wenn er die Fährte angefallen hat, loben wir den Hund und muntern ihn mit den Kommando „Such' verwundt!" auf, weiterzusuchen.

Simulation von Verleitungen

Einwirkungen auf den Hund

Was von einem firmen Schweißhund erwartet wird, haben wir schon im Rahmen der Aufgaben der Hunde skizziert. Nun geht es darum darzulegen, wie dieses Ziel erreicht wird. Wir haben im ersten Lebensjahr des Hundes zwar nicht den Ehrgeiz, einen firmen Schweißhund heranzubilden – und das ist einfach unmöglich –, indessen müssen die Grundbegriffe schon gelernt werden. Man kann in diesem Stadium der Ausbildung nicht etwas weglassen, was später einzufügen oder nachzuholen wäre.

Zu den ganz wesentlichen Eigenschaften eines Hundes, der erfolgreich auf Schweiß arbeiten soll, gehört auch das Verweisen. Es muss dem jungen Hunde von dem Augenblick an beigebracht werden, da er seinen Herrn draußen in der freien Wildbahn begleitet – nicht erst, wenn er auf einer Schweißfährte geführt wird! Unter „Verweisen" verstehen wir, dass unser Hund seinem Führer durch eine markante Verhaltensweise zu erkennen gibt, dass er etwas gefunden hat. Meistens bleiben die Hunde dabei stehen, beschnüffeln intensiv irgend etwas, tupfen manchmal tatsächlich ganz ein- und ausdrucksvoll mit der Nase in oder auf irgend etwas; sie zeigen es geradezu, sie „verweisen". Bei manchen Hunden ist diese Verhaltensweise sehr ausgeprägt, bei anderen weniger. Gerade bei letzteren gehört ein scharfes Auge des Führers dazu, um die Momente abzupassen, in de-

Verweisen

nen sein Hund einmal etwas auf die beschriebene Art und Weise zeigt, um hier zu dem erstrebten Lernziel zu kommen.

Das Verweisen in dem uns erwünschten Sinne lernt ein Hund nämlich nach dem Prinzip der „bedingten Aktion". Wir erinnern uns: Folgen auf ein Verhaltenselement ein- oder mehrmals Erfahrungen, die eine Belohnung für das Lebewesen darstellen, so verknüpft sich der durch die Belohnung befriedigte Antrieb mit dem Verhaltenselement und stellt es in seinen Dienst. Wenn ein Hund nun beim Spazierengehen zunächst etwas ganz intensiv bewindet, so bewegen wir uns zu dem Hund hin, beugen uns zu ihm herab, streicheln ihn und prüfen, was sein Interesse erweckt hat. Dabei reden wir auf ihn ein: „Lass' sehen, mein Hund, lass' sehen!" Wenn es etwas ist, was unser Interesse ebenfalls erweckt oder findet, so loben wir ihn eindrucksvoll; wenn es sich dagegen um etwas handelt, das für uns ohne jagdliches Interesse ist, so verhalten wir uns neutral, ziehen oder schieben ihn auch beiseite und bringen zum Ausdruck, dass wir das Interesse des Hundes nicht teilen, sagen etwa: „Lass', lass'!"

Wenn wir uns nun die erforderliche Mühe geben, wird der Hund zunächst all das eindrucksvoll verweisen, was sein Interesse findet. Falls er gemerkt haben sollte, dass unser Interesse inbesondere beispielsweise Rot- und Schwarzwildfährten gilt, so wird er diese in Zukunft mehr verweisen als für uns uninteressantere Hinterlassenschaften.

Beginnen wir nun, den Hund am langen Riemen zu arbeiten, so wird er auch mit großem Interesse all das interessiert beschnüffeln, was ihm neu und faszinierend erscheint. Viel davon ist für uns wichtig, um beispielsweise den Schuss der Kugel richtig diagnostizieren zu können oder als Bestätigung dafür, dass wir uns noch auf der Fährte befinden, wenn wir ihr nachhängen. Verweist der Hund also nunmehr die für die Fährtenarbeit wichtigen Pirschzeichen, so loben wir ihn überschwenglich; verweist er anderes, so verhalten wir uns neutral oder ablehnend, wie beschrieben. Ein auf diese Art und Weise aufmerksam und mit Einfühlungsvermögen geführter Hund wird uns alsbald auch durch sein Verweisen eine unschätzbare Hilfe bei der Nachsuchenarbeit sein. Auch bei der Arbeit auf der künstlichen Fährte oder bei einer Prüfung ist das Verweisen von großer Hilfe.

Bei der Nachsuche hat man sich jedoch noch mit vielen anderen Schwierigkeiten auseinanderzusetzen. Nachsuchen in der Praxis fallen zu jeder Tageszeit an, die Örtlichkeiten können ganz und gar verschieden sein, das Wetter ist nicht immer gleich, die Revierverhältnisse ändern sich und damit die Biotope, der Boden, und besondere Schwierigkeiten bereitet es, wenn ein Stück einmal durch Wasserläufe gezogen ist oder auch Widergänge machte.

Einarbeiten unter wechselnden Umweltbedingungen

All diesen Schwierigkeiten können wir bis zu einem gewissen Grade bei der Einarbeitung vorbereitend begegnen, indem wir nicht immer selbst die gleiche Fährte zur gleichen Zeit am gleichen Ort legen. Wir haben schon bei der Erörterung der Lern- und Lehrprinzipien gehört, dass in den Lernprozess nicht nur – wie wir Menschen meinen sollten – das unmittelbar vom Hund Verlangte einfließt, sondern all das, was der Hund mit seinen Sinnen um sich herum noch wahrnimmt.

Wir müssen uns also bemühen, morgens, mittags und abends Schweißfährten arbeiten zu lassen, wir müssen die Örtlichkeiten wechseln, wir müssen auch einmal eine längere Autofahrt vor der Arbeit mit dem Hunde absolvieren, wir dürfen in keiner Weise auf das Wetter Rücksicht nehmen, der Hund muss bei starker Hitze und großer Kälte arbeiten, bei Trockenheit und Regen, er muss bei Windstille und auch stärkerem Wind nachsuchen.

Wichtig ist auch, dass der Hund lernt, mit den verschiedenen Bodenbeschaffenheiten vertraut zu werden. Es ist häufig beobachtet worden, dass Hunde, die nur in Laubalthölzern zu arbeiten gewöhnt sind, plötzlich versagen, wenn sie auf Nadelstreu nachsuchen sollen. Umgekehrt gilt das gleiche.

Auch die Riemenführigkeit bereitet dem jungen Führer erhebliche Schwierigkeiten. Es ist daher wichtig, dass der Hund nicht nur in parkähnlichen Althölzern geführt wird, sondern auch in Stangenhölzern, in dichtem Farnkraut, durch Brombeeren, bergauf und bergrunter. Das kranke Wild – insbesondere, wenn es weiß, dass es verfolgt wird – wendet die verschiedensten „Tricks" an, um seinem Verfolger zu entgehen. So nimmt es beispielsweise auch Wasserläufe an und zieht in ihnen häufig sehr weit. Für den Hund ist die Fährte nunmehr zunächst verschwunden, und es bleibt nichts anders übrig, als mit dem Hunde die Ufer links und rechts der Stelle, an der das Wild das Wasser angenommen hat, abzusuchen. Ein Hund, der hier das Vorsuchen beherrscht und auch seine Ansatzfährte im Kopfe behält, dabei auch noch verweist, ist das einzige Mittel, dem Wild „wieder auf die Spur zu kommen".

Riemenführigkeit

Sehr häufig macht das Wild auch Widergänge. Das bedeutet, dass ein Stück Wild unmittelbar neben seiner Fährte wieder zurückzieht, um dann seitlich abzubiegen. Der unerfahrene Hund wird die Fährte arbeiten bis zu der Stelle, wo das Stück gewendet hat, und nun sich so verhalten, als ob der Hirsch oder die Sau Flügel bekommen hätten. Diese Widergänge auszuarbeiten, mit diesen Schwierigkeiten fertig zu werden, gehört zum alltäglichen Handwerkszeug des Schweißhundes und auch des Schweißhundführers. Der Schweißhundführer muss aus dem Benehmen seines Hundes erkennen, dass ein Widergang vorliegt. In seiner Ansicht kann er bestätigt werden, wenn er das Fährtenbild des verfolgten Stückes kennt und nun auch noch das Glück hat im weichen Boden unter Umständen die Hin- und Herfährte zu finden. Hilfsmittel ist manchmal auch der herabgefallene Schweiß. Aus der charakteristischen Form eines Tropfens kann man erkennen, in welche Richtung das Stück Wild gezogen ist: Der ausgezogene Teil des Tropfens zeigt immer in diese Richtung.

Widergänge

Ein Hund, dem von vornherein die Ansatzfährte gezeigt wird, und der sich immer auf seinen Herrn verlassen kann wenn er die Fährte verloren hat, wird kaum in der Lage sein – und er wird auch kaum geneigt sein –, mit ihm zusammen an einem Wasserlauf die verlorengegangene Fährte wiederzusuchen. Hier müssen wir den Hund einüben, auf entsprechendes Kommando („Such vorhin!") selbständig mit tiefer Nase zu suchen. Er muss uns alles verweisen, was für ihn interessant ist, damit wir prüfen können, welche Bedeutung es für uns hat, und er muss dann – wenn wir ihn dazu auffordern – der gefundenen Witterung folgen. Das hat nicht nur bei einer verlorengegangenen Fährte Bedeutung, sondern auch, wenn wir einen Anschuss suchen

Vorsuchen

müssen, oder wenn in einer Dickung der Knoten unentwirrbar ist, und wir herausfinden wollen, ob das kranke Stück beispielsweise die Dickung verlassen hat. Diese „Vorsuche" muss daher auch geübt werden.

Der junge Hund wird von sich aus – getrieben von seinem Neugierverhalten – sich auch am langen Schweißriemen von uns fortbewegen, wenn wir ihm die Möglichkeit dazu geben. Bewegt er sich in einer von uns gewünschten Richtung – beispielsweise auf einem Wege – vor uns her, so ermuntern wir ihn durch das schon erwähnte Kommando „Such' vorhin, such' vorhin!". Sinnvollerweise üben wir das nun nicht auf einer sterilen Betonpiste, sondern dort, wo mit Interessantem für den Hund zu rechnen ist, z. B. morgens an einem Wege, wo wir wissen, dass das Wild in die Einstände gezogen ist, oder auch – wenn es gar nicht anders geht – auf einem Wege, an dem wir entsprechend reizvolle Punkte vorher ausgelegt haben. Wenn ein Hund nun etwas verweist, uns freudig zeigt und sein Interesse bekundet, so loben wir ihn in der schon beschriebenen Art und Weise und lassen ihn beispielsweise die Gesundfährte eines Stück Hochwildes arbeiten, oder wir haben unter Umständen auch eine Schweißfährte oder Lungenschleppe über die Schneise gelegt, die der Hund nun bis zum Stück verfolgen darf. Späterhin arbeiten wir mit dem Hund eine ganz bestimmte Fährte und tragen ihn dann an irgendeiner Stelle ab.

Abtragen und Abziehen

Das „Abtragen" ist zu unterscheiden vom „Abziehen". „Abgezogen" wird ein Hund von einer Fährte, deren weiteres Verfolgen durch den Hund von uns nicht erwünscht ist – ja, bei der wir das Interesse des Hundes an ihr überhaupt unterbinden wollen. „Abgetragen" wird ein Hund von einer Fährte, die der Hund bislang unseren Wünschen entsprechend richtig gearbeitet hat. Hier müssen wir dem Hunde klarmachen, dass unser Verhalten nicht für ihn von negativer Art ist, sondern dass wir uns über ihn bisher „gefreut" haben. In diesem Falle kann man einen kleineren Hund auf den Arm nehmen und lobend von der Fährte abtragen; einen größeren Hund umfassen wir unter dem Brustkorb und heben ihn auf diese Art und Weise unter freundlichem Zuspruch von der Fährte weg. Nunmehr umschlagen wir eine Dickung und lassen den Hund in der beschriebenen Art und Weise vorhinsuchen. Irgendwo – jedenfalls bei unseren Übungen – führt nun die Ansatzfährte wieder aus der Dickung heraus. Der Hund wird unter Umständen alles mögliche verweisen, was in diesem speziellen Falle unseren Beifall nicht findet, doch hoffentlich verweist er auch nun die Ansatzfährte und fällt sie freudig wieder an. Wir beobachten genau das Verhalten unseres Hundes, damit wir auch später die richtigen Schlüsse ziehen können, und lassen uns von unserem Hunde zunächst die Fährte zeigen, freuen uns mächtig mit ihm und fordern ihn nun auf weiterzusuchen.

Auch diese Übungen werden bei einem passionierten und gut veranlagten Hund den gewünschten Erfolg zeitigen. Ein Hund, der gewöhnt ist, auf diese Art und Weise zu arbeiten, erspart bisweilen viel Mühe und körperliche Strapazen. Wie häufig kommt es vor, dass ein Stück Wild in einer Rotte oder in einem Rudel beschossen wird, und der Schütze nun überhaupt nicht mehr sagen kann, wo sich das Rudel, geschweige denn das einzelne Stück befunden haben, oder wohin die Rotte oder das Stück geflüchtet sind. Hier kann man den Anschuss auch nur vernünftig lokalisieren, wenn man einen Hund hat, der gewöhnt ist vorzusuchen und Gefundenes zu verweisen. Auch den Ausstieg aus dem schon erwähnten Wasserlauf finden wir nur mit einem Hund, der ruhig die Ufer absucht und sich unermüdlich bemüht, die ihm vertraute Wundwitterung wiederzufinden.

Auch Widergänge können wir künstlich herstellen, indem wir auf unserer eigenen getupften, gespritzten, getretenen oder geschleppten Fährte wieder zurückmarschieren und dann einen künstlichen Absprung herstellen. Wenn unser Hund von sich aus nicht allein mit den Schwierigkeiten am „Ende" der Fährte fertig wird, dann müssen wir ihm zu Hilfe kommen und ihm zeigen, wo es lang geht, Hat der Hund genügend Konzentrationsvermögen und Durchhaltewillen, so wird er auch diese Schwierigkeiten zu meistern alsbald in der Lage sein. Schweißhunde haben es hier wohl generell etwas leichter als die Vertreter der übrigen Rassen, denen das Bogenschlagen, das Vorsuchen, nicht in dem Maße angewölft zu sein scheint wie den Schweißhundrassen.

Helfer bei der Schweißarbeit

Eines erscheint in diesem Zusammenhang noch ganz besonders wichtig: Bei der Ausbildung eines Hundes kommen wir nie ohne Helfer aus, aber gerade bei der Schweißarbeit brauchen wir besonders viel treue versierte Freunde, die uns bei der Einarbeitung des Hundes helfen. Wenn es im ersten Lebensjahr noch ausreicht, den Hund auf der vom Führer selbst gelegten Fährte zu arbeiten, vielleicht auch schon einmal auf einer von einer fremden Person hergestellten, so kann im weiteren Stadium der Ausbildung auf mindestens ein halbes Dutzend Helfer nicht verzichtet werden, die die künstlichen Fährten legen. Wenn ein Hundeführer mit seinem Hund auf der ihm bekannten Fährte arbeitet, so wird er seinen Hund – ob er nun will oder nicht – immer unterstützen, und der Hund wird infolge seiner außerordentlich feinen Beobachtungsgabe aus dem Verhalten seines Herrn lernen und dessen Verhaltensweisen in seinen Lernprozess mit einbeziehen. Auf diese Art und Weise wird der Hund in einer gewissen Beziehung zur Unselbständigkeit erzogen, und der Herr wiederum täuscht sich über das Vermögen seines Hundes. In der Praxis – ja, schon bei der Prüfungsarbeit scheitern dann viele solche Paare, die meinten, hervorragend vorbereitet und gerüstet zu sein. Ganz wesentlich für die Arbeit bei der Nachsuche ist auf Seiten des Führers die Unkenntnis vom Verlauf der Fährte. Er muss sich mit seinen eigenen Sinnen und Möglichkeiten, zu beobachten und Schlüsse ziehen zu können, mit dem Können des Hundes ergänzen, um zum Ziel zu kommen. Der Führer muss insbesondere lernen, mit der eigenen Unsicherheit fertig zu werden. Das ist nur möglich, wenn Fremde ihm die Fährte gelegt haben, wobei zu berücksichtigen ist, dass nun nicht nur der Fährtenverlauf dem Nachsuchengespann insgesamt unbekannt ist, sondern dass auch die individuelle Art des Fährtenlegens unterschiedlich von der ist, mit der der Hundeführer selbst seine Fährten in der Vergangenheit gelegt hatte. Die Erfahrung zeigt, dass ein versierter Hundeführer, wenn er zehn Fährten seines Freundes A gearbeitet hat, auch schon in gewisser Beziehung mit der Eigenart dieses Fährtenlegers vertraut ist. Und daher erscheint es wichtig, dass nicht nur einer, sondern weitere fünf also mindestens ein halbes Dutzend – abwechselnd für den Hund und seinen Führer Fährten legen. Erst wenn Hund und Herr unter diesen Umständen ohne weitere

*Feste Regeln
bei der Nachsuche*

*Die Riemenarbeit ist
Voraussetzung für den
Nachsucheerfolg*

Hilfe des Fährtenlegers in aller Regel zum Stück kommen, kann man davon sprechen, dass ein festes Fundament besteht, von dem aus man die Arbeit in der Praxis wagen und beginnen kann.

Wichtig für die Einarbeitung des Hundes auf Schweiß ist es im übrigen, dass der Führer auch rein handwerklich sein Metier beherrscht und immer wieder in der gleichen Art und Weise mit dem Hunde arbeitet. Dazu gehören ein gewisses Zeremoniell beim Ansetzen des Hundes, eine ganz bestimmte Verhaltensweise während der Arbeit, und dass der Führer sich bei der Kommunikation mit dem Hunde ganz bestimmter Ausdrücke bedient und dabei penibel darauf achtet, dass sie auch in der richtigen Situation angewandt und insbesondere auch nie verwechselt werden.

Wir wissen, dass es außerordentlich wichtig ist, vor einer Nachsuche die richtige Diagnose hinsichtlich des Sitzes der Kugel zu stellen. Dazu gehört, dass der Führer den Anschuss eingehend untersucht. Während dieser Zeit muss der Hund in angemessener Entfernung – etwa 15 bis 20 m vom Anschuss entfernt – abgelegt sein. Dem Hunde ist zu diesem Zeitpunkt schon die Schweißhalsung umgelegt, und der unter Umständen noch aufgedockte Schweißriemen liegt neben dem Hunde. Wenn der Führer nun mit der Untersuchung des Anschusses fertig ist und vielleicht sogar schon weitere Vorbereitungen getroffen hat, wendet er sich wiederum seinem Hunde zu.

Nun wird der Schweißriemen ganz lang ausgelegt, der Schweißhundführer fasst ihn kurz hinter der Halsung und führt den unerfahrenen Hund zum Anschuss, um ihm die dort vorgefundenen Pirschzeichen zu weisen. Ist der Hund schon fortgeschritten, oder hat er aus dem Verhalten seines Herrn gesehen, dass etwas äußerst Interessantes zu untersuchen ist, kann man dem Hund auch mehr Riemen geben und ihn mit dem Kommando „Such' vorhin!" zum Anschuss lassen. Auf diese Art und Weise fördern wir auch die erwähnte Art der Vorsuche.

Wir treten nun auch neben den Anschuss und lassen den Hund völlig in Ruhe. Der Hund wird den Anschuss prüfen und uns unter Umständen weitere Pirschzeichen verweisen, von denen wir noch nicht haben Kenntnis nehmen können. Erscheint es uns erforderlich, mahnen wir den Hund zur Ruhe, legen ihn unter Umständen wieder ab und untersuchen die weiteren Indizien. Sonst geben wir dem Hund Riemen, wenn er gern möchte, während wir noch an unserem Platz verweilen. Wir kennen ja in diesem Stadium der Ausbildung den Verlauf der Fährte und beginnen erst, dem Hunde nachzuhängen, wenn er in der richtigen Richtung davonstrebt. Zuvor haben wir den Hund, wenn er uns erwünschte Pirschzeichen verwiesen hat, mit dem Kommando „Such' verwundt, mein Hund!" aufgefordert, die Fährte aufzunehmen. Tut er das dann, so loben wir ihn in der ihm vertrauten Weise, setzen das jedoch nicht pausenlos fort, sondern hören damit auf, wenn er ruhig und zuverlässig im Riemen liegt.

Jetzt lassen wir den Schweißriemen bis auf etwa Zweidrittel seiner Länge – d. h. einen 12 m langen Schweißriemen auf etwa 8 oder 9 m – durch die Hand gleiten; die restliche Länge schleift hinter uns her. Auf diese Art und Weise haben wir die Möglichkeit, einmal um einen Baum herumzufassen, wenn der Hund vor uns um einen solchen herumgelaufen ist, wir haben die Möglichkeit, uns einmal schnell hinzuknien, um etwas zu untersuchen, währenddessen wir den Schweißriemen durch die Hand gleiten lassen und somit die Kontinuität der Arbeit nicht unterbrechen. Ganz besonders wichtig ist es, dass wir den Schweißriemen nie in Spaghettiart aufgewickelt in den Händen oder unter dem Arm tragen; vielmehr ist der Schweißriemen eine Verbindung zum Hund, an der wir uns hin- und herhangeln. Wir greifen entweder am Schweißriemen nach vorne vor und nähern uns auf diese Art und Weise – der Rest schleift hinter uns her – oder wir lassen den Schweißriemen nach vorne durch unsere Hand gleiten. Verweist der Hund uns etwas, so hangeln wir uns in der beschriebenen Art und Weise am Schweißriemen vor und halten den Hund an, untersuchen das Gefundene, loben unseren Hund gegebenenfalls und fordern ihn dann wieder mit „Such' verwundt!" zur weiteren Suche auf, loben ihn, wenn er die Fährte richtig anfällt, und folgen dann möglichst ruhig ohne weiteres Gespräch.

Handhabung des Schweißriemens

Das Tempo der Nachsuche geben im allgemeinen wir an. Wenn der Hund meint, im Galopp arbeiten zu müssen, so lassen wir das nicht zu. Es mag sein, dass die Fährte dem Hunde so wenig Schwierigkeiten bietet, dass er glaubt, sie auch in schneller Gangart erledigen zu können. Das können wir jedoch nicht durchgehen lassen, denn der Hund wird sich dies unter Umständen angewöhnen und dann bei schwierigeren Fährten, insbesondere bei Haken oder Widergängen, unvermeidbar scheitern. Vor allen Dingen sind wir nicht in der Lage, bei einem derartigen Tempo noch zu kontrollieren, ob wir uns auf der richtigen Fährte befinden. Auch wir entdecken manches Stückchen Darm oder auf dem Wege den Abdruck der Schale, die der Hund nicht verwiesen hat. All das gibt uns die Sicherheit und die Gewissheit, auf der richtigen Fährte zu sein, oder ist geeignet, unter Umständen auch Zweifel in uns aufkommen zu lassen, wenn wir beispielsweise auf der Schneise die Fährte eines Stück Rehwildes finden, während wir einer Sau nachhängen.

Tempo der Nachsuche

Wenn die Riemenarbeit auch das A und O jeglicher erfolgreicher Nachsuchenarbeit ist, so darf nicht verkannt werden, dass in einer Vielzahl von Fällen der Erfolg der Nachsuche vom Erfolg der Hetze abhängt und diese wiederum von dem entsprechenden Vermögen des Hundes. Es ist dabei wichtig, dass der Führer in der Lage ist, möglichst den Verlauf der Hetze mit dem Ohr zu verfolgen. Das setzt einen mindestens sichtlaut hetzenden Hund voraus; viel besser ist es jedoch, wenn der Hund fährtenlaut jagt. Dieser Laut ist vom Führer her nicht zu beeinflussen; es ist vielmehr Aufgabe der verantwortungsvollen Züchter, für die Nachsuchenarbeit möglichst Hunde mit lockerem Hals, die fährtenlaut oder mindestens sichtlaut jagen, zu züchten.

Hetzen

Bis zu einem gewissen Grade beeinflussbar ist jedoch das Vermögen des Hundes zu hetzen. Hetzen bedeutet nicht ein wirres Losstürmen und Herumjagen in der Gegend, sondern vielmehr ein sehr konzentriertes und anhaltendes Verfolgen des Wildes ohne den Führer. Diese Forderung ist leichter aufgestellt als erfüllt. In den meisten aller Fälle ist bei nur wenig oder unvollkommen geführten Hunden zu beobachten, dass sie – wenn ihnen die Halsung über den Kopf gestreift ist – beginnen, planlos herumzurennen. Mit tiefer Nase oder auch hoch erhobenen Hauptes versuchen sie, irgendwo ein Quentchen Wittrung zu finden, wobei sie alsbald ihrer Passion auch an anderem Wild frönen als dem, dem im speziellen Fall gerade das allgemeine Bemühen gilt. So geschieht es eben in vielen Fällen, dass irgend ein Stück Rehwild gehetzt, ein Hase verfolgt oder ein Kaninchen in der Dickung herumgetrieben wird, währenddessen das aufgemüdete und hochgemachte Stück Wild, dem es eigentlich gilt, Gelegenheit hat, viel Raum zwischen sich und seine Verfolger zu bringen. Überdies verausgabt sich der nunmehr planlos herumrasende Hund und vergeudet seine Kräfte. Schließlich – und das ist das vielleicht Wichtigste – wird er nach einer derartigen privaten Herumtollerei nicht mehr geneigt sein, in ruhiger, konzentrierter Form dem inzwischen entschwundenen kranken Stück Wild nachzuhängen. In diesen Fällen bleibt dann meistens nichts anderes übrig, als den versierten Führer eines Hundes zu rufen, der wirklich zuverlässig und sicher auf Schweiß geht und auch ebenso hetzt.

Hetzen können sich über sehr viele Kilometer und sehr lange Zeiträume erstrecken. Der wirklich firme Hund darf dennoch bei seiner Verfolgung nicht nachlassen.

Stellen

Hat er das Stück erreicht, beginnt ein weiterer Teil der Hetze, nämlich das Stellen.

Der Hund muss nun das erreichte Stück möglichst an den Platz bannen und laut Hals gebend so beschäftigen, dass es nicht wieder ausbricht. Er muss dem Führer, der hoffentlich nicht die Verbindung zu ihm verloren hat, die Möglichkeit geben, an das Stück heranzugehen, damit der Fangschuss angetragen werden kann. Sollte das Stück ausbrechen, muss der Hund wiederum am Stück bleiben und es zum Stellen veranlassen. Dabei wird mancher Hund das Stück häufig hinten anfassen, während er bei wehrhaftem Wild „gut beraten" ist, wenn er einen Sicherheitsabstand einhält. Sauen, Hirsche und Alttiere können auch einem großen Hund erheblich gefährlich werden, ihn verletzen, ja töten. Selbst ein Rehbock ist eine nicht zu unterschätzende Gefahr für einen Hund, und die Fälle, in denen ein Rehbock einen hetzenden oder stellenden Hund zu Tode geforkelt hat, sind nicht selten, wobei es gleichermaßen kleinere Hunde, wie Teckel oder Dachsbracke, sind oder auch große, wie Vorsteh- und Schweißhunde. Die beste Lebensversicherung für einen hetzenden Hund sind also eine möglichst gesunde Ausgewogenheit zwischen Hetzpassion und dem Willen, am Stück zu bleiben, sowie eineangemessene Wildschärfe. Ein Hund, der „ohne Rücksicht auf Verluste" das Wild angreift, möglicherweise sogar bei seinen ersten Hetzen bei weniger starkem Wild damit Erfolg gehabt hat, wird sich in Zukunft der ungleich größeren Gefahr aussetzen, geschlagen zu werden, als wenn er einen Sicherheitsabstand einhält und nur dann einmal zupackt, wenn dies für ihn gefahrlos möglich ist.

Das Hetzen und Stellen kann – mit Ausnahme auf den Hauptprüfungen der Schweißhundrassen – nicht geprüft werden; man kann es auch einen Hund im Rahmen eines Hundeführerlehrganges nicht lehren. Hier liegt es am Führer selbst, den Hund von Anbeginn an richtig zu führen, ihm wohl dosiert immer genügend Selbständigkeit zu geben, ohne die Kontrolle darunter leiden zu lassen. Auch muss der Hund bei vielen Gelegenheiten lernen zu stellen, und er muss in den Lernprozess mit einbeziehen, dass sich sein Herr, wenn er ein Stück Wild oder ein Stück Raubzeug stellt, ihm auch nähert und „zu Hilfe kommt".

In der Praxis sieht das so aus, dass ein junger Hund, dem nicht die geringste Möglichkeit zur Selbstentfaltung im Revier gegeben wird sich auch entsprechend unselbständig verhalten wird, wenn er einmal erwachsen ist. Für den Hund, von dem wir das Hetzen erwarten, bedeutet das, dass er – vom Riemen gelöst – uns verständnislos anschauen und nicht geneigt sein wird, ohne uns selbständig einmal zu arbeiten. Diese Unselbständigkeit ist vielfach auf eine falsche Ausbildung zurückzuführen. Wir haben gelernt, dass ein junger Hund, getrieben von seinem Neugierverhalten, mit zunehmendem Alter immer mehr seine Umwelt sich zu erschließen bemüht ist und sich dabei auch einmal weiter von uns entfernen will, ja muss. Allerdings dürfen wir dem Hund nicht Gelegenheit geben, dies unkontrolliert zu tun, indem wir ihn nachts und morgens herauslassen oder uns nicht um ihn kümmern, wenn er sich gleich zu Beginn des Spazierganges empfiehlt; vielmehr müssen wir dem Hund unter unserer Kontrolle die Möglichkeit geben, sich einmal von uns zu entfernen. Wir müssen immer die Möglichkeit haben, ihn zu beobachten, und wenn es auch nur einmal mit dem Ohr sein sollte. Bei diesen Ausflügen wird der junge Hund auch mit Gegenständen und Lebewesen zusammenkommen, die sein Interesse erwecken, die Angst in ihm und Unsicherheit heraufbeschwören, oder die ihn auch zu Angriffen stimulieren. In all diesen Situationen müssen wir unserem Hund als Partner beiseite stehen. Verbellt der Hund eine ihm unbekannte Vogelscheuche, einen „unheimlichen" Trecker im Felde oder einen Wohnwagen im Holze, so begeben wir uns zu ihm, beruhigen ihn und lassen ihn mit unserer Hilfe in unserer Gegenwart die Erfahrung machen, dass der dräuende Gegenstand nichts Schlimmes bedeutet.

Erziehung zur Selbstständigkeit

Der Hund wird auch einmal Katzen begegnen, die sich ihm stellen oder vor ihm auf den Baum flüchten. Unser Hund wird dann diese Katze auch verbellen, und wir begeben uns zu ihm und vermitteln ihm auf diese Weise die Erfahrung, dass das Verbellen dazu führt, dass der „Chef" kommt, und dass dies eine positive Folge hat positiv im Stadtgebiet insofern, als wir den Hund loben und nun nicht unbedingt in jeder Situation strafen, im Revier dadurch, dass wir die Katze unter Umständen erlegen, was zu einem sehr positiven Lernergebnis führt.

Von alten Schweißhundführern, insbesondere solchen des Bayerischen Gebirgsschweißhundes, wird auch empfohlen, den jungen Hund die Kühe auf den Almen hetzen und stellen zu lassen. Diese Rinder, die im Bergsommer eine weitgehende Selbständigkeit und auch eine gewisse Wehrhaftigkeit entwickelt haben, wissen einem stellenden Hund durchaus zu begegnen und können ihm wie ein Stück Wild gefährlich werden. Bei diesen Gelegenheiten lernt der Hund, seine eigenen Kräfte einzuschätzen, und wird mit den Reaktionen eines „Gegners" vertraut. – Das soll nun nicht bedeuten, dass wir in der norddeutschen Tiefebene unsere Hunde in jede Herde weidenden schwarzbunten Viehs hineinhetzen! Wenn sich aber durch Zufall einmal ergeben sollte, dass unser Hund eine Kuh stellt, dann sollten wir uns pädagogisch geschickt verhalten und das Erlebnis für unsere Zwecke ausnutzen.

In diesem Zusammenhang sei auch nochmals auf die Bedeutung der schon beschriebenen Reizangel hingewiesen. Der Hund hat bei dieser Beschäftigung gelernt, auf das Kommando „Hetz', hetz'!" einen Gegenstand zu verfolgen und zu fangen. Dieses Kommando ist ihm also geläufig; er verbindet damit ein freies, lustbetontes, von uns weitgehend unbeeinflusstes Beschäftigen mit sich bewegender, flüchtender, ja zum Teil wehrender Beute. Hat der Hund bei der Arbeit an der Reizangel dieses Kommando in seinen „passiven Wortschatz" einbezogen, so wird die entsprechende Aufforderung in der Praxis für uns auch eine große Hilfe sein, da sie beim Hund entsprechende Verhaltensweisen auszulösen in der Lage ist, wenn die äußeren Umstände auch anders sind als bei der Arbeit an der Reizangel. Wichtig und für uns bedeutsam ist jedenfalls, dass der Hund, wenn er sich einmal von uns entfernt hat und laut wird, immer die Erfahrung macht, dass das Lautgeben dazu führt, seinen Herrn auf dem Plan erscheinen zu lassen und es leuchtet ein, dass der Hund dies in seinen Erfahrungsschatz mit einbezieht.

Totverbeller und -verweiser

Durch Lautgeben ruft nicht nur der stellende Hund seinen Herrn zum Stück, sondern auch der Totverbeller, der das verendete Stück gefunden hat, oder der das Stück abgetan hat. Die Arbeit des Totverbellers und des Verweisers ist an anderer Stelle bereits beschrieben; hier geht es um die Frage, wie einem Hund das Totverbellen und -verweisen anzuerziehen sind.

Es gibt die Spruchweisheit, dass wir nicht für die Schule, sondern für das Leben lernen. Beim Totverbeller und -verweiser scheint mir das nicht zuzutreffen. Es soll auch an dieser Stelle nicht der Streit um die Bedeutung oder Notwendigkeit des Verbellens oder Verweisens aufgewärmt werden, aber es bleibt festzuhalten, dass es in der Praxis nur sehr wenig Verbeller und Verweiser gibt, und dass es in der Praxis auch nur eine verschwindend geringe Anzahl von Fällen geben dürfte, bei denen es letztendlich dem Verbeller oder Verweiser zu verdanken ist, dass das Stück zur Strecke kam. Die Prüfungsordnungen des „Vereins Hirschmann" sehen nur in Ausnahmefällen die Möglichkeit vor, den Nachweis des Verweisens oder Verbellens zu erbringen, die Prüfungsordnung für die Vorprüfung der Bayerischen Gebirgsschweißhunde eröffnet hingegen diese Möglichkeit. Das ist jedoch vor dem Hintergrund zu sehen, dass es im Gebirge häufig nicht möglich ist, dem Hund am langen Riemen noch zu folgen, und dass dieser Hund unter den besonders schwierigen Verhältnissen des Gebirges einfach gezwungen ist, selbständig zu arbeiten. Dass bei derlei Arbeiten die Ausbildung und Prüfung von Hunden angestrebt wird, die auch unter diesen Umständen ihrem Herrn zu erkennen geben, dass das Stück Wild gefunden ist, ist verständlich, aber auch ein Ausrufungszeichen hinter der Forderung, dass so lange wie nur möglich am langen Riemen zu arbeiten ist!

In der Praxis sieht es in aller Regel so aus, dass der Führer eines Hundes auf Schweiß entweder am langen Riemen zu dem verendeten Stück findet, oder dass er unmittelbar hinter dem Stück am Wundbett oder Wundkessel den Hund schnallt. In den meisten aller Fälle wird der Hund nun das Stück hetzen und stellen, bis der Führer den Fangschuss antragen kann. Bei schwächerem Wild wird es vorkommen, dass ein entsprechend schneller und starker Hund dieses niederzieht und auch abtut. In diesen Fällen hat der Führer jedoch in aller Regel mit dem Ohr verfolgen können, wo es lang geht, und er hat auch das Klagen des Stückes gehört, zumal das Niederziehen und Abtun meistens bei Rehwild in Frage kommen dürfte. Auch in diesen Fällen besteht keine Veranlassung für den Einsatz eines Verbellers oder Verweisers.

Hat ein Hund nach längerer Hetze ein Stück niedergezogen und abgetan, so ist es sicherlich von Vorteil, wenn nach Abreißen jeglicher Verbindung zum Hund der Herr nun von ihm „vom erfolgreichen Abschluss des Unternehmens" unterrichtet wird. Da es stundenlang dauern kann, bis der verbellende Hund gefunden wird, muss der Verbeller in diesen Fällen nicht nur wenige Minuten, sondern stundenlang kontinuierlich Laut geben, und der Verweiser muss über größere Distanzen zu seinem Herrn zurückkehren und ihm „Meldung machen".

Bei den Verbandsschweißprüfungen wird ebenfalls das Verbellen und Verweisen nicht mehr geprüft, bei der VGP und entsprechenden Gebrauchsprüfungen wird ein 10-minütiges Verbellen erwartet und ein Verweisen über nur wenige hundert Meter – Anforderungen also, die denen der Praxis nicht im mindesten gerecht werden.

Unterschied Praxis – Prüfung

Hat man einen auf der Prüfung bewährten Verbeller oder Verweiser, so besteht für die Nachsuche ein weiteres nicht zu unterschätzendes psychologisches Hindernis: Da der Führer sich ja sicher zu sein meint, dass sein Hund ihm das Stück auf die anerzogene Art und Weise, wenn er es gefunden hat, „meldet", wird er geneigt sein, bei auftauchenden Schwierigkeiten davon abzusehen, weiter am langen Riemen der Fährte nachzuhängen; er wird vielmehr vor der Dickung, den Brombeeren oder dem Steilhang kapitulieren und den Hund in den blauen Dunst hinein schnallen. Dass in diesem Verhalten in vielen Fällen ein Misserfolg der Nachsuche begründet liegt, dürfte mittlerweile einleuchten.

Bei der Ausbildung des Verbellers oder Verweisers ist zu allererst streng darauf zu achten, dass wiederum von Mutterleib und Kindesbeinen an der Hund lernt, ein Stück Wild nicht – wie es seinem Naturell entsprechen würde – fressen, „anschneiden" darf. Wenn ein Hund – auch schon als Welpe – an ein totes Tier oder an ein Stück Wild kommt, müssen wir ihm gestatten, es zu beschnüffeln, unter Umständen es auch einmal mit Kehlgriff zu zauseln, nie jedoch dürfen wir ihm erlauben, daran zu rupfen, wenn er es mit der Intention tut, sich selbst irgendwie genossen zu machen. Hier beginnt schon die konsequente Ausbildung, denn später verlangen wir ja vom Hund, dass er vielleicht sogar hungrig und abgekämpft – am verendeten Stück bleibt und uns stundenlang ruft, oder das verendete Stück verlässt, um uns herbeizuholen.

Vielfach wird eingewandt, dass man sich ja möglicherweise einen Anschneider erziehe, wenn man den Hund nach einer erfolgreichen Nachsuche genossen mache, oder wenn man dem Hund nach der Arbeit auf der Futterschleppe am Ende den gefüllten Futternapf überlasse. Das ist nicht

Am Stück: abreagieren und genossen machen

zutreffend. Wir haben gelernt, dass der Hund in den Lernprozess alle Einzelheiten mit einbezieht und nicht unter Umständen in unseren Denkkategorien den Schluss zieht, dass alles, was am Ende der Fährte liegt, ihm gehört und von ihm verspeist werden darf. Vielmehr wird der Hund beispielsweise, wenn er den gefüllten Futternapf findet, lernen, dass das Aufnehmen der Fährte zum Futternapf führt, den er schon vorher als ihm gehörig in seinen Erfahrungsschatz aufgenommen hat. Auch wenn wir uns am Ende einer erfolgreichen Nachsuche richtig verhalten, wird der Hund nicht zum unerwünschten Anschneider werden.

Wenn der Hund zum Stück gekommen ist, lassen wir ihn selbstverständlich etwas „sein Mütchen kühlen"; er ist ja auch nach der Riemenarbeit – insbesondere, wenn zum Schluss die Fährte wärmer geworden ist – in einem bestimmten Triebstau, der abreagiert werden muss. Diese Abreaktion hat nun nichts mit dem Trieb zu tun, den Hunger zu stillen. Sobald wir den Eindruck haben, dass unser Hund diesen nicht mit Fressen in Verbindung zu bringenden Trieb abreagiert hat, binden wir ihn sinnvollerweise 15 oder 20 m vom Stück entfernt an. Im allgemeinen werden dann der Bruch überreicht und das Stück totverblasen, falls die entsprechende Zeremonie nicht schon vorher stattgefunden hat. Jedenfalls wird sich alsbald das Aufbrechen anschließen. Nun bringen wir dem Hund vom Aufbruch Stücke, die der Hund gerne frisst: Der Hund wird also durchaus noch im Zusammenhang mit der erfolgreichen Nachsuche belohnt, wobei allerdings wir und nicht der Hund bestimmen, wie das geschieht. Ist das Stück aufgebrochen, so verhindern wir tunlichst, dass der Hund noch an das Stück herankommt, um sich selbst noch einen Bissen zu holen. Wenn wir uns konsequent so verhalten, werden wir uns auch keinen Anschneider erziehen.

Es gibt noch einige kleine Hilfsmittel, die man prophylaktisch beim jungen Hund ruhig anwenden sollte, wenn er mit frisch geschossenem Wild in Verbindung kommt. So sollten wir auf den Ein- oder Ausschuss, an dem der Hund lecken und beginnen könnte zu zerren, Pfeffer streuen, damit er sofort die Erfahrung macht, dass derartige Eigenmächtigkeiten unangenehm sind, während wir das Würgen und Zauseln am Träger – wie schon erwähnt – ruhig tolerieren.

Während der Hund also – ehe er überhaupt soweit gelernt hat, am langen Riemen zu arbeiten – begriffen hat, dass er jegliches verendete Wild nicht anschneiden darf, können wir mit den übrigen Arbeiten erst beginnen, wenn er in der Lage ist, uns am langen Riemen zu einem Wundbett zu führen, von dem wir ihn auf der Kunstfährte schnallen können. Je nachdem, ob wir einen Verbeller oder Verweiser ausbilden, sind jedoch auch noch andere Vorarbeiten möglich und erforderlich.

Befassen wir uns zunächst mit dem **Totverbeller:**

Im Gegensatz zum Verweiser muss sich der Totverbeller beim gefundenen Stück aufhalten; er darf sich von ihm nicht entfernen, denn er soll ja seinen Herrn gerade zum Stück rufen und nicht „persönlich" hinführen, wie es Aufgabe des Verweisers ist. Eine weitere Vorarbeit auf dem Wege zum Verbeller ist es mithin, dem Hunde beizubringen, sich auch in größerer Entfernung von seinem Herrn aufzuhalten und auch sicher zu fühlen. Gerade das Moment der inneren Sicherheit erscheint mir für eine wirkliche Verbellarbeit

Totverbeller am Rehbock

von großer Bedeutung zu sein, denn was nützt ein loser Hals, wenn der Hund aus lauter Angst, Unsicherheit oder Anhänglichkeit doch immer wieder zu seinem Herrn zurückzulaufen bestrebt ist? Solche Hunde solle man lieber zum Verweiser ausbilden.

Schon bei den Welpen ist zu beobachten, dass sie sich völlig unbefangen nur in dem ihnen bekannten sozialen Raum bewegen.

Auch später beim jungen heranwachsenden Hund ist festzustellen, dass nur die Anwesenheit von Vater und Mutter – später des Meuteführers und Meutemitgliedes „Mensch" – das Gefühl der inneren Sicherheit vermittelt, aus dem heraus Verhaltensweisen wie Erkunden und Spielen – sich entwickeln können; darauf ist schon an anderer Stelle hingewiesen worden.

Totverbeller-Ausbildung

Und beim erwachsenen Hund ist dann häufig zu beobachten, dass er sich nur ungern von seinem Herrn entfernt und ganz bestimmte Angstgefühle und Furcht andere Verhaltenstendenzen, die wir eigentlich vom Hund erwünschen, überdecken, so dass der Hund sofort wieder zu uns zurückkommt, ja gar nicht sich von uns löst. Derartige Hunde „kleben" bei der Feldarbeit, bewegen sich beim Stöbern nur am Rande der Dickung, schliefen unter Umständen kaum oder nur kurz in den Bau und brechen die Hetze auf Nieder- und Hochwild häufig nach viel zu kurzer Zeit und Entfernung ab. Ein Hund mit diesen Verhaltenstendenzen ist nicht zum Totverbeller geeignet, denn das Unvermögen, eine vorübergehende Trennung von seinem Meutegenossen zu verkraften, macht ihn für diese Arbeit unbrauchbar. Haben wir einen solchen Hund, sollten wir gar nicht erst versuchen, ihn zum Totverbeller auszubilden.

Das Totverbellen lernt der Hund naturgemäß wiederum nach einem der von uns erörterten Prinzipien, in aller Regel wohl nach dem der „bedingten Appetenz". Macht unser Hund also die Erfahrung, dass ein Bellen zu einer Antriebsbefriedigung führt, so nimmt er zukünftig dieses Bellen zum Anlass oder zum Ziel für das zugehörige Appetenzverhalten, womit das Bellen einen neuen, erfahrungsbedingten Reiz erhalten hat.

Die Schwierigkeit besteht nun darin, den Hund überhaupt einmal zum Bellen zu veranlassen, damit wir ihn alsdann in einer bestimmten Situation auch die Erfahrung machen lassen können, dass es sich lohnt, überhaupt zu bellen.

Am einfachsten ist die Arbeit mit dem Verbeller „aus Naturanlage". Diese Hunde verbellen ein gefundenes verendetes Stück Wild, wobei es jedoch von ausschlaggebender Bedeutung ist, dass es sich bei den Lautäußerungen nun um solche handelt, die von einer Jagdpassion getragen sind oder Zeichen von Furcht, Unsicherheit und Angst sind. Die letzteren sind getragen von einem ambivalenten Verhalten des Hundes zu dem gefundenen Stück Wild. Einerseits ist der Hund fasziniert von der Neuigkeit und dem Reiz, der von dem Stück Wild ausgeht, andererseits löst das unbekannte Etwas auch Fluchttendenzen aus. In dieser Situation verbellen Hunde häufig – ein Verbellen, das jedoch nicht als tragbare Grundlage für einen zukünftigen späteren Totverbeller geeignet ist. – Anders verhält sich der Hund, der gelernt hat, dass ein Stück Wild für ihn tabu ist, jedoch sein Beutefangverhalten akustisch abreagiert und nun

Verbeller aus „Naturanlage"

in dieser besonderen Situation auch gar nicht geneigt ist, von seiner Beute abzulassen. Dieser Hund wird nun die Erfahrung machen, dass das Lautgeben nach mehr oder weniger langer Zeit seinen Herrn veranlasst, zu ihm zu kommen, was dazu führt, dass die Beute nun auch gemeinsam in Besitz genommen werden kann, und er dann tatsächlich in den Genuss der Beute kommt, wenn sie „geteilt" wird, indem der Jäger den Hund in der schon beschriebenen Weise nach dem Aufbrechen genossen macht.

Derartige zuverlässige Perlen sind jedoch äußerst selten. Wenn wir einen Hund mit einigermaßen losem Hals haben, so wird es uns in den allermeisten Fällen auch noch gelingen, diesen Hund in der theoretischen Grundausbildung zu einem einigermaßen zuverlässigen Totverbeller zu erziehen, denn ein solcher Hund ist relativ einfach zum Lautgeben zu veranlassen. Am besten geht es, wenn wir dem hungrigen Hund die ihm bekannte Futterschüssel oder auch Häppchen zeigen, ihm jedoch nicht die Möglichkeit geben, sofort seinen Trieb zu stillen. Der Hund mit losem Hals wird alsbald anfangen, Laut zu geben, wobei wir ihn mit ermunternden Worten unterstützen. Hat er zu unserer Zufriedenheit gebellt, erhält der Hund seine Belohnung, und alsbald wird er das Bellen in den Dienst seiner Triebbefriedigung stellen. Wenn wir das Futterzeigen mit entsprechenden Kommandos begleitet haben – z. B. „Gib Laut!" – so können wir den Hund nach kurzer Zeit, ohne ihm dann noch das Futter zu zeigen, schon zum Lautgeben veranlassen. Wir dürfen nur nie versäumen, den Hund auch zu der von ihm angestrebten Triebbefriedigung kommen zu lassen. Späterhin lassen wir den Hund zunächst an der Decke, dann am Stück Wild selbst – zunächst akustisch animiert – verbellen, bis schließlich die Wilddecke und dann das Stück Wild selbst an die Stelle des auslösenden Reizes getreten sind. Das hört sich relativ einfach an, und ist es bei einem Hund mit losem Hals auch.

Viel schwieriger ist es jedoch einen Hund mit nicht lockerem Hals auf die beschriebene Art und Weise das Verbellen zu lehren. Es wurde schon betont, dass man sich bei einem solchen Hund eigentlich überhaupt nicht der Mühe unterziehen sollte, einen Totverbeller aus ihm zu machen. Wer es dennoch versucht, wird große Schwierigkeiten haben und mit an Sicherheit grenzender Wahrscheinlichkeit über gewisse Prüfungserfolge hinaus einen in der Praxis einsetzbaren Hund nie bekommen.

In der Theorie hört die Ausbildung in aller Regel auf, wenn ein Hund zuverlässig ein kaltes Stück Wild verbellt. Nur relativ selten wird er die Möglichkeit haben, ein warmes Stück Wild in der Praxis zu verbellen – um so häufiger, je mehr ihn sein Herr mit in das Revier nimmt, um alle Gelegenheiten auszunutzen, seinen Hund zu üben, wenn ein Stück Schalenwild geschossen worden ist. All diesen Situationen haftet jedoch etwas Künstliches an, was der Hund in seinen Lernprozess mit einbezieht. Nur dann trägt jedoch die Mühe, die wir in den Hund investiert haben, Früchte wenn er auch ein Stück Wild, von dessen Verbleib wir nichts mehr wissen gefunden hat und es verbellt, beim Rehwild häufig nach einer Hetze, und nachdem er es niedergezogen und abgetan hat. In dieser Situation befindet sich der Hund jedoch in einer solchen, die von den von uns beeinflussten und manipulierten Übungssituation grundlegend verschieden ist; insbesondere ist nach einer Hetze die psychische und körperliche Lage eine ganz andere.

*Verbellen am **warmen** Wild*

Einige große Führerpersönlichkeiten haben auf Prüfungen immer wieder Jagdhunde der verschiedensten Rassen und Schläge mit großem Erfolg als Totverbeller geführt und sind wegen ihrer „unfehlbaren" Rezepte bestaunt und beneidet worden. Häufig haben sie ihr Wissen mit ins Grab genommen. Das Führen eines Verbellers auf Prüfungen oder im Revier ist jedoch – wie versucht worden ist aufzuzeigen – ein großer Unterschied.

Aus den Bemerkungen zur Ausbildung des Totverbellers ergibt sich eindeutig, dass er aus verschiedenen Blickwinkeln dazu prädestiniert sein muss.

Die Ausbildung eines **Totverweisers** erscheint weniger schwer.

Ausbildung des Totverweisers

Alle Arten des Verweisens haben gemein, dass der Hund durch ganz bestimmte Verhaltensweisen anzeigt, ein Stück Wild gefunden zu haben und daraufhin seinen Führer dorthin leitet. Zu welcher der verschiedenen Arten des Verweisens der Führer seinen Hund ausbildet, hängt wohl vom Ergebnis der Verhaltensstudien ab, die er an seinem Hunde betrieben hat.

Wir haben bei den Ausführungen zum Totverbellen schon die Neigung des Hundes erwähnt, nicht am Stück zu bleiben, sondern zum Führer zurückzukehren. Einen Hund mit entsprechend ausgeprägter Neigung sollte man nicht zum Totverbeller „zwingen", vielmehr sollte man sich die ausgeprägte „Schwäche", vom gefundenen Stück wieder zurück zum Jäger zu laufen, zunutze machen. Der scharfe Beobachter wird vielleicht schon in diesem Stadium an seinem Hund typische Verhaltensweisen entdecken, die nur zum Ausdruck kommen, wenn der Hund von einem gefundenen Stück zum Führer zurückkehrt. Hat er solche Feststellungen getroffen, und lässt er sich nun in dieser spezifischen Situation auf entsprechende Aufmunterungen, ein entsprechendes Kommando (etwa: „Wo ist der Bock?") zum Stück führen, so wird der Hund alsbald die ursprünglich neutrale Verhaltensweise in den Dienst seiner Triebbefriedigung stellen – insbesondere, wenn er am Stück eine irgendwie geartete positive Erfahrung macht: Sei es, dass er nun in Gegenwart seines Herrn noch einmal am Stück befreit von irgendwelchen Ängsten – zauseln darf, oder dass er auf schon beschriebene Weise genossen gemacht wird. Das kann am echten Stück geschehen, indem der Hund etwas vom Aufbruch bekommt, bei der Attrappe ist das Futter unter ihr versteckt, das der Hund alsdann bekommt. Dabei ist an dieser Stelle schon zu bemerken, dass wir natürlich nicht die volle Futterschüssel einladend etwa auf die Decke stellen dürfen; hier würde sich der Hund sicherlich sofort selbst bedienen. Richtig ist es, das Futter für den Hund wahrnehmbar –, aber nicht erreichbar unter oder auf der Decke zu deponieren, beispielsweise in einer Schüssel, die mit einem festen Deckel versehen ist, oder in einem Gefrierbehälter, der – wie der zuvor erwähnte Deckel auch – mit Löchern versehen ist, damit die Düfte dem Hund schon eine Belohnung verheißen, an die er allerdings erst herankommt, wenn er ein uns unerwünschtes Verhalten gezeigt hat, nämlich zum Führer zurückzulaufen, diesem mitzuteilen, dass er gefunden hat, und ihn schließlich wieder dorthin zu führen. Wenn es uns aufgrund guter Beobachtung und entsprechender Konstellation beim Hund gelingt, den Hund auf diese Weise zum Verweisen zu veranlassen, so erscheint mir das optimal, weil am natürlichsten und auf das jeweilige Individuum genau zugeschnitten.

Der „stumme" Verweiser

Neben dem soeben beschriebenen „stummen Verweiser" kennen wir auch den „lauten Verweiser", der aus Erregung über das Gefundene laut wird, indessen nicht wie der Totverbeller am Stück verharrt. Dieser Hund begibt sich vielmehr nach relativ kurzer Zeit wieder zurück zum Herrn, wobei er allerdings immer noch bedingt durch die Erregung über das Gefundene – Laut gibt. Wenn wir nun geschickt, wie beim stummen Verweiser, reagieren, wird der Hund alsbald das Lautgeben auch in den Zweck seiner Triebbefriedigung – wie beim stummen Verweiser beschrieben stellen, und an die Stelle einer ganz individuellen Verhaltensweise des stummen Verweisers tritt beim lauten Verweiser das typische Lautgeben, das vom Herrn sinnvollerweise immer durch entsprechende Aufmunterung noch unterstützt wird.

Der „laute" Verweiser

Der stumme und laute Verweiser sind nicht so sehr bekannt, werden auf Prüfungen und in der Praxis auch relativ selten vorgestellt oder geführt; am bekanntesten vielmehr ist der sog. „Bringselverweiser". Das Bringselverweisen unserer Jagdhunde ist wohl die Frucht von Erfahrungen, die während der Weltkriege bei den Sanitätshunden gemacht worden sind. Sie wurden ausgebildet die verwundeten Soldaten nach dem sog. „Bringselverfahren" zu verweisen, und Konrad Most und Franz Mueller ist es wohl zu verdanken, dass das Bringselverweisen auch Eingang in die jagdliche Praxis und damit auch in das Prüfungswesen gefunden hat.

Der Bringselverweiser

Die verhaltensbiologischen oder psychologischen Grundsätze, nach dem der Bringselverweiser ausgebildet wird, sind im Grundsatz die gleichen wie beim stummen oder beim lauten Verweiser. Indessen ist unabdingbare Voraussetzung, dass er das Bringsel nur und nie anders als zu dem Zweck in den Fang nimmt, den Herrn vom Fund eines Stück Wildes zu unterrichten. Dieses Bringsel eine Lederrolle, ein Lederknebel oder auch ein entsprechendes Stück Holz von etwa 15 cm Länge, hängt befestigt an der Halsung so, dass der Hund, wenn er seinen Kopf neigt, es aufnehmen oder sich auch in den Fang schleudern kann. Sinnvollerweise ist das Bringsel nicht mit einer unzerreißbaren Schnur mit der Halsung verbunden, wenn der Hund im Revier eingesetzt wird, vielmehr ist es richtig, eine Halsung zu wählen, die – wenn sie festhängt – aufreißt (Gummi, Klettverschluss) und ebenso sollte das Bringsel an einem Gummiband befestigt sein. Während der Vorbereitungszeit bedarf es allerdings dieser Vorsichtsmaßnahmen noch nicht, denn in den Wochen, ehe wir mit dem Bringselverweisen zu üben beginnen, muss der Hund sich daran gewöhnt haben, dieses Bringsel an der Halsung zu tragen, ohne sich überhaupt noch darum zu kümmern; er muss es als Selbstverständlichkeit empfinden. Jeder Versuch, sich des Bringsels zu entledigen oder es auch in den Fang zu nehmen, muss von uns unterbunden werden. Das bedeutet, dass wir im Anfangsstadium dieses Gewöhnungszeitraumes den Hund nicht aus den Augen lassen dürfen; vielmehr darf und soll der Hund dieses Bringsel nur tragen, wenn wir ihn immer unter Kontrolle haben. Später muss der Hund dieses Bringsel auch während der Arbeit in Feld und Wald tragen, ohne dass er in seinem Verhalten davon irgendwie berührt wird.

Haben wir dieses Stadium erreicht, beginnen wir mit der weiteren Ausbildung zum Bringselverweiser.

Der Hund hat gelernt, auf einer Rotfährte zu arbeiten. Haben wir uns auf wenige Meter dem Stück genähert, so schnallen wir ihn und ermuntern ihn, allein zum Stück zu laufen. Dort haben wir auf dem Stück das Bringsel deponiert. Wenn der Hund sich nun mit seinem Fang in die Nähe dieses Bringsels beim Bewinden des Stückes begibt oder das Bringsel selbst bewindet, so ermuntern wir ihn nunmehr mit „Apport, Apport!", das Bringsel aufzunehmen.

Hat er es im Fang, so locken wir den Hund zu uns, nehmen ihm das Bringsel aus dem Fang, belobigen ihn und lassen uns – wie schon beschrieben – vom Hunde zum Stück zurückführen. Dort lassen wir den Hund nun die erstrebte positive Erfahrung machen. Der Hund wird bald lernen, das Bringsel ohne unsere Aufmunterung am Stück aufzunehmen und zu uns zurückzukehren.

In Kürze werden wir ein Stadium der Ausbildung erreicht haben, dass wir uns so weit vom Stück entfernt haben, dass der Hund, wenn wir ihn zurückschicken, eher am Stück sein wird, als wir selbst. Hier nun bedürfen wir eines Helfers, der den Hund veranlasst, das Bringsel, das er nunmehr wiederum an der Halsung trägt, wieder in den Fang zu nehmen, um als dann damit zu uns zurückzukehren – zu uns, die wir auf dem Wege zum Stück stehengeblieben sind, da wir nicht wissen, wo sich das Stück befindet. Meistens wird es so sein, dass der Hund – von uns wieder zum Stück geschickt – dieses wiederum bewindet. Das Bringsel, das entsprechend lang an der Halsung befestigt ist, wird nun vor seinem Fang herumbaumeln. Der Hund wird nach den vorangegangenen Übungen meist das Bringsel jetzt schon allein in den Fang nehmen und zurückkehren. Geschieht das nicht, so ist es Aufgabe des Helfers, den Hund ermunternd aufzufordern oder unter Umständen auch das Bringsel mit der Hand in den Fang zu manipulieren, um den Hund dann zurückzuschicken. Es ist auch nützlich und angebracht, dass wir uns auf irgendeine Art und Weise mit dem Helfer verständigen, damit wir den Hund, wenn er das Bringsel im Fang hat, zurückpfeifen können. Auf diese Art und Weise wird die Strecke zwischen Hund und Herr, die der Hund zurückzulegen hat, immer größer, und der Hund wird immer häufiger zum Stück laufen müssen und von dort zu seinem Herrn, um ihn letztendlich zum Ziel zu führen.

Aufbereitung in Schritten

Im weiteren Verlauf der Ausbildung entfernt der Gehilfe sich immer mehr vom Stück, bis er schließlich vielleicht auf einem Hochsitz das Geschehen beobachtet, ohne dass der Hund überhaupt etwas davon merkt. Hier hat der Gehilfe die Möglichkeit, immer noch einzugreifen und auch eventuelles Fehlverhalten zu notieren damit der Führer es dann korrigieren kann.

Geübt wird das Bringselverweisen zunächst an einer Decke oder einer Schwarte, also an einer Attrappe. Späterhin geht man über, den Hund auch am „echten Stück" Wild zu üben, wobei wir ähnlich wie beim Apportieren – zunächst den Hund am kalten Stück sicher eingearbeitet haben müssen, ehe wir ihn an einem noch warmen Stück arbeiten lassen oder sogar auf der warmen Fährte in der Hoffnung, dass er auch ein zunächst gehetztes und dann niedergezogenes Stück ordnungsgemäß verweisen wird. Wenn ein Hund das tut, dann hat man sich wiederum eine seltene Perle erarbeitet.

So, wie wir bei der Ausbildung im Abrichtelehrgang uns mit ganz kleinen Schritten dem gesteckten Ziel nähern und bedacht sind, nicht den 5. oder 6. Schritt zu tun, ehe die ersten 4 Schritte wirklich sitzen, und auch darauf achten, den Hund nicht zu überfordern und ihn auch im übrigen ganz individuell behandeln, gehen wir auch mit unserem jungen Weidgenossen bei der „Eroberung" der Umwelt vor. Dabei setzen wir voraus, dass wir es mit einem Hund zu tun haben, der späterhin – wie es bei uns üblich ist seiner Größe und Eignung nach als „Mädchen für alles" eingesetzt werden kann und soll; auf einzelne Besonderheiten der Spezialisten wird noch eingegangen werden. Unser junger Hund soll also späterhin einmal überall dort, wo es Wild zu bejagen gibt, eingesetzt werden und mit uns zusammenarbeiten. Überall dort gehen wir auch hin und lassen den Hund seine Erfahrungen machen.

Zunächst muss er jedoch auch die Umwelt kennenlernen, die zwischen Revier und Körbchen liegt.

Kennenlernen der Umwelt: auch Ausbildung

Wenn wir für den jungen Hund, der mit 8 Wochen zu uns kommt, als den Mittelpunkt des Lebens zunächst das Körbchen und später das Haus des Jägers ansehen – also die „Höhle", in der der Hund mit seinen Meutegenossen haust –, so können wir uns konzentrische Kreise um dieses Anwesen herum vorstellen, die Stück für Stück vom Hunde erschlossen werden. Mit zunehmendem Alter werden diese Kreise größer, was auch der Entwicklung in der Natur entspricht. Hier können wir uns die Entwicklung der jungen Wölfe vor Augen halten. Beispielhaft kann in diesem Zusammenhang aber auch – und das ist für uns deutsche Jäger verständlicher – das Verhalten junger Füchse sein. Wenn diese gewölft sind, halten sie sich zunächst im Mutterbau auf, später beginnen sie, sich im Mutterbau etwas zu bewegen, und mit zunehmender körperlicher Reife und Kraft kommen sie dann heraus und spielen auf dem Bau und um diesen herum. Hier werden sie oft vom Jäger beobachtet – und können und müssen wegen der Tollwut im Frühjahr bejagt werden. Eindrucksvoll ist in diesem Zusammenhang jedoch, wie die jungen Füchse während der Sozialisierungsphase und der Rangordnungsphase die auch für den Hund beschriebenen Verhaltensweisen zeigen. Der Jäger, der sich vor dem Aufgang der Jagd auf den Rehbock und späterhin im Revier nach den zu bejagenden Böcken umsieht, begegnet nun häufig den jungen Füchsen, die von der Fähe, bisweilen auch von beiden Eltern immer weiter weg vom Bau ins Revier geführt werden, während der Blattzeit begegnet der Jäger alsdann jungen Füchsen, die zu zweit oder zu dritt ohne Eltern Streifzüge unternehmen, und wenig später sieht er den jungen Fuchs allein, wie er sich müht, seinen Lebensunterhalt zu verdienen. Genau so müssen die Menschen es mit dem jungen Hunde auch machen.

„Eroberung" der Wohnung,

Zunächst muss der acht Wochen alte Hund, der gerade zu uns gekommen ist, seinen Schlaf-, Ruhe- oder Liegeplatz finden und angewiesen bekommen, wie wir es schon beschrieben haben. Dann wird er die Wohnung, das Haus erforschen, wobei ganz bestimmte Räume von uns schon „tabuisiert" werden, die er nicht betreten soll, wie beispielsweise das Badezimmer, die Toilette, das Schlafzimmer oder ähnliches. Im unmittelbaren Zusammenhang damit steht die Erforschung und das Kennenlernen vielleicht des Gartens, bestimmt aber der Straße, die unmittelbar vor der Haustür vorbeiführt, und die der Hund alsbald in seinen unmittelbaren Revierbereich mit einbeziehen wird, da er dort seine kleinen und großen Geschäfte verrichtet, die später dann auch die Rolle einer Reviermarkierung übernehmen. Glücklich ist derjenige Hundebesitzer, der auf seinem Grundstück im Felde oder im Wald wohnt oder am Rande der Ortslage, so dass er sich mit seinem Hund unmittelbar vom Haus in die Natur begeben kann, ohne sich und seinen Hund den Gefahren des Straßenverkehrs auszusetzen! Hier kann der Hund von Anfang an freigelassen werden, während der Inhaber einer Stadtwohnung den Hund – wenn er sich nicht gerade in ganz frühen Morgen- oder späten Abendstunden auf die Straße begibt – den jungen Hund schon an der Leine führen muss. Wenn der junge Hund notwendigerweise an einer Leine auf die Straße geführt werden muss, um sich zu lösen oder etwas Bewegung zu verschaffen, so kann er das kaum oder nur unvollkommen, wenn er an der kurzen Führerleine ist. Hier empfiehlt es sich, eine der neuerdings von Fachhandel angebotenen Leinen zu nehmen, die es dem Hund gestatten, sich etwa 8 bis 10 m von seinem Herrn zu entfernen. Die Leine befindet sich in einem Gehäuse und kann vom Führer nachgelassen, arretiert und durch Federdruck wieder aufgerollt werden. Das ist zwar für einen Jagdhund fast „unwürdig", indessen zwingen die Verhältnisse den einen oder anderen, sich derartiger Hilfsmittel zu bedienen. Es ist nämlich wichtig, dass der Hund einige Bewegungsfreiheit hat und nun auch tun und lassen kann, was er selbst zunächst einmal für richtig hält.

Der junge Hund wird zunächst sehr engen Kontakt zu seinem Führer halten, weil er sich bei ihm – hoffentlich! – in Sicherheit weiß und in dessen Nähe Geborgenheit fühlt. Diesem Bedürfnis entgegenzukommen, ist nun eine wichtige Aufgabe des Führers. Immer, wenn sich der Hund ihm zuwendet, sollte er sich zu ihm herabbeugen, das kleine Kerlchen streicheln und mit ihm freundlich reden. Es wäre auch falsch, durch häufiges Rufen und Heranlocken das Hundekind bei der Entwicklung von Eigeninitiative zu unterdücken, denn sie ist – wie schon ausgeführt – von Anbeginn der Ausbildung bis zum Ende des Berufslebens wesentlich für das Lernen.

Der junge Hund wird also zunächst die ganz arttypischen Gerüche kennenlernen, die sich um das Haus des Herrn befinden, die Geräusche aufnehmen und mit ihnen alsbald so vertraut sein, dass sie ihn, wenn sie nicht von ganz besonderem Interesse sind, nicht mehr bei anderen Tätigkeiten aus dem Konzept bringen. Ein junger Hund, der in der Nähe eines Flugplatzes oder an einer viel befahrenen Straße aufwächst, wird sich alsbald um Motorengeräusche, Fehlzündungen, Düsenlärm und das Geknatter von Hubschraubern nicht mehr kümmern, während diese Geräusche den jungen Hund des Försters aus der weiten Heide sehr erschrecken können. Umgekehrt wird für letzteren das Brechen von Ästen, das Rascheln im Laub zur selbstverständlichen Umwelt geworden sein, während es den „Stadthund" erschrecken kann. Daraus erhellt, dass wir den Hund auch mit den Verhältnissen vertraut machen müssen, mit denen er von Haus aus keine Gelegenheit hat, sich auseinanderzusetzen. Der „Försterhund" muss also auch einmal mit in die Stadt genommen werden, der „Stadthund" muss möglichst bald häufig mit ins stille Revier. Das geschieht, wenn der Hund

des Gartens,

der Straße ...

Freiheiten im Bewußtsein der Geborgenheit

Das Autofahren

seine heimatlichen Gefilde erschlossen hat und körperlich soweit ist, auch spazieren zu gehen, zunächst kurz, später immer weiter und länger.

Zu den Selbstverständlichkeiten, die der junge Hund auch alsbald in seiner Umwelt erfahren muss, gehört das Autofahren. Kein Hund wird mehr heute um das „Vergnügen" herumkommen, sich mit dem Pkw fortbewegen zu müssen. Meistens sind die Wege zum Revier so lang, dass sie zu Fuß oder mit dem Fahrrad nicht überwunden werden können. Herrchen wird auch eingeladen werden zu Jagden in anderen Revieren, es muss zu Prüfungen gefahren werden, man fährt gemeinsam in den Urlaub oder während der Ausbildung zu den verschiedensten Örtlichkeiten. Meistens sind für den Hund mit Autofahrten angenehme Erfahrungen verbunden, so dass in aller Regel sich die Jagdhunde freuen, ins Auto steigen und mitfahren zu dürfen. Das führt bisweilen soweit, dass manche Hunde sich in jedes beliebige Auto stürzen, was jedoch unliebsame Folgen nach sich ziehen kann – manchmal auch für den Hund lebensgefährliche! Es gibt jedoch auch Hunde, die nur sehr ungern ein Auto besteigen und dann während der Fahrt oder nach einer gewissen Dauer zitternd auf dem ihnen angewiesenen Platz sitzen oder-auch im Zeichen offensichtlicher Angst den Kontakt zu irgendeinem Menschen suchen. Dabei hecheln sie stark, von den Lefzen tropft der Geifer, bisweilen erbrechen sie sich auch. Das kann verschiedene Ursachen haben. Bisweilen liegt der Grund darin, dass sie bei der ersten oder irgendeiner anderen Autofahrt eine höchst unangenehme Erfahrung gemacht haben, die nach dem Lehrprinzip der bedingten Aversion nun die zunächst neutrale Situation des Autofahrens Veranlassung für eine Fluchttendenwerden lässt, die sich jedoch nicht auswirken kann und nun das beschriebene Zittern etc. zur Folge hat. Es kann aber auch sein, dass die Situation des Autofahrens von vornherein nicht neutral gewesen ist, sondern durch unbedachtes Verhalten des Menschen an sich für den Hund eine beängstigende Situation bedeutet. Hier ist also schon vorbeugen besser als heilen, d. h., wenn der junge Hund vom Züchter geholt wird oder überhaupt seine erste Autofahrt macht – das sei an dieser Stelle wiederholt, kommt es ganz wesentlich darauf an, ihm diese Autofahrt zu einem angenehmen Erlebnis werden zu lassen. Vom Züchter lassen wir uns etwas mitgeben, das dem Hunde insbesondere geruchlich vertraut ist, am besten ein Stück der Decke, auf der er mit seinen Geschwistern und der Mutter in der Wurfkiste gelegen hat. Das vermittelt dem jungen Hund eine vertraute Situation. Wenn dann noch hinzukommt, dass sich der neue Herr ruhig und anhaltend mit dem Hunde beschäftigt, mit ihm beruhigend spricht, ihn krault, und man weiterhin beachtet, dass der junge Hund nicht mit vollem Magen eine längere Reise antritt und schließlich auch einigermaßen müde und – nachdem er sich gelöst hat – ins Auto genommen wird, dann kann eigentlich die erste Autofahrt nicht zu einem schrecklichen Erlebnis werden. Werden diese Grundsätze auch bei späteren Autofahrten beherzigt, dann dürfte künftig auch ängstliches Verhalten – wie beschrieben – nicht auftreten. Zudem wird sich alsbald beim Hund die Erfahrung verfestigen, dass am Ende von Autofahrten schöne Ereignisse warten – sei es nach der Fahrt ins Revier das gemeinsame Erkunden von vielem Neuen zusammen mit dem Herrchen, sei es auf der

Rückfahrt vom Revier nach Hause die wartende Futterschüssel sowie Frauchen und Kinder.

Diese positiven Erlebnisse, die jeweils am Ende einer Autofahrt stehen, sind auch das Vehikel, auf dem man die Abneigung gegen das Autofahren mit ihren Symptomen – wenn sie auf schlechten Erfahrungen beruhen sollten – überwinden kann. Wir haben zwar gelernt, dass einmal gemachte schlechte Erfahrungen Verhaltensweisen bedingen, die nur sehr schwer korrigierbar sind, weil sich ein Hund freiwillig kaum wieder in die Situation begibt, in der er eine schlechte Erfahrung gemacht hat; indessen haben wir beim Autofahren die Möglichkeit, mit Phantasie, unbedingter Geduld und Einführungsvermögen nach einiger Zeit hoffentlich das unerwünschte Verhalten zu korrigieren. Wir müssen dem Hunde also auf seine Art klar und verständlich machen, dass das Autofahren immer und ausnahmslos für ihn ein „Gewinn" ist, und zwar das Autofahren selbst wie auch das durch die Autofahrt angesteuerte Ziel. Dabei müssen wir dem Hunde das Innere des Pkws angenehm machen, was vielleicht durch das Verabreichen einiger leckerer Happen gelingt. Überdies müssen wir mit allen Mitteln versuchen, die Situation des Gefahrvollen und des Unsicheren zu neutralisieren, indem wir uns selbst und möglichst auch noch ein dem Hund sehr vertrautes Familienmitglied mit dem Hund während der Fahrt intensiv und liebevoll beschäftigt. Die Fahrten dürfen alsdann nicht zu lang sein; vielmehr sollten die ersten Fahrten recht kurz sein und am Ende der Fahrt für den Hund ein besonders angenehmes Erlebnis stehen. Hier könnte man auch wieder daran denken, dass der Hund am Ende einer Fahrt, wenn er das Auto verlassen hat, eine gefüllte Futterschüssel vorfindet. Vorübergehend könnte man den Hund seine Mahlzeiten jeweils nach einer Autofahrt einnehmen lassen. Es wäre aber auch möglich, mit dem Hund eine besonders beliebte Arbeit zu absolvieren. Es gibt Hunde, die sehr gern Schleppen arbeiten oder sich im Wasser tummeln. Der junge Hund, der das noch nicht beherrscht kann aber auch mit seinem Herrn spazierengehen, an der Dressurangel spielen oder ähnliches. Hier kommt es auf die Phantasie des Menschen an, und mit Einfühlungsvermögen, Konsequenz und Geduld sollte es eigentlich möglich sein, diese Fälle der Ängstlichkeit beim Autofahren, die auf schlechten Erfahrungen beruhen, zu heilen.

Autofahren muss ein „Gewinn" sein

Es ist wohl aber auch so, dass das Autofahren selbst Gefühle des Unwohlseins bei einem Hund hervorrufen kann, wie wir sie als Menschen selbst empfinden – Gefühle, die als „Autokrankheit" apostrophiert werden. Wir Menschen kennen aus unserer eigenen Erfahrung, dass bestimmte Gefühle des Unwohlseins verschwinden oder nicht mehr von uns wahrgnommen werden, wenn wir uns in irgendeiner Gefühlslage befinden, die uns so beansprucht, dass andere Gefühle und Empfindungen überdeckt werden, in den Hintergrund treten oder völlig verschwinden. Auch hier besteht die Möglichkeit, durch Erfahrung den Hund bei Autofahrten immer in das Stadium einer besonderen Erwartung zu versetzen, so dass – zumindest bei kürzeren Fahrten – die Symptome eines Unwohlseins gar nicht auftreten. Bei längeren Autofahrten sollte man bei diesermaßen anfälligen Hunden besonders darauf achten, dass sie möglichst müde und soweit wie vertretbar nüchtern die Reise antreten. Bei ganz langen Autofahrten, – beispielsweise in weit entfernte Ferienorte – kann man den Hund auch nach Anweisung eines Tiermediziners prophylaktisch mit entsprechenden Beruhigungsmitteln, wie wir sie auch vom Menschen kennen, behandeln.

Doch zurück zum Hund bei unseren Ausflügen in die nähere und weitere Umgebung des Hauses bis schließlich ins Revier.

„Nasenübungen"

Der Hund „sieht" – wie wir wissen – seine Umwelt mit der Nase. Sie wird fortwährend „erschnüffelt", und so wie Kinder, die etwas besonders Interessantes in einem Schaufenster entdeckt haben oder Zeuge eines interessanten Geschehens auf der Straße werden und dort verweilen, wird unser Hund auch dort verharren und sich untersuchend aufhalten, wo er etwas ihn Ansprechendes gefunden hat. Der Führer des jungen Hundes, der ihn ja genau beobachtet, hat hier eine unbedingt zu nutzende Möglichkeit, den Hund lernen zu lassen, was für uns von Bedeutung ist oder nicht. Wir vermögen manchmal nicht zu erkennen, was den Hund interessiert, meistens aber doch. Von besonderer Bedeutung für uns ist nämlich, dass der Hund uns späterhin auf der Rotfährte und auch bei der Pirsch verweisend dort hilft, wo wir mit unseren Sinnen an unsere natürlichen Grenzen gelangen. Auf die Bedeutung des Verweisens und wie der Hund dies durch unsere Unterstützung lernt, ist schon hingewiesen worden, hier sei nur nochmals daran erinnert, dass wir den Hund immer loben und uns mit ihm freuen, wenn er etwas Erwünschtes verweist, wir uns jedoch neutral verhalten, wenn wir aus der Sache selbst nicht schlau werden – und ihn wohldosiert unsere Missbilligung spüren lassen, wenn er sich etwas Unerwünschtem besonders zuwendet.

Wir haben auch andere Möglichkeiten, die Nase des Hundes, besser gesagt: ihren Einsatz – schon zu trainieren. Mit zunehmendem Alter und zunehmender Selbständigkeit, d. h., Vertrautheit mit der Umgebung, wird der Hund sich auch mehr und mehr von uns entfernen, so dass wir uns eines Tages entfernen und verstecken können. Das sollten wir unbedingt tun, indem wir uns zunächst nur über eine kurze Entfernung, später immer weiter entfernen und hinter einem Baum verschwinden, von wo aus wir den Hund beobachten können, wenn er zurückkehrt. Zunächst versuchen wir, auch uns so zu entfernen, dass der Hund unter Wind in der Lage ist, sich uns zu nähern. In aller Regel wird der junge Hund zunächst ratlos herumstehen; da er aber mittlerweile schon gelernt haben dürfte, die Nase zu gebrauchen, wird er sie herunternehmen und uns – vielleicht zunächst erst zufällig – auf unserer eigenen Spur finden. Möglicherweise trägt der Wind ihm auch einen Fetzen Witterung von uns zu, so dass er uns mit hoher Nase finden kann. Jedenfalls lernt der Hund, dass es keinen Zweck hat, wenn wir verschwunden sind, in Verzweiflung zu versinken, sondern dass es viel sinnvoller ist, die Sinne, die Nase anzustrengen mit dem Ergebnis, dass er alsbald den Anschluss an uns wieder gefunden hat.

Bei der richtigen Einarbeitung hat der Hund ja schon auf der Futterschleppe gelernt, seine Nase zu gebrauchen und hat die Erfahrung gemacht, dass dies auch zu einer Triebbefriedigung führt.

Späterhin entfernen wir uns von dem Platz, an dem der Hund uns verlassen hat, auch mit dem Winde, so dass der Hund mehr oder weniger gezwungen ist, mit tiefer Nase zu arbeiten. Das hat ganz allgemein zur Folge, dass der Hund selbständiger und in seinem Selbstbewußtsein auch gestärkt wird, denn er macht die Erfahrung, dass er mittels seiner Nase immer wieder den Anschluss an uns gewinnt. Es hat auch praktische Bedeutung insofern, als der Hund sich einmal verjagt haben kann oder von einer Hetze zurückkommt und dann die Spur aufnimmt von dem Platz, an dem er uns verlassen hat.

Wenn wir uns allerdings mit dem Auto entfernt haben, so vermag der Hund uns auch beim besten Willen nicht in der Kneipe oder zu Hause aufzutreiben, vielmehr müssen wir ihm dann andere Hilfe angedeihen lassen. Das geschieht sinnvollerweise in der Form, dass man – wenn man sich von dem Platz entfernt, an dem man den Hund verloren hat – etwas dem Hund sehr Vertrautes hinterlässt, den Rucksack beispielsweise, den Lodenmantel oder auch eine Decke oder ähnliches. Hier wird der Hund, wenn er zurückkehrt und uns nicht vorfindet, sich in aller Regel aufhalten, und wir können ihn alsdann dort später wieder „einsammeln".

Wenn der Hund älter ist, können wir bei unseren Spaziergängen als Beschäftigungstherapie auch das Bringen auf der „Führer-Rückfährte" üben. Darüber hinaus dient dies auch als Ergänzung der Übung auf den Schleppen zur Vorbereitung des späteren Verlorenbringers.

Die „Führer-Rückfährte"

Wenn unser Hund überhaupt erst einmal gelernt hat, irgendetwas zu apportieren, meistens das ihm angenehme Apportierholz, so nehmen wir dies oder einen anderen Bringgegenstand, den der Hund gern apportiert, auf den Spaziergang mit und legen ihn für den Hund erkennbar und dessen Aufmerksamkeit mit entsprechender Zeremonie erregend hinter uns in unsere Spur. Dann begeben wir uns mit dem Hund zunächst nur ein paar Schritte weiter, schnallen ihn und lassen ihn apportieren. Die Distanz zum abgelegten Gegenstand können wir sehr schnell vergrößern, und der Hund wird sehr schnell – falls wir nicht gerade auf einem Weg üben – mit tiefer Nase lernen, im Altholz oder auf der Wiese den Gegenstand, unsere Fährte zurückarbeitend, zu suchen, zu finden und zu apportieren. Das bereitet nicht sonderlich viel Mühe, ist jedoch – wie ausgeführt – aus den verschiedenen Blickwinkeln recht nützlich.

Für den jungen Hund ist es in diesem Stadium seines Lebens nicht nur wichtig, sich geistig-seelisch bestmöglich zu entwickeln, sondern es gehört auch die körperliche Entwicklung dazu. Wir machen mit dem Hund immer nur altersentsprechend lange Spaziergänge; zur Länge gibt es kein verbindliches Rezept. Am besten ist es, man beobachtet seinen Hund sehr genau und wird dann alsbald herausgefunden haben, wann er keine Lust mehr hat, zum Spielen beispielsweise, wann seine Eigeninitiative erlahmt. Dann ist es Zeit, ihn wieder ruhen zu lassen.

Körperliche Ertüchtigung

Haben wir die Überzeugung gewonnen, dass der Hund über längere Strecken mit spazieren gehen kann und auch über einen längeren Zeitraum hinweg spielt und tollt, rennt und springt, dann ist es auch Zeit, ihn mit dem Fahrrad mitzunehmen. Wenn wir uns auf der Straße, auf öffentlichen Wegen bewegen, muss der Hund angeleint sein. Hier führen wir ihn jedoch nicht links wie üblicherweise, sondern rechts. Das hat seinen Grund: Die Ver-

Radfahren

kehrsteilnehmer fahren auf den Straßen rechts, und ein links geführter Hund wäre dem fließenden Verkehr ausgesetzt, während er – rechts geführt – immer am verkehrsruhigen Straßenrand läuft. Man braucht nicht die Befürchtung zu haben, dass der Hund hier irritiert werde; er lernt sehr schnell, dass er seinen Herrn zu Fuß links begleiten muss, am Fahrrad jedoch rechts zu laufen hat. Im Revier, wo für den frei laufenden Hund keine „Kollisionsgefahr" mehr besteht, muss er sich frei tummeln können. Das hat einmal den Vorteil, dass er sich auch einmal in einer artgemäßen Weise schnell bewegen darf und kann und überdies auch die Erfahrung macht, dass es richtig und lohnend ist, den Chef nicht aus den Augen zu verlieren, da sich dieser sehr schnell entfernen und damit die Verbindung zu ihm abreißen kann. Dass bei diesen radelnden Spaziergängen auch das Apportieren geübt werden kann, wurde schon ausgeführt. Es gibt Stimmen, die strikt dagegen sind, dass ein Hund, ehe er ein Jahr alt ist, überhaupt am Rad geführt wird – Stimmen, denen man nicht folgen sollte. Ein Hund ist viel eher als im Alter von 12 Monaten in der Lage, über größere Distanz zu laufen, selbst im Trab und bisweilen im Galopp. Der Führer eines Hundes muss sich den rassespezifischen Eigenschaften seines Begleiters anpassen und auch auf die individuelle Entwicklung Rücksicht nehmen. Wenn er nur so weit und so schnell fährt, dass der Hund keine außergewöhnlichen Ermüdungs- oder Erschöpfungserscheinungen zeigt, ist das Radfahren nützlich und anzuraten.

Ablenkungen im Revier

Während unserer Ausflüge im Revier werden wir beobachten, dass das Interesse unseres jungen Hundes an Spuren, Fährten und Geläufen zunehmend wächst, und während wir ihm zunächst uneingeschränkt Freiheit haben gönnen können, werden wir zunehmend gezwungen sein, unseren Hund zu bremsen und allzu selbständige Ausflüge zu unterbinden. Wenn wir dem Hund die Möglichkeit geben wollen, sich tüchtig auszutoben, suchen wir möglichst schwach besetzte, gut überschaubare Revierteile aus, die heute leichter zu finden sind als in der Vergangenheit, und lassen den Hund dort suchen, sich bewegen und austoben. In unübersichtlichem Gelände, wo einerseits die Möglichkeit besteht, dass der Hund sehr schnell eine Spur oder eine Fährte aufnimmt und überdies auch in unmittelbare Berührung mit Wild kommen kann, müssen wir ihn zunehmend unter Kontrolle behalten, unter Umständen auch an der Leine führen.

Wenn der Hund in diesem Entwicklungsstadium ist, wird er auch schon im Gehorsam soweit gearbeitet sein, dass er unsere Aufforderung, heranzukommen, versteht, und auch generell die Übung, sich auf ein entsprechendes Kommando hinzulegen, gelernt hat. Die Ablenkungen, denen der Hund mit zunehmendem Alter und zunehmender Reife im Revier ausgesetzt ist, sind jedoch meist ungleich größer als auf dem Übungsplatz. Wir müssen deshalb fortan darauf achten, dass wir auch immer in der Lage sind, einen gegebenen Befehl zu sanktionieren. Sollte das einmal nicht der Fall sein, ist es besser, sich einen Befehl zu verkneifen, als den Hund die Erfahrung machen zu lassen, dass Herrchens Arm ja doch nicht uneingeschränkt lang ist, sondern dessen Möglichkeiten relativ beschränkt sind.

Schon frühzeitig müssen wir damit beginnen, unsere Befehle zu sanktionieren, insbesondere müssen wir darauf Wert legen, dass der Hund ohne jedes Wenn und Aber unsere Aufforderung, zu uns zu kommen, befolgt. Bei dem noch ganz kleinen Hund wird jedes Hereinkommen auf entsprechende Aufforderung belohnt: Der Hund wird gestreichelt, ihm wird freundlich zugesprochen; es schadet auch nichts, wenn ab und zu ein Happen für ihn abfällt.

Bald wird jedoch in zunehmendem Maße die beim Zurückkommen zu erwartende Freundlichkeit des Herrchens weniger schwer wiegen als gerade etwas anderes, so die Untersuchung der Visitenkarte eines Artgenossen, später beispielsweise die Losung von Wildtieren, dann Geläufe, Spuren und auch Fährten, letztendlich das sich fortflüchtende Wild. Hier gilt es, von Anfang an sehr konsequent zu sein.

Das Hereinkommen

Wir können die Situation zunächst beim jungen Hund, in denen dieser erwartungsgemäß nicht gleich parieren wird, manipulieren, indem wir ihn dort hinführen, wo beispielsweise die schon erwähnten Visitenkarten die Aufmerksamkeit unseres Zöglings erweckten. Wir rufen ihn nun leise, was unser Hund mit Sicherheit vernimmt – er wird jedoch nicht reagieren. Auf diesen Augenblick haben wir gewartet: Wir haben uns mit einer Zwille oder auch einer Handvoll Kies, mit der wir auch noch 12 oder 15 m werfen in der Lage sind, „bewaffnet" und treffen nun den Hund möglichst auch, wenn er unser leise gerufenes Kommando nicht sofort respektiert. Dem Hund tun wir kaum weh, der Schreck jedoch ist hoffentlich so groß, dass er sofort zu uns eilt, wo er liebevoll empfangen wird. So schaffen wir, wenn wir sehr konsequent sind, eine recht tragbare Grundlage für den späteren Gehorsam. Letztendlich soll unser Hund auch am sichtigen Wild gehorsam sein, und es ist hier der Punkt, einige Worte über den Wildgehorsam und die Wildreinheit zu verlieren.

Gehorsam – das ist an anderer Stelle schon im Zusammenhang mit der Führigkeit ausgeführt – ist die Reaktion des Hundes auf einen verstandenen Befehl. Im speziellen Fall des Wildgehorsams bedeutet das, dass der Hund, wenn er nasenmäßig und insbesondere Sichtkontakt mit einem Stück Wild hat, sich trotz der davon ausgehenden Reize unseren Anweisungen unterwirft, also beispielsweise weitersucht, zu uns kommt, insbesondere jedoch beim Verfolgen einer Spur, eines Geläufes bzw. einer Fährte oder beim sichtigen Hetzen sich auf entsprechendes Kommando hinlegt.

Der Begriff der „Wildreinheit" kann sich nicht auf alle Wildarten beziehen, denn das würde bedeuten, dass unser Jagdhund anerzogenermaßen jegliches Interesse an jeglichem Wild verloren hat und damit unbrauchbar für die Jagdausübung geworden ist; vielmehr jagen bestimmte Jagdhundrassen oder -schläge nur auf ganz bestimmte Wildarten, und es dient dem Spezialistentum, wenn sie sich um anderes Wild überhaupt nicht kümmern, sich von ihm bei ihrer Arbeit nicht beeinflussen lassen.

Wildreinheit

Insbesondere ist es beispielsweise begrüßenswert, wenn ein Schweißhund hasenrein ist oder auch kaninchenrein und fuchsrein, denn dann wird er sich bei der Arbeit auf der roten Fährte nicht von Spuren dieser Wildarten aus dem Konzept bringen lassen. Auch ist die „Rehreinheit" bei den deutschen Bracken bekannt, denn sie sollen nur auf Hase und Fuchs, gelegentlich Kaninchen jagen. Das bedeutet nun wiederum nicht, dass beispielsweise die Deutsche Bracke überhaupt nicht als Schweißhund auf

Rehwild einsetzbar wäre, denn es besteht ein auch für den Hund merkbarer grundsätzlicher Unterschied zwischen der Fährte eines gesunden, fortflüchtenden Stückes Rehwild und einer Krankfährte. Es ist also durchaus möglich – das hat sich in der Praxis erwiesen –, dass beispielsweise eine rehreine Deutsche Bracke zur Nachsuche auf Rehwild eingesetzt werden kann. Das hat übrigens den Vorteil, dass man beim Fehlen sonstiger Pirschzeichen sicher sein kann, dass das Stück krank ist, wenn unsere wirklich rehreine Bracke, auf der Rotfährte eines Stück Rehwildes angesetzt, sie anfällt und zu arbeiten beginnt.

Im übrigen sollen unsere Hunde kaum wildrein sein, denn die meisten – mit Ausnahme einiger Spezialisten – werden auch zum Stöbern eingesetzt. Dabei kommt es ja gerade darauf an, dass sie in der Dickung Geläufe, Spuren und Fährten anfallen, das Wild möglichst hochmachen und aus der Dickung treiben. Dazu kann man keine wildreinen Hunde gebrauchen. Allerdings ist der *Wildgehorsam* eine fast unabdingbare Voraussetzung für den ordnungsgemäßen Ablauf einer Jagd – ganz gleich, ob sie im Walde, im Felde oder am Wasser stattfindet.

Diesen Gehorsam gilt es nun, mit unserem jungen Hunde auch schon im Revier zu üben, wobei letztendlich – wenn alles andere nichts fruchtet – auch daran gedacht werden kann und muss, einmal das Tele-Takt-Gerät einzusetzen. Auf dieses Gerät und die besondere Sorgfalt bei seiner Anwendung wurde schon eingegangen; es soll auf diese Ausführungen hier verwiesen werden.

Wichtig ist in diesem Stadium der Ausbildung, schon das Ablegen im Revier zu üben und alle Möglichkeiten der Ablenkung, die es dort gibt, auszunutzen. Das können an belebten Tagen Spaziergänger, Hunde und Kinder sein wie auch alle Tiere, die den Wald bewohnen. Wichtig dabei ist es auch, dass der Hund lernt, allein zu sein und auch über einen gewissen Zeitraum allein zu bleiben. Dieses Gefühl, nicht verlassen zu sein, ist – wie auch schon an anderer Stelle ausgeführt – wichtig, damit der Hund später überhaupt das nötige Selbstbewußtsein aufbringt, sich von uns zu lösen, insbesondere beim Stöbern und bei der Hetze.

Die vorausgegangenen allgemeinen Bemerkungen bedürfen einiger Ergänzung, denn das Schwergewicht der späteren Arbeit liegt bei den verschiedenen Hunden doch meist auf unterschiedlichen Gebieten. Die Arbeit im Felde ist unterschiedlich beispielsweise von der Arbeit im Wasser, im Walde oder auch unter der Erde. Zur Feldarbeit benötigen wir Hunde, die einerseits den Kontakt zu uns nicht verlieren, andererseits jedoch unter Ausnutzung der Wind-, Vegetations- und Bodenverhältnisse uns die Arbeit abnehmen, das Wild zu suchen und zu finden. Der junge Hund muss also lernen, sich von uns zu entfernen, möglichst rationell zu suchen, d. h. einerseits kräftesparend, andererseits jedoch auch schnell genug. Das lernt der junge Hund auch nach den schon so häufig beschriebenen Lerngesetzlichkeiten. Wenn er sich nämlich einmal vom Führer entfernt hat und beginnt zu suchen, macht er die Erfahrung, dass dies zu lustvollen Erlebnissen und damit Triebbefriedigungen führt. Wollten wir den Hund jedoch die erforderlichen Erfahrungen ganz allein auf sich gestellt machen lassen, würde das Endergebnis wohl kaum so ausfallen, wie wir es uns vorstellen;

überdies würde eine viel zu lange Zeit dazu benötigt werden. Wir müssen dem Hund also die entsprechenden Hilfestellungen geben.

Einmal bedeutet dies, dass wir den Hund – falls er von sich aus nicht die Neigung haben sollte, sich von uns zu lösen – immer wieder auffordern, animieren, voranzusuchen. Das geschieht sinnvollerweise immer mit dem gleichen Befehl, der hier wohl mehr einer Aufmunterung entspricht, also mit einem entsprechend begeisternden „Such' voran, such' voran!", wobei wir das alles mit entsprechenden Gesten und Verhaltensweisen unterstützen. Wir laufen in die von uns gewünschte Richtung, weisen mit dem rechten oder linken Arm entsprechend voraus und klopfen unter Umständen aufmunternd unseren Hund, wenn er noch nicht so recht mag.

Hat sich der Hund dann einmal in die gewünschte Richtung entfernt, wechseln wir unsere Marschrichtung und laufen nun wenn wir vielleicht zunächst nach rechts geschwenkt waren – nach links gegen den Wind, damit der Hund uns nun hier folgt und voransucht – alles in der Hoffnung, dass der Hund alsbald einmal Wild finden möge und die Erfahrung macht, dass das, was wir aufmunternd von ihm verlangen, auch für ihn von Nutzen ist.

Bewegt sich der Hund einmal zu weit von uns fort, so machen wir ihn – wenn er uns nicht beobachten sollte – auf uns aufmerksam und bewegen uns in die entgegengesetzte Richtung, damit er uns folgt.

Wichtig bei dieser Arbeit ist, dass der Hund ein bestimmtes Maß angewölfter Bereitschaft zur Zusammenarbeit mitbringt – also Führigkeit, die wir ja hoffentlich bis dahin in der schon beschriebenen Weise auch tüchtig gefördert haben. Ein solchermaßen schon „ausgebildeter" Hund wird bemüht sein, den Kontakt nicht zu uns zu verlieren. Im ersten Stadium – mit dem jungen Hunde arbeitend – kommt es also darauf an, dass er sich von uns löst, und bei der Arbeit die Erfahrung macht, dass der entsprechende Einsatz der Nase ihn Wildwitterung finden lässt, der er dann auch folgen kann. Wichtig ist es auch hier, dass wir den jungen Hund dann die entsprechenden Erfahrungen im Felde machen lassen, wenn er ausgeruht, voller Spannkraft und Tatendrang ist. Wenn wir einen müden, abgekämpften Hund haben, wird unser Bemühen, ihn zu flotter Suche zu veranlassen, scheitern müssen. Auch hier kommt es nämlich darauf an, dass eine ganz bestimmte Trieblage gegeben ist. Das darf nie vergessen werden!

Feldarbeit – Suche

Auch der junge zukünftige Stöberhund muss lernen, sich selbständig von uns zu entfernen, wobei allerdings die Erfordernisse an selbständiges Arbeiten andere sind als beim Feldhund. Das Stöbern ist einem Hund ungleich schwieriger beizubringen als die Arbeit im Felde, da wir nicht die Möglichkeit haben, für den Hund eine richtige Stöberjagd zu simulieren. Beim jungen Hund kann es also nur darauf ankommen, das Vermögen selbständig in der Dickung zu jagen, zu fördern, gleichzeitig aber die Bereitschaft des Hundes zu verstärken, sich nicht zu „Privatjagden" hinreißen zu lassen. Das ist fast unmöglich und ist erst in der jagdlichen Praxis zu erlernen.

Stöbern

Mit dem jungen späteren „Stöbergehilfen", dem Deutschen Wachtelhund, dem Jagdspaniel, dem Jagdterrier oder auch einem großen deutschen Vorstehhund, begeben wir uns also auch schon, wie beschrieben, in den Wald, wobei wir bei unseren Spaziergängen uns auch auf engen Dickungs- und

Rückeschneisen bewegen und den Hund nicht sofort ängstlich zurückrufen, wenn er einmal in den Bestand hineingeht, sondern ihn vielmehr dazu ermuntern, auch einmal im Dunkeln zu verschwinden.

Es erscheint mir nun wichtig, in diesem Zusammenhang darauf hinzuweisen, dass wir uns nicht damit begnügen sollten, den Hund an Fichtendickungen arbeiten zu lassen, wo vielleicht viel Kaninchen sind, denn hier lernt der Hund nur, am Rande nach ihnen zu suchen; er wird sich kaum tief in die Dickung hineinbewegen, da ja seine Triebe am Bestandsrand befriedigt werden. Zu Beginn der Ausbildung des Stöberhundes mag dies ganz nützlich sein, späterhin müssen wir jedoch auch möglichst einmal Dickungen aufsuchen, in denen der Hund erst nach geraumer Zeit einen Hasen, bisweilen auch ein Stück Rehwild, hochmacht, um dieses Wild dann möglichst mit der Nase auf der Spur bzw. Fährte zu verfolgen.

Rehwildhetzer

Hier ist jedoch der kritische Punkt, an dem bisweilen die Weichen für eine unangenehme Entwicklung gestellt werden: Kommt unser Hund nämlich allzu häufig an Rehwild, wird er es zu seiner bevorzugten Wildart erwählen, und es dauert nicht lange, bis wir uns einen wüsten Rehwildhetzer erzogen haben. Wenn es dabei durch unglückliche Umstände doch einmal dazu kommt, dass ein kopfloses Stück einen Kulturzaun anflieht oder durch irgendwelche Umstände vom Hund gegriffen wird, können wir sehr schnell einen unangenehmen Begleiter haben. Hier die richtige Dosierung bei der Arbeit zu finden, ist nicht immer ganz einfach. Ein wichtiges Instrument gegen derlei unerwünschte Auswüchse ist eben wie schon häufig betont – eine gründliche Gehorsamausbildung.

Einarbeitung der Schweißhunde

Die Schweißarbeit gehört zu den Aufgabengebieten aller Jagdhunde, der Hannoversche Schweißhund und der Bayerische Gebirgsschweißhund indessen haben hier jedoch fast ausschließlich ihr Betätigungsfeld. Das bedingt auch eine von den bisher beschriebenen Arten der Führung des jungen Hundes abweichende Behandlung im Revier. Unsere Schweißhunde sollen nicht selbständig, auf sich gestellt und aus eigener Initiative heraus im Felde, im Wasser oder im Walde jagen, vielmehr geschieht alles Jagen in engster Zusammenarbeit mit dem Führer. Ein weitgehend selbständiges Jagen ohne unmittelbare Unterstützung des Führers wird nur erforderlich beim Hetzen auf der meist frischen kranken Fährte eines ganz bestimmten Stückes. Die Arbeit auf der Fährte bedingt, dass der Hund sich gegenüber anderen „Versuchungen" neben ihr möglichst widerstandsfähig erweist. Das Erreichen wir jedoch nicht damit, dass wir den Hund möglichst steril aufwachsen und ihn überhaupt keine Erfahrungen in dieser Richtung machen lassen; vielmehr ist es erforderlich, dass der Hund all diese Versuchungen zwar kennenlernt, jedoch auch frühzeitig lernt, ihnen zu widerstehen. Andernfalls würde nämlich bedingt durch das Neugierverhalten – unter Umständen eine andere Verhaltenstendenz stärker sein als die, nachzusuchen, was zu unerwünschten Ergebnissen führt.

Den jungen Schweißhund nehmen wir also auch frühzeitig mit ins Revier und lassen ihm weitgehend „freie Hand", wobei wir ihn jedoch möglichst nie aus den Augen lassen. Das Interesse des Hundes an allem Unerwünschten müssen wir unterdrücken, wobei auf einen gewissen Gehorsam auch nicht verzichtet werden kann.

Bei den Übungsfährten haben wir die Gelegenheit, den Hund immer wieder auf das zu verweisen, was an Arbeit aus unserer Sicht erwünscht ist und was nicht. Ist der junge Schweißhund in seiner Entwicklung soweit fortgeschritten, dass er Neigung zeigt, sich von uns selbständig zu entfernen, so dürften wir nunmehr diese Entwicklung – ganz im Gegensatz zum zukünftigen Stöberhund – keinen freien Raum mehr lassen, sondern wir müssen ihn an uns binden.

Ein weiteres Betätigungsfeld der kleineren Jagdhunde liegt unter der Erde, denn wenn sie auch über der Erde stöbern, buschieren, im Wasser arbeiten und Schweißarbeit leisten, so werden die Teckel und Terrier doch nach wie vor zur Arbeit unter der Erde eingesetzt. Auch der junge Erdhund muss frühzeitig lernen, dass unter der Erde lustbetontes Jagen möglich ist und er dabei auch immer auf seinen Kumpel „Mensch" rechnen kann. Ideal ist es, wenn der zukünftige Bauhund als Welpe, noch im Zwinger bei seinem Züchter, Gelegenheit hat, das Schliefen zu lernen. Es kommt darauf an, dass der Hund einmal die Furcht vor der völligen Dunkelheit verliert und auch nicht von Angstgefühlen übermannt wird, wenn die Enge einer Röhre, ein Gefälle oder eine Steigung unter der Erde ihn in der freien körperlichen Entfaltung behindern oder ihm Schwierigkeiten bereiten. Es gibt Zwinger, in denen die Welpen schon vor dem Abgeben an den späteren Führer durch Röhren schlüpfen können, und sie lernen alsbald, dass dieser „Weg durch das Dunkel" zu besonders erstrebten „Veranstaltungen" führt, wie beispielsweise zum Fressen oder Toben im Garten. Wenn der spätere Führer eines Hundes, den er bei der Bauarbeit einsetzen will, in seine Zwingeranlage ähnliche Röhren, die einem Kunstbau nahe kommen können, einbaut, auf denen der Hund vom Zwinger ins Freie gelangen kann, so ist für den späteren Beruf des Erdhundes schon eine gute Vorbedingung geschaffen. Im Revier sollten wir den jungen Teckel oder Terrier nun häufig dazu animieren, Röhren zu untersuchen, sei es eine Röhre am Bau oder auch Durchlässe, Schlupfwinkel in Rodungswällen und ähnliches. Der an der Dressurangel gearbeitete junge Hund wird mit Raubwildbälgen vertraut sein, die wir auch durch Durchlässe ziehen können, so dass er dazu veranlasst wird, diesen Attrappen zu folgen und mit ihnen unter der Erde zu „kämpfen". Wenn der junge Hund hier gelernt hat zu arbeiten und voller Passion „einfährt", dann kann man auch daran denken, ihn im Kunstbau arbeiten zu lassen, wobei – wie auch bei den Arbeiten im Revier – immer darauf zu achten ist, dass er die Gewissheit und Sicherheit erlangt, von seinem „Chef" in kritischen Situationen unterstützt zu werden, und dass er draußen auf ihn wartet.

Arbeit unter der Erde

Selbstverständlich haben wir auch neben dem Lehrgang mit dem jungen Hund in den Sommermonaten nicht nur die Möglichkeit, sondern sogar die Pflicht, ihn auf die spätere Wasserarbeit vorzubereiten. Es gibt viele Hunde, die von sich aus passioniert das Wasser annehmen, weil allein das Schwimmen für sie zu einem lustbetonten Erlebnis wird. Bei diesen Hunden bedarf es keiner weiteren Einwirkung oder Einübung. Andere Hunde sind in dieser Richtung zurückhaltender, manche zunächst geradezu wasserscheu. Hier kann man erst einmal mit der Reizangel versuchen, den Hund an das nasse Element zu gewöhnen. Eine weitere Möglichkeit besteht

Wasserarbeit

auch, dass sich Herrchen bzw. Frauchen oder beide zusammen ins Wasser begeben, was meistens dazu führt, dass der Hund folgt. Mit diesen Hunden ist es eine besondere Pflicht, keine Gelegenheit auszulassen, sie überhaupt mit dem nassen Element vertraut zu machen. Um nasse Wiesen, Teiche, Seen oder Bäche darf mit diesen Hunden kein Bogen gemacht werden, vielmehr sind sie soviel wie möglich an sie heranzuführen und zu veranlassen, auch das nasse Element anzunehmen. Je zurückhaltender ein Hund am Wasser ist, insbesondere ein junger, um so mehr müssen wir vermeiden, dass er schlechte, ihn ängstigende Erfahrungen macht, denn dies würde ihn nur in seiner Abwehrhaltung bestärken. Im Sommer und im Herbst werden die älteren Hunde auf die Leistungsprüfungen des Herbstes vorbereitet, bei diesen Gelegenheiten besteht auch die Möglichkeit, mit einem jungen Hund zunächst als „Zuschauer" teilzunehmen, um in ihm die Passion zu wecken, wenn er ältere Hunde an der Ente arbeiten sieht. Auch hier sollte man sich rechtzeitig erkundigen und mit etwas zaghaften Hunden keine Gelegenheit auslassen, in ihnen doch eine gewisse Wasserfreude zu wecken.

Ende des Lehrganges

Ein Sommer mit schönem Wetter und langen Abenden geht auch einmal seinem Ende entgegen, das Wetter ist nicht mehr unbedingt dazu angetan, sich im Freien aufzuhalten, infolge der früh hereinbrechenden Dunkelheit wird außerdem die Zeit dazu knapper, und der Herr des jungen Hundes, allemal Jäger, möchte im nun folgenden Herbst und Winter auch mehr als sonst zur Jagd gehen. All das darf nicht Veranlassung sein, den Hund nun etwa zu vernachlässigen, ihn links liegen zu lassen; vielmehr muss der Hund auch im Herbst und Winter und schließlich auch im Frühjahr weiterhin intensivst ausgebildet werden. Obwohl er, wenn – wie bislang beschrieben – ausgebildet, durchaus dazu in der Lage wäre, eine Jagdeignungs- oder Brauchbarkeitsprüfung zu bestehen, so ist dieser Hund jedoch noch lange kein „brauchbarer Jagdhund"! Indessen haben unsere bisherigen Bemühungen das Fundament für eine behutsame Einführung in die Praxis gegeben. Der Hund sollte nun bei jeder sich bietenden Gelegenheit mit auf die Jagd genommen werden, allerdings muss sein Chef sich mehr ihm, dem Zögling, auf diesen Jagden zuwenden als dem zu bejagenden Wilde. In zunehmendem Maße wird unser junger Hund unmittelbare Berührung mit dem Wilde bekommen. Es gilt nun, die anerzogene Disziplin zu wahren und Schritt für Schritt auch die anerzogenen mehr theoretischen Fertigkeiten in der Praxis anzuwenden.

Einführung in die jagdliche Praxis

Grundsätzlich gilt für alle Hunde, dass sie noch nicht in vollem Umfang eingesetzt werden dürfen, vielmehr sollten sie – zunächst immer am Riemen – beobachten und in sich aufnehmen, was auf der Jagd sich um sie herum abspielt. Ein junger Hund, der sofort „mitmischen" darf, wird sich sehr leicht dem Einfluss seines Herrn entziehen. Sein Herr wiederum ist nicht mehr in der Lage, seine Aufforderungen – falls sie nicht befolgt werden sollten – zu sanktionieren, und der junge Hund wird für ihn lustbetonte Erfahrungen machen, die jedoch aus unserer Sicht unerwünscht sind mit der Folge, dass er auch in eine „unerwünschte" Richtung „geprägt" wird. All das ist nur zu vermeiden, wenn die ersten tastenden Schritte in die jagdliche Praxis nur unter unseren Augen geschehen und mit der Möglichkeit, sofort wirksam eingreifen und auf den Hund einwirken zu können.

Der Vorstehhund, das „Mädchen für alles", wird zum ersten Mal bei einer Suchjagd im Felde, auf der mehrere Hunde und Schützen beteiligt sind, zunächst auch nur am Riemen mitgeführt, damit er sich an abstreichendes und hochgehendes Wild gewöhnen kann, mit den Schüssen vertraut wird und auch letztendlich die Anwesenheit anderer arbeitender Hunde mit Selbstverständlichkeit akzeptiert. Irgendwann wird einmal die Möglichkeit bestehen, allein mit dem Hunde zu jagen oder mit ihm eine etwas abseits liegende Parzelle, ein Rübenstück, einen Kartoffelacker zu durchgehen und den Hund suchen zu lassen, was er ja grundsätzlich von unserer sommerlichen Ausbildung her schon kennt.

Der Vorstehhund

Auch das erste Apportieren frisch geschossenen warmen Wildes sollte nicht auf größere Distanz und in der Hitze des Gefechtes vor sich gehen; vielmehr sollte der Hund zunächst einmal – wenn es auch recht umständlich ist – an der langen Feldleine apportieren, damit wir sofort in der Lage sind, ein Fehlverhalten zu korrigieren.

Hat der Hund zu unserer Zufriedenheit Feder- und auch Haarwild auf diese Weise gebracht, könnten wir dazu übergehen, den Hund in die Deckung gefallenes Federwild auch einmal frei suchen zu lassen – tunlichst zunächst jedoch, ohne dass andere Hunde ihn stören, ablenken, oder dass er sich zu sehr um andere Hunde kümmert.

Das Apportieren von Wild auf Sicht sollten wir, sobald der Hund warmes Wild zu unserer Zufriedenheit apportiert, möglichst nicht mehr erlauben, denn – wie an anderer Stelle schon mehrfach erwähnt – unser Hund ist nicht ein Knecht, sondern ein Gehilfe, der dort eingesetzt wird, wo unsere Sinne nicht mehr ausreichen.

So, wie ein Schweißhundführer möglichst darauf achten sollte, dass die erste Hetze seines Hundes von Erfolg gekrönt ist, sollte auch die Nachsuche auf einer Wundspur möglichst zu einem Erfolg führen. Sind wir nach „Auswertung" der Schuss- und Pirschzeichen ziemlich sicher, dass ein Hase alsbald zur Strecke kommen wird, so schnallen wir den Hund nicht hoffnungsfroh auf der Wundspur, sondern arbeiten die Spur an der langen Feldleine aus, damit der Hund von Beginn an zur konzentrierten und nicht flüchtigen Arbeit erzogen wird. Vielleicht haben wir Glück, dass wir nach einigen hundert Metern an den schon verendeten Hasen herankommen. Unter Umständen wird er aber vor uns hoch. Dann müssen wir den Hund schnallen und hoffen, dass er ihn alsbald fängt, abtut und ihn uns dann auch bringt. Wir müssen unbedingt versuchen, der Hetze zu folgen und den Hund nicht aus dem Auge zu verlieren, damit wir möglichst bald eingreifen können.

Der Schweißhund

Falls der junge Hund wider Erwarten erfolglos von der Hetze zurückkommt, so können wir daran nichts ändern; es muss dann mit einem anderen Hund nachgesucht werden. Sollte der junge Hund den Hasen jedoch gefangen und abgetan, ihn aber dann liegengelassen, angeschnitten oder vergraben haben, so müssen wir unbedingt die Möglichkeit besitzen, auf ihn entsprechend einzuwirken, damit er von vornherein nicht die Erfahrung macht, sein Verhalten bliebe ohne Konsequenzen, ohne Sanktionen. Eine solche Erfahrung kann uns das Leben schwer machen.

Diese Art, sich mit dem Hunde zu beschäftigen, ist im übrigen nicht nur angebracht beim Vorstehhund, wenn er in der Praxis das Apportieren lernen soll, sondern bei allen Hunden, die apportieren, sei es am Wasser oder auch im Walde. Im Walde ist die Kontrolle des Hundes ungleich schwieriger als im Felde, so dass es sich empfiehlt, auch den jungen Stöberhund oder Terrier zunächst einmal Wild im Freien apportieren zu lassen und erst später das Wagnis einzugehen, den Hund auf einer Wundspur im Walde zu schnallen. Wir sollen bei all diesen Arbeiten auch berücksichtigen, dass unser junger Hund nicht so sehr belastbar ist wie ein alter Routinier, d. h., nach einer erfreulichen Arbeit sollte er wieder an den Riemen kommen und diszipliniert das Weitere zunächst nur beobachten.

Disziplin ist nicht nur als Grundlage für die gesamte Hundearbeit wichtig, sondern auch eine unabdingbare Voraussetzung, dass der Hund für den Jäger überhaupt ein angenehmer Begleiter ist. Ein disziplinloser Hund wird auf der Jagd jaulen und winseln, einspringen, wenn er irgend eines Stückes Wildes ansichtig wird, er wird auf dem Stand herumtanzen, so dass sein Herr keinen Anlauf hat und schließlich vielleicht ganz darauf verzichtet, den Hund, in den er so viele Hoffnungen gesetzt hat, überhaupt auf die Jagd mitzunehmen. Die Weichen für ein trauriges Hundeleben und ein unbefriedigendes Jägerdasein sind damit gestellt. Den Hund zum disziplinierten Jagdbegleiter zu erziehen, erfordert jedoch auch Disziplin vom Herrn. Selbstbeherrschung, Verzicht auf manchen Schuss und bisweilen auch etwas Zivilcourage, wenn man sich den guten Ratschlägen mancher schlauer Weidgenossen nicht beugen will.

Der Stöberhund

Der junge Stöberhund hat hoffentlich zu Beginn der Jagdsaison gelernt, sich auch vertrauensvoll von seinem Herrn zu entfernen, wenn er jetzt die Möglichkeit hat, bei seinen ersten wirklichen Jagden alsbald auf Wild zu stoßen, und auch weiterhin die Erfahrung macht, dass das Wild, das von ihm oder vielleicht auch anderen Hunden locker gemacht und vor die Schützen gebracht, auch zur Strecke kommt, dann werden diese positiven ersten Erlebnisse ihn auch nicht zu einem Hund werden lassen, der klebt oder rändelt, sondern zu einem Hund, der begeistert die Dickung annimmt, um Wild zu suchen, zu finden und es vor die Schützen zu bringen.

Bogenreinheit

Bogenreinheit lernt ein Hund eigentlich nur in der Praxis. Es empfiehlt sich vielleicht, gute Freunde unter den angestellten Jägern zu bitten, einen Hund, der im Begriff ist, das Treiben zu verlassen, zurückzurufen und wieder in das Treiben zu schicken. Auch das ist eine Hilfe, damit der Hund nicht in Zukunft sinnlose Privatjagden veranstaltet.

Der junge Hund, der erstmals sein theoretisches Wissen, das er auf Übungsfährten erworben hat, in der Praxis auf einer Wundfährte einsetzen soll, sollte unbedingt bei den ersten Arbeiten Erfolg haben. Es gibt Anschüsse, die mit an Sicherheit grenzender Wahrscheinlichkeit die Diagnose zulassen: Kurze Totsuche! Diese Fährten sollte man, wenn man von einem jungen, unerfahrenen Hund weiß, nicht unbedingt von einem routinierten Strategen arbeiten, sondern sie zu beflügelnden, begeisternden ersten Erlebnissen eines jungen Hundes auf einem Spezialgebiet werden lassen. Das gilt gleichermaßen für Schweißhunde wie auch für die Nachsuchenhunde anderer Rassen.

Entsprechendes gilt für die ersten Hetzen.

Auch der junge Teckel oder Terrier als Erdhund sollte nicht gleich am Beginn seiner Karriere „furchtbare" Erlebnisse unter der Erde haben, vielmehr sollte er zunächst immer erster Sieger bleiben.

Das gilt sowohl für die Auseinandersetzung mit dem Raubwild wie auch für die Schwierigkeit des Baues selbst. Die erfahrenen Baujäger wissen, wo sich Baue befinden, die sich relativ leicht arbeiten lassen, und aus denen das Wild relativ schnell springt. Das sind die Baue, an denen der junge Erdhund seine ersten Erfahrungen sammeln soll und muss. Später, mit zunehmender Erfahrung können die an ihn zu stellenden Anforderungen auch immer schwieriger werden.

Bauarbeit

Für die beginnende Praxis am Wasser gilt all das Vorhergesagte entsprechend. Die Ente ist ein Wild, das von den meisten Jägern heute noch hinreichend bejagt werden kann, wenn auch den wenigsten Jägern große Wasserflächen mit Schilfbeständen zur Verfügung stehen werden. So wird sich die Wasserarbeit der meisten Hunde darauf beschränken, Enten, die jenseits eines Flußlaufes heruntergefallen sind, zu suchen, zu finden und zu apportieren, nachdem sie durch das Wasser geronnen sind und den gleichen Weg zurück müssen. Häufig fallen die Enten auch in das Wasser oder nehmen das Wasser an, so dass der Hund mit der Nase im Wasser und am Ufer Schwimmspuren arbeiten muss. Auch aufgelassene Kiesgruben oder ähnliches werden häufig von Enten angenommen.

Wasserarbeit

Die Arbeit auf eine geflügelte Ente ist gar nicht so leicht, wenn es auch noch nicht viel zu verstecken gibt. Die Jagd auf Enten geht frühzeitig auf. Ehe wir unseren Hund einsetzen, müssen wir also sicher sein, dass er wirklich firm ist, soweit wir ihn auch einsetzen wollen.

Wenn der Hund an einer geflügelten Ente im Wasser arbeitet, wissen wir häufig nicht, wo sie sich befindet, so dass wir ihn nicht unterstützen können. Der Hund ist also auf Selbständigkeit angewiesen. Hier müssen wir mit viel Fingerspitzengefühl dem Hund einmal die unbedingt erforderliche Freiheit geben und lassen, andererseits müssen wir uns jedoch bemühen, in der Lage zu sein, auf den Hund gegebenenfalls einwirken zu können. Einmal kann das der Fall sein, wenn wir sehen, wie sich die Ente davondrückt, während der Hund noch woanders sucht oder sich einem anderen Stück Wild oder einem Teichhuhn gewidmet hat. Dann müssen wir die Möglichkeit haben, die Aufmerksamkeit des Hundes zu erregen. Der Hund muss auch so in unserer Hand sein, dass er sich lenken und leiten lässt und möglichst den Anschluss an die kranke Ente wieder findet.

Es kann auch sein, dass der Hund die kranke Ente selbständig gefangen oder die von uns vor ihm geschossene Ente gegriffen hat und nun sich mit ihr auf eine Art zu schaffen macht, die nicht in unserem Sinne ist. Liegt ein Flußlauf dazwischen, oder befindet sich der Hund mit der Ente auf einer Insel, haben wir kaum eine Möglichkeit, unmittelbar einzugreifen. Derartiges Fehlverhalten, das kaum oder überhaupt nicht sofort sanktionierbar ist, kann unangenehme Lernprozesse zur Folge haben. Wir müssen also mit aller Behutsamkeit den Hund am Wasser in die Praxis einführen und müssen möglichst zu vermeiden trachten, Situationen wie skiziert, heraufzubeschwören. Ist dennoch einmal ein Malheur geschehen, heißt es sofort wieder zurückzugehen auf eine Stufe der Ausbildung, auf der wir dem Hund das zuverlässige Apportieren aus dem Wasser versucht hatten beizubringen. Erst wenn alles wieder zu unserer Zufriedenheit klappt, kann der Hund erneut in der Praxis eingesetzt werden.

Das wirklich erfolgversprechende Arbeiten an der kranken Ente in der Deckung lernt der Hund entweder nur in der Praxis – wobei sicherlich manche Ente wegen der Unerfahrenheit des Hundes verlorengeht – oder er wird an Wildenten oder wildfarbenen Hochbrutflugenten eingeübt. Das ist nicht ganz problemlos; darauf soll jedoch später an anderer Stelle eingegangen werden.

Wenn die Hunde nun auf die beschriebene Art und Weise den ersten Herbst und den ersten Winter verbracht haben, ist die Schule noch nicht vorbei; vielmehr warten die ersten Prüfungen und ein weiterer Lehrgang auf sie, bei dem das bisher Gelernte vertieft und vervollkommnet wird, und bei dem insbesondere auch auf Leistungsprüfungen im Herbst hin gearbeitet wird.

Ehe wir uns jedoch mit dem Prüfungswesen insgesamt befassen soll ein Blick auf eine weitere Einsatzmöglichkeit unserer Jagdhunde geworfen werden, die zwar nicht im Mittelpunkt der Ausbildung steht, indessen durchaus der Beachtung wert ist und auch hin und wieder in der jagdlichen Fachpresse behandelt wird. Dieses Thema ist nicht neu; schon HEGEWALD war der Ansicht „dass der deutsche Gebrauchshund eine Waffe zu bilden habe, auf die man sich besonders im Jagdschutz verlassen könne." Eine „Waffe" in diesem Sinne sind die Jagdhunde bis in die Gegenwart nicht geworden; es wird dies auch weder von Prüfungs- noch von Zuchtvereinen angestrebt. Dennoch sollte das Vorhandensein der die Mannschärfe bedingenden Anlagen Veranlassung für den Führer sein, sich seinen Hund auf einem weiteren Gebiet nutzbar zu machen. Aus dieser Erkenntnis heraus prüft wohl beispielsweise der Weimaraner-Club die Veranlagung seiner Hunde in dieser Richtung, beim Club für Bayerische Gebirgsschweißhunde – um ein weiteres Beispiel zu nennen – wird die Verteidigungsbereitschaft und Verteidigungsfähigkeit eines Hundes geprüft, der am Stück, dort allein gelassen, dies zu „bewachen" hat, also eine Art „Objektschutz".

Eine ganz hervorragende Unterweisung für die Ausbildung von Gebrauchshunden für den Schutzdienst ist das Buch von HELMUT RAISER: „Der Schutzhund". Es befasst sich mit den Triebanlagen für den Schutzdienst, setzt sich mit den ethologischen Grundbegriffen und Gesetzen auseinander und macht den Leser mit den Lerngesetzen für den Hund vertraut. Es ist jedoch für „Hundesportler" geschrieben, woraus allein schon sich eine andere Betrachtungsweise ergibt als bei der Ausbildung eines Jagdhundes zum Schutzdienst bei der praktischen Jagdausübung. Einmal haben unsere Jagdhunde im Gegensatz zu den „Gebrauchshunden", wie Schäferhund, Boxer, Riesenschnauzer, Rottweiler, Airedaleterrier, Dobermann und Hovawart, einen „Beruf"; sie müssen sich ihren Lebensunterhalt „verdienen", während es sich bei der Ausbildung der Gebrauchshunde in allererster Linie um eine Liebhaberbeschäftigung handelt, die um ihrer selbst Willen betrieben wird. Das bedeutet, dass die Anlagen und Eigenschaften, die unseren Jagdhund zu seinem „Beruf" befähigen, in allererster Linie gefördert

Der Jagdhund im Jagdschutz

und ausgebildet werden müssen. Nur wenn Veranlagung und Zeit es erlauben, erscheint die Ausbildung zum „Schutzhund" daneben erstrebenswert.

Ein solcher „Jagdschutzhund" bedarf nun wegen seines „Hauptberufes" und des damit verbundenen Einsatzes in der Praxis einer Ausbildung, die über die nach sportlicher Manier durchgeführte Abrichtung hinausgeht. So soll der Jagdhund bei der Jagdausübung seinen Herrn frühzeitig vor Fremden im Revier warnen, ihn gegebenenfalls durch Verbellen zu solchen rufen und – wenn es einmal die Not erfordert – ihn auch handgreiflich verteidigen. Es gehört jedoch auch zu seinen Aufgaben, das Auto zu verteidigen oder den Rucksack, bei dem er abgelegt ist, wenn sein Herr sich etwa auf dem Ansitz befindet. Er soll auch ein Stück Schalenwild bewachen und beschützen, bis sein Herr mit dem Transportmittel zurück ist. Erweiternd tritt also zum Personen- ein Objektschutz.

Schutzhund nicht als „Hauptberuf"

Wer allerdings den Ehrgeiz hat, sich die Schutzhundeigenschaften auch mit einem Prüfungszeugnis bestätigen zu lassen, sollte sich einem Schutz- oder Polizeihundverein anschließen und unbedingt seinen Hund nach den Raiserschen Maximen ausbilden. Er wird dabei mancherlei zu bedenken haben. Einmal setzt sich die Schutzhundprüfung neben dem Schutzdienst auch aus der Fährtenarbeit und den Unterordnungsleistungen zusammen, die je nach der Stufe der Prüfung (SchH I-III) unterschiedliche Anforderungen stellen. Das bedeutet für den Jäger Ausbildung in einer Form, die er von der jagdlichen Führung seines Zöglings ja nicht gewohnt ist. Wenn auch die Arbeit mit tiefer Nase auf Geläuf, Spur und Fährte des Wildes zum täglichen Brot eines Jagdhundes gehört, so heißt das noch nicht, dass er auch ohne weiteres die Menschenfährte in der bei der Schutzhundprüfung erforderlichen Manier arbeitet. Noch mehr wird sich der Führer bei den Unterordnungsübungen umzustellen haben. Was in der Jagdpraxis als „genügend" anerkannt wird, findet bei dem Richter einer Schutzhundprüfung noch lange keine Gnade. Und was schließlich den Schutzhund angeht, so hat der Zögling, der in der jagdlichen Praxis den Anforderungen, auf die noch einzugehen sein wird, zur Zufriedenheit entspricht, noch lange nicht das Zeug, den Schutzhundanforderungen bei einer Schutzhundprüfung zu genügen. Abgesehen davon, dass er das Revieren, Stellen und Verbellen lernen muss, wird er in den meisten Fällen bei der sog. „Mutprobe" scheitern – nämlich dann, wenn er frei und ohne unmittelbare psychische Unterstützung seines Herrn am Mann bleiben muss.

Schutzhundeprüfungen

Es muss in diesem Zusammenhang nochmals betont werden, dass das Hinarbeiten auf eine Schutzhundprüfung vom Zielinhalt etwas anderes bedeutet als das Hinarbeiten auf eine Jagdhundprüfung. Im ersteren Fall wird auf ein sportliches Ziel hin „trainiert", und zwar nur um dieses Zieles willen, während unsere Jagdhundprüfungen generell nicht Selbstzweck sind und auch nicht sein dürfen. Die Motivation eines in aller Regel auf einem Übungsplatz gearbeiteten Hundes geschieht sinnvollerweise, wie noch auszuführen sein wird, anders als in der jagdlichen Praxis mit der Folge, dass ein guter Schutzhund, der auf dem Platz Punkte sammelt, u. U. im Revier jedoch seinen Mann nicht steht.

Das eine schließt jedoch das andere nicht aus, wie die Praxis vielfältig bewiesen hat. Es gibt Jagdhunde, die die Schutzhundprüfung in allen Stufen bestanden haben, überdies im Revier bei der Jagdausübung Schutzdienst leisten und auch noch ordentliche Jagdhunde sind. Wir sollten bemerken, dass unsere vierläufigen Helfer in erster Linie ihrem Beruf als Jagdhunde zu dienen haben und Schutzhundprüfungen, nicht ihr Feld sind. Wenn ein Jagdhund mannscharf und so wesensfest und hart ist, dass er beides beherrscht, ist dies besonders zu begrüßen. Auf ihn sollte auch ein Züchter sein besonderes Augenmerk haben.

Triebanlagen für den Schutzhund

Nach diesen Vorbemerkungen muss der Frage nachgegangen werden, welche der für die Ausbildung eines Gebrauchshundes wesentlichen Triebanlagen bei der Ausbildung des Jagdgebrauchshundes zum Schutzdienst besonderer Beachtung bedürfen. RAISER zählt zu den Triebanlagen für den Schutzdienst auf den Beutetrieb, den Wehrtrieb, das Meideverhalten, den Aggressionstrieb sowie den Kampftrieb. Zum Beutetrieb bemerkt RAISER, dass er dem Funktionskreis der Nahrungsaufnahme zugeordnet ist und zu ihm Verhaltensweisen wie Hetzen und Treiben der Beute, das Vorstehen, das Tragen oder Apportieren, das Verfolgen auf Sicht oder nach Geruchsspur oder wie auch das charakteristische Beutetotschütteln den dazugehörigen Verhaltensweisen gehören. Den Wehrtrieb ordnet RAISER dem Funktionskreis des Aggressionsverhaltens zu und bemerkt, dass er sich mit vielen Funktionskreisen überlagern kann. In diesem Zusammenhang weist er auf das antagonistische Verhältnis des Meideverhaltens zum Wehrtrieb hin, wobei das Triebziel, das der Hund mit Meideverhalten erreichen will, die Erhaltung der persönlichen körperlichen Unversehrtheit ist. Den Aggressionstrieb umschreibt RAISER insofern umfassender, als er den reaktiven und aktiven Bereich aggressiven Verhaltens umfasst. Schließlich streift RAISER die Frage, ob es einen eigenständigen Kampftrieb überhaupt gibt. Dennoch meint er, dass der Begriff des Kampftriebes eine brauchbare Umschreibung für ein beim Hund erwünschtes Verhalten ist, nämlich der Spaß eines Hundes daran, mit dem Helfer zu kämpfen, mithin auf dieser Ebene der Kampftrieb aus dem Spieltrieb resultiert. – Auf all diese Phänomene ist in den bisherigen Ausführungen, wenn auch unter anderem Gesichtswinkel, schon eingegangen.

Unverzichtbar ist offensichtlich in diesem Zusammenhang in der Diskussion der Begriff der Schärfe. Wegen seiner Bedeutung soll nochmals folgendes herausgestellt werden:

Die „Schärfe"

Schärfe als Ausdruck von Aggression ist die stets gegenwärtige Bereitschaft zur kämpferischen Auseinandersetzung. Je nach Kampfobjekt sind verschiedene Arten von Schärfe zu unterscheiden, nämlich die Wildschärfe, die Raubwild- und Raubzeugschärfe sowie die Mannschärfe. Daneben gibt es auch noch die Bereitschaft zur Schärfe gegenüber Artgenossen, anderen Tieren oder Ersatzobjekten.

Die Wildschärfe, die Raubwild- und die Raubzeugschärfe wurden bereits an anderer Stelle erörtert. Die hier interessierende Mannschärfe ist die Bereitschaft des Hundes zur kämpferischen Auseinandersetzung speziell mit dem Menschen oder auch die Eigenschaft des Hundes, jeder scheinbaren oder auch tatsächlichen Bedrohung durch den Menschen aktiv entgegenzutreten. Sie ist im Gegensatz zur Friedwild-, Raubwild- und Raubzeugschärfe dem sozialen Bereich zuzurechnen und nicht dem Beutefunktionskreis.

Mannschärfe kann bei Vorhandensein der entsprechenden Anlage durch Ausbildung gefördert oder auch – jedoch in weit geringerem Maße – verringert werden. Beim Diensthund ist die Mannschärfe allgemein erwünscht; unerwünscht ist dagegen hier eine Wild-, Raubwild- oder Raubzeugschärfe, die den Hund von seiner eigentlichen Aufgabe ablenken könnten. Bei vielen Jagdhunden dagegen ist neben der Wild-, Raubzeug- und Raubwildschärfe – jedenfalls in Ansätzen – auch Mannschärfe vorhanden.

Wehrtrieb, Aggressionstrieb und Kampftrieb sind untereinander nicht streng abgrenzbar und enthalten auch mindestens Berührungspunkte zum Bereich sozialen Verhaltens. Der Beutetrieb indessen, der dem Nahrungsaufnahme- oder Beutefunktionskreis zuzurechnen ist, ist nicht eine unabdingbare Voraussetzung für eine kämpferische Auseinandersetzung; vielmehr ist die Ausnutzung dieses Triebes das Vehikel, auf dem das Ziel der sportlichen Schutzhundausbildung sicher erreichbar erscheint, wobei auf die Ausnutzung der anderen Triebe nicht verzichtet wird. Zunächst jedoch lernt der Hund nach jener Methode, den Hetzärmel als Beute anzusehen und ihn sich zu „erobern".

Unabhängig davon, welchen Weg der Ausbilder eines Schutzhundes beschreitet: Er kommt nicht umhin, sich nach den Gesetzen zu richten, nach denen ein Hund lernt. Dazu sind schon ausführliche Darlegungen gemacht worden; zum Verständnis und vielleicht auch zur Wiederholung sollte jedoch auf diese „Lerngesetze" für Hunde, wie sie RAISER beschreibt, noch einmal kurz eingegangen werden.

Danach umfasst das Lernen alle Prozesse, durch die sich ein Hund an seine Umwelt anpasst, und die nicht auf ererbte Mechanismen, auf Reifung oder Ermüdung zurückgeführt werden können. Zwei Lernarten legt RAISER in Anlehnung an den amerikanischen Psychologen THORNDIKE dar: das Prinzip der klassischen und das der instrumentellen Konditionierung.

Bei der **klassischen Konditionierung** werden Gefühle und unwillkürliche Reaktionen gelernt, wird ein neutraler Reiz mit einem angenehmen/unangenehmen Wertreiz gekoppelt, übernimmt dieser schließlich die Qualität des Wertreizes. Wenn also ein Hund mit dem Hörzeichen „So ist es brav!" gekost wird, freut er sich späterhin allein über die Worte – und zwar nur deshalb, weil er durch diese Worte eine Triebbefriedigung erfährt, denn die ursprüngliche Einwirkung, das Streicheln, ist nunmehr mit der stellvertretenden Einwirkung, dem Hörzeichen, gleichzusetzen.

Klassische und instrumentelle Konditionierung

Nach der **instrumentellen Konditionierung** werden einfache Fertigkeiten gelernt, indem ein zunächst zufälliges spontanes oder manipuliertes Verhalten bestätigt, verstärkt wird und dadurch viel häufiger auftritt, mithin gelernt ist. Nicht verstärkte Verhaltensweisen treten im Laufe der Zeit immer seltener auf und verschwinden schließlich. RAISER betont, dass die erfolgreiche Anwendung dieses Lerngesetzes beim Hund voraussetzt, dass die Verstärkung immer das Erreichen eines Triebzieles beinhalten muss, wobei die verschiedensten Funktionskreise sich für die Erreichung dieses Triebzieles anbieten.

Diese nach THORNDIKE entwickelten Lerngesetzlichkeiten wurden hier schon beschrieben, wenn sie auch anders bezeichnet worden sind, wie beispielsweise das Lernen nach den Prinzipien des bedingten Reflexes, der bedingten Appetenz, der bedingten Aktion oder der bedingten Aversion und Hemmung. RAISER stellt also nichts anders dar; wir können also getrost bei der Ausbildung unseres „Jagdschutzhundes" auf das Dargelegte zurückgreifen.

Ausgangspunkt der sportlichen Ausbildung des Schutzhundes ist die Beutetriebförderung, die bereits bei einem vierteljährigen Hund beginnen sollte. Ziel dieser Förderung soll sein, dass der Hund, den Hetzärmel als seine Beute ansieht und er – sobald sich ihm die Möglichkeit dazu bietet – sich dieser Beute bemächtigt. Das Ziel dieser Beutetriebförderung ist erreicht, wenn der Hund, sobald er den Figuranten mit dem Hetzärmel erblickt, durch Ziehen an der Leine, durch Bellen oder andere Äußerungen die Beute fordert.

Beutetriebförderung

Wehrtriebförderung

Die Wehrtriebförderung ist nach RAISER eine wesentlich schwierigere Aufgabe für einen Helfer als die Beutetriebförderung. Das Wehr- und Meideverhalten stehen in einem antagonistischen Verhältnis zueinander, worauf auch schon hingewiesen worden ist. Wichtig ist bei dieser Ausbildung, dass der Helfer sich immer durch ein vom Hund gezeigtes Wehrverhalten beeindrucken lassen muss.

Ganz wichtig erscheint es mir, die auch von RAISER getroffene Feststellung noch einmal zu unterstreichen, dass nämlich jede Konfliktsituation für einen Hund eine hohe nervliche Belastung darstellt und ein Mangel an Beobachtungsgabe, Fingerspitzengefühl und entsprechender Konsequenz zu neurotischen Erscheinungen, Überängstlichkeit, sozialen Kontaktstörungen oder auch sexuellen Abnormitäten führen kann. Die von RAISER beobachteten negativen Folgen auf den Übungsplätzen, wenn Hunde im Schutzdienst allein über den Wehrtrieb gearbeitet und gefördert worden sind, können aus eigener Erfahrung unterstrichen werden. Dennoch erscheint es mir richtig, den „Jagdschutzhund" über den Wehrtrieb zu fördern.

Der Beutetrieb ist zwar für den Jagdgebrauchshund von allen Trieben der von „Berufs wegen" wichtigste. Alle wild lebenden Caniden müssen um des Überlebens willen ihre Beute finden, sie verfolgen und zur Strecke bringen, was der Mensch sich für seine jagdliche Nutzung des Hundes nutzbar gemacht hat. Es sei in diesem Zusammenhang auf die Ausführungen zur Reizangel verwiesen, aus denen sich ergibt, dass auch ein Jagdhund von Jugend an im Beutetrieb gefördert und geübt werden muss, allerdings mit einer anderen Zielrichtung als bei der Ausbildung des Schutzhundes. Mit der Reizangel können wir flüchtende, schwache Beute simulieren, wir können jedoch auch, insbesondere dann, wenn wir einen Katzen- oder Fuchsbalg an die Angel gebunden haben – einen angreifenden Feind darstellen, so dass es auch zu wirklichem Aggressionsverhalten kommt. Dabei wird der Kampftrieb in dem von RAISER umschriebenen Sinne stimuliert, und es kommt zu einem spielerischen Kampf, bei dem bisweilen die Auseinandersetzung, das Kämpfen selbst angestrebt wird.

Nun wollen wir also einen Hund für die Jagdpraxis ausbilden, in der es um das Bewachen und Verteidigen geht, in seltenen Fällen um wirkliches Zupacken. Bei der Ausbildung selbst machen wir uns von vornherein die Beobachtung zunutze, dass im unspezifischen Sinne aggressives, angriffslustiges Verhalten gegenüber Menschen bei den Jagdhunden in aller Regel dann zu beobachten ist, wenn sie in ihrem sozialen Bereich bedroht werden und den Gegner zur Flucht veranlassen wollen, bei ihm „Meideverhalten" anstreben.

Der Jagdhund wird im wesentlichen im Revier unter immer wechselnden zeitlichen und örtlichen Bedingungen gearbeitet. Unter diesen Gegebenheiten soll er seinen Herrn und dessen Gut schützen, so dass sich das aggressive Verhalten des Hundes als Wehrverhalten darstellt und nicht als auf den Beutetrieb gestützt.

Bei der Erziehung unseres Jagdhundes ist nun grundsätzlich von den gleichen Gesetzmäßigkeiten auszugehen, nach denen der Gebrauchshund seine Lektionen lernt. Der Jagdhundeführer weiß, wie wichtig die Ausgewogenheit von Lob und Tadel ist. Die Unterstützung (Verstärkung) unserer Hunde beim Erreichen eines Triebzieles aus den Funktionskreisen „Sozialverhalten" und „Meideverhalten" gehört also auch bei uns zum täglichen Handwerkszeug.

Als weitere Motivation ist von besonderer Bedeutung das Wehrverhalten, auf dessen Grundlage unser Jagdgefährte seine Beschützerrolle lernen soll. Neben die instrumentelle Konditionierung – bei uns „Prinzip der bedingten Appetenz" – tritt untrennbar die klassische Konditionierung – etwa „Prinzip des bedingten Reflexes" oder „der bedingten Aktion" -, indem wir den Hund die Erfahrung machen lassen, dass in bestimmten Situationen sein beschützendes Verhalten erwünscht ist, woanders jedoch nicht.

Bei der Wehrtriebförderung benötigt der Jäger wie der Schutzhundeführer einen Helfer. So, wie der Jäger darauf angewiesen ist, dass ihm jemand beim Schleppenlegen und beim Tupfen einer Rotfährte hilft, wird er auch jemanden finden, der ihm bei der Ausbildung des Jagdhundes zum Beschützer zur Seite steht besser mehrere. Dabei ist von besonderer Bedeutung: Die Personen sollten nicht zum engsten Bekanntenkreis des Jägers gehören und müssen über ein Mindestmaß an Einfühlungsvermögen gegenüber dem Hunde verfügen!

Helfer erforderlich

Fremd sollten die Helfer sein, weil sie bei allen Begegnungen bedrohend und angreifend auf den Hund oder seine Umwelt einwirken. Mit wenigen bestimmten Personen würde der Hund alsbald eine bedrohliche Situation verbinden mit der Folge, dass ein guter Freund, der uns morgens bei der Ausbildung des Hundes geholfen hat, abends beim Besuch vom Hunde nicht gerade freundlich empfangen wird. Dazu tritt, dass der Gebrauchshund bei der Schutzhundprüfung einem Gegner gegenübersteht, der genauso „abnorm" gekleidet ist wie bei der Übung auf dem Platz, also mit einem wattierten Mantel oder mindestens einem Beißarm. Im Gegensatz dazu soll unser Jagdhund in den entsprechenden Situationen gegen jedermann angriffsbereit sein. Der Helfer muss also aussehen wie ein „Mensch wie du und ich". Dieses und der Umstand, dass der Jagdhund nicht über den Beutetrieb gearbeitet werden sollte, bedingt einen weitestgehenden Verzicht auf Ärmel oder Mantel; unter Umständen sind Schutzvorrichtungen unter der normalen „bürgerlichen" Kleidung angebracht.

„Einfühlungsvermögen beim Helfer" bedeutet – darauf sei nochmals hingewiesen –, dass der Hund bei allen Gelegenheiten, in denen Wehrverhalten hervorgerufen wird, er auch „Sieger" bleiben muss, er muss den

„Feind" letztendlich in die Flucht schlagen, bei ihm „Meideverhalten" hervorrufen.

Es gibt noch Lehrbücher, in denen die Ansicht vertreten wird, ein Hund müsse während des ersten Jahres die Musse und Möglichkeit haben, sich auszuleben, und erst nach diesem „Flegeljahr" dürfe man mit der Ausbildung beginnen. Diese Ansicht ist falsch. Sie ist ebenso falsch wie die ebenfalls noch geäußerte Ansicht, erst später, meist nach der Geschlechtsreife, werde der gut veranlagte Hund einen Wehrtrieb entwickeln. So, wie richtigerweise nach RAISER der Schutzhund im zarten Kindesalter schon im Beutetrieb gefördert wird, kann und muss der junge Hund schon im Welpenalter in seinem Wehrverhalten gefördert und „ausgebildet" werden. Das Wehrverhalten stellt bei uns den Ausgangspunkt der Ausbildung dar. Wir geben allerdings dem Hund keine Gegenstände, um ihn Beute erkämpfen zu lehren, sondern wir machen ihm sein „Eigentum" streitig, um ihn zum Wehrverhalten zu reizen.

Wehrverhalten schon im Welpenalter fördern

Als Beute, die also hier schon „gemacht" ist, dient etwa ein Knochen, den sich der Hund in seine Kiste geholt hat, irgendein Spielzeug; es ist auch eine Bedrohung des Refugiums selbst häufig allein ausreichend. Während sich nun ein Helfer bedrohlich, aber auch entsprechend unsicher, dem Hunde nähert, erregen wir die Aufmerksamkeit unseres Zöglings durch stimulierende Ausdrücke wie „Pass' auf!" oder ähnlich, die wir anfeuernd wiederholen, wenn der Hund aufmerksam wird, in bekannter Weise die Behänge aufstellt, seinen Gegner fixiert, knurrt und die übrigen bekannten Anzeichen von Aggression zeigt. Machen wir nun die entsprechenden Beobachtungen, so muss der Helfer sofort seinerseits Fluchtverhalten simulieren – „Meideverhalten demonstrieren" –, sich also „äußerst beeindruckt" zurückziehen. Das Wehrverhalten zeigt sich also, wenn der Hund irgendeine Beute verteidigen will oder einen Einbruch in seinen sozialen Bereich befürchtet. Dies ist zunächst sein Körbchen, seine kleine Kiste, späterhin wird das Territorium auf Wohnung, Haus und Grundstück ausgedehnt, wie auch letztendlich der Pkw beispielsweise dazuzählt, wenn der Hund oft genug mit uns unterwegs gewesen ist.

Praxis der Ausbildung

All' diese Beobachtungen und die Verhaltensweisen des Hundes machen wir uns zunutze, indem wir dann etwa „Pass' auf!" sagen, sobald der Hund einem Fremden gegenüber den Ansatz von Wehrverhalten zeigt. Anlass dafür gibt es genug, ohne dass immer ein Helfer zur Stelle sein muss. Schritte von Fremden vor dem Grundstück, auf dem Grundstück, der Besuch von Handwerkern, Postboten und ähnlichen Personen veranlassen den Hund zur Aufmerksamkeit. Er bringt Wehrverhalten zum Ausdruck, und wir unterstützen ihn dabei in der geschilderten Weise.

Wehrverhalten stimulieren

Das alles bedeutet nun nicht, dass wir einen unangenehmen Zeitgenossen erziehen, der zu einem „Fremdenhasser" wird. Wesentlich ist es, dass das gezeigte Wehrverhalten von uns unterstützt wird, und die angestrebte Verhaltensweise in einen Konnex gebracht wird mit dem stimulierenden „Pass' auf!" mit der weiteren letztendlich erwünschten Folge, dass diese Wortfolge in entsprechender Tonmodulation mit Wehrverhalten zu beantworten ist. Es sei hier zum besseren Verständnis allen Jägern das bekannte Beispiel vor Augen gehalten, dass ein Hund, der bei der Begegnung mit

Katzen etwa mit „Katz', Katz'!" stimuliert worden ist, schon alsbald dieses „Reizwort" mit dem gleichen Verhalten beantwortet, als wenn er tatsächlich eine Katze wahrgenommen hat.

Ist also bei unserem Hunde ein Wehrverhalten durch das gesprochene Wort zu stimulieren, so haben wir schon einen ersten Schritt auf dem Wege zu unserem Ziel erreicht. Der nächste Schritt ist es, ihn anvertraute Dinge verteidigen zu lehren.

Wir legen den Hund, nachdem er selbstverständlich das Ablegen gelernt hat, bei einem uns gehörigen Gegenstand, etwa Rucksack oder Lodenmantel, ab und bleiben nun in der Nähe des Hundes. Wenn sich nun der von uns dafür angestellte Helfer nähert in der kaum überschaubaren bösen Absicht, den Rucksack zu stehlen, so motivieren wir des Hundes Wehrverhalten durch das inzwischen bekannte und geläufige „Pass' auf!". Wenn wir bislang nichts falsch gemacht haben, wird der Hund entsprechend reagieren, unser „böser Dieb" bekommt Angst und zieht sich zurück. Nach mehr oder weniger häufigen Übungen wird unser Hund auf diese Art und Weise auch gelernt haben, dass er Gegenstände, die nicht ihm gehören, sondern ihm anvertraut sind, zu verteidigen.

Verteidigen lehren

Ein weiterer Schritt ist die Motivation des Wehrverhaltens durch das gesprochene Wort, wenn wir Personen im Revier zu Zeiten oder an Orten begegnen, an denen sie nichts verloren haben. Dazu bedürfen wir eigentlich keines Helfers. Wenn wir mit dem Hund spazieren gehen oder auch von der Jagd kommen, und wir Menschen begegnen, bei denen sie sich häufig und zu normalen Tageszeiten aufzuhalten pflegen, so bewegen wir uns ganz normal und neutral, unterhalten uns unter Umständen mit dem einen oder anderen Bekannten und geben von uns aus dem Hund keine Veranlassung, Wehrverhalten zu zeigen. Begegnet uns jedoch ein Mensch an ungewohnter Stelle oder zu ungewohnter Tageszeit, so machen wir den Hund – wie nun schon mehrfach geschildert aufmerksam und unterstützen die aufkeimende Aggression. Dass dieses alles ganz leise, fast unhörbar zu geschehen hat, ist eigentlich selbstverständlich. Auf die fast „lautlose Kommunikation" ist schon mehrfach hingewiesen worden.

Die geschilderte Ausbildung vollzieht sich nun nicht so intensiv, wie wir unseren jungen Hunden jagdlich ausbilden müssen, vielmehr geschieht sie so nebenbei, wobei wir jedoch keine natürlichen Chancen zur Förderung unseres Jagdhundes auslassen dürfen.

Nach einigen Monaten wird unser junger Hund nun hoffentlich in den entsprechenden Situationen sich so verhalten, wie wir uns es gewünscht haben. Irgendwann, wenn der Hund älter ist – meistens nach der Pubertät –, und er unserer Ansicht nach auch innerlich so gereift und stark ist, dass er nähere Konfrontation vertragen kann, versuchen wir ihm auch einmal Gelegenheit zu geben, sich unmittelbar mit seinem Gegner auseinanderzusetzen. Bislang hat es immer gereicht, dass der Hund aggressives Verhalten zeigte, um den Gegner schon in die Flucht zu schlagen. Nunmehr begibt sich der Helfer einmal an die Grenze des Aktionsbereiches des Hundes, der von der Leine, die zunächst noch vom Führer gehalten wird, beschrieben wird. Dieses Stadium der Ausbildung führt zu einer besonderen nervlichen Belastung des Hundes, worauf schon hingewiesen ist, und sie erfordert vom

Konfrontation provozieren

Helfer eine besondere psychologische Feinfühligkeit. Der Helfer sollte sich zunächst nicht in imponierender Größe bewegen, sich frontal „in den Hund hineinbewegen" und dem Hunde Widerstand entgegensetzen; vielmehr sollte er sofort seinerseits „Meideverhalten" zeigen, wenn der Hund Anzeichen für einen wirklichen Angriff erkennen lässt. Der Individualität des Hundes angepasst, darf die Belastung von Mal zu Mal mit äußerster Sensibilität vergrößert werden, bis schließlich der Hund auch einmal tatsächlich die Möglichkeit gehabt hat, zuzubeißen. An dieser Stelle wäre es unter Umständen sogar ratsam, sich der Hilfe eines geübten und bewährten Figuranten eines Schutzhundevereins zu bedienen, der die Verhaltensweisen eines Hundes sehr gut einzuschätzen in der Lage ist und auch entsprechend feinfühlig reagiert.

Wenn unser Hund „hart genug" ist, ist es nicht ausgeschlossen, dass er in fortgeschrittenem Stadium der Ausbildung auch einmal einen vielleicht etwas schmerzhaften, jedoch seine körperliche Unversehrtheit nicht tangierenden, wohl plazierten und wohl dosierten Hieb mit einer Gerte bekommt. Die Härte ist eine unabdingbare Voraussetzung für einen Schutz-

Eine ausgereifte Hundepersönlichkeit

hund, in gewissem Umfang auch für unseren Jagdhund im Schutzdienst. Desgleichen ist Wesensfestigkeit für den Schutzhund in der jagdlichen Praxis unabdingbar, denn ein Zurückfinden in die Normalität seelischer Ausgeglichenheit ist nach einem kämpferischen Abenteuer unbedingt erforderlich.

Das Endstadium unserer angestrebten Ausbildung, also eine ausgereifte Hundepersönlichkeit, die mit innerer Selbstverständlichkeit uns und unser

Hab und Gut beschützt, und es auch einmal auf eine handgreifliche Auseinandersetzung ankommen lässt, wird nicht binnen kurzem zu erreichen sein. Der Ausbildungsprozess ist langwierig, und wenn auch das Wehrverhalten schon bei einem zarten Welpen vorhanden ist, so bedarf es doch einer gewissen Ausreifung, die nicht vor 1 1/2 bis 2 Jahren erreicht ist.

Bei unseren Jagdhunden kennen wir kleine Vertreter, wie Teckel und Terrier bis hin zu großen Vorstehhunden von 70 cm Schulterhöhe. Unsere Jagdhunde sollten also nicht nur in ihrer individuellen Leistungsfähigkeit entsprechend zu Schutzhunden ausgebildet werden, sondern es sollte auch ihre Größe bedacht werden. Ein Teckel, im Auto oder am Lodenmantel abgelegt, kann schon eine wirksame Wache sein, mindestens wird er einen Angreifer verunsichern – zu einer wirksamen Auseinandersetzung mit einem ausgewachsenen Menschen wird er jedoch kaum „mangels Masse" in der Lage sein. Dies muss den großen Jagdhunden vorbehalten bleiben.

Das Prüfungswesen

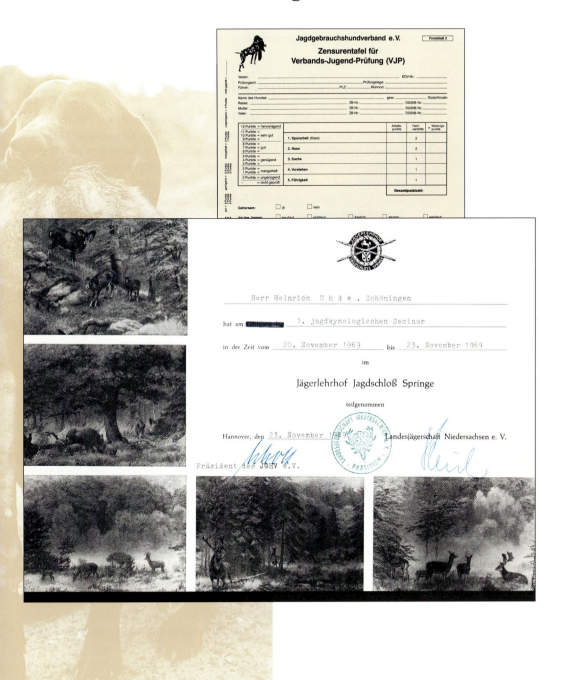

Im ursprünglichen Namen des JGHV – „Verband der Vereine zur Prüfung von Gebrauchshunden zur Jagd" – kam es schon zum Ausdruck: Im Mittelpunkt des Verbandsgeschehens stand und steht das Prüfungswesen, es ist mit all seinen Berührungspunkten die elementare Aufgabe des Verbandes.

I. Sinn und Aufgabe der Prüfungen

Prüfungen beinhalten generell die Feststellung ganz bestimmter Eigenschaften, die sich einmal auf das Materielle, das Körperliche beziehen können, jedoch auch auf geistige oder sittliche Eigenschaften und Verhaltensweisen. In der Jagdkynologie beziehen sich die entsprechenden Feststellungen auf Verhaltensweisen, die – unter Umständen nach weiterer Ausbildung – ein ganz bestimmtes Ziel versprechen, oder auf Eigenschaften bzw. Verhaltensweisen, die mehr oder weniger schon einer bestimmten Leistungsvorstellung nahekommen. Eine jedwede Prüfung – insbesondere, wenn sie sich wiederholt auf eine ganz bestimmte Art erstreckt – bedarf einer gewissen Systematik, um die Vergleichbarkeit zu gewährleisten. Daher sind Form und Inhalt der jagdkynologischen Prüfungen im einzelnen beschrieben. Diese Beschreibung findet ihren Ausdruck in den „Prüfungsordnungen". Das positive Ergebnis mancher Prüfungen findet seinen Niederschlag in bestimmten Symbolen oder Abkürzungen, die zum Hundenamen treten und auf einen Blick erkennen lassen, welche ungefähre Qualifikation das Individuum hat; sie werden an anderer Stelle dargestellt.

Hilfe für züchterische Entscheidungen

Die nach bestimmten Prüfungsordnungen abgehaltenen Prüfungen haben verschiedene Aufgaben. Einmal sollen die getroffenen Feststellungen helfen, die züchterisch wichtigen Entscheidungen zu treffen; zum anderen sollen die getroffenen Feststellungen den Leistungsstand eines ganz bestimmten Individuums beschreiben mit dem über die züchterischen Belange hinausgehenden Ziel einer Prognose, ob ein Hund einmal ein ordentlicher Jagdhund zu werden verspricht. Daneben erlauben die Feststellungen den Schluss auf die Brauchbarkeit des Hundes im jagd- und versicherungsrechtlichen Sinne, und schließlich dienen sie als objektivster Maßstab bei der Wertfeststellung eines Hundes.

Feststellung der Brauchbarkeit

Wertmaßstab

So weit die züchterischen Belange bei den Prüfungen tangiert werden, kommt es darauf an, den Zuchtwert eines Tieres festzustellen. Darunter versteht man die „durchschnittliche Überlegenheit seiner Nachkommen über den Populationsdurchschnitt" (SCHLEGER). Die Zuchtwertschätzung ist einmal möglich aufgrund der Eigenleistung eines Hundes. Dabei muss jedoch die beurteilte Leistung oder Eigenschaft am lebenden Tier selbst objektiv erfassbar sein, und die beurteilte Leistung muss eine hohe Heritabilität haben.

Instrument der Zuchtwertschätzung

Unter „**Heritabilität**" versteht man den genetisch bedingten Anteil am Phänotyp eines Tieres bzw. an der phänotypischen Variation einer Population, wobei die Heritabilität in Prozenten angegeben wird. Wenn die Heritabilität eines Merkmals 80 % beträgt, bedeutet das, dass 80 % der phänotypischen Ausdrucksform genetisch bestimmt sind und der Rest durch Umweltfaktoren. Daraus erhellt, dass man nur bei hoher Heritabilität davon ausgehen kann, dass die bei den Eltern festgestellte Leistung auch bei den Nachkommen auftreten wird. Bei Hunden trifft dies insbesondere für das körperliche Erscheinungsbild zu, also die auf Ausstellungen zu beurteilenden Merkmale. Anders sieht es bei den – wie auch von SCHLEGER betont – jagdlichen Verhaltensweisen aus, da hier von einer mittleren Heritabilität auszugehen ist, so dass eine Eigenleistungsprüfung oft nur unzureichend Auskunft über den Zuchtwert des Individuums gibt. Daher tritt neben die Zuchtwertschätzung nach der Eigenleistung eines Hundes die Zuchtwertschätzung aufgrund von Leistungen der Eltern, der Voll- oder Halbgeschwister und schließlich der Nachkommen.

Die Zuchtwertschätzung nach den Elternleistungen hat Ähnlichkeit mit der am Individuum, wobei – da nur zwei Elternteile vorhanden sind – der Umfang der Information beschränkt und die Möglichkeit der Schätzung kaum größer ist als nach der Eigenleistung.

Größer erscheint die Möglichkeit der Zuchtwertschätzung nach Geschwisterleistungen, denn je mehr Geschwister geprüft werden, und je ausgeglichener die Leistungen sind, um so zutreffender ist die Aussage über den Zuchtwert des Individuums. Die Aussagekraft hängt – das muss an dieser Stelle nochmals betont werden – davon ab, in welchem Umfang die Geschwister unter identischen Umweltbedingungen aufgezogen, ausgebildet und geprüft worden sind.

Die Zuchtwertschätzung aufgrund von Nachkommenleistungen schließlich hat die größte Aussagekraft, da sie der Definition des Zuchtwertes am nächsten kommt. Diese Art der Zuchtwertschätzung beansprucht den längsten Zeitraum und lässt den Zuchtwert der Eltern erst nach relativ langer Zeit erkennen.

Sinnvollerweise geht die Hundezucht bei der Zuchtwertschätzung daher von allen drei skizzierten Arten aus. Grundlage jeder dieser Schätzungsmethoden ist jedoch eine möglichst genaue und objektive Erfassung der zu beurteilenden Leistungskriterien, wobei die günstigsten Voraussetzungen für eine aussagekräftige Leistungsprüfung die messbaren Merkmale bieten. So ist es relativ leicht festzustellen, wie schnell ein Pferd läuft, wieviel Milch mit welchen Fettprozenten eine Kuh gibt, oder wieviel mageres Fleisch ein Schwein liefert, und welche Zeit und welcher Futteraufwand dafür erforderlich waren. Viel ungünstigere Voraussetzungen für exakte Leistungsbeurteilung bieten alle qualitativen Merkmale, deren Variation nur subjektiv erfasst werden kann, insbesondere im Bereich der Jagdhundezucht die Eigenschaften und Verhaltensweisen wie die Schärfe in ihrer unterschiedlichen Ausprägung, das Wesen, die Nase, der Spur- und Fährtenwille oder auch die Führigkeit. Dazu kommen die Schwierigkeiten, die sich aus dem Umstand ergeben, dass offenbar die klassische Vererbungslehre in der modernen Form der MENDELSCHEN Theorie kaum uneingeschränkt anwendbar ist. Von der Zellkernforschung wird darauf hingewiesen, dass die Bedeutung des Zellplasmas für die Vererbung unterschätzt werde, und dass es der Genetik auch in vielen Fällen nicht gelungen ist, die genauen Vererbungsformeln komplizierter Merkmale festzulegen. Wissenschaftlich durchgeführte erfolgreiche züchterische Vorhaben auf dem Gebiet der Kynologie haben sich insbesondere mit Gebrauchshundrassen befasst, wobei das

Objektive Erfassung der Leistungskriterien Voraussetzung für Zuchtwertschätzung

entscheidende Kriterium nur die erfolgreiche Arbeit war, nach der die Hunde beurteilt wurden.

Einer dieser Versuche, mit Hilfe von wissenschaftlichen Methoden einen hervorragenden Stamm von Gebrauchshunden aufzubauen, ist der auch in der Jagdkynologie sehr bekannt gewordene der Blindenorganisation in St. Raphael (USA) zu Zucht von Führhunden. Von besonderer Bedeutung für die Jagdkynologie ist, dass in jenem Versuch ganz junge Welpen verschiedenen Tests unterzogen wurden, die die Rassekennzeichen und meisten strukturellen Merkmale außer Acht ließen und sich fast ausschließlich auf Verhaltensweisen konzentrierten. In Zusammenarbeit zwischen Wissenschaft und Praxis führte diese Methode zu dem Ergebnis, dass der Prozentsatz der Hunde, die ihre Ausbildung als Führhunde erfolgreich beendeten, von 9 % im Jahr 1946 auf 90 % im Jahr 1958 stieg. – Wissenschaftliche Arbeiten auf diesem Gebiet hat es, initiiert durch den Jagdgebrauchshundverband, auch bei uns schon gegeben, doch konnten sie aus personellen und insbesondere wirtschaftlichen Gründen leider nicht fortgeführt werden.

Die Blindenführhunde von St. Raphael

Es sind offenbar auf wissenschaftlicher Seite bislang nur sehr wenige Stämme von Hunden aufgebaut und weiterentwickelt worden, wobei die mit der Entwicklung dieser Stämme befassten Genetiker zu Beginn ihrer Arbeiten eine exakte Kenntnis über den Vererbungsmodus bestimmter Eigenschaften ihrer Hunde nicht hatten. Dennoch haben sie ihre Ziele relativ schnell erreicht, und zwar aufgrund sorgfältiger Aufzeichnungen, objektiver Analysen und richtiger Einschätzung der Eigenschaften und Leistungen eines jeden Hundes, auf der strengen Auslese der Eltern nach den getroffenen Feststellungen und nach Tests des Nachwuchses. Es wurde alsdann in Linienzucht mit den Tieren gezüchtet, die sich als herausragende Zuchttiere erwiesen haben. Eine bedeutende Rolle in der Hundezucht spielen die sog. „quantitativen Merkmale", was soviel wie ein Merkmal über einen Wesenszug wie Größe, Schnelligkeit oder Intelligenz bedeutet, den jeder Hund unterschiedlich ausgeprägt besitzt, der jedoch nach Umfang oder Eigenschaft variiert. Diese Merkmale sind vermutlich abhängig von der Wechselwirkung einer großen Anzahl von Genen, die über alle Chromosomen verteilt sind, und von denen jedes einzelne in der Lage ist, die Wirkungen der anderen zu ergänzen und zu reduzieren. Eine der Schwierigkeiten – und das ist für das jagdkynologische Prüfungswesen von besonderer Bedeutung, die die Beschäftigung mit den quantitativen Merkmalen bereitet – liegt darin, dass der Ausprägungsgrad stets von den verschiedensten Umweltbedingungen sehr beeinflusst wird.

Die Aussage von Prüfungen zum Leistungsniveau eines einzelnen Hundes kann sich allein auf das Exterieur, allein auf bestimmte Verhaltensweisen oder auch beides beziehen.

Jagdliche Kör- oder Zuchtschauen

Auf das Äußere allein beziehen sich wohl in erster Linie Ausstellungen – Schönheitskonkurrenzen von Hunden, mit denen das Jagdgebrauchshundewesen nichts gemein hat. Auf den Kör- oder Zuchtschauen der einzelnen dem Jagdgebrauchshundverband angeschlossenen Zuchtvereine kommt es indessen auf beides an. Einmal wird festgestellt, ob die äußere Erscheinungsform dem beschriebenen Idealbild entspricht oder ihm nahe kommt. Daneben werden bestimmte Verhaltensweisen, die im Rahmen einer Kör- oder Zuchtschau feststellbar sind, festgehalten und ihrer positiven oder negativen Ausprägung notiert, insbesondere Wesensmerkmale wie Ausgeglichenheit und Ruhe, aber auch Scheu und Ängstlichkeit.

Ganz im Vordergrund des Prüfungswesens steht jedoch das Bemühen, bestimmte Verhaltensweisen des Hundes festzustellen, wobei einerseits zwar eine bestimmte Leistungsbeschreibung Grundlage der Prüfung ist, indessen diese Beschreibung jedoch nicht losgelöst von jagdpraktischen Erfordernissen sein darf, vielmehr sich immer nach dem Grundsatz auszurichten hat, das Ziel jeglicher Beschäftigung mit dem Jagdgebrauchshund Dienst am Weidwerk ist. Dies nun unterliegt den verschiedensten Einflüssen und hat im Laufe der Zeit große Änderungen erfahren.

Jagdpraktische Erfordernisse sind Grundlage des Prüfungswesens

Begründet sein können diese Änderungen einmal in den jagdlichen Anschauungen, die ihrerseits wiederum Impulse aus Rechtsprechung und Gesetz – beispielsweise Tierschutzrecht – erhalten können. Man denke einmal daran, dass es bei uns nicht mehr üblich ist, Parforcejagden auf lebendes Wild auszuüben, während es beispielsweise in Frankreich, England und Belgien durchaus noch zu den bevorzugten Freuden der Jägerei gehört, auf Fuchs, Reh, Sau oder Hirsch hinter entsprechenden Meuten hoch zu Pferde zu jagen. Die deutsche Jagdreiterei lässt ihre Foxhounds, Beagles etc. heute nur noch auf künstlichem „scent" laufen, was zweifellos Einfluss auf das Prüfungswesen hat. Man denke weiterhin auch daran, dass es früher üblich war, mit Meuten, bestehend aus Findern und Packern, die Jagd auf Schwarzwild auszuüben, während im Laufe der Zeit es sich gezeigt hat, dass eine pfleglichere und gezieltere Bejagung des Wildes den Einsatz von Packern verbietet, obgleich gegenwärtig hier und da wieder „Rückschritte" in die Vergangenheit getan werden, was zu bekannten Diskussionen in der Fachpresse führte.

Änderung der jagdlichen Anschauungen

Es sind jedoch nicht nur die jagdlichen Anschauungen, die die Aufgaben der Jagdkynologie innerhalb des Jagdwesens prägen und ändern; vielmehr ist es die Umwelt, die sich ändert und ein immerwährendes Mitdenken und häufiges Umdenken erfordert. So verschieben sich die Wildarten, auf denen die Jagd ausgeübt wird: manche verschwinden ganz und gar von der Palette der Tierarten mit Jagdzeit, andere treten in den Hintergrund, wieder andere vermehren sich verstärkt. Auch die Reviergestaltung bleibt nicht ohne Einfluss auf die Jagdausübung, wovon natürlich auch das Hundewesen tangiert wird. Die Reviere haben vielfach nicht mehr die Größe wie in der vergangenen Zeit, die Biotope selbst erfahren durch zivilisatorische Einflüsse, wie Flurbereinigung, Straßenbau etc., einschneidenden Änderungen, und die Zivilisation selbst ergreift den Jäger, was wiederum nicht ohne Auswirkung auf die Hundeführung sein kann. Der Jäger der heutigen Zeit rekrutiert sich nicht nur aus den Schichten wie früher; es ist vielmehr ein soziologisches Phänomen, das in vermehrtem Maße die Jägerprüfung auch von Menschen gemacht wird einfach aus Liebe zur Natur – vielleicht auch, um mehr vom Jagdwesen zu erfahren, jedoch auch, um sich auf irgendeinem Gebiet zum wiederholten Male zu bestätigen, oder aus Renommiersucht. Häufig schaffen sich diese Jagdscheininhaber nun einen Hund an, haben jedoch nicht die Musse, sich mit ihm tagtäglich zu beschäftigen, geschweige denn, sich mit ihm ins Revier zu begeben. Das führt zu Frustrationen und

Umwelteinflüsse

Neurosen auch beim Hund – ähnlich, wie sie bei vielen Menschen der Gegenwart zu beobachten sind. Auch diese Erkenntnis dürfte nicht ohne Einfluss auf das Jagdgebrauchshundwesen und die Prüfungen bleiben.

All diese Phänomene sind nicht erst seit heute bekannt; man ist sich ihrer vielmehr seit Jahrzehnten bewusst, doch bedauerlicherweise werden nicht immer die entsprechenden Konsequenzen daraus gezogen. Zwei Zitate mögen dies verdeutlichen:

Das „Hühnerproblem" – 1925!

- „Die fortschreitende Kultur der Landwirtschaft hat unseren Hühnerreichtum verdrängt; es fehlen den Hühnern heute die früheren Lebensbedingungen. Vor einigen Jahrzehnten noch hatten wir Hühner, dass man mit der Pudelmütze danach werfen und sich auch hinter einem langsamen Hund sattschießen konnte. Heute kann es einem in den meisten Revieren passieren, dass man mit demselben langsamen Hund, wie er früher den Durchschnitt vorstellte, in einem halben Tage überhaupt kein Huhn findet. Auch stellt der heutige Jäger an seinen Hund, denken wir nebenbei auch an die Waffen, viel höhere Ansprüche als früher. Ist es nicht ein Genuss, unseren heutigen Gebrauchshund durch die Felder fliegen zu sehen? Denken wir doch an die Gebrauchssuchen! Die Korona wird vom flotten feurigen Gebrauchshund während der Feldarbeit kein Auge abwenden, um sich nicht einen Bruchteil des schönen Anblicks entgehen zu lassen. Selbstverständlich müssen Nase und Vorstehen mit der Schnelligkeit im Einklang stehen." – Das stammt nicht etwa aus der Feder eines Jägers der Gegenwart vielmehr aus einem Artikel in der „Deutschen Jäger-Zeitung" des Jahres 1925, in dem sich der Autor mit der von Rudolf Friess vertretenen Ansicht auseinandersetzt. „die Feldflitzer hätten unseren spursicheren Gebrauchshund verdrängt".

Jagdhunde für die Jagdpraxis

- Der Staatssekretär im Hessischen Ministerium für Landwirtschaft, Forsten und Naturschutz, Dr. R. Maurer, weist in der Jagdpresse vor dem Verbandstag des Jagdgebrauchshundverbandes im März 1989 darauf hin, dass die Jäger vom Bundesjagdgesetz her verpflichtet seien, brauchbare Jagdhunde zu halten und zu führen. Diese müssten gezüchtet, zu Jagdhilfen ausgebildet, geprüft und möglichst oft in der Praxis geführt werden. Veranlagungen müssten entdeckt und gefördert werden; wirklich brauchbar sei schließlich nur ein gut ausgebildeter, gehorsamer Hund mit der nötigen Erfahrung. Die dem Jagdgebrauchshundverband angeschlossenen Clubs und Verbände dienten diesen Zielen, förderten die Arbeit ihrer Mitglieder und trügen damit erheblich zu weidgerechtem, also tierschutzgerechtem Jagen bei. Er führt aus: „In diesem Jahr steht u. a. die Änderung der Prüfungsordnungen auf der Tagesordnung. Sie werden heutigen Erkenntnissen über Wild, Hund, Jagd und Tierschutz angepasst." Dass nun tatsächlich auf dem Verbandstag des Jahres 1989 in dieser Richtung so gut wie gar nichts geschehen ist, steht auf einem anderen Blatt und ändert nichts an der Tatsache, dass eine Prüfungsordnung nur so gut ist, wie sie in der vom Staatssekretär zutreffenden Weise skizziert wurde.

Das Bundesjagdgesetz enthält das Postulat der weidgerechten Jagdausübung, dem die Führung und der Einsatz brauchbarer Jagdhunde immanent ist. Logischerweise ist damit auch das züchterische Bemühen verbunden – das Bemühen um eine ‚Produktion' eben dieser Hunde. In den Jagdgesetzen der Länder werden diese Gedanken aufgegriffen und im einzelnen enthalten diese Gesetze auch sanktionierte Vorschriften darüber, dass brauchbare Hunde in Revieren zur Verfügung stehen müssen, und dass sie bei bestimmten Jagdarten mitgeführt und eingesetzt werden müssen. In zu diesen gesetzlichen Normen ergangenen Ausführungsbestimmungen, Erlassen oder ähnlichem wird alsdann näher definiert, welche Hunde „brauchbar„ im Sinne des Gesetzes sind, wobei auf ganz bestimmte Prüfungen des Jagdgebrauchshundverbandes sowie auf die Prüfungen der ihm angeschlossenen Vereine und Verbände bezug genommen wird. Daneben gibt es noch eine einzige staatliche Prüfung, die sog. „Jagdeignungsprüfung", bisweilen auch „Brauchbarkeitsprüfung" geheißen, die teilweise auch Hunden offensteht, die nicht im Zuchtbuch eines dem Jagdgebrauchshundverband angeschlossenen Vereins aufgeführt sind. Nur Prüfungen aufgrund bestimmter Prüfungsordnungen ermöglichen also den Nachweis, dass ein Hund „brauchbar" im Sinne des Gesetzes ist.

Einsatz brauchbarer Hunde sanktioniert

Zu unterscheiden davon ist die Brauchbarkeit im Sinne des Versicherungsrechtes. Generell ist im Rahmen der von jedem Jagdscheininhaber abzuschließenden Haftpflichtversicherung das Risiko für zwei Jagdhunde mit versichert, wobei das Kriterium jedoch nicht allein die Rassezugehörigkeit sein kann; vielmehr muss auch eine Beziehung zur Tätigkeit des Jägers bestehen. Eine gewisse „Brauchbarkeit" ist mithin auch Voraussetzung. Diese Brauchbarkeit ist jedoch nicht so eng definiert wie vom Gesetzgeber, denn die Versicherer begnügen sich generell mit der Bescheinigung eines Jägerschafts-Kreisgruppenvorsitzenden, eines Hegeringleiters oder auch eines Obmannes für das Jagdgebrauchshundwesen in einer jägerischen Vereinigung, dass der betreffende Hund jagdlich geführt, zur Jagd eingesetzt wird. Dass es hier bisweilen zu fraglichen Bescheinigungen, zu „Gefälligkeitsattesten" kommen kann, liegt in der Natur der Sache. Das Interesse der Versicherer ist jedoch ein anderes als das des Gesetzgebers, und es ist bislang nicht gelungen, die Versicherer auf die gleiche Schiene einschwenken zu lassen, auf der der Gesetzgeber fährt. Sicherer ist es jedoch auch hier allemal, den Nachweis der Brauchbarkeit im versicherungsrechtlichen Sinne durch entsprechende Prüfungen zu erbringen.

Brauchbarkeit im Versicherungsrecht

Schließlich sind die Prüfungen von erheblichem Einfluss auf die Bewertung eines Hundes, wobei diese Frage insbesondere dann akut wird, wenn Schadenersatz für einen getöteten oder verletzten Hund geleistet werden muss. Bei der Festsetzung des Marktwertes eines Jagdhundes zu einem bestimmten Zeitpunkt ist zu unterscheiden zwischen dem „Gebrauchswert" und dem „merkantilen Zuchtwert", die sich nach unterschiedlichen Kriterien richten.

Marktwert abhängig von Prüfungsergebnissen

Bei der Bemessung des Gebrauchswertes sind die Leistungen eines Hundes zu berücksichtigen, die er zum Bemessungszeitpunkt im praktischen Jagdgebrauch zu erbringen in der Lage war und mit Wahrscheinlichkeit in der Zukunft noch erbracht hätte. Berücksichtigt werden somit in erster Linie die Fertigkeiten des Hundes, die durch Prüfungen nachgewiesen sind, und das Alter das für die Leistungsfähigkeit sowie die noch bestehende

Lebenserwartung und damit verbundene Gebrauchsfähigkeit von Bedeutung ist. Wie hoch der Gebrauchswert letztlich zu veranschlagen ist, hängt davon ab, welche Prüfungen der Hund mit welchem Ergebnis abgelegt hat. Durch Prüfungen nicht nachgewiesene Eigenschaften beeinflussen den (Markt-)Gebrauchswert in aller Regel nicht, denn die Preise orientieren sich vornehmlich an attestierten Leistungen oder Anlagen.

II. Die Prüfungen im JGHV

„VGP" seit 1892

Die „Gebrauchsprüfung", die bis heute als „Meisterprüfung" der großen Vorstehhunde gilt, ist die VGP; sie existierte schon sieben Jahre, als der Verband 1899 ins Leben gerufen wurde. Es ist schon darauf hingewiesen worden, dass im August 1891 in Berlin der „Verein für Prüfung von Gebrauchshunden zur Jagd" von Hegewald, Oberländer, von Sothen, Mählich, Ritz, von Loebenstein u. a. gegründet wurde. Der Verein schuf sofort eine Prüfungsordnung für Gebrauchsprüfungen, nach der im Oktober 1892 die erste ihrer Art abgehalten wurde.

Neben der VGP schuf der Verband weitere Verbandsprüfungsordnungen, die in ihrer Gesamtheit das Fundament des Prüfungsordnungswesens bis zum heutigen Tage bilden.

Siegersuchen

Ehe auf diese Entwicklung im einzelnen eingegangen wird, soll zunächst ein Blick geworfen werden auf die sog. „Siegersuchen" für die unter heutigem Blickwinkel eine Existenzberechtigung nicht mehr zu sehen ist.

Erste Gebrauchshundprüfung

Noch im Gründungsjahr des Verbandes (1899) wurde nach der Prüfungsordnung der VGP in Charlottenhof in der Neumark die erste Verbandssiegerprüfung abgehalten. Zugelassen waren nur Hunde, die auf einer VGP oder einer entsprechenden Prüfung einen I. Preis erhalten hatten. Vier Hunde versagten bei dieser Prüfung auf der Schweißschleppe, ein fünfter auf der Hasenschleppe; beim Verlorenbringen von Fuchs erhielten nur zwei die Note „sehr gut", in der Raubzeugarbeit, die damals gang und gäbe war, und die bei jener Prüfung nur mit dem Fuchs geprüft wurde, erhielten nur drei Hunde die Note „sehr gut". Dieses Ergebnis wurde bei einer Zahl von 13 gemeldeten und 10 erschienenen Hunden als unbefriedigend angesehen.

Auf dem Verbandstag im Februar 1908 zu Berlin wurde beantragt, in jenem Jahre eine weitere Siegersuche abzuhalten, Zulassungsvoraussetzung sollte jetzt sein, dass ein Hund auf einer Verbandsprüfung einen I., II. oder III. Preis gewonnen habe. Nach eingehender Diskussion wurde alsdann beschlossen, dass eine Siegersuche alle drei Jahre stattfinden solle, die erste im Jahre 1908; der

Verband solle zu jeder Suche mindestens 1200 Mark hinzusteuern, und jeder dem Verbande angehörige Verein wird vom Vorstande ersucht, für die erste Suche zur Deckung der Kosten und zur Erzielung möglichst hoher Preise freiwillige Beiträge zu stiften.

Die beschlossene Prüfung fand am 11./12. September 1908 bei Neuruppin statt. Von 11 gemeldeten Hunden erschienen 9. Ein Preis konnte nicht vergeben werden.

Daraufhin beantragte am 30. Januar 1910 in der Verbandsversammlung der Kynologische Verein Stettin, dass „unter Berücksichtigung dessen, dass bei der Siegersuche kein Preis vergeben wurde, auch die erforderlichen Mittel vorhanden sind, da die für die Siegersuche 1908 aufgebrachten Mittel nur zu einem Teil verausgabt sind", die nächste Siegersuche ausnahmsweise anstatt nach dreijähriger Pause schon im nächsten Jahr (Herbst 1910) stattfinden solle. Der von Dr. Ströse begründete und befürwortete Antrag findet keine Mehrheit und wird zurückgezogen.

So fand beschlussgemäß die dritte Verbandssiegerprüfung am 11. und 12. September 1911 bei Genthin im Bezirk Magdeburg statt. Nach den Zulassungsbedingungen waren 122 Hunde teilnahmeberechtigt, von denen 14 gemeldet wurden und 12 erschienen. Auch diesmal konnte, wie schon 1908, kein Siegertitel vergeben werden.

Die turnusgemäß 1914 abzuhaltende Prüfung sollte in den Revieren Bülzig bei Zahna stattfinden. Am 5. August 1914 sah sich der Verbandsvorsitzende jedoch veranlasst, wegen des inzwischen ausgebrochenen Ersten Weltkrieges die Veranstaltung abzusagen.

Nach dem Ende des Krieges standen zunächst die inflationären Verhältnisse einer weiteren Abhaltung von Siegerprüfungen entgegen. Ein Antrag in der Verbandsversammlung vom 31. Januar 1927, in diesem Jahre eine Siegerprüfung abzuhalten, wird positiv beschieden, und der Vorsitzende wird beauftragt, eine Prüfungsordnung zu entwerfen und die Prüfung auszuschreiben. Die wirtschaftlichen Verhältnisse erlaubten jedoch die Durchführung im Jahr 1927 nicht.

In der Verbandsversammlung im Februar 1928 greift der Vorsitzende das Thema „Siegerprüfung" wieder auf. Es wird referiert über die Ansicht der Mehrzahl der Redner des vergangenen Verbandstages, bei einer Siegerprüfung entweder auf natürlicher Hasenspur oder auf natürlicher Wundfährte zu prüfen. Bei den Vorarbeiten hätten sich zunächst größere Schwierigkeiten bezüglich der Beschaffung eines geeigneten Revieres ergeben. Sodann sei die Frage zu erwägen gewesen, wie auf natürlicher Fährte oder Spur geprüft werden könne. Nachdem durch Versuche der Gesellschaft für Jagdkunde festgestellt worden sei, dass die Hunde beim Ausarbeiten künstlicher Fährten kein abweichendes Verhalten zeigen, wenn zu deren Herstellung verschiedene Arten von Schweiß oder Haustierblut verwandt worden sei, wurde die Frage aufgeworfen, ob man die Prüfung auf natürlicher Schweißfährte von Damwild abhalten könne, da dies die einzige Wildart sei, die man zu jeder Zeit beschaffen, außerdem Damwild so angeschossen werden könne, dass annähernd gleich gute Schweißfährten entstehen. Der Vorstand habe zur Klärung dieser Frage einen Versuch mit drei Stück Damwild angestellt, der folgendes Ergebnis hatte: Das Wild kann in Kästen so angeschossen werden,

Siegerprüfung

dass eine geeignete Wundfährte nach seinem Freilassen entsteht, wenngleich dies auch nicht regelmäßig gelingt. Das Krankschießen im Kasten sei bei dem Versuche leider nicht zu umgehen gewesen, bei einer Prüfung dürfe es jedoch nicht geschehen, da es den weidmännischen Grundsätzen widerspreche. Es käme daher nur eine Prüfung in einem Revier in Frage, in dem ein bedeutender Damwildabschuss erfüllt werden müsse. Jedenfalls wäre die Verwendung von Damwild zweckmäßiger, als das Ausarbeiten ganz natürlicher Reh- oder Rotwildwundfährten. – Die sich aus der nachfolgenden Diskussion ergebenden Schwierigkeiten und die wirtschaftlichen Überlegungen veranlassen letztendlich die Verbandsversammlung, von der Abhaltung einer Siegerprüfung noch im Jahre 1928 Abstand zu nehmen.

Weitere Siegerprüfungen hat es dann vor dem Zweiten Weltkriege nicht mehr gegeben.

1950: Eine Verbandssiegerprüfung nach dem Kriege

1950 – das sei um des Zusammenhang willens hier bemerkt – wurde in Peine der Versuch einer Verbandssiegerprüfung unternommen. Gemeldet waren auf dieser Prüfung 20 Hunde, und zwar je zur Hälfte DK und DD. Es waren jeweils 7 DK und 7 DD erschienen, durchgeprüft wurden 3 DK. Den gemeldeten Hunden ging ein hervorragender Ruf voraus, und sie wurden fast ausnahmslos von routinierten Rüdemännern geführt. Berücksichtigt man dies, ist das Ergebnis als recht mager zu apostrophieren: Sechs der anwesenden Hunde genügten den Anforderungen in der Schärfe nicht, in jeweils einem Fall genügte der Hund im Fuchsbringen und im Gehorsam nicht, in fünf Fällen – und das erscheint bemerkenswert – scheiterten die Hunde an der 400 m langen künstlichen Wundfährte.

In der Folgezeit hat es keinen Versuch mehr gegeben, Siegerprüfungen abzuhalten; sie entsprechen auch nicht mehr dem Gesichtswinkel, aus dem das Gebrauchshundwesen nunmehr gegen Ende dieses Jahrtausends gesehen wird.

Herrenführerprüfung

Eine Merkwürdigkeit sei an dieser Stelle noch erwähnt: In der Verbandsversammlung vom 2. Februar 1913 beantragt der Kieler Verein, der Verband solle alljährlich eine Herrenführerprüfung abhalten. Von Loebenstein bekennt sich als Gegner der sog. „Herrenführersuchen" und erklärt dazu: „Die Grünröcke sind unsere Freunde, und wir wollen auch die ihrigen sein".

Der Antrag wird abgelehnt.

Die Prüfungsordnungen standen im Mittelpunkt einer jeden Verbandsversammlung, daran hat sich bis heute fast nichts geändert. Auf die Einzelheiten einzugehen, ist unfruchtbar, interessant ist jedoch, dass gewisse Bedenken, die bis in die Gegenwart artikuliert werden, schon damals erhoben wurden.

Schon 1905: „Prüfungshunde"

Beispielsweise bemerkt im Februar 1905 von Podewils, dass es vorkäme, dass preisgekrönte Prüfungshunde in der Praxis total versagten. Es schiene dann so, als ob die Prüfungsergebnisse für das wirkliche Können nicht immer ein ganz zuverlässiger Maßstab wären. Die Prüfungsmethode wäre doch vielleicht nicht so ganz einwandfrei. Deshalb hätte sich in letzter Zeit vielfach eine Bewegung bemerkbar gemacht zur Reformierung dieser Prüfungsmethode; sie müsste mehr der Praxis entsprechen. Es ist weiterhin beantragt, dass Hunde im ersten Felde bzw. unter zwei Jahren von der Prüfungssuche auszuschließen seien. Dieser Antrag wird abgelehnt, da er als Sache der Vereine angesehen wird.

Im Jahre 1907 wird erstmals erörtert, ob der Verband überhaupt die Festlegung einer einheitlichen Prüfungsordnung für Jugendsuchen für nötig halte, nachdem der Verein Deutsch-Drahthaar beantragt hatte, die von ihm vorgeschlagene Prüfungsordnung für deutsche Jugendsuchen anzunehmen. Der Antrag wird abgelehnt.

Diskussion um Jugendsuchen

Im Jahr 1909 unternimmt der Saar-Verein einen erneuten Vorstoß und beantragt: Der Verband wolle eine einheitliche Prüfungsordnung für Jugendsuchen beschließen. – Auch dieser Antrag wird mit dem Hinweis abgelehnt, dass die Aufstellung einer Prüfungsordnung für Jugendsuchen nach wie vor den einzelnen Vereinen überlassen werden solle.

Mehr Erfolg hat der Vorstoß des Vereins Deutsch-Drahthaar im Jahr 1910, eine einheitliche Prüfungsordnung für deutsche Jugendsuchen festzusetzen. Von Bodungen begründet den Antrag und bittet, eine Kommission von fünf Mitgliedern zu berufen, die die Prüfungsordnung ausarbeiten soll. Andere Vereine unternehmen in ähnlicher Richtung Vorstöße.

In der folgenden längeren Besprechung wird von den Befürwortern der Jugendsuchen die Ansicht vertreten, dass sie eine Art Gegengewicht gegen die üblichen Derbys bilden sollten. Mit großer Majorität wird alsdann der Beschluss gefasst, dass eine einheitliche Prüfungsordnung für deutsche Jugendsuchen vom Verbande aufgestellt werden soll, und dass die Vereine, die deutsche Jugendsuchen abhalten, an diese gemeinsame Prüfungsordnung gebunden sein sollen. Abschließend und endgültig wird alsdann folgender Antrag einstimmig angenommen: „Der Vorstand des Verbandes wird beauftragt, den Entwurf ‚Verbandsprüfungsordnung für Jugendprüfungen' auszuarbeiten, bis zum 1. März dieses Jahres zu veröffentlichen ..."

Den größten Teil der Beratung im Jahre 1911 beanspruchte alsdann der Tagesordnungspunkt „Festsetzung einer endgültigen Prüfungsordnung für Jugendsuchen". Den Delegierten lag umfangreiches Material zur Beschlussfassung vor. Die Prüfungsordnung wurde beschlossen. Interessanterweise enthielt die Prüfungsordnung der damaligen Zeit auch das Prüfungsfach „Neigung fürs Wasser". Die angenommene Prüfungsordnung für Jugendprüfungen erfuhr nun, wie die VGP auch, auf den weiteren Verbandsversammlungen weitere Korrekturen, Ergänzungen etc.

1911: PO für Jugendsuchen

Im Jahr 1913 loderte erneut die Diskussion um das Zulassungsalter für Verbandsgebrauchsprüfungen auf. Es wurde beispielsweise der Antrag gestellt, Hunde im ersten Felde (unter 2 Jahren) von der Zulassung zu den Prüfungen auszuschließen, nur Hunde zuzulassen, die vor dem 1. Januar des vorhergehenden Jahres gewölft sind oder zu beschließen, dass die zur Gebrauchshundprüfung zuzulassenden Hunde beim Nennungsschluss mindestens 20 Monate alt sein müssen. Die Gegner dieser Anträge führten ins Feld, dass das DGStB immer mehr ein Zuchtbuch werde, und es wichtig sei, dass besonders frühreifes Zuchtmaterial dort aufgeführt werde. Die Befürworter der Anträge vertreten den Standpunkt, dass der Hund im ersten Felde ein Schüler sei, und auf Gebrauchshundeprüfungen wolle man fertige Hunde der Praxis sehen; ein Hund, der aber noch nicht einmal eine Hasenjagd mitgemacht habe, sei nicht als „ferm" anzusprechen, und es seien nicht nur der Züchter und der Dresseur zu berücksichtigen, sondern auch der Käufer. – Es wird letztendlich beschlossen, die Zulassungspraxis den Vereinen zu überlassen.

1921 kommt es zu einer Diskussion über den Fortbestand der Jugendprüfung. Es wird beantragt zu erwägen, die Jugendsuche in der bisherigen Form ganz fallen zu lassen und dafür Jugendsuchen (Prüfung des Riechvermögens und seine Verwendung zum freien Suchen und zum Suchen auf der Spur, dazu Vorstehen) und Zuchtsuchen (noch Prüfung der Nasentätigkeit und des Vorstehens, dazu Prüfung auf die weitere Eignung zum vielseitigen Gebrauch – Wasserneigung, Schärfe, Art der Hetze, Lust zum Bringen, Fähigkeit zu Gedächtnisverknüpfungen; Unterordnung unter den Herrn und Anhänglichkeit an ihn sind auch möglichst zu berücksichtigen) zu setzen, zumindest aber derartige Suchen den Vereinen freizustellen und anzuerkennen. Im Rahmen einer heftigen Diskussion wird betont, erst über die Kardinalfrage zu entscheiden, ob nämlich die vielseitige Jugendprüfung in der bisherigen Form oder mit Abänderungen beibehalten werden soll, oder ob man wirklich zum Derby zurückkehren wolle. – Es wird beschlossen, dass die Veranlagung zur Spursicherheit auf der Hasenspur oder auf der Kaninchenschleppe oder auf der Führerfährte festgestellt werden kann. Letztendlich bleibt es bei den Prüfungsfächern Fährtenarbeit, im Felde Nase, Suche, Vorstehen, Gehorsam und Hasenhetzen sowie Prüfung auf Schärfe.

1927: „Verbandsprüfungen"

1927 wird die Satzung dahingehend geändert, dass nur solche Jugend- bzw. Herbstzuchtprüfungen als „Verbandsprüfungen" zu bezeichnen sind, die in allen Punkten den Bedingungen des Verbandes entsprechen.

1928 berichtet der Schriftführer, nachdem die letzte Verbandsversammlung den Vorstand beauftragt hatte, Richtlinien aufzustellen, die für die Beurteilung der Herbstzuchtprüfung maßgebend sein sollen, deren Ergebnisse im DGStB zu vermerken sind. Der Schriftführer hat sich mit den Herbstzuchtprüfungen veranstaltenden Vereinen und Verbänden in Verbindung gesetzt und aufgrund der einschlägigen Prüfungsordnungen Vorschläge mit Bezug auf diejenigen Anforderungen gemacht, die an eine Prüfung gestellt werden müssen, und deren Ergebnisse im Stammbuch des Verbandes registriert werden sollen. – Ohne Diskussion wird dem Vorschlag zugestimmt, dass die Herbstzuchtprüfung sich von der Jugendprüfung im wesentlichen dadurch zu unterscheiden hat, dass bei ersterer in denjenigen Fächern gründlicher geprüft wird, in welchen die Hunde wegen Mangels der Dressur auf der Jugendprüfung weniger zuverlässig geprüft werden können (Nase, Suche, Vorstehen, Wasserarbeit, Arbeitsfreudigkeit, Gehorsam, Schleppenarbeit). Prüfungsfächer sollen mindestens die Eignung zur Suchjagd im Felde, die Eignung zur Spurenarbeit, die Eignung zur Raubwildarbeit, die Eignung zur Wasserarbeit, die Apportierlust und das Geschick im Bringen sein.

„Schärfeprüfung"

Seit Beginn der dreißiger Jahre tritt immer mehr die Diskussion um die Schärfeprüfung in den Mittelpunkt. 1931 gibt der Vorsitzende von Armin zu bedenken, dass – wenn der Verband die Raubwildprüfungen nicht ganz wegfallen lassen will – er den ungerechtfertigten Bestrebungen gewisser Kreise derartige Prüfungen als „Tierquälerei" hinzustellen, kraftvoll entgegentreten muss. Die Spitzenorganisation der jagdlichen Vereine habe sich mit dieser Frage bereits beschäftigt, und er habe es für seine Pflicht gehalten, sich in

Gemeinschaft mit dem Schriftführer dieserhalb mit dem Reichsjagdbund in Verbindung zu setzen. Eine Zusammenarbeit mit dem Reichsjagdbund hat sich mit Rücksicht auf die in die Wege geleitete Änderung des Strafgesetzbuches (Tierquälerei-Paragraph) als notwendig erwiesen.

Von Armin unterrichtet die Verbandsversammlung 1932 über das Ergebnis der Verhandlungen. Die Entscheidungen der Gerichte über Anklagen wegen Tierquälerei gelegentlich der Abhaltung von Raubwildprüfungen seien ausnahmslos zugunsten des Verbandes ausgefallen; man sieht jedoch ein, dass die Raubwildprüfungen unter besonderen Vorsichtsmaßregeln durchgeführt werden müssen. Eine weitere sensible tierschützerische Frage ist der Einsatz von „geritzten" Kaninchen bei Verlorenbringerprüfungen. Allgemein ist man auf dem Verbandstag der Ansicht, dass eine Vervollkommnung der Prüfungen auf der Spur anzustreben sei und die Prüfung mit „geritzten" Kaninchen gegenüber der Schleppe wesentliche Vorteile haben könne. Das Verfahren sei jedoch noch nicht genügend durchgearbeitet und erprobt. Insbesondere werden Bedenken deshalb erhoben, weil eine gleichmäßige künstliche Verwendung aller Wildkaninchen vorläufig nicht möglich sei. Vom Reichsjagdbund kommt der Vorschlag, die Prüfungsordnung bezüglich Raubzeugarbeit dahingehend zu ändern, dass im allgemeinen eine einmalige Prüfung in diesem Fach auf einer Verbandsgebrauchsprüfung (nicht Jugendsuche) genügt und die dort erteilte Zensur bei künftigen Suchen einfach übernommen werde.

Ein Beschluss in dieser Richtung ergeht nicht, wohl jedoch des Inhaltes, dass der Vorstand ersucht wird, in enger Fühlungnahme mit den Verbandsvereinen Gesichtspunkt und Leitsätze weidgerechten Tierschutzes bei Verbandsprüfungen festzulegen und für geeignete Verbreitung Sorge zu tragen.

In der 29. Verbandsversammlung am 29. Januar 1934 im „Bayerhof" zu Berlin gibt der erste Vorsitzende bekannt, dass das Deutsche Tierschutzgesetz vom 24. November 1933 die Abhaltung der Raubwildprüfungen unterbunden hat. Von Verbandsvereinen wie einzelnen stark interessierten Gebrauchshundmännern sei dem Vorstande mehrfach und teilweise sehr heftig der Vorwurf gemacht worden, er habe nicht rechtzeitig energisch genug Schritte getan, dieses Verbot zu verhindern. Im vergangenen Jahre, so erklärt der Vorsitzende, habe der Verbandsvorstand sich bemüht Mittel und Wege für einen Ersatz der vorgeschriebenen Raubwildprüfungen zu finden, ohne gegen die gesetzliche Bestimmung zu verstoßen. Es wäre eine „Notverordnung" herausgegeben worden, die sämtlichen Verbandsvereinen bekanntgegeben sei und von ihnen gutgeheißen werde. Danach sollten auch Ersatz-Schärfeprüfungen eingerichtet werden können, indem der Hund gelegentlich der Raubwildjagd von einem anerkannten Fachmann beurteilt wird. Diese Veranstaltungen haben sich als unzweckmäßig erwiesen; die Leistungen der meisten Hunde seien zu günstig beurteilt worden. – Es wird beschlossen, im DGStB nur diejenigen Hunde zu kennzeichnen, die eine Raubwildprüfung nicht abgelegt haben.

Verbot der „Raubwildprüfungen"

Im selben Jahr wird die Verlorenbringerprüfung an Fuchs und Hase beschlossen und die Satzung dahingehend erweitert, dass die Hunde, die eine Verlorenbringerprüfung nach den Richtlinien des Verbandes bestanden

Beschluß zur Verlorenbringerprüfung

Rüdemänner H. Kupfer und Fr. Bahrs auf der VGP Mühlenbeck

1936:
Richtlinien zur Brauchbarkeits-PO

„PO Wasser"

und die Berechtigung zur Eintragung in das DGStB erworben haben bzw. noch erwerben, den Vermerk „Vbr." erhalten.

Nach der Machtübernahme – so wird die Verbandsversammlung 1935 unterrichtet – gebe es zwei Arten von Prüfungen: Die durch die Jagdgesetzgebung vorgeschriebenen der Jägermeister und die der Verbandsvereine. Die Prüfungen der Jägermeister verfolgten ganz andere Zwecke als die Gebrauchsprüfungen des Verbandes. Über die Art der Abhaltung der gesetzlich vorgeschriebenen Hundeprüfungen durch die Jägermeister und ihren etwaigen Einfluss auf die Verbandsprüfungen findet eine längere Aussprache statt. Es zeigt sich, dass der Verband nicht in der Lage ist, den Versuch zu machen, diese Prüfungen zu beeinflussen, zumal sie ganz anderer Art sind als die Verbandsprüfungen.

Ende 1936 wird die Verbandsversammlung davon unterrichtet, dass vor kurzem die Richtlinien für die Prüfung der jagdlichen Brauchbarkeit der Jagdhunde durch die Jägermeister erschienen sind; sie wären von dem in der Versammlung anwesenden Gaujägermeister Friedrich Ostermann in vorbildlicher Weise ausgearbeitet worden. Den Interessen des Jagdgebrauchshundewesens sei man weit entgegengekommen.

Die VGP wurde nach dem Kriege zunächst nach altbewährter Weise durchgeführt. Der Verbandstag 1964 beschloss nach einem entsprechenden Kommissionsbericht eine erneute Laufzeit von acht Jahren. Mit geringen Veränderungen entschied der Verbandstag 1970, es auch weiterhin bei der VGPO, wie sie sich innerhalb der letzten sechs Jahre bewährt hatte, zu belassen und beschloss vor Ablauf der ursprünglichen Laufzeit eine weitere Verlängerung um fünf Jahre bis 1976, alsdann eine weitere Laufzeit bis 1983. 1981 wurde die Prüfungsordnung bis 1988 verlängert und galt bis zu einer umfassenden Novellierung mit wenigen Änderungen bis 1996.

Erwähnenswert aus dem Bereiche der Veränderungen ist der Beschluss des Jahres 1966, dass – um auch aus der Richtung des Prüfungswesens einen Beitrag zur Tollwutbekämpfung zu leisten – ab sofort Arbeiten am und mit dem toten Fuchs nur noch an solchen durchgeführt werden dürfen, die in einer bestimmten, näher umschriebenen Weise auf Tollwut überprüft worden sind.

Nach Verbandstagsbeschluss vom März 1977 wird der Paragraph über den Richterbericht außer Kraft gesetzt; er ist nicht mehr formlos als Darstellung zu erbringen, sondern auf einem neu entwickelten Formblatt, was eine Erleichterung für Richter und Stammbuchamt bedeutet.

Der Verbandstag des Jahres 1990 beschloss hinsichtlich der Wasserarbeit zur VGP und HZP Änderungen, die zur bisherigen Praxis materiell im wesentlichen nichts Neues bedeuteten, jedoch durch ihre konkretere Ausdrucksform und den Umstand, dass sie in die Prüfungsordnung aufgenommen wurden, gewissen politischen Zwängen Rechnung trugen, die ihrerseits vom Tierschutz initiiert waren.

Nur nebenbei sei bemerkt, dass viele verschiedene Initiativen, endlich die völlig ungenügende und unbefriedigende Regelung der Schweißarbeit innerhalb der VGP zu novellieren, erfolglos blieben.

Etwas weniger einfach gestaltete sich die Entwicklung der Zuchtprüfungsordnungen.

Der Verbandstag 1965 hatte sich tagesordnungsgemäß mit der Beratung der HZPO und VJPO zu befassen. Eine lebhafte Diskussion entzündete sich an dem alten Thema „Hasenspur". Eine Einigung über die Fragen einer Arbeit am langen Riemen und eine Stehzeit konnte nicht erzielt werden. Um keine übereilten Beschlüsse zu fassen und die strittigen Punkte in Musse zu klären wurde beschlossen, die VJPO bis zum Verbandstag 1969 und die HZPO bis zum Verbandstag 1967 unverändert in Kraft zu lassen.

Diskussion des Prüfungsbuches „Hasenspur"

1966 stellte der Obmann für das Prüfungswesen, Blodig, den Antrag, eine Prüfungsordnungskommission zu bilden mit dem Ziel, von dieser den Entwurf einer einheitlichen VZPO in redaktioneller Ablehnung an die VGPO erarbeiten, diesen Entwurf 1967 zu beraten und schließlich 1968 annehmen zu lassen. Diesem Antrage wurde entsprochen. In die Kommission wurden die Herren Blodig, Kupfer, Neddermeyer, Steinam und Dr. Tabel berufen.

Als im März 1967 Herr Blodig die Diskussion über die VZPO leitete, entzündete sich der Streit der Meinungen erneut am Wert der Arbeit auf der Hasenspur und ihrer Prüfung. Neben anderen Entscheidungen beschloss die Versammlung mit wenigen Gegenstimmen, die Hasenspur in Zukunft erst nach einer Stehzeit arbeiten zu lassen. – Es wurde weiterhin die Frage diskutiert, ob es überhaupt Sinn habe, die HZP als Verbandsprüfung fortbestehen zu lassen. Auch dazu entschloss sich der Verbandstag fast einstimmig.

Schließlich wurde eine Kommission berufen, die eine für alle Verbandsprüfungen gültige Protestordnung entwerfen sollte.

Der zur endgültigen Beschlussfassung berufene Verbandstag 1968 verabschiedete mit unerheblichen Änderungen und Ergänzungen die vorbereitete VZPO mit einer Laufzeit bis zum 30. Juni 1975, allerdings mit einer wesentlichen Ausnahme: Obwohl sich die Delegierten des Verbandstages 1967 über die Beständigkeit ihrer grundsätzlichen Entscheidung bewusst waren, wurde vom VDD und dem JGV Düsseldorf Stadt und Land der Antrag gestellt, die beschlossene Stehzeit der Hasenspur wieder aufzuheben. Ohne dass durchschlagende Gründe für die Aufhebung des einmal gefassten Beschlusses vorgebracht wurden, stimmte die Mehrheit schließlich dafür.

Das „Schlachtfeld" blieb jedoch innerhalb der beschlossenen Laufzeit nicht ruhig. Der Verbandstag 1972 versagte im einzelnen berechnete Mittel in Höhe von 40.000 DM jährlich für einen ins Auge gefassten Forschungsauftrag, was zu einer Beendigung einer wissenschaftlichen Zusammenarbeit mit dem Institut für Erbpathologie und Zuchthygiene der Justus-Liebig-Universität zu Gießen führte. Damit waren jedoch nicht auch gleichzeitig die Probleme gelöst, die Gegenstand der zuchtwissenschaftlichen Überlegungen waren, und die sich in Schlagworten wie „Wegfall der Preisklassen", „12-Punkte-System" und „Wesensfestigkeit" zusammenfassen ließen. Tauchten die ersteren der drei Fragen im Zusammenhang mit den Arbeiten des Gießener Institutes auf, so beschäftigte die Frage der „Wesensfestigkeit" schon seit längerem die Aufmerksamkeit der Führer und Züchter. Zur Überarbeitung der gültigen VZPO im Hinblick auf diese Probleme wurde erneut eine Prüfungsordnungskommission berufen (Dr. Tabel, Nobis-Wicherding, Neddermeyer, Wenkel, Greller und Dr. Rikkert), die einen ersten Entwurf der Versammlung 1973 zur Beratung vorlegen sollte, damit der Verbandstag 1974 sodann über die ab 1975 gültige Fassung beschließen könne. – Während allerdings die PO-Kommission des JGHV auftragsgemäß an ihrem Entwurf arbeitete, entwarf eine entsprechende Kommission des VDD eine Zuchtprüfungsordnung, in der dieser Zuchtverein den für die Förderung seiner Rasse einzig richtigen Weg gefunden zu haben meinte. Der VDD hatte sich insbesondere die Vorschläge des Gießener Institutes zu eigen gemacht (12-Punkte-System und Wegfall der Preisklassen), und Teile des VDD waren entschlossen, die Gemeinsamkeit im JGHV auf der Ebene der Zuchtprüfungen um der eigenen PO willen aufzugeben.

Einführung des 12-Punkte-Systems und Fortfall der Preisklassen für Zuchtprüfungen

Als die Diskussionen um die neuen Prüfungsordnungen immer hitziger wurden, sah sich das Präsidium des JGHV veranlasst, die Vertreter der Zuchtvereine und Verbände im Herbst 1972 zu einer Aussprache nach Petersberg bei Fulda zu bitten. Sinn dieser Zusammenkunft war, die Gefahren aufzuzeigen, die sowohl für den Verband als auch für die Einzelmitglieder entstehen könnten, wenn von einzelnen die Ebene bewährter Gemeinsamkeiten verlassen würde.

Im Januar 1973 hatten sodann einige Vertreter des Präsidiums des JGHV noch einmal ein Gespräch mit dem Vorstand des VDD, in dem dieser erklärte, in seiner kommenden Hauptversammlung darauf hinzuwirken, dass die zu beschließende eigene PO nicht in Kraft trete, wenn die VZPO in ihren Grundlinien den Vorstellungen des VDD entsprechen sollte. Die Hauptversammlung des VDD entschied auch dementsprechend.

Der Verbandstag 1973 entschied nach kurzer Diskussion die Einführung eines 12-Punkte-Systems, den Fortfall der Preisklassen und die Einführung von Fachwertziffern für bestimmte Fächer bei der VZPO. Dabei ist es bis zum heutigen Tage geblieben, lediglich im Jahre 1979 hatte ein Versuch, das 12-Punkte-System durch ein 7-Punkte-System abzulösen, nicht den erhofften Erfolg.

Die VZPO wurde durch Verbandstagsbeschlüsse der Jahre 1985, 1989 und 1994 jeweils verlängert, die gegenwärtige VZPO ist gültig bis zum 31. Dezember 2000. Von Bedeutung ist in diesem Zusammenhang, dass die im Jahr 1994 erfolgte schriftliche Abstimmung zur Prüfung der Hunde am Wasser mit ihrem Ergebnis Eingang in die Herbstprüfungen der VZPO findet.

1995: Änderung der VGPO

Der Verbandstag 1995 in Künzell hatte auch über Änderungen der VGPO abzustimmen. Der Präsident weist in seinem Bericht auf den auftragsgemäß erstellten Entwurf hin und bittet eindringlich die Delegierten, verantwortungsbewusst abzustimmen. Die Beschlüsse über die Änderungen werden alsdann unter Leitung von Dr. Petermann gefasst. Er verweist darauf, dass einer der „Knackpunkte" die Einführung der Übernachtfährte auf der VGP sei. Im Vorfeld des Verbandstages ist dieses Problem schon eingehend diskutiert, vor diesem Hintergrund schlägt Dr. Petermann vor, die Übernachtfährte für eine Länge von 400 m einzuführen, wenn in manchen Bundesländern für den Nachweis der Brauchbarkeit einer Fährtenlänge von 600 m erforderlich sei, könne mit dem Prüfungsleiter verabredet werden, die Fährte um 200 m zu verlängern, damit seien für alle teilnehmenden Hunde die Bedingungen gleich. Im Rahmen einer lebhaft geführten Diskussion werden verschiedene Ansichten vertreten, teilweise beharrt man auf einer Beibehaltung der bisherigen Regelung, andere unterstützen den Vorschlag auf Einführung einer Übernachtfährte, andere Anregungen gehen von einer Wahlmöglichkeit aus.

Der Ehrenpräsident warnt vor jeder „Fakultativität" der VGP, die VGP müsse vergleichbar für jeden Hund sein, gleich aus welchem Bundesland er stamme und wohin er verkauft werde. Er beantragt, zunächst über den Hauptantrag abzustimmen, um festzustellen, ob die Mehrheit für die Einführung einer Übernachtfährte von 400 m ohne wenn und aber bereit sei, sollte sich dafür keine Mehrheit finden, könne man über eine andere Lösung nachdenken. Über diesen Antrag wird geheim abgestimmt, von 594 abgegebenen Stimmen sind 361 für den Antrag, 220 sprechen sich dagegen aus, 13 Stimmen sind ungültig, womit die 400-m-Übernachtfährte beschlossen und eingeführt ist. Nach diesem Beschluss erfolgt noch eine erregte Diskussion über dessen Rechtmäßigkeit, zu einer weiteren Abstimmung kommt es jedoch nicht.

Einführung der Übernachtfährte auf VGP

Auf dem Verbandstag 1996 in Künzell führt der Obmann für das Prüfungswesen Dr. Petermann aus, dass die 1995 beschlossenen umfangreichen Änderungen zur VGPO erst 1996 wirksam werden sollten, um jedem Gelegenheit zu geben, sich mit den Änderungen vertraut zu machen. Die Zeit zum Nachdenken habe dazu geführt, dass zur beschlossenen VGPO eine ganze Reihe von Änderungsanträgen gestellt worden sei. Der weitestgehende Antrag des VDD geht dahin, die alte VGP, d. h. in ihrer Form vor der Änderung des Jahres 1994 wieder einzuführen. Dieser Antrag wird letztendlich zurückgezogen.

Die VGPO erfährt eine ganze Reihe von Änderungen, besonders bedeutsam erscheint, dass mehrheitlich beschlossen wird, zu der 1995 beschlossenen Übernachtfährte als Alternative eine 400-m-Fährte mit einer Stehzeit von 2 bis 5 Stunden einzuführen. Es wird die Fachwertziffer 8 für die Übernachtfährte mit großer Mehrheit beschlossen, desgleichen, dass bei der Schweißarbeit für den I. Preis ein „sehr gut", für den II. Preis ein „gut" und für den III. Preis ein „genügend" erreicht werden muss. In der nunmehr beschlossenen Form ist die VGPO gültig bis zum 31. Dezember 2003, über ihre Prüfungsfächer im einzelnen gibt die Zensurentafel Auskunft.

Seit geraumer Zeit wurde im Verband diskutiert, wie die Prüfungsvereine, die Gebrauchshundvereine verfahren sollen, die nicht mehr über die für eine ordnungsgemäße Abhaltung einer VGP erforderlichen Reviere verfügen. Überdies sollte eine allgemeine Verbandsleistungsprüfung geschaffen werden, an der alle unter dem Dach des JGHV versammelten Jagdhundrassen und -schläge teilnehmen konnten, was bislang nur auf wenigen Spezialprüfungen möglich war. Der Vizepräsident Horstkötter greift diese Gedanken anlässlich des Verbandstages 1995 auf, er findet ein geteiltes Echo, positiv sind die Stimmen aus dem „Nichtvorstehhundlager".

Diskussion einer allgemeinen Verbandsleistungsprüfung

Im folgenden Jahr wird das Thema erneut diskutiert, man verständigt sich nun grundsätzlich darüber, dass eine solche Prüfung eingeführt werden soll. Eine Kommission, in der sowohl Zuchtvereine wie auch Jagdgebrauchshundvereine vertreten sein sollen, soll einen entsprechenden Entwurf vorlegen.

1997: Einführung der VPS

Dr. Petermann erläutert diesen Entwurf auf dem Verbandstag 1997, die Prüfung soll den Namen erhalten „Verbandsprüfung nach dem Schuss" (VPS). Die VPS wird mit einer Laufzeit von 3 Jahren gegen 10 Stimmen bei einer Enthaltung angenommen und damit beschlossen.

Der Weg zur Verbandsschweißprüfung

Von besonderer Bedeutung ist die Entwicklung der Prüfung auf der künstlichen Schweißfährte. Weitblickende phantasiebegabte und avantgardistische Jagdgebrauchshundmänner, die es nicht bei einem Status quo bewenden lassen wollten, hatten sich schon Anfang der fünfziger Jahre Gedanken gemacht über das Vermögen der Hunde, künstliche Schweißfährten zu arbeiten, deren Stehzeit länger war als die der herkömmlichen auf der VGP. Für den Verbandstag 1957 war ein in dieser Richtung grundlegendes Referat von Konrad Andreas vorgesehen, der jedoch krankheitsbedingt nicht erscheinen konnte. Auf Anregung des Präsidenten Friedrich Ostermann übernahmen es Dr. Tabel, Dr. Uter und Oberforstmeister Stölter, zu diesem Thema auf dem Verbandstag zu sprechen. Dr. Tabel machte Ausführungen zu den Versuchen im Pfälzerwald, Dr. Uter berichtete über die Erfahrungen aus dem Sachsenwald, auch in Bremen waren unter Karl Klitzing entsprechende Versuche gelaufen, Oberforstmeister Stölter berichtete, dass man sich in Niedersachsen seit etwa sechs Jahren mit der Frage befasst habe, wie man auf breiter Grundlage in sämtlichen Jagdhunderassen einschließlich der Teckel den Finderwillen auf der Wundfährte festigen und üben könne. Angeregt waren die Versuche im Hämelerwald durch die gleichzeitig laufenden Versuche des Landesjagdverbandes Bremen. An der Diskussion beteiligten sich weiterhin Paul Schütt aus Hamburg und der spätere Landforstmeister von Trott zu Solz. Clito Hödicke bereicherte den Erfahrungsaustausch aus der Sicht eines erfahrenen Hochwildjägers und Schweißhundführers.

Auf dem folgenden Verbandstag griff Hödicke das Thema wieder auf und regte an, „für die erschwerten Schweißprüfungen möge der Verband einheitliche Richtlinien herausgeben." Dieser Vorschlag wurde akzeptiert; Näheres sollte auf dem nächsten Verbandstag aufgrund der gemachten Erfahrungen verhandelt und eventuell beschlossen werden.

Das Thema wurde jedoch erst wieder 1960 aufgegriffen und zunächst Grundsätzliches diskutiert. Dr. Tabel führte dazu aus, dass die Prüfung auf einer erschwerten Schweißprüfung verschiedene Zwecke habe:

„Wir haben eine Entwicklung dahingehend, dass der gerechten Schweißarbeit nicht mehr die Bedeutung gewidmet wird wie früher. Wir wollen mit einer erschwerten Schweißprüfung einen Mangel ausgleichen, den wir in der VGPO auf der Verbandsgebrauchsprüfung eben nicht ausgleichen und beseitigen können, aus zeitlichen und anderen Gründen. Die jagdlichen Gesichtspunkte sollen bei einer erschwerten Schweißprüfung betont mehr herausgestellt werden. Das jagdliche Brauchtum, die Riemenführung, die Zusprüche an den Hund, dazu Schweiß zeigen, Pirschzeichen zeigen – das sind alles Dinge, die wir auf einer VGP nicht mit der nötigen Sorgfalt prüfen können. Aber dies sind ja an sich nur Nebenwirkungen; entscheidend ist das Arbeiten auf der Übernachtfährte. Meine Herren, es ist ein gewaltiger

Unterschied, ob ich einen Hund auf einer vier oder fünf Stunden alten Tagesfährte prüfe, wo in ganz seltenen Ausnahmefällen in dem gewählten Prüfungsgelände Verleitungsfährten stehen. Aber bei einer Nachtfährte haben wir zu 90 %, vielleicht auch zu noch mehr, Verleitungsfährten, und hier soll der Hund sein Können zeigen. Auch züchterisch sind die Auswirkungen wie eben auch im Vortrag von Herrn vom Stein gesagt, von erheblicher Bedeutung. Eine Nachtfährte mit Verleitungsfährten über 1.000 m Entfernung wird normalerweise nur der Hund mit Erfolg folgen können, der über die nötige Ruhe, Zähigkeit und Beherrschung verfügt. Der nervöse Hund, der sich ablenken lässt, der nicht die nötige Zähigkeit hat, wird dieser Aufgabe nicht gewachsen sein. ..."

Als letzter Tagesordnungspunkt wurde auf dem Verbandstag im März 1961 schließlich diskutiert, ob eine Verbandsschweißprüfungsordnung eingeführt werden soll. Der im Vorjahr unter dem federführenden Vorsitzenden Konrad Andreas gewählte Ausschuss, dem Dr. Tabel, von Trott zu Solz und von Brandenstein angehörten, hatte einen Entwurf vorgelegt, zu dem Konrad Andreas das Einführungsreferat hielt. Die erschwerten Schweißprüfungen wurden bei drei Stimmenthaltungen entsprechend dem Kommissionsentwurf als Verbandsprüfung anerkannt.

1961: Einführung der Verbandsschweißprüfung

In der Folgezeit erfuhr diese Prüfungsordnung einige Änderungen. Von Bedeutung ist insbesondere, dass das Zulassungsalter auf 24 Monate bestimmt wurde, und dass grundsätzlich nur Jagdscheininhaber zum Führen der Hunde auf einer Verbandsschweißprüfung berechtigt sind.

Neben den beschriebenen Prüfungen gab es in der Vergangenheit eine Reihe von Prüfungen, die im Anhang zur VGPO aufgeführt waren. Eingedenk des Umstandes, dass es sich bei diesen „Ergänzungsprüfungen" nicht um Prüfungen im wirklichen Sinne handelte, vielmehr um den Nachweis bestimmter Verhaltensweisen, beschloss man im Jahr 1982, diese „Ergänzungsprüfungen" als Nachweise aufzufassen und das Ergebnis als **Leistungszeichen** festzuhalten. Bei diesen Leistungszeichen des Jagdgebrauchshundverbandes handelt es sich um

1. das Armbruster-Haltabzeichen,
2. den Härtenachweis,
3. den Lautjagerstrich,
4. das Verlorenbringen auf natürlicher Wundspur (Vbr) und
5. die Bringtreueprüfung (Btr).

Armbruster-Haltabzeichen (AH)

Das Armbruster-Haltabzeichen (AH) war ursprünglich die Stiftung des jagdkynologisch sehr interessierten amerikanischen Staatsbürgers Armbruster. Diese Stiftung „Armbruster-Haltabzeichen" ist auf der 57. Hauptversammlung des Jagdgebrauchshundverbandes mit allen Rechten und Pflichten vom JGHV übernommen worden. Es wird verliehen, wenn der betreffende Hund auf einer Verbandsprüfung bei der freien Suche im Felde an jedem Hasen gehorsam ist, den er eräugt. Dabei muss er mindestens einmal ca. 20 m vom Führer entfernt sein. Überdies muss er bei der ersten dazu geeigneten Gelegenheit nach Außer-Sicht-kommen des Hasen auf dessen Spur eine Spur arbeiten, die nach den Vorschriften der Anlageprüfungen mindestens mit dem Prädikat „gut" bewertet wird. Die Bedingungen können nur an einem Hasen erfüllt werden, wobei bei mehrfachem Vorkommen von Hasen eine Spurarbeit genügt. Das Haltabzeichen kann jedoch nicht verliehen werden, wenn der Hund zwar an jedem eräugten Hasen gehorsam ist, jedoch nicht die erste dazu geeignete Gelegenheit zur Spurarbeit gut arbeitet. – Das Armbruster-Haltabzeichen wird als Hutnadel verliehen und erscheint seinem Inhalt und seiner Intention nach heutzutage wichtiger denn je. An anderer Stelle ist schon darauf hingewiesen worden, dass der Gehorsam des Hundes unter den heutigen Straßenverkehrsbedingungen mehr oder weniger eine Art „Lebensversicherung" für den Hund bedeutet, wobei das Ideal erreicht ist, wenn der Hund trotz des Gehorsams an einer bestimmten Wildart die Spur oder ggf. auch die Fährte nach wie vor zu arbeiten gewillt ist.

Härtenachweis (/)

Die Bestimmungen des geltenden Tierschutzrechts verbieten die Abrichtung und das Prüfen von Hunden auf Schärfe an lebenden Katzen, Füchsen und anderen Tieren. Unabhängig von dieser gesetzlichen Verbotsnorm entspricht es auch nicht mehr der heutzutage herrschenden Einstellung des Menschen zum Tier, das eine ohne vernünftigen Grund zum Objekt schädigender Verhaltensweisen des anderen zu machen. Das Problem der wildernden Katzen und insbesondere der Schutz der heimischen Tierwelt von diesen mit der Waffe und auch mit dem Jagdhund waren schon häufig der Gegenstand zum Teil erbitterter Auseinandersetzungen zwischen den Jägern und den Tierschützern. Im Jahr 1961 kam es zu einer Vereinbarung zwischen dem Deutschen Tierschutzbund und dem Deutschen Jagdschutz-Verband sowie dem Jagdgebrauchshundverband, der sog. „Kieler Entschließung" vom 25.8.1961.

Entsprechend dieser Entschließung verhielten sich die Jäger, und in der Folgezeit wurde, wenn eine derartige Arbeit eines Jagdhundes von zwei zuverlässigen Zeugen bescheinigt wurde, für diesen Hund der sog. „Härtenachweis" registriert.

Im Zuge jüngerer Auseinandersetzungen zwischen Tierschützern, deren Bestrebungen sich häufig genug gegen die Jagd generell richten, ist diese „Kieler Entschließung" vom Deutschen Tierschutzbund aufgekündigt worden. Damit entfiel zwar die Vereinbarung, jedoch nicht der davon juristisch nicht tangierte Rechtfertigungsgrund, wenn ein Hund unter bestimmten Umständen ein Stück Raubwild oder eine Katze im jagdpraktischen Betrieb tötete. Daher kam es zwischen DJV und JGHV zu einer neuen Formulierung des Härtenachweises, der 1988 wie folgt beschlossen wurde:

„Die befugte Tötung von Raubwild, wildernden Katzen und Waschbären im Rahmen des Jagdschutzes ist zunächst Aufgabe des Jägers mit der Schusswaffe. Sofern ein Jagdgebrauchshund ein Stück gegriffen hat und es sofort tötet, bevor ein Erlegen mit der Schusswaffe möglich war, handelt es sich um weidgerechte Jagdausübung."

Wenn eine derartige selbständige Arbeit entsprechend vorstehender Formulierung zuverlässig bezeugt wird, kann weiterhin für den betreffenden Hund das Leistungszeichen „Härtenachweis" beim Jagdgebrauchshundver-

Neuformulierung der Voraussetzungen für den „Härtenachweis"

band registriert werden. Der Nachweis muss von einem Verbandsverein innerhalb von drei Wochen nach Erbringung auf dem vorgeschriebenen Formular beim Stammbuchamt beantragt werden, wobei der beantragende Verein für die Glaubwürdigkeit des Zeugnisses verantwortlich ist.

Mit der Neuformulierung ist einmal bestimmten Äußerlichkeiten Rechnung getragen insofern, als man nicht mehr von „Raubzeug" sondern von „Raubwild" spricht, und es ist die Tatsache berücksichtigt worden, dass nunmehr auch der Waschbär in vielen Revieren vorkommt, in denen er ursprünglich nicht beheimatet gewesen war. Davon abgesehen beschreibt die neue Formulierung nur das, was ein Jäger in der Jagdpraxis nicht nur zu tun berechtigt sondern zu tun verpflichtet ist. Wenn nun in der Jagdpraxis die in der Formulierung umschriebene Verhaltensweise eines Jagdhundes festgestellt wird, ist es nicht nur sinnvoll, sondern mit Rücksicht auf die Zucht sogar unabdingbar, sie festzuhalten und zu registrieren. An anderer Stelle ist schon darauf hingewiesen worden, dass die verschiedenen Arten der Schärfe verschiedenen Lebensbereichen zugerechnet werden müssen, man jedoch generell davon ausgehen kann, dass ein raubwildscharfer Hund auch wildscharf ist, während es umgekehrt nicht immer so sein muss. Wildschärfe ist jedoch eine unabdingbare Voraussetzung für den Jagdhund, soll er seiner Aufgabe, nämlich krankes Wild möglichst schnell und schmerzlos zur Strecke zu bringen, gerecht werden. Da diese Art der Schärfe weitgehend genetisch bedingt sein dürfte, muss der verantwortungsbewusste Züchter bei seiner Zuchtwahl darauf achten und ist, da ihm andere Möglichkeiten nicht mehr zur Verfügung stehen, auf die beobachteten Verhaltensweisen der Hunde in der Jagdpraxis angewiesen. Wenn diese Verhaltensweisen nun möglichst zuverlässig bezeugt und zentral registriert werden, so besteht auch die weitestgehende Garantie dafür, dass auf diesem Gebiet nicht mit falschen Karten gespielt wird.

Bedeutung für die Zuchtwahl

Lautjagerstrich (\ )

Der Lautjagerstrich (\ ) wird einmal verteilt beim lauten Stöbern anlässlich einer VGP; die Bedingungen können jedoch auch erfüllt werden auf einer besonderen Stöberprüfung eines Verbandsvereins oder durch schriftliches Zeugnis von zwei Verbandsrichtern. Desgleichen erhalten den Lautjagerstrich Hunde, die auf einer HZP oder gelegentlich einer Vbr-Prüfung, wie beschrieben, die Spur des Hasen oder Fuchses einwandfrei spurlaut arbeiten.

Besondere Stöberprüfung

Von einer besonderen Stöberprüfung machen die Verbandsvereine so gut wie nie Gebrauch wenn sich für die Zukunft auch hier die Möglichkeit anböte, wesentliche Verhaltensweisen ergänzend zum VSwP festzuhalten. Es ist darauf hingewiesen worden, dass ein Schweißhund hetzen können muss und möglichst laut sein soll. Die eine Schwierigkeit beim Hetzen ist die, dass es Hunde gibt, die sich nicht selbständig über die erforderliche Distanz und auch für die erforderliche Zeit von ihrem Führer trennen. Ein Hund, der eine Spur weit arbeitet, bietet auch noch nicht die Garantie dafür, dass er am gestellten Stück bleibt oder dieses, wenn es fortbrechen sollte, auch weiter verfolgt. Ein gewisser Anhaltspunkt jedoch dafür ist immerhin gegeben; bei einiger Förderung und entsprechend positiven Erlebnissen besteht in jedem Fall die begründete Hoffnung, dass der Hund auch einmal ordentlich hetzen und stellen wird. Hier könnte man also ergänzende Feststellungen treffen. Überdies wäre es möglich, auch auf einer Zusatzprüfung oder anlässlich entsprechender Arbeiten bei der VGP oder auch einer Verbandsprüfung den Fährtenlaut festzuhalten oder auch das sichtlaute Arbeiten an Schalenwild, damit der auf einer VSwP erfolgreich gelaufene Hund durch ergänzende Atteste seine vermutliche Brauchbarkeit für die Praxis generell unter Beweis stellen kann.

Verlorenbringen (Vbr)

Das Verlorenbringen (Vbr) auf natürlicher Wundspur mit dem Leistungszeichen „Vbr" wird gelegentlich einer Treibjagd, Suchjagd usw. von den Verbandsvereinen geprüft. Das Ideal eines Verlorenbringers ist der Hund, der – auf die Wundspur eines bei der Jagd krank geschossenen Hasen oder Fuchses gesetzt – der kranken Spur folgt, bis er das verendete Stück Wild auf der Spur findet oder – wenn es sich drückt – es sticht, energisch hetzt und greift und dann schnell und sicher seinem Führer zuträgt. Es kann nur die sichere und willige, an Haltung und Benehmen des Hundes erkennbare Arbeit auf der Wundspur, nicht aber das Bringen nach einer Freiverlorensuche für das Bestehen dieser Prüfung gewertet werden.

Der Hund darf das Stück Wild zuvor nicht eräugt und muss die Spur mindestens 300 m gearbeitet haben und er muss Hase oder Fuchs dem Führer zutragen. Zeigt der Hund am selben Tage noch negative Arbeiten, darf das Leistungszeichen nicht beantragt werden. Die Arbeit muss vollkommen von mindestens einem Verbandsrichter und einem Jäger als Zeugen beobachtet worden sein, die Art des Jagens ist festzustellen.

Bringtreue (Btr)

Schließlich können die Verbandsvereine eine Prüfung auf Bringtreue (Btr) abhalten. Durch diese Prüfung soll die besondere Zuverlässigkeit des Gebrauchshundes im Bringen festgestellt werden, die der Hund dadurch beweist, dass er kaltes Wild, das er zufällig und ohne jeden Einfluss seines Führers findet, aufnimmt und seinem Führer zuträgt. Die Bringtreueprüfung ist mit Rücksicht auf die Jagdzeiten in den Monaten August bis April im Walde in möglichst wildreinen Dickungen, ggf. auch im Altholz mit dichtem Unterholz, abzuhalten. Dabei müssen kleine, zur Beobachtung des Hundes geeignete Blößen vorhanden sein. Für die Bringtreueprüfung sind Füchse zu verwenden, denn es ist davon auszugehen, dass ein Hund, der unter den geschilderten Bedingungen einen Fuchs aufnimmt und seinem Führer zuträgt, dies auch mit einem kalten Hasen, einem Kaninchen, einem Fasan oder ähnlichem tut. Die Plätze, an denen die Füchse ausgelegt werden, müssen mindestens 50 m voneinander und mindestens 100 m von der Stelle am

Verlorenbringen (Vbr): Fuchs apportierender DK.

Dickungsrand entfernt sein, an der der Hund geschnallt werden soll. Der für die Prüfung bestimmte Fuchs muss spätestens zwei Stunden vor Beginn der Arbeit frei ausgelegt werden, wobei der Fuchs dorthin zu tragen ist; er darf nicht geschleppt werden oder beim Transport den Boden berühren. Die Träger des Fuchses haben sich in einem weiten Bogen, der überall mindestens 200 m Abstand vom Auslegeplatz haben muss, auf die Rückseite des Prüfungsgeländes zu begeben und von dort den Fuchs auf kürzestem Wege zum Auslegeplatz zu bringen. Sind alle Vorbereitungen getroffen, muss der Führer den angeleinten oder vorher am Dickungsrand abgelegten Hund durch Wink oder durch einmaligen Suchbefehl in die Dickung schicken. Nun hat der Hund 20 Minuten Zeit, um den ausgelegten Fuchs beim Stöbern in der Dickung zu finden und seinem Führer zuzutragen. Kommt der Hund zurück, kann der Hund beliebig oft zum Stöbern aufgefordert werden; hat der Hund hingegen innerhalb von 20 Minuten den Fuchs seinem Führer nicht zugetragen, so hat er die Bringtreueprüfung nicht bestanden. Das gleiche gilt für einen Hund, der beim Stöbern zum Fuchs kommt, ihn aber nicht aufnimmt und leer zum Führer zurückkehrt oder weiterstöbert.

Die Bringtreueprüfung ist weitestgehend eine Dressurleistung, wie das Apportieren selbst eine Übungssache ist – unabhängig von dem Willen, der einen Hund beseelen muss, wenn er ein zuverlässiger Verlorenbringer werden soll. Zwar schreibt die Prüfungsordnung vor, dass ein Hund nur zum Stöbern aufgefordert und in die Dickung geschickt werden soll, indessen ist es für einen versierten Führer ein leichtes, die Aufforderung zum Stöbern mit einer Aufforderung zum Apportieren zu verbinden, die nur für den Hund verständlich ist und von den Richtern überhaupt nicht wahrgenommen werden kann. Diese Aufforderung kann akustischer oder auch optischer Natur sein. Ein Hund, der gelernt hat, bei dieser Aufforderung unter ganz bestimmten Verhältnissen unbedingt zu apportieren, wird sich auch darum bemühen, ohne dass seine Arbeit etwas – wie es eigentlich der Sinn der Prüfungsordnung ist – mit wirklichem Stöbern zu tun hat.

Satzungsgemäß sind alle dem JGHV angehörigen Vereine mit Ausnahme der außerordentlichen Mitglieder berechtigt, Prüfungen auszurichten. Es wird unterschieden zwischen

Unterscheidung der Prüfungen unter dem Dach des JGHV

a) Verbandsprüfungen, die allgemeinverbindlich sind (z.B. VSwP, VPS und Leistungszeichen). Die Prüfungsordnungen werden von der Hauptversammlung des JGHV beschlossen.
b) gemeinsamen Zucht- und Gebrauchsprüfungen der Vorstehhunde (VJP, HZP, VGP), durch die die Vergleichbarkeit und Erhaltung eines der Jagdpraxis entsprechenden Leistungsstandards gewährleistet werden soll. Die Prüfungsordnungen werden von den Vorstehhundzuchtvereinen und von den Vereinen, die diese Prüfungen durchführen, auf der Hauptversammlung des JGHV beschlossen.
c) sonstigen Prüfungen der Zuchtvereine, deren Prüfungsordnungen von diesen Zuchtvereinen beschlossen werden.

Der Inhalt der Prüfungsordnungen gliedert sich in verschiedene Abschnitte. In einer Präambel oder einem Vorwort ist häufig auf den Sinn und Zweck der betreffenden Prüfung hingewiesen. Es folgen alsdann Ordnungs-

Inhalt der Prüfungsordnungen

vorschriften über die Veranstaltung der Prüfung, die Art ihrer Durchführung, Einzelheiten zur Ausschreibung, zur Meldung und etwas zur Prüfungsleitung. Die Prüfungsordnung enthält weiterhin meistens Hinweise für die Durchführung der Prüfung und Bestimmungen zur Bewertung dessen, um was es bei der Prüfung gerade geht. Diese ist wiederum in weiteren einzelnen Vorschriften genauestens ausgeführt und beschrieben.

Es schließen sich weiterhin Bemerkungen an über die Richter, die Einteilung der Richtergruppen sowie die Urteilsfindung innerhalb dieser Kollegien. Schließlich wird verbindlich festgelegt, in welcher Art über die Prüfung Bericht erstattet wird, und welche Ordnungsvorschriften hinsichtlich des Revieres und des Wildes zu beachten sind, wen die Verantwortlichkeit auf einer Prüfung trifft, und wie zu verfahren ist, wenn es zu Meinungsverschiedenheiten zwischen den Beteiligten kommt.

Nach dem materiellen Inhalt der Verbandsprüfungen unterscheidet man die sog. „Zuchtprüfungen", die „Leistungsprüfungen" sowie die „Leistungszeichen". Die letzteren werden auch nach einer ganz bestimmten Ordnung abgehalten; es gibt verbindliche Vorschriften zu ihnen. Indessen unterscheiden sie sich von den übrigen Prüfungen dadurch, dass häufig Leistungen attestiert werden, die sich für den einzelnen Hund anlässlich der praktischen Jagdausübung Gelegenheit gibt zu erbringen. Bei anderen Prüfungen ist eine gewisse Vorausplanung und die Teilnahme mehrerer Hunde möglich, indessen wird nur eine einzige Leistung erbracht. Ganz klar und logisch sind diese Leistungszeichen von den übrigen Prüfungen allerdings – das muss eingestanden werden – nicht abgegrenzt.

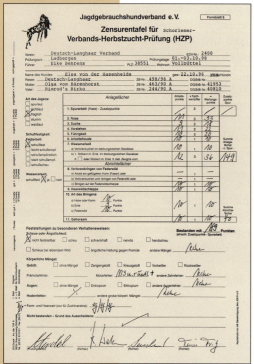

Verbands-Herbstzucht-Prüfung (HZP)

Zu den Zuchtprüfungen des Jagdgebrauchshundverbandes zählen die **Verbands-Jugendprüfung (VJP)** sowie die **Verbands-Herbstzuchtprüfung (HZP)**. Zu beiden Prüfungen äußert sich verbindlich die „Ordnung für Verbandszuchtprüfungen (VZPO)" des Jagdgebrauchshundverbandes. In der Präambel dieser VZPO heißt es: „Sinn und Aufgabe der Zuchtprüfungen ist die Feststellung der natürlichen Anlagen des Junghundes im Hinblick auf seine Eignung und zukünftige Verwendung im vielseitigen Jagdgebrauch und als Zuchthund. Die Zuchtprüfungen dienen ferner dem Erkennen des Erbwertes der Eltern, dessen Feststellung durch Prüfung möglichst vieler Wurfgeschwister erleichtert wird."

Die jagdethische Forderung weist dem Jagdhund ja seine Hauptaufgabe in der Arbeit nach dem Schuss zu. Darum haben die Richter ihr besonderes Augenmerk auf die Feststellung der Anlagen und Eigenschaften zu richten, die den sicheren Verlorenbringer befähigen und auszeichnen, nämlich sehr gute Nase, gepaart mit Finder- und Spurwillen, und Wesensfestigkeit, die sich in der Ruhe, in der Konzentration und dem Durchhaltewillen bei der Arbeit zeigt. Es muss höchste Aufgabe der Richter sein, die Hunde zu erkennen und herauszustellen, die durch ihre Anlagen für die Zucht des Jagdgebrauchshundes besonders wertvoll sind. Die Zuchtprüfungen sollen ferner bei der Jägerschaft Verständnis für die Arbeit des für die Jagd brauchbaren Hundes wecken.

Eine Verbands-Jugendprüfung (VJP) darf nur im Frühjahr, eine Herbst-Zuchtprüfung (HZP) nur im Herbst abgehalten werden. Zugelassen werden nur solche Hunde, die in dem anerkannten Zuchtbuch der dem Jagdgebrauchshundverband angeschlossenen Zuchtvereine/-verbände eingetragen sind. Die Hunde müssen im vorhergehenden Kalenderjahr gewölft sein. Außerdem werden Hunde zugelassen, die bis zu 3 Monaten älter sind. Zur HZP werden auch Hunde zugelassen, die im gleichen Kalenderjahr gewölft sind.

Auf der VJP sind die Fächer Spurarbeit, Nase, Suche, Vorstehen und Führigkeit zu prüfen, die Art des Jagens, also Spurlaut, Sichtlaut, fraglich, stumm oder auch weidlaut, ggf. in Verbindung mit Spurlaut oder Sichtlaut, wie schließlich auch festzustellen sind die Schussfestigkeit und andere besondere Verhaltensweisen, wie etwa Scheue

Vorstehender DK

oder Ängstlichkeit. Das Exterieur zu beurteilen ist grundsätzlich den einzelnen Zuchtvereinen vorbehalten, indessen müssen Gebiss, Augen und Hoden auf Mängel untersucht werden wie auch andere grobe körperliche Mängel festzuhalten sind.

Die Spurarbeit wird auf der vom Hunde nasenmäßig wahrgenommenen Spur des für ihn nicht oder nicht mehr sichtbaren Hasen geprüft, wobei mehr der Spurwille, die Spursicherheit und die Schwierigkeit als die Länge der Spur berücksichtigt werden.

Unter dem Fach „Nase" wird der „Gebrauch der Nase" beurteilt, wobei die feine Nase sich bei der Suche vor allem im häufigen Finden von Wild zeigt, durch weites Anziehen von Wild, durch kurzes Markieren von Wittrungsstellen und gelegentlichem Markieren von Vogelwittrung, beispielsweise Lerchen. Bei der Spurarbeit ist im Rahmen der Beurteilung des Gebrauches der Nase besonders auf die Reaktion beim Verlieren der Spur, beim Kreuzen derselben und beim Wiederfinden zu achten. Aus diesen Beobachtungen bildet sich das Richtergremium letztendlich das Gesamturteil über die gezeigte Nasenarbeit.

Bei der Suche im Felde ist der Hauptwert zu legen auf den Willen zum Finden. Die Suche soll jedoch auch fleißig und ausdauernd sein.

Die Anlage zum Vorstehen zeigt sich beim jungen Hund darin, dass er gefundenem Wild vorsteht oder vorliegt. Ein Durchstehen wird bei ihm aber noch nicht verlangt, wie auch ein Nachprellen nicht als Fehler angerechnet wird.

Die Führigkeit zeigt sich in dem Bestreben des Hundes, mit seinem Führer Verbindung zu halten, ist also eine Verhaltensweise, die vom Hunde ausgeht und nicht mit dem Gehorsam zu verwechseln, der als Reaktion auf einen verstandenen Befehl anzusehen ist.

Das Richtergremium wertet die gesehenen Arbeiten oder beobachteten Verhaltensweisen mit bestimmten Prädikaten, nämlich „hervorragend", „sehr gut", „gut", „genügend", „mangelhaft" oder „ungenügend", wobei innerhalb des Prädikats alsdann eine Einstufung nach Punkten erfolgt. Dem Prädikat „hervorragend" entsprechen 12 Punkte, dem Prädikat „sehr gut" 9, 10 und 11 Punkte, dem Prädikat „gut" 6, 7 und 8 Punkte, dem Prädikat „genügend" 3, 4 und 5 Punkte, dem Prädikat „mangelhaft" 1 und 2 Punkte; 0 Punkte ergeben das Prädikat „ungenügend". Anzumerken bleibt, dass das Prädikat „hervorragend" mit 12 Punkten nur ausnahmsweise für wirklich hervorragende Arbeiten vergeben werden darf, die der Hund unter erschwerten Umständen gezeigt hat.

Nach der Bewertung der verschiedenen Fächer erhalten sie unterschiedliche Fachwertziffern, so bei der VJP die Spurarbeit und die Nase die Fachwertziffer 2, die übrigen Fächer (Suche, Vorstehen und Führigkeit) die Fachwertziffer 1. Aus dem Produkt der Fachwertziffern mit den Punkten innerhalb der Prädikate ergibt sich alsdann insgesamt die von einem Hund auf einer VJP erreichte letztendliche Gesamtpunktzahl.

Zweck der VJP und HZP

Während die VJP eine Zuchtprüfung sein soll, zu der die natürlichen jagdlichen Anlagen des Junghundes durch entsprechende Vorbereitung so weit geweckt sein sollen, dass die einzelnen Fächer beurteilt werden können, stehen bei der HZP die Feststellung der Entwicklung der natürlichen Anlagen des Junghundes im Hinblick auf seine Eignung und zukünftige Verwendung im vielseitigen Jagdgebrauch und als Zuchthund im Vordergrund. Die Ausbildung des Jagdhundes in der Feld- und Wasserarbeit soll zum Zeitpunkt der Prüfung im wesentlichen abgeschlossen sein.

VJP

Auf der HZP werden wie auf der VJP die Spurarbeit, die Nase, die Suche, das Vorstehen und die Führigkeit geprüft, dazu treten als Anlagefächer die Arbeitsfreude und die Wasserarbeit, als sog. „Abrichtefächer" das Verlorenbringen von Federwild, die Haarwildschleppe, die Art, wie der Hund das Wild bringt, und letztendlich der Gehorsam. Im übrigen sind bezüglich der Art des Jagens und der weiteren Verhaltensweisen die gleichen Feststellungen zu treffen wie bei der VJP.

Beim Fach „Nase" sind die bei der Wasserarbeit gemachten Beobachtungen der Richtergruppe, die den Hund im Feld beurteilt, zur endgültigen Urteilsfindung mitzuteilen.

Bei der Arbeitsfreude kommt es auf die Arbeitslust und den Arbeitswillen an, den der Hund in allen Fächern zeigt; sie ist durch eingehende Beobachtung während der ganzen Prüfung festzustellen und wird von allen Richtergruppen beurteilt.

Die Wasserarbeit richtet sich nach dem allgemeinverbindlichen Beschluss des Jahres 1995. Sie umfasst generell in dieser Reihenfolge das Stöbern ohne Ente im deckungsreichen Gewässer, die Schussfestigkeit, das Verlorensuchen im deckungsreichen Gewässer und das Stöbern mit Ente im deckungsreichen Gewässer, wobei auf der HZP das erste der Fächer nicht geprüft wird. Ein Hund, der das Stöbern mit Ente einmal bestanden hat, wird in diesem Fach grundsätzlich ein zweites Mal nicht geprüft.

Bei der Wasserarbeit wird festgestellt, wie der Hund hinter einer Ente im Schilf stöbert. Er muss im tiefen Schilfwasser verlorensuchen und eine Ente bringen. Zur Prüfung des Stöberns im Schilf hinter der Ente wird eine solche in einer Deckung im Wasser ausgesetzt und der Hund, sobald die Ente in der Deckung für den Hund nicht mehr sichtbar ist, in Schrotschussentfernung angesetzt und zur Nachsuche auf der frischen Wittrung veranlasst. Als Stöbern hinter der Ente darf nur die Arbeit an der nicht sichtigen Ente mit der Nase in der Deckung bzw. auf der Schwimmspur, nicht aber das Verfolgen der Ente auf Sicht bewertet werden, wobei den Hund Wasserpassion, Härte und Durchhaltewillen auszeichnen sollen. In der Praxis der Wasserarbeit sind Hilfen – insbesondere, wenn einem Hund das Wasser nicht vertraut ist – nicht ungewöhnlich, ja bisweilen sogar angebracht. Infolgedessen darf der Führer seinen Hund bei der Arbeit auch lenken und unterstützen, jedoch mindern dauernde Einwirkungen und Aufmunterungen letztendlich zutreffenderweise die Wertung, denn die Passion und der Durchhaltewillen sollen lediglich in die richtige Bahn gelenkt, jedoch nicht durch das Temperament des Führers ersetzt werden. Der Hund hat die Ente sofort zu bringen. Bricht der Hund auf einen Schuss ab, kann er die Prüfung nicht bestehen.

Der Praxis nachempfunden ist auch das Fach Verlorensuchen aus deckungsreichem Gewässer. Über etwa 30 m soll der Hund eine ihm unbekannte Ente möglichst über freies Wasser aus der Deckung selbständig suchen, finden und seinem Führer zutragen. Er darf dabei unterstützt werden, arbeitet er jedoch nicht mindestens „genügend", darf er nicht weiter geprüft werden.

Vor zwei Jahrzehnten war es noch gang und gäbe, dass auf den Prüfungen viel geschossen wurde, und die Hunde auf der HZP wie auch auf der VGP die Möglichkeit hatten, die Geläufe geflügelter Fasanen oder Rebhühner zu arbeiten oder auch ein Stück Federwild zu suchen, das verendet und vom Hunde unbeobachtet in eine Deckung gefallen war. An die Stelle dieser Arbeiten ist heute generell die Federwildschleppe getreten, die ehemals nur als Ersatz gedacht war.

Neben der Federwildschleppe hat der Hund auch eine Haarwildschleppe mit Kaninchen oder Hasen im Felde zu arbeiten. Unterschiedlich bewertet bei der Schleppe wird die Arbeit auf ihr sowie die Art und die Ausführung des Bringens.

Auf der HZP wird ein Gehorsam bei der Wildberührung noch nicht verlangt. Der Hund soll ohne Wildberührung jedoch lenkbar sein und verstandenen Befehlen seines Führers – Rufen, Pfiffen oder Sichtzeichen – sofort und willig folgen. Die Feststellungen der Art des Jagens sowie der Schussfestigkeit erfolgen wie bei der VJP.

Die „Mathematik" entspricht der der VJP, wobei die Fachwertziffern der

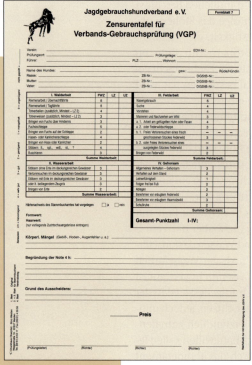

VGP

Anlagefächer z.T. 3 betragen (Spurarbeit am Hasen, Nase, Stöbern hinter der Ente) oder 2 (Suche, Vorstehen, Führigkeit), während die Abrichtefächer durchgehend mit der Fachwertziffer 1 bedacht sind, woraus ersichtlich ist, dass man auch bei dieser Prüfung noch davon ausgeht, dass bestimmte Arbeiten des Hundes mehr anlage- als ausbildungsmäßig bedingt angesehen werden können.

Nachzutragen bleibt, dass bei der HZP die Spurarbeit auf der Hasenspur nicht als Pflichtfach geprüft werden muss. Entschließt sich ein Veranstalter dazu, so hat er dies in der Ausschreibung bekanntzugeben.

Von den Leistungsprüfungen steht ganz im Vordergrund die Verbandsgebrauchsprüfung (VGPO).

Der Sinn einer Leistungsprüfung, insbesondere der VGP, wird besonders deutlich aus der den Zweck der Prüfung umreißenden Präambel zu dieser Ordnung:

„Die Verbandsgebrauchsprüfung (VGP) ist eine Leistungsprüfung. Dr. Ströse sagte in Anlehnung an Hegewald, von Sothen, von Loebenstein, Oberländer und andere Vorkämpfer der Gebrauchshundbewegung, dass es Hauptaufgabe einer VGP sei, „Hunde für den weidgerechten Betrieb der Jagd ans Tageslicht zu ziehen und das Verständnis für Unterweisung sowie Führung derartiger Hunde in weitere Kreise der Jägerei zu tragen. Nur diesem Zwecks sollen die Gebrauchsprüfungen dienen ..." Ein Hund, dersolches Examen bestanden hat, muss bei richtiger Führung und gehöriger Übung auch in der Praxis wirkliche Gebrauchshundarbeit leisten. Und darauf kommt es doch im wesentlichen an."

Zweck der VGP

An diesen Grundsätzen hat sich bis heute nichts geändert. Damit ist der Zweck der VGP:
- Feststellung der Brauchbarkeit der für den vielseitigen Jagdbetrieb (Feld-, Wald-, Wasserarbeit) bestimmten Jagdhunde auf öffentlichen Leistungsprüfungen.
- Nachweis solcher Hunde für die Jägerschaft durch die Ergebnisse dieser Prüfungen.
- Weckung und Förderung des Verständnisses für die sachgemäße Führung des vielseitigen Jagdgebrauchshundes in weiten Jägerkreisen.

Von den auf VGP mit 1., 2. oder 3. Preisen ausgezeichneten und dadurch im Deutschen Gebrauchshundestammbuch (DGStB) eingetragenen Hunden ist zu verlangen, dass sie sich bei sachgemäßer Führung den Anforderungen der Praxis in allen Fächern gewachsen zeigen. Das setzt voraus, dass auf der VGP neben den Einzelleistungen großer Wert auf die Feststellung und Bewertung einer gründlichen Abrichtung und Abführung im Gehorsam sowie auf jagdpraktische Erfahrungen der Prüflinge zu legen ist. Auf der VGP, die man als „Meisterprüfung der Jagdhunde" bezeichnen kann, soll also allein die Ermittlung und Feststellung der abgeschlossenen Ausbildung, wie sie für den praktischen Jagdbetrieb notwendig ist, erfolgen.

Im Gegensatz zu den Anlageprüfungen (VJP und HZP) ist also auf der VGP allein die Leistung der Hunde in den einzelnen Fächern zu prüfen. Dass wir daneben der VGP auch hohen Zuchtwert zuerkennen und die Eintragung im Deutschen Gebrauchshundestammbuch als eines unserer wichtigsten Zuchtmittel betrachten und benutzen, ändert an dieser Zweckbestimmung der Prüfung nichts.

Der auf der VGP leistungsbewertete Hund muss so firm sein, dass ein guter Jäger, der mit der sachgemäßen Führung von Jagdhunden vertraut ist und Hunde weiterauszubilden versteht, mit einem solchen Hund weidgerecht jagen kann – auch dann, wenn er noch im ersten Felde steht.

Der materielle Inhalt der Prüfungsordnung entspricht generell den Anforderungen an die Leistungen, die ein großer, Vorstehhund im Revier erbringen muss, und wie sie im einzelnen im Rahmen der Aufgabengebiete der einzelnen Jagdhundrassen und -schläge beschrieben worden sind. Die jagdlich und nach erforderlichem Prüfungsgelände – nämlich Wald, Wasser und Feld – Gehorsam zusammengehörenden Prüfungsfächer sind in der VGPO zu fünf Fachgruppen zusammengefaßt, mithin zu den Fachgruppen Waldarbeit, Wasserarbeit, Feldarbeit, Gehorsam. Angesichts der für den Jagdgebrauchshund notwendigen Vielseitigkeit muss jeder Hund in allen vier Fachgruppen für jeden Preis bestimmte Durchschnittsleistungen erreichen; daher sind auch für jede Preisklasse in den einzelnen Fachgruppen bestimmte Mindest-Punktzahlen festgesetzt. Sie sind so gestaltet, dass ein mit einem I. Preis ausgezeichneter Hund durchschnittlich sehr gute, ein mit einem II. Preis ausgezeichneter Hund durchweg gute Leistungen aufweisen muss. Die Anforderungen für den III. Preis sind so gehalten, dass auch ein mit diesem Preis bewerteter Hund den Ansprüchen der Jagdpraxis genügen muss.

Für einige wichtige Fächer werden in den einzelnen Preisklassen Mindest-Leistungen gefordert. Ein Hund, der in jeder Fachgruppe die Mindest-Punktzahl einer Preisklasse erreicht und die für diese Preisklasse geforderten Mindest-Leistungen erfüllt hat, erhält mithin den entsprechenden Preis. Diese Punktzahl ist gleich der Urteilsziffer, die sich aus der Multiplikation einer sog. „Leistungsziffer" mit einer „Fachwertziffer" ergibt. Für die in einem Fach gezeigte sehr gute, gute, genügende, mangelhafte oder ungenügende Leistung ist nämlich zunächst ein Prädikat zu erteilen, das bestimmten Leistungsziffern entspricht (ungenügend = 0; mangelhaft = 1; genügend = 2; gut = 3; sehr gut = 4). Das Prädikat „hervorragend" (= 4 h) darf nur ausnahmsweise für wirklich hervorragende Leistungen erteilt werden, die der Hund unter erschwerten Umständen gezeigt hat. Jedes Fach hat eine Fachwertziffer, deren Höhe der Bedeutung und Schwierigkeit des betreffenden Prüfungsfaches entspricht; die Urteilsziffer (Punkte) ist mithin das Ergebnis der Leistung des Hundes in einem mehr oder weniger schwierigen Fach. Hat ein Hund also eine sehr gute Riemenarbeit auf der künstlichen Schweißfährte geleistet, so hat er damit 20 Punkte „ergattert", nämlich 4 (sehr gut) x 5 (Fachwertziffer für Riemenarbeit) = 20.

Mindest-Leistungen

Im einzelnen werden in der Fachgruppe „Waldarbeit" geprüft die Schweißarbeit auf Schalenwild als Riemenarbeit, ggf. mit anschließendem Verbellen oder Verweisen, eine Fuchsschleppe, eine Hasen- oder Kaninchenschleppe, das Stöbern sowie das Buschieren. Die Schweißarbeit erfordert eine Riemenarbeit in einer Länge von 400 m mit zwei Haken, wobei die Schweißfährten mindestens zwei Stunden stehen müssen und nicht länger als fünf Stunden stehen sollen, alternativ dazu Übernachtfährte. In der Fachgruppe „Wasserarbeit" wird – wie bei der HZP – geprüft; hinzu tritt das stöbern im Schilf ohne Ente. Bei diesem letzteren Fach, soll der Hund auf bloßen Befehl seines Führers ohne jede weitere Anregung ins Wasser gehen und im Schilf stöbern, soll dort seinen Finderwillen und seine Wasserfreudigkeit zeigen und sich beim Stöbern von seinem Führer durch Wink oder Zuruf gut lenken lassen.

In der Fachgruppe „Feldarbeit" werden die Nase geprüft, die Suche, das Vorstehen, die Manieren am Wild einschl. des Nachziehens und schließlich die Arbeit am geflügelten Stück Federwild (Huhn oder Fasan) oder das Bringen auf der Federwildschleppe. Hinzugekommen ist nach der PO des Jahres 1996 freies Verlorensuchen eines frisch geschossenen oder ausgelegten Stück Federwildes.

In der Fachgruppe Gehorsam werden das allgemeine Verhalten des Hundes bei der Wald-, Wasser- und Feldarbeit beurteilt, im Walde das Verhalten auf dem Stand, die Leinenführigkeit, das Folgen frei bei Fuß sowie das Ablegen, im Felde das Benehmen vor eräugtem Feder- und Haarnutzwild und die Schussruhe. Ausgangspunkt bei der Bewertung ist der Umstand, dass der Gehorsam Ausdruck einer sauberen und gründlichen Abrichtung ist und gleichzeitig Voraussetzung für jede jagdliche Brauchbarkeit des Hundes. Der Gehorsam zeigt sich in der Lenkbarkeit des Hundes bei seiner Arbeit und darin, dass der Hund dem vernommenen und verstandenen Befehl seines Führers sofort und willig folgt, der Hund sich während der Arbeit anderer Hunde ruhig verhält, nicht fortwährend an der Leine zerrt, nicht bellt, winselt oder jault und damit beweist, dass er auch auf der Jagd Führer und Mitjäger nicht stört.

Die VGP ist die älteste Prüfung des Jagdgebrauchshundverbandes; die Zuchtprüfungen sind erst erheblich später in sein „Programm" aufgenommen worden. Von der ursprünglichen Intention, dass auf der VGP die Leistungen eines praxisbewährten Hundes – vielleicht ähnlich wie bei einer Hauptprüfung der Schweißhundrassen – bewertet werden sollten, ist mit der Zeit immer mehr abgerückt worden.

Die Verbandsprüfung nach dem Schuss (VPS) ist eine Leistungsprüfung. Sie dient der Feststellung der Brauchbarkeit der für den vielseitigen

VPS

Jagdbetrieb bestimmten Jagdhunde und weist diese durch das Prüfungsergebnis nach.

Ein Hund, der diese Prüfung bestanden hat, ist bei sachgerechter Führung in der Lage, den Anforderungen der Jagdpraxis zu genügen.

Da die Jagdpraxis die sichere Arbeit nach dem Schuss verlangt, liegt der Schwerpunkt dieser Prüfung bei den entsprechenden Fächern. Außerdem werden hohe Anforderungen an den Gehorsam gestellt, da nur mit einem gehorsamen Hund weidgerecht gejagt werden kann.

Eine VPS darf nur im Herbst abgehalten werden, sie ist für alle vom JGHV anerkannten Jagdhunde offen. Die Festsetzung des Zulassungsalters bleibt den veranstaltenden Vereinen überlassen, die Hunde dürfen allerdings nicht im Jahr der Prüfung gewölft sein.

Geprüft werden im Walde eine Übernachtfährte, Hasen- oder Kaninchenschleppe, Stöbern und Buschieren sowie als Wahlfächer Totverbellen oder Totverweisen und Fuchsschleppe.

Die Wasserarbeit entspricht der Arbeit bei der VGP, bei der Feldarbeit hat der Hund eine Federwildschleppe zu arbeiten und ein ausgelegtes Stück Federwild frei verlorenzusuchen.

Im Bereich des Gehorsams werden das allgemeine Verhalten beurteilt, das Verhalten auf dem Stande, die Leinenführigkeit, das Folgen frei bei Fuß, das Ablegen sowie die Schussfestigkeit im Zusammenhang mit Hereinkommen auf Ruf oder Pfiff (ein Hund, der hier nicht gehorsam ist, kann die Prüfung nicht bestehen !).

Im übrigen gilt die gleiche „Mathematik" wie bei der VGP.

Nicht so alt wie die VGP ist die Verbandsschweißprüfung nach der Ordnung für Verbandsschweißprüfungen (VSwPO).

Zu dieser Prüfung hat vor Jahrzehnten die Einsicht führender und in gewisser Beziehung „avantgardistischer" Kynologen geführt, die in Versuchen dem Geheimnis der Nasengüte unserer Jagdhunde versuchten, auf die Spur zu kommen, und einsahen, dass neben den Nachsuchenspezialisten tüchtige und wirklich einsatzfähige Jagdhunde für die Nachsuche auf Rehwild herausgefunden und herangebildet werden mussten. Nach Experimenten und Versuchen mit z.T. erstaunlichen Ergebnissen wurden zunächst die sog. „erschwerten Schweißprüfungen" eingeführt, bis es schließlich zu den ersten Verbandsschweißprüfungsordnungen kam, die im Laufe etwa dreier Jahrzehnte einige wesentliche Änderungen bzw. Neuerungen erfahren haben, jedoch – wie noch anzumerken sein wird – letztendlich wiederum nicht auf dem Stand stehen, den sie durch ihre Durchführung selbst ermittelt haben.

Zweck der Verbandsschweißprüfung

Nach ihrer Zweckbestimmung sollen Führer und Jagdhund auf der Verbandsschweißprüfung zeigen, dass sie in der Lage sind, eine mit wenig Schweiß hergestellte Kunstfährte auszuarbeiten, deren Länge, Alter und Verlauf entsprechende Ansprüche an den Durchhaltewillen stellen. Dies soll dem Einsatz in der Praxis dienen.

Von besonderer Bedeutung ist in diesem Zusammenhang der Hinweis, dass die Prüfungsordnung schon in ihrem ersten Satz die Rolle des Hundeführers unterstreicht, von dem ganz wesentlich in der Praxis – und letztendlich auch auf der Prüfung – der Erfolg der Bemühungen abhängt. So spricht man mit Recht auch bei der Beschreibung von Nachsuchenarbeiten von dem „Gespann", das Fremdwort „Team" sollten wir vergessen –, worin wie vielleicht an keiner anderen Stelle in der Jagdpraxis, wie auch auf den Prüfungen zum Ausdruck kommt, wie bedeutsam die Symbiose zwischen Hund und Herr ist. Die VSwP ist eine Art „Vorprüfung", auf der Hund und Herr zeigen sollen und können, ob es verantwortet werden kann, sie auch – zunächst leichte – Arbeiten in der Praxis durchführen zu lassen.

Die Verbandsschweißprüfungen werden nur in der Zeit abgehalten, in der die Jagd auf Schalenwild erlaubt ist. Zu ihr sind alle Jagdhunderassen zugelassen, die überhaupt auf Verbandsprüfungen laufen dürfen. Wesentlich ist die Bestimmung, dass der Hund am Prüfungstage mindestens 24 Monate alt sein muss.

Kein Leistungszeichen „Schweißhund"

Erwähnt werden muss in diesem Zusammenhang, dass der Antrag auf Erteilung eines Leistungszeichens „Schweiß-Natur" auf dem Verbandstag 1993 abgelehnt wurde.

Manche der Verbandsprüfungen werden von einzelnen Zuchtvereinen als zentrale Veranstaltungen durchgeführt, wobei diese Prüfungen zum Angedenken hochverdienter Jagdkynologen deren Namen erhalten. Auf einige dieser Prüfungen soll kurz eingegangen werden; es ist ein kleiner Ausflug in die jagdkynologische Historie.

Die „Hegewald"

Jedem einigermaßen am Jagdgebrauchshundwesen interessierten Jäger ist die **„Hegewald-Zuchtprüfung"** des „Vereins Deutsch-Drahthaar" (VDD) geläufig. Siegesmund Freiherr von Zedlitz und Neukirch, genannt „Hegewald", wurde am 24. Mai 1838 in der Nähe des Riesengebirges auf Schloss Neukirch geboren; er starb am 8. Juli 1903 in Halle an der Saale. Hegewald kämpfte als einer der Väter des Jagdgebrauchshundwesens neuerer Art in Büchern und Zeitschriften für seine Ideen und war auf vielerlei Gebieten bahnbrechend wirksam. Im Juni 1920 wurde vom Verein Deutsch-Drahthaar die „Erste Zuchtprüfung für Rauhhaarjährlinge" ausgeschrieben und nach Hegewald benannt. In der Folge fanden die „Hegewald-Zuchtprüfungen" statt und haben sich bis in die Gegenwart wohl zur größten kontinentalen Hundeprüfung entwickelt. Der VDD hält sie nach den Vorschriften der HZP des Jagdgebrauchshundverbandes ab.

Friedrich Freiherr von Schorlemer-Alst

Im Jahre 1879 wurden in Hannover die Rassekennzeichen für Deutsch-Langhaar festgeschrieben. Im Jahre 1893 gründete Friedrich Freiherr von Schorlemer-Alst den „Club Langhaar", den ersten Zuchtverein dieser Rasse in Deutschland. Er war zuvor schon Vorsitzender des 1885 gegründeten „Vereins zur Züchtung Deutscher Vorstehhunde", bei dessen Veranstaltungen auch langhaarige Hunde geprüft wurden. Friedrich Freiherr von Schorlemer gilt als der Mann, der den Grundstein für die heutige Langhaarzucht legte. Nach der Konsolidierung des Jagdgebrauchshundwesens nach dem Zweiten Weltkrieg entstand auch beim „Deutsch-Langhaar-Verband" der Wunsch, eine bundesweite Prüfung abzuhalten. Von dem Plan, eine Auslese-Siegerprüfung abzuhalten, wurde wieder Abstand genommen. 1960 erzielte man eine Einigung über eine Bundes-Herbstzuchtprüfung, die den Namen „Schorlemer-HZP" erhielt und bis heute abgehalten wird.

Die „Schorlemer"

Am 17. Juli 1897 wurde in Darmstadt der „Verein Pudelpointer" gegründet. Ehrenpräsident war der schon genannte Hegewald. Zwei Jahre nach Gründung des Vereins wurde der erste Vorsitz dem damals 37jährigen Edgar Heyne übertragen, der die Geschicke des Vereins für 50 Jahre nicht mehr aus der Hand gab. 1952 starb Edgar Heyne 90jährig in Bad Homburg. Zu seinen Ehren hatte der Verein im Vorjahr beschlossen, die von da an jährlich stattfindenden Herbst-Zuchtprüfungen nach ihm zu benennen.

Erheblich älter ist die „Vorm Walde-HZP" des Verbandes Große Münsterländer e. V.

Die „Edgar Heyne"

Sehr gefördert wurde der Verband seit seiner Geburt im Jahre 1919 von der Familie vorm Walde aus Essen, insbesondere durch die Brüder Karl und Johann vorm Walde, letzterer damals 2. Vorsitzender des damaligen „Vereins für die Reinzucht des langhaarigen großen schwarz-weißen Münsterländer Vorstehhundes". Des Geschwister stifteten einen Pokal und die nach ihnen benannte „vorm Walde-Zuchtprüfung" wurde erstmals im Herbst 1925 durchgeführt. Der auch aus der Zuchtforschung des JGHV bekannte Tierarzt Dr. Hans Rickert gewann diesen Pokal insgesamt 5-mal, er ging 1960 endgültig in seinen Besitz über. 1961 stiftete Dr. Rickert einen neuen Pokal, der sofort von einem aus seinem Zwinger stammenden Hund gewonnen wurde. 1992 beschloss der geschäftsführende Vorstand des Verbandes, für Hunde, die die Vorm Wald-HZP bestehen und dabei bestimmte Zusatzfächer absolvieren, ein internes Leistungszeichen, nämlich „v. W." einzuführen.

Die „vorm Walde"

Die Landesgruppen des Weimaraner-Clubs führen abwechselnd ihre HZP als „Major-Herber-Gedächtnis-Prüfung" durch. Dabei handelt es sich um eine „normale" HZP in etwas größerem Rahmen mit einem Zusatzfach, etwa einer Fuchs-Langschleppe oder Bringen über ein Fließgewässer.

Die „Major Herber"

Major Robert Herber (1867–1946) übernahm 1921 die Führung des Weimaraner-Clubs. Zu jener Zeit wurden die Weimaraner zusammen mit dem mittlerweile ausgestorbenen „Württemberger" im „Stammbuch-Kurzhaar" geführt, Herbers Kampf richtete sich vor allem gegen die damaligen Kurzhaar-Funktionäre, die nur eine Rasse „Kurzhaar" anerkennen wollten. Seit 1922 wurden die Weimaraner alsdann in einem eigenen Stammbuch geführt.

Seit 1966 führt der Deutsche Jagdterrier-Club seine „Dr. Herbert-Lackner-Gedächtnis-Prüfung", eine Gebrauchsprüfung durch.

Die „Dr. Herbert Lackner"

Der am 2. Januar 1966 verstorbene Dr. Herbert Lackner war der 2. Präsident des Jagdterrier-Clubs in den Jahren von 1934 bis 1966 nach dem 1. Präsidenten, dem legendären Rudolf Fries (1926–1934). In seinem Testament vermachte der verstorbene Präsident Lackner seinen jeweiligen Nachfolgern in diesem Amt den geschützten Zwingernamen „Baltia" mit der Bitte, die züchterische Tradition dieses Zwingers fortzusetzen. Überdies stiftete er dem Deutschen Jagd-Terrier-Club einen namhaften Geldbetrag. Der Austragungsort der Prüfung wird entsprechend seinem Preis, der ein Wanderpreis sein soll, jedes Jahr neu festgesetzt, zu der Prüfung sollen etwa 8 bis 12 hervorragend veranlagte und abgeführte Deutsche Jagdterrier zugelassen werden.

In diesem Zusammenhang müssen zwei weitere Prüfungen des DK-Verbandes erwähnt werden, wenn es sich auch um Spezialprüfungen dieses Verbandes handelt, indessen ist die eine mit dem Namen eines berühmten DK-Mannes, ja Gebrauchshundmannes, verbunden, die andere eine mit der ersteren aus der Sicht eines Zuchtvereins gedanklich zusammenhängende Prüfung.

Der 1940 gestorbene Berliner Arzt Dr. Paul Kleemann war von 1911 bis 1938 1. Vorsitzender des 1891 gegründeten Stammclubs Deutsch-Kurzhaar Berlin. Sein Nachfolger war Jürgen von Bernuth.

Das „Solms"

Der „Kurzhaar-Doktor", als der er in die Geschichte des Jagdgebrauchshundwesens einging, wird beschrieben als eine starke, geistvolle, überragende Persönlichkeit, von der jeder tief beeindruckt war, der ihr je begegnete. Paul Kleemann war der Initiator der Herbst-Zuchtsuche für Kurzhaarjährlinge, die 1906 als das erste Prinz-Solms-Memorial zum Gedenken an den 1901 verstorbenen Prinz Albrecht zu Solms-Braunfels veranstaltet wurde.

Die „Dr. Kleemann"

Jürgen von Bernuth hatte die Idee „auf Leistungsprüfungen bewährte Rüden im Paarhühnerfeld vorzustellen, und damit vor allem den Züchtern Gelegenheit zu einer Aussprache über geeignete Paarungen zu geben." Damit war der Anfang der Dr.-Kleemann-Zuchtauslese-Prüfung gedanklich vollzogen, erstmals fand sie am 16. April 1939 in Winningen bei Aschersleben statt. Sie war zunächst als eine Einladungsveranstaltung gedacht, auf der nur Rüden vorgestellt werden sollten. Im Laufe der Jahre gewann sie ihre heutige Form, im Jahr 1953 wurde sie in Frankenthal durch die Wasserarbeit erweitert.

Während des Krieges fanden keine Prüfungen statt, ab 1949 wurde die Prüfung bis 1964 mit Ausnahme der Jahre 1960 und 1963 kontinuierlich durchgeführt, seit 1964 wird sie im zweijährigen Rhythmus jeweils abwechselnd mit der Internationalen Kurzhaarprüfung abgehalten.

Heutzutage bestehen für die Dr.-Kleemann-Zuchtausleseprüfung sehr hohe Zulassungsbedingungen sowohl die Leistung wie auch den Formwert betreffend, sie ist als Eliteprüfung gedacht und dient als wertvolles Instrumentarium für die DK-Zucht.

Die IKP

Im Jahr 1961 übernahm der Rechtsanwalt Dr. Friedrich Byhain den Vorsitz des Deutsch-Kurzhaar-Verbandes, zu jener Zeit gab es kaum Verbindungen und Beziehungen zu ausländischen Züchterorganisationen. Dr. Byhain gelang es, alte Beziehungen wieder aufleben zu lassen und neue zu knüpfen, so dass in den Jahren 1963/64 an einen Internationalen Kurzhaar-Tag, verbunden mit einer Feld- und Wasserprüfung gedacht werden konnte. So fand im Jahr 1964, veranstaltet vom Club Franken, in Oettingen-Wallerstein eine mit 40 Hunden besetzte Prüfung statt, die Internationalität war mit Österreich, Frankreich, der Schweiz und Holland gewährleistet. Die auf dieser Prüfung gemachten Erfahrungen ließen den Wunsch laut werden, die Prüfung auszubauen und sie auch in anderen Ländern stattfinden zu lassen. So fand im Jahr 1965 die nächste Prüfung in Wels in Österreich statt, es waren bereits 73 Hunde gemeldet, von denen 62 geprüft werden konnten. Die nächste Prüfung fand 1967 in Kehl statt, in der Folge jeweils, wie schon ausgeführt, im Wechsel mit der Dr.-Kleemann-Ausleseprüfung.

Nach Paragraph 1 der Prüfungsordnung für die Internationale Kurzhaarprüfung (IKP) ist es Sinn und Aufgabe der Prüfung, den Freunden des kurzhaarigen deutschen Vorstehhundes im In- und Ausland Gelegenheit zu geben, sich über den Stand der Zucht und über die Leistungen der Hunde im

Feld und im Wasser ein Bild zu machen, seine Züchter zur Steigerung der Leistung in der Zucht anzuregen und bei Jägern und Hundefreunden das Verständnis für feine Feld- und gute Wasserarbeit zu pflegen. Es sollen nur gründlich durchgearbeitete Hunde vorgestellt werden, die die verlangten Vorprüfungen mit sehr gutem Erfolg bestanden und eine hinreichende Jagdpraxis aufzuweisen haben. Die Anforderungen der IKP sollen das Niveau der „Solms" erheblich übertreffen.

Erwähnt werden sollten in diesem Zusammenhang weiterhin das „Derby" des „Deutsch-Kurzhaar-Verbandes" (DK) sowie das „Prinz-Solms-Memorial", kurz „Solms" genannt. Beide Prüfungen sind der VJP bzw. der HZP des Jagdgebrauchshundverbandes verwandt, wenn sie auch spezifische Elemente für den DK nach den Vorstellungen des DK-Verbandes enthalten. – Am 19. und 20. April 1893 wurde das erste Derby-Deutsch-Kurzhaar bei Lechenich am Rhein abgehalten; es hat sich bis in die Gegenwart erhalten. Das „Derby" ist eine Zuchtprüfung, die im Frühjahr abgehalten wird, und zu der die Erziehung und Vorbereitung eines jungen Vorstehhundes soweit fortgeschritten sein muss, dass seine natürlichen jagdlichen Anlagen festgestellt werden können. Dabei geht die Prüfungsordnung davon aus, dass die Feinheit der Nase, Findigkeit, Vorstehen, Nachziehen, Sekundieren, Frühreife und Führigkeit nie so gut zu beurteilen sind wie im ersten Paarhühner-Feld. Arbeiten auf der Hasenspur werden auf dem „Derby" nicht verlangt, allerdings werden gelegentlich gezeigte Arten des Jagens und gelegentlich gezeigte sehr gute Arbeiten auf der Hasenspur vermerkt. Voraussetzung für die Prüfung des Junghundes sind nach der Prüfungsordnung große, gut mit Flugwild besetzte Reviere (!). – Ein knappes halbes Jahr später folgt dem Derby die Herbstzuchtprüfung des DK-Verbandes, die „Solms", in den Jahren 1906/08 von Dr. Kleemann ins Leben gerufen. Er bezeichnete sie als eine Ergänzungsprüfung zum Derby und sah sie als die zweite Ausbildungsstufe eines Deutsch-Kurzhaar-Jährlings an. Mit der Namensgebung sollte Prinz Albrecht zu Solms geehrt werden, der der Deutsch-Kurzhaarzucht das Motto „Durch Leistungsfähigkeit zum Typus" gab. Sinn und Aufgabe der Solms-Prüfung ist wie auch beim Derby die Feststellung der natürlichen Anlagen des Junghundes im Hinblick auf seine Eignung und Verwendung im vielseitigen Jagdgebrauch und als Zuchthund sowie die Feststellung des Erbwertes seiner Eltern. Nach der Prüfungsordnung sind für eine gewissenhafte Prüfung große, gut mit Flugwild und Hasen besetzte Reviere, die zugleich ein ausreichend großes, mit Schilf bestandenes Wassergelände aufweisen müssen (!), Voraussetzung.

Soweit es Größe, jagdliche Veranlagung und jagdliches Vermögen zulassen, dürfen sämtliche vom Jagdgebrauchshundverband zugelassenen Hunde auf sämtlichen Verbandsprüfungen laufen. Indessen ist es ohne weitere Begründung einsichtig, dass von der Natur bestimmte Grenzen gezogen sind. Insbesondere die Vereine, die sich der Zucht und Förderung der Hunderasse angenommen haben, die nicht zu den Vorstehhunden zählen, haben eigene und spezielle Prüfungen entwickelt, die zum Teil auch Voraussetzungen für ganz bestimmte rassespezifische Leistungszeichen sind. Generell lässt sich jedoch sagen, dass der Prüfungsaufbau dem der Verbandsprüfungen insofern entspricht, als man Anlage- und Leistungsprüfun-

Das „Derby"

gen unterscheidet und die Prüfungsordnungen auch bestimmte Altersgrenzen ziehen. Daher erscheint es nicht angebracht, im einzelnen auf die anderen Prüfungsordnungen nochmals einzugehen – insbesondere auch deshalb, weil sie sich häufig in Einzelheiten ändern und darüber hinaus der speziell Interessierte sich ohnehin in Theorie und Praxis näher mit den Prüfungsordnungen beschäftigen wird, ja beschäftigen muss, wobei es dann gegebenenfalls auf den einzelnen Satz, das einzelne Wort ankommt.

Die Haupt- und Vorprüfungen der Schweißhunde

Erwähnt werden müssen jedoch der Vollständigkeit halber zunächst einmal die Prüfungen der beiden Schweißhundrassen, nämlich die Prüfungen des „Vereins Hirschmann" und die des „Clubs für Bayerische Gebirgsschweißhunde". Beide Vereine unterscheiden die Vorprüfung und die Hauptprüfung; letztere soll Auskunft geben über den Leistungsstand und die Leistungsfähigkeit sowie über die Wesensfestigkeit und Arbeitsfreude des Hundes, aber auch die Zusammenarbeit zwischen Führer und Hund dokumentieren. Im Mittelpunkt beider Hauptprüfungen steht die Riemenarbeit auf kalter, natürlicher Wundfährte. Es werden weiterhin geprüft die Hetze, das Stellen, das Verhalten am verendeten Stück, ggf. das Totverbellen und das Verweisen. Im Mittelpunkt der Vorprüfung der Hannoverschen Schweißhunde steht die Arbeit auf kalter, gesunder Hochwildfährte, die nach der Prüfungsordnung für die Eignung des Hannoverschen Schweißhundes in der Praxis von großer Bedeutung ist. Diese Prüfung sollen die Hunde im zweiten Lebensjahr ablegen. Die Vorprüfung der Bayerischen Gebirgsschweißhunde erfolgt auf einer Kunstfährte, die mit Fährtenschuhen getreten und mit Schweiß begleitet wird; sie hat mit der Verbandsschweißprüfung gewisse Ähnlichkeiten.

Prüfungen der Bracken

Die Anlageprüfungen der verschiedenen Brackenrassen konzentrieren sich rassespezifisch bedingt auf die Art der Spurarbeit, wobei das Halten der Spur bewertet wird, der Spurwille, die Spursicherheit, der Spurlaut, daneben Fächer aus der Revierführigkeit, wie Führigkeit, Gehorsam, Leinenführigkeit und Schussfestigkeit. Die Gebrauchsprüfungen beinhalten vornehmlich die Schweißarbeit, wobei auch zwischen der Arbeit auf der künstlichen und der natürlichen Schweißfährte unterschieden wird. Es wird die Riemenarbeit bewertet, Hatz, Bail, Totverweisen oder Totverbellen, daneben wieder Abrichte- und Gehorsamsfächer wie auf der Anlageprüfung.

Prüfungen der Erdhunde

Die Erdhunde, nämlich Terrier und Teckel, haben Prüfungsordnungen, die neben anderen schon bekannten Prüfungsfächern durch die Bauarbeit gekennzeichnet sind. So kennt die Prüfungsordnung des „Deutschen Teckelklubs" die Arbeit am Naturbau, die Spurlautprüfung, die Schweißprüfung auf der Kunstfährte und die auf natürlicher Fährte, die Stöberprüfungen, die Vielseitigkeitsprüfung sowie daneben die Prüfung für Kleinteckel und letztendlich die Baueignungsbewertung. – Der Deutsche Jagdterrier-Club kennt grundsätzlich nur zwei Prüfungsarten, nämlich die Zuchtprüfung und die Gebrauchsprüfung. Die Zuchtprüfung umfasst die Baueignung, die Anlageprüfung im Feld und im Wasser, die Führigkeit und die Schussfestigkeit; separate Bauprüfungen ohne bestandene Zuchtprüfung sind unzulässig. Die Gebrauchsprüfung umfasst die Baueignung und das Ziehen des verendeten Raubwildes aus dem Bau, die Schweißprüfung als Riemenarbeit, die Arbeit auf Haar- und Federwildschleppen in Wald und Feld, die Stöberarbeit, die

Wasserarbeit mit Stöbern und Bringleistung und daneben Dressurfächer, wie Ablegen, Riemenführigkeit und den allgemeinen Gehorsam. Daneben werden auch Leistungszeichen für erfolgreiche entsprechende Arbeiten am Naturbau und auf der natürlichen Rotfährte vergeben, schließlich auch ein Leistungsnachweis im Rahmen einer Jagd auf Schwarzwild, wobei Voraussetzung zur Vergabe dieses Leistungszeichens das freie und selbstständige Suchen des Schwarzwildes durch den eingesetzten Hund ist, sowie das laute Hetzen und Vorbringen des Wildes zum Schützen oder das Stellen oder Halten von kranken oder gesunden Stücken, so dass ein Fangschuss oder Abfangen möglich ist.

Der Verein für „Deutsche Wachtelhunde" kennt in seiner Prüfungsordnung die Jugendprüfung, die Eignungsprüfung sowie die Gebrauchsprüfung. Letztere umfasst beispielsweise entsprechende Einsatzmöglichkeiten dieses Hundes, das Stöbern, das Bringen von Federwild und Hase, die Schweißarbeit auf der Über-Nacht-Fährte, die Wasserarbeit mit Stöbern mit und ohne Ente sowie das Verlorenbringen aus tiefem Schilfwasser, das Buschieren sowie die Riemenführigkeit, das Ablegen, die Standruhe und den Gehorsam am Schalenwild.

Prüfungen der Stöberhunde

Die Spaniels neben dem Deutschen Wachtelhund als weitere in Deutschland geführte Stöberhundrasse, d. h., ganz im Vordergrund stehend der Cockerspaniel, werden etwa nach dem gleichen grundsätzlichen System und in den gleichen Fächern geprüft wie der Deutsche Wachtelhund.

Die Retriever werden auf einer Bringleistungsprüfung und einer Jagdgebrauchsprüfung geprüft. Bei der Bringleistungsprüfung, auf die Spezialität der Retriever zugeschnitten, wird im Feld eine Federwildschleppe geprüft sowie ein im einzelnen beschriebenes Einweisen auf zwei Stück Federwild. Im Wald wird eine Haarwildschleppe geprüft sowie ein freies Verlorensuchen auf einer 50 x 50 m großen Fläche, im Wasser Verlorensuchen aus tiefem Schilfwasser sowie Verlorenbringen aus tiefem Wasser. Daneben werden, wie wir es auf der VGP kennen, Gehorsamsfächer geprüft und das Bringen gewertet. Auf der Jagdgebrauchsprüfung werden bei der Wasserarbeit die bekannten drei Fächer geprüft: im Felde die Federwildschleppe und das Einweisen auf verschiedene Entfernungen, im Walde zu der Hasen- oder Kaninchenschleppe eine Riemenarbeit und zusätzlich zum Verbellen und Verweisen auch die Fuchsschleppe. Besonderer Wert wird auf die Lenkbarkeit gelegt.

Prüfungen der Retriever

Die Prüfungsordnungen der Vereine für Pointer und Setter nehmen auf deren ursprüngliche Spezialität, nämlich die Feldarbeit, besondere Rücksicht. Daher enthalten die Prüfungsordnungen neben den Elementen aus den Verbandsprüfungen auch Prüfungsanforderungen, wie sie an Deutsche Vorstehhunde nicht gestellt werden. Man unterscheidet etwa im Frühjahr die Frühjahrsjugendprüfung. die Frühjahrsalterssuche sowie die Frühjahrseinzelsuche und die „große Suche", im Herbst die Herbstzuchtprüfung und die Herbstjagdprüfung sowie die bekannte VGP. Im Felde werden beispielsweise die Nase, das Vorstehen, das Nachziehen, der Stil der Suche, die Schnelligkeit und Ausdauer, das Sekundieren, der Gehorsam, die Schussruhe, der Gehorsam am Hasen, das Benehmen vor aufstehendem Federwild, die Führigkeit und die Arbeitsfreude besonders bewertet. Es werden Cham-

Prüfungen der englischen Vorstehhunde

pionate vergeben; die Hunde können das CACIT bzw. auch das Reserve-CACIT erwerben.

Zum Schluss noch ein Wort zur Beurteilung der Meutehunde. Das Jagdverhalten kann nicht wie bei anderen Hunden geprüft werden. Hier kommt es darauf an, dass der Master und der Huntsman die Meute in ihrer Gesamtheit sowie die einzelnen Individuen während der Jagdsaison und auch zu Hause immer genauestens beobachten und klar und ehrlich die Stärken und Schwächen erkennen, um darauf bei der Zuchtauswahl Rücksicht nehmen zu können. Das andere Standbein, auf dem die Zuchtplanung steht, ist die sog. „Junghundschau", die jeweils im Juli eines jeden Jahres auf Haus Schwarzenstein bei Wesel stattfindet. Hier werden die Junghunde in ganzen Würfen von jeweils zwei Richtern, einem deutschen und einem ausländischen, bewertet, und zwar nach einer sog. „Vorberichtung", die sich mit Zahn- und Hodenmängeln befasst, sowie einer allgemeinen und einer Exterieur-Beurteilung unterzogen. Im Rahmen der ersteren werden die Wesensfestigkeit (Drive) sowie der Charakter (shy/notshy) beurteilt sowie der Bewegungsablauf (movement – fluent/not fluent). Auch fließt in die allgemeine Beurteilung mit ein, ob der zu beurteilende Hund dem Typ eines Foxhounds oder etwa eines Beagles entspricht. Bei der Exterieurbeurteilung werden positive und negative Merkmale nach den allgemeinen Bewertungskriterien wie bei anderen Hunden auch festgehalten. Insgesamt werden alsdann nach dieser Beurteilung ein Championat vergeben, ein Reserve-Championat sowie die Beurteilungen „sehr gut", „gut", „genügend" und „nicht genügend". Bemerkenswert bei diesen Junghundschauen ist, dass das Prädikat „sehr gut" außerordentlich selten vergeben und von der Corona im allgemeinen mit großem Beifall aufgenommen wird, außerdem die Haltung, mit der Master und Huntsman die Benotung ihrer Hunde entgegennehmen. Hier könnte sich manch „grüner" Jäger eine Scheibe abschneiden!

Beurteilung der Meutehunde

Beagle Meute

Die skizzierte Entwicklung des Prüfungswesens hat mit den satzungsgemäßen Beschlüssen der Verbandstage 1995/1996 entscheidende neue Anstöße erhalten. Von besonderer Bedeutung erscheint die Kompetenz des Verbandes für die Festsetzung von Rahmenbedingungen für Prüfungen der Mitgliedsvereine, das bedeutet die Zuständigkeit für den Erlass sämtlicher Mitgliedsvereine bindende Prüfungsordnungsinhalte, ohne dass diese in den einzelnen Prüfungsordnungen nochmals erwähnt sein müssten, was gegenwärtig allerdings noch häufig der Fall ist.

Bei diesen Rahmenbedingungen handelt es sich beispielsweise um bestimmte Ordnungsvorschriften, über die Art und Weise, wie Einsprüche

Rahmenbedingungen für alle Prüfungen

gegen Richterentscheidungen auf Prüfungen einzulegen und zu verfolgen sind (Einspruchsordnung), die schon allgemein verbindlichen Vorschriften über die Einarbeitung und Prüfung der Hunde am Wasser, die zeitliche Eingrenzung zur Durchführung bestimmter Prüfungen, das grundsätzliche Verbot des Mehrfachführens auf Prüfungen, der Umstand, dass der Eigentümer eines gemeldeten Hundes Mitglied eines dem Jagdgebrauchshundverband angeschlossenen Vereins sein muss, wie schließlich auch dass der Führer eines Hundes grundsätzlich den Besitz seines gültigen Jagdscheins nachweisen muss.

Letzteres Postulat ist vor dem Hintergrund zu sehen, dass eine ordnungsgemäße Ausbildung von Jagdhunden nur im Zusammenhang mit der Jagdausübung möglich ist, ein Jagdhund kann seinen späteren Beruf in der Praxis nur ordnungsgemäß ausüben, wenn er auch im Rahmen der Jagdausübung ausgebildet worden ist, auf den Prüfungen ist vielfach, da sie z.T. mit tatsächlicher Jagdausübung verbunden ist und z.T. Jagd simuliert wird, auf das Führen von Jagdwaffen nicht zu verzichten. Das Anschießen von Jagdwaffen im Revier ist keine befugte Jagdausübung i. S. des Paragraph 1 Bundesjagdgesetz, daher hat der Gesetzgeber im Paragraph 45 Bundeswaffengesetz das Anschießen von Jagdwaffen im Revier der befugten Jagdausübung gleichgestellt, beim Anschießen von Jagdwaffen im Revier bedarf der Jäger also nicht eines besonderen Waffenscheines und einer Schießerlaubnis, behördlichen Genehmigungen, die beim Einüben und Prüfen von Jagdhunden von den Behörden vielfach verlangt werden.

Es ist zu erwarten, dass bei einer Novellierung des Waffengesetzes für das Üben und Führen von Jagdhunden auf Prüfungen eine entsprechende Ausnahmeregelung Eingang in das Waffengesetz findet. Indessen haben entsprechende Vorstöße des Jagdgebrauchshundverbandes bislang noch nicht den gewünschten Erfolg gehabt. Daher wird nunmehr die Rechtsansicht vertreten, dass das Üben und insbesondere das Führen von Jagdhunden auf Prüfungen auch befugte Jagdausübung ist, mithin außer dem Jagdschein der Hundeführer keiner weiteren behördlichen Erlaubnis bedarf.

Berlin, Brandenburg und Mecklenburg-Vorpommern haben in ihren jeweiligen Landesjagdgesetzen nunmehr die Ausbildung und Prüfung von Jagdhunden als Jagdausübung i. S. des Bundesjagdgesetzes definiert, in den Richtlinien über die Abnahme der Brauchbarkeitsprüfung und die Bestätigung der jagdlichen Brauchbarkeit für Jagdhunde im Land Niedersachsen wird davon ausgegangen, dass die Prüfung von Jagdhunden auf ihre Brauchbarkeit i. S. des Landesjagdgesetzes Teil der Jagdausbildung ist und infolgedessen der Führer eines Hundes am Prüfungstag im Besitz eines gültigen Jagdscheines sein muss. Derartige Regelungen sind in der Literatur auf Bedenken gestoßen, da vielfach das Ausbilden von Jagdhunden nicht unter dem Begriff der befugten Jagdausübung des Paragraph 1 Bundesjagdgesetz zu subsumieren ist, Bedenken, die juristisch begründet sein mögen, indessen dem Jagdgebrauchshundwesen in seinem Bemühen, es einschließlich seiner Prüfungen nicht zum Sport ausufern zu lassen, nicht gerade behilflich sind. Indessen kann sich das Jagdgebrauchshundwesen nicht über bestehende Rechtsvorschriften hinwegsetzen, festzuhalten bleibt allerdings, dass im fortgeschrittenen Stadium der Ausbildung und insbesondere bei der Prüfung

Ausbildung und Prüfung von Jagdhunden als „Jagdausübung"

auf das Mitführen von Jagdwaffen nicht verzichtet werden kann und in jedem dieser Fälle der Führer eine Waffe im Sinne des Waffengesetzes auch führt. Sinnvoll wäre es daher, wenn mindestens der Bereich der Ausbildung und Prüfung von Jagdhunden als befugte Jagdausübung definiert würde, der unmittelbar mit dem Führen von Waffen zusammenhängt.

III. Verbandsrichterwesen

Eng zusammen mit dem Prüfungswesen hängt auch die Richterfrage, die die Verbandsversammlungen immer wieder beschäftigt hat.

Schon 1911 wird beantragt zu beschließen, dass auf den Suchen der Verbandsvereine nur vom Verbande anerkannte Richter tätig sein dürfen. Es werden Bedenken wegen der Durchführbarkeit geäußert. Unmissverständlich ist jedoch das Verlangen, dass bei der Wahl der Preisrichter persönliche und gesellschaftliche Momente grundsätzlich ausgeschaltet sein müssten und es nur solche Herren für dieses verantwortungsvolle Amt in Frage kommen dürften, denen eine genügende Praxis und Sachkenntnis zur Seite stünden. Letztendlich vermag sich die Versammlung nur dahin durchzuringen, dass wenigstens einer der aufgestellten Preisrichter vom Verbande anerkannt sein muss.

Ein weiterer Vorstoß zwei Jahre später, eine Liste vom Verbande anerkannter Preisrichter aufzustellen, wird bei Stimmengleichheit mit der Stimme des Vorsitzenden abgelehnt.

1925:
Erste Preisrichterliste

1925 ist es dann endlich so weit, dass der Verband eine Preisrichterliste aufgestellt hat. Das Verfahren führt jedoch noch zu Diskussionen, da man befürchtet, dass nicht auf der Liste stehende Herren als „Richter zweiter Klasse" angesehen würden. Man einigt sich letztendlich darauf, sämtlichen Verbandsvereinen einen vom Vorstand ausgearbeiteten Vordruck zuzusenden, der folgende Fragen enthalten muss: Welche Hunde hat der vorgeschlagene Herr ins DGStB gebracht? War der Hund von ihm selbst abgeführt? Die Zahl der vorgeschlagenen Namen soll unbeschränkt sein.

In der Folgezeit stand das Richterproblem weiterhin häufiger im Mittelpunkt der Diskussion. Man war sich immer bewusst, dass es von der Richterpersönlichkeit abhängt, ob das Sieb der Prüfungen wirkungsvoll ist, oder ob Spreu und Weizen nach anderen als objektiven Kriterien getrennt werden. Nicht nur Wissen und reiche Erfahrungen – auch als Jäger – müssen einen Richter selbstverständlich auszeichnen, sondern auch ein gerüttelt Maß an Mut und Unabhängigkeit. Im Bewusstsein aller menschlichen Unzulänglichkeit hat der JGHV immer danach gestrebt, nur den Richter werden zu lassen, der der Jagdgebrauchshundsache in einem so schweren Amt bestmöglichst zu dienen willens und auch in der Lage war. Da der Verband nie jeden einzelnen Richter einer genauen Durchleuchtung unterziehen konnte und kann, musste das Schwergewicht der Verantwortung schon immer den Mitgliedsvereinen und -verbänden auferlegt werden.

Auch nach dem Jahre 1925 und nach dem Zweiten Weltkriege hatte es zu den Fragen der Richterausbildung, den Voraussetzungen zur Ernennung der Anwärter und den Formalien der Anerkennung eine Reihe von Beschlüssen gegeben, die mit der Zeit unübersichtlich geworden waren und eine Zusammenfassung erforderlich machten. Nachdem die „Richtlinien für das Heranbilden, Ernennen und Fortbilden von Verbandsrichtern" dem Verbandstag 1971 im Entwurf vorgelegen hatten, weitere Anträge und Anregungen im Laufe des folgenden Jahres berücksichtigt und eingearbeitet worden waren, beschloss der Verbandstag 1972 in Fulda die ihm vorgelegte Fassung und schuf damit ein Instrument zur einheitlichen und sachgemäßen Behandlung des Richternachwuchses.

Die schon mehrfach zitierten einschneidenden Beschlüsse des Jahres 1995 haben auch großen Einfluss auf das Verbandsrichterwesen gehabt insofern, als nunmehr alle Richter einschließlich der der ehemaligen „Abteilung V", das waren die der Nichtvorstehhundzuchtvereine, gleichgestellt sind.

Nach der nunmehr gültigen Ordnung für das Verbandsrichterwesen steht und fällt der Aussagewert von Verbandsprüfungen mit der Leistungsfähigkeit, dem Wissen und der Objektivität der Verbandsrichter. Deshalb hängen Ruf und Ansehen der deutschen Jagdgebrauchshundbewegung unabdingbar mit einer sinnvollen Lösung der Richterfrage zusammen. Dem charaktervollen, urteilsfähigen Verbandsrichter wird sich ein jeder Führer von Jagdgebrauchshunden gern und mit dem notwendigen Vertrauen stellen. Es ist gerade deshalb ein dringendes Erfordernis, für einen urteilsfähigen und im Urteil objektiven, verantwortungsbewussten Richternachwuchs zu sorgen. Es ist daher notwendig, das Aus- und Fortbilden der Richteranwärter grundsätzlich auszurichten, wozu die beschlossenen Richtlinien dienen sollen.

Verpflichtung der Verbandsrichter

Die Richtlinien beschreiben ins Einzelne gehend den gesamten Verlauf der Ausbildung von der Ernennung durch einen Verbandsverein als Richteranwärter bis hin zur Ernennung des Anwärters zum Verbandsrichter durch das Präsidium der JGHV. Die Verbandsrichter können alle Prüfungsfächer richten, für die sie als Richter ernannt sind.

Werdegang der Verbandsrichter

Seiner Verpflichtung zur Ausbildung auch der Richteranwärter und Fortbildung der ernannten Richter sucht der JGHV gerecht zu werden durch Seminare und Entsendung erfahrener Verbandsrichter zu Veranstaltungen der Mitgliedsvereine, insbesondere nimmt sich der Obmann für das Prüfungswesen dieser Aufgabe häufig selbst an. Alle Bemühungen des JGHV und der Verbandsmitglieder können jedoch nicht an der Erkenntnis vorbeiführen, dass die jetzt etwa vierzig Jahre alten und jüngeren Richter und Anwärter in aller Regel nicht Gelegenheit gehabt haben, mit dem Hund auf ausreichend Wild zu jagen und zu wissen was ein Hund wirklich kann, was er muss und was daher von ihm zu erwarten ist. Das führt zu einer Verwässerung der Maßstäbe, die so an weitere Richtergenerationen weitergegeben werden und Nachteile für das Gebrauchshundwesen als nahezu unausweichbar erscheinen lassen.

IV. Das Deutsche Gebrauchshundstammbuch und die Ehrengaben des JGHV

Das Deutsche Gebrauchshundstammbuch (DGStB) ist der Spiegel des Prüfungswesens, es stand am Beginn der organisierten Bewegung und ist bis heute einer der tragenden Pfeiler der jagdkynologischen Organisation. Ein Befassen mit seiner Entwicklungsgeschichte im Rahmen dieser Ausführungen lässt noch einmal den Geist des letzten Jahrzehnts des vorigen Jahrhunderts in der Jagdkynologie plastisch werden.

Es sei zunächst an die Bemerkungen zu OBERLÄNDER erinnert und daran, dass er sich – gefördert von Hugo von Sothen – eine eigene Zeitschrift schuf. Die erste Ausgabe von „Oberländers Jagdzeitung" kam Weihnachten 1896 heraus. Im ersten Jahrgang der Zeitung erschien ein Artikel von KARL KOCH (unter dem Pseudonym „Dachs") mit Vorschlägen, doch endlich das Gebrauchshund-Stammbuch mit den seit sechs Jahren auf dem Papier schlummernden Ergebnissen der Gebrauchsprüfungen zum allgemeinen Nutzen herauszugeben. OBERLÄNDER griff diese Anregung sofort auf und setzte sie in die Tat um. In der Nr. 26 vom 19. Juni 1897 verkündete er froh: „Das Deutsche Gebrauchshund-Stammbuch, begründet von Hegewald, ... erscheint von jetzt ab jährlich in einzelnen Lieferungen als Gratisbeilage zu „Oberländers Jagdzeitung". So geschah es dann auch.

Karl Koch

Nichts charakterisiert den Plan, ein Deutsches Gebrauchshund-Stammbuch herauszugeben, besser, als das Vorwort HEGEWALDS Plastischer kann die Begeisterung kaum wiedergegeben und die Widerstände, die zu überwinden waren, geschildert werden. An der Grundidee hat sich bis heute nichts geändert, die enthusiastisch geäußerte Hoffnung HEGEWALDS, die er in sein Werk gesetzt hat, hat sich erfüllt. Daher sei dieses Vorwort hier auszugsweise wiedergegeben:

Vorwort
„Qualität", nicht „Quantität"!
Endlich siegt die Tugend! Seit zwei Jahren schon ward mir, als dem Schöpfer und Vorkämpfer der deutschen Gebrauchshundidee, von hervorragenden Mitkämpfern aus den Spezialklubs ans Herz gelegt und bin ich beständig durch ceterum censeo gedrängt worden, ein allgemeines deutsches Gebrauchshund-Stammbuch zu Gunsten der vaterländischen Züchtung ins Leben zu rufen dessen dauerndes Erscheinen gesichert sei. Die damit verknüpfte umständliche, mühsame Arbeit scheute ich ja selbstverständlich zwar nicht, da es sich um Wohl und Interesse der gesamten Jägerei wie des edlen Waidwerks handelte, indessen verhehlte ich mir als langjähriger und erfahrener Jagdschriftsteller keinesfalls, dass Kosten mit dem Unternehmen verbunden seien, die, wenn das Stammbuch überhaupt Hand und Fuß haben sollte, bis ins Unabsehbare steigen würden. – Nachdem ich das reichhaltige Material textlich sowohl als illustrativ gesichtet und druckreif vorbereitet hatte, fing mir, ehrlich gestanden, an, bange zu werden bei Kalkulation der zu entstehenden Kosten. Erfahrung hat nämlich gelehrt, dass Stammbücher so gut wie gar nicht gekauft werden, ihr Betrieb also niemals entfernt die Herstellungskosten deckt, sie lagern vielmehr, um einen buchhändleri-

schen Ausdruck zu gebrauchen, als Makulatur verschimmelnd auf den verschiedentlichen Hänge- und Trockenböden herum. Dem Publikum weder, noch der guten Sache erwächst oder erwuchs bei solchen Zuständen bisher irgend ein greifbarer Vorteil, ganz abgesehen davon, dass aus dem Wust eingetragenen, vorherrschend entdeutschten Materials kein Mensch im stande war, die Spreu vom Weizen zu trennen und jeder Reflektant lediglich auf Lotteriespiel angewiesen war. Von jetzt ab aber heißt die Losung nicht mehr „Quantität", sondern „Qualität"! Letztere ist Trumpf und entscheidet!

„Qualität", nicht „Quantität"

Oberländer hat mir die feierliche Zusage gemacht, das „Deutsche Gebrauchshund-Stammbuch" nicht nur kostenlos drucken und herzustellen, sondern überdies auch noch als Zugabe in einzelnen Lieferungen dem Leserkreis von „Oberländer's Jagdzeitung" gratis stets zustellen lassen zu wollen.

Durch diese patriotische That ist das dauernde Erscheinen des sowohl im jagdlichen, als namentlich aber ganz besonders auch im nationalökonomischen Interesse so hochwichtigen und bedeutungsvollen „Deutschen Gebrauchshund-Stammbuchs" garantiert, gleichzeitig aber, was das heimische Werk krönt, ihm die größtmöglichste Verbreitung in praktischen Jägerkreisen, auf die es hauptsächlich ankommt, von Haus aus gesichert. Das „Deutsche Gebrauchshund-Stammbuch" wird demnach von jetzt ab jedes Jahr regelmäßig erscheinen und zwar Band 1 heute mit der Jahreszahl 1897 beginnend.

Band I, welcher besonders umfangreich ausgefallen ist, weil er Organisation und Prüfungsordnung der einzelnen Klubs und Vereine zum Abdruck bringt, wird auch die diesjährigen Herbstsieger schon in sich schließen, im übrigen datiert es bis ins Jahr 1892 zurück, wo die ersten regelrecht geleiteten Leistungsprüfungen unseres großen vaterländischen „Vereins für Prüfung von Gebrauchshunden zur Jagd" auf den Reichsgräflich Solmsschen Revieren der Standesherrschaft Sonnenwalde stattfanden.

Jeder preisgekrönte Hund erhält sofort seine „Gebrauchshund-Stammbuch-Nummer", höchst lobende Erwähnungen und lobende Erwähnungen werden nur schlicht notiert, den Hunden selbst aber nicht eher eine Nummer zuerteilt, bis sie sich dieselbe durch entsprechenden Preis erkämpft haben. Ferner gelangt der Stammbaum (je umfangreicher er sich ermitteln lässt desto besser) neben der Eintragungs-Nummer zum Abdruck, sowie etwaige Prüfungssuchen- und Ausstellungspreise, gleichviel ob von neutralen oder nicht neutralen Veranstaltungen herrührend.

Das „Deutsche Gebrauchshund-Stammbuch" erstreckt sich nicht bloss auf Vorstehhunde allein, sondern seine Pforten sollen – und zwar an erster Stelle – dem edlen deutschen Schweißhund, als vornehmstem Gebrauchsspezialisten auf Schweiß, geöffnet sein, ferner unseren geliebten Teckeln wie überhaupt Hunden jeder Rasse, die in der Praxis geprüft und sich vor den Augen kompetenter Richter als brauchbar resp. nutzbringend zur Schweißarbeit für gerechten Jagdbetrieb und zur Abkürzung der Qualen kranken Wildes und leidender Gottesgeschöpfe erwiesen haben. Denn die edelste Bestimmung des Gebrauchshundes, das vergesse man nie und behalte dieses erhabene Ziel, um den grünen Faden nicht zu verlieren, stets treu im Auge und im Herzen, besteht in Wahrung gerechten Jagdbetriebes, durch energische Ausübung des Jagdschutzes im Kampf gegen Raubzeug jeder Art, vor allen Dingen aber im schnellen Beenden der Qualen unseres

Edle Bestimmung des Jagdgebrauchshundes

lieben Wildes, wenn es krank und hilflos in der Dickung unter entsetzlichen Foltern einem elenden, langsamen Tode verfallen ist:

„Weidmännisch jagt wie sichs gehört –
Den Schöpfer im Geschöpfe ehrt!"...

Ich weiss, die gerechte Jägerei allerorten wird, für solche praktische Regelung der Dinge, Oberländer – und auch mir Dank wissen, das ein- für allemal jetzt Klarheit schaffender Banner unseres „Deutschen Gebrauchshund-Stammbuchs" mit Freuden begrüssen und ihm begeistert folgen. So möge dieses Juwel denn, aus welchem das vereinigte Feuer aller vaterländischen, den edlen Gebrauchshund fördernden Vereine funkelnd hervorstrahlen soll, Deutschlands Ruhm in alle Lande tragen, von Jahr zu Jahr wachsen, Kinder und Kindeskinder noch beglücken, dem Vaterlande und der heimischen Jägerei unerschöpflichen Segen bringen!

Das walte Gott und der heilige Hubertus!

Im Sommer 1897.
Mit Weidmannsheil!
Hegewald

Den Schöpfer im Geschöpfe ehren

Das Schicksal des DGStB war in den folgenden zwei Jahren wechselhaft, beschrieben wird es zutreffend im Vorwort des Bandes 1900:

Vorwort
„Im Schilfwasser heute, und morgen im Feld.
Im Walde verwiesen oder verbellt,
Raubzeug gewürgt, das Verlor'ne gebracht. –
Das ist es, was den Gebrauchshund macht."

Hiermit legen wir allen weidgerechten Jägern und Freunden des Gebrauchshundes den zweiten Band des „Deutschen Gebrauchshund-Stammbuches" vor, welcher gegen den ersten in der Hauptsache nur geringe Änderungen erfahren hat. An Stelle der durch Zu- und Abgang steter Veränderungen unterworfenen Mitgliederverzeichnisse sind die verschiedenen Prüfungsordnungen der einzelnen Gebrauchshundvereine getreten, während wir im übrigen unserm Prinzip treu geblieben sind, neben Schweißhunden und auf Schweiß geprüften Teckeln nur solchen Hunden Aufnahme zu gewähren die auf einer vielseitigen Herbstgebrauchssuche I., II. oder III. Preis errangen und in einem der beiden wichtigen Gebrauchshundfächer, nämlich in der Arbeit auf Schweiß und im Verloren-Apportieren, mindestens genügende Leistungen gezeigt hatte. Wir glaubten, hieran um so mehr festhalten zu müssen, als es in Wahrung gerechten Jagdbetriebes die edelste Bestimmung des Gebrauchshundes ist, angeschossenes Wild sicher und möglichst schnell in den Besitz des Jägers zu bringen.

Aufnahme-Prinzip: I., II. oder III. Preis bei Herbstgebrauchssuche

Der vorliegende Band enthält die Eintragungen aus den Jahren 1897 u. 1898. – Leider hat sich durch unvorhergesehene Fälle die Fertigstellung des Stammbuches etwas verzögert; wir hoffen jedoch aufs bestimmteste, nunmehr alljährlich einen Band in der bisherigen Erscheinungsweise liefern zu können.

Mit der „Darmstädter Jagdzeitung" (früher „Oberländers Jagdzeitung") ging im Herbst 1899 auch das „Deutsche Gebrauchshundstammbuch" in den Besitz des „Weidmann", unserer ältesten illustrierten Jagdzeitung, über und wir bitten, alle Anmeldungen, Mitteilungen etc. an die Redaktion des „Deutschen Gebrauchshund-Stammbuches", Berlin NW. 23 richten zu wollen.

Infolge eines Beschlusses des am 10. Februar 1899 zu Berlin gegründeten Verbandes deutscher Gebrauchshundvereine, der das „Deutsche Gebrauchshund-Stammbuch" offiziell anerkannte, sahen wir uns leider genötigt, für Band II – allerdings nur für diesen – eine besondere Rubrik „Feldjagdhunde" einzurichten. – Sollte dieses mit Rücksicht auf den Titel und sonstigen Inhalt des Buches unlogische Verfahren nicht jedermanns Beifall finden, so bitten wir, zu berücksichtigen, dass wir uns noch in einer Übergangszeit befinden, später – schon vom nächsten Bande ab – werden nur noch solche Hunde zur Eintragung gelangen, die nach der einheitlichen, allgemeinen Prüfungsordnung des „Verbandes der Vereine für Prüfung von Gebrauchshunden zur Jagd" geprüft und prämiiert sind.

Abweichend von anderen Stammbüchern, wird das DGStB dem Züchter nicht nur ein Wegweiser, ein wertvolles Nachschlagebuch über die Abstammung unseres besten Gebrauchshundmaterials sein, sondern es soll auch die durch Veranlagung und eine lange, mühevolle Dressur zur höchsten Leistungsfähigkeit vervollkommneten, auf Herbstgebrauchssuchen prämiierten Hunde der Vergessenheit entreissen, sowie einen Nachweis über den Verbleib und die evtl. Fortschritte der verschiedenen Preishunde liefern und – nach Möglichkeit – die einzelnen Gebrauchssuchen-Sieger mit ihren Züchtern, Dresseuren und Besitzern im Bilde bringen. Der Preis jeden Bandes ist so gering bemessen, dass niemand, der sich ernsthaft für die Gebrauchshundsache interessiert, die Ausgabe dafür zu scheuen braucht, und den Abonnenten des „Weidmann" gehen von Band IV ab die Lieferungen wieder kostenfrei zu. Wir hoffen zuversichtlich auf rege Unterstützung des – von jagdlichem Gesichtspunkte aus – gemeinnützigen Unternehmens seitens aller Gebrauchshundmänner ohne Rücksicht auf Sonderinteressen oder andere kleinliche Erwägungen, und unserer guten Sache wünschen wir bestes Gedeihen und Blühen.

Berlin N. W. 23.
Mit Weidmannsheil!
im Herbst 1900.
Redaktion u. Verlag des „Deutschen Gebrauchshund–Stammbuches".

In der Verbandssatzung des Jahres 1904 heißt es zum Paragraph 9, dass der Verband nach genau festgesetzten Grundsätzen sein besonderes Stammbuch als „Deutsches Gebrauchshund-Stammbuch" (DGStB) führt. Die Redaktion übernimmt ein von Kommerzienrat J. Neumann, Neudamm, dem Eigentümer des Stammbuches, im Einverständnis mit der Verbandsversammlung beauftragtes, in Gebrauchshundangelegenheiten erfahrenes Mitglied eines Verbandsvereins. Für den Inhalt ist der Redakteur der Verbandsversammlung verantwortlich. Die Festsetzung der Grundsätze über die Stammbuchführung geschieht im Auftrage der Verbandsversammlung durch den Verbandsvorstand im Einvernehmen mit Kommerzienrat J. Neumann. Eingetragen in das DGStB werden nur die auf Verbandsprüfungen mit I., II. oder III. Preisen ausgezeichneten Hunde. In das Gebrauchshund-Stammbuch dürfen unter den seitens der Spezialvereine festgesetzten Rassebezeichnungen nur diejenigen Hunde eingetragen werden, die in den entsprechenden Spezial-Stammbüchern eingetragen oder eintragungsberechtigt

„Feldjagdhunde"

Erinnerung

Nachweis

Fortschritte

Redakteur: Kommerzienrat J. Neumann, Neudamm

sind; alle übrigen fallen unter die Rubrik „Kreuzungsprodukt" oder „nicht eingetragen". Außer den Eintragungen enthält jeder Band Satzungen und Prüfungsordnungen des Verbandes, eine statistische Übersicht über die Prüfungsergebnisse der Verbandsvereine, die Preisrichterberichte und ein Verzeichnis der dem Verbande angehörenden Vereine.

DGStB in Verbandsbesitz

In der Folgezeit entspann sich im Verband eine Diskussion über die weitere Ausgestaltung und Organisation des DGStB. Es wurde beschlossen, dass der Vorstand die Stammbuchführung überwachen und ihm in dieser Beziehung der Redakteur unterstellt sein solle; desweiteren wurde der Wunsch immer deutlicher, das DGStB in den Besitz des Verbandes übergehen zu lassen. Es wurde eine Kommission berufen, die sich mit dem Eigentümer des DGStB wegen eines eventuellen Erwerbes verständigen sollte.

In der 8. Verbandssitzung am 17. Februar 1906 im „Spatenbräu" zu Berlin unterrichtete alsdann Dr. Steinkopf im Rahmen des „Berichtes der Stammbuch-Kommission" die Verbandsversammlung davon, dass dank des außerordentlichen Entgegenkommens des Kommerzienrats Neumann die Übernahme kostenlos erfolgen werde. Dr. Steinkopf verlas sodann den Entwurf des mit Neumann abzuschließenden Verlagsvertrages, in dessen Paragraph 1 es heißt:

Der Verleger und Eigentümer des Deutschen Gebrauchshund-Stammbuchs, Herr Kommerzienrat Neumann in Neudamm, verzichtet zugunsten des „Verbandes der Vereine für Prüfung von Gebrauchshunden zur Jagd" auf seine Eigentumsrechte und beansprucht für diesen Verzicht keine Entschädigung.

Stammbuch-Kommission

Der schon zitierte Paragraph 9 der Verbandssatzung wird im Hinblick auf den Eigentumserwerb geändert, die ursprünglich nicht weiter verfolgte Absicht, eine Stammbuch-Kommission einzusetzen, wird nunmehr zum Inhalt der Satzung, wonach die Stammbuchführung von der Stammbuch-Kommission überwacht wird: die näheren Aufgaben der Stammbuch-Kommission werden umschrieben. Zu Kommissionsmitgliedern werden Hauptmann von Seebach und Dr. Steinkopf gewählt, zum Redakteur als Nachfolger des ersten Stammbuchführers, des Redakteurs Carl Koch, wird der Redakteur Stockfleth in Neudamm gewählt.

Geringes Interesse am Stammbuch

In der Folgezeit kristallisiert sich bezüglich des Stammbuches ein Problem heraus, das bis heute mehr oder weniger akut ist. Auf der 14. Verbandsversammlung am 4. Februar 1912 im Landwehr-Offizierskasino zu Berlin wird beglückt festgestellt, dass sich die Gesamtzahl der Mitglieder des Verbandes auf etwa 7.600 beläuft, indessen weniger erfreulich leider die Verhältnisse in bezug auf das Interesse für das Stammbuch liegen. Es habe sich herausgestellt, dass von den 6.000 Mitgliedern nur etwa 200 Besitzer des Stammbuches sind, welches ein trauriges Zeichen sei und die Frage nahelege, ob es zweckmäßig sei, so viel Geld und Zeit für das Stammbuch zu opfern. Man könne es Kommerzienrat Neumann nicht verdenken, wenn er unter den obwaltenden Umständen die Kündigung des Stammbuchvertrages in Erwägung gezogen habe. Es wird daraufhin ein Verfahren beschlossen, das in seinen Grundzügen bis heute geübt wird, um die wirtschaftliche Grundlage für die Herausgabe des Stammbuches zu erhalten:

Die Vereine des Verbandes sind verpflichtet, für je 5 Mitglieder ein Exemplar des Deutschen Gebrauchshund-Stammbuches zu entnehmen. Der Verbandsvorstand wird ermächtigt, sich mit Herrn Kommerzienrat J. Neumann über den Preis dieser von den Vereinen pflichtmäßig abzunehmenden Bücher in Verbindung zu setzen.

Im Jahr darauf wird mit dem Verlag ein entsprechender Vertrag geschlossen, es wird ein Preis gesetzt:

Jeder Band ist kartoniert für 2,– Mark, in Halbleinen gebunden für 2,50 Mark im Buchhandel oder direkt vom Verleger zu beziehen. Die Pflichtexemplare werden zur etwa der Hälfte des Preises abgegeben.

Stammbuch als Pflichtexemplar

Die wirtschaftlichen Verhältnisse entwickelten sich zusehends schlechter, was dazu führte, dass auf dem 17. Verbandstag im Februar 1920 der Versammlung berichtet werden musste, dass die Firma J. Neumann-Neudamm den Verlagsvertrag, betreffend das Deutsche Gebrauchshund-Stammbuch, gekündigt habe. Die Firma sei bei der fortwährenden Steigerung der Löhne, der Papierpreise usw. nicht in der Lage, zur Zeit einen festen Vertrag abzuschließen, könne vielmehr nur einen bestimmten Druckauftrag annehmen. Bei einem Druckauftrag von 1.000 Exemplaren würde sich der Preis auf ungefähr 12,– Mark für den Band in der bisherigen Form stellen. Man spricht sich in der Verbandsversammlung gegen eine Kürzung des Inhaltes aus und erteilt der Firma einen Druckauftrag für je 1.000 Exemplare des gegenwärtig fälligen Bandes und des kommenden Jahrgangs. Die Vereine werden verpflichtet, für je 100 Mitglieder 10 Exemplare des Stammbuches abzunehmen.

Im Jahr 1932 war es dann schließlich doch soweit, dass der Schatzmeister des Verbandes der Versammlung berichten musste: Die Not der Zeit hat dem Vorstand Anlass gegeben, das soeben fertiggestellte Stammbuch Band 30 in einigen unwesentlichen Punkten zu kürzen. Der Preis hatte sich mittlerweile wieder auf zunächst 4,64 Reichsmark und 3,09 RM vermindert, der Preis konnte u. a. dadurch gehalten werden, dass sich der Schriftführer und der Stammbuchführer mit einer Kürzung ihrer Honorare einverstanden erklärten.

In der Folgezeit wurden die Stammbuchführer wieder ordnungsgemäß besoldet und das Stammbuch gewann im Hegewald'schen Sinne immer mehr an Bedeutung. Vorübergehend erschien es aus Gründen der Aktualität zweimal im Jahr – die Ergebnisse der Frühjahrsprüfungen getrennt vom übrigen Teil. Über Schreibmaschine, Composer bis hin zur gegenwärtigen Datenverarbeitung wurde und wird im Stammbuchamt nach modernen Erkenntnissen gearbeitet, die Fülle des Materials machte es im Laufe der Zeit auch erforderlich, dem Stammbuchführer Bürokräfte zur Seite zu stellen. Satzungsgemäß sind alle Verbandsvereine mit Ausnahme der außerordentlichen Mitglieder verpflichtet, von jedem neu erschienenen Band des DGStB mindestens zwei zu dem vom Präsidium jeweils festgesetzten Kostenbeitrag zu übernehmen, der DJV unterstützt seit Jahren die Herausgabe des DGStB jährlich mit 5.000,– DM.

Nach der Ordnung über Einteilung und Gestaltung des DGStB ist es nach den Beschlüssen 1995 in Abteilungen untergliedert.

Neuordnung des DGStB

In der Abteilung I sind eintragungspflichtig alle auf einer VGP oder GP der Zuchtvereine geprüften Hunde, nachzuweisen sind hier alle Leistungszeichen und Zucht- und Wesensmängel.

Die Abteilung II enthält die Ergebnisse der Frühjahrszuchtprüfungen einschließlich der gleichgeordneten Sonderprüfungen der Zuchtvereine.

Die Abteilung III nimmt die Ergebnisse der Herbstprüfungen auf, dem Rahmen der Abteilung II entsprechend.

In der Abteilung IV sind die Ergebnisse der Verbandsschweißprüfungen einzutragen.

Die Abteilung V ist allen übrigen Prüfungen vorbehalten, über die Eintragung entscheidet die Stammbuchkommission.

Die Abteilungen VI und folgende nehmen etwa auf die Niederschrift der letzten Hauptversammlung, Beschlüsse zur Satzung und zu den Prüfungsordnungen, das jeweils aktuelle Verzeichnis der Verbandsvereine, ein Verzeichnis der mit Verbandsehrengaben Ausgezeichneten, Beiträge zur Jagdkynologie von besonderer Bedeutung sowie Abbildungen von im DGStB aufgeführten Hunden.

Im Vorwort zum DGStB geht HEGEWALD auf die Vignette von Professor Heinrich Sperling ein, die er, HEGEWALD, als „Symbol für die Gebrauchshundsache bestimmt" hat. Diese Vignette ist bis in die Gegenwart das Markenzeichen des Jagdgebrauchshundverbandes. Nach der Zeichnung von Professor Sperling wurde 1926 originalgetreu die Verbandsstatuette von Otto Peter in Dresden geschaffen; sie ist 25 cm hoch und hat nach ihrem künstlerischen Vater den Beinamen „Sperlingshund" erhalten.

Nach Jahrzehnten der Konsolidierung nach Ende des Zweiten Weltkrieges konnte der Jagdgebrauchshundverband nicht mehr ausschließen, dass es zu einer Ausuferung des Jagdgebrauchshundwesens jenseits des Verbandes und zum Entstehen von Vereinen und Verbänden kommen könnte, die

„Sperlingshund"

vorgeblich Jagdgebrauchshundarbeit leisten, deren Zielsetzung jedoch nicht mit der des Jagdgebrauchshundverbandes übereinstimmt. Es erschien auch nicht mehr ausgeschlossen, dass sich auch Unberufene des Wertzeichens „Sperlingshund" bedienen würden. Daher ist auf Betreiben des Verbandes das „Bildzeichen Sperlingshund" als Verbandsdienstleistungsmarke vom Deutschen Patentamt in München durch Eintragung geschützt worden, und zwar am 16. Juni 1981 unter der Nr. 10 192 12. Zu der Eintragung gehört eine Zeichensatzung, die die Bedingungen enthält, unter denen die benutzungsberechtigten Verbandsmitglieder das Zeichen verwenden dürfen. Der für alle Verbandsmitglieder verbindliche Text der Satzung vom 30. Juli 1980 lautet wie folgt:

Satzung für die Verbandsdienstleistungsmarke
„Bildzeichen Sperlingshund"

§ 1 Name und Sitz des Verbandes
Der Verband ist die Dachorganisation der Jagdgebrauchshund-Prüfungs- und Zuchtvereine sowie der Landesjagdverbände und ihrer Gliederungen, soweit diese durch Abhaltung von Verbandsprüfungen tätig werden. Er führt den Namen „Jagdgebrauchshundverband e.V." und wird im folgenden „Verband" genannt. Der Sitz des Verbandes ist Bonn. Der Verband ist in das Vereinsregister eingetragen.

JGHV als Dachorganisation

§ 2 Zweck des Verbandes
Der Verband hat sich zur Aufgabe gestellt, alle Vereine fest zusammenzuschließen, die durch Prüfung, Zucht und belehrende Tätigkeit für Beschaffung brauchbarer Jagdhunde sorgen und damit dem weidgerechten Jagen dienen wollen.

§ 3 Vertretung
Der Verband wird gerichtlich und außergerichtlich durch den Präsidenten, bei dessen Verhinderung durch den Vizepräsidenten, vertreten.

§ 4 Kreis der Benutzungsberechtigten
Der Verband gestattet seinen Mitgliedern, die Verbandsdienstleistungsmarke unentgeltlich im Zusammenhang mit den Dienstleistungen zu verwenden, die von den Mitgliedern auf dem Gebiet der Jagdhundedressur und Prüfung sowie auf dem Gebiet der Hundeführer- und Richterausbildung erbracht werden.

§ 5 Pflichten der Beteiligten bei Zeichenverletzung
Der Verband übernimmt die Verpflichtung, irgendwelche Störungen, welche dritte Personen den Mitgliedern bei der Benutzung der Verbandsdienstleistungsmarke bereiten, gegen diese dritten Personen zu verfolgen. Jedes Verbandsmitglied hat die Pflicht, die ihm zur Kenntnis kommenden Verstöße gegen den Schutz der Verbandsdienstleistungsmarke unverzüglich dem Präsidium mitzuteilen.

§ 6 Verlust des Benutzungsrechts
Die den Mitgliedern gewährte Befugnis der Zeichenbenutzung gilt nur für die Zeit der Zugehörigkeit der Mitglieder zu dem Verband. Sie erlischt von selbst durch den Austritt oder Ausschluss des Verbandsmitgliedes.

§ 7 Keine Übertragbarkeit
Die den Mitgliedern gewährte Befugnis zur Führung der Verbandsdienstleistungsmarke darf nicht an Dritte übertragen werden.

Mittlerweile ist die Leistungsmarke nach entsprechender Initiative des JGHV als Gemeinschaftsmarke im entsprechenden Register der Europäischen Union in sämtlichen der EU angehörenden Ländern geschützt.

Die Vignette findet man überall dort, wo der Jagdgebrauchshundverband

Eintragungsurkunde

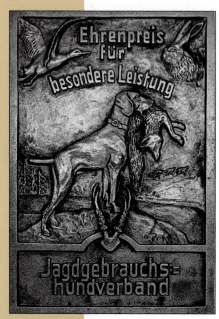

Plakette für Abrichter,
Führer und Züchter

in Erscheinung tritt; beispielsweise ist er auch in dem Stempel enthalten, der auf den Ahnentafeln der dem Jagdgebrauchshundverband angeschlossenen Zuchtvereine erkennen lässt, dass es sich hierbei um vom Jagdgebrauchshundverband anerkannte Jagdhunde handelt, wobei allerdings zum Leidwesen vieler nicht gleichzeitig zum Ausdruck kommt, dass es sich tatsächlich um Jagdhunde handelt, die mit dem Schwergewicht auf jagdliche Eignung gezüchtet worden sind. Insbesondere finden wir die Vignette auf den Ehrengaben des Verbandes, wie die Statuette selbst der „pour le mérite" des Verbandes ist.

In der Verbandsversammlung vom 31. Januar 1927 teilt der Vorsitzende mit, dass der Verbandsvorstand beschlossen habe, Verbandsvereinen, die ihre mindestens 25. im DGStB verzeichnete Gebrauchsprüfung abhalten, aus der Verbandskasse eine Ehrengabe in Gestalt des Bronze-Standbildes eines Gebrauchshundes von Otto Peters, Dresden, zu stiften. Dieses Kunstwerk sei bereits zwei Vereinen verliehen worden; es solle vergeben werden an den Besitzer des ersten Preishundes, der die höchste Punktzahl bei der betreffenden Prüfung erreicht hat.

In derselben Verbandsversammlung beantragt der Sächsisch-Thüringische Kurzhaar-Klub, Führern, die zehnmal einen I. Preis erhalten haben, ebenso Züchtern einer größeren Anzahl l.-Preis-Hunde vom Verbande mit Ehrenplaketten zu bedenken. Der Antrag wird von Sahre begründet, worauf die Versammlung beschließt:

Der Verbandsvorstand soll in Zukunft Ehrenplaketten vergeben an Führer, die fünf verschiedene Hunde in den ersten Preis gebracht haben, ebenso an Züchter, die fünf I.-Preis-Hunde gezüchtet haben.

Zur Verbandsversammlung 1933 waren so außerordentlich wenig Anträge eingegangen, dass der Vorsitzende die Verbandsversammlung ausfallen ließ, zumal die wirtschaftlichen Verhältnisse derart überspannt waren, dass unzureichende Teilnahme zu befürchten war, überdies die „Grüne Woche Berlin 1933" zugunsten der 39. DLG-Landesausstellung vom 29.–28. Mai in eine ganz kleine Veranstaltung verwandelt werden sollte. Durch schriftliche Abstimmung wurde 1933 u. a. befunden:

Es soll als Auszeichnung verliehen werden sowohl für Züchter als auch für Führer von Hunden, die mit dem I. Preis in das DGStB kommen eine Nadel, und zwar bei 10 Hunden in Bronze, bei 15 Hunden in Silber und bei 20 Hunden in Gold.

Durch spätere Entscheidungen wurden die erwähnten Verleihungsbeschlüsse dahin erweitert, dass die Ehrengaben auch vergeben werden konnten an Vereine der ehemaligen Abt. V des DGStB, die Gebrauchsprüfungen durchführen, die den Anforderungen der VGP nach dem Schuss entsprechen, gleiches galt für die Plaketten und Ehrennadeln. Überdies kann die Verbandsversammlung oder das Präsidium Ehrengaben auch an Einzelpersonen verleihen, die sich um den Jagdgebrauchshundverband besonders verdient gemacht haben. Da die Herstellung der Verbandsstatuette für den JGHV in jüngerer Zeit eine zu große finanzielle Belastung bedeutet, wird an ihrer Stelle ein Zinnteller mit dem Abbild der Statuette vergeben, der sogenannte Statuettenteller. Die bezeichneten Ehrengaben sind mit dem Modus ihrer Verleihung in der Ehrengabenordnung des Verbandes aufgeführt, sie enthält darüber hinaus die Voraussetzungen für die Verleihung von Ehrennadeln an Führer von Hannoverschen Schweißhunden, Bayerischen Gebirgsschweißhunden und Alpenländischen Dachsbracken. Es werden verliehen bei Erreichen von 500 Punkten die bronzene, bei 1.000 Punkten die silberne und bei 2.000 Punkten die goldene Ehrennadel. Dabei werden für jede erfolgreiche Nachsuche unter erschwerten Bedingungen 10 Punkte berechnet, für das Bestehen einer Hauptprüfung 50 Punkte. An Züchter können Ehrennadeln verliehen werden, wenn aus ihrer Zucht 5 Hunde mindestens 500 Punkte erreicht haben die bronzene, bei 10 Hunden die silberne und bei 15 Hunden die goldene Ehrennadel.

Der Vollständigkeit halber seien an dieser Stelle noch zwei weitere vom JGHV verliehene Ehrenzeichen erwähnt, nämlich das Abzeichen für das erworbene Vbr. und das Armbruster-Haltabzeichen. Mittlerweile wird der Statuettenteller auch für die 50. VGP/GP vergeben.

Ehrennadeln für Schweißhundführer in Gold, Silber und Bronze

Verlorenbringerabzeichen

Armbruster-Haltabzeichen

Ehrennadeln für Abrichter-Führer und Züchter in Gold, Silber und Bronze

Kapitel V **Der Hund im Recht**

Der Hund im Recht

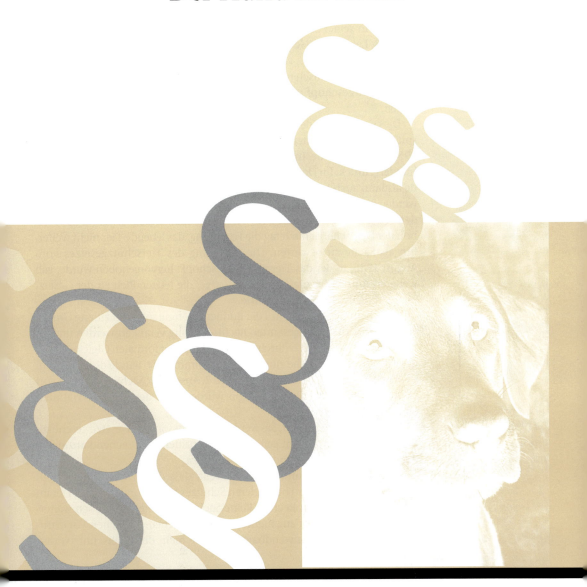

An anderer Stelle ist schon darauf hingewiesen worden, dass nach der neueren Rechtsentwicklung Tiere keine Sachen mehr im Sinne des Gesetzes sind. In seiner Sitzung am 20. 6. 1990 hat der Deutsche Bundestag in 2. und 3. Lesung das Gesetz zur Verbesserung der Rechtsstellung des Tieres im Bürgerlichen Gesetz verabschiedet, wobei zentraler Grundgedanke dieses Gesetzes ein ethisch fundierter Rechtsschutz ist; der Mensch soll für das Tier als Mitgeschöpf und schmerzempfindliches Wesen Verantwortung tragen.

Der Weg zur „Mitgeschöpflichkeit" des Tieres

Dies entspricht einer allgemeinen Entwicklung im Tierrecht, wie sie beispielsweise auch auf dem schon erwähnten Deutschen Tierschutzkongress 1957 erwähnt wurde. Indessen geht der Grundgedanke bis auf das 19. Jahrhundert zurück. Im Deutschen Reichsanzeiger Nr. 281 vom 1. 12. 1933 wurde alsdann auch hervorgehoben, „dass das Tier des Tieres wegen geschützt werden muss"; ein ethisch ausgerichteter Schutz wurde jedoch erstmals mit dem Tierschutzgesetz vom 24. 7. 1972 in einem Gesetz erwähnt. 1977 erhob der Deutsche Tierärztetag die Forderung, das lebende Tier nicht weiterhin als Sache zu bewerten. Die Änderung des Tierschutzgesetzes vom August 1986, in der das Tier als „Mitgeschöpf" hervorgehoben wurde, gab weiteren Antrieb für die Gesetzesinitiative, die letztendlich zu der Gesetzesänderung des Jahres 1990 führte.

Nach dem Gesetzesentwurf der Bundesregierung sollte der zitierte Grundgedanke innerhalb der gesamten Rechtsordnung verankert werden und im Bürgerlichen Gesetzbuch durch die Beseitigung der formalen Gleichstellung des Tieres mit einer Sache zum Ausdruck kommen. So wurde denn auch im BGB im I. Buch die Überschrift über dem 2. Abschnitt „Sachen" um das Wort „Tiere" erweitert, die Sachdefinition wurde durch den schon erwähnten Paragraphen 90a erweitert:

Seit 1990: Tiere sind keine „Sachen" mehr

Tiere sind keine Sachen. Sie werden durch besondere Gesetze geschützt. Auf sie sind die für Sachen geltenden Vorschriften entsprechend anzuwenden, so weit nicht etwas anderes bestimmt ist.

Nach alledem ist nunmehr klargestellt, dass das Tier als Mitgeschöpf besonderer Fürsorge und besonderen Schutzes bedarf, und dass das Tier im Sinne des Bürgerlichen Rechtes keine Sache ist. Es bleibt dennoch weiterhin dem Rechtsverkehr zugänglich, denn die sachenrechtlichen Vorschriften des BGB bleiben anwendbar, soweit sie nicht dem Tierschutz widersprechen.

Folgen für das Schadensersatzrecht

Konsequenterweise erfuhr auch das Schadensersatzrecht des BGB im Paragraph 251 eine Ergänzung: Abs. 2, der die Ersatzpflicht auf verhältnismäßige Aufwendungen begrenzt, wurde wie folgt ergänzt:

Die aus der Heilbehandlung eines verletzten Tieres entstandenen Aufwendungen sind nicht bereits dann unverhältnismäßig, wenn sie dessen Wert erheblich übersteigen.

Das bedeutet, dass etwa bei schuldhafter Tötung eines Hundes dessen Wert in Höhe von vielleicht 1.000 DM zu ersetzen ist, indessen bei einer Verletzung des Hundes unter Umständen Arztkosten zu ersetzen sind, die ein Mehrfaches des Wertes ausmachen.

Paragraph 903 BGB, der die Befugnisse des Eigentümers eines Tieres, beispielsweise eines Hundes, regelt, erfuhr eine Einfügung:

Der Eigentümer eines Tieres hat bei der Ausübung seiner Befugnisse die besonderen Vorschriften zum Schutze der Tiere zu beachten.

Sinn dieser Vorschrift ist die Verpflichtung des Eigentümers von Tieren auf die Beachtung der Vorschriften des Tierschutzgesetzes; sie hat nicht unmittelbare Rechtswirkungen, ist jedoch wohl ein erforderlicher und geeigneter Schritt zur Bewußtseinseinschärfung.

Auch das Zwangsvollstreckungsrecht der Zivilprozessordnung (ZPO) wurde ergänzt. So hat nunmehr bei Vollstreckungsmaßnahmen in Härtefällen, die ein Tier betreffen, das Vollstreckungsgericht bei der von ihm vorzunehmenden Abwägung die Verantwortung des Menschen für das Tier zu berücksichtigen. Bislang waren Tiere unter einem Marktwert von 500 DM aus dem Bereich der pfändbaren Gegenstände herausgenommen. Diese Vorschrift wurde gestrichen und neu formuliert:

Tiere, die im häuslichen Bereich und nicht zu Erwerbszwecken gehalten werden, sind der Pfändung nicht unterworfen.

Allerdings lässt das Vollstreckungsgericht gem. Paragraph 811 Abs. 2 ZPO auf Antrag des Gläubigers eine Pfändung wegen des hohen Wertes des Tieres zu, wenn die Unpfändbarkeit für den Gläubiger eine Härte bedeuten würde, die auch unter Würdigung der Belange des Tierschutzes und des berechtigten Interesses des Schuldners nicht zu rechtfertigen ist.

Pfändung von Hunden

Damit ist der Pfändungsschutz für Haustiere erweitert worden, die nicht Erwerbszwecken dienen; gleichzeitig ist Missbräuchen vorgebeugt, beispielsweise in Fällen, in denen ein Schuldner Vermögenswerte dem Zugriff seiner Gläubiger entzieht, indem er wertvolle Rassehunde erwirbt, zu denen er keine gefühlsmäßige Beziehung hat.

Bislang war es nach dem Tierschutzgesetz möglich, bei einer Verurteilung wegen Tierquälerei ein endgültiges Verbot zum Halten von Tieren zu verhängen. Diese Vorschriften sind erweitert worden durch Vorschriften, die dem Richter die Möglichkeit geben, das Halten sowie den Handel oder den sonstigen berufsmäßigen Umgang mit Tieren jeder oder einer bestimmten Art vorläufig zu verbieten. Diese Vorschriften können insbesondere auch ihre Wirksamkeit auf dem Gebiete tierquälerischen Hundehaltens entfalten.

Das skizzierte Änderungsgesetz wird der Forderung nach einem ethisch fundierten Tierschutz gerecht. Es ist gesetzmäßiger Ausdruck einer Auffassung vom Tier, die sich im Laufe eines Jahrhunderts geändert hat – einer Auffassung, wie sie auch die „Standortbestimmung" im Auge hat, und an der auch zukünftige Entscheidungen des Jagdgebrauchshundwesens nicht achtlos vorübergehen dürfen.

Eine Betrachtung des Hundes aus sämtlichen nur denkbaren juristischen Blickwinkeln ist hier unmöglich und auch überflüssig, insbesondere soll an dieser Stelle nicht eingegangen werden auf die vielseitigen und vielgestaltigen Probleme, die mit dem Halten eines Hundes in einer Wohnung verbunden sind. Auch auf die nachbarrechtlichen Probleme bei der Haltung eines Hundes im Freien, wie sie beispielsweise aus dem Jaulen und Bellen eines Hundes entstehen, soll nicht weiter eingegangen werden. Die Rechtsprechung dazu ist so unübersichtlich und vielgestaltig, dass Grundsätze kaum ableitbar sind. Insbesondere ist die Rechtsprechung einem heftigen Wandel unterworfen infolge der sich stets wandelnden Auffassung der Allgemeinheit von dem Verhältnis „Mensch – Hund" und dem, was ein Nachbar hinzunehmen hat oder auch nicht.

Indessen erscheint es wichtiger, einige Bemerkungen zu machen zu den Versicherungen, die mit dem Hundewesen verbunden sind – anders gesagt: zu den verschiedenen Risiken, die mit der Hundehaltung verbunden sind. Dabei ist es sinnvoll und übersichtlich zu unterscheiden zwischen den Fällen,
- in denen ein Jagdhund etwas angerichtet hat,
- in denen dem Jagdhund selbst etwas geschieht,
- und denen, die mit dem Prüfungswesen zusammenhängen.

Risiken der Hundehaltung

Wenn in vergangenen Zeiten unter Umständen auch Tiere vor Gericht gestellt und sogar mit dem Tode bestraft worden sind, so ist es unmöglich, ein Tier, einen Hund selbst zur Verantwortung zu ziehen. Über die Pflicht zum Ersatz eines Schadens, der durch ein Tier, einen Hund, angerichtet worden ist, lässt sich Paragraph 833 BGB aus:

Wenn durch ein Tier ein Mensch getötet oder der Körper oder die Gesundheit eines Menschen verletzt oder eine Sache beschädigt, so ist derjenige, welcher ein Tier hält, verpflichtet, dem Verletzten den daraus entstehenden Schaden zu ersetzen ...

Bemerkenswert bei dieser Vorschrift ist, dass grundsätzlich der Tierhalter zum Schadensersatz verpflichtet ist und diese Verpflichtung wiederum unabhängig ist von einem Verschulden des Tierhalters. In einem solchen Fall spricht man von einer „Gefährdungshaftung", die ihre Begründung darin findet, dass grundsätzlich wegen der bei der Tierhaltung ausgehenden Gefahr eine Frage nach dem Verschulden nicht angebracht erscheint. Bekannter und geläufiger ist die Gefährdungshaftung des Kraftfahrzeughalters, der auch ohne Verschulden einfach deswegen haftet, weil der Betrieb eines Kfz „gefährlich" ist. Zu bemerken ist jedoch im Falle der Gefährdungshaftung des Tierhalters, dass der Schaden durch ein „Tier" verursacht sein muss, d. h., dass das typisch tierische Verhalten ursächlich für den Schaden war, nicht jedoch, wenn ein solches nicht vorliegt.

Gefährdungshaftung des Tierhalters

Als typischer Fall, in dem die Tierhalterhaftung nicht eintritt, wird etwa derjenige gesehen, da ein schusseliger Zeitgenosse über einen ruhig daliegenden abgelegten Hund stolpert. Hier ist nicht ein typisch tierisches Verhalten der Grund dafür, dass der Passant gestürzt ist, vielmehr wäre er auch über einen Sack Kartoffeln oder einen Koffer gestürzt. In diesem Falle haftet der Halter des Hundes nur dann, wenn ihm ein Vorwurf daraus gemacht werden kann, dass er den Hund vielleicht an einer falschen, gefährlichen Stelle abgelegt hat, wie ihn auch ein Vorwurf aus dem Gesichtspunkt des Verschuldens treffen kann, wenn er ganz bewusst den Hund einsetzt, um einen Menschen zu verletzen, ihn also hetzt und damit sozusagen als Waffe benutzt.

Tierhalter ist jeder, der aus eigenem Interesse für sich selbst oder einen anderen ein Tier hält oder dieses auch betreut, wobei dieser Zustand schon von einiger Dauer sein muss. Wenn jemand einen gefundenen Hund zum Tierheim bringt oder den Hund seines Jagdfreundes für einige Stunden in seiner Wohnung beaufsichtigt, so liegt noch keine Tierhaltereigenschaft vor.

Andererseits ist jedoch Tierhalter auch derjenige, der einen Hund zur Ausbildung übernimmt oder auch während der Dauer eines Urlaubs den Hund zu sich nimmt und ihn betreut.

Die Gefährdungshaftung tritt nicht ein – es bleibt mithin nur bei der Verschuldenshaftung bei einem Tierhalter – wenn der Hund dem Beruf oder dem Erwerb des Tierhalters dient. Bei einem Jagdhund dürfte das nur der Fall sein, wenn der Hund von einem Berufsjäger gehalten wird.

Von Interesse für den Jäger ist nun, in welchem Umfang das sich aus der Gefährdungshaftung oder auch unter Umständen der Verschuldenshaftung ergebende Risiko versicherbar ist oder versichert ist.

Ein „normaler" Hundehalter muss für das Risiko, das sich aus der Hundehaltung ergibt, eine besondere Haftpflichtversicherung abschließen. Für einen Jagdscheininhaber ist dies entbehrlich. Der Versicherungsschutz im Rahmen der Jagdhaftpflichtversicherung umfasst nämlich – wobei von Versicherer zu Versicherer Unterschiede möglich sind – generell auch die gesetzliche Haftpflicht des versicherten Jägers als Halter, also auch als Abrichter oder Ausbilder, von höchstens zwei brauchbaren oder sich nachweislich in jagdlicher Abrichtung befindlichen Jagdhunden. Im Rahmen der Haltung von zwei Jagdhunden gelten – das war nicht immer so – auch Jagdhundwelpen und Junghunde bis zum Alter von etwa 6 Monaten als „versichert", ohne dass es des Nachweises der jagdlichen Abrichtung bedarf. Dabei ist zu bemerken, dass nach den neueren verhaltensbiologischen Erkenntnissen – sie sind zum Gegenstand vieler Erörterungen in den bisherigen Bemerkungen gemacht worden – sinnvollerweise von einer „Ausbildung" des Jagdhundes auszugehen ist, die als Endziel auch den brauchbaren Jagdhund hat. Im Gegensatz zur Abrichtung herkömmlicher Definition beginnt sie schon in dem Augenblick, da der junge Hund Erfahrungen zu machen in der Lage ist. Die Brauchbarkeit des Hundes ist nach den besonderen Bedingungen und Risikobeschreibungen der Jagdhaftpflichtversicherer im allgemeinen nachzuweisen durch eine bestandene Brauchbarkeitsprüfung oder die Bescheinigung einer Jagdbehörde bzw. einer jagdlichen Organisation, dass es sich um einen zur Jagd brauchbaren Hund handelt. Dabei umfasst der Versicherungsschutz auch alle Schäden außerhalb der Jagd, mit bestimmten Einschränkungen auch im Ausland.

Versicherung des Risikos

„Brauchbarkeit" des Hundes

Die Versicherer gehen davon aus, dass, solange es gestattet ist, zur Jagd auch ungeprüfte Hunde zu führen, man nicht umhin kommt, auch diese Hunde in den Versicherungsschutz einzubeziehen. Der Versicherungsnehmer hat lediglich den Beweis zu erbringen, dass es sich um einen bei der Jagd verwendeten Hund handelt. Dazu reicht in der Praxis die Bescheinigung eines Hegeringleiters aus, der selbst nicht einmal zu wissen braucht, wie man „Jagdhund" überhaupt schreibt.

Diese Übung hat schon oft zu Kritik geführt. Der Gesetzgeber verlangt, dass bei bestimmten Jagdarten brauchbare Hunde eingesetzt werden, wobei der Begriff der „Brauchbarkeit" eng umschrieben ist und der Nachweis nur durch eine Prüfung erbracht werden kann. Diese Prüfung ist im versicherungstechnischen Sinne nicht erforderlich, und allein die Verwendung des Hundes auf der Jagd ist ausschlaggebend. Die Versicherer berufen sich darauf, dass durch die einzelnen Landesjagdgesetze eine Rechtszersplitterung herbeigeführt worden ist, die als Grundlage für eine generelle Norm nicht dienen könne.

Die bisherigen Bemerkungen befassten sich damit, dass der Hund etwas angerichtet hat, andererseits kann dem Hund jedoch auch etwas geschehen. Soweit durch Verschulden oder auch im Rahmen der Gefährdungshaftung ein Schaden an dem Tier herbeigeführt wird, so ist der Schädiger aus dem Gesichtspunkt der Gefährdungs- oder auch Verschuldenshaftung verpflichtet, den entstandenen Schaden zu ersetzen. Wird ein Hund also bei einer Beißerei mit einem anderen Hunde verletzt, so findet im Rahmen der Gefährdungshaftung, worauf oben schon hingewiesen worden ist, meistens ein Schadensausgleich statt, der je nach der abstrakten Gefahr, die von dem einen oder anderen Tier ausgeht, geschätzt wird. Meistens werden Hunde überfahren, auch auf der Jagd angeschossen und damit verletzt oder auch getötet.

Schaden durch Verletzung oder Tötung eines Hundes

Hier ist jeweils zu unterscheiden, ob der Schadensverursacher dem Grunde nach verpflichtet ist, den entstandenen Schaden zu ersetzen, woran sich dann meistens ein weiterer Streit über die Höhe des entstandenen Schadens anschließt.

In diesem Zusammenhang sei nochmals darauf verwiesen, dass derjenige, der einen Hund erschossen hat, unter Umständen besser davon kommt, als wenn er ihn „nur verletzt" hätte, denn nach der schon zitierten Ergänzung des Paragraphen 251 BGB sind auch die Heilungskosten zu ersetzen, die den Wert des Tieres übersteigen.

Nicht immer kann man Schadensersatz für die Tötung oder Verletzung eines Hundes erlangen. Dann erhebt sich die Frage, ob das Risiko auch versichert werden kann.

Es gibt Hunde-Kranken-Versicherungen und Tier-Lebensversicherungen, die das Risiko des Todes oder der Nottötung abdecken. Beim Abschluss einer solchen Versicherung ist jedoch genauestens darauf zu achten, ob wirklich das Risiko, das man bei seinem speziellen Hund im Auge hat, auch abgedeckt ist. So ist es vorstellbar, dass der Führer eines Jagdterriers das besondere „Berufsrisiko" seines Hundes unter der Erde abdecken möchte und erst später im Fall des Falles merkt, dass es nach den Versicherungsbedingungen beispielsweise bei der Bauarbeit, insbesondere im Felsbau oder im Mergelboden, nicht mit versichert ist. Hier ist also Wachsamkeit am Platze.

Tierversicherungen

Im Zusammenhang mit Hundeprüfungen tauchen eine ganze Reihe rechtlicher „Juckepunkte" auf. Zum einen bleibt festzuhalten, dass der Hundeführer als Hundehalter sowohl auf Prüfungen aus dem Gesichtspunkt der Gefährdungshaftung oder der Verschuldenshaftung verantwortlich ist wie auch außerhalb der Prüfungen. Das ist eine zivilrechtliche Frage. Eine zivilrechtliche Haftung kann auch für die Richter und den Prüfungsleiter entstehen wenn sie im Rahmen der Prüfung vorwerfbar etwas tun oder unterlassen, was einen Schaden bei einem Hund, einem Führer oder auch einem Dritten zur Folge hat. Letzteres kann beispielsweise der Fall sein, wenn Richter oder Prüfungsleiter im Rahmen einer Prüfung einen Hund suchen oder stöbern

Risiken bei Hundeprüfungen

lassen, wobei nach den Umständen davon ausgegangen werden kann, dass hochgemachtes Wild unmittelbar auf eine viel befahrene Straße läuft und das Wild sowie auch der verfolgende Hund einen Unfall verursachen können. Dann haben wohl gleiche Maßstäbe zu gelten wie auch bei einer Jagd, nämlich so, wie in jenen Fällen der Jagdleiter verantwortlich ist, trifft auch eine Verantwortlichkeit den Prüfungsleiter und die Richter, die mit der besonderen Situation vertraut sind, nicht jedoch unter Umständen den Hundeführer, der die örtlichen Gegebenheiten nicht kennt und sich auf die Weisungen des Prüfungsleiters oder der Richter verlässt.

Neben die zivilrechtliche Haftung aus verschiedenen Haftungsgründen, auf die im einzelnen nicht eingegangen werden soll, kann im Einzelfall auch ein strafrechtlicher Vorwurf treten, wie sich jemand auch strafbar machen kann, ohne zivilrechtlich haftbar zu werden. Gegen das Risiko zivilrechtlicher Inanspruchnahme kann man sich unter Umständen versichern. Es gibt Versicherungen für Vereine, bei denen bestimmte oder eine unbestimmte Anzahl von Funktionären, insbesondere auch im Rahmen von Prüfungen, versichert sind; hingegen kann man sich nicht gegen strafrechtliche Vorwürfe versichern lassen. Das bedeutet indessen wiederum nicht, dass man nicht eine Rechtsschutzversicherung abschließen kann, die indessen nur das finanzielle Risiko abdeckt, jedoch nicht vom Vorwurf, schuldig gesprochen zu werden, und dem Risiko, sich einer rechtskräftig ausgesprochenen Strafe unterwerfen zu müssen.

Eine Frage sollte in diesem Zusammenhang noch erörtert werden: Genießt ein Jäger, der mit seinem Hund während der Jagd irgendeinen Schaden erleidet, einen Versicherungsschutz?

Schutz des Hundeführers

Es kommt bei dieser Frage entscheidend darauf an, ob ein Jäger aus eigenem Interesse die Jagd ausübt, oder ob er auf Ersuchen eines anderen mit seinem Hund jagdlich tätig wird. Besonders aktuell werden diese Fragen bei einer Nachsuche, insbesondere bei einer solchen auf krankes Schalenwild. Immer dann, wenn sich ein Hundeführer auf Initiative eines anderen Jagdherrn um ein krankes Stück Wild bemüht, tritt das wirtschaftliche Interesse dessen in den Vordergrund, von dem die Initiative zur Nachsuche ausgegangen ist, und die Jagdgasteigenschaft tritt in den Hintergrund. In diesem Fall genießt der Hundeführer berufsgenossenschaftlichen Unfallversicherungsschutz – unabhängig davon, ob er auf irgendeine Art und Weise von dem Jagdherrn für seine Mühen entlohnt wird oder ob er nicht auch selbst ein Interesse an der Nachsuche hat, beispielsweise um seinen Hund zu üben oder firmzuhalten.

Nun erscheint es an dieser Stelle angebracht, noch ein paar Worte zur Regulierung eines Schadens zu verlieren, der an einem Hunde entstanden ist.

Regulierung eines Schadens am Hund

Anspruchsteller ist generell ein Jäger, dessen Hund unglücklicherweise auf der Jagd verletzt oder gar getötet worden ist. In diesem Fall gibt es meistens eine Auseinandersetzung zwischen der Versicherung des Schädigers und dem Eigentümer des betreffenden Hundes, wobei die Ansichten über Grund und Höhe der Schadensersatzpflicht häufig erheblich auseinandergehen. Ehe man überhaupt in eine Diskussion zur Höhe eines Schadens eintritt, muss es dem Grunde nach feststehen, dass der Versicherte, dessen finanzielles

Risiko der Versicherer zu tragen hat, überhaupt „schuld" an dem Schaden ist, d. h., dass ihm ein zivilrechtlicher Vorwurf zu machen ist. Es muss auch nicht immer so sein, dass der Schädiger bzw. sein Versicherer „alles oder nichts" zahlt; vielmehr kann es auch sein, dass den Eigentümer eines Hundes ein Mitverschulden trifft, weil er bestimmte anerkannte Regeln bei der Jagdausübung vorwerfbar zu beachten unterlassen hat, mit der Folge, dass nur ein Teil des Schadens ersetzt wird. Es wird in diesen Fällen auch unter Umständen ein Streit entstehen über die Höhe des Anteils, den der Geschädigte selbst zu tragen, und den, den der Schädiger zu ersetzen hat.

Aufgabe des Sachverständigen bei Auseinandersetzung um Schaden

Bei den häufig divergierenden Ansichten der Parteien über die angeschnittenen Fragen wird man nicht umhin kommen, einen Sachverständigen zu berufen, der helfen soll, eine dem konkreten Fall angemessene Entscheidung zu treffen. Das setzt auf Seiten des Sachverständigen voraus, dass dieser nun wirklich in der Lage ist, aufgrund einer über dem Durchschnitt liegenden Kenntnis von der Materie eine „sachverständige" Äußerung abzugeben sowie auch logisch und wissenschaftlich zu begründen, wobei diese Begründung verständlich und nachvollziehbar sein muss. Der Sachverständige ist in keinem Fall Entscheidender, sondern nur Helfer aufgrund besonderen Sachverstandes. Insbesondere bei gerichtlichen Gutachten ist er Gehilfe des Richters, nach dessen Fragen er sich zu richten hat, und dessen Auftrag den Umfang des Gutachtens bestimmt. Der Richter ist gehalten, in der Entscheidung seine eigene Ansicht darzulegen, er darf ein Gutachten nicht einfach „nachplappern", und er ist gehalten, das Gutachten nachzuprüfen. Da ja ein Richter gerade einen Sachverständigen dann beruft, wenn sein eigener Sachverstand nicht ausreicht, muss das Gutachten in Form und Inhalt so beschaffen sein, dass es dem Richter eine wirkliche Entscheidungshilfe ist, denn nicht der Sachverständige, sondern der Richter hat einen Rechtsfall zu entscheiden. Dass es in der Praxis manchmal anders aussieht ändert nichts daran, dass Aufgabe und Verantwortung eines Richters und eines Sachverständigen unterschiedlich sind.

Was für das Verhältnis eines Richters zum Sachverständigen gilt muss auch für das Verhältnis eines Sachverständigen zu streitenden Parteien außerhalb eines Rechtsstreites gelten. Es ist einfach unzulässig und geht nicht an, wenn ein Sachverständiger meint oder sein Gutachten so gestaltet, dass das Ergebnis sozusagen „par ordre du mufti" widerspruchslos hinzunehmen ist. Gegen diesen Grundsatz wird bisweilen in gerichtlichen Sachverständigen-Gutachten verstoßen. Hier hat der Richter jedoch die Pflicht und die Möglichkeit, den Sachverständigen zur ordnungsgemäßen Erstellung des Gutachtens anzuhalten oder ihn zur mündlichen Erörterung zu laden, wobei sich bisweilen herausstellt, wie hohl der Kopf des Sachverständigen und dessen Gutachten sind.

In der jagdkynologischen Praxis sieht es leider oft so aus, dass Gutachten – jedenfalls soweit es sich um Gutachten für Privatpersonen oder Versicherungen handelt – nicht gerade von Sachverstand getragen sind und insbesondere die nachprüfbare und insbesondere auch nachvollziehbare Beschreibung des Weges nicht enthalten, der zu einem bestimmten Ergebnis führt.

Dass ein Sachverständiger, der ein schriftliches Sachverständigen-Gutachten erstattet oder auch ein mündliches erläutert, über ein Mindestmaß an Ausdrucksfähigkeit und Stil verfügen muss, sei nur am Rande erwähnt, denn die deutsche Sprache ist das Mittel, mit dem der Sachverständige sich verständlich macht oder verständlich machen sollte.

Gerichtliche Sachverständige sind bisweilen voreingenommen oder ihre Überlegungen sind von persönlichen Beziehungen zu einer Partei geprägt. Auch Angst vor der Verstimmung einer Einflussreichen Person oder andere persönliche Motive können bei der Beantwortung der dem Sachverständigen gestellten Frage eine Rolle spielen.

Eignung des Sachverständigen

Nicht anders ist es bei einem jagdkynologischen Sachverständigen, der ein Privatgutachten erstellt. Insbesondere darf nicht übersehen werden, dass bisweilen persönliche „Beziehungen" zu einer ganz bestimmten Rasse die Ausführungen des Sachverständigen färben können. Es gibt Gutachten von Zuchtwarten oder Vorsitzenden bestimmter Zuchtvereine, die auf einer knappen Seite unter Berücksichtigung des Zucht- und Gebrauchswertes zu einem Ergebnis kommen, das meistens dem tatsächlichen Wert nicht entspricht. Die Geschädigten selbst haben manchmal astronomische Summen im Kopf, die sie als Schadensersatz verlangen. Als beauftragter Sachverständiger gehört schon etwas Rückgrat dazu, auf dem Boden der Tatsachen zu bleiben. Das gefundene Ergebnis muss um so eingehender und stichhaltiger begründet sein, zumal der Sachverständige unter Umständen gezwungen sein kann, sein Gutachten in mündlicher Verhandlung vor Gericht und Anwälten zu verteidigen.

Vielleicht können einige Bemerkungen zum Inhalt eines Gutachtens von Fall zu Fall hilfreich sein.

Bei der Festsetzung des Marktwertes eines Jagdhundes zu einem bestimmten Zeitpunkt ist zu unterscheiden zwischen dem „Gebrauchswert" und dem „merkantilen Zuchtwert", die sich nach unterschiedlichen Kriterien richten.

Inhalt eines Gutachtens

Für die Wertbemessung haben sich in der Praxis bestimmte Grundsätze und Leitlinien bewährt; sie sind von Privatpersonen, Versicherern und Gerichten generell anerkannt. Diese Grundsätze beziehen sich auf Erdhunde, Stöberhunde und insbesondere Vorstehhunde. Es erscheint jedoch nicht möglich, diese entwickelten und von der Rechtssprechung anerkannten Grundsätze ausnahmslos und ohne sie auf die besonderen Verhältnisse anzupassen, auf die Vertreter der Schweißhundrassen anzuwenden.

Grundsätze zur Wertbemessung

Der Begriff des Marktwertes setzt voraus, dass überhaupt ein Markt mit Angebot und Nachfrage besteht. Bei Schweißhunden können Zweifel angebracht sein, da nur selten solche, im Zuchtbuch des vom JGHV anerkannten Vereins eingetragene und insbesondere ältere Hunde angeboten werden. Das ist jedoch kein Grund, von der Ermittlung eines Marktwertes abzusehen, denn es muss möglich sein, den Wert einer Sache – auch wenn ein Hund im Rechtssinne eine solche nicht mehr ist – für den gedachten Fall des Verkaufes oder der Wiederbeschaffung zu ermitteln, denn dass ein „Handel" nicht zu verzeichnen ist, liegt nicht an der mangelnden Nachfrage, sondern am mangelnden Angebot. Insbesondere beim „Verein Hirschmann" (Hannoverscher Schweißhund) wird bewusst einem „Markt" im Interesse

„Marktwert"

einer gerechten Zucht und Führung entgegengewirkt. Im Falle von „Angeboten" würde sich auch eine „Nachfrage" ergeben, wie die Erfahrungen der Welpenvermittlungsstelle zeigen.

Mit Ausnahme der Schweißhunde ist bei der Bemessung des Gebrauchswertes eines Jagdhundes von den Leistungen auszugehen, die er zum Bemessungszeitraum im praktischen Jagdgebrauch zu erbringen in der Lage war und mit Wahrscheinlichkeit in der Zukunft noch erbracht hätte. Berücksichtigt werden somit in erster Linie die Fertigkeiten eines Hundes, die durch Prüfungen nachgewiesen sind, und das Alter, das für die Leistungsfähigkeit und die noch bestehende Lebenserwartung sowie die damit verbundene Gebrauchsfähigkeit von Bedeutung ist. Im Zuchtbuch ihrer Rasse eingetragene Jagdhunde können auf einer Reihe von Prüfungen geführt werden, die nach den Prüfungsordnungen des Deutschen Jagdgebrauchshundverbandes (JGHV) abgehalten werden, sog. „Verbandsprüfungen", oder auch auf Prüfungen der Zuchtvereine selbst. Bei diesen Prüfungen werden – untereinander im wesentlichen vergleichbar– sowohl die Anlagen als auch die Leistungen eines Hundes geprüft, z.T. Fertigkeiten auf nur ganz bestimmten Gebieten. Die Ergebnisse all dieser Prüfungen werden im Deutschen Gebrauchshundstammbuch (DGStB) gesammelt und registriert. Die auf den Prüfungen nachgewiesene Qualifikation ist nicht unbedingt identisch mit dem Leistungsniveau des Hundes in der den Prüfungen nachfolgenden Praxis. Der Hund kann besser sein, als auf der Prüfung nachgewiesen – sei es beispielsweise, dass er auf einer Prüfung ein Formtief hatte oder späterhin weitergehende Vollkommenheit erreichte. Andererseits können die Leistungen späterhin auch nicht mehr denen auf einer Prüfung entsprechen, etwa wenn der Hund von einem erfahrenen Abrichter geführt und an einen unerfahrenen Jäger verkauft worden ist oder nach den Prüfungen nur noch sporadisch geführt wird und ihm das ihm Anerzogene und von ihm Gelernte fremd wird oder er auch die erforderliche körperliche Kondition verliert. Es kann auch sein, dass der Hund mit der Zeit überdurchschnittliche Leistungen auf speziellen Gebieten aufweist (z. B. Schweißarbeit), was jedoch zur Folge hat, dass das Leistungsniveau auf anderen Gebieten sinkt oder er nicht mehr eingesetzt werden darf (z. B. Stöbern und Feldarbeit).

Wie hoch der Gebrauchswert letztlich zu veranschlagen ist, hängt davon ab, welche Prüfungen der Hund mit welchem Ergebnis abgelegt hat. Durch Prüfungen nicht nachgewiesene Eigenschaften beeinflussen den (Markt-) Gebrauchswert in aller Regel nicht; die Preise orientieren sich vornehmlich an attestierten Leistungen oder Anlagen.

Der Weg zu den Prüfungen ist je nach Können des Abrichters und den speziellen Gegebenheiten sowie der Haltung verschieden lang und aufwendig. Es ist daher bei der Gebrauchswertfestsetzung auszugehen von den durchschnittlichen Kosten (Ausbildung und Haltung), die erforderlich sind, einen „fertigen" Hund zu „produzieren", wobei als solcher ein VGP-Hund oder einer mit einer vergleichbaren Vollgebrauchsprüfung zu bezeichnen ist.

Eine Berechnung dieser „Produktionskosten" ist verschiedentlich in der Literatur vorgenommen worden, und es haben sich ganz bestimmte Werte „eingependelt", die der wirtschaftlichen Entwicklung entsprechend fort-

Einfluss der Prüfungen auf Wert

zuschreiben sind. Mit Recht ist darauf hingewiesen worden, dass die Wertfestsetzung nicht allein von den Kosten für die Produktion abhängt, denn bei Zugrundelegung eines „normalen" Stundenlohnes würden die Preise astronomische Höhen erreichen; vielmehr werden letztendlich die Marktpreise – und das ist eine Sonderheit bei Taxationen – von den Wertvorstellungen der Interessenten beeinflusst und begrenzt.

Es ist immer wieder zu beobachten, dass bei der Geltendmachung eines Schadenersatzanspruches ein Affektionsinteresse mit einfließt. In der jüngeren Rechtsprechung ist ein solches hinsichtlich der Erstattung der Behandlungskosten bei Schädigung eines Hundes anerkannt worden, jedoch nicht bei Tötung. Die von der Rechtsprechung in den 80er Jahren entwickelten Grundsätze sind durch das schon mehrfach zitierte Gesetz zur Verbesserung der Rechtsstellung des Tieres im Bürgerlichen Recht ab 1. 9. 1990 kodifiziert, so dass die Heilungskosten, die zu ersetzen sind, durchaus den Marktwert eines Hundes übersteigen können.

Die wertmäßige Erfassung weiterer Leistungsprüfungen neben der VGP hängt im wesentlichen davon ab, in welcher Kombination der Hund sie mit der VGP bestanden hat und mit welchem Ergebnis. Dabei lässt sich grundsätzlich festhalten, dass wohl eine VSWP als weitere Leistungsprüfung am höchsten zu bewerten ist, gefolgt von der Verlorenbringerprüfung, dem Nachweis der Raubwildhärte und schließlich der Bringtreueprüfung.

Bei der Festsetzung oder Schätzung des tatsächlichen Gebrauchswertes ist das Alter eines Hundes zum Zeitpunkt des schädigenden Ereignisses von Bedeutung. Bei den „Produktionskosten" gehen verschiedene Autoren von einem „etwa zweijährigen" Hund aus. Die errechneten Werte dürften jedoch auch noch bei einem dreijährigen Hunde zugrundezulegen sein, der zwar zwischenzeitlich auch einige Unterhaltskosten verursacht hat, die indessen nicht im Vordergrund stehen. Insbesondere hat aber der zweijährige Hund erst eine Jagdsaison (Herbst/Winter) mitjagen können, während der ältere eine weitere Saison gejagt hat und erst aufgrund der nun gemachten praktischen Erfahrungen und der Bewährung in der Praxis als „fertiger Hund" bezeichnet werden kann.

Von diesem Zeitpunkt ab sind für die nun folgenden Jahre vom angenommenen Höchstgebrauchswert jeweils Abschläge zu machen, deren Höhe sich nach der Lebenserwartung richtet und dem Umstande entspricht, dass der Hund mit zunehmendem Alter auch weniger den ihm ursprünglich gestellten Forderungen zu entsprechen in der Lage ist.

„Abschreibung"

Im Einzelfall ist unter Umständen auch zu berücksichtigen, dass es Rassen, Schläge und Individuen gibt, die besonders schnell oder langsam altern, dass ein Hund auf einem Spezialgebiet länger leistungsfähig sein kann als im Feld, im Wasser und im Wald allgemein, und dass auch eine besonders bevorzugte und ausgeübte Jagd, beispielsweise die Wasserjagd, einen Hund vorzeitig verschleißen kann.

Ungeachtet dieser Besonderheiten des Einzelfalles kann generell davon ausgegangen werden, dass wegen der geringer werdenden Lebens- und Gebrauchserwartung der gesunde Hund bis zum neunten Lebensjahr etwa die Hälfte seines Wertes verliert, in den folgenden zwei Jahren etwas größere Abzüge zu machen sind als vorher und der Hund schließlich mit zwölf

Jahren keinen Gebrauchswert mehr hat. Die etwas größeren Abzüge im 9. und 10. Jahre finden ihre Begründung in dem in diesem Lebensabschnitt besonders auffälligen Nachlassen an Kondition und Ausdauer; danach ist der Hund nur noch sehr bedingt einsatzfähig.

Dass der Wert eines Hundes „abgeschrieben" werden muss, ist unter den Sachverständigen und auch bei Versicherungen grundsätzlich unstreitig. Einige Autoren beginnen jedoch mit der Abschreibung erst in einem etwas höheren Alter und machen dann jährlich höhere Abzüge. Generell ist jedoch festzuhalten, dass ein Hund mit zwölf Jahren keinen „Marktwert" mehr hat. Wer das bestreitet, müßte plausibel machen, wer einen solchen Hund noch zu kaufen gewillt ist. Die Zivilgerichtsbarkeit ist auch dieser Methode gefolgt.

Merkantiler Zuchtwert

Der vom Gebrauchswert zu unterscheidende und gegebenenfalls zu diesem tretende merkantile Zuchtwert hängt grundsätzlich davon ab, ob der Hund nachweisbar gut vererbt hat – wobei für den Einsatz als Zuchttier eine einfache Feststellung der „Zuchttauglichkeit" selbstverständlich Voraussetzung ist –, und wie alt er wiederum ist.

Vererben kann der Hund die besonderen phänotypischen Merkmale – sog. „Form- und Haarwert" – sowie die viel wichtigeren jagdlichen Anlagen, wie etwa Nase, Schärfe, Laut und insbesondere Wesensmerkmale. Ausgehend von der Tatsache, dass es kein Rezept dergestalt gibt, dass die Paarung zweier Suchensieger wiederum überdurchschnittlichen Nachwuchs ergeben muss, und die Kenntnis über die Vererbung der Vielzahl der für die Jagd wesentlicher Eigenschaften und ihre Abhängigkeit untereinander und auch von den unerwünschten Eigenschaften noch sehr gering sind, lassen sich hinlänglich sichere Schlüsse auf die Eltern erst von den Verwandten, insbesondere von den Kindern, aus ziehen.

Nach den Zuchtordnungen der verschiedenen Zuchtvereinigungen dürfen Rüden und Hündinnen in der Regel nur bis zu einer bestimmten Altersgrenze zur Zucht verwandt werden. Auch diese Bestimmungen beeinflussen den Zuchtwert.

Der Zuchtwert darf allerdings in diesem Zusammenhang nicht im Sinne wertvollen Erbgutes verstanden werden, sondern der im Marktwert (Verkehrswert, merkantiler Wert) neben dem Gebrauchswert sich niederschlagende Zuchtwert ist unter wirtschaftlichen Gesichtspunkten der Wert, den das Zuchttier für den Züchter noch hat oder gehabt hätte; er ist sozusagen ein „Ertragswert". Es muss mithin fiktiv berechnet werden, was für „Netto-Einkünfte" die „Nutzung" des Hundes noch erbracht hätte. Dabei sind die Aufwendungen dem Ertrag gegenüberzustellen, wobei für einen Rüdenbesitzer kaum besondere Aufwendungen entstehen, die „Produktion" von Welpen indessen für den Hündinnenbesitzer erhebliche Kosten verursacht.

Auf einige Besonderheiten bei der Taxation des Wertes eines Schweißhundes sei noch hingewiesen.

Wertbemessung von Schweißhunden

Neben den Prüfungen dienen innerhalb der Zuchtvereine der beiden Schweißhundrassen der Feststellung der Leistungsstärke die von einem Verantwortlichen des Vereins geführte Liste und der die jeweils in einem Jagdjahr unter erschwerten Verhältnissen durchgeführten Nachsuchen. Diese Liste wird beispielsweise im „Verein Hirschmann" vom Zuchtwert nach den von jedem Schweißhundführer eingereichten Berichten über sämtliche Einsätze erstellt. Jeder Schweißhundführer ist gehalten, sie auf einem Formblatt darzulegen. Nur unter erschwerten Verhältnissen durchgeführte Nachsuchen finden alsdann nach Entscheidung durch den Zuchtwart Eingang in die Leistungsliste. Mit den gesammelten Leistungsnachweisen neben den Prüfungsergebnissen gibt es somit für den Schweißhund Bewertungsmaßstäbe, die dem tatsächlichen Vermögen des Hundes in der Praxis entsprechen, während bei der Taxation allein nach Prüfungsergebnissen häufig eine Fiktion zugrunde liegt, denn die Prüfung beispielsweise des Hannoverschen Schweißhundes ist praktisch Jagdausübung, während hingegen die Verbandsprüfungen von der Praxis mehr oder weniger weit entfernte „Tests" darstellen.

Schließlich sind auch bei einem Schweißhund die eine „Abschreibung" bedingenden Umstände zu beobachten. Indessen erscheint es angebracht, mit der „Abschreibung" erst nach dem 5. Lebensjahr zu beginnen, denn einmal legt der Schweißhund üblicherweise erst in diesem Lebensalter etwa seine Hauptprüfung ab, denn das für diese Prüfung erforderliche Leistungsniveau erreicht generell ein Schweißhund vor diesem Leistungsalter kaum. Überdies ergibt sich daraus auch, dass dessen „Ausbildung" erst in diesem Alter einen gewissen Abschluss gefunden hat. Es ist also davon auszugehen, dass der durchschnittlich eingesetzte Schweißhund mit den in der Nachsuchenpraxis auftretenden Schwierigkeiten und den verhaltensbiologischen Besonderheiten eines verfolgten kranken Stück Hochwildes hinreichend Erfahrungen gesammelt hat.

Zum Schluss noch einige Bemerkungen zu den Kosten eines Sachverständigengutachtens.

Bisweilen ist zu beobachten, dass ein Gutachten von eineinhalb Seiten aus der Feder eines Tierarztes offensichtlich den Wert eines plötzlich aufgefundenen Notenblattes von Mozart hat; Inhalt und Aussagekraft stehen im umgekehrten Verhältnis zum begehrten Honorar. Es gibt ein Gesetz über die Entschädigung von Zeugen und Sachverständigen, nach denen ein seriöser Sachverständiger seine Kosten auch berechnen sollte.

Der JGHV hat sich des Sachverständigenwesens angenommen. Eine Liste jagdkynologischer Sachverständiger für Gerichte, Versicherungen und Privatpersonen, die auf Vorschlag der Verbandsmitglieder erstellt worden, entsprach nicht den Vorstellungen und Anforderungen, die an die Persönlichkeit und das Wissen eines jeden Sachverständigen zu stellen sind.

In drei Seminaren, abgehalten vom JGHV im Januar, Februar und April 1995 in Künzell, Springe und Teupitz hat der JGHV versucht, unter Berücksichtigung aller denkbarer Aspekte bei der Erstellung eines Gutachtens erfahrene Jagdgebrauchshundleute für eine Sachverständigentätigkeit vorzubereiten oder ihr Wissen zu vervollkommnen.

Sachverständige des JGHV

In der neu vom JGHV erstellten Sachverständigenliste sind nur noch Teilnehmer an diesen Seminaren enthalten.

510 | *Kapitel VI* **Der Jagdhund in der Kunst**

Der Jagdhund in der Kunst

Der Hund, die schöne Kreatur

Gegen Ende der Betrachtungen über den Jagdhund, und wenn man Revue passieren lässt, aus was für mannigfachen Blickwinkeln wir ihn beobachtet haben, wird offenbar, dass wir offensichtlich bislang beharrlich vermieden haben, den Hund als das zu sehen, was er – wenn man ihn wortwörtlich aus „Distanz" betrachtet – ist, nämlich ein faszinierend schönes Tier. Das trifft allerdings nicht auf jeden Hund zu; vielmehr gibt es auch unter ihnen äußerst hässliche Exemplare, wobei wiederum festzustellen ist, dass Hunde eben auch nur Menschen sind.

Dabei bleibt an dieser Stelle schon festzuhalten, dass das Abstoßende, Hässliche am Hund, wo wir es finden, in aller Regel nicht eine „natürliche" Hässlichkeit ist, vielmehr eine „verschuldete", nämlich bewusst herbeigeführte Erscheinungsform. Wenn man einen Wolf betrachtet, so muss man – falls man sich von den überlieferten und fast traditionell eingepflanzten Vorurteilen, es handele sich um ein zickleinmordendes und kinderfressendes Ungeheuer handelt – feststellen, dass der Ahnherr unserer Hunde ein schönes

Natürliche Bewegung

Tier ist, dessen Schönheit eigentlich und wirklich erst dann vollkommen zum Ausdruck kommt, wenn er sich natürlich bewegt. Diese natürliche Schönheit ist den Hunden abhanden gekommen, die die Menschen nach ihren skurrilen Vorstellungen gezüchtet haben. Bis zu einem großen Teil ist sie noch den Hunden erhalten geblieben, die als Jagdhunde uns begleiten und einen Beruf als mehr oder weniger spezialisierter Wolf ausüben.

Wir haben uns mit der Entwicklungsgeschichte des Hundes befasst, mit seiner Biologie, mit seiner Ausbildung, mit der Geschichte des Jagdgebrauchshundwesens und so fort bis hin zu der Frage, wie denn der materielle Wert eines Hundes zu bemessen sei. All das wäre wohl nicht einer Erörterung wert gewesen, wenn nicht der Hund, der Jagdhund, in uns Menschen,

Ästhetik

in uns Jägern, eine Seite ansprechen würde, die mit der Wahrnehmung für das Schöne zu tun hat. Man mag den Begriff der Ästhetik definieren wie man will, jedenfalls befasst er sich mit den Erscheinungsformen des Schönen, wobei sowohl das natürlich Schöne wie auch das menschlich Geformte, das „Kunstschöne", davon erfasst werden, wobei wiederum sich diese Anschauung nicht nur auf das Erhabene und Beeindruckende beschränkt, sondern auch etwa das Anmutige oder Komische mit einschließt. „Ästhetisch" in bezug auf den Hund bedeutet einmal, dass man ihn selbst in seinen verschiedensten Erscheinungs- und Ausdrucksformen als schön, angenehm empfindet. Darüber hinaus schließt jedoch der Begriff der Ästhetik auch die Erscheinungsformen des Jagdhundes in der Kunst, beispielsweise in der darstellenden Kunst, der Literatur oder der Musik ein.

Der Jagdhund begegnet dem Jäger auf der Jagd, aber auch beim Spaziergang, schließlich auf Ausstellungen, Körschauen, Pfostenschauen oder ähnlichen Veranstaltungen, die bei den Jagdhunden – noch – im wesentlichen dazu dienen, bestimmte Feststellungen hinsichtlich der züchterischen Verwendbarkeit eines Individuums zu treffen, obwohl manche Rassen seit vielen Jahrzehnten einen für das Jagdgebrauchshundwesen verhängnisvollen

Vom Jagdkumpan zum modischen Accessoire

Weg eingeschlagen haben, indem sie nämlich bewusst oder unbewusst vom Jagdkumpan zum modischen Accessoire degradiert wurden.

Wie sehr der jagende Hund die Jäger anspricht, hat wohl jeder von ihnen, selbst wenn einer zum Hund eine innere Distanz hat, schon erfahren.

Wer sich eine innere Bereitschaft, die Schönheit eines Tieres zu empfinden, bewahrt hat, muss – wenn ein sich natürlich im Revier bewegender Hund sich ihm „offenbart" – das eigentlich jeder Natürlichkeit innewohnende Schöne empfinden. BUNSEN hat die Arbeit eines Vorstehhundes beschrieben und dabei dichterisch zum Ausdruck gebracht, was ich versucht habe anzudeuten und diese schon häufig zitierten Worte seien an dieser Stelle nochmals in Erinnerung gerufen:

> Suchend streift er durch die Flur,
> nichts entgeht der feinen Nase,
> selbst die allerkleinste Spur
> wittert er im hohen Grase;
> wie gewandt, wie klug und fein
> weiß er alles auszuspäh'n!
> Seiner Arbeit zuzuseh'n
> ist schon Götterlust allein.

Wie wenig natürlich geht es im Gegensatz dazu auf den Veranstaltungen vor sich, auf denen es um das Exterieur eines Hundes geht. Ich will hier nicht von den mit dem Jagdgebrauchshundwesen nichts gemein habenden Ausstellungen sprechen, auf denen die Hunde onduliert, parfümiert, geföhnt und geschönt und dann mit allerlei Verlockungen und Leinenhilfen dem Richter vorgeführt werden mit dem alleinigen Ziel, dass der Liebling vielleicht der großen Reihe von „Auszeichnungen" eine weitere anfügen möge. Bei den

Weimaraner beim Vorstehen eines Fasans
Schule J. B. Ourdy, Frankreich um 1750

Zuchtziel

Zuchtschauen der Jagdgebrauchshunde steht im Vordergrund das Bemühen, herauszufinden, ob ein ganz bestimmter Hund dem Standard entspricht, wobei dieser wiederum Rücksicht nimmt auf die Erfordernisse der jagdlichen Brauchbarkeit der Angehörigen einer ganz bestimmten Jagdhundrasse. Die Beurteilung schließt bestimmte Verhaltensweisen mit ein, deren Feststellung letztendlich auch Einfluss darauf hat, ob ein ganz bestimmtes Zuchtziel erreicht ist oder nicht, und ob das Individuum grundsätzlich zu denen gezählt werden darf, die zur weiteren Vermehrung der Rasse eingesetzt werden. Aber auch dabei ist das Verhalten des Hundes in aller Regel nicht von der Natürlichkeit geprägt, wie wir sie im Revier lieben; vielmehr versucht jeder Führer, seinen Hund möglichst günstig „vorzustellen". Man bemüht sich zwar, den Hund in allen Gangarten zu beobachten und zu beurteilen, wobei allerdings ein Hund, der an der Leine geführt wird, immer mehr oder weniger unter dem unmittelbaren Einfluss seines Herrn „leidet". Hinzu kommt, dass die für ihn ungewohnte Umgebung im Rahmen einer größeren Veranstaltung auch seine Verhaltensweisen beeinflusst und „verfälscht".

Videokamera als Hilfsmittel der Formwertrichter

Auf allen Gebieten werden technische Hilfsmittel eingesetzt. Der technische Fortschritt erlaubt Beobachtungen, Feststellungen etc., die vor kurzem nicht möglich erschienen. Warum macht man sich bei der Formwertbeurteilung nicht zunutze, dass man einen Hund in seinen ganz natürlichen Bewegungsabläufen mit einer Videokamera hervorragend „festhalten" und dieses Dokument beliebig wiederholbar angeschaut werden und zur Grundlage einer Beurteilung gemacht werden kann? Man kann den Hund im Stand beobachten, im Trab, im Galopp, man kann beobachten, wie der Hund die Vorderläufe, die Hinterhand und den Rücken bewegt, man kann den Videofilm in verschiedenen Geschwindigkeiten ablaufen lassen. Mit der Videokamera wäre den Formwertrichtern die Möglichkeit gegeben, sich ein wirklich umfassendes und zutreffendes Bild über einen Hund zu machen. Warum lassen die Zuchtvereine nicht von jedem Hund, der zur Formwertbeurteilung ansteht, nach einem näher umrissenen „Rezept" einige wesentliche Sequenzen herstellen, die dann zur Grundlage eines Urteils gemacht werden können, die überdies den Vorteil bieten, das Urteil zu erläutern, zu dokumentieren und den Richter vor allen Dingen auch zwingen, da dessen Gedankengänge reproduzierbar sind, hieb- und stichhaltig zu argumentieren? Auch zur Nachprüfung eines Urteils wäre die Dokumentation unschätzbar, wie sie letztendlich auch von Bedeutung sein kann, wenn man die Fortentwicklung eines Hundes beobachten will. Vielleicht ist irgendwann einmal ein Zuchtverein so avantgardistisch und macht in dieser Richtung einen Versuch.

An dieser Stelle kann ich es mir nicht verkneifen, einige satirische Bemerkungen von Günter Grass zu Hundeausstellungen zu bringen. Wenn sich diese Bemerkungen zwar auf den Schäferhund beziehen, wären sie doch auch ohne Abstriche für manche Formwertbeurteilung bei Jagdhunden typisch:

Günter Grass

Lass uns nun Dank sagen

    Lass uns nun Dank sagen, indem wir hymnisch hochpreisen zweiunddreißigmal den deutschen schwarzhaarigen Schäferhund. Das war, das ist er.
Diskutantenchor:
    Ein langgestreckter, stockhaariger mit Stehohren und langer Rute.
Zwei Diskutanten:
    Einen Fang mit gutschließenden trockenen Lefzen hat er.
Fünf Diskutanten:
    Dunkle, leicht schrägliegende Augen blicken.
Ein Diskutant:
    Aufrecht und knapp nach vorn geneigt stehen die Ohren.
Diskutantenchor:
    Straff der Hals, ohne Wamme und lockere Kehlhaut.
Zwei Diskutanten:
    Um sechs Zentimeter überragt die Rumpflänge die Schulterhöhe.
Diskutantinnen:
    Von allen Seiten betrachtet, stehen die Läufe gerade.
Diskutantenchor:
    Gut schließen die Zehen. Seine lange, leicht abfallende Kruppe. Ordentlich hart die Ballen.
Zwei Diskutanten:
    Schultern, Keulen, Sprunggelenke:
Eine Diskutantin:
    kräftig, gut bemuskelt.
Diskutantenchor:
    Und jedes einzelne Haar: gerade, fest, anliegend, harsch und schwarz.
Fünf Diskutanten:
    Auch die Unterwolle: schwarz.
Zwei Diskutantinnen:
    Keine dunkel getönte Wolfsfärbung auf grauem oder gelbem Grund.
Ein Diskutant:
    Nein, überall, bis in die stehenden, knapp nach vorn geneigten Ohren, auf tiefer gewirbelter Brust, längs den mäßig behosten Keulen, glänzt sein Haar schwarz.
Drei Diskutanten:
    Regenschirmschwarz, schultafelschwarz, priesterschwarz, witwenschwarz …

Fünf Diskutanten:
> schutzstaffelschwaz, falangeschwarz, amselschwarz, othelloschwarz, ruhrschwarz

Diskutantenchor:
> veilchenschwarz, tomatenschwarz, zitronenschwarz, mehlschwarz, milchschwarz, schneeschwarz …

Diskussionsleiter:
> Amen!

Die Diskussion löst sich auf.

Der Hund in der Literatur

Homer

Selten nur findet man in Lyrik oder Prosa den Hund als Mittelpunkt des Geschehens, vielmehr spielt er wie auch in allen anderen Bereichen der Kunst meist nur eine, wenn auch offensichtlich höchst willkommene „Statistenrolle". Berühmt ist die Szene, in der HOMER bei Rückkehr des Odysseus dessen Wiedersehen mit Argos, seinem Jagdhund, schildert:

Aber ein Hund erhob auf dem Lager sein Haupt und die Ohren, Argos, welchen vordem der leidengeübte Odysseus selber erzog; allein er schiffte zur heiligen Troja, ehe er seiner genoss. Ihn führten die Jünglinge vormals immer auf wilde Ziegen und flüchtige Hasen und Rehe; aber jetzt, da sein Herr entfernt war, lag er verachtet auf dem großen Haufen vom Miste der Maultier' und Rinder, welcher am Tore des Hofes gehäuft ward, dass ihn Odysseus' Knechte von dannen führen, des Königes Äcker zu düngen. Hier lag Argos, der Hund, von Ungeziefer zerfressen. Dieser, da er nun endlich den nahen Odysseus erkannte, wedelte zwar mit dem Schwanz und senkte die Ohren herunter, aber er war zu schwach, sich seinem Herren zu nähern. Und Odysseus sah es und trocknete heimlich die Träne, unbemerkt von Eumäos, und fragte seinen Begleiter:

„Wunderbar ist es, Eumäos, dass dieser Hund auf dem Miste liegt! Sein Körper ist schön von Bildung; aber ich weiß nicht, ob er mit dieser Gestalt auch schnell im Laufe gewesen oder so, wie die Hund' um der Reichen Tische gewöhnlich sind; denn solche Herren erziehn sie bloß zum Vergnügen."

Ihm antwortetest du, Eumäos, Hüter der Schweine:

„Freilich. Denn dies ist ein Hund des ferne gestorbenen Mannes. Wär er derselbige noch an Gestalt und mutigen Taten, als wie Odysseus ihn, gen Troja schiffend, zurückließ, sicherlich würdest du jetzt die Kraft und die Schnelle bewundern! Trieb er ein Wildbret auf im dichtverwachsenen Waldtal, nimmer entfloh es ihm; denn er war auch ein weidlicher Spürhund. Aber nun liegt er im Elend hier; denn fern von der Heimat starb sein Herr, und die Weiber, die faulen, versäumen ihn gänzlich.

Das ist die Art der Bedienten: Sobald ihr Herr sie nicht antreibt, werden sie träge zum Guten und gehn nicht gern an die Arbeit.

Zeus' allwaltender Rat nimmt schon die Hälfte der Tugend einem Manne, sobald er die heilige Freiheit verlieret."

Also sprach er und ging in die schöngebaute Wohnung, eilte dann grad in den Saal zu den übermütigen Freiern. Aber Argos umhüllte der schwarze Schatten des Todes, da er im zwanzigsten Jahr Odysseus wiedergesehen.

Einen Hund jener Art offensichtlich schildert SHAKESPEARE im „Sommernachtstraum":

Auch meine Hunde sind aus Spartas Zucht, großmäulig, rötlich, lang die Ohren, so dass sie den Morgentau vom Grase streifen, krummbeinig, wammig, wie Thessaliens Stiere; nicht flink zur Jagd, doch ihre Kehlen sind wie Glocken abgestimmt. Harmonischer Klang nie Gebell, selbst nicht mit Waldhorngruß, in Kreta, Sparta oder in Thessalien: Hört, urteilt selbst ...

Shakespeare

Die schöngeistige Jagdliteratur, die Jagddichtung, hat im deutschen Sprachraum ihren Ursprung zunächst in mündlichen Überlieferungen vorchristlich-germanischer Zeit, die später von Mönchen aufgezeichnet und überarbeitet wurden. Das wichtigste Beispiel hierfür ist die Nibelungensage, die erst um 1200 im „Nibelungenlied" die bis heute überkommene schriftliche Form erhielt und ausführliche Jagddarstellungen aufweist. Daraus:

Nibelungensage

Da sprach der Herr Sigfrid:
„Der Hunde ich entrat außer einem Bracken, der Wittrung hat, dass er aufspüre die Fährten des Wildes durch den Tann."
Da rief der König Gunter ihm, was er wollte, heran. Was aufgejagt der Bracke, erlegte mit seiner Hand Sigfrid, der vielkühne, der Held aus Niederland.

In der recht umfangreichen Jagdliteratur der folgenden Jahrhunderte spielte der Hund, der Jagdhund, allüberall die schon erwähnte Nebenrolle.

Zur Jagdliteratur im weitesten Sinne gehören wohl auch die Jägersprüche und das Jägergeschrei – Reimsprüche, die zum Zwecke der Belehrung und der Prüfung hirschgerechter Jäger entstanden. Für uns Hundeleute ist das auf die Saujagd bezogene Jagdgeschrei von besonderer Bedeutung:

Jägersprüche

Jo, ho, ho Rüd do, Rüd do, huch Su!
Das war der Ruf des Rüdemannes und dann:
Hui Sau, hui Sau!,
wenn die Sau von den Hunden gedeckt war und abgefangen werden sollte. Aus diesem Ruf des Rüdemannes ging dann das allbekannte und in der Gegenwart arg strapazierte „Horrido" hervor.

Erinnert sei in diesem Zusammenhang auch an die zu Herzen gehende Lebensgeschichte des Jagdhundes Krambambuli von MARIE VON EBNER-ESCHENBACH und auch daran, dass beispielsweise LESSING den Jagdhund in den Kreis seiner Fabeln mit einbezog:

Marie von Ebner Eschenbach

Die Hunde.
Wie ausgeartet ist hierzulande unser Geschlecht! sagte ein gereister Pudel. In dem fernen Weltteile, welches die Menschen Indien nennen, da, da gibt es noch rechte Hunde; Hunde, meine Brüder – ihr werdet mir es nicht glauben, und doch habe ich es mit meinen Augen gesehen – die auch einen Löwen nicht fürchten und kühn mit ihm anbinden.

Lessing

Aber, fragte den Pudel ein gesetzter Jagdhund, überwinden sie ihn denn auch, den Löwen?

Überwinden? war die Antwort. Das kann ich nun eben nicht sagen.

Auf dem Anschuß. Nach dem Ölgemälde von Karl Hilgers

Der Hund in der Darstellenden Kunst

Heinrich Sperling

Gleichwohl, bedenke nur, einen Löwen anzufallen!

Oh, fuhr der Jagdhund fort, wenn sie ihn nicht überwinden, so sind deine gepriesenen Hunde in Indien – besser als wir so viel wie nichts – aber ein gut Teil dümmer.

Die Ausbreitung des Buchdruckes zu Zeiten Kaisers Maximilian I. (1459 bis 1519) führte auch dazu, dass die Zahl der damals die Jagdliteratur illustrierenden Kupferstiche zunahm. Das ganze Leben des Kaisers war so von der Jagdpassion durchdrungen, dass er selbst darüber schrieb und Berufene des Künstlerkreises mit denen er sich als Mäzen umgab, darüber schreiben ließ. Lucas Cranach der Ältere malte in das Gebetbuch seines kaiserlichen Herrn so schöne Tierminiaturen, dass der hohe Jagdherr selbst beim Gebet nicht auf Gedanken an sein geliebtes Weidwerk zu verzichten brauchte.

In der Folgezeit bis in die Gegenwart haben sich eine große Anzahl von Künstlern in den verschiedensten Techniken der Darstellung jagdlicher Szenen bemächtigt, wobei fast immer ein oder mehrere Jagdhunde auf den Bildern zu sehen sind, jedoch meist als auf keinen Fall zu vernachlässigendes, jedoch nur eine Nebenrolle spielendes Beiwerk. Bilder, in denen Jagdhunde im Mittelpunkt des Geschehens stehen, sind nach meinen Beobachtungen sehr selten; häufiger sind schon die Szenen, wo Hund und Wild als Widerpart dargestellt sind und das Bild von eben dieser immer kämpferischen Auseinandersetzung lebt. Bilder von Wildschwein- oder Hirschjagden dieser Art sind eigentlich jedem Jäger geläufig, der mit offenen Augen durch die Welt geht, wie auch bisweilen in Stilleben Jagdhunde neben dem erlegten Wild eine dominierende Rolle spielen. Bis in die Gegenwart hinein ist dies zu beobachten, wobei hin und wieder ein Künstler, der offensichtlich gleichzeitig ein Hundenarr ist, diesen in den jagdlichen Szenen ein über das normale Maß hinausgehendes Gewicht gibt. Ein ganzes Buch den Hunden zu widmen, blieb jedoch offensichtlich in der Gegenwart RIEN PORTVLIET vorbehalten, dessen „Mein Hundebuch" für jeden Betrachter, der auch nur ein wenig für den Hund übrig hat, ein nie versiegender Quell der Erbauung ist.

Ehe man der Versuchung erliegt, sich mit einzelnen Künstlern oder Kunstwerken zu befassen, soll es hier sein Bewenden haben mit der Aufforderung, das geübte Jägerauge auch einmal beim Anschauen von Bildern offen zu halten, – sei es in alten Jagdzeitschriften, in Kunstbüchern, Museen oder Ausstellungen; man wird Erstaunliches entdecken.

Drei Namen müssen jedoch an dieser Stelle noch genannt werden: Heinrich Sperling, Ludwig Beckmann und Richard Strebel.

• Heinrich Sperling (1844–1924) wurde zum Vorbild aller Jagdhundemaler. Er ist uns schon bekanntgeworden als „Vater" des „Sperlingshundes".

Hundeskizzen von Heinrich Sperling

Kaum eine Jagdzeitschrift der damaligen Zeit, wohl auch unseres Jahrhunderts, enthielt nicht das eine oder andere Jagdhundebild von Sperling. Sein künstlerisches Schaffen beschränkte sich jedoch nicht nur auf Jagdhunde; er malte auch beispielsweise die Hunde der kaiserlichen Familie.

• Ludwig Beckmann (Pseudonym: „Revierförster Holster", (1822–1902) kam von Hannover nach Düsseldorf, wo der passionierte Jäger und Rüdemann auch 1895 das im Verlag Friedrich Vieweg & Sohn in Braunschweig erschienene zweibändige Buch „Geschichte und Beschreibung der Rassen des Hundes" herausgab. Ludwig Beckmann, der sich selbst als „Jagd- und Tiermaler in Düsseldorf" bezeichnete, illustrierte dieses Werk in hervorragender Weise, Beckmann bevorzugte die Holzschnittechnik.

Ludwig Beckmann

• Der 1860 geborene Richard Strebel schließlich, Maler wie Ludwig Beckmann, wird neben diesem und dem Engländer Vero Shaw als bedeutendster Kenner der Geschichte der Rassehunde bezeichnet. 1904 erschien der Doppelband „Die Deutschen Hunde – ein ausführliches Handbuch über Zucht, Führung und Pflege des Hundes", das nicht nur eine große Zahl von ihm selbst geschaffener Bilder, sondern auch die Wiedergaben alter, für die Rassengeschichte wertvoller Dokumente enthält. Dazu sagt STREBEL in seinem Vorwort selbst: „Naturgemäß habe ich als Künstler den Illustrationen meine ganz besondere Sorgfalt gewidmet und durch verschiedene Technik möglichst Abwechslung zu bieten versucht. Da, wo ich Idealtypen gebe, habe ich meinem Geschmack unter selbstverständlicher Wahrung der Rassemerkmale zum Ausdruck verholfen."

Richard Strebel

Kapitel VI Der Jagdhund in der Kunst

Hundeskizzen von Heinrich Sperling

Jagdornamente

Die bildlichen Darstellungen sagen auch etwas zur symbolischen Bedeutung des Jagdhundes. Beispielhaft sei der Jagdfries an der Stiftskirche in Königslutter erwähnt. Königslutter liegt zwischen Braunschweig und Helmstedt, wo in der Nähe seines Stammsitzes Süpplingenburg Kaiser Lothar im Jahr 1135 die Benediktinerabtei begründete, deren Kirche heute noch besteht. In der Mitte dieser Stiftskirche wurde Kaiser Lothar 1137 beigesetzt, neben ihm die Kaiserin Riechenza und sein Schwiegersohn Heinrich der Stolze, der Vater Heinrichs des Löwen. Auf dem Jagdfries an der Hauptapsis der Stiftskirche sind zwei Jagden dargestellt: An der Nord- und an der Südseite leitet ein Jäger mit Horn die Jagd ein, auf der Nordseite schlagen Hunde einen Hasen, auf der Südseite einen Keiler. Der zweite Hund auf der Südseite verfolgt offensichtlich den Hirsch, der auf der Ostseite dargestellt ist. Diesem kommt am anderen Ende ein Jäger entgegen, der einen erlegten Hasen am Knüppel trägt, so dass im mittleren der drei Abschnitte die beiden Jagden aufeinander stoßen. Wer an dieser Stelle eine Verherrlichung der Jagd erwartet, wird enttäuscht: Zwei Hasen fesseln ihren Jäger!

„Physiologus"

Eine Deutung dessen, was der Jagdfries darstellt, ergibt sich aus dem „Physiologus", jenes Volksbuches der Urchristenheit, das in der Beschreibung der Tierwelt Gleichnisse für das Wirken Gottes bietet. Das Schwein galt schon im alten Testament als unrein, deswegen ist der Jäger, der es mit seinen Hunden verfolgt der Gute; die Hunde sind also tugendhaft, sie unterstützen den Jäger bei seinem guten Tun.

Der Jäger auf der Nordseite muss umgekehrt der Böse sein, denn am Beispiel des Hasen wird beschrieben, wie sich der Mensch vor dem verfolgenden Jäger, dem Teufel, schützen kann. Auf der dem finsteren Norden zugewandten Seite triumphiert das Böse; der Hund fängt den Hasen, er ist Gehilfe des Teufels. Im mittleren Abschnitt sieht man den Jäger mit dem erlegten Hasen, dem Sinnbild der menschlichen Seele. Als Gegner des Bösen erscheint der Hirsch, der nach der Deutung des Physiologus wie Christus die Menschen vom Teufel befreit. Dank dieser Tat wird es den Hasen möglich, den bösen Jäger zu überwinden, indem sie ihn an Händen und Füßen knebeln.

Dass der Jäger einmal ein Guter, ein andermal ein Böser sein kann, kommt offensichtlich häufiger vor. Bedeutsam erscheint, dass der Jagdhund jeweils dazu berufen und bereit ist, dem Jäger in seiner jeweiligen Rolle zu dienen und ihm Kumpan zu sein, denn ohne ihn wäre es wohl unmöglich, sein Werk zu vollenden.

Jagd-Gobelins

Der Kampf zwischen Gut und Böse wird auch in den Darstellungen der Jagdteppiche der ehemaligen Nonnenklöster Ebstorf, Isenhagen, Heiningen und insbesondere Wienhausen aufgenommen – kostbare Stickereien, die im 14. und 15. Jahrhundert zum Teil von den Nonnen geschaffen worden sind, und die ihre evangelischen Nachfolgerinnen so weit wie möglich heute noch treu bewahren. Die niederdeutsche Beischrift auf dem ältesten dieser Teppiche im Kloster Wienhausen bringt u. a. zum Ausdruck, dass in dem Wald das Wild lebt oder läuft, und wer es fangen will, schnelle Hunde haben muss. So jagen denn auf dem Bildstreifen auch modisch gekleidete Herren zu Pferde und zu Fuß mit Falken, Hunden und jagdlicher Ausrüstung die verschiedensten Tiere – Hirsch, Fuchs oder Wolf, aber auch Einhorn und andere phantastische Tiere, vielleicht Löwen oder einen Greif. Es handelt sich hier letztendlich auch wie in Königslutter um Darstellungen des Kampfes zwischen Gut und Böse, bei dem der Hund als Begleiter des Menschen die diesem zugewiesene Rolle mitspielt.

Einhornjagd

Das Einhorn ist jedoch nicht nur ein Statist auf den bildlichen Darstellungen, sondern steht häufig mit in ihrem Mittelpunkt. Der Überlieferung nach hat nur eine reine Jungfrau Gewalt über das Einhorn; man bezieht dies auf die jungfräuliche Geburt Christi. So sieht man die Jungfrau Maria mit dem Einhorn und verdeutlicht damit symbolisch die Menschwerdung Christi. Um 1400 ist dieses Bild mit dem geläufigen Typ der Verkündigung des Engels an Maria vereinigt und daraus eine symbolische Einhornjagd geschaffen: der Erzengel Gabriel verfolgt als Jäger das im Schoß Marien ruhende Einhorn; er ist begleitet von seinen Jagdhunden, die die Tugenden Barmherzigkeit, Wahrheit, Gerechtigkeit und Friede verkörpern. Darstellungen dieser Art finden wir auf Leuchtern, Altären und auch Wandteppichen, wie beispielsweise im Kloster Wienhausen.

Kunsthandwerk

Nicht unerwähnt bleiben dürfen in diesem Zusammenhang die Darstellungen der Jagdhunde im Rahmen des Kunsthandwerks, das im jagdlichen Bereich einen weiten Raum einnimmt. Der Jäger hatte schon immer das Verlangen, sein Jagdgerät stilvoll und häufig mit Symbolcharakter zu schmücken. In der Vergangenheit wurden Jagdschlitten und Jagdwagen reich verziert, gleiches galt für Pferdegeschirre und Hundehalsbänder. Heute noch sind feine Gewehre mit Gravuren und Verschneidungen versehen.

Numismatik und Philatelie

In die Darstellungen immer mit einbezogen sind auch Jagdhunde, die jedoch – wie schon ausgeführt – auch hier immer nur eine Nebenrolle spielen, eine dienende Aufgabe haben. Das gleiche gilt für die Darstellungen auf Kristallgläsern, auf Porzellan und Fayencen, Jagdmedaillen und Jagdmünzen oder auf Tabakspfeifen und Jagd- sowie Schützenscheiben. Auch beim Jagdschmuck finden wir entsprechendes; hier ist die Darstellung eines einzelnen Hundes gar nicht so selten.

Die Hunde der Erde und damit auch die Jagdhunde finden sich nahezu vollständig wieder auf den Briefmarken der Welt, wobei die meisten Markenserien aus wirtschaftlichen Gründen „produziert" wurden und werden von den Ländern des ehemaligen Ostblocks und der Dritten Welt. In Deutschland sind nur sehr wenige Marken mit Jagdhundmotiven erschienen, allerdings kann eine in Deutschland erschienene Marke für sich in Anspruch nehmen die erste „Jagdhunde-Marke" überhaupt zu sein, es handelt sich dabei um eine kurz vor der Jahrhundertwende erschienene Marke der Bergedorfer Privatpostanstalt mit einem Federwild apportierenden kurzhaarigen Hund, vielleicht DK.

Der Hund in der Musik

Musikalisch schließlich sind unsere Jagdhunde kaum; wenngleich sie bei ihnen passenden Gelegenheiten mit ihrer Meinung nicht sehr hinter dem Berge halten; man denke nur an das Gejaule, wenn morgens „Begrüßung" und abends die Strecke verblasen wird. Manch ein Jäger kann sein Grausen schwer verbergen; die anderen, glücklicherweise die Mehrzahl, sind der richtigen Ansicht, dass Hundelaut zur Jagd gehört wie Büchsenknall und Hörnerschall. Nicht umsonst sprechen wir vom „Geläut" des jagenden Hundes, und es gibt bisweilen bei der reitenden Jägerei kunstverständige „master" und „huntsmen", die um der „Melodie" ihrer Meute willen als „Bass" einen Bloodhound mit den Foxhounds jagen lassen.

Im übrigen ist mir nur ein Fall geläufig, in dem Jagdhundegebell eine vom Komponisten gewollte Rolle in einem Konzert spielt. Leopold Mozart, der Vater des berühmten Wolfgang Amadeus, komponierte 1752 die „Sinfonia da caccia" in G-Dur für vier Hörner, Kugelbüchse und Streichorchester. Sie gehört zu den vor der Geburt des Sohnes geschriebenen Stücken von Unterhaltungsmusik der Jahrhundertmitte, die auch anschauliche, tonmalende musikalische Genrebilder liebte, wie etwa Jagd- und Hirtenszenen. Leopold Mozart wünschte eine möglichst wirklichkeitsnahe Ausführung des Stückes: die G-Hörner sollten „ganz rauh geploßen werden, wie es nemlich bei der Jacht gewöhnlich", auch „soll man etliche Hunde haben die bellen, die übrigen aber schreyen zum ho ho etc: nur aber 6 Tact lang."

Resümee

„Arm am Beutel, krank am Herzen" schleppt GOETHES „Schatzgräber" seine „langen Tage" und beklagt die Armut als „die größte Plage". Manch ein Jäger sucht auch den Schatz der Jagd und meint, ihn mit dem Reichtum des Beutels zu finden, ohne zu merken, wie sehr er doch krank am Herzen ist und bleibt – auch wenn ihm die entsprechenden Mittel es erlauben, Trophäen in aller Welt zu erjagen und sich selbst, wirtschaftlich und damit fast zwangsläufig gesellschaftlich erfolgreich, in den Mittelpunkt jagdlichen Geschehens zu stellen. Meist fehlt ihm nämlich das Wesen, dass ihn, den körperlich und sinnesmäßig verkümmerten jagenden Menschen, wieder zum wahren Jäger werden lässt: der Hund, mit dem er eine vollkommene und damit beglückende Symbiose eingehen kann, und der ihn so den wahren Schatz jägerischen Daseins finden lässt.

Reich diejenigen, die im Jagdhund einen Genossen gefunden haben, zu bedauern die, deren Sehnsucht nach dem vierläufigen Kumpan sich nicht erfüllen lässt, arm die, denen dieses Gefühl der Sehnsucht wohl nie gegenwärtig gewesen ist.

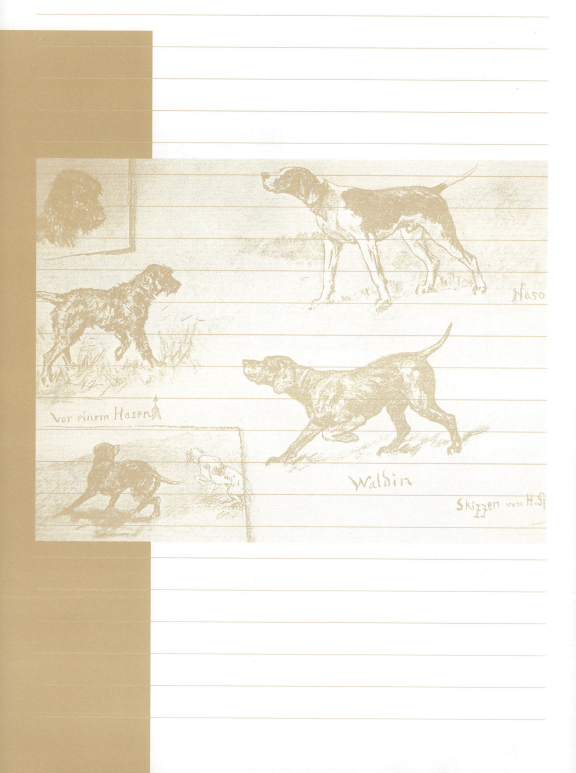

Notizen | 525

Notizen

Notizen